公路工程标准化
施工工艺实用手册(上)

王 成　朱红兴　魏家旭　刘昆珏 ⊙ 著
　　　　　　　　　　沈家文 ⊙ 审

西南交通大学出版社
·成 都·

图书在版编目（CIP）数据

公路工程标准化施工工艺实用手册：全 2 册 / 王成
等著. 一成都：西南交通大学出版社，2017.11
ISBN 978-7-5643-5809-9

Ⅰ.①公… Ⅱ.①王… Ⅲ.①道路施工–标准化管理
–手册 Ⅳ.①U415.1-62

中国版本图书馆 CIP 数据核字（2017）第 277720 号

公路工程标准化施工工艺实用手册
（上下册）

王 成 朱红兴 魏家旭 刘昆珏 著

责 任 编 辑	杨 勇
封 面 设 计	何东琳设计工作室
出 版 发 行	西南交通大学出版社 （四川省成都市二环路北一段 111 号 西南交通大学创新大厦 21 楼）
发行部电话	028-87600564 028-87600533
邮 政 编 码	610031
网　　　址	http://www.xnjdcbs.com
印　　　刷	四川森林印务有限责任公司
成 品 尺 寸	185 mm×260 mm
总 印 张	50.75
总 字 数	1 268 千
版　　　次	2017 年 11 月第 1 版
印　　　次	2017 年 11 月第 1 次
书　　　号	ISBN 978-7-5643-5809-9
套　　　价	180.00 元

图书如有印装质量问题　本社负责退换
版权所有　盗版必究　举报电话：028-87600562

《公路工程标准化施工工艺实用手册》

编 委 会

主　编：陈文山　　王　成　　朱红兴

副主编：刘国强　　袁淑文　　李振雄　　沈家文　　魏家旭　　刘昆珏

编　委：王应祥　　王明聪　　杨　林　　王剑非　　李家舜　　李宏杰　　李德宏
　　　　徐宇光　　白晓波　　徐云顺　　陈伟强　　洪　洁　　闭春华　　普利坚
　　　　李晶蕊　　皮忠普　　唐敏玲　　马正林　　杨竹胜　　李正强　　胡　俊
　　　　马兴伟　　张明杰　　罗顺江　　刘睿迪　　郭振豪　　余化彪　　王　进
　　　　朱兴锐　　吕维超　　李官勇　　李灿德　　尹　斌　　王东生　　曾德林
　　　　杨　亮　　连国彪　　杨　勇　　胡朝赟　　王新泽　　周成嵩　　宋之恒
　　　　孙　雷　　王　伟　　周　游　　胡建国　　张　斐

云南省建设投资控股集团有限公司

2017 年 5 月

前　言

　　公元前三千多年，古埃及人为修建金字塔而建设了人类历史上第一条公路。公元前五百年左右，波斯帝国大道贯通了东西方，连接起通往中国的大道，形成了世界上最早、最长的贸易之路，这可算是二千五百年来最伟大的公路了。古罗马帝国的公路曾经显赫一时，它以罗马为中心，向四周呈放射形修建了二十九条公路，公路规模举世无双，所以产生了至今人们通常用到的谚语"条条大路通罗马"。中国早在二千二百多年前的秦朝就已修成闻名于世的驰道，建成发达的陆路交通网络，极大地促进了经济文化的交流。可以说驰道是中国最早的国道，是古代的高速公路。

　　目前，全世界超过80个国家和地区拥有高速公路，通车总里程超过了30万千米。我国公路建设起步较晚，但发展迅速。自1988年我国大陆首条高速公路——沪嘉高速公路建成通车以来，经过近30年的持续快速发展，我国高速公路建设取得了举世瞩目的发展成就，建造技术、建设管理达到了国际领先水平。截至2016年，我国高速公路通车里程已超过13万千米，其中云南省高速公路通车里程达4 134千米。

　　高速公路建设规模的迅速扩大，一方面极大地促进了社会经济全面发展，另一方面也严酷地考验着广大施工技术管理者。由于施工工艺不清晰、不完整、不科学等而引起的技术、质量、安全问题时有发生，造成了国家资源的巨大浪费，极大影响了道路行车安全和使用寿命。针对公路建设过程中各种施工工艺出现的系列问题，编写组收集了大量基础资料，广泛调研了大量公路建设项目，在此基础上进而编著形成了《公路工程标准化施工工艺实用手册》。全书共分为五个部分：公路施工技术管理篇、路基施工篇、路面施工篇、桥梁施工篇、隧道施工篇。

《公路工程标准化施工工艺实用手册》是一部专门为公路工程专业技术人员及在校学生编写的工艺标准手册,可用于教学培训和学习。全书紧扣公路工程施工过程中一系列工艺技术问题,从规范公路施工工艺流程、强化工程质量和工艺控制、提高公路建造水平等多个方面展开,对于提高公路工程施工工艺技术水平具有较强的应用价值和指导意义。

公路工程施工工艺标准化是极富生命力的发展领域,是绿色工程系统的重要组成部分,对于从事该项事业的研究学者、技术工匠极富挑战性。日新月异的新技术、新工艺难以被完全包揽在本书内,且由于作者水平有限,谬误之处难免,敬请读者批评指正。

作 者
2017 年 9 月

目 录

第一篇　公路施工技术管理篇

第1章　公路施工基础技术管理 ································· 001
- 1.1　开工前的技术准备工作 ································· 001
- 1.2　技术交底 ································· 005
- 1.3　施工现场的技术管理 ································· 009
- 1.4　测量管理工作 ································· 016
- 1.5　试验管理工作 ································· 025
- 1.6　项目分包工程的技术管理 ································· 046
- 1.7　设计变更 ································· 048
- 1.8　技术标准与规范的管理 ································· 051
- 1.9　技术资料与档案管理 ································· 054
- 1.10　计量管理工作 ································· 058
- 1.11　技术培训与交流工作 ································· 062

第2章　公路施工专项技术管理 ································· 065
- 2.1　施工组织设计 ································· 065
- 2.2　施工技术方案 ································· 068
- 2.3　专项施工技术方案与特殊工艺设计 ································· 070
- 2.4　施工安全技术 ································· 073

第3章　公路工程技术成果管理 ································· 078
- 3.1　施工技术总结 ································· 078
- 3.2　技术论文 ································· 079
- 3.3　施工工法 ································· 083
- 3.4　QC小组活动及成果 ································· 087
- 3.5　技术革新与合理化建议 ································· 097
- 3.6　"四新"技术应用 ································· 099

第二篇 路基施工篇

第4章 一般路基施工 ······ 102
4.1 路基施工一般规定 ······ 102
4.2 公路施工测量 ······ 102
4.3 填方路基施工 ······ 105
4.4 挖方路基施工 ······ 109
4.5 过渡段路基施工 ······ 117

第5章 特殊土路基施工 ······ 126
5.1 特殊土路基施工一般规定 ······ 126
5.2 软土路基施工 ······ 126
5.3 膨胀土路基施工 ······ 130
5.4 黄土路基施工 ······ 140
5.5 冻土路基施工 ······ 143
5.6 其他特殊土路基施工 ······ 145
5.7 路基补强施工 ······ 154

第6章 软土地基加固施工 ······ 161
6.1 软土地基浅层加固施工 ······ 161
6.2 软土地基排水固结施工 ······ 166
6.3 软土地基复合地基加固施工 ······ 174
6.4 软土地基强夯加固施工 ······ 191

第7章 路基排水施工 ······ 198
7.1 路基排水施工的一般规定 ······ 198
7.2 地表排水施工 ······ 198
7.3 地下排水施工 ······ 200

第8章 路基防护与支挡施工 ······ 205
8.1 路基防护及支挡施工一般规定 ······ 205
8.2 边坡防护施工 ······ 205
8.3 边坡支挡施工 ······ 215
8.4 抗滑桩施工 ······ 229

第 9 章 涵洞施工 ·· 233
    9.1 钢筋混凝土箱涵施工 ·· 233
    9.2 圆管涵施工 ·· 235
    9.3 盖板涵施工 ·· 236
    9.4 涵洞顶进施工 ··· 243

第三篇 路面施工篇

第 10 章 沥青混凝土备料 ·· 248
    10.1 沥青路面用料一般规定 ··· 248
    10.2 石料开采 ·· 248
    10.3 集料加工 ·· 248
    10.4 集料储运 ·· 249

第 11 章 热拌沥青混凝土配合比设计和试验路铺筑 ················· 250
    11.1 沥青混凝土配合比设计 ··· 250
    11.2 沥青混凝土试验路铺筑 ··· 250

第 12 章 碎石垫层、底基层、基层施工 ································· 253
    12.1 一般规定 ·· 253
    12.2 碎石垫层施工 ·· 253
    12.3 底基层施工 ··· 255
    12.4 基层施工 ·· 271

第 13 章 透层、封层、粘层施工 ·· 284
    13.1 透层施工 ·· 284
    13.2 稀浆封层施工 ·· 285
    13.3 粘层施工 ·· 286

第 14 章 热拌沥青混合料面层施工 ······································· 287
    14.1 一般规定 ·· 287
    14.2 热拌沥青混合料生产工艺 ·· 287
    14.3 粗粒式沥青混凝土施工 ··· 292
    14.4 细粒式沥青混合料的施工 ·· 301
    14.5 其他沥青混合料的施工 ··· 303

第 15 章 水泥混凝土路面及其他附属工程施工 ········· 320

15.1 水泥混凝土路面施工 ········· 320

15.2 路缘石施工 ········· 333

15.3 路面及中央分隔带排水的施工 ········· 335

第 16 章 路面施工质量控制 ········· 337

16.1 沥青混凝土路面施工准备阶段的控制 ········· 337

16.2 沥青混合料原材料质控 ········· 337

16.3 施工阶段的质量控制 ········· 339

第一篇　公路施工技术管理篇

第1章　公路施工基础技术管理

1.1　开工前的技术准备工作

在工程项目开工前，要先做好详细而充分的技术准备工作，使工程开工后能有条不紊地顺利进行，避免开工后出现设计问题、现场地形地质与设计资料不符、测量试验不能配合施工、关键材料设备未及时到位等情况导致工程延误甚至停顿而造成不必要的损失。

1.1.1　开工前主要技术准备工作概述

工程开工前的技术准备工作主要有以下内容：
（1）工程项目资料交接。
（2）设计交桩及导线点复测。
（3）图纸复核。
（4）现场核对设计文件。
（5）为实施性施工组织设计和技术方案补充必要的现场调查资料。
（6）划分单位、分部、分项工程。
（7）建立控制测量网。
（8）建立项目试验室并提前做好先期工程试验及配合比工作。
（9）为需要提前订购的重要材料和设备提供有关的技术参数、质量要求和最早进场日期。
（10）编制实施性施工组织设计与技术方案；识别各分项、分部工程技术等级，识别关键工序、特殊工序。
（11）按业主和上级机关要求及工程具体情况配备项目所需的技术标准、规范、规程及有关技术参考资料。
（12）开工前的技术培训和学习；其他技术准备工作。

1.1.2　工程资料交接

1. 交接内容

工程中标后，应会同上级有关主管部门及时进行工程资料的交接。需要交接的主要资料应包括投标期间的现场考察技术资料、投标答疑资料、投标文件、中标通知书、合同文件、与业主签订的协议、投标承诺、图纸等。

2. 应注意的问题

（1）注意检查交接资料是否齐全，并办理交接手续。
（2）保留一套完整的合同文件及设计图纸存档，以便于今后编制竣工文件。
（3）根据需要给相关人员提供资料的复印件。

1.1.3 设计交桩及导线点复测

工程开工前，在业主（或监理）主持下，由设计单位向施工单位进行交桩。交桩应在现场进行。设计单位将路线勘测时所设置的导线控制点、水准控制点及其他重要点位的桩位及相关技术资料逐一交给施工单位。

交桩应有交桩记录。在接受桩位时应注意观察桩位是否有移动、损坏甚至缺失现象，如有此类现象发生，应及时提出并提请设计单位进行补桩。接桩后应安排专人负责，采取措施妥善保护。

项目接受导线控制点、水准控制点的桩位后，要及时对这些控制点进行复测，并将复测的结果报监理工程师审核批准，为下一步的控制测量做好准备。

1.1.4 图纸复核

1. 图纸复核的目的

（1）使参加施工的技术和管理人员提前熟悉设计图纸，了解工程特点和设计意图，找出需要解决的技术难题，制定解决方案，进行工程管理策划。
（2）发现图纸中存在的问题，减少图纸的差错，将图纸中的质量隐患消灭在萌芽之中。

2. 图纸复核应重点关注的问题

（1）是否符合现行相关技术标准、规范要求，有无重大原则错误。
（2）现有施工技术水平能否满足设计要求。
（3）是否符合现场和施工的实际条件。
（4）设计是否能够进一步优化。
（5）图纸本身有无矛盾（如图纸的完整性、一致性，检查说明与设计是否一致，平、纵、横三剖面是否一致，结构各部位相互之间的位置、前后标高、尺寸的标注、不同专业、不同设计人员设计的结构结合部位等有无矛盾之处）。
（6）图纸中的工程数量表、材料数量表是否有错误。
（7）控制测量数据是否准确。

3. 图纸复核工作应注意的问题

（1）应组织参加施工的全体技术人员参与对图纸的复核，不能仅仅局限于几个人。
（2）在图纸复核的过程中要注意全面领会设计意图，不要轻易否定设计。
（3）注意结合现场条件进行图纸复核。
（4）要带着问题进行图纸复核，为设计交底和以后编制实施性施工组织设计及施工技术方案做准备，不要仅仅局限于工程量的复核。
（5）发扬技术民主，发现问题要提倡集体讨论。

1.1.5 现场核对及补充调查资料

1. 现场核对

（1）路线与构造物的总体布置、桥涵结构物形式等是否合理，相互之间是否有矛盾和错误。

（2）主要构造物的位置、尺寸、孔径是否恰当。

（3）新建的桥涵结构物等与原有道路、排水系统的衔接是否流畅。

（4）路线的高填深挖地段与设计是否有大的出入，是否合理。

（5）原有的灌溉、排水系统功能是否遭受破坏。

（6）对地质不良地段采取的技术处理措施是否恰当。

（7）设计推荐的或投标文件中编制的总体施工方案及临时设施、便道、便桥方案是否合理可行。

2. 补充调查资料

公路施工涉及面广，战线长，受自然条件影响大，在施工组织设计前，有计划、有步骤地认真做好施工现场有关情况的调查，收集与工程施工相关的资料，并对这些情况和资料进行认真调研和分析，对于编制好施工组织设计及今后的工程实施是非常有益的。进行现场补充调查的主要内容有：

（1）施工现场的地形、地貌。

重点调查公路沿线大桥、工程困难地段等，这些资料可用于选择施工用地，布置施工平面图，规划临时设施等。

（2）工程所在地的地质情况。

进一步对施工图所给出的地质勘探资料进行调查核对，仅仅依据设计提供的地质资料往往不能满足施工需要，特别是对于熔岩地区、地质复杂地区、大型桥梁、高填、深挖路基路段等通常需要进行补充调查。用于确定路基土石方的类别及其施工方法、软土路基处理措施、复核地基基础设计及其施工方案等。

（3）水文情况调查。

了解工程所在地的地下水位变化情况，河流最高洪水位、常水位、最低水位的标高、发生时段、持续时间等水位变化情况，河流的水流量、流速情况，受潮汐水影响的河流还需了解潮水的涨落时间、潮差及潮流等情况。用于研究降低地下水位的措施，选择基础施工方案，制定水下工程施工方案，复核地面、地下排水设计，确定临时防洪措施。

（4）当地的气象情况。

当地的气温、降雨、极限温度、风力、风向、风速等变化规律及冬、雨季起止时间、恶劣天气情况。掌握施工前的一些最基本的资料，可以帮助确定冬雨季节施工措施，制定路基排水及工程防洪方案，选择路基路面工程、砌筑工程、桥涵基础工程的施工季节，布置临时设施，确定高空作业及吊装的施工方案和安全措施。

（5）当地交通、电力、通信、文物、工程附近的建筑物等对施工的干扰情况。

（6）当地的交通、运输条件。包括工地沿线的铁路、公路、河流位置，装卸运输费用标准，民间运输能力等。

（7）当地水电供应情况。包括供水的水源、水量、水质、水费等情况；电源供电的容量、电压、电费等情况。

（8）地材供应情况。包括外购材料的供应地点、规格、单价、可供数量、运输方式、费用等，确定自采加工材料的料场、位置、可开采数量、运距等。

（9）当地风俗习惯、医疗条件、通信条件、生活物资供应等情况。

（10）当地政府对建设工程颁布的相关管理规定。

3．应注意的问题

（1）现场核对与调查应与图纸复核实行互动。

（2）事前应拟定计划，明确重点，落实人员和要求。

（3）现场调查核对的材料要及时进行汇总整理，发现的问题要及时研究并提出解决办法，并上报有关部门。

（4）强调脚踏实地，详细认真，切忌走马观花，不求甚解。

（5）注意走访当地群众和气象、水文部门，了解他们对工程的具体要求。

1.1.6 单位、分部、分项工程划分

单位、分部、分项工程划分的好坏，不仅影响工程质量评定与验收，同时，如划分不当，甚至影响施工进度。划分时应根据施工部署、规范要求进行，报业主、监理单位认可。划分的原则是有利于工程质量的客观评定，有利于施工安排和部署，同时满足有关规范要求。

项目划分单位、分部、分项工程有两种方法：

（1）按业主下发的文件或合同文件的规定划分。

（2）按《公路工程质量检验评定标准》（JTG F80/1 2004）划分（见第四章中表 4-1）。

两种方法以业主的要求为准，当业主没有要求时，按《公路工程质量检验评定标准》执行。

1.1.7 开工前的试验管理工作

1．筹建项目试验室

（1）项目试验室的房屋，应作为临建项目优先安排。

（2）试验室房屋大小，可根据工程量或合同要求确定。

（3）项目经理与总工应首先明确项目试验室主任，便于抓开工前的试验工作。

（4）项目试验室主任应及早组织人员，清点现有的试验仪器，列出需购置的仪器清单，报总工审核，经理批准后，立即购置。

（5）对计量仪器，试验设备，及时同当地有关计量部门联系，组织检测校验。

（6）清点本工程所需的有关试验标准、规范规程，对短缺的部分，及早购置，补充齐全。

（7）及时配置齐全相关的办公用品及设施。

2. 熟悉设计文件和标书

试验人员要认真阅读有关设计文件、图纸和标书,了解本工程的总体概况,便于适时,合理的安排相关试验工作,为工程的全面开工做好准备。

3. 做好开工前的有关试验工作

如先期材料检验、工程试验及配合比工作等。

1.2 技术交底

1.2.1 施工图设计技术交底

1. 施工图设计技术交底的目的

目的是使参加工程建设的相关人员正确贯彻设计意图,加深对设计文件特点、难点、疑点的理解,完善设计,掌握关键工程部位的技术质量要求。

2. 施工图设计技术交底程序

施工图设计技术交底一般是在工程开工前由业主(或监理)单位主持,业主、设计、监理、施工、质量监督等有关单位参加的情况下进行。首先由设计代表阐述设计概况、设计意图、施工要求及注意事项,施工和监理单位根据现场调查的情况和对设计图的理解就图纸中的问题向设计代表提出疑问,设计代表进行答疑,设计代表的现场答复,会后应以书面的形式进行确认。如设计代表在现场不能马上答复的问题,设计单位应在规定时间内予以书面答复,并作为设计文件的一部分,在施工中贯彻执行。设计交底的会议纪要需参加各方签字认可。

3. 施工图设计交底的会议纪要

施工图设计交底的会议纪要一般应包含以下内容:
(1)参会单位对设计图纸中存在的问题和矛盾之处提出的意见,设计代表答复同意修改的内容。
(2)施工单位为便于施工,或出于施工质量、安全考虑要求设计单位修改部分设计的会商结果与解决方法。
(3)交底会上尚未得到解决或需要进一步商讨的问题。
(4)列出参加设计技术交底的单位人员名单,签字后生效。

4. 参加施工图设计技术交底应注意的问题

参加施工图设计技术交底前必须组织项目技术人员结合现场情况对设计图纸进行认真审核,审核中发现的问题应归纳汇总,及时召集有关人员,针对审核中发现的问题进行讨论,弄清设计意图和工程的特点及要求。必要时,可以提出我们自己的看法或建议。会上拟指派一名代表为主发言人,其他人可视情况适当解释、补充,指定专人对提出和解答的问题做好记录,以便查核。

1.2.2 施工技术交底

1. 项目实行二次施工技术交底的重要性

（1）制度要求：根据局《项目施工技术管理办法（试行）》规定，工程施工前应按不同层次、不同要求进行技术交底工作，施工技术交底工作是项目极为重要的一项技术管理工作。

（2）形势要求：随着我局经营规模不断扩大，项目规模也越来越大，项目实行两层分离的管理模式，外协队伍成了施工第一线的主力军，施工队伍多，点多，战线长，施工水平参差不齐，在这种情况下，如何保证我们经理部的经营理念、方针、目标在施工中能够得到有效的贯彻执行，使得完成的工程能够代表我们一局的水平，而不是协作队伍的水平，这是我们需要研究、探索并且必须解决的问题。而采用技术交底的形式就可以作为我们在施工中贯彻一局的经营理念、方针、目标的一个非常好的载体。因此施工技术交底现在已经不仅仅是单纯的一项技术管理工作，而是成为项目为实现预定的工程质量及生产经营目标的一个非常有效的管理手段。施工技术交底在内容上不单要包含技术方面的内容，还要包含质量、进度、安全、环保、现场文明施工等多方面的内容，它是项目实现质量、职业健康安全和环境管理以及生产经营目标的一个管理方法。如果我们还沿用以前的主要由项目总工负责的一次技术交底的形式，显然是不能够满足管理要求的。因此施工技术交底采用通过按不同层次、不同要求、有针对性地进行二次交底，能够更好地适应目前的项目管理模式，可以让所有参加施工的技术人员都参与到施工技术交底工作中来，充分发挥其工作主动性、提高业务水平，更好地发挥在现场的督促、检查、指导作用，确保项目整体目标的实现。

2. 施工技术交底的目的和任务

通过技术交底，使参与施工活动的每一个技术人员都能熟悉和了解所承担工程的特点、特定的施工条件、设计意图、施工组织、技术要求、质量标准、施工工艺、有针对性的关键技术措施、安全措施、环保要求、工期要求和在施工中应注意的问题，使参与施工操作的工人都能了解自己所要完成的分部、分项工程的具体工作内容、操作方法、施工工艺、质量标准、安全、环保、文明施工等注意事项。做到任务明确，心中有数，各工种之间配合协作，工序交接井井有条，有序施工，各施工作业点都能按照施工组织设计中的要求组织施工，从而达到提高工程质量、圆满履行合同的目的。

3. 施工技术交底的形式

施工技术交底必须以书面材料结合会议交底的形式进行。采用这种方式的目的，一是为了有据可查，明确交底人与被交底人之间的责任，二是便于参加技术交底人员实行互动，进行必要讨论，发挥集体智慧，三是便于准确理解施工技术的交底内容。

4. 施工技术交底步骤

要求实行的是在项目总体施工技术交底前提下的二次施工技术交底，即：

（1）项目施工技术总体交底：工程开工前，由项目经理主持，交底人项目总工程师就工程总体以分项工程为单元进行总体技术交底，参加人员为本项目各部门负责人、分项工程负责人及全体技术人员。在此基础上，技术交底分两级进行。

（2）第一级施工技术交底：交底人是项目技术部门负责人或项目总工程师，就每分部工程以分项工程为单元向分项工程负责人和相关技术人员进行交底；重点工程、重要分项工程的技术交底应由项目总工程师亲自主持。

（3）第二级施工技术交底：交底人为分项工程技术负责人，就每分项工程以工序为单元向工序技术员、工班长或工序负责人、主要操作人员进行技术交底。

5. 各级施工技术交底的主要内容

施工技术交底由于交底的层次、对象不同，因而交底的内容、侧重点也各不相同。

（1）总体施工技术交底：在工程开工前，项目总工程师应依据项目实施性施工组织设计、施工图纸、合同文件和现场实地调查情况等拟定技术交底文件，对工程总体情况进行全面交底。主要包括以下内容：

① 工程概况、主要工程量、施工总体部署及施工任务划分。
② 工程的特点、难点，设计意图、要求，执行的技术标准和规范。
③ 技术质量管理流程（监理程序、质量控制、试验检测、设计变更等）。
④ 主要施工流程、关键工序、特殊工序施工方案，工序交叉配合要求及关键性施工技术要点。
⑤ 施工进度要求，关键线路、控制点，阶段性控制目标。
⑥ 项目质量计划，含质量方针、质量目标、创优目标和保证措施。
⑦ 文明施工、职业健康安全和环境管理的主要目标和措施。
⑧ "四新"技术应用及注意事项。
⑨ 其他施工注意事项。

（2）一级施工技术交底：在项目分部（项）工程开工前，由项目工程技术部负责人（或总工）根据施工组织设计、施工图纸、合同文件和总体技术交底内容等拟定技术交底文件，对分部（项）工程进行施工技术交底。一般包括如下主要内容：

① 分项工程概况，水文、地质、地貌情况。
② 合同要求、设计要求、经理部的要求，其中的难点。
③ 关键工序、特殊工序施工方案及具体要求、实施步骤和方法。
④ 施工进度要求和相关施工工序的配合要求。
⑤ 不利季节（冬、雨、高温季节）中施工应采取的技术措施。
⑥ 应用"四新"技术的有关操作方法、技术规定及注意事项。
⑦ 施工质量标准和实现项目创优目标的具体保证措施。
⑧ 施工阶段质量检查项目及其要求，试验检测及监理验收程序。
⑨ 主要材料规格性能、试验要求和施工机械、设备的配备。
⑩ 安全文明施工、职业健康和环境保护的要求及保证措施。
⑪ 其他施工注意事项。

（3）二级施工技术交底：现场技术负责人在接受第一级技术交底后，按自己所分管的工程范围，要进一步学习相关的合同文件，了解设计意图，并根据批准的实施性施工组织设计、单项（分项、分部工程）施工方案、关键工序、特殊工序施工方案、作业指导书以及现场实际情况和上级技术交底要求等，拟定具体的实施方法和步骤，补充完善必要的技术措施，在每个施工项目作业前，有针对性地进行详细技术交底。其主要内容一般包括：

① 施工图纸讲解，包括结构形式、尺寸、设计要求。
② 施工工艺、步骤、操作方法及注意事项。
③ 分项工程质量标准、工序质量标准，交接程序和验收方式，保证质量的措施。
④ 施工的关键点及难点，易发生的质量通病和相应的技术对策、措施。
⑤ 重点部位在不利季节中施工的操作方法及注意事项。
⑥ 施工工期要求及保证措施。
⑦ 应用"四新"技术的有关操作要领及注意事项。
⑧ 施工原始记录填写内容和要求。
⑨ 现场文明施工的具体要求及成品保护注意事项。
⑩ 施工安全注意事项，危险源识别及预防措施。
⑪ 环境保护要求及具体措施。
⑫ 其他施工注意事项。

1.2.3 施工技术交底的要求与注意事项

1. 施工技术交底的要求

（1）技术交底必须在工程施工前进行，作为整个工程和分部、分项工程施工前准备工作的一部分，做到时间上要及时。要根据交底项目的实施难度情况，有一定的提前量，给相关人员留有充分的消化和准备时间。

（2）技术交底应符合国家有关技术标准、工程质量检验评定标准、施工规范、规程、工艺标准等的相关规定，满足设计施工图纸及合同文件中的技术要求。

（3）技术交底应符合项目施工组织设计中的有关施工技术方案、技术措施、施工进度等有关要求，符合和体现上一级技术交底中的意图和具体要求。

（4）二级技术交底是责任到人、奖罚到人、监督到人的管理制度。

（5）技术交底必须有的放矢，内容充实，具有针对性和指导性。应根据施工项目的特点、环境条件、季节变化等情况及分部分项工程的具体要求，重点突出，其施工工艺、质量标准、安全措施及环保措施等均应分别有针对性的具体说明。

（6）对易发生施工质量通病和安全事故的工序和工程部位，在技术交底时，应着重强调各种预防施工质量通病和安全事故发生的技术措施和注意事项。

（7）交底内容应结合局质量、职业健康安全和环境"三位一体管理体系"的要求，在进行技术交底的同时，进行质量、安全、环境方面的技术交底。

（8）应建立施工技术交底台账。整个施工过程包括各分部分项工程的施工均须作技术交底，技术交底不要漏项，不要只进行主体工程交底而忽略附属工程。

（9）所有书面技术交底，均应经过项目总工程师的审核，字迹要清楚、完整，数据引用正确。技术交底会议记录应保存完整，交底方和被交底方的双方负责人必须履行交底签字手续。

2. 施工技术交底应注意的问题

（1）技术交底应严格执行施工规范、规程及合同文件要求，不得任意修改、删减或降低工程质量标准。

（2）技术交底应将项目的质量目标贯穿其中。项目在施工组织设计中提出的质量目标要在技术交底中得到体现。在交底的深度上，要体现一局的技术水平，对影响工程内在、外观质量的关键机械设备、模板、施工工艺等应有明确的强制性要求。

（3）进行技术交底时，可根据需要，邀请业主、设计代表、监理和有经验的操作工人等相关人员参加，必要时对交底内容作补充修改。对于涉及已经批准的施工方案、技术措施的变动，应按有关程序进行审批后执行。

（4）技术交底应注重实效，做到责任落实到人，方法、步骤落实到位，不要为了应付检查而流于形式。

（5）加强对技术交底的效果进行督促和检查。各级技术管理人员在施工过程中要强化检查力度，发现施工人员不按交底要求施工时应立即予以阻止、纠正、处罚。

（6）如施工方案、技术措施等前提情况发生变化，应及时对交底内容作补充修改。

（7）对于技术难度大、采用"四新"技术等的关键工序，应进行内容全面、具体而详细的技术交底。

1.3 施工现场的技术管理

施工现场技术管理的主要任务是运用管理的职能与科学的方法，在施工中正确贯彻国家技术政策和甲方、监理、上级有关技术工作的批示与决定，科学地组织各项技术工作，保证施工的每一工序符合技术规范、规程的要求，落实实施性施工组织设计所确定的技术任务，达到高效优质完成施工任务的目的，使技术与成本、技术与质量、技术与安全、技术创新与进度达到辩证统一。

现场技术管理主要包括现场技术复核、解决现场技术问题、关键工序控制、工程记录（包括会议记录、洽商记录、施工日志、工程影像）等，现场专项技术有统计技术、监测技术等。

1.3.1 技术复核

一般地说，技术复核的工作内容有：

在施工准备阶段图纸会审的基础上，每分项工程开工前，进一步审核施工设计图，如结构内某些构件位置是否互相冲突，目前的原材料、施工工艺控制水平是否能达到设计所要求质量标准（尤其是结构的耐久性）。在分项、工序施工前审核技术条件是否满足，如质量检测手段、检测工具、检测方案的适应性。施工设计图和施工方案是否会由于当前施工条件发生变化而需要修改，如地质地层与施工设计图不符。仔细推敲施工方案的适宜性，根据施工实际情况，调整局部方案，如分析判断方案计算中各种安全系数是否得当、安全系数要考虑施工人员落实方案的程度等。对于"四新"、技术革新的施工工艺，应随时总结分析，稳步推进。对关键部位或影响全工程的施工工艺进行试验、试载，以避免发生重大差错而影响工程的质量和进度。如混凝土大高程泵送、支架预压、路基试验路段等。在施工过程中，对重要的和处于工期关键线路上的技术工作，必须在分部、分项工程正式施工前进行复核，以免发生重大差错，影响工程质量和进度。

1.3.2 解决现场技术问题

1. 技术难点的分析和对策

在实施性施工组织设计中,详细分析工程的技术难点,并提出相应的对策,按分部或分项工程列表。可参考下面的例表。

表1-1 ××特大桥难点技术及其对策

技术难点	对 策
钢桥面铺装:国内尚没有完全解决的关键技术难题之一	列入研究计划,将结合大桥桥位区的环境条件,吸收国内外在钢桥面铺装方面的经验和教训,开发符合大桥特点的钢桥面铺装方案
长悬臂施工安全:本桥最大双悬臂为310 m,最大单悬臂为564 m,为世界之最,其施工安全十分重要	在进行抗风试验研究的基础上,保证桥梁足够的抗风安全储备;采取设置临时墩和设置桥面阻尼器的方法降低长悬臂施工难度。在施工周期安排上避免在大风季节进行长悬臂施工
钢箱主梁架设:本桥桥面高度在水面以上70 m,单块重量达400 t,施工要求较高	国内已经有符合本桥重量和吊高要求的大型浮吊,能够满足本桥施工要求
超长斜拉索的架设:本桥斜拉索最长达580 m,质量近70吨,斜拉索制造、安装难度较大	经调查分析,目前国内已具备这种类型斜拉索的生产能力和张拉设备,下阶段将尽早安排相关实索试验,研究施工工艺
临时墩搭设:为保证施工安全,必须在边跨搭设高达100 m的临时墩,其施工难度很大	采用数根大直径钢管桩搭设临时墩,加强横向联系;委托国内外咨询单位进行详细复核验算,必要时通过物理模型试验加以验证
上部结构施工控制:是斜拉桥施工成功的关键,由于结构非线性和现有计算分析软件的限制,难度较大	拟多种软件、多家单位相互校核的方式,加强施工控制和动态管理,确保桥梁线形和施工质量
高塔混凝土施工控制:索塔高达300余米,地处长江,施工精度要求高	采用水中施工平台,结合GPS RTK技术和常规测量手段,加强施工监测,确保施工精度要求
混凝土泵送:索塔高达300余米,高标号、高性能混凝土的泵送要求高、难度大	采用大功率混凝土泵送设备,合理配置混凝土,保证混凝土浇注和养护质量
钢锚箱制造、安装:钢锚箱的制造要求高,在不利的气象条件下,钢锚箱的安装特别困难,是索塔施工的最大困难之一	通过详细、严格的工艺设计和工艺评定,通过工厂化制造、预拼,严格控制钢锚箱制造质量,采取液压提升方法吊装钢锚箱,严格控制安装精度
施工工期安排:由于塔高、风大,有效作业时间短,质量要求高,工期紧,施工组织安排是索塔施工的关键	采用大型设备,结合现场气象预报,合理安排施工时间,特别避开台风、冬季季风季节施工上塔柱和钢锚箱,确保施工安全
施工期监测:由于本桥工程规模和结构特点,需对基础工程进行施工期监测和数据分析,以及时发现问题,保证质量,但具体实施难度很大	请专业单位开展施工监测专题研究,对大纲和实施方案进行详细评审,进行动态管理,确保成果质量
防护施工:防护工程规模大、要求高、时间紧,且在汛期施工,国内外没有类似经验,施工难度很大	开展试桩工程防护施工,摸索施工工艺;采用大型施工机具、设备,具备大规模施工能力;同步开展施工期监测,进行动态设计、管理;成立防护工程领导小组和专题技术组,协调各方面工作,及时解决各类技术问题

续表

技术难点	对 策
施工平台搭设：为满足基础施工需要，须在墩位处搭设 1 000 m² 的施工平台，由于水文条件复杂，地质松软，船行密度大，又处在汛期，施工难度很大	开展施工前河床预防护，采用国内最好的打桩船，集中时间插打钢管桩，保证足够的入土深度，并及时焊接联系梁，确保平台安全
钢护筒施工：Φ2.8 m，壁厚 25 mm 的钢护筒，总长 65 m，入土深度达 40 m，定位精度及垂直度要求均严于国家规范	通过水上试桩工程，真实模拟主墩施工工艺，采用强大的导向、定位系统和最好的成桩设备，确保钢护筒施工质量
钻孔桩施工：本桥超大、超深钻孔灌注桩施工的技术要求高，工期紧，且要求 100% 成功，工艺要求和施工难度很大	通过水上试桩工程，真实模拟主墩施工工艺，选用国内最好的钻机设备、泥浆系统和混凝土浇注工艺，科学安排，精心施工，确保施工质量
钢套箱施工：本桥主墩钢套箱规模大，要准确制造、定位、下沉，难度很大	采用工厂制造，选择枯水、平潮期用大型浮吊安装，液压装置沉放、就位
承台大体积混凝土施工：每个主墩承台共需近 6 万方混凝土，且为结构混凝土，技术要求高，如此规模混凝土浇注为世界罕见	通过分区、分块浇注，采取严格的温控措施，确保混凝土浇注质量，通过大型水上混凝土工厂，确保混凝土生产、供应
安全生产：主墩基础施工期长，跨越两个洪水期，水上施工安全很重要	通过制定严格的安全生产规定，加强宣传、教育、检查；制定安全紧急应急系统，确保发生情况时能及时处理、救护

2. 解决现场技术问题的原则

解决技术问题应坚持"尊重科学，实事求是，安全、质量、进度和成本统筹考虑"的原则，应保证工期关键线路的实现。解决技术问题在参照类似工程中成熟的经验的基础上，尊重合同文件中"技术规范"的有关条款，依据现行技术标准（规程、规范、规定等），综合考虑对工程进度的影响和可能引起的费用变化。解决技术问题要有科学理论依据，必要时要经过计算、验算、复核、报批后才能实施。当技术问题涉及变更、延期等合同问题时，应根据合同条件和现实情况提出相应的评价。

解决技术问题既要尊重设计，又要考虑从工程施工实际出发，尽可能便于实施，尽可能控制成本，当意见有分歧时，应充分协调各方意见，以理服人。提倡在现场解决问题，即在尊重设计意图，听取甲方、监理工程师意见的基础上，尽可能使大量施工技术问题在现场得到及时解决。较大技术问题，或有分歧意见的技术问题，可提前请公司、局组织专题技术会议研究解决。召开现场施工技术性会议，宜考虑邀请业主、设计、监理参加。

3. 建立技术咨询渠道

如技术难点的技术水平处于局内领先，可与局内相关专家取得联系，加强技术信息往来，或者成立专家委员会按照计划进行技术咨询论证。

如技术难点的技术水平处于国内领先，应尽可能多地聘请国内专家成立专家委员会按照计划进行技术咨询论证，必要时通过邀请或国际招标选择国外工程管理咨询公司、专家进行技术课题立项来解决。

1.3.3 关键工序

每分项工程由多个工序相继组成，分为一般工序、关键工序。一般工序指的是对施工质量影响不大的常见工序，例如土方开挖。关键工序是对施工质量有重要影响的工序，或是对项目来说在技术上或管理上有困难的工序，例如起重安装等，这些工序要求项目根据标准规范结合自身情况编制施工方案、作业指导书等工艺文件。

在施工项目中，对于具有以下特征的工序必须编制作业指导书：

（1）对于施工缺陷仅在后续工序或使用后才能暴露出的工序，例如某些特殊部位的焊接，在焊接过程中，焊接的质量无法检验，只有在下一工序或产品投入使用后，才可能发现其缺陷。

（2）下道工序完成后无法进行检测的工序。例如混凝土浇注前的钢筋绑扎。这些过程完成后，都无法进行检验，无法判定产品质量的好与坏。

（3）检测成本太高的工序，最好通过技术管理来保证质量。例如金属焊接，虽然根据设计要求，对焊缝要进行探伤，但是探伤是有比例的，不能做到每一条焊缝都探伤，如果对每一条焊缝都作检测，成本太大。

作业指导书编写的原则：

首先要对项目施工中的关键工序、特殊工序进行识别并做出总的规定，包括定义哪些为关键工序，应采用什么样的方法进行控制，所用设备是如何控制的，对人员资格有何要求，应产生哪些记录。并注明当发生人、机、料、法、环等因素的变化时应重新识别关键工序、特殊工序，对关键工序、特殊工序要进行三认可制度（方案认可、设备认可、人员资质认可）。例如：主体结构金属焊接应是关键工序，应该在焊接前作工艺评定，电焊设备完好，设备上所用电流表、电压表都在检定期限内，焊接人员必须有相应等级的国家颁发的资格训书，在施焊时要按照工艺评定的要求控制电流、电压，并做好焊接记录。对每一个工程项目来说，由于具体人员、设备机具、环境的不同对关键工序、特殊工序所采用的控制方法也不同，这些具体的施工方法在施工方案或作业指导书中应得到体现。例如设立检查点，并对监测参数、频次、人力资源分布、人员资格要求、施工依照的标准规范、施工具体作业程序和要求、机具安排、天气温度的要求、周边环境、应该产生的记录等情况作详尽的表述和明确规定。作业指导书应经过项目总工程师的批准，确保规定和要求、措施得当才能实施。在作业指导书中对设备作出要求后，施工时还要再次对所需设备做出认定才能开始施工。关键工序、特殊工序中对作业人员的资格要求比较严格，作业人员必须要有资格证书才能施工。国家或行业要求有资格证的岗位作业人员必须具备国家要求的资格证书。对于国家和行业暂时还未要求有资格证的岗位，作业人员必须经过项目的相关培训，考核合格后才能进行作业。关键工序、特殊工序施工中，要加强事先预防、停点检查、重点监控，运用统计技术和工具对关键工序、特殊工序的工艺参数进行检测、分析，根据分析的结果采取相应的措施，防止出现异常现象。只有这样，才能减少或杜绝质量问题。

1.3.4 工程记录

这里所指的工程记录与技术资料、竣工资料有一定的区别，工程记录是以工程技术事务、管理事务的发生、发展、完成为主线，项目经理部自己保存的详细的记录，例如在技术专题会议后，形成正式会议纪要，有外单位人员参加的会议纪要要纳入竣工资料。工程记录包括会议记录、洽商记录、施工日志、工程影像等。

1. 工程记录的作用

项目经常利用索赔来追回损失、增加利润，索赔能否获得成功主要取决于承包商提供索赔事件的事实依据，即索赔证据，索赔证据之一就是人们常说的工程记录，对项目来说保持完整、详细的工程记录、保存好与工程有关的个别文件资料是非常重要的。有了详细的工程记录，事先对各种可能出现的问题有所准备，有客观事实作为依据，就拥有主动权，就可有理有节地进行索赔，有理有据地反击甲方的反索赔。

2. 工程记录的要求

1）真实性

工程记录必须是在实施合同过程中确实存在和发生的，必须完全反映实际情况，经得起对方推敲，虚假证据是违反商业道德的。工程记录应能说明事件发生的过程，应具备关联性，不能零乱和支离破碎更不能自相矛盾。

2）及时性

工程记录是工程活动或其他经济活动发生时的同期记录或产生的文件，项目应作好能支持他希望随后提出索赔所必需的作为索赔理由的当时的记录，任何后补的记录和证据通常不能被认可。

3. 洽商记录

在施工中凡遇到影响成本、进度的技术问题，应及时向业主、设计、监理单位报告。设计变更需要通过洽商记录来反映发生的过程，以利于项目经理部进行索赔，有些设计变更还涉及返工等情况。洽商记录可作为会议纪要的有益补充。在洽商记录中，应详细叙述洽商的过程、内容及达成的协议或结果。

4. 施工日志

常言道"好记性不如烂笔头"，这也就是施工日志的重要性所在。

1）项目施工日志

施工日志是对工程施工全过程概括的记载，是重要的原始资料。在项目执行ISO9000系列标准，使质量管理体系有效运行中，施工日志和质量体系各要素有机的结合，进一步显示了它对工程质量的形成和体系审核中不可缺少的积极作用。施工日志，它是施工形成的重要轨迹，作为现场审核的依据是理所当然的，往往能帮助审核员寻找到质量体系有效运行的客观证据，查到比较真实的情况，同时，项目也能从中发现内部管理上的漏洞。可以帮助上级管理部门较全面地了解施工情况，如施工进度、质量、安全、工作安排、现场管理水平等。因此，施工现场的施工日志记录是否完整、全面，反映了项目现场施工技术管理的水平。

项目施工日志根据竣工资料的要求，从开工之日起至竣工之日逐日填写，日志所列栏目应逐日逐项填全。项目施工日志与其他工程、质量、体系文件规定的记录不同，它应是一部按时间顺序记载工程项项目全程概况的流水账，其记载内容应高度概括、充分突出重点、关键问题，以达到有追溯、查寻和总结的目的。一般应选择以下内容：分部、分部工程内容、施工日期、施工人员概况；技术交底与培训概况；对施工计划与调度概况；对工程质量起主要作用的材料来源与检验情况；对特殊工序和关键工序使用设备概况鉴定的记载；对技术工艺措施变更的记载；施工过程质量检验的概况；对不合格处理概况；工程验收、交付概况；其他特殊情况。

2）个人施工日志的主要作用

根据自己的岗位职责，记录自己应该做的工作内容；记录领导交办的事项和是否按照领导交办的做的记录，为领导检查工作提供依据；记录每天完成的工程量，所投入的机械设备，人员、材料等，为核算提供依据；为项目成本管理提供依据；记录每天机械实际定额，为分析机械设备人员是否达到应该达到的定额（和局内部定额作比较）提供依据。根据工程计划和实际投入的机械设备人员，分析是否能满足工程计划要求和是否进一步采取措施，为工程进度管理提供依据；记录施工中，设计与实际不符的情况，为设计变更提供依据；记录施工中是否达到规范要求，为资料整理质量评定提供依据；记录工程开工、竣工、停工、复工的简况与时间和主要施工方法、施工方法改进情况及施工组织措施，为以后拟写施工总结及施工论文提供依据；记录新技术、新材料和合理化建议的采用情况及工程质量的改进情况为以后 QC 成果提供依据；

3）个人施工日志的主要内容

总的原则是：① 记你应该做的事（岗位职责）；② 记你所应接受到、观察到的信息；③ 记你做的事情；④ 查你做的事情是否与你应该做的事情（岗位职责）一致；⑤ 记你所思考到的问题。

一般地，施工日志内容如下：

当天施工工程的部位名称、日期、气象，施工现场负责人和各工种负责人的姓名，现场人员变动、调度情况。工程现场施工当天的进度是否满足施工组织设计与计划的要求，若不满足应记录原因，如停工待料、停电、停水、各种工程质量事故、安全事故、设计原因等，当时处理办法，以及建设单位，设计代表与上级管理部门的意见。现场材料情况。例如钢材预应力材料：品种、规格、数量、厂名、批号、目测钢材情况（如每捆钢筋是否均有标牌，是否生锈，生锈程度等）。

4）记录施工现场具体情况

（1）各工种负责人姓名及其实际施工人数。

（2）各工种施工任务分配情况，前一天施工完成情况，交接班情况。

（3）当天施工质量情况，是否发生过工程质量事故，若发生工程质量事故，应记录工程名称、施工部位，工程质量事故概况，与设计图纸要求的差距，发生质量事故的主要原因，应负主要责任人员的姓名与职务，当时处理情况，设计、监理、业主代表是否在现场，在场时他们的意见如何及处理办法。

（4）详细记录当天施工安全情况，如某人违章不戴安全帽进入现场及处理意见。若发生安全事故，应记录出事地点、时间、工程部位，安全设施情况，伤亡人员的姓名与职务，伤亡原因及具体情况，当时现场处理办法，对现场施工影响，包括在场工人思想情绪的影响等。

（5）收到的各种施工技术性文件、书面指令、口头指令，无论来自项目经理部内部还是外部单位。

（6）现场技术交底与各种技术问题解决过程应作较详细记录。

（7）参与隐蔽工程检查验收的人员、数量，隐蔽工程检查验收的始终时间，检查验收的意见等情况。

（8）业主、监理、设计单位到现场人员的姓名、职务、时间，他们对施工现场与工程质量的意见与建议。

5. 工程影像资料

工程影像资料包括工程摄像、工程照片，它们能良好地再现工程现场情况、施工管理状况。

1）作　用

作为能说明施工确切情况的重要辅助资料，工程影像的拍摄和保存很有必要，尤其是隐蔽工程、关键工序的施工过程、施工质量控制过程。工程影像的作用大致有：① 记录工程经过；② 确认使用材料；③ 确认质量管理状况；④ 作为解决问题时的资料和证据。

2）工程影像的内容

要在施组中制定拍摄计划，摄影者必须充分了解工程项目，理解摄影的目的，在充分把握结构的类型、规模、使用材料的基础上，根据竣工资料、项目管理计划等方面的要求确定拍摄内容。工程影像中，通常具备以下几个要素：日期，工序顺序，场所及施工环境，部位，标识，尺寸，施工状况等。为将以上各要素表示清楚，可借助黑板、卷尺等工具。

3）取景方法

工程影像基本上都不能再补拍，每次拍摄均须认真对待。

（1）全景：一眼即能看清现场整体的进行状况。

（2）局部：表现工程局部实施状况的照片，该点所处位置应能分辨清楚。

（3）利用黑板、卷尺等工具时，黑板上必须记录以下内容：工程名称、建设方、监理方、拍摄日期、拍摄部位、分项工程（如"钢筋工程"）、规格和尺寸（如 400×800，主筋 $\phi 25$，箍筋 $\phi 10@200$）及施工状况等。照片中有黑板、卷尺时，其中的文字或刻度应能辨别清楚，取景时应注意黑板小要过大或过小。为使拍摄对象易于辨别，应清除其他可移动的物体，并应注意光线及阴影。为正确判断被拍摄对象的大小，特别是当拍摄局部时，为正确表示被拍摄对象的大小、长短、粗细、形状，有必要加设卷尺。

1.3.5　统计分析

统计技术是ISO9000族标准的基础之一。统计技术方法很多，常用的测量分析、调查表、头脑风暴法、水平对比法、分层法、排列图、因果图、对策表、树图、关联图、矩阵图、散布图、直方图、正态概率纸、过程能力分析、流程图、过程决策程序图、柱状图、饼分图、环形图、雷达图、甘特图、折线图、砖图、01表、PDCA法、控制图、抽样检验、假设检验、正交试验、可靠性分析、参数估计、方差分析、回归分析、时间序列分析、模拟、质量功能展开、数值的修约以及异常数值的检验和处理等43种统计技术方法应用统计分析技术对施工过程进行实时监控，科学地区分出施工质量、进度的随机波动与异常波动，从而对施工过程的异常趋势提出预警，以便及时采取技术措施、管理措施，从而达到提高和控制的目的，同时也可以有效控制成本。

随机波动是偶然性原因（不可避免因素）造成的。它对产品质量影响较小，在技术上难以消除，在经济上也不值得消除。异常波动是由系统原因（异常因素）造成的。它对施工质量影响很大，但能够采取措施避免和消除。

1.3.6 工程监测

工程监测主要有：对结构物进行如应力、变形、位移、沉降、温度、表观变化等方面的监测，对临时结构安全指标、理论计算假定的监测，对影响工程质量、安全的环境因素的监测。

项目部要根据实施性施工组织设计（方案）所确定的监测任务及所要求的精确度，进一步设计监测方案，监测方法时应考虑其技术要求，确定监测的方法与步骤，包括监测点布置，观测时间与次数，观测精度及其评定方法。选定的仪器与观测点应与监测精度等技术要求相适应。

1.3.7 材料代用

巧用材料代用，可产生一定的经济效益。作为工程结构组成的材料代用必须经过设计单位同意并书面签证后，方可使用。在临时工程施工方案设计前，对库存积压材料、工具进行分析研究，从而进行充分利用。

1.4 测量管理工作

对于整个工程项目来说，计划工作是龙头，而对于工程施工来说，测量工作是龙头，是一切施工项目开始生产建设的前提。

项目测量工作是工程施工的重要工序，也是施工质量控制与检测的重要环节。俗话说，"万事开头难"，项目总工程师要高度重视测量管理工作，开好这个头，为工程施工的成功奠定坚实的基础。

1.4.1 项目测量管理

1. 组建项目测量队

项目经理部组成后，应尽早成立项目测量队。项目总工程师负责组建工作。测量队隶属于项目经理部的技术部门，属项目经理部管理层机构编制。项目经理部的工段或协作队伍，可根据工程需要成立测量组，测量组在测量业务上归项目经理部测量队领导。不设测量组的项目经理部，测量队应承担测量组的测量工作。测量队、组的人员数量必须满足施工需要。测量队队长应具有土木工程专业助理工程师以上职称、从事测量工作3年（测量专业毕业的2年）以上的技术人员担任。负责司仪的人员必须持有测量员岗位证书，其他测工应经基本技能培训合格后上岗。测量队、组的测量仪器、工具配置应符合工程施工合同条件的要求，应根据工程种类配备必要的技术规范、工具书和应用软件。测量仪器、工具必须做到及时检查校正，加强维护，定期检修，使其经常保持良好状态。周期送检的测量仪器、工具应到国家法定的计量技术检定机构检定，测量队负责仪器、工具的送检工作。

2. 重视测量工作

在当代高速公路大发展的重要时期，技术质量标准也相对较高。要做好施工测量工作，项目总工程师要督促测量人员树立精细细、严肃认真的科学态度，了解测量工作在工程中的重要性。重点做好公路平面坐标、高程等测量数据的计算，做到有计算就必须有复核，确保数据的精度和准确性。实际工作中要熟练掌握仪器操作和测量的方法，对不同的测量对象选用不同的方法及精度要求来进行控制，确保结构物的几何尺寸和线型准确。应尽可能推广应用先进的新技术和新设备，在保证精度要求的前提下提高工作效率。

任何施工项目都需要测量工作的密切配合，特别是结构复杂、质量标准高、施工难度大的工程项目，更需要测量工作的有力支持。测量工作的好坏，直接影响到工程的进度与质量乃至经济效益的发挥。

项目总工程师要认识到测量工作对工程质量、进度及工程成本控制的重要性。在工程施工中，测量工作必须先行，只有将设计点位测设于实地后，工程施工才能开始进行，这对工程的进度有着决定性的影响。项目经理部应当重视测量工作，加强领导和监督。根据测量队的工作特殊性，为其创造良好的工作和生活条件，保证必要的交通、后勤服务。

3. 加强测量成果的校核，防止测量事故的发生

测量成果不允许有任何差错，否则将造成重大的经济损失，在工程质量和进度上也将造成难以挽回的不利影响，这就要求施工过程中对测量成果的校核工作要及时，走在施工的前头，以保证施工的顺利进行。对隐蔽工程，测量成果的校核更要仔细、全面。测量工作必须严格执行测量复核签认制，以保证测量工作质量，防止错误，提高测量工作效率。

测量工作是一项精确、细致的工作，贯穿于整个施工过程中，要求项目总工程师自始至终均给予高度重视，不能有半点马虎和懈怠。对测量人员的管理，仪器的保管与操作，测量的方法与程序等，都要从制度上加以完善，建立一套项目工程测量的规章制度，并形成测量成果的校核和复核体系，以确保工程的质量和进度，杜绝测量事故的发生。测量外业工作必须构成闭合检测条件。控制测量、定位测量和重要的放样测量必须坚持采用两种不同方法（或不同仪器）或换人进行复核测量。利用已知点（包括平面控制点、方向点、高程点）进行引测、加点和施工放样前，必须坚持"先检测后利用"的原则。

4. 测量工作的程序和原则

测量工作从布局上按"由整体到局部"，逐级加以控制。在程序上按"先控制后碎部"的原则进行，即先完成控制测量，再利用控制测量的成果进行施工放样。在测量精度上，遵循"由高级到低级"的原则，控制测量的精度要求高，施工放样的精度相对较低。

工程项目要积极推广使用各种先进的测量仪器和现代化的测量方法，以提高测量精度和工效，满足施工需要。

5. 项目测量工作的内容

（1）参加设计交桩工作，导线点复测。
（2）控制测量工作。
（3）施工放样测量。
（4）交工测量。
（5）竣工测量工作。
（6）测量仪器与工具的日常维护保养。
（7）测量记录与资料的管理。

1.4.2 设计交桩及导线点复测

测量队必须在项目总工程师的带领下，参加由驻地监理工程师组织的设计控制点位的交接桩工作，随后马上进行平面、高程控制点位的复测，并将复测成果报监理工程师审核批准，以尽快开始建立控制测量网的工作。

（1）按照设计单位和监理工程师提供的资料，现场逐一接收平面、高程控制点桩、交点桩、断链桩、合同分段桩、重要结构的控制点桩，并按监理工程师的要求，办理交接桩签认手续。

（2）接桩后，与桩址所在地的业主办理桩址占地使用、桩志保护合同，清理桩址周围杂物，建立醒目的测量桩位标志。

（3）根据交桩资料和设计文件进行控制点复测及恢复定线工作，主要内容有：平面、高程控制点，线路中线、转角点，合同分段桩，重要结构的中心桩的复位测量。

复测工作开始之前，应向监理工程师提交复测开工报告。复测开工报告批准后，应在监理工程师旁站下进行复测，在合同规定的期限内完成，复测成果上报监理工程师批准。

1.4.3 控制测量

为限制误差的累积与传播，满足施工的精度需要和标准要求，在施工前先要进行工程整体的控制测量。控制测量是指在整个施工范围内，选定若干个具有控制作用的点，组成一定几何图形的控制网，用精密的测量仪器和工具进行外业测量，再根据外业资料，用准确的计算方法，确定控制点的精确平面位置和高程。控制测量分为平面控制测量和高程控制测量两种。按照控制点之间组成的不同几何图形，平面控制测量又分为导线测量和三角测量。高程控制测量根据测量高程的方法不同，分为水准测量和三角高程测量。建立平面控制网可采用GPS（全球定位系统）测量、导线测量、三角测量和三边测量等方法。

测量队在熟悉设计文件中的路线和结构工程的平面、纵横断面图的基础上，根据施工技术规范的要求和施工的需要，确定利用原设计控制网点加密或重新布设测量控制网点，进行施工控制测量。控制测量方案应报监理工程师批准，测量精度和网点的选点、造标、埋石应符合有关规范的规定，测量成果应经监理工程师复核认可。

项目总工程师要结合每个工程的实际情况，建立符合本工程地理环境、人文环境的平面和高程控制系统，并在测量过程中不断完善，直到工程顺利竣工。平面和高程控制系统需定期校核，一般控制网要半年复核一次，并应经常巡视检查，如有丢失、移动，应及时检查核对、补设。原则上每隔半年在雨季和冬季之后对控制网进行检查校核。

控制测量工作分为外业和内业两部分。外业工作包括踏勘选点、建立点位标志、测量边角并与高级点联测，内业工作则是根据已知数据和外业观测资料，通过对误差的计算与调整，最后得出各导线点的三维坐标数据。外业作业应尽量避开不良天气的影响，以取得较高的测量精度。

1. 导线测量

将测区内的相邻控制点用直线连接起来，所构成的连续折线，称为导线，其控制点则称为导线点，相邻控制点间的距离称为导线边长，相邻导线边之间的水平夹角称为转角。导线测量就是依次量测各导线边的长度和各转角，再根据起算边的方位角和起算点的坐标，推算各导线点的坐标。

导线的布设有闭合导线（环形导线）、附合导线、支导线（自由导线）三种不同的形式。导线测量的等级按精度可划分为三等、四等、一级、二级和三级导线，其主要技术指标按照《公路勘测规范》（JTJ061—99）表 4.1.4 的规定执行。

导线测量是建立小区域平面控制网的一种常用方法，主要包括以下工作：

（1）踏勘选点，确定点位，建立桩点标志。

（2）测边，用测距仪或全站仪测定。

（3）测角。按前进方向，统一按左角或右角观测导线的转折角。

（4）与已有的高级控制点联测。

（5）整理外业观测资料，进行内业计算，得出各导线点的平面坐标。

2. 三角网测量

三角网测量即小三角测量，是指将测区内各控制点相互联结成三角形，由此构成由若干个单三角形组成的三角网（锁），然后用三角测量或三边测量的方法取得角和边的数据，通过平差计算得出各三角点的坐标。

三角网的布设有单三角锁、中点多边形、大地四边形和线形三角锁等形式。三角网测量的等级按精度可划分为二、三、四等和一级、二级小三角五个等级，其主要技术指标按照《公路勘测规范》（的规定执行。

三角网测量的外业工作与导线测量类似，主要包括以下工作：

（1）踏勘选点，建立桩点标志。

（2）测量起始边（基线），基线的精度要求高，要严格按规范操作。

（3）观测水平角，按测回法或全圆测回法进行。

（4）内业计算，包括整理外业观测、角度闭合差的计算与调整、基线与边长的计算、方位角的推导、坐标增量的计算和三角点坐标的计算。

3. GPS 测量

GPS 是"Global Positioning System"的缩写，意为"全球卫星定位系统"，是由美国政府花二十余年建立起来的系统。该系统拥有 24 颗人造卫星，排列在 6 个近似圆形的轨道上，卫星高度约 2 万千米。这种设计方案保证地球上任何地方、任何时刻都能收到至少 4 颗卫星发出的信号，再通过设在地球上任何地方的接收机接收人造卫星发出的电波并进行解析，以测量出该处的位置，进行快速定位。GPS测量具有精度高（达毫米级）、观测时间短、测站间不需要通视和可全天候作业等优点，并使三维坐标的测定变得简单。GPS已广泛应用到工程测量的各个领域，并用于公路工程中控制网的测量。GPS主要由卫星、控制机构和接收系统三大部分组成，测量者所使用的部分主要是接收系统。

GPS的接收系统包括接收机、天线及计算和解析程序。接收机的主要功能是对来自卫星的复杂而大量的信号进行处理、解析和记录，内有非常高级的电子线路，面板上有显示器和输入键，用于选择和数据输入。天线的功能是接收从GPS卫星发来的微弱高频电波，并变换为低频波，经放大后再送入接收机。在固定点，天线是设在三脚架上的，它和常规测量仪器一样要进行整平、对中及测天线高。动态测量用的移动式天线安装在测杆上。GPS卫星绕轨道旋转时速度约为4 km/s，接收机从卫星传来的信号中接收大量的数据，并从中计算出精度达毫米级的距离。处理这项工作的计算和解析程序可用于普通计算机。为了以较低精度的信号获得较高精度的结果，人们研究了很多其他的GPS定位技术方法，包括定位方法和后数据处理方法等，其中有相对定位法和相位差分等。目前GPS的测量方法分为"单点定位（绝对定位）"和"相对定位"两类，均属于后处理定位技术。

单点定位法使用一台接收机和天线求所在地的位置，精度是从数十米至100米，不宜用于工程测量定位，但完全可以满足军事上的要求。相对定位法则使用两组以上的接收机和天线求观测点的位置，有差分法和干涉定位法两种方法，目前大多采用干涉定位法。采用GPS测量控制网时，其技术标准按《公路全球定位系统（GPS）测量规范》的规定执行。

GPS测量工作同其它测量一样，也包括外业和内业两个工序：

（1）外业工作，包括选点、建立观测标志、野外观测及外业成果校核等。

（2）内业工作，包括GPS测量的技术设计、测后数据处理等。

4．高程控制测量

一般的高程控制测量采用水准测量，在山岭地带及沼泽、水网等地形复杂地区，可采用三角高程测量方法。

实施一般高程控制测量要注意以下问题：

（1）在进行高程控制测量前，必须对水准仪进行检验和校正，一般应有圆水准器轴与仪器竖轴平行、目镜的十字丝与竖轴垂直、水准管轴与视准轴平行的检验和校正。

（2）水准尺应使用分划为毫米的双面尺，并配有水准器和尺垫。

（3）测量过程中应注意选择合适的仪器安置点使前、后视的距离大致相等，以消除系统误差。读数时可采用"摇尺法"。

（4）每一测段的水准路线上，应进行往、返测，以消除水准尺垂直位移的误差影响。

进行三角高程测量时，要进行地球曲率和大气折光的改正，即球气两差改正。如在短时段内进行对向观测，可不考虑球气两差的影响。

公路工程高程控制测量一般采用三等、四等和五等的精度，其主要技术指标按照《公路勘测规范》的规定执行。

1.4.4 施工放样测量

施工放样测量就是根据工程需要，将设计的工程实体结构的平面位置和高程，按设计和规范的要求敷设到现场待施工的位置上,并在施工过程中有序进行一系列的测量工作,以衔接和引导各工序间的施工。

测量放样是一项多工序的集体工作,测量小组的每个成员必须在各个工作环节中同心协力、互相配合,才能把工作做好。施工测量包括道路、桥梁和隧道施工测量,工程位移、裂缝与变形观测等。

1. 施工放样测量的方法

任何工程实体均由点、线、面组成,根据连点成线、线动成面、面动成体的原理,施工放样测量的基本方法就是根据已知点的平面位置和高程来确定未知点的位置,即将施工图上的几何尺寸准确无误地放到现场位置上。

点的平面位置的测设方法,有直角坐标法、极坐标法、角度交会法(方向线法)和距离交会法等。放样时要根据现场地形条件,合理选用适当的测设方法。在目前全站仪普遍使用的条件下,最常用的是极坐标法。极坐标法是指在极坐标系中,通过待测点相对于测站点和后视边的距离和转角,来确定放样点的位置。此办法最适合于经纬仪加测距仪或仅用全站仪测设。

2. 利用控制网点设置常用的施工用控制桩

测量组在工点开工前,要在熟悉施工图的基础上,利用控制网点设置施工用控制桩。主要有:

(1)路基中心桩、边桩。
(2)涵洞中心桩、出入口桩及十字线护桩。
(3)桥梁的墩台中心桩及其护桩。
(4)隧道的进洞方向桩、洞门桩、仰坡放样桩。
(5)各工点的水准基点桩,大工点不得少于3个,小工点不得少于2个。

对设置的施工用桩,要注意保护,经常复核。如遇丢失、移动,及时补设。工点开工报告中,应有施工用桩设置的内容。在技术交底时,向工点施工负责人现场交桩。

3. 利用施工用桩进行施工放样测量

施工过程中,测量组利用施工用控制桩进行施工放样,主要内容有:

(1)路基施工路段的中线、边线放样,各层高程测量。
(2)平曲线、竖曲线的测设。
(3)路面中、边线放样,各层施工高程放样。
(4)桥涵基础、墩台施工放样,支座位置放样,上部结构预制台座,现浇施工、预制安装测量放样。
(5)隧道施工洞内中线、高程测量,断面及衬砌施工测量放样。

4. 施工放样测量应注意的问题

施工测量管理工作中应把握以下问题:

(1)周密安排,注重测量程序。

根据单位、分部、分项工程直到具体工序,从整体上做好周密计划,分清主次与轻重缓急,安排组织好每一个施工测量的环节,使放样工作和施工工序紧密衔接。在测量放样布局上,按照"由整体到局部"的程序逐级加以控制。

(2)加强图纸与放样数据的审核工作,重视放样成果的现场检查。

全面阅读与审核设计图纸,尽早发现设计错误并处理。放样的计算数据要指定专人核对,测量完成后要对放样成果用不同的方法当场检查,以免因疏忽大意或意外因素造成不必要的测量质量事故。

(3)认真做好记录,保存好测量资料。

施工测量中必须认真做好记录,连同放样资料一起保存。使用全站仪时要及时传输并贮存数据,以防丢失。

(4)测量仪器的使用与保管。

使用仪器之前应认真阅读使用说明书,确保仪器的正确使用。严格按照操作规程工作,重视工地现场环境下的仪器保护,在仪器的搬运过程中要防止碰撞及震动。仪器装箱的位置要正确,关箱后扣好。测量仪器必须有专人保管,不得随意拆卸仪器。平时应保持仪器干净清洁,防止阳光暴晒、雨淋和受潮。

(5)测量安全。

对测量人员要进行安全教育,组织学习安全操作规程,严格执行"安全第一,预防为主"的方针。具体要强调以下几点:

进入施工现场必须戴安全帽,水上作业必须穿救生衣;仪器架设后操作人员不得离开仪器,在路边架设仪器须有专人保护,设交通标志;严禁塔尺、花杆等测量器具触碰空中和地面上的电缆特别是裸露电缆。注意施工现场各种交叉作业可能引起的安全问题,上支架测量须设置人行梯。

(6)环境保护。

施工测量中要注意环境保护,废弃的木桩、油漆桶和记号笔等不得随地乱扔,须按照当地的环保规定统一处理。

1.4.5 交、竣工测量

交、竣工测量资料是交、竣工验收的重要依据。工程项目要按照各分项工程尤其是地下隐蔽工程完工的时间顺序阶段性地进行交、竣工测量,经监理工程师签字确认后妥善保存。全部工程完工后,要对其进行一次全面的测量检查,所取得的数据文件连同分项工程竣工测量资料一起形成交、竣工测量成果报告书,以作为交、竣工验收的重要依据,也是竣工资料中的一项重要内容。

公路工程交、竣工验收测量的主要内容有:

(1)中心线位置。

(2)横断面位置。

(3)平面位置与布置。

(4)工程用地范围。

(5)道路结构。

(6)路面标高及桥梁净空。

（7）管线位置、埋置深度，管线尺寸及电缆总数，架空线的架空高度。

（8）业主的其他要求。

交、竣工测量资料是工程项目今后维修养护以及改线、扩建工程设计与施工的重要依据，也是其它交叉工程的重要参考资料。

1.4.6 测量误差的基本知识

1. 测量误差的来源

测量误差产生的原因主要有：观测者本身、仪器设备、外界自然条件和观测方法等因素。这些因素的综合称为观测条件。

2. 测量误差的分类及性质

在相同的观测条件下，根据观测误差在大小及符号方面表现出的规律可将测量误差分为两类，即系统误差和偶然误差。误差在大小和符号上表现出系统性和累积性，如按一定的规律变化、或保持常数，具有这种性质的误差称为系统误差。误差在大小和符号上没有明显的规律，且不可避免，具有这种性质的误差称为偶然误差。

偶然误差具有四种特性：

（1）误差的范围，在一定的观测条件下，偶然误差的绝对值不会超过一定的限度。

（2）误差值大小的规律，绝对值较小的误差比绝对值较大的误差出现的概率大。

（3）误差符号出现的规律，绝对值相等的正误差与负误差，其出现的机会均等。

（4）偶然误差具有抵偿性，当观测次数无限增多时，偶然误差的算术平均值渐趋于零。

3. 消除和减弱测量误差和错误的措施

测量工作中系统误差和偶然误差一般会同时产生，通常先设法消除和减弱系统误差的影响。在正规的观测结果中，按正规程序和方法进行操作和观测后，存在的主要是不可避免的偶然误差。消除和减弱系统误差的措施有，对工具进行检定，对成果进行改正；检验和校正仪器；采用合理的观测方法，使误差自行抵消或减弱到最小程度。减小偶然误差，提高观测精度的有效方法是增加观测次数。由于观测者本身的失误或疏忽造成的误差称为粗差，如仪器操作错误、读错、记录错误等。粗差不属于误差范畴，是测量错误。为防止出现粗差，要求测量人员努力提高技术熟练程度，测量时必须遵守测量规范，按规定要求认真操作、随时检查，并进行结果校核。

4. 误差精度评定

所谓精度，是指误差分布的离散程度。测量误差理论主要是研究偶然误差，对偶然误差进行精度评定。

测量时根据观测条件的不同，可分为等精度观测和不等精度观测两种：

（1）等精度观测，是指观测者、外界环境条件和使用仪器都相同时的观测，也称为同精度观测；

衡量等精度观测的测量精度标准有中误差、极限误差和相对误差。

① 中误差（亦称标准差或均方差）

一组等精度观测值的中误差：

$$m = \pm\sqrt{\frac{[vv]}{n-1}} \quad （贝塞尔公式）$$

实际工作中，因观测次数有限均以算术平均值作为未知量的最或是值（真值），上式中 v 是一组等精度观测值的算术平均值与某一观测值的差。

一组等精度观测值的算术平均值的中误差为：

$$m_d = \pm\frac{m}{\sqrt{n}} = \pm\sqrt{\frac{[vv]}{n(n-1)}}$$

上式中 n 为观测次数，m 为一组等精度观测值的中误差。

② 极限误差（又称容许误差）

实际工作中由于观测次数不会太多，可认为大于三倍中误差的偶然误差不应该出现，而以两倍中误差作为偶然误差的极限值，称为极限误差或容许误差，简称限差。

③ 相对误差

相对误差为绝对误差与相应近似值之比，通常用中误差与观测值之比，且将分子化为 1 的分式来表示。相对误差没有单位和正负号。

作为分子的绝对误差可以用不同的精度标准，如中误差、极限误差或闭合差等，分别称为相对中误差、相对极限误差或相对闭合差。

（2）不等精度观测，是指观测者、外界环境条件和使用仪器都不相同时的观测，也称为不同精度观测。

一组不等精度观测值的相对精度用权（P）来衡量。

$$P_i = \frac{\mu^2}{m_i^2} \quad (i = 1, 2, \cdots, n)$$

式中　μ ——任意设定的常数。

加权平均值中误差计算公式：$m_x = \pm\dfrac{\mu}{\sqrt{[P]}}$

1.4.7　测量仪器的品牌与参数

1. 部分知名测量仪器品牌

PENTAX：宾得。日本旭精密株式会社品牌。
Trimble：天宝。美国天宝出口有限公司品牌。
Ashtech：阿什泰克。美国阿什泰克公司品牌。
Topcon：托普康。日本株式会社品牌。
LEICA：徕卡。瑞士徕卡集团公司品牌。
SOKKA：索佳。日本索佳公司品牌。
THALES：泰雷兹。法国泰雷兹导航定位公司品牌。
Nikon：尼康。日本尼康公司品牌。
博飞：北京光学仪器厂产品。

2. 仪器参数的意义

DSn——我国的水准仪系列有 DS0.5、DS1、DS3、DS10、DS20 五个等级。如 DS3 中，"D"和"S"是"大地测量"和"水准仪"汉语拼音的第一个字母，其下标表示该仪器每 Km 往返高差的偶然中误差不超过 ±3 mm，即仪器的精度。

DJn——国产经纬仪系列有 DJ0.7、DJ1、DJ2、DJ6、DJ15 和 DJ20 六个等级。如 DJ2 表示该类仪器一测回水平方向中误差不大于 ±2″，其中"D"、"J"分别为"大地测量"和"经纬仪"的汉语拼音第一个字母。

1.5 试验管理工作

项目试验技术管理工作，包括试验技术和试验管理两方面的内容。试验技术工作主要是指具体的试验项目，按有关操作规程进行测试，得出相应的检测数据，再进行计算、分析和评定，最后同有关标准、规范或设计文件进行比较，做出相应的结论。试验管理工作是指对项目的总体试验技术工作，是全方位的综合管理工作，明确项目试验室在公路工程施工过程中的各个阶段应做哪些工作，合理地组织安排试验技术工作，保证项目试验检测工作能满足工程质量和施工进度的要求，确保工程质量。项目总工程师一定要了解、支持项目试验室的工作，在管理上给予指导，在工作中给予支持，根据工程进度情况及时作好试验工作计划，使项目试验室的工作与施工需要同步，使项目试验室在节约材料、节约资金、加快施工进度、提高工程质量等方面发挥最大优势。

1.5.1 项目试验工作的目的和意义

项目试验检测工作是公路工程质量管理的一个重要组成部分，是工程质量科学管理的重要手段。客观、准确、及时的试验检测数据是公路工程实践的真实记录，是指导、控制和评定工程质量的科学依据。公路工程试验检测的目的和意义是：

（1）用定量的方法，对用于公路工程的各种原材料、成品或半成品，科学地鉴定其质量是否符合国家质量标准和设计文件的要求，对其做出接收或拒收的决定，保证用于工程的原材料都是合格产品，是控制施工质量的主要手段。

（2）对公路工程施工的全过程，进行质量控制和检测试验，保证施工过程中的每个施工部位，每道工序的工程质量，均满足有关标准和设计文件的要求，是提高工程质量，创优质工程的重要保证。

（3）通过各种试验、试配，经济合理地选用原材料，为企业创造良好的经济效益打下坚实的基础。

（4）对于新材料、新技术、新工艺，通过试验检测和研究，鉴定其是否符合国家标准和设计要求，为完善设计理论和施工工艺积累实践资料，为推广和发展新材料、新技术、新工艺作贡献。

（5）试验检测是评价工程质量缺陷、鉴定和预防工程质量事故的手段。通过试验检测，为质量缺陷或事故判定提供实测数据，以便准确判定其性质、范围和程度、合理评价事故损失、明确责任，从中总结经验教训。

（6）分项工程、分部工程、单位工程完成后，均要对其进行适当的抽验，以便进行质量等级的评定。

（7）为工程竣工验收，提供完整的试验检测证据，保证向业主交付合格工程。

（8）试验检测工作及试验检测基本理论、测试操作技能和公路工程相关学科的基础知识于一体，是工程设计参数、施工质量控制、工程验收评定、养护管理决策的主要依据。

1.5.2 项目试验工作的任务

（1）在选择料场和确定料源时，对未进场的原材料进行质量鉴定，根据原材料质量和经济合理的原则，选定料源。

（2）对运到施工现场的原材料，按有关规定的频率进行质量鉴定。

（3）对外单位供应的构件、成品、半成品，在查验其出厂质检资料后，做适量的抽检验证。

（4）对各种混合料的配合比进行设计，在确保工程质量的前提下，经济合理地选用配合比。

（5）负责施工过程中的施工质量控制。

（6）负责推广研究应用新材料、新技术、新工艺，并用试验数据论证其可靠性。

（7）负责试验样品的有效期保存，以备必要时复查。

（8）负责项目所有试验资料的整理、报验、保管，以利竣工资料的编制、归档。

（9）参加各级组织的质量检查，并提供相应的资料；参与工程质量事故的调查分析，配合做好各种试验检测工作。

（10）对一些项目试验室无法检验的项目，负责联系委托外单位试验。

（11）协助配合工程监理、业主和当地质量监督部门的抽检工作。

（12）做好分包工程的试验检测和质量管理工作。

1.5.3 项目试验工作的依据和评定标准

项目试验室必须具备与本工程相适应的有关技术标准、操作规程、施工规范及本工程的设计文件。这些都是试验检测操作的依据和质量合格与否的评定依据。没有上述的齐全资料，项目的试验检测工作将无法正常开展，工程质量也无法得到保证。

（1）试验检测的依据：主要是现行交通部部颁公路工程试验规程，同时也参照应用部分建设部部颁规程及部分国家标准试验方法。

（2）试验检测后的评定标准：包括交通部部颁评定标准和相关施工技术规范及有关建筑材料的国家标准和本工程的设计文件。

（3）标准、规范、规程，随着科学技术的不断发展，新材料、新技术、新工艺的不断涌现，随时都可能修订，实际应用时，应及时采用最新版本。

1.5.4 试验规章制度

项目试验室应建立、健全各项规章制度，并严格遵照执行，试验站（点）也按项目试验室的各项规章制度执行。具体应包括以下制度：

（1）试验仪器设备管理制度。

（2）试验文件、技术规范、试验规程管理制度。

（3）试验检测记录、报告的填写与检查制度。

（4）试验室安全制度。

（5）试验质量保证制度。

（6）试验委托制度。

（7）标准养护室管理制度。

（8）试验台账制度。

（9）检测事故分析报告制度。

（10）按业主及上级机关要求应建立的其他制度。

1.5.5 项目试验室

项目试验室是项目经理部技术质量保证体系的重要一环，它对确保工程质量和工程进度，为企业创造经济效益等方面起着重要作用。

1. 项目试验室类型

《公路水运工程试验检测管理办法》规定公路工程专业分为综合类和专项类。公路工程综合类设甲、乙、丙3个等级。公路工程专项类分为交通工程和桥梁隧道工程。

（1）交通部质监总站负责公路工程综合类甲级、公路工程专项类和水运工程材料类及结构类甲级的等级评定工作。

省站负责公路工程综合类乙、丙级和水运工程材料类乙、丙级、水运工程结构类乙级的等级评定工作。

（2）取得《等级证书》的检测机构，可设立工地临时试验室，承担相应公路水运工程的试验检测业务，并对其试验检测结果承担责任。工程所在地省站应当对工地临时试验室进行监督。

按上述要求，施工项目试验室属于工地临时试验室。对于大型工程项目还应在各分部建立流动试验室。

2. 项目试验人员的考试取证

（1）项目试验管理办法第九条中规定检测人员应当通过公路水运工程试验检测业务考试。

检测人员考试的组织、实施由质监总站统一管理。具体要求见《公路水运工程试验检测人员考试办法（试行）》制监办字〔2005〕71号（2005.12.08）。

（2）公路检测工程师考试科目为：路桥基础、路基路面、桥梁隧道和交通工程。

路桥基础内容包括：土工试验、材料试验、几何线形和交通工程（不含机电）。路基路面内容包括：沥青及沥青混合料、无机结合稳定材料、路基路面现场检测。桥梁隧道内容包括：结构混凝土、桩基、地基基础、桥梁隧道结构及构件检测。交通工程内容包括：交通安全设施、机电工程。

① 路桥基础及路基路面考试合格者为道路专业检测工程师。

② 路桥基础及桥梁隧道考试合格者为桥梁隧道专业检测工程师。

③ 交通工程考试合格者为交通工程专业检测工程师。

（3）公路检测员考试科目为：材料试验、工程检测和交通工程。

材料试验内容包括：土工试验、建筑材料及其混合料。工程检测内容包括：路基路面、桥涵、隧道、交通工程（不含机电）、几何尺寸等。

交通工程内容包括：交通安全设施、机电工程。

① 材料试验及工程检测考试合格者为道桥专业检测员。

② 交通工程考试合格者为交通工程专业检测员。

（4）申请考试的试验检测人员，应符合办法规定的基本条件。

（5）考试实行网上报名。申请考试者向所在地省站提交申请材料，申请表须经其所在单位或人事档案管理部门审核盖章。

（6）检测工程师考试结束后，由省站将考试信息报送质监总站，质监总站核准后组织评分，并对考试合格者颁发《公路水运工程检测工程师证书》。

（7）检测人员证书有效期为5年。有效期内，检测人员应按规定参加继续教育。继续教育内容和时间由质证书监总站制定。

检测人员证书到期，发证部门应对其参加继续教育情况及业绩信誉记录进行核查。核查合格的由相应的质监机构在证书上加盖印章，核查不合格的，视情况限期整改，或按《公路水运工程试验检测管理办法》第五十条执行。检测人员在整改期间不得从事试验检测业务。

1.5.6 试验室的安全管理

为规范全局的试验室安全管理工作，确保试验人员的安全和健康，控制和预防试验工作中的安全事故，项目试验室应指定人员专门负责试验室的安全工作，并纳入隶属单位的安全和环境管理体系。

1. 试验室的危险源

试验室的危险源分为以下五类：

（1）火灾危险源：烘箱、电炉、冬季取暖用火炉、电线和易燃物品等。

（2）用电设备危险源：电源、导线和用电设备等。

（3）试验设备危险源：万能材料试验机、混凝土压力试验机、水泥及水泥混凝土搅拌机、沥青混合料拌和机、核子密度仪等。

（4）试验用材料危险源：放射性物品、腐蚀性物品、易爆物品、化学试剂和粉尘材料等。

（5）试验室环境危险源：试验室所处位置附近的变压器、高压线、危险地形、危险建筑物等。

2. 易燃、易爆、腐蚀性、放射性物品等均属危险物品

3. 工地环境中的危险因素

1）工地现场交通安全

乘坐交通工具去工地时，须遵守本单位的交通安全规定，不得强行拦车、扒车或坐在自卸车后斗里；在工地现场取样时，须先放置好安全标志，注意来往的施工机械，严禁在平地机、压路机、洒水车等施工机械的阴凉下操作、休息。

2）现场试验操作安全

（1）在水泥混凝土拌和站取样及测坍落度时，严防机器搅拌叶片和传动带伤人；在沥青混合料拌和站取样或试验时，严防被沥青高温烫伤及机器碰伤。

（2）做钻孔桩的泥浆比重等试验时，要注意取样安全和钻机周围的环境，防止钻机、钻锥、掏渣筒等机具碰砸伤人，严防掉入孔内。

（3）在钢筋加工现场取试件时，要注意钢筋加工机械操作的安全，严防被碰伤、砸伤、划伤。

（4）在预应力构件压浆现场，不得站在构件出浆口方向，以防灰浆飞溅伤人。

（5）在水泥混凝土罐车上取样时，要事先与司机协商好，征得同意后再取样。

（6）在沥青施工中，需到沥青混合料运输车上测温时，须事先与司机协商好，征得同意后再上车测温。

3）工地用电安全

在工地取芯取样等使用电机时，接线应由电工进行，操作时严禁用湿手、湿布接触电源开关；在电焊现场要防止电弧烧伤眼睛。

4）工地环境安全

（1）在工地现场试验时，应注意立体交叉作业中的安全特别是高空作业的安全，戴好安全帽，穿好防滑鞋，在脚手架上小心行走。

（2）注意远离爆破作业区域。

（3）在隧道中进行试验工作时，要注意隧道的通风情况，并注意检测空气中的有毒气体含量，特别要注意隧道中的塌方及爆破作业等危险情况。

（4）雷雨天注意防雷电，要避开高大建筑物，严禁在大树下避雨。

5）特殊季节与夜间施工安全

雨季施工时在工地现场要注意防洪。冬季注意保温防冻。高温季节尽量避开高温时间，并采取防暑降温措施。夜间试验时要注意护栏和红灯警示标志，防止摔伤、碰伤。

4. 试验室的环保工作

（1）试验室应设置消防器材，并按规定及时检查、更换，不得随意挪动位置或挪作他用。

（2）危险物品应有专人负责，设专室保管。购买危险品须填写购买申请，经单位负责人批准后统一购买。危险品的发放采用限额发放制度，严格履行出入料库的手续，任何人不得私自保存。

（3）危险品料库应按相关规定与周围的建筑、水源、火源、电源等间隔一定的安全距离，并采取相应的安全措施，晚间和节假日有警卫值班。

（4）进行材料力学性能试验的机器，须在其试件放置位置周围设置防护罩，以防止试验中飞溅碎块和钢渣伤人。其他需要有防护装置的仪器设备，也要安装相应的防护装置。

（5）禁止在试验室内抽烟、烘烤食物；建立卫生值日制度，保持试验室内外清洁卫生、整齐有序。

（6）必须采用符合环境保护要求的方式慎重处理试验室的废弃物和其他有害物质。

（7）严禁非试验人员触摸及使用试验室的设备。

（8）保证试验室的安全，下班后与节假日要切断电源、水源、关好门窗；需要恒温和补水的设备要安排人员值班。

（9）试验室应有上、下水设备，并设置沉淀池、污水处理等设施，下水道要保持畅通无阻。

（10）防止试验室内的粉尘和有害气体危害健康，试验室应有通风换气设备，以保持室内空气流通。使用煤气时严防煤气中毒。

5. 试验人员的安全防护

（1）到工地进行现场试验时，必须执行工地安全工作规定。

（2）试验人员进行工地现场试验时，必须配戴安全帽，穿防滑鞋，在高空作业区必须系好安全带，在水上作业区必须穿好救生衣。

（3）做沥青试验时，加热过程中注意防火，操作时严防烫伤。

（4）试验人员要按操作规程从事作业，严禁违章操作，严防烫伤、烧伤、砸伤、触电及其他事故发生。

（5）试验机具在工作中出现不正常情况时，应立即停机检查，不得在机具运转中擦洗、修理。严禁将头、手及工具伸入机械行程范围内。

（6）不准带电搬运电器设备，不准带电清洗仪器、设备上的尘土。

（7）核子密度仪的保管和使用，要严格按照使用说明书的要求操作，防止辐射污染。

（8）在有粉尘、有害气体污染的场所，试验人员要带好口罩及相应的防护设备。

1.5.7 试验室设置原则和组织机构

1. 试验室设置原则

项目经理部应建立符合相关标准、规范要求的项目中心试验室，并根据工程规模大小和工程内容的不同，在各工区设工区试验室，重要工点设试验站（点）。

2. 组织机构和人员配备

1）组织机构

项目中心试验室在项目总工程师的领导下开展试验检验工作，项目中心试验室在业务上受上级技术主管部门的领导，同时还须接受业主、质量监督站和监理工程师的监督和检查。工区试验室是项目中心试验室的派出单位，受项目中心试验室的领导。试验站（点）是由工区试验室的派出设置，受工区试验室的领导。项目中心试验室须持有上级检测机构的授权书，并经当地质量监督部门进行相应等级的计量认证和试验室临时资质认证。上级检测机构应具有相应的检测资质。

2）试验人员配备

项目中心试验室设试验室主任1名，试验检测员4~6名，试验工若干名（根据试验任务确定具体人数）。工区试验室设试验室主任1名，试验检测员2~3名，试验工若干名。每试验站（点）至少设1~2名试验检测员，试验工1~3名。

3）试验人员条件

项目中心试验室和工区试验室主任应取得试验检测工程师资格或具有中级技术职称，对重点工程的试验室主任，应具有五年检测经历。试验检测员应取得试验检测员资格或具有初级及以上技术职称。试验工能按试验检测员指定的程序完成任务。

3. 岗位职责

1）检测机构职责

项目中心试验室和工区负责各种配合比的设计、原材料试验、施工现场质量控制；对工区试验室和试验站（点）工作的抽查、监督、指导；负责工程项目所有试验工作的管理、试验检验资料的复核、上报等工作。工区试验室负责现场施工全过程质量控制的检验和试验。试验站（点）负责压实度的检查、水泥混凝土试块的制作、施工现场砂、碎石（卵石）筛分及含水量的测定等。水泥混凝土施工中坍落度的检测、各种原材料的取样、送样工作。施工现场检测申请的填写，协助监理、试验管理层的抽检工作。

2）人员职责

（1）试验室主任岗位职责

对项目经理和项目总工负责，完成并定期汇报试验室的工作，对试验室的试验检测及行政工作负全面的领导责任。负责完成项目经理部下达的各项试验检测任务。为工程的正常施工质量控制提供准确的试验检测数据。负责贯彻执行国家和行业的有关技术政策法规、技术标准、施工规范和试验规程。领导和组织中心试验室的各项试验检测工作，在开工前提出试验检测计划，上报项目总工审批后贯彻实施。负责试验记录、报告、台账的建立，做好试验资料的整理归档工作。领导建立试验仪器设备台账，组织做好试验设备的使用、保养和维护，并按规定周期及时送检。组织收集各类试验科技信息，努力学习新技术、新试验规程和新测试方法，做好新技术、新材料的试验和推广应用工作。负责本试验室试验人员的专业知识学习、业务技术培训和思想教育工作。

（2）试验检测员职责

严格执行试验规章制度，认真完成试验室下达的试验检测任务。严格按照技术标准、试验操作规程及合同要求进行检验和试验。做好试验检测前的准备工作，正确取样、分样和备料，核对仪器、设备量值和运转情况，环境条件是否符合试验检测条件的要求。严格按照技术要求，实事求是地逐项填写试验检测原始记录，按标准要求正确处理检测数据。对出具的试验记录、报告的正确性负责，并按规定程序上报。严格按操作规程使用仪器设备，做到事前有检查，事后有维护、清理、加油、加罩。严格执行安全制度，做到文明检验，离开岗位时检查水电源，防止事故发生。认真钻研业务，努力学习新标准、新技术、新的检测方法，提高试验检测水平。

（3）试验工职责

严格按照检测员所要求的程序进行试验，服从领导，工作严肃认真，协助检测员完成各项检测任务。仪器使用完后及时清理干净加罩，混凝土试模等要清除干净上油，保持试验室（试验站）的环境卫生。

1.5.8 项目试验室的主要设备配置

（1）仪器设备应根据工程项目合同的要求、工程施工内容、工程量的大小、施工技术规范的规定、试验检测的种类及要求来进行配备。

（2）一般试验频率较大，对工程质量控制及对检测影响较大的设备必须配备；项目试验室因条件所限无法开展的少量项目的检验，可通过委托有相应资质的检测单位检验。

表 1-2 中心试验室仪器设备的配备参考表

序号	名称	规格型号	产地	数量	备注
一	路基工程				
1	核子密度仪	MC-3	美国		
2	K30荷载板	K30	国产		
3	CBR试验仪	LCB-2	国产		
4	光电式液塑限联合测定仪	GYS-1	国产		
5	轻型动力触探仪	N10	国产		
6	静力触探仪	JTY-1A/3 t	国产		
7	相对密度仪	XD-1	国产		
8	灌砂法容重测定仪	HY-2	国产		
9	电动击实仪	SJ-Q12	国产		
10	电动振筛机	6611	国产		
11	石灰土无侧限压力仪	WY-II 电动	国产		
12	φ200 土壤分析筛	0.074~60 mm	国产		
13	直读式测钙仪	SG-6 型	国产		
17	固结仪	WG-5	国产		
18	水平测斜仪	ZCX	国产		
19	落锤式基础承载力测试仪	ZFG-02 型	德国		
20	应变控制式直剪仪	ZJ 型	国产		
21	应变控制式三轴仪	TSZ30-2.0 型台式	国产		
22	土壤有机质分析仪	TFY-87 型	国产		
23	十字板剪切	CLD-1 型电测十字板	国产		
二	路面工程（沥青混凝土路面）				
1	路面弯沉仪	3.6 m（5.4 m）			
2	路面强度测试仪				
3	路面强度试模	φ5×5 φ10×10 φ15×15			
4	连续式平整度仪				

续表

序号	名称	规格型号	产地	数量	备注
5	沥青延度仪				
6	沥青软化点仪				
7	沥青针入度仪				
8	马歇尔稳定度试验仪				
9	马歇尔电动击实仪				
10	沥青混合料搅拌机				
11	标准恒温水浴				
12	沥青抽提仪				
13	钻芯取样机				
14	路面集料筛				
三	桥梁工程				
1	泥浆粘度计	1006	国产		
2	泥浆比重计	NB-1	国产		
3	泥浆含砂量计	NA-1	国产		
4	孔底沉碴测厚仪器	SLD-11 mm	国产		
5	桩基动测检测仪	KE-200	国产		
6	非金属超声波检测仪	Rs-ST01c	国产		
7	基桩无损检测仪	RS1616K	国产		
8	钢筋保护层测定仪	HBY-84	国产		
9	混凝土钻孔取芯机	JKK-25	日本		
10	静载试验设备	32 m	国产		
11	百分表、千分表	0.01 mm 0.001 mm	国产		
12	荷载试验装置		国产		
四	隧道工程				
1	锚杆拉拔仪	2PA-500	国产		
2	动态应变仪	DPM-612	国产		
3	静态电阻应变仪	YJ-2	国产		
4	土压力传感器	XYJ-2	国产		
5	压力盒		国产		

续表

序号	名称	规格型号	产地	数量	备注
6	砂浆抗渗仪	SS15	国产		
7	砼抗渗仪	HS-40	国产		
8	TSP超前地质探测系统	TSP203	瑞士		
9	地质雷达	派克1000	加拿大		
10	便携式瓦斯检测仪				
11	瓦斯自动检测报警系统				
五	金属类检测设备				
1	万能材料试验机	WE-1000kN	国产		
2	万能材料试验机	WE-300kN	国产		
3	洛氏硬度仪	HR-150A	国产		
4	钢筋保护层测定仪	HBY-84	国产		
5	钢筋腐蚀测定仪	PS-6	国产		
6	钢筋标距仪	手动	国产		
7	钢筋腐蚀测定仪	PS-6	上海		
8	预应力筋专用夹具	TS-1000	长春		
9	金属弹性模量测定仪	S-1	长春		
10	钢筋标距仪	手动	浙江		
11	钢筋冷弯冲头	8~125 mm	江苏		
12	金属探伤仪	WE	江苏		
六	混凝土检测设备				
1	数显液压式压力试验机	TYE-2000kN	国产		
2	混凝土震动台	1 m^2	国产		
3	混凝土强制式搅拌机	T30	国产		
4	移动式混凝土标准养护室	FHBH	国产		
5	经济型水质分析仪	EA513-162	英国		
6	混凝土维勃稠度仪	HC-I	国产		
7	自动混凝土渗透仪	HS-4	国产		
8	混凝土弹性模量测定仪	0.001 mm	国产		
9	经济型水质分析仪	EA513-162	英国		
10	砼维勃稠度仪	HC-I	国产		
11	干燥箱	101-3	国产		
12	砂子含水量快速测定仪	PW-1	国产		

续表

序号	名称	规格型号	产地	数量	备注
13	自动分析超声波检测仪	RS-STOAC	国产		
14	水泥砼标准养护箱	YH-40B	国产		
七	砂、碎石试验设备				
1	新标准砂石筛	φ300 mm	国产		
2	新标准石子筛	φ300 mm	国产		
3	石子压碎仪	φ200 mm	国产		
4	针片状规准仪		国产		
5	拍击式电动振筛机	6611	国产		
6	双面岩石切割机	C30-1	国产		
7	洛杉矶磨耗机	MRD-2型	浙江		
八	水泥、外掺料类检测设备				
1	数显压力试验机	NYL-300	国产		
2	水灰比测定仪	HKY-1	国产		
3	行星式胶砂搅拌机	JJ-5	国产		
4	水泥胶砂成型振实台	ZS-15	国产		
5	水泥净浆搅拌机	SJ-160	国产		
6	水泥抗折试验机	KZJ-500	国产		
7	水泥凝时测定仪	CHN-1	国产		
8	水泥雷氏沸煮箱	TE-31	国产		
9	水泥负压筛析仪	FSY150-4	国产		
10	水泥细度筛	FSY-150B	国产		
11	新标准水泥软练设备	SJ-160	国产		
12	恒温恒湿养护箱	YH-408	国产		
13	电热鼓风干燥箱	HWX-L	国产		
九	其他类				
1	电热恒温干燥箱	1000	国产		
2	分析天平	TG328A	国产		
3	静水力学天平	5 kg			
4	架盘天平	JPT-2	国产		
5	架盘天平	HC.IP11	国产		
6	架盘天平	HC.IP12B	国产		
7	案秤	AGT-1	国产		
8	台秤	TGT-100	国产		

续表

序号	名称	规格型号	产地	数量	备注
9	量筒（杯）	1000\250\100	国产		
10	比重瓶	50\100 mL	国产		
11	比重计	NE-1	国产		
12	温、湿度测定仪	WAM3 型	国产		
13	袖珍式激光粉尘仪	LD-1 型	国产		
14	便携式数字粉尘仪	P-5L2、P-5L2C 型	国产		
15	高温炉	SX	湖北		
16	常用水质化学分析仪器		广州		
17	常用水泥、外掺料、外加剂化学分析仪器		上海		
18	数码相机				

注：上表中只推荐了相关专业的所用试验仪器的种类，仪器配备数量要根据任务、作业面、业主及合同要求等具体情况来配备。

（3）工区试验室的仪器配备根据试验任务按上表选取配备。

（4）试验站（点）的试验设备配备，根据所承担的试验任务配备。主要指含水量测定、压实度检测、混凝土试件制作、集料筛分、取样工具等试验仪器工具。

1.5.9 项目试验室的布置

1. 试验室布置的一般要求

（1）试验室房屋，应考虑隔热、保暖。一般以砖墙为宜。试验室地面应抹水泥砂浆。

（2）试验室用电，应根据设备容量，统一安排，采用集中配电室进行控制，总配电盘应设在试验室中心位置，各操作间应保证足够的亮度，个别仪表、度盘应另加局部照明。

（3）试验室上下水应畅通。

（4）力学试验室，试件断裂或破坏时有较大的振动，设备安装时应按规定打牢基础，上好地脚螺丝，应尽量与精密仪器分开设置。

（5）混凝土和砂浆试验及标准击实试验，在搅拌和振捣时有很强的噪音和震动，应远离精密仪器和办公室。

（6）土工试验与化学试验应分开，以免粉尘污染，影响试验精度。

（7）精密天平要防止太阳直接照射，要设在温度变化较小和周围干扰较小的地方，一般可设在阴面安静处。

（8）各种试验机械、仪器、操作台的设置高度和位置，要考虑操作人员能够舒适方便地进行操作，以减少劳动强度。

（9）各种仪器应加一布罩，以免灰尘污染，影响试验精度。

（10）一般应在试验室的附近向阳面抹一块 20~30 m^2 的水泥地坪，用于晾晒砂石料和土样，以节约能源。

（11）试验用表格一般有几十种，应做一个木架，分类摆放，便于取用。

（12）试验室应配备适当的消防设备。

2. 试验室的平面布置

试验室平面布置简图见下图，主要是针对路基、桥涵工程试验室安排的，各试验室可根据实际工程量大小，作适当调整。专门从事路面工程的项目试验室，可根据实际需要安排。

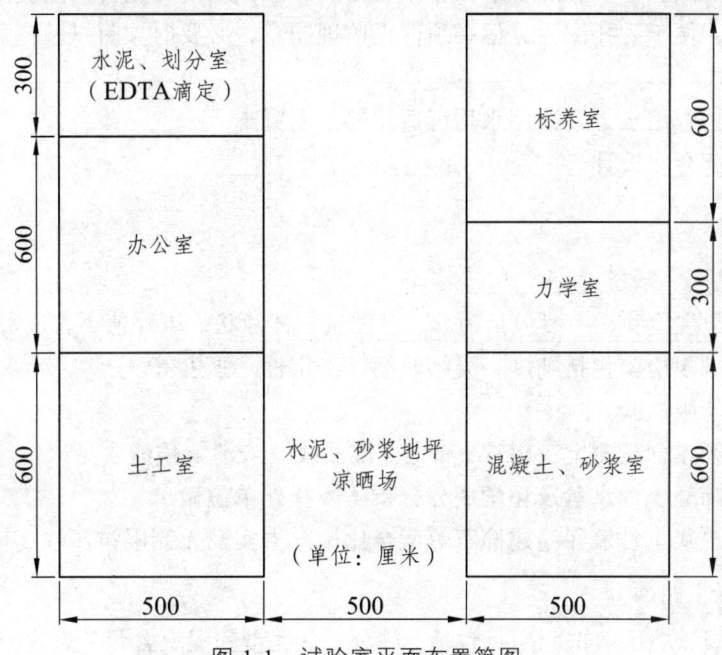

图 1-1 试验室平面布置简图

1.5.10 开工前的试验工作

1. 路基工程

（1）取原地面土，作土工试验，试验项目包括：天然含水量、液塑限、标准击实。一般每公里至少要取两个点，遇到特殊路段，土质变化较大时，应适当多取几点。

（2）采集取土场土样做土工试验，试验项目一般包括天然含水量、液塑限、标准击实。路堤填方材料还要做强度试验，即 CBR 试验。

（3）我国南方地区，过湿土较多，不能直接用于填筑路堤，一般采用掺入一定量的石灰以改良土性，这样试验项目就要相应增加，包括石灰钙、镁含量测定、石灰含量测定（EDTA 滴定）标准曲线，不同石灰含量的标准击实试验。

2. 桥涵结构物工程

（1）开工前，对设计文件中提供的砂石料场进行现场考察，并取样做常规检验。

（2）砂子常规试验，一般试验项目包括：砂子筛分试验、含泥量及泥块含量试验、表观密度和堆积密度试验、含水量试验。必要时需作有机质含量试验。

（3）石子常规试验，一般试验项目包括筛分试验、含泥量和泥块含量试验、表观密度和堆积密度试验、针片状颗粒含量试验、石子压碎值试验。必要时作石料抗压强度试验。

（4）水泥常规试验一般包括：标准稠度用水量、凝结时间，安定性试验，细度试验和胶砂强度试验。必要时需作化学分析试验。

（5）钢筋常规试验一般包括：原材料拉伸和弯曲试验，搭接焊为拉伸试验，对焊为拉伸和弯曲试验。

（6）如果项目试验室没有配备水泥软练设备和万能试验机，则开工前应尽早在当地联系有资质的试验室，便于委托试验，但必须征得监理同意，必要时项目试验室可会同监理考察其设备与人员资质。

（7）混凝土拌合用水，凡饮用水均可适用拌制混凝土。

（8）混凝土配合比设计。

3．路面工程

1）路面底基层、基层

（1）石料的常规检验，一般包括筛分、含泥量、针片状、压碎值、表观密度、堆积密度。

（2）水泥的常规检验包括细度、凝结时间、安定性、强度等。

（3）土的液塑限试验。

（4）石灰的钙镁含量测定、EDTA滴定标准曲线，未消解残渣含量试验。

（5）粉煤灰筛分、含水量及化学成分分析（委托外单位做）。

（6）灰土、二灰土、水泥稳定碎石等配合比标准击实及无侧限抗压强度检验。

2）水泥混凝土路面

（1）砂子常规试验一般试验项目包括：筛分、含泥量和泥块含量、表观密度、堆积密度、含水量试验。必要时需做有机质含量试验。

（2）石料的常规检验项目包括：筛分、含泥量和泥块含量、针片状、压碎值、表观密度、堆积密度。必要时需做石料抗压强度试验。

（3）水泥的常规检验一般包括：标准稠度用水量、凝结时间、安定性、细度和胶砂强度试验。必要时需做化学分析试验。

（4）混凝土拌合用水，一般无须作特别检验，凡饮用水均可适用拌制混凝土。

（5）做混凝土配合比试验，包括测定混凝土的密度、坍落度、抗压强度和抗折强度。

3）沥青混凝土路面

（1）沥青三大指标测定，即针入度、软化点、延伸度，必要时需作沥青含蜡量、粘度及闪点的测定。

（2）砂、石、石屑、石粉等材料的常规检验。一般包括筛分、含泥量、针片状、压碎值、表观密度、堆积密度等。必要时需做石料抗压强度、磨耗值、磨光值以及沥青与石料粘结力试验等。

（3）沥青混合料组成设计。一般至少要做五种不同沥青用量的试件，每组试件不少于5个。做马歇尔试验，测定沥青混凝土的密度、稳定度、流值，计算饱和度和空隙率，绘制沥青用量选定图，确定最佳沥青用量。

1.5.11 施工过程中的质量控制及试验管理

施工过程中的试验管理，是试验工作的重点，只有控制好施工过程的每个环节的质量，才能保证整个工程的质量。

1. 路基工程

1）土样物理检验

在施工过程中，对本工程段原地面土质，应逐段补齐全部试验。

填筑路堤用土的一般要求是：不得使用淤泥、沼泽土、冻土、有机土、含草皮土、生活垃圾、树根和含有腐朽物质的土、液限大于 50、塑性指数大于 26 的土，以及含水量超过规定的土，不得直接作为路基填料。填方材料还应有一定的强度。

2）压实度检测

（1）当一段路基或一层填土压实完成后，应由现场施工负责人，填写"压实度检查通知单"交项目试验室。

（2）试验室在接到"压实度检查通知单"后，应按指定时间到指定地段按有关规定做压实度检测。

（3）压实度检测结果出来后，试验室应以"压实度检测结果通知单"交施工现场负责人。

（4）施工现场负责人接到检测结果后，如不合格，应继续碾压或采取其他措施，自认合格后，再报试验室重新检测。如合格，应立即报监理抽检，监理签认后方可进行下一层施工。

3）路基顶面弯沉测定

当路基施工完成后，一般都用贝克曼梁式弯沉仪，来检测路基顶面的弯沉值。

4）结构物台背回填

台背回填的质量，直接关系到工程竣工后行车的舒适和安全。结构物的台背回填工作，很多施工单位都不是很重视，普遍存在着桥头跳车现象，因此，要加强台背回填的压实度检测。

2. 桥涵工程

1）原材料检验

施工过程中的原材料检验，包括所有用于工程的材料，对于桥涵工程主要有砂、石、水泥、钢筋、外加剂、预应力钢绞线，用于钻孔的粘土等。

2）混凝土配合比设计

除在开工前对基础混凝土或钻孔桩混凝土做完配合比外，施工过程中，还要对本工程所需用的全部配合比，逐一作配合比设计。随着工程的进展，混凝土的强度等级会越来越高，施工后期要进入梁体混凝土浇筑，强度等级可能达到 C40 甚至 C50，对配合比要求更严格，混凝土配合比设计一般要在使用前一个月就着手进行。

3）混凝土施工的试验管理

混凝土工程质量从原材料到配合比设计，再到混凝土搅拌运输、振捣、拆模、养生等一系列工序，都会对混凝土的工程质量产生一定的影响。混凝土的施工试验控制如下：

（1）混凝土施工应执行申请单和通知单制度。

（2）试验室接到混凝土浇筑申请单后，应立即安排人从现场取样，进行砂、石含水量测定，并根据此换算施工配合比，填写"混凝土配合比通知单"。

（3）试验室通知单填好后，试验人员应到拌合站，协助拌合站操作人员给每种材料定量，检查其定量的准确性，并监督查看第一盘料的出料情况，如不能满足设计和施工要求，可作适当调整。

（4）试验人员应及时抽检混凝土的坍落度，每台班不得少于2次。

（5）试验人员应随时检查各种原材料是否同配合比指定材料相符，应经常检查各种原材料的计量准确性。

（6）试验人员应及时按规定留制试件，混凝土试件应按时编号、拆模、及时送标养室养护。

（7）对于大型工程或混凝土方量较大的工程，施工中应建立质量控制图，来控制混凝土的强度。

4）地基承载力检验

中小桥和涵洞基础，设计上都对地基承载力有明确要求，当中小桥及涵洞基础开挖到基底标高后，就先进行承载力自检，达到要求后，请监理到场再进行检测，以得到监理的确认。

5）预应力混凝土孔道压浆的水泥净浆试验

后张法预应力混凝土施工中，当预应力筋张拉后，对预应力筋所留孔道应尽早进行孔道压浆。多采用水泥净浆，水泥一般选用硅酸盐水泥或普通硅酸盐水泥，其强度等级不得低于42.5级，用普通饮用水，并适当掺加高效减水剂和微膨胀剂，如铝粉等。水泥净浆配合比应经试验确定。主要测定指标为抗压强度、泌水率、膨胀率和稠度。水泥浆的抗压强度应符合设计规定且不低于30 MPa。孔道压浆，每工作台班应留取不少于3组的 7.07 cm × 7.07 cm × 7.07 cm 的试件。

6）钻孔泥浆试验

试验人员应按工程需要，及时做钻孔泥浆性能测定，如比重、含砂率等，并填写相关试验记录。

7）钢筋焊接件的检验

（1）钢筋焊接作业前必须进行试焊。

（2）闪光对焊应按同钢筋级别和直径，同一台班、同一焊工、同一焊接参数，焊完300个同类接头为一批，每批从焊接成品中任选三根截取抗拉试件（长度为 10 d + 200 mm）三根，弯曲试件（长度为 5 d + 150 mm）三根。抗拉强度不得小于该级别钢筋规定强度。闪光对焊钢筋，还应进行外观检查，每批抽查10%，并不得少于10个。施焊钢筋外观须满足规范要求。

（3）电弧焊应以300个同类型接头为一批（不足300个时仍按一批算），每批从成品中截取3个接头做拉伸试验，其抗拉强度不得低于该级别钢筋的规定抗拉强度值。试验人员应同钢筋加工场保持经常的联系，使其及时送样，保证钢筋焊接件满足检验频率。

8）浆砌工程的试验管理

（1）原材料试验

浆砌石料应做抗压强度试验，其强度等级一般在设计文件中都有明确规定。浆砌砂浆所用水泥的技术要求及试验项目同混凝土工程一样。拌合砂浆砂子宜采用中砂或粗砂，如用细砂，应适当增加水泥用量，砂的最大粒径，当用于砌筑片石时，不宜超过 5 mm，当用于砌筑块石、粗料石时，不宜超过 2.5 mm。

（2）砂浆配合比试验

砂浆配合比应按《砌筑砂浆配合比设计规程》JGJ98—2000 进行设计、计算试配。公路工程砌筑砂浆，一般采用水泥砂浆。砂浆配合比中每立方米砂浆的用砂量，以砂子的堆积密度值作为计算值，每立方米砂浆的水泥用量，应按规程中的公式计算，按计算的配比试拌，测定稠度、分层度，留置强度试件。最后选抗压强度、稠度、分层度均符合设计要求，且水泥用量最低的配合比用于施工。

（3）浆砌工程的施工控制

试验人员应经常检查施工中砂浆的配料情况及拌合物的均匀性，并按规定留制砂浆抗压强度试件。一般及次要砌筑物，每台班可制取试件一组，重要及主体砌筑物每台班应留 2 组试件。

3. 路面工程

1）基层、底基层

路面基层、底基层大都采用石灰土、水泥土、二灰土（石灰、粉煤灰和土）、水泥碎石、二灰碎石（石灰粉煤灰碎石）等作为稳定材料来做基层和底基层。

（1）材料试验

土：颗粒分析、液塑限、含水量；

石灰：钙镁含量测定、未消化残渣含量；

水泥：凝结时间、强度试验、安定性；

粉煤灰：化学分析、细度、烧失量；

碎石：筛分试验、压碎值试验、表观密度、堆积密度、针片状含量。

（2）混合料配合比设计

（3）基层、底基层施工质量控制

含灰量测定；留制抗压强度试件；混合料含水量测定；压实度检测；弯沉测定。

2）水泥混凝土路面

水泥混凝土路面，在施工过程中的试验工作及质量控制管理：

（1）水泥应选用硅酸盐水泥或普通硅酸盐，水泥强度等级不应低于 42.5，每立方米混凝土水泥用量不小于 300 kg。

（2）砂子应用中、粗砂，尽量不用细砂。

（3）石料强度应≥3 级，饱水抗压强度与混凝土设计抗压强度比应≥200%。

（4）混凝土坍落度应控制在 1~2.5 cm，水灰比不大于 0.46，砂率不大于 35%。

（5）每天如铺筑 200 m³ 混凝土，应留制两组试件；超过 200 m³ 混凝土，应增留一组试件。

3）沥青混凝土路面

沥青路面的结构型式很多，如沥青表面处治路面、沥青碎石路面、沥青贯入式路面、乳化沥青碎石混合料路面等等。沥青混凝土路面施工过程中的试验工作及质量控制管理：

（1）原材料试验

沥青：针入度、延度、软化点、粘度、沥青与矿料粘附性。

粗集料：筛分、针片状、表观密度、含泥量、吸水率、压碎值、磨耗值、磨光值、堆积密度、含水量。

细集料：（包括砂、石屑等）筛分、表观密度、含泥量、堆积密度、含水量。

填料：（包括矿粉、粉煤灰等）筛分、含水量、堆积密度、表观密度。

以上原材料，最初均应进行全面检验，施工过程中，应根据规定频率及材料的变化情况及时抽检。

（2）沥青混凝土配合比

沥青混凝土配合比设计，应按《公路沥青路面施工技术规范》附录 B 进行。沥青混凝土配合比设计分三个阶段，即目标配合比设计、生产配合比设计、现场试拌、试铺验证，最后确定沥青混凝土标准配合比。沥青混凝土施工过程的试验工作及质量控制：测温、沥青含量测定、沥青混合料中矿料级配检验、沥青混合料马歇尔稳定度试验、沥青路面压实度检查、路面弯沉测定、路面平整度检测、建立动态质量管理图。

4）分包工程试验管理

（1）对整段分包的工程，项目试验室应派专人负责对分包工程的试验检测工作进行监督、检查。

（2）所有分包工程的试验资料，需经项目试验室主任审核签认后，由项目试验室统一上报监理或业主。

（3）分部、分项工程分包队，应确定一名专职试验人员，负责同项目试验室的业务联系。项目试验室应对他的工作实行监督检查，并给予适当的技术指导。

（4）分部、分项工程分包队，应配备一些简单的作为施工控制用的试验设备。

（5）对分部、分项工程分包队伍的试验检测工作，同本单位施工一样管理。

5）试验记录

试验记录是考核工程质量的重要证据，也是计量支付的依据。因此，认真、真实的填写好各种试验记录，是保证工程质量的重要一环。

1.5.12 工程完工后的试验管理工作

1. 整理竣工资料

（1）每项工程在完工前，业主都要下发一份竣工资料编制办法，项目试验室在工程施工后期，就应安排人员，按编制办法的要求进行试验资料的整理。

（2）竣工试验资料包括以下内容：

各种原材料试验记录及试验汇总表；混凝土及砂浆配合比试验报告及汇总表；混凝土及砂浆抗压强度试验记录及汇总表；标准击实试验报告及汇总表；压实度检查试验记录及汇总分析评价表；稳定土配合比试验报告及汇总表；稳定土强度试验记录及汇总表；石灰（水泥）

剂量试验记录检测结果汇总表；马歇尔稳定度试验记录及试验结果汇总表；油石比试验检测记录及结果汇总表；路面平整度检测记录及汇总表；路面弯沉检测记录及汇总分析评定表；各种外购材料（水泥、钢筋、钢绞线、沥青、外加剂及其他半成品等）合格证书，材料质量报告单。隐蔽工程试验检测记录。其他各种试验记录报告

（3）试验竣工资料的整理：

路基工程、路面工程、排水工程、涵洞、砌筑工程，一般按 1~3 km 为一个单元整理资料。每座小桥为一个单元，大中桥分上部构造、下部构造和桥面铺装，分别整理。匝道工程以每条匝道为单元整理资料。对混凝土抗压强度、马歇尔稳定度的几项主要指标应进行数理统计分析。一方面可据此对本工程的质量进行总体评价，为混凝土配合比设计的调整提供必要的参考数据，另外也可为下一工程施工所用。

2. 工程试验总结和个人总结

（1）工程试验总结

每一项工程完工后，项目试验室应认真地对本工程施工过程中的成功经验和失败教训进行总结，内容包括：本工程的概况、施工特点、新材料的应用、新的检测试验项目及新仪器设备的应用、试验工作中遇到的难点、疑点处理方法、试验管理中的新方法、新举措、试验管理方面的成功经验、同业主、监理打交道的体会、试验工作中的失败教训、工程质量事故的原因分析及处理办法等等。总之，工程施工过程中与试验有关的，都应认真总结留下文字记录，以利于下一个工程的试验工作。

（2）个人总结

试验室的每个成员，特别是试验室主任和试验技术人员，在每项工程施工完成后，应有个人的从业技术总结，包括本人在这个项目施工过程中试验工作的体会、新技术、新仪器的应用经验，一些重要的试验项目的试验方法及有关数据，也应该详细的抄录在自己的工作日记上，便于以后应用时查找。

1.5.13 常用材料的试验项目及试验方法（表1-3）

表1-3 常用材料试验项目、取样方法、取样频率、取样数量、试验方法列

材料名称	试验项目		取样方法	取样频率	取样数量	试验方法
	必试项目	必要时试验项目				
水泥	标准稠度、安定性、凝结时间、胶砂强度、细度	胶砂流动度	从20个以上不同部位取等量样品、试验时按四分法提取	同厂别、同品种、同强度等级每200 t（散装500 t）为一取样单位	不少于12 kg	JTG E30—2005 GB/T17671—1999 GB/T1346—2001
砂	筛分、表观密度、堆积密度、含泥量、泥块含量、含水量	有机质含量、云母含量、轻物质含量	取样部位应均匀分布，先铲除表层，从8个不同部位取等量样品，试验时按四分法提取	同料厂、同品种、同规格、连续进料400 m³ 或 600 t 为一批，不足400 m³ 也算一批	不少于30 kg	JTJ058—2000 GB/T14684—2001

续表

材料名称	试验项目 必试项目	必要时试验项目	取样方法	取样频率	取样数量	试验方法
石子 水泥混凝土用石子	筛分、表观密度、堆积密度、含泥量、泥块含量、针片状含量	硫化物含量、压碎值、碱集料反应、坚固性	取样部位应均匀分布,先铲除表层,从五个取样点,按上、中、下部共15份取等量样品	同料厂、同品种、同规格、连续进料400 m³或600 t为一批,不足400 m³也算一批	不少于60 kg	JTG E42—2005
石子 沥青混凝土用石子	筛分、表观密度、堆积密度、含泥量、针片状含量、压碎值、与沥青的粘附性	磨光值、洛杉矶磨耗值	取样部位应均匀分布,先铲除表层,从五个取样点,按上、中、下部共15份取等量样品	使用前测两个样品,以后每2 000 m³测两个样品,材料种类变化,重作两个样品	不少于60 kg	JTG E42—2005
钢筋 原材料	极限拉力、屈服强度、伸长率、冷弯		任选两根切取,去掉头上50 cm再切取	同一牌号、同一炉号、同一规格、每60 t为一批	拉力、冷弯各2根	JTJ055—83
钢筋 电弧焊	极限拉力		从焊接件上截取	同一焊工,相同材料、相同焊接参数每300个接头为一批	拉力三根	JTJ055—83
钢筋 对焊	极限拉力、冷弯		从焊接件上截取	同一焊工,相同材料、相同焊接参数每300个接头为一批	拉力、冷弯各三根	JTJ055—83
土	含水量、液塑限、标准击实、颗粒分析	承载比(CBR)	先清除表层,然后在取样坑全层取样,不能取某一层或几层	每2 000 m³测两个样品,发现土质变化应随时测	不少于30 kg	JTJ051—93
沥青	针入度、延度、软化点	沥青与粗集料粘附性、密度、闪点、燃点、含蜡量	按JTJ052-2000规定的取样方法取样	每100 t为一个取样单位	不少于1.5 kg	JTJ052—2000
石灰	有效钙镁含量、未消化残渣含量	细度	从不同部位等量取样,按四分法提取试样	每60 t为一个取样单位,不足60 t也算一批	不少于10 kg	JTJ057—94
矿粉	筛分、含水量	塑性指数	从不同部位等量取样,按四分法提取试样	每50 t为一个取样单位,不足50 t也算一批	不少于3 kg	JTG E42—2005

续表

材料名称	试验项目		取样方法	取样频率	取样数量	试验方法
	必试项目	必要时试验项目				
石料		抗压强度	选取有代表性的试样		不少于6个试件	JTG E41—2005
钢绞线	最大负荷、屈服负荷、伸长率	松弛率	从每批中任选3盘各截取一根试样	同牌号、同规格、同生产工艺、每60 t为一批	三根	GB228 GB/T5224—1995

注：① 以上资料均摘自有关规范、标准。
② 如工程合同另有要求，应按合同执行。

1.5.14 施工过程中试验项目检测频率（表1-4）

表1-4 施工过程中质量控制试验项目检测频率

检测项目		检测频率
路基工程	压实度	每2 000 m² 检测8点，不足2 000 m² 时，至少应检测2点
	弯沉	每双车道每50 m，4个点
桥涵工程	混凝土强度	一般结构物，每单元制作2组连续浇筑大体积混凝土，每80~200 m³ 或每台班制件2组每片梁长16 m以下制件1组，16~30 m取2组，31~50 m取3组，50 m以上取5组就地浇筑小桥涵混凝土每台班每座制件2组
	坍落度	每台班至少2次
	砂石含水量	混凝土开盘前必检一次，天气变化应随时检测
	钢筋焊接件	同钢筋级别和直径、同焊工、同焊接参数300个接头为一批，每批取3个试件
	钻孔泥浆	每台班和清孔前必检一次，地质变化应随时检测
	孔道压浆强度	每台班制件不少于3组
	砂浆强度	每台班制件不少于2组（每组六个试件）
	台背回填压实度	每50 m² 检1点，不足50 m² 时也检1点
路面工程	基层底基层 水泥石灰剂量	每2 000 m² 测一次，至少6个样品，每台班至少作一次
	基层底基层 含水量	每次碾压前测一次
	基层底基层 压实度	每作业段或不超过2 000 m² 检查6点以上
	基层底基层 抗压强度	每2 000 m² 细粒土6个试件，中粒土9个试件，粗粒土13个试件
	基层底基层 弯沉值	每评定段（不超过1 km）每车道40~50个测点
	基层底基层 平整度	3米直尺每200 m测2处，连续10尺
	基层底基层 塑性指数	每1 000 m² 检测一次，土质有变化应随时检测

续表

检测项目			检测频率
路面工程	水泥混凝土路面	抗折强度	每天或 200 m³ 制件 2 组
		坍落度	每台班至少 2 次
		平整度	用平整度仪，全线每车道连续检测每 100 m 计算 δIRI
沥青路面	测温	出厂	每车不少于 1 次
		摊铺	每 100 m 不少于 1 次
		碾压	随时检测
	矿料筛分		每日每台拌合机 1 次或一日 2 次
	油石比		每日每台拌合机 1 次或一日 2 次
	马歇尔试验		每日每台拌合机 1 次或一日 2 次
	压实度		每 2 000 m² 检测 1 次，1 次不少于钻一个孔
	平整度	标准差	平整度仪全线连续检测
		最大间隙	三米直尺每 1 km 10 处各连续 10 尺
	弯沉	贝克曼梁	全线连续检测每 20 m 1 点
		自动弯沉仪	全线连续检测每 5 m 1 点

注：① 以上资料均摘自有关规范、标准。
② 如项目标书另有要求，应按标书执行。

1.5.15 试验资料的管理

（1）试验室应设专人负责试验资料管理，负责试验室全部资料的收集、保管、上报、下发等工作。

（2）试验资料应分类管理，分别放入文件盒，并在盒外贴上标签，便于存放和查阅。

（3）试验资料应设专柜保管，防止丢失，便于查阅。可在柜门上贴标签，按原材料、路基、桥涵、路面等分类存放。

（4）项目试验室应建立试验资料台账。

（5）外委试验资料应专门保管，包括外委台账。

（6）任何人查阅试验资料后，应自觉放回原处。

（7）试验资料的借阅，须经试验室主任批准，资料管理员登记。

1.6 项目分包工程的技术管理

这里所指的分包工程指依法进行分包的工程。局《专业化施工队竞标实施细则（试行）》规定了如何选择分包队伍，专业化分包队伍应具备建立一套完整的技术管理体系的能力。对于清包工及零星工程的分包队伍，项目经理部可将他们视为现场施工人员，纳入项目经理部的技术管理体系中。

1.6.1 专业施工队的技术管理体系

专业化施工队应完全按照项目经理部技术管理体系的模式建立自己的技术管理体系，对上建立与项目经理部技术管理体系的接口，对下落实到每个现场施工人员。

项目总工程师在审批专业化施工队的技术管理体系时，应着重审核以下内容：

与项目经理部的技术管理体系接口是否顺畅。专业化施工队不得直接与业主、监理进行技术问题的处理。对技术难点、关键工序的技术要求分析、把握能力、过程控制能力。专业化施工队进行试验、检测的能力、设备是否满足要求。专业化施工队必须设一名现场技术负责人，每分项工程设专业技术人员 1 名，每工序施工过程中设专业技术人员带班作业，项目部要及时对这些人员的技术水平进行考核。

必须设置专人负责计量工作，负责建立专业化施工队的计量器具台账及器具的标识，负责计量器具的送检，送检证明报项目审核，定期参加项目组织的计量工作会议。

项目总工程师在审核专业化施工队技术管理体系运行状况时，应着重审核以下内容：

理解与执行有关标准、规范、规程、施工工艺标准的程度，反馈现场技术问题、质量问题的及时性，执行项目经理部技术质量要求的程度。分包范围内的专项施工方案和季节性施工措施的编制水平。出现质量问题后，必须制定详细的书面处理措施，并报项目工程（技术）部和项目总工程师审批后方可实施。与工程进度同步，对分包范围内工程施工原始记录、检查签证记录、施工照片、音像资料以及有关的技术文件和资料进行记录、收集、分类整理、汇总和保管。

1.6.2 专业施工队技术管理的基本要求

1. 开工前的技术准备工作

接受项目经理部的整体技术交底。

独立编制分包范围内的实施性施工组织设计。专业化施工队的实施性施工组织设计应服从项目经理部的实施性施工组织设计。专业化施工队应建立施工文件发放台账。

2. 现场技术管理

接受项目经理部的各级技术交底。

一般情况下，专业化施工队应组织第二级技术交底，交底资料报项目工程（技术）部审核后，由专业化施工队技术负责人进行交底。第二级技术交底以工序为单元向工序技术员、工班长或工序负责人、主要操作人员进行技术交底。二级技术交底过程中应邀请项目工程（技术）部参加。

单项施工方案的管理，报批程序：由分包商现场技术负责人签名后上报项目工程（技术）部→项目工程（技术）部 7 天内返回审批意见→分包商根据项目工程部审批意见在 7 天内修改完善，分包商法人代表签名→项目 2 天内返回审批意见→双方存档备案。施工方案的修改：根据设计图纸、现场情况的变化，由分包商提出书面修改，修改后的方案必须报项目经理部审批后方可实施。施工方案的检查：若发现承包商严重违反施工规范、严重违章，不按已批准的方案施工的，项目有权责令分包商停工，责令限期整改并处罚直接指挥者。所有原材料、半成品的检验、试验过程，或者由项目经理部直接进行，或者在有项目经理部派出人员监督下进行。现场技术问题，应及时以书面形式反馈给项目经理部。

1.7 设计变更

由于工程复杂的水文地质条件、环境因素、征地拆迁问题以及设计本身的缺陷或错误等各种情况影响，每一个工程项目都不可避免会发生设计变更。大多数设计变更发生在工程施工过程中，事先不可预见，需要根据工程现场情况决定，再经监理工程师签字确认。

工程设计变更发生在紧张的施工过程中，一般是因设计错误或与实际情况不符，或现场出现突发情况无法继续按原设计施工，必须及时处理决定，以便施工继续进行，否则将会影响工程进度，延误工期，需予以高度重视。

1.7.1 设计变更的类型和内容

按提出设计变更的各方及所要求的内容，可分为以下几种类型。

1. 施工单位提出的设计变更

（1）遇到复杂的水文地质条件或地下障碍无法按原设计施工。
（2）因施工过程中出现的环境保护、文物保护、征地拆迁问题等，需修改原设计。
（3）施工方考虑施工便利情况，或受施工设备限制，提出确保正常施工的设计变更。
（4）施工方为优化施工工序、节约工程成本提出的设计变更。
（5）施工方为确保工期、加快施工进度等原因所要求的变更。
（6）设计与实际不符或设计本身的缺陷或错误。

2. 业主或建设单位提出的设计变更

（1）线路方案调整。
（2）桥涵或隧道的结构型式发生变化。
（3）收费站、互通、分离式立交的位置、数量或方案发生变化。
（4）业主根据自己的实际需要所提出的其他变更。

3. 监理工程师提出的设计变更

监理工程师根据施工现场的地形、地质、水文条件、材料、运距、施工难易程度及现场临时发生的各种情况，按照合理施工的原则，综合考虑后提出的设计变更。

4. 工程所在地的第三方提出的设计变更

工程所在地的当地政府、群众或企事业单位为维护自己合法权益所提出的变更。

5. 设计方提出的变更

设计单位对原设计有新的考虑或为进一步优化、完善设计所提出的设计变更。

1.7.2 设计变更的等级

按工程设计变更的性质和费用影响来分类,设计变更分为重大设计变更、较大或重要变更、一般变更三个等级。

1. 重大设计变更

包括改变技术标准和设计方案,如结构型式、隧道位置、重大防护设施及其它特殊设计的变更。具体界限如下:

(1)连续长度 10 km 以上的路线方案调整的。
(2)特大桥的数量或结构型式发生变化的。
(3)特长隧道的数量或通风方案发生变化的。
(4)互通式立交的数量发生变化的。
(5)收费方式及站点位置、规模发生变化的。
(6)超过初步设计批准概算的。

2. 较大设计变更或重要变更

(1)连续长度 2 km 以上的路线方案调整的。
(2)连接线的标准和规模发生变化的。
(3)特殊不良地质路段处置方案发生变化的。
(4)路面结构类型、宽度和厚度发生变化的。
(5)大中桥的数量或结构型式发生变化的。
(6)隧道的数量或方案发生变化的。
(7)互通式立交的位置或方案发生变化的。
(8)分离式立交或服务设施的数量和规模发生变化的。
(9)其他单项工程费用变化超过 500 万元的。
(10)超过施工图设计批准预算的。

3. 一般设计变更

(1)原设计图纸中有明显的差错、遗漏及工程量计算错误的;
(2)施工现场必须马上决定的局部修改;
(3)不降低原设计标准的构件或材料代换;
(4)除重大和较大设计变更以外的其它设计变更。

重大设计变更和较大设计变更由交通部和业主主管部门负责审批,施工单位所涉及的部分为一般性设计变更,其量化指标为工程费用变化在 500 万元以内的变更。

1.7.3 设计变更的处理方式

工程清单模式下设计变更的处理不是预算定额模式下进行变更的费用按计价时的定额标准简单加减的算术问题,它常常引起合同双方对增减项目及费用合理性的争执,处理不好会影响工程量清单计价的合理性与公正性,甚至会由此而引起合同双方在合同方面的争执,影响合同的正常履行和工程的顺利进行。因此，在工程量清单计价模式下我们应重视工程变更对工程造价管理的影响，加强设计变更的管理。

工程设计变更经分析归纳一般包括如下几方面：

（1）更改工程有关部分的标高、基线、位置和尺寸。

（2）增减合同中约定的工程量。

（3）增减合同中约定的工程内容。

（4）改变工程质量、性质或工程类型。

（5）改变有关工程的施工时间和顺序。

（6）其他有关工程变更需要的附加工作。

从上述内容可知，对于一个工程项目而言，工程变更几乎是不可避免的。就工程承包合同的双方而言，建设单位为加强对现场工程量变更签证的管理，把投资控制在预定的范围内，防止因工程量变更引起投资增加，总力图让变更规模在保证设计标准和工程质量的前提下尽可能缩小，以利于控制投资规模。作为承包人的施工单位，由于变更工程总会或多或少地打乱其原来的进度计划，给工程的管理和实施带来程度不同的困难，所以一方面向建设单位索要比建设单位自己提出的工程变更实际费用大得多的金额，另一方面则向建设单位提出能增加计量支付额度的工程变更，以追求企业经营的最大利润，尽量拿回合同价格范围内的暂定金额。因此对工程变更造价的处理往往成为合同双方争论的焦点和监理工程师处理合同纠纷的难点。根据以往的经验与教训，合同双方及合同的监理单位在处理工程变更时必须坚持公平、公正、严格合同管理的原则，运用灵活的方法进行工程变更的处理。

无论是哪一方提出的工程变更，都必须经过业主和监理工程师的审核同意，在变更指令上签署认可。变更设计必须在合同条款的约束下进行，任何变更不能使合同失效。变更后的单价一般仍执行合同中已有的单价，如合同中无此单价，应按合同条款进行估价，经监理工程师审定、业主认可后，按认可的单价执行。如果监理工程师认为有必要和可取，对变更工程也可采取以计日工计价的方法进行。

1.7.4 设计变更的原则

（1）设计变更必须遵守国家及行业制定的技术标准和设计规范，符合业主和设计单位的有关规定和办法。

（2）设计变更必须坚持高度负责的精神与严肃的科学态度，尊重施工图设计，保持设计文件的稳定性和完整性。在确保技术标准和工程质量的前提下，对于在控制或降低工程造价、加快施工进度、有利于工程管理等方面有显著效果时，方可对施工图设计进行优化与变更。

（3）设计变更应立足于确保结构安全和耐久性、改善使用功能、合理控制造价和方便施工、保证施工质量和工期。

（4）设计变更应本着节约原则，实事求是，严禁弄虚作假，严禁为经济利益而变更。

（5）设计变更应与工程进度同步，不得事后补图。若遇特殊情况，按业主协调会议纪要先行施工，但应及时补办设计变更手续。

（6）对未经业主批准的设计变更，一律不得实施。

（7）任何设计变更申报及批复均以书面为准，无书面确认的设计变更，一律不得实施。

（8）设计变更图表原则上应由原设计单位编制，少数特殊情况经批准也可由业主委托其他有相应资质的设计单位进行编制。

1.7.5 项目经理部的设计变更管理

作为施工方的项目经理部向业主所提出的设计变更要符合有关技术标准和规范规程，符合节约能源、少占耕地，方便施工、能加快工程进度的原则，设计变更申请资料须包含变更理由、变更项目的施工技术方案、设计草图、变更的工程数量及其计算资料、变更前后的预算对照清单等。在报送变更申请资料之前，项目总工程师应在现场就具体情况和监理工程师先行沟通。

在抗洪救灾及紧急抢修中所涉及的设计变更，当时无法履行设计变更审批手续，但应注意留存相应的影像资料，待抢险完成后马上按规定程序办理相关手续。

如果是业主发出的正规变更指令，索赔或计价时较易处理。当业主通过口头或暗示方式下达变更指令时，项目应在规定的时间内发出书面信函要求业主对其口头或暗示指令予以确认。当由于工程变更导致工期延长或费用增加时，应及时提出索赔要求，并在规定的时间内计算工期延长或费用增加的数量，保证项目在各个环节上符合合同要求。这样，可使计量支付顺利进行，即使出现合同争议，在进行争议评审或仲裁时，也可处于有利地位，而得到应得的补偿。

1.8 技术标准与规范的管理

标准是对一定范围内的重复性事物和概念所做的统一规定。它以科学、技术和实践经验的综合成果为基础，以获得最佳秩序、促进最佳社会效益为目的，经有关方面协商一致，由主管机构批准，以特定形式发布，作为共同遵守的准则和依据。

技术标准是对标准化领域中需要协调统一的技术事项所制定的标准，是从事生产、建设及商品流通的一种共同遵守的技术依据。技术标准是企业的主体。

1.8.1 标准的级别、类别及功能

1. 技术标准的分级

按照标准的适用范围，我国的技术标准分为国家标准、行业标准、地方标准和企业标准四个级别。

1）国家标准

由国务院标准化行政主管部门（现为国家质量技术监督检验检疫总局）指定（编制计划、组织起草、统一审批、编号、发布）。国家标准在全国范围内适用，其他各级别标准不得与国家标准相抵触。

2）行业标准

由国务院有关行政主管部门制定。如交通部部颁标准（代号为 JT），化工行业标准（代

号为 HG）、石油化工行业标准（代号为 SH）由国家石油和化学工业局制定，建材行业标准（代号为 JC）由国家建筑材料工业局制定。行业标准在全国某个行业范围内适用。

3）地方标准

由省、自治区、直辖市标准化行政主管部门制定，在地方辖区范围内适用。地方标准是对局部的、特殊性的事物所作的规定，是国家标准的补充和完善。

4）企业标准

没有国家标准、行业标准和地方标准的产品，企业应当制定相应的企业标准，作为组织生产的依据。企业标准应报上级和当地政府标准化行政主管部门备案。企业标准只在企业内部适用。

国家鼓励企业制定严于国家标准或者行业标准的企业标准，在企业内部使用。

2. 技术标准的分类

（1）按标准的约束性来分，分为强制性标准和推荐性标准两类。

保障人体健康，人身、财产安全的标准和法律、行政法规规定强制执行的标准是强制性标准（代号为"GB"），其他标准是推荐性标准（代号为"GB/T"，"T"为"推"的汉语拼音第一个字母）。对于强制性标准，国家要求"必须执行"，对于推荐性标准，国家鼓励企业自愿采用。

（2）按标准在标准系统中的地位和作用来分，分为基础标准和一般标准两类。

基础标准是指一定范围内作为其它标准的基础并普遍使用的标准，具有广泛的指导意义，例如 JTJ 002—87 公路工程名词术语、GB3100～3102 量和单位，为基础标准。相对于基础标准的其它标准，则称为一般标准。

（3）按标准化对象在生产过程中的作用来分，则分为产品标准，原材料标准，另部件标准，工艺和工艺装备标准，设备维修标准，检验和试验方法标准，检验、测量和试验设备标准，搬运、贮存、包装、标识标准等。

（4）按标准的专业性质来分，则分为技术标准、管理标准和工作标准。

① 技术标准主要包括基础标准、产品标准、方法标准、安全、卫生及环境保护标准。

② 管理标准主要包括技术管理、生产管理、经营管理及劳动组织管理标准。

③ 工作标准主要包括通用工作标准、专用工作标准和工作程序标准。

3. 技术标准的功能

标准是被作为规则、指南或特性界定反复使用，包含有技术性细节规定和其他精确规范的成文协议，以确保材料、产品、过程与服务符合特定的目的。经济学家则把标准看成是在用户需求，生产者技术可能性与相关成本，以及政府为社会利益所强加的各种约束之间实现的平衡。从标准的存在形式与功能看，标准具有相当的"公共产品"特性。标准的公共产品性质来自标准存在巨大的外部性收益，且很多标准是社会发展所积累的公共知识的载体。

标准的功能主要体现在如下几个方面：

（1）降低交易成本。如质量标准通过提供产品功能、性能变化、安全性等方面的相关信息，降低了交易双方的交易成本，提高了交易的效率，有利于交易的达成。公认的质量标准不仅可以降低产品购买者的风险,而且可以减少购买者在购买前用于评价该产品所花的时间和精力。

(2)降低交易中的信息不对称,减少市场失败。标准使消费者在交易之前就可了解并评价产品质量与性能,如消防栓与消防龙头的兼容标准如果不存在,一旦失火就可能由于无法相接导致巨大火灾损失。

(3)减少产品种类,实现规模经济。标准限制了产品特征的数量和特定范围,如产品规格或质量水平,从而限制了消费者的选择范围,但在产品种类下降的同时,扩大了每一类产品所能获得的市场规模,有利于实现生产的规模经济。

(4)确保产品兼容性。当一种产品功能的发挥需要其他产品配合,或者一个"系统"中的其他组件配合时,就产生了对兼容标准或界面标准的需要。在系统产品的组件协同工作基础上,兼容标准可以起到扩大兼容产品的市场规模的作用。

1.8.2 公路工程技术标准

公路工程标准分为:公路工程建设标准强制性条文、公路工程行业标准、公路工程行业协会标准、公路工程行业地方标准。公路工程行业标准中直接涉及质量、安全、环保和其他公众利益的条文为公路工程标准强制性条文。公路工程建设必须执行公路工程标准强制性条文。

(1)公路工程行业标准应是公路工程规划、建设、养护、管理等所需的标准,公路工程项目应执行公路工程行业标准。公路工程行业范围内所制定的标准有:

① 公路工程规划、勘测、评价、设计、施工(包括安装)、监理、验收、养护、试验、检测和评定、管理。

② 公路工程行业专用的有关安全、卫生、环境保护和劳动保护的技术要求。

③ 公路工程行业专用的术语、符号、代号、计量单位和制图方法。

④ 公路工程行业专用的试验、检测、评定方法和指标。

⑤ 其他专用的技术要求。

(2)公路工程标准的管理:

① 公路工程行业标准的管理工作包括标准的立项、编制修订、发布、局部修订、复审等。

② 交通运输部是公路工程行业标准的主管部门。

③ 交通运输部公路司是制定和修订公路工程行业标准职能部门,其任务是对行业标准的编制修订进行管理和协调,对实施进行监督。

④ 省、自治区、直辖市交通主管部门可在国标和行业标准的基础上补充制定本地区本行业的公路工程地方标准,并报交通部备案。

1.8.3 项目部技术标准与规范的管理

施工项目必须配备合同要求及施工技术管理所必需的现行施工与设计技术标准、规范与规程,并确保使用的规范有效。项目每年要从局办公网络的技术发展处网页下载最新的技术标准和规范目录清单,及时做好技术标准与规范的更新工作。

常用的路基、路面、桥涵或隧道施工技术规范,项目工程技术人员应人手一册。测量组及试验室另配备相应的技术规范、规程，质检员和内部监理员配备质量检验评定标准，项目总工另配备一套常用的技术标准和规范。

项目档案管理人员要建立项目所有的技术标准与规范台账，从项目档案市借阅、发放的技术标准与规范要履行签字手续。

1.9 技术资料与档案管理

1.9.1 技术资料档案的重要性

技术资料档案同固定资产一样是企业的一种资源，其自身的价值经过开发利用，能转化为物质财富，创造出可观的社会和经济效益。技术档案，涵盖技术工作的各方面，对企业技术的发展和进步起很大的作用，是企业的有机组成部分。档案工作环节包括积累、管理和利用，积累是基础，管理是手段，利用才是最终目的。所以档案管理的中心工作就是提供利用，将"死"档案变成"活"档案，为企业自身发展发挥最大效益。

档案管理不能直接创造产值，其主要职责是坚持为施工、经营、科研、培训和各项企业活动服务，促进企业科技成果向现实生产力转化。档案管理人员必须转变观念，改进工作方法，以更好地服务企业的思想做好本职工作。技术档案就是企业技术工作的历史，是企业的一项宝贵财富。为充分发挥档案应有的作用，就要积极开发档案信息资源，使档案工作充满生机和活力。

工程技术档案资料来源于工程建设的全过程，不仅在施工过程中的施工方案、质量检验与评定、事故原因分析、经营与索赔、阶段与竣工验收及其他日常管理工作中具有重要作用，而且在工程竣工后的运行管理工作中，也是不可缺少的依据。有了工程技术档案资料，我们可以了解工程的前期工作、整个施工过程，也可在运行管理中预见工程将来可能发生的问题，帮助我们控制不良事态的发展。档案资料不仅记录的是工程过程，更反映的是工程的质量，所以必须从工程一开始就要做好档案资料管理工作。

1.9.2 工程技术资料

工程技术资料是指在整个工程施工过程中形成的、具有归档保存价值的各种技术文件材料。包括从工程项目开工到竣工全过程形成的文字材料、图纸、图表、计算材料、照片、录像资料、磁盘等。特别是与业主、监理工程师的往来文件、施工记录、技术交底资料、设计变更文件、竣工图和竣工验收文件等，是工程的重要档案资料，是工程建设实际情况的反映，是工程建成后运行、维护必不可少的依据。

工程技术资料的主要内容如下：

1. 施工组织设计、施工方案

（1）单位工程的施工组织设计和施工方案。

（2）规模较大、工艺复杂的工程分阶段编制的施工组织设计。

（3）主要分部（分项）工程、工程重点部位、技术复杂或采用新技术的关键工序编制的专项或单项施工方案。

（4）施工组织设计及施工方案的内部审核和监理单位批复文件资料

2. 技术交底记录

（1）根据施工进度及审批后的施工组织设计、施工方案，按部位和操作项目，施工前项目总工向技术主管、施工负责人和各工长进行书面技术交底的交接记录表。

（2）由技术主管、施工负责人、工长等向班组长和操作人员进行第二次技术交底的资料。

3. 设计文件及变更设计文件

（1）施工图纸和设计往来文件。

（2）图纸会审记录。

① 项目经理部组织有关人员对工程图纸进行审查后，将设计疑问及图纸存在问题，按专业整理、汇总形成的图纸会审记录。

② 业主和设计单位对所报送的图纸会审结果的批复文件。

（3）设计变更通知。

由设计单位下达、业主和监理工程师签认后的设计变更通知

4. 原材料、半成品、成品出厂质量证明、检验报告

（1）钢筋、钢绞线、锚具、梁支座等出厂质量证明书（合格证、检验报告）。

（2）钢筋、钢绞线试验报告。

（3）水泥出厂质量证明书。

（4）水泥试验报告单。

（5）砂、石试验报告单。

（6）焊条合格证、焊接试验报告。

（7）结构用钢材出厂质量证明书。

（8）结构用钢材试验报告单。

（9）混凝土外加剂出厂合格证、产品鉴定书、性能试验报告、使用认证书。

（10）沥青出厂质量证明书、试验报告。

（11）土工材料试验报告。

5. 施工试验记录

试验记录由项目试验室人员负责。

6. 测量记录

（1）控制测量成果资料。

（2）日常测量放样记录。

（3）竣工测量资料。

7. 施工原始记录

（1）施工日志。

① 以单位工程为记载对象，从工程开工起至工程竣工止，由项目总工程师或技术主管逐日记载的内容真实、连续的施工日志。

② 各技术人员、工长、班组长等记载的个人施工日志。

（2）隐蔽工程验收记录。

（3）工程预检记录。

（4）交接检查记录。

（5）地基处理记录。

（6）桩基施工记录。

（7）钢筋、模板检查记录。

（8）混凝土浇筑记录。

（9）混凝土预制构件吊装记录。

（10）沉降观测记录。

（11）施工测温记录。

（12）工程质量事故报告及处理记录。

8. 施工质量评定记录

（1）分项工程质量评定记录。

（2）分部工程质量评定记录。

（3）单位工程质量评定记录。

9. 质量保证体系文件

（1）质量保证体系的组织机构、质量目标。

（2）项目内部每月一次的质量检查资料。

（3）质量月报。

（4）质量事故台账。

（5）QC小组活动记录。

10. 竣工资料

（1）竣工验收鉴定书。

（2）竣工图。

（3）竣工资料验收与移交资料。

11. 项目三位一体管理体系资料

（1）各种政策性文件（包括法律法规、标准、设计施工规范规程，上级来文）。

（2）局内和项目内部的各种规章制度和管理办法。

（3）施工合同、承包合同与劳动合同，人员、机械设备及财产的保险合同。

（4）测量、试验及机械设备的计量检定证书。

（5）其他有关的程序文件。

12. 其他技术资料

（1）科研课题资料。

（2）四新技术应用资料。

（3）技术论文、工法、技术总结、技术专辑等。

（4）技术参考资料、书籍等。

1.9.3 项目的档案管理工作

（1）技术资料档案是项目的无形资产，档案中蕴藏着经济效益，对项目的施工经营和质量管理、技术发展与创新有重要作用。因此，项目要重视档案工作，配备专职的档案管理员，并对其进行适当的档案专业培训和指导。

（2）项目的档案管理员要熟悉、掌握、了解归档的全部技术资料的数量和种类，以及它们的价值、质量和完整程度、准确程度、可利用程度等，按规定进行资料的收集和整理，并对档案资料进行分类，以便于检索、查找。

（3）打破档案管理就是资料收藏入库的旧观念，在工作方法上变被动服务为主动服务、超前服务，深入施工现场和各部门了解各项工作的实际需要和管理要求，积极收集、整理、积累有用的资料，在不违反技术保密规定的前提下，及时向有需要的人员或部门推荐和介绍项目可利用的技术资料，使档案资料充分发挥其价值与作用。

（4）档案管理电子化是实现档案管理现代化的重要前提和基础，将技术资料分类、编号存档，制作电子版检索目录，可加快检索速度，提高利用效率，发挥档案信息共享优势。

（5）尽量使文书档案管理和电子管理并存。像电脑软件、U盘、办公操作系统等，这些都为档案资料的建立和完善提供了很好的方法，并且通过这些电子处理可以长期保存档案资料，不易丢失。

（6）加强档案管理的安全工作，对档案室内的电器、电线、易燃物品、水管等可能引起安全问题的地方进行排查，并配备灭火器材，离开档案室时注意关好门窗，切断电源，不留火险隐患。

（7）项目总工程师要组织有关人员不定期地检查档案管理工作，防止以下情况发生：

① 未按项目规定建立档案或档案管理工作混乱。

② 档案保管条件差，可能导致档案损坏。

③ 档案管理制度不健全或执行制度不力，可能导致档案资料丢失。

④ 发现档案资料破损、变质、下落不明或可能泄密等情况，未及时采取有效措施，将导致更大损失。

⑤ 按规定应当立卷归档的文件材料，拒不交项目归档的。

⑥ 科研成果、课题、技术合同或其他技术项目鉴定资料交接时，未按规定验收资料，致使档案资料残缺不全。

⑦ 借阅档案资料未按规定及时归还，且屡催不还的。

⑧ 其他不符合档案管理要求的行为。

（8）项目竣工后档案资料的管理。

项目经理部是临时机构，工程竣工验收并完成缺陷责任期后，项目驻地就要拆除，并按合同要求恢复原地貌。除少数项目集体转移至下一个工程项目外，大多数项目经理部机构将解体，人员由公司统一安排到其它项目。

针对以上情况，项目竣工撤点后技术档案资料按如下几种方式处理：

① 工程竣工资料按合同规定的立卷归档要求及份数,立卷后送交业主。项目另留存一份,按局《公路工程竣工文件材料立卷归档管理办法》立卷后移交公司或局档案室,并履行签字手续。

② 项目的其它所有技术资料,包括技术总结、施工组织设计与方案等,按局《档案管理办法》立卷归档后,移交公司档案室,并履行签字手续。

③ 新的项目的技术人员欲查阅自己参与过的项目的技术资料或其它已竣工项目的技术资料,可向公司或局档案室借阅,借出时需办理借阅登记手续。

1.10 计量管理工作

1.10.1 计量工作的重要性

计量是实现单位统一、量值准确可靠的测量活动,是现代化建设中一项不可缺少的技术基础,计量检测工作是企业管理现代化和提高企业素质最基本的条件。

近年来,国外经济发达国家把优质的原材料、先进的工艺装备和现代化的计量检测手段视为现代化生产的三大支柱。其实,优质原材料的制取与筛选、先进工艺装备的配备与流程的监控也都离不开计量检测。国外先进生产线的产品品质高,残、次品很少或几乎没有,其中重要的因素就是充分利用了在线测量与监控技术,以现代化的计量检测手段作为其技术保证。

建立完备的计量检测体系,是企业加强科学管理,加快技术进步的重要保证。没有先进、科学的计量检测手段,就不可能生产出高质量的产品。企业计量工作贯穿企业生产经营活动的全过程,为新产品开发、原材料检验、生产工艺监控、产品质量检验、物料能源消耗、安全生产、环境监测、成本核算等提供准确可靠的计量数据。企业的计量技术素质和先进的计量检测设备是保证计量数据准确可靠的基础。

加强计量管理,有利于提高产品质量,提高企业经济效益。对企业计量工作的漠视,已经成为影响我国中小企业提高产品质量和产品科技含量的一个重要因素。计量检测工作是整个工业企业素质和管理现代化最基本的条件,更是企业生存和发展的基础。充分发挥计量检测工作在提高质量、降低消耗、增进效益、保证安全生产等方面的作用,可为提高产品质量的总体水平提供可靠的保证。

1.10.2 项目经理部的计量管理工作

项目经理部的计量工作是三位一体管理体系的一个重要组成部分,必须予以高度重视。要将直接用于施工和间接为施工服务的检验、测量和试验设备置于有效的管理和控制之下,通过对施工工艺、质量、安全、环保、能源、经营各环节计量检测数据的管理,为安全生产、保证工程质量和提高经济效益提供可靠的依据和保障。

为使项目的计量工作沿着标准化、规范化、科学化的轨道发展,应按以下要求进行:

(1)设置项目计量管理机构,由项目总工程师直接领导计量工作,在试验室设置项目的专职计量员,另在各职能班组设置兼职人员配合项目计量员工作,具体工作落实到人,职责明确,形成完整的项目计量管理体系。

（2）依据局《计量管理办法》，制定项目的计量管理制度。明确计量管理体系各岗位人员的工作职责要求，规定计量器具的管理、使用、检定、维护和保管办法，使计量工作做到有章可循，为规范项目的计量工作奠定良好的基础。

（3）对项目计量人员进行岗位培训，取得资格证后再安排上岗。为保证项目计量工作的连续性和稳定性，中途不得更换计量员。同时，在项目内开展计量技术的培训和学习，贯彻落实计量法律法规及上级管理制度，提高计量人员的法制意识和业务水平。

（4）加强计量器具的管理工作，特别要抓好强检计量器具的管理，确保其受检率达到100%。严格执行计量器具流转制度，使计量器具从申购计划、入库检验、登记、立卡、周期检定到降级、停用直至报废等各个环节均处于受控状态，同时对所有在用计量器具的台账和周检计划实行微机管理，以提高工作效率，保证施工安全和避免计量检测错误。

（5）严格控制对外协、分包、联合体队伍的计量器具管理，并建立相应的管理制度。

1.10.3 项目总工程师的计量管理工作职责

（1）领导项目各部门贯彻实施国家计量法律法规，严格执行局和所属公司（处）的计量管理制度，积极推行使用国家法定计量单位。

（2）根据业主和生产经营的需要，审核计量器具购置计划。

（3）审批项目年度计量器具送检计划，保证所有在用计量器具均能按周期进行检定。

（4）根据施工生产和经营管理的需要，建立相应的项目计量工作制度：

① 计量器具流转制度。

② 计量器具使用、保管、维修制度。

③ 计量器具校准、溯源制度。

④ 专（兼）职计量员岗位责任制度。

⑤ 计量资料（包括帐、卡、历史记录等）使用与保管制度。

（5）指导计量人员的培训取证。

1.10.4 项目计量检测设备的管理

（1）项目计量检测设备管理包括计量检测设备配备计划、采购、校准、标识、维护保养、封存、启封及报废。

（2）项目经理部应根据上级的要求和实际需要，编制计量检测设备购置计划，应保证所选择的计量设备的计量性能能满足预期使用的要求，为施工、经营或服务提供计量保证，主要环节如下：

① 项目计量管理机构对使用部门提出的申请采购计量器具计划进行评审，审查其测量范围、准确度、功能等是否满足测量参数的需要，防止错购、重复购置，避免经济损失。

② 入库检验。新购置的计量检测设备，必须经过首次检定校验，合格后办理入库手续。不合格应进行退货处理。

③ 建账登记发放。使用部门领取计量器具时，要经计量部门对每件计量器具进行建账登记、编号、贴上标识、确定检定（校准）周期后发放。

（3）计量检测设备的周期检定（校准）

所有计量检测设备，均应按国家和上级确定的周期送法定单位进行检定校准，并应在检定校准之前准备好替代的计量检测设备，以保证现场工作的连续进行，A、B、C类计量器具的划分及管理要求如下：

A类：
- 国家计量法律、法规规定的强制检定的计量器具

① 最高计量标准器具。

计量标准器具是指准确度高于计量基准（统一全国量值最高依据的计量器具），用于检定其他计量器具或工作计量器具的计量器具。包括社会公用计量标准器具、部门计量标准器具和企事业单位计量标准器具。企业按《计量标准考核办法》考核合格的计量标准器具就是企业的最高计量标准器具。

② 用于贸易结算、安全防护、医疗卫生、环境监测四个方面并列入强检目录的工作计量器具，如压力表、瓦斯计、粉尘测量仪等。

此类计量器具属于强制检定的计量检测设备，必须按规定的周期送往项目所在地区技术监督局进行强制检定。所在地区技术监督局不能承担的强检项目，应报所在省、市技术监督局协调落实。

- 生产、经营活动中关键测量过程使用的计量器具

① 生产工艺过程中关键参数检测用计量器具，如张拉千斤顶压力表、全站仪、水准仪等。

② 进、出的能源计量器具，如电度表、油量表等。

③ 进、出的物料计量器具，如砼及沥青拌和站的称重计量器具。

此类计量器具在管理上的要求是根据使用部位的不同需求确定合理的检定周期（原则上不超过检定规程规定的检定周期），按时进行检定。

B类：用于内部经营核算，进行工艺控制、质量检测等生产、经营活动中非关键测量过程使用的对量值有一定准确度要求的计量检测设备，如万能材料试验机、砼压力机、台秤、架盘天平、游标卡尺等。

此类计量器具属于非强制检定的计量检测设备，可根据就近、就地、方便生产、方便管理的原则自主送国家法定计量检定机构和经批准授权的计量检定机构检定。

C类：生产、经营活动中对测量准确度要求不高的性能稳定、结构简单、低值易耗的一般计量器具，包括生产设备和装置上固定安装不易拆卸的计量器具，以及国家规定标有CCV标志（全国统一的首次强检标志）的计量器具。如电流表、电压表、时间继电器、盒尺、水平尺、量杯等。

此类计量器具属于进行外观检查和比对校验的计量检测设备，应按局或公司主管部门制定的校验规程，由专（兼）职计量员进行校验，并保存校验的记录。

（4）计量检测设备的日常管理

① 计量职能部门必须保存计量检测设备的目录和校准资料。资料应包括计量检测设备的类别、型号、购置日期和厂家、编号、精度以及校准周期台账和计量检测设备的抽检记录等。

② 凡校准合格的计量检测设备应粘贴彩色标识，以证明该计量检测设备的状态处于允许的精度之中，并在该标识上注明下次检定校准的日期。

③ 使用部门必须按计量检测设备技术文件的要求进行使用、维护和保养，严禁私自拆修。精密、大型、贵重检测设备，必须指定专人保养、维修、使用，严禁无关人员私自动用。

④ 使用部门在操作使用过程中发现不合格的计量检测设备，应立即停止使用，隔离存放，

做出明显的标识,并上报项目总工程师。不合格的计量检测设备在不合格原因排除后,并经再次校准后才能投入使用,若经检定,计量检测设备的精度达不到原等级时,可降级使用,降级使用的计量器具必须经检定部门认可,粘贴"限用证"标志。

⑤ 计量检测设备超过三个月不使用时,应由使用部门提出申请,报公司主管部门审批后予以封存,并按规定作好封存记录。封存的计量检测设备未按规定办理启用手续,不得投入使用。

⑥ 精密、大型、贵重计量检测设备(如全站仪、万能材料试验机等)需要报废时,应经法定检定机构校准出示报废证书后,方可报废。其他计量检测设备需要报废时,应由使用部门提出申请,经公司主管部门批准后方可报废。报废的计量检测应由公司主管部门统一提出处理意见,严禁流入施工生产中使用。报废的计量检测设备应做好记录,项目计量职能部门应及时销账。

(5)计量数据检测的管理

① 项目部应按施工质量验收规范、施工技术规范、规程和业主的有关规定做好工程质量、安全、环保、能源、物资等计量检测工作,保管好计量检测数据和原始记录。

② 计量检测数据包括工艺质量、安全、环保、能源、经营管理等。工艺控制、质量检测、物料及能源的计量检测数据的管理均由各项目对口部门自主完成。

工艺控制:各种施工记录、钻孔记录、水下砼灌注桩记录、钢筋检测记录、模板检测记录、质量检验评定记录等。

试验检测:砂、石、水泥、钢筋等原材料试验、颗粒分析、液塑限分析、击实试验、(石灰)钙镁含量分析、砼配比,灰土、二灰土的配合比,沥青的各组试验等。

质量检验:质量检验评定表、砼强度试验、沥青稳定度试验、压实度试验、弯沉值试验等。

经营管理:进出场原材料检测、限额领料检测,量方、量尺记录、拌合站开盘记录(包括水的控制)、包装水泥抽检记录,外委检验、流量监检记录等。

其中物料的计量验收工作是物资管理的重要基础工作,因此做好地中衡的周期检定工作是加强物料计量验收管理的有效手段,可使项目工程避免物料进场亏损,减少损失。

能源管理:各级水、电表抄表记录,煤、油各级检测记录,锅炉房耗煤日记录,食堂、浴室耗煤记录等。

③ 在操作使用过程中,当发现计量检测设备处于失准状态时,项目总工程师必须组织对以前的检验、试验结果和计量数据等进行追溯,对其有效性进行评定,采取必要的改正措施。

④ 各项计量检测数据,必须真实准确、记录完整、字迹清楚,符合有关规定。

⑤ 各项计量检测数据,应按要求及时报送上级主管和相关主管部门。

⑥ 对计量检测数据,应做好统计分析工作,并根据对计量检测数据的分析,及时采取合理的管理措施,对工程项目的各项工作进行有效的控制。

(6)对外协、分包、联合体队伍的计量器具管理

① 必须把对外协、分包、联合体队伍的计量管理纳入项目总的管理中,使其计量检测设备和检测工作处于有效控制之中。

② 外协、分包、联合体队伍用于工艺、质量检测的计量检测设备的目录和周期检定台账,应报项目部,以备项目部对分包方的检查监督使用。

③ 项目部应按公司对计量检测设备和计量检测的管理规定，定期对外协、分包、联合体队伍的计量工作进行检查，发现问题及时纠正。

④ 若发现外协、分包、联合体队伍不按有关规定执行，并造成检测数据不准确的，将由其承担一切责任，并根据具体情况对其处以一定金额的罚款。

1.11 技术培训与交流工作

1.11.1 技术培训工作

技术培训即岗位培训，是企业有计划、有组织地进行的专门培训，目的是使职工掌握或提高在生产工作中所需要的技术业务知识（应知）和实际操作能力（应会）。其特点是学用结合、按需施教，干什么学什么，欠缺什么补什么，以取得岗位任职能力，更好地胜任本职工作。

技术培训有助于提高职工素质和职工的工作技能，促进企业的发展和技术进步，提高企业的质量水平和经济效益。市场竞争是人才的竞争，而人才的竞争一方面是企业能否得到优秀人才，另一方面则是企业能否用好现有的人才，能否最大限度地培训开发企业现有的人力资源，挖掘出企业潜在的人力资源。从某种程度上讲，企业的竞争是人才的竞争，人才的竞争关键是培训的竞争。

1. 技术培训的种类

1）合格培训

使职工掌握必要的职业基础技术和基本工作方法，国外称为"养成训练"。

2）提高培训

提高已受过合格培训的职工的技术水平和工作能力，国外称为"向上训练"。

3）再开发培训

使职工适应新的岗位或成为技术多面手，再开发职工的新职业技能。

2. 技术培训的方法与技巧

1）演 示

演示的方法更能形象的表达你所培训的内容。演示具有分节动作、重复多次的特点，针对职工进行实际操作的演示，通过分节、重复操作，加强职工的记忆，保证演示的细节都能让职工看到。演示可以采取互动的方式，重复演示可由职工来完成，既能纠正个别职工的错误操作，也加强了所有培训人员的记忆。

2）讲 解

讲解是培训中最基本的表达方式。

讲解是必不可少的，但要控制讲解的内容和时间的长短，保证培训的效果。有效的培训讲解少，培训人员互动多。讲解多的情况下，很难保证人们对于讲解内容有效的理解和记忆，泛泛的讲解，也使培训显得很乏味。

3）小组讨论

小组讨论属于培训中集体互动的一种方式。

小组讨论能启发每位职工的思维，使大家积极参与到培训的课题中来。一般采取设定一个讨论的题目，安排受培训的职工进行分组讨论，限定时间，各小组选派代表发表小组讨论的观点和建议，最后进行分析和总结，得出最终的结论。

4）提　问

提问采取主动应答和指定提问的方式。

培训者根据培训的课题，设计几个问题进行提问，可以采取职工自主应答的方式，如果自主应答没有响应，就要采取指定提问的方式，随机指定某个人进行回答。

提问也是培训者就某个观点不能确定时所采取的最好方式，通过提问的方式，既拓展了培训者的思路，也启发了员工的思维，最终得出合理的结论。

5）录　像

录像的方式主要用于培训职工的操作行为。

有两种观看录像的情况，一种是观看先进技术或标准工作方法的录像，学习别人的成功经验。另一种是观看职工实习过程的录像，回看自己差强人意的地方，及时发现和纠正不正确的行为，通过现场回放，按步指导，也使全体人员受益。

6）案例学习

如果参与培训的职工理论和实际水平较高，利用案例学习的效果就比较理想，如 MBA 教学的主要授课方式就是案例学习。通过对现实案例的分析、总结，提出个人的见解，开拓大家的思维，汇总全体成员的观点，更利于大家站在理论的高度来看问题。案例学习可以采用小组讨论或提问的方式进行。总之，有效的培训要将以上内容进行灵活的运用，使整个培训既不枯燥，又使大家易于接受。灵活组合各种培训手段，既丰富了培训的方式，也使整个培训过程显得生动活泼，充满趣味性，职工的参与热情高，培训的效果就好。

3. 项目经理部的技术培训

项目经理部是基层施工单位，开展技术培训工作能直接起到提高职工的技术水平和技能，整体提升项目质量管理水平的作用。具体可采取如下方式：

（1）以不影响项目施工为前提来开展培训工作。根据施工现场人员工作忙、时间紧的特点，采用比较灵活的方式组织开展技术培训、学习。

（2）与项目的施工计划安排相结合。对工程技术人员，可把培训内容和工程进度作统一安排，保证定期培训、合理安排学习时间，以分散学习和自学为主，适当安排一定数量的专题辅导讲座和专题交流研讨会。对因工作未能参加辅导的，可事后采用录音录像等补课。对操作工人，可应利用工余时间组织培训、学习。

（3）为提高业务技术能力而选定的专题或技术讲座，可邀请局内外有关专家作专题报告，学习先进施工技术，了解本行业最新技术发展动态。

（4）结合施工需要组织培训学习，包括熟悉图纸，学习施工规范、规程、工法、标准、上级颁发的技术文件等，并结合施工组织设计与施工方案的贯彻和学习，加强施工质量意识，提高职工的技术水平。

（5）根据工程实际需要，定期不定期地对试验和测量人员进行技术和岗位技能培训。

（6）进行有效的培训机制，将培训与技术交底相结合，与工程实际相结合，培训中进行现场分析讲解，对可能发生的质量、安全问题做深入剖析，培训后进行讨论总结，做到举一反三。

（7）对职工的培训学习建立必要的考核和奖励制度，以鼓励大家努力学习技术、精通业务。

1.11.2 技术交流工作

技术交流就是在企业内部之间或与外部单位的技术横向联系，包括技术培训学习与技术合作。

项目经理部可采取多种形式开展技术交流活动，如技术工作会议、技术讲座、专题技术讨论会、参观施工现场等，使技术交流活动内容丰富广泛、形式灵活多样，以达到解决工程施工关键技术问题，推进项目的技术进步，提高工程质量的目的。

1. 项目开展技术交流活动的形式

（1）以会议的形式总结交流技术经验，如技术交流会、技术讨论会，工作经验交流会，工作汇报会和施工现场会等。

（2）参观或考察。参观有特色的施工现场，特别是特殊工程和大型项目的施工现场。

（3）依托工程项目，就某项先进技术与大专院校、科研单位或有关企业合作研究开发。

（4）参加上级机关和外单位组织的技术讲座，施工图片展览，技术论文交流及各种培训学习等。

（5）利用因特网查询或面向上级技术部门开展技术咨询活动。

2. 项目开展技术交流活动注意事项

（1）技术交流与工程施工相结合，与当前普遍关心的技术难点相结合，与四新技术相结合。

（2）抓住关键技术。一个工程总会遇到几项关键技术，有效解决好，工程质量与进度就有保证。

（3）重视个性技术和示范工程，学习别人有特色的技术和施工方法。

（4）促进科技成果向现实生产力转化，抓住节能降耗、缩短工期，降低成本的技术。

（5）加强技术跟踪，以更好地了解某项技术的整体应用情况及应用效果。

（6）要提前做好充分的技术准备与理解，以便交流中能抓住要点，发现与项目实际情况相吻合的信息，并结合项目实际情况进行探讨，得到对项目有用的技术和施工经验。

第 2 章　公路施工专项技术管理

2.1　施工组织设计

施工组织设计是根据业主对工程项目的各项要求、设计图纸和施工组织设计的编制原则，在充分研究工程合同文件、现场环境的客观情况和施工特点的基础上，从协调施工全过程中的人力、物力和空间等三方面着手而制定的指导施工的文件。施工组织设计规划和部署了工程全部的施工生产活动，是对施工全过程实行科学管理的重要手段。

2.1.1　施工组织设计的作用

（1）施工组织设计，就是根据拟建工程的特点，把人力、材料、机械设备、资金和施工方法这五个施工的主要因素进行有机结合，实现有组织、有计划、均衡地施工；使整个工程达到设计要求，满足合同规定的工期、工程质量约定，实现预期的经济效益目标。

（2）施工组织设计是施工全过程进行科学管理的重要手段。通过编制施工组织设计，可以根据工程的具体条件、特点和要求制定正确的施工方案、施工顺序、施工方法、劳动组织和施工部署，安排合理的施工进度，明确施工中的重点；可以提前分析、预测工程施工中可能遇到的各种情况，事先做好相应的准备工作，有利于各项施工准备工作的及时进行；可以把设计和施工、技术和经济更紧密地联系起来，把与施工相关的各单位、部门之间的关系更好地协调起来，从而保证工程的顺利实施。大量工程实践证明，认真编制施工组织设计和严格执行施工组织设计是施工企业提高现场管理水平的两条有效途径。

2.1.2　施工组织设计分类

施工组织设计有着各种各样的分类方法，有的按设计阶段的不同进行分类，有的按项目实施阶段的不同进行划分，还有的按编制对象范围的不同分类，或按工程项目的规模和特点来进行划分。但无论如何划分，只不过是编制的形式、范围和深度要求不同。从便于施工单位的管理的角度划分，施工组织设计可分为标前和标后施工组织设计。标前施工组织设计又称为投标施工组织设计，就是按照招标文件规定的内容编写，主要用于参加施工投标。标后施工组织设计又称实施性施工组织设计，即工程中标后，由施工单位在工程开工实施前，根据工程施工合同要求、投标施工组织设计、工程施工的实际要求和项目管理的需要进行编制，主要用于指导该工程项目在整个施工全过程中的技术、经济、组织活动。

2.1.3　投标施组和实施性施组的差异

投标施工组织设计编写有其自身的特点，由于绝大部分招标文件中给出的技术资料，都是属于技术设计，且资料不全，有时水文、地质报告不详尽。另一方面，由于编标的时间较短，决定了现场勘察是粗略的、不全面的，以上因素决定了投标施工组织设计的性质是初步的、指导性的。而编制实施性施工组织设计时，是在进入现场以后并进行了相关调查以后进行的，编制依据充分、资料齐全、时间相对宽松，制定的施工组织设计要在施工中指导实施，必须具体详细、具有可操作性。两者的差异如下：

1. 编制依据及条件

（1）投标施工组织设计：施工现场条件不能完全进行落实，投标图纸存在不详细现象，地质、水文情况不能完全掌握。

（2）实施性施工组织设计：施工图经详细复核并由设计人员进行了交底，施工前准备充分，人员、材料、机械设备基本落实，对施工环境及现场实施条件已进行深入调查，编制依据完整且可靠性强。

2. 编制目标

（1）投标施工组织设计：为了取得业主的信任，充分展示企业在施工设备、人员素质、管理水平、技术能力等方面的实力，反映出投标方对承接该工程的信心和决心，使业主产生安全感和信任感。

（2）实施性施工组织设计：指导开工前的一切准备工作，对工程施工组织进行具体安排，内容详尽，实施方案操作性强，安排切合实际，控制目标明确，力求提高施工效率，追求经济效益最大化。

3. 编制内容

（1）投标施工组织设计：内容按照招标文件的要求编写，主要反映组织施工的基本情况，内容陈述要详略得当，基本的内容均应概述，特殊内容才需详述，如施工方法一章的内容，只需对其中有针对性的拟采用的一些特殊新工艺、新施工方法进行详述。招标文件中对施工组织设计明确要求的内容，每一条都不得遗漏，但内容侧重点应有所不同，对所能投入本工程的机械设备计划、工期保证措施、质量保证措施、重要部位采取的可行施工方法等内容有所侧重，具有全面性、指导性特点。

（2）实施性施工组织设计：在投标施工组织设计的框架下，根据工程实际状况及现有条件编制，基本内容需面面俱到，对所决定采取的施工方法、工艺，尽管属于常规，也有必要进行详述，甚至需绘出直接用于指导生产的施工图等，它可以参考已成功工程的经验及管理模式，具有针对性强、操作性具体的特点。

4. 编制人员

（1）投标施工组织设计：主要为经营管理层人员。由投标单位经营开发部门组织，工程技术部门等相关部门人员配合。

（2）实施性施工组织设计：主要为项目管理层人员。由项目经理部组织项目部工程技术、管理人员进行编制，大型复杂、技术含量高的工程可邀请上级有关部门人员参加。

2.1.4 编制投标施组应注意的问题

（1）严格满足招标文件的要求。编制投标施工组织设计的直接依据是招标文件、法律、法规、有关部门规章、工程建设标准（包括定额）、设计文件等，除此之外，还应包括业主的特殊要求（明确或隐含的）及工程条件。

（2）选择适当的项目组织机构。应通过投标施工组织设计确定施工项目组织机构，重视项目经理及技术负责人的确定，除了其资质应满足要求外，最好有类似工程的施工经验，让业主了解施工作业队伍的编制情况及水平。

（3）注意与工程报价相结合。投标施工组织设计中工期确定、资源投入、施工方法选择等，都依赖于工程报价所提供的基础数据。而投标施工组织设计的编制又反过来影响工程报价。当施工组织设计中采用非常规的施工方法或措施时，将导致工程费用的增减。所以，投标施工组织设计与工程报价有着密切的关系，两者必须结合，综合平衡后再做决策。

（4）重视踏勘现场和招标答疑。踏勘现场和招标答疑是投标人与业主在投标前进行面对面交流和沟通的最佳时机。通过踏勘现场和招标答疑，可以更直接的掌握工程的特点，了解业主的意图，弄清疑难问题，抓住工程项目的主要矛盾，使投标施工组织设计的编制紧密结合工程特点、现场要求和业主意图。

（5）正确制定工期目标。建设工期目标有业主指定和投标人竞报两种情况。制定工期目标时，应认真分析，根据工程规模、工地条件、定额工期、施工方案、自身实力与经验、投标策略等计算项目的合理工期，既不冒进、也不保守，当投标工期明显少于合理工期时，应制定可靠的工期保证措施，并在报价中作好相应考虑。

（6）制定可靠的质量目标。保证质量是工程施工的基本要求，也是业主的首要要求。投标人应制定出使业主相信的可靠质量目标，在确定目标之后真正提出可靠的质量保证措施。

2.1.5 编制实施性施工组织设计应注意的问题

（1）落实具体编制人员，分工负责。项目经理是现场管理的决策者和指挥者，实施性施工组织设计的编制应该由项目经理主持、项目经理部技术、管理人员参加，结合具体的工、料、机、资金以及现场的具体情况，编制出符合工程实际的施工组织设计，真正起到指导、协调工程全过程的作用。

（2）重视编制前的各项准备工作。包括组织准备、技术准备、资源渠道准备。在工程项目开工前由项目经理部组织专门工作小组，制定准备工作提纲，在规定的时间内分别落实施工现场复核调查、施工技术准备，落实项目管理人员及劳务人员、材料、半成品、施工机具的选择及进场计划等编制实施性施工组织设计所必需的各项原始资料。

（3）注意将现代科学管理方法应用到编制工作中。提倡将系统工程、网络计划、目标管理、信息技术等现代管理方法应用到编制施工组织设计中去，统筹安排施工技术方案和进度计划。

（4）注重施工方案的可操作性。要求重点突出、简明扼要、有理有据、层层分解、系统配套，基本实现内容图表化，文本标准化，以便工程项目施工管理人员贯彻执行。

（5）严格遵循技术规律。要合理分解施工工序，安排施工程序，充分利用时空间隙，发挥资源的最大效能。

（6）注意博采众家之长为我所用。编制时应注意关注国内外相关施工技术的发展情况，开展技术咨询活动，尽量采用"四新"技术，努力实现施工技术上的新突破。

（7）注意按动态思路运作。施工组织设计是综合性文件，在施工执行过程中要充分认识主客观条件。随着工程施工的逐步展开，主观和客观条件不断发生变化，要在尊重事实、尊重科学的基础上，不断对实施性施工组织设计进行调整、补充和完善，使之能更符合客观实际，更科学有效地指导施工实践。

2.1.6 施工组织设计编制方法

从施工组织设计编制的要求和内容看，实施性施工组织设计的要求最为完整，也最详细具体。在具体编制方法上，投标施工组织设计可以参照实施性施工组织设计的编制方法，结合招标文件的要求，择其所需来进行编制。

2.2 施工技术方案

2.2.1 施工技术方案的编写

施工技术方案属于施工组织设计的一部分。根据不同的施工对象和施工阶段，施工组织设计可分为总体施工组织设计，单项工程施工组织设计和分项工程施工组织设计三大类。其中单项或分项工程的施工组织设计又称为施工技术方案和专项技术措施。正确选择施工方案是降低工程成本的关键所在。好的施工技术方案，是有效控制施工质量、进度、成本的先决条件，因此要求方案科学合理、严密可行，不同的环境、条件、技术含量和工期要求，以及不同的地区、季节等因素，都是编制施工方案的重要依据。

施工技术方案应符合技术规范与合同条款的要求，体现设计意图，要求做到切实可行，技术和工艺先进，经济合理，能降低工程成本，提高工效，保证质量、安全和工期。施工技术方案是组织施工和编制工程标后预算的依据，必须结合项目资源情况和工程实际在施工前制定。施工技术方案中须包括安全与环保技术措施。方案编制前应对工程进行调查，了解工程概况、结构类型、工期质量要求、机具设备、施工技术条件和自然环境等资料，根据以往同类型工程施工的经验、教训，结合工程特点、薄弱环节及关键控制部位进行预测预控分析，制定出符合现场实际情况的安全与环保技术措施。

施工技术方案主要包括四方面内容。

1. 施工方法的确定

施工技术方案是各分部分项工程施工操作的具体指导性意见，如有多种施工方法可供选择时，应在作技术经济分析比较后，在若干个初步方案基础上进行筛选优化，择优选择合理而切实可行的施工方法，并明确一些具体问题并作逐一叙述。

2. 施工机具设备的选择和布置

根据施工方案所需的施工机具，选择符合工程实际情况的规格、型号和技术参数，确定机具设备的数量、进场时间和作业位置，统一安排与调配。

3. 施工工艺流程与主要分项工程施工方案

施工工艺流程是各部分工程或施工阶段的先后次序，主要是解决时间上的衔接问题，确定施工流水方向（即施工作业顺序）。工艺流程的合理确定，将有利于扩大施工作业面，组织多工种或立体流水作业，缩短施工周期和保证工程质量。

通常应编制流水施工网络计划，以工程量较大或技术上较复杂的分项工程为关键工序安排施工流向，其它分项随顺序安排，技术复杂、施工进度较慢、工期较长的部位或工段先行施工，有效解决交叉作业、工序衔接的问题。对处于关键工序、特殊工序上的主要分项工程，要写出较详细的施工工艺与方法，以便更好地指导施工，为现场施工技术交底提供明细内容。要努力寻求各种降低消耗、提高工效、降低成本的技术措施，积极采用"四新"技术，编制出先进、合理的技术方案。

4. 施工组织安排

根据施工工艺流程合理安排施工，使各工种劳动力、施工机械有机组合，施工进入流水作业的良性渠道。在确定施工流向分段时，还应使每段的工程量大致相等，使劳动组织相对稳定，各班组能持续均衡施工，减少停工和窝工。

2.2.2 施工技术方案的审核

项目总工审核施工技术方案应重点考虑以下几个方面的问题：
（1）审查所报施工技术方案的内容是否完整、合理，是否符合业主及监理工程师的要求。
（2）审查主要技术方案和施工工艺的技术可行性和经济合理性，是否符合工期要求。
（3）审查技术方案的施工工艺能否达到合同及规范的工艺要求及质量标准。
（4）审查方案中安全与环保技术措施的可行性和合理性。
（5）对施工技术方案中存在的问题提出修改建议。
（6）判断并确定方案的技术等级。

2.2.3 施工技术方案的审批

1. 报批的程序

由项目经理部编制的施工技术方案，应报上级技术部门进行审批。项目经理部的所有施工技术方案都必须经过项目总工审核、确定技术等级级，再决定是否上报审批。严格执行施工技术方案的审批程序，能有效弥补方案的缺陷、遗漏甚至错误，突破编制者个人技术的局限性，使方案更完善、合理、全面，有利于集思广益、提高方案的技术水平，明确方案实施各方的责任并保证方案的严肃性。

2. 专项施工方案技术等级划分

Ⅰ级：涉及单项（或分项、分部工程）新技术、新工艺，而本公司（局）尚未施工过的。
Ⅱ级：仅涉及本公司（局）已有技术，但各单位未施工过的分部、分项工程。
Ⅲ级：仅涉及各单位已掌握的技术，且技术条件不太复杂的分部、分项工程。

3. 工程项目的技术等级划分

Ⅰ级：整体工程项目多项分部、分项工程都涉及新技术、新工艺或涉及单项新技术、新工艺，而本公司（局）尚未施工过的；或技术条件特别复杂的工程。

Ⅱ级：仅涉及本公司（局）已有技术，该单位未施工过，但已由其它单位施工过；或技术条件比较复杂的工程。

Ⅲ级：仅涉及各单位已掌握的技术，且技术条件不太复杂的工程。

2.2.4 施工技术方案的实施

施工技术方案由项目经理部负责具体实施，方案实施前首先应进行技术交底，从管理层到操作层分两次进行，使实施方案的所有人员均熟悉和了解技术方案的所有要求及应注意的事项，并明确实施过程中工序的衔接方式和当事人应承担的责任。

按照施工方案的要求，对施工现场要做好充分的调查研究，摸清具体情况，科学合理地安排场地空间，尽量减少临时设施的工程量，避免材料的二次搬运。重视现场交叉作业、工序衔接的问题，关注季节与气候变化，使方案顺利实施。在施工过程中，技术人员和施工管理人员要经常深入工地检查方案的落实情况，发现问题和隐患及时加以解决，尽量避免返工损失，以保证施工技术方案的严格执行。

2.3 专项施工技术方案与特殊工艺设计

专项施工技术方案与特殊工艺设计是针对某一重要关键工序、特殊工序所做的技术设计，是对施工组织设计和技术方案的进一步补充，如路基石方爆破施工方案、桥梁模板与支架设计、水中施工的围堰设计、隧道衬砌台车设计等，其特点是专业技术性强，属于特殊工程环境中的特定工艺，是分项工程中的某一个分支工序。专项施工技术方案与特殊工艺设计一定要有设计、验算依据，要有人计算、复核、审核。一般施工方案不需要做专项施工技术方案设计或特殊工艺设计，只有当工程的地质情况、现场环境及工程结构形式与常规不同，用普通方案无法施工时才需要，是工程的难点和创新点。对关键工序、特殊工序在实施前要实行三认可制度（方案认可、设备认可、人员资质认可），对于发现的问题，要及时采取措施处理。对危险性较大的关键工序、特殊工序要组织专家审查。

2.3.1 路基石方开挖的石方爆破方案设计

1. 总说明

内容包括工程概况、爆破作业位置、工程数量、地形与工程地质情况、水文资料、预计的爆破效果、工期安排等。

2. 爆破区段管线和建筑物的保护

首先要确定现场的空中缆线、地下管线及建筑物的位置、结构类型，在爆破方案中加以重点考虑，以确保其安全。

3. 爆破方案设计与起爆方法

根据岩石的类别和风化程度及现场环境要求确定爆破方式、炸药的类型、炮位与炮孔深度、用药量、起爆方法等。

4. 爆破施工方法与作业流程

设计炮孔的钻孔方法或药室开挖方法，说明施工人员、机械和材料的组织安排，爆破前的准备工作，瞎炮的处理方法，爆破后的清理工作，编制爆破作业流水施工程序。

5. 爆破施工的安全与环保措施

确定爆破器材库的建点位置和安全距离，爆破器材的管理措施，说明爆破作业中的安全管理措施，爆破影响范围内的人员、机械、交通运输车辆、建筑物、牲畜与野生动物等的保护措施，防治噪声与粉尘污染的措施。

2.3.2 隧道监控量测设计方案

隧道施工中，为掌握围岩稳定程度与初期支护受力、变形的力学动态或信息，以判断设计、施工的安全与经济性，必须编制监控量测方案，并在施工中严密实施。

1. 工程概况

介绍隧道工程概况，隧道围岩的工程地质和水文地质资料，隧道的设计参数和施工开挖方式，时间安排与工期要求等。

2. 量测项目及测点布置

根据围岩条件、工程规模、支护类型与施工方法选择量测项目，确定必测项目和选测项目，设计各量测项目的测点布设位置、量测断面的布置。

3. 监测方法与评价依据

选择量测的仪器和工具，决定各量测项目的监测方式、人员的组织安排，确定量测频率和结束测量的评价标准。

4. 量测结果的分析处理和应用

说明对量测数据的分析处理方法，如何根据时间—位移曲线判断围岩的稳定情况，必要时应采取的补强措施，如何调整设计参数与施工方法等。

2.3.3 隧道衬砌台车设计

隧道衬砌台车一般用于隧道的二次衬砌，使衬砌能整体施工，使用简单方便，可有效地保证施工进度与工期。

1. 总体设计要求

衬砌台车首先要满足工程质量、进度与安全要求，同时，要考虑工程成本，力求使衬砌台车组装拆卸及移动方便，经济实用。

2. 施工荷载

隧道衬砌台车的设计荷载要考虑台车及模板的自重、砼自重、浇筑砼时的冲击力和内压力、振捣砼所产生的荷载、施工人员与施工器具的荷载等因素。

3. 台车的结构要求

根据设计荷载确定台车结构所用材料的规格、型号、模板厚度、千斤顶吨位、行走钢轨的型号等，使台车具有坚固性、耐久性和安全性。根据隧道线形的要求考虑弯道和超高的因素，对分离式短隧道如只用一台衬砌台车还应考虑台车调头方便的问题。

结合衬砌施工的劳动与机械组合情况，确定台车的长度和模板分块的大小。

4. 预留沉降量

考虑在荷载作用下地基的沉降、衬砌台车的弹性与非弹性变形等因素，浇筑砼前要预留衬砌模板的沉降量。

2.3.4 深水围堰的方案设计

深水围堰一般水深超过 5 米，通常采用板桩和套箱围堰，浅水区域一般采用土石围堰或竹木结构围堰。

板桩围堰有钢板桩、锁口钢管桩、钢筋混凝土板桩等类型，套箱围堰则包括钢套箱、钢木套箱、双壁钢围堰等。深水围堰的设计主要考虑以下因素。

1. 围堰的总体结构

围堰的平面尺寸、内支撑结构和入土深度应满足基础的施工需要，堰顶高度要考虑施工期间可能出现的最高水位、浪高等因素，围堰的外形应考虑通航、河水导流、防汛、防冲刷等问题。

2. 防渗漏

从结构设计上充分考虑防水问题，采取有效措施防止或减少渗漏，以减轻排水工作量。同时设计堰内基底的排水方案，确保围堰内的正常施工。

3. 围堰结构的受力验算

围堰的强度、刚度与结构稳定性须满足施工要求，一般进行下列验算：
（1）围堰入土深度的计算。
（2）动水区域围堰的抗倾覆稳定性计算。
（3）围堰内基底安全验算（防管涌、涌包现象）。
（4）静水、动水压力与整体结构受力计算。
（5）内支撑结构的受力计算。

4. 安全与环保问题

围堰施工的安全防护措施，防止施工污染河水的措施，因围堰挤压河床断面引起的对河床与河岸的冲刷应有防护措施，围堰拆除时防止污染环境的措施。

2.3.5 大梁悬浇的挂篮设计

在大跨径、高墩、跨河流和沼泽地段的桥梁施工中，无法采用落地支架，用钢桁架成本太高且施工复杂，故均采用悬浇挂篮施工。

挂篮设计主要从以下几个方面来考虑。

1. 设计荷载

根据施工时实际可能发生的荷载情况，进行最不利荷载组合。

（1）最大节段的混凝土自重。

（2）挂篮自重。

（3）模板与挂篮内支架自重（包括侧模、底模、内模和端模等）。

（4）施工人群荷载与机具荷载。

（5）浇筑砼时的冲击荷载与振捣荷载。

（6）风、雪所产生的荷载。

2. 分段长度

根据大梁的设计分段长度，按最长段进行设计。

3. 挂篮结构

一套挂篮的主要结构有：主桁承重系统（主纵桁架），行走系统，底篮与模板系统（下横梁、底模纵梁、吊杆与模板），后锚系统（主桁自锚平衡装置、锚杆压梁、连接件、升降千斤顶等）。挂篮结构的设计原则是结构简明、受力明确，在保证刚度的前提下向轻型方向发展。

挂篮的受力计算：

（1）主纵桁架的内力与挠度。

（2）底篮纵横梁的受力计算。

（3）抗倾覆稳定计算。

（4）吊杆、锚杆的受力计算。

4. 施工质量和安全性

确保挂篮的刚度、强度和可靠性，有利于调整大梁的标高和挠度，模板的变形与表面平整度符合要求，工作平台便于操作，安全可靠。

2.4 施工安全技术

在安全施工方面，尽管有国家、地区和企业的指令性文件，有各种规章制度和规范，但这些只是带普遍性的规定要求，对某一个具体工程（尤其是较为复杂的工程或某些特殊项目）来说，还需要有具体的要求。根据不同工程的结构特点，提出各种有针对性的、具体的安全技术措施，如土方开挖边坡坡度的规定，吊篮、脚手架的设计，安全网的要求，防火、防雷的措施等规定。安全技术措施既是具体指导安全施工的规定，也是进行安全交底、安全检查验收的依据，同样也是职工生命安全的根本保证。施工安全可分为安全管理、安全设施、安全技术等方面。狭义地讲，安全技术是指在施工过程中为确保施工人员、施工设备安全而提出的一些基本操作（工艺）要求、安全技术规范（程）、技术条件、技术参数。安全设施中需要通过计算、分析才能确定的部分也包含了安全技术。

安全技术措施是施工组织设计的重要组成部分，是施工单位指导安全施工的技术性规范文件。要求随同实施性施工组织设计同时完成。以便各种安全设施能有较充分的时间做准备，从而保证了各种安全设施的落实。

2.4.1 编制安全技术措施的注意事项

1. 调查分析

要编制某项工程的施工技术安全措施，必须在编制前对该工程进行调查、了解该工程的特点，如地理环境、气候、工程概况及结构、工期、质量要求等，在调查基础上，分析施工中潜在的危害，并根据以往同类工程的事故教训，找出该工程施工中的薄弱环节和关键控制部位。

编制人员应当熟悉施工安全的基本规范、标准及施工现场的安全要求，掌握工程专业技术知识，深入调查场地、环境和条件等第一手资料，确立施工安全目标，从施工组织设计开始，就要根据工程的特点，科学地选择施工工艺、施工方法、施工机械，合理地布置施工平面。

2. 编写要求

"安全第一，预防为主"是施工安全管理指导思想。安全技术措施应充分考虑不利因素。一个工程从开工到竣工是一个极其复杂的活动过程，尤其碰到一些技术难度大、危险性作业多、进度要求快的工程，更需要有一个周密的安全技术措施。从工程设计开始就要考虑施工的安全，对施工过程中每项部署，都必须首先考虑如何保证安全。措施必须要有针对性、可行性、科学性、规范性；必须针对该工程特点和预测分析出来的危险因素和薄弱环节，必须符合实际，注意其经济性，在当时物质、技术条件许可的情况下能行得通；必须采用科学先进的工艺手段、操作方法和防护设施；必须符合国家现行的规范、规程、标准。

安全技术措施必须渗透到工程各阶段、分项工程、专项施工技术方案和各工艺中。安全作业指导书应根据施工工艺标准、劳动组织和作业环境和安全管理控制要点进行有针对性的编制，保证安全作业指导书能够指导施工。安全技术措施按其施工项目的复杂、难易程度及施工环境条件，选择安全防范重点，应抓住：防误操作、不规范操作、最不利状态下的安全系数等5种伤害的防患制定相应的措施，安全预防措施主要如下内容，如防火、防毒、防爆、防洪、防尘、防雷击、防触电、防坍塌、防物体打击、防机械伤害、防起重设备滑落、防高空坠落、防交通事故、防寒、防暑、防疫、防环境污染等方面措施。内容要充实，有针对性。

安全技术措施要有针对性：

仔细分析施工的每一工序，从技术上采取措施，消除危险，保证施工安全。针对不同的施工方法，如立体交叉作业、滑模、整体提升吊装、大模板施工等，可能给施工带来不安全因素，从技术上采取措施，保证安全施工。针对使用的各种机械设备、变配电设施给施工人员可能带来哪些危险因素，从安全保险装置等方面应采取相应的技术措施。针对施工中有毒、有害、易爆、易燃等作业，提出技术标准，采取技术措施，如监测等，预防事故。针对施工场地及周围环境，给施工人员或周围居民带来危害，以及材料、设备运输带来的困难和不安全因素，应采取技术措施。了解施工工程内部及外部给施工带来的不利因素，通过综合分析后，制定具有针对性的安全施工措施。由于工程变更等情况变化，安全技术措施也必须及时做相应补充。遇到因条件变化或考虑不周必须变更安全技术措施内容时，应由原编制、审批人负责办理变更手续，否则不能擅自变更。对结构复杂、施工难度大、专业性较强的工程项目，除制定项目总体安全保证计划外，还必须制定单位工程或分部分项工程的安全技术措施；对高处作业、井下作业等专业性强的作业，电器、压力容器等特殊工种作业，应制定单项安全技术规程，并应对管理人员和操作人员的安全作业资格和身体状况进行合格检查。

3. 编制和审批

工程项目的施工安全技术措施要根据工程特点、安全技术措施的复杂程度等因素编写，随同施工组织设计报上级单位进行审批。在审批过程中提出的修改意见应视为安全技术措施的组成部分，一并贯彻实施。未被批准的安全技术措施不得实施。经过批准的安全技术措施具有技术法规的作用，必须认真贯彻执行。

4. 交底、监督、检查

1）安全技术交底

项目部要按不同分项、工种、环境，必须定期或不定期的分工种、分项目、分施工部位，对作业人员进行全面、具体、有针对性的书面安全技术交底。应根据其内容分级分阶段进行。各级各阶段的交底一般由编写人员负责交底，与技术交底同时进行，交底后的安全技术措施，在执行中若有修改和补充，必须及时向操作人员交清所修改或补充的内容。

安全技术交底的内容应针对分部、分项工程施工中给作业人员带来的潜在危害和存在问题；应优先采用新的安全技术措施。保持书面安全技术交底签字记录。

班组每天要根据施工工艺要求和作业环境及人员状况进行有针对性的交底，做好班前讲话记录。

2）监督检查

为了保证安全技术措施逐条逐项落实到实处，使计划决策变为行动，一个重要的手段是加强执行过程中的监督检查，各级技术负责人，以及项目经理，施工员都有责任随时检查措施的执行情况，制止违反措施的行为，并通过行政、经济手段使管理者和操作者的行动始终处于措施的约束之中。安全技术措施中的各种安全设施、防护设置应列入任务单，落实责任到班组或个人，并实行验收制度。

监督检查应保证安全技术措施得到贯彻实施，除加强教育提高职工执行措施的自觉性外，更重要的手段是加强执行过程中的监督管理和安全检查，安全检查时按安全管理部门制定的有关规定执行。技术负责人、编制者和安全技术人员，要经常深入工地检查安全技术措施的实施情况，及时纠正违反安全技术措施规定的行为，并且也要注意发现和补充安全技术措施的不足，使其更加完善、更加有效。各级安全部门要以施工安全技术措施为依据，以安全法规和各项安全规章制度为准则，经常性地对各工地实施情况进行检查，并监督各项安全措施的落实。对安全技术措施的执行情况，除认真监督检查外，还应建立必要的与经济挂钩的奖罚制度。

5. 总结完善

工程完工后，要对该工程的安全技术措施执行效果进行认真总结，然后再进行综合评价，成功的可以上升标准，失误的分析原因，吸取教训，完善类似工程项目的安全技术措施。

2.4.2 特殊工程安全技术措施的主要内容

结构复杂、危险性大的特殊工程，应编制单项的安全措施。如，爆破、大型吊装、沉箱沉井、烟囱、水塔、各种特殊架设作业、高层脚手架、井架和拆除工程等。必须编制单项的安全技术措施，并具有设计依据，有计算、有详图、有文字要求。

对大型群体工程或一些面积大、结构复杂的重点工程，除必须在施工组织总设计中编制施工安全技术总体措施外，还应编制单位工程或分部、分项工程安全技术措施，详细地制订出有关安全方面的防护要求和措施，确保该单位工程或分部分项工程的安全施工。

重点工程（工程质量要求高、施工技术复杂的工程）必须编制单项的安全技术措施。特别是起重安装工程、深基坑、高墩、水上作业，工程质量要求高、施工技术复杂等特点更为突出，这些工程，必须编制单项的安全技术措施，确保安全施工。安装工程中的设备、构配件吊运，起重设备的选择和确定，起重以外安全防护范围等。复杂的吊装工程还应考虑视角、信号、步骤等细节。大孔径人工挖孔桩必须根据地质水文资料、设计要求、作业环境拟定方案。

采用新工艺、新材料、新技术、新设备的工序也要制定相应的安全措施，并提出安全技术操作要求。对新工人必须进行安全教育和操作规程的教育，对变换工种及临时参加生产劳动的人员，也要进行安全教育和安全交底。

2.4.3 季节性施工安全技术措施

季节性施工安全技术措施，就是考虑不同季节的气候对施工生产带来的不安全因素可能造成的各种突发性事故，而从防护上、技术上、管理上采取的防护措施。季节性主要指夏季、雨期和冬期。各季节性施工安全措施的主要内容是夏季施工安全措施。一般建筑工程可在施工组织设计或施工方案中编制安全技术措施。对于危险性大、高温期长的建筑工程，应单独编制季节性的施工安全措施。

2.4.4 夜间施工安全技术措施

对于工期紧、连续作业时间长、交通繁忙地段或阻碍交通的工程，必然要进行夜间施工作业，相应也要采取有效的安全技术措施，以保证夜间施工的顺利进行。

（1）夜间作业应设置警示灯光，在夜间施工范围的四周及容易发生危险的地方，均应设有红灯示警。

（2）夜间施工要有良好的照明设备，并采取用电安全措施。有高压电线、电线杆、变压器等的地方要设置警示灯或反光标示。危险潮湿场所的照明以及手持照明灯具，必须采用符合安全要求的电压。

（3）在居民区附近要防止夜间施工噪音扰民，采取隔音措施或合理安排施工时间，尽量把施工噪音减低到最小程度。

（4）在危险地段及交通繁忙地段设危险、缓行的反光标志，并配备足够的交通值勤人员，组织好过往行人及车辆的通行，确保人员车辆的安全。

2.4.5 特殊工种安全技术教育

特殊工种是指对操作者本人，尤其对他人和周围设施的安全有重大危害因素的工作岗位，如脚手架、电气、起重、机械操作等工种。

从事特种作业的人员，必须经国家规定的有关部门进行安全教育和安全技术培训，并经考核合格取得操作证者，方准独立作业。

第3章 公路工程技术成果管理

3.1 施工技术总结

3.1.1 施工技术总结的概念

施工技术总结是对项目施工技术、工艺和技术管理成功与失败的经验总结，是一种编写形式多样化的文件。它主要针对工程实例中某项施工技术和工艺、四新技术的应用、技术管理、质量整改等问题进行归纳、分析、总结，作为企业自身施工管理经验的积累和交流。因此，施工技术总结一般只在内部交流使用。

在编写上，施工技术总结分为不同的类型。按内容分，有综合性的施工总结、专题技术总结和单项总结。按时间分，有年度、月度工作总结等。对项目经理部来说，要编写综合性的施工技术总结，对工程进行全面的总结。施工技术人员的个人总结，则依据各人所干具体工作的不同，编写单项的技术总结，如质量检查技术总结、试验工作技术总结等。

施工技术总结与竣工资料要求的"施工总结"不同，只作为项目总工程师向公司工程科提交的材料，不对外。施工技术总结中不含经营、生产管理方面的内容，一般应包括以下内容：

（1）施工方案的安全性、适宜性、经济性总结。
（2）对执行标准、规范、规程某些条款过程中所遇到的一些问题的探讨。
（3）执行局技术、质量、施工管理制度的总结。
（4）推进技术创新（如"四新"技术应用），有关工程技术、质量管理的经验总结。
（5）能缩短工期、增加效益、提高质量、确保安全的施工方法或工艺的实践经验和体会。
（6）质量事故分析。

项目的施工技术总结可在项目施工技术人员个人总结的汇总基础上由项目总工程师自己编写。技术人员的个人总结也应围绕上述6个主题。

3.1.2 施工技术总结的编写

工程竣工时，项目总工要组织有关人员编写施工技术总结，把工程中成熟的施工技术、成功的工艺、施工经验体会、应吸取的教训等总结归纳，对施工技术要点和存在问题进行深入分析，编写成总结资料，留存下来以便在今后的工作中推广应用。技术总结是一种技术积累，总结中的施工技术经验和疑难问题的解决方法可以使企业的技术不断得到提高，有利于企业自身的技术发展与创新。

对于技术复杂或应用四新技术的项目，应编写专题技术总结。

要写好技术总结，在工程开始时就要注意收集积累资料，包括设计文件、施工原始记录、来往技术文件、有关会议资料及质量、安全环保、进度检查资料等。

项目施工技术总结的主要编写内容如下：

（1）工程概况。

总体介绍工程建设的重要意义，工程的开、竣工日期，业主、设计与施工单位，工程大体情况，主要设计参数，主要工程数量，工程标价与最终造价等。

（2）各分项工程施工技术、工艺、方法与技术管理的详细论述。

各分项工程的工程概况，主要的施工方法和技术措施，施工成果的质量、工期、效益的评价情况。

（3）工程的成功经验总结与存在的问题分析。

就施工中所取得的成功经验作总结分析，要突出本工程的特点。对施工中出现的问题，着重分析问题发生的原因，介绍解决的办法，以便在日后的施工中采取预防措施。总结成功经验和分析存在的问题，也可按施工管理、技术与质量管理、安全与环保管理、工期与效益管理等专题分类，从不同角度来写。

（4）体会与结论。

从工程总体上说明本工程的成功经验与不足之处，特别要多找出施工中失败的教训，在技术层面上分析其原因，以提高自己的施工技术水平。最后，对所总结的内容作整体概括。

3.1.3 编写施工技术总结的注意事项

（1）精心选择好总结题材，凡是有成功经验、有技术创新、有问题和教训的事情，都值得总结，如技术复杂、施工难度大、有突出特点的工程项目，四新技术应用项目，容易出质量和技术问题的项目等。

（2）深入收集好素材，全面掌握素材的基本内容。例如，要编写某一分项工程的技术总结，就要写清楚该分项工程在整体中的作用，是如何施工的，走了哪些弯路，碰到哪些问题，是如何克服的等，并写清其主要的技术、经济指标。

（3）目的明确，重点突出，不能把总结写成流水账。写总结的目的是总结经验教训，指导今后的工作，只有重点突出才能写得深入。

（4）实事求是，准确可靠。对总结的内容，所用的数据、资料等，要求真实准确可靠，避免虚构情节、文过饰非、夸大其词的现象。

（5）遵守局有关技术保密的规定，不涉及保密方面的内容。

（6）编写工作总结要及时，不能等到工程交工以后。

（7）介绍正反两方面经验要将背景、前提交代清楚，将施工方案或工艺的适应条件交代清楚，附上必要的照片、施工方案图。

3.2 技术论文

3.2.1 技术论文的概念及其作用

技术论文是在施工实践及研究、实验的基础上，对专业技术领域里的某些现象或问题进行专题研究，分析和阐述，揭示出这些现象和问题的本质及其规律性而撰写成的文章。也就是说，凡是运用概念、判断、推理、论证和反驳等逻辑思维手段，来分析和阐明其科学原理、规律和各种问题的文章，均属技术论文的范畴。

为推动局各项专业技术工作的系统总结，促进企业技术进步和创新，提高经营管理水平，项目经理部的施工技术人员可结合自己的实际工作，撰写相关技术论文。撰写技术论文不仅可作为今后工作的借鉴，也是对自身技术水平的认真回顾与总结，同时，有助于自身施工技术水平的提高，有利于吸取经验教训，少走弯路。

3.2.2 技术论文的特点

1. 科学性

这是技术论文在方法论上的特征，使它与一切文学性的文章区别开来。它不仅仅描述的是涉及科学和技术领域的命题，更重要的是论述的内容具有科学可信性，技术论文不能凭主观臆断或个人好恶随意地取舍素材或得出结论，它必须根据足够的施工实践和可靠的实验数据或现象观察作为立论基础。所谓"可靠的"是指整个过程是可以复核验证的。

2. 首创性

首创性是技术论文的灵魂，是有别于其他文献的特征所在。它要求文章所揭示的事物现象、属性、特点及事物运动时所遵循的规律，或者这些规律的运用必须是前所未见的、首创的或部分首创的，必须有所发现，有所发明，有所创造，有所进步，而不是对前人工作的复述、模仿或解释。

3. 逻辑性

这是文章的结构特点。它要求论文脉络清晰、结构严谨、前提完备、演算正确、符号规范，文字通顺、图表精确、推断合理、前呼后应、自成系统。不论文章所涉及的专题大小如何，都应该有自己的前提或假说、论证素材和推断结论。通过推理、分析、提高到理论的高度，不应该出现无中生有的结论或一堆无序数据。

3.2.3 技术论文的分类

从不同的角度分析，技术论文有不同的分类结果。

1. 按专业范围分

1）土木技术论文

包括施工技术、勘测设计、工程监理、技术质量管理、安全与环保管理、"四新"技术应用、工程测量与试验、标准规范、信息技术等。

2）机械技术论文

包括机械加工、机械化施工、设备维修与改造、设备管理、"四新"应用、信息技术等。

3）企业经营管理论文

包括企业发展战略、体制改革探索、工程项目管理、施工经营管理、财务管理、业务开发等。

2. 按内容特点分

1）论证型

论证型是对科学命题的论述与证明的文件。如对应用性技术的原理或假设的建立、论证及其适用范围，使用条件的讨论。

2）科技报告型

属记述型文章。许多专业技术、工程方案和研究计划的可行性论证文章，亦可列入本类型。这样的文章一般应该提供所研究项目的充分信息，原始资料的准确与齐备，包括正反两方面的结果和经验，往往使它成为进一步研究的依据与基础。科技报告型论文占现代科技文献的多数。

3）发现、发明型

叙述被发现事物或事件的背景、现象、本质、特性及其运动变化规律，阐述被发明的装备、系统、工具、材料、工艺、配方形式或施工方法的功效、性能、特点、原理及使用条件等的文章。

4）计算型

提出或讨论不同类型（包括不同的边值和初始条件）数学物理方程或公式的数值计算方法，施工质量和试验数据的稳定性、精度分析等。

5）综述型

这是一种比较特殊的技术论文，与一般技术论文的主要区别在于它不要求在研究内容上具有首创性，尽管一篇好的综述文章也常常包括有某些先前未曾发表过的新资料和新思想，但它要求撰稿人在综合分析和评价已有的资料基础上，提出在特定时期内有关专业课题的发表演变规律和趋势。

综述文章的题目一般较笼统，篇幅允许稍长，它的写法通常有两类：一类以汇集文献资料为主，辅以注释，客观而少评述。另一类则着重评述。通过回顾、观察和展望，提出合乎逻辑的，具有启迪性的看法和建议。这类文章的撰写要求较高，具有权威性。往往能对所讨论问题的进一步发展起到引导作用。

3.2.4 技术论文的编写要求

1. 题　名

题名是科技论文的必要组成部分，要求用最简明、确切、恰当的词语反映文章的特定内容，把论文的主题明白无误地告诉读者。一般情况下，题名中应包括文章的主要关键词，避免使用非公知公用的缩写词、字符、代号，尽量不出现数学式和化学式。

2. 摘　要

摘要是以提供文献内容梗概为目的，不加评论和补充解释，简明确切地记述文献重要内容的短文。论文都应有摘要，其内容包括研究的目的、方法、结果和结论，应具有独立性和自明性，不分段，字数应控制在 100～300 字。

3. 关键词

关键词是所选取的能反映论文主题概念的词或词组，一般每篇文章标注 3~8 个。

4. 引　言

引言的内容可包括研究的目的、意义、主要方法、范围和背景等。应开门见山，言简意赅，不要与摘要雷同或成为摘要的注释，避免公式推导和一般性的方法介绍。

5. 论文的正文部分

论文的正文部分系指引言之后，结论之前的部分，是论文的核心。

正文是技术论文的核心组成部分，主要回答"怎么研究"这个问题。正文应充分阐明论文的观点、原理、方法及具体达到预期目标的整个过程，并且突出一个"新"字，以反映论文具有的首创性。根据需要，论文可以分层深入，逐层剖析，按层设分层标题。

对技术论文，要求思路清晰，合乎逻辑，语言简洁准确、明快流畅；内容务求客观、科学、完备，要尽量用事实和数据说话。

1）论文内容可从以下几个方面考虑

（1）技术攻关、技术改造、技术推广与应用。

（2）新技术、新工艺、新材料、新设备（"四新"技术）的研究与应用。

（3）引进、消化、吸收和应用国内外的先进技术项目。

（4）一个较为完整的工程项目的施工技术。

（5）工程设计与实施。

（6）工程项目的管理方法。

2）对论文的要求

（1）内容应针对性强，论点明确，论据充分可靠，所引用的数据真实，具有先进性和实用性，对类似工程有较好的参考和指导价值。

（2）在理论上或应用领域有关键性创新突破，属新发明、新发现或新创造。

（3）论点明确，论据可靠，论证充分，论文的层次清晰，文字精练。

（4）在技术或工艺上具有较高的理论水平和实践意义。

（5）论文选题应直接来源于生产实际或具有明确的工程背景，其研究成果要有实际推广应用价值，论文拟解决的问题要有一定的技术难度和工作量，论文要具有一定的理论深度和先进性。

（6）综合运用基础理论、科学方法、专业知识和技术手段对所解决的工程实际问题进行分析研究，并能在某方面提出独立见解。

6. 结　论

结论是文章的主要结果、论点的提炼与概括，应准确、简明、完整、有条理。如果不能导出结论，也可以没有结论，而进行必要的讨论，可以在结论或讨论中提出建议或待解决的问题。

总之，技术论文应选择那些在理论上或应用领域有关键性创新突破，属新发明、新发现或新创造的素材来写；论文要做到论点明确，数据可靠，论证充分，论文的层次清晰，文字精练；在技术或工艺上具有较高的理论水平和实践意义；在局内有较高的推广应用价值，并具有显著的经济效益或社会效益。

3.3 施工工法

3.3.1 工法的定义

工法一词来自日本，与我国的施工技术、施工方法一样，是专有名词，习惯叫法。日本的《国语大辞典》把工法解释为"工艺方法和工程方法"，日本的建筑大字典中工法的含义是"建造建筑物（构筑物）的施工方法或建造方法"。

工法在英、美称为 Construction Method（施工方法）和 System（体系），法国则称为 Technological（工艺），其它国家也有用 Technical（技术）的，各国间称呼虽然不尽相同，但含义差别不大。

我国新颁布的《工程建设工法管理办法》中，对工法赋予了严格、科学的定义，即"以工程为对象，工艺为核心，运用系统工程原理，把先进技术和科学管理结合起来，经过一定的工程实践所形成的综合配套的施工方法"。

工法是一种具有指导企业施工和管理的规范化文件，是经过工程实践形成的综合配套技术的应用方法。由于工法具有技术先进、提高工效、降低成本、保证工程质量、加快施工进度、保证施工安全等特点，经过各级专家评审成为国家级工法、集团级工法和局级工法，因此，工法又具有一定的权威性、实用性、适用性。

3.3.2 我国实行工法管理制度的由来

我国推行工程建设工法是 1987 年在学习贯彻云南鲁布革水电站的工程管理经验时提出来的。鲁布革工程是我国第一个利用世行贷款实行国际招标的大型工程项目，日本大成建设公司以低于标底 43%的超低价中标，工程在 1984 年 11 月开工，1988 年 12 月竣工。工程施工以精干的组织、科学的管理、先进适用的技术和大成公司特有的工法，达到了工程质量好、用工用料省、工程造价低、施工水平国际一流的显著效果，在我国形成了强大的"鲁布革冲击"，学习鲁布革工程管理经验与日本先进的工法也应运而生。

鲁布革工程的成功经验说明，企业要善于总结施工实践经验，多积累本企业宝贵的技术财富，以形成有自己特色的综合配套的成熟技术和工法。

1988 年，建设部对国内外的工程建设、施工企业技术管理状况进行了调查，并深入了解日本工法的内涵，在此基础上草拟了我国试行工法制度的征求意见稿。

1989 年春，建设部印发了《关于在推广鲁布革工程管理经验试点企业试行工法制度有关事项的通知》，在 18 家试点企业中先行一步，以便取得编制工法与工法管理的实际经验。同时，组织编印了《土木建筑工法实例选编》，作为施工企业了解工法和试编写工法的参考。

为提高企业的技术素质和管理水平，促进企业进行技术积累和技术发展，调动广大职工研究开发和推广应用施工新技术的积极性，使科技成果迅速转化为生产力，逐步形成施工技术管理新机制，建设部于 1989 年 11 月印发了《施工企业实行工法制度的试行管理办法》，1990 年开始在全国试行。

之后，全国各地纷纷举办研讨班、学习班，进一步学习工法的含义、编制方法，讨论贯彻工法管理办法的实施步骤。1991年以后，工法的编制与应用工作在国内已全面推广，工法管理工作走向正轨。

3.3.3 工法的特征

工法有以下几个特征：

（1）工法的主要服务对象是工程建设的施工，它来自工程实践，是从施工实践中总结出来的先进适用的施工方法，又回到施工实践中去应用，为工程建设服务。工法只能产生于施工实践之后，是对先进的施工技术的总结与提高，是经施工实践验证过的成熟的技术。

（2）工法的核心是工艺，而不是材料、设备，也不是组织管理。采用什么机械设备，如何组织施工，以及保证质量、安全与环保的措施等，都是为了保证工艺这个核心顺利实施的必要手段。

（3）工法是用系统工程的原理和方法对施工规律性的认识和总结，具有较强的系统性、科学性和实用性。工法的对象有针对建筑群或单位工程的，也有针对分部或分项工程的，虽说有大小之分，但所有的工法都是用系统工程原理和方法总结出来的施工经验，是一个完整的系统，是技术和管理相结合的、整体综合配套的施工方法。

（4）工法必须符合国家工程建设的方针、政策和标准、规范，必须具有先进性、科学性、实用性，保证达到工程质量和安全、提高施工效率、降低工程成本、节约资源、保护环境等方面的要求。

（5）工法是企业标准的重要组成部分，是企业积累施工技术经验后编制的通用性文件。

（6）工法要具有时效性。工法要反映企业施工技术水平的先进性，使其科技成果具有推广意义，了解目前掌握的施工技术在同行业中的先进程度是十分重要的。已在各施工企业中广泛应用的成熟技术不是一个好的工法，工法编制选题应具有新颖性、时效性。

3.3.4 工法与工艺标准、施工方案等的区别

1. 工法与工艺标准的区别

工法和工艺标准、操作规程都属于企业标准范畴，但服务层次却完全不同。工艺标准、操作规程主要是强调操作者必须遵守的工艺程序、作业要点与质量标准，是技术员（工长）向工人班组进行技术交底的内容。而工法是针对单位工程，分部或分项工程的含有工艺技术、机具设备、质量标准以及技术经济指标等整体的综合配套的施工方法，是项目总工用来作技术管理的内容。

工法的编制要以规范、规程和工艺标准为依据，工法中采用的数据也要与之统一。如有足够根据与规范、规程和工艺标准不一致时，需经有关主管部门核准或在评审时通过。

工法与工艺标准的主要区别如下：

（1）服务层次不同。工法是企业的高层次标准，为技术管理和经营管理者服务；而工艺标准与操作规程为较低层次的标准，为施工操作者服务。

（2）内容不同。两者虽然在工艺操作方法、质量标准、安全环保措施方面内容相似，但工法强调要有经济效益分析、工法形成过程与关键技术鉴定及获奖情况的内容，且要有工法的应用实例情况介绍，工艺标准没有这些内容。

（3）编写格式不同。两者都有自己固定的格式，如目前局工艺标准为八项条目，局工法则有十一项条目。

2. 工法与施工方案的区别

工法是工程实践的经验总结，是施工规律性的综合体现，在施工之后形成。施工方案来自过去工程的实践经验，一般产生在新的工程施工之前。工法与施工方案都是针对施工中的技术问题，提出解决问题的具体方法，但工法强调经济效益和社会效益的施工规律性。施工方案经过工程实践之后，也可以总结形成工法。

3. 工法与施工组织设计的区别

两者的概念截然不同。工法是企业标准的一个组成部分，是企业为积累施工技术经验编制的通用性文件，施工组织设计则是针对某项具体工程的施工管理编制的指导性文件。施工组织设计中的进度计划、设备与劳动力调配计划及施工总平面图是工法文件所没有的。

工法可作为施工组织设计的标准模块，即施工组织设计中主要工程项目的施工方案可采用已有的工法成果，但两者不可直接取代。

4. 工法与施工方法的区别

工法与施工方法是同义词，但含义上有明显区别，不能混淆。平常所说的施工方法只是对施工工艺、施工技术的操作方法的一种泛指，而工法要求技术与管理相结合，强调是经过工程实践形成的综合配套的施工方法，是对施工规律性的认识和总结，是作为一种企业标准的特定的施工方法。

3.3.5 施工工法的编制要求

工法是施工企业宝贵的技术财富。在整理传统技术编写新工法时，考虑每项工法自身的特点，须注意以下问题：

（1）工法都必须经过工程实践，并证明是属于技术先进、效益显著、经济适用的项目。对于未经工程应用的研究开发的新科技成果，不能称为工法。

（2）编写工法的选题要恰当。每项工法都是一个系统，系统有大有小，但都是一个完整的系统。

（3）编写工法不同于写工程施工总结。施工总结大多是工程的写实，而工法是对施工规律性的剖析与总结，要把工艺特点（或原理）放在前面，最后引用一些典型工程实例加以说明。在内容安排上，两者的顺序相反。

（4）整理和编写工法的目的是要在工程实践中得到应用，要有良好的适用性和指导性。

（5）随着数字化的发展，工法编制工作也进入了新的阶段。传统的书面文字、表格、图片已不再是工法表达的唯一方式，也可运用声像技术、多媒体技术、声像文字混合技术可以提高工法的表达效果，使其更直观、更真实、更易懂。

3.3.6 施工工法的编写内容

工法编写的格式和内容有具体要求，工法的编写内容与注意事项如下所述：

（1）前　言

简述工法概况、形成过程、推广应用情况、技术鉴定或技术可靠性证明情况和有关获奖情况。

工法的前言是概述，因此，用语要准确规范，文字要言简意赅，切忌词语冗长，更不能将工程概况写入前言。

（2）工法特点

说明本工法与传统施工方法的区别，与同类工法相比较，在工期、质量、安全、造价等技术经济效益方面的先进性和新颖性。

（3）适用范围

说明针对不同的设计要求、施工环境、工期、质量、造价等条件，适宜采用本工法的工程对象。

（4）工艺原理

从理论上阐述本工法施工工艺及管理的基本原理，着重说明关键技术形成的理论基础。

工艺原理是说明工法工艺核心部分的原理。通过工法中涉及的材料、构件的物理性能和化学性能说明本工法技术先进性的真正成因。

（5）施工工艺流程及操作要点

说明本工法的施工程序要点、施工方法、与关键新技术相应的施工机具操作方法，同时说明所采用的施工管理方法和措施，显示本工法的先进性和创新点。必要时，应附图表说明。

对工法中的专利技术或诀窍技术属保密范畴的，编写时可说明其代号并作简要描述。工艺流程是施工操作的顺序，在工法编制中用简单网络图表示，操作要点一定要对应网络图中施工顺序进行详细地阐释。不能网络图中提到的施工步骤在操作要点中没有解释，也不能操作要点中说明的问题在网络图中没有反映。

（6）材料与设备

说明主要材料的质量标准要求，主要施工机械、设备、工具、仪器的名称、规格、型号、数量、使用性能和管理方法等。

为保证工法具有广泛的适用性，工法中涉及的有关"材料"的指标数据一定要严谨、准确。除介绍本工法使用新型材料的规格、主要技术指标、外观要求等，还应注明材料来源的生产厂家，因为不同厂家生产出的同类材料在规格、性能上可能有细微差别。此外，还应强调该材料在操作要点中起到的作用，以证明该材料在工法技术实现中是必不可少的。

（7）质量控制

说明本工法应执行的工程质量标准和达到工程质量标准应采用的技术措施和管理措施。

一般工法的质量要求可依据现行国家、地区、行业的标准、规范规定执行，有些工法由于采用的是新技术、新材料、新工艺，在国家现行的标准、规范中未规定质量要求，因此在这类工法中质量要求应注明依据的是国际通用标准、国外标准，还是某科研机构、某生产厂家的试行标准，使工法应用单位明确本工法的质量要求，使质量控制有参照依据。

（8）安全措施

说明遵照有关安全法规，结合本工法具体情况的安全注意事项和应采取的相应措施。

（9）环保措施

说明本工法中采用了哪些有效的环保措施。

（10）经济效益分析

说明本工法与同类工程采用常规施工方法相比较，具有哪些优越性，通过有关技术经济指标的分析对比，对工法取得的经济效益和社会效益作出客观评价。

工法之所以要推广是因为它技术先进，有可观的经济效益和社会效益。但在工法的效益分析中，人们往往只注意成本效益的分析而忽略了工期效益、质量效益的分析。实际上有些工法要推广的前期成本投入并不低，然而它带来的工期效益、质量效益、安全效益、环保效益等综合效益却很高。

（11）工程应用实例

列举本工法在有代表性的工程中实际应用的情况、取得的实际效果和存在的问题，一般要求有两个以上的项目。

3.4 QC小组活动及成果

3.4.1 QC小组概述

1. QC小组的概念

QC小组是在生产或工作岗位上从事各种劳动的职工，围绕企业的经营战略、方针目标和现场存在的问题，以改进质量、降低消耗、提高人的素质和经济效益为目的组织起来，运用质量管理的理论和方法开展活动的小组。

这个概念包含了以下四层意思：

（1）参加QC小组的人员是企业的全体职工，不管是高层领导，还是管理者、技术人员、工人、服务人员，都可以组织QC小组。

（2）QC小组活动选择课题是广泛的，可以围绕企业的经营战略、方针目标和现场存在的问题来选题。

（3）小组活动的目的是提高人的素质，发挥人的积极性和创造性，改进质量，降低消耗，提高经济效益。

（4）小组活动强调运用质量管理的理论和方法开展活动，突出其科学性。

2. QC小组的特点

1）明显的自主性

QC小组以职工自愿参加为基础，实行自主管理，自我教育，互相启发，共同提高，充分发挥小组成员的聪明才智和积极性、创造性。

2）广泛的群众性

QC小组是吸引广大职工群众积极参与质量管理的有效组织形式，不仅包括领导人员、技术人员、管理人员，而且更注重吸引在生产、服务工作第一线的操作人员参加。广大职工群众在QC小组活动中学技术，学管理，群策群力分析问题，解决问题。

3）高度的民主性

QC小组的组长可以是民主推选的，也可由小组成员轮流担任课题小组长，以发现和培养管理人才。在QC小组内部讨论问题，解决问题时，小组成员间是平等的，不分职位与技术等级高低，高度发扬民主，各抒己见，互相启发，集思广益，以保证既定目标的实现。

4）严密的科学性

QC 小组在活动中遵循科学的工作程序，步步深入地分析问题，解决问题；在活动中坚持用说明事实，用科学的方法来分析与解决问题，而不是凭"想当然"或个人经验。

3. QC 小组的分类

按照 QC 小组参加的人员与活动课题的特点，QC 小组分为"现场型""管理型""服务型"、"攻关型"四种类型。

1）现场型 QC 小组

它是以班组和工序现场的操作工人为主体组织，以稳定工序流程、改进产品质量，降低消耗，改善生产环境为目的，开展质量攻关活动的范围主要是在生产现场。这类小组一般选择的活动课题较小，难度不大，是小组成员所能及的，活动周期也较短，比较容易出成果，但经济效益不一定大。

2）服务型 QC 小组

它是由专门从事服务工作的职工群众组成的，以推动服务工作标准化、程序化、科学化，提高服务质量和经济、社会效益为目的，活动范围主要是在服务现场。这类小组一般活动课题较小，围绕身边存在的问题进行改善，活动时间不长，见效较快。虽然这类成果经济效益不一定大，但社会效益往往比较明显，甚至会影响社会风气的改善。

3）攻关型 QC 小组

它通常由领导干部、技术人员和操作人员三结合组成，它以解决技术关键为目的，课题难度较大，活动周期较长，需投入较多的资源，通常技术经济效果显著。

4）管理型 QC 小组

它是由管理售货员组成的，以提高业务工作质量，解决管理中存在的问题，提高管理水平为目的。这类小组的选题有大有小，课题难度也不相同，效果也差别较大。

4. QC 小组活动的宗旨

QC 小组活动的宗旨，即 QC 小组活动的目的和意义可以概括为以下三个方面：

（1）提高职工素质，激发职工的积极性和创造性。

（2）改进质量，降低消耗，提高人的素质和企业的经济效益。

（3）建立文明的、心情舒畅的生产、服务、工作现场。

5. QC 小组活动的作用

在开展 QC 小组活动中，只要坚持以上宗旨，就可以起到以下几方面的作用：

（1）有利于开发智力资源，发掘人的潜能，提高人的素质。

（2）有利于预防质量问题和改进质量。

（3）有利于实现全员参加管理。

（4）有利于改善人与人之间的关系，增强人的团结协作精神。

（5）有利于改善和加强管理工作，提高管理水平。

（6）有利于提高职工的科学思维能力、组织协调能力、分析与解决问题的能力，从而使职工成为全面人才。

3.4.2　QC 小组的组建

1. QC 小组的组建原则

组建 QC 小组一般应遵循"自愿参加，上下结合"与"实事求是，灵活多样"的原则。

2. QC 小组组建程序与注册登记

1）QC 小组组建程序

（1）自下而上的组建程序

由同一班组的几个人，根据想要选择的课题内容，推举一位组长，共同商定组成一个 QC 小组，给小组取个名字，确定研究课题名称，然后进行注册登记，该 QC 小组就组建完成。这种组建程序，适用于由同一班组内的部分成员组成的现场型、服务型，包括一些管理型的 QC 小组。他们所选的课题一般都是自己身边的、力所能及的较小的问题，这样组建的 QC 小组，成员的活动积极性、主动性很高，QC 小组的开展比较顺利。

（2）自上而下的组建程序

由企业主管 QC 小组活动的部门，根据企业实际情况，提出企业开展 QC 小组活动的设想方案，然后与班组领导协商，达成共识后，提出组长人选，进而物色 QC 小组所需的组员，选定的课题内容，然后进行注册登记，该 QC 小组就组建完成。这种组建程序普遍被"三结合"技术攻关型 QC 小组采用。这类 QC 小组所选择的课题往往都是企业或班组急需解决的、有较大难度、牵涉面较广的技术、设备、工艺问题，需要企业为 QC 小组活动提供一定的技术、资金条件。这样组建的 QC 小组，容易紧密结合企业的方针目标，抓住关键课题，对企业和 QC 小组成员会带来直接效益。

（3）上下结合的组建程序

这是介于上面两种之间的一种，由上级推荐课题范围，经下级讨论认可，上下协商来组建。这主要是涉及组长和组员人选的确定，课题内容的初步选择等问题，其他程序与前两种相同。这样组建 QC 小组，可取前两种所长，避其所短，值得提倡。

2）QC 小组的人数

为便于自主地开展活动，小组人数一般以 3~10 人为宜。每个 QC 小组成员具体应该多少，应根据所选课题涉及的范围、难度等因素确定。

3）QC 小组的注册登记

为了便于管理，组建 QC 小组应认真做好注册登记工作。注册登记是 QC 小组组建的最后一步工作。QC 小组注册登记后，就被纳入企业年度 QC 小组活动管理计划之中，在随后开展的小组活动中，便于得到各级领导和有关部门的支持和服务，并可参加各级优秀 QC 小组的评选。

3.4.3　QC 小组活动

1. QC 小组活动的基本条件

QC 小组是实现全员参与质量改进的有效形式，QC 小组活动应是企业的自觉行为。要在企业内开展好 QC 小组活动，还需要创造较好的内部环境，主要应具备以下几个基本条件。

（1）领导对QC小组活动思想上重视，行动上支持。
（2）职工对QC小组活动有认识，有要求。
（3）培养一批QC小组活动的骨干。
（4）建立健全QC小组活动的规章制度。

2. QC小组活动的程序

为解决本企业存在的问题，不断地进行质量改进是QC小组活动的基本特征。要解决所存在的问题，QC小组所涉及的管理技术主要有三个方面：

（1）遵循PDCA循环。解决一个问题或搞一项活动都要按照PDCA的活动规律进行。P（Plan）表示计划，D（Do）表示执行，C（Check）表示检查，A（Action）表示处理。

（2）以事实为依据，用数据说话。

（3）应用统计方法。现在可供选用的统计方法很多，有"老七种工具"，分别是排列图、因果图、直方图、控制图、散布图、调查表、分层法；有"新七种工具"，分别是关联图、系统图（也称树图）、亲和图、PDPC法（也称过程决策程序图法）、矩阵图、矩阵数据分析法、矢线图；还有一些简易图表（包括柱状图、饼分图、折线图、带状图、雷达图等）。

总之，应遵循PDCA循环，结合自身的特点来开展QC小组活动。QC小组活动的具体程序如图3-1所示。

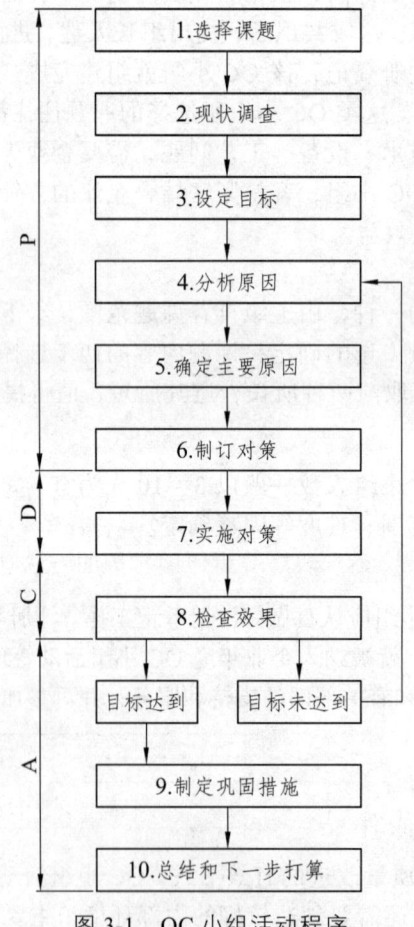

图3-1　QC小组活动程序

3. 选择课题

选择课题要注意三个方面的问题：

（1）课题宜小不宜大。搞小课题有四个方面的好处：

① 小课题易于取得成果，活动周期短，能更好地鼓舞小组成员的士气。

② 小课题短小精干，大部分对策都能由本小组成员自己来实施，更能发挥本组成员的创造性。

③ 小课题大部分是在本小组的生产现场，是自己身边存在的问题，通过自己的努力得到改进，取得的成果也是自己受益，能更好地调动小组成员的积极性。

④ 小课题容易总结成果，在发表成果规定的时间里，能把小组活动时所动的脑筋、所下的功夫、克服的充分表达出来，因此可以发表得很生动、很精彩。

（2）课题的名称应一目了然地看出是要解决什么问题，不可抽象。

（3）关于选题理由，应直接写出选此课题的目的和必要性，不要长篇大论地陈述背景。

4. 现状调查

现状调查要注意三个问题：

（1）用数据说话。

（2）对现状调查取得的数据要整理、分类，进行分层分析，以找到问题的症结所在。

（3）不仅要收集已有记录的数据，更需要亲自到现场去观察、去测量、去跟踪，直接掌握第一手资料，以掌握问题的实质。

5. 设定目标

设定目标要注意目标要与问题相对应，目标要明确表示（所谓明确表示，就是要有用数据表达的目标值），要说明制定目标的依据。

6. 分析原因

在分析原因时要注意以下四点：

（1）要针对所存在的问题分析原因。

（2）分析原因要展示问题的全貌。分析原因要从各种角度把有影响的原因都找出来，尽量避免遗漏。可从"4M1E"即人（Man）、机械（Machine）、材料（Material）、方法（Method）、环境（Environment）这几个角度展开分析。

（3）分析原因要彻底。

（4）要正确、恰当地应用统计方法。分析原因常用的方法有因果图、系统图与关联图。各小组在活动过程中，可根据所存在问题的情况以及对方法的熟悉、掌握的程度选用。为使选用时不至于用错，现将其主要特点列表3-1。

表3-1 分析方法对比

方法名称	适用场合	原因之间的关系	展开层次
因果图	针对单一问题进行原因分析	原因之间没有交叉影响	一般不超过四层
系统图	针对单一问题进行原因分析	原因之间没有交叉影响	没有限制
关联图	针对单一问题或两个以上问题进行原因分析	原因之间有交叉影响	没有限制

7. 确定主要原因

确定主要原因可按三个步骤进行：

（1）把因果图、系统图或关联图中的末端因素收集起来，因为末端因素是问题的根源，所以主要原因要在末端因素中选取。

（2）在末端因素中看看是否有不可抗拒的因素。

（3）对末端因素逐条确认，以找出真正影响问题的主要原因。

8. 制定对策

制定对策通常分三个步骤进行：

（1）提出对策。

（2）研究、确定所采取的对策。

（3）制定对策表。对策表是整修改进措施的计划，是下一步实施对策的依据，必须做到对策清楚、目标明确、责任落实。可按"5W1H"（即：What 对策、Why 目标、Who 负责人、Where 地点、When 时间、How 措施）的原则制定对策表，表中项目依次为：序号，要因，对策，目标，措施，地点，时间，负责人。

9. 实施对策

对策制定完毕，小组成员就可以严格按照对策表列出的改进措施加以实施。每条对策实施完毕，要再次收集数据，与对策表中所定的目标比较，以检查对策是否已彻底实施并达到了要求。

在实施过程中应做好活动记录，把每条对策的具体实施时间、参加人员、活动地点与具体怎么做的，遇到什么，如何解决的都加以记录，以便为最后整理成果报告提供依据。

10. 检查效果

把对策实施后的数据与对策实施前的现状以及小组制定的目标比较，看是否达到了预定的目标。可能会出现两种情况，一种是达到了小组制定的目标，说明问题已得到解决，就可进入下一步骤，巩固取得的成果，防止问题的再发生。另一种情况是未达到小组制定的目标，说明问题没有彻底解决，可能是主要原因尚未完全找到，也可能是对策制定得不妥，不能有效地解决问题，所以就要回到第四步骤，重新分析原因开始，再往下进行直至达到目标。解决了问题，取得了成果，就可以计算解决这个问题能为企业带来多少经济效益。

11. 制定巩固措施

取得效果后，就要把效果维持下去，并防止问题的再发生，为此要制定巩固措施。把对策表中通过实施已证明了的有效措施初步纳入有关标准，报有关主管部门批准，至少要纳入班组作业指导书和班组管理办法、制度。

12. 总结和下一步打算

没有总结，就没有提高。成果完成后，小组成员要围绕以下内容认真进行总结：

（1）通过此次活动，除了解决本课题外还解决了哪些相关问题，还有哪些问题没有解决。

（2）检查在活动程序方面，在以事实为依据用数据说话方面，在方法的应用方面，明确哪些方面是成功的，哪些方面还尚有不足需要改进，还有哪些心得体会。

（3）认真总结此次活动所取得的无形效果。可从"四个意识（质量意识、问题意识、改进意识、参与意识）"的提高，个人能力的提高、QC知识的掌握、解决问题的信心、团队精神的增强等方面来总结，这些效果虽不能直接产生经济效益，但却是非常宝贵的精神财富。

（4）在以上基础上提出下一次活动要解决的课题，把QC小组活动持续开展下去。程序中每一步骤常用的方法见表3-2。

表3-2 QC活动主要工具

序号	方法/程序	老QC七种工具							新QC七种工具							其他方法					
		分层图	调查表	排列图	因果图	直方图	控制图	散布图	系统图	关联图	亲和图	矩阵图	矢线图	PDPC法	矩阵数据分析法	简易图表	正交试验设计法	优选法	水平对比法	头脑风暴法	流程图
1	选择课题	▲	▲	▲	△	△					△					▲			△	▲	
2	现状调查	▲	▲	▲	△	△	△									▲					△
3	设定目标		△													▲					
4	分析原因				▲				▲	▲										▲	
5	确定主要原因		△				△									▲					
6	制定对策		△				△					△	△			△	△			▲	
7	实施对策		△																	▲	
8	检查效果	△	△		△	△										▲					
9	制定巩固措施		△													▲					△
10	总结和下一步打算															▲					

注：① ▲表示特别有效 △表示有效
② 简易图表包括：折线图、柱状图、饼分图、甘特图、雷达图

3.4.4 QC小组活动成果

1. QC小组活动成果报告

QC小组活动取得了成果，就应认真总结，整理出成果报告。成果报告是QC小组活动全过程的局面表现形式，是在小组活动的原始记录的基础上，经过小组成员共同讨论总结整理出来的。

2. 整理成果报告的一般步骤

（1）由QC小组组长召集小组全体成员开会，认真回顾本课题活动全过程，总结分析活动的经验教训。

（2）按照小组成员分工，搜集和整理小组活动的原始记录和资料。

（3）由成果报告执笔人在掌握上述资料和总结会上大家谈的意见的基础上，按照QC小组活动的基本程序整理成果报告初稿。

（4）将执笔人整理出的成果报告初稿提交小组成员全体会议，由全体成员认真讨论，修改、补充、完善。最后由执笔人集中大家意见，修改完成成果报告。

3. 总结、整理成果报告要注意的问题

（1）严格按活动程序进行总结。

（2）把在活动中所下的功夫、努力克服困难、进行科学判断的情况总结到成果报告中去。

（3）成果报告要以图、表、数据为主，配以少量的文字说明来表达，尽是做到标题化、图表化、数据化，以使成果报告清晰、醒目。

（4）不要用专业技术性太强的名词术语，在不可避免时（特别是在发表时），要用通俗易懂的语言进行必要的解释。

（5）在成果报告内容的前面，可简要介绍QC小组的组成情况，必要时还要对与小组活动课题有关的企业情况，甚至生产过程作简单介绍，用以说明本课题是哪一部分发生的问题。

4. QC小组活动成果发表

1）成果发表的作用

交流经验，相互启发，共同提高；鼓舞士气，满足小组成员自我实现的需要；现身说法，吸引更多职工参加QC小组活动；使评选优秀QC小组和优秀成果具有广泛的群众基础；提高QC小组成员科学总结成果的能力。

2）QC小组发表成果应注意的问题

做好发表前的准备工作。为了使发表取得好的效果，应认真研究选择恰当的发表形式，发表形式不要一个模式，可灵活多样，生动活泼，不拘一格。发表前先作自我介绍，让听众知道你是本小组的主要成员，而不是外请的"演员"。现场发表时要声音宏亮，语言简明，吐字清楚，语速有节奏，让人听起来你是在讲自己做过的事，而不是在"背书"。仪态要自然大方，不要过于拘谨和紧张，即使发表中出现了错、漏处也不要紧，道声"对不起"，加以纠正和补充即可。在本企业或同行业以外发表成果时，要尽量避免使用专业性很强的技术术语，必须使用时应略作解释，以使听众能明白。在成果发表完毕后的提问答疑时，态度要谦虚；对提问者要有礼貌，回答提问要简洁明了；提问较多时要有耐心，没听清楚的提问，可请提问者再重复一次；实属技术保密问题，要婉言谢绝。

3.4.5 QC小组活动成果的评审

1. 评审的目的

QC小组活动取得成果之后，为了肯定取得的成绩，总结成功的经验，指出不足，以不断提高QC小组活动水平，同时为表彰先进、落实奖励，使QC小组活动扎扎实实地开展下去，就需要对QC小组活动成果进行客观的评价与审核。

2. 评审的原则

（1）从大处着眼，找主要问题。

主要问题也就是评审的重点，主要有三点：第一，成果所展示的活动全过程是否符合 PDCA 的活动程序；第二，各个环节是否做到以客观事实为依据，用数据"说话"，以及所用数据是否完整、正确、有效；第三，统计方法的运用是否正确、恰当。

（2）要客观并有依据。

（3）避免在专业技术上钻牛角尖。

（4）不要单纯以经济效益为依据评选优秀 QC 小组。

3. 评审的标准

评审标准由现场评审和发表评审两个部分组成。

（1）QC 小组活动开展得如何，最真实的体现是活动现场。因此对现场的评审是 QC 小组活动成果评审的重要方面。评审的项目及内容见表 3-3。

表 3-3　QC 小组成果现场评审表

小组名称：＿＿＿＿＿＿＿＿＿＿　　课题名称：＿＿＿＿＿＿＿＿＿＿

序号	评审项目	评审内容	配分	得分
1	选题	（1）要按有关规定进行小组登记和课题登记； （2）小组活动时，小组成员的出勤情况； （3）小组成员参与分担组内工作的情况。	7～15 分	
2	原因分析	（1）活动过程需按 QC 小组活动程序进行； （2）取得数据的各项原始记录要妥善保存； （3）活动记录要完整、真实，并能反映活动的全过程； （4）每一阶段的活动能否按计划完成； （5）活动记录的内容与发表资料的一致性。	20～40 分	
3	对策与实施	（1）对成果内容进行核实和确认，并已达到所制订的目标； （2）取得的经济效益已得到财务部门的认可； （3）改进的有效措施已纳入有关标准； （4）现场已按新的标准作业，并把成果巩固在较好的水准上。	15～30 分	
4	效果	（1）QC 小组成员对 QC 小组活动程序的了解情况； （2）QC 小组成员对方法、工具的了解情况。	7～15 分	
总体评价			总得分	
公司意见			最终得分	

（2）发表评审

在 QC 小组活动成果发表时，为了互相启发，学习交流，肯定成绩，指出不足，以及评选优秀 QC 小组，还要对成果进行发表评审。发表评审的项目及内容见表 3-4。

表 3-4　QC 小组成果发表评审表

小组名称：_____　　　　课题名称：_____

序号	评审项目	评审内容	配分	得分
1	选题	（1）所选课题应与上级方针目标相结合，或是本小组现场急需解决的问题； （2）简洁明确地直接针对所存在的问题； （3）现状已清楚掌握，数据充分，并通过分析已明确问题的症结所在； （4）现状已为制定目标提供了依据； （5）目标设定不要过多，并有量化的目标值和有一定依据。	8～15 分	
2	原因分析	（1）应针对问题的症结来分析原因，因果关系要明确、清楚； （2）原因要分析透彻，一直分析到可直接采取对策的程度； （3）主要原因要从末端因素中选取； （4）应对所有末端因素都进行了要因确认，并且是用数据、事实客观地证明克是主要原因； （5）工具运用正确、适宜。	13～20 分	
3	对策与实施	（1）应针对所确定的主要原因，逐条制定对策； （2）对策应按 5W1H 的原则制定，每条对策在实施后都能检查是否已完成（达到目标）及有无效果； （3）要按对策表逐条实施，且实施后的结果都有所交待； （4）大部分的对策是由本组成员来实施的，遇到能努力克服； （5）工具运用正确、适宜。	13～20 分	
4	效果	（1）取得效果后与原状比较，确认其改进的有效性，与所制定的目标比较，看其是否已达到； （2）取得经济效益的计算实事求是、无夸大； （3）已注意了对无形效果的评价； （4）改进后的有效方法和措施已纳入有关标准，并按新标准实施； （5）改进后的效果能维持、巩固在良好的水准，并用图表表示出巩固期的数据。	13～20 分	
5	发表	（1）发表资料要系统分明，前后连续逻辑性好； （2）发表资料应以图、表、数据为主，避免通篇文字、照本宣读； （3）发表资料要通俗易懂，不用专业性特强的词句和内容，在不可避免时作深入浅出的解释； （4）发表时要偷窃大方，不做作，口齿清楚而有礼貌地讲成果； （5）回答提问时诚恳、简要、不强辩。	13～20 分	
6	特点	（1）课题具体务实； （2）活动过程（包括发表）生动活泼有新意，具有启发性。	0～5 分	
总体评价			总得分	

评委：_____

（3）评审的方法

公司对 QC 小组成果的评审要进行现场评审和发表评审。

① 现场评审：QC 小组取得成果后，向公司主管部门申报，公司组织有关人员组成评审组，到 QC 小组活动现场，面向 QC 小组全体成员，了解 QC 小组活动的详细情况。现场评审一般在小组取得成果后二个月左右，评审组成员最好不少于五人，评审组按照表 6-3《QC 小组成果现场评审表》的内容进行评审。

② 发表评审：每年年底公司主管部门收集各项目上报的 QC 成果，组织不少于五人的评审组，召开优秀成果发表会，严格按表 6-4《QC 小组成果发表评审表》的内容进行评审。把现场评审和发表评审两项综合起来，就是对该 QC 小组活动成果评审的总成绩。

3.5 技术革新与合理化建议

3.5.1 定 义

合理化建议是指任何员工个人或集体提出的有关改进和完善企业的生产技术和经营管理方面的办法和措施。

3.5.2 开展合理化建议活动的目的和意义

合理化建议首要的基础就是全员参与，只有调动了所有员工的积极性，合理化建议才能有生存空间，不管是一线员工还是现场管理人员，都是合理化建议的主力军。开展合理化建议的第二要点就是立足本岗位，不断发现问题，解决问题，并有所创新。虽然立足本岗位表面上看是使合理化建议范围有所限制，但范围的限制提高了建议的质量和专业性，这一点也为合理化建议的提出者增加了方向性。当然立足本岗位并不是让你只关注本岗位，非本岗位的合理化建议也值得提倡。

开展合理化建议活动，是激发广大职工主人翁精神与现代科学技术相结合的好形式，是广大职工当家做主参与管理的有效途径，也为广大职工施展聪明才智搭建了舞台。这项活动需要领导重视，只有得到了领导的支持，比如说荣誉奖励、物质奖励或资金的支持，才能使员工有兴趣不断提出建议。

通过开展合理化建议活动，不仅可以降低成本、提高效率、保证质量等方面有显著效果，也是企业实现可持续发展的方式之一。另外，增加了员工对企业的认同感。在以人为本的今天，合理化建议也提高了企业的无形效益。

合理化建议的推行和推广也很重要，只有坚持实行合理化建议规范化、程序化，才能为企业不断产生经济和社会效益，企业才能从中获利，而合理化建议所涉及技术的推广更能使效益最大化，使整个局及公司获利。

3.5.3 项目合理化建议的主要内容

（1）节约增效型建议。围绕公路、桥梁、隧道等工程施工，经营管理、技术方案等方面，以降本增效、增收节支、加强资金管理为目的，为项目创造效益。

（2）安全环保型建议。围绕企业管理和生产经营，开展以安全施工、保护环境为主攻方向的金点子活动，开创安全环保管理新局面，建设安全环保型工程项目。

（3）创新型建议。提出管理创新和技术革新的合理化建议，打造项目的学习型班组，形成项目钻研业务、不断创新的良好风气。

（4）开发型建议。挖掘市场开发领域，在经营开发方面出谋划策。

（5）质量型建议。在如何整合施工技术力量，如何保证工程质量方面献计献策。

3.5.4　组织机构和活动方式

（1）集团各级合理化建议技术协作委员会，负责各级的合理化建议活动。

（2）集团各级技术协作委员会组织办公室设在工会办公室，负责处理日常工作。项目经理部由工会小组具体负责合理化建议活动。

（3）项目经理部对职工提出的合理化建议、技术革新、技术协作等项目及建议、意见，要做到及时登记整理，不论采纳与否，均应建立个人技术档案，经筛选提交"技协"委员会进行评审，经鉴定有应用价值的项目要及时推广。

（4）项目工会小组应随时向公司"技协"汇报合理化建议活动的开展情况、成果材料以及活动经验。

3.5.5　技术革新与合理化建议的评审鉴定

（1）项目职工提出的合理化建议、技术革新和技术协作的项目或措施，由项目工会小组收集并整理成成果材料，上报公司"技协"。公司"技协"委员会组织评审鉴定，提出处理意见，并对实施后的成果负责技术鉴定，计算其经济效益。

（2）对评审鉴定未采纳的项目，必须及时地向建议人说明原因，并根据有关规定给予鼓励。

（3）对评审鉴定有采纳价值而暂无实施条件的项目，除及时向建议人说明情况外，应向上级"技协"报告。

3.5.6　技术革新与合理化建议的奖励

合理化建议、技术革新和技术协作的项目或措施，必须经过试验和实际应用，并在施工生产或工作中取得成效，根据创造的经济效益多少和工作效率的高低，按照集团规定的奖励条款进行奖励。

3.5.7　成果发布

项目经理部应每1~2年组织一次合理化建议成果发布会，以交流情况，总结经验。成果发布材料（文字说明、实物、模型或图表等）可按照局成果发布会的通知要求办理。

3.6 "四新"技术应用

3.6.1 "四新"技术的概念

"四新"技术指新技术、新工艺、新材料和新设备。新技术和新工艺有两方面的解释,一是指新发明的,以前未曾出现过的技术或工艺,二是别处已应用过但本企业或本项目以往没有采用过的技术或工艺。对于工程施工企业来说,主要是指后一种情况,从外面引进并在施工中应用,但也有许多是企业自己开发的。不论是哪种新技术、新工艺,在应用过程中都必须结合自身工程的特点,经过消化吸收,才能取到技术进步和提高经济效益的效果。

新材料是指新近发明创造的或正在发展的、具有优异性能的结构材料或有特殊作用的功能材料。新材料是"四新"技术的核心之一,是其他"四新"技术的基础,它的发展与新技术、新工艺密切相关。按指定性能设计和研究新材料,是材料科技的发展方向。近年来随着市场对节约能源和环境保护的要求提高,大批节能、降耗、环保的新材料也随之出现。

新设备是指相对于原有设备来说技术性能更先进、功能更全面、操作更方便的机械设备,而并非新购置的设备。在工程施工中采用新设备,往往可提高施工效率、确保工程质量。

3.6.2 推广应用"四新"技术的意义

技术创新是一个从新产品或新工艺设想的产生,经过研究、开发、工程化、商业化生产,到市场应用的完整过程的一系列活动的总和。而"四新"技术的应用属于技术创新的范畴,是技术创新活动的一个组成部分。

美国学者曼斯菲尔德认为,"一项发明,当它被首次应用时,可以称之为技术创新。"工程项目中,"四新"技术被首次应用后,在以后的类似工程中还将多次应用并发展。所以,"四新"技术第一次应用是技术创新,之后的使用过程属于推广应用,两者有所区别,但也不能完全割裂开,因为推广应用过程仍伴随着发展创新。

一段时间以来,我国建筑业仍处于增长方式粗放、效益较低的发展阶段,一些企业缺乏主动采用新材料、新工艺、新技术和新设备的动力,众多工程仍在使用落后的工艺和技术,一些老观念、老思想、老体制、老传统仍在起作用。在许多方面,我们处在一个技术锁定的状态中。即使周围不断有许多"四新"技术涌现出来,但我们设计与施工的思路还是按老一套,十几年不变,甘于现状,怕担风险,什么新技术、新工艺通通排斥在外。技术锁定在工程设计与施工行业是很明显的,那么多新的、好的"四新"技术,遭到强大的习惯思维、传统体制、僵化观念等的排斥力量,产生了技术"锁定"的效应。

而市场经济发展的现状是,新技术革命变化迅速,如信息技术、生物工程、新材料、新能源、航天科技、仿生学以及环保技术等,纷纷涌现。现在一年中涌现的新技术、新产品、新材料,相当于过去的十几年甚至几十年,二十世纪技术革命成果相当于前十几个世纪的累积。知识加速发展,信息爆炸性膨胀,在未来的短时期内,新技术革命将对人类的生活带来根本性的革命。而建筑行业与新技术革命是息息相关的,新材料、新结构、新工艺和信息化技术的应用,都为企业未来的发展创造了无限的空间。

科技进步是建筑业企业实力的重要标志，也是改善建筑企业产业结构，增强企业竞争力的决定因素。作为施工企业履行工程承包合同的独立经济实体，项目经理部更要重视"四新"技术的推广应用。为使项目取得良好的经济效益，提高工程质量，施工更安全环保，就必须突破技术锁定状态，跳出习惯思维的圈子，积极推广应用"四新"技术，以促进项目经济增长方式的转变，整体提高施工技术水平和承包经营管理水平。

工程项目采用常规的施工技术、材料和工艺，难以实现工程项目的综合目标，只有通过新技术、新工艺、新材料、新设备的推广应用和技术创新，才能优质高效、安全环保地完成项目，有效地降低工程造价、加快工程进度、保证工程质量。

3.6.3 "四新"技术应用的具体措施

面对"四新"技术不断涌现和建设行业的勃勃生机，项目经理部要抓住机遇，大力应用推广"四新"技术，以加强自身的市场竞争力，取得更好的经济和社会效益。

科技是第一生产力。要依靠科技进步，加快"四新"技术的科技成果转化，把自主创新与借鉴吸收国内外科技新成果结合起来，并结合具体的工程项目，组织科技攻关，进一步提高工程产品的科技含量。在工程施工中，应积极引进先进施工技术和现代化的生产设备组织施工。众多"四新"技术的推广应用和发展创新，将有效地解决许多施工难题，确保工程质量，节约资金，加快工程施工进度，从而取得显著的经济和社会效益。

项目经理部推广应用"四新"技术的主要具体措施有：

（1）重视信息工作，及时收集和发布"四新"技术成果的推广应用目录和有关信息。

了解和掌握"四新"技术的发展动态，结合工程项目的具体情况对信息进行筛选处理，及时发布符合项目实际的"四新"技术目录和信息，以便项目因地制宜地推广应用好这些新工艺、新技术、新材料、新设备。

（2）建立分项工程试点或示范工点，加大推广力度。

对于高新技术含量高、工期与质量有特殊要求、施工难度大及特殊地形地质的分项工程，按常规方法难以完成施工任务，有利于设立试点或示范工点，以应用推广"四新"技术。

让有关班组及协作队伍了解并掌握新技术、新工艺、新材料、新设备的使用方法，让他们感到应用这些"四新"技术有利可图，在承包经营中能得到许多实惠。思想上接受之后，才能按步骤有效地完成推广应用工作。

（3）了解、熟悉并掌握与"四新"技术配套的施工技术标准和规范、规程。

在市场需求的促进下，新型建筑材料、科技新产品非常多，但真正能大规模推广、系列化应用的寥寥无几，关键就在于新产品的开发与工程应用相互脱节，没有相应的施工标准和规范。任何一项"四新"技术成果的推广，都必须有配套的施工图及技术标准、规范等，以构成产品应用的系列。所以，要依托院校、科研机构和企业上级机关，把"四新"技术应用的技术标准规范工作做在前面。

微软公司的创始人比尔·盖茨就说过，三流的企业家是低成本生产，二流的企业家生产高技术产品，一流的企业家则制定标准规范。得标准规范者得"天下"，技术标准、规范和操作规程很重要，绝不能小看。

（4）运用召开现场会、研讨会、技术交底和做试验段等形式，加强"四新"成果的推广应用工作。

比较单一、简单的"四新"技术，可以用召开现场会或用技术交底的形式，使有关人员了解和掌握"四新"技术的要点、操作方法与规程、要执行的技术标准和规范等，从而顺利地应用推广。对较复杂的、成套的"四新"技术，则要以办培训班、开研讨会的形式，深入细致地了解各个环节、技术要领及施工步骤，以获得系统的应用知识。对缺乏相应技术标准规范的"四新"技术，要通过做试验段的形式，取得相关数据，以便编制适合具体工程的技术标准规范，报业主及上级管理部门批准后执行。

（5）重视施工设备的更新换代。

随着科学技术水平的不断进步和环保要求的提高，一些机械效率低、耗油量大、尾气污染严重的老设备已不适应现代化施工的需要，必须淘汰更新，代之以性能先进、功能齐全、操作方便、节能环保的新设备。项目资金有困难，暂时不能整体更新的，也应进行必要的维修、改造，部分更新，以提高现有设备的技术素质。

3.6.4 应用"四新"技术应注意的问题

"四新"技术应用是推动企业技术进步、促进企业发展创新的重要措施，但作为一种技术尝试，利益和风险并存。所以，项目在应用"四新"技术的同时，要充分考虑可能出现的不利因素，采取各种预防措施，确保"四新"技术的应用顺利进行。

（1）事先调查研究。对所要采用的"四新"技术，要事先了解其应用条件、使用范围及所需配套技术，分析研究其技术特性和优缺点，调查同样的"四新"技术在其他单位应用所取得的成功经验或应用失败的原因，做到"心中有数"。

（2）加强培训工作。对有关人员进行全面的技术培训，使其了解和掌握"四新"技术的要点、操作方法、各个环节的技术要领及工艺流程，以获得可靠的应用技术。

（3）充分考虑应用"四新"技术对安全和环保的影响。通过对"四新"技术的调查研究，分析在应用过程中在安全和环保方面将产生的不利因素，并预先制定相应的预防措施和有效的解决方案。

（4）根据项目的具体情况，量力而行。初次应用"四新"技术，在技术准备、人员培训等方面要耗费大量的人力、物力，前期投入较大，且对施工效率和工期有一定影响，不能操之过急，要遵循"循序渐进"的原则，有计划、有步骤地进行。

（5）做好技术总结。"四新"技术成功应用后，要及时将前期准备工作、应用过程、各环节技术细节及注意事项等问题进行归纳、分析、总结，整理出完整的资料，为以后应用的顺利进行提供可靠的参考资料，并为编写工法及工艺标准积累素材。

第二篇 路基施工篇

第4章 一般路基施工

4.1 路基施工一般规定

路基施工应做好施工期临时排水总体规划和建设,临时排水设施应与永久性排水设施综合考虑,并与工程影响范围内的自然排水系统相协调。

路基填料应符合下列规定:含草皮、生活垃圾、树根、腐殖质的土严禁作为填料。泥炭、淤泥、冻土、强膨胀土、有机质土及易溶盐超过允许含量的土,不得直接用于填筑路基;确需使用时,必须采取技术措施进行处理,经检验满足设计要求后方可使用。液限大于50%、塑性指数大于26、含水量不适宜直接压实的细粒土,不得直接作为路堤填料;需要使用时,必须采取技术措施进行处理,经检验满足设计要求后方可使用。粉质土不宜直接填筑于路床,不得直接填筑于冰冻地区的路床及浸水部分的路堤。

路基填料强度和粒径,应符合表4-1的规定。

表4-1 路基填料最小强度和最大粒径要求

填料应用部位 (路面底标高以下深度m)		填料最小强度(CBR)(%)			填料最大粒径 (mm)
		高速公路 一级公路	二级公路	三、四级公路	
路堤	上路床(0~0.30)	8	6	5	100
	下路床(0.30~0.80)	5	4	3	100
	上路堤(0.80~1.50)	4	3	3	150
	下路堤(>1.50)	3	2	2	150
零填及 挖方路基	(0~0.30)	8	6	5	100
	(0.30~0.80)	5	4	3	100

4.2 公路施工测量

4.2.1 操作工艺

1. 控制测量

图纸审核→设计交桩→水准点导线点复核→布置路线施工控制网→水准点导线点加密→

原地面复测→向现场技术员和施工队进行书面的水准点导线点交底→雨季后、越冬后水准点导线点复核→交工验收测量→测量档案归档和移交。

2. 施工放样测量

计算放样资料→现场施工放样→复核点位→标记放样点并现场交桩。

4.2.2 操作方法

1. 图纸审核

根据设计图纸和设计交底对路基平纵断面逐桩高程、坐标、超高、加宽等进行复核，发现错误及时上报监理工程师处理。

2. 设计交桩

工程开工前，在项目总工程师的带领下，测量组参加由驻地监理工程师组织的交接桩工作，逐一接收平面、高程控制点桩、交点桩、断链桩、合同分段桩、重要结构的中心桩，并按监理工程师的要求，办理交接桩签认。接桩后，与桩址所在土地的业主办理桩址占地使用、桩志保护合同，清理桩址周围杂物，建立醒目桩位标志。

3. 根据接桩资料和设计文件进行水准点、导线点等控制点复测及恢复定线

（1）工作开始之前，应向监理提交复测开工报告，内容包括：测量人员和仪器设备配置，测量方案与计划安排。复测开工报告批准后，应在监理工程师旁站下进行复测，在合同规定的期限内完成，根据复测结果对控制桩进行平差调整，复测成果上报监理工程师。复测范围应延伸到相邻标段内两个点。

（2）复测内容包括：平面、高程控制点，线路中线、转角点，合同分段桩，重要结构的中心桩。

（3）全面恢复中线并固定路线主要控制桩，如交点、转点、圆曲线和缓和曲线的起讫点等。对于高速公路、一级公路应采用坐标法恢复主要控制桩。恢复中线时应注意与结构物中心、相邻施工段的中线闭合，发现问题应及时查明原因，并报现场监理工程师或业主。如发现原设计中线长度丈量错误或需局部改线时，应作断链处理，相应调整纵坡，并在设计图表的相应部位注明断链距离和桩号。

（4）精度要求：导线起讫点应与设计单位测定结果比较，测量精度应满足设计要求，当设计无规定时，应满足规范要求。

4. 布置路线施工控制网

一般采用平面二级三角控制网，四等水准控制网。

（1）在熟悉设计文件中的路线和结构工程的平面、纵横断面图的基础上，根据施工技术规范的要求和施工的需要，确定利用原设计控制网点加密或重新布设测量控制网点，建立施工控制测量网。

（2）测量方案应报监理工程师批准，测量精度和网点的选点、造标、埋石应符合有关规范的规定。控制网一般半年要复核一次，并应经常巡视检查，如有丢失、移动，应及时补测、补设。

（3）水准点间距不宜大于1 km，在人工结构物附近、高填深挖地段、工程量集中及地形复杂地段宜增设临时水准点。临时水准点必须符合精度要求，并与相邻路段水准点闭合。

（4）如发现个别水准点受施工影响时，应将其移出影响范围之外；其高程应与原水准点闭合。

（5）增设的水准点应设在便于观测的坚硬基岩上或永久性建筑物的牢固处，也可设在埋入土中至少1 m深的混凝土桩上。

5. 原地面复测

路基施工前，在完成控制网布设后按照设计断面进行原地面复测，复测结果经工程部复核再报监理工程师签认。

6. 现场交桩

向工点施工负责人、技术员现场交桩，并将桩位数据以书面形式签认。

7. 施工放样

（1）按照施工组织设计的要求，进行便道、便桥、临建等临时工程的测量放样。

（2）临时用桩和施工用桩布设。在工点开工前，要在熟悉施工图的基础上，利用控制网点设置施工用桩。其主要有：

① 路基中心桩、边桩。

② 涵洞中心桩、出入口桩及十字线护桩。

③ 各工点的水准基点桩，大工点不得少于3个，小工点不得少于2个。

④ 对设置的施工用桩，要注意保护，经常复核；如遇丢失、移动，及时补设。工点开工报告中，应有施工用桩设置的内容。

⑤ 路基施工前，应根据恢复的路线中桩、设计图表、施工工艺和有关规定钉出路基用地界桩和路堤坡脚、路堑堑顶、边沟、取土坑、护坡道、弃土堆等的具体位置桩。

⑥ 施工过程中，利用施工用桩进行施工放样测量：路基施工路段的中线、边线放样，各层高程测量；路面中、边线放样，各层施工高程放样。

⑦ 在距路中心一定安全距离处设立控制桩，其间隔不宜大于50 m。桩上标明桩号与路中心填挖高，用"+"表示填方，用"-"表示挖方。

⑧ 在放完边桩后，应进行边坡放样，对深挖高填地段，每挖填5 m应复测中线桩，测定其高程及宽度，以控制边坡的大小。

⑨ 路基施工期间每半年至少应复测一次水准点，季节冻融地区，在冻融以后也应进行复测。

⑩ 机械施工中，应在边桩处设立明显的填挖标志。

⑪ 施工中，宜在不大于200 m的段落内，距中心桩一定距离处埋设能控制高程的控制桩，进行施工控制。发现桩被碰倒或丢失时应及时补上。

⑫ 取土坑放样时，应在坑的边缘设立明显标志，注明土场供应里程桩号及挖掘深度；作

为排水用的取土坑,当挖至距坑底 0.2~0.3 m 时,应按设计修整坑底纵坡。

⑬边沟、截水沟和排水沟放样时,宜先做成样板架检查,也可每隔 10~20 m 在沟内外边缘钉木桩并注明里程及挖深。

8. 成品检查

分项工程完工后及时按照《公路工程质量检验评定标准》(土建工程)(JTGF80/1—2004)要求的测量检测项目进行检验,并在现场做好标记,复测结果及时上报工程部。

9. 复测

雨季后、越冬后对水准点、导线点进行复测。复测要求同前文 1.2.3 规定。

10. 交工验收测量

项目工程完工后,应根据设计文件和合同要求,进行项目交工验收测量:

对各工点工程进行中线、各部尺寸、高程逐一测量并与设计对照。

在各工点竣工测量的基础上,进行全项目工程贯通线路的竣工测量,主要任务是复查施工后的路线中桩和断链桩的位置,路线纵断高程,埋设永久性基桩,并按规定设置护桩。负责提交路线曲线表、断链表、中线基桩表、统一里程与施工里程对照表,提供编制竣工文件所需的测量数据。

11. 资料整理保存

测量档案归档和移交测量记录与资料必须分类整理、妥善统一保管,作为竣工文件的组成部分归档,具体包括如下内容:

(1) 项目交接桩资料,监理工程师提供的有关测量控制网点,放样数据变更文件。
(2) 项目及各工点、各工序测量原始记录,观测方案布置图、放样数据计算书。
(3) 测量内业计算书,测量成果数据图表(包括交工验收测量)。
(4) 测量仪器与器具周期检定文件。

4.3 填方路基施工

4.3.1 施工放样

路基施工之前,应在现场恢复和固定;路线高程复测和水准点增设;横断面的检查与补测;准确的划分用地界限;路基放样;人工构造物的放样;划定取土坑、借土坑、弃土堆的位置和地界等。

4.3.2 原地面处理

填方路堤施工前的原地面,按照场地清理的有关规定进行清理。对其基底,还将按下列规定办理:

(1) 做好原地面临时排水设施,并与永久排水设施相结合。排走的雨水,不得流入农田、耕地;亦不得引起水沟淤积和路基冲刷。

（2）路堤修筑范围内，原地面的坑、洞、墓穴等，用原地的土或砂性土回填，并按规定进行压实。

（3）路堤基底为耕地或松土时，先清除有机土、种植土，平整后按规定要求压实。在深耕地段，必要时，将松土翻挖，土块打碎，然后回填、整平、压实。

（4）路堤基底原状土的强度不符合要求时，进行换填，换填深度不小于30 cm，并予以分层压实，压实度满足设计、规范要求，并经监理工程师验收。

（5）清淤换填。

本项目淤泥主要位于鱼塘处，路基施工前，根据设计，用全站仪侧放出路基中心线、边线的控制桩，并报监理工程师核准，中线及边线控制桩的距离平直路段为20 m，曲线段为10 m。围堰、抽水、清淤至符合要求的土层后回填透水性材料至地面压实，压实度≥85%。耕地的处理：清淤地表耕植土后再对原地面进行夯（压）实后，回填至原地面压实，压实度≥85%，清除耕植土按15 cm计，填前压实度按20 cm计，在此基础上进行土方填筑或软基处理。

4.3.3 借 方

在借方运输过程中，应把便道拓宽，并铺上灰渣石屑等，用压路机压实，每隔50米左右，要设置错车的地方，保证安全顺畅。安全部设置的交通指挥小组将在便道附近巡逻。如有弃土掉在便道上，应尽快扫除。

4.3.4 路堤的填筑

1. 填筑材料的来源及要求

尽可能利用路基开挖的可用土质材料，但自由膨胀率大于65%的中膨胀土、强膨胀土不能用于填筑，小于65%的弱膨胀土可利用填筑，但含水量不能超过规定要求。如果开挖的土质材料无法满足施工要求，则按设计提供的取土场挖取。路基以外的填方材料应选择最佳的取土坑位置，考虑最佳的运输距离，及其方便等因素，采用透水性良好的材料如碎石、卵石、中粗砂等或设计要求填筑材料，若采用透水性不良及不透水的土壤填筑路堤时，须使其含水量接近最佳含水量时方可压实。路基填料应先进行土工试验，包括液限塑性指数和最佳含水量，土质颗粒大小分析，测定土的强度（CRB值）。施工方案见图4-1，具体要求如表4-2。

表4-2 施工具体要求

项目分类 路基地面以下深度		填料最小 CRB值	填料容许最大粒径（cm）
路堤	上路床（0~30 cm）	8.0	10
	下路床（30~80 cm）	5.0	10
	上路堤（80~150 cm）	4.0	15
	下路堤（>150 cm）	3.0	15
	零填及路堑路床	8.0	10

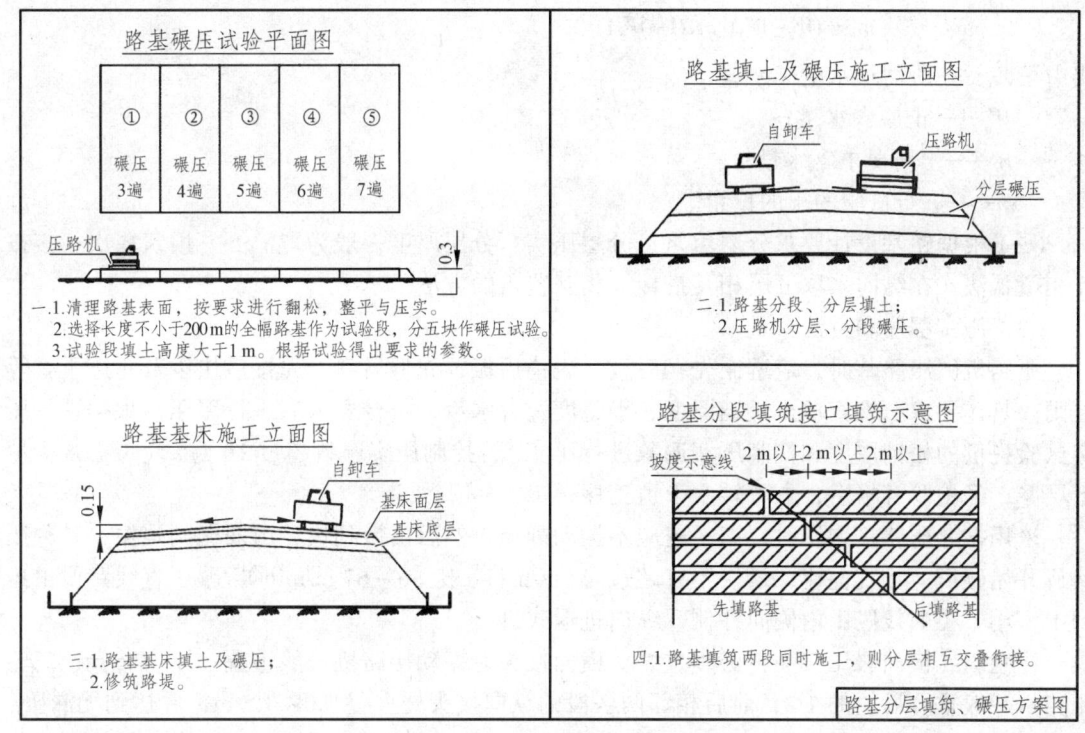

图 4-1 路基填筑施工方案

2. 路堤的填筑

当路堤基底处理好后,从原地面逐层填起并逐层压实,每层厚度随压实方法而定。本段拟采用纵向水平分层填筑。自卸汽车运土石方,利用推土机初步整平,配合平地机找平并设置 2%的路拱,然后用压路机进行压实。材料填方宽度每侧应比填层设计宽度宽 50 厘米,压实后不小于设计宽度,待路堤填完毕之后进行削坡。

在分层填筑时应注意:

(1) 以透水性较小的土填筑路堤下层时,其顶应做成 4%的横坡。

(2) 以不同的性质填路堤时,应分层填筑,层数应尽量减少。不得混杂乱填,以免形成水囊或滑动面。

(3) 凡不因潮湿及冻融而变更体积的优良土应填上层;强度(形变横量)较小的土应填在下层

(4) 斜坡上分层填筑时,因按边坡情况先挖成台阶。路堤应由最底层填起,并分层夯实,然后逐层向上填筑并夯实。台阶宽度一般为 1 m 高度约 0.5 m。并按设计图纸设置土工格栅。

3. 土方路基的压实

路基的压实度影响的因素有内因和外因,其影响的内在因素有含水量和土的性质,外在因素有压实功能、压实工具和方法。

(1) 确定路基土的最佳含水量和最大干密度。最佳含水量可根据试验得到。天然土层较干燥时,宜在取土坑表面浇洒适当水量,使之潮湿,其效果较临时洒水为好。土基达到最佳含水量所需加水量的计算:

$$m_1 = (W - W_e) \cdot m / (1 + W_e)$$

式中 m_1——所需加水量（g）；
　　W_e——土原含水量；
　　W——土所要求含水量；
　　m——进行试验的土的重量。

（2）根据路基设计要求分层填筑、分层压实。分层厚度一般为 30 cm。填筑层次衔接按互相覆盖法，在纵向采取分层相互搭接、相互覆盖的方法。

（3）压实程序和方法：

压路机碾压路基时，应遵循先轻后重，先稳后振，先低后高、先慢后快以及轮迹重叠等原则。具体要求：检查填土松铺厚度、平整度及含水量，符合要求后进行碾压；根据现场压实试验提供的松铺厚度和控制压实遍数进行压实。若控制压实遍数超过10遍，应考虑减少填土层厚，经检验合格后，方可转入下道工序；

采用振动压路机碾压时，第一遍应不振动静压，然后由慢到快，由弱振到强振；各种压路机开始碾压，均宜慢速，最快不宜超过 4 km/h（一般 66~67 m/min），碾压直线路段由边到中，小半径曲线段由内侧向外侧，纵向进退式进行；

注意纵、横向碾压接头，必须重叠。横向接头对振动压路机一般重叠 0.4~0.5 m，三轮压路机一般重叠后轮的 1/2，前后相邻两区段的纵向接头处重叠 1.0~1.5 m，并达到无漏压、无死角。

（4）压实工具的选择见表 4-3。

表 4-3　压实机具

机具名称	最大有效压实厚度（m）	碾压行程次数				备注
		粘性土	亚粘土	粉砂土	砂粘土	
人工夯实	0.10	3~4	3~4	2~3	2~3	
光面碾 10 t	0.25	10	8	6		
夯击机 1 t	0.6	5	4	3	2	
夯板 1.5 T	0.65	6	5	2	1	
振动式压路机	0.40			2~3	2~3	

4.3.5　施工注意事项

（1）用于路基填筑的填土先进行试验段施工，以确定土方工程正确压实方法，为达到规定压实度所需要的压实设备类型及其组合，各类压实设备最佳组合下的各自压实遍数及行走速度，以及能被有效压实的压实层厚度，实验路段铺筑长度应不小于 100 m 全幅路基。这些工作应在开工前 28 天完成，并将实验情况报监理工程师审批。

（2）清理场地后的地面，横坡不小于 1∶5 时，可直接填筑，当地面横坡或纵坡陡于 1∶5 时，应将原地面挖成宽度不小于 1 m 的台阶，以满足摊铺和压实设备操作需要。

（3）路基经过水田、池塘或低洼地时，应先挖沟，排水疏干，挖除淤泥及腐土并晾晒湿土，并将此地面翻松 30 cm 深，经处理后再进行压实。

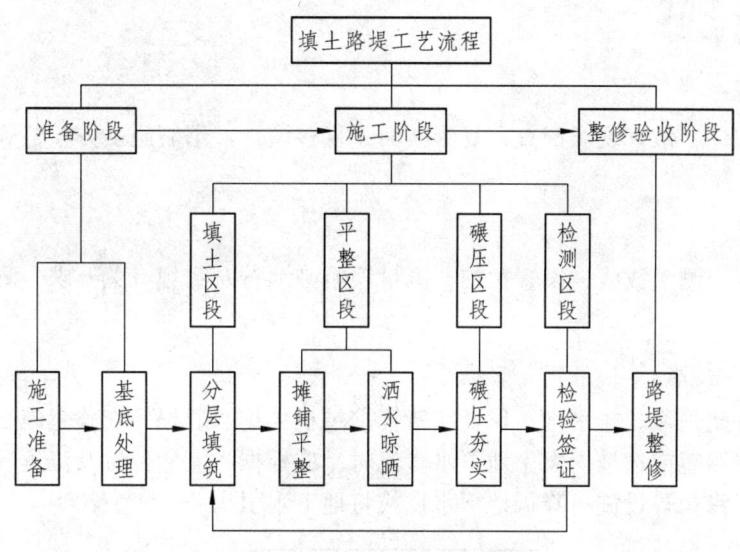

图 4-2 施工工艺流程图

（4）用于填方的土不应含有腐殖土、树根、草根或其它有害物质，填方作业应分层进行摊铺，平地机整平，每层松铺厚度应不大于 30 cm，每种填料层总厚度不得小于 50 cm，土方路堤填至路面顶面最后一层的厚度不应小于 10 cm。

（5）路堤填筑过程中，应进行沉降和稳定检测。当接近或达到极限填土高度时，严格控制填土速率，以免由于加载过快而造成地基破坏。控制标准：路基地面沉降速率不大于 1.5 cm/d，边桩竖向位移不大于 1.0 cm/d，水平位移不大于 1.5 cm/d。

（6）当路堤填筑高度接近极限高度时，应注意随时控制填土速率，每天填土厚度不宜超过 0.3 m。

4.4 挖方路基施工

挖方路基按如下方法实施：
（1）土质及全风化、强风化岩石地段的路堑边坡采用 1∶1～1∶1.5。
（2）弱风化至微风化的岩石，边坡上没有对路堑边坡稳定产生不利影响的结构面，路堑边坡坡度采用 1∶0.75～1∶1.25。
（3）路堑边坡高度大于 10 m 的路段，每 8 m 分一级，各级间设 2 m 宽的平台；路堑边坡高度大于 16 m 的路段，依据地质条件和现场情况进行稳定性分析后，结合防护形式的变化逐一设计各级各边坡坡度。

4.4.1 土方路堑的开挖

1. 施工工艺流程

路堑开挖根据地形、土质状况、断面形状、路堑长度、施工季节和环境保护要求，并结合土石方调配选用适当方式开挖。工艺流程见图 4-3。

2. 操作要点

1）施工准备

核对设计文件，做好现场调查，复测断面，复核设计。编制施工方案，确定施工方法和资源配置。

2）测量放线

按施工图要求测量放线，设置护桩，测量误差必须符合测规有关要求，测量工作必须贯彻复核制。

3）堑顶截、排水

应首先做好堑顶截、排水沟，保证路堑开挖过程中排水通畅。在路堑施工期间要注意检查维护；如发现路堑或边坡内发生地下水渗流时，应根据渗流的位置及流量的大小采取设置排水沟、水井、渗沟等设施，降低地下水位或将地下水引出。

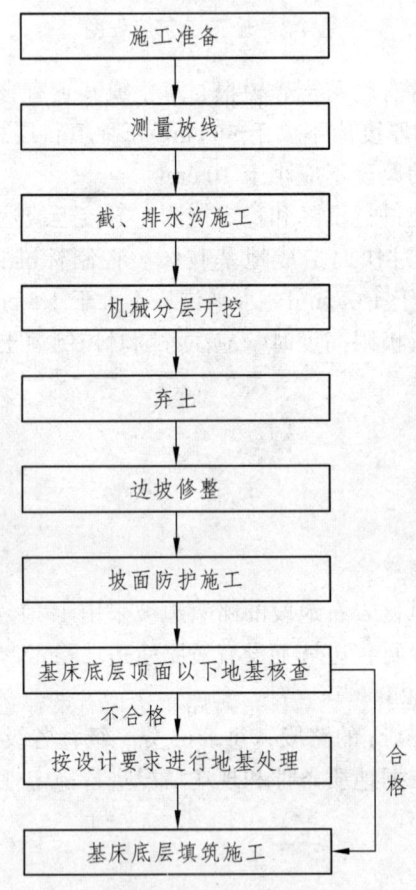

图 4-3　土质路堑施工工艺流程

4）路堑开挖

土方开挖应自上而下进行，禁止乱挖、超挖，不得掏洞取土，根据整个路段的横断面宽度和深度，有以下开挖方式：

（1）单层横向全宽开挖法

对挖掘深度小且短的路堑，沿线路纵向一端或两端向前开挖至路基设计标高。逐渐向纵向挖深，挖除的土方一般向两侧运送。

（2）多层次、横向全宽开挖法

当路堑较深路线纵向较长时，横向全宽也可分为两个或两个以上的阶梯，同时分层进行掘进，每层都留有运土路线，并做好临时排水设施。

（3）纵向通道开挖法

如果路堑的宽度、深度都较大，可先沿路堑纵向分层挖出一条通道，然后将通道两侧进行拓宽。上层通道拓宽至路堑边坡后再开挖下层通道，如此纵深开挖至路基设计标高。开挖时可以在边坡碎落平台上做好排水沟，将水引出路基外。

（4）混合开挖法

对特别长、深的路堑，可采用先用纵向通道，再横向两侧挖出若干条辅助通道，可集中机械设备纵横通道平行作业。这种挖掘方法必须注意作业进度、运土路线、临时排水、机械调度配套等周密组织管理。

5）路堑弃土

路堑施工应尽量考虑移挖作填，须弃舍时应本着"高土高弃、低土低弃、劣土废弃、优土还田"的原则，合理布置弃土场，防止堆置不当影响路堑边坡的稳定或造成水土流失、淤塞排灌沟渠等病害。弃土场设置应符合下列要求：

（1）合理选择弃土堆位置，应保证路堑边坡和自身稳定，且不影响当地环境。

（2）沿河岸或傍山路堑的弃土，不得弃入河道，挤压桥孔或涵洞出入口，以防止改变水流方向和加剧对河岸的冲刷，严禁贴近桥墩台处与岩溶漏斗处和暗河口弃土。

（3）用推土机推平弃土后，碾压平整，使之整齐、美观、稳定，周围砌筑防护设施，确保弃土对周围环境无不利影响。

6）边坡修整、防护

（1）对坡面中出现的坑穴、凹槽杂物进行清理，嵌补平整。路堑较高时按设计做出平台位置，路堑平台做成一定坡度，确保不积水。

（2）土质路堑坡顶至相当于边坡高度再加 5 m 距离内的地面坑洼进行填平，以确保路堑边坡的稳定。

（3）施工中保持坡面平整，严禁乱挖。若路堑边坡有变形迹象，不可随便刷方，立即研究对策、采取措施。

（4）对高边坡，原则上应边开挖边防护。在边坡稳定的路堑中可在开挖后进行全面防护施工。

7）基床底层填筑

（1）路堑施工接近堑底时，应核查地质情况，按施工图断面测量放样，开挖修整，按设计和规范要求进行地基处理施工，经检验合格后方可进行基床底层上部的填筑施工，其施工方法与路堤基床底层填筑施工相同。

（2）填补凹坑采用与路基面种类相同的填料予以压实。

4.4.2 石方路堑的开挖

1. 施工工艺流程

深孔台阶爆破施工工艺流程见图 4-4。

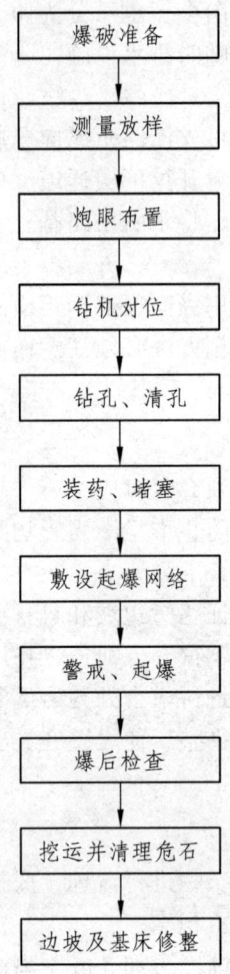

图 4-4 深孔台阶爆破施工工艺流程图

2. 操作要点

1)爆破准备

(1)设计图纸复核

结合现场实际对设计图纸进行认真复核,了解整个工程的设计意图,清楚设计要求,熟悉设计标准和相关施工规范要求;按照现场实际条件,对设计文件所提供的地形、地貌、地质条件、岩石结构、物理及力学性质等进行复核。

(2)编制《爆破设计方案》

根据设计图纸及相关文件要求,在施工现场进行试爆,做好爆破设计并编制《爆破设计方案》,上报当地公安部门和上级主管部门审批,办理《爆破物品使用许可证》等国家规定的一系列证件，待《爆破设计方案》获得批准后，按照设计方案的总体要求，做好每次的爆破设计。

(3) 备 料

按照《爆破设计方案》的施工进度安排，提出爆破器材分年度、季度和月度计划，主要内容包括炸药、雷管、导火索、导爆索、非电导爆系统、起爆药和爆破剂等。由公安机关指定或组织爆炸物品配送单位，爆破器材的使用单位凭证购买爆破器材后，由配送单位负责将爆破器材直接由爆炸物品储存库运送到项目的爆炸物储存库。项目的爆炸物储存库由专业人员保管，按计划发放爆炸物品，并做好爆炸物的取用和退库手续，同时负责爆破器材的退库运输。因此，工程施工前，应根据施工进度计划，向当地配送单位上报爆破器材使用年度和月度计划，以便做好储备。

2）测量放样

施工测量应贯穿整个爆破施工过程，主要是炮孔定位、孔位标高测量、钻孔精度测量、炮孔质量检查等。

3）炮眼布置

第一次深孔台阶爆破前应使爆破场地形成台阶，如：底板抵抗线过大的，要进行几次小型爆破，使第一排炮孔前面形成一个临空面，后排炮孔位置如果不能安放浅孔钻机，要用施工机械进行平整，使钻机能够准确就位。按照设计好的爆破参数准确地在爆破体上进行炮眼定位，并做出明显标识，不可随意变动设计位置，

4）钻机对位

钻机对位应做到以下几点：

(1) 对位准。深孔孔位误差不应大于 15 cm。

(3) 方向正。设计为倾斜炮孔时，其方位角偏差不应大于 $1°30'$。

(3) 角度精。钻孔倾角偏差不应大于 $1°30'$。

5）钻孔、清孔

钻机操作工人应根据设计好的炮孔方向、角度和深度进行钻孔。钻孔作业前必须认真清理炮孔周围浮土、浮石等。

对于孔口岩石破碎不稳固段，应在钻孔过程中采用泥浆进行护壁，避免孔口喇叭状容易影响钻屑冲出，同时，在钻孔、装药过程中可防止孔口破碎岩石掉落孔内，造成堵塞。在终孔前钻杆上下移动，尽可能将钻屑吹出孔外，保证钻孔深度，提高钻孔利用率。

每个炮孔钻完后，应及时检查炮孔有无堵孔现象，以及炮孔的间距、孔深、倾斜度是否与设计相符，做好检验记录，若与设计方案相差较多，应对爆破参数进行适当调整。炮孔检验合格后，将孔口岩石清理干净并堵好，防止雨水或其他杂物进入炮孔。

6）装药、堵塞

(1) 装药前准备工作

安装炸药前应准备好各孔所需要的炸药数量，雷管段别和数量；清理炮孔附近的浮碴、石块及孔口覆盖物；检查炮棍上的刻度标记是否准确、明显。

（2）起爆药包制作

根据爆破设计在每个炮孔孔口附近放置相应段别的雷管；将雷管插入筒状乳化炸药内，并用胶布将雷管脚线与乳化炸药绑扎结实，防止脱落；每孔一般使用两个起爆药包，放在总装药长度的1/4和3/4处，雷管脚线长度应能保证起爆网路的敷设。

（3）乳化炸药装药操作

将乳化炸药一节一节慢慢放入孔内，根据放入孔内的药量计算装药位置，达到设计要求放置起爆药包的位置时停止装药，采用吊绳等方法将起爆药包轻轻放入孔内，接近装药量时，先用炮棍上的刻度确定装药位置，然后逐节放入炸药，保证堵塞长度满足设计要求。

7）敷设起爆网络

主炮孔采用多排孔微差爆破，起爆网络采用非电导爆雷管，根据现场环境和作业面情况采用V型、梯形等多种起爆模式，在周围环境比较复杂时需严格控制爆破震动，应采用逐孔微差起爆方式。V型起爆网络见图4-5。

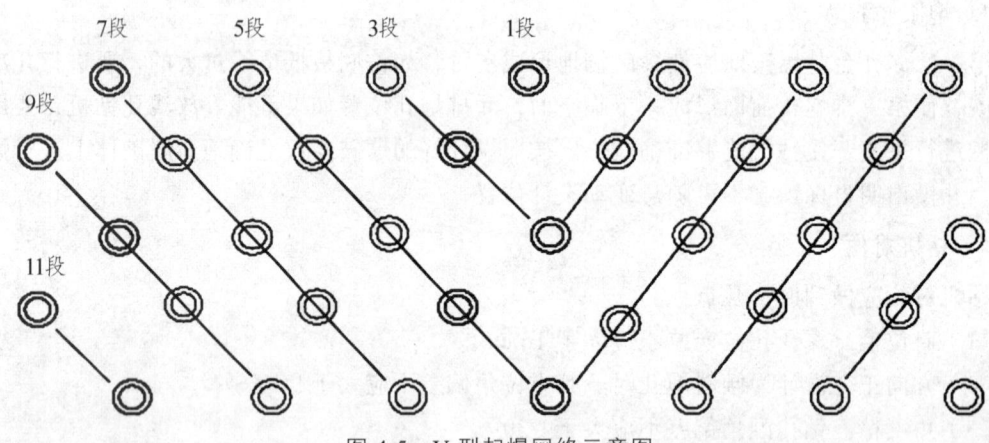

图4-5 V型起爆网络示意图

8）警戒、起爆

爆破作业全过程都存在安全警戒问题，但到了起爆阶段，其主要工作是安全警戒。安全警戒任务是在起爆阶段将无关人员和起爆器材撤离危险区；在装药等作业时将装药作业区与周边隔离。为了保证起爆阶段能够按程序有条不紊地进行，还需要规定必要的联络信号，使整个起爆工作做到安全、准确、可靠，万无一失。

起爆工作应由有经验的爆破员担任，对于重大爆破应由爆破工程技术人员担任。要由两人实施，1人操作，1人监督。起爆前应仔细检查起爆器，防止起爆失败。

起爆后，经检查确认无盲炮或其他险情，检查人员向起爆工作领导人报告后方能解除安全警戒，收到解除警戒信号后，警戒人员方可结束警戒任务、撤离警戒岗哨。

9）爆破后的检查处理

爆破后，露天浅孔爆破应等待5 min，方准许检查人员进入爆破区检查爆破情况，如不能确定有无盲炮,应经15 min后方才能进入爆区检查。检查发现盲炮或其他险情,应及时向爆破工作人员汇报,严格按《爆破安全规程》处理。

10)挖　运

深孔台阶爆破后,一般采用挖掘机挖装和自卸汽车运输石方。

11)基床修整

按网格测量定出基床面标高,用施工机械整平,局部突出部位采用爆破或液压破碎锤处理。

3. 施工安全

(1)采用爆破作业,为保证石质边坡的整齐,使用光面爆破,石方超挖部分严禁用土回填。具体操作按下述方法实施:锻制钢钎时,锻工应按规定穿戴防护用品,煊钎和淬火支架必须牢固。截断钎子时,开锤及停锤用力应轻。热钎和冷钎应分开放置并以标志识别。选择炮位时,炮眼口应避开正对的电线、路口和构造物。凿打炮眼时,坡面上的浮岩危石应予清理。凿眼所用工具和机械要详加检查,确认完好。严禁在残眼上打孔。用人力冲击法打松软岩眼时,应清理现场的障碍物。双人、多人冲钎时动作应协调一致。人工打眼时,使锤人应站立在掌钎人侧面,严禁对面使锤。机械扩眼,宜采用湿式凿岩或带有捕尘器的凿眼机。凿岩机支架要支稳,严禁用胸部和肩头紧顶把手。风动凿岩机的管道要顺直,接头要紧密,气压不应过高。电动凿岩机的电缆线宜悬空挂设,工作时应注意观察电流值是否正常。空压机必须在无荷载状态下起动。开启送气阀前,应将输气管道联接好,不得扭曲。在征得凿眼机操作人员同意后方可送气,出气口前方不得有人工作或站立。贮气瓶内压力不得超过规定值,安全阀应灵敏有效。运转中应注意检查是否有异常情况,不得擅离岗位。

(2)爆破器材应严格管理,必须实施实销实报,剩余的爆破材料必须当日退库,严禁私自收藏,乱丢乱放。更不得用爆炸物品炸鱼、炸兽。发现爆破器材丢失、被盗要立即报告,等待处理。作业人员在保管、加工、运输爆破器材过程中,严禁穿着化纤衣服。爆破器材应按规定要求进行检验,对失效及不符合技术条件要求的不得使用。爆破器材应由专人领取,炸药与雷管严禁由一人同时搬运。电雷管严禁与带电物品一起携带运送。爆破器材运送,应避开人员密集地段,并直接送往工地,中作不得停留,并不得随地存放或带入宿舍。制作起爆药包(柱),应在专设的加工房或爆破现场的专用棚内进行。棚内不准有电气、金属设备,无关人员不得入内。导火索要用快刀切齐,轻轻插入雷管,不得猛插、旋转或摩擦。管口要用安全铰钳夹紧,严禁用牙咬。纸壳雷管应用胶布包扎严密。药卷应用和雷管同样直径的竹、木锥子扎一个深为1.5倍雷管长度的小孔,然后放入接好引线的雷管,封闭扎口。雷管不得露在药柱外面。加工的起爆药包(柱),不应超过当班爆破作业的需要量。扩药壶时,孔口的碎石、杂物必须清除干净。装药量应随扩壶次数、扩壶的大小和石质而定,不得盲目加大药量。扩烘时,起爆药柱送下孔底后,不得使用炮棍在炮眼内捣插。导火索点燃后,人应迅速远离。严禁采用先点燃导火索再将药柱抛入孔底的危险操作方法。需要多次扩壶时，每次爆破后 15 min（硝化甘油炸药应经过 30 min），等孔壁岩石冷却后，方可再次装药扩壶。超过 5 m 的深孔不得使用导火索起爆。

（3）装炮工作必须遵守下列规定：

装药前应对炮眼进行验收和清理；对刚打成的炮眼应待其冷却后装药，湿炮眼应擦干后才能装药；严禁烟火和明火照明，无关人员应撤离现场；应用木质炮棍装药，严禁使用金属器皿装药；深孔装药出现堵塞时，在未装入雷管、起爆药柱前，可采用铜和木制长杆处理；装好的爆药包（柱）和硝化甘油类炸药，严禁投掷或冲击；不得采用无堵塞爆破（扩壶除外），也不得使用石块和易燃材料堵塞炮孔；不得捣固直接接触药包的堵塞材料或用堵塞材料冲击起爆药包，也不得在深孔装入起爆药包后直接用木楔堵塞；填塞炮眼时不得破坏爆线路。已装药的炮孔必须当班爆破，装填的炮孔数量应以一次爆破的作业量为限。爆破工作必须有专人指挥。确定的危险区边界应有明显的标志，警戒区四周必须派设警戒人员。警戒区内的人、畜必须撤离，施工机具应妥善设置。预告、起爆、解除警戒等信号应有明确的规定。导火索起爆应采用一次点火法点火，其长度应保证点完导火索后人员能撤至安全地点，但不得短于 1.2 m。不得在同次爆破中使用不同燃速的导火索。露天爆破，一人连续点火的导火索根数不得超过 10 根，严禁使用明火点燃，严禁脚踩和挤压已点燃的导火索。多人同时点炮时，每人点炮数应大致相等。必须先点燃信号管，信号管响后无论导火索点完与否，人员必须立即撤离。信号管的长度不得超过该次被点导火索中最短导火索长度的 1/3。爆破时，应点清爆炸数与装炮数量是否相符。确认炮响完并过 5 min 后，方准爆破人员进入爆破作业点。

（4）电力起爆必须遵守下列规定：在同一爆破网路上必须使用同厂、同型号的电雷管，其电阻值差不得超过规定值（应控制在 ±0.2 Ω 以内）；爆破网路主线应绝缘良好，并设中间开关，与其它电源线路应分开敷设；必须严格检查主线、区域线、端线、电源开关和插座等的断通与绝缘情况，在联入网络前各自的两端应短路；爆破网络的联接必须在全部炮孔装填完毕，无关人员全部撤至安全地点后进行；联接应由工作面向起爆站依次进行，两线的接点应错开 10 cm，接点必须牢固，绝缘良好；用动力或照明电源起爆时，起爆开关必须放在上锁的专用起爆箱内，起爆开关箱和起爆器的钥匙在整个爆破作业时间里，必须由爆破工作的负责人严加保管，不得交给他人；装好炸药包后，必须撤除工作面的一切电源，雷雨季节应采用非电起爆法。裸露爆破必须保证先爆的药包不致破坏其它药包，否则应用齐发起爆。严禁用石块覆盖裸露药包，不应将炸药包插入石缝中进行爆破，特殊情况使用时，必须采用可靠的安全措施。各种类型的"盲炮"处理应按国家现行的《爆破安全规矩》（GB6722—86）有关规定办理。石方地段爆破后，必须确认已经解除警戒，作业面上的悬岩危石也经检查处理后，清理石方人员方准进入现场。撬动岩石必须由上而下逐层撬（打）落，严禁上下双重作业，不得将下面撬空使其上部自然坍落。撬棍的高度不宜超过人的肩膀，不得将棍端紧抵腹部，也不得把撬棍放在肩上施力。抬运石块的铁链或绳索应理顺并拴牢，抬运时应同起同落、步调一致。

4.5 过渡段路基施工

4.5.1 一般规定

(1) 在路堤与桥台、路堤与横向结构物、路堤与路堑的连接按设计要求施工过渡段。桥台和横向结构物基坑的回填工作必须在隐蔽工程验收合格后才能进行。

(2) 过渡段范围的原地面处理应符合地基处理的有关规定。过渡段级配碎石应分层填筑压实,每层的压实厚度不应大于 30 cm,最小压实厚度不宜小于 15 cm,具体的摊铺厚度及碾压遍数应按工艺试验确定的工艺参数进行控制。每压实层路拱坡面应符合设计要求,无积水现象。过渡段级配碎石填层应与相邻的路堤及锥体同时施工,并将过渡段与连接路堤的碾压面按大致相同的水平分层高度同步填筑并均匀压实。在填筑压实过程中,应保证桥台、横向结构物稳定、无损伤。

(3) 过渡段地基采用打入桩、挤密桩等加固时,宜先进行打入桩、挤密桩等施工,再进行桥涵桩基施工。

(4) 过渡段排水要求:

过渡段施工前,应根据场地情况,采取相应的防排水措施。

过渡段台背回填料表面应按设计要求采取措施防止地表水渗入。

过渡段台背与回填料之间应按设计要求设置防排水层。

过渡段级配碎石填料与相邻路堤填料之间的反滤层应按设计要求进行施工。

过渡段坡脚两侧、路堤底部的纵横向排水措施应符合设计要求。

(5) 过渡段路堤两侧防护砌体的施工应在地基和路堤变形稳定后进行。宜与相邻路堤的防护砌体施工相互协调。

4.5.2 路堤与桥台过渡段

1. 施工方法

过渡段路堤应与桥台锥体和相邻路堤同步填筑。

过渡段施工根据施工图纸制定施工工艺和过程控制措施,作出详细的作业指导书和相应的质量检查、监督管理制度,并通过现场碾压试验确定完善的施工工艺及处理措施。

水泥稳定级配碎石在拌和站集中拌和,自卸汽车运输,推土机配合平地机摊铺,重型碾压设备及小型振动压实设备碾压。

在大型压路机碾压不到的部位及在台后 2.0 m 范围内,采用小型振动压实设备进行碾压,填料的松铺厚度宜按 15 cm,碾压遍数通过工艺实验确定。

2. 施工工艺

(1) 施工前,做好桥头路基的排水施工,防止水流对填料的浸泡或冲刷。

(2) 路堤基底原地面平整后,用振动碾压机碾压密实,并使 K30≥60 MPa/m。

(3) 在桥台及挡墙基础等达到设计及规范允许强度后,及时进行台后过渡段填筑,其压实度要求均与一般路基一致。

(4) 路桥过渡段桥台锥体填筑按水平分层一体同时施工。

（5）水泥级配碎石过渡段与路基填筑的相应部位同步施工。

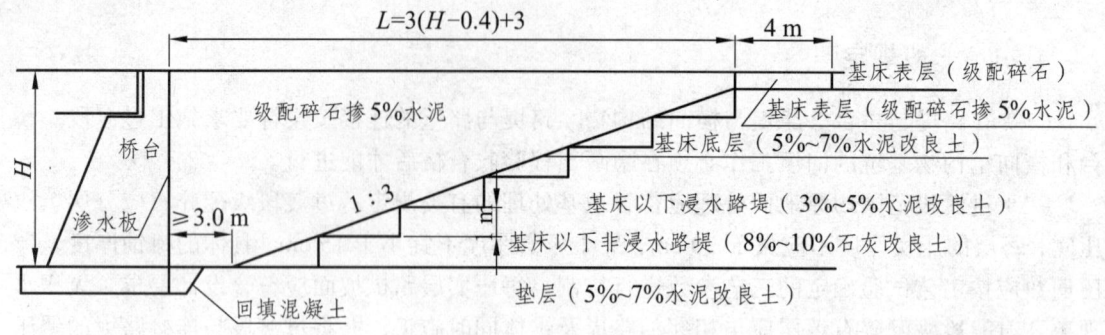

图 4-6　路桥过渡段断面示意图

3. 质量控制要点

施工工艺、机具设备、层厚控制；填料质量及均匀性控制、边坡平顺及压实控制、沉降观测、检测频次与数量。

（1）施工前，做好桥头路基的排水施工。

（2）过渡段路堤应与桥台锥体和相邻路堤同步填筑。

（3）在桥台及挡墙基础达到设计及规范允许强度后，及时进行台后过渡段填筑，其压实度要求均与一般路基一致。

（4）过渡段路基应与其连接的路堤为同一整体同时施工，并将过渡段与其连接路堤的碾压面，按大致相同的高度进行填筑。

（5）各个特殊路桥过渡段台阶处必须沿台阶进行横向碾压。

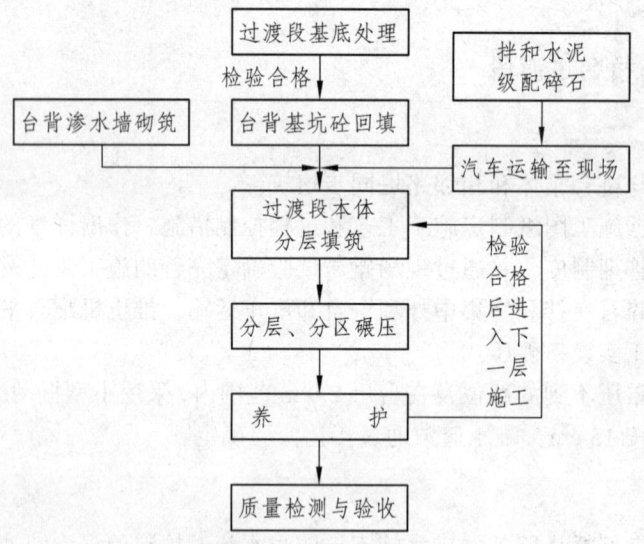

图 4-7　路桥过渡段施工工艺

4. 施工注意事项

（1）路桥过渡段施工前，排干桥台基坑内积水，基坑地面以下部分回填混凝土或者碎石，并保证基坑底部与侧壁之间密实、无虚土。

(2）桥台与路基结合部设厚 0.15 m 带排水槽的渗水墙，渗水墙采用无砂混凝土块砌筑，渗水墙底部设软式透水管，将渗流水横向排出路基外。

（3）路桥过渡段每层填筑均要严格按设计要求施作，控制好级配碎石的配合及填料厚度，填筑层均设人字横向排水坡。

（4）台背后 2 m 范围内禁止大型振动机械驶入，避免其对桥台造成挤压。

4.5.3　路堤、路堑与横向结构物过渡段

1. 施工方法

（1）横向结构物两端的过渡段填筑必须对称进行，并应与相邻路堤同步施工。

（2）涵洞顶部两端大型压路机能碾压到的部位，其填筑施工应符合施工指南的有关规定；靠近横向结构物的部位，应平行于横向结构物进行横向碾压。大型压路机碾压时，不得影响结构物的稳定。

（3）横向结构物的顶部填土厚度小于 1 m 时，不得采用大型振动压路机进行碾压。

（4）大型压路机碾压不到的部位应用小型振动压实设备分层进行碾压，填料的松铺厚度不宜大于 20 cm，碾压遍数应通过试验确定。

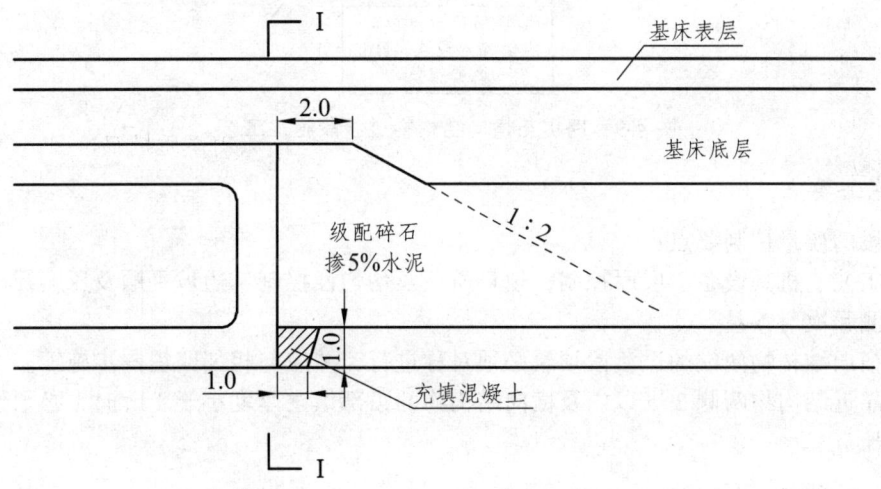

图 4-8　路堤与横向结构物过渡段示意图

2. 施工工艺

（1）施工前，做好横向结构物两侧的排水施工，防止水流对填料的浸泡或冲刷，路堑地段做好结构物基坑边坡整型。

（2）路堤基底原地面平整后，用振动碾压机碾压密实，并使 $K_{30} \geqslant 60$ MPa/m。

（3）在横向结构物两侧基础等达到设计及规范允许强度后，及时进行两端过渡段填筑，其压实度要求均与一般路基一致，但应分别对称分层填筑，防止由于不对称填筑造成对横向结构物的扰动。

（4）路堤轨底距结构物顶垂直距离小于 1.5 时，采取两次过渡方式，水泥级配碎石过渡段施工完毕后，再用 A、B 组填料回填过渡段与路堤之间倒梯形部位，压实标准与路堤相同。

（5）结构物顶的填料与结构物两侧2m范围内的水泥级配碎石同时采用小型振动机碾压成型。

（6）每层混合料施工完毕后需按要求进行养护。

施工工艺框图如下。

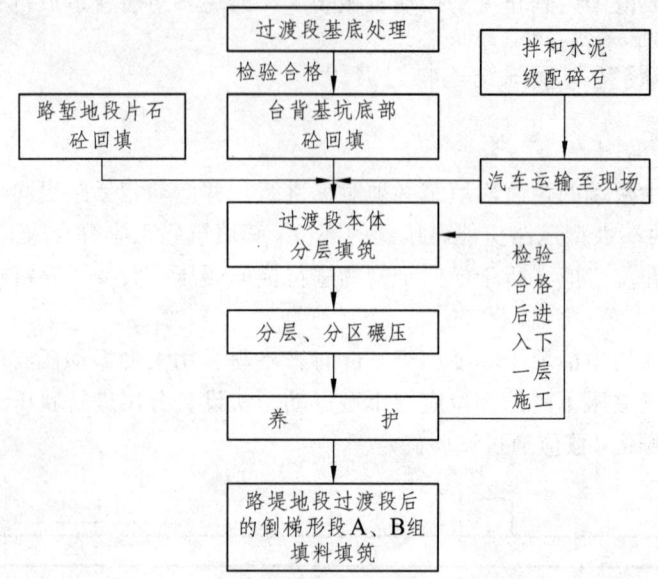

图4-9 路堤与横向结构物过渡段施工工艺

3. 施工要点

过渡段的质量控制要点：

施工工艺、机具设备、层厚控制；填料质量及均匀性控制、边坡平顺及压实控制、沉降观测、检测频次与数量。

（1）横向结构物两端的过渡段填筑必须对称进行，并应与相邻路堤同步施工。

（2）靠近结构物两侧2m以内及横向结构物的顶部填土厚度小于1m时，必须使用小型振动机碾压。

4. 注意事项

（1）横向结构物两侧必须对称填筑，在填筑过程中注意作好防排水工作，每层均应做好横向人字坡和纵向排水。

（2）基坑底面以下部分回填混凝土或者碎石，并保证基坑底部与侧壁之间密实、无虚土。

（3）水泥级配碎石混合料宜在2h内使用完毕。

（4）路堑地段回填片石混凝土时，应做好基坑边坡防护，防止发生意外。

4.5.4 路堤与路堑过渡段

1. 施工方法

（1）过渡段填筑前，应平整地基表面，碾压密实；并应挖除堤堑交界坡面的表层松土，按设计要求做成台阶状。路堤与路堑连接处，顺原地面纵向挖成1:2的坡面，坡面上开挖台阶，台阶高度 0.6 m 左右，开挖部分填筑要求同路堤。

（2）过渡段的填筑施工应与相邻路堤同步进行。

（3）大型压路机能碾压到的部位，其施工方法应符合《铁路客运专线路基施工技术指南》的有关规定；靠近堤堑结合处，应沿堑坡边缘进行横向碾压。

（4）大型压路机碾压不到的部位，应采用小型振动压实设备分层进行碾压，填料的松铺厚度不宜大于 20 cm，碾压遍数应通过试验确定。

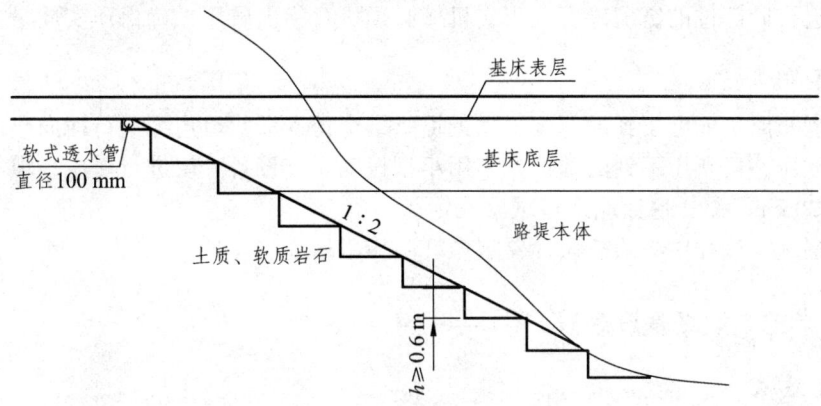

图 4-10　路堤与路堑过渡段结构

2. 施工工艺

（1）施工前，做好路堤和路堑的排水施工，防止水流对路堤填料的冲刷。
（2）人工配合机械处理路堤基底和路堑表层并按设计要求人工开挖台阶。
（3）过渡段本体分层填筑、分区分层碾压。
（4）基床表层水泥级配碎石填筑。

施工工艺框图见图 4-11。

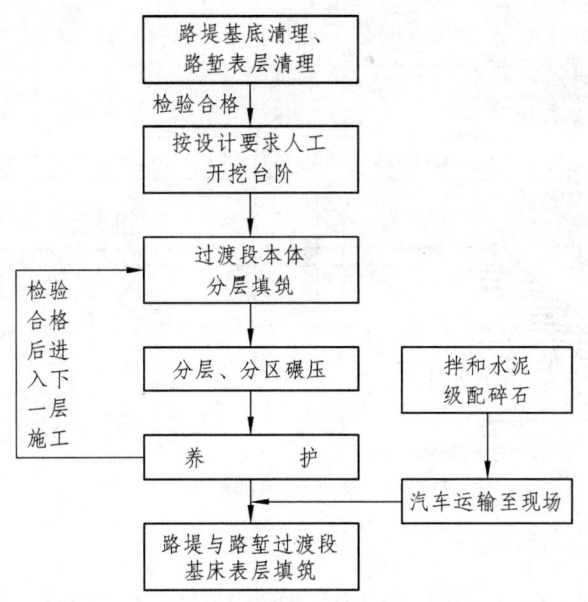

图 4-11　路堤与路堑过渡段施工工艺

3. 施工要点

过渡段的质量控制要点：

施工工艺、机具设备、层厚控制；填料质量及均匀性控制、边坡平顺及压实控制、沉降观测、检测频次与数量。

（1）过渡段填筑前，应平整地基表面，碾压密实；并挖除堤堑交界坡面的表层松土，按设计要求做成台阶状。

（2）靠近台阶部位的级配碎石，压实机械必须进行横向碾压，确保压实质量。

4. 注意事项

（1）大型压路机能碾压到的部位，靠近堤堑结合处，沿堑坡边缘进行横向碾压。

（2）大型压路机碾压不到的部位，采用小型振动压实设备分层进行碾压，填料的松铺厚度不宜大于 20 cm，碾压遍数应通过试验确定。

（3）每层施工过程中必须按设计要求做好防排水措施。

4.5.5 半挖半填路基过渡段

1. 施工方法

（1）陡坡地段的半填半挖路基，为保证路基横向刚度及避免横向差异沉降，应按图 4-12 施工横向过渡段。

（2）半挖半填路基和不同岩土组合路基施工时应按以下方法进行。

① 路堑土方施工由机械开挖为主，人工负责按设计要求开挖连接处台阶。

② 路堑弃碴采用挖掘机配合自卸汽车施工，路堤分层填筑采用装载机配合自卸汽车运输填料，推土机摊铺、人工配合平地机精细平整，振动碾压密实。

③ 路堤路堑排水及防护工程紧跟填筑作业施工，采用人工挂线砌筑，保证路基基床不受雨水冲刷。

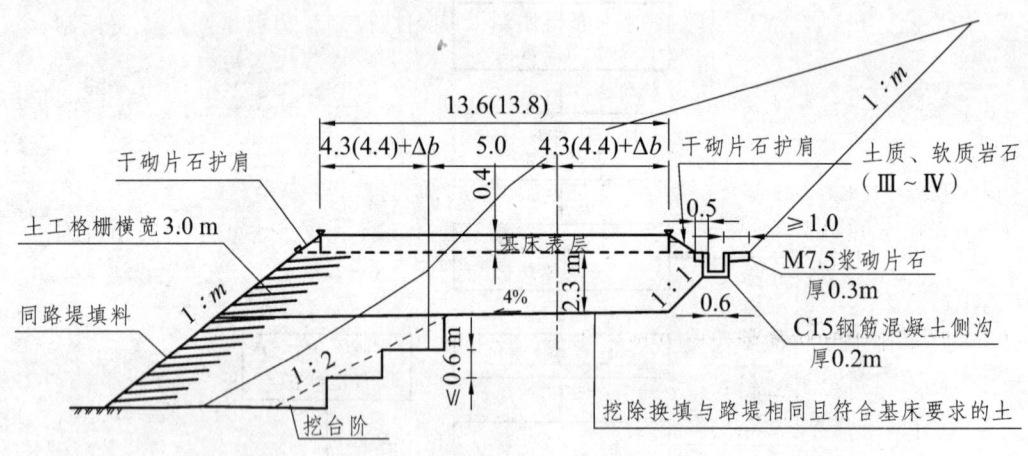

图 4-12 半填半挖路基基床示意图

2. 施工工艺

（1）人工配合机械进行路堑开挖及边坡整型，并根据路堑开挖高度随时施工临时排水沟。

（2）路基基床底清理整型并碾压至设计要求，随后人工开挖连接台阶。

（3）路基基床分层填筑碾压，每层填筑按要求做好 4%横坡。填筑完成后进行基床表层施工。

（4）紧跟路基填筑砌筑防护、排水工程。

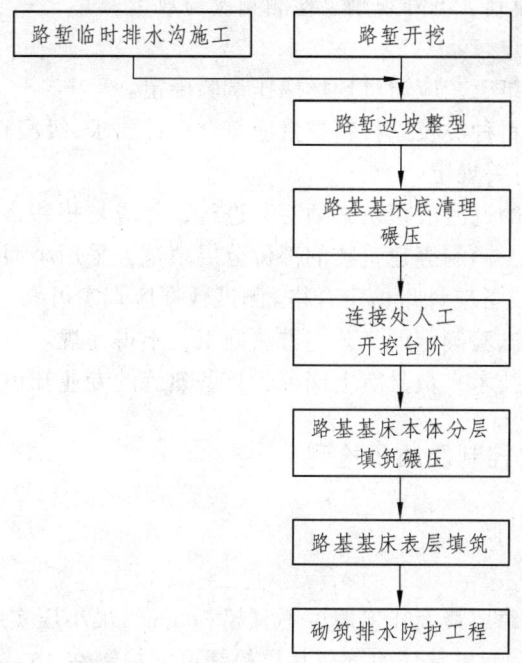

图 4-13 半挖半填路段施工工艺

3．施工要点

过渡段的质量控制要点：

施工工艺、机具设备、层厚控制；填料质量及均匀性控制、边坡平顺及压实控制、沉降观测、检测频次与数量。

（1）挖除换填地基土底部以下为土质路基时应进行冲击压实；存在软弱地层时应进行稳定、变形分析。

（2）挖除换填地基土的底部应设向外倾斜 4%的横向排水坡。

（3）台阶连接处采取沿台阶纵向碾压，大型机械不方便施工处采用小型振动机施工。

4．注意事项

（1）路基排水和防护紧跟路基填筑进行，防止雨水冲刷。

（2）分层填筑过程中按设计要求做好路基横坡方便表层排水。

（3）路堑防护应紧跟路堑开挖进行。

4.5.6 路堑与隧道过渡段

土质、软质岩及强风化硬质岩路堑与隧道连接地段，应按设计要求设置过渡段；过渡段应采用渐变厚度的混凝土或掺入适量水泥的级配碎石填筑。

（1）过渡段施工技术措施：过渡段施工根据施工图纸制定施工工艺和过程控制措施，作出详细的技术交底和相应的质量检查、监督管理制度，并通过现场碾压试验确定完善的施工工艺及处理措施。

（2）各类过渡段的质量控制要点：施工工艺、机具设备、层厚控制；填料质量及均匀性控制、边坡平顺及压实控制、沉降观测、检测频次与数量。

（3）质量控制措施：

① 过渡段路堤的填筑工艺应通过现场碾压试验确定。

② 过渡段采用的填料种类及原材料质量应符合设计要求,级配碎石选料标准应满足材料的规格、材质和级配的有关规定。

③ 横向结构物两端的过渡段填筑必须对称进行，并应与相邻路堤同步施工。

④ 过渡段靠近桥台、涵洞等建筑物的部位分层填筑，采用小型振动压实机具碾压。

⑤ 各种试验、检测设备应计量检定合格。测试数据应真实可靠，充分反映现场实际情况。

⑥ 严格按现场碾压试验确定的工艺、方法施工，不得违规。

⑦ 从事试验、检测技术人员具有上岗证，具备熟练的专业知识。

4.5.7 过渡段施工控制及质量检测

1. 施工控制

1）层厚控制

对压路机碾压部位 每层最大压实厚度不宜超 30 cm，最小压实厚度不宜小于 15 cm，具体厚度参照试验结果，小型机具压实部位每层松铺厚度控制在 15~20 cm。在桥台背部及横向结构物墙身的左中右用红油漆标出分层松铺厚度和填层序号。

2）填料平整及均匀性控制

基床表层以下部分采用推土机粗平、平地机精平，靠近结构物人工配合进行局部处理，确保层厚及拌合料均匀。表层与区间表层作为一整体施工。

3）边坡平顺及压实控制

非绿化区边坡压实采用夯实设备进行边坡压实，对于设计有绿化要求的坡面采用人工夯拍与种植植被相结合的方法进行。

过渡段与路堤、路堑边坡连接处顺接采用人工挂线精细顺接，过渡段本体填筑局部不利于机械操作地段也采用人工挂线精细刷坡。

2. 质量检测标准

1）过渡段基底处理

（1）过渡段基底处理应按设计要求与桥台、横向结构物、相邻路堤的基底处理同时进行，路堤高度 $H<3.0$ m 的路堤，原地面处理应符合客专验收暂行标准 8.1.6 的有关规定。$H>3.0$ m 时，过渡段基底原地面平整后，用振动碾压机碾压密实，地基系数 $K30 \geqslant 60$ MPa/m。

检验数量：每个过渡段抽样检验压实系数 K（或孔隙率 n）3 点，其中：距路基边线 1 m 处左、右各 1 点，路基中部 1 点；或抽样检验地基系数 $K30$，其中：距路基边线 2 m 处 1 点，路基中间 1 点。

检验方法：按试验规程规定的试验的方法检验。

（2）路堤与路堑过渡段按设计顺原地面纵向开挖，开挖坡面的纵向坡度及台阶开挖应符合设计要求。

检验数量：每个过渡段抽样检验 3 点。

检验方法：观察、尺量。

2）过渡段基坑回填检测

（1）基坑采用混凝土回填时，回填材料和混凝土强度等级应符合设计要求。

检验数量：每个基坑抽样检验 2 组。

检验方法：在浇筑地点抽样成型混凝土试件进行标准养护，并进行 28 d 抗压强度试验。

（2）基坑采用碎石回填时，应分层回填，并采用小型振动机械压实，其压实质量应符合设计要求。

检验数量：每个基坑抽样检验 2 点。

检验方法：灌砂或灌水法试验。

（3）基坑回填顶面高程的允许偏差为 ± 50 mm。

检验数量：每个基坑抽样检验 2 点。

检验方法：水准仪测量。

3）基床表层以下过渡段级配碎石填层检测

（1）过渡段级配碎石填料粒径、级配及质量应符合设计要求。检验数量：每 2 000 m³ 抽样检验 1 次颗粒级配、颗粒密度、针状、片状颗粒含量、黏土团及有机物含量。

检验方法：在料场抽样进行室内试验，并在每层的填筑过程中目测检查级配有无明显变化。

（2）级配碎石中掺入水泥的品种、规格及质量应符合设计要求。

检验数量：同一产地、品种、规格、批号的水泥，每 200 t 为一批，当不足 200 t 时也按一批计。每批抽样检验 1 组。

检验方法：检查产品合格证、出厂检验报告并进行有关项目的试验。

（3）基床表层以下过渡段级配碎石填层的压实质量应采用地基系数 K_{30}、动态变形模量 E_{vd} 和孔隙率 n 三项指标控制。

（4）在填筑压实过程中，应保证桥台、横向结构物稳定、无损伤。

检验数量：全部检验。

检验方法：观察。

（5）填料应分层压实。采用大型压路机械碾压时，每层的最大压实厚度不宜超过 30 cm，最小压实厚度不宜小于 15 cm；采用小型振动压实设备碾压时，填料的虚铺厚度不应大于 20 cm，具体的摊铺厚度及碾压遍数应按工艺试验确定并经监理单位确认的工艺参数进行控制。每压实层应平整无积水现象。检验方法：观察，尺量。

（6）级配碎石中水泥掺加剂量允许偏差为试验配合比 0 ~ + 1.0%。

检验数量：每过渡段每填高约 90 cm 抽样检验 3 处（左、中、右各 1 处）。检验方法：滴定法检测。

第5章 特殊土路基施工

5.1 特殊土路基施工一般规定

（1）特殊路基施工，应进行必要的基础试验，编制专项施工组织设计，批准后实施。施工中如实际地质情况与设计不符或设计处治方案因故不能实施，应按有关规定办理。采用新技术、新工艺、新设备、新材料时，必须制定相应的工艺、质量标准。

（2）用湿粘土、红粘土和中、弱膨胀土作为填料直接填筑时，应符合下列规定：

① 液限为40%～70%、塑性指数为18～26。

② 采用湿土法制作试件，试件的CBR值满足表4.1.2的规定。

③ 不得作为二级及二级以上公路路床、零填及挖方路基0～0.80 m范围内的填料；不得作为三、四级公路上路床、零填及挖方路基0～0.30 m范围内的填料。

④ 压实质量应采用表5-1的压实度标准。

表5-1 特殊土路基压实度标准

填筑部位		路床顶面以下深度（m）	压实度（%）		
			高速公路一级公路	二级公路	三、四级公路
路堤	下路床	0.30～0.80	—	—	≥94
	上路堤	0.80～1.504	≥94	≥94	≥93
	下路堤	>1.50	≥94	≥94	≥93
零填及挖方路基		0.30～0.80	—	—	≥93

注：压实度 $=\rho_d/\rho_{d\max}$，$\rho_{d\max}=\dfrac{G S_r}{S_r G_w}$（式中 G：土粒比重，S_r：饱和度，取100%，w：压实后实测干密度土样的含水量）。

5.2 软土路基施工

5.2.1 软土路段路基填筑方案

软土路段路基的填筑采用"薄层轮加法"施工。为了保证地基处理效果，给桥梁施工预留更多的时间，必然要压缩软基处理和堆载时间，给施工带来较大难度。如何在短时间内安全进行加载，并给地基有足够的预压时间是本项目施工的关键。需采用可靠的软基监控技术，控制适当填筑速率，使加载与软土强度增长相匹配，才可快速稳定加载，并为后续工程施工安排提供指导依据。

5.2.2 软土路基填筑施工方法

土方填筑：

1. 填方材料的试验

填土路基材料控制：在路基填筑前或在土质变化时，填方材料按规定的方法进试验与检测，检测合格后方可填筑。

2. 填方试验路段

用于填方（包括回填）的每种类型的材料，都应进行现场压实试验，并将试验结果报告监理工程师审批。试验段用的填料和机具应与施工用材料和机具相同。

3. 测量放样

测量工作包括导线点布置和测量、中线复测、水准点标高复测、原地面复测和路基横断面补测。

路基放样时，根据设计图放出路堤坡脚、路堑坡顶、边沟等具体位置，以定出路基轮廓。在路堤坡脚处缘每隔 20 m 一竹片桩，桩上注明桩号，定出路堤坡脚线。

4. 分层填筑

路堤采用水平分层填筑，即按照横断面全宽分成水平层次，逐层向上填筑，松铺厚度控制在 30 cm 以内。

5. 分层整平、分层压实（分层检测）

填土用推土机推平，用平地机整平；填石采用大型推土机推平。路基整型后碾压。碾压机械采用 18 t 以上重型轮胎压路机或振动压路机。每压实一层，由工地试验室对各项指标进行自检，自检合格后接收监理工程师从抽检，达到要求后再填筑下一层土。

5.2.3 软基监控

1. 软基监控程序（图 5-1）

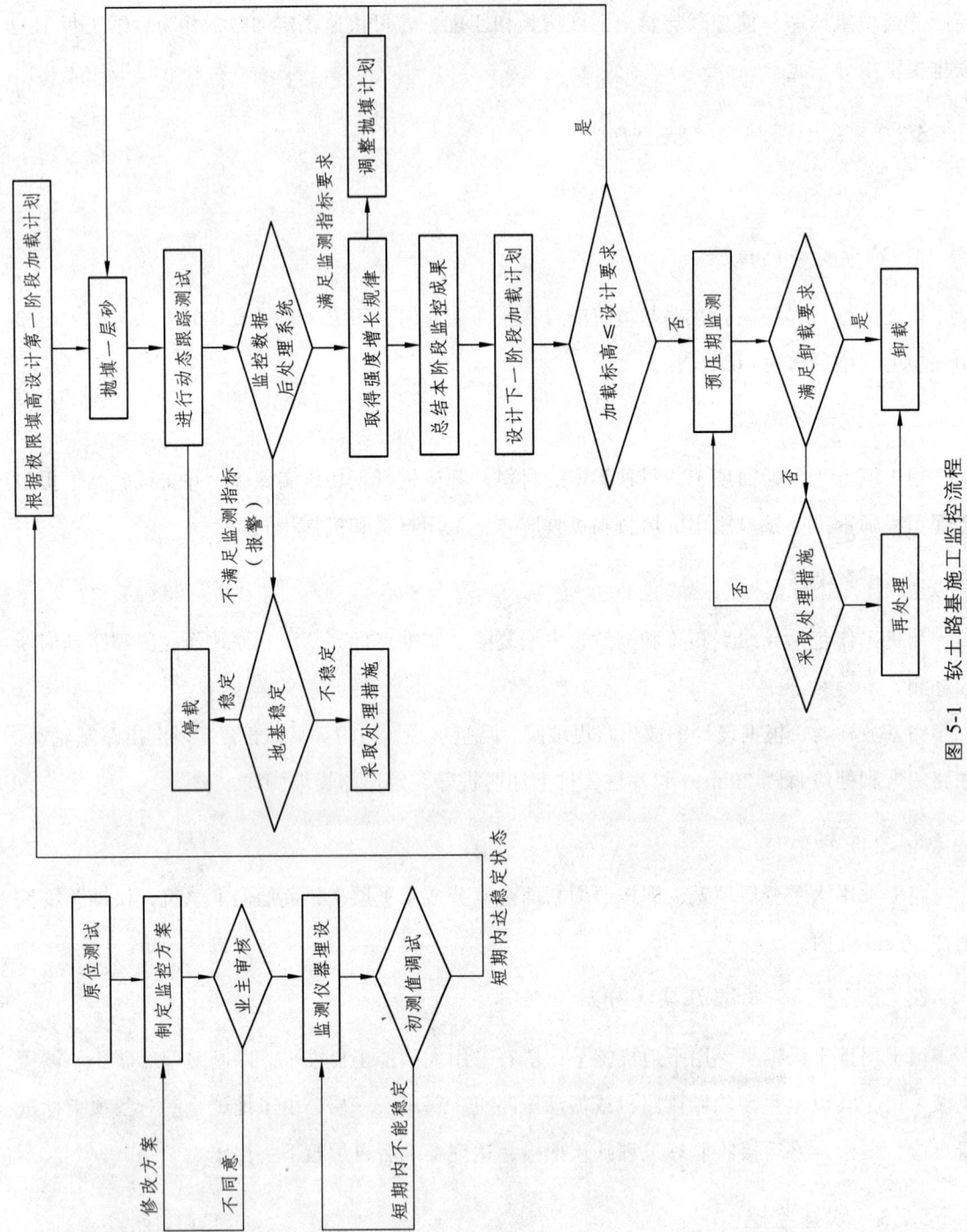

图 5-1 软土路基施工监控流程

2. 监控质量保证措施

鉴于软基处理与填筑的重要性，为确保软基处理质量，尽可能缩短堆载时间，保证软基得到充分预压，结构物能及早进行反开挖施工，拟采取以下措施综合使用加以保证：

（1）在施工前，对全线软基进行的补勘，查明软土分布及强度指标，不良地层分布，确保软基处理有的放矢，通过计算制定详细路堤加荷计划。在施工中，依据监测结果动态调控施工进度，并采用适当的辅助措施，加快地基土的固结速度。如图5-2所示。

图 5-2 软土原位测试

（2）在原设计监控断面的基础上，根据施工前补勘资料对重要路段进行断面加密，进行位移及沉降观测。如图5-3所示。

图 5-3 软基监测

(3)选排经验丰富软基监控人员组成监控小组,独立于工程部之外,直接接受总工及软基专家王盛源为首的软基顾问组领导,对全线软基进行全过程监控,并对软基预压荷载、工后沉降控制、反开挖时机、卸载时间等关键工序及问题进行调研、攻关。

(4)施工期加强施工监控,选择合理速率,一般砂桩段监测控制标准为:路中心的表面沉降速率宜控制在 20 mm/d(填土高度在临界高度以内)和 15 mm/d(填土高度超过临界高度)以内,坡脚处的侧向位移宜控制在 5 mm/d 以内;综合孔压系数小于 0.4。具体指标应依据现场监测数据,再做具体调整。路基中心的表面沉降速率在 5 mm/d 以内时,可以进行下一层路堤的填筑。

(5)加固施工便道,以保证在全线路基拉通前,软基处理能多点同时开工。设立专职协调员,负责同当地沟通,保障运输通道的畅通。

(6)科学合理安排,配备软基施工设备及人员,增加生产单位及提高单位生产率,采取多点同时开工,平行、交叉流水作业的施工方案,重点保证软基结构物及桥台处先行处理、堆载。

5.3 膨胀土路基施工

5.3.1 普通膨胀土路基填方施工

1. 施工方法

路基清表完成后,首先完善临时排水系统,然后按规范及设计要求对地基进行处理,填筑严格按"三阶段,四区段,八流程"工艺流程组织施工。施工区段划分在 200 m 为宜,以控制改良土摊铺、上料时间短,能迅速的封闭填筑表面,确保含水量在摊铺、上料时流失少。同时严格按设计断面控制路基横坡和及时施作防护及排水设施,确保路基面不积水和排水顺畅。

2. 工艺流程(图 5-4)

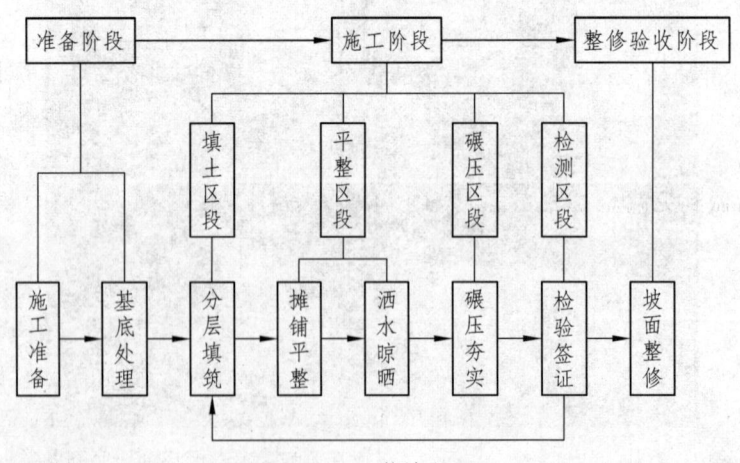

图 5-4 工艺流程图

3. 操作要点

1)施工准备

详细审核设计文件、设计图纸,进行施工调查及现场核对工作;按设计单位提供的测量资料,在施工前及时进行控制点复测、并进行施工控制点的加密及放线工作,确保导线控制点、水准点准确无误;测放路堤的施工边桩,在边桩外埋设护桩,保证路基施工。对填料进行各项试验,确定改良方法及配比。开挖排水沟,排除流向路基的地表水,保证水流畅通。施工试验段,确定填筑各项工艺参数。

2)基底处理

按照规范及设计要求对基底进行处理,目的是通过提高地基土的抗剪强度、改善地基土的压缩特性,消除或减少特殊土的不良特性。

(1)基底处理:高度不足 1 m 的路堤,应按设计要求采取换填或改性处理等措施处治。表层为过湿土,应按设计要求采取换填或进行固化处理等措施处治。填土高度小于路面和路床的总厚度,基底为膨胀土时,宜挖除地表 0.30~0.60 m 的膨胀土,并将路床换填为非膨胀土或掺灰处理。若为强膨胀土,挖除深度应达到大气影响深度。

(2)分层填筑:填筑施工时,路基填筑线形采用直角坐标法按直线 50 m、曲线 20 m 一个断面放样控制,填筑放样宽度在满足设计路基宽度基础上,两侧边坡加宽值均不小于 50 cm,以保证路堤边坡压实质量;放样后在填筑面上洒白灰方格网控制填料堆放量,方格网大小 5×8 m(可结合运土车辆装载方量调整),以均匀摊铺后虚土厚度在 30 cm 为宜。在现场管理人员指挥下,自卸车司机配合,在路基面均匀卸土。

(3)摊铺平整:摊铺初平前在路基两侧及中线上每 20 m 为一个断面插上标杆(标杆以 30 cm 红白漆相间涂刷)并挂线,以此控制虚铺厚度;先用推土机或装载机把填料摊铺开达到初平后,再用平地机精平及修整路拱,使填层面形成 4%的横向人字排水坡,在中线及两侧插杆挂线为准检查。

(4)洒水晾晒:平整完成后,测定填料的含水量,宜控制在最佳含水量的±2%之内压实,若含水量符合最优含水量范围要求即可进行碾压作业;若含水量过大,必须进行等待晾晒以防碾压发生翻浆现象;若含水量过小,必须进行洒水处理,以确保碾压质量达到压实度要求。

(5)碾压夯实:压采用自重在 20 t 以上压路机,按压实顺序自低向高、由边到中,由内向外(曲线),先静压后振压,先慢后快,有弱振至强振,纵向进退式进行;碾压时轮迹重叠,横向不少于 40 cm,纵向不小于 2 m,碾压遍数根据工艺试验确定为准,以静压 2 遍、弱振 2 遍、强振 1~2 遍为宜。压路机碾压速度,静压和弱振稍快,不大于 5 km/h;强振时稍慢,2~3 km/h,碾压后做到无漏压、无死角、碾压均匀、表面平顺、路拱坡度符合要求,碾压不到部位采用小型夯实设备人工夯实。

(6)试验检测:路堤填土压实的质量检验应分层碾压施工分层检测,达到设计及规范要求后方可进行下一层填筑施工。

(7)坡面整修:路基填筑整修验收应在贯穿整个填筑过程中进行,每填高 2 m 对路基边坡整修验收一次。整修时,将路基两侧超填部分刷坡收至下层填筑面,并对刷坡成型后的路堤边坡及时用挖掘机斗面进行夯拍、整平,以减少雨水对边坡的冲刷侵蚀。

5.3.2 膨胀土路堑施工工艺

1. 施工方法

特殊地质路堑应本着"分段分区分层、边开挖边支挡、早封闭防浸泡"的原则进行施工，防止特殊地质土（岩）吸水软化。

特殊地质路堑施工应合理划分区段，人工配合机械分层开挖，边开挖边支挡。在有条件的地方，实施 24 h 工作制，利用大气中的湿度变化，傍晚至凌晨开挖，凌晨时段刷坡，白天施工支护。

2. 施工工艺流程（图 5-5）

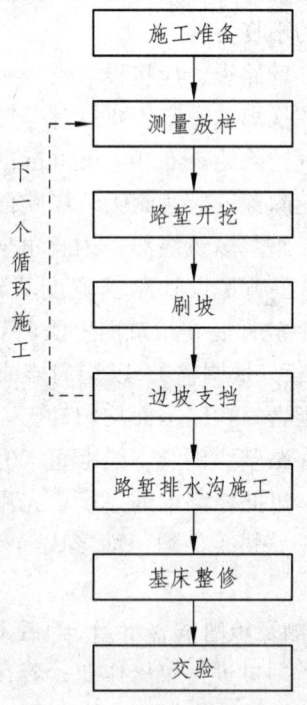

图 5-5 特殊地质土（岩）施工工艺流程图

3. 操作要点

1）施工准备

（1）施工前认真阅读设计文件，搞好现场调查，进一步查明地质的特性、等级，必要时要进行补勘。

编制施工方案，确定施工方法和合理的施工安排。前者主要强调在施工过程中的施工工艺程序，后者强调施工过程中的上下工序的衔接。

（2）施工堑顶截、排水沟，确保地表水不会从边坡流入路基范围内。

做好防护材料的准备工作，有预制件的（如框架梁等）要提前预制，有锚杆的要提前加工好锚杆待用。加工的预制件，锚杆等至少要够一个循环边坡使用方可开挖路堑，以便开挖后迅速加固。

（3）准备好夜间施工照明设施及锚杆施工的机具。

晚间施工要将整个工地的照明灯光全部落实到位，如探照灯，碘钨灯或是其他照明设施。锚杆施工的钻机，砂浆拌和机，以及其他原材料，如水泥、砂、水、膨胀剂等或其他添加剂。

2）测量放样

清表完成后按设计坡率进行施工放样，确定边坡开挖轮廓线，用白石灰粉或红线详细标出开挖轮廓线。

3）路堑开挖

开挖时应按施工设计进行，分段分区长度不宜大于 100 m，开挖高度应结合支挡结构的特点确定，一般土方分层高度不宜大于 2 m，石质分层高度不大于 3 m，施工过程应边开挖边支挡早封闭。

开挖过程中应施做区段内临时排水设施，防止浸泡。

开挖过程中必须对边坡位移变形进行监控量测，进行信息化施工。

4）刷　坡

边坡应按设计坡度要求边开挖边刷坡，坡面应平顺圆滑。

5）边坡支挡

土钉、锚索（杆）应按路堑开挖要点要求边开挖边施作，严禁不支挡进行下层路堑开挖。高边坡的挡土墙、护坡等支挡防护结构应按台阶施工，严禁不支护进行下层开挖。路堑开挖至抗滑桩顶面，必须先进行抗滑桩施作，再继续路堑开挖。悬臂抗滑桩可在悬臂底施作抗滑桩。

6）基床修整、路堑侧沟施工

路堑施工至设计标高后，应及时施作吊沟及侧沟，与天沟等形成完善的排水系统。路堑基床处理应按设计要求进行，并与侧沟同步施工。

5.3.3 弱膨胀土沙化后填方路基填方施工工艺

1. 操作工艺

工艺流程图：弱膨胀土砂化后填方路基施工工艺流程见图 5-6。

2. 施工方法

1）土的砂化

砂化采用试验确定比例的生石灰进行砂化，在土场取土按照取土面积及取土深度（1.5 m）估算土体积，粗算生石灰用量。初步计算所需白灰用量公式为：

$$M_{石灰} = V \times \rho / w - [(V \times \rho / w)/(1+B)]$$

式中　V——土方量（m^3）；

ρ——土的天然湿密度（kg/m^3）；

w——土的天然含水率（%）；

B——掺灰剂量（%）。

按照取土深度为 1.5 m 反算每吨生石灰应布灰面积,在挖机取土前布灰,挖机在取土的过程中自然就翻拌了一遍。

取土:土的同时注意把白灰与土混合在一起。一般弱膨胀土的天然含水率较大,可在规划土场时考虑到分块取土,四周挖排水沟,降低地下水位,从而降低含水率。

闷灰:取土时尽量把土整成大堆,这样有利于含水率降低与提高砂化效果。大堆闷灰 7 d,在这个过程中,闷灰 48 h 后利用装载机、挖掘机倒堆,次数至少 3 遍,可以加强砂化效果。

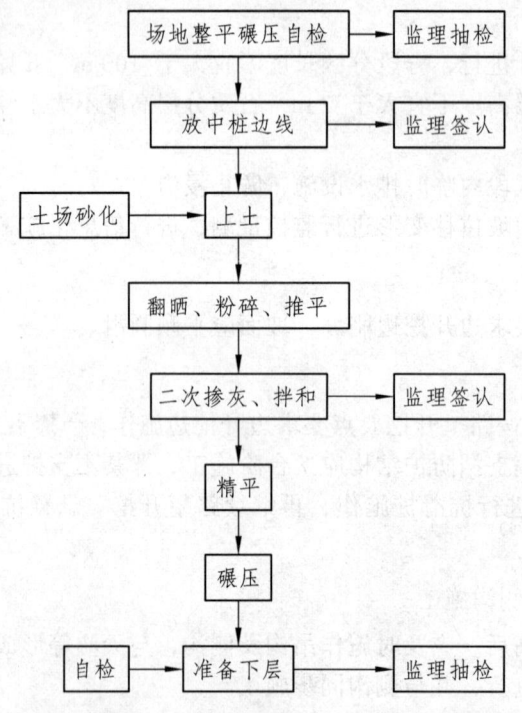

图 5-6　弱膨胀土砂化后填方路基施工工艺流程图

2)施工放样

在原地面或已成型且通过自检及抽检合格段落上每 20 m 放一中桩,并根据本层高程放出边桩。用白灰打灰格,由每一灰格具体控制上土方量,并保证总量准确。

3)上土、粗平

利用自卸车运土至工地,在这个过程中用推土机粗平,要求推土机司机按照 20 cm 推平。用人工挖坑检查厚度,使砂化土厚度控制在合理范围之内。用体积与质量双控制,算出每层灰土方量扣除白灰所占体积就是上土体积,一般按 1 t 消石灰占 0.5 m³ 换算,然后根据自卸车每车能装方量计算所需车数。

上土后利用推土机进行整平,这样可以保证在接下来的工序中不会出现翻晒不到底的现象,从而避免灰土中可能出现的夹层现象。

4)翻　晒

由于砂化土到达现场的含水率一般还较高(在 38%左右),而各种灰土最佳含水率一般在22%左右，必须充分翻晒，降低含水率。利用铧犁、圆盘耙、旋耕机等机械进行粉碎、晾晒，在6~8月施工黄金季节，一般超过30 ℃的天气，有利日照时间达到11个小时，一般4 d可以把含水率降到最佳含水量偏大2%。针对气候条件，在其他日照较短时节如10~11月，白天翻晒后晚上必须用压路机封住翻晒土，避免潮气进入到土中，影响了翻晒效果、延长施工工期。一般施工段落在150~200 m施工段落，需配备铧犁1台，旋耕机2台进行翻拌、粉碎。

5）粉　碎

由于膨胀土干硬强度高，当砂化土的含水率降到最佳含水率左右时进行拌和很难起到粉碎效果，要求在二次掺灰前进行一次粉碎，加强粉碎效果，目的是降低颗粒径。一般控制含水率在28%左右时进行粉碎能起到较好的效果，颗粒不大于5 cm。在拌和前用推土机整平，压路机静压。采用WB-23灰土拌和机，需拌和3遍。

6）二次掺灰

在含水率接近最佳含水率时，补足剩余灰剂量。由公式精确计算所需白灰用量：

$$M_{石灰} = V \times A \times \rho_{干} - [(V \times A \times \rho_{干})/(1+B)]$$

式中　A——压实标准（%）；

　　　V——压实方量（m³）；

　　　$\rho_{干}$——最大干密度（kg/m³）；

　　　B——掺灰量（%）。

对白灰质量的要求：在白灰送至工地后必须先采样做钙镁含量试验，而后加水消解。为了控制消石灰的含水率，生石灰在摊开时不宜过薄或过厚。若过厚即使采用翻拌方法，也无法正确控制含水率及石灰充分消解。用机械翻拌打堆时灰尘土将四处飞扬造成环境污染或含水率过大无法使用。石灰必须提前消解并闷料7 d左右，防止拌和后造成放炮现象。粉碎好颗粒达到要求的土静压一遍后，自卸车把消解好的白灰拉到工地，采用打方格平地机布灰和人工布灰配合的方法实施，并有专人检查布灰均匀性。

7）二次拌和

二次掺灰后再拌和一次，这次拌和的主要目的是使消石灰、砂化土充分结合、均匀排布；并使上下两层次灰土结合紧密，避免出现各种夹层影响施工质量。需要拌和2遍，要求打到下层的硬壳，这样使上下两层2~3 cm重叠，结合紧密。拌和过程中，派专人挖坑检查刀头是否达到硬底。还要采取各种措施，保证不出现拌和过深的情况，以免影响到配比准确性与压实效果。对比较关键的95区灰土施工，可以通过高程测量的方法控制拌和深度，确保各方面质量有保证。

8）精　平

灰土层厚按照分层高程控制，精确控制高程不仅有利于提高平整度等外观质量，对压实也是有好处的，因为一定的碾压程序必须是适合于一定的层厚，这样才能充分发挥压实功效。

推平：二次拌和后，检查混合料的灰剂量和含水率，条件允许进行下道工序的施工，用推土机大致推平；然后平地机粗平一遍，振动压路机静压一遍。

放桩：恢复每 20 m 一个中桩，横向每 5 m 引一个控制桩，可以打竹桩或木桩，高程按照松铺厚度控制，平地机精平过程中不间断检查桩位，防止竹桩被车轮压下去影响高程控制（具体数据，可能各地区会有不同，根据首件工程施工确定）。

平地机精平：要求平地机驾驶员要有较高的技术与责任心，减少精平次数。力求做到少下刀、大油门、低挡位、多次精平的办法实现精平。如果由于种种原因导致有薄层贴补现象的，需要进行局部处理，可以适当洒水，使上下含水率均匀，面积较大影响外观质量的用拌和机重新拌和一遍，再扫平、碾压。

9）碾 压

采用大功率振动压路机等重型压实机械如徐工 Y218JC 型号压路机，可以满足压实度要求。碾压组合：Y218JC 压路机静压 1 遍，微振 2 遍，再继续强振 4 遍，最后利用铁三轮光面或者 18J 光轮收面。碾压时，在直线部分和大半径曲线路段时应先压边缘后中间；小曲线曲线路段，有较大超高时，应先碾压低处后高处。碾压速度，稳压时采用 II 挡为宜，振动时宜用 I 挡速度碾压。压路机碾压轮迹应相互搭接。后轮必须超过两段的接缝。

5.3.4 膨胀土换填砂石路基填方施工工艺

1. 工艺流程

换填砂石路基施工工艺流程见图 5-7。

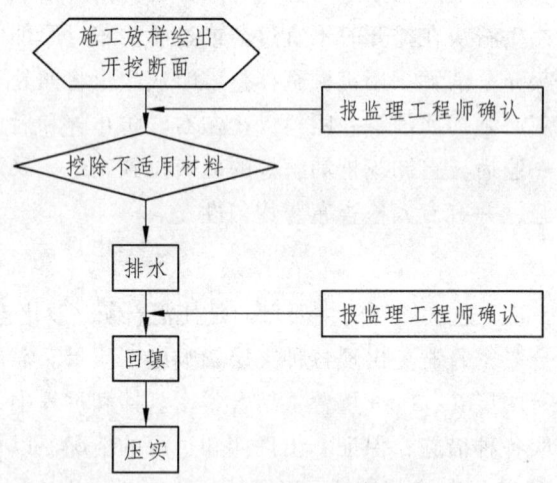

图 5-7 换填砂石路基施工工艺流程

2. 操作方法

1）测量放样及绘制横断面图

依据设计图纸或监理确认的挖除的深度和范围进行施工放样，撒出开挖石灰线，绘出开挖断面图，经监理工程师复核、签认后开挖。

2）开挖清理不符合要求的土基

开挖前，要充分做好各项准备工作，修好便道，保证挖掘机连续作业，配足自卸汽车，一旦开挖后应连续施工，防止下雨使基底积水影响进度。开挖至设计要求的断面后，如仍有非适用材料，应按监理工程师要求的宽度和深度继续挖除。开挖不适用材料有积水时，要在旁边挖一个集水井，用小型水泵将开挖范围内的积水抽干，严禁换填路基长时间在水里浸泡。

3）开挖断面完成后路基基底压实

断面开挖完成后，测其基底土含水率，其压实含水率均应控制在最佳含水率±2%范围内。当土的实际含水率不符合上述范围要求时，应均匀加水或将土摊开、晾干，使达到上述要求后方可进行压实。

当需要对土采用人工加水时，达到压实最佳含量所需要的加水量可按下面公式估算：

$$m = (w - w_0) \times Q / (1 - w_0)$$

式中　m——所需加水量（kg）；

　　　m_0——土原来的含水率（以小数计）；

　　　w——土的压实最佳含水率（以小数计）；

　　　Q——需要加水的土的质量（kg）。

需要加的水宜在碾压的前一天浇洒在取土坑内的表面，使其均匀渗透入土中。用压路机将路基压实，压实度不低于85%，绘出完工横断面图，经监理工程师复核、签认后回填砂石料。

4）砂石料换填

先进行测量放线，放出中桩、边桩，打出边线桩，用红油漆做好标记，最高填筑厚度30 cm，并撒出白灰线，绘制方格网图，用方格网控制上料数量。分层摊铺，用大型推土机将层面推平至填筑边桩。

5）砂石料压实

砂石料的压实按现行《公路路基施工技术规范》相关要求进行，可采用水密法配合压路机碾压，使砂石料密实。压实度满足土方路基压实标准，且经监理工程师检测合格后方可进行下一层砂石料换填。

5.3.5　膨胀土改良路堤施工工艺

1. 施工方法

改良土拌合有场拌法和路拌法两种施工方法，一般采用集中场拌法，即在拌合站采用大型拌合设备进行集中拌合改良。改良土路堤填筑按照"三阶段、四区段、八流程"的施工工艺采用机械化施工，填料采用挖掘机挖装，自卸汽车运至拌合站；在拌合站内装载机上料，拌合机按照施工配合比集中拌合；自卸汽车运输改良土至填筑区段，推土机初平，平地机精平，压路机碾压，碾压完成后进行试验检测，检测合格进行下道工序施工。

2. 工艺流程（图5-8）

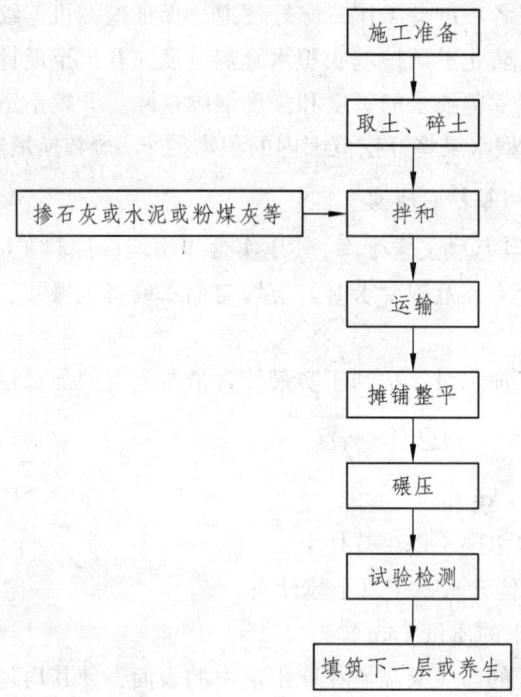

图5-8 场拌法改良土填料施工工艺流程

3. 操作要点

1）施工准备

（1）熟悉核对图纸

接到图纸以后组织技术人员全面的核对熟悉施工图纸，充分了解设计标准及要求，并做好记录。

（2）填料及掺料的检验

填筑前对填料及掺料进行取样检测，满足要求方可使用；当填料或掺料发生变化时应重新进行检测。

（3）确定改良土配比

根据设计要求和取土场土料的塑性指数及液限、塑限等指标通过试验室进行试验确定改良土配合比。在设计改良剂掺量范围内每递增1%掺量为一组配合比，每批混合料分别做重型击实试验和无侧限抗压强度试验，确定改良土的最大干密度和最优含水率，验证饱和无侧限抗压强度。

（4）拌合站设置

拌制场地宜设在取土场附近，并要求有足够大的填料晾晒场地，以便备土过程中可通过晾晒来调节填料含水量。拌和机选型：根据本标段路基的拌合土工程数量和工期要求，计算每天需完成的拌合数量，并考虑机械的生产率来选择机械型号，进而确定拌合站配置集料搅拌机数量，散装水泥罐数量，料仓个数，停车场位置等。

（5）测量放样

根据设计图纸放样中桩、边桩，并将施工中所有标桩做固定性保护。然后在路基填筑范围内用白灰撒出方形网格。

（6）基底处理

填筑前清除基底表层的植被，做好临时排水设施，原地面陡于1∶5时要自下而上挖成台阶，宽度不小于2 m，高度为0.6 m左右。对特殊地段进行翻挖晾晒或洒水湿润处理，并进行碾压，压实度要符合设计要求。

（7）为取得良好的拌制及压实效果，达到质量验收标准，应在大规模施工前选定试验段进行填筑压实工艺试验，以确定压实机械组合，摊铺厚度，碾压遍数等施工参数，指导下步施工，试验段长度不宜小200 m。

2）取土碎土

在取土场采用挖掘机挖装土料，自卸汽车运输至拌合站。检测土料的含水率，若含水率过大，则需要晾晒处理。对符合要求的土质进行过筛处理，使土颗粒尽可能小，增加其表面积，并拌和均匀，能充分接触并发生反应。

3）拌和

混合料采用稳定土拌和设备在拌和场集中进行拌和，拌和前先测定土料的含水率及掺加剂含水率，如混合料的含水率低于最优含水率，则按混合料含水率为最优含水率计算需增加水量，再将该土料与掺合剂和水按改良土的最大干密度和最优含水率确定的重量配合比，确定生产配合比，按生产配合比进行计量配料。

4）运输

采用大吨位自卸汽车运输，汽车在取土场取土时载量控制基本一致。根据撒出的方形网格，合理安排自卸汽车的卸土车位。车辆进入路基范围内，从进入点开始卸车，推土机摊铺整平，然后从外向内逐步推进。推土机紧跟作业，为车辆卸车扩大工作面。施工时专人指挥倒车，按方格指定每辆车的卸车地点，倒车卸土。

5）摊铺整平

路堤填筑压实按照"区段流程"法横向全宽、纵向水平层填筑施工。填筑的虚铺厚度根据设计由工艺试验确定。混合料不得出现纵向接缝，不宜中断。当因故中断超过2 h时，应设置横向施工缝，横向接缝应采用搭接施工。整型应按规定的坡度和路拱进行，并特别注意接缝处的整平。

采用推土机摊铺，经推土机摊铺后层面高程宜高出计划松铺高程一般为3~4 cm；再用平地机初平和整形，设专人及时铲除离析混合料，补以新混合料，用光轮压路机快速碾压1~2遍，初平后层面高程比计划松铺高程高3 cm；最后再用平地机精平一遍，精平后层面高程高于计划松铺高程0.5~1.0 cm。

6）碾 压

当混合料接近最佳含水率时，用重型压路机在路基全宽内碾压至要求的压实密度，碾压完成后表面应无明显的碾压轮痕迹。碾压时，各区段交接处应相互重叠压实，纵向搭接长度不小于2.0 m，纵向行与行之间的轮迹重叠不小于40 cm，上下两层填筑接头应错开不小于

3.0 m。压实作业按照先压路基边缘，后压路基中间，纵向进退，碾压必须均匀，做到无偏压、无死角。终压后应使压实层表面平整、平顺，无明显的轮迹。碾压过程中，表面应始终保持湿润，严禁有"弹簧"、松散、起皮等现象产生。

7）试验检测

现场技术人员和试验人员先进行自检，对路基改良土的几何尺寸、压实度、孔隙率、变性模量等指标进行检查。检验数量：沿线路纵向每 100 m 每压实层抽样检验孔隙率 n（砂类土和碎石类土）6 点，其中：左、右距路肩边线 1 m 处各 2 点，路基中部 2 点；每 100 m 每填高约 90 cm 抽样检验地基系数 K_{30} 4 点和静态变形模量 E_{V_2} 4 点，其中：距路基边线 2 m 处左、右各 1 点，路基中部 2 点。监理单位按施工单位抽样数量的 10%平行检验压实系数或孔隙率；见证全部地基系数 K_{30} 和静态变形模量 E_{V_2} 检测。满足要求后，进行下道工序施工。

8）养　生

改良土碾压完成后，如不能连续施工应进行养生，使改良土表面保湿养生不少于 7 天。养生期间勿使改良土过湿，更不能忽干忽湿，应控制好交通，除洒水车外应封闭交通。当改良土分层施工时，下层检验如压实度、平整度等指标合格后，上层填土能连续施工时可不进行专门的养生期。

5.4　黄土路基施工

5.4.1　黄土路堤工艺流程图

黄土路堤工艺流程见图 5-9 所示。

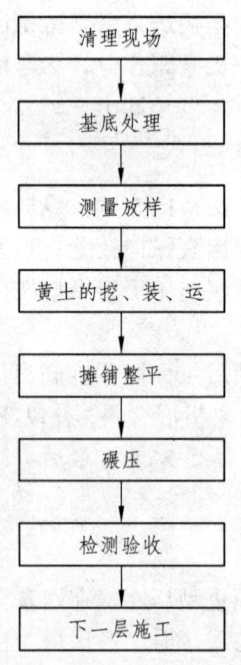

图 5-9　黄土路基施工流程

5.4.2 黄土路基填筑施工方法

1. 基底处理

（1）若基底为非湿陷性黄土，且无地下水活动时，可按一般黏性土地基进行基底处理，同时做好两侧的施工排水、防水措施。

（2）若地基为湿陷性黄土，应采取拦截、排除地表水的措施，防止地表水下渗，减少地基地层湿陷性下沉。

（3）若地基土层具有强湿陷性或较高的压缩性，且容许承载力低于路堤自重压力时，应考虑地基在路堤自重和活载作用下所产生的压缩下沉，除采取防止地表水下渗的措施外，对于路堤基底、坡脚外 3~10 m 范围内基底，应采取必要的措施，如重机碾压、重锤夯实、石灰挤密加固、换填土等，提高土层承载力。

（4）对于高填土路堤采用了普通压实和强夯相结合的措施来加固地基。

（5）路堑施工中，当挖到接近设计高程时，应对相当于上路床部分的土基整体强度和压实度进行检测。如路堑路床土质不符合设计规定，则应将其挖除，另行取土分层摊铺、碾压至规定的压实度。挖除厚度根据道路等级对路床的要求而定，高速公路及一级公路宜挖除 50 cm，其他公路可挖除 30 cm。如路堑路床的密度不足，土质符合设计规定，则视其含水率情况，经洒水或经翻松晾晒至要求含水率后，再行整平碾压至规定压实度。

2. 测量放样

由于黄土填筑路基压实较难，所以控制每层的填筑质量对保证整个路基工程具有重要影响，在施工中应加强层厚的控制。在一定施工段落内设置路基边缘的高程控制杆的检查控制填筑层数和施工高程，这是一种很好的质量控制办法。

3. 黄土的挖、装、运

4. 摊铺整平

（1）摊铺时先用推土机或装载机初平，再用平地机精平，初平与精平要同时穿插进行，以节约时间，减少水分损失。在精平后检测其松铺厚度是否与试验段确定的松铺厚度吻合，在确认一致后准备开始碾压作业。

（2）黄土路堤填筑时，应做好填挖界面的结合（纵向），清除坡面杂草，挖好向内倾斜的台阶。如结合面陡立，无法挖成台阶时，可采用土钉加强结合。

（3）摊铺宽度要考虑工后沉降的影响，高填路基工后沉降可达 1%~2%，故要预留宽度。

5. 碾 压

（1）如含水率过大，可翻松晾晒至需要含水率再进行碾压，也可掺入适量石灰处理，降低含水率。掺灰后应将土、灰拌匀，其最大干密度应通过击实试验确定。

（2）黄土含水率过小，一般宜在土场进行处理。也可在现场均匀洒水加湿，土体吸收水分后，采用人工或双轮双锋犁反复拌和，及时整平、碾压。洒水量应根据现场抽检天然含水率与最佳含水率之差，并考虑蒸发量。最好在傍晚洒水，第二天再补压，这样，洒在土层表面的水经长时间渗透，使得土体各部分含水率很均匀，从而达到补水的目的；否则，表层含水率过大，碾压后出现薄层"弹簧"，压实度仍然不能达标。

（3）大于 10 cm 的块料，必须打碎。摊铺厚度应控制在 25~30 cm，上路的土要及时碾压，洒水后的土达到最佳含水率时也要及时进行碾压。

（4）施工含水率大于最佳含水率 3%最适宜大面积作业，连续碾压成型，一次性压实到位，每个作业段长度根据土方机械、碾压机具配套及数量而定，一般以 70~100 m 长度为宜。

（5）参考压实方案：先用 CA25 自行式钢轮压路机静压 1 遍，再由 YZT16K 拖式凸轮振动压路机振动碾压 5~6 遍（94、96 区），由洒水车洒水 1 遍，平地机再次整平，再由 CA25 光轮振动碾压 2 遍，路肩处多碾压 1 遍，最后静压 1 遍。93 区碾压时，YZT16K 压路机可碾压 4 遍。

（6）在每层施工前，需要注意在上土前在压实的原地面或填筑层上洒水湿润，这样做可防止上层接触填筑土的水分损失，也防止施工车辆对填筑层的破坏，减少粉尘污染环境。

（7）对于高位涵洞，可以待填土达到涵洞顶面高程后施以强夯，然后竖直开挖涵洞洞身及基础，修筑涵洞。为处理路基填挖交接处路基的不均匀沉降问题，待路堤填筑到距设计高程 2 m 的高度时，对填方与挖方各 20 m 范围内的路基施以强夯。对沟底设有涵洞的路堤强夯时，容易造成涵洞沉降或早期破坏，因此要求强夯位置距离涵洞的位置不小于 10 m。

（8）冲击压路机压实有效深度能达到 1 m 以上，一般合理的压实遍数在 12~15 遍，路基压实度可以提高 2%~3%。对于一般的湿陷性黄土路基，可采用 25 kJ 冲击压实机进行冲击压实。

（9）黄土地区冲沟发育，对于冲沟，用自卸车倒土至冲沟沟边，用推土机向沟下推，下面用装载机布土，推土机和人工整平，用凸轮振动压路机碾压不少于 8 遍，压实层厚控制在 20 cm 以内。当大沟填到一定厚度，可将原施工便道进行修整，使其纵坡小于 10%，自卸汽车直接开到沟下卸土。此外，如有 100 m 左右的作业长度可用平土机平整，同时用 50 t 拖碾振动碾压密实。

5.4.3 施工注意事项

（1）及时判别土样的湿陷性。

（2）在施工中为防止和减少水的蒸发，上路的土要及时碾压。

（3）当检查压实度不合格后再复压，增加碾压遍数或加大压路机吨位，会造成表面 2 cm 左右土质干裂成粉，继续碾压裂缝深度加深，造成更大的分散。

（4）如松铺厚度控制不好，将严重影响压实效果，浪费碾压台班。

（5）施工作业面的自然地表水，要迅速排出作业面，路拱偏大为好。

（6）黄土路堑边坡，应严格按设计坡度开挖，如设计为陡坡时（如 1:0.1），施工中不得放缓，以免引起边坡冲刷。如边坡地质与设计不符，可提出修改边坡。

（7）发现边坡有变形迹象，不能随意刷方，宜采取应急的减载措施，并综合考虑处理措施。

（8）边坡的支挡工程施工，应挑槽开挖基坑，边挖边修，随时增加支撑力。

（9）必须确保施工各环节衔接紧凑，使黄土每层填筑施工在最短时间内完成。

（10）为防止临时性土边沟因雨水造成堵塞、边坡和坡脚发生水毁，边沟要在雨季前砌筑片石或混凝土预制块，出口要加固，并尽量通过排水沟将边沟水引离路基坡脚之外的天然河流。

（11）下排水构造物与地面排水沟渠必须采取防渗措施。

5.5 冻土路基施工

5.5.1 挖方路基工艺流程

挖方路基工艺流程见图 5-10。

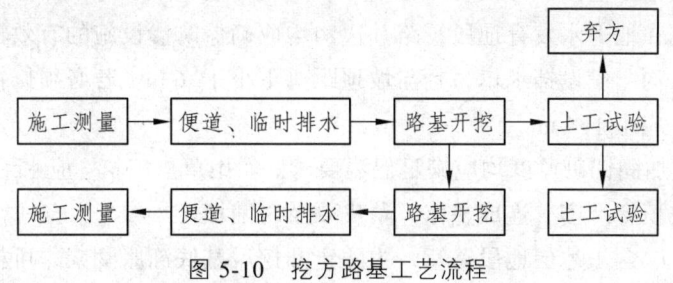

图 5-10 挖方路基工艺流程

5.5.2 填方路堤工艺流程

填方路堤工艺流程见图 5-11。

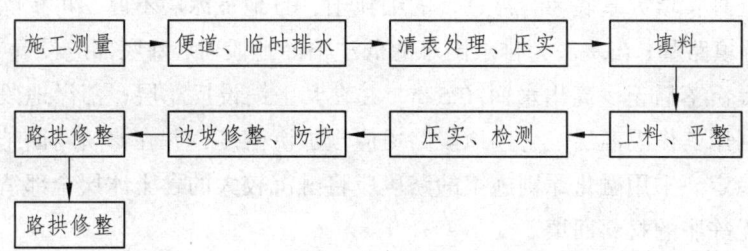

图 5-11 填方路堤工艺流程

5.5.3 冻土路堑施工要点

1. 路堑开挖

土方开挖应自上而下进行，禁止乱挖、超挖，不得掏洞取土，根据整个路段的横断面宽度和深度，开挖方式可参照本标准的挖方路基施工工艺标准实施。

2. 选择机械

土质路堑开挖应根据工程的实际情况选用挖掘、反斗自卸汽车或推土机、装载机和反斗自卸汽车。最大限度地发挥机械的效能，杜绝窝工、停工状况。

3. 保护冻土

按设计要求，并结合现场实际，因地制宜的保护好冻层，保护好可融化的融化层原则，使路基施工后仍处于热学稳定状态；对于处于退化期的零星岛状冻土、连续岛状冻土且冻土埋深较浅的，以及弱融沉或不融沉的多年冻土地区，路基施工可按融化原则进行，其他情况采用保护的原则。

4. 挖方路基施工要求

（1）施工时应最大限度的保护生态环境，保护植被。

（2）挖方路基处于地质不良的冰锥、冰丘地段时，采用冻结、拦截、截水墙、保温渗沟排水处理。

（3）挖方路基弃土应按设计指定位置堆弃，按设计要求处理好暴露面。

（4）排水施工在地下水发育地段，路基边沟均应确保防渗设施的有效性。路堑坡顶避免设置截水沟或排水沟，应设挡水埝，且与坡顶距离不小于 6 m。若必须修排水沟或截水沟，距挡水埝外距离不应小于 4 m。

（5）土质边坡加固铺砌厚度均应满足保温要求。如用草皮砌筑，应水平叠砌，错缝嵌紧，缝隙用黏土或草皮填塞严密，连成整体。草皮要及时铺填。

（6）饱冰冻土、含土冰层地段路堑，为防止开挖后基底冻胀翻浆，可根据设计要求或需要换填足够厚度的水稳定性好的填料。

5.5.4 冻土路堤施工要点

（1）基底处理：填方基底为含冰过多的细粒土，且地下冰层不厚，可挖除并用渗水性填料回填压实，再填路基；当基底为排水困难的低洼沼泽地段时，基底部应设置毛细水隔离层，其厚度宜在路堤沉落后至少高出水面 0.5 m，并在其上铺设反滤层；沼泽地段路堤基底生长塔头草时，可利用其作隔温层。上述地段路堤应预加沉落度，并在修筑路面结构之前，路基沉降基本趋于稳定。采用融化原则施工的路段应将融沉较大的含土冰层全部清除，换填水稳性好的砂砾等无冻胀的材料回填。

（2）填方路基的排水，当路基位于永久冻土的富冰冻土、饱冰冻土或含土冰层地段时，必须保护路基及周围的冻土处于冻结状态，排水系统与路基坡脚，应保持足够距离；高含冰率冻土集中路段，严禁坡脚滞水、路侧积水，对路堤边坡，应及时铺设草皮；在少冰、或多冰冻土地段，也应避免施工时破坏土体的热平衡。排水沟与坡脚距离不应小于 2 m；沼泽湿地地段不应小于 8 m；饱冰冻土的含冰层土地段，应避免修建排水沟和截水沟，宜修建挡水埝（堰），距坡脚不应小于 6 m 若修建排水沟则不应小于 10 m；水鼓丘较重地段，可在上游主流处设地下渗沟或将水引到一定距离外的地面积冰场。

（3）路基高度应达到防止翻浆与不超过路基冻胀值要求的最小填土高度；按保持冻结原则施工的路段，应同时满足冻土上限不下降的要求。

（4）填料宜选用保温、隔水性能均较好的细粒土。采用黏性土或透水性不良土填筑路堤时，要控制填土的含水率，碾压时含水率不能超过最佳含水率的 ±2%。不得用冻土块或含草皮层的土、含有草根、高含水率土填筑路基。通过热融湖（塘）的路堤，水下部分必须用渗水良好的填料填筑，并使填高，高出最高水位 0.5 m 以上。

（5）取土按设计要求或在路基脚 500 m 以外设集中取土场，富冰冻土、饱冰冻土及含土冰层路段，确需就近解决部分土源时，应在路基坡脚 10 m 以外取土；斜坡地表路堤，取土坑应设在上坡一侧。取土坑深度均不得超过当地多年冻土上限以上土层厚度的 80%，坑底应有坡度，积水应有出口，水能及时排出，同时取土坑的外露面，亦宜用草皮铺面。

（6）对于采用保护原则施工的路段尽可能不破坏原地表植被的保护层，直接回填水稳性好的、无冻胀性的材料。

（7）热融湖（塘）地段的路堤水下部分应填水稳定性好的填料；松软基底两侧宜设反压护道；沼泽冻土地段路堤下部应设置隔离层和隔温层，并保护好两侧地表植被；水鼓丘较重地段，可在上游主流处设地下渗沟或将水引到一定距离外的地面。

（8）压实：压实检查应采用重型击实标准。成型后路床压实度应符合设计要求，用不小于20 t的压路机或等效碾压机械进行碾压检验2~3遍，无轮迹和软弹现象。

（9）侧向保护：靠近基底部位有饱冰冻土层且有可能融化时，宜设保温护道和护脚。保温材料宜就地取材。用草皮时，草根应向上一层一层的叠铺，最外一层应带泥，以便拍实形成保护层；沿线两侧20 m内植被和原生地貌应严加保护。

（10）增加整体性：可采用土工格栅等技术措施，增加路基整体性强度。

（11）填料的试验项目：
① 液限、塑限、塑性指数；
② 颗粒大小分析试验；
③ 含水率试验；
④ 相对密度试验；
⑤ 土的标准击实试验；
⑥ 土的强度CBR值试验；
⑦ 二级公路应作有机质含量试验、易溶盐含量试验。

（12）挖方路床、填方路基、填筑层压实度检验。

5.6 其他特殊土路基施工

5.6.1 过湿土路基施工工艺

1. 工艺流程

测量放样→备土→掺灰→挖拌→闷放→灰土运输→布料、摊铺→晾晒→粉碎、整平→碾压成型→自检、交验。

灰土掺拌有路拌法和闷料法两种方法。

（1）路拌法先在路基上铺上适当层厚的湿黏土翻晒，中间辅以铧犁翻耕，初平后，打网格，按计算单位面积的掺灰量人工铺灰；然后用翻铧犁、旋耕犁进行翻拌、晾晒、往复多次，直至灰土颜色一致。也可用宝马拌和机进行拌和1~2遍，一般情况下可颜色均匀。

（2）闷料法。取土场的湿土用挖掘机挖出堆放，滤水2~3 d，然后掺入设计灰量的60%~70%。其方法是一层土、一层石灰、再一层土、一层石灰，直至达到要求掺入的石灰剂量，翻拌灰土堆，堆放，闷放24 h（第二次拌灰过程也可在路基上进行，只需翻拌）。

2. 灰土掺拌无论采用哪种方法都应遵循下面原则

（1）掺拌的素土进行整形、量测松方体积和含水率，根据土堆总体积和对应含水率设计掺量，用固定容器量生石灰量。

（2）采用挖土机进行掺拌作业，翻拌可用装载机或挖掘机。

（3）将翻拌好的土料运至混合料区进行闷放，使生石灰充分消解，一般闷料需1~2 d。

（4）混合料应及时运至路基填筑，随时摊铺、整平、压实，如较长时间无法用于填筑，应采取覆盖措施，做好混合料存放区的排水。

（5）用运输车运到路基，用铧犁或拌和机进行翻拌。

3. 测量放线

根据施工要求加密坐标点、水准点控制网，在开工前对导线、中线及高程进行复测。施工时全段每100 m设置一个中心桩（百米桩），曲线段加密至20 m一个中心桩；每200 m设临时水准点。各流水作业段每20 m设一组边桩。

4. 布料、摊铺

（1）路基填筑段作业面不宜过长，要根据机械数量的配备确定作业面，能保证尽快成活，即"群机作业、小段成活"，保证灰土混合料施工的时效。

（2）路基填筑时，自卸车上土，摊铺机摊铺；卸料时应采用梅花点布置方式，根据单车运量和摊铺厚度，合理布置土堆的密度。推土机摊铺时应使路基形成横坡，摊铺完成后进行排压1~2遍。每层路基铺设宽度边缘至少超出路堤设计宽度600 mm，保证路堤边缘有足够的压实度。严格控制按试验段确定的松铺厚度摊铺，且不小于100 mm。

（3）分段施工时，其交接处先按1:1坡度分层留台阶；如两段同时施工，则分层相互交叠衔接，其搭接长度应大于2 m。

5. 路基整平

平地机作业应在压路机静压1~2遍或推土机排压后，平地机平整面的平整度不宜大于20 mm，横坡略大于设计横坡。

6. 碾压成型

（1）根据试验段确定的压实遍数进行。碾压速度宜先慢后快，开始碾压速度不宜超过4 km/h。碾压应先弱振后强振，最后静压1~2遍以清除轮边。碾压时应由低向高，直线段由外向内，超高段由内侧向外侧碾压。横向接头振动压路机重叠40~50 cm，前后相临区段纵向重叠100~150 cm，上下两层填筑接头错开不小于300 cm。自行振动压路机或拖式压路机对过湿土路基填筑，效果最佳。

（2）在路基填筑到构造物附近时，或铺筑压路机无法压实的地方，使用小型压路机或蛙夯进行压实，此时压实厚度应严格控制。

（3）过湿土砂化的填方路基压实度应符合表5-2的规定。检查频率按2 000 m^{2}实测7处或每个作业面完成后检查至少7处。

表 5-2 路基压实度标准

类型	路床顶面以下深度（mm）	压实度（%）		
		高速公路、一级路	二级路	三、四级路
上路床	0~300	>96	>95	>94
下路床	300~800	>96	>95	>94
上路堤	800~1 500	>94	>94	>93
下路堤	>1500	>93	>92	>90
零填及挖方路基	0~300	>96	>95	>94
	300~800	>96	>95	—

7. 路基封顶层

（1）路基封顶层施工应满足分层填筑要求，并加密中线桩和高程桩，一般为每 10 m 设一组。

（2）应采取人工拉线撒白灰点的方式指导平地机作业，反复刮平。

（3）封层应按宁高勿低的原则，在平地机刮平前，路基顶面高程应高于设计高程 20~30 mm，且路基已充分压实。路基封顶层严禁贴补处理，如局部低于标准值，应对该部位耙松不小于 150 mm，再填土压实。

8. 季节性施工

1）雨期施工

雨期施工时，对场地存放的生石灰以及不能及时用于路基填筑施工的混合料，应采取塑料布覆盖等措施。掺拌场地要做好临时排水设施，保证场地不积水。做好施工临时便道的养护，及时维修损坏的道路，保证运输道路畅通。应根据天气预报情况即使调整作业段长度。雨期施工应比其他时期减短作业段长度，做到尽快成活。在降雨突然的情况下，应及时停止摊铺，并对摊铺好土料及时碾压，待天气晴好时再做翻晒处理。

2）冬期施工

冬期不宜进行过湿黏土路基施工。

5.6.2 低液限粉土路基施工工艺

1. 工艺流程

测量放样→清理现场→填前碾压→粉土的挖装运→摊铺整平→碾压→填层检测、验收→下一层施工。

2. 清理现场

依据设计文件和施工规范，路基施工前，拆迁和清除公路路基范围内的地表附着物；路基施工范围内，原地面的坑、洞、墓穴等，要按照规范的要求回填和压实。清理作业主要由装载机、推土机、平地机及运输车辆完成。

3. 填前碾压

填前碾压前应检查原地表清理是否符合规范要求。碾压前，地表务必要用推土机和平地机进行整平处理，以确保规范要求的压实度。

4. 测量放样

路基施工放样主要包括中线恢复，填层的填土边线标志。

根据试验段确定的松铺系数计算出每个施工段落每层填土的松方量，同时依据每车装载的松方量计算出该段落需要的填土车数，采用网格法进行现场施工控制。

5. 粉土的挖装运

粉土路基施工的取土场，应有一定的纵横坡度和完整的排水系统，确保雨后不积水不影响连续施工。取土作业，可采用挖掘机或推土机和装载机配合，自卸车或有自卸功能的拖拉机运土方式，设备的装、运能力应相匹配，避免造成设备闲置。

6. 摊铺整平

粉土运抵施工现场后，应根据土的含水率情况合理安排完成摊铺整平作业，以确保土的含水率满足施工要求。摊铺时先用推土机初平，再用平地机精平；因粉土的保水性差，初平与精平要同时穿插进行，以节约时间，减少水分损失。精平后检测土的松铺厚度是否与试验段确定的松铺厚度相吻合，在确认一致后准备实施碾压作业。因粉土填筑路基不易压实，施工时，一定要严格控制每层的松铺厚度及含水率等。

7. 碾 压

碾压时直线段由两边向中间，曲线段由内侧向外侧，纵向进退式进行碾压；碾压程序为：LT220 单钢轮双振幅振动压路机先强振 2~4 遍、弱振 2~3 遍，静碾压 2 遍（处于 93、94 区时，压实遍数可取低限；处于 96 区时，可取高限），碾压成型含水率控制合适并在最佳含水率至最佳含水率 +3% 的范围时，压实度可满足施工规范要求。

为提高粉土路基的整体性和稳定性，增加强化压实，即采用装载机牵引 YT16 系列拖式凸轮冲击压路机进行冲击碾压，碾压不少于 6 遍（冲击式压路机是三瓣式凸轮，冲击压实时每压 1 遍对同一路表的接触概率为 1/6），冲击碾压后，平地机整平，振动压路机静压 2 遍，保证表层密实。

8. 填层检测、验收

每一填层碾压完成后，要按照施工规范项目进行压实度和填层顶高程检测，压实度采用环刀法或灌砂法检测。填层顶高程采用水准测量方法进行检测。

9. 施工注意事项

（1）根据粉土的工程特性，通过试验段，得出不同压实区域进行碾压的含水率范围，施工含水率一般控制在最佳含水率 +（1%~3%）时，易于压实，需要的压实功最少，适宜大面积作业。

（2）一般路基施工段在 100~150 m，低液限粉土路基应适当短一些，宜为 100 m，特别在风大的施工季节里，通过试验段确定适合人员和机械配备组成的最佳施工段长度。

（3）粉土的毛细孔发达，极易蒸发失水，施工中必须确保各环节衔接紧凑，减少水分的损失，使每一填层施工在最短时间内完成。

（4）粉土的水稳定性较差，保水性也差，边坡易渗水造成滑塌或受水冲刷极易发生破坏，每一填层的宽填尺寸不小于50 cm，以免造成亏坡。

（5）施工便道应修筑在路堤以外，严禁使用路堤作为施工便道。

5.6.3 沙漠地区路基施工工艺

1．施工方法

在风沙地区筑路，为防止沙害应采取边施工边防护，分段施工，一次完成的施工方法。对施工过程中的未完部分，要做好临时防护，以免风蚀和沙埋。

施工时要注意保护路侧原有植被，不得随意破坏，当必须破坏时，要及时加以防护，以免沙害漫延。

适宜的施工季节是夏秋两季，应尽量避免在多风季节进行施工。

2．工艺流程

工艺流程：清理表土→填筑（挖运）整平→碾压成形→防护。

3．操作方法

1）清理表土

在填方和借方地段的原地面应进行表面清理，清理深度应根据现场情况决定，清理出的腐殖土应集中堆放。填方地段在清理完地表后，应整平压实到规定的要求，方可进行填方作业。

当基底为非风积沙时，应按设计要求进行换填。风积沙填料应不含有机质、黏土块、杂草和其他有害物质。

2）填筑（挖运）

路堤的填筑和路堑的挖运应符合现行《公路路基施工技术规范》中关于路堤填筑和路堑挖运的相关规定。路堤填筑宜采用水平分层填筑方式，按照横断面全宽推筑。

土工布横向搭接宽度应不小于300 mm，纵向搭接长度应不小于500 mm，搭接部应用有效方法连接。

土工布展铺好后，宜采用振动压路机静压一遍，增强沙基表层密度，然后方可铺筑垫层。

3）碾压成型

风沙地区用粉沙或细沙填筑路堤时，仍应分层压实，根据现场自然条件、沙的特性及水源分布等情况确定压机械和压实方法。一般以机械振动压实为主，水坠沉实方法为辅。

沙区路基施工前，要将具有代表性的风积沙取样进行试验，确定出风积沙在干振、饱水状态下的最大密度值。施工中如发现沙颗粒粒径、级配有变化时，要及时补做风积沙全部试验项目。

（1）最大干密度的确定

风积沙最大干密度的确定方法与常规素土的最大干密度确定方法不同。确定风积沙最大干密度的试验方法，分为干振法和饱水振动法。

干振法：为了满足沙漠路基压实质量控制的要求，通过本方法确定出风积沙在干燥条件下的最大干密度，此最大干密度作为风积沙在天然含水量状态下或洒水状态下控制路基压实的依据。

饱水振动法：为了满足用风积沙填筑桥头、涵（通道）背、墙后的压实质量控制要求，通过此方法确定风积沙的最大干密度，适用于水坠法加推土机、水坠法加振动压路机等分层压实风积沙的施工质量控制。

（2）压实标准

压实标准应符合现行《公路工程质量检验评定标准》（土建工程）和设计文件的要求。

压实工艺采用振动压路机在天然含水率状态下分层碾压。

此种施工工艺适用于振动压路机在天然含水率状态下分层碾压或在洒水状态下分层碾压，也适用于雨后风积沙的压实。

① 采用 15 t 以上前后驱动振动压路进行碾压，最大松铺厚度控制在 30 cm，碾压时先慢后快，采用强振进行振动碾压。

② 压路机的碾压行驶速度开始时控制在 4 km/h 以内；碾压时直线段由两边向中间，小半径曲线段由内侧向外侧，纵向进退式进行。前后相邻两区段应纵向重叠 2.0 m 以上，达到无漏压、无死角，确保碾压均匀。

③ 振动压路机进行碾压时，压实遍数控制在 6 遍以上，轮迹重叠宽度不小于 1/3，轮迹布满一个作业面为一遍。

（3）水坠碾压法压实工艺

此方法适用于水源充足的路基填方路段和通道、桥头及其他构造物台背处采用水坠碾压法填筑时的施工工艺。

① 水坠碾压法施工可分为水坠加推土机碾压或水坠加振动压路机碾压两种方法，两种方法施工工艺相同。

② 推送填料：推土机从路基两侧或短距离内纵向调配风积沙推运至填方路段。

③ 摊铺填料：对推运至填方路段内的填料采用推土机摊铺并整平，或采用推土机配合平地整平，推土机摊铺后每层厚度不超过 30 cm。

④ 围堰：在摊铺、整平好的路基上分段设围堰，设置围堰时要根据纵坡、横坡大小适当划段，长度不小于 10 m，宽度不小于 Sm。围堰高度不低于 30 cm，宽度不小于 30 cm。

⑤ 灌水：围堰设置好后开始放水，灌水应连续进行，灌水时水流流速应大一些，沙基顶面上的水头高度控制在 20 cm 以上。

⑥ 碾压：水头高度保持在 20 cm 的情况下开始碾压，采用推土机或振动压路机碾压，碾压时轮迹应重叠单轮宽度的 1/2，振动压路机重叠轮迹宽度的 1/3 以上。当轮迹布满整个作业面为 1 遍。碾压遍数一般不小于 3 遍。

⑦ 等待沙基顶面多余水渗完后取样检测干密度，计算压实度和固体体积率等。压实度不合格时要重新水坠碾压，直到合格为止。

4）防　护

风沙地区路基防护包括边坡防护和路基顶面防护。

路基防护应根据设计文件中的设计形式和要求进行施工。

路堤填筑完成一段后，应该及时进行防护。

5）挖方路基

挖方深度大于 2 m 的路基两侧及半填半挖路段两侧路基宜加宽 1~2 m。

流动沙漠路基边坡按设计坡度整平，并按设计要求进行固沙处理。

6）其他要求

（1）临时防护

风沙地区路基施工，若当地风力较强或需在风季施工时，应采取临时防护措施，对设计的永久防护工程，如材料运输有困难，需等通车后进行，可采取临时防护措施，凡当日不能完工的地段，可对其坡面或坡肩加以覆盖，并用小木桩将覆盖的草席等钉牢，或用石块压牢。

（2）取土坑的设置

填方取土要根据风向情况选择取土坑位置，在单一风向地区，取土坑宜设置在路堤下风一侧；在有反向风交替作用的地区，取土坑可设在路堤两侧，施工完毕后将其边坡修成缓坡，使其断面形成浅槽形。取土坑应设在背风侧路堤坡脚处 5 m 以外；当必须两侧取土时，应封闭或摊平取土坑。粗砂平地一般不宜取土。取土坑应布设合理，减少对植被和原地貌的大面积破坏，取料结束后应整平，恢复原有植被。弃土应根据地形情况，弃于背风侧低洼处，并大致整平。

（3）废弃挖方处置

挖方材料应尽量利用，如需废弃，应弃于背风坡一侧的低地面或距路堑坡顶不小于 10 处，并应预摊平以免引起积沙。

（4）路基两侧清除阻碍

对于地形开阔的风沙流地段，应将路基两侧 30~50 m 范围内的小沙堆、弃土堆、小土丘等凡可引起积沙的阻碍物予以清除、摊平。

7）工程防沙措施

工程防沙措施见表 5-3。

表 5-3　工程防沙措施

防沙措施	作　用
固沙措施	作用在于稳定沙地表面，抑制流沙活动
阻沙措施	作用在于拦截风沙和限制风沙移动
输沙措施	作用在于通过增加风力或改变下垫面性质，使流沙直接吹过路基而不产生堆积
导沙措施	作用在于采用导流的方法，借助风力作用，改变风沙流或沙丘运动的方向

防沙工程本着"因地制宜、就地取材、因害设防、综合治理"的原则，应注意保护施工区域的天然植被，工程建设和防沙治沙应同步进行。采用天然砂砾或黏土等覆盖地表面时，

粒径应不大于63mm。利用各种草类、截枝条全面铺压或带状铺草、平铺杂草固沙施工时，须用草绳或枝条纵横固结，或者用砂砾压盖，防止风毁。草方格应纵横成行、线条清晰。栅栏设置应先于固沙方格或同步施工，路基两侧应同时施工，无条件时，可先施工迎风侧。采用植物固沙法施工时，应严格按设计所要求的树苗（或灌木种类）和设计的种植间距尺寸及布置形式进行栽种。

5.6.4 盐渍土填方地基处理施工工艺

1. 工艺流程

基底处理→运输上料→含水率检测→碾压成型→压实度检测。

2. 施工工艺

1）盐渍土的可用性（见表5-4）

表5-4 盐渍土作为填料的可用性

公路等级		高速公路、一级公路			二级公路			三、四级公路	
填土层位 土类及盐渍化程度		0~ 0.8m	0.8~ 1.5m	1.5m 以下	0~0.8m	0.8~ 1.5m	1.5m 以下	0~0.8m	0.8~ 1.5m
细粒土	弱盐渍土	×	O	O	□1	O	O	O	O
	中盐渍土	×	×	O	□1	O	O	□3	O
	强盐渍土	×	×	□1	×	□2	□3	×	□1
	过盐渍土	×	×	×	×	×	□2	×	□2
粗粒土	弱盐渍土	×	□1	O	□1	O	O	□1	O
	中盐渍土	×	×	□1	×	□1	O	×	□4
	强盐渍土	×	×	×	×	×	□2	×	□2
	过盐渍土	×	×	×	×	×	□2	×	×

注：O——可用；
×——不可用；
□——部分可用；
□1——氯盐渍土及亚氯盐渍土可用；
□2——强烈干旱地区的氯盐渍土及亚氯盐渍土经过论证可用；
□3——粉土质（砂）、黏土质（砂）不可用；
□4——水文地质条件差时的硫酸盐渍土及亚硫酸盐渍土不可用。

强烈干旱地区的盐渍土经过论证酌情选用。

2）基底（包括护坡道）处理

根据检测结果，按不同处理方法进行处理：

（1）表土不符合表5-5的规定时，应挖除，一般情况下铲除厚度应不小于300mm；路基高度小于表2-5的规定时，应按设计要求换填透水性较好的土，换填深度：高速公路、一级公路不应小于1.0m，其他公路不应小于0.8m。

表 5-5 盐渍土地区路堤最小高度

土质类别	高出地面（m）		高出地下水位或地表长期积水位（m）	
	弱、中盐渍土	强、过盐渍土	弱、中盐渍土	强、过盐渍土
砾类土	0.4	0.6	1.0	1.1
砂类土	0.6	1.0	1.3	1.4
黏性土	1.0	1.3	1.8	2.0
粉性土	1.3	1.5	2.1	2.3

注：二级公路最小高度可为表中数值的 1.2~1.5 倍；一级公路、高速公路最小高度可为表中数值的 2 倍。

（2）地下水位以下的软弱土体应按设计要求采用透水性好的粗粒土换填，高度宜高出地下水位 300 mm 以上。

（3）在内陆盆地干旱地区，路面为沥青混凝土、水泥混凝土或沥青表处时，应按设计要求在下路堤内设置封闭性隔断层。

（4）地表为过盐渍土的细粒土、有盐结皮和松散土层时，应将其铲除，铲除的深度通过试验确定。地表过盐渍土层过厚时，如仅铲除一部分，则应设置封闭隔断层，隔断层宜设置在路床顶以下 800 mm 处；若存在盐胀现象，隔断层应设在产生盐胀的深度以下。

（5）在积水路段，应将积水排除后，将地表翻晒，其厚度应不小于 500 mm。对排水困难的低凹地、软土、泥沼、地下水位接近地表地段，应按照设计要求进行处理后方可填筑路基。

3）运输上料、整平

取土场选取并按要求处理好后，将填料运到路基，用推土机粗平后，用平地机精平。

4）含水率控制

宜在填料处于最佳含水率时进行压实。用砾类土和砂类土填筑时，不得超过最佳含水率的 ±2%；用细粒土填筑时，碾压含水率不宜大于最佳含水率 1%。如果含水率过高，要进行翻晒；如果含水率过低，要进行洒水，洒水要均匀，不得有片状过湿或过干现象。雨天不宜施工。

5）碾压成形

在碾压之前先将路基边缘稳压两次，再分别由两边向中间稳压 1 遍，然后遵守"先边缘后中间，先轻压后重压，先慢压后快压"的原则，按压实要求遍数碾压，每次碾压的轮迹重叠宽度应不小于 200 mm，谨防碾压不到边的现象。宜用大吨位（如选择 25 t 以上）的压实机械。盐渍土路堤应分层填筑、分层压实，每层松铺厚度不宜大于 200 mm，砂类土松铺厚度不宜大于 300 mm。

3. 质量检验

选点检测：将已压实的段落进行仔细观察，对怀疑有问题的地方做压实度及含水率测定；每 100 m 有 10 个以上选点的检测结果不符合要求时，应作为不合格工程，不能局部处理，应翻晒或补充洒水后重新碾压。随机检测：选点检测满足要求时，应做随机检测，在各压实层 2 000 m² 的随机测点不少于 4 处。

4. 施工注意事项

（1）内陆盆地干旱地区，如当地无其他适宜的填料，需用易溶盐含量特大的土、含盐砂砾、盐岩等作填料时，应根据当地气候、水文地质情况，通过试验决定。使用时，应将上、下层盐渍土击碎拌和均匀来保证填料含盐量的均匀性。

（2）对填料的含盐量及其均匀性应加强施工控制检测，路床以下每 1 000 m³ 填料、路床部分每 500 m³ 填料应至少做 1 组测试，每组 3 个土样，填方不足上列数量时，亦应做 1 组试件。

（3）碾压成型前要确保填料不发生冻结。

（4）盐渍土路堤的施工，应从基底处理开始，连续施工。在设置隔断层的地段，宜一次做到隔断层的顶部。

（5）盐渍土弃方弃于路基两侧时，宜选择距路基坡脚不小于 100 m 的低凹处，以免水流浸渍后，又流回路基范围内。

（6）在闭塞的积水洼地或常年潮湿的盐渍土地段填筑路堤时，应换填，并考虑路堤沉陷问题。

（7）挖方路基，路基以下土层不符合表 3.3.1 规定时，要进行挖除换填，挖除深度根据土质含盐量来确定。如果为强盐渍土或过盐渍土，挖除深度应大于 2 m，在设置隔断层后方可回填。

（8）盐渍土地区路基排水是一项关键性工作。当路基一侧或两侧有取土坑时，可利用取土坑进行与纵向排水；当路基两侧无取土坑时，应设置纵向排水沟，两侧排水沟的间距不宜大于 300 m。长度不超过 2 000 m。

5.7 路基补强施工

5.7.1 注浆加固路基施工工艺

1. 施工工艺流程

注浆加固路基的施工工艺流程见图 5-12。

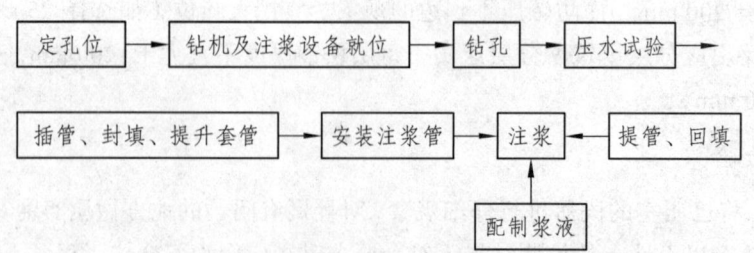

图 5-12 注浆加固路基的施工工艺流程

2. 施工步骤及方法

1）定孔位

根据设计要求标出注浆孔位置，钻机与注浆设备就位，用倾斜尺、水平尺等工具调整钻机角度，安装牢固，定位稳妥。

2）钻　孔

将钻杆对准所标定孔位，用设计要求的钻头开孔钻进至设计深度，钻进过程中应注意观察地层变化。利用双层管双栓塞注浆施工时，钻孔过程中要用优质泥浆护壁或用套管护壁。为防止钻孔过程中大量泥沙涌出，钻孔应严格按操作工艺进行。

3）压水试验

对于钻杆注浆法，注浆前为检验土层的密实程度及孔之间连通性，可用压力小于注浆压力的清水做压水试验。

4）插管、封填、提升套管

（1）对于单过滤管（花管）注浆施工，成孔后要先把过滤管设置在钻好的土层中，再向管内填砂。对于管与地层之间所产生的间隙（从地表到注浆位置）用黏性土或注浆材料等封闭，以防注浆时浆液溢出地表。

（2）对于双层管双塞注浆施工，成孔后要插入套管，在套管中再插入外管，在套管与外管之间注入封填材料，然后将套管拔出。

5）安　装

在确定注浆管内无阻塞物后，可进行注浆管安装，为减少拔管的阻力，在注浆管上可上防水板。注浆管安装好，在其管口加上闷盖，以防止杂物进入。用顶杆将注浆管顶紧，慢慢地将套管拔出。

6）浆液配制

（1）按设计要求的水灰比用高速拌浆机拌和成水泥浆液。水灰比可按 0.6~2.0 进行试验确定，常用的水灰比为 1.0，浆液水温不得超过 45 ℃。

（2）当注浆液需要用水玻璃时，要在浓水玻璃中加水稀释，边加水边搅拌，并用波美计测试其浓度。施工中采用的水玻璃波美度为 30~45。水泥浆的水灰质量比为 0.8∶1.1；水泥浆与水玻璃的体积比 1∶0.6~1∶0.8。

（3）将拌制好的化学浆液和水泥浆液各送入搅拌式储浆桶内备用。

7）注　浆

（1）注浆时启动注浆泵，通过注浆管路将浆液注入被加固部位的土体。

（2）自下而上孔口封闭注浆法。这种工序采用一次成孔，孔口用三角楔止浆塞封口，分别自下而上注浆，注浆高度一般在 1.5~2.0 m 之间。它适用于黏性土层较多或地层下部具有中粗粒砂土层的软弱上层。

（3）自上而下或孔口封闭注浆法。这种方法一次只钻成一段注浆孔，孔口用止浆塞封口，分段自上而下注浆，注浆段高度在 1.5~2.0 m，它适用于地层中上部中粗砂砾砂土层较多的软弱土层。

（4）当采用单过滤管（花管）注浆法施工时，应从钻杆内注入封闭泥浆，并在注浆孔上部先灌入封顶浆，以封堵地面裂缝，防止冒浆、串浆，然后插入金属花管注浆。封闭泥浆 7 天的抗压强度应为 0.3~0.5 MPa，浆液黏度应为 80~90 s。

（5）双层管双栓注浆法注浆时，将带有花管和止浆塞的注浆芯管先插入注浆管孔底，接上注浆管路后，根据每次注浆段的长度进行第一次注浆。第一段注浆完成后，将芯管后退，进行第二段注浆，如此下去，直至整个注浆段完成。

（6）注浆用的浆液应经过搅拌机充分搅拌均匀后才能开始注浆，并应在注浆过程中不停地缓慢搅拌，搅拌时间应小于初凝时间。浆液在泵送前应过筛网过滤。

（7）注浆施工时，应使用自动流量和压力记录表，并及时对资料进行整理分析。

（8）开启或关闭注浆泵时必须先开启或关闭化学注浆泵，以免堵塞管路。注浆过程中应尽可能控制流量和压力，防止浆液流失。注浆顺序应按跳孔间隔方式进行，并应用先外围及内部的注浆施工顺序。

8）提管、回填

注浆完成后应立即拔管，若不及时，浆液会把注浆管凝固住而造成拔管困难。拔管时应使用拔管机。

用塑料管注浆时，注浆芯管每次上拔高度应为 300 mm；花管注浆时，花管每次上拔高度为 500 mm。拔出管后，应及时洗刷注浆管，以保持重复使用。拔出管后在土中留下的孔洞，用水泥砂浆或土料填塞。

9）季节性施工

（1）夏季，在注浆液静止时不得将盛浆桶和注浆管路暴露于阳光下，以防浆液凝固。

（2）冬季，对注浆管路、注浆泵和注浆桶应采取保暖措施，防止浆液冻结。

5.7.2 加筋土路堤填筑施工工艺

1. 施工方法

土方填筑按照"三阶段、四区段、八流程"工艺施工，填料经平整碾压密实后，先按幅宽在铺筑层划出白线，然后用铁钉固定格栅的端部，固定好格栅端部后，铺筑机将格栅缓缓向前拉铺，每铺 10 m 长进行人工拉紧和调直一次，直至一卷格栅铺完，再铺下一卷。幅与幅之间采用铁丝捆绑法或编结法搭接 50 cm，搭接牢固，连接强度不低于设计强度，并用 U 型钢卡固定在下层土中后继续向前进方向铺设第二段。

2. 施工工艺流程（见图 5-13）

3. 操作要点

1）施工准备

（1）设计文件复核

组织现场调查，认真核对图纸，进行人员岗位培训，熟悉掌握设计标准、质量标准、施工规范。

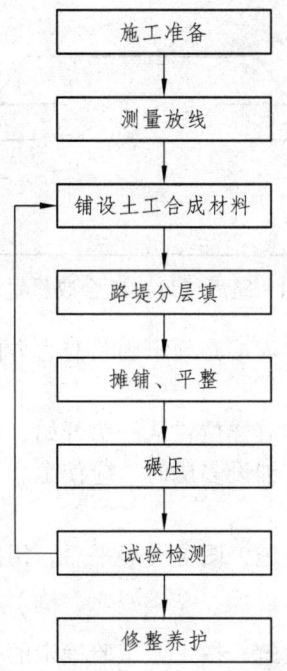

图 5-13 加筋土路堤施工工艺流程图

（2）施工材料的准备

按设计要求选定符合要求的土工合成材料，进行土壤取样试验，取得足够数据，为基底处理、取土场选择、挖方利用等提供依据。

（3）基底处理

清除淤泥杂草，并按施工图要求完成基底处理和垫层施工；在路基两侧施工排水沟及临时排水设施。

（4）施工工艺试验

为取得良好的施工效果，达到质量验收标准，应在大规模施工前选定试验段进行土工合成材料铺设、填筑压实工艺试验，以确定土工合成材料铺设工艺，压实机械组合、摊铺厚度、碾压遍数等施工参数，指导下步施工，试验段长度不宜小 200 m。

2）测量放样

按施工图放出路基中、边桩，并设明显标志；标示出土工合成材料铺设区域。

3）铺土工合成材料

（1）土工合成材料按施工图要求在填筑前铺设，在处理完路堤基底后即铺土工合成材料，往上每层铺设间距应不小于填土最小厚度，也不大于 1 m，直至基床底面。如图 5-14 所示。

（2）土工合成材料应拉直、绷紧、不得有褶皱和破损，纵轴向应与路堤横断面方向一致，且不宜露出边坡面（边坡处格栅内缩 10 cm）也不宜设接头。

（3）铺设土工合成材料的下承层表面应整平、压实，并清除表面坚硬凸出物。土工合成材料不得直接铺设在碎石等坚硬的下承层上，应在土工合成材料和碎石之间铺设 5 cm 厚的中、粗砂保护层。

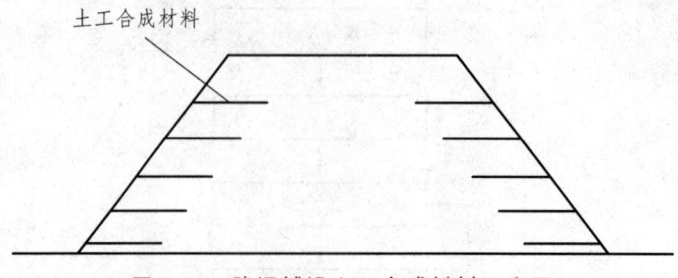

图 5-14 路堤铺设土工合成材料示意图

（4）土工合成材料受力方向的连接必须牢固，受力方向连接强度不低于设计抗拉强度。另一方向应密贴排放。

（5）水平铺设土工合成材料按放样位置从一头开始，沿线路纵向拉紧铺设接头处搭接宜为 0.3～0.5 m，并记录搭接里程。铺设多层时，应使上、下层接头相互错开，错开距离不应小于 0.5 m。

（6）土工合成材料的固定应按施工图位置展平后，用插钉从一端向另一端依次固定。

4）填 土

（1）按"区段流程法"分层填筑，按工艺试验确定的分层厚度施工。

（2）铺好土工合成材料后及时填筑材料，避免土工合成材料长时间受阳光曝晒。

（3）水平铺设土工合成材料时，当在加筋垫层上填第一层土时，应先填两边、后填中间，避免挤动面土，使土工合成材料松弛，严禁碾压机械直接在土工合成材料表面上进行碾压。

（4）填筑时，将填料卸在施工区段的端部，采用倒填法，由推土机向前推行铺筑，防止格栅被机械破坏。

5）摊铺平整

用推土机或平地机将填料按层厚摊铺平整。防止铲刀深切而破坏土工格栅。每一层顶面平整，以利土工格栅与土面密贴。

6）碾 压

采用中型、轻型光轮碾压机械，以静碾为主，不宜高频振动。碾压走行速度为中速和低速。

7）试验检测

碾压完成后，试验人员按照设计和规范要求的试验指标和试验频次进行压实质量检测，检测合格进行下道工序施工。

8）路堤整修及边坡夯拍

路基面整修应与填土层同时进行，按标准挂线找平，碾压中若发现高低不平，应人工配合及时找平，以利土工格栅作用的充分发挥。

5.7.3 路基洞穴、陷穴注浆施工工艺

1. 施工方法

根据探测的洞穴、陷穴分布范围、深度等情况，梅花形布置带有注浆孔的注浆钢管，使

用注浆设备在一定的注浆压力下将砂浆注入洞穴内,并迅速向四周扩散,填塞洞穴周边裂缝,直至充满洞穴、陷穴以及周围裂缝。

2. 施工工艺流程

路基洞穴、陷穴压力注浆处理施工工艺流程见图 5-15。

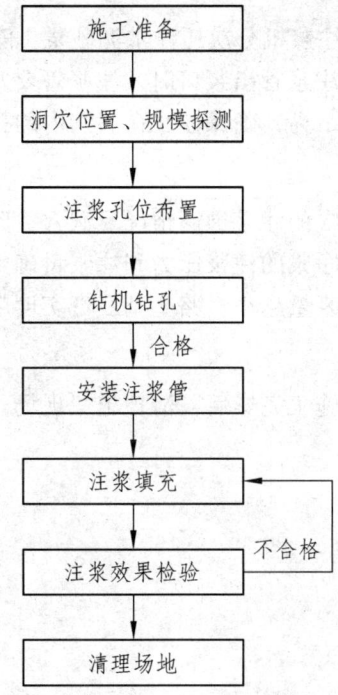

图 5-15 洞穴、陷穴压力注浆处理施工工艺流程图

3. 操作要点

1）场地准备

对于路堑开挖地段要先开挖至设计标高,清理洞穴附近虚碴,人工开挖排水沟。

2）洞穴、陷穴探查

路堤填筑前及路堑开挖至设计标高后,应结合勘探设计资料对施工地段进行详细补勘,核查地质情况。进一步探明洞穴、陷穴的位置、深度、宽度、长度以及裂缝发育等情况。探查完成后,应由设计单位对处理范围、效果予以确认。

3）注浆管布设

在明确洞穴、陷穴的位置、规模等情况后,根据检测数据及砂浆流动性能确定注浆管的布置参数。同时按照设计要求预留一定数量的注浆孔观察注浆情况。

4）钻 孔

使用合理的钻孔机具在放样好的位置钻孔,钻进过程应匀速平稳,以防发生卡钻。钻孔直径大于注浆钢管 10 mm 以上,钻孔深度根据洞穴、陷穴深度而定（进入洞穴内部为止）。

5）注浆管安装

注浆管安装时，注浆口露出基底面 30～50 cm 长度，便于与注浆设备连接。在人工安装注浆管时，要固定牢固（最好在注浆管两侧横向焊接两根钢筋），防止注浆管掉入孔内，妨碍砂浆扩散效果。

6）注　浆

在注浆管安装完毕后，采用注浆机分次压注水泥砂浆，停 1～2 h 后注第二次浆，直至填满洞穴。在注入砂浆层顶面将至注浆管出浆口时，注浆管要及时提起，保证注浆管出浆口与注入砂浆面层至少有 50 cm 以上距离，确保砂浆在洞穴内的扩散性。

7）注浆效果检测

注浆完成后，检测洞穴、陷穴的注浆饱满情况及洞穴、陷穴周边岩体裂缝浆液渗透后的密实度。其检测原理是通过水泥净浆的注浆压力和注浆量确定洞穴、陷穴处理后的路堑基底密实度。即：注浆压力越大，注浆量越小，路堑基底密实度越好。

8）清理施工现场

在路堑基底洞穴、陷穴处理施工完毕后，清理施工现场。

第6章 软土地基加固施工

6.1 软土地基浅层加固施工

6.1.1 软土路基浅表层排水施工工艺

1. 施工方法

路基填土之前在路基表面按照一定间距开挖纵横向交织的沟槽做透水盲沟,将浅表层范围内的水通过盲沟排至路基两侧临时排水沟,并最终排出路基范围外。

2. 工艺流程

软土路基表层排水施工工艺流程见图6-1。

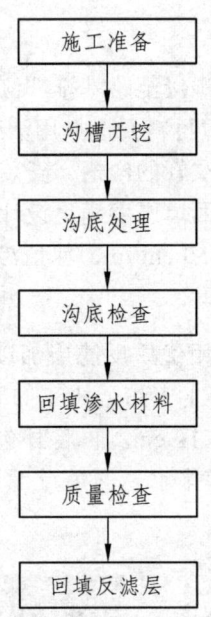

图6-1 软土路基浅表层排水施工工艺流程图

3. 操作要点

1）施工准备

（1）复核设计文件,现场踏勘测量,确定软基厚度,制定施工方案,做好技术交底、施工人员、材料、机具的准备工作。

（2）做好砂、片石、碎石、土工布、打孔波纹管等材料的进场及验收工作,检测级配碎石、砂砾的级配以及土工布、波纹管等材料,确保材料质量满足设计及规范要求。

（3）根据现场实际情况，做好测量放样工作，确定纵、横向盲沟开挖线，施工前应认真做好临时排水措施。

（4）沟槽布置：

沟槽应尽量利用地形自然坡度排水，尽可能采用大的纵坡，以增大流水的流速，防止渗沟淤塞失效。纵向盲沟一般沿路线中央纵向开挖，横向盲沟一般间距10 m~15 m布置，沟槽的构造尺寸设计一般为宽0.5 m，深0.5~1.0 m。填土之前在沟槽内用透水良好的砂（砂砾）回填成为盲沟。沟槽的间隔要尽可能加密，以增大排水能力，即使有部分沟槽被切断也不会影响整体排水效果。

2）沟槽开挖

按照设计要求放样沟槽开挖线，为了防止大型机械破坏软土结构，采用人工配合小型挖掘机开挖，开挖软土需运出施工场地。开挖深度需开挖至能满足设计要求的基层上，必要时需进行触探检测，确保满足施工的地基承载力。

3）沟底处理

开挖至基底以后，对于处在土层上的沟底，一般设置砂浆隔水层（M10砂浆2~3 cm），或在凹槽基底铺设防水土工膜。

4）回填透水材料

盲沟出水段采用浆砌片石处理，顺接至路基排外侧水沟。经检验合格后，进行盲沟渗水材料回填，回填应采用人工进行，回填材料要选择用洁净的碎石和粗砂，限制细颗粒的含量，保证透水性。对沟槽中心设有打孔波纹管的沟槽，安装打孔波纹管，进行回填。安装打孔波纹管检查合格后，进行反滤层回填，回填厚度满足设计及相关规范要求。打孔波纹管要满足设计要求，管的透水面积一般应大于50 cm^2/m，保证渗水及时排出。

5）反滤层、排水管

沟槽内埋设多孔排水管时，必须用优质反滤层加以保护，排水管构造示意见图6-2。采用土工布反滤层，在沟槽内侧铺设好土工布，土工布宽度应能保证反滤层回填完毕后可将盲沟顶面包裹，包裹搭接宽度不小于10 cm。再将外包土工布的透水波纹管放置在盲沟中，放置时应保证打孔部分朝上，以利于排水。回填反滤层并验收合格后，开始进行正常路基填筑。

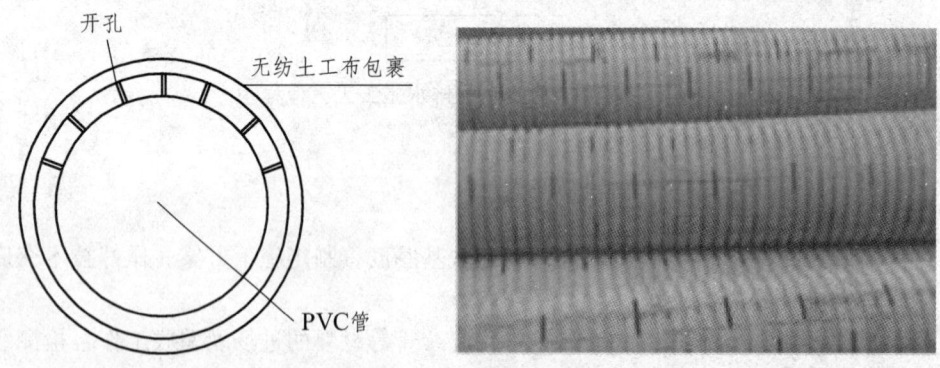

图6-2 打孔排水管构造图

6.1.2 砂（碎石）垫层施工工艺

1. 施工方法

先将路基底面下处理范围内的软弱土层挖除，分层换填结构较好、强度大、压缩性小、性能稳定的中（粗）砂、碎石等材料，并夯实以达到设计的密实度。

2. 施工工艺流程（图 6-3）

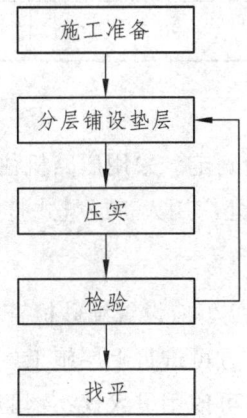

图 6-3 砂（碎石）垫层施工的工艺流程图

3. 操作要点

1）施工准备

（1）将地基上表面的浮土和杂物清除干净，平整原有地基。

（2）设置控制铺筑厚度的标志。

（3）对级配砂石进行技术鉴定，应符合设计要求。

（4）路基高低差分段处，应由设计方提出设计处理，以免高低差接缝处地基不均匀沉降开裂。

2）分层铺设垫层

（1）砂和砂石地基底面宜铺设在同一标高上，如深度不同时，基土面应挖成踏步和斜坡形，搭茬处应注意压（夯）实。施工应按先深后浅的顺序进行。

（2）分段施工时，接茬处应做成斜坡，每层接茬处的水平距离应错开 0.5 m～1.0 m，并应充分压（夯）实。

（3）铺筑的砂石应级配均匀，如发现砂窝或石子成堆现象，应将该处砂子或石子挖出，分别填入级配好的砂石。

（4）洒水：铺筑级配砂石在夯实碾压前，应根据其干湿程度和气候条件，适当地洒水以保持砂石的最佳含水量，一般为 8%～12%。

（5）砂（碎石）垫层的施工质量检验必须分层进行，每铺一层砂石垫层，应按规范要求检查，检测标准符合表 6-1 要求。

表6-1 砂(碎石)垫层实测项目

项次	检查项目	规定值或允许偏差	检查方法和频率	权值
1	砂垫层厚度	不小于设计	每200 m检查4	3
2	砂垫层宽度	不小于设计	每200 m检查4	1
3	反滤层设置	符合设计要求	每200 m检查4	1
4	压实度(%)	90	每200 m检查4	2

3)压 实

夯实或碾压的遍数,由现场试验确定。采用压路机往复碾压,一般碾压不少于4遍,其轮距搭接不小于50 cm。边缘和转角处应用人工或蛙式打夯机补夯密实。

4)检 验

(1)施工时应分层找平,夯压密实,应设置纯砂检查点,用200 cm的环刀取样,测定干砂的质量密度。下层密实度合格后,方可进行上层施工。

(2)用贯入法测定回填质量时,可使用贯入仪、钢筋等以贯入度进行检查,小于试验所确定的贯入度为合格。

(3)施工过程中应对压实度、边坡、平整度等进行检测,检测标准符合表6-2中的要求。

表6-2 换填路基的质量检验和质量标准

项次	检查项目	规定值或允许偏差			检查方法和频率
		高级公路、一级公路	二级公路	三、四级公路	
1	压实度	符合设计要求			按检评标准(JYG F80/1-2004)附录B检查密度法:每200 m压实层测4处
2	弯沉(0.01 mm)	不大于设计要求值			按检评标准(JYG F80/1-2004)附录I检查密度法:每200 m压实层测4处
3		+10, 15		+10, 20	水准点:每200 m测4个断面
4		50		100	经纬仪:每200 m测4点,弯道加HY,YH两点
5		符合设计要求			米尺:每200 m测4处
6		±15		±20	3 m直尺:每200 m测2处×10尺
7		±0.3		±0.5	水准仪:每200 m测4个断面
8		符合设计要求			尺量:每200 m测4处

5)找 平

最后一层压完成后,表面应拉线找平,并且要符合设计规定的标高。

6.1.3 抛石挤淤施工工艺

1．施工方法

向淤泥或淤泥质软土路基底部采用机械配合人工抛投一定数量的片石，并对片石顶面进行振动碾压，使片石将淤泥挤出基底范围，以提高地基的强度。

2．施工工艺流程

抛石挤淤施工工艺流程见图 6-4。

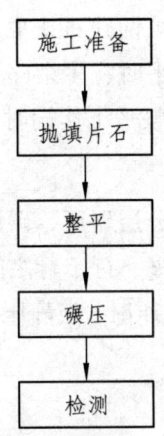

图 6-4 抛石挤淤施工工艺流程图

3．操作要点

1）施工准备

（1）结合设计文件对施工区域的水系进行调查，确保路基两侧的农田水系贯通，按照设计要求清理表面杂草、淤泥、排水。

（2）片石在运抵现场前须取样做试验，其浸水抗压强度不小于 20 MPa，其尺寸不应小于 30 cm，准备完成后报请监理工程师进行检查。

（3）做好施工段落控制桩复测工作，以及施工前后做好淤泥顶、底面高程，水面高程及抛石挤淤范围的测量记录，并且注意保存施工影像资料。

2）抛 石

抛石自路基坡角向外逐步进行，以使淤泥挤出。当软土底部横坡陡于 1∶10 时，应自高侧向低侧抛投，并在低的一侧多填一些。抛填第一层要厚些，以便能承受住压路机，待上一层抛填物压入泥中，再抛填下一层，直至用重型压路机碾压不再下降为止。当抛填厚度达到 1.0 m 左右时，应进行分层找平压实。抛填石的范围，顶面高程允许偏差及检验标准见表 1。片石抛出水面 0.5 m 后，在片石顶面铺 0.3 m 厚的碎石垫层，垫层以上再分层填筑渗水材料至路基基床。

表 6-3 抛填片石的范围，顶面高程允许偏差及检验标准

序号	项目	允许偏差	检查数量	检查方法
1	范围	不小于设计值	每 100 m 检查 2 处	尺量
2	顶面高程	+200 mm -50 mm	每 100 m 检查 2 处	水准测量

3）整 平

卸下的石质填料，用推土机整平使岩块间无明显的高差。大石块要解体，以保证碾压密度，整平要均匀，若有不平之处用人工填铺碎石找平。当至设计标高并在片石顶面铺完碎石层后，再使用推土机稳压、推平，在推平时将多余碎石均匀分布到整个施工段，保证路拱成形路基侧向外设有 2%~4%的坡，护道整平工作同时进行。

4）碾 压

用激振力不小于 50 t 的振动压路机分层碾压，碾压时应先压新填筑面的两侧，优先压既有路基侧，再压外侧路肩部位，后压中央，行于行之间，要重叠 0.4~0.5 m，前后相邻区段也要重叠 1~1.5 m，以保证碾压密实。碾压时，先静压 1 遍，然后低频高振幅振动碾压 2 遍，再低频低振幅 2 遍，最后再静压碾 1 遍。

5）检 测

根据设计要求进行检测，合格后进行下一步工序施工。

6.2 软土地基排水固结施工

6.2.1 袋装砂井施工工艺

1. 施工方法

清理场地，施作砂垫层，预先把中砂装入长条形、透水性好的土工袋，用专用的机具设备打入软土地基内，砂袋端头埋置于砂垫层。

2. 施工工艺流程

袋装砂井处理软基施工工艺流程参见图 6-5。

3. 操作要点

1）施工准备

（1）审查和熟悉图纸、设计文件和施工技术规范，根据设计宽度、桩距、深度绘制袋装砂井平面布置，进行测量放样，恢复定线，直线部分 10 m 设一中桩，曲线部分 5 m 设一中桩，并同时放出边桩，井孔定位放样，应经复核无误。

（2）根据设计要求，选择合适的土工袋及粗、中砂、等材料进场，并应通过质量检测。

（3）按照工地土质情况，选择打桩机型号，振动锤型号，并运至施工现场，检查保养。

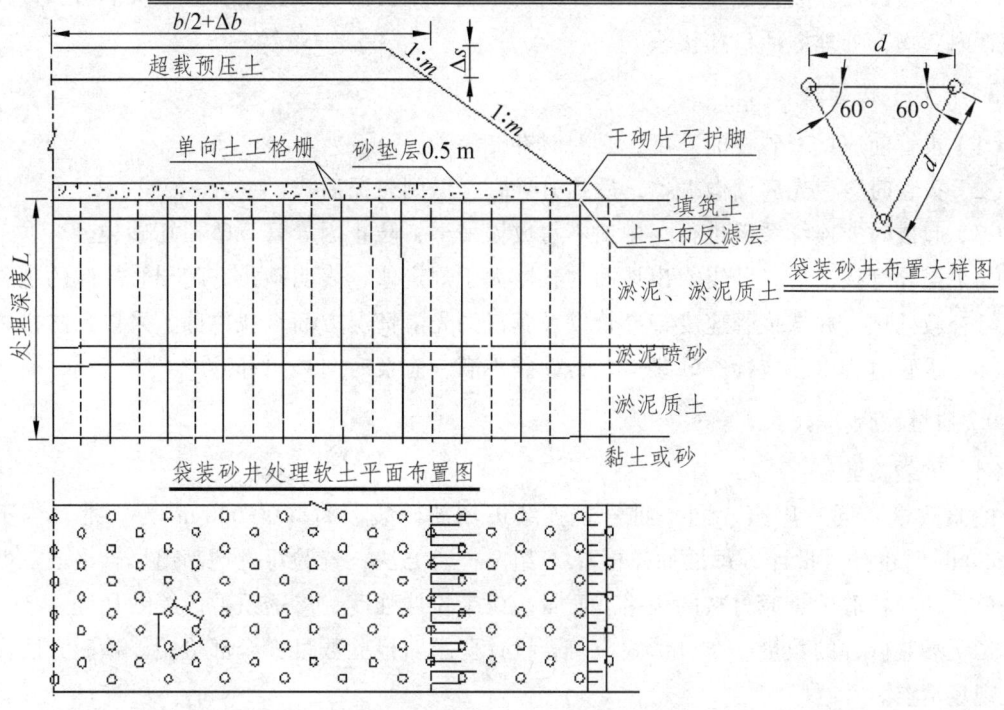

图 6-5 袋装砂井施工工艺流程图

2）裁制砂袋和灌砂

砂袋长度按"处理深度 + 60 cm"裁制，砂采用风干的中粗砂，用 10 m 高简易门式架，通过砂的自重和人工多次抖动使砂袋密实，15 m 以上的还需要用卷扬机二次吊振进行密实。

3）测量定位

按线路中线进行控制，准确定出每个砂井位置，钉设桩橛或点白灰标识。

4）铺设砂垫层、机械就位

机械就位以前，先铺 30 cm 厚的砂垫层，机械就位后，套管应对准桩位，缓慢放下。

5）沉入导管

井孔定位后，采用振动法或静压法将导管沉入土层，直至设计深度。施打时，开动振动锤后，应缓慢进行，并随时检套管的垂直度。

6）检查砂井深度

应在导管上部做出进深标识，砂井深度可由导管压入的长度直接控制。

7）下沉砂袋

（1）须用专门的运输工具运送砂袋，严禁在地上拖行。

（2）导管入口处应装设滑轮，避免砂袋被刮破漏砂。

（3）下砂袋时应将整根砂袋吊起，人工配合将端部放入套管口，拉住袋尾，经导管入口滑轮，平稳迅速将砂袋送入导管中，使砂袋徐徐下放。

（4）必须保证砂袋到达导管底部，如出现砂袋下不去的现象，则检查桩尖活口和接头，排除管内杂物，处理好活口和接头。

8）灌水、拔导管

（1）拔管前应检查砂柱的高度，必要时补充灌砂。

（2）拔管时，应先启动微振器，后提升导管，做到先振后拔。

（3）起拔时要连续缓慢进行，中途不得放松吊绳，防止因导管下坠损坏砂袋。

（4）当导管拔出后，砂袋露出地面的长度大于规定值，表明砂袋有随导管拔起的现象，应进行补救处理，并从拔管速度，导管壁及管口的光滑情况方面查找原因，采取预防措施。

（5）拔管过程中，应检查砂袋口，若砂袋不满，应及时向袋内补砂。

9）质量检查

（1）砂袋检验。

检验数量：同一厂家、同一批号且连续进场的砂袋，每 100 000 m 为一批，当不足 100 000 m 时也按一批计，每批抽样检验 1 组。检验方法：查验每批产品出厂合格证、性能报告单，抽样检验砂袋原材料的规格、质量、条带拉伸强度、渗透系数、等效孔径。

（2）袋装砂井的数量、布设形式应符合设计要求。检验数量：全部检验。检验方法：观察、现场清点。

（3）袋装砂井的打入深度应满足设计要求。检验数量：抽样检验袋装砂井总数的 5%。检验方法：测量套管上划出的深度控制线，并在施工过程中观察是否达到此控制标志。

（4）砂袋灌砂应饱满、密实。已打设的袋装砂井，当砂袋不满时，应及时向袋内补砂。检验数量：抽样检验砂井总数的 10%。检验方法：观察入土袋装砂井袋头充盈状态。

（5）袋装砂井施工的允许偏差、检验数量及检验方法应符合表 6-4 规定。

表 6-4 袋装砂井施工的允许偏差、检验数量及检验方法

序号	检验项目	允许偏差	施工单位检验数量	检查方法
1	井位（纵、横向）	50 mm	按砂井总数的 5%抽样检验	尺量
2	井深	符合设计要求	按砂井总数的 5%抽样检验	尺量
3	井身垂直度	1.5%	按砂井总数的 5%抽样检验	经纬仪
4	砂袋直径	±5 mm	按砂井总数的 5%抽样检验	尺量
5	砂袋埋入砂垫层长度	+ 100 mm，0	按砂井总数的 5%抽样检验	尺量

10）清理场地

（1）清除井口泥土。

（2）砂袋高出井口部分可以割除，重新扎牢袋口，砂量不足应予补充。

（3）露出地面的砂袋应埋入砂垫层中，埋入长度不大于 0.3 m 或符合施工图要求。

6.2.2 塑料排水板施工工艺

1. 施工方法

铺设砂垫层,同时将厂制塑料排水板卷入直径 1.5 m 左右的大卷盘中,外露端插到插板机钢导管顶部侧面的导向轮处,并经此导管向滚筒上把塑料板投进钢导管内,在钢导管底部活门外引出排水板,把排水板和桩尖连接牢实,桩尖紧贴于钢导管底部活门外,然后用插板机向软土地基中打入钢导管到设计标高,同时也把塑料排水板送到了软土地基中的设计位置,最后处理好塑料排水板端头。

2. 施工工艺流程

塑料排水板施工工艺流程见图 6-6。

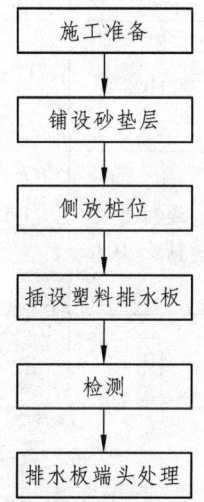

图 6-6 塑料排水板施工工艺流程图

3. 操作要点

1)施工准备

(1)首先进行清表,填筑预拱土并且按设计分区开挖排水沟,为了利于排水,中间部分比四周高出 20 cm。

(2)插板间距按设计要求布置。塑料排水板间距允许偏差为 ±15 cm,垂直偏差不应大于 1.5%。

2)铺设砂垫层

在预拱土上铺设 30 cm 厚的砂垫层并碾压,提供合格的操作场地。为了保证砂垫层具有良好的透水性能和在插板过程中的支承性能,砂垫层应采用含泥量小于 5%的中粗砂,且不含有机杂质,碾压密实至中密以上。

3）插入塑料排水板

塑料排水板入土深度以穿透淤泥层为准，实际打入深度不得小于设计深度。塑料排水板接长时，采用滤膜内芯板平搭接的连接方式，搭接长度宜大于 20 cm。打设后的塑料排水板的垂直度偏差应控制在 1.5%范围内；塑料排水板滤水膜在转盘和打设过程中避免损坏，防止淤泥进入板芯堵塞输水孔，影响排水效果；在打设过程中应保证排水带不扭曲，透水膜不被撕破和污染。

4）检　测

塑料排水板施工质量的检验标准及检查方法如表 6-5。

表 6-5　塑料排水板打设允许偏差、检验数量和方法

序号	项目	允许偏差	检验单元	数量	单元测点	检验方法
1	平面位置	±100 mm	每根排水板	检查10%	1	用经纬仪、拉线和钢尺量纵横两个方向，取大值（水上：打设时测量套管位置与船位）
2	外露长度	陆上 ±50 mm 水上 ±100 mm		陆上：逐件检查 水上：抽查10%		用钢尺量
3	垂直度	±1.5%		抽查10%		用经纬仪、吊线和钢尺量打设套管的倾斜度

5）排水板端头处理

每根排水板插设完毕后外露的排水板不得遭污染。检查合格后应及时清除排水板周围带出的泥土并用砂将井眼填实。然后，将砂垫层表面刮平，然后将高出砂垫层的排水板割断，使之与砂垫层顶面持平，保证塑料排水板的顶部伸入砂垫层至少 30 cm，使其与砂垫层贯通，保证排水畅通。

6.2.3　堆载预压施工工艺

1．施工方法

施工采用大型机械设备按照设计宽度、高度分层进行填筑、压实，并保证预压体顶面良好的横向排水坡度。加载施工过程中应按照设计及规范要求进行沉降观测，同时根据观测数据调整加载速率。

2．施工工艺流程

路基填筑堆载预压施工工艺流程见图 6-7。

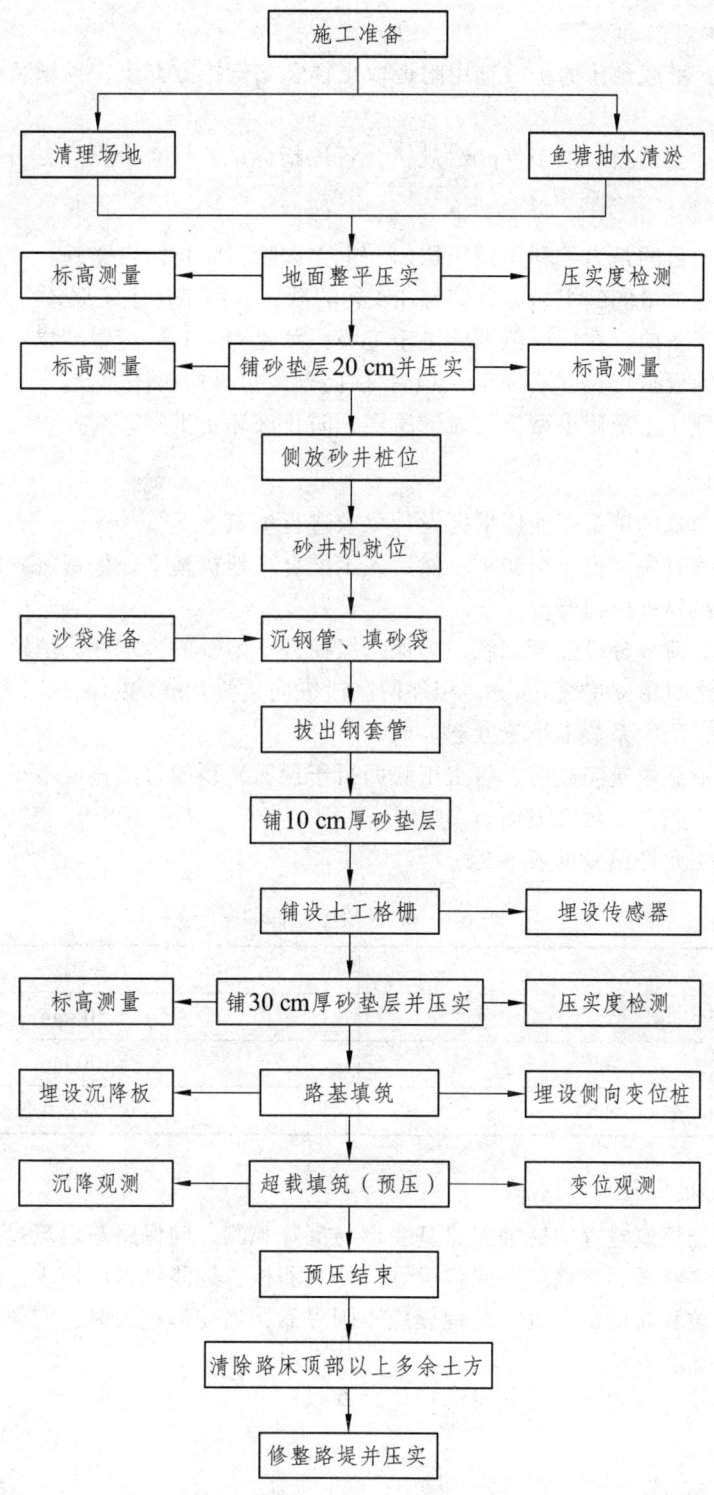

图 6-7 堆载预压施工工艺流程图

3. 操作要点

1）施工准备

（1）预压土：堆载预压的土方选用附近取土场和路堑挖方弃土，预压填料不得使用淤泥土或垃圾土。

（2）土工膜：土工膜采用 100 g/m² 规格，各项指标试验检查合格后方可使用。

2）铺设土工膜

铺设土工膜的目的是为了利于预压均匀、土方卸除，防止污染路基。

（1）准备一定数量的编织袋，并装好 1/3 袋的砂，以用来压土工膜。

（2）填筑预压土前，在预压范围铺设土工膜，每隔 3~5 m 设置砂袋压住，防止风吹动土工膜，土工膜铺设搭接长度不少于 0.3 m，横向预留包裹预压体部分。

（3）第一层预压土采用小型机具摊铺压实，防止破坏土工膜。

3）预压土填筑

（1）预压土填筑的填筑断面应根据设计要求进行填筑。

（2）填料摊铺时先用推土机初平，然后人工配合平地机精平，保证每一填层的平整度，摊平过程中用铁锹检查松铺厚度。

（3）堆载预压荷载分级逐渐加载，确保每级荷载下地基的稳定性。填筑完成后采用压路机压实，行与行之间轮迹重叠 0.4 m，相邻两区段纵向重叠 2 m，以保证无漏压、无死角，确保碾压的均匀性，压实系数不小于 0.89。

（4）待预压荷载填筑完成后，将土工膜回折于预压土顶面每侧宽度不小于 3 m，并用土压好，防止预压土流失，污染坡面。

（5）堆载施工允许偏差见表 6-6。

表 6-6 堆载预压允许偏差

项目	允许偏差
宽度	±50 mm
范围	±100 mm
边坡坡率	±0.5%设计值

4）沉降观测桩设置

（1）在预压土填筑过程中应加强路基变形与沉降观测，确保路基填筑过程中的稳定。

（2）每个观测断面，在路肩两侧各设置一处观测桩，观测桩露出地表，路基两侧坡脚外 1 m 各埋设水平位移观测桩一处，其埋设应牢固可靠，当变形过大时，应暂停加载，待变形稳定后，再继续加载。

（3）在堆载预压过程中，应及时接长观测点。

5）沉降观测分析

观测点埋设要求：

（1）路堤：沿线路方向间隔 50 m 布设一个观测断面，地基条件复杂、地形起伏较大时，

25 m 布设一个断面。堆载预压地段每个路堤观测断面应布设一组组合式沉降板，即在线路中心布设一组，路基两侧路肩布设变形观测桩，路基两侧坡脚外 1 m 各埋设水平位移桩一处。

（2）路桥过渡段：在路肩两侧各设置一处观测桩，观测桩露出地表，路基两侧坡脚外 1 m 处各埋设水平位移观测桩一处，其埋设应牢固可靠。每个路桥过渡段设置 3 个观测断面，分别设置于与桥台连接处、距离桥台 5~10 m、20~30 m 处。每个路基观测断面应布设一组组合式沉降板（线路中心线处）。

6）观测频次及要求

（1）成立专门的观测小组，按照定人、定仪器、定测法的原则管理，测量精度达到二级水准测量标准，并定时复核工作基点。

（2）预压土填筑期间每天观测一次，一周后按正常的预压观测频次进行；当路堤中心地面沉降每昼夜大于 1 cm，坡脚水平位移每昼夜大于 0.5 cm 或沉降量突变时，应停止加载，分析原因，采取加固措施，并加密观测两次。

（3）预压土填筑至设计高程后，前三个月内一周观测一次，三个月后二周观测一次，沉降和位移同步观测，观测期为 6 个月。

7）预压土卸载

（1）预压达到 6 个月时，由建设单位组织，根据沉降观测数据进行工后沉降分析，结果满足设计要求后，业主、设计、监理、施工单位共同确认后方可卸载。

（2）卸载时分层进行卸载，卸载过程中不得损坏和污染已施工完成的路基。

4. 施工监控

（1）监测断面的设置原则是在各个路基段内选择填土高、土质差的最软弱位置以及各个代表软基段设置主监测断面。

（2）监测项目分为应力观测和应变观测，应力观测包括孔隙水压力和土压力观测，应变观测包括表面沉降、分层沉降和测斜观测，主断面埋设监测仪器数量可见表 6-7。

表 6-7 仪器埋设表

仪器	沉降板（块）	测斜（孔）	分层沉降（孔）	孔压（只）	土压力盒（只）
A	5	1	1	4	3

（3）监测频率：施工期间监测频率见表 6-8。

表 6-8 检测频率

项 目	沉降板	孔压仪	测 斜	土压力盒	分层沉降
加载期间	1 次/天	2 次/天	1 次/天	1 次/天	1 次/2 天
加载后七天内	1 次/2 天	1 次/天	1 次/3 天	1 次/2 天	1 次/3 天
加载一个月后	1 次/3~5 天	1 次/2 天	1 次/7 天	1 次/3 天	1 次/7 天
加载三个月后	1 次/7 天	1 次/4 天	1 次/15 天	1 次/7 天	1 次/15 天

（4）监测标准：

① 路基施工控制标准

按 3~4 等水准测量精度实测的月沉降速率对施工全过程实施有效动态控制,在路基填筑期,一般路基每昼夜沉降速率不大于 10 mm/日。

② 填筑过程的动态控制

对软土路基,该时段应重点限制路堤填筑最高速率,防止施工期内路基失稳。

为便于施工操作,一般路基填筑速率按沿路堤中线原地面沉降速率每昼夜不大于 10 mm/日,水平位移每昼夜不大于 5 mm/日,孔隙水压力不宜超过预压荷载产生应力的 50%~60%。

当沉降速率大于 10 mm/日时,应判断其严重性和是否需要采用应急措施。当其断面中心地表测得的沉降量随时间的变化收敛于某一数值时,即可说明路基处于稳定状态,反之,可认为路基处于不稳定的状态中。

③ 路堤预压期动态控制

用预压期末相对应的沉降速率作为判断路堤沉降是否稳定的控制标准非常直观。

（5）施工期间每填筑一层填料进行一次观测。如果两次填筑时间较长,每三天观测一次。路基填筑完毕后,每 14 天进行一次定期观测,直到预压期完成、多余填料卸除为止。每次观测后及时整理、汇总测量结果,并报监理工程师。

（6）预压期内,按规范要求或监理工程师的要求进行沉降观测。在预压期完成前 14 天,将监测原始记录、沉降记录原始表、沉降曲线图以及完成预压期的分析报告,报监理工程师批准。

（7）路堤沉降变形达到设计预期值后,经监理工程师批准,将路堤超出的多余填料卸除,并将路堤整修到路床面标高和压实至设计密实度。

6.3 软土地基复合地基加固施工

6.3.1 碎石挤密桩施工工艺

1. 施工方法

采用振动成孔机成孔,成孔过程中桩孔位的土体被挤密到周围土体,成孔后提起振动成孔机,向孔内倒入约 1 m 厚的碎石再用振动成孔机进行捣固密实,提起振动锤,继续倒入碎石进行捣固密实直至碎石桩形成。

2. 施工工艺流程

碎石挤密装施工工艺流程见图 6-8。

3. 操作要点

1）施工准备

（1）在碎石桩施工前首先平整场地,夯实回填素土至地面,清理平整施工段地面障碍物;在施工过程中地基液化严重,碎石机倾斜或下陷,可在局部铺上一定厚度的碎石确保打桩机平衡，在施工完毕后及时清除。

（2）测量放线，恢复中线，放出路段边中桩，清理平整施工段地基表面，测量平整后的标高，做好排水系统，保证排水通道的畅通。然后按照设计文件桩间距及形成绘制碎石桩施工平面图，按桩位图准确放出桩并编号，桩间距允许误差为±15 cm。

（3）材料准备：对进场的碎石按规范要求进行检验，要求碎石为自然级配，粒径20~40 mm，含泥量控制在10%以下。

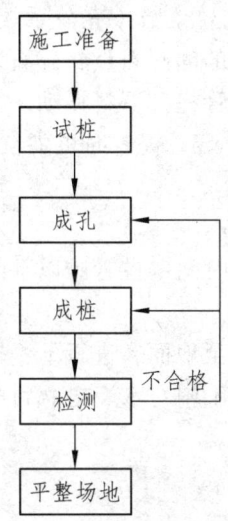

图 6-8　碎石挤密桩施工工艺流程图

2）成桩试验

施工前，应进行成桩试验，取得各种参数，以确保大面积施工质量，成桩试验要求达到以下目的：

（1）根据不同路段、不同的地质情况明确确定的桩体的有效长度。

（2）掌握满足设计要求和各种技术参数，如振动频率、留振时间、反插深度、桩管提升高度和进度、电机的工作和电流完成全过程的施工时间等。

（3）掌握振动沉管的阻力情况，选择合理的技术措施，确保挤密的均匀性和桩身的连续性。

（4）检验室内试验所确定的碎石灌入量是否达到设计要求。

（5）检测桩身的质量是否能达到设计要求。

3）桩机就位

根据桩机走行钢轨上标出的桩位标记，移动桩机，使桩机对准打桩线。应保证起重设备平稳，导向架与地面垂直，垂直偏角不应大于1.5%，成孔中心与设计桩位偏差不应大于50 mm，桩径偏差控制在±20 mm以内，桩长偏差不大于100 mm。

4）成　孔

（1）采用振动法沉管成孔，根据设计及规范要求，钢管柱在振动过程要求垂直，避免钢管桩倾斜，受力不均匀。振动过程中边振动边校正。

（2）桩身的深度按设计要求，在钢管桩体上做好标记，保证钢管桩达到设计要求。

（3）成孔的过程中，振动锤边振动边提拔，重复几次，保证钢管桩内的碎石密实。

（4）桩身满足要求后用小推车分批加入填料，然后振实提管，严格防止出现"断桩和缩颈桩"。

5）成　桩

（1）启动桩锤电机使桩锤振动，桩管沿桩位下沉。

（2）根据桩深和试桩时确定的充盈系数（充盈系数＝碎石填料体积/沉管体积，一般在1.3~1.5之间）制作进料斗，按规定的灌碎石量将碎石装入桩管内，如果桩管一次容纳不了应灌入的全部碎石，剩余的碎石待桩管提升下料振动挤密一段时间后，再补充装入。

（3）第一次把桩管提升 80~100 cm，提升时桩尖自动打开，向下反插 0.5 m，反复沉管拔管，直至桩管内的碎石料流入孔内。

（4）降落桩管，振动挤压 15~20 s。

（5）每次提升桩管 50 cm，挤压时间以桩管难以下沉时为宜。按上述方法往复升降压拔桩管，直至所灌的碎石将地基挤密。

（6）完成该桩灌碎石量，桩管提至地面，进行下一根桩的施工。

在以上各施工程序中，关键是施工中对水、电、料的控制，即上流程的下沉挤密过程和投料与提管过程。

4. 质量检测

待桩体及桩间土超孔隙水压力基本消除后进行。碎石桩施工质量检测项目及标准见表 6-9。

表 6-9　碎石桩实测项目及检测

检查项目	规定值或允许偏差	检查方法和频率
桩距/mm	±150	抽查2%
桩径/mm	不小于设计	抽查2%
桩长/m	不小于设计	查施工记录
竖直度/%	1.5	查施工记录
灌石量	不小于设计	查施工记录

1）检测方法

对桩体的检测采用重Ⅱ型动力触探测试其密实度，每单元检测数量为该单元施工数量的2%，且不少于 3 根；桩间土的检验采用标准贯入法和原状土的相对紧密度试验法，检测点取单元桩体总数的3%，且不少于 4 点，桩间土质量检验位置设置在等边三角形的中心。

2）检测标准

桩体检测，贯入量 10 cm 不小于 7 击判定为合格，单桩桩体要求合格率达到80%，该段工程质量等级以桩体合格率达到85%为合格，达到95%为优良。

6.3.2 CFG桩施工工艺

1. 施工方法

CFG桩是在素混凝土桩基工艺上发展起来的新型桩体，桩体材料主要由碎石（卵石）、砂、粉煤灰，与适量水泥和水拌制而成，通过长螺旋钻机成孔，泵送混合料成桩，将荷载传递到深处土层。桩体与桩间土体共同作用，组成水泥粉煤灰桩复合地基。

2. 施工工艺流程

CFG桩施工工艺流程见图6-9。

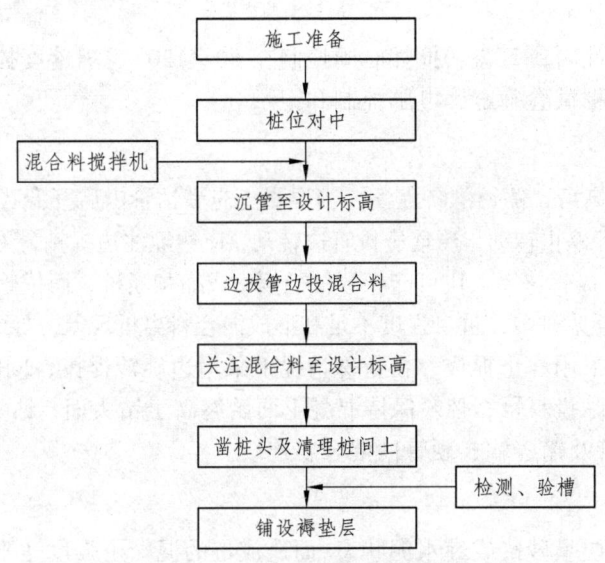

图6-9 CFG桩施工工艺流程图

3. 操作要点

1）施工准备

（1）平整场地：清除障碍物，标记处理场地范围内地下构造物及管线，处理完后整平。

（2）测量放线：定出控制轴线、依据设计文件确定打桩场地边线并标识。测定桩体位置，桩位用白灰或木桩标识（CFG桩施打顺序：横向从线路中心向两侧顺序横向推进，纵向从有结构物或分界点顺线路方向纵向推进）。

2）钻机就位

通过悬挂在钻杆导向架侧面的垂球及在导向架上标出的对照线位置来调整钻机的水平和钻杆的垂直度。垂直度的容许偏差不大于1%。同时在钻进过程中，随时注意观察垂球，确保钻机的垂直度。满足要求后方可开钻。

3）试 桩

复核实际地质与施工图中的资料是否一致，必须试试桩，一般每100 m地段试钻2~3根。

4）开 钻

关闭钻头阀门，移动钻头至桩位处，驱动马达钻进，钻进速度一般要先慢后快钻进过程中要随时检查钻杆的垂直度,不能晃动,钻位不能偏移,如果有异常情况,必须马上调整,放慢钻进速度,否则会使钻杆、钻头损坏,钻出的孔位也偏斜。根据设计桩长和地面标高、桩顶标高推算出钻孔深度,在钻杆上作出标记。钻到标记处停钻,准备灌注混凝土。

5)钻进成孔

(1)螺旋钻初钻给进量每转控制在 10~30 mm,正常后可提速为临界转速的 1.2~1.3 倍,砂土中取高值、粘土中取低值,所以应尽量采用中、高转速、低扭矩、少进刀的工艺,使得螺旋叶片之间保持较大空间,提高成孔效率。

(2)根据钻机塔身上的进尺标记,成孔到达设计标高时,停止钻进。

6)混合料搅拌

按照配合比进行配料,每盘料搅拌时间控制在 60~120 s,坍落度控制在 160~200 mm。具体搅拌时间还应根据试验确定,电脑控制和记录。

7)灌注及拔管

(1)钻到设计标高后,停钻准备灌注,当混凝土充满钻管内后开始拔管,严禁先拔管后泵送混凝土。拔管时钻杆停止转动,严禁边拔管边转动,应边灌注边提钻,均匀提升,拔管速度控制在 2.3 m/min 左右。拔管速率太快可能导致桩径偏小或缩颈断桩,而拔管速率过慢又会造成水泥浆分布不匀,桩顶浮浆过多,桩身强度不足和形成混合料离析现象,导致桩身强度不足。

(2)提拔钻杆要采用静止提拔,在特殊情况下采用边旋转提拔,同时通过混凝土输送泵的泵送次数来确定实际投料量,必须保持混凝土面始终高于钻头面,钻头低于混合料面 15~25 cm。确保钻杆内管及输送软、硬管内混合料连续。

8)桩头控制

为了防止桩头表层呈砂浆或纯水泥状态,而造成桩的混凝土强度达不到设计和规范要求,在灌至桩顶时采用钢筋制成的探灰器进行量测,按设计和规范要求,预留不低于 500 mm 的浮浆层。灌注完成后,桩顶盖土封顶进行养护。

9)钻机移位

灌注完成后钻机后退移至下一桩位钻孔。

10)挖除桩顶土

挖除桩顶土首先测定地面标高,并作出标记,计算挖土深度,用小型挖机将土挖至设计桩顶标高以上 20 cm 处,剩余 20 cm 人工清底挖除。

11)桩头处理

采用人工配合小型机具开挖基坑,截除保护桩头(50 cm),凿除时要避免扰动桩头以下桩身的质量。首先用水准仪将设计桩顶标高打在桩身上,然后由两个工人用两根钢针在截断位置,从相对方向同时剔凿将多余的桩截掉。桩头截除完成后,平整桩顶面,清理场内余土。

4. CFG 桩检测

CFG 桩施工完成后 28 d 进行检测。用小应变仪检测,静载试验抽样复核,小应变仪随机抽检 10%,主要检测桩长、桩身是否完整、有无缩颈等现象。CFG 桩单根桩承载力应不小于 500 kN,试验桩数为总桩数的 3%,且每工点不小于 3 点。

5. 铺设褥垫层

褥垫层厚度宜为 150~300 mm，具体由设计确定。施工时虚铺厚度（h）：$h = \Delta H/\lambda$ 其中为夯填度，一般取 0.87~0.90。虚铺完成后宜采用静力压实法至设计厚度；当基础底面下桩间土的含水量较小时，也可采用动力夯实法。对较干的砂石料，虚铺后可适当洒水再进行碾压或夯实。

6.3.3 粉喷桩施工工艺

1. 施工方法

用专用机具将粉体材料（水泥或石灰）通过高压空气压入土体，并与地基土混合形成的具有一定强度的桩体。

2. 施工工艺流程（图 6-10）

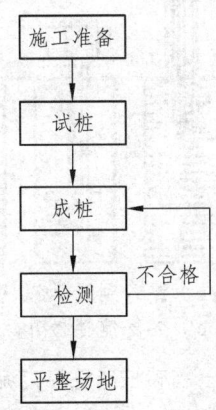

图 6-10 粉喷搅拌桩施工的工艺流程图

3. 操作要点

1）施工准备

（1）施工现场配备各种计量仪器设备，做好计量装置的标定工作。

（2）对进场水泥进行抽检并进行试验工作，然后进行粉喷桩水泥用量的室内试配设计，并确定每延米桩体的水泥用量。

（3）定出每根粉喷桩的桩位，做好标记（可用石灰画线或插竹签），每根桩的桩位平面误差不得大于 5 cm。

2）试 桩

按设计要求进行试桩，试桩的目的是为设计提供资料并取得合理的工艺参数。根据试桩参数和专项方案进行工程粉喷桩的施工。

3）成 桩

（1）按桩位平面布置图钻机对位，误差不大于 5 cm，机架的垂直度满足规范要求。

（2）启动空压机送气，钻机正转并垂直钻进。当控制双螺旋搅拌头到达设计桩底标高时，钻机反向转动，启动送灰机送灰，待水泥送至喷灰口（一般约 1 min）后再提升钻头，根据电子称重装置显示的喷灰量调节调速电机，这样边喷粉、边搅拌、边提升、边压实。

（3）当钻头提升至设计桩顶标高以上 0.5 m 时停止送灰，关闭送灰机。此时钻机迅速换档，重复搅拌，复搅长度按设计要求为 2 m。

（4）复搅结束后，关闭空压机，消散所有管道压力，钻机主电机停机。

（5）开启液压步履，钻机移位。

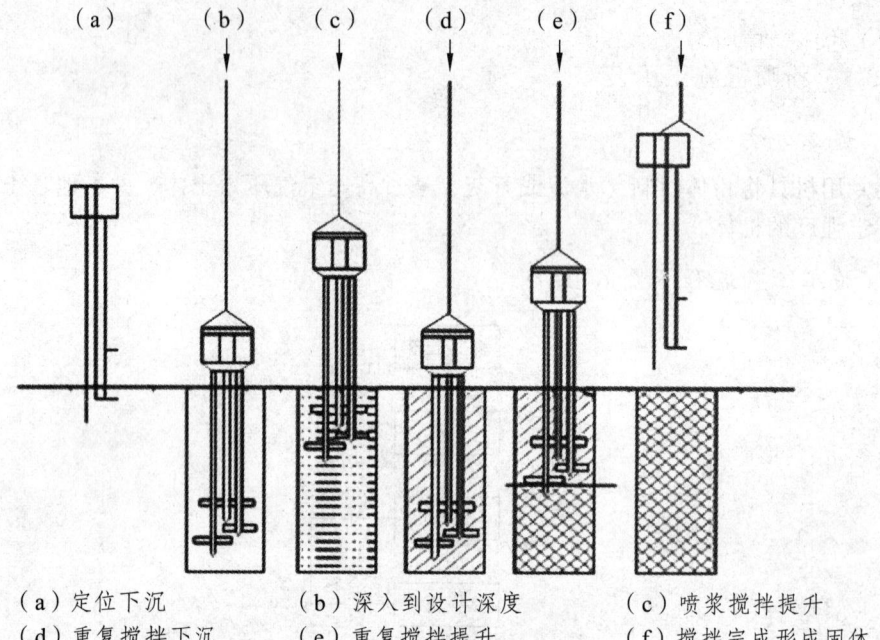

（a）定位下沉　　　（b）深入到设计深度　　　（c）喷浆搅拌提升
（d）重复搅拌下沉　（e）重复搅拌提升　　　　（f）搅拌完成形成固体

图 6-11　粉喷桩成桩施工流程图

4．质量检测

粉喷桩施工完成后，应按规定频率进行外观鉴定和取芯分析，做无侧限抗压强度试验和单桩及复合地基静载试验。对检测发现的问题，如未穿透软土层、部分断灰、喷灰不均匀、强度不足等，应严格进行加密、补桩等处理。

1）施工质量允许偏差

桩距、桩长、喷灰量、桩体强度、钻杆倾斜度符合表 6-10 的规定。

表 6-10　施工质量允许偏差

项次	检查项目	规定值及允许偏差	检查方法（每幅车道）
1	桩距（mm）	±100	抽查 2%
2	桩径（mm）	不小于设计	抽查 2%
3	桩长（m）	不小于设计	查施工记录
4	竖直度（%）	1.5	查施工记录
5	单桩喷灰量（%）	不小于设计	查施工记录
6	强度（MPa）	不小于设计	抽查 5‰

2）外观鉴定

在成桩 7 天内，以 2%的检测频率，将桩体开挖 0.5~1.0 m，目测检查桩体成型情况。要求：

（1）桩体圆匀，无缩颈和凹陷现象。

（2）粉体搅拌均匀，凝结体不松散。

（3）群桩桩顶齐平。

3）钻探取芯

钻孔取芯试验可以较全面的反应桩身材料的密实度、桩身的连续性、桩身物理尺寸等完整桩身质量的基本信息。可靠准确地评价桩身质量。钻探取芯法要求提供检测报告并保存全部岩芯。

（1）粉喷桩钻探取芯法的主要技术指标取芯时间：28 d；取芯位置：沿着桩 1/4 轴线垂直钻进；钻头类型：采用金刚石合金钻头，钻头直径 89~108 mm；钻进方法：采用冲水循环回转钻进；回次进尺：每一回次控制在 1~1.5 m。

（2）钻探取芯法应描述的内容桩号、成桩日期、检测日期、检测位置、设计喷灰量；岩芯颜色、喷粉均匀程度、胶结程度、有无断桩、缩颈、岩芯状态（长柱状、短柱状、塑性体或散体碎块）等岩芯采取率、标贯击数、岩芯目测坚硬程度。

4）静载试验

由于粉喷桩最终的控制参数是复合地基的整体承载力，静载试验法是在桩体达到一定龄期后，对单桩或复合地基通过具有一定刚度的压板加载来测试地基承载力的方法，是最能贴近地基受力的实际情况，最能准确、直接测出单桩或复合地基承载力的最标准的方法，包括单桩静载试验和复合地基静载试验。

在被测试的地基安置一定规格的平板，在板上逐级施加静力荷载，并测出各荷载作用下的沉降量，绘出荷载-沉降关系曲线。根据此曲线确定地基承载力进行计算水泥土的变形模量，分析水泥土的特性。试验采用压重平台反力装置，慢速维持荷载法。当加载值未超过设计值时，变形小于 0.1 mm/h 时认为沉降稳定，当加载值超过设计值时，变形小于 0.2 mm/h 认为沉降稳定。单桩承载力和单桩复合地基承载力的最终加载均应达到 2 倍的设计值。当沉降急剧增大，土被挤出或压板周围出现明显裂缝；或累计沉降量大于压板宽度或直径的 1/100 时，可以终止试验。

6.3.4 水泥搅拌桩施工工艺

1. 施工方法

水泥搅拌桩施工方法示意图见图 6-12。

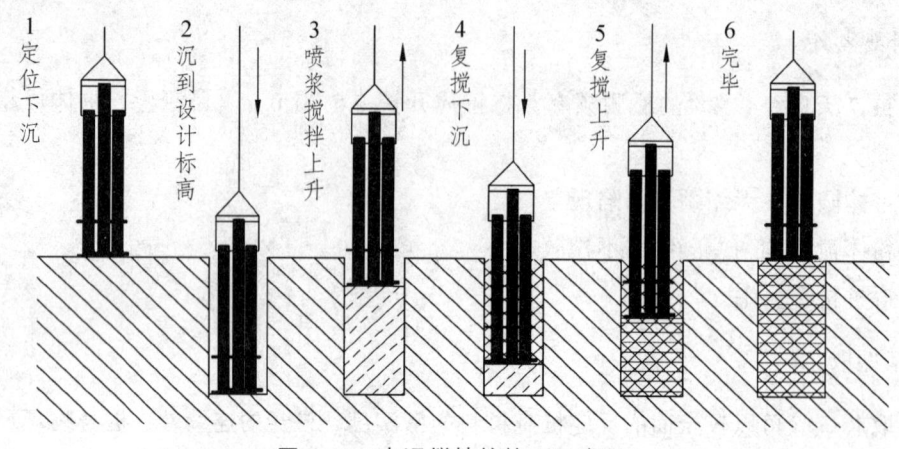

图 6-12 水泥搅拌桩施工示意图

2. 施工工艺流程

水泥搅拌桩施工工艺流程见图 6-13。

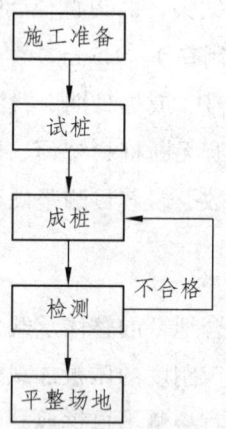

图 6-13 水泥搅拌桩施工工艺流程图

3. 操作要点

1）施工准备

（1）测量放样定出桩位，同时采用或全站仪或吊线锤双向控制导向架垂直度。按设计及规范要求，垂直度小于 1.0%桩长。

（2）施工现场进行平整、碾压或夯实，以保证桩机定位移动，钻孔垂直。搅拌桩机就位。

（3）制备水泥浆：按设计确定的配合比拌制水泥浆，压浆前将水泥浆倒入集料斗。

2）试 桩

试桩的目的是寻求最佳的搅拌次数、确定水泥浆的水灰比、泵送时间、泵送压力、搅拌机提升速度、下钻速度以及复搅深度等参数，以指导下一步水泥搅拌桩的大规模施工。必须待试桩成功后方可进行水泥搅拌桩的正式施工。试桩检验应取地基原状土做室内配比实验和现场工艺性成桩实验，水泥搅拌桩的抗压强度不小于设计。

3）成　桩

（1）先将深层搅拌机用钢丝绳吊挂在起重机上，用输浆胶管将贮料罐输送泵与深层搅拌机接通，开动电动机，以 0.38~0.75 m/min 的速度沉至要求的加固深度；再以 0.3~0.5 m/min 的均匀速度提起搅拌机，与此同时开动输送泵，将水泥浆从搅拌机中心管不断压入土中，由搅拌叶片将水泥浆与深层处的软土搅拌，边搅拌边喷浆直到提至地面（近地面开挖部位可不喷浆，便于挖土），即完成一次搅拌过程。用同法再一次重复搅拌下沉和重复搅拌喷浆上升，即完成一根柱状加固体。

（2）施工中固化剂应严格按预定的配比拌制，并应有防离析措施。起吊应保证起吊设备的平整度和导向的垂直度。成桩要控制搅拌机的提升速度和次数，使连续均匀，以控制注浆量，保证搅拌均匀，同时泵送必须连续。

（3）搅拌机预搅下沉时，不宜冲水，当遇到较硬土层下沉过慢时，方可适量冲水，但应考虑冲水成桩对桩身强度的影响。

（4）所有使用的水泥都应过筛，制备好的浆液不得离析，泵送必须连续。拌制水泥浆液的罐数、水泥和外掺剂用量以及泵送浆液的时间等应有专人记录；喷浆量及搅拌深度必须采用经国家计量部门认证的监测仪器进行自动记录。

（5）当水泥浆液到达出浆口后应喷浆搅拌 30 s，在水泥浆与桩端土充分搅拌后，再开始提升搅拌头。

4）检　测

水泥土搅拌桩地基质量检验标准应符合表 6-11 规定。

表 6-11　水泥土搅拌桩地基质量检验标准

项目	序	检查项目	允许偏差或允许值		检查方法
			单位	数值	
主控项目	1	水泥及外掺剂质量	设计要求		查产品合格证书或抽样检验
	2	水泥用量	参数指标		查看流量计
	3	桩体强度	设计要求		按规定办法
	4	地基承载力	设计要求		按规定办法
一般项目	1	桩头提升速度	m/min	≤0.5	量水头上升距离及时间
	2	桩低标高	mm	±200	测机头深度
	3	桩顶标高	mm	+100，-50	水准仪（最上部 500 mm 不计入）
	4	桩位偏差	mm	<50	用钢尺量
	5	桩径	mm	<0.04D	用钢尺量，D 为桩径
	6	垂直度	%	≤1.5	经纬仪
	7	搭接	mm	>200	用钢尺量

6.3.5　高压旋喷桩施工工艺

1. 施工方法

高压旋喷桩是利用钻机把带有喷嘴的注浆管钻进土层的预定位置后，以高压设备使浆液或水（空气）成为 20~40 MPa 的高压射流从喷嘴中喷射出来，冲切、扰动、破坏土体，同时钻杆以一定速度逐渐提升。高压浆液的水平射流不断切削土层，并使强制切削下来的土与浆液进行搅拌混合，最后在喷射力有效射程范围内形成一个由混合物组成的圆柱状固结体（即旋喷桩），以达到加固地基或止水防渗的目的。

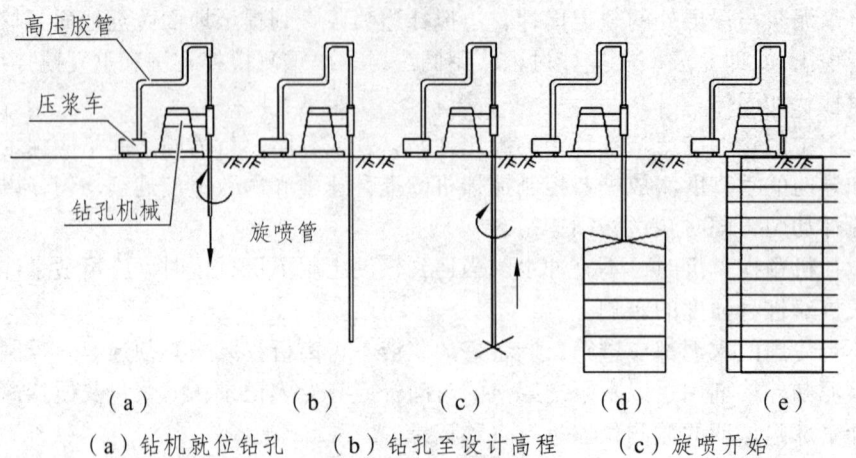

（a）钻机就位钻孔　（b）钻孔至设计高程　（c）旋喷开始
（d）边旋喷边提升　（e）旋喷结束成桩

图 6-14　高压旋喷桩施工方法示意图

2. 工艺流程

二重管法高压旋喷桩施工工艺流程见图 6-15。

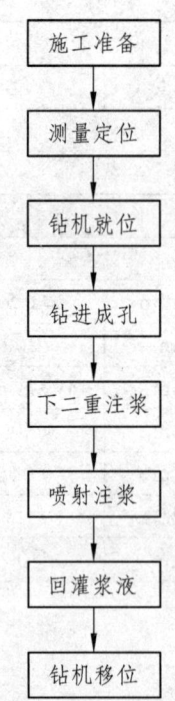

图 6-15　二重管法高压旋喷桩施工工艺流程图

3. 操作要点

1）施工准备

（1）在设计文件提供的各种技术资料的基础上作补充工程地质勘探，进一步了解施工工点地基土的性质、埋藏条件。

（2）场地平整。先进行场地平整，清除桩位处地上、地下的一切障碍物，场地低洼处用粘性土料回填夯实，并做好排浆沟。

（3）室内配合比试验。根据设计要求的喷浆量或现场土样的情况，按不同含水量设计并调整几种配合比，通过在室内将现场采取的土样进行风（烘）干、碾碎，过 2～5 mm 筛的粉状土样，按设计喷浆量、水灰比搅拌、养护、力学试验，确定施工喷浆量。

（4）准备充足的水泥加固料和水。水泥浆量计算有两种方法，即体积法和喷量法，取大者作为设计喷射浆量。

① 体积法：$Q = \dfrac{\pi D_e^2}{4} K_1 h_1 (1+\beta) + \dfrac{\pi D_0^2}{4} K_2 h_2$

② 喷量法：$Q = \dfrac{H}{V} q(1+\beta)$

式中　Q——需要的喷浆量（m³）；

　　　D_e——旋喷固结体直径（m）；

　　　D_0——注浆管直径（m）；

　　　K_1——填充率，0.75～0.9；

　　　h_1——旋喷长度（m）；

　　　K_2——未旋喷范围土的填充率，0.5～0.75；

　　　h_2——未旋喷长度（m）；

　　　β——损失系数，0.1～0.2；

　　　V——提升速度（m/min）；

　　　H——喷射长度（m）；

　　　q——单位喷浆量（m³/m）。

根据计算所需的喷浆量和设计的水灰比，即可确定水泥的使用数量。

（5）试桩试验。

根据室内试验确定的施工喷浆量、水灰比制备水泥浆液在试验工点打设数根试桩，并根据试桩结果，调整加固料的喷浆量，确定搅拌桩搅拌机提升速度、搅拌轴回转速度、喷入压力、停浆面等施工工艺参数。

2）测量定位

用全站仪测定旋喷桩中心点，用小竹签做好标记，复测合格后，用钢尺和测线布设护桩，确保桩机准确就位。桩孔中心偏差不得大于 50 mm。

3）钻机就位

移动旋喷桩机到指定桩位，立轴转盘与孔位对正，同时整平钻机，导向架和钻杆应与地面垂直，钻杆垂直度偏差不大于 1%～1.5%。为了保证桩位准确，必须使用定位卡，桩位对中误差不大于 5 cm。就位后，对钻进各部位进行全面检查，高压设备与管路系统应符合设计及安全要求,防止管路堵塞,密封处漏气。

4)钻进成孔

(1)钻机施工前,应首先在地面进行试喷,设备运转正常后开始钻进。在钻进过程中,应合理掌握钻进速度,防止埋钻、卡钻等事故,并备齐必要的事故打捞工具。

(2)钻孔过程中应记录好钻进速度、钻杆节数及长度等参数,保证成孔深度满足设计要求。

(3)为避免钻孔倾斜,在钻机就位和钻孔过程中,要随时注意校核钻杆的垂直度,发现倾斜及时纠正,以确保钻孔倾斜度在设计允许的范围内;钻速要打慢档,并采用导正装置防止孔斜。

5)下注浆管

钻孔至设计深度并经检查合格后,提升钻杆,换上喷射注浆管插入预定深度。在插管过程中,为防高压水喷嘴边射水边插管,水压力一般不超过 1 MPa,直至注浆管插入到规定深度。

6)喷射注浆

(1)当喷射注浆管插入设计深度后,接通水泥浆泵,然后由下向上旋喷。喷射时,先应达到预定的喷射压力、喷浆量后再逐渐提升旋喷管,以防扭断旋喷管。为保证桩底端的质量,喷嘴下沉到设计深度时,在原位置旋转 10 秒钟左右,待孔口冒浆正常后再旋喷提升。钻杆的旋转和提升应连续进行,不得中断。钻机发生故障,应停止提升钻杆和旋转,以防断桩,并立即检修排除故障。为提高桩底端质量,在桩底部 1.0 m 范围内应适当增加钻杆喷浆旋喷时间。在旋喷提升过程中,可根据不同的土层,及时调整钻杆旋喷参数。

(2)施工过程中,按要求随时检验并记录提升速度、喷浆压力与流量、气压与气量、进浆和回浆比重等;每孔需作制浆与耗浆(水泥量)统计和记录。

7)回灌浆液

高压喷灌结束后,由于孔内水泥浆液固结过程中体积收缩,同时孔内浆液向孔壁四周范围有一定渗漏,使得孔内浆液表面将出现一段时间的沉面下降,应不间断地将浆液回灌到已喷孔内,并保持压浆作用,直至孔内浆液面不再下沉为止。

8)钻机移位

旋喷提升到设计桩顶标高时停止旋喷,提升钻头出孔口,清洗注浆泵及输送管道,然后将钻机移位,按照前述步骤进行下一根桩的施工。

6.3.6 混凝土预制打入桩施工工艺

1. 施工方法

将经检验合格的钢筋混凝土桩运抵施工现场,经技术人员测量确定桩位后,打桩机进行桩位吊装、桩架高度调整后,采用低提锤、轻打下、锤击分节打入,形成增加地基承载力、加固软土地基作用的混凝土预制打入群桩。施工成桩。整个打桩过程中采取措施确保桩锤、桩帽、桩身尽量保持在同一轴线上,确保桩基施工质量。

2. 施工工艺流程

预制桩打入施工工艺流程见下图 6-16。

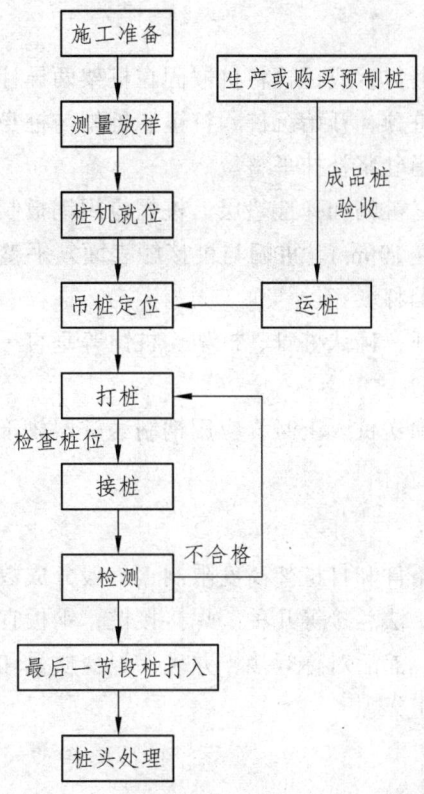

图 6-16 混凝土预制桩打入法施工基本工艺流程

3. 操作要点

1）施工准备

（1）对工厂生产预制桩应逐根检查，工厂生产的钢筋笼应抽查抽总量的 10%，且不少于 5 根；对现场预制时，应对原材料、钢筋骨架、混凝土强度进行检查。

（2）成品桩验收：桩基进场后在确保出厂合格证和质保单齐全的情况下，按表 3 中第 3、4、5 项对预制桩外观质量进行检测，对检测不合格的桩基及时清理出场地。

（3）整平场地，清除桩基范围内的高空、地面、地下障碍物；架空高压线距打桩架不得小于 10 m；修设桩机进出、行走道路，做好排水措施。

（4）按图纸布置进行测量放线，定出桩基轴线，先定出中心，再引出两侧，并将桩的准确位置测设到地面，每一个桩位打一个小木桩；并测出每个桩位的实际标高，场地外设 2~3 个水准点，以便随时检查之用。

（5）检查打桩机设备及起重工具；铺设水电管网，进行设备架立组装和试打桩。在桩架上设置标尺或在桩的侧面画上标尺，以便能观测桩身入土深度。

2）吊桩定位

打桩前，按设计要求进行定位放线，确定桩位，每根桩中心钉一小桩，并设置油漆标志；桩的吊立定位一般利用桩架附设的起重钩借桩机上卷扬机吊桩就位，或配一台履带式起重机送桩就位，并用桩架上夹具或落下桩锤借桩帽固定位置。

3）打 桩

（1）打桩时，应用导板夹具，或桩箍将桩嵌固在桩架两导柱中，桩位置及垂直度经校正后，方可将锤连同桩帽压在桩顶，开始沉桩。桩锤、桩帽与桩身中心线要一致，桩顶不平时应用厚纸板垫平或用环氧树脂砂浆补抹平整。

（2）选用适合桩头尺寸之桩帽和弹性垫层。桩帽应用钢板制成，并用硬木或绳垫承托。桩帽与桩周围的间隙应为 5~10 mm。桩帽与桩接触表面须平整，桩锤、桩帽与桩身应在同一直线上，以免打桩时产生偏移。

（3）起锤轻压并轻击数锤，确认桩身、桩架、桩锤等垂直一致，方可转入正常。桩打入时的垂直度偏差不得超过 0.5%。

（4）当桩顶标高较低，须送桩入土时，应用钢制送桩器放于桩头上，锤击送桩器将桩送入土中。

4）接 桩

混凝土预制桩，受运输条件和打桩架高度限制，一般分成数节制作，分节打入，在现场接桩。常用接头方式有焊接、法兰接等几种。焊接接桩，钢板宜用低碳钢，焊条宜用 E43，焊接时应先将四角点焊固定，然后对称焊接，并确保焊缝质量和设计尺寸。法兰接桩，钢板和螺栓亦宜用低碳钢并紧固牢靠。

5）桩头处理

截桩头宜用割桩机（锯桩器）截割，或用手锤人工凿除。若采用人工截桩，应先将不需截除的桩身端部用钢箍抱紧，然后沿钢抱箍上缘剔凿沟槽、逐步凿除，钢筋用气割割齐，严禁用大锤横向敲击或机械力强行扳拉截桩。

4. 桩基检测

（1）打入桩的桩位偏差按表 1 控制，桩顶标高的允许偏差为 –50 mm，+100 mm；斜桩倾斜度的偏差不得大于倾斜角正切值的 15%（倾斜角系桩的纵向中心线与铅垂线间夹角）。

表 6-12　预制桩桩位的允许偏差

项次	项目	允许偏差（mm）
1	盖有基础梁的桩：1. 垂直基础梁的中心线 2. 沿基础梁的中心线	$100 + 0.01H$ $150 + 0.01H$
2	桩数为 1~3 根桩基中的桩	100
3	桩数为 4~16 根桩基中的桩	1/2 桩径或边长
4	桩数大于 16 根桩基中的桩：1. 最外边的桩 2. 中间桩	1/3 桩径或边长 1/2 桩径或边长

注：H 为施工现场地面标高与桩顶设计标高的距离。

（2）施工结束后，应对承载力进行检验。桩的静载荷试验根数应不少于总桩数的 1%，且不少于 3 根；当总桩数少于 50 根时，应不少于 2 根；当施工区域地质条件单一，又有足够的实际经验时，可根据实际情况由设计人员酌情而定。

（3）施工结束后，应对桩体质量做检验。对多节打入桩不应少于桩总数的15%，且每个柱子承台不得少于1根。

（4）钢筋混凝土预制桩的质量检验标准见表6-13、6-14。

表6-13 预制桩钢筋骨架质量检验标准

项目	序	检查项目	允许偏差或允许值		检查方法
			单位	数值	
主控项目	1	主筋距桩顶距离	mm	±5	用钢尺量
	2	多节桩锚固钢筋位置	mm	5	用钢尺量
	3	多节桩预埋铁件	mm	±3	用钢尺量
	4	主筋保护层厚度	mm	±5	用钢尺量
一般项目	1	主筋间距	mm	±5	用钢尺量
	2	桩尖中心线	mm	10	用钢尺量
	3	箍筋间距	mm	±20	用钢尺量
	4	桩顶钢筋网片	mm	±10	用钢尺量
	5	多节桩锚固钢筋长度	mm	±10	用钢尺量

表6-14 钢筋混凝土预制桩的质量检验标准

项目	序	检查项目	允许偏差或允许值		检查方法
			单位	数值	
主控项目	1	桩体质量检验	按基桩检测技术规范		按基桩检测技术规范
	2	桩位偏差	见表1		用钢尺量
	3	承载力	按基桩检测技术规范		按基桩检测技术规范
一般项目	1	主筋间距	符合设计要求		查出厂质保文件或抽样送检
	2	混凝土配合比及强度（现场预制时）	符合设计要求		检查称量及查试块记录
	3	成品桩外形	表面平整，颜色均匀，掉角深度＜10 mm，蜂窝面积小于总面积0.5%		直观
	4	成品桩裂缝（收缩裂缝或起吊、装运、堆放引起的裂缝）	深度＜20 mm，宽度＜0.25 mm，横向裂缝不超过边长的一半		裂缝测定仪，该项在地下水有侵蚀地区及锤击数超过500击的长桩不适用

续表

项目	序	检查项目	允许偏差或允许值 单位	允许偏差或允许值 数值	检查方法
一般项目	5	成品桩尺寸：横截面边长 桩顶对角线差 桩尖中心线 桩身弯曲矢高 桩顶平整度	mm mm mm mm	±5 <10 <10 <1/10001 <2	用钢尺量 用钢尺量 用钢尺量 用钢尺量（1为桩长） 水平尺量
一般项目	6	电焊接桩：焊缝质量 （1）上下节端部错口 （外径≥700 mm） （外径<700 mm） （2）焊缝咬边深度 （3）焊缝加强层高度 （4）焊缝加强层宽度 （5）焊缝电焊质量外观 （6）焊缝探伤检 电焊结束后停歇时间 上下节平面偏差 节点弯曲矢高	 mm mm mm mm mm min mm 	 ≤3 ≤2 ≤0.5 2 2 无气孔，无焊瘤，无裂缝 满足设计要求 >1.0 <10 <1/10001	 用钢尺量 用钢尺量 焊缝检查仪 焊缝检查仪 焊缝检查仪 观察 按设计要求 秒表测定 用钢尺量 尺量（1为两桩节长）
一般项目	7	硫磺胶泥接桩：胶泥浇筑时间 浇筑后停歇时间	min min	<2 >7	秒表测定 秒表测定
一般项目	8	桩顶标高	mm	±50	水准仪
一般项目	9	停锤标准		设计要求	现场实测或查沉桩记录

6.3.7 PHC管桩施工工艺

1. PHC静压桩施工工艺流程

主要施工工艺流程如下：

预制静压管桩的施工程序为：测量放样→桩机就位→起吊预制桩→稳桩→压桩→接桩→送桩→检查验收→转移桩机。

2. 施工方法

1）桩机就位、吊装

用吊车进行管桩吊装，人工配合静压机准确快速地卡入桩，然后移至桩位，过程中有专人指挥协调。插桩在一般情况下入土30～50 cm为宜，然后进行调校。桩机操作手在施工长的组织、指挥下，掌握好双向角度尺，使静压机纵横向保持水平，调校垂直度在允许值（0.5%以内）以内才能沉桩。

2）压桩下沉

用钢丝绳绑住桩身单点起吊，小心移入桩机，然后调平桩机，开纵横两向油缸移动桩机调整对中，同时用互相垂直的两个方向经纬仪检查垂直度。第一节桩压入土中50 cm后检查和校正垂直度，垂直度控制在 0.5%以内，开动压桩装置，记录压桩时间和各压力表读数，保持连续压桩并控制压桩速度 0.8～1.2 m/min，做好原始记录。

3）控制措施

整个压桩过程中，要使桩帽、桩身尽量保持在同一轴线上。必要时应将桩锤及桩架导杆方向按桩身方向调整。要注意尽量不使管桩受到偏心受压，以免管桩受弯。每根桩宜连续一次压完，不要中断，以免难以继续压入。打桩时采用桩相适应的桩帽和硬木垫层。打桩时详细、准确地填写打桩记录。

4）接 桩

接桩时桩头应高出原地面 0.5～1.2 m，即可焊接接桩，接桩时要注意新接桩节与原桩节的轴线一致，两施焊面上的泥土、油污、铁锈等要预先清刷干净。接桩时可在下节桩头上焊接 2 根钢筋，以便新接桩节的引导就位。上节桩找正方向后，对称点焊 4～6 点加以固定，然后进行施焊，最后将导向钢筋拆除。管桩焊接施工应由有经验的焊工按照技术规程的要求认真进行；施焊第一层时，宜适当加大电流，加大熔深。采用手工焊接，第一层用 $\phi 3.2$ 或 $\phi 4.0$ 的 E43 型焊条，第二层以后用 $\phi 4.0 \sim \phi 5.0$ 的 E43 型焊条，要保证焊接质量。焊接完毕应自然冷却，10 分钟后方可再压桩。

5）送 桩

为将管桩打入设计标高，需要送桩，送桩采用送桩器，送桩器采用钢管制作，长度一般比原地面至桩顶设计标高的距离长 50 cm 左右。设计送桩器的原则是打入阻力不能太大，容易拔出，能将冲击力有效地传到桩上，并能重复使用。

送桩前用水准仪确定地面标高，并在送桩杆上做标记，送桩过程中要跟踪，动态检查送桩深度。送桩工具紧接桩顶部分，安放保护桩顶的硬木垫层，安放前要先将桩顶损伤部分清除并修理平整。桩与送桩工具的纵轴线要尽量保持在同一直线上，送桩宜连续一次性将桩沉到设计标高，尽量缩短中间停顿时间。送桩应特别注意最后贯入度，即最后 100 cm 桩长的锤击及桩的贯入度。

6）截 桩

当 PHC 管桩由于某种原因无法施打至设计标高时，在征得设计方的同意后，对高出设计桩高的部分进行截除，截除桩头宜用锯桩器截割，严禁用大锤横向敲击或强行扳拉截桩。

7）终止压桩

正常情况下按设计压力送桩，达到设计高程后持荷（正常压力）10 min 且每分钟沉降时不超过 2 mm 后方可结束送桩。非正常情况下桩长按双控标准执行。

6.4 软土地基强夯加固施工

6.4.1 强夯施工

1. 施工准备

（1）场地平整，清除表层土，进行表面松散土层碾压，修筑机械设备进出道路，排除地表水，施工区周边作排水沟以确保场地排水通畅防止积水。

（2）查明强夯场地范围内地下构造物和管线的位置及标高，采取必要措施，防止因强夯施工造成损坏。

（3）测量放线，定出控制轴线、强夯场地边线，标出夯点位置，并在不受强夯影响地点，设置若干个水准基点。

（4）施工前应按设计初步确定的强夯参数在有代表性的场地上进行工艺性试夯试验。通过强夯前后测试数据的对比，检验强夯效果，确定有关工艺参数。

2. 施工工艺

1）确定施工参数

（1）机械设备确定

强夯施工采用25t以上带有自动脱钩装置的履带式起重机或其他专用设备。采用履带式起重机时，在臂杆端部设置辅助门架或采取其他安全措施，防止落锤时机架倾覆。夯锤锤重及夯锤底面面积根据设计文件要求的单击夯击能确定。夯锤底面采用圆形，对于粘性土、砂质土、碎石土，锤底面积为 6-6 m^2，对于淤泥及淤泥质砂等，锤底面积大于等于 6 m^2。夯锤中对称设置若干个上下贯通的气孔。自动脱钩采用开钩法或用付卷筒开钩。

（2）夯锤落距确定

锤重按下式初步确定：影响深度 = 系数 ×（锤重×落距）1/2。落距根据单击夯击能和锤重确定，即锤重（kN）× 落距（m）= 单击夯击能（kN·m）。

（3）夯击遍数确定

夯击遍数设计为 2~3 遍，具体工程根据消除黄土地基湿陷性的要求，以试验结果确定。一般第Ⅰ遍隔1点跳夯，第Ⅱ遍补第Ⅰ遍空隙，第Ⅲ遍补Ⅰ、Ⅱ遍空隙，点夯完成后，最后再以低能量满夯，达到锤印彼此搭接。

（4）夯击次数确定

强夯施工每一遍内各个夯点的夯击次数，按现场试夯得到的夯击次数（一般为 5~15 次）与夯沉量关系曲线确定，并同时满足：单击夯击能小于 4 000 kN·m 时，最后两击的平均夯沉量不大于 50 mm，当单击能量大于 4 000 kN·m 时，最后两击的平均夯沉量不大于 100 mm；夯坑周围地面不发生过大的隆起；不因夯坑过深而使起锤困难这三个条件，且以使土体竖向压缩最大而侧向位移最小为原则。每个夯击点安排专人检查和记录击数，保证强夯质量。

（5）夯击点的布置

夯击点布置与夯击点位置可根据基底平面形状，采用梅花形或正方形布置。夯击点间距可取夯锤直径的 1.2~2.2 倍。

（6）夯击遍数间隔时间确定

具体间隔时间取决于土中超静孔隙水压力的消散时间。凡是产生超孔隙水压力、夯坑周围出现较大隆起时，不能继续夯击，要等超孔隙水压力大部分消散后，再夯下一遍。在一遍中若干夯击次数后出现上述情况，也要遵循这一要求，停止夯击，等超孔隙水压力大部分消散后，再夯下一遍。一般黄土夯击间隔时间不少于7天，对黏性土地基间隔时间不少于 3~4 周，具体间隔时间可根据工艺性试夯确定。施工时首先保证夯击遍数间隔时间，并做详细记录，其次可根据实际情况调整施工流水顺序，安排合理的流水节拍，力争使各区段间达到连续夯击。杜绝间隔时间未到就强行施工现象，确保强夯质量。

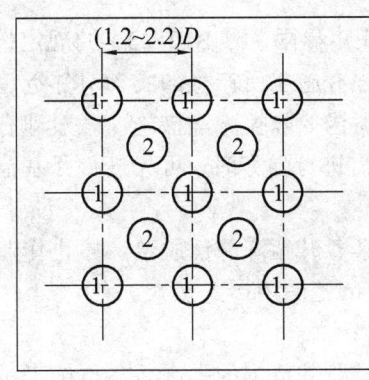 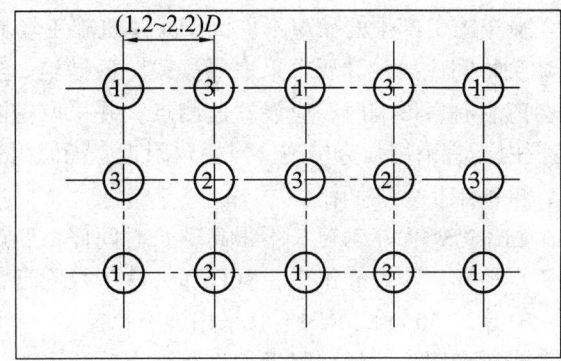

点夯2遍平面布置示意图　　　　　点夯3遍平面布置示意图

①、1为第一遍夯击点　　　　　　①、1为第一遍夯击点
②、2为第二遍夯击点　　　　　　②、2为第二遍夯击点
　　　　　　　　　　　　　　　　③、3为第三遍夯击点

图 6-17　夯击点布置图

2）强夯施工

对夯击点依次夯击完成为第一遍强夯施工。在第一遍强夯完成后,用推土机将场地推平,压路机碾压两遍后进行测量布置夯击点位置及水准测量。第二次按设计选用已夯点间隙中间,依次补点夯击为第二遍,以下各遍均按设计在中间补点,最后一遍锤印彼此搭接,表面平整。强夯施工按试验确定的技术参数进行,以单夯夯击能、夯击遍数和各个夯点的夯击次数为施工控制数值,并采用试夯确定的地表平均沉降量控制。对渗透性较差的细粒土,必要时应增加夯击遍数,最后再以低能量满夯。满夯可采用轻锤或低落锤多次夯击,锤印搭接不小于1/4夯锤的直径。

3）施工工艺流程图（图 6-18）

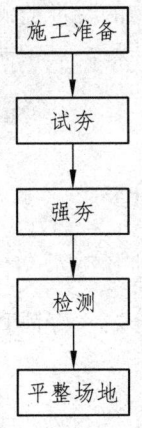

图 6-18　强夯施工工艺流程图

3．施工注意事项

（1）强夯前应对起重机、滑轮组及脱钩器等全面检查,并进行试吊、试夯,一切正常方可强夯。

(2)强夯施工产生的噪声不应大于《建筑施工场界噪声界限》(GB12523)的规定,强夯场地与建筑物间应按设计要求采取隔振或防振措施。当强夯施工所产生的震动对邻近建筑物或设备会产生有害影响时,应设置监测点,并采取挖隔振沟等隔振减震措施。一般即有建筑50 m 范围内不宜采用强夯措施。当桥台附近,涵洞附近需进行强夯时,可先进行路基范围的强夯后,再施工桥台、涵洞。

(3)起吊夯锤保持匀速,不得高空长时间停留,严禁急升猛降防锤脱落。停止作业时,将夯锤落至地面。夯锤起吊后,臂杆和夯锤下及附近 15 m 范围内严禁站人。

(4)有建筑 50 m 范围内不宜采用强夯措施。

(5)当桥台附近,涵洞附近需进行强夯时,可先进行路基范围的强夯后,再施工桥台、涵洞。

(6)当强夯与岩溶注浆同时采用时,应先进行强夯再进行注浆加固。

(7)干燥天气进行强夯时宜洒水降尘。

(8)当风力大于 5 级时,应停止强夯作业,以防机械倾倒,保证安全。

4. 质量控制及检验

1)质量控制

(1)按设计要求确定夯击路线,无规定时使相邻轴线的夯击间隔时间尽量拉长,特别是当土的含水量较高时。

(2)夯击时夯锤的气孔要畅通,夯锤落地时应基本水平。

(3)各夯点应放线定位,夯完后检查夯坑位置,发现偏差及漏夯应及时纠正。强夯施工时应对每一夯击点的单夯夯击能量、夯击次数和每次夯沉量等进行详细记录。

(4)强夯处理后地基的承载力检验应采用原位测试和室内土工试验。

(5)强夯过程的记录及数据整理:每个夯点的夯坑深度、夯坑体积、夯坑四周隆起高度都须记录、整理。场地隆起和下沉记录,特别是邻近有建构筑物时。每遍夯击后场地的夯沉量、外部补充填料量的记录。附近建筑物的变形监测。满夯前应根据设计基底标高,考虑夯沉预留量并整平场地,使满夯后接近设计标高。记录最后 2 击的贯入度,看是否满足设计或试夯要求值。

2)检 验

(1)强夯处理夯击点布置应满足设计要求。

检验数量:全部检验。

检验方法:观察、尺量。

(2)低能量满夯的搭接不得小于四分之一夯锤直径。

检验数量:全部检验。

检验方法:观察、尺量。

(3)强夯加固地基的承载力和有效加固深度应满足设计要求。

检验数量:施工结束 7 天后,对地基加固质量进行检验。每一工点每 3 000 m² 抽样检验 12 点,其中:标准贯入试验 6 点,静力触探试验 3 点,荷载试验 3 点。标准贯入和静力触探的检验标准满足设计要求。

检验方法：按设计规定的检验时间进行标准贯入试验、静力触探试验和荷载试验。

在每 500～1 000 m² 面积内的各夯点之间任选一处，在有效加固深度内，每隔 1 m 取 1 组土样进行室内试验，测定土的干密度、压缩模量和湿陷系数，满足设计要求。

（4）强夯夯坑中心偏移的允许偏差应不大于 0.1D（D 为夯锤直径）。

检验数量：检验总夯击点的 10%。

检验方法：测量检查。

（5）强夯地基处理范围、横坡的允许偏差、检验数量及检验方法应符合下表的规定。

表 6-15 强夯地基处理范围、横坡的允许偏差、检验数量及检验方法

序号	检验项目	允许偏差	检验数量	检验方法
1	范围	不小于设计值	沿线路纵向每 100 m 抽样检验 5 处	尺量
2	横坡	±0.5%	沿线路纵向每 100 m 抽样检验 5 个断面	坡度尺量

6.4.2 强夯置换施工

1. 强夯置换参数设计

1）点夯施工参数

经过现场 3 个夯点试夯，采用圆柱锤进行点夯，锤重 25 t，夯锤直径为 2.3 m，落距 18 m，点夯夯击能为 4 500 kN·m。第一试夯点点夯 20 击，沉降量为 14.56 m，第二试夯点夯 10 击，沉降量 5.75 m，第三试夯点夯 8 击，沉降量 3.68 m。试夯资料附最后页。

夯点按正方形进行布设，第一遍点夯各夯点中心间距为 7 m，边夯边填，每次夯击后补填至强夯工作面后再次夯击，强夯夯坑补料采用最大粒径不大于 50 cm 的开山片石。第二遍点夯夯击点位于第一遍之间，夯击过程与第一遍相同，但第一遍后必须待孔隙水压力减少 90% 后才能进行第二遍夯击。现场派专人跟踪对每次点夯数据进行记录，由现场旁站监理对回填工程量进行签证。

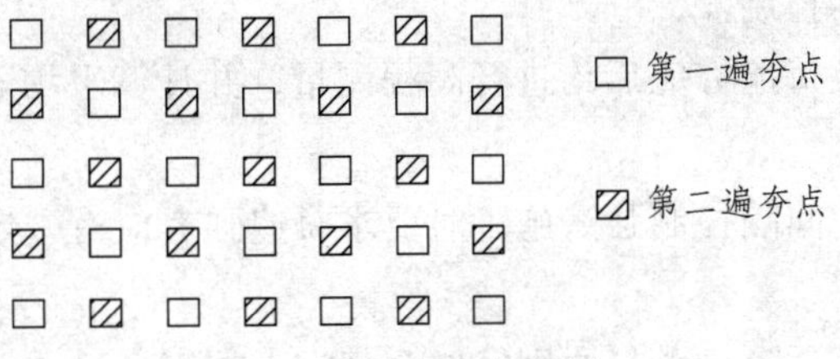

图 6-19 夯点布置图

2）收锤标准

点夯夯击数按现场试夯得到的夯击数和夯沉量关系曲线确定。并应同时满足最后两击的平均夯沉量不大于 50 mm、夯坑周围不应发生过大的隆起，不因夯坑过深而发生提锤困难等要求。在未经实验时，原则上每点夯击次数不小于 6 遍。

3）满夯施工参数

满夯能量：1 500 kN·m，夯印搭接大于 1/3 锤径；满夯击数：6～4 击。采用圆柱锤、锤重 25 t、落距 6 m。

2. 施工方法

放线定位→第一遍片石强夯置换施工→场地平整→放线定位→第二遍片石强夯置换施工→场地平整→满夯→场地平整→竣工验收。

在强夯施工过程中置换出来的水和淤泥，现场采用临时挖排水沟，集水井进行排水。用挖机配合运输车或装载车将淤泥及时清理。

3. 施工顺序及步骤

清除地表下各种障碍物（包括人防工程、建筑垃圾、地下管线、电缆等）场地整平；并修筑施工便道。回填填料至工作面，回填料采用附近开山灰岩，最大粒径不大于 50 cm。首次堆料厚度控制在 1 m 左右。

（1）布置第一遍置换夯点，用装土的红色塑料袋标出每一个夯点点位，且偏差不大于 5 cm，并测量场地的高程。

（2）夯机就位，按设计要求的夯击能定出高度，夯锤对准夯点中心进行夯击，测量锤顶高程，如果形成夯坑达到 100 cm 时，及时由人工或机械向夯坑堆回填料；在堆平后在进行下次一次夯击，直至满足设计所规定的施工参数。每台夯机派专人对每个夯点进行沉降量观测，观测仪器用 S320 水准仪。

（3）施工过程中，定期地对夯锤吊高、击数及夯点偏差进行质量控制，并做好检查记录。收锤标准同前所述。

（4）回填夯坑整平。

（5）进行第二遍置换点夯。

（6）回填夯坑填料整平。

（7）进行满夯施工。

4. 施工技术要求

（1）强夯施工的标高控制。

强夯施工要求夯前及每遍夯完后均进行高程测量，并计算平均下沉量，取得数据作为技术资料存档。

（2）每遍强夯的时间间隔控制强夯施工时要求每遍强夯应有一定的时间间隔，具体时间由现场确定。

（3）夯击按由内到外，隔行跳打原则完成全部夯点施工。

5. 减少强夯施工损害的质量措施

减少强夯施工对场地现有及即将施工的管线、结构造成损害的质量措施：

（1）确定强夯范围时应离开现有建筑物或设施距离不少于 20 m。

（2）开挖隔震沟。

6. 强夯竣工质量验收

竣工质量验收主要有现场效果检验和内部资料检查方面。

（1）填写检验表格，与"验标"标准和设计标准进行比较，评定质量等级。

（2）内业资料检查，主要查内容是否齐全，能否满足要求。

（3）材料出厂证明书（合格证）和试验报告表。

（4）工序质量检验签证及报告表。

（5）分项分部工程检查验收质量评定表。

（6）工程施工记录（包括设计图、施工图、变更设计图、变更设计通知单，监理工程师及业主通知等）。

7. 强夯施工质量保证措施

（1）在施工过程中应采用住处化施工，及时在施工中将质量监控信息反馈并指导调整施工参数，确保质量。

（2）强夯施工必须按设计参数和强夯工艺进行施工，夯点布置偏差不得大于 50 mm。

（3）每个夯击点的夯击数按单点夯后确定的沉降量及贯入度控制，如按沉降量控制时采用水准仪观测，并做好记录。

（4）每夯击一遍完成后，应进行场地平整和测量场地标高与平均下沉量，并再进行施工放线及施放夯击点位，方可进行下一遍夯击，在施工过程中，对毁掉的施工夯击点标桩，应及时进行补放，以免丢失。

（5）强夯施工过程中应有人专门负责下列监测工作。

（6）在夯击中，当发现地质条件与设计提供的数据不符时应及时会同有关部门研究处理。

（7）施工中对方案制定的工作量或要求进行改变时，应报上级主管技术部门批准后方可施工。

（8）强夯施工中应在现场及时对各项参数及施工情况进行详细记录。

（9）强夯过程中夯坑周围不应有过大的隆起，如有异常及时报告监理工程师，会同设计、业主等部门再作处理办法。

（10）夯坑应当日施工，当日推平，以防下雨泡水。

（11）在施工过程中要求采取多遍夯击，直至满足强夯置换设计要求及收锤标准。

第7章 路基排水施工

7.1 路基排水施工的一般规定

施工前,应校核全线排水设计是否完善、合理,必要时应提出补充和修改意见,使全线的沟渠、管道、桥涵组合成完整的排水系统。临时排水设施应尽量与永久排水设施相结合,排水方案应因地制宜、经济实用。施工前,宜先完成临时排水设施。施工期间,应经常维护临时排水设施,保证水流畅通。路堤施工中,各施工作业层面应设 2%~4%的排水横坡,层面上不得有积水,并采取措施防止水流冲刷边坡。路堑施工中,应及时将地表水排走。施工中应对地下水情况进行记录并及时反馈。

7.2 地表排水施工

7.2.1 路基、路面排水系统

(1) 挖方路段边沟用于排泄路面及路堑坡面雨水,边沟一般采用浆砌片石铺砌。

(2) 路堤两侧的排水沟设置于护坡道外侧,排泄路基范围的地表水与桥涵及排泄劲系统综合排水系统。一般排水沟采用矩形沟,采用砌片石铺砌。

(3) 截水沟设置在路堑坡口 5 m 以外,拦截上边坡地表水,分段引入自然沟谷或排水沟中,以减轻路堑边沟泄水负担用浆砌片石铺砌。

(4) 一般挖方路段因地下水位较高,故在边沟底设置边沟下渗沟,渗沟采用碎石和渗水土工布做成矩形沟。

(5) 软土地段路堤在施工及预压期阶段两侧按设计排水位置设临时矩形排水沟,临时排水沟应就近将水排离路基,以利软土固结水能顺畅流出。

(6) 路面排水。

路面横坡:一般以中央分隔带边缘为起点,设置 2%双向(全幅)排水及 3%土路肩排水横坡度。在边坡大于 5 m 的填土路段,一般每隔 30 设置一个平入式雨水口,超高段的外侧路面雨水经路面合成坡排入中央分隔带边缘的纵向缝隙式排水管,每隔 50 m 设置横向排水管排入超高段边坡急流槽。超高内侧半幅路面水的处理,同一般路基段。挖方路段路面水经土路肩直接排入边沟。

(7) 超高段路面排水。

超高段一般需设置检查井,通过缝隙式排水管收集路面水,通过检查井由横向排水管引入路堤急流槽排出路基范围,检查井收集路面水后,通过纵向排水管,直接排入涵洞。

绿化带内铺设加筋防渗土工膜，绿化带中央碎石层盲沟，外包砂砾反滤层，沿盲沟每隔60 m设竖向集水井，绿化带内排水沿土工膜通过盲沟、盲沟隔栅流入集水井。

7.2.2 边坡防护、急流槽、边沟施工

填方路基边坡采用满铺草皮防护，过水塘段路基护坡采用浆砌片石护面墙防护。

1．护面墙施工

护面墙一般采用浆砌片石结构，填方路段护面墙与路基施工同步进行，位于鱼塘范围内的护面墙先用粘土包进行围堰，抽干围堰内的水，然后才能进行护面墙砌筑。

（1）浆砌片石护面墙前先对坡面进行夯实平整，保证在基础或坡面自身稳定性。

（2）近河流处护面墙下方还要加设砂垫层方能砌筑浆砌片石。

（3）砌石坡脚应按图纸要求的深底嵌入基槽。

（4）砌体的外露面和坡顶、边口，应选用较大较平整的石块并略加修整。

（5）浆砌片石应采用座浆法砌筑。

（6）石料在使用前必须浇水湿润，表面如有泥土、水锈应清洗干净。

（7）砂浆采用拌和机拌和，具有适宜的和易性和流动性，其稠度为 4~7 cm。

（8）不得采用灌浆方法砌石。竖缝较宽时，可在砂浆中塞以小石块，但不得在底座上或石块的下面用高于砂浆层的小石块支垫。用小石于混凝土填塞竖缝时，应以扁铁捣实。

（9）石块应长短相间，交错排列，上下层竖缝应错开至少 8 cm。但不能在丁石的上方或下方布设竖缝。

（10）砌筑上层石块时应避免振动下层石块。砌筑工作中断后再行砌筑时，原砌层表面应加以清扫和湿润。

（11）每天砌筑高度不宜超过 1.2 m，毛石每皮高度宜控制在 300~400 mm；灰缝厚度宜控制在 20~30 mm。

（12）勾缝及养生。

① 勾缝前应认真清理缝槽并用水冲洗。湿润。

② 勾缝时，缝应嵌入砌缝内 2 cm 深。如缝槽过浅以及浆砌拱圈等砌体外露面未留缝槽时，均应先开槽后勾缝。对于砌片石勾缝时，应嵌入砌缝 2 cm 以上。

③ 当勾缝工作完成和砂浆初凝后，砌体表面应刷洗干净，并用浸湿的草帘、草袋等加以覆盖，在 7 天内经常洒水，使砌体保持湿润。

④ 在砌体养生期内应避免碰撞或振动。

2．边沟、泄水管及急流槽施工

边沟的施工应首先进行，它既可维持原排水系统在施工过程中的正常使用，也可用作施工的排水。急流槽的施工可与边坡防护同时施工。路基施工完毕后，挖排水沟和修整边坡的工作即可进行。边沟及急流槽均采用 M7.5 浆砌片石砌筑，砂浆采用机械拌和，石缝间的砂浆应饱满不得有空洞，砂浆的强度不低于设计要求，错缝砌筑。

7.3 地下排水施工

7.3.1 路基盲沟施工工艺

1. 施工工艺流程

路基盲沟、渗沟的施工工艺流程见图 7-1。

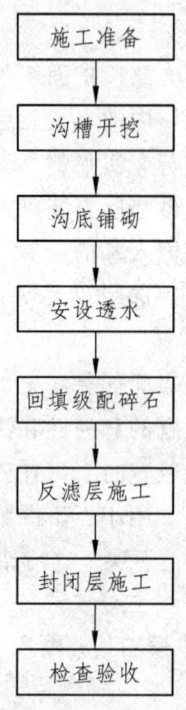

图 7-1 路基地面排水施工工艺流程图

2. 施工要点

1）施工准备

（1）对设计排水系统位置进行地质、水系调查，确保盲沟设置合理且与地表排水系统相协调。

（2）原材料质量检验，确保原材料合格，并确定施工使用的砂浆、混凝土配合比。

（3）编制排水系统施工方案，人员、机械设备进场，对相关人员进行技术交底。

（4）施工必须切断原有的沟管时，应做好临时排水沟，保证排水。

（5）应有可靠的防护措施，确保施工期间地表水、地下水不得侵入路基而造成路基松软及坡面坍塌。

2）沟槽开挖

（1）盲沟沟槽开挖前，测量放线定出中心桩和边桩，一般每隔 3~5m 设一个中心控制桩，通过计算确定边桩位置，确保线性圆顺美观。

（2）沟槽开挖应安排在适宜时间施工，开挖前做好地面排水，尽量避开雨季防止在施工期间造成基坑边坡失稳或坍塌，影响已基本成型的路基安全。

（3）应挂线放坡开挖，防止超挖欠挖，施工过程中应随时修整边坡，保持边坡的稳定性和平整性。

（4）沟槽采用人工配合挖掘机从下游向上游开挖。挖掘机开挖基本成型后，坑底留出 10 cm 土层，然后用人工修整坑底及基坑周边。检底时，按照坑底高程拉线

清底找平，不得破坏沟底原状土。沟槽尺寸，高程、坡率符合设计及规范要求。

3）沟底铺砌

（1）铺底混凝土应采用机械拌制，其配合比应通过试验确定。混凝土的运输及浇筑时间不应超过其初凝时间。

（2）混凝土灌注前，沟槽应清理干净，不得有浮土、垃圾等杂物。

（3）沟底混凝土灌注应按伸缩缝分段连续进行，各分段内混凝土应一次灌完，若因故中断，应按规范要求留施工缝。

（4）应在混凝土灌注地点随机抽样制作混凝土抗压强度试件，每工作班拌制的同一配合比的混凝土，取样不得少于 3 组，每组 3 块。

4）安装透水管

（1）透水管安装前，应精确计算好管节接头位置，在接口处挖设工作坑，深度不低于 20 cm，以便于操作接口。

（2）采用承插式柔性接头连接，安装时应使管节承口迎向流水方向，软管就位后，应将管节中心、高程逐渐调整到设计位置，并在管节两侧适当加土石垫块或砂石固定。

（3）透水孔应在管壁上交错布置，间距符合设计要求且不大于 200 mm。

（4）按施工图要求的方法及材料包裹透水管。

5）沟槽回填

（1）透水软管安装就位后，立即对管身两侧对称回填级配碎石以稳定管身，并分层夯实。

（2）在沟槽顶回填细石料时，应按基底排水方向由高至低向管身两侧同时分层填筑夯实，每层回填厚度不超过 20 cm。

（3）透水性材料应为坚硬、耐久、干净的碎石或卵石，不应含有机制、粘土或其他有害物质，其中粘性和脆性颗粒含量不超过 3%，碎石磨耗值不应超过 50%，其级配应满足设计及规范要求。

6）反滤层及封闭层施工

（1）反滤层应选用颗粒大小均匀的碎、砾石分层填筑，相邻层颗粒直径比不宜小于 1∶4，层厚不宜小于 15 cm，小于 0.15 mm 粒径的砂应小于 5%。沟底纵坡应大于 1%。

（2）当采用土工织物做反滤层时，应先在底部及两侧沟壁铺好就位，并预留顶部覆盖所需的土工织物，拉直平顺紧贴下垫层，所有纵向或横向的搭接缝应交替错开，土工布搭接长度及各项指标应满足设计及相关技术规范要求。

（3）渗沟顶部宜设置封闭层，设计有要求时按照设计进行施工。设计无要求是一般采用浆砌或干砌片石砌筑，或土工合成防渗材料铺成，并在其上夯填厚度不小于 0.5 m 的粘土防水层。盲沟上有边沟可不设封闭层。

7.3.2 截水帷幕墙施工工艺

1. 施工工艺流程

施工测量放样—桩机就位—试桩—钻孔—冲洗钻孔—下注浆管—灌浆—注浆、封孔—成品检测、验收。

2. 操作方法

1）试 桩

施工前，选择相同的地层进行试桩，其数量不少于施工数量的 1%，以确定有效的加固半径、灌浆压力、灌浆速度、灌浆层厚度和加固土体强度以及施工工艺、检测方法等。一般初定有效加固半径为 90 cm，加固土体强度不低于 5 MPa，灌浆完后，设置检查孔，钻芯取样做抗压、抗剪试验，数量不低于注浆孔数的 2%，要求抗压强度不低于 30 MPa。

2）钻 孔

（1）采用全站仪对钻孔的位置进行精确放样。

（2）在布孔位置搭设钻机，安装空压机、高压泵等机具设备，钻机安装应平整稳固。

（3）用冲击钻边钻进造孔（孔的直径为 50 mm），边下护壁套管，套管采用钢管，每节长 1.5~2 m，接长管两端带丝口。钢管内径 44 mm，直到套管下到设计深度。

（4）基岩用金刚石钻头或硬质合金钻头清水循环钻进，钻孔遇洞穴、坍孔或掉块难以进行时，可先进行处理，尔后继续钻进。

（5）钻孔的孔位、顺序、孔深、孔径和孔斜按施工图纸要求和监理指示进行。孔位误差不大于 10 cm。

（6）在钻进过程中要测孔斜，孔斜应小于 1%，发现钻孔偏斜超过规定时应及时纠偏。钻孔结束后，孔口要堵盖。

（7）钻进过程中应详细记录地层岩性、孔深、坍孔掉块、漏水及时间记录要求详细。

3）冲洗钻孔

帷幕灌浆钻孔的冲洗是整个灌浆过程的重要一环，是能否灌好浆的关键之一，因为灌浆孔没钻取岩心，大多数岩心被打成岩粉沉淀在孔内，当孔深较大时，岩粉难以被冲出。

一般采用"脉动冲洗"，裂隙中的充填物在"脉动压力"的作用下能容易洗干净。冲洗压力一般为灌浆压力的 80%，但在断层破碎带等散体结构岩体段内，若压力过大易塌孔，越洗孔内沉淀越多，孔内易形成坍腔，灌浆时处理困难。因此，只宜用适当的冲洗压力进行，将冲洗时间延长。一般冲洗时间为达到孔口返出清水后延续 10 min，整个冲洗时间不少于 30 min。但回水中出现较多砂子时，应继续冲洗干净。

4）下注浆管

钻孔冲洗干净以后，下入注浆管，注浆管一般为内径 38 mm 的钢管，有孔长度即花管长度根据试桩确定，每延米长内有 60~80 个孔眼，孔眼直径为 5 mm，孔眼要求加工成喇叭形，分四排交错排列，花管管底封口。

5）灌 浆

起拔套管至第一灌浆顶部，对第一段进行灌浆，浆液由注浆管流出压入卵石层，第一段灌浆后，将注浆管上提至第一段顶部，而后将套管也上提一段，进行第二段灌浆，如此循环由下而上逐段灌浆，每段灌浆长度宜为 1 m。灌浆示意图见图 7-2。

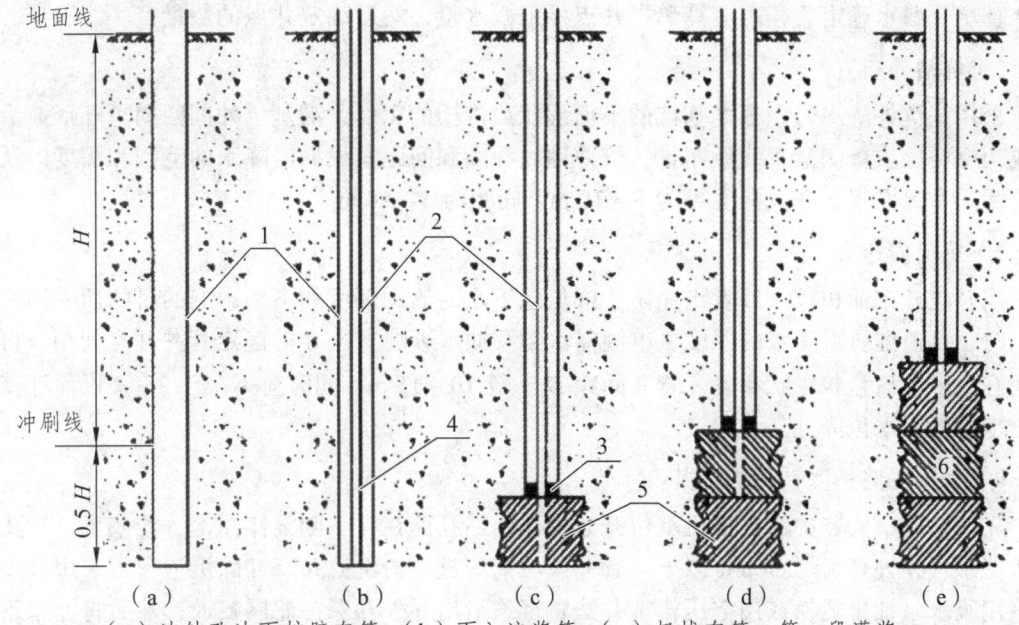

(a) 边钻孔边下护壁套管；(b) 下入注浆管；(c) 起拔套管；第一段灌浆；
(d) 起拔注浆花管，第二段灌浆；(e) 起拔注浆花管和套管，第三段灌浆

图 7-2 灌浆示意图
1—护壁套管；2—注浆管；3—橡胶塞；4—注浆花管；
5—浆液扩散范围；6—受灌的砂卵（砾）石层

6) 注 浆

先下游，后上游；先注外排孔（第Ⅰ次序孔），后注中排孔（第Ⅱ次序孔）。注浆压力随着注浆深度的变浅而降低，以避免地表冒浆。应特别注意在距地面 1.0~1.5 m 时的注浆压力不要过高，避免造成人员伤害。

7) 封 孔

每个帷幕灌浆孔全孔灌浆结束后，会同监理及时进行验收，验收合格的灌浆孔才能进行封孔。帷幕灌浆采用自下而上分段进行灌浆封孔，每段段长 1 m，浅孔可 1 次进行，灌注水灰比为 0.5∶1 的浓浆，压力与灌浆压力相同，当注入率不大于 1 L/min，延续灌注 30 min 停止，最上段延续 60 min 停止，灌注结束后闭浆 24 h。

7.3.3 管井井点降水施工工艺

1. 施工工艺流程

绞线定位→钻孔法成井→安装滤水井管→接通吸水管→启动高压水泵抽地下水→降水完毕后拔井管→封井。

2. 操作要点

1）管井井点布置

基坑总漏水确定后，再演算单根井点极限漏水量，然后确定井点的数量。

2）坑槽外布置

采用基坑外降水时，根据基坑的平面形状或沟槽的宽度，沿基坑外围四周呈环形或沿基坑或沟槽两侧成单侧呈直线形布置，管井埋设深度和间距，根据需降水的范围和深度以及土层的渗透系数而定，埋设深度可为 5~10 m，间距为 5~10 m。

3）坑槽内布置

当基坑开挖面积较大或者出于防止降低地下水对周围环境的不利影响的目的而采用坑内降水时，可根据所需降水的深度、单侧漏水量及抽水影响半径 R 等确定管井井点间距，再以此间在坑内呈棋盘状点状布置。管井间距 D 一般 10~15 m，同时应不小于 $2^{1/2}R$ 以保证基坑内全范围地下水位降低。

4）采用泥浆护壁钻孔法成井

先挖井口、安装护筒、钻机就位开始钻孔，钻孔前在井一侧设排泥沟、泥浆坑。钻孔直径比滤水管井外径大 200 mm 以上。管井下沉前应进行清洗滤井、冲除沉渣、可采用灌入稀泥浆用吸水泵抽出置换或用空压机洗井法将沉渣清出井外并保持滤网畅通，然后将滤水管当中插入、用圆木堵住管口、管井与土壁之间用 6~15 mm 粒径砾石填充作为过滤层地面下 0.5 m 范围内用粘土填充夯实。管井使用时，应经试抽水，在抽水过程中，应对电动机、传动轴、电流、电压等进行检查并对井内水位下降和流量进行观测和记录。管井使用完毕后，可使用起重设备将管井管口套紧徐徐拔出。滤水管拔出后可洗净再用，所留孔洞用用沙砾填实，上部 500 mm 用粘土填充夯实。

第8章 路基防护与支挡施工

8.1 路基防护及支挡施工一般规定

路基防护工程宜与路基挖填方工程紧密、合理衔接，开挖一级防护一级，并及时进行养护。各类防护和加固工程应置于稳定的基础或坡体上。应根据开挖坡面地质水文情况逐段核实路基防护设计方案，应尽量采用边坡自然稳定下的植物防护或不防护。坡面防护施工前，应对边坡进行修整，清除边坡上的危石及不密实的松土。坡面防护层应与坡面密贴结合，不得留有空隙。在多雨地区或地下水发育地段，路基防护工程施工中，应采取有效措施截排地表水和导排地下水。临时防护措施应与永久防护工程相结合。

8.2 边坡防护施工

坡面防护包括：植物防护、骨架植物防护、圬工防护三大类。

植物防护包括：植被防护、三维植被网防护、湿法喷播、湿法喷播等四种主要形式。

而骨架植物防护包括：浆砌片石骨架植草防护、水泥混凝土空心块植草护坡、锚杆混凝土框架植物防护等三种主要形式。

圬工防护则包括：喷浆防护、喷射混凝土防护、锚杆挂网喷射混凝土防护、干砌片石护坡、浆砌片石护坡、水泥混凝土预制块护坡、浆砌片石护面墙等七种主要防护形式。

不同的坡面防护形式其质量要求不同，具体要求详见《JTG F10—2006公路路基施工技术规范》。

8.2.1 土钉固定钢筋混凝土骨架边坡防护施工工艺

1．工艺流程（见图8-1）

2．施工要点

1）施工准备

（1）现场情况复核，如有不符应及时处理。

（2）搭设脚手架，按照设计边坡坡率逐段进行检查，对坡面不顺及局部有凸出部分要进行凿除、平整，并将坡面及坡顶松散石块清除干净。

（3）组织试验人员进行钢筋性能试验、粗、细集料性能试验，确保进场材料符合要求，确定砂浆、混凝土配合比试验。

（4）土钉拉拔力试验。

全面展开施工前，要取土钉总数的5%且不少于3根进行土钉钻孔、注浆与锁定等试验性作业，确定合理的施工工艺和设备，确保各项指标都达到设计和规范要求。

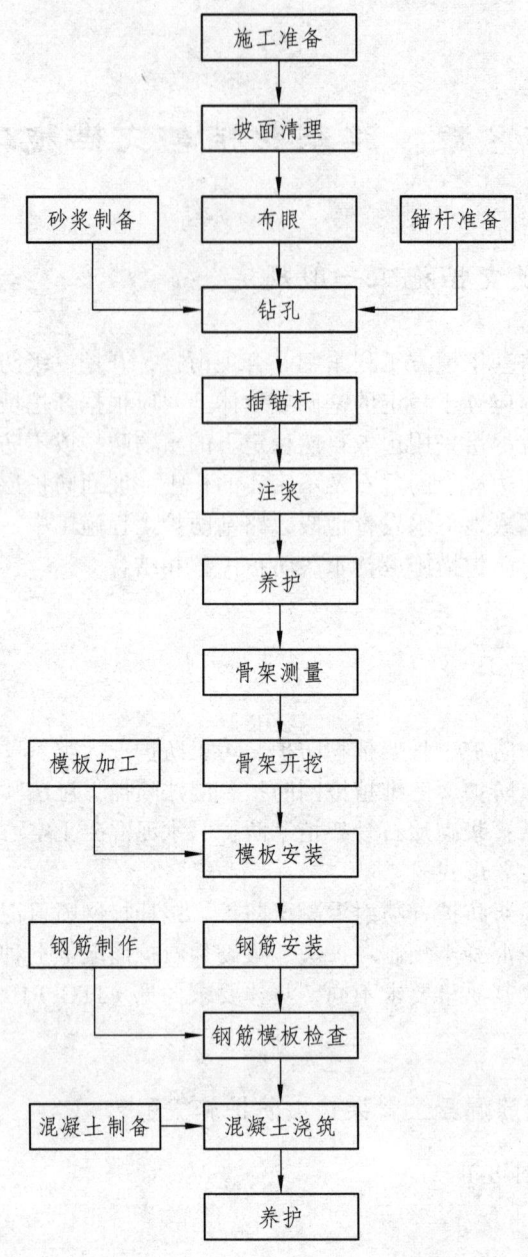

图 8-1 土钉固定钢筋混凝土骨架边坡防护施工工艺流程图

2）布眼、钻孔

按照图纸要求进行土钉孔位定位。锚杆采用锚杆钻机钻孔，锚杆轴线在非顺层地段处与坡面垂直；在顺层地段与坡面大角度相交，钻进达到设计深度后，不能立即停钻，要求稳钻 1~2 min，防止孔底达不到设计孔径。钻孔孔壁不得有沉碴及水体粘滞，必须清理干净，在钻孔完成后，使用高压空气（风压 0.2~0.4 MPa）将孔内岩粉及水体全部清除出孔外，以免降低水泥砂浆与孔壁岩土体的粘结强度。钻孔要符合以下要求：钻孔圆而直，钻孔方向尽量与岩层主要结构面垂直。

3）土钉制作、安装

土钉材料按照设计要求进行制作。在土钉钢筋置入孔中前，沿杆长每 2～3 m 焊接一个中支架，保证杆体居中。

4）注　浆

孔深、孔径验收合格后灌注水泥砂浆，砂浆拌和均匀，随拌随用，一次拌和的砂浆要在初凝前用完。

5）骨架开槽

采用人工开槽，开挖时严格按照测量放样的位置进行，并不得出现超挖或欠挖。

6）模板支立

采用组合木模临时固定在坑槽内，钢筋骨架安放后采用穿 PVC 管的对拉杆加固。

7）钢筋绑扎

钢筋制作安装，钢筋接头需错开，同一截面钢筋接头数不得超过钢筋总根数的 1/2，且有焊接接头的截面之间的距离不得小于 35 d（d 为钢筋直径），并不小于 50 cm。锚杆外露部分与骨架钢筋的单面焊接长度必须保证 10 d 的要求，如锚杆钢筋与骨架主筋错位时，可局部调整骨架主筋的位置。

8）混凝土浇筑

混凝土集中拌合，罐车运输，吊车吊装入模，使用插入式振捣棒进行振捣。混凝土的浇筑顺序，必须自边坡由下向上进行，以保证混凝土成型。混凝土浇筑，尤其在土钉孔周围，钢筋较密集，一定要加强振捣，保证质量。

9）养　护

混凝土的养护在混凝土浇筑 12～24 h 后覆盖养护，养护时间不得少于 7 d。

8.2.2　石质边坡客土喷播植草施工工艺

1. 施工工艺流程

石质边坡客土喷播植草施工工艺流程见图 8-2。

2. 操作要点

1）材料准备

（1）草籽、灌木种子选用：应选择适合于当地气候条件、易于生长的草种。混合草种应试验其萌芽情况，其纯度和萌发率均应达到 80% 以上。灌木种子为林木或绿化种子，其发芽率、纯度、生活力、优良度应不低于相应国家标准规定的种子质量三级要求。

（2）土壤：应为松散的、具有透水性并含有有机物质的土壤，利于植物生长，不应含有盐、碱土，且无有害物质以及大于 20 mm 的石块、棍棒、垃圾等。

（3）肥料：应优先使用经过沤制的农家肥。使用化肥时，应为标准农田化肥并按袋装提供，满足复合肥料国家标准（GB 15063）规定。

（4）水：应符合《农田灌溉水质标准》（GB 5084）的要求。

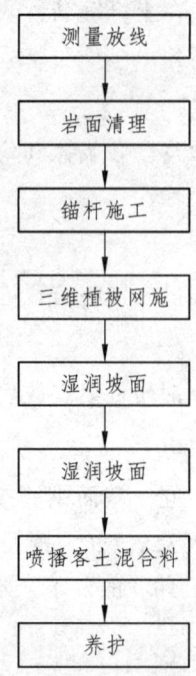

图 8-2 石质边坡客土喷播植草施工工艺流程图

2）坡面整理

自上而下清除边坡表面松散的石块、垃圾、杂草及有害物质。为增强草种的附着力，沿坡面水平方向开挖一定深度的沟槽。

3）锚杆施工

按照设计的锚杆布置要求及长度施工三维网锚杆。锚杆孔采用风钻配 3 cm 钻头进行成孔，在进行成孔时要保证孔的中线垂直于坡面。用水将孔内的土冲洗干净，插入锚固钢筋。锚固筋的端头外露于坡面 10 cm。将砂浆灌入孔内，用钢筋进行捣实，直至砂浆溢出到坡面。锚杆的作用是为增强边坡的抗剪力，增强边坡的整体稳定性，减少边坡滑塌的病害。

4）三维植被网施工

自上而下进行三维植被网的施工，搭接宽度不小于 100 mm，四周埋入坡面长度应符合设计要求。在进行三维植被网施工同时将锚固钢筋外露端从中间位置回折以便将植被网固定，三维植被网施工后应确保紧贴坡面。三维植被网的技术指标应符合表 8-1 规定，并满足设计要求。

表 8-1 三维植被网主要技术指标

材料规格	EM2	EM3	EM4	EM5
单位面积质量，g/m^2 ≥	220	250	350	420
厚度，mm ≥	10	12	14	15
纵向拉伸强度，kN/m ≥	0.8	1.6	2.0	3.2
横向拉伸强度，kN/m ≥	0.8	1.6	2.0	3.2

5）湿润坡面

坡面在喷播前需充分洒水 1~2 次保持坡面湿润，渗透深度不得小于 15 cm，充分湿润且无明显水迹后进行喷播。

6）喷播施工

首先将喷射机安置在合适的位置，然后将搅拌机放置在喷射机附近，确保卸料时直接进入喷射机的料斗。在土场利用粉碎机将土壤粉碎，并过 20 mm 的筛子，防止大颗粒进入喷射机造成堵管现象发生。将粉碎好的土壤运至施工地点，卸载到彩条布上，防止污染路面层。将土壤铲入搅拌机的料斗，同时放入草籽、有机肥、速效肥、长效肥、保水剂、稳定剂和黏合剂。混合草籽用量每 1 000 m² 不宜少于 25 kg。气温低于 12 °C 不宜进行喷播植草作业。

表 8-2　客土混合料参考配合比（质量）

土	有机肥	速效肥	长效肥	保水剂	稳定剂	粘结剂
90.00	10.00	0.100	0.15	0.15	0.10	0.20

首先启动空压机和水泵，使空气压力达到 0.3 MPa，然后启动搅拌机将混合料卸入喷射机的料斗，最后启动喷射机。喷射时，应控制好喷嘴与受喷面的距离和角度。喷嘴与受喷面垂直，喷嘴与受喷面距离控制在 0.6~1.2 m 范围内。喷射顺序自上而下，纵向按"S"形运动。喷射手可根据喷射机的压力和坡面的地质情况调整喷射角度和喷射距离，保证客土能够均匀喷播于坡面上。

7）养　护

喷播后及时覆盖无纺土工布。根据天气情况及时对坡面进行喷水养护，保证草种出苗前及小苗生长阶段始终保持坡面湿润。喷水养护时应用喷湿机进行雾化洒水，严禁用水龙头直接喷洒，防止水量过大造成客土和草籽的冲刷。

8）栽植后的养护管理

（1）病虫害的防治：要做到以预防为主，不能预防的，发现后要及时整治。

（2）补播：对死亡、损坏严重的灌木苗和草，要适时补种和补喷同规格同品种的植物。

8.2.3　浆砌工程施工工艺

1. 施工工艺流程

测量放线→基坑开挖→地基承载力检验→基坑验收→砌筑→砌体外露面修整勾缝→养护→浆砌成品检测、验收。

2. 施工方法

1）测量放样

按照设计要求及位置进行放样，保护好放样点。

2）基础开挖

开挖过程中，根据地质情况选择合适的基坑开挖和支护方式，确保工人人身安全。开挖土及时运到指定的弃土场，不得在四周乱堆乱放，如为准备回填则应堆放在安全、合适的地点。为避免超挖，最后一般以人工清理基坑为主。

3）地基承载力检测

路堤、路肩下挡墙及涵洞基础等有地基承载力要求的，基坑开挖到设计高程层必须进行地基承载力检验。地基承载力要求在 0.3 MPa 以下的可采用轻型触探仪进行检测，在 0.3 MPa 以上的需采用重型触探仪进行检测。地基承载力不能满足要求的，报监理工程师和设计单位进行变更处理。对于排水沟、截水沟、护坡、护面墙等没有地基承载力要求的浆砌片石工程，可不检测，但应对基底进行拍实。

4）基坑验收

经检测地基承载力满足设计要求的，测量人员对基坑高程、轴线进行复核，报请监理工程师进行验收。

5）砌筑施工

（1）砌块砌筑方法

一般砌筑方法有：铺浆法、挤浆法、抹浆法和灌浆法。

① 铺浆法：又称坐浆法。砌筑时先在下层砌体面上铺一层薄厚均匀的砂浆，压下砌块，借助砌块自重将砂浆压紧，并在灰缝上加以必要插捣和用力敲击，使砌块完全稳定在砂浆层上，直至灰缝表面出现水膜。当基底为岩石时，应先将基底表面清理、湿润，再坐浆砌筑；当基底为土质时，可直接坐浆砌筑。如基底为斜坡，应做成防滑台阶。

② 抹浆法：用抹灰板在砌块面上用力涂一层砂浆，尽量使之贴紧，然后将砌块压上，辅以人工插捣或用力敲击，通过挤压砂浆使灰缝平实。

③ 挤浆法：综合坐浆法和抹浆法的砌筑方法。除基底为土质的第一层砌块外，每砌一块，均应先铺底浆，再放砌块，经左右轻轻揉动几下后，轻击砌块使灰缝砂浆被压实。在已砌好的砌块侧面安砌时，应在相邻侧面先抹砂浆后砌石，并向下及侧面用力挤压砂浆，使灰缝挤实，砌体被贴紧。

④ 灌浆法：把砌块分层水平铺放，每层高度均匀，空隙间填塞碎石，在其中灌以流动性较大的砂浆，边灌边捣实至砂浆不能渗入砌体空隙为止。

（2）浆砌片石

浆砌片石一般采用挤浆法和灌浆法砌筑。

① 浆砌片石的一般砌石顺序为先砌角石，再砌面石，最后砌腹石。角石应选择比较方正、大小适宜的石块，否则应稍加修凿。角石砌好后即可将线移挂到角石上，再砌筑面石（即定位石）。面石应留一运送填腹石料的缺口，砌完腹石后再封砌缺口。腹石宜采取往运送石料方向倒退砌筑的方法，先远处，后近处。腹石应与面石一样按规定层次和灰缝砌筑整齐、砂浆饱满。

② 砌体外侧定位行列与转角石应选择表面较平、尺寸较大的石块，浆砌时，长短相间并与里层石块咬紧，分层砌筑应将大块石料用于下层，每处石块形状及尺寸搭配合适。定位砌体砌完后，应先在圈内底部铺一层砂浆，其厚度应使石料在挤压安砌时能够紧密连接，且砌缝砂浆密实、饱满。砌筑腹石时，石料间的砌缝应互相交错、咬搭，砂浆密实。挤浆时可用小锤敲打石料，将砌缝挤紧，不得留有孔隙。竖缝较宽者可塞以小石子，但不能在石块下用高于砂浆层的小石块支垫。排列时，石块应交错，坐实挤紧，尖锐凸出部分应敲除。

③ 采用挤浆法应分层、分段砌筑，一般 2～3 层组成一个工作层，每一工作层应大致找平。分层内的每层石块，不必铺通层找平砂浆，可按石块高低不平形状，逐块或逐段铺砌。分段位置应设在沉降缝或伸缩缝处，两相邻段的砌筑高差不得大于 1 200 mm，分层水平砌缝大致水平。各砌体的砌缝应互相错开，砌缝应饱满。分层与分层间的砌缝必须错开，不得贯通。

④ 采用铺浆法，每层石块应选择高度大致相同的石块，每一层应用砂浆砌平整理，而不是砌 2-3 层石块再找平。具体砌法是：先铺一层坐浆，将石块安放在砂浆上，用手推紧。每层高度视石料尺寸确定，一般不超过 400 mm，并随时选择厚度适宜的石块，用作砌平整理，空隙处先填满较稠的砂浆，用灰刀或捣棒插实，再用适当的小石块卡填紧实。然后再铺上层坐浆，以同样方法继续砌上层石块。

⑤ 浆砌片石砌筑还需注意利用片石的自然形状，使其相互交错地衔接在一起。因此，除最下一层石块应大面朝下外，上面的石块不一定必须大面朝下，做到犬牙交错、搭接紧密即可。同时在砌下层石块时，即应考虑上层石块如何接砌。石块应大小搭配、相互错叠、咬接紧密，并备有各种尺寸的小石块作挤浆填缝用；石料不得无砂浆直接接触，也不得干填石料后铺灌砂浆；片石砌筑时，应设置拉结石，并应均匀分布，相互错开。

⑥ 砌筑片石时定位砌块表面砌缝的宽度不得大于 40 mm。砌体表面与三块相邻石料相切的内切圆直径不得大于 70 mm，两层间的错缝不得小于 80 mm，每砌筑 1 200 mm 高度以内应找平一次。填缝部分砌缝应减小，在较宽的砌缝中可用小石块塞填。

⑦ 角石、面石应采用比较方正的石块且首先选出备用。砌体下层应选用较大石块，向上逐渐选用较小石块。

⑧ 考虑到砂浆强度增长速度，要求一天内完成的砌体高度不超过 1 m。冬季气温较低时，当天的砌筑高度还应减少。

（3）块石砌筑施工

① 浆砌块石亦多用铺浆法和挤浆法。先铺底层砂浆并打湿石块，安砌底层。分层平砌大面向下，先砌角石，再砌面石，后砌腹石，上下竖缝错开，错缝距离不应小于 80 mm，镶面石的垂直缝应用砂浆填实饱满，不能用稀浆灌注。填腹石亦应采用挤浆法，先铺浆，再将石块放入挤紧，垂直缝中应挤入 1/3～1/2 的砂浆，不满部分再分层插入砂浆。厚大砌体，若不易按石料厚度砌成水平时，可设法搭配成较平的水平层。为使面石与腹石连接紧密可采用丁

顺相间，一丁一顺排列，有时也可采用两丁一顺排列。

② 块石应平砌，应根据墙高进行层次配料，每层石料高度大致齐平。

③ 块石应分层、分段砌筑，分段位置应设在沉降缝或伸缩缝处。

④ 用作镶面的块石，表面四周应加以整修，尾部略小，以利于安砌，镶面石应丁顺排列。镶面石灰缝宽为 20～30 mm，不得有干缝和瞎缝，上、下层竖缝应错开不小于 80 mm。

⑤ 填腹块石水平灰缝的宽度不应大于 30 mm，垂直灰缝的宽度不应大于 40 mm，灰缝应错开，灰缝中可以填塞小石块以节省砂浆。

（4）浆砌粗料石与预制块施工

浆砌粗料石与预制块的大小尺寸及排列、水平和垂直砌缝应事先进行设计，严格控制，避免出现竖向通缝。

① 每层镶面料石均应按规定的灰缝宽度及错缝要求配好石料，再用铺浆法顺序砌筑，随砌随填立缝，并应先砌角石。

② 按砌体高度确定砌石层数，砌筑粗料石时依石块厚薄次序，将厚的砌在下层，薄的砌在上层。

③ 一层镶面石砌筑完毕后，方可砌填腹石，其高度与镶面石齐平。如用水泥砼填芯，则可先砌 2-3 层后再浇注砼。

④ 每层料石或预制块均应采用一丁一顺砌置，砌缝宽度均匀，当为粗料石时缝宽不应大于 20 mm，砼预制块时缝宽不应大于 10 mm。相邻两层的竖缝应错开不小于 100 mm，在丁石的上层和下层不得有竖缝。水平缝为通缝，但严禁出现竖向通缝。

⑤ 竖缝应垂直，砌筑时须用水平尺及铅垂线校核。

（5）沉降缝、伸缩缝

沉降缝、伸缩缝的宽度一般为 20～30 mm。为保证接缝的作用，两种接缝均须垂直，并且缝两侧砌体表面需要平整，不能搭接，必要时缝两侧的石料须加以凿修。根据设计规定的接缝位置或在地质条件变化处设置，采用跳段砌筑的方法，使相邻两段砌块高度错开，并在接缝处作为一个外露面，挂线砌筑，达到又直又平。根据设计要求施作接缝塞料和进行防水处理。

（6）砌体泄水孔设置

若设计无明确规定，必须在适当的位置和高度设置泄水孔。最下一排泄水孔出水口应高出地面、边沟水位或常水位 300 mm；在每米高度上横向间隔 2 m 左右设置一个泄水孔，上下排错开布置。泄水孔尺寸一般为 10 cm×10 cm，在实际施工中可埋设 PVC 管作为泄水孔，泄水孔在墙身断面方向应有 3%～5%向外的坡度。砌体（挡墙）背面按规定设置隔水层和反滤层，在严寒地区，应设置一层 300 mm 厚的竖向连续排水层，防水、排水设施应与墙体施工同步进行，同时完成。

6）砌体外露面修整勾缝

砌体表面应勾缝，以防雨水渗漏，并增加结构物的美观。勾缝一般采用水泥砂浆，其强度等级比砌筑砂浆提高一个等级。勾缝的形式一般有平缝、凹缝及凸缝三种，其形状有方形、圆形、三角形等，一般砌体宜采用平缝或凸缝，料石及预制块宜采用凹缝。

设计有勾缝时，最好在安砌石料时预留 20 mm 深的凹槽，以备勾缝之用。未留凹槽时，应在勾缝前用扒钉或凿子开缝，开出凹槽，并以钢丝刷用水刷去砌石面上流浆和湿润凹槽。如原有的底浆不足，应先用砂浆填满，然后再勾缝，使勾缝均匀一致。勾缝完成后应注意养护。如未设计勾缝时，应随砌随用灰刀将灰缝刮平、压实。当勾凸缝时，其宽度、厚度应基本一致。

7）砌体养护

对浆砌砌体应加强养护，以便砌体砂浆强度的形成和提高。一般气温条件下，在砌完后的 10～12 h 以内，炎热天气在砌完后 2～3 h 以内即须洒水养护。养护时间一般不少于 7～14 d。养护时须使覆盖物经常保持湿润，在一般条件下（气温在 15 ℃ 及以上），最初的 3 d 内，昼间至少每隔 3 h 浇水一次，夜间至少浇水一次，以后每昼夜至少浇水 3 次。新砌的砂浆，在硬化期间不应使其受雨水冲刷或水流浸淹。在养护期间，除抗冻砂浆外，一般砂浆在强度未达到设计强度的 70% 以前，不可使其受力。如所砌石块在砂浆凝结后有松动现象，应予拆除，刮净砂浆，清洗干净后，重新安砌。拆除和重砌时，不得撞动邻近石块。砌体砂浆未达到设计强度前，不得承受全部设计荷载。

8）重要注意事项

新砌砌体告一段落或在收工时，须用浸湿的草帘、麻袋等覆盖物将砌体盖好。路堤边坡上采用浆砌片石护坡，应在路堤沉降稳定、边坡坡面拍实后才能进行。在冻胀变形比较大的土质边坡上，护坡底面应设置 10～15 cm 厚的碎石或者砂砾垫层。不可在砌体上抛掷或凿打石块。基坑超挖部分必须用砌体填充，不得用其它材料回填。砌块砌筑前，应将表面清除干净，用水湿润。块石砌体：每层石料高度基本一致，水平砌缝宽度一般不小于 3 cm，竖缝不大于 4 cm，应相互错开，不得贯通。料石砌体：外观整齐、美观，砌缝宽度一般不大于 2 cm，应相互错开，错开距离不小于 10 cm。预制块砌体：砌缝宽度一般不大于 1 cm，应相互错开，错开距离不小于 10 cm。

8.2.4　干砌工程施工工艺

1. 工艺流程

测量放线→基坑开挖→地基承载力检验→基坑验收（处理）→片、块石砌筑→填缝→干砌片、块石成品检测、验收。

2. 操作方法

1）测量放样

2）基础开挖

3）地基承载力检测

如路堤、路肩下挡墙等有地基承载力要求的，基坑开挖到高程后必须进行地基承载力检验，地基承载力要求在 0.3 MPa 以下的可采用轻型触探仪，在 0.3 MPa 以上的需采用重型触探仪进行检测。地基承载力不能满足要求的，报监理工程师和设计单位进行变更处理。

4）基坑验收（处理）

经检测地基承载力满足设计要求的（如有要求），测量人员对基坑高程、轴线进行复核，请监理工程师进行验收。有相当一部分干砌片石护坡的基础采用浆砌。

5）片、块石干砌施工

（1）按基底规定在检验好的基坑内进行基础干砌施工。

（2）砌筑方法

① 试砌：将片石在基面或接触面上试砌，找出不平稳部位及其大小；再用手锤敲去较尖凸部位，但不要残留薄片及断裂松脱石块。

② 砌垒：翻开片石，在不稳定部位用大小适宜的小石块垫实，然后翻回片石。如位置不当，可用小撬棍或凿子拨移，并用手锤敲击，使片石坐稳。

③ 填槽塞缝：用大小适宜的石块，以手锤敲击填实缝隙，务使砌石稳固。当下层砌完后，再砌上层。

④ 石块尺寸须符合规格要求，片石要尽量大，很薄的边口须敲掉，露面石须稍加修整。铺砌时大面朝下，应自下而上分层进行，采用"丁""顺""楔"，使片（块）石间嵌挤紧密，空隙处应用大小适宜的石块填塞紧密，但不得在一处集中填塞小碎石，以免影响墙身稳定。要考虑上下、左右间的接砌，应将面石的棱角修整，以利砌筑和美观。

⑤ 分层干砌时，应于同一层的每平方米面积内干砌一块值石，以便上、下层咬接。干砌顺序应先外后内，并要求外高内低，以防石块下滑。

⑥ 干砌挡土墙当墙的高度较大时，最好用块石砌筑。当墙高超过 5.0 m 或石料质量较低时，可在墙高中部，设置厚度不小于 500 mm 的浆砌水平层，以增加墙身的稳定性。

⑦ 干砌片、块石应分层、分段砌筑。分段位置应设在沉降缝或伸缩缝处。

⑧ 干砌片石边坡防护施工完成后，及时在坡面上洒一层砂等细料，用扫把清扫使细料填塞砌缝，防止雨水将边坡掏空造成边坡塌陷。必要时可对干砌片、块石砌体外露面统一进行勾缝。

6）重要注意事项

干砌片石护坡，当边坡为粉土、砂等容易被冲蚀的土质时，应在干砌片石下设不小于 0.1 m 厚的碎石或者砂砾垫层。干砌片石护坡时，片石应垂直坡面立砌。

8.3 边坡支挡施工

8.3.1 路堤重力式挡土墙施工工艺

1. 施工工艺流程（见图 8-3）

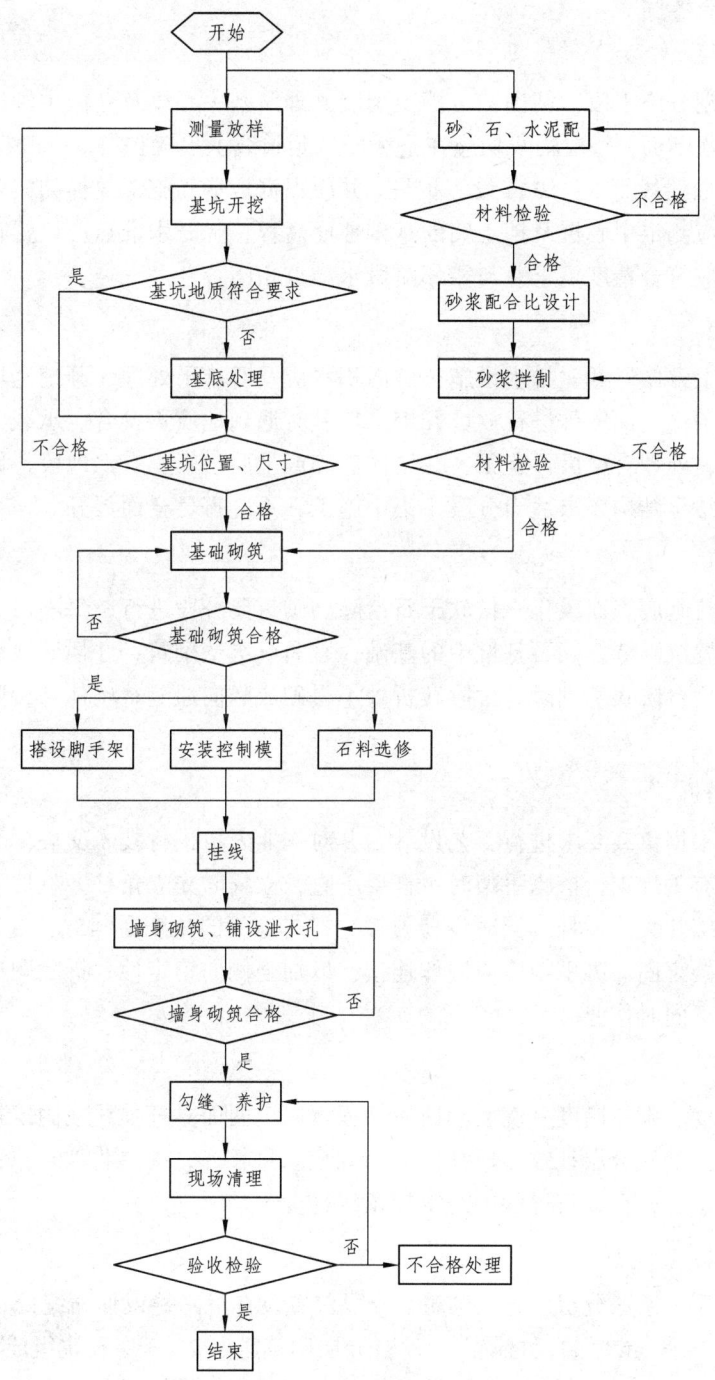

图 8-3 路堤重力式挡土墙施工工艺流程图

2. 施工要点

1）准备工作

熟悉施工图，现场核对地形地貌，当设计图与实际情况不相符时，应及时报批处理。依据工程量、工程特点、工期要求以及施工条件，编制实施性施工组织设计、作业指导书，对操作人员进行技术交底。

2）测量放样

根据施工图划分施工段，精确测定挡土墙墙趾处路基中心线及基础主轴线、墙顶轴线、挡土墙起讫点和横断面，每根轴线均应在基线两端延长线上设置护桩。一般在直线段每15～20 m设一护桩，曲线段每5～10 m设一护桩，并应根据地形和施工放样的实际需要增补横断面。放桩位时，应测定中心桩及挡土墙的基础地面高程，临时水准点应设置在施工干扰区域之外，施测结果应符合精度要求并与相邻路段水准点相闭合。

3）基坑开挖

开挖前应在上方做好截、排水设施，坑内积水应及时排干处理。开挖基坑时应核查地质情况，依据地质条件、深度等进行放坡开挖。挖基时遇到地质不符合、承载力不足时，应及时申请基底处理，处理合格后再施工。在岩体破碎或土质松软、有水地段，修建挡土墙宜在旱季施工；并应结合结构要求适当分段、集中施工，不应盲目全面展开。

4）基础砌筑

砌筑前，应将基底表面风化、松软土石清除。砌筑要分段进行，每隔10～20 m或在基坑地质变化处设置沉降缝。硬石基坑中的基础，宜紧靠坑壁砌筑，并插浆塞满间隙，使与地层结为一体。采用台阶式基础时，台阶转折处不得砌成竖向通缝；砌体与台阶壁的缝隙应插浆塞满。

5）脚手架搭拆

搭脚手架应根据负载要求进行工艺设计，并对作业人员进行技术交底。采用的材料都应经质量检验符合有关规定，搭脚手架时主杆要垂直，立杆时先立角柱，然后立主柱，主力柱完成后，再开始绑扎大小横杆。同时设剪刀撑，撑与地面的角度在45°以内，撑的交叉点应与有横杆的柱连接牢固。脚手架应与墙体连接，以加强侧向稳定性；拆除顺序应逐层从上而下进行，严禁上下同时作业。

6）挂线找平

按照墙面坡度、砌体厚度、基底和路肩高程可以设两面立杆挂线或固定样板挂线，对高度超过6 m的挡土墙宜分层挂线。所挂内外面线应顺直整齐，逐层收坡，以保证砌体各部尺寸符合施工图要求，并在砌筑过程中经常校正线杆。

7）砌筑墙身

砌筑墙身采用挤浆法分层、分段砌筑。分段位置设在沉降缝或伸缩缝处，每隔10～20 m设一道，缝中用2～3 cm厚的板材隔开。片石分层砌筑时以2～3层砌块组成一个工作层，每一个工作层的水平缝应大致找平，各工作层竖缝相互错开，不得贯通。砌缝应饱满，表层砌缝宽度不得大于 4 cm，铺砌表面与三块相邻石料相切的内切圆直径不得大于 7 cm，两层间的错缝不得小于 8 cm。沉降缝和伸缩缝可合并设置。分段砌筑时，相邻层的高差不宜超过 1.2 m。

石块在砌筑前浇水湿润，表面泥土、水锈应清洗干净。根据铺砌的位置选择合适的块石，并进行试放。一般砌石顺序为先砌角石，再砌面石，最后砌腹石。角石应选择比较方正、大小适宜的石块，否则应稍加清凿。角石砌好后即可将线移挂到角石上，再砌筑面石（即定位行列）。面石应留一运送腹石料缺口，砌完腹石后再封砌缺口。腹石宜采取往运送石料方向倒退砌筑的方法，先远处，后近处。腹石应与面石一样按规定层次和灰缝砌筑整齐、砂浆饱满。

砌块底面应座浆铺砌，立缝填浆补实，不得有空隙和立缝贯通现象。砌筑工作中断时，可将砌好的砌块层孔隙用砂浆填满。再砌时，表面清扫干净，洒水湿润。砌体勾凸缝时，墙体外表浆缝需留出 1～2 cm 深的缝槽，以便砂浆勾缝。浆砌片石应及时覆盖，并经常洒水保持湿润。砌体在当地昼夜平均气温低于 +5 ℃ 时不能洒水养护，应覆盖保温，保湿。并按砌体冬期施工规定执行。

8）安设泄水管

墙身砌筑过程中应按施工图要求作好墙背防渗、隔水、排水设施。砌筑墙身时应沿墙高和墙长设置泄水孔，一般采用梅花形等间距布置，按上下左右每隔 2～3 m 交错布置，采用毛竹或 PVC 塑料管。挡土墙顶面一般采用砂浆抹面或面石做顶。挡土墙顶面内侧与山体连接处要用黏土夯实，防止渗水。当墙背土为非渗水土时，应在最低排泄水孔至墙顶以下 0.5 m 高度内，填筑不小于 0.3 m 厚的砂砾石等过滤层。

9）勾缝养护

砌体勾缝，除设计规定者外，一般采用平缝或平缝压槽。平缝应随砌随用灰刀刮平。勾缝砂浆不得低于砌体砂浆强度，对勾缝砂浆应注意压实和外表美观。勾缝应嵌入砌体内约 2 cm 深，缝槽深度不足时，应凿够深度，勾缝前应清扫和湿润墙面。浆砌片石挡土墙砌筑完后，砌体应及时以浸湿的草帘、麻袋等覆盖，保持湿润。一般气温条件下，在砌完后的 10～12 h 以内，炎热天气在砌完后 2～3 h 以内即须洒水养护，洒水养护期不得少于 7 d。在养护期间，一般砂浆在强度尚未达到设计强度的 75% 以前，不可使其受力。已砌好但砂浆尚未凝结的砌体，不可使其承受荷载。

10）墙背回填

墙背填料的填筑，需待砌体砂浆或混凝土强度达到 75% 以上方可进行。墙后回填要均匀，摊铺要平整，并设不小于 3% 的横坡，逐层填筑，逐层碾压夯实，不允许向墙背斜坡填筑。应由最低处分层填起，若分几个作业段回填，两段交接处不在同一时间填筑，则先填地段应按 1:1 的坡度分层留台阶；若两个地段同时填筑，则应分层相互交叠衔接，其搭接长度，不得小于 2 m。每一压实层均应检验压实度，合格后方可填筑其上一层，否则应检明原因，采取措施进行补充压实，直至满足要求。

墙背填料一般情况下，应尽可能采用透水性好、抗剪强度高且稳定、易排水的砂类土或碎（砾）石类土等。严禁使用腐殖质土、盐渍土、淤泥等作为填料，填料中不得含有有机物、冰块、草皮、树根等杂物和生活垃圾。

8.3.2 扶壁式挡土墙施工工艺

1. 施工方法

测放基坑线,人工配合机械开挖,浇筑挡墙基础垫层,绑扎基础、墙身及扶壁的预埋钢筋,浇筑基础砼,墙身采用组合钢模板,拉杆对拉,泵车及串筒浇筑,人工振捣。挡墙施工完成后强度达到要求回填墙背。

2. 工艺流程（见图 8-4）

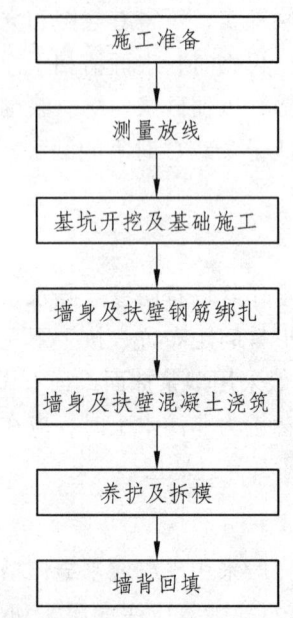

图 8-4 扶壁式挡墙施工工艺流程

3. 操作要点

1) 施工准备

（1）熟悉施工图，进行现场核对，当施工图与实际情况不相符时，应及时报批处理。

（2）编制实施性施工组织设计，并编制工序质量控制流程和作业指导书，对操作人员进行培训。

（3）对进场材料进行试验，确保材料合格；确定施工配合比。

2) 测量放线

根据施工图划分施工段，测定挡土墙墙趾处路基中心线及基础主轴线、墙顶轴线、挡土墙起讫点和横断面，注明高程及开挖深度。每根轴线均应在基线两端延长线上设 4 个桩点，并分别以混凝土包封保护，放测桩位时，应测定中心桩及挡土墙的基础地面高程，临时水准点应设置在施工干扰区域之外，测量结果应符合精度要求并与相邻路段水准点相闭合。

3) 基坑开挖及基础施工

人工配合机械开挖基坑，并在基坑四周布置横向排水沟，根据现场情况合理设置基坑防护，按设计要求在基坑底部施工垫层。基础立模前应测量放线，确定挡墙的基础的边线，按照线型布置，刻画钢筋间距，摆放、绑扎钢筋，预留墙身及板肋的钢筋。采用和基础同强度的混凝土垫块设置保护层，拼装钢模板应支撑牢固，接缝严实，不得漏浆。模板尺寸及保护层厚度合格后浇筑砼。

4）墙面板和扶壁施工

首先绑扎墙面板钢筋和扶壁钢筋，钢筋安装完经监理检查合格后，开始立模，施工中需特别注意模板的垂直度和平整度，在钢筋混凝土与模板间设置垫块，垫块与钢筋扎紧，垫块应采用细石混凝土制作，保证垫块的强度与混凝土结构的强度相同。垫块的安装应该保证钢筋的保护层厚度符合设计要求，同时要保证4个/m^2。混凝土浇筑采用插入式振动器振捣，振捣时严禁碰撞钢筋和模板。浇筑混凝土时，应经常检查模板、钢筋的位置和保护层的尺寸，确保其位置正确不发生变形。混凝土的浇筑连续进行，如因故必须间断时，其间断时间小于前层混凝土的初凝时间或能重塑的时间，并经试验确定，若超过允许间断时间，须采取保证质量措施或按工作缝处理。

5）混凝土养护、模板拆除

混凝土灌注完毕后，安排专人在初凝前进行混凝土收面，待混凝土终凝前再进行一次收面压光处理，然后再覆盖土工布进行洒水保湿养生。当气候炎热时或有风时，2 h～3 h后即可浇水以维持充分的润湿状态。在潮湿气候条件下，空气相对湿度大于60%时，使用普通水泥时，湿润养护时间不少于 7 d。墙面板和扶壁的侧模板属非承重模板，应在混凝土强度能保证其表面及棱角不受损伤时才能拆除，一般应在混凝土抗压强度达到 2.5 MPa 后方可拆除侧模板。

6）墙背填土

墙背回填应该在挡土墙混凝土的强度达到设计强度的75%才能够进行填土。应由最低处分层填起，回填要均匀，摊铺要平整，并设不小于 3%的横坡，逐层填筑，逐层碾压夯实，不允许向墙背斜坡填筑。若分几个作业段回填，两段交接处不在同一时间填筑，则先填地段应按1：1的坡度分层留台阶；若两个地段同时填筑，则应分层相互交叠衔接，其搭接长度，不得小于 2 m。大型压实机械要距离墙身及扶壁一定距离碾压，碾压不到地方采用小型夯机夯实。

8.3.3 柱板式锚杆挡土墙施工工艺

1．施工方法

施工工艺流程框图（见图8-5）。

2．操作要点

1）施工准备

（1）在进行锚杆施工前，应充分核对设计条件、土层条件和环境条件。

（2）复核设计图纸、领会设计意图，编制施工组织设计，编制施工技术交底及安全交底书，对作业人员进行先培训后上岗教育。

（3）施工前，要对施工中所需的各种原材料的主要技术性能进行试验检测、确保原材质量符合要求。

（4）根据设计图纸，确定砂浆及混凝土配合比。

（5）施工前，应先清除岩面松动石块，整平墙背坡面。

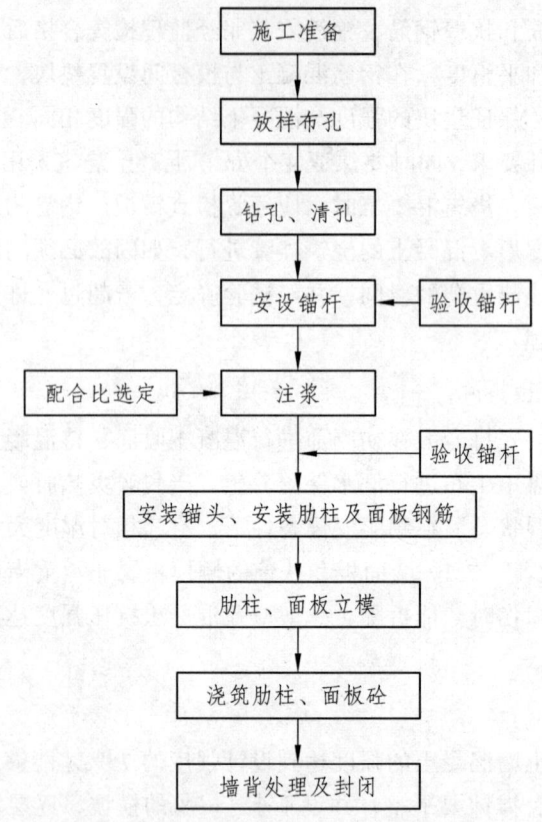

图 8-5 柱板式锚杆挡土墙施工工艺图

2）施工放样

（1）中心线复测，定出肋柱的基线桩，准确定出挡土墙的位置和高程。

（2）测定孔位，用仪器测出各个锚孔的位置作出标记，并设置孔位方向桩，以便校正。

3）钻 孔

（1）根据施工图所规定的孔位、孔径、长度及倾斜度采用钻机钻孔，钻孔采用流水作业法，钻孔过程当中要做好钻孔地质记录，成孔孔壁必须顺直、完整。

（2）按照设计钻孔深度。

应根据肋柱与主动破裂面和已有的滑动面的实际距离确定，并需在稳定层中达到足够的有效锚固长度。当岩层风化程度严重或其性质接近土质地层时，可加用套管钻进，以保证钻孔质量。

（3）在岩石低端钻至要求的深度成孔后，用高压风清孔，将孔内壁及端部残留废土及沉渣清除干净、严禁采用水冲洗。

4）锚杆制作安装

（1）锚杆类型、规格及性能应与设计相符合，并应按施工图尺寸下料、调直、除污、制作。

（2）插入钻孔的锚杆要顺直，并应除锈，锚固段部分一般用水泥砂浆防护；锚杆孔外部分需做防锈层，采用在钢筋表面涂防锈底漆，再包扎沥青麻布两层或塑料套管及化学涂料等方法进行防锈。如防锈层局部遭到破坏，应及时加以修复处理。

（3）锚杆放入孔内时需居中，可沿锚杆长度间隔 2 m 左右焊接定位支架。孔位允许偏差符合规范要求。

（4）清孔完毕后应及时安装锚杆，把制作好的锚杆钢筋缓慢地送入钻孔内，定位支架在锚杆下部撑住，插入锚杆时应将灌浆管与锚杆钢筋同时放至钻孔底部。安装的锚杆钢筋应保持顺直。

（5）有水地段安装锚杆，应将孔内水排除或采用早强速凝药包式锚杆。

5）灌　浆

（1）按施工配合比采用搅拌机拌制砂浆，随拌随用，经过 2.5 mm×2.5 mm 的滤网倒入储浆桶防止石块、杂物混入浆液。桶内水泥砂浆在使用前仍需低速搅拌，防止砂浆离析，拌制的浆液应在初凝前用完。

（2）压浆用砂以中砂为宜，配合比一般为 1∶1（重量比）、水胶比不大于 0.50 的水泥砂浆，同时尽可能采用膨胀水泥。为避免孔内产生气垫，压浆泵料仓内要始终有一定的砂浆。注浆作业开始和中途停止较长时间情况下，再作业时宜用水或水泥浆润滑注浆泵及注浆管路。

（3）采用重力灌浆与压力灌浆相结合的方法灌注。先将内径 5 cm 胶管与锚杆同时送入距锚孔底 10 cm 处，用灌浆泵（灌浆压力为 0.3 MPa 左右）使砂浆在压力下自孔底向外充满。随着砂浆的灌筑，把灌浆管从孔底朝孔口缓慢匀速拔出，但要保持出管口始终埋入砂浆面以下 1.5～2.0 m。当砂浆灌至孔口时立即减压为零，以免在孔口形成喷浆。浆体硬化后不能充满锚固体时，应进行补浆。补浆结束后立即将制作好的封口板塞进孔口，灌浆结束。

（4）一次常压注浆结束后，应将注浆管、注浆枪和注浆套管清洗干净。

（5）砂浆锚杆安装后，不得敲击、摇动，普通砂浆在 3 d，早强砂浆在 12 h 内不得在杆体上悬挂重物。

（6）进行灌浆锚杆拉拔试验测试。

6）肋柱浇筑

（1）就地浇筑挡土墙的模板以组合钢模板为佳，若采用木模时应内衬铁皮；模具要涂刷隔离剂，使用后及时清理。

（2）按规范要求做好钢筋及预埋件的下料、弯制、绑扎、焊接等工序，安装时应控制好预埋件（预埋孔）位置和混凝土保护层厚度，不得有露筋现象。浇筑混凝土前按照设计要求预埋好泄水孔。

（3）按照配合比拌制混凝土，严格控制用水量。采用混凝土振动器振捣混凝土，边角处辅以人工捣固，确保混凝土密实。

（4）按规定做好构件的脱模、覆盖养生工作。

7)安装预制槽型墙面板

(1)安装挡板时,应随时作反滤层和墙背回填。

(2)挡板安装前应将飞边打掉,防止安装后超出柱顶,对立柱、挡板的倒运、安装应符合混凝土强度要求并防止碰撞和震动,以免损坏构件。

8)墙背处理及封闭

当墙背土为非渗水土时,应在最低排泄水孔至墙顶以下0.5 m高度内,填筑不小于0.3 m厚的砂砾石等反滤层。挡板后填料应均匀,不应填入大块石料以免挡墙集中受力。分级式挡土墙平台应回填密实,并做好泄水坡或设排水护板的施工。

8.3.4 高边坡预应力锚索框架支护施工工艺

1. 工艺流程(见图8-6)

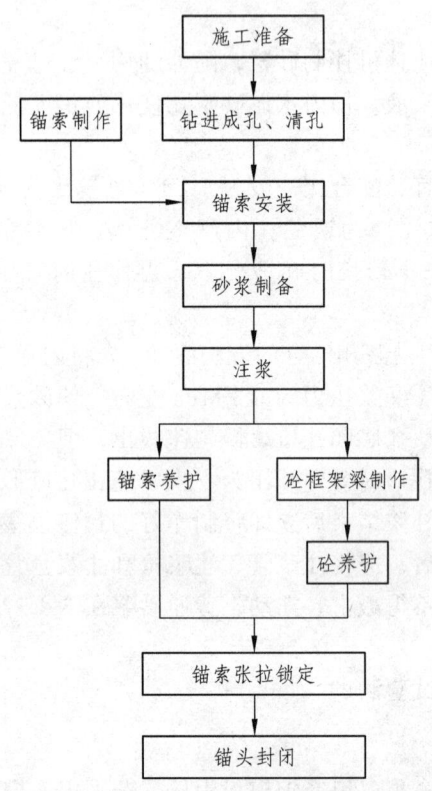

图8-6 预应力锚索框架梁施工工艺框

2. 施工要点

1)施工准备

(1)预应力锚索施工前应做好施工组织设计,明确施工方法、施工工艺、工序流程、人员组织和施工设备、材料、试验、监测安排及安全、质量管理。申请单项工程开工,开工条件包括开工报告、锚筋材料试验、浆体材料试验、配合比试验、相关机械设备等,并应注意张拉设备及有关机具是否经过标定。

（2）做好施工场地的排水工作，材料、机械的防雨、防水工作，保证水、电畅通。将预应力的钻孔设备、注浆设备、张拉设备调至工作面附近，待坡面整修工作面完成后，马上吊运至工作面。

（3）按设计要求先进行锚索基本试验，即抗拉拔破坏性试验。

（4）为方便钻机作业，需在边坡上搭设脚手架平台，采用符合规范标准的 $\phi 48\ mm \times 35\ mm$ 钢管作支架，用扣件联接，平台宽度为 5 m，作业平台上满铺建筑模板，模板与脚手架用铁丝绑扎牢固。

（5）按设计要求，将锚孔位置准确测放在坡面上，孔位误差不得超过 ±50 mm。

2）钻 孔

钻孔应采用干钻。钻进过程中应对每个孔的钻进状态（钻压、钻速）、地层变化、地下水出露等情况作好现场施工记录。钻孔孔径、孔深不得小于设计值。为确保锚孔直径，要求实际使用钻头直径不得小于设计孔径。为确保锚孔深度，要求实际钻孔深度大于设计深度 0.2 m 以上。钻进达到设计深度后，不能立即停钻，要求稳钻 1~2 min，防止孔底尖灭、达不到设计孔径。在钻孔完成后，使用高压空气（风压 0.2~0.4 MPa）将孔内岩粉及水体全部清除出孔外，以免降低水泥砂浆与孔壁岩土体的粘结强度。若遇锚孔中有承压水流出，待水压、水量变小后方可下安锚索与注浆，必要时在周围适当部位设置排水孔处理。如果设计要求处理锚孔内部积聚水体，一般采用灌浆封堵二次钻进等方法处理。孔径、孔深检查一般采用设计孔径、钻头和标准钻杆在现场监理旁站的条件下验孔，要求验孔过程中钻头平顺推进，不产生冲击或抖动，钻具验送长度满足设计锚孔深度，退钻要求顺畅，用高压风吹验不存明显飞溅尘碴及水体现象。同时要求复查锚孔孔位、倾角和方位，全部锚孔施工分项工作合格后，即可认为锚孔钻造检验合格。

3）锚索制作

锚索制作工艺流程：编束通知单→下料、清洗→安装承载体→挤压 P 锚→编束→安装支撑环→安装注浆管→验收→库存。

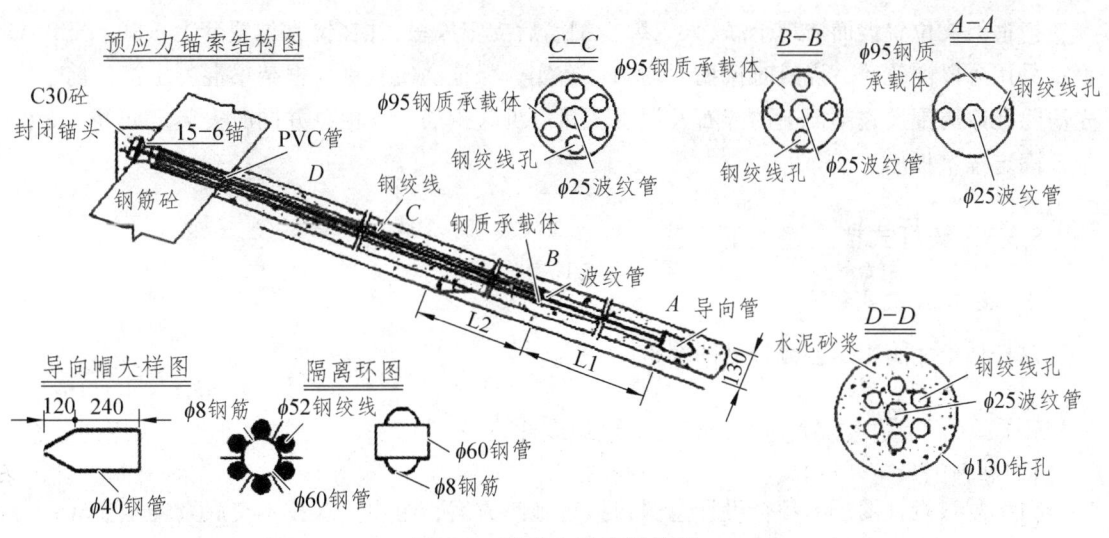

图 8-7 预应力锚索结构图

在预先平整好的下料场地上按下料长度进行下料,每根绞线长度误差控制在10 cm左右。下料要求用砂轮切割机切割好以后,钢绞线全段除锈除污垢后,将每束锚索平顺地放在制作平台上,用钢卷尺量出锚固段和自由段,分别作出标记,在自由段涂抹黄油,作防腐处理后再外套PVC管(如采用无粘结预应力钢绞线,则在一端锚固长度内剥除PE层,对剥除部分钢绞线除污洗净)。按要求设置承载体、隔离环,隔离环每2 m放1个,用GYJ60A型挤压机对剥除部分挤压上P锚。索体要求绑扎牢固,钢绞线应平行顺直。对不同位置处的承载体相应的绞线外露端做出临时和永久性标记。灌浆管绑扎在锚索体上,灌浆管头部距锚索体端部5~10 cm,灌浆管使用前,要检查有无破裂、堵赛。绑扎好的锚索顶部要安装导向帽,以方便穿索。

锚索制好后应将承载体、P锚外部涂上防腐油漆。检查合格后的锚索标识好以后分区存放,同时做好防雨、防晒工作。

4)锚索安装

安索前,要核对锚索编号是否与孔号一致,确认无误后,用人工将锚索平顺穿入锚孔,当外露部分满足工作长度时即到位,停止穿索。锚索往孔内穿时,索体必须平顺,不得扭绞,同时应避免损伤PE(或PVC)管及支撑环脱落。

5)注 浆

浆液要搅拌均匀,随绞随用,并在初凝前用完。严防石块等杂物混入浆液。

注浆材料为纯水泥浆,水泥选用普通硅酸盐425#,水灰比为0.38~0.48,外加10%复合膨胀剂和0.6%的高效早强减水剂。浆体强度不小于30 MPa,注浆压力不小于0.3 MPa。边注浆边缓慢抽拔注浆管,保证注浆管口处于浆液面一下。并保证浆体密实、饱和,达到设计浆体强度。待孔口溢出清晰的浆体即可停止注浆。注浆过程中要做好相关记录,并做好试验块。

6)砼框架梁施工

把框架梁位置坡面清理干净,人工绑扎钢筋后支牢模板,并在锚索位置套上$\phi 80$ mm PVC管;采用分段浇筑砼,浇筑时振捣要均匀、密实,保证浇筑质量。框架梁混凝土浇筑前,应先清除孔口周围及建基面上的碎石及泥土,然后绑扎钢筋、立模,并同时安装定向筋、定位管及固定锚垫板。

8.3.5 锚杆式挡土墙施工工艺

1. 施工工艺流程

锚杆挡土墙施工工艺流程见图8-8。

2. 施工要点

1)施工准备

(1)复核设计图纸,领会设计意图,拟定施工方案,组织三级技术交底及安全交底;
(2)根据设计图纸,选择砂浆及混凝土配合比,按设计坡率清理边坡。

2）肋柱、挡板预制

（1）构件可采用工厂或就地预制，采用何种形式要根据现场实际和施工单位条件而定。一般当施工现场场地狭窄，选择工厂预制，可保证面板质量，但在运输过程中要采取有效措施防止构件破损。面板在运输和堆放时要竖立不可平放堆叠。

（2）预制场地要平整加固，当采用底垫时也可不设置混凝土地面；面板预制模板以组合钢模板为佳，若采用木模时应内衬铁皮；模具要涂刷隔离剂，使用后要及时清理。

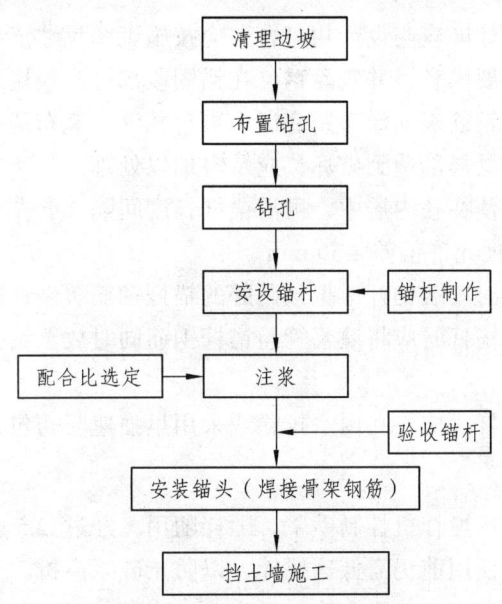

图 8-8 锚杆挡土墙施工工艺流程图

（3）按规范要求做好钢筋及预埋件的下料、弯制、绑扎、焊接等工序，预制时应控制好预埋件（预埋孔）位置和混凝土保护层厚度，不得有露筋现象。

（4）按照配合比配置干硬性或半干硬性混凝土，严格控制用水量。采用混凝土振动器将混凝土振捣，边角处辅以人工捣固，确保混凝土密实。

（5）按规定做好构件的脱模、养护，当混凝土达到一定强度后可集中养护 28 d。

3）边坡开挖

锚杆挡土墙应自下而上进行施工，施工前，应清除岩面松动石块，整平墙背坡面；边坡开挖，一般要跳槽开挖，除尽量缩短工期外，还应根据情况考虑临时支撑，以免山坡坍塌，影响锚杆抗滑力。

4）施工放样

复测定线，恢复中心线，定出肋柱的基线桩，准确定出挡土墙位置和高程；测定孔位，用仪器测出各个锚孔的位置，并设置孔位方向桩，以便校正。

5）钻 孔

（1）根据施工图所规定的孔位、孔径、长度与倾斜度可采用冲击钻或旋转钻钻孔，钻孔采用作业法，要做好钻孔地质记录，成孔孔壁必须顺直、完整。

（2）钻孔深度须超过挡土墙后的主动土压力区和已有的滑动面，并需在稳定土层中达到足够的有效锚固长度。当岩层风化程度严重或其性质接近土质地层时，可加用套管钻进，以保证钻孔质量。

（3）在岩石低端钻至要求的深度成孔后，用高压风清孔，将孔内壁及根部残留废土清除干净。严禁用水冲洗。

6）锚杆制作安装

（1）锚杆类型规格及性能应与设计相符合，应按施工图尺寸下料、调直、除污、制造。

（2）插入钻孔的锚杆要顺直，并应除锈，在锚固段部分一般用水泥砂浆防护；锚杆孔外部分需做防锈层，采用在钢筋表面涂防锈底漆，再包扎沥青麻布两层或塑料套管及化学涂料等方法进行防锈。如防锈层局部遭到破坏，应及时加以处理。

（3）锚杆放入孔内为使在孔内居中，可沿锚杆长度间隔 2 m 左右焊接以对定位支架，孔位允许偏差 ± 50 mm，深度允许偏差 + 50 mm。

（4）清孔完毕后应及时安装锚杆，把预制好的锚杆钢筋缓慢地送入钻孔内，定位支架在锚杆下部撑住孔壁，插入锚杆时应将灌浆管与锚杆钢筋同时放至钻孔底部。预制的锚杆钢筋应保持顺直。

（5）有水地段安装锚杆，应将孔内水排除或采用早强速凝药包式锚杆。

7）灌　浆

（1）按施工配合比采用搅拌机拌制砂浆，随拌随用，经过 2.5 mm × 2.5 mm 的滤网倒入储浆桶，桶内水泥砂浆在使用前仍需低速搅拌，以防止砂浆离析。

（2）压浆用砂子以中砂为宜，配合比一般为 1∶1（重量比）、水胶比不大于 0.50 的水泥砂浆，同时尽可能采用膨胀水泥。为避免孔内产生气垫，压浆泵料仓内要始终有一定的砂浆。

（3）采用重力灌浆与压力灌浆相结合的方法灌注。先将内径 5 cm 胶管与锚杆同时送入距锚孔底 10 cm 处，用灌浆泵（灌浆压力为 0.3 MPa 左右）使砂浆在压力下自孔底向外充满。随浆灌筑，把灌浆管从孔底朝孔口缓慢匀速拔出，但要保持出管口始终埋入砂浆 1.5 ~ 2.0 m。当砂浆灌至孔口时立即减压为零，以免在孔口形成喷浆。灌浆管拔出后立即浆制作好的封口板塞进孔口，灌浆结束。

（4）砂浆锚杆安装后，不得敲击、摇动，普通砂浆在 3 d，早强砂浆在 12 h 内不得在杆体上悬挂重物。

8）肋柱挡板安装

（1）待锚杆孔内砂浆达到施工图标示强度 70% 以后，方可进行立柱和挡板安装工作。安装挡板时，应随时作反滤层和墙背回填。

（2）挡板安装前应将飞边打掉，防止安装后超出柱顶，对立柱、挡板的倒运、安装应符合混凝土强度要求并防止碰撞和距离震动，以免损坏构件。

（3）锚杆挡土墙立柱间距应要求正确或用卡尺固定，以使挡板和柱搭接部分尺寸符合施工图要求；挡板与立柱搭接部分接触面应保持平整，可填入少量砂浆，避免产生集中受力。

（4）锚杆焊接、锚固及防锈是锚杆施工中的关键工序，应严格按施工工艺操作。

9）铺设反滤层泄水孔

泄水孔按施工图要求设置，孔径为φ100 mm，当墙背土为非渗水土时，应在最低排泄水孔至墙顶以下 0.5 m 高度内，填筑不小于 0.3 m 厚的砂砾石等反滤层。

10）墙后土石回填

挡板后填料应均匀，不应填入大块石料以免挡墙集中受力。

11）分级平台封闭

分级式挡土墙平台应回填密实，并做好泄水坡或设排水护板。

8.3.6 加筋土挡土墙施工工艺

1．工艺流程

施工工艺流程为：

测量放样→开挖基坑→基础砼浇筑→安装调整面板→铺设聚丙烯土工带→铺设填料并调整面板平整度至设计位路→墙顶帽石施工→勾缝装饰。

2．施工方法

（1）加筋土挡土墙应避开雨季施工，如遇到阴雨天气，应提前将填料筑成不小于 4%的横坡，填筑区内无积水无浸泡。基底按设计要求换填碎石垫层，并浇筑基础砼。端墙开挖时，应做好临时支护。

（2）面板采用现场集中预制。安装第一层面板前，应准确定出位路，第一层面板用水泥砂浆砌筑，其他各层面板采用干砌，当相邻面板高差超过 1 cm 时可用水泥砂浆调平，面板拉带预埋环应事先按设计要求进行防腐处理。

面板安装过程中应进行检查，如有误差应及时调整，不得累计至墙顶。不得在未完成填土作业的面板上安装另一层面板。面板安装时，应控制竖向板缝在同一垂线上，偏差不得大于 10 mm。面板安装时，应在设计坡率的基础上再预留 1%～2%的后仰度，严禁前倾。按设计位路设路沉降缝，沉降缝要上下贯通，竖直，缝宽一致。

（3）面板安装完毕后进行板后反滤层和填土施作，填土夯实至加筋标高，且自面板向后逐渐升高，使筋带尾部比前端高 20 cm。填料面要平顺，以便铺设格栅加筋时展平，伸直。

基础施工根据设计的基础尺寸、开挖深度，分段开挖基坑，检测基底承载力，采取现场模筑法施工混凝土（砌筑）基础。基础施工必须严格按确定的沉降缝位置留设沉降缝，并在墙面板开始砌筑前对沉降缝按设计要求进行处理。挡土墙基础顶面平整，并按墙面板安装时的插销位置预留插销孔。

3．施工要点

1）施工准备

核对图纸，做好现场调查；编制实施性施工组织设计，优化施工组织，并对作业人员进行必要的岗前培训；对进场材料进行检验，确保材料合格。

2）基础施工

根据设计的基础尺寸、开挖深度，分段开挖基坑，检测基底承载力，采取现场模筑法施工混凝土（砌筑）基础。基础施工必须严格按确定的沉降缝位置留设沉降缝，并在墙面板开始砌筑前对沉降缝按设计要求进行处理。挡土墙基础顶面平整，并按墙面板安装时的插销位置预留插销孔。

3）墙体预制及施工

（1）墙面板预制

墙面板采用C25混凝土或C25钢筋混凝土预制而成，当墙面板高度较小时，不设置拉环（吊环），当墙面高度较大时，设置拉环和插销孔，插销孔一般为两排两列，砌筑时外侧一排用于与下部墙面板内侧插销孔采用插销连接，内部一排插销孔留于与上部墙面板外侧插销孔采用插销连接。

（2）墙体施工

施工应遵循先低后高的施工顺序分层分段施工，先施工墙面板较低的节段。施工过程按墙面板安装、拉筋铺设、填料填筑、拉筋铺设（墙面板较高中部设拉筋时）、填料填筑（墙面板较高中部设拉筋时）、墙面板安装进行循环施工。在填筑未到达已施工墙面板顶高程时不得安装上一层墙面板。

① 砌筑墙面板

先在基面上铺设拉筋材料，并敷设一层2~3 cm水泥砂浆，然后砌筑墙面板预制块。预制块间的竖缝除排水缝外均采用水泥砂浆塞填密实，排水缝为干砌的竖缝，按设计布置。采用插销连接上下两层墙面板和中间夹设的拉筋。拉筋布设不得超出上层墙面板外侧，并保证插销与拉筋连接吃劲，当拉筋材料为单向受力土工材料时注意拉筋主受力方向与墙体垂直。当拉筋存在接头时，上下两层拉筋的接头必须错开。

② 拉筋布设

墙面板砌筑完成一段（几个连续的墙体段）后，将拉筋拉展在事先做好的墙背填土基面上，墙背填土基面与拉筋面位置同一高度。将拉筋拉展并采用销钉固定在墙背填土基面上。设计设置回裹拉筋的同时铺设回裹拉筋，填筑回裹填料，压实后回裹拉筋，再填筑本层剩余填料。对复合拉筋带的铺设时，要控制好预拉力。可采用张紧器对布好的一排拉筋带同时张紧的办法来完成。面板的预埋拉筋环，应在安装前就刷两道防锈漆，待拉筋定位后，应及时用水泥砂浆保护。铺设预制钢筋混凝土拉筋时，面板预埋连接钢筋与拉筋节之间的焊接要牢固，钢筋的焊接接头和外露部分要认真进行除锈、防锈、防腐处理。

③ 墙背填土

墙背填料应采用符合设计及规范要求的填料填筑，填料为非渗水土时，紧靠墙背后必须填0.3 m厚的砂夹卵石反滤层。墙背填土应与路基主体同步、分层填筑，墙背填土层厚为两层拉筋间的土层压实厚度30 cm，包含回裹土方在内。路基填筑时挡土墙侧不得设置排水横坡。路基压实质量现场试验检测不得在回裹拉筋上进行，以避免损害拉筋。距面板1.0 m范围内及拐角处严禁用重型机械碾压，宜用5 t以下压路机或振动夯等轻型机械压实。填料碾压时应先从拉筋带长度的二分之一处开始，向筋带尾部碾压，然后再从二分之一处向墙边碾压。碾压时压路机运行方向宜垂直于筋带，且下一次碾压的轮迹与上一次碾压轮迹重叠的宽度应不小于轮迹的 1/3。第一遍宜慢慢轻压，以免拥土将筋带推起或错位，第二遍以后可稍快并重压。每次应碾压整个横向碾压范围内，再进行下一遍碾压，碾压的遍数以达到规定的压实度为准。压路机不得在未经压实的填料上急剧改变运行方向和急刹车。

④ 吊环拉筋安装

墙面板中部设置有拉环的，墙面板中部增设一层拉筋（有回裹拉筋时同时也增设回裹拉筋），拉筋与拉环采用拉筋回裹拉环，并采用绝缘插销编织，使拉筋和墙面板拉环连接在一起。

⑤ 施工缝处理

沉降缝跟随墙面板的施工进度逐层同步施工，施工方案遵循设计要求。墙面板水平砌缝和竖直砌缝在墙体施工完成后采用 M10 水泥砂浆进行勾缝。

4）帽石施工

帽石采用 C30 混凝土模筑法施工，施工时必须预留好挡土墙栏杆所需的预埋件或预埋孔。

5）隔水层施工

采用三七灰土施工隔水层，灰土施工采用现场路拌法施工，灰土施工范围为路基全幅宽度，位于挡土墙帽石同一高度。填筑前根据下承层的标高及每台车运载量确定方格网尺寸，然后再派专人指挥倒土，当进料达到 50~100 m 时，首先由推土机粗平，平地机摊铺平整，挡土墙背 50 cm 以内采用小型夯机夯实，其余部位采用重型振动压路机进行压实。每层填筑完成后，按检测要求对路基施工质量进行检测。

8.4　抗滑桩施工

8.4.1　抗滑桩操作工艺

施工工艺流程如图 8-9 所示。

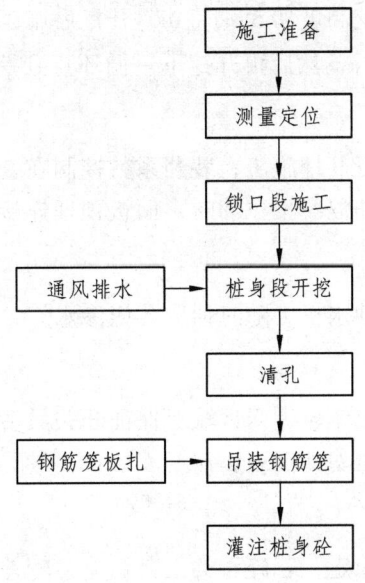

图 8-9　抗滑桩施工工艺流程图

8.4.2 抗滑桩施工要点

1. 施工准备

（1）熟悉设计文件，主要审核设计工程数量、桩顶高程、桩长、钢筋布置及平面位置是否合理等内容，若设计工程数量有误及抗滑桩平面布置与实地不一致时，应及时与设计院联系进行变更设计处理。

（2）对工程所需的原材料（钢材、水泥、砂、碎石等）进行调查及选择。所有原材料必需满足设计文件的要求，同时根据施工工期要求及设计工程数量合理确定材料的库存量，砂、碎石、水泥的堆放需要满足安全标准工地及文明施工要求。抗滑桩护壁模板采用钢模板；钢筋加工在加工房内进行，按设计文件要求对钢筋进行加工。

（3）原材料进场前必须进行试验及检验，合格后方能进场使用，同时根据设计文件混凝土的标号作好配合比的设计工作。

（4）桩孔照明采用 36 V 低压照明，为保证用电安全，在灯泡外设置钢丝网护照；当抗滑桩深度超过 10 m 时，为保证施工人员的安全，必须向桩孔通风，并做好孔内有害气体的监测。

2. 测量放线

施工前对抗滑桩进行准确测量放线，并设置护桩以便桩孔开挖过程中及时进行校核。

3. 锁口段施工

锁口段开挖后必须及时采用钢筋混凝土锁口，桩孔锁口高出地面 0.2 m。

4. 桩身段开挖

1）碎石类土桩孔开挖

采用人工开挖，每循环开挖高度 0.5~1.0 m，开挖后施工钢筋混凝土或素混凝土护壁，按设计护壁混凝土强度达 75%时，然后再开挖下一循环直到挖至设计桩底高程。

2）风化岩类桩孔开挖

采用小药量控制爆破法进行开挖施工，装药系数控制在 0.3 kg/m³ 以下，非电雷管起爆，每循环进尺 1.5 m 左右。

3）有水桩孔开挖

根据水流大小及井深配备抽水机，随时抽取孔内渗水。

4）出 渣

上下桩孔提渣采用电葫芦或辘轳进行运输，保证开关灵活、准确、链无损、有保险扣且不打死结，钢丝绳无断丝，支撑架加固稳定。

5）护壁施工

桩身开挖必须保证桩孔的稳定，若碎石类土自稳能力较差易产生坍方时，则对桩孔四周孔壁打入注浆小导管进行注浆加固处理，并打入Φ22砂浆锚杆，锚杆长1.5~2.0 m，同时及时施作钢筋混凝土护壁。

（1）绑扎护壁钢筋。

护壁钢筋主筋采用Φ16螺纹钢，箍筋采用Φ12圆钢。桩孔锁口钢筋布置见图8-10护壁钢筋严格按设计要求加工，人工起吊放入桩孔绑扎，为使分节施工的桩孔连成一个整体，对护壁分节处要保证钢筋搭接良好。

（2）护壁立模。

护壁钢筋完成后进行护壁立模施工，护壁模板采用钢模板，为确保桩体尺寸，必要时可将桩体长宽各加宽5 cm，同时护壁模板加固要牢固。

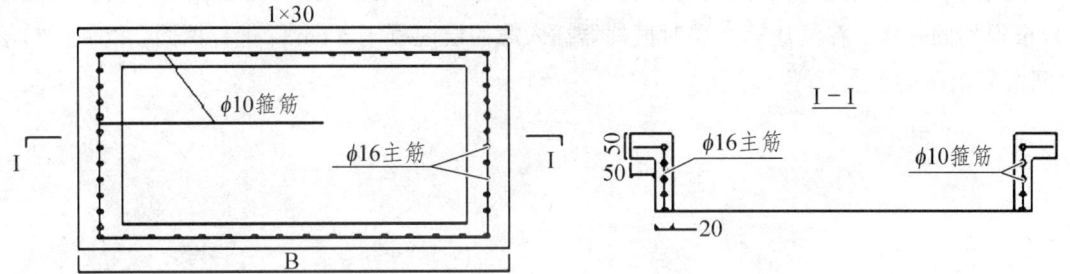

图8-10 桩孔锁口钢筋布置图

（3）灌注护壁混凝土。

先清除孔壁上的松动石块和浮土，使护壁混凝土紧贴岩面；护壁混凝土通常要求与桩身混凝土同标号，护壁混凝土必需捣固密实，以确保桩孔开挖施工安全。

（4）拆模施工。

待护壁混凝土强度达到设计强度的75%时即可进行拆模施工。

（5）开挖下一节。

模板拆除后即进行下一节的开挖，桩孔开挖采用八字形开挖，见图8-11。

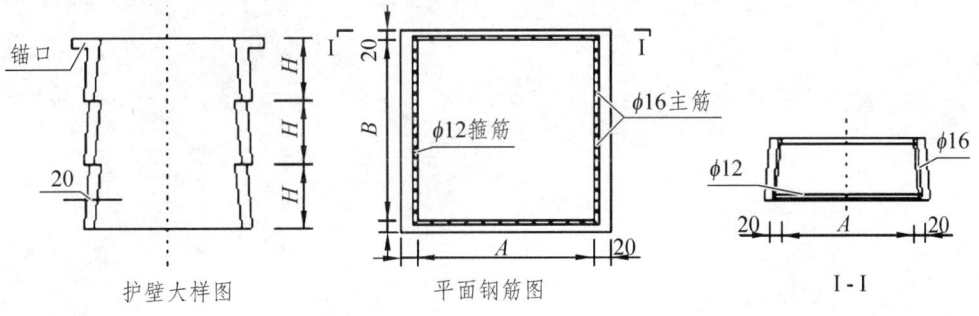

图8-11 桩孔八字形开挖示意图

5. 检查标高、清孔

桩孔开挖完成后进行桩底标高检查，检查方法采用绳吊法，根据锁口顶面标高及桩长确定桩底标高，桩孔开挖至设计标高后必须将孔底浮渣清理干净。

6. 吊装钢筋笼

根据设计图纸在钢筋加工房将钢筋下料制作成型，待准备灌注前用钻塔三角架与葫芦吊将钢筋笼吊入孔内，将制作好的钢筋笼安放至孔底，安装就位，钢筋采用搭接焊接。为保证施工中钢筋与钢筋笼不移位，沿桩身四周每2 m用4根φ22钢筋笼主筋点焊牢固，支撑在护壁上。

7. 灌注桩身混凝土

钢筋笼施工完成后，在混凝土灌注前，检查桩孔净空断面尺寸及桩身钢筋安装偏差，合格后混凝土灌注施工。

灌注中串筒底至混凝土面高度保持在1 m以下，采用插入式捣固器振捣密实，每灌注50 cm厚捣固一次，在灌注第二层时振捣器插入第一层混凝土5 cm深进行捣固，以使层与层之间混凝土振捣密实。

第 9 章　涵洞施工

9.1　钢筋混凝土箱涵施工

9.1.1　箱涵施工工艺流程

施工工艺流程图（见图 9-1）。

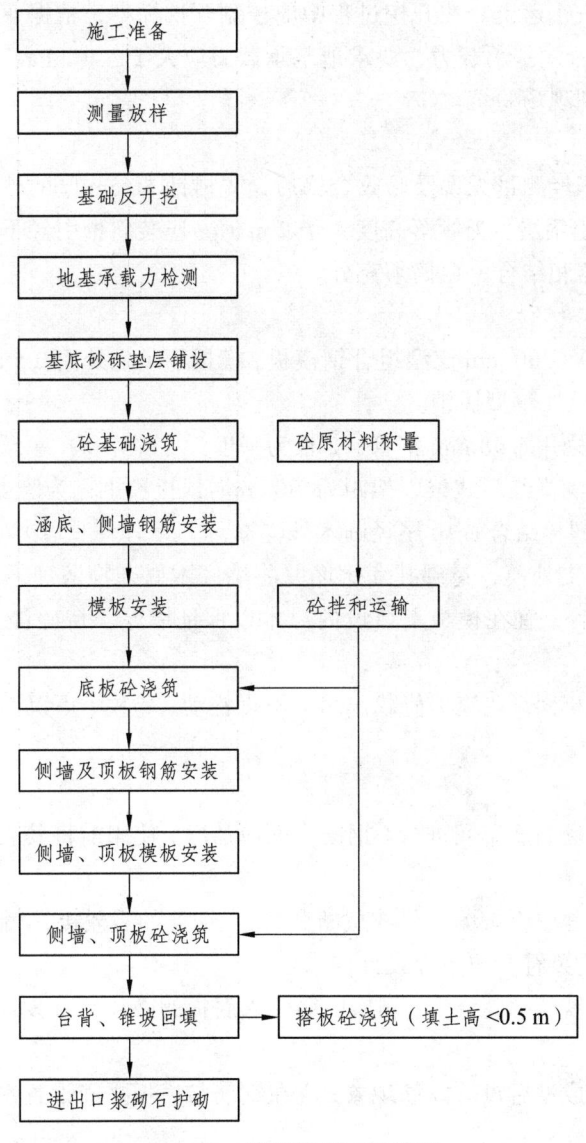

图 9-1　箱涵施工工艺流程

9.1.2　箱涵主要施工方法

（1）测量放线。

按设计图纸尺寸进行放大样，在箱涵各特征点打木桩，并做好记录。每隔 5 m 设置中线控制点，根据中线控制点相应设置边线控制点。箱涵进出水中标高与实际地形不附时可适当调整标高。

（2）施工前应在箱涵施工范围外重新挖平行于既有水沟的梯形排水沟，将既有水沟流水引至梯形排水沟。梯形排水沟过水断面不小于既有水沟。在通道处埋设直径 D100 cm 的排水管。

（3）基坑开挖。

基坑开挖采用放坡开挖，坡度为 1∶1，基坑底两侧留工作面 50 cm，基坑开挖主要采用挖掘机开挖，用自卸汽车运土。在开挖过程中应控制开挖标高，根据业主要求，箱涵基底挤填片石 1 m 深，以改善地基承载力，要求地基承载力应大于 140 kPa。基坑开挖后应会知监理工程师及设计人员到现场验坑。

（4）垫层施工。

在基坑底处理完毕经测量无误及验收合格后，先摊铺 50 cm 厚的砂砾垫层，另在基底浇筑 10 cm 厚 C10 混凝土垫层。当倾落高度大于 2 m 时，应装斜槽引导下浇，振捣采用插入式振动器与平板式振动器相结合，振捣须充分。

（5）模板制安。

① 模板采用 1500 × 300 mm 定型组合钢模板，模板不足之处用 2.5 cm 厚木板补足。模板连接采用"U"型卡和"L"型插销。

② 模板竖、横楞采用 ϕ48 mm 钢管，2 根为一度。

③ 顶板支顶采用满堂红门式架，架距为 90 cm。顶板预拱充为跨度的 0.2%～0.3%。侧墙支顶采用 ϕ12 对拉螺栓结合 ϕ10 尾径圆木外支撑。

④ 侧墙模板应先支外模，待绑扎完钢筋并将墙底木屑杂物清理干净后再支内模及顶模板。侧墙模板安装好后，宜在模板上口设内撑木以保证墙厚，待砼浇至内撑木底时才将它拔除。

⑤ 模板安装必须牢固，在施工荷载作用下不得松动、跑模、下沉、模板安装前应涂刷脱模剂。

（6）钢筋制安。

① 钢筋加工在现场制筋车间进行。钢筋表面应洁净，使用前将其表面的油渍、锈皮鳞锈等清除干净。

② 钢筋在加工过程中应按图纸尺寸截断和弯折。钢筋如需驳接,下料时应考虑错开接头，接头位置及搭接长度均要符合规范和设计要求。

③ 钢筋交叉点用铁丝绑扎结实，侧墙底筋伸入底板的必须符合设计要求，必要时用点焊焊牢。

④ 为保证砼浇筑成型后没有露筋现象，应在钢筋与模板之间设置水泥砂浆垫块，垫块应互相错开。

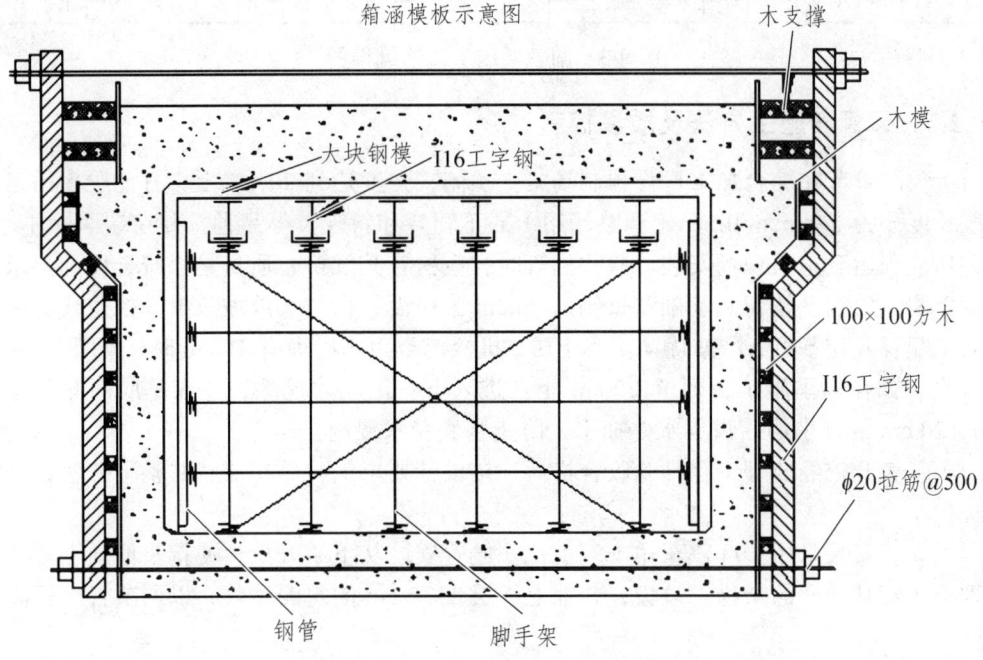

图 9-2 箱涵模板示意图

（7）砼浇筑。

① 砼浇筑采用集中搅拌砼。箱涵砼分二次浇筑，第一次浇至底板内壁以上 30 cm，第二次浇筑剩余部分。

② 两次浇筑的施工缝应进行凿毛清洗，不得有堆落的砼、砂浆，两次浇筑砼相隔的时间不应超过 3~5 天。

③ 浇筑期间，一定要连续施工，并且保证间歇时间不超过砼的初凝时间。

④ 振捣采用插入式振动棒，移动间距不宜大于振动器作用半径的 1.5 倍。操作时要求垂直插入砼中，快插慢振，使砼均匀受振，防止左出现蜂窝、麻面现象。

⑤ 因为内模支撑采用钢管对顶，所以浇筑应两个侧墙对称进行。

⑥ 砼浇筑前应先铺一层厚度为 2~3 cm 不低于砼强度等级的水泥砂浆，以保证新旧砼面接合良好。

（8）砼养护。

砼浇筑终凝后，应进行淋水养护，养护时间不少于 7 天。在砼养护期间，不能承受荷载，砼达到 100%强度后方可通行车辆。拆模时应避免重撬、硬砸，以致操作砼面层。

9.2 圆管涵施工

9.2.1 施工工艺

施工工艺详见图 9-3。

测量放线 → 基础开挖 → 基础夯实 → 基础施做 → 涵管安装 → 接头处理 → 土方回填

图 9-3 圆管涵施工工艺流程图

9.2.2 圆管涵施工方法及质量控制

（1）预制管节在综合加工厂设预制场集中预制，强度达到70%以上，方能脱模吊运。管节分段长度分为2.0 m和0.5 m（调整涵用）的正管节和斜管节等品种，并在端面标注型号。涵管并用汽车运至施工现场安装。验收涵管时，应检查其规格、质量是否符合设计要求。

（2）测量放线，按管涵基础宽每侧加40 cm工作面、1∶1.5放坡放出开挖边线。采用机械与人工配合开挖基坑，严禁扰动基底土壤，机械挖至距基底尚有10 cm时，改用人工挖土，平整坑底。如在雨季施工，则留20 cm土在进入下一工序才挖除，并在基底两侧各挖一条20 cm×20 cm的排水沟，设集水井抽水，防止基底受水浸泡。

（3）基底开挖经监理工程师验收合格后，按设计要求铺砂砾垫层，并整平夯实，密度达90%以上。

（4）管节安装采用10 t汽车吊安装就位。涵管安装从下游开始，使接头面向上游。安装前清理干净管基顶面的杂物、垃圾，并铺上一层1~2 cm的水泥砂浆，以调节管底标高和排水坡度。

（5）管节安装应顺水流坡度成平顺直线，如管壁厚度不一致应使内壁齐平。管节安放时，严格控制中线和标高，对中方法采用中心线方法和边线法，用经纬仪观测控制。

（6）管节接头按图纸要求，用沥青麻絮填塞接缝的内外侧，以形成一柔性水密封层，再用两层150 mm宽的油毛毡在现场用热沥青分层粘缠在接缝部位上。

（7）管节接头施工完后，用砂砾护管，按特别夯实区的要求夯实。

（8）基坑回填。

涵管安装、沿口八字墙、洞口铺砌完工后，进行基坑回填。回填前，清理干净坑内杂物、垃圾，将基坑边坡的松土挖除，并在边坡上挖台阶，台阶宽度不小于1 m。然后，在管涵两侧对称、分层回填砂砾，并用打夯机夯实，夯实度应满足规范要求。

（9）管涵顶部和涵身两侧在不小于两倍孔径范围内的填土须分层对称夯实，压实度不小于95%。

（10）在施工过程中，当洞顶覆盖土厚度小于0.5 m时，严禁重型机械和车辆通过。

9.3 盖板涵施工

9.3.1 技术质量要求

（1）涵洞、通道地基承载力及基础埋置深度须满足设计要求。

（2）涵台混凝土蜂窝麻面面积不得超过该面面积的0.5%。

（3）盖板涵各接缝、沉降缝位置正确，填缝无空鼓、开裂、漏水现象，预制盖板接缝应与沉降缝吻合。

（4）盖板涵混凝土所有用的水泥、砂、石、水、外掺剂及混合材料的质量和规格必须符合技术规范的要求，并按规定的配合比施工；涵身及盖板不得现漏筋、空洞现象。

（5）预制盖板混凝土表面平整，棱角顺直，无严重啃边、掉角。
（6）盖板安装前，盖板、涵身及支承面必须经过质量检验合格后，方能安装。
（7）涵洞洞身与锥坡、洞口铺砌应衔接平顺，无阻水现象。
（8）帽石、端墙应平直，与路线边坡、线形匹配，棱角分明。
（9）涵洞处路面应平顺，无跳车现象。外露混凝土表面平整，颜色一致。

表 9-1 涵台实测项目

项次	检查项目		规定值或允许偏差	检查方法和频率
1△	混凝土或砂浆强度（MPa）		在合格标准内	按水泥混凝土或砂浆抗压强度评定标准
2	涵台断面尺寸（mm）	片石砌体	±20	尺量：检查3~5处
		混凝土	±15	
3	竖直度或斜度（mm）		0.3%台高	吊垂线或经纬仪：测量2处
4△	顶面高程（mm）		±10	水准仪：测量3处

图 9-2 盖板制作实测项目

项次	检查项目		规定值或允许偏差	检查方法和频率
1△	混凝土强度（MPa）		在合格标准内	按水泥混凝土抗压强度评定标准
2△	高度（mm）	明涵	+10，-0	尺量：抽查30%的板，每板检查3个断面
		暗涵	不小于设计值	
3	宽度（mm）	现浇	±20	
		预制	±10	
4	长度（mm）		+20，-10	尺量：抽查30%的板，每板检查两侧

图 9-3 盖板安装实测项目

项次	检查项目	规定值或允许偏差	检查方法和频率
1	支承面中心偏位（mm）	10	尺量：每孔抽查4~6个
2	相邻板最大高差（mm）	10	尺量：抽查20%

图 9-4 涵洞总体实测项目

项次	检查项目	规定值或允许偏差	检查方法和频率
1	轴线偏位（mm）	明涵20，暗涵50	经纬仪：检查2处
2△	流水面高程（mm）	+20	水准仪、尺量：检查洞口2处，拉线检查中间1~2处
3	涵底铺砌厚度（mm）	+40，-10	尺量：检查3~5处
4	长度（mm）	+100，-50	尺量：检查中心线
5	孔径（mm）	±20	尺量：检查3~5处
6	净高（mm）	明涵±20，暗涵±50	尺量：检查3~5处

9.3.2 人员、设备配置情况

涵洞、通道施工按照相应路段路基工程施工进度相应进行，在不影响主线路基施工的前提下，由专门负责涵洞、通道施工的作业人员施工，单个涵洞配置相应的技术操作人员和技术管理人员，涵洞之间可以实行流水作业，可以几个涵洞同时施工，确保工程进度。

技术管理人员配置：技术人员负责涵洞、通道施工技术指导及机械、人员调配；质检人员负责分项工程成品及半成品检查验收，并报监理工程师检查、验收，并签认相关质检资料；专职安全管理员，主要负责施工现场安全防护设施的检查、验收及维护，相关人员个人安全防护用品佩戴情况的检查，检查现场施工操作的规范性。

单个涵洞操作人员配置：

模板工：5人　　　　钢筋工：6人

混凝土工：5人　　　混凝土养生：1人

主要机械设备根据生产能力大于进度指标要求，设备能全面满足工程需要的原则，合理进行配置。

9.3.3 主要材料供应情况

砂石料、水泥等主要原材料根据配合比确定的厂家，就近选用质量可靠、信誉度高的产品。

钢筋等其他主要原材料按照设计图纸要求，采购入围厂家的产品。

材料运输主要通过施工便道及主线路基运输至施工现场。

9.3.4 施工方案

1. 施工放样

仔细对施工图纸进行复查，领会设计意图。根据图纸确定的构造物的位置和标高，准确计算结构物中桩坐标和轴线方向，然后根据计算的具体位置进行施工放样，为便于开挖后的检查校核，基础轴线控制桩延长至基坑外加以固定。放样完成后，根据基础的结构尺寸放出结构基础的边线，自检合格后，报请监理工程师验收，得到确认之后，方可进行基坑开挖。

2. 基坑开挖

根据图纸所示涵洞几何尺寸进行基坑开挖，机械开挖至距基底标高 30 cm 左右时改用人工进行基坑底开挖整平，防止扰动基底土层。盖板涵基底开挖按基础尺寸每侧放宽 50 cm，再按照一定的比例放边坡，以确保涵洞施工时，不发生塌方。挖基坑的土石方应集中堆放。基坑底须整平夯实至规范要求，同时做好排水和基础施工准备工作。

表 9-5　基坑检测项目

项次	检查项目	规定允许偏差（mm）	检查方法和频率
1	轴线偏位	50	用经纬仪纵横各 2 点
2	基底高程	±50	水准仪测 5~8 点
3	基坑尺寸	不小于设计要求	用尺量每边一处

3. 基础、涵身施工

（1）由施工测量人员做好轴线、标高、断面控制，做好管理层、操作层三级施工前技术交底工作。

（2）当开挖地基容许承载能力满足设计要求时，基础可直接施工。若基底承载力不能满足设计要求时，采取换填的施工方法，换填材料应采用相应换填材料。换填时，须先挖除软弱土层，必须分层夯实，使其达到设计承载能力，换填前要与设计单位现场确定换填方案。混凝土基础与台身衔接面须埋设锚筋。

（3）基础混凝土模板采用标准尺寸模板，面板要求整洁、光滑、无变形的钢模板，钢模板的规格采用 2.0 m×2.0 m。板缝间加塞密封条，确保模板不漏浆等要求。对于批准使用的模板，定期进行检查和维护加固，对于因使用造成变形表面光度降低不满足要求的模板，不得使用。

在模板安装前，表面应涂刷脱模剂，脱模剂的选择应征得监理工程师的同意，不得随意使用其他替代产品，脱模剂的涂刷应均匀、适量，确保混凝土成品构件外观质量。支立模板时为了防止模板移位变形，支立基础侧模时在模板外设立支撑固定。基础两侧模板采用止水螺杆加固，拉杆直径间距满足施工要求，为了防止拉杆穿过模板处跳砂或漏浆，造成色差，要求用相应的防水材料密封，保证混凝土的外观质量。模板安装完毕后，为保证位置正确，对其平面位置、平整度、垂直度、顶部标高、相邻模板高差及纵横向稳定性进行自检，合格后方可报监理工程师抽检，监理工程师认可后方能进入下道工序施工。

4. 涵台、台帽施工

本合同段涵洞的涵台台身为 C20 素混凝土结构，涵洞的台身采取分段施工，涵台顶预埋 Φ25 锚筋以保证与台帽有效连结。清扫基础顶面，并充分湿润后方可浇筑混凝土台身；混凝土台身除清洁及复位预埋筋外，对糙面不足的部位应凿毛后方可进行混凝土浇筑。墙身施工模板必须使用钢模板，钢模板的规格采用 2.0 m×2.0 m。

（1）涵台台身沉降缝与基础沉降缝须一致，每隔 4~6 m 设沉降缝一道，并贯穿整个断面（包括基础），沉降缝宽 2 cm，缝内用沥青麻絮和其他具有弹性的不透水材料填塞。

（2）在涵洞洞身与填土的接触面上，均匀敷涂热沥青两道，每道厚约 1.5 mm，以防洞身渗水。洞身与翼墙等洞口建筑物分离砌筑，其间隙（不大于 2 cm）按基础及台身内面沉降缝同样进行填塞。

（3）涵台台帽为 C25 的钢筋混凝土结构，在台身与台帽接合面设置的Φ25 锚固筋的基础上，绑扎台帽钢筋，钢筋绑扎成型后，吊装台帽模板，浇筑混凝土。台帽须同样在与台身和基础相同位置设置沉降缝，沉降缝应与台身沉降缝在一条直线上，使得沉降缝能够自上而下贯穿整个断面。

5. 盖板预制、运输和安装

涵洞、通道盖板由预制场来统一预制，预制完成后，集中运至施工地点，采用吊车吊装。

（1）钢筋的加工、绑扎成型：钢筋统一在钢筋棚按图纸要求下料、弯曲、现场制作，严格按规范要求进行焊接、绑扎，安装时做到尺寸准确。

（2）模板的支立：模板采用钢模，同时具备有足够的刚度以防浇筑混凝土时有明显的挠曲变形。模板安装前，在其表面涂刷脱模剂，不得使用易粘在混凝土上或使混凝土变色的油料。在支立过程中，要注意检查面板是否与钢筋接触，以确保绑扎成形的钢筋骨架有足够的保护层厚度。

（3）盖板的运输及安装：盖板混凝土强度达到设计值的70%时，方可脱模移运。盖板运输方式采用预制场龙门吊吊至平板车，运至施工现场，再采用汽车吊车吊装就位。

（4）盖板安装就位后，必须清扫干净，用水湿润后，板间缝隙用M15水泥砂浆填塞密实；板端与台帽间隙先用小石子嵌紧，再用砂浆填塞并插捣密实。

6. 沉降缝处理

涵洞基础、涵台、台帽、盖板，自下而上的沉降缝应该对齐，形成一条直线，贯穿整个断面。沉降缝应用沥青麻絮或其他有弹性的防水材料填塞。基础（含洞底铺砌）沉降缝填嵌涂沥青木板或沥青砂，并在流水面用1∶3水泥砂浆填塞深15cm以上；台身外背用热沥青浸制麻筋填塞，深度5cm以上，台身内面同基础一样填塞。

7. 洞底铺砌、涵洞防水处理

涵洞、通道基础底面整平硬化，由测量人员控制基底标高，基地处理必须达到设计要求，按设计标号的混凝土进行浇筑，若涵洞内的坡度过大时，要在涵洞底面地基上增设5%的反坡使基础成台阶状，以确保基础的稳定性。

涵身、基础沉降缝、盖板之间均应填塞沥青麻絮；涵顶及沉降缝外侧采用三油二毡叠层铺贴，热法满贴施工。沥青采用普通石油沥青，油毡采用符合GB326-2005标准的Ⅲ型石油沥青纸胎油毡。贴铺卷材前，应对基层（找平层）进行检查，表面应干燥、清洁，无起砂、起皮，无蜂窝麻面；并在基层上均匀涂抹一层冷沥青油，干燥后再铺贴卷材。油毡应展平压实，搭接封边用沥青胶结材料的厚度为1~1.5mm，最厚不超过2mm。铺贴时应边涂沥青边滚铺油毡，要求粘结牢固，铺贴平直。油毡搭接重叠宽度10~20cm。

8. 洞口铺砌、进出口翼墙及附属结构

在进行洞口建筑及附属结构施工时测量人员应准确控制其位置、高程、断面及细部尺寸，质检人员应认真复查、复核，加强监督管理职能，使各项检查指标及外观质量符合设计、规范要求，自检合格后应及时报检监理工程师，经监理工程师检验合格后方可进行下一步施工。分离式洞底铺砌及洞口铺砌，必须在密实度达到96%以上的地基上进行。涵洞翼墙基础为混凝土结构，砂石料、水、水泥的质量和规格应符合设计图纸及相关技术规范要求，混凝土应按照规定的配合比施工。洞口的铺砌砌块应分层错缝砌筑，坐浆挤紧，嵌填饱满密实，不得有空洞。抹面应压光、无空鼓现象。浆砌锥坡基础埋置深度及地基承载力应符合设计要求，砌体应咬扣紧密，嵌填饱满密实。填土密实度应达到设计要求，对坡面刷坡整平后方可铺砌。

9. 钢筋加工、混凝土施工

1）钢筋加工

钢筋原材料采购进场后，须进行进场钢材机械性能检测，检测结果报监理工程师，经监理工程师抽检合格后，方可使用。钢筋的堆放须严格按规格分类堆放，并做好标识、防锈工作。

（1）钢筋的表面应洁净，使用前应将表面油渍、漆皮、鳞锈等清除干净。
（2）钢筋的交叉点应用铁丝绑扎结实，必要时，亦可用点焊焊牢。
（3）应在钢筋与模板间设置垫块，垫块应与钢筋扎紧，并互相错开。钢筋骨架的多层钢筋之间，应用短钢筋支垫，保证位置准确。
（4）受力钢筋同一截面的接头数量、搭接长度、搭接接头质量应符合施工技术规范要求。
（5）钢筋在制作时，必须确认钢筋规格，按照设计图纸的数量及长度切割制作。
（6）在浇筑混凝土之前，应对已安装好的钢筋及预埋件进行检查。

2）混凝土浇筑

基础、涵台、台帽、盖板混凝土砂石料在使用前须用清水冲洗，保证砂石料表面清洁。在混凝土拌和前，必须做好各个标号混凝土配合比试配工作，并最终确定施工配合比。拌和时必须严格按照配合比配料，采用强制式拌合机集中拌合，最短拌合时间符合施工规范要求，拌合时，在水泥和集料进筒前，先加入一部分拌合用水，并在搅拌的最初15 s内将水全部均匀注入拌合筒中，拌制的混合料肉眼观察应分布均匀、颜色一致。

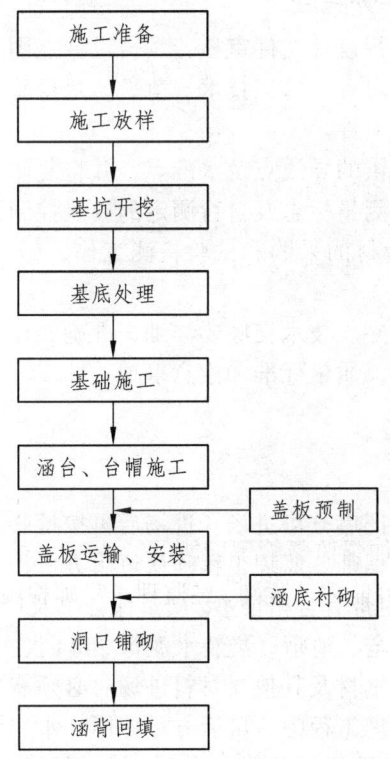

图 9-3 盖板涵、通道施工工艺框图

混凝土运输采用专用混凝土罐车运输，运输过程中，设计合理运距，尽量避免不必要的颠簸，并保持罐车匀速缓慢转动，以保证混凝土不在运输过程中凝固。混凝土运输罐车在每次使用完毕后，必须用清水冲洗罐车，保证罐车内清洁，无剩余混凝土残渣，影响下次混凝土质量。对运到现场的混凝土要先进行检查（包括混合料的坍落度、和易性等），同时制作混凝土抗压强度试验试件。当浇筑高度超过2 m时，采用滑槽来降低混凝土降落速度，防止离析。根据具体情况采用倾斜浇注或水平分层浇筑，插入式振捣棒振捣，振捣时以混凝土停止下沉，表面不冒气泡为止。振捣棒的插入间距要不大于振捣半径的 1.5 倍，采用梅花形布置，但不得振捣在模板上，使混凝土达到内实外美。片石的最外边距模板距离不得小于 15 cm。浇筑前先对侧模模板、预埋件进行检查，清除模板内的杂物、积水，模板间如有缝隙必须填塞密封条。

一般涵台的混凝土浇筑应在整个平截面范围水平分层进行浇筑，应在下层混凝土初凝或能重塑前浇筑完成上层混凝土。上下层同时浇筑时，上层与下层前后浇筑距离应保持 1.5 m 以上。在倾斜面上浇筑混凝土时，应从低处开始逐层扩展升高，保持水平分层。混凝土分层浇筑厚度不宜超过 30 cm。混凝土的养生：混凝土浇注完成之后，待表面收浆后尽快对混凝土进行人工洒水养生，洒水养生最少保持 7 天时间，结构物在拆摸前应连续保持湿润。混凝土在达到初凝前，应派专人负责对混凝土成品构件的保护，禁止人员踩踏或机械碾压。拆除混凝土构件模板时，应避免对构件棱角的破坏，保持成品构件周边棱角顺直、表面平整。

9.3.5 质量保证措施

1. 做好施工前的技术准备工作

（1）组织技术人员认真进行设计文件审核，领会设计意图，正确指导施工。

（2）组织技术人员认真学习有关施工技术规范、质量检验评定标准及业主、质检站、监理部门下发的有关质量要求的文件。

（3）认真复核设计单位提供的导线点及水准点，并将复测结果报监理工程师审批后，方可进行使用。对设计院提供的测量标志及自行测定的导线控制桩等要加强保护，避免破坏。

（4）加强原材料特别是地材的采购和试验检测工作，做好砂浆及混凝土配合比的选配工作。

（5）逐级进行书面技术交底。技术交底要详细、准确、可操作性强，确保操作人员掌握各项工程施工工艺及操作要点，质量标准和注意事项。

2. 施工过程中的质量控制

（1）原材料检验及试验。

对采购的工程材料进行验证后方可进场。进场后再按检验和试验规程，对其进行检验和试验，自检合格后，报监理工程师。监理工程师认可后方可投入使用。

① 每批次进场水泥必须附带有合格证书、质量保证书及厂家出场检验报告，水泥的生产日期、标号、评定标准必须齐全、清晰。袋装水泥每 200 t 批次、散装水泥每 500 t 批次，应进行水泥物理力学性能试验。钢材及其他原材料进场时必须有出厂合格证，并做材质试验，自检合格后报监理工程师，监理工程师认可后方可使用。水泥应在有效期内用完。

② 砂、石料先调查料源，取样试验，自检合格后，报经监理工程师认可后方可进料。

③ 现场设专人收料，不合格的材料拒收。

④ 严格按照规范及监理实施细则要求对施工过程中的水泥混凝土及砂浆进行取样和抽检工作，并做好试验记录。

（2）建立"五不施工""三不交接"制度。"五不施工"即未进行技术交底不施工；图纸及技术要求不清楚不施工；测量桩橛和资料未经换手复核不施工，材料无合格证或试验不合格不施工；上道工序不经检查签证不施工。"三不交接"即无自检记录不交接；未经检查验收合格不交接，施工记录不全不交接。

（3）严格隐蔽工程签证制度，凡属隐蔽工程项目，首先由班组、队逐级进行自检，自检合格后，会同项目部质量监察工程师和监理工程师复检，复检合格并在验收记录上签认后，方可进入下道工序施工。

（4）坚持"三检""三工序制度"，"三检"制度即：自检、互检、交接检。"三工序"制度即：工前有交底，工中有检查、工后有验收。

（5）坚持测量，计算资料换手复核制度。测量资料必须经换手复核，并交项目总工审核后上报监理工程师批准，说明导线控制网，水准点及有关标志必须定期进行复测，测量仪器要定期进行检定。

（6）坚持现场考勤制度，加强计量控制。工程施工过程中，对关键工序如钢筋焊接等施工必须坚持质检人员现场旁站，对工程质量进行连续监控，并对施工过程中的薄弱环节如砂浆及混凝土原材料计量加强控制，确保混凝土配合比准确。

（7）实行奖优罚劣制度。建立健全奖罚制度，对施工中好的单位和个人给予一定的经济奖励，对于施工中存在的问题、屡教不改的单位进行处罚，并且要加大力度。

（8）钢筋要检查其出厂证明，并进行抽检，合格后方可使用，钢筋在使用前进行调直、除锈、去氧化皮；电焊工必须持证上岗，焊接头要经过试验合格后才允许正式作业。

（9）沉降缝、防水层严格按照设计以及施工规范要求施工，达到无渗漏。若发现渗水应及时返修。

9.4 涵洞顶进施工

1. 施工工艺流程（见图9-4）

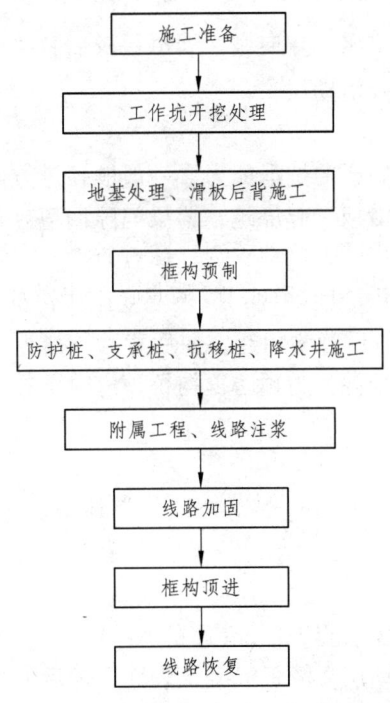

图9-4 桥涵顶进施工工艺流程图

2. 操作要点

1）施工准备

（1）调查当地供水、供电、交通情况。

（2）调查既有的电力、通信、信号等线缆埋地情况，及时改迁。

（3）调查线路实际情况，为线路加固做准备。

（4）调查需要的泵站、顶镐。

（5）交接桩后，布设控制网，平原地区因既有路基高，测控点通视困难，可考虑采用 GPS 设备测设控制点。

（6）顶进作业一般不安排在雨季。

2）工作坑设置开挖

工作坑前端紧靠穿越的公路，后端布置运土车道及后背。工作坑采用机械开挖，人工辅助清理基坑。

3）地基加固处理

（1）注浆加固

顶进框构桥前端的路基修筑在软土上，可采用注浆等方式加固。

（2）水泥搅拌桩

工作坑滑板底部采用水泥搅拌桩加固。

（3）井点降水

在基坑开挖、框构桥预制及顶进施工时，周围采用井点降水措施，并且在顶进过程中保持水位线在框构桥底板底层以下 1.5 m 处，顶进就位后再降水 7 天。

4）滑板（工作坑底板）、锚梁、导向墩、润滑层及后背梁施工

（1）锚梁、滑板、导向墩及滑动层

① 锚梁

锚梁位于底板下，以提高底板的抗滑能力。一般顺顶进方向每 3 m 设置一道，为素混凝土结构，直接在基坑内开槽与滑板一起浇筑，锚梁间隙回填碎石垫层。

② 滑板

滑板中心线与框构桥设计中心线一致，滑板宽度比框构桥两边墙外沿各宽 0.8 m，滑板前端较框构桥长 1.0 m，后端与后背梁相连，在后背墙与滑板交错处加设连接钢筋，增加后背墙与滑板在顶进作业时的安全性。为预防框构桥顶进时下扎头量过大，滑板设置向顶进方向 1.5‰的上坡。

③ 导向墩

导向墩设在箱体两侧，每 3 m 一个，导向墩与框体边墙间距 5 cm，与滑板混凝土一起浇筑。

④ 滑动层

滑板浇筑完成后，在滑板表层施工 3 cm 厚的 M10 砂浆。砂浆层施工前每 2.0 m 做一道标高带，控制砂浆层标高。滑动层在滑板混凝土表面干燥后方能施工，滑动层由石蜡、黄油及塑料薄膜组成，其中最底层的石蜡厚 2 mm，中间层黄油厚 1 mm，最上层为两层塑料薄膜，

薄膜接缝处压茬 0.2 m 并使接茬口朝路基方向布设。再用喷灯将积水区做干燥处理，防止滑动层石蜡与滑板混凝土不密贴。

（2）后背施工

顶进后背由后背梁、50 b 工字钢、浆砌片石挡土墙及墙后填土组成。在后背梁施工前，先打插 50b 工字钢，接着施工后背梁，再施工浆砌片石挡土墙，最后挡土墙后填土。50 b 工字钢打插深度为打至滑板底部不少于 3.0 m。后背梁与 50 b 工字钢之间用塑料薄膜隔开，防止混凝土进入工字钢间缝隙，减少拔 50 b 工字钢的困难。

5）框构桥预制施工

箱体预制施工流程：在工作底板（滑板）上弹出底板钢筋线→绑扎底板钢筋→立底板模板→浇筑底板混凝土→底板养生→绑扎中、边墙钢筋及顶板钢筋→支立加固中边墙模板、顶板底模及排架→浇筑中、边墙及顶板混凝土→中、边墙及顶板养生→拆模板、支架→框构桥防水层→箱顶防水层保护层。

（1）钢筋

框构桥底板钢筋依设计加工成排架，人工运至滑板绑扎。底板排架钢筋绑扎前，在底板位置搭设好临时固定钢筋排架的支架，排架运到后与临时支架点焊，排架摆放完成后，绑扎底板剩余钢筋。人工运输钢筋的通道铺设彩条布，防止将杂物及污损物带至底板区域。框构桥中、边墙钢筋采用直螺纹接头。框构桥顶板钢筋也采用排架方式，吊装安放。因排架尺寸太大，吊装困难，分两节加工。吊装时采用三台 25 t 吊车，设计专用吊具吊装顶板钢筋。吊至顶板后，搭接焊完成整体排架。框构桥顶进前端刃角及船头坡处的钢筋绑扎时，应预留够刃角及船头坡补齐时的单面焊的搭接长度。钢筋排架加工场地需硬化，并将排架 1∶1 放样，每个排架在放样区加工成型。因框构桥钢筋排架尺寸过大，存放时支点按 1.5 m 设一道，防止因存放变形过大。

（2）模板

框构桥墙身采用钢模板，下倒角采用木模板，上倒角采用竹胶板，顶板采用钢模板。为了减少顶进阻力，框构桥前端 2 m 范围内的外模两侧可向外各放宽 1 cm，或使其前端保持正误差，尾部为负误差，形成倒楔形。抗渗混凝土拉条需采用止水拉条。框构桥顶进前端底板底部设船头坡。

（3）碗扣脚手支架

框构桥顶板采用碗扣脚手支架，考虑到目前混凝土浇筑设备输送能力强等原因，满堂支架需适当加密布设。堆载预压为了检核支架承载能力，消除非弹性变形，减少弹性变形，对支架堆载预压。预压采用分级均匀加载，分三个阶段进行，即 50%、75% 和 100% 的加载总重，每级加载后均静载 3 小时，测变形量。支架预压材料采用袋装砂土，堆载预压加载量为设计荷载的 1.1 倍。预拱度的设置，设定预拱度时应考虑以下因素：顶板自身及活载一半所产生的竖向挠度；支架弹性压缩量；支架非弹性变形及砼徐变引起的挠度等。

（4）混凝土浇筑

框构桥混凝土分两次浇筑，底板及下倒角一次，顶板及中、边墙一次。

（5）防水层、保护层

框构桥顶部及侧面采用涂刷防水涂料并铺设防水卷材作为防水层；采用一边涂刷一边铺

设工艺，防水层铺设完 24 h 后方可进行保护层施工。框构桥顶部铺设纤维混凝土保护层，采用搅拌机搅拌，人工摊铺，平板振捣器捣实，抹刀抹平，并采用洒水养护。顶进施工时需对框构桥的防水层、顶部纤维混凝土做防护。

6）线路加固

线路加固采用纵横梁加固体系，具体方法如下：

（1）扣轨

3-5-3 扣轨，钢轨为 50 kg/m 轨，运营正线及到发线均扣轨。

（2）横梁

Ⅰ40b 工字钢，铺设间距 1.0 m。

（3）纵梁

采用 Ⅰ40b 工字钢，三根并为一组，营业线路线间及外侧各设一道。

（4）施工步骤

① 抽换枕木：加固前先将线路混凝土枕换成木枕，抽换采用隔六换一，抽换范围需满足加固长度要求，换后木枕振捣密实后，再抽换相邻的钢筋混凝土枕，抽换时线路从对应于框构中线部位向两侧对称进行抽换后对线路进行全面检查，必须符合轨道施工的有关要求。

② 铺设扣轨：钢轨接头需错开 1 m 以上，两端伸出框构边墙以外不小于 10 m，且伸出路基稳定边坡以外不小于 5 m。扣轨与枕木用ϕ20-U 型螺栓联结在一起。

③ 铺设纵、横梁：横梁采用 Ⅰ40b 工字钢，铺设间距 1.0 m，接头错开不小于 1.5 m，横梁的穿入要垂直于线路，先中间后两侧。沿线路两侧及线间布设纵梁，Ⅰ40b 工字钢 3 根一组，纵梁接头错开不小于 1.5 m。纵梁工字钢与横梁工字钢用ϕ22-U 形螺栓联结在一起，纵梁两端支撑于枕木垛基座上。纵、横梁的 Ⅰ40b 工字钢接长采用栓接。尽量减少拼接接头数量，避免在轨下拼接。工字钢及钢轨进场后需仔细检查，对变形较大、裂纹材料的应及时清理出场。

7）箱体顶进

（1）顶进步骤

检查框构桥强度、外观→安装泵站、顶镐及顶铁→试顶→顶进→恢复线路。

（2）安装泵站、顶镐及顶铁

检查泵站、顶镐，连接泵站与顶镐；调试泵站、顶镐，检查顶镐的同步性；顶镐及施顶方向必须与桥轴线一致，在后背和顶镐、框构桥与顶铁之间设分配梁，顶铁沿顶进方向每 4 到 8 m 设一道横梁。

（3）试顶

试顶以顶动框构桥为目标，同时检查顶进设备顶力及同步性能。试顶时测量监控框构桥位移量，框构桥顶动后及时停泵；泵站启动，后油压每升高 5～10 MPa 时须停泵观察，发现泵站及顶镐异常，及时处理；检查滑板、后背梁及滑动层变形，同时观察顶进挡墙等位置的变形；根据顶镐行和观测顶镐同步性能；试顶完后还要进行一次全面的检查，各部位情况均属良好便可进行正式的顶进作业。

（4）顶进施工

核算最大顶力，通过试顶，分析吃土顶进时的顶力，将顶镐顶力控制在额定值的 0.8 倍以内；将顶镐顶程控制在额定值的 0.8 倍以内，本次采用的 500 t 顶镐顶程为 0.75 m，顶进作业时取 0.5~0.6 m；顶镐按顶进阻力合力中心线对称布置，安放顶铁必须与顶桥轴线顺直一致，与横梁垂直，每行顶铁要与顶镐成一直线，各行长度要力求一致。按顶进长度随时更换或填补不同规格的顶铁，每隔 4.0~8.0 m 顶铁设置一道横梁，使传力均匀及横向稳定，并在其上填土 1.0~1.5 m，防止崩出伤人。顶铁缝隙采用不同厚度的薄钢板填充。顶进作业影响的线路应在列车通行间隙进行，列车通过时严禁进行顶时作业，顶进作业时用杂木板、杂木楔、钢板、油顶等将横抬梁与钢轨间的缝隙塞紧，顶进作业时脱空。每次顶程不可过大，应在计算跨度的基础上留足 1.2~1.5 倍的安全系数，做到快挖快顶，使框构桥紧切开挖面，实行连续作业，保持箱体不断顶进。顶进挖土严禁超挖，前方开挖面坡度按 1∶1.5 控制，同时必须确保挖空距离小于横抬梁的计算跨度。顶进取土采用挖掘机，装载机装车，辅助人工清理，自卸车运输外弃。顶进作业时防护好框构桥顶部的防水层混凝土，具体措施为横抬梁工字钢与防水混凝土之间设滚杠，滚杠下设钢板，防护框构桥顶部防水层混凝土。吃土顶进需防止因顶进作业产生的横向力，使横梁沿线路垂直方向移动，需将横抬梁沿顶进前端固结于抗移桩顶部的冠梁上。顶进作业在营业线下时，需避开雨季。框构顶进容许误差，应符合下列规定。

表 9-6　框构顶进允许偏差和检验方法

序号	项目	允许偏差（mm）	检验方法
1	中线	200	测量检查不少于 2 处
2	高程	顶程的 1%，且偏高不得超过 150，偏低不得超过 200	测量检查不少于 4 处

8）顶进就位后相关工作

（1）顶进就位后，拆除剩余纵、横梁及扣轨，抽换枕木，恢复线路，处理台背，补齐框构桥前端刃脚等。

（2）框构桥台背两侧有超挖或塌方现象时，要回填 AB 料或级配碎石，并做好排水。

（3）安装护轮轨。

（4）顶进就位相关工作完成后，达到列车放行条件，首趟列车 45 km/h 通过，第二趟 60 km/h 通过，第三趟恢复至正常速度。

（5）将改迁过的供电、通信及信号缆恢复。

第三篇　路面施工篇

第10章　沥青混凝土备料

10.1　沥青路面用料一般规定

沥青路面使用的各种材料运至现场后必须取样进行质量检验，经评定合格方可使用，不得以供应商提供的检测报告或商检报告代替现场检测。沥青路面集料的选择必须经过认真的料源调查，确定料源应尽可能就地取材。质量符合使用要求，石料开采必须注意环境保护，防止破坏生态平衡。集料粒径规格以方孔筛为准。不同料源、品种、规格的集料不得混杂堆放。

10.2　石料开采

（1）料场在开采之前应办好所有有关的用地手续及生产许可证。料场爆破作业应取得当地公安机关的批准，特殊工种人员应持证上岗。炸药库的位置与设计、炸药运输方法、炸药的管理使用以及防止事故所采取的预防措施等，都应符合《爆破安全规程》及国家关于爆破施工的相关规定。

（2）料场应剥去覆盖层，清除杂草和其他杂质后方可开采。弃土应在指定的地点处理。

（3）材料开采完毕后，应进行清理，防止水土流失，并应符合环境保护部门的有关要求。

（4）碎石破碎场地要统一、合理规划，不同规格碎石要分开堆放在硬化、无污染的场地上，场内应排水良好，道路畅通。

10.3　集料加工

（1）集料必须由具有生产许可证的采石场生产或施工单位自行加工。

（2）必须采用配有反击式破碎机或圆锥式破碎机的联合筛分设备生产路面碎石。

（3）破碎筛分设备的工艺流程设计、设备配套必须满足碎石生产的质量要求，集料生产流程见图10-1所示。

（4）在进行基层级配碎石和沥青混合料碎石的生产时，石料破碎场必须配备干式除尘装置，以减少碎石生产的粉尘，保护环境，同时减少集料中 0.075 mm 颗粒的含量。根据实际生产情况，可对沥青混合料的粗集料进行水洗，水洗设备、工序应经监理工程师审查后，报业主审批，水洗可采用循环水洗，以确保水洗彻底（附图1.2）。

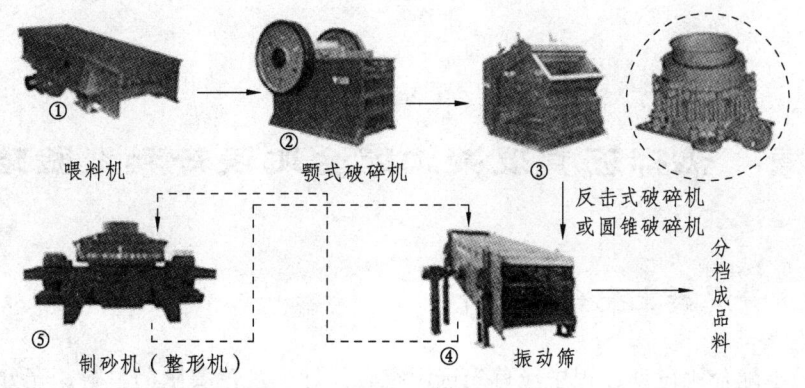

图 10-1 集料一般生产流程

（5）各种碎石均应按照设计的不同粒径规格进行筛分，当碎石生产到一定数量并且规格稳定后，要及时开展配合比试验工作，及时调整生产工艺，确保各档料能配成符合规范级配要求的混合料，且其数量能与掺配比例相适应。

（6）雨天不得进行碎石生产。

（7）碎石破碎场应设专人负责，在碎石生产过程中应加强试验检测，以保证生产碎石性能稳定，各项技术指标应符合规范要求。

（8）每个路面结构层在开工前，所采备的碎石数量不得低于该结构层设计数量的 30%，以满足大规模连续施工的需要。

（9）破碎筛分应采用二级筛泥设备，第一级设在喂料口且有效筛距不少于 2 m，筛孔不小于 5 cm；第二级设在一级破碎后且有效筛距不少于 3 m，筛孔不小于 2 cm。

（10）沥青混凝土路面用石料应尽量采用同一石场生产的碎石。

10.4 集料储运

（1）集料堆放场地应进行硬化处理，场内运输道路应采用水泥混凝土路面，建设标准符合标准化施工场地建设的相关要求。

（2）各种规格的集料应分开对方，各堆寂寥之间应采取隔墙分隔，严禁出现串料和混料情况。

（3）在粗集料堆放时，宜按照 10°～15°的倾角分层堆放。运料车在坡角处紧密卸料，然后用推土机向高处推平，减少集料离析，禁止汽车自堆料顶部向下卸料。详见图 10-2 所示。

图 10-2 粗集料堆放示意图

（4）成品集料运输过程中，应采取覆盖措施，避免二次污染。

第 11 章 热拌沥青混凝土配合比设计和试验路铺筑

11.1 沥青混凝土配合比设计

沥青混凝土配合比设计过程中应首先选用符合设计、规范要求的材料，充分利用同类道路与同类材料的施工实践经验。根据广东目前的有益经验，我公司在进行沥青混凝土配合比设计时将参照美国 SHRP 计划混合料的设计方法，通过规范试验确定各层沥青混合料的合理级配，并由工地试验室实施，具体步骤如下：

目标配合比设计阶段。应采用工程实际使用的材料计算各种材料的用量比例，配合成的矿料级配应符合《沥青路面施工及验收规范》附录 D 表 D.0.7 或表 D.0.8 的规定，并应通过马歇尔试验确定最佳沥青用量。此矿料级配及沥青用量应作为目标配合比，供拌和机确定各冷料仓的供料比例、进料速度及试拌使用。

生产配合比设计阶段。对间歇式拌和机，应从二次筛分后进入各热料仓的材料中取样，并进行筛分，确定各热料仓的材料比例，供拌和机控制室使用。同时，应反复调整冷料仓进料比例，使供料均衡，并取目标配合比设计的最佳沥青用量、最佳沥青用量加 0.3%和最佳沥青用量减 0.3%等三个沥青用量进行马歇尔试验，确定生产配合比的最佳沥青用量。

生产配合比验证阶段。拌和机采用生产配合比进行试拌，铺筑试验段，并用拌和的沥青混合料进行马歇尔试验及路上钻取的芯样检验，由此确定生产用的标准配合比。标准配合比作为生产上的控制的依据和质量检验的标准。

经设计确定的标准配合比在施工过程中不得随意变更。生产过程中，当进场材料发生变化，沥青混合料的矿料级配、马歇尔试验技术指标不符合要求时，应及时调整配合比，使沥青混合料质量符合要求并保持相对稳定，必要时重新进行配合比设计。

11.2 沥青混凝土试验路铺筑

11.2.1 底基层试验段

水泥稳定碎石底基层在正式施工前，先铺筑一段试验路段。在铺筑试验路段之前，先将试验路段的混合料组成设计以及该路段的实施性施工组织方案报监理工程师审批，在接到监理工程师对试验段的同意施工批复后，再进行试验段的施工。按监理工程师批准的混合料配合比和施工方案，进行试验段的施工，施工中人员、设备配置的调整以及施工工艺的改变，应通过试验段的施工来确定。

1. 试验段目的

（1）检验混合料配合比组成设计是否满足设计要求，在大面积的施工中能否保持稳定。

（2）各种机械的配置是否合理，机械设备的运转状况是否正常、良好。

（3）拌和能力与运输能力、摊铺速度能否协调一致。

（4）确定混合料的松铺系数。

（5）确定混合料在拌和时的加水量，以保证碾压时的含水量略大于最佳含水量。

（6）确定压实机械的合理组合及最佳碾压遍数。

（7）确定摊铺机的正常摊铺速度。

（8）验证劳动力的配置是否合理。

（9）确定每一作业段的合适长度。

（10）确定材料松铺厚度。

（11）确定拌和机皮带轮运转速度和水泥上料速度。

（12）确定密压实顺序，速度和遍数，应选择两种确保能达到压实标准的碾压方案，例如如下碾压程序：22 t 单钢轮压路机静压 1～2 遍、速度 1.5～1.7 km/h；22 t 单钢轮压路机振压 2～4 遍、32 t 以上单钢轮压路机振压 4～6 遍、速度 2.0～2.5 km/h；26 t 以上轮胎压路机碾压 2～4 遍、速度 2.0～2.5 km/h。

2. 试验总结

经过试验路段的铺筑，确定了如下施工参数：生产配比、试验路段底基层松铺系数、确定碾压工艺组合、冬季气温较低时，可采用土工布加草帘覆盖的保温养生方法，能有效防止水稳层的冻胀破坏，保证芯样强度符合设计要求。

3. 对存在问题及整改措施

根据现在所配备施工人员、施工机械、原材料、施工工艺及对所施工完成的结构物进行综合分析，发现并改正存在的问题。

11.2.2 沥青面层试验段

沥青面层施工开工前，均需先做试铺路段，通过合格的沥青混合料组成设计，拟定试铺路段铺筑方案，铺筑试铺路段，试铺路段应选在正线直线段，长度为 300～400 m。试铺段的质量检查频率应根据需要比正常施工时适当增加（一般增加一倍）。试铺结束后，试铺段应基本上无离析和石料压碎现象，经检测各项技术指标均符合规定，施工单位应立即提出试铺段总结报告，由驻地监理工程师审查，经总监确认，报总监批准后即可作为申报正式开工的依据。

1. 试验目的

试铺路段施工分为试拌和、试铺两个阶段，需要确定的内容包括：

（1）根据各种机械的施工能力相匹配的原则，确定适宜的施工机械，按生产能力决定机械能量与组合方式。

（2）通过试拌决定。

① 拌合机操作方式——如上料速度、拌和数量和拌和时间、拌和温度等。

② 验证沥青混合料的配合比设计和沥青混合料的技术性质,决定正式生产用的矿料配合比和油石比。

(3) 通过试铺决定。

① 摊铺机的操作方式——摊铺温度、摊铺速度、初步振捣夯实的方法和强度、自动找平方式等。

② 压实机具的选择、组合、压实顺序、碾压温度、碾压速度及遍数。

③ 施工缝处理方法。

④ 沥青面层的松铺系数。

(4) 确定施工产量及作业段的长度,修订施工组织计划。

(5) 全面检查材料及施工质量是否符合要求。

(6) 确定施工组织及管理体系、质保体系、人员、机械设备、检测设备、通讯及指挥方式。

(7) 确定试验段的渗水系数。

试铺段的铺筑,严格按部颁标准《公路沥青路面施工技术规范》(JTGF40-2004)规定操作。在试铺段的铺筑过程中,监理工程师一起参加检查施工工艺、技术措施是否符合要求,测温、观色、取样,并记录试验与检测结果,检查各种技术指标情况,对提出的问题提出改进意见。各层试铺,必须力争一次铺筑成功,使试铺面层成为正式路面的组成部分。

2. 根据试验段中出现的问题提出改进措施

第12章 碎石垫层、底基层、基层施工

12.1 一般规定

级配碎石结构层施工期的日最低气温应在5℃以上,严禁雨天施工。应严格控制垫层、底基层、基层的厚度和高程,其路拱横坡应与设计一致。级配碎石混合料应采用集中厂拌法拌制,并使用摊铺机摊铺。级配碎石结构层应在最佳含水率下进行碾压,直至达到下列按重型击实试验确定的要求压实度:垫层>96%,底基层、基层>98%。级配碎石结构层的压实厚度不应超过20 cm。压实厚度超过上述规定时,应分层铺筑,每层最小压实厚度为10 cm。严禁用薄层贴补法进行找平。分层铺筑时,每层都要做压实度检验,并应达到规定要求。应合理组织施工,确保级配碎石结构层施工后能封闭交通,避免表层在车辆的行驶作用下松散。

12.2 碎石垫层施工

1. 施工方法

采用拌合站集中拌合级配碎石,按照"三阶段、四区段、八流程"工艺组织施工。自卸汽车运料,摊铺机摊铺,平地机整平,压路机碾压,试验检测地基系数$K30$、动态变形模量E_{vd}和孔隙率n三个指标,达到设计要求方可进行下道工序施工。

2. 工艺流程(图12-1)

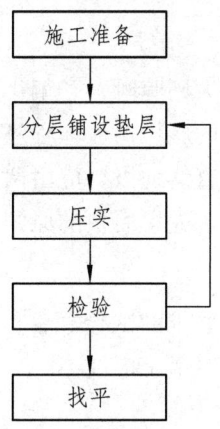

图12-1 基床表层级配碎石施工工艺流程图

3. 施工要点

1）施工准备

进行级配碎石材质及级配试验，材质及级配均要符合设计及规范要求；调试拌合设备，确保拌合设备计量准确；施工前做好级配碎石备料工作，拌合场内不同粒径的碎石、砂砾等集料分别堆放。

在大面积填筑前，应根据初选的摊铺、碾压机械及试生产出的填料，进行现场填筑工艺试验，确定填料级配、施工含水率、混合料颗粒密度、松铺厚度和碾压遍数、机械配套方案、施工组织等工艺参数。

2）基床底层验收

复测基床底层压实质量，检测地基系数 $K30$、孔隙率 n；检查路基几何尺寸，测放中桩和边桩。

3）级配碎石拌合

级配碎石混合料用级配碎石拌合设备在拌合场集中拌合，混合料需拌合均匀，采用不同粒径的碎石，按试验确定的配合比拌制级配碎石混合料。

4）拌合料运输

装料时，车要有规律移动，使混合料在装车时不致产生离析。并保证足够的运输车辆，确保摊铺机能连续摊铺。车辆运输过程中用防水篷布覆盖。运料车在摊铺机前 10~30 cm 处停住，不得撞击摊铺机。卸料过程中汽车挂空挡，靠摊铺机推动前进，以确保摊铺层的平整度。

5）拌合料摊铺平整

采用摊铺机或平地机进行，顶层摊铺必须使用摊铺机摊铺。严格按工艺试验确定的摊铺厚度分层摊铺。用平地机摊铺时，必须在路基上采用方格网控制填料量，方格网纵向桩距不宜大于 10 m，横向应分别在路堤两侧及中间设方格网桩。用摊铺机摊铺时，应根据摊铺机的摊铺能力及拌合设备的拌合能力配置运输车辆，使摊铺机的摊铺作业能够不间断的连续进行。

6）碾 压

碾压前测定混合料含水量，若偏大则晾晒，若偏小则洒水，确保接近最佳含水量。采用重型压路机进行碾压，按试验段确定的碾压遍数和程序进行压实，使其达到规定压实度，且表面平整，各项指标符合设计要求。直线地段，应由两侧开始向中间碾压；曲线地段，应由内侧向外侧碾压。碾压遵循先轻后重、先慢后快的原则。

7）试验检测

每层碾压完成后，按规范及设计要求的试验方法、试验点数、检验频次，逐层分段、分部进行试验检测，检测合格方可进行下道工序施工。

8）修整养护

表层修整养护并禁止任何车辆在基床上通行。

12.3 底基层施工

12.3.1 水泥稳定碎石底基层施工

底基层为水泥稳定碎石时,一般采用厂拌法施工、摊铺机铺筑,其施工流程:路槽报验→测量放样设置标高钢丝感应线→路槽清扫洒水碾压→试验段施工→自卸车上料→摊铺机摊铺→清除粗集料窝、粗集料带→22 t 单钢轮压路机静压→32 t 单钢轮压路机复压→30 t 胶轮压路机终压→检测高程→检测密实度及松铺系数→覆盖洒水养生→7 天后检查各项技术指标→试验段总结报告→监理工程师审查→指挥部中心试验室审批→指导大面积水稳底基层施工(详见图 12-2)。

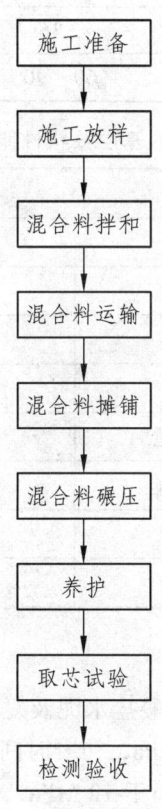

图 12-2 底基层施工工艺流程图

1. 施工准备

1) 碎 石

碎石加工设备必须满足招标文件规定,并配备栅筛。为备料方便,对底基层、基层石料加工规格宜采用统一规格,分为 0～4.75 mm、4.75～9.5 mm、9.5～19 mm、19～31.5 mm,对应的筛孔尺寸分别为 4 mm×4 mm、11 mm×11 mm、23 mm×23 mm、31 mm×31 mm。以上筛孔设置仅为方孔振动筛推荐的参考值,具体筛孔设置应根据岩石种类及筛分设备进行调整,以满足表 12-1、表 12-2 的要求。其中,确定细集料的筛分应采用水洗法。同时各档集料必须满足表 12-3 的性能指标要求。

表 12-1 粗集料规格要求

公称最大粒径（mm）	通过下列筛孔（mm）的质量百分率（%）						
	31.5	26.5	19	13.2	9.5	4.75	2.36
19~31.5	100	85~100	0~15				
9.5~19		100	90~100	—	0~15	0~5	
4.75~9.5				100	90~100	0~15	0~5

表 12-2 细集料规格要求

公称最大粒径（mm）	通过下列筛孔（mm）的质量百分率（%）			
	4.75	2.36	0.6	0.075
0~4.75	90~100	60~90	20~55	0~15

表 12-3 底基层集料性能指标要求

项目	单位		质量要求
大于 9.5 mm 集料的针片状含量	不大于	%	18
4.75~9.5 mm 集料针片状含量	不大于	%	20
压碎值	不大于	%	28
粗集料中软石含量不大于	不大于	%	5
粗集料水洗法小于 0.075 mm 颗粒含量	不大于	%	2
细集料水洗法小于 0.075 mm 颗粒含量	不大于	%	15
塑性指数	不大于	%	4
细集料砂当量	不小于	%	60

2）水　泥

（1）矿渣硅酸盐水泥、火山灰质硅酸盐水泥及复合硅酸盐水泥均可使用。水泥的强度等级宜不大于 32.5 MPa，不得超过 35.0 MPa，初凝时间应不小于 4 h、终凝时间不小于 6 h，水泥细度不大于 10%，3 天胶砂强度应不小于 12 MPa，水泥各龄期强度、安定性等应符合规定。不应使用快硬水泥、早强水泥以及已受潮变质的水泥。

（2）采用散装水泥，在水泥进场入罐前，要停放一定时间，安定性合格后才能使用。

（3）水：饮用水均可使用，遇可疑水源应委托有关部门进行试验鉴定。

（4）混合料的组成设计

① 稳定碎石混合料的组成设计包括：根据设计要求达到强度标准，使用符合设计及规范要求的水泥、碎石进行配合比设计试验。在目标配合比设计时，矿料级配的走向应选择靠近中值偏下、靠近级配范围的下限及能使矿料级配形成 S 型级配，必要时允许超出级配范围，粗集料含量（4.75 mm 以上）应不低于 70%，以至少形成三条级配曲线的水泥混合料来评价抗压强度和干缩性能，最少试件数量不得少于 13 个。通过试验确定水泥的掺加比例、水泥与碎石的比例，确定混合料的最佳含水量。

② 按照规范标准试验的水泥稳定混合料 7 天无侧限抗压强度要求,底基层 7 天无侧限抗压强度设计值不小于 3.5 MPa,试验时试件养生相对湿度不得低于 90%,温度不超出 25±2 ℃,试件保温保湿养生 6 天,浸水 24 h 然后进行试验。试件的干容重和规范中要求的干容重要一致。

③ 做水泥稳定碎石的延迟时间对其强度影响的试验,确定合适的延迟时间。

2. 施工过程控制

1)无污染施工

清除作业面表面的浮土、积水等;施工段落应封闭交通;施工车辆进入施工区域前必须进行轮胎及车厢内外侧的泥土等污染物的清洗,严禁污染及地方车辆上路。

2)路槽验收合格后的处理

在路槽验收合格后,对路槽顶面进行清扫,配备压路机进行碾压后,适当对路槽进行洒水使其表面湿润。

3)施工放样

开始摊铺的前一天要进行测量放样,按摊铺机宽度与传感器间距,一般在直线上间隔为 10 m,在平曲线上为 5 m,做出标记,并打好厚度控制线支架,根据松铺系数算出松铺厚度,决定控制线高度,挂好控制线。用于摊铺机摊铺厚度控制线钢丝的拉力应不小于 800 N。

4)材料的天然含水量试验

混合料拌和前必须检测各种集料的天然含水量,验证生产配合比,计算当天的施工配合比,外加水和天然集料的含水量含水量要比最佳含水量略高,并应根据气温、失水情况进行调整;随时检查配合比、含水量是否变化,达到准确配料的目的,确保混合料级配满足设计要求。

3. 混合料的拌和

开始拌和前,拌合场的备料应能满足 3~5 天的摊铺用料。

每天开始搅拌前,应检查场内各处集料的含水量、单粒径筛分,计算当天的施工配合比(级配应与目标设计级配拟合),外加水与天然含水量的总和要比最佳含水量略高,一般情况加水量根据天气情况,气温低、湿润天气宜高 0.5%~1.0%,气温高、干燥天气或风速较大情况可提高 1.0%~1.5%(不超过最佳含水量的 2%)。同时,在充分估计施工富余强度时要从缩小施工偏差入手,不得以提高水泥用量的方式提高路面底基层强度。

每天开始拌和前 3 车逐车或前十五分钟内连续检测水泥剂量和含水量(必要时采取酒精燃烧,以加快检测速度);稳定后按规定频率检测各项指标,随时在线检查配比、含水量是否变化。高温作业时,早晚与中午的含水量要有区别,要按温度变化及时调整。

拌合机出料不允许采取自由跌落的方式落地成堆和装载机装料运输的办法。一定要配备带活门漏斗的料仓,成品混合料先装入料仓内,存储达 1/2 以上时,由漏斗出料装车运输,装车时车辆应前后移动,分"前、后、中"三次装料,避免混合料离析。严禁以反复开启仓门方式放料。水泥罐不得边压入水泥时边用于生产。

4. 混合料的运输

拌好的水泥稳定碎石应采用较大吨位的自卸汽车运输,车厢应清扫干净,不得有水积聚在车厢底部。从拌合机向运料车上放料时，应每卸一斗挪动一下汽车位置，以减少粗细集料的离析现象。其高度不允许超过原车厢板 50 cm。混合料运至现场应及时，进入工作面之前对车辆轮胎进行清洁，确保工作面上的整洁。

运料车应用篷布覆盖，用以保湿和防止污染，直至卸料时方可取下覆盖篷布。运输车辆在来往运输行驶时，其速度须控制在 30 km/h 以内，减小重载车辆的破坏。运输车的运量应较拌和能力或摊铺速度有所富余。对于底基层，施工过程中摊铺机前方应有运料车 2~3 部在等候卸料。开始摊铺时在施工现场等候卸料的运料车不宜少于 5 辆。使用摊铺机连续摊铺时，运料车应在摊铺机前 10~30 cm 处停住，不得撞击摊铺机。卸料过程中运料车应挂空挡，靠摊铺机推动前进。水泥稳定碎石运到摊铺地点后应凭运料单接收，并检查拌和质量。不符合质量要求，或已经结成团块、已遭雨淋湿的混合料不得铺筑在道路上。当车内混合料不能在水泥初凝时间内运到工地摊铺压实，必须予以废弃。

5. 混合料的摊铺

铺筑底基层前应检查路基的质量。当路基质量不符合设计规范要求时，应采取有效措施使之满足规范要求，否则不得铺筑底基层。摊铺底基层前应对路基洒水湿润。洒水长度以不大于摊铺机前 30~40 m 为宜。底基层的松铺系数应根据实际的混合料类型、施工机械和施工工艺等，由试铺试压确定。摊铺过程中应随时检查摊铺层厚及路拱、横坡，并按使用的混合料总量与摊铺面积校验平均厚度，不符要求时应根据铺筑情况及时进行调整。

摊铺时，每个作业面应配备两台以上摊铺机实现梯队联合作业。相邻两幅摊铺时应有 10~20 cm 宽度的水泥稳定土搭接。相邻两台摊铺机宜前后相距 5~10 m 作业。保证其速度一致、摊铺厚度一致、松铺系数一致、路拱坡度一致、摊铺平整度一致、振动频率一致等，两机摊铺接缝平整。摊铺机宜采用一侧钢丝绳引导的高程控制方式自动找平。调整好传感器臂与控制线的关系；严格控制底基层厚度和高程，保证路拱横坡度满足设计要求。摊铺机应具有自动或半自动方式调节摊铺厚度及找平的装置。在熨平板按所需厚度固定后，不得随意调整。

水泥稳定碎石应缓慢、均匀、连续不间断地摊铺。摊铺过程中不得随意变换速度或中途停顿。拌合机与摊铺机的生产能力应互相协调。如拌合机的生产能力较低，在用摊铺机或摊铺箱摊铺混合料时，应采用最低速度摊铺，减少摊铺机停机待料的情况。摊铺机的摊铺速度一般宜在 1 m/min 左右。严禁空仓收斗。水泥稳定碎石施工时应避免每车料收斗一次的做法，仅当料斗内沾附较多混合料时方需收斗。收斗应在运料车离去、料斗内尚存较多混合料时进行，收斗后应立即连接满载的运料车向摊铺机内喂料。对离析产生的局部粗集料"窝"应予铲除，并用新拌混合料填补。

6. 混合料的碾压

每台摊铺机后面，应紧跟碾压，水稳底基层一次碾压长度一般为 30~50 m，其碾压长度由试铺段碾压工艺确定。碾压段落必须层次分明，设置明显的分界标志，有监理员旁站。

碾压应遵循试铺路段确定的程序与工艺，水泥稳定碎石底基层摊铺后，应首先使用轻型钢轮压路机紧跟摊铺面及时进行碾压。注意稳压要充分，振压不起浪、不推移。

水稳碎石底基层压实时，遵循稳压（静压、遍数适中，压实度达到 90%）→轻振动碾压→重振动碾压→胶轮碾压，压至无轮迹为止。

水稳碎石底基层压路机相邻碾压带应重叠 1/3~1/2 的碾压轮宽度。

压路机应以慢而均匀的速度碾压，压路机的碾压速度应符合下表12-4的规定。

表12-4　压路机碾压速度（km/h）

压路机类型	初压		复压		终压	
	适宜	最大	适宜	最大	适宜	最大
钢筒式压路机	1.5~1.7	3	2.0~2.5	5	2.0~2.5	5
轮胎压路机	—	—	2.0~2.5	5	2.0~2.5	5
振动压路机	1.5~1.7（静压）	5（静压）	2.0~2.5（振动）	4~5（振动）	2.0~2.5（静压）	5（静压）

碾压时应将驱动轮面向摊铺机。碾压路线及碾压方向不应突然改变而导致混合料产生推移。压路机起动、停止必须减速缓慢进行。压路机应从外侧向中心碾压，最后碾压路中心部分，压完全幅为一遍。当边缘有挡板、路缘石、路肩等支挡时，应紧靠支挡碾压。当边缘无支挡时，可在边缘先空出宽30~40 cm，待压完第一遍后，将压路机大部分重量位于已压实过的混合料面上再压边缘，以减少向外推移。压路机倒车应自然停车，不许刹车；换挡要轻且平顺，不要拉动底基层。在第一遍初步稳压时，倒车后应原路返回，换挡位置应在已压好的段落上，在未碾压的一头换挡倒车位置错开，要成齿状，出现个别涌泡时，应专配工人进行铲平处理。

压路机应以慢而均匀的速度碾压，路面两侧应多压1~2遍。压路机碾压时的建议行驶速度，第1~2遍为1.5~1.7 km/h，之后遍数的行驶速度应为2.0~2.5 km/h。压路机停车要错开，相隔间距不小于3 m，应停在已碾压好的路段上。振动压路机的振动频率和振幅应经试验段试验确定，并根据混合料种类和层位选用。振动压路机倒车时应先停止振动，并在向另一方向运动后再开始振动，以避免混合料形成鼓包。

钢轮压路机碾压时不应洒水。仅当碾压面干涩且出现较多微小裂纹时，方可少量洒水碾压。严禁压路机在已完成的或正在碾压的路段上调头和急刹车，以保证底基层表面不受破坏。碾压宜在水泥初凝前及试验确定的延迟时间内完成，达到要求的压实度，同时没有明显的轮迹。为保证平整度，铺面碾压过程中应安排专人配5 m直尺进行步检，及时处理不平整位置。

7. 横向接缝设置

水泥稳定碎石混合料摊铺时应连续作业，如因故中断时间超过2 h，则应设横缝；每天收工之后，第二天开工的接头断面也要设置横缝；要特别注意桥头搭板前水泥碎石的碾压，压路机要横向碾压。

横缝应与路面车道中心线垂直设置，接缝断面应是竖向平面。其设置方法：

（1）压路机碾压完毕，沿端头斜面开到下承层上停机过夜。

（2）第二天将压路机沿斜面开到前一天施工的底基层上，用3 m直尺纵向放在接缝处，定出底基层面离开三米直尺的点作为接缝位置，沿横向断面挖除坡下部分混合料，清理干净后，摊铺机从接缝处起步摊铺。

（3）为确保平整度和压实度，压路机先保持45°斜压1遍过渡后，再沿接缝横向碾压，由前一天压实层上逐渐推向新铺层，碾压完毕再纵向正常碾压。

（4）碾压完毕，接缝处纵向平整度应符合相关规范规定。

8. 养 生

每一段碾压完成以后应立即进行质量检查，压实度检测完毕并合格后，方可开始养生。养生方法：应将不小于 250 g/m² 透水无纺土工布湿润，然后人工覆盖在碾压完成的底基层顶面。覆盖 2 小时后，再用洒水车洒水养生。在 7 天内应土工布覆盖保持底基层处于湿润状态，7～15 天保湿养生，15～28 天内经常洒水养护。养生结束后，应将覆盖物清除干净。用洒水车洒水养生时，洒水车的喷头要用喷雾式，不得用高压式喷管，以免破坏基层结构，每天洒水次数应视气候而定，整个养生期间应始终保持水泥稳定碎石层表面湿润，底基层养生期不应少于 7 天，养生期间必须封闭交通。

9. 水泥稳定碎石底基层检测

1）基本要求

（1）粒料应符合设计和施工规范要求，并应根据当地料源选择质坚干净的粒料；矿渣应分解稳定，未分解渣块应予剔除。

（2）水泥用量和矿料级配应按设计控制准确。

（3）厚度满足规范要求。

（4）摊铺时应注意消除离析现象。

（5）混合料应处于最佳含水量状况下，用重型压路机碾压至要求的压实度。从加水拌和到碾压终了的时间不超过 3～5 h，并短于水泥的终凝时间。

（6）碾压检查合格后应立即覆盖或洒水养生，养生期应符合规范要求。

2）实测项目（表 12-5）

表 12-5 水泥稳定碎石底基层实测项目

项次	检查项目		规定值或允许值		检查方法和频率
			基层	底基层	
			高速、一级公路	高速、一级公路	
1	压实度（%）	代表值	98	96	按 JTGF80/1-2004 附表 B 检查，每 200 m 每车道 2 处
		极值	94	92	
2	平整度（mm）		8	12	3 m 直尺：每 200 m 测量处×10 尺
3	纵断面高程（mm）		+5、-10	+5、-15	水准仪：每 200 m 测 4 断面
4	宽度（mm）		不小于设计	不小于设计	尺量：每 200 m 测 4 处
5	厚度（mm）	代表值	-8	-10	按 JTGF80/1-2004 附录测 H 检查，每 200 m 每车道测 1 点
		极值	-15	-25	
6	横坡（%）		±0.3	±0.3	水准仪：每 200 m 测 4 断面
7	强度（MPa）		符合设计要求	符合设计要求	按 JTGF80/1-2004 附录 G 检查

3）外观鉴定

（1）表面平整密实、无坑洼、无明显离析。

（2）施工接茬平整、稳定。

12.3.2 水泥粉煤灰稳定底基层施工工艺

1. 施工工艺流程

水泥、粉煤灰稳定基层施工的工艺流程见图12-3。

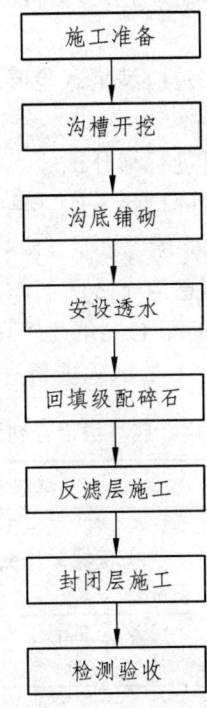

图 12-3 水泥粉煤灰稳定基层施工工艺流程图

2. 施工操作要点

1）施工准备

（1）混合料拌和站的设置需要根据工程规模及地理位置综合考虑场址、水、电、道路、材料供应、环境保护等各项要求选择布置。建设完经过标定后方可投入使用。

（2）下承层表面应平整、坚实、具有规定的路拱，没有任何松散的材料和软弱点。对于底基层，根据压实度检查（或碾压检验）和弯沉测定结果，凡不符合设计要求的路段，必须根据具体情况，分别采用补充碾压、加厚底基层、换填好的材料、挖开晾晒等措施，使达到标准。同时验收时应逐一断面检查下承层标高是否符合设计要求，下承层标高的误差应符合规范要求。新完成的底基层或土基，必须按规范规定项目及标准进行验收。

（3）现场技术人员必须对拌合站、压路机、摊铺机、运输车辆、水车的操作人员进行培训、技术安全交底，做到熟练掌握混合料的拌和、运输、摊铺、碾压、协调等各个环节的技术要求。

(4)在下承层上准确恢复中线。直线段每 15~20 m 设一桩,曲线段每 10~15 m 设一桩,测钎在两侧路面边缘外 30~50 cm 处采用钢钎设置挂上钢线(摊铺基准线),测钎位置正确,支座牢固,测量准确、采用悬线法根据摊铺厚度及松铺系数每 10 m 测量出钢线标高,钢钎应牢固顺直以利于传感器正常行走,钢丝线的张力必须达 800~1 000 N。

2)混合料拌和

(1)高等级公路水泥、粉煤灰稳定底基层采用厂拌法施工。混合料采用拌和机拌和,拌和机料仓安装钢筋筛网,相临料仓间加焊隔板,保证各规格的原材料不混合。水泥、粉煤灰稳定土结构层宜在春末和气温较高季节组织施工。当日最低气温低于 5 ℃ 时,基层、底基层不再施工。

(2)拌和前,检查各种集料的含水量应满足试验要求,拌和时实际采用的水泥剂量应比试验室确定的剂量增加 0.5%。

(3)拌和后,试验员及时取混合料进行筛分试验,检查是否符合设计的级配范围。同时按要求频率进行混合料含水量、灰剂量的检验工作。早晚与中午的含水量根据温度变化及时调整。保证摊铺时混合料的含水量高于最佳含水量 1%~2%,以补偿碾压过程中的水分损失。

(4)拌和站应加强与摊铺现场的信息沟通协调工作,在因转场、天气等原因需要中断摊铺作业时及时调整拌和及运输能力,确保混合料的生产既满足施工需要,又不出现多余浪费。

(5)混合料拌和完成后,按照表 12-6 的试验项目进行检测。

表 12-6 基层、底基层混合料试验项目

试验项目	试验目的
重型击实试验	求最佳含水量和最大干密度,以规定工地碾压时的合适含水量和应该达到的最小干密度,确定制备强度试验和耐久性试验的试件所用的含水量和干密度;确定制备承载比试件的材料含水量
无侧限抗压强度	进行材料组成设计,选定最适宜于用水泥及粉煤灰稳定的包括粒料;规定施工中所用的结合料剂量;为工地提供评定质量的标准
延迟时间	对已定水泥剂量的混合料,确定延迟时间对混合料密度和抗压强度的影响,并据此确定施工允许的延迟时间

3)混合料的运输

(1)运输车辆的数量应满足拌和出料与摊铺需要,并略有富余。

(2)加强车辆维护保养,保证生产用车无故障,装料前要将车厢清扫干净,而且每装一车清扫一次。

(3)出料斗卸料时,装车车辆应前后移动以保持装载高度均匀,防止混合料离析。

(4)应尽快将拌成的混合料运送至铺筑现场。混合料在运输中应加以覆盖,减少水分损失。经过拌和、整形的水泥稳定土,宜在水泥初凝前并应在试验确定的延迟时间内完成碾压,并达到要求的密实度,同时没有明显的轮迹。

4)混合料摊铺

(1)摊铺前应将下承层彻底清扫干净,使路基表面没有浮土并用喷雾式水车洒水湿润,复测路槽标高、宽度,并检查横向排水管等预埋管线是否埋设。

（2）按照直线段每 10 m 断面、平曲线段每 5 m 断面测量路槽标高，按照底基层标高挂钢丝线，作为摊铺机摊铺基准线。

（3）为保证底基层边缘强度，在摊铺前，中央分隔带处支撑钢模板，并且用钢钎固定，待碾压完成后拆除模板周转使用。

（4）摊铺前应检查摊铺机各部分运转情况，而且每天坚持重复此项工作。

（5）调整好传感器臂与导向控制线的关系；严格控制底基层厚度和高程，两台摊铺机接缝熨平板相互重叠 10~15 cm，保证路拱横坡度满足设计要求。

（6）摊铺机的摊铺速度一般宜为 1~1.5 m/min。摊铺宜连续作业，如拌和或运输出现问题，用摊铺机摊铺混合料时，采用最低速度摊铺，以免摊铺机停机待料。

（7）摊铺机的螺旋布料器应有 2/3 埋入混合料中。

（8）混合料摊铺采用两台摊铺机梯队作业，一前一后（前后距相差 5~10 m），应保持速度一致，松铺系数一致，摊铺厚度一致，路拱横坡一致，振动频率一致等，两摊铺机接缝平整。

（9）在摊铺机后面应设专人消除集料离析现象，特别注意铲除局部粗集料"窝"，并用新拌和的混合料填补，严禁采用薄层贴补的方法进行找平。

（10）摊铺过程中，由专人随时拉线检查虚铺标高和虚铺厚度。

5）混合料碾压

（1）碾压遵循的原则是：先轻后重，先静后振，由低向高，由边向中。碾压程序为：静压稳定→轻振动碾压→重振动碾压→胶轮压路机复压光面。

（2）混合料经摊铺整型后，应立即在全宽范围内进行碾压，直线段，由外侧向中心碾压；超高段，由内侧向外侧碾压。每道碾压应与上道碾压重叠 1/2 轮宽，稳压要充分，保证振压不起浪，不推移。

（3）摊铺机后面紧跟双钢轮压路机，振动压路机，胶轮压路机进行碾压，高速、一级公路一次碾压段落长度以 50~80 m 为宜。二级及以下公路一次碾压段落长度可根据施工条件及施工能力确定在 150 m 左右。

（4）按照先轻后重，先静后振的原则，按试验段施工时取得的压路机组合方式、碾压速度、碾压遍数等进行碾压。碾压过程中采用灌砂法检测压实度，直到达到设计的压实度，同时没有明显的轮迹为止。

（5）压路机倒车换挡要轻且平顺，不能拉动碾压层，在第一遍初步稳压时，倒车后尽量原路返回，换挡位置应在已压好的段落上，在未碾压的一头换挡倒车位置错开，要成齿状，出现个别拥包时，配合人工进行铲平处理。

（6）碾压段落层次分明，设置明显的分界标志并设专人值班，记录碾压遍数。

（7）压路机停车要错开，而且离开 3 m 远，最后停在碾压好的路段上，以免破坏碾压层结构。

（8）碾压过程中，水泥粉煤灰稳定碎石混合料的表面应始终保持潮湿。如表面水蒸发过快，应及时喷淋补洒少量水进行湿润，即表面湿润但不出现水的冲刷流动及"水窝"为宜。

6）施工缝设置

（1）应尽量减少施工横向作业缝的设置。摊铺过程中，因故中断 2 h 以上，则应设横缝，每次摊铺结束的作业缝最好留在桥头搭板或通道搭板相连的断面处。摊铺机应驶离混合料末端。

(2) 人工将末端含水量合适的混合料弄整齐,紧靠混合料放两根方木,方木的高度应与混合料的压实厚度相同,整平紧靠方木的混合料;

(3) 方木的另一侧用砂砾或碎石回填约 3 m 长,其高度应高出方木几厘米,然后将将混合料碾压密实。

(4) 在重新开始摊铺混合料之前,将砂砾或碎石和方木除去,并将下承层顶面清扫干净,摊铺机返回到已压实层的末端,重新开始摊铺混合料;

(5) 如摊铺中断后,未按上述方法处理横向接缝,而中断时间已超过 2 h,则应将摊铺机附近及其下面未经压实的混合料铲除,并将已碾压密实且高程和平整度符合要求的末端挖成与路中心线垂直并垂直向下的断面,然后再摊铺新的混合料。

应避免纵向接缝。高速公路和一级公路的基层应分两幅摊铺,宜采用两台摊铺机一前一后一般相隔 5~10 m 同步向前摊铺混合料,并一起进行碾压。在不能避免纵向接缝的情况下,纵缝必须垂直相接,严禁斜接,具体方法如下:

① 在前一幅摊铺时,在靠中央的一侧用方木或钢模板做支撑,方木或钢模板的高度应与稳定土层的压实厚度相同。

② 养生结束后,在摊铺另一幅之前,拆除支撑木。

③ 摊铺机返回到已碾压好并且标高和平整度都符合要求的混合料末端,调整好高度、厚度、横坡等,然后开始重新摊铺混合料。

④ 用钢轮压路机在压实的基层上跨缝横向碾压并逐渐推进到新铺筑的混合料上,直到碾压密实。

7) 养生及交通管制

(1) 每一段碾压完毕并经压实度检查合格后,覆盖保湿养生,水泥达到终凝后用喷雾式洒水车洒水养生,养生期不少于 7 天。洒水次数视气候而定,整个养护期间应始终保持表面湿润。

(2) 在养生期内除洒水车外封闭交通,不能封闭交通时,应限制重车通行,其他车辆的车速不应超过 30 km/h。

8) 质量标准

公路路面水泥、粉煤灰底基层施工质量施工必须满足《公路工程质量检验评定标准》的要求,具体检测项目、频率及标准见表 12-7。

表 12-7 公路路面水泥、粉煤灰底基层质量检验标准

序号	项目		检测频度	质量标准	
				高速、一级公路	一般公路
1	纵断高程(mm)		高速公路和一级公路 20 m1个断面,每个断面 3~5 个点	+5,-15	+5,-20
2	厚度(mm)	代表值	每 1 500~2 000 m²6 个点	-10	-12
		合格值		-25	-30

续表

序号	项目	检测频度	质量标准 高速、一级公路	质量标准 一般公路
3	宽度（mm）	每 40 m1 处	+0 以上	+0 以上
4	横坡度（%）	每 100 m³ 处	±0.3	±0.5
5	平整度（mm）	每 200 m² 处，每处连续 10 尺（3 m 直尺）	12	15
6	压实度（%）	每 200 m 每车道 2 处	95	93
7	强度（MPa）	按公路工程质量检验标准	符合设计要求	符合设计要求

达到养生龄期后，应钻芯取样检验其整体性。在现场按规定频率取样，每 2 000 m² 或每工作班制备 1 组试件。如果路面钻机取不出完整的钻件，则应找出不合格基层的界限，进行返工处理。半刚性基层和底基层材料强度，以规定温度下保湿养生 6 d、浸水 1 d 后的 7 d 无侧限抗压强度为准。

12.3.3 干旱地区水泥稳定土底基层施工工艺

1. 施工工艺流程（见图 12-4）

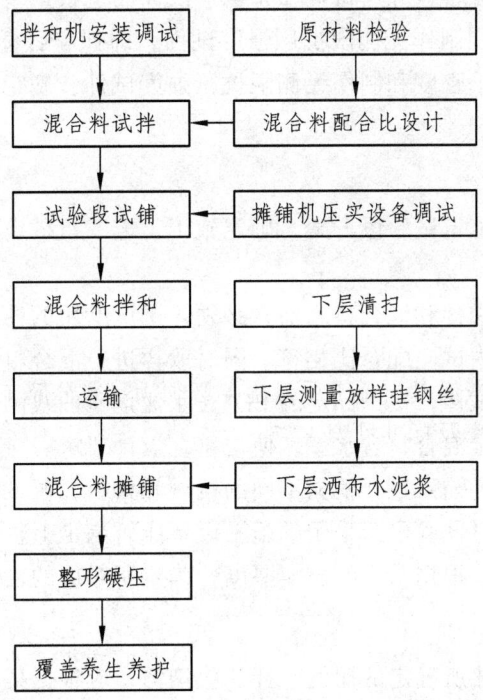

图 12-4 干旱地区水泥稳定土施工工艺流程图

2. 施工要点

1）准备下承层

水泥稳定土的下承层表面应平整、坚实、湿润。具有规定的路拱，平整度和压实度应符合《公路路面基层施工技术规范》要求。当水泥稳定土用做基层时，要准备底基层；当水泥稳定土用做底基层时，要准备路基。

2）施工放样

在下承层上恢复中线，放出结构层两侧边线。在直线段两侧每 10 m 设一边桩，平曲线段每 5 m 设一边桩，测出桩点高程，为摊铺机摊铺结构层提供下承层高程数据。

3）备 料

利用料场的土（包括细粒土、中粒土和粗粒土）。

（1）采集前，先将树木、草皮和杂土清除干净，土中的超尺寸颗粒予以筛除。

（2）不同粒径的碎石或砾石以及细集料分别堆放。

4）水泥稳定土混合料配合比设计

做好混合料的试配工作，确定水泥剂量、最佳含水率、最大干密度和强度，并于开工前 15 d 报监理审批。

5）确定现场最迟碾压成形时间

混合料从加水拌和到碾压终了时间对混合料强度和所达到的干密度有明显影响。在进行混合料配合比设计时，混合料拌和后每隔 2 h 取一次样品进行重型击实试验，并根据得到的相对应的最大干密度，分别制作无侧限抗压强度试件，即拌和后每 0 h、2 h、4 h、6 h、8 h 分别做击实试验确定最大干密度和制作无侧限抗压强度试件，确定强度符合要求时所对应的现场最迟碾压时间。

6）试验段

（1）在正式开工前，拟定试验段方案，确定施工工艺、机械设备组合、人员组织、压实遍数等参数。

（2）调试拌和机：正式拌和混合料之前，必须先调试所用的拌和设备的配料比例，使生产时各仓集料的比例与室内试验配合比相符。同时取样进行混合料级配分析，使混合料级配符合设计要求，添加水泥试拌，根据标定的 EDTA 水泥剂量曲线测定混合料的水泥剂量，使之符合设计要求，取样测定混合料含水率，使之符合设计要求。

（3）试铺试压：确定松铺系数，根据不同的机械和材料，调试检验摊铺设备，进行混合料试铺和混合料碾压。通过试验段所采用的施工设备能否满足上料、拌和、运输、摊铺、压实的施工组织、施工工艺，根据采用的压实厚度，确定所对应的松铺系数。

7）混合料拌和

配料应符合室内配合比所确定的比例，拌和应均匀，应根据集料含水率大小和混合料所需的最佳含水率，及时调整加水量。拌和时混合料的含水率应大于最佳含水率，使混合料运至现场摊铺后碾压时的含水率大于最佳含水率，以补偿后续工序的水分损失。施工过程中应随时检查混合料的级配、水泥剂量、含水率、拌和后的混合料应无灰团、无干湿不均、无离析现象、色泽均匀。

8）混合料运输

应选用较大吨位的自卸车运输，拌和好的混合料要尽快运到现场进行摊铺。混合料从拌和机加水拌和到现场压实成型的时间不得超过试验确定的混合料延迟时间。干旱地区干燥、蒸发量大，运输车必须全程覆盖防止混合料中的水分在运输过程中蒸发。装料时应采取必要措施，防止混合料离析，运输混合料的自卸车应避免在未达到养生强度的铺筑表面上通过，避免成型结构层过早承重被破坏。

9）混合料摊铺

（1）混合料应采用沥青混凝土摊铺机或稳定土摊铺机。摊铺机功率应满足结构层摊铺宽度及厚度所需动力要求。

（2）在铺筑上层稳定土之前，应根据下承层湿润情况洒水，始终保持下承层表面湿润。当水泥稳定土需要分两层施工时，在铺筑上层前，应当在下层表面撒布薄层水泥净浆。

（3）拌和机与摊铺机的生产能力应相互匹配。摊铺机宜连续作业，拌和机的总产量应大于 400 t/h，如拌和机生产能力较小，摊铺机摊铺混合料时，应采用最低速度摊铺，减少摊铺机停机待料的情况。根据路幅宽度确定摊铺作业时采用单机铺筑或双机联铺，双机联铺时应保持摊铺面前后相距 5~10 m，并对摊铺后混合料同时进行碾压。

（4）摊铺机后应设专人消除粗细集料离析现象及时铲除粗集料"窝"和粗集料"带"，补以新拌的均匀的混合料。

10）混合料整形碾压

（1）混合料摊铺后，当混合料的含水率略高于最佳含水率时，应立即压实，碾压分初压、复压、终压。在碾压过程中，应配备洒水车随时补充混合料表面散失的水分，保持混合料表面的潮润，初压采用轻型压路机配合轮式振动压路机（14~16 t），对结构层在全宽范围内进行碾压，静压 1~2 遍；复压采用重型轮胎式振动压路机（18~22 t）振压，轮胎压路机（25~30 t）揉压，在碾压过程中检验压实度，直到达到规定压实度为止；终压采用轻型压路机，静压一遍，消除轮迹，碾压总遍数约需 8~10 遍，直线段由两侧向中心碾压，曲线段由内侧向外侧碾压。每一碾压带与相邻碾压带相重叠 300 mm，使每一层整个厚度和宽度完全均匀压实。压路机碾压速度头两遍以采用 1.5~2.0 km/h 为宜，复压、终压宜采用 2.0~2.5 km/h。压实后表面应平整，无轮迹或隆起裂纹、搓板及松皮等现象。水泥稳定层宜在水泥初凝之前并在试验确定的延迟时间内完成压实，并达到规定压实度。

（2）碾压过程如有"弹簧"、松散等现象，应及时翻开重新换料或用其他方法处理，使其达到质量要求。

（3）分层施工时，分层厚度的确定与压实机具重量有关，用 20 t 以上的轮胎式振动压路机压实时，每层的压实厚度不应超过 200 mm，压实厚度超过 200 mm 时，应分层铺筑，每层的最小压实厚度为 100 mm。分层摊铺时，下层宜稍厚，应严格控制水泥稳定层压实厚度和高程，其路拱度、横坡度应与路面面层一致。水泥稳定层施工时严禁用薄层贴补进行找平。

11) 接　缝

（1）横向接缝要求：摊铺机摊铺混合料时，不宜中断，如因故中断时间超过 2 h，应设置横向接缝。

（2）设置横向接缝时，结构层摊铺机应驶离混合料末端，人工将末端含水率合适的混合料弄整齐，紧靠混合料放两根方木，方木的高度应与混合料的压实厚度相同，整平紧靠方木的混合料。方木的另一侧用混合料回填约 3 m 长，其高度应高出方木几厘米，然后将末端混合料压实，在重新开始摊铺之前，将末端回填的混合料和方木除去，并将下层顶面清扫干净。摊铺机返回已压末端，重新开始摊铺混合料。

（3）如摊铺中断后未按照上述方式处理横向接缝且中断时间已经超过延迟时间，应将摊铺机附近及其下面未经压实的混合料铲除，并从已碾压密实且高程和平整度符合要求的末端，重新开始摊铺新的混合料。

（4）纵向接缝处理：原则上应避免出现纵向接缝，若分两幅反摊铺时，宜采用两台摊铺机，一前一后相隔 5～10 m 同步向前摊铺混合料，并一起进行碾压。

12) 养生方法

（1）干旱地区蒸发量大，不宜采用水车直接洒水养生，须采用覆盖养生措施。如采用塑料薄膜覆盖养生，在碾压结束后应立即覆盖塑料薄膜，当结构层表面稍干时，应补充一下表面散失的水分。塑料薄膜覆盖后应用砂土在薄膜上打成方格，稳定塑料薄膜，防止被风掀起，减少结构层表面水分散失。

（2）对于上基层，可立即采用乳化沥青透层或封层进行养生，防止表面水分散失。如果不能避免施工车辆在养生层上通行，应在沥青乳液破乳后撒布 3～5 mm 的石屑，做成下封层，防止通行车辆对基层表面的磨损。

（3）干旱地区的水稳结构层养生非常关键，需设置专门的养生班，随时检查结构层表面养生、塑料薄膜破损情况，进行及时修复破损部分；在养生期间内禁止车辆通行，养生段落配备专用洒水车，在未施工一侧根据情况补充表面水分，养生覆盖材料宜在下层施工前清除，尽量延长覆盖时间，防止结构层表面失水而产生干缩裂缝。

12.3.4　级配碎石底基层施工工艺

1. 工艺流程（见图 12-5）

2. 施工方法

1）准备下承层

检查下承层的压实度、平整度、横坡度、高程、宽度等，如有表面松散、弹簧等现象必须进行处理。

2）施工放样

恢复路中线，每 10 m 设一中桩，并放出边线外 0.3～0.5 m 处指示桩，进行水平测量，按松铺系数准确标出布级配碎石的高程。

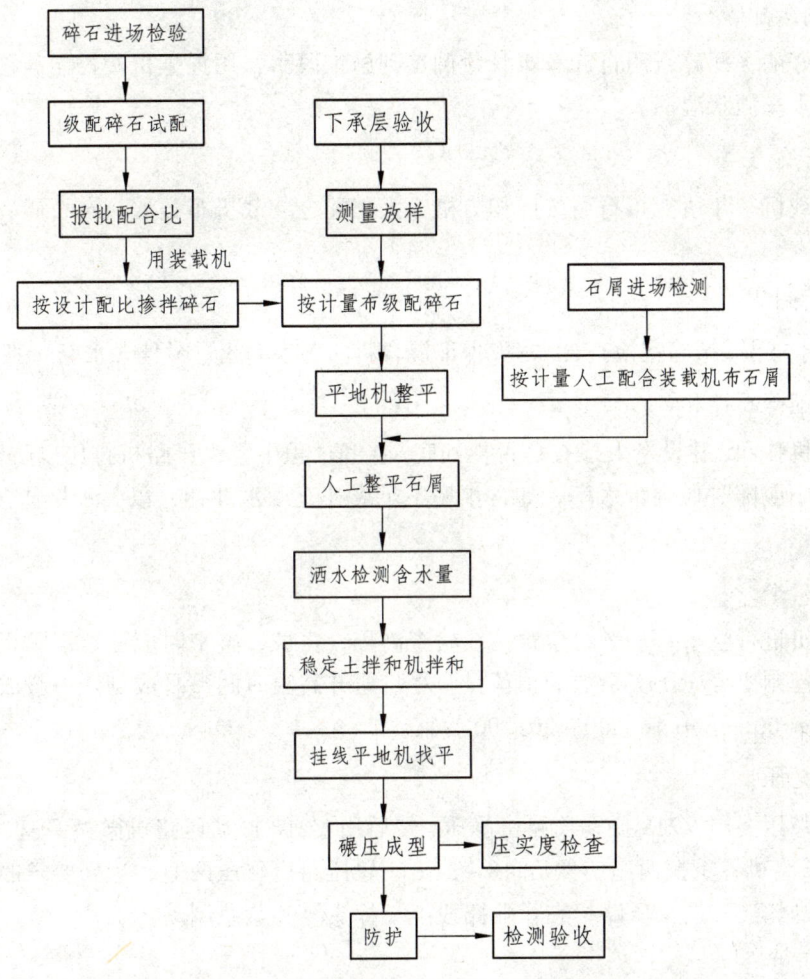

图 12-5 级配碎石底基层施工工艺流程

3）材料准备

级配碎石最大粒径应不大于技术规范要求，级配碎石颗粒组成和塑性指数应满足技术规范要求的规定。

4）配合比设计

做好混合料的试验工作，以确定不同规格碎石及石屑的掺配比例，确定混合料的最佳含水率和标准干密度，并于开工前15 d报监理工程师签批。

5）试验段

在正式施工前要拟定试验段方案报监理工程师签批，做好试验段以确定施工工艺、松铺系数、机械配备、人员组织、压实遍数等。

6）集料运输和掺拌

不同规格的碎石按施工段落长度和配合比分别计算数量，并分别进行堆放，然后用装载机按比例进行掺拌（石屑除外）。

7）摊铺级配碎石

将掺拌好的级配碎石用自卸车按计量倒运到施工段落，用推土机按控制高程初平，平地机整平，洒水车洒水湿润。

8）布石屑

画出装载机一斗所能布石屑的面积方格，人工配合装载机布石屑，布石屑一定要均匀，并设专人检查。

9）洒水调节含水率

水车洒水加湿，试验室检查含水率，保证混合料的含水率超过最佳含水率一般为2%～3%。

10）级配碎石拌和

用路拌机拌和，并设专人检查是否拌到底，拌和过程中紧跟压路机排压以防含水率损失。在拌和过程中应随时检查含水率，如含水率不足应补充洒水补拌，以大于最佳含水率1%～2%为好。

11）整 平

用平地机进行整平，整平时紧跟拉线检查高程、横坡，整平时应注意消除粗细集料离析现象。高程控制要考虑压实系数的预留量。尽量避开高温时间整平成型。一般成型时间为早上6：00～8：00，下午16：00～20：00为宜。

12）碾 压

第一遍稳压要用Y218振动压路机静压，然后用Y218振动压路机微振一遍，再用Y218、Y220振动压路机各重振两遍，然后18～21 t三轮压路机碾压两遍，达到要求的密实度，同时没有明显的轮迹。严禁压路机在作业路段上"掉头"和紧急制动。

13）防 护

路段成型后要及时防护，未作上承层之前严禁开放交通，并进行自检验收，符合要求后方能进行上承层施工。

14）横缝的处理

两作业段的衔接处，应搭接拌和。第一段拌和后，留5～8 m不进行碾压，第二段施工时，前段留下未压部分与第二段一起拌和整平后进行碾压。

15）纵缝的处理应避免纵向接缝

在必须分两幅铺筑时，纵缝应搭接拌和。前一幅全宽碾压密实，在后一幅拌和时，应将相邻的前幅边部约300 mm搭接拌和，整平后一起碾压密实。

3. 施工技术要点

级配碎石施工的细料离析问题和含水率的控制是控制质量的关键，特别是路拌法施工最容易产生细料离析问题，所以施工中应注意以下施工技术要点。

（1）4.75 mm以下的石屑不能预先同4.75 mm以上的不同规格的碎石掺拌，一同用自卸车倒运到施工段落，这样很容易在卸料和整平过程中产生细料离析问题。

（2）布石屑一定要画出装载机一斗所能布石屑的面积方格，人工配合装载机布石屑，布石屑一定要均匀，并设专人检查。

（3）严格控制含水率的均匀性，确保在碾压时含水率比最佳含水率一般高1%~2%。

12.4 基层施工

12.4.1 水泥稳定碎石基层摊铺机施工工艺

1. 工艺流程（见图12-6）

施工准备→水稳砾（碎）石混合料拌制→混合料运输→摊铺机摊铺、压路机碾压→试验室检测压实度→设置横缝→养生→成品检测。

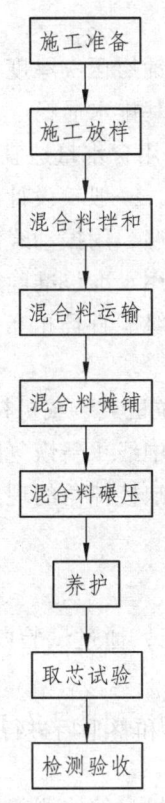

图12-6 水泥稳定碎石基层施工工艺流程图

2. 施工要点

1）施工准备

（1）混合料拌和站的设置需要根据工程规模及地理位置综合考虑场址、水、电、道路、材料供应、环境保护等各项要求选择布置。建设完经过标定后方可投入使用。

（2）在水泥稳定碎石层施工前应做好下承层验收工作。下承层表面应平整、坚实、具有规定的路拱，没有任何松散的材料和软弱点。对于底基层，根据压实度检查（或碾压检验）

和弯沉测定结果，凡不符合设计要求的路段，必须根据具体情况，分别采用补充碾压、加厚底基层、换填好的材料、挖开晾晒等措施，使达到标准。同时验收时应逐一断面检查下承层标高是否符合设计要求，下承层标高的误差应符合规范要求。新完成的底基层或土基，必须按规范规定项目及标准进行验收。

（3）现场技术人员必须对拌合站、压路机、摊铺机、运输车辆、水车的操作人员进行培训、技术安全交底，做到熟练掌握混合料的拌和、运输、摊铺、碾压、协调等各个环节的技术要求。

（4）在下承层上准确恢复中线。直线段每 15~20 m 设一桩，曲线段每 10~15 m 设一桩，测钎在两侧路面边缘外 30~50 cm 处采用钢钎设置挂上钢线（摊铺基准线），测钎位置正确，支座牢固，测量准确、采用悬线法根据摊铺厚度及松铺系数每 10 m 测量出钢线标高，钢钎应牢固顺直以利于传感器正常行走，钢丝线的张力必须达 800~1 000 N。

2）路肩培土

按要求培肩，路肩压实厚度应与摊铺层压实厚度相同，每隔 30 m 左右两侧交错开挖宽度为 20~30 cm 的临时泄水沟，确保路基排水通畅。

（1）培路肩（包括中央分隔带）：采用含水量适宜的粘土培肩；挂出路肩边缘高度线，挂线高度应为基层厚度乘以土方松方系数，一般较设计的路肩（内侧）宽度宽出 20~30 cm，人工摊铺整平，培肩后用推土机稳压两遍，用振动式压路机压实，平地机刮平表面。培肩时应挂出培肩的外缘线和内侧边缘线，并用水准仪准确放出路肩松方厚度。

（2）培肩质量要求：外边缘和内边缘顺直且相互平行，表面平整，顺适，纵向不能有起伏凹凸处，宽度、厚度满足要求。

（3）切槽：切槽前，先由履带式拖拉机或装载机初步稳压，再由振动式压路机碾压密实，然后用平路机刮平表面，测量人员根据中线重新恢复路肩的边缘线，挂线后人工切槽，切口竖直、切面平整顺直、无波浪，不得有缺棱掉角的现象。切槽土保证清理干净，没有浮土，并将所有切除土运走。

3）试验段施工

基层施工前必须进行试验段的施工，通过试验段施工确定的工艺及技术指标指导全面施工。

（1）原材料施工配合比控制方法的适用性及施工含水量与最佳含水量相比的范围控制方法。

（2）确定拌和、运输、摊铺和碾压机具的协调与配合。确定合理的压实机械组合、压路机的选择和适宜数量、碾压顺序、速度以及遍数。

（3）填料的摊铺方法及松铺厚度，施工整平和整形方法、工艺、程序。

（4）验证人员、机械、设备等施工组织要素配备的合理性。

4）混合料拌和

对混合料含水量进行监测，以含水量大于最佳值 1%进行控制，如天气炎热，运距较远应再适当增加含水量，含水量最大不得大于最佳值 2%。如发现异常时必须马上检测并及时进行相应的调整，试验员必须跟班作业。随时观察级配和拌和均匀性，如发现异常时必须马上检测,找出原因,并及时进行相应的调整。

水泥稳定碎石基层宜在春末和气温较高季节组织施工。施工期的日最低气温应在5℃以上,在有冰冻的地区,并应在第1次重冰冻(-3~-5℃)到来之前半个月到一个月完成。

5)混合料运输

(1)运输过程中应对混合料进行覆盖,以防水分损失过多。

(2)采用自卸汽车运输,并在运料单上标明出料时间,出场超试验确定的允许摊铺最长时间的混合料必须废弃,严禁使用。

(3)合理确定自卸汽车的数量,保证摊铺机前有2~3辆料车等待卸料,做到宁可运料车等候摊铺,也不能摊铺机等候运料车。但如果摊铺机前有5辆以上料车等待卸料时,必须通知拌和站,调整拌和速度,避免由于混合料等待时间过长而发生质量问题。

6)混合料摊铺

(1)摊铺前对摊铺路段要彻底清扫后进行洒水(有水稳底基层时进行洒水),且以下承层表面湿润但不存水为宜。

(2)按照摊铺厚度及水稳碎石的松铺系数在摊铺机熨平板下垫上木方,调出摊铺机起始仰角。按路面基层宽度要求,组装摊铺机的熨平板,熨平板宽度宜小于基层宽度15~25 cm;另外应根据摊铺厚度的要求,调整螺旋输送器及前侧挡板的位置,螺旋输送器离地面的高度直接影响摊铺机的作业强度及摊铺速度,一般情况下,螺旋输送器离地面距离为设计厚度的1.25倍。

(3)根据摊铺的速度和摊铺机的使用性能,拌合站与施工现场的距离来确定运输车辆,摊铺机前应有2~3辆料车等待卸料,保证施工的连续性。自卸汽车卸料时应在摊铺机前20~40 cm处,对正停车,以避免撞击摊铺机,同时卸料要连续稳定,如发生混合料洒落时,要及时清理摊铺机履带处的混合料,以免影响整体平整度。

(4)摊铺时不能片面的追求基层的平整度,刻意降低混合料的含水量,而应控制好拌和站的出料含水量;在天气炎热时施工,出料的含水量要比最佳含水量高1%左右,运距超过5公里时需用苫布覆盖。

(5)卸料前先由收料员检查混合料的出场时间核对出料时间试验确定的允许摊铺最长时间的混合料必须废弃)、拌和均匀情况、目测含水量,对不符合要求的混合料必须废弃,不得使用。运料车在摊铺机前20~40 cm处停车,挂空挡,依靠摊铺机推动运料车前行。

(6)摊铺过程要保持连续性,摊铺过程中不得随意变换速度,尽量减少中途停顿次数。根据摊铺层宽度、厚度和拌和机产量计算出摊铺速度,确保连续摊铺,保证摊铺机匀速行驶。经常检查倒料板与螺旋输送器之间是否有异物卡、堵。

(7)应有专人跟随摊铺机检查摊铺基准钢线、传感器及螺旋输送器的工作状态。另外至少每10 m检查一次高程,如发现一点不合格,必须连续每0.5 m检查一点,如连续三点不合格,必须通知技术人员,由技术人员调整传感器,调整后,行进5 m后再连续检查,重复以上步骤,直到调整到高程合格为止。

(8)施工员在摊铺机后面,负责清除粗细集料离析现象,特别是应铲除局部粗集料"窝",并用手推车推来新拌混合料填补。摊铺过程中,要经常检查熨平板前的混合料堆积状况,如果堆积的混合料较少时,及时操作螺旋输送器及刮料板开关,以便及时输送混合料。

（9）摊铺机后配备 2 名人工跟在摊铺机之后，及时清除粗集料窝和粗集料带，并用新拌的混合料填补。摊铺机摊铺时组织好施工中的各环节，尽量避免中途停车，行走速度保持均匀一致。

（10）摊铺宜采用两台同型号的摊铺机平行作业，一前一后，前后相距 5~10 m。

7）碾 压

（1）按照先轻后重，先静后振的原则，按试验段施工时取得的压路机组合方式、碾压速度、碾压遍数等进行碾压。碾压过程中采用灌砂法检测压实度，直到达到设计的压实度，同时没有明显的轮迹为止。

（2）整型后，当混合料的含水量等于最佳含水量 ±1% 时，立即用关闭振动的振动压路机跟在摊铺机后及时在全宽内进行稳压两遍，速度采用 1.5~1.7 km/h 为宜。直线段，由两侧路肩向路中心碾压；平曲线段，由内侧路肩向外侧路肩进行碾压。碾压时，应重叠 1/2 轮宽；后轮必须超过两段的接缝处，后轮压完路面全宽时，即为一遍。初压后用振动压路机开启振档，以 2.0~2.5 km/h 的速度振压。最后可用光轮压路机碾压两遍，保证表面平整密实。

（3）严禁压路机在已完成的或正在碾压的路段上"调头"和急刹车，应保证路面基层表面不受破坏。

（4）碾压过程中，路面基层的表面应始终保持潮湿，如表层水蒸发的快，应及时补洒少量的水进行湿润，即表面湿润但不出现水的冲刷流动及"水窝"为宜。

（5）碾压过程中，如有"弹簧"、松散、起皮等现象，应及时翻开重新拌和（加适量的水泥）或其他方法处理，使其达到质量要求。

8）施工缝设置

（1）应尽量减少施工横向作业缝的设置。摊铺过程中，因故中断 2 h 以上，则应设横缝，每次摊铺结束的作业缝最好留在桥头搭板或通道搭板相连的断面处。摊铺机应驶离混合料末端。

（2）人工将末端含水量合适的混合料弄整齐，紧靠混合料放两根方木，方木的高度应与混合料的压实厚度相同，整平紧靠方木的混合料。

（3）方木的另一侧用砂砾或碎石回填约 3 m 长，其高度应高出方木几厘米，然后将将混合料碾压密实。

（4）在重新开始摊铺混合料之前，将砂砾或碎石和方木除去，并将下承层顶面清扫干净，摊铺机返回到已压实层的末端，重新开始摊铺混合料。

（5）如摊铺中断后，未按上述方法处理横向接缝，而中断时间已超过 2 h，则应将摊铺机附近及其下面未经压实的混合料铲除，并将已碾压密实且高程和平整度符合要求的末端挖成与路中心线垂直并垂直向下的断面，然后再摊铺新的混合料。

应避免纵向接缝。高速公路和一级公路的基层应分两幅摊铺，宜采用两台摊铺机一前一后相隔 5~10 m 同步向前摊铺混合料，并一起进行碾压。在不能避免纵向接缝的情况下，纵缝必须垂直相接，严禁斜接，具体方法如下：

① 在前一幅摊铺时，在靠中央的一侧用方木或钢模板做支撑，方木或钢模板的高度应与稳定土层的压实厚度相同。

② 养生结束后，在摊铺另一幅之前，拆除支撑木。

③ 摊铺机返回到已碾压好并且标高和平整度都符合要求的混合料末端,调整好高度、厚度、横坡等,然后开始重新摊铺混合料。

④ 用钢轮压路机在压实的基层上跨缝横向碾压并逐渐推进到新铺筑的混合料上,直到碾压密实。

9)养护及交通管制

(1)每一段碾压完毕并经压实度检查合格后,覆盖保湿养生,水泥达到终凝后用喷雾式洒水车洒水养生,养生期不少于 7 天。洒水次数视气候而定,整个养护期间应始终保持表面湿润。洒水车喷头向上成仰角,避免直接向基层洒水,出现坑槽,冲沟等现象。

(2)在养生期内除洒水车外封闭交通,不能封闭交通时,应限制重车通行,车速不应超过 30 km/h。

3. 质量标准

水泥稳定碎石基层施工质量必须满足《公路工程质量检验评定标准》的要求,具体检测项目、频率及标准见表 12-8。

表 12-8 高速、一级公路水泥稳定碎石基层质量标准

项次	检查项目		规定值或允许偏差	检查方法
1	压实度（%）	代表值	9	按有关方法检查,每 200 m 每车道 2 处
		极值	94	
2	平整度（mm）		8	3 m 直尺：每 200 m 测 2 处×10 尺
3	纵断高程（mm）		+5,−10	水准仪：每 200 m 测 4 个断面
4	宽度（mm）		不小于设计值	尺量：每 200 m 测 4 处
5	厚度（mm）	代表值	−8	按有关方法检查,每 200 m 每车道 1 点
		合格值	−15	
6	横坡（%）		±0.3	水准仪：每 200 m 测 4 个断面
7	强度（MPa）		符合设计强度	按有关方法检查

达到养生龄期后,应钻芯取样检验其整体性。在现场按规定频率取样,每 2 000 m² 或每工作班制备 1 组试件。如果路面钻机取不出完整的钻件,则应找出不合格基层的界限,进行返工处理。半刚性基层和底基层材料强度,以规定温度下保湿养生 6 d、浸水 1 d 后的 7 d 无侧限抗压强度为准。

12.4.2 沥青稳定碎石基层施工工艺

1. 施工工艺流程

沥青稳定碎石基层施工工艺流程见图 12-7。

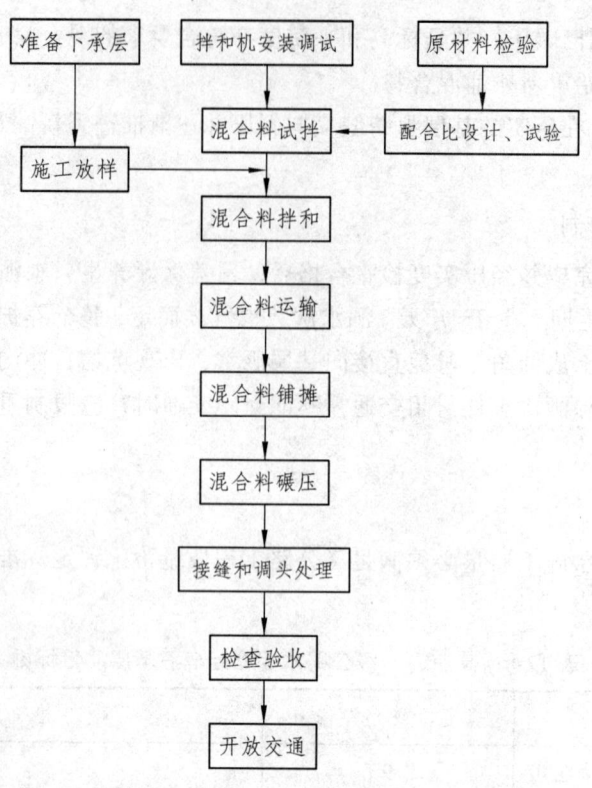

图 12-7 沥青稳定碎石基层施工工艺流程图

2. 施工要点

1）施工准备

（1）沥青混合料拌和站的设置需要根据工程规模及地理位置综合考虑场址、水、电、道路、材料供应、环境保护等各项要求选择布置。建设完经过标定后方可投入使用。

（2）现场技术人员必须对拌和站、压路机、摊铺机、运输车辆等操作人员进行培训、技术安全交底，做到熟练掌握沥青混合料的拌和、运输、摊铺、碾压、协调等各个环节的技术要求。

（3）对下承层的高程，平整度、宽度、弯沉等指标要严格检查，特别是高程的检测要尤其重视，避免用上层来找补下层的现象发生。

（4）混合料摊铺前要对下承层进行彻底清扫、冲洗，清除表面污染，特别是砂浆、机油等污染。

2）配合比设计

沥青稳定碎石配合比设计应通过目标配合比设计、生产配合比设计及生产配合比验证三个阶段，确定稳定碎石混合料的材料品种及配合比、矿料级配、最佳沥青用量。配合比的试验方法必须遵照现行试验规程的方法执行。目标配合比设计阶段：用工程实际拟使用的材料按《公路沥青路面施工技术规范》（JTG F40）中的方法，优选矿料级配、确定最佳沥青用量，符合配合比设计技术标准和配合比设计检验要求，以此作为目标配合比，供拌和机确定各冷料仓的供料比例、进料速度及试拌使用。

生产配合比设计阶段：对二次筛分后的各热料仓分别取样进行筛分试验，以确定各热料仓的材料比例，同时根据各冷料的含水率反复调整冷仓进料比例以达到供料均衡，并取目标配合比设计的最佳沥青用量和其±0.3%等条件，进行马歇尔试验和试拌，通过室内试验及从拌和机取样试验综合确定生产配合比的最佳沥青用量，确定的最佳沥青用量与目标配合比设计的结果的差值不宜大于±0.2%。

生产配合比验证阶段。拌和机按生产配合比结果进行试拌、铺筑试验段，并取样进行马歇尔试验，同时从路上钻取芯样观察空隙率的大小，由此确定生产用的标准配合比。经设计确定的标准配合比在施工过程中不得随意变更。但生产过程中应加强跟踪检测，严格控制进场材料的质量，如遇材料发生变化并经检测沥青混合料的矿料级配、马歇尔技术指标不符要求时，应及时调整配合比，使沥青混合料的质量符合要求并保持相对稳定，必要时重新进行配合比设计。

3）铺筑试验段

施工前必须进行试验段的施工，其目的是提高基层施工的预见性，以指导全面施工。通过试验段施工总结需确定的主要指标：

（1）确定合理的施工机械、机械数量及组合方式。

（2）通过试拌确定拌和机的操作方式，验证沥青混合料的配合比设计和技术性质，决定正式生产用的矿料配合比和油石比。

（3）确定混合料的松铺系数和施工缝的处理方法。

（4）确定摊铺温度、速度、宽度、自动找平方式等操作工艺；压路机的压实顺序、碾压温度、速度及遍数等压实工艺参数。

（5）全面检查材料及施工质量是否符合要求。

（6）验证施工组织及管理体系、人员、通信联络及指挥方式。

4）混合料拌和

采用间歇式拌和机，拌和时间以混合料拌和均匀、所有矿料颗粒全部裹覆沥青结合料为度，并经试拌确定。拌和时严格控制混合料的温度和拌和时间。拌和好的混合料不得有花白料、超温料，对于每车料的出场温度要有专人检测记录。当沥青混合料超过195℃的应立即废弃。当无特殊要求时，混合料的拌和温度应符合表12-9的规定。

表12-9 沥青稳定碎石基层混合料各个阶段要求温度（℃）

沥青加热温度		150~170
矿料加热温度		170~185
混合料出厂温度		150~165
混合料运输到现场温度		不低于150
摊铺温度	正常施工	140~145
	低温施工	145~150
初压温度	正常施工	135~145
	低温施工	145~155
复压温度	正常施工	130~140
	低温施工	135~145

5）混合料的运输

装料前在运料车厢涂一层防粘剂，运输途中车必须覆盖帆布或防雨布，温度低时应加盖双层保温布。从拌和机向运料车上放料时，应每卸一斗混合料挪动一下汽车位置，以减少粗集料的离析现象。摊铺过程中运料车应停在摊铺机前 10～30 cm 处，不得撞击摊铺机，卸料过程中运料车挂空挡，靠摊铺机推动前进。混合料运输车的运量较摊铺速度有所富余，施工过程中摊铺机前方应有不少于 5 辆运料车等候卸车。

6）混合料的摊铺

采用两台或以上摊铺机联合摊铺，一台摊铺机的铺筑宽度不宜超过 6～7.5 m，前一台摊铺机靠中央分隔带一侧摊铺，一侧传感器搭在钢绞线上，另一侧用浮动基准梁，后一台摊铺机一侧传感器搭在钢绞线上，另一侧用滑靴，两台摊铺机相距一般为 10～20 m，横向搭接宽度应有 5～10 cm，把滑靴放在前一台摊铺机铺出的基准面上，调整好横坡，进行摊铺。摊铺过程中，摊铺机速度保持 2～4 m/min 的范围内均匀行驶，在铺筑过程中，摊铺机螺旋送料器应不停顿的转动，两侧保持有不少于送料器高度 2/3 的混合料，并保证在全宽断面上不离析。施工时，两构造物间尽量一次摊铺碾压成型，以减少横缝。

7）混合料的压实及成型

压实分为初压、复压和终压三碾压步骤，压路机均匀行驶，速度符合规范要求。碾压时由低向高即由路外侧向内侧进行，超高段由曲线内侧向外侧进行，碾压方向与路线方向平行，并沿同一轮迹返回，每次错轴重叠 1/3～1/2 轮宽，压路机不能中途停留、转向或制动。并不得停留在当天摊铺的路面上或高于 70 ℃ 的已经压过的路面上。另外，终压温度不得低于 90 ℃。

初压：第一遍碾压宜采用大吨位压路机进行静压，再用双钢轮压路机碾压一遍，驱动轮朝向摊铺机，静压前进，振动返回，碾压路线、方向不能突然改变，往返转折点应错开成阶梯形，钢轮压路机紧跟胶轮压路机进行碾压，要求钢轮压路机与胶轮压路机之间错开两轮。

复压：复压紧跟初压后进行，复压段长度不宜大于 60～80 m。复压宜采用振动压路机高频低振法，碾压 1～2 遍，相邻碾压带重叠 100～200 mm，使压实度达到规范要求。

终压：紧接在复压后进行，使用双钢轮压路机或关闭振动的振动压路机静压 1～2 遍，直至消除表面轮迹为止。

各类型压路机碾压速度宜为：初压 2～3 km/h，复压 3～5 km/h，终压 3～6 km/h。碾压过程中有沥青混合料黏轮现象时，可向碾压轮洒少量水或洗衣粉水，严禁喷洒柴油、机油、轮胎压路机可涂抹植物油。

压路机不得在未碾压完或刚碾压完的路面上紧急制动、调头、转弯，严禁在未压完的沥青混合料层上停机。

8）接缝处理

沥青路面的施工必须接缝紧密、连接平顺，不得产生明显的接缝离析。上下层的纵缝应错开 150 mm 以上。相邻两幅及上下层的横向接缝均应错位 1 m 以上。接缝施工应用 3 m 直尺检查，确保平整度符合要求。摊铺时采用梯队作业的纵缝应采用热接缝，将已铺部分留下 100～200 mm 宽暂不碾压，作为后续部分的基准面，然后作跨缝碾压以消除缝迹。

当半幅施工或因特殊原因而产生纵向冷接缝时,宜加设挡板或加设切刀切齐,也可在混合料尚未完全冷却前用镐刨除边缘留下毛茬的方式,但不宜在冷却后采用切割机作纵向切缝。加铺另半幅前应涂洒少量沥青,重叠在已铺层上 50~100 mm,再铲走铺在前半幅上面的混合料,碾压时由边向中碾压留下 100~150 mm,再跨缝挤紧压实。横缝与铺筑方向垂直,形成一条碾压密实的边缘,下次摊铺前,在上次末端涂补适量粘层沥青,在碾压横缝时先纵向后横向碾压,将压路机位于已压实的面层上,错过新铺层 15 cm,然后每压一遍向新铺层推进 15~20 cm,以推进到压路机轮宽度的 1/3 处为止,改为正常碾压。

9)天气对施工的影响

进入冬季,应尽量避免沥青混凝土路面稳定碎石基层的施工。特别是气温低于 5 ℃时,不宜摊铺碾压热拌沥青稳定碎石混合料。风、雪、雨天气不允许进行热拌沥青混合料路面施工。晴天低温时,确需施工必须采取以下措施:

(1)运料车必须采用覆盖保温措施,现场摊铺采用高密实度摊铺机。
(2)加强施工现场的测温工作,做好测温记录。
(3)缩短摊铺时间,随摊随压,做好施工接缝处理。
(4)适当提高开始碾压的温度,只要不出现推移,要及早碾压。为达到较高的压实度,压路机要紧跟摊铺机,初压一定碾压到摊铺机后。

3. 质量检查与验收

施工过程中及施工完成的路段按照《公路沥青路面施工技术规范》中的项目和频率进行检查验收,具体见表 12-10。

表 12-10 沥青稳定碎石基层混合料施工质量控制标准

项目		检查频度及单点检验评价方法	质量要求或允许偏差		试验方法
			高速、一级公路	其他等级公路	
外观		随时	表面平整密实,不得有明显轮迹、裂缝、推挤、油包等缺陷,且无明显离析		目测
接缝		随时	紧密平整、顺直、无跳车,		目测
		逐条缝检测评定	3 mm	5 mm	T 0931
施工温度	摊铺温度	逐车检测评定	符合规范规定		T 0981
	碾压温度	随时	符合规范规定		插入式温度计实测
厚度	每一层次	随时,厚度 50 mm 以下厚度 50 mm 以上	设计值的 5% 设计值的 8%	设计值的 8% 设计值的 10%	插入法量测松铺厚度及压实厚度
	总厚度	每 2 000 m² 一点单点评定	设计值的 -5%	设计值的-8%	T 0912
压实度		每 2 000 m² 检查 1 组逐个试件评定并计算平均值	实验室标准密度的 97% 最大理论密度的 93% 试验段密度的 99%		T 0924、T 0922 规范附录 E

续表

项目		检查频度及单点检验评价方法	质量要求或允许偏差		试验方法
			高速、一级公路	其他等级公路	
平整度	基层	连续测定	2.4 mm	3.5 mm	T 0932
宽度	有侧石	检测每个断面	±20 mm	±20 mm	T 0911
	无侧石	检测每个断面	不小于设计宽度	不小于设计宽度	
纵断面高程		检测每个断面	±10 mm	±15 mm	T 0911
横坡度		检测每个断面	±0.3%	±0.5%	T 0911
渗水系数		每1 km不少于5点，每点3处取平均值	300 mL/min		T 0971

12.4.3 ATB 沥青碎石基层施工工艺

1. 工艺流程（见图 12-8）

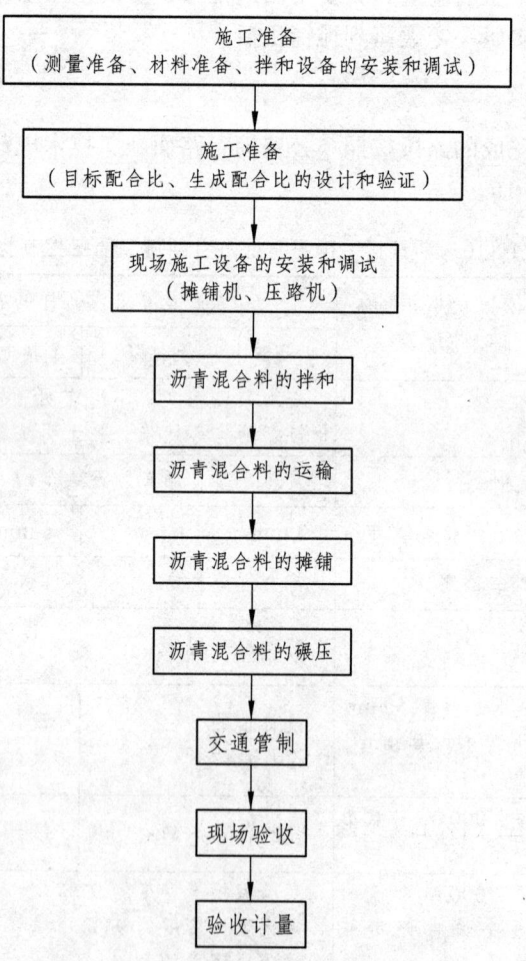

图 12-8　ATB 沥青碎石基层施工工艺流程

2. 施工要点

1）拌 和

混合料采用具有二次除尘设备的间歇式拌和机进行拌和。沥青混合料拌和的均匀性要随时进行检查，如果出现花白石子，原因有以下的一种或几种：搅拌时间不够；细颗粒矿粉比例增大、特别是加入矿粉增多、沥青用量不够；矿料或沥青加热温度不够等。如果混合料颜色枯黄灰暗，可能原因有：拌和温度过高；沥青用量不够、矿粉过多；石料不干、柴油燃烧不透等。ATB沥青混合料的优点是具有良好的高温性能，但缺点是难于压实，为了确保路面的压实，混合料拌和时各温度宜选择中偏上的温度。具体温度见表12-11。

表12-11　ATB沥青混合料各个阶段的要求温度（℃）

沥青加热温度		150~170
矿料加热温度		165~190
混合料出厂温度		150~170
混合料运输到现场温度		不低于150
摊铺温度	正常施工	140~145
	低温施工	145~150
初压温度	正常施工	135~145
	低温施工	145~155
复压温度	正常施工	130~140
	低温施工	135~145

2）运 输

沥青混合料运输采用载重量20 t以上的大型自卸车，要求车况良好。为防止混合料黏附车厢，装料前车厢涂一层洗涤水。为防止运输过程中尘土污染及温度下降，运输车必须覆盖帆布或防雨布。温度低时应加盖双层保温布。

3）摊 铺

采用两台摊铺机同时作业的方式，第一台（前行）摊铺机的行走方式为边缘钢丝绳拉线，中间采用铝合金梁；第二台（后行）摊铺机的行走方式则为边缘采用钢丝绳拉线，中间采用滑撬。两台摊铺机间距 5m 左右（以不影响作业）。摊铺搭接 50 mm 为宜。卸料过程中要有专人指挥，保证上一车卸完料后，下一车能及时供料，不得中途停机待料，减少温度离析造成混合料的不密实。

4）碾 压

碾压是 ATB 施工中的重要一环，碾压必须采用追随、紧跟的碾压组合方式，遵循初压、复压、终压的原则。由于 ATB 集料粒径较大，宜优先采用振动压路机进行初压，其振动频率为 30~50 Hz，振幅为 0.3~0.8 mm；且要求采用大吨位的压路机进行复压，一般采用 DD130 或 DYNA-PAC 压路机进行碾压，揉压宜采用吨位大于 26 t 的胶轮压路机，充气压力不小于 0.5 MPa。

碾压组合方式见图 12-9。

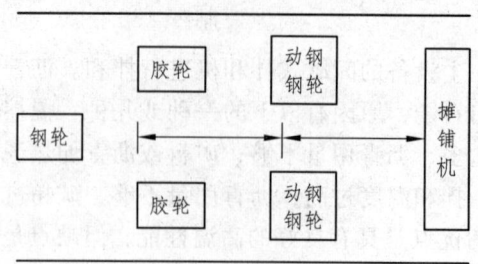

图 12-9 碾压组合方式

接缝处理：纵缝为热接缝，施工时将新铺混合料部分留下 100~200 mm 宽暂不碾压，作为后摊铺部分的调整基准面，再最后作跨缝碾压以消除缝迹。

横向接缝处理：在施工结束时，在预定的摊铺段末端铺一层彩条布，再摊铺混合料。待压实混合料稍冷后，用切割机将撒砂部分或铺彩条布部分切割清除整齐，用 3 米直尺检查平整度，不符合要求时，予以清除。

3. 施工技术要点

（1）混合料的运输能力应较拌和能力和摊铺速度有富余，要至少保证摊铺机前有 4~5 辆运料车等候。

（2）为减少摊铺机螺旋送料器对混合料的横向长距离输送，防止温度下降过快和减少离析的影响，摊铺宽度一般不要超过 8 m，在高速公路沥青路面摊铺中应采用两台摊铺机成梯形并排作业。

（3）因 ATB 一般厚度较大，要适当增大摊铺机的夯锤振实系数，控制在 4~5 比较合适，使初始密度增大，减少摊铺后混合料热量的急剧散失，能有效地提高压实度。

（4）为避免混合料形成鼓包，采用较大的振频和振幅，相邻重叠宽度为 100~200 mm，振动压路机倒车时应先停止振动，并在另一方向运动后再开始振动。

（5）碾压过程中有沥青混合料黏轮现象时，可向碾压轮洒少量水或洗衣粉水，严禁喷洒柴油、机油，轮胎压路机可涂抹植物油。

（6）在碾压完毕后，一定要安排专人负责交通的管制，在沥青混合料温度未降低至正常气温以前，不得开放交通。

4. 施工注意事项

（1）在目标、生产配合比设计过程中，ATB-30 的公称最大粒径大于 26.5 mm，在配合比设计中采用了替代法，室内标准马歇尔试验采用小型马歇尔试件，而在现场取料、试验中均无法采用替代法进行击实成型试件，这样室内马歇尔试验与现场马歇尔试验就有一定的差异，因此在确定 ATB-30 马歇尔试验技术指标时，应考虑此方面的影响，采用大型马歇尔试件及相应的技术指标。

（2）由于 ATB 沥青混合料具有粒径大、容易产生离析的特点，在施工中要注意如下几点：

减少温度离析的影响：混合料在高温下具有和易性好、易于碾压密实的特点，防止温度降低带来混合料的离析、碾压不密实的缺陷，因此从混合料的运输、卸料等各个过程要尽量缩短时间，减少混合料热量的损失。在装料过程中，要求严格采取按照前、后、中的顺序来回移动装料。调节好熨平板的离地高度，高度控制在 130～150 mm 为宜，同时在摊铺机上配置自动进料控制器，能适当调节到在熨平板前方保持厚度均匀的沥青混合料。减少摊铺机收料斗的收料频率：频繁地收料导致料斗两侧的大粒径混合料频繁地分布在路面中，容易产生大面积的离析现象，在卸料过程中边前进、边收斗，这样可以保证粗细昆合料均匀分布，而且可以有效地避免边部混合料温度降低带来的影响。为消除成型路面下部的离析现象，存在粗颗粒多、细集料少的现象，在摊铺机的前挡板下缘左右侧全断面焊接了 80～100 mm 宽的钢板，阻止了大粒径集料往下滚落，确保了混合料均匀地摊铺于基层上。为防止碾压过程中集料过分压碎，振动压路机的压实温度不宜低于 100 ℃。在施工过程中，要确保面层的厚度，容许偏差控制在 ±5 mm 以内，这样才能保证路面验收中总厚度满足要求，避免采用中、上面层来找补下面层的厚度不足，产生不必要的浪费。

第13章 透层、封层、粘层施工

透层、封层、粘层正式施工前均需要做试验路段，长度不小于 300 m。试验段结束后应通过现场目测和相应技术指标的检测，各项技术指标符合规定后及时提出试验段总结。经审查批准后，即可作为正式施工的依据。

13.1 透层施工

13.1.1 施工准备

（1）施工机械：沥青集料同步封层车 1 台、森林灭火鼓风机 2 台以上、洒水车 1 辆。

（2）如基层已碾压成型 7 天以上，透层施工前应清理基层表面松散的颗粒和灰尘（先用扫帚全面清扫，再使用森林灭火鼓风机将浮灰吹净，对于道口等泥土污染严重部位必须使用高压水枪进行冲洗），最终形成一个干燥、洁净、粗糙的表面。

（3）透层施工前应根据边线测量放样，采用白灰撒出宽度范围，并采用白色塑料薄膜进行遮挡防护路缘石及人工构造物，避免污染。

13.1.2 透层施工

（1）透层油采用煤油回配的 AL(M)-1 型中凝式液体石油沥青，用量为 (1.2 ± 0.1) L/m^2，有条件时宜在基层碾压成型后表面稍变干燥但尚未硬化的情况下喷洒。

（2）气温低于 10 ℃ 或大风天气或即将降雨时不得喷洒透层油。

（3）透层油应采用沥青洒布车一次喷洒均匀，沥青洒布车喷洒沥青时应保持稳定速度和喷洒量，并保持整个洒布宽度喷洒均匀。使用的喷嘴宜根据透层油的种类和粘度选择，确保能成雾状，与洒油管成 15°～25°的夹角。洒油管的高度应使同一地点接受 2～3 个碰油嘴喷洒的沥青。喷洒时透层油达到均匀、不露白、不流淌，出现遗漏时应人工补洒，喷洒后通过钻孔或开槽确认透层油渗入基层的深度不小于 5 mm，并与基层联结成一体。

（4）透层洒布时在起终点横向放置 2 m 宽隔离布，保证起终点位置洒布边线垂直且不发生重叠洒布。

（5）透层油洒布后严谨车辆、行人通行。24 h 左右挥发完（与气温有关），在基层表面固化成形并不应留有浮油为标准。

13.2 稀浆封层施工

1. 工艺流程（见图 13-1、13-22）

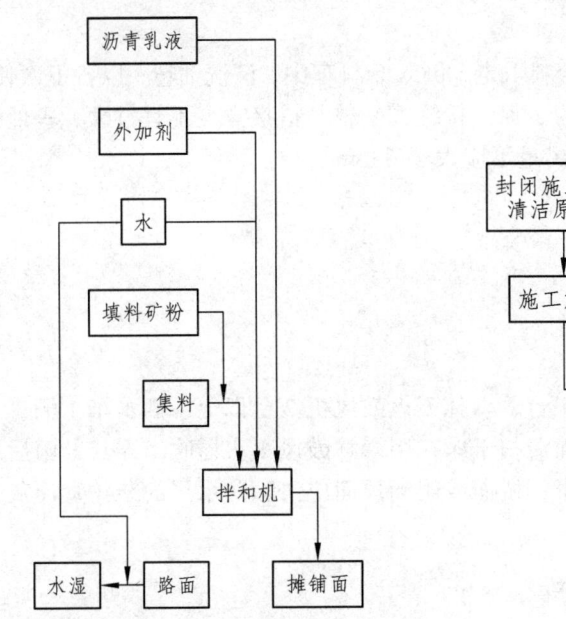

图 13-1 稀浆封层混合料拌和流程图

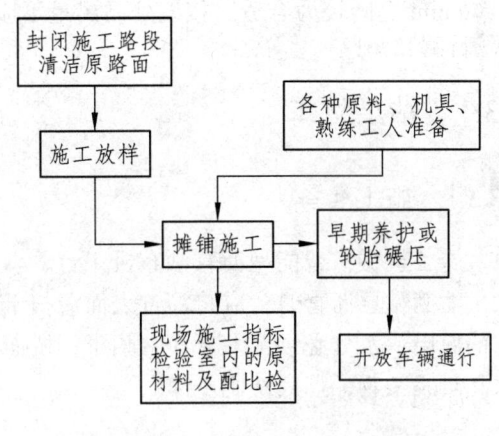

图 13-2 现场施工摊铺流程图

2. 施工要点操作方法

1）施工步骤

将基层表面清扫干净后，修补坑槽，较宽的裂缝宜先灌缝。根据路幅宽度、摊铺槽宽度确定摊铺次数和宽度，并沿摊铺方向画出控制线。

（1）将摊铺车开至施工起点处，调整好摊铺槽的宽度、摊铺厚度和拱度。

（2）再次确认各种材料的设定准确无误。稀浆封层施工工艺标准 FHEC-LM-17-2007

（3）起动发动机，使拌和器和摊铺槽的螺旋分料器首先转动起来。

（4）打开各个材料的控制开关，使各组成材料几乎同时进入到拌和器中。应安排一名施工人员用铁锹将最初排出的材料接走，倒入旁边的废料车中。

（5）调节螺旋分料器的转动方向，使稀浆混合料均匀地分布到摊铺槽中，当材料充满摊铺槽 1/2 左右深度时，操作手示意驾驶员开动摊铺车，以 1.5~3.0 km/h 的速度前进；摊铺的速度应保证摊铺槽内混合料体积占摊铺槽体积的 1/2 左右，保证分料器能搅拌到混合料。

（6）对于摊铺后路面的局部缺陷，应及时人工找补。手工作业可以使用橡胶拖把或者铁锹等工具。

（7）应时刻注意各组成材料的使用情况，当任何一种材料接近用完时，应立即关闭各种材料的输出，待摊铺槽中的混合料全部摊出到路面上后，摊铺车停止前进。

（8）施工人员应立即将施工末段 2~4 m 范围内的材料立即清除，倒入废料车中，摊铺车开到路旁，用高压水枪清洗摊铺槽，然后卸下摊铺槽，摊铺车开至料场装料。

2）接缝处理

稀浆封层的横向接缝应作成对接接缝，施工步骤为：

（1）用油毡将前一施工段末端 1~3 m 覆盖，保证油毡末端与稀浆封层材料边缘平齐。

（2）摊铺车后退，使摊铺槽后缘落在油毡上。

（3）起动摊铺车开始摊铺。

（4）将油毡连同上面的稀浆封层混合料取走，倒入废料车中；清洗油毡，以备下次使用。

稀浆封层的纵向接缝应作成搭接接缝，为了保证接缝的平整，搭接宽度不宜过大，一般控制在 30~70 mm 之间较为合适。接缝处高出量不应大于 6 mm。

13.3 粘层施工

13.3.1 施工准备

（1）施工机械：智能型沥青洒布机 1 台、森林灭火鼓风机 2 台以上、洒水车 1 辆。

（2）喷洒粘层沥青时，应将沥青表面清扫干净，用森林鼓风灭火器吹净浮灰，雨后或用水清洗的面层，水分必须蒸发干净、晒干；桥面或明涵顶面应清除防水层的杂物盒浮灰，清除排水孔灰浆杂物，彻底洗刷干净。

13.3.2 粘层施工

（1）粘层采用快裂阳离子专用改性乳化沥青，用量为 (0.4 ± 0.1) L/m^2。

（2）喷洒的粘层油必须成均匀雾状，在路面全宽内均匀分布成一薄层，严谨有洒花漏空和成条状，也严谨出现堆积。对于局部喷量过多的段落应刮除，对于漏洒的应人工补洒。在路缘石、雨水进水口、检查井等局部位置采用人工均匀涂刷。

（3）沥青洒布车喷嘴的轴线应与路面垂直，并保证所有喷嘴的角度一致。

（4）为防止粘层沥青发生粘轮现象，沥青面层上的粘层沥青应在面层施工前洒布。并确保乳化沥青已破乳，水分已发挥干净，在此期间做好交通管制，禁止任何车辆行驶。

第14章 热拌沥青混合料面层施工

14.1 一般规定

混合料公称最大粒径应与层厚相适应,各层的压实厚度宜不小于集料公称最大粒径的3倍。热拌沥青混合料面层施工前,应对混合料进行配合比设计,配合比设计分目标配合比设计、生产配合比设计和生产配合比验证三个阶段。在施工过程中,不得随意变更经设计确定的标准配合比。对同一拌和场两台拌和机,如果使用相同品种的矿料和沥青,可使用同一目标配合比,但每台拌和机必须独立进行生产配合比设计。如果矿料和沥青产地、品种等发生变化,必须重新进行目标配合比及生产配合比设计。热拌沥青混合料面层施工,应采用集中厂拌混合料、摊铺机摊铺、压路机碾压的施工工艺。在正式施工前,应铺筑试铺段,对试铺段进行总结。各层沥青混合料应满足所在层位的功能性要求,便于施工,减少离析。各沥青层之间应设置粘层,施工间隔时间应尽量缩短,做到连续施工并粘结成为整体。沥青面层应在不低于10℃气温下进行施工,同时严禁雨天、路面潮湿的情况下施工。施工期间,应注意天气变化,已摊铺的沥青层因遇雨未进行压实的应予以铲除。雨天过后,等下卧层完全干燥后方可进行沥青面层的施工。

14.2 热拌沥青混合料生产工艺

1. 生产工艺流程

普通热拌沥青混合料生产工艺流程见图14-1。

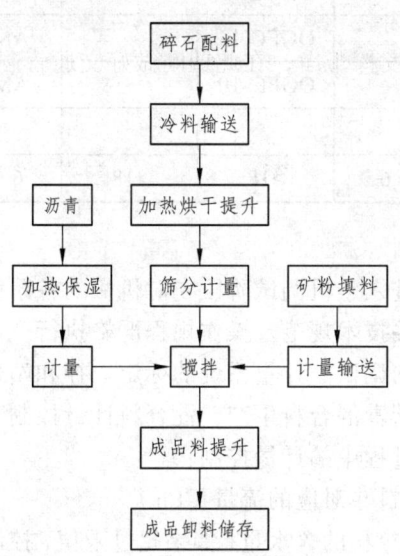

图14-1 热拌沥青混合料生产工艺

2. 施工要点

热拌沥青混合料适用于各种等级公路的沥青路面。其种类按集料公称最大粒径、矿料级配、空隙率划分见表14-1。

1）生产准备

（1）拌和站建设

沥青混合料拌和设备是由布置在同一个厂区内的若干个体独立工作装置所组成的综合性设备。厂区内一般包括集料存放场地、沥青贮存场地、熔化及加热设备、加温及拌和设备、试验室和办公用房屋。沥青混合料拌和站的设置需要根据工程规模及地理位置综合考虑场址、水、电、道路、生产能力、混合料运距、材料供应、环境保护等各项要求。

一般高等级公路应选用间歇式拌和机，单机生产能力 180~240 m³，拌和机除尘设备应符合环保要求。拌和机配备不少于6个的冷料仓，不同规格的矿料设置隔仓分类堆放，并搭设雨棚。料场及场内道路应作硬化处理，严禁泥土污染集料。建设完成经过标定后方可投入使用。

表14-1 热拌沥青混合料种类

混合料类别	密级配 连续级配		开级配 间断级配		半开级配	公称最大粒径（mm）	最大粒径（mm）
	沥青混凝土	沥青稳定碎石	排水式沥青磨耗层	排水式沥青碎石基层	沥青碎石		
特粗式		ATB-40		ATPB-40		37.5	53.0
粗粒式		ATB-30		ATPB-30		31.5	37.5
	AC-25	ATB-25		ATPB-25		26.5	31.5
中粒式	AC-20				AM-20	19.0	26.5
	AC-16		OGFC-16		AM-16	28.0	19.0
细粒式	AC-13		OGFC-13		AM-13	13.2	16.0
	AC-10		OGFC-10		AM-10	9.5	13.2
砂粒式	AC-5					4.75	9.5
空隙率（%）	3~5	3~6	>18	>18	6~12		

（2）设备调试与计量控制

沥青拌和站安装完毕后进入整机调试阶段先对机械的各系统分别进行调试，为试生产做好准备。调试验收应根据相关技术规范及操作规程严格执行。调试的主要项目有：冷料仓的调试、烘干筒调试、小斗车的调试、计量系统的标定。拌和站建设完成后必须经过全面的标定验收方可投入生产。热拌沥青混合料生产，混合料计量控制十分关键，生产过程中应该按照以下要点进行混合料生产过程中的计量控制：

① 测定不同转速时各冷料斗对应的流量（t/h）。

② 每天测定一次各规格冷料的含水量，如果超过限值，控制室可通过调速旋钮对供料流量进行调整。

③ 沥青混合料生产工艺主要通过中心控制室电子计算机发出的各种指令进行操作。将有关数据输入计算机，按所需转数控制供料器，用计算机调控计量。

④ 试验室每天做两次沥青混合料马歇尔试验，监视各项质量指标的波动情况，并通知控制室。

（3）原材料质量要求

① 道路石油沥青

a. 沥青材料的选择应根据交通量、气候条件、施工方法、沥青面层类型、材料来源、设计、标书要求等情况确定。

b. 沥青材料应附有炼油厂的沥青质量检验单。运至拌和厂的沥青材料必须按照现行《公路工程及沥青混合料试验规程》进行检验，经评定合格后方可使用。

c. 沥青混合料拌和厂应将不同来源、不同标号的沥青分开存放，不得混杂。在使用期间，储存沥青的沥青灌或储油池中的沥青不宜低于 130 ℃，并不得高于 170 ℃。在冬季停止施工期间，沥青可在低温状态下存放。经较长时间存放的沥青在使用前应抽样检验，不符合质量要求的不得使用。

d. 道路石油沥青在存储、使用及存放过程中应采取防水措施，并避免雨水或加热管导热油渗漏进入沥青罐中。

② 粗集料

a. 粗集料应具有良好的颗粒形状，洁净、干燥、无风化、无杂质，并具有足够的高速公路路基路面强度和耐磨耗性。

b. 路面抗滑表层粗集料，应选择坚硬、耐磨、冲击性好的碎石，其磨光值应符合规范要求。

③ 细集料

a. 沥青面层的细集料可采用天然砂、机制砂及石屑，其规格应分别符合规范要求。

b. 细集料应洁净、干燥、无风化、无杂质，并有适当的颗粒级配，其质量应符合规范要求。

④ 填料

a. 沥青混合料的填料，宜采用石灰岩或岩浆岩中的强基性岩等憎水性石料，经磨细得到的矿粉。矿粉要求干燥、洁净、无泥土等杂质，其质量应符合《公路沥青路面施工技术规范》的要求。

b. 采用沥青混合料拌和厂的回收粉尘做填料时，回收粉尘必须洁净、无杂质、塑性指数小于 4，其用量不得超过填料的 50%，其余质量要求与矿粉相同。

（4）沥青混合料配合比设计

沥青混合料的级配范围应根据公路等级、气候、交通条件及设计要求，在《公路沥青路面施工技术规范》中表 5.3.2-1～5.3.2-7 中选定。沥青混合料配合比设计一般采用马歇尔（Marshall）法，其技术要求应符合《公路沥青路面施工技术规范》中表 5.3.3－1～5.3.3－2 及表 5.3.4－1～5.3.4－4 的规定。沥青混合料配合比设计分三阶段，即目标配合比设计阶段、生产配合比设计阶段、生产配合比验证阶段。三阶段设计合格后即可展开正式施工。

① 目标配合比设计阶段

根据该工程确定使用的材料按采用"试算法"或"图解法"选定矿料级配。矿料级配可根据本地区的实践施工经验选择适宜的沥青用量，分别制作几组级配的马歇尔试件，测定其VMA（压实沥青混合料的矿料间隙率），初选一组满足或接近设计要求的级配作为设计级配。依照稳定度、空隙率、流值、密度、饱和度等指标确定共同范围，确定最佳油石比。以此作为目标配合比，供拌和机确定各冷料仓的供料比例、进料速度及试拌使用。热拌沥青混合料目标配合比设计工艺流程图见图14-2。

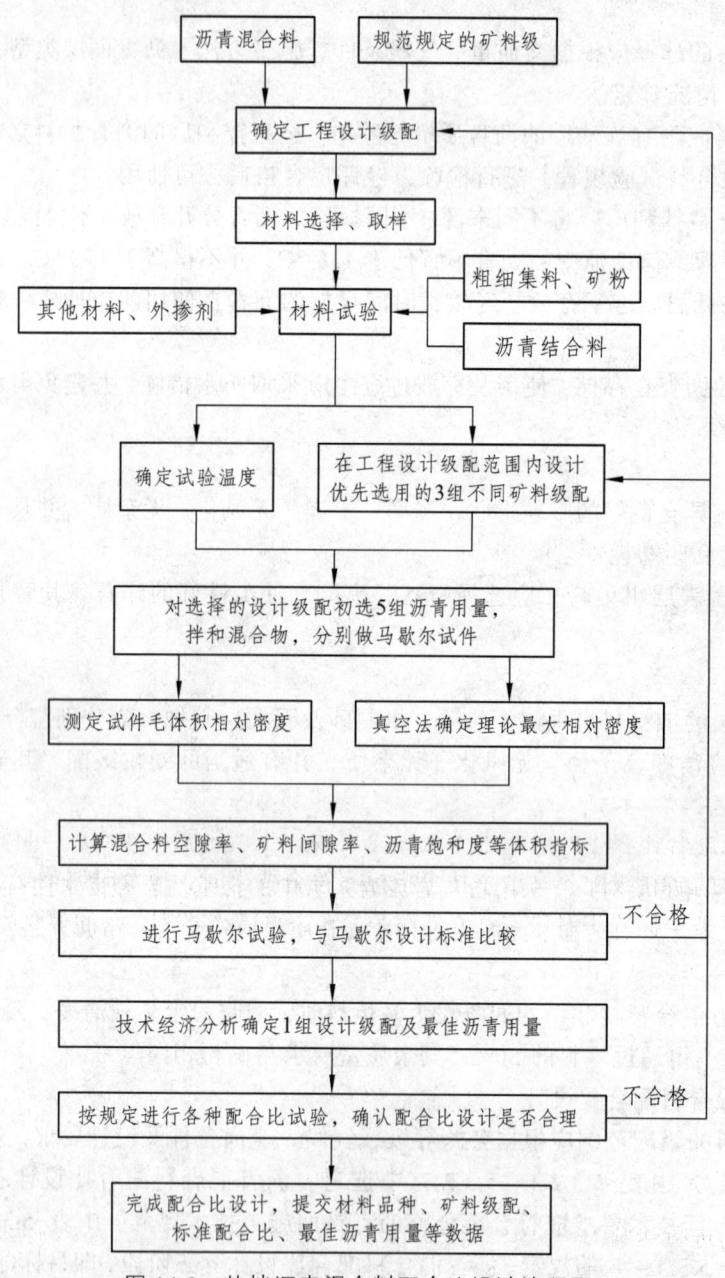

图14-2 热拌沥青混合料配合比设计流程图

② 生产配合比设计阶段

对于间歇式拌和机，必须从二次筛分后的各热料仓分别取样进行筛分，以确定各热料仓的材料比例，使矿料合成级配接近规定级配范围，同时反复调整冷料仓进料比例以达到供料均衡。由于不同的拌和机各振动筛孔径不同，以及振动筛的倾角和震动强度均有差别，各相应热料仓的矿料筛分结果也不相同，因此应对每台拌和机进行沥青混合料生产配合比的计算，并取目标配合比设计的最佳沥青用量、最佳沥青用量±0.3%等3个沥青用量进行马歇尔试验和试拌，通过室内试验和从拌和机取样试验综合确定生产配合比的最佳沥青用量，关键步骤如下：

a. 在工程设计级配范围内设计供优选用的 1~3 组不同的矿料级配，初试沥青含量初选级配曲线。

b. 以预估的油石比为中值，按一定间隔（对密级配沥青混合料通常为 0.5%，对沥青碎石混合料可适当缩小间隔为 0.3%~0.4%），取5个或5个以上不同的油石比分别成型马歇尔试件。每一组试件的试样数按现行试验规程的要求确定，对粒径较大的沥青混合料，宜增加试件数量。

c. 普通沥青加热温度 150~160 ℃，石料：170~180 ℃，矿粉不加热，拌锅加热温度 170 ℃。搅拌加料顺序：沥青-石料先搅拌 90 s 再加矿粉，再搅拌 90 s。搅拌完后预估一个击实试件的质量进行分样，分样一定要均匀。再在 145 ℃ 状态下烘 1.5~2 h。一般烘箱温度应调高 10 ℃ 左右，最后进行击实。每种油量都要另拌一盘做最大理论密度试验。进行各项指标的试验确定最佳沥青用量，并对最佳沥青用量进行验证。

③ 生产配合比验证阶段

采用生产配合比进行试拌、铺筑试验段，并用拌和的沥青混合料及路上钻孔的芯样进行马歇尔试验检验，由此确定生产用的标准配合比。标准配合比应作为生产控制的依据和质量检验的标准，一旦确定就不应随便更改，只有当材料发生变化时才进行必要的调整。对高速公路和一级公路，宜在工程设计级配范围内计算 1~3 组粗细不同的配比，绘制设计级配曲线，分别位于工程设计级配范围的上方、中值及下方。标准配合比的矿料级配组成中，至少应包括 0.075 mm、2.36 mm、4.75 mm 以及公称最大粒径筛孔的通过率接近设计配合比级配的中间值，设计合成级配不得有太多的锯齿形交错，且在 0.3~0.6 mm 范围内不出现"驼峰"。沥青碎石混合料的配合比设计应根据实践经验和马歇尔试验结果，经过试拌试铺论证确定。经设计确定的标准配合比在生产过程中不得随意更改。生产过程中如遇进厂材料发生变化并经检测沥青混合料的矿料级配、马歇尔技术指标不符合要求时，应及时调整配合比，使沥青混合料质量符合要求并保持相对稳定，必要时重新进行配合比设计。

2）混合料生产

（1）供料控制

生产热拌沥青混合料，各冷料仓的集料通过仓口下的小皮带输送到通往拌和机的大输送带上，仓口开启的大小和皮带运行的速度均直接影响各冷料仓供料的多少，因此，一般采取固定出料口的开启度，通过改变皮带运行的速度调整供料的数量。为了确保供料的准确性，对沥青拌和楼冷料仓的送料速度与电机转速的关系进行标定，并根据形成的关系曲线，选定相应电机转速进行送料。对沥青与矿粉的称量系统进行标定，控制室的电脑打印设备提供每盘混合料组成成分，使混合料的颗粒组成符合目标配合比使整个生产过程工作正常。

（2）拌和控制

确定适宜的拌和时间。间歇式拌和设备每盘拌和时间宜为 30~60 s，其中干拌时间不得少于 5~10 s,最佳拌和时间是使拌出的混合料色泽,每个集料颗粒都被沥青膜均匀裹覆、大小颗粒分布均匀所需的最短时间。

当第一盘出料后,目测不合格(有花料、离析等),则需重新进料,适当延长拌和时间。反复几次,直到合格为止。第一锅出料后,虽目测合格,仍须适当缩短拌和时间重新试拌,直至不合格料出现为止。取不合格料出现前一次合格料的拌和时间再加 3~5 s 即为正式生产时的拌和时间(增加 3~5 s 是考虑设备误差而增加的额外时间)。拌制根据配料单进料,严格控制各种材料用量及其加热温度。拌和后的沥青混合料应均匀一致,无花白、无离析和结团成块现象。每班抽样做沥青料性能、矿料组成和沥青用量检验。每班拌和结束时,清洁拌和设备,放空管道中的沥青。做好各项检查记录,不符合技术要求的沥青混合料禁止出厂。

(3)温度控制

应根据不同的沥青品种和不同的沥青混合料确定拌和及出厂温度,可在拌和机的出料口接料检测温度,该温度如在规范规定的出厂温度范围内,且混合料色泽均一,流而不散,则认为该温度合适。如温度超出规定范围,或目测不合格,则须适当调整原材料的加热温度,直至满足为止。此时的集料及沥青的加热温度,即可定为正式生产时的加热温度。沥青加热温度及沥青混合料生产温度,应根据沥青品种、标号等按表 14-2 的规定选择。

表 14-2 沥青混合料的生产温度(°C)

种类及标号	道路石油沥青			
	50 号	70 号	90 号	110 号
沥青加热温度	160~170	155~165	150~160	145~155
矿料加热温度	比沥青温度高 10~30			
混合料出料温度	150~170	145~165	140~160	135~155
储料仓储存温度	贮料过程中温度降低不超过 10			
运输到现场温度(不低于)	150	145	140	135
混合料废弃温度(高于)	200	195	190	185

在正常情况下,控制温度宜根据沥青标号、剂量、粘度、气候条件及铺装层的厚度按下表规定的范围选择。但经试验段或施工实践证明表 14-2 中规定的温度不符合实际情况时,容许适当调整。

(4)成品保护与发料

拌好的热拌沥青混合料因故不能立即铺筑时,可放入成品储料仓存储。储料仓无保温设备时,允许的储料时间以符合摊铺温度需要为准,有保温设备的储料仓储料时间不宜超过 72 h。

沥青混合料出厂时应逐车检测其温度和重量,记录出厂时间,签发运料单。

14.3 粗粒式沥青混凝土施工

沥青混合料下面层为 8 cm 厚 AC-25C 型粗粒式沥青混凝土,本标段路面工程采用机械化作业,热拌沥青混凝土混合料路面施工。

14.3.1 原材料

1. 粗集料

粗集料应采用石质坚硬、清洁、干燥，不含风化颗粒、近立方体颗粒的碎石，表面粗糙，粒径大于 2.36 mm。碎石加工设备采用锷破+反击破的两级或两级以上破碎设备生产，并应配有除尘设备。中下面层宜采用石灰岩碎石，上面层采用玄武岩碎石。

碎石加工生产过程中，各档料必须分仓堆放，不得混堆。中、下面层用集料，有两个或两个以上破碎面颗粒比例应不小于80%；表面层用集料，有两个或两个以上破碎面颗粒比例应不小于90%。各档集料必须满足《公路沥青路面施工技术规范》和设计文件中规定的物理力学性能要求，并满足粒径规格要求。粗集料性质要求如表14-3所示。

表14-3 沥青混合料粗集料质量技术要求

混合料类型	压碎值（%）	洛杉矶磨耗值	表观相对密度	吸水率（%）	坚固性（%）	针片状颗粒含量（%）	水洗法 0.075 mm	软石含量（%）	磨光值（PSV）
上面层	≤20	≤28%	≥2.6	≤2.0	≤12	≤12	≤1%	≤2.5	≥42
中面层	≤24	≤30%	≥2.5	≤2.0	≤12	≤13	≤1%	≤3	
下面层	≤24	≤30%	≥2.5	≤2.0	≤12	≤13	≤1%	≤3	

注：上面层粗集料还应满足220 ℃高温压碎值不大于24%。

粗集料的黏附性不能满足要求时，应采取消石灰、水泥替代矿粉或采用高温性能稳定的抗剥落剂。

确定集料的级配及进行配合比设计时应采用水洗法，未获得生产许可的石料场的材料不准进场，未经抽检验证合格的材料不得使用。材料进场后的试验项目每 2 000 m³ 做两个样品筛分、针片状试验。集料应采用分层堆放以避免离析。集料堆放场地必须硬化，面积应当足够大，满足石料总量一半的存量要求。不同料场的集料必须分开堆放，严禁互相混用。

2. 细集料

细集料应采用坚硬、清洁、干燥、无风化、无杂质并有适当级配的人工轧制的机制砂，其石质为石灰岩。细集料应与沥青有良好的黏结能力，与沥青黏结性很差的天然砂及使用花岗岩、石英岩等酸性石料以及山场的下脚料破碎的机制砂不能用于沥青混凝土面层。本项目用机制砂统一采用现场加工生产，为保证机制砂生产质量的稳定性特进行如下规定：

1）设备及场地要求

加工机制砂的生产线必须选用专用场地，每条生产线独立架设喂料器、输送装置、专用制砂机、振动筛等设备，采用专用的冲击式或反击式制砂机进行机制砂的加工，制砂机的数量及生产能力应能满足生产进度的要求。

机制砂加工设备必须在冲击破出料口或振动筛筛分装置处加设干法吸尘装置，有条件的情况下可设两道干法吸尘装置，以降低机制砂中石粉含量。

机制砂加工设备、堆放于场地内用于加工机制砂的碎石、成品机制砂应采取有效的"防尘、防雨"的"二防"措施，并设置明显的标识牌，从各个环节严格控制机制砂的加工质量。

对于母材、成品机制砂必须有符合规定的场地进行堆放、并采取有效的覆盖措施，母材可采用彩条布或者油毡布覆盖。

机制砂堆放场地必须搭建钢结构防雨棚，成品料下料口处和堆放场地必须采用水泥混凝土硬化，且有较好的排水设施，确保无积水现象，以全面保证加工设备、母材及机制砂不受潮，减少母材、机制砂遭受二次污染，提高沥青混合料生产过程中拌和楼的除尘效率，控制石料粉尘中的有害杂质代替填料使用的现象。

2）质量控制要求

用于加工机制砂的碎石宜采用针片状含量小、含泥量低的成品集料进行加工。对进场的集料必须按照规定频率进行检测，对母材检测不合格的不得用于加工机制砂。检测项目包括：含泥量、泥块含量、颗粒级配。所检项目应符合规范要求。

考虑 4.75～9.5 mm 规格材料针片状、粉尘含量易超标，建议加工的原材规格要求统一为 10 mm 以上规格集料，集料规格宜为 10～20 mm 或 10～15 mm 等。

机制砂过程中，必须按要求开启除尘设备，为减少拌和场的扬尘，粉尘出口处应进行遮盖，除出的粉尘应加水湿排作废弃处理，严禁作为沥青混合料的填料进行使用。

破碎设备的工作参数在确定之后严禁随意更改，对于独立生产线用于加工机制砂的筛网宜为双层筛网，保证机制砂的筛分效果。根据振动筛的型号，用于筛分机制砂的筛网可选用 6 mm×6 mm 和 3 mm×3 mm（建议值）的两层方孔筛网，同时经常检查筛网的堵漏情况，及时对筛网进行清理，以保证机制砂得到充分筛分，保证其级配的稳定性。

施工单位对加工的机制砂必须进行严格抽检，不合格的机制砂不得用于路面施工并及时清理出拌和场地，监理单位同时应加大抽检力度，对抽检不合格的机制砂应责令承包人清理出场；为控制机制砂的质量，应按规定频率对机制砂密度进行测定，以检验机制砂岩性有无变化。

为保证加工质量与进度，应经常对加工设备进行检查、维修和保养，使设备正常运转，减少因机械设备的原因，造成质量的波动。

3. 矿粉

宜采用石灰岩碱性石料得到的矿粉。矿粉质量技术要求必须满足《公路沥青路面施工技术规范》规定的物理力学性能要求，并满足粒径规格要求。矿粉应干燥、洁净，能自由地从矿粉仓流出。矿粉堆放应做好防潮、防水措施，结团结块的矿粉不得使用。矿粉质量应符合表 14-4 要求。

表 14-4 矿粉主要技术指标

视密度（t/m³）	含水量（%）	亲水系数	粒度范围		
			<0.6 mm	<0.15 mm	<0.075 mm
≥2.5	≤1	<1	100%	90～100%	80～100%

矿粉的生产由专业的生产厂家生产，严禁使用水泥厂生产的生料、半熟料或副产品及除尘料，机制砂加工生产和拌和机除尘的粉尘禁止使用。

4. 添加剂

1）抗剥落剂

当粗集料与沥青的黏附性达不到要求时，可掺加消石灰、水泥作为抗剥落剂。但抗剥落剂的具体材料及掺量应由配合比设计及各项性能验证后确定。如采用消石灰或水泥作为抗剥落剂，拌和设备应配备两套矿粉计量及添加系统。

消石灰应满足对矿粉粒度范围的技术要求。

必要时可同时在沥青中掺加耐热、耐水、长期性能好的抗剥落剂。掺加剂量由沥青混合料的水稳定性检验确定。

2）抗车辙改性剂

为了增强沥青路面的抗车辙性能，在中面层中加入抗车辙剂，中面层使用普通沥青。抗车辙改性剂技术标准如下表14-5。

表 14-5　抗车辙改性剂技术要求

指标	单位	技术要求	试验方法
密度	g/cm^3	0.95~1.10	GB/T1033—1986
拉伸断裂应力	MPa	≥12	GB/T1040.2—2006
拉伸断裂伸长率	%	8~15	GB/T1040.2—2006
拉伸弹性模量	MPa	≥650	GB/T1040.2—2006
熔体流动速率（190 ℃，5 kg）	g/10 min	≥15	GB/T3680—2000
熔融峰温1	℃	≥120	GB/T19466.3—2004
熔融焓1	kJ/kg	60~80	GB/T19466.3—2004
熔融峰温2	℃	≤170	GB/T19466.3—2004
熔融焓2	kJ/kg	8~15	GB/T19466.3—2004

5. 沥　青

下面层采用 AH-70 道路石油沥青，由业主指定供应。进场沥青每批都进行取样和试验，第一次要对各项技术指标进行全面检测，以后仅对针入度、软化点、延度进行检验，其它各项技术指标应满足规范中对道路石油沥青的要求。每次检验的沥青必须留存备检。沥青使用期间，在罐或贮油池中的贮存温度不宜低于 130 ℃，并不得高于 170 ℃。并按规定的频率对沥青全套指标进行送检。沥青的技术指标应满足表 14-4 所示的技术要求。

表 14-6　70 号 A 级道路石油沥青技术要求

序号	试验项目		单位	70#沥青技术要求	试验方法
1	针入度（25 ℃，100g，5 s）		mm	60~80	T0604
2	针入度指数 PI			−1.5~+1.0	T0604
3	软化点 T_{RAB}	不小于	℃	46	T0606

续表

序号	试验项目		单位	70#沥青技术要求	试验方法
4	动力粘度（60 ℃）	不小于	Pa·s	180	T0620
5	延度（10 ℃，5 cm/min）	不小于	cm	30	T0605
6	延度（15 ℃，5 cm/min）	不小于	cm	100	T0605
7	含蜡量（蒸馏法）	不大于	%	2.0	T0615
8	闪点（COC）	不小于	℃	260	T0611
9	溶解度（三氯乙烯）	不小于	%	99.5	T0607
10	密度（15 ℃）		g/cm³	实测记录	T0603
11	薄膜加热试验（163 ℃，5 h）	质量损失	不大于	%	0.8	T0609
		针入度比（25 ℃）	不小于	%	65	T0604
		残留延度（10 ℃）	不小于	cm	>6	T0605

14.3.2 配合比组成设计

配合比组成设计在试验室中进行，首先对各种骨料进行筛分试验，该试验应反复多次，以获得具有代表性原材料的级配组成。根据原材料的级配组成进行试配，计算出混合料中各种骨料的用量比例，配成符合规范要求的矿料级配范围，然后遵照试验规程和模拟生产实际情况进行马歇尔试验，确定最佳沥青用量，定出目标配合比，确定各冷料仓向拌和机的供料比例、上料速度，供试拌使用。

对进入拌和机冷、热料仓的各种材料，取样进行筛分、试验，随时调整进料比例，使用于拌和生产的各种材料满足目标配比的要求；确定出各热料仓的用料比例，供拌和生产时使用，同时反复调整冷料仓进料比例，以达到供料平衡，并按目标配比的最佳沥青用量及±0.3%等三个沥青用量分别进行马歇尔试验，确定出生产配合比的最佳沥青用量范围，从而确定出生产配合比，然后进行试拌试铺，进行生产配合比验证，若验证结果不符要求，则重新进行生产配比的试验调整，直至满足要求为止。

14.3.3 沥青混凝土混合料的拌合和运输

1. 混凝土混合料的拌合

下面层混合料各项指标应满足技术规范的要求，拌合站采用三一重工4000型间歇式拌和机拌和，拌和产量不小于280 t/h，拌和过程为全部电子自动化计量。冷、热料仓各5个，沥青罐具有搅拌功能，储备能力不小于200 t，严格控制各阶段的材料温度，绝不允许有花料或超温料现象发生。在正式试拌之前，先拌一锅干料，取样筛分，检查级配，无误后喷洒沥青进行湿拌，并取样做马歇尔抽检试验，检验沥青用量。干拌时间不少于5 s，湿拌时间不少于50 s，拌和好的混合料应均匀一致，无花白料，无结团或严重的粗细料分离现象，混合料出厂温度控制在规范要求内，见表14-7。

表 14-7 热拌沥青混合料的施工温度（°C）

沥青种类		70#石油沥青	改性沥青	测量部位
沥青加热温度		155~165	165~175	沥青加热灌
矿料		165~180	190~200	加热提升斗
混合料出厂温度		160~170	175~185	运料车
混合料贮存温度		贮存过程中温度降低不超过10 °C		贮存灌
运输到现场温度		>155	>165	运料车
摊铺温度		150~165	160~170	摊铺机
初压温度		145~155	155~165	摊铺层内部
复压温度		>130	>140	碾压层内部
终压温度	钢轮压路机	>100	>110	碾压层内部
	轮胎压路机	>90	>100	碾压层内部
开放交通温度		路面冷却后		

拌和机具有保温性能良好的成品料仓，储存过程中混合料的温度降低不大于 10 °C，且沥青不滴漏，储存时间不超过 8 h。拌和机向运料车放料时，汽车前后移动，按前、后、中的顺序分三堆装料，减少粗集料的分离现象。

2．混凝土混合料的运输

热拌沥青混凝土混合料采用较大吨位的运料车运输，但不得超载运输、或急刹车、急弯掉头使透层、封层造成损伤，同时保证自卸汽车运输车厢清扫干净，车厢侧板和底板涂一薄层油水混合液，以防止沥青与车厢板粘结，但不得有余液积聚在车厢底部。

从拌合机向运料车上放料时，每卸一斗混合料挪动一下汽车位置，以减少粗细集料的离析现象。

运料车用篷布覆盖，用以保温、防雨、防污染。

保证沥青混合料运输的运量较拌和能力或摊铺速度有所富余，施工过程中摊铺机前方有运料车在等候卸料，开始摊铺时在施工现场等候卸料的运料车不宜少于 5 辆。

连续摊铺过程中，运料在摊铺机前 10~30 cm 处停住，不得撞击摊铺机。卸料过程中运料车挂空挡，靠摊铺机推动缓慢前进卸料。

沥青混合料运至摊铺地点后凭运料单接收，并检查拌和质量，不符合《公路沥青路面施工技术规范》的温度要求，或已经结成团块，已遭雨淋湿的混合料不得铺筑在道路上。

14.3.4 沥青混凝土混合料的摊铺

铺筑沥青混合料前，检查确认下层的质量。当下层质量不符合要求，或未按规定洒布透层、粘层时，不得铺筑沥青面层。

摊铺采用带自动调节摊铺厚度及找平装置、具有可加热的振动烫平板初步压实装置、摊铺机采用进口两台摊铺机梯队摊铺。

摊铺机在开始受料前在料斗内涂刷少量防止粘料用的柴油。摊铺机自动找平时，采用平衡梁自动找平仪控制高程方式。经摊铺机初步压实的摊铺层应符合平整度、横坡的规定要求。沥青混合料的摊铺温度应符合《公路沥青路面施工技术规范》JTGF40—2004 的要求，并应根据沥青标号、粘度、气温、摊铺层厚度选用。当施工气温低于 10 ℃ 时，不宜摊铺热拌沥青混凝土混合料。必须摊铺时，采取以下措施：

（1）提高混合料拌和温度，使其符合《公路沥青路面施工技术规范》JTGF40—2004 的低温摊铺温度要求。

（2）运料车必须覆盖保温。

（3）摊铺机烫平板应加热至≥100 ℃。

（4）摊铺后紧接着碾压，缩短碾压长度。

沥青混合料松铺系数应根据实际的混合料类型、施工机械和施工艺等，由试铺试压方法或根据以往实践经验确定，摊铺过程中随时检查摊铺层度及路拱、横坡、产校验平均厚度，不符要求时应根据铺筑情况及时进行调整。

沥青混合料必须缓慢、均匀、连续不间断地摊铺。摊铺过程中不得随意变换速度或中途停顿。摊铺速度根据拌合机产量、施工机械配套情况及摊铺层厚度、宽度计算确定，并应符合 2~6 m/min 的要求。在铺筑过程中，摊铺机螺旋送料器应不停地转动，两侧应保持有不少于送料器高度 2/3 的混合料，并保证在摊铺机全宽度断面上不发生离析。烫平板按所需厚度固定后，不得随意调整。

机械摊铺的混合料，不应用人工反复修整。当出现下列情况时：① 横断面不符合要求；② 构造物接头部位缺料；③ 摊铺带边缘局部缺料；④ 表面明显不平整；⑤ 局部混合料明显离析；⑥ 摊铺机后有明显拖痕，可用人工局部找补或更换混合料。

人工找补或更换混合料应在现场主管人员指导下进行。缺陷较严重时，应予铲除，并调整摊铺机或改进摊铺工艺。当属机械原因引起严重缺陷时，应立即停止摊铺。人工修补时，工人不得站在热混合料层面上操作。

在路面狭窄部分、平曲线半径过小的匝道或加宽部分，采用人工摊铺。但应注意以下几点：① 半幅施工时，路中一侧要事先设置挡板；② 沥青混合料要卸在铁板上，摊铺时应扣锹摊铺，不行扬锹远甩；③ 边摊铺边刮平，刮平时应轻重一致，往返刮 2~3 次达到平整即可，不得反复撒料、反复刮平引起粗细集料离析；④ 撒料用的铁锹等工具要预热使用，以可以沾柴油或油水混合液，以防粘结混合料。但不得过于频繁，影响混合料质量；⑤ 摊铺不得中途停顿。摊铺好的沥青混合料应紧接碾压，如因故不能及时碾压或遇雨时，应停止摊铺，并对卸下的沥青混合料覆盖保温。

14.3.5 沥青混凝土混合料的碾压

压实后的沥青混合料必须符合压实度及平整度的要求。碾压应选择合理的压路机组合方式及碾压步骤，采用钢筒式静态压路机与轮胎压路机或振动压路机组合的方式。沥青混合料的压实按初压、复压、终压（包括成型）三个阶段进行。初压应符合下列要求：

（1）初压应在混合料摊铺后较高温度下进行，并不得产生推移、发裂、压料温度应根据沥青稠度、压路机类型、气温、铺筑层厚度，混合料类型经试铺试压确定，初压温度不低于130 °C；

（2）压路机应从外侧向中心碾压。相邻碾压带应重叠 1/3 ~ 1/2 轮宽，最后碾压路中心部分，压完全幅为一遍。当边缘有挡板、路缘石、路肩等支挡时，应紧靠支挡碾压。当边缘无支挡时，可用耙子将过缘的混合料稍稍耙高，然后将压路机的外侧轮伸出边缘 10 cm 以上碾压。也可在边缘先空出宽 30 ~ 40 cm，待压完第一遍后，将压路机大部分重量位于已压实过的混合料面上再压边缘，以减少向外推移。

（3）采用轻型钢筒式压路机或关闭振动装置的振动压路机碾压 2 遍，其线压力不小于 350 N/cm。初压后检查平整度、路拱，必要时予以修整。

（4）碾压时应将驱动轮面向摊铺机。碾压路线及碾压方向不应突然改变而导致混合料产生推移。压路机起动、停止必须减速缓慢进行。

（5）复压应紧接在初压后进行，并符合下列要求：

① 复压采用重型的轮胎压路机，也可采用振动压路机或钢筒式压路机。碾压遍数经试压确定，不宜少于 4 ~ 6 遍，达到要求的压实度，并无显著界轮迹。

② 当采用轮胎压路机时，总质量不宜小于 26 t，轮胎充气压力不小于 0.5 MPa，相邻碾压带重叠 1/3 ~ 1/2 的碾压轮宽度。

③ 当采用振动压路机时，振动频率宜为 35 ~ 50 Hz，振幅宜为 0.3 ~ 0.8 mm，并根据混合料种类、温度和层厚选用。层厚较厚时选用较大的频率和振幅，相邻碾压带重叠宽度为 10 ~ 20 cm。振动力压路机倒车时应先停止振动，并在向别一方向运动后再开始振动，以避免混合料开成鼓包。

④ 终压紧接在复压后进行。终压可选用双轮钢筒式压路机或关闭振动的振动压路机碾压，不宜少于 2 遍，并无轮迹。路面压实成型的终了温度钢轮压路机不低于 70 °C，轮胎压路机不低于 80 °C，振动压路机不低于 65 °C。

⑤ 压路机的碾压长度以与摊铺速度平衡为原则选定，并保持大体稳定。压路机每次应由两端折回的位置阶梯型的随摊铺机向前推进，使折回处不在同一横断面上，在摊铺机连续摊铺的过程中，压路机不能随意停顿。

⑥ 压路机碾压过程中有沥青混合料沾轮现象时，可向碾压轮洒少量水或加洗衣粉的水，严禁洒柴油。

⑦ 压机不能在未碾压成型并冷却的路段上转向、掉头或停车等候。振动压路机在已成型的路面上行驶时应关闭振动。

⑧ 对压路机无法压到的桥梁、挡墙等构造物接头，拐弯死角、加宽部分及某些路边缘等局部地区，采用振动夯板压实。对雨水井与各种检查井的边缘还应用人夯实、热烙铁补充压实。

⑨ 在当天碾压的尚未冷却的沥青混合料层面上，不得停放任何机械设备或车辆，不得散落矿料，油料等杂物。

14.3.6 沥青混凝土混合料的接缝

施工缝及构造物两端的连接处必须仔细操作，保证紧密、平顺。纵向施工接缝部位的施工应符合下列要求：

（1）摊铺时采用梯队作业的纵缝应采用热接缝。施工时应将已铺混合部分留下 10～20 cm 宽暂不碾压，作为后摊铺部分的高程基准面，并有 5～10 cm 左右的摊铺层重叠，以热接缝形式在最后作跨接缝碾压以消除缝迹。如果两台摊铺机相隔距离较短，也可做一次碾压。上下层纵缝必须错开 15 cm 以上。

（2）表层的纵向施工接缝应顺直，且应留在车道区画线位置上。有条件时中下面层纵向施工接缝也宜留在车道区画线位置上，相邻两层位置应错开一个车道。当纵向施工接缝位置不在车道区画线上时，不得在主车道轮迹处进行纵向施工接缝，上下相邻层的纵向施工接缝至少应错开 30 cm 以上。

横向施工接缝主要为工作缝。相邻两幅及上下层的横向施工接缝均应错位 1 m 以上，全部采用平接缝。平接缝应做到紧密粘结，充分压实，连接平顺。可采用下列方法施工：

（1）在施工结束时，摊铺机在接近端部前约 1 m 处将熨平板稍稍抬起驶离现场，用人工将端部混合料铲齐后再予碾压。然后用 3 m 直尺检查平整度，趁尚未冷透时垂直铲除端部层厚不足的部分，使下次施工时成直角连接。

（2）铺筑接缝时，可在已压实部分上面铺设一些热混合料使之预热软化，以加强新旧混合料的粘结。但在开始碾压前应将预热用的混合料铲除。

（3）从接缝处起继续摊铺混合料前应用 3 m 直尺检查端部平整度，当不符合要求时，应予清除。摊铺时应调整好预留高度，接缝处摊铺层施工结束后再用 3 m 直尺检查平整度，当有不符要求者，应趁混合料尚未冷却时立即处理。

（4）横向接缝的碾压应先用双轮钢筒式压路机进行横向碾压。碾压带的外侧应放置供压路机行驶的垫木，碾压时压路机位于已压实的混合料层上，伸入新铺层的宽度为 15 cm。然后每压一遍向新铺混合料移动 15～20 cm。直至全部在新铺层上为止，再改为纵向碾压。当相邻摊铺层已经成型，同时又有纵缝时，可先用钢筒式压路机沿纵缝碾压一遍，其碾压宽度为 15～20 cm，然后再沿横缝作横向碾压，最后进行正常的纵向碾压。

14.3.7 沥青混凝土混合料的质量检查

1. 基本要求

（1）沥青混合料的矿料质量及矿料级配应符合设计要求和施工规范的规定。

（2）沥青材料及混合料的各项指标应符合图纸和施工规范要求。

（3）严格控制各种矿料和沥青的用量及各种材料和沥青混合料的加热温度。

（4）拌和后的沥青混合料应均匀一致，无花白、无粗细料分离现象，摊铺平整，接茬平顺。

（5）摊铺时应严格掌握厚度和平整度，细致找平，要注意控制摊铺和碾压温度，碾压至要求的密实度。

2. 检查项目

（1）原材料的质量检查：包括沥青、粗集料、细集料、填料。

（2）混合料的质量检查：油石比、矿料级配、稳定度、流值、空隙率、残留稳定度、混合料出厂温度、运到现场温度、摊铺温度、初压温度、碾压终了温度；混合料拌和均匀性。

（3）下面层质量检查：厚度、平整度、宽度、高程、横坡度、压实度、横向偏位；摊铺均匀性、渗水系数（见表14-8）。

表14-8 沥青混凝土面层实测项目

序号	项目		规定要求或允许差	检查频度和方法
1	压实度（%）		试验室标准密度的98%； 最大理论密度的92%； 试验段密度的98%	按附录B检查，每200 m测1处
2	平整度	σ（mm）	1.2	平整度仪：全线每车道连续按每100 m计算IRI或σ
		IRI（m/km）	2.0	
		最大间隙h（mm）	—	3 m直尺：每200 m测2处×10尺
3	弯沉值（0.01 mm）		符合设计要求	按附录I检查
4	渗水系数		SMA路面200 ml/min；其他沥青混凝土路面300 ml/min	渗水试验仪：每200 m测1处
5	抗滑	摩擦系数	符合设计要求	摆式仪：每200 m测1处；横向系数测定
		构造深度		铺砂法：每200 m测1处
6	厚度（mm）	代表值	总厚度：设计值的-8% 上面层：设计值的-10%	双车道每200 m测1处
		合格值	总厚度：设计值的-10% 上面层：设计值的-20%	
7	中线平面偏位（mm）		20	经纬仪：每200 m测4点
8	纵断面高程（mm）		±10	水准仪：每200 m测4个断面
9	宽度（mm）	有侧石	±20	尺量：每200 m测4个断面
		无侧石	不小于设计	
10	横坡度		符合设计要求	水准仪：每200 m测4处

3. 外观鉴定

（1）表面平整密实，无泛油、松散、裂缝、粗细料集中等现象。

（2）表面无明显碾压轮迹。

（3）接缝紧密、平顺。

（4）沥青下面层无积水、漏水现象。

14.4 细粒式沥青混合料的施工

上面层为4 cm厚SBS改性AC-13C型沥青路面，采用三一重工4000型拌合机拌和，采用大功率摊铺机整幅摊铺，双钢轮压路机碾压成型。

14.4.1 原材料

其他材料的要求同粗粒式沥青混凝土的施工要求，重点介绍一下 SBS 改性沥青。改性沥青采用 70 号 A 级道路石油沥青作为基质沥青，以提高改性沥青的高温稳定性。为了提高改性沥青面层施工质量控制水平，保证工程进度与质量，除严格执行《公路沥青路面施工技术规范》(JTGF40—2004)外，同时补充以下规定。

(1) 加强基质沥青与改性沥青的质量检验。

当基质沥青由业主或承包商供应给改性沥青加工商时，其品质稳定性是控制改性沥青生产质量的根本保证。确认基质沥青质量检测批次与频率，基质沥青到货后应由加工商提交质量数量确认书，必要时可委托监理旁站验证。明确加工商验收后基质沥青的贮存条件和保管责任，负责贮存基质沥青一方必须严格遵守商定的贮存条件，防止基质沥青在贮存过程中过度老化。

(2) 改性沥青质量控制与验收。

改性沥青必须满足规定的技术要求。由于改性沥青质量直接影响混合料的技术性能，应加强改性沥青的质量控制，建立严格的验收制度，并严格控制改性沥青的贮存条件。

施工期间每天至少 1 次测定改性沥青的针入度、软化点、低温延度 (5 ℃) 和弹性恢复，发现以上指标中任何一项不能满足改性沥青技术要求时，要将试验结果及时报送监理。对于 SBS 改性沥青，应符合下表 14-9 要求。

表 14-9 SBS 改性沥青技术标准

序号	试验项目		技术指标	试验方法
1	针入度 (25 ℃, 100g, 5 s) (0.1 mm)		40~60	T0604
2	针入度指数 PI		>0	T0604
3	软化点 TRAB (℃)		>65	T0606
4	动力粘度 (60 ℃) (Pa·s)		>5 000	T0620
5	动力粘度 (135 ℃) (Pa·s)		<3	T0620
6	延度 (5 ℃, 5 cm/min) 不小于 (cm)		20	T0605
7	闪点 (COC) 不小于 (℃)		230	T0611
8	溶解度 (三氯乙烯) 不小于 (%)		99.0	T0607
9	弹性恢复 25 ℃ 不小于 (%)		85	T0622
10	储存稳定性离析，48 h 软化点差，不大于 (℃)		2.5	T0611
11	密度 (15 ℃) (g/cm^3)		实测	T0603
12	薄膜加热试验 (163 ℃, 5 h)	质量变化不大于 (%)	±1	T0609
		针入度比 (25 ℃) 不小于 (%)	65	T0604
		残留延度 (5 cm/min, 5 ℃) 不小于 (cm)	15	T0605

改性沥青供应方应以 500 t 为一个批次，按照改性沥青技术标准检验改性沥青全套技术指标，如发现成品改性沥青不合格时应及时向业主反应。

改性沥青进入卧式贮存罐贮存时，由于 SBS 密度显著低于基质沥青，改性沥青易发生轻微分层，轻质的改性剂可能逐渐积蓄在顶部，导致 SBS 在沥青罐中离析结团。这是卧式贮存罐中可能经常发生的现象，最好将沥青贮存罐倾斜放置，不得已时应经常放空改性沥青贮存罐，或者定时捞出结团的 SBS 改性剂。

改性沥青不得长期贮存，贮存时间超过 5 天需按工地指标检验合格后方可使用，超过 15 天需经全套指标监检合格后方可使用。

14.4.2 配合比组成设计

依据工程设计要求选用的级配类型，进行配合比设计。① 矿料级配计算，用图解法或试算法利用人机对话方式反复进行矿料级配计算，调整至最佳 3 种级配类型的矿料配合比。② 马歇尔试验，根据经验选定一个最佳油石比，以 0.5%间隔每种级配类型成型不同油石比 5-6 组试件，分别进行马歇尔、稳定度、孔隙率、密度、流值试验，确定最佳沥青用量，以最佳沥青用量分别制件进行马歇尔试验，并检验其高温稳定性和水温稳定性，根据试验结果确定出最佳配合比。

14.4.3 施工工艺

细粒式沥青混合料的施工方法、工艺如上述 AC-25C 型粗粒式沥青混凝土的施工。

14.5 其他沥青混合料的施工

14.5.1 改性沥青混凝土路面施工工艺

1. 工艺流程

粘层油施工→安装调试高程控制装置→混合料运输→混合料运输→混合料摊铺→混合料碾压→接缝施工→冷却→通行。

2. 施工方法

1）粘层油施工

（1）粘层的沥青材料宜采用快裂的洒布型乳化沥青，也可采用快、中凝液体石油沥青，粘层沥青应符合《沥青路面施工及验收规范》的规定。

（2）粘层沥青宜采用沥青洒布车喷洒，洒布时应保持稳定的速度和喷洒量。沥青洒布车在整个洒布宽度内必须喷洒均匀。粘层沥青也可采用人工喷洒方式，手工喷洒必须由具有熟练喷洒技术的工人操作，均匀洒布。

（3）在路缘石、雨水进水口、检查井等局部应用刷子人工涂刷。

粘层沥青浇洒过量处应予刮除。

路面有赃物尘土时应采用人工清扫或空压机吹扫的方式清除干净，必要时采用水车进行冲洗，并待表面干燥后进行浇洒作业。

2)安装调试高程控制装置

(1)改性沥青混合料通常摊铺高程控制宜采用浮动基准梁(长度不小于12 m)或非接触式基准平衡梁。对于有些特殊要求的路段,施工可采用基准高程线引导方式,即固定板两侧按设计高程每5 m设一个测墩,在测墩(顶盘式)上放置经检验合格的铝梁,作为高程基准面,并设专人看护。

(2)当路面较宽时,应采用多台摊铺机成梯队联合摊铺方式。当采用联合摊铺方式时,内侧宜设置一台固定熨平板的摊铺机并凸前行驶,外侧设置一台液压伸缩式摊铺机紧随其后。后方摊铺机靠前方摊铺机侧宜以前一台摊铺机已摊铺的面层为基准面,采用滑靴(长度多为50~70 cm)方式控制摊铺高程。

(3)当采用浮动基准梁或非接触式平衡梁作为高程控制装置时,在使用前应根据其产品指导书进行调试,符合相关规定时方可投入使用。

3)混合料运输

(1)应采用大吨位自卸车辆运输,车辆的数量应与摊铺机数量、摊铺能力、运输距离相适应,在摊铺机前应形成一个不间断的供料车流。

(2)为便于卸料,运输车车厢的底板和侧板应均匀涂抹一层隔离剂,一般采用油水混合物(柴油:水=1:3),并擦净积存的余液。

(3)运输车装料时,应通过前后移动分层装料的方式消除离析现象。

(4)装好混合料的车辆为避免温度下降和尘土污染以及防雨应用篷布覆盖整个车厢。每车混合料应设专人进行温度检测,并填写随车单。

4)混合料摊铺

(1)由于改性沥青混合料粘度较高,摊铺温度较高(出料温度控制在180~185 ℃,到场温度不低于165 ℃),摊铺阻力比较大,应采用履带式摊铺机,且单机摊铺宽度不宜超过8 m,伸缩板摊铺机摊铺宽度不宜大于7.5 m,相邻两幅的宽度应重叠50~100 mm。两机宜相距5~15 m。

(2)改性沥青混合料摊铺温度不应低于160 ℃,为保证平整度,摊铺时要均匀、连续不间断地摊铺。一般要求摊铺机前至少要有3台以上的运料车等候。

(3)摊铺过程中,摊铺机两侧螺旋送料器应不停的匀速旋转,使两侧混合料高度始终保持熨平板的3/4高度,其下缘距下承层顶面距离约100 mm,以减少离析现象。摊铺速度为1~3 m/min。严禁摊铺机在施工中盛料斗中的刮料板外露。

(4)在摊铺过程中,一旦不能连续供料时,摊铺机应将剩余混合料摊铺完,抬起熨平板,做好临时接头,将混合料压实,避免出现等候时间长、混合料冷却结硬现象。

(5)所有路段均采用摊铺机摊铺,但对于个别加宽、边角等机械无法摊铺到的部位,则应配备充足而熟练的人力进行人工摊铺。摊铺时必须扣锹布料,并用耙子找平2~3次,施工过程中,应对铁锹、耙子等工具进行加热、涂抹少许油水混合液。找平应迅速,应在碾压前找平完成,以免温度下降过大,难以压实。

(6)摊铺过程中和摊铺结束后,设专人在基准梁河摊铺机履带处清扫洒落的材料。

(7)改性沥青混合料摊铺尽量减少人工处理,防止破坏表面纹理,但混合料出现离析现象时必须采取人工筛料处理。处理时要随用随筛,筛孔不宜小于10 mm。

5）混合料压实

（1）改性沥青混合料的压实应根据路面宽度、厚度，改性沥青与混合料类型，混合料温度、气温、拌合、运输、摊铺能力等条件综合确定压路机的数量、质量、类型以及压路机的组合、编队等。紧跟、慢压、高频、低幅碾压。

（2）改性沥青混合料压实应在摊铺以后紧接着进行，初压压路机与摊铺机间最大未摊铺距离应在 30 m 以内。在初压和复压过程中，宜采用同类压路机并列呈梯队压实，初压时温度不应低于 150 ℃，复压时温度不应低于 130 ℃。

（3）压路机碾压的速度选择应根据压路机本身的能力、压实厚度、碾压位置等确定。采用震动压路机时，压路机的振频、振幅大小应与路面铺筑厚度协调，厚度较薄时应采用高频低振幅。碾压各阶段速度应符合表 14-10 的规定。

表 14-10 压路机碾压速度（km/h）

压路机类型	初压		复压		终压	
	适宜	最大	适宜	最大	适宜	最大
双钢轮振动压路机	1.5～2（静压）	3（静压）	2～4（振动）	5（振动）	3～5（静压）	5（静压）
轮胎压路机	—	—	3～5	6	4～6	8

（4）采用震动压路机碾压时，压路机轮迹的重叠宽度不应超过 200 mm，静压时轮迹重叠宽度不用少于 200 mm。碾压时应由低向高、由外及内梯次碾压。

（5）采用轮胎压路机进行复压的时机应在双钢轮压路机已经碾压完成 30 m 左右碾压段后及时跟进复压。由于改性沥青粘度高，为避免粘轮，在轮胎压路机进入碾压段前 30 m 左右停留路段的路面铺一宽 6 m 长 30 m 左右的苫布或彩条布，让轮胎压路机开上去以后，在轮胎上均匀喷涂浸润 4∶6 比例的油水混合液，待其反复行走使得轮胎完全浸润后方可进入工作区碾压作业，并派专人跟机前后检查有无粘轮现象，如有粘轮应及时刮除，待轮胎温度升高后，粘轮现象即可消失。

（6）碾压路段长度以摊铺面温度下降情况和摊铺的速度为参考确定，压路机每完成一个来回的碾压，应追随向摊铺机靠近，形成阶梯形碾压。

（7）压路机不得在未成型冷却的工作面上停车、急转向、急刹车、起步和加油、水。震动压路机不得原地起振，必须行进起来后加振或停止行进前减振。压路机不宜在同一断面处回程碾压，每次回程前后错开不小于 1 m 距离，初压、复压、终压的回程应不在相同断面处，前后相距应在 5～10 m 以上。

（8）设专人在摊铺、压实过程中对厚度、压实度、平整度、和外观情况等进行跟踪监测。应重点对摊铺前后的混合料温度、摊铺后虚铺厚度、复压一遍后的平整度设专人检查、监测。

（9）改性沥青混合料碾压应避免过碾压，控制好碾压温度是施工的关键。

（10）对于 SBS 类改性沥青混合料不宜采用轮胎压路机碾压。改性沥青混合料的正常施工温度范围见后表 14-11。

表 14-11 改性沥青混合料的正常施工温度范围（°C）

工序	SBS 类	SBR 乳胶类	EVA、PE 类	测量部位
沥青加热温度	160~165	160~165	150~160	沥青加热罐
改性沥青现场制作温度	165~170	—	160~165	改性沥青车
改性沥青加工最高温度	175		175	改性沥青车
集料加热温度	190~200	200~210	180~190	热料提升斗
混合料出厂温度	175~185	175~185	170~190	运料车
混合料最高温度（废弃温度）	不高于 195			运料车
混合料储存温度	降低不超过 10			储存罐及运料车
摊铺温度	不低于 160			摊铺机
初压开始温度	不低于 150			摊铺层内部
复压最低温度	不低于 130			碾压层内部
碾压终了温度	不低于 120			碾压层内部
开放交通温度	不高于 60			路面内部或路表

6）接缝施工

（1）纵向缝

当采用两台摊铺机成并列梯队摊铺作业时，纵向缝应采用热接缝，两台摊铺机相距宜为 10~20 m，熨平板设置在同一水平。当不得不采用冷接时宜采用平接缝或自然缝。平接缝：施工时采用挡板或施工后用切割机切齐可形成平接缝。自然缝：在施工中自然形成的缝，施工前应清楚松散的混合料。摊铺前切缝应涂上粘层油；摊铺时，搭接宽度不应大于 100 mm；新铺层的厚度通过松铺系数计算获得。

（2）横向缝

改性沥青混合料路面铺筑期间，当需要暂停施工时，应采用平接缝，宜在当天施工结束后用 3 m 直尺检查挂线切割、清扫、成缝。接续摊铺前应再次用直尺检查接缝处已压实的路面，当发现不平整、厚度不符合要求时，应切除后再摊铺新的混合料。横向缝接续施工前应涂刷粘层油或用喷灯烘烤至沥青混合料熔融状态。重新开始摊铺前，应在摊铺机的熨平板下放置厚度为松铺厚度减去压实厚度之差的垫板，其长度应超过熨平板的前后边距。横向接缝处摊铺混合料后应先清缝，然后检查新摊铺的混合料松铺厚度是否合适。横向接缝碾压时宜按垂直车道方向沿接缝进行，并应在路面纵向边外放支撑模板，其长度应足够压路机驶离碾压区。接缝处不得转向。

7）冷却通行

当路面经碾压合格，温度不高于 60 °C 时可开放交通。

14.5.2 GTM 沥青混合料施工工艺

1. 工艺流程

测量放样→沥青混合料拌制→沥青混合料运输→沥青混合料碾压→养护→成品检验、验收→开放交通。

2. 施工方法

（1）依据设计资料，恢复中桩位置和结构层边线，标示出摊铺层设计高程。

（2）原材料经试验合格后方可使用。配合比严格按目标配合比设计、生产配合比设计、生产配合比验证三个阶段，确定最佳油石比和矿料级配。然后进行水稳性检验，公称粒径小于 19 mm 沥青混合料还需要车辙试验、弯曲试验、渗水试验指标进行试验。

（3）沥青混合料拌和采用间歇式拌和机械拌制，拌和机应有良好的除尘设备，并有检测拌和温度的装置和自动打印装置。

（4）沥青混合料拌和采用带有自动控制的间歇式拌和机，拌和能力满足要求，除尘设备完好，能达到环保要求。拌和前检查相关配套设备、仪表工作是否正常。

（5）沥青混合料拌和时间以混合料拌和均匀，所有矿料颗粒全部裹覆沥青胶结料为度，外观均匀一致，无花白料，无结团或粗细集料分离现象。拌和时间以干拌不小于 5 s，湿拌不小于 40 s 为宜，改性沥青混合料拌和时间根据需要适当延长。

（6）温度控制：GTM 混合料出料温度可根据沥青黏温曲线确定，拌和温度一般控制在 160 到 165 ℃，其集料温度和沥青温度可根据出料温度进行控制，集料温度一般控制在 175 到 185 ℃，沥青温度一般控制在 155 到 160 ℃。GTM 聚合物改性沥青混合料可根据普通沥青拌和温度提高 10～20 ℃，沥青混合料温度高于 195 ℃ 时予以废弃。

（7）拌和过程中设专人经常量测拌和料的温度，发现问题及时报告，同时要目测混合料，混合料冒出黄烟和浓烟是温度过高，冒出白烟是温度过低，一般以观察至少量蓝烟为宜。

（8）混合料运输采用大吨位自卸汽车运输，但不得超载。为防止沥青与车厢板黏结，为防止沥青与车厢板可涂一薄层隔离剂，但严禁有余液聚积在车厢底部。隔离剂可采用植物油，严禁采用汽油、柴油等对沥青有腐蚀作用的隔离剂。

（9）运输时采用切实可行的保温措施，可采用双层篷布，每车至现场后必须测量混合料的温度，低于摊铺温度时混合料做废弃处理。

（10）为了保证连续摊铺，现场待卸车辆不得少于 5 辆。在卸料时，运输车在摊铺机前 10～30 cm 空档等候，由摊铺机推动前进开始缓缓卸料。如有剩余及时清除，防止硬结。

（11）摊铺前必须将工作面清扫干净，且工作面必须保持干燥，混合料采用配备有自动找平装置的摊铺机进行摊铺，同时应具有自动熨平板或振动夯锤等初步压实装置。摊铺机提前有预热熨平板不低于 100 ℃，摊铺机必须调整到最佳状态，铺面要求均匀一致且用非接触式平衡梁控制摊铺厚度。

（12）摊铺机的摊铺速度应调节到与供料、压实速度相平衡，保证连续不断地均衡摊铺，中间不得停顿，摊铺速度一般不超过 5 m/min。摊铺温度严格按《公路沥青路面施工技术规范》（JTGF40—2004）进行控制。

（13）松铺系数根据试验路段确定，摊铺过程中必须检查摊铺层厚度及路拱、横坡，达不到要求时立刻进行调整。

（14）摊铺时采用两台摊铺机梯队作业，一台摊铺机的铺筑宽度不宜超过 6～7.5 m，两台摊铺机前后错开 10～20 m，搭接宽度宜限制在 3～6 cm 范围，呈梯队方式同步作业。

（15）摊铺中应密切注意摊铺动向、对离析、拥包、泛油、波浪、边角缺料等，及时处理，对一些机械作业有困难的地方采用人工找补。

（16）压路机的最佳组合应根据生产能力、天气状况、结构层厚度、混合料类型、沥青黏度等综合考虑并通过试验段确定。GTM 沥青混合料应其标准密度大、压实度要求高、施工时最少配备 3 台双轮双振光轮双振光轮压路机、2 台胶轮压路机进行组合。压实标准采用 GTM 密度或最大理论密度进行控制。

（17）混合料的碾压分初压、复压、终压三个阶段进行，碾压方向由路面低处向高处碾压，并控制在规定的温度范围内，初压应紧跟摊铺机进行，采用"前静后振"的碾压方法进行碾压；复压宜紧跟初压进行，碾压遍数由试验段和施工经验确定，一般需振压 3~4 遍、胶轮压路机碾压 3~4 遍；终压宜紧跟复压进行，一般采用光轮压路机静压 1~2 遍，以消除轮迹为宜，普通沥青混合料碾压终了的表面温度应大于 80 ℃，聚合物改性沥青碾压终了的表面温度应大于 100 ℃。

（18）初压、复压、终压三个不同程序的压实段落比前一程序后退 5~8 m，不在同一断面上进行，各程序的碾压段落不宜过长，以 60~80 m 为宜。

（19）横向接缝碾压时，将压路机位于已成型的路面上，深入新铺层宽度 15 cm 左右进行碾压，然后每压一遍向新铺混合料移动 15~20 cm，直至全部在新铺层上为止，然后再改为正常纵向碾压，若新铺层混合料稍高时，可采用与路面中心线呈 45 度方向进行碾压，把高的混合料推挤出去，碾压过程中要不断地用 3 m 直尺检测，发现平整度不合格处做局部处理。

（20）纵向冷接缝时，将压路机位于已成型的路面上，先深入新铺层宽度 15 cm 左右进行碾压，然后每压一遍向新铺混合料移动 20~30 cm 直至全部在新铺层上为止，之后再进行正常碾压。纵向热接缝时，将已铺部分留下 10~20 cm 暂不碾压，作为后续摊铺机找平的基准面，摊铺后按正常碾压进行。沥青路面必须待摊铺层完全自然冷却至周围地面温度时（最好隔夜）方可开放交通，并同时做好沥青路面的保洁工作。按照相关规范和标准对路面几何尺寸、体积性质等进行检测并按照报验程序申请验收。

14.5.3 SMA 沥青路面施工工艺

1. 工艺流程

测量放样→沥青混合料拌制→沥青混合料运输→沥青混合料碾压→养护→成品检验、验收→开放交通。

2. 施工方法

1）测量放样

依据设计资料，恢复中桩位置和结构层边线，标示出摊铺层设计高程。

2）沥青混合料拌制

严格按照目标配合比和生产配合比拌制沥青混合料，混合料级配、沥青用量、外掺材料剂量必须符合设计要求。沥青混合料应在沥青拌和厂采用拌和机机械拌制，各种集料应分隔堆放，不得混杂。集料（尤其是细集料）、矿粉、纤维稳定剂等不得受潮，须设置防雨顶棚储存。沥青混合料应采用间歇式拌和机拌和，拌和机应有良好的除尘设备，并有检测拌和温度的装置和自动打印装置。沥青混合料拌和时间以混合料拌和均匀、所有矿料颗粒全部裹覆沥青胶结料为度，外观应均匀一致，无花白料、无结团或严重的粗细料分离现象。混合料拌和温度应符合相关标准要求[见《公路沥青路面施工技术规范》]，混合料不得在储料仓内过夜。

3）沥青混合料运输

混合料宜采用大吨位自卸车运输，但不得超载。为防止沥青与车厢板黏结，车厢侧面板和底板可涂一薄层隔离剂，但严禁有余液积聚在车厢底部。隔离剂可以使用植物油等，严禁使用汽油、柴油等对沥青有腐蚀作用的隔离剂。运输时宜采取加盖棉被或苫布等切实可行的保温措施。每车到达现场后必须测量混合料温度，低于摊铺温度时，混合料做废弃处理。为了保证连续摊铺，开始摊铺时，现场待卸车辆不得少于 5 辆。在卸料时，运输车在摊铺机前 10~30 cm 处停住，空挡等候，由摊铺机推动前进开始缓缓卸料，避免撞击摊铺机。运料车每次卸料必须倒净。如有剩余及时清除，防止硬结。

4）沥青混合料摊铺

摊铺前必须将工作面清扫干净，且工作面必须保持干燥。混合料应采用配备有自动找平装置的摊铺机进行摊铺，同时应具有振动熨平板或振动夯锤等初步压实装置。摊铺机提前 0.5~1 h 用预热熨平板不低于 100 ℃，摊铺机必须调整到最佳状态，铺面要求均匀一致，防止出现离析现象。上面层宜采用非接触式平衡梁控制摊铺厚度。摊铺机的摊铺速度应调节至与供料、压实速度相平衡，保证连续不断地均衡摊铺，中间不得停顿。摊铺速度一般为 3~4 m/min，SMA 混合料宜放慢到 1~3 m/min，因此对摊铺机驾驶员的操作技术要求高。混合料的摊铺温度必须符合相关标准要求，见《公路沥青路面施工技术规范》（JTGF40—2004）。松铺系数应根据试铺路段确定，摊铺过程中必须随时检查摊铺层厚度及路拱、横坡，达不到要求时，立刻进行调整。松铺系数要比普通热拌沥青混合料小得多，用 ABG 摊铺机摊铺时，松铺系数小于 1.05。沥青面层的摊铺宜采用两台摊铺机梯队作业。一台摊铺机的铺筑宽度不宜超过 6 m（双车道）~7.5 m（三车道以上），两台摊铺机前后错开 10~20 m，呈梯队方式同步摊铺。

5）沥青混合料碾压

沥青混合料的碾压按初压、复压、终压 3 个阶段进行，初压、复压宜用钢轮振动压路机碾压，碾压应遵循"紧跟、慢压、高频、低幅"的原则进行。碾压段的长度控制在 20~30 m 为宜，SMA 不宜使用轮胎压路机。压路机的碾压遍数及组合方式依据试铺段确定。一般初压为 1~2 遍；复压用钢性静压 3~4 遍，或振动碾压 2~3 遍；终压 1 遍。在初压和复压过程中，宜采用同类压路机并列成梯队压实，不宜采用首尾相接的纵列方式。采用振动压路机压实 SMA 路面时，压路机轮迹的重叠宽度不应超过 20 cm，当采用静载压路机时，压路机的轮迹应重叠 1/4~1/3 碾压宽度。不得向压路机轮表面喷涂油类或油水混合液，需要时可喷涂清水或皂水。压路机应以均匀速度碾压。压路机适宜的碾压速度随初压、复压、终压及压路机的类型而别，可参照《公路沥青路面施工技术规范》。SMA 路面摊铺后应紧跟碾压，由专人负责指挥协调各台压路机的碾压路线和碾压遍数，使摊铺面在较短时间内达到规定压实度。压路机折返应呈梯形，不应在同一断面上。碾压温度必须符合相关标准要求[见《公路沥青路面施工技术规范》]，不得将集料颗粒压碎。对松铺厚度、碾压顺序、碾压遍数、碾压速度及碾压温度应设专岗检查。SMA 路面应严格控制碾压遍数，在压实度达到马歇尔密度的 98% 以上，或者路面现场空隙率不大于 6%后,不再作过度碾压。如碾压过程中发现有沥青马蹄酯上浮或石料压碎、棱角明显磨损等过碾压的现象时,碾压即应停止。

6)施工接缝的处理

纵向施工缝:对于采用两台摊铺机成梯队联合摊铺方式的纵向接缝,应在前部已摊铺混合料部分留下 10~20 cm 宽暂不碾压作为后高程基准面,并有 5~10cm 的摊铺层重叠,以热接缝形式在最后作跨接缝碾压以消除缝迹。上下层纵缝应错开 15 cm 以上。横向施工缝:全部采用平接缝。用 3 m 直尺沿纵向在摊铺段端部呈悬臂状,以摊铺层与直尺脱离接触处定出接缝位置,用锯缝机割齐后铲除;继续摊铺时,应将接缝锯切时留下的灰浆擦洗干净,涂上少量黏层沥青,摊铺机熨平板从接缝后起步摊铺;碾压时用钢筒式压路机进行横向压实,从先铺路面上跨缝逐渐移向新铺面层。横向施工缝应远离桥梁毛勒缝 20 m 以外,不许设在毛勒缝处,以确保毛勒缝两边路面表面的平顺。

7)养 护

沥青路面必须待摊铺层完全自然冷却到周围地面温度时(最好隔夜),方可开放交通。同时做好沥青路面的保洁工作。

8)成品检验、验收

沥青路面自然冷却后,按照相关规范和标准对路面几何尺寸、体积性质等进行检测。并按照报验程序申请验收。

14.5.4 贯入式沥青路面施工工艺

1. 工艺流程(见图 14-3)
2. 施工要点

1)准备下承层

检查下承层的压实度、平整度、横坡度、高程、宽度、弯沉等,如有表面松散、弹簧、弯沉不合格等现象必须进行处理。

2)施工放样

恢复路中线,每 10 m 设一中桩,并放出边线外 0.3~0.5 m 处指示桩,进行水平测量,按松铺系数准确标出布主层碎石的高程。

3)材料准备

选择符合要求的碎石生产厂家和符合要求的沥青供应商。碎石、沥青进场时要按规定频率进行检验。

4)单位平方米碎石、沥青用量

根据不同地区,不同沥青种类和设计确定单位平方米碎石、沥青用量,并与开工前 15 d 报监理工程师签批。

5)试验段

在正式施工前要拟定试验段方案报监理工程师签批,做好试验段以确定施工工艺、松铺系数、机械配备、人员组织、压实遍数等。

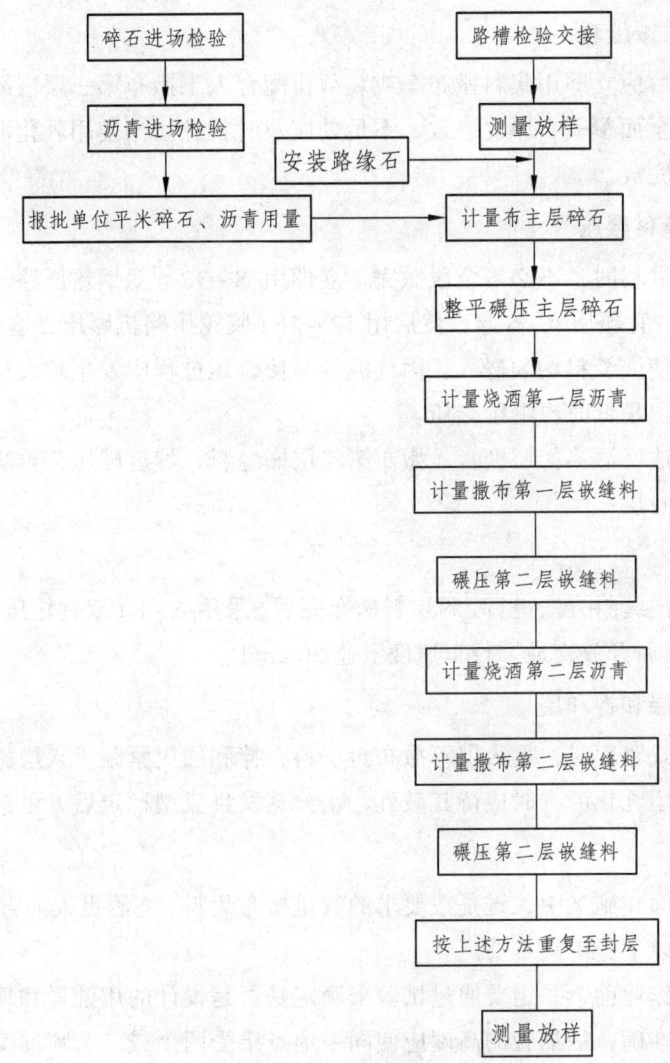

图 14-3 贯入式沥青路面施工工艺流程

6）布主层碎石、稳压

按照试验段确定的松铺系数用碎石摊铺机或平地机布主层集料，平地机整平，用 6～8 t 双钢轮压路机自路两侧向路中心碾压，碾压速度宜为 2 km/h，每次轮迹重叠约 30 cm，碾压一遍后检验路拱和纵向坡度，当不符合要求时，应调整找平后再压。然后用重型的钢轮压路机碾压，每次轮迹重叠 1/2 左右，宜碾压 4～6 遍，直至主层集料嵌挤稳定，无显著轮迹为止。

7）浇洒第一层沥青

沥青的洒布温度根据气温及沥青标号选择，石油沥青宜为 130～170 ℃，煤沥青宜为 80～120 ℃，乳化沥青在常温下洒布，加温洒布的乳液温度不得超过 60 ℃。前后两车喷洒的接茬处用铁板或建筑纸铺 2～3 m，使搭接良好。分几幅浇洒时，纵向搭接宽度宜为 100～150 mm。浇洒第二层、第三层沥青的搭接缝应错开。采用乳化沥青贯入时，为防止乳液下漏过多，可在主层集料碾压稳定后，先撒布一部分上一层嵌缝料，再浇洒第一层沥青。

8）撒布第一层嵌缝料

洒布主层沥青后应立即用集料撒布车或装载机配合人工撒布第一层嵌缝料，撒布集料后应及时扫匀，达到全面覆盖、厚度一致，不足处应及时找补。当使用乳化沥青时，石料撒布必须在乳液破乳前完成。

9）第一层嵌缝料碾压

撒布第一层嵌缝料时，不必等全段撒完，立即用 8~12 t 双钢轮压路碾嵌缝料，轮迹重叠轮宽的 1/2 左右，宜碾压 4~6 遍，然后用 12~16 t 胶轮压路机碾压二遍，直至稳定为止。碾压时随压随扫，使嵌缝料均匀嵌入。因气温较高使碾压过程中发生较大推移现象时，应立即停止碾压，待气温稍低时再继续碾压。

10）按上述方法浇洒第二层沥青、撒布第二层嵌缝料，然后碾压，再浇洒第三层沥青，按上述方法重复到封层。

11）封层碾压

封层料按撒布嵌缝料方法进行，封层料撒布完后，采用 6~8 t 双钢轮压路机作最后碾压，宜碾压 2~4 遍，然后开放交通。行车速度限速 20 km/h。

12）铺筑贯入层和拌和层

铺筑上拌下贯式路面时，贯入层不撒布封层料，拌和层应紧跟贯入层施工，使上下成为一整体。贯入层采用乳化沥青时应待其破乳，水分蒸发且成型稳定后方可铺筑拌和层。

13）施工要点

贯入式沥青路面在施工中关键是按要求的数量撒布集料、浇洒贯入沥青，并保证均匀性，所以施工中应注意以下施工技术要点：

沥青洒布机在作业前，一定要通过试验来确定是否是设计的用油量和均匀层度，洒油管的高度一定要调整准确，洒油管的高度应使同一地点接受两个或三个喷油嘴喷洒的沥青。沥青洒布机在喷洒时，前后两车喷洒的接茬处用铁板或建筑纸铺 2~3 m，确保搭接良好。主层集料的厚度均匀性非常重要，所以要加强下承层验收工作。在高程和厚度发生矛盾时，要先保证厚度的均匀性。

14.5.5 抗滑表层施工工艺

1. 工艺流程（见图 14-4）

2. 施工操作要点

1）目标配合比

抗滑表层沥青混合料目标配合比设计一般采用马歇尔试验方法进行试验，本工艺标准按照马歇尔试验方法执行。

（1）根据上面层结构层情况、规范要求、企业施工经验等确定矿料级配，抗滑表层级配范围推荐如表 14-12 所示。

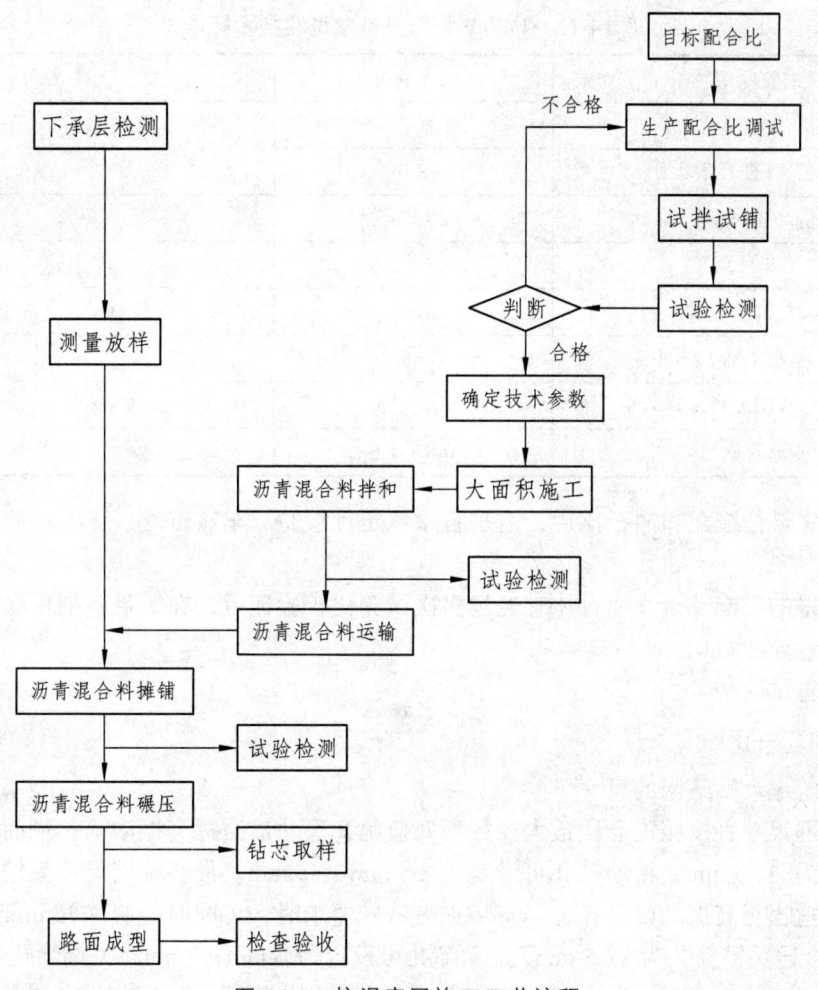

图 14-4 抗滑表层施工工艺流程

表 14-12 抗滑表面级配范围

筛孔	19	16	13.2	9.5	4.75	2.36	1.18	0.6	0.3	0.15	0.075
AK-16	100	90~100	70~90	50~70	30~50	22~37	16~28	12~23	8~18	6~13	4~9
AK-13		100	90~100	60~80	30~53	20~40	15~30	10~23	7~18	5~12	4~8

（2）根据经验确定油石比的中值，按 0.5% 的间隔取 5 个或 5 个以上不同的油石比分别成型马歇尔试件。

（3）测定试件的密度、空隙率、沥青饱和度、稳定度和流值，分别绘制各项指标的曲线。按照《公路沥青路面施工技术规范》（JTG F40—2004）要求确定最佳油石比，然后通过综合考虑，并结合道路等级、当地气候条件或成功经验确定最终油石比。抗滑表层马歇尔试验技术标准如表 14-13 所示。

表14-13 抗滑表层与马歇尔试验技术标准

试验项目	技术标准	备注
击实次数（次）	两面各75	高速公路、一级公路
稳定度（kN）不小于	8.0	
流值（0.1 mm）	20~45	
空隙率（%）	4.0~5.0	
沥青饱和度（%）	65~75	
残留稳定度（%）不小于	85	
矿料间隙率VMA（%）不小于	14、15	空隙率为4%时为14，5%时为15
粉胶比	0.8~1.6	

（4）确定最佳级配和油石比后，需进行水稳定性检验、车辙试验、弯曲试验、渗水试验等检验。

（5）集料的级配及最终油石比宜经过多次试验比较验证后，在满足各项检验指标后确定最佳级配和最佳油石比。

（6）报告试验结果。

2）生产配合比

（1）确定振动筛筛网的尺寸

最大筛网尺寸宜按照配合比最大粒径所对应筛孔尺寸适当提高振动筛孔径而定，如配合比最大粒径为31.5 mm，振动筛孔可设定为35 mm×35 mm。最小筛网尺寸宜按照配合比关键筛孔孔径适当提高振动筛筛孔径而定，如有特殊要求时，可同时控制4.75 mm和2.36 mm筛孔。如配合比关键筛孔为4.75 mm，振动筛孔可设定为6 mm×7 mm，关键筛孔为2.36 mm，振动筛孔可设定为3 mm×4 mm。中间两道筛网尺寸可按照下列公式计算：

$$L_1 = L_g + (L_d - L_g)/3$$

$$L_2 = L_g + (L_d - L_g)2/3$$

式中　L_1——小筛网尺寸；

L_2——大筛网尺寸；

L_g——关键筛孔；

L_g——最大筛孔。

拌和站使用的筛网尺寸可根据L_1、L_2适当调节，如L_1 = 11.3，可选择筛网尺寸为12 mm×12 mm或11 mm×11 mm，中间筛网尺寸也可根据需要或材料特性而定。

（2）配料

根据目标配合比计算各冷料斗的标准流量，找准流量与集料规格、料斗出口开启宽度、小皮带机转动速度之间的关系，确定最佳流量，如图14-5所示。从热料仓取样筛分，按照目标配合比计算、调整各热料仓的配合比例，使其与目标配合比一致，其误差控制应符合《公路沥青路面施工技术规范》（JTG F40—2004）中表11.4.4的要求或更小，同时不断调整冷料仓的供料比例,直到供料均衡为止。用热料仓集料的配合比组成,按照目标配合比设计油石比及±0.3%三种油石比进行马歇尔试验确定最佳油石比,由此确定的最佳油石比与目标配合比设计结果差值不宜大于±0.2%。按照生产配合比,用室内小型拌和机拌和混合料,再进行水稳定性检验、车辙试验、弯曲试验、渗水试验等检验,合格后方可指导生产。

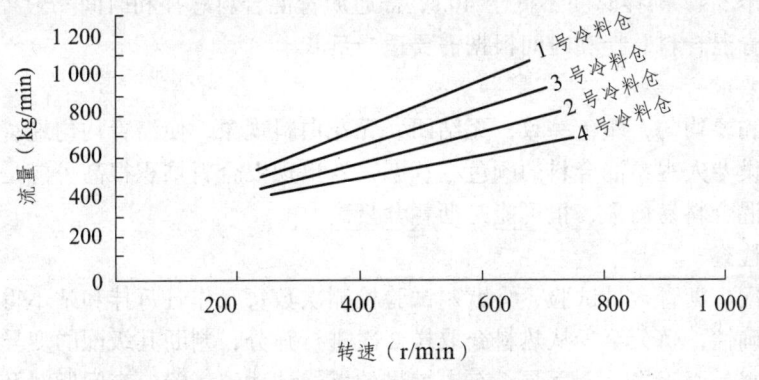

图 14-5 拌和机转速与流量对应图

（3）生产配合比验证

通过试拌、试铺抗滑表层试验段,对生产配合比各项技术指标进行验证,同时通过钻芯取样观察级配组合、空隙率大小等,由此确定标准生产配合比。标准配合比的矿料合成级配中,至少应包括 0.075 mm、2.36 mm、4.75 mm 及公称最大粒径筛孔的通过率宜接近设计中值。

3）混合料的拌和

（1）拌和准备

沥青拌和设备采用带有自动控制的间歇式拌和机,拌和能力应满足要求,除尘设备完好,能达到环保要求。拌和场与工地的距离应充分考虑交通堵塞、混合料降温超过要求等情况。拌和前需检查相关配套设备、仪表工作是否正常,拌和设备的各种传感器必须按规定检定。冷料仓的数量应满足配合比需要,通常不宜少于 5~6 个。沥青拌和设备应具有能够适时检测、自动处理．显示和打印数据的计算机设备。

（2）温度控制

抗滑表层一般较薄,温度散失较快,温度控制是混合料拌和控制的关键,温度偏低则不容易压实,无法保证压实度；温度过高,沥青易于老化。

普通沥青混合料出料温度可根据沥青黏温曲线确定,根据路面压实机械组合、天气状况及压实度控制指标适当调整拌和温度,一般控制在 165 到 170 ℃ 之间,其集料温度和沥青温度可根据出料温度进行控制,集料温度一般控制在 175 到 185 ℃,沥青温度一般控制在 155 到 160 ℃；聚合物改性沥青混合料出料温度可根据普通沥青混合料拌和温度提高 10 到 200 ℃,根据改性沥青性质、路面压实机械组合、天气状况及压实度控制指标适当调整拌和温度,一般控制在 175 到 185 ℃ 之间,其集料温度和沥青温度可根据出料温度进行控制,集料温度一般控制在 185 到 195 ℃,沥青温度一般控制在 165 到 170 ℃；每盘沥青混合料温度超过 195 ℃ 时予以废弃。拌和过程中设专人经常量测拌和料的温度,发现问题及时报告,同时要目测混合料，混合料冒出黄烟或浓烟是温度过高，冒出白烟是温度低，一般以观察到少量的蓝烟为宜。

（3）拌和时间控制

拌和时间根据拌和站产量、天气状况、集料的含水率以及集料与沥青的裹覆情况确定，干拌时间不低于5 s，湿拌时间不低于40 s，普通沥青混合料总拌和时间一般控制在45～50 s之间，改性沥青混合料总拌和时间根据需要适当延长。

（4）拌和要求

混合料拌和要均匀，颜色一致，无结团、无花白料现象，使沥青均匀地裹覆矿物颗粒表面。出料时，设专人观察混合料的颜色、状态，若出现混合料堆积很高可能是温度偏低或沥青含量低；若混合料易坍平，很可能是沥青含量高。

（5）质量检查

混合料级配、沥青含量试验、马歇尔试验检测次数每工作日每拌和站不得少于一次。为保证级配的准确性，每天至少从热料仓取样2次进行筛分，判断其级配的变异性，同时观察热料仓内的干料是否干净，上面是否有未燃尽的燃烧油残渣裹覆，有问题时及时处理。

（6）注意事项

拌和站热料仓的配合比由试验室提供，配合比通知单上必须有负责人签字，拌和站只能按照授权配合比准确配料，无权更改变动。操作人员须经培训、持证上岗，严格按操作规程工作，明确岗位责任。每天开始几盘集料应提高加热温度，并干拌几盘集料废弃，再正式加沥青拌和混合料，烘干集料的残余含水率不得大于1%。早上天凉时，前几车料应适当提高混合料温度，一般以5℃为宜，然后按正常要求控制温度。混合料拌和时应采用计算机自动控制，严防施工配合比离散性较大。每天上、下班时应对机械设备的零部件、油路、电路、仪表进行检查、保养、清洁保证这些部件运转正常无故障。拌和停机前用部分不含矿粉、沥青的热料进行洗仓。每天将计算机打印结果汇总、统计，按照《公路沥青路面施工技术规范》施工质量动态控制方法绘图、计算，检查其变异性，发现问题及时纠正。每隔3～5 d，宜检查沥青计量用量与油罐中实耗数量是否一致，以保证沥青用量的准确性，防止亏损。工作人员需及时、认真、整理出运转记录、生产过程记录、事故记录等。拌和、试验、现场铺筑应密切联系，互通信息，每日宜召开碰头会，提出问题，制定改进措施。

4）运　输

（1）沥青混合料的运输考虑拌和机拌和能力、运输距离、道路状况、车辆载重量，合理确定车辆数量，尽量使用载重量大的自卸车，但不得超载运输。

（2）自卸汽车应保持车厢彻底干净、严密，每次使用前，须在车厢板底涂防黏剂或隔离剂，但不应有多余的防黏剂或隔离剂积存车中，一般采用柴油∶水=1∶3的防黏剂。

（3）装车时，按前、后、中三个段落多次移动位置，以减少离析。

（4）运输车必须进行覆盖，用以保温、防雨、防环境污染，覆盖物可采用双层篷布或更厚实的材料，覆盖要严密；卸料过程中应继续覆盖，直到卸料结束。沥青混合料出厂时应逐车检测温度，签发运料单时需记录出厂温度。

（5）运料车进入摊铺现场时，轮胎上不得粘有泥土等污染路面的脏物，否则需用水车冲洗。

（6）现场施工人员应认真观察出料单时间和混合料状态，若混合料不符合施工温度要求、结成团块或遭雨淋等不得铺筑。运料车每次卸料必须倒净，如有剩余应及时清除防止硬结。

（7）沥青混合料运输车的运量应较拌和能力和摊铺速度有所富余，摊铺机前方应保持4~6辆运输车等候卸料。

5）混合料摊铺

（1）摊铺准备

抗滑表层施工前，应认真检查中面层，被柴油、机油等油料污染的局部片落应清除．被泥土、灰尘等污染的段落应认真清扫，合格后按规定洒布黏层油。进行测量放样，放样边线时，同时宜放出自卸车倒车线，避免车辆倒车时偏离料斗。机械设备要具有良好的工作状态，每天施工前均应进行检查和准备。抗滑表层摊铺时宜采用非接触式浮动基准梁找平，采用两台摊铺机并排呈阶梯状摊铺。摊铺时，前面的摊铺机两侧采用非接触式浮动基准梁找平，后边摊铺机在新铺料上采用走"雪橇"控制，另一侧采用非接触式浮动基准梁找平。

（2）摊铺机参数的选择和调整

熨平板宽度调整，应结合摊铺宽度进行，一台摊铺机的摊铺宽度不宜超过 7.5 m。调整时应保持螺旋输料器尽可能与两侧挡板靠近，并检查熨平板拼装的平直度；注意保持熨平板左右对称，保持行走平衡；有侧石时，挡板应与侧石保留 10 cm 左右的间距，便于机械转向。垫好松铺垫块调试机器时，使自动找平仪的传感器机上标尺与坡度一致，并用横向拉线校核。每天收工时须准确记录标尺的位置，以便次日按同样的位置工作，确保接缝平整。分料螺旋器高低调整，主要根据摊铺厚度来进行。面层摊铺时一般置于最低处。振捣梁振幅和频率调整，根据摊铺速度、厚度、混合料和易性等进行，一般以摊铺后出现微量的白点为宜。熨平板拼接处应仔细调节，确保摊铺的混合料没有明显的离析痕迹。摊铺机前挡板和两侧卸料口处应设置附加挡板，附加挡板（一般采用硬质橡胶板）的高度以不影响混合料正常输出为宜，可以较好地防止竖向离析和纵向离析。摊铺速度宜根据混合料拌和能力，在保证连续供料的情况下，根据摊铺厚度、宽度、天气状况、摊铺温度、碾压工艺等确定。

（3）摊铺作业程序

每天开工前摊铺机应提前 0.5~1 h 预热熨平板，使温度不低于 100 ℃，待满足要求后，向摊铺机料槽内布料，用热料将接头预热 2~3 min 后再起步摊铺。摊铺机起步速度宜和前一天歇工时速度保持一致，需均匀、连续不间断地摊铺，不得随意变换摊铺速度，拌料、运输速度应略大于摊铺速度，摊铺速度根据结构层厚度、拌和站供应能力等确定，一般控制在 2~4 m/min。摊铺气温应大于 10 ℃，抗滑表层的最低摊铺温度按《公路沥青路面施工技术规范》的要求控制，沥青混合料摊铺温度与出料温度温差不宜大于 10 ℃。自卸车驾驶员应与摊铺机手密切配合，避免车辆撞击摊铺机，使熨平板偏位产生波浪影响平整度，或把料卸出机外。卸料车的后轮距摊铺机 30 cm 左右时停止，当摊铺机行进接触时，汽车起升倒料。两摊铺机并排摊铺时，其前后距离宜控制在 5 m 以内，搭接宽度宜控制在 3~6 cm，搭接时，后边摊铺机熨平板以不把混合料划出痕迹为宜。上下层的搭接位置宜错开 30 cm 以上。摊铺时，应经常检查松铺厚度和横坡度，厚度宜每 5~10 m 检查一断面，每断面不少于 3 点，横坡度宜每 30~50 m 检查一断面；并做好记录，及时反馈信息给操作手；应经常检查摊铺温度，并做记录。摊铺中应密切注意摊铺动向，对离析、拥包、泛油、波浪、边角缺料等，及时处理，对一些机械作业有困难的地方采用人工找补。人工找补须符合《公路沥青路面施工技术规范》的要求。

（4）注意事项

摊铺机履带下、浮动基准梁下必须保持干净。摊铺机料槽内应始终保持混合料饱满，混合料高度宜与搅轮高度接近，不少于搅轮高度的 2/3。两料车卸料间歇尽可能缩短，在换车间隙，摊铺机应保持摊铺速度不变，料斗内应始终保持一定高度的混合料；收料斗时尽可能少收，以混合料不溢出为准；摊铺机料斗内混合料少时，摊铺机应暂停摊铺，自卸车就位后再摊铺，以防离析。摊铺时，摊铺机熨平板上严禁放置杂物，非操作人员不得站立和通过，浮动基准梁上严禁放、挂杂物。摊铺机螺旋输送器应始终保持匀速、较慢的速度旋转，严禁高速旋转，以防离析。混合料未初压前，施工人员不得进入踩踏，一般不用人工整修，遇有特殊情况，如局部离析等，需在现场主管人员的指导下进行人工找补或更换混合料。因故障，摊铺机料斗内混合料已结硬时，混合料应废弃，做接头重新摊铺。摊铺遇雨时应立即停止施工，并清除未压实成型的混合料，遭受雨淋的混合料应废弃，不得卸入摊铺机摊铺。每天结束收工时，禁止直接在已摊铺好的路面上用柴油清洗机械。清洗机械时，下面需垫上塑料布，严禁柴油污染沥青路面。

6）接缝处理

（1）横缝处理

横缝对上面层行车的舒适性影响较大，施工时应尽可能地减少横向接缝。横向接缝宜采用垂直平接缝，避免采用斜接缝和阶梯形接缝，两摊铺机并排摊铺时，每天收工时应计算每台摊铺机预留量，使两接头在横向找齐，然后切直。每天碾压完成之后，采用 6 m 直尺检测平整度，将端部不平整段落切除（要舍得多切除），切除时宜采用人工用镐等工具切除，切面不宜光滑，应为毛面。抗滑表层接缝切除后宜连续摊铺，若接缝切除后暂不施工的段落，应用废料与接缝垫平，防止行车对接缝处损坏。接缝必须紧密、连接平顺，不得产生明显的接缝离析，上下层的接缝错位不宜小于 1 m。接缝的断口上须涂刷黏结沥青，开始摊铺料宜采用最热的混合料。新铺面与冷铺面宜重叠 5 cm 左右，碾压前用耙子搂出重叠部分粗料，把细料推到接缝处找平。接缝处理时应不断用 6 m 直尺检查平整度。

（2）纵缝处理

纵缝分热接纵缝和冷接纵缝。两台摊铺机并排呈梯队摊铺，采用热接纵缝。纵缝搭接宽度宜控制在 3~6 cm，上下两层的纵缝不宜在同一条线上，需错开 30 cm 以上。抗滑表层纵缝宜控制在路面标线的位置上。为解决热接纵缝，两台摊铺机的型号、工作状态、工作参数宜相同；可采用调整后面的摊铺机内侧挡板的高度来消弭热接纵缝，在纵缝痕迹明显处，用人工撒补细料消除。在纵缝稍有但不明显处，不必刻意处理，压路机碾压完成后热接纵缝可消除。纵向冷接缝切除不宜采用切割机切除，宜在摊铺时加设挡板或加设切刀切齐，施工时，接缝断口处必须涂刷黏结沥青，摊铺时，新铺面应与冷铺面重叠 5 cm 左右，碾压前用耙子搂出重叠部分粗料，把细料推到接缝处找平，按规定方法进行碾压。

7）沥青混合料碾压

抗滑表层施工时，压路机的最佳组合应根据生产能力、天气状况、结构层厚度、沥青黏度等综合考虑。施工时最少需配备 3 台双轮双振光轮压路机（其中 2 台自重应大于 13 t）、2

台胶轮压路机（自重应大于 26 t）进行组合。

（1）压实标准以马歇尔密度或最大理论密度进行控制，压实后的施工空隙率宜控制在 4%~5%。

（2）混合料的碾压按初压、复压、终压 3 个阶段进行，碾压时须控制在规定温度范围内完成；碾压方向由路面低处压往高处。

（3）碾压方法：初压前应用 6 m 直尺检测接头处新铺混合料的平整度和松铺厚度，不合格时及时处理。初压，须紧跟摊铺机进行碾压，碾压横断面呈阶梯状。初压宜采用振动压路机进行碾压，碾压时，宜采用"前静后振"的碾压方法进行碾压，碾压速度控制在规范范围内。复压宜紧跟初压进行，复压在高温下进行有利于压密，按照结构层厚度、沥青种类、天气状况等条件，其碾压遍数宜根据试验段或施工经验进行控制，通常振动压路机需振压 3~4 遍，胶轮压路机需碾压 3~4 遍。振动压路机的振幅、振频、挡位等指标需根据不同压路机进行设置，胶轮压路机宜把水箱加满但不洒水，胶轮压路机的轮胎充气压力应大于 0.6 MPa，且各个轮胎的气压大体相同。终压应紧跟复压进行，终压一般采用振动压路机关闭振动静压 1~2 遍，以消除轮迹为宜，普通沥青混合料碾压终了的表面温度应大于 800 ℃，聚合物改性沥青混合料碾压终了的表面温度应大于 100 ℃。初压、复压、终压 3 个不同程序的压实段落比前一程序后退 5~8 m，不在同一断面上进行。各程序的碾压段落不宜过长，也不宜太短，否则平整度较差，一般以 30~40 m 为宜，通常不超过 60 m。

（4）碾压注意事项：压路机在改变碾压道时，在前一个碾压段落范围变化，压路机不得在热铺路面上急转弯、急停。在碾压过程中，不得在新铺混合料上突然加速、掉头、左右摆动或紧急制动，倒车回程时慢停、慢起步。光轮压路机碾压时，相邻碾压带的重叠宽度为 10~20 cm。胶轮压路机碾压时，相临碾压带重叠 1/2 碾压轮宽度。振动压路机碾压时喷水量应尽可能少，以不黏轮为宜，胶轮压路机碾压时，严禁喷水，通常钢轮碾压时，采用人工用清水或皂水等防黏剂涂刷，严禁采用油或油水混合物涂刷。在当天碾压的尚未冷却的面层上，不得停放压路机或其他车辆。

（5）接缝碾压：横向接缝碾压时，根据经验可采用多种方法视具体情况进行碾压，常用的碾压方法为：将压路机位于已成型的路面上，深入新铺层宽度 15 cm 左右进行碾压，然后每压一遍向新铺混合料移动 15~20 cm 直至全部在新铺层上为止，然后再改为正常纵向碾压，若新铺层混合料稍高时，可采用与路面中心线呈 450 方向进行斜压，把高的混合料推挤出去。碾压过程中要不断地用 6 m 直尺检测，发现平整度不合格处做局部处理。纵向冷接缝时，将压路机位于已成型的路面上，先深入新铺层宽度 15 cm 左右进行碾压，然后每压一遍向新铺混合料移动 20~30 cm 直至全部在新铺层上为止，然后进行正常碾压。纵向热接缝碾压时，将已铺部分留下 10~20 cm 暂不碾压，作为后续摊铺机找平的基准面，摊铺后按正常碾压进行。

（6）特殊情况碾压：特殊情况碾压一般指弯道、交叉口、陡坡等碾压。弯道碾压时，先从弯道内侧或较低边开始碾压，对急弯处应采用"直压慢转"的方式进行碾压，严防搓起混合料，对缺角处用小型压路机进行碾压。交叉口碾压时，宜按照主控纵坡方向进行碾压。陡坡碾压时，宜由下坡向上坡处碾压，应先采用压路机稳压 1~2 遍，然后再采用胶轮压路机柔压或振动压路机振压。

第 15 章 水泥混凝土路面及其他附属工程施工

15.1 水泥混凝土路面施工

15.1.1 三辊轴整平机摊铺施工工艺

1. 工艺流程

水泥混凝土路面三辊轴整平机施工施工工艺流程见图 15-1。

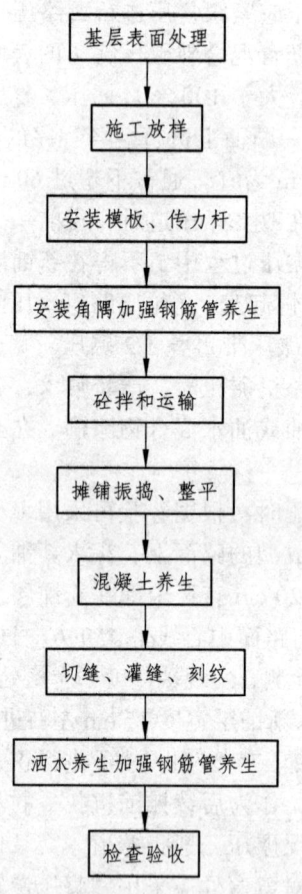

图 15-1 三轴整平机施工工艺流程图

2. 施工操作要点

1）施工准备

（1）开工前对设计图纸进行复核，熟悉施工技术规范，编制施工组织设计。

（2）全线联测复核水准点、导线点。以保证施工过程中路面结构符合设计的高程、厚度和平面位置要求，并恢复线路中桩及边桩。

（3）编制专项施工方案，并由项目技术负责人到技术人员，技术人员到班组长，班组长到操作工人进行三级技术、安全、环保、质量交底。

（4）检查下承层的高程、平整度、宽度、弯沉等指标是否符合设计和规范要求，对不符合要求的进行重新整修直至检验合格为止。仔细检查下承层边部质量，对于局部软弱部位要进行换填处理，整平压实。对整个施工工作面的基底进行全面清扫，清除基层表面的浮土、砂石等杂物。

（5）混凝土拌合站布置要完成三通一平的工作，进出场道路必须硬化处理，防止机械车辆行驶对材料的污染。堆放材料的场地要硬化，场内布置要考虑具有石料冲洗排水的功能，不同料堆之间要砌墙隔离，防止混料，对于细集料必须采用覆盖措施。

（6）接入现场的施工用电布局合理、规范，符合用电安全规范要求。拌合站设备安装调试就位，并储存可供 10～15 天使用的原材料，配合比设计满足设计及规范要求。

2）测量放样

（1）引测路面中心线、水准点，建立平面位置和标高控制网，对控制点进行保护。

（2）用全站仪或经纬仪以路面中心线为基准线，按设计图纸，在基底上逐条放出每道纵缝的位置线，放线时应弹出墨线或定出控制点，然后再测出横向缩缝位置线。在横向缝位置，每隔 20～30 m 应在路边两侧各做控制点（用混凝土包铁钉保护），作为混凝土浇筑后横向切缝的依据。

（3）标高测量与控制。支模前一天，在纵横缝交叉点处打入钢钎，根据道路纵、横断面设计图计算出每个钢钎处的路面设计标高，用红铅笔或红油漆在钢钎上做出标记并做好记录作为复测依据。

3）模板制作、安装与拆除

（1）模板加工采用槽钢做模板，每节长度宜为 3～5 m，模板应根据设计要求预先设置拉杆插入孔。模板必须纵向顺直、立面垂直、顶面平整，槽钢型号可根据路面厚度、拉力杆直径、传力杆直径综合而定，高度一般比路面设计厚度低 1～2 cm 以便调整立模。

（2）模板支立必须支立牢固，定位精确，无错台，合缝严密避免漏浆。模板安装的平面位置和高度通过拉线控制，垂直度通过垫楔木调整，底部空隙用砂浆封堵。模板的固定采用背部焊接钢筋固定支架，支架间距不大于 1 m，用钢钎固定，模板固定支架构造见图 15-2、15-3。模板应涂刷脱膜剂或新机油。安装好的模板应能承受摊铺、振捣、平整等设备的冲击和振动而不变形、不移位。

3）模板的拆除

拆模要根据温度条件和混凝土强度增长情况确定，一般要求是混凝土抗压强度不小于 8 MPa 时方可拆模，拆模时要仔细，严禁损坏混凝土板的边、角，拆除的模板及时进行清理整形并涂抹脱模剂以备下次使用。

4）混凝土的拌和与运输

（1）开工前，试验人员要对砂石等原材料的含水量进行检测，确定施工配合比。采用钢纤维混凝土时，对于非层布式钢钎维混凝土应先投入砂、石、水泥、钢纤维进行干拌，使钢纤维均匀分散于拌合料中，然后加入水湿拌，并适当延长拌合时间。

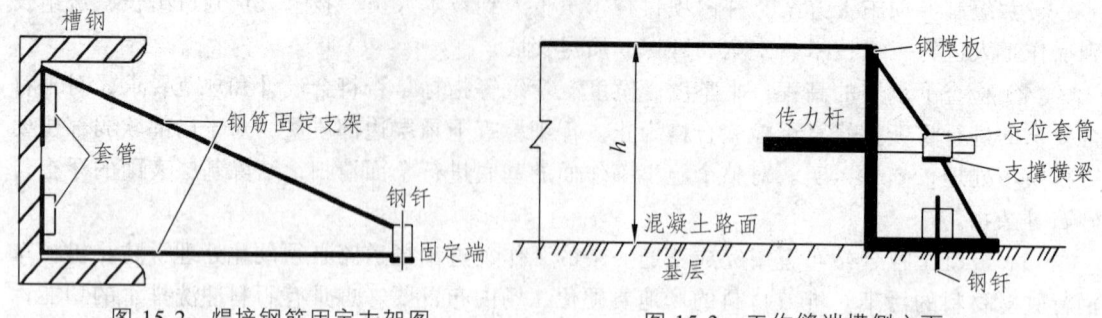

图 15-2　焊接钢筋固定支架图　　　　　图 15-3　工作缝端模侧立面

（2）各项工作准备充分后，开始混凝土料拌和并迅速将混凝土料运抵施工现场，现场试验人员应立即测试坍落度，检验和易性，以确定现场施工工艺性能，采取适当方法进行施工，同时迅速将测试情况通知拌和场，进行适当调整，以满足现场施工工艺，三轴整平机施工对坍落度的要求范围较小，一般为 25～40 mm 为佳，具体情况视气温、风速、运距等情况而定。

（3）运输通常选择 10～20 t 自卸汽车，根据施工进度、运距、运量及路况确定车型及数量，使用自卸车运输混凝土最远运输半径不宜超过 20 km。

（4）运输到现场的拌合物必须具有适宜摊铺的工作性。不同摊铺工艺的混凝土拌合物从搅拌机出料到运输、铺筑完毕的允许最长时间应符合表 1 的规定。不满足时应通过试验确定，加大缓凝剂或保塑剂的剂量。

（5）运送混凝土的车辆装料前，应清净厢罐，洒水润壁，排干积水。装料时，自卸车应挪动车位，防止离析，搅拌楼卸料落差不应大于 2 m。

（6）混凝土运输过程中应防止漏浆、漏料和污染路面，途中不得随意耽搁。车辆起步和停车应平稳。

表 15-1　混凝土拌合物出料到运输、铺筑完毕允许最长时间

施工气温（℃）	到运输完毕允许最长时间（h）	到铺筑完毕允许最长时间（h）
	三辊轴、小机具	三辊轴、小机具
5～9	1.5	2.0
10～19	1.0	1.5
20～29	0.75	1.25
30～35	0.50	1.0

注：指日间平均气温，使用缓凝剂延长凝结时间后，本表数值可增加 0.25～0.5 h。

（7）超过表 15-1 规定摊铺允许最长时间的混凝土不得用于路面摊铺。混凝土一旦在车内停留超过初凝时间，应采取紧急措施处置，严禁混凝土硬化在车厢（罐）内。

（8）混凝土料的供应速度力求稳定连续，以免影响混凝土料的均匀性，使混凝土料因水化速度不一致，产生不均匀变形和复杂的内应力，导致混凝土路面平整度和内在质量下降。

5）混凝土布料

（1）摊铺前基层表面应洒水湿润，防止基层吸水使混凝土板面产生细微裂缝，运输车直接将料卸在基层上，如发现有离析现象，应进行二次拌和。

（2）布料前必须确定适当的松铺厚度，松铺厚度可按体积计算加系数进行调整，随现场混凝土料坍落度变化而有所差别。对于坍落度较大，易密实，一般松铺厚度较小；对于坍落度小的混凝土料，因内部骨料支立作用，造成空隙较大，一般松铺厚度应偏大些。松铺厚度系数一般取 1.1 左右。对于横坡坡度大的路段，由于混凝土料流动性，高侧应比低侧有更大的松铺厚度，高侧松铺系数为 1.2 左右，在施工中松铺系数应根据试验确定。

（3）为了保证混凝土试件能正确反映混凝土路面的性能，试件应在浇注现场进行制作，同条件养护，试验结果作为混凝土路面质量评定资料。同时根据试验结果，对施工配合比的优化提供指导依据。

6）混凝土振捣

（1）排式振捣器是保证混凝土料充分密实的关键工序，三轴整平机的振动辊只能对混凝土路面的表层起振捣作用。振动棒距模板的距离为 20 cm 为宜，振动棒不得距模板太近，以免与模板产生共振，产生漏浆现象，使侧面混凝土出现蜂窝。排式振捣器的工作过程采取连续行走方式，其行走速度必须满足混凝土料振动排气时间要求，对于坍落度为 20～50 mm 的混凝土料，在振动有效范围内，振动时间不得低于 15 s，排式振捣器行驶速度一般采用 2 m/min，振动密实情况完全满足施工规范要求。

（2）对于间隙式插入振动方式，其行走距离和振动时间是通过操作员直接控制的，现场操作中，根据混凝土料的变化，采取相应的振动时间和行走距离，以满足混凝土料充分密实的要求为标准，振捣按快插慢拔，插入点应均匀，不得遗漏或过振，做到振捣密实，移动间距不大于振捣棒作用半径的 1.5 倍，并不得大于 0.5 m，混凝土表面平坦泛浆为止，振捣时间宜为 15～30 s，振动密实效果满足施工规范要求。

7）拉杆、传力杆埋设

（1）按照设计图纸加工拉力杆、传力杆并规范设计纵缝、横缝及胀缝。

（2）采用自行式钢筋拉杆压埋机进行埋设拉杆作业，精确定位。

（3）传力杆在每道横向缩缝上设置，施工缝也应布置，在嵌缝板上面预留圆孔以便使传力杆穿过；嵌缝板上面设木制或铁制压缝板条，其旁再放一块胀缝模板，按传力杆间距和位置，在胀缝模板下面加工 u 型倒梳齿槽，使传力杆由此通过，传力杆两端固定在钢筋支架上。

8）三滚轴整平、收面抹光

（1）三轴整平机的施工能力理论上可达到 50 m/h，根据施工的实际经验，三轴整平机施工速度 20～30 m/h 为佳，一般不宜超过 35 m/h，施工速度过快，人工辅助整平抹光速度跟不上，易造成混凝土路面质量问题。

（2）作业单元划分：三轴整平机作业单元长度宜为 20～30 m，振捣与三轴机整平两道工序之间的时间间隔不宜大于 15 min。

（3）在一个作业单元内，三轴机采用前进振动、后退滚压的方式作业，为达到理想平整效果，宜往返作业 2～3 遍。滚压完成后，将振动辊抬离模板，用整平轴前后静滚，直到表面平整度符合要求，表面砂浆均匀为止，静滚遍数一般为 4~6 遍，人工配合整修填补铲刮。

（4）整平机作业完成后，应根据混凝土面表面泌水情况，适时进行刮平作业，将表面泌水稀浆刮除，对于整平机无法整平的局部突起部位，可用刮尺刮除，出现混凝土料过高的部位，可采用人工铲除，但人员不得直接踩踏成型混凝土面，需借助踏板进行。每次作业时需重叠二分之一，以保证不出现漏刮部位。对于局部低凹部位，应立即用混凝土砂浆补平，再用刮尺刮除多余砂浆。

（5）表面砂浆厚度宜控制在 4 mm（±1 mm），被振动辊提起向前推移的水泥砂浆应人工刮除，刮除的砂浆不能再用于路面内，禁止将上一单元的水泥砂浆向下一单元推赶。

（6）刮尺作业后，即采用抹刀抹光，进一步消除局部不平现象，同时消除由于刮尺过后，混凝土面失水收缩，造成变形，抹刀作业后，表面平整度基本达到要求。

（7）混凝土表面接近初凝状态时，采用检尺对混凝土面的每断面进行检查，检查时，纵断面每次重叠检尺的二分之一到三分之一，以保证纵断面连接面连续，平整度达到合格要求。对发现不合格部位再次采用抹刀抹面，消除检尺痕迹和表面砂眼麻面现象，并使表面磨耗层的强度进一步增强。

9）混凝土养护

初期养生时，修边及抹面完成后，应以最快速度使用保湿膜、土工布、麻袋、草袋、草帘等覆盖并均匀洒水湿润，保持混凝土表面始终处于潮湿状态，并由此确定每天的洒水次数。昼夜温差大于 10 ℃ 以上地区或日平均温度小于 5 ℃ 施工的混凝土路面应采取保温保湿养生措施。养生时间应根据混凝土弯拉强度增长情况而定，当大于等于设计弯拉强度的 80% 时，可停止养生。一般养生天数宜为 14~21 d，高温天气不应少于 14 d，低温天气不应少于 21 d。掺粉煤灰的水泥混凝土路面，最短养生时间不宜少于 28 d。

10）切缝、灌缝、刻纹

（1）混凝土切缝。根据气候灵活掌握，不宜太早也不宜太晚。一般切缝时间见表 2。操作者应穿绝缘鞋，戴绝缘手套，沿所弹墨线切割，切割深度、宽度依据设计要求，设计未有要求时，切缝宽度应控制在 4~6 mm，接缝断开后适宜的填缝宽度应为 7~10 mm，最宽不宜大于 10 mm，切缝深度不应小于 1/3~1/4 板厚，最浅不小于 70 mm，填缝深度 25~30 mm。切缝机刀片应与机身中心线成 90°，并与切缝线成直线，切缝后应尽快灌注填缝填料。

（2）对钢纤维混凝土应在混凝土强度达到设计强度的 20%~30% 时安排切缝作业。具体时间可根据同条件养护试件试验强度确定。

表 15-2　经验总结切缝时间

昼夜平均温度范围（℃）	切缝时间（h）
5~10	50~40
10~15	40~25
15~20	25~20
20~25	20~18
25~30	18~15

（3）灌缝。灌缝可用机械或人工两种方法，首先应清除缝内临时密封材料，清理干净，用灌缝机插电加热填缝料，稠度调好后，灌缝机在横缝上退进灌缝，冬天灌缝时，缝顶面高度与路面平齐，夏天灌缝时最终高度比表面缝低10 mm左右，如果采用固态填料，则可采用镶嵌办法填入填缝料，但不管任何情况均应保持路面清洁，防止污染。填缝必须饱满、均匀、连续贯通，与缝壁粘接充分，确保不开裂、不渗水。

（4）刻槽。采用混凝土刻纹机硬槽纹。最佳刻槽时间，一般路面强度达到标养28 d强度的40%（养生2 d~3 d）作为刻槽的最佳时间。相邻面板在刻槽时保持槽沟连贯，施工时先画出标线或先挂线再施工，机械操作人员必须随时控制机械，确保刻槽的顺直。施工推荐采用16片刀头的刻槽机进行刻槽。为降低汽车行驶噪声，推荐采用不等间距刻槽的方式，锯片间距可采用24-32-18-24-32……循环的方式进行组合。槽宽4~6 mm，深3~5 mm，刻槽完成后用高压水枪将残余物清洗干净。

11）施工气候条件

水泥混凝土路面铺筑期间，应注意收集当地天气预报资料，遇有影响混凝土路面施工质量的天气时，应暂停施工或采取必要的防范措施。

降雨天气禁止施工水泥混凝土路面（隧道内除外）。不宜采用低温施工，当昼夜平均气温连续5 d低于5 ℃及，夜间最低气温低于-3 ℃时，不得施工。混凝土道面应尽量避免在干热及大风天气中施工。风速大于10.8 m/s时必须停止施工。现场气温高于40 ℃或混凝土拌合物摊铺温度高于35 ℃时，必须停工。

12）质量检查与验收

施工过程中及施工完成的路段按照《公路水泥混凝土路面施工技术规范》（JTGF30）中的项目和频率进行检查验收，主要检验控制项目见表15-3。

表15-3 水泥混路土路面铺筑主要项目质重要求

项次	检查项目		允许值	
			高速公路、一级公路	其他公路
1	弯扭强度（MPa）		100%符合附录A.1的规定	
2	板厚度（mm）		代表值≥-5；极值≥-10，CV值符合设计规定	
3	平整度	σ（mm）	≤1.2	≤2.0
		IRI（m/km）	≤2.0	≤3.2
		3 m直尺最大间隙Δh(mm)	≤3（合格率应≥90%）	≤5（合格率位≥90%）
4	抗滑构造深度（mm）	一般路段	0.70~1.10	0.50~0.90
		特殊路段	0.80~1.20	0.60~1.00
5	相邻板高差（mm）		≤2	≤3
6	连接摊铺纵缝高差（mm）		平均值≤3；极值≤5	平均值≤5；极值≤7
7	接缝顺直度（mm）		≤10	
8	中线平面偏位（mm）		≤20	
9	路面宽度（mm）		≤±20	

续表

项次	检查项目	允许值	
		高速公路、一级公路	其他公路
10	纵断高程（mm）	±10	±15
11	横坡率（%）	±0.15	±0.25
12	断板率（‰）	≤2	≤4

15.1.2 水泥混凝土路面滑模摊铺施工工艺

1. 工艺流程

公路水泥混凝土路面自动滑模摊铺施工的工艺流程见图15-4。

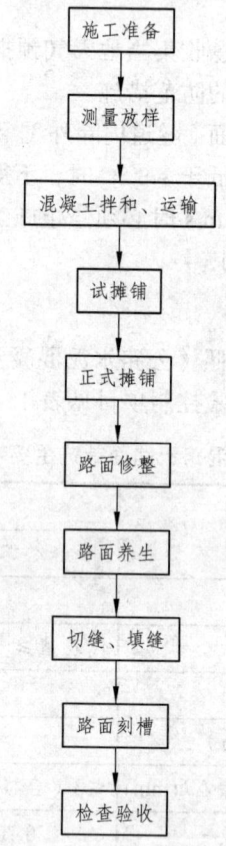

图15-4 混凝土路面滑模摊铺施工工艺流程图

2. 操作要点

1）施工准备

（1）开工前对设计图纸进行复核，熟悉施工技术规范，编制施工组织设计。

（2）全线联测复核水准点、导线点。以保证施工过程中路面结构符合设计的高程、厚度和平面位置要求，并恢复线路中桩及边桩。

（3）编制专项施工方案，并由项目技术负责人到技术人员，技术人员到班组长，班组长到操作工人进行三级技术、安全、环保、质量交底。

（4）检查下承层的高程，平整度、宽度、弯沉等指标是否符合设计和规范要求，对不符合要求的进行重新整修直至检验合格为止。仔细检查下承层边部质量，对于局部软弱部位要进行换填处理，整平压实。对整个施工工作面的基底进行全面清扫，清除基层表面的浮土、砂石等杂物。

（5）混凝土拌合站布置要完成三通一平的工作，进出场道路必须硬化处理，防止机械车辆行驶对材料的污染。堆放材料的场地要硬化，场内布置要考虑具有石料冲洗排水的功能，不同料堆之间要砌墙隔离，防止混料现场，对于细集料必须采用覆盖措施。

（6）接入现场的施工用电布局合理、规范，符合用电安全规范要求。拌合站设备安装调试就位，并存有可供 10~15 天使用的原材料，配合比设计满足设计及规范要求并通过监理单位审批。

（7）摊铺基准线桩固定位置距摊铺面板边缘的横向支距应根据滑模摊铺机侧模到传感器的位置距两侧路面边缘不宜小于 1 m，最小不得小于 0.65 m。纵向直线段应不大于 10 m，圆曲线段视弯道半径大小，一般可为 5~7 m。基准线必须张紧，每侧基准线应施加不小于 1 000 N 的拉力。张紧后基准线上的垂度不应大于 1.0 mm，基准线应先张紧，再扣进夹线臂槽口。

滑模摊铺水泥混凝土路面基准线设置精度应符合表 15-4 的要求。施工时宜达到规定值，验收时应满足最大允许偏差值的规定。

表 15-4　滑模摊铺水泥混凝土路面基准线设置精度要求

项　目		规定值	最大允许偏差
中线平面偏位（mm）		10	20
路面宽度偏差（mm）		+15	+20
面板厚度（mm）	代表值	-3	-5
	极值	-8	-10
纵断高程偏差（mm）		±5	±10
横坡偏差（%）		±0.10	±0.15
左右幅连接纵缝高差（mm）		±1.5	±2

2）试验段施工

正式摊铺水泥混凝土路面前，铺筑长度不小于 200 m 的试验段，高速公路、一级公路宜在主线外进行试验路段的摊铺。路面厚度、摊铺宽度、基准线设置、接缝设置、钢筋设置等均应与实际工程相同。试验路段分为试拌及试铺两个阶段，通过试验段施工应达到下述目的：

（1）试拌检验搅拌性能及确定合理搅拌制度；试铺检验滑模摊铺系统全部主要机械的性能和生产能力，检验机械种类、数量、实际生产能力配套及组合的合理性。提供主要机械性能和生产能力检验结果和改进措施。

（2）通过试拌确定搅拌楼上料速度，拌和容量，搅拌均匀所需时间，新拌混凝土坍落度、振动粘度系数、含气量、泌水量、离析性和生产使用的混凝土配合比。

（3）通过试铺确定基准线设置方式，滑模摊铺机的适宜工作参数，包括摊铺速度、振捣频率调整范围、夯实杆深度和频率、挤压底板前仰前度设置、超铺角度设置、侧模板可调整方式和位置、中间和侧向拉杆打入情况、振动搓平梁的设置位置、自动抹平板位置和压力等。

（4）使全体工程技术、施工及设备操作人员熟悉并掌握各主要机械正确的操作要领和所有工序、工种正确的施工方法，检验全套施工工艺流程。

（5）检验确定人工辅助施工的修整机具、工具、模具种类和数量，发电机、电焊机、钢筋工、混凝土工、拉毛方式及劳动力数量和定员位置等。按施工工艺要求确定施工组织形式和人员编制。

（6）检验通讯及生产调度指挥系统，确定施工管理体系。

3）混凝土拌和与运输

（1）施工开始及搅拌过程中都应按规定的频率检验坍落度、坍落度损失、含气量、泌水量、混凝土凝结时间、砂石料含水量及混凝土容重等。按标准方法预留规定数量的弯拉强度试件。在寒冷或炎热气候下施工，混凝土拌和机出料时的温度应分别控制在不低于 10 ℃ 及 35 ℃，并应加测原材料温度、拌和物的温度、坍落度损失率和凝结时间等。

（2）混凝土拌和物应均匀一致，不得有未加水的干料、未拌匀的生料和离析等现象，干料和生料禁止用于路面摊铺。试拌及滑模摊铺时的坍落度，应按最适宜滑模摊铺的坍落度值加上当时气温下运料所耗时间的坍落度损失值确定。坍落度范围 18 ~ 32 s，采用维勃仪测定。

（3）最短搅拌时间应根据拌和物的粘聚性、均质性及强度稳定性由试拌确定最短搅拌时间。一般情况下，单立轴式搅拌机总拌和时间为 80 ~ 120 s；双卧轴式搅拌机总拌时间为 30 s、35 s 在保证拌和物质量的前提下，应科学编制搅拌计算机程序，合理压缩搅拌时间，以增加滑模混凝土的产量。

（4）应根据施工进度、运量、运距及路况，及规范规定配备车型和车辆总数。总运力应比总拌和能力略有富余。滑模摊铺施工要求连续不间断工作，保证施工过程中的连续性，拌合楼、运输车辆、摊铺机械的生产能力和工作状态必须保持稳定和配套。

（5）运输到现场的混凝土拌和物的坍落度有所损失，但必须适宜滑模摊铺。摊铺完毕允许最长时间，应根据气温及摊铺现场拌和物达到规定的工作性历时确定，混凝土拌和物从搅拌机出料到运输、摊铺完毕的允许最长时间应符合表 15-5 的规定。

表 15-5 混凝土拌和物运输、摊铺完毕允许最长时间

施工气温（℃）	运输允许最长时间（h）	摊铺完毕允许最长时间（h）
5 ~ 10	2	2.5
10 ~ 20	1.5	2
20 ~ 30	1	1.5
30 ~ 35	0.75	1.25

（6）运送混凝土的车辆，在装料时，应防止混凝土离析，每装一盘料应挪动一下车位，

卸料落差高度不得大于 2 m。驾驶员必须了解拌和物的运输、摊铺完毕的允许最长时间，超过摊铺允许最长时间的混凝土不得用于路面摊铺。

（7）混凝土运输过程中要防止漏浆、漏料和污染路面。烈日、大风、雨天和冬季施工，应遮盖自卸车上的混凝土。运输车辆在每次装混凝土前，均应将车厢清洗干净并洒水湿润。

（8）使用自卸汽车运输混凝土时，最大运输半径不宜超过 20 km。

4）滑模摊铺

（1）松铺高度控制板控制

控制松铺高度控制板或进料门的依据是振捣仓内的料位高度。振捣仓内料位过高，摊铺机阻力大，振捣排气效果差，所摊铺路面的密实度变差；仓内料过低，挤压板供料不足，形不成挤压作用，路面缺料，出现缺料坑，无法继续施工。在摊铺过程中应严密监控和随时调整松方控制板的高度。

（2）摊铺行进速度

摊铺过程中，摊铺机应缓慢、匀速、连续不间断地作业，摊铺行进速度宜控制为 1～2 m/min 之间，振捣频率可在 6 000～11 000 r/min 之间调整，一般采用 9 000 r/min 左右，应防止混凝土过振或漏振、欠振现象。在振捣棒与混凝土完全接触时，立即开动振捣棒；停机时应立即关闭振捣棒。

同时，操作手应根据新拌混凝土的稠度大小，调整摊铺的速度和振捣频率。当新拌混凝土显得偏稀时，应适当降低振捣频率，加快摊铺速度，最快摊铺速度控制在 1.5～2 m/min 以内，最大不得超过 2 m/min，最小振捣频率不得小于 6 000 r/min；当新拌混凝土偏干时，应适当提高振捣频率，最大不超过 11 000 r/min，并先开启振捣棒再起步。摊铺机离开工作面后，应立即关闭振捣棒。为防止振捣棒空载振动而烧毁振捣棒，严禁振捣棒在水泥混凝土外面振动，同时要随时观察每个振捣棒的振动情况。

（3）安装传力杆（DBI 装置的使用）

传力杆是保证水泥混凝土路面的质量及寿命的重要措施，其原理见图 15-5、15-6。DBI（Dowel Bar Inserting Set）即传力杆自动打入施工技术：利用传力杆自动打入装置（见图 7）在滑模摊铺机推进过程中将传力杆植入水泥混凝土路面中，能够极大提高传力杆的工作效率。开始摊铺后，人工将传力杆按一定顺序排放在布料小车的料槽内，然后手动启动小车卷扬机，小车便从 DBI 一侧沿着滑动轨道，滑动到另一侧。在滑动过程中，传力杆便自动落入卡槽内。启动另一侧卷扬机收回小车，进行下一循环的布料。另外，DBI 配备有手动系统，可以在试机或不连续作业时，进行手动作业，即人工将传力杆放置在卡槽内。

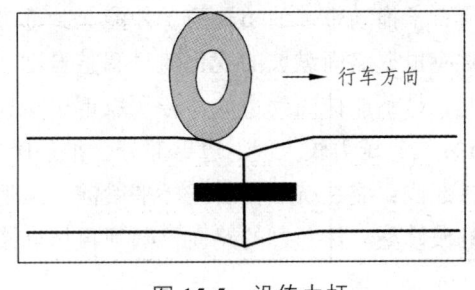

图 15-5 设传力杆

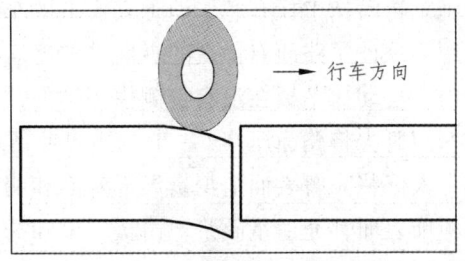

图 15-6 未设传力杆

传力杆的表面应涂防锈漆（见图 15-8），保证传力杆在混凝土内能自由滑动，避免应力锁死导致开裂。同时，还应避免传力杆安装偏差过大，偏差过大将造成传荷能力降低和应力锁死。DBI 施工时应对传力杆位置进行标记，避免后续切缝引起的传力杆偏差。

图 15-7　DBI 装置

图 15-8　传力杆涂防锈漆

传力杆和胀缝板设置精度应符合表 15-6 的要求。

表 15-6　传力杆及胀缝板安装精度技术要求

项　目	技术要求（mm）	测量位置
传力杆端上下左右偏斜误差	≤10	在传力杆两端测量
传力杆在板中心上下左右误差	≤20	以板面为基准测量
传力杆沿路面纵向前后偏位	≤30	以缝中心线为准
胀缝板倾斜误差	≤20	以板底为准
胀缝板的弯曲和位移误差	≤10	以缝中心线为准

注：胀缝板不允许混凝土连浆，必须完全隔断。

应有专人观察 DBI 工作后传力杆是否全部完全打入，如有传力杆裸露在混凝土外，则在搓平梁搓平之前尽快拔除该传力杆。传力杆插入后，传力杆周边的混合料不能及时填补缝合时，必须进行人工修复。

（4）自动抹平板

施工自动抹平板有利于消除表面上的小气泡及石子拖动带来的小缺陷，并能起到部分提浆作用，保证了路面有优良的纵向平整度。施工时应根据路面纵坡的变化随时调整自动抹平板压力。自动抹平板在没有长侧模保护的摊铺机上，是不能抹面到边的，若太靠近边沿，在摊铺弯道时会将路面压垮，一般到边界要留 30 cm 左右，压力较大时，边界部分会推挤隆起，需要专人修整。对表面上少量局部麻面和明显缺料部位，应在挤压板后或搓平梁前，最迟在抹平板前表面补充适量砂浆，由搓平梁和抹平板机械修整。抹平过的路面，必须再拖麻袋片处理，以获得良好的构造纹理。

5）切缝及填缝

（1）切缝

横向缩缝、施工缝上部的槽口，应采用切缝法施工。切缝方式有全部硬切缝、软硬结合切缝和全部软切缝三种。采用哪种切缝方式视施工地区下午 1~3 时最高温度与凌晨 1~3 时最低温度的温差决定。

表 15-7 施工气温与防止断板应采用的切缝技术

白天夜间温差（℃）	切缝方式	缩缝切深
<10	以 200 度时积控制硬切缝，最长时间不得超过 24 h	硬切缝 1/4~1/5 板厚
10~15	每隔 1~2 条提前软切缝，其余用硬切缝补切，软硬结合	软切深度 4~5 cm，补深 1/4 板厚，已断开的缝不补切
>15	宜全部软切缝，抗压强度约为 1~1.5 MPa，人可行走	软切缝深大于等于 5 cm，未断开的接缝，应硬切补深到不小于 1/4 板厚

度时积：自拌和起算的混凝土平均温度与延续时间的乘积。

前后连接摊铺，对先摊铺好的混凝土板沿切缝已断裂的地方，应做上记号。后摊铺路面切缝时，已断开的缩缝应提前软切缝。纵向缩缝可全部硬切缝，最长时间不宜超过 48 h。尽可能早切缝，采用软切缝工艺，软切缝深度不应小于 60 mm 或达到 1/3 板厚。硬切缝深度不应小于 1/3~1/4 板厚，最浅不小于 70 mm，填缝深度 25~30 mm。切缝机刀片应与机身中心线成 90°，并与切缝线成直线，切缝后应尽快灌注填缝填料。

（2）填缝

混凝土板养生期满后，缝槽口应及时填缝。采用常温施工式或加热施工式填缝料填缝，应符合下列规定：填缝前，应采用压缩水和压缩空气彻底清除接缝中砂石及其它污染物，确保缝壁及内部清洁、干燥。当使用常温施工式聚（氨）酯和硅树脂等填缝料时，将两组份材料按 1 h 所需灌缝量混合均匀，并应随拌随用。当使用加热施工式填缝料时，将填缝料加热至规定温度，加热过程中应不断搅拌均匀，将填缝料熔化并保温使用。灌注填缝料必须在缝槽口干燥清洁状态下进行，缝壁检验擦不出灰尘为可灌标准。适宜的缩缝填缝形状系数应在 2~4 之间，填缝灌注深度宜为 2~3 cm。高速公路、一级公路应使用专用工具，先挤压填入多孔泡沫塑料柔性背衬材料，再填缝。填缝料的灌注高度，夏天宜与板面齐平，冬天宜低于板面 1~2 mm。填缝必须饱满、均匀、连续贯通，填缝料应与缝壁粘结好，不开裂，不渗水。常温施工式填缝料的养生期，冬季宜为 24 h，夏季宜为 12 h；加热施工式填缝料的养生期，冬季宜为 2 h，夏季宜为 6 h。在填缝料养生期内（特别是反应型常温填缝料在固化前），应封闭交通。

6）表面刻槽

表面刻槽以改善混凝土路面表面纹理，增加抗滑性，降低轮胎与路面噪声。

（1）表面拉毛处理

拖麻袋片技术使路面产生细观纹理构造（见图 15-9），增加摩擦，产生的路表纹理比较浅，轮胎与路面相互作用产生的磨耗经常会使混凝土路面表面功能特性降低。

硬刻槽是用金刚石锯片除去硬化水泥混凝土路面表面浅层混凝土而形成良好的路表构造的混凝土路表处理方式（见图 15-10）。

图 15-9 拖麻袋片增加表面细观构造

图 15-10 金刚石锯片硬刻槽

（2）表面刻槽

最佳刻槽时间，一般路面强度达到标养 28 d 强度的 40%（养生 2~3 d 之间）作为刻槽的最佳时间。相邻面板在刻槽时保持槽沟连贯，施工时先划出标线或先挂线再施工，机械操作人员必须随时控制机械，确保刻槽的顺直。施工推荐采用 16 片刀头的刻槽机进行刻槽。为降低汽车行驶噪音，推荐采用不等间距刻槽的方式，锯片间距可采用 24-32-18-24-32……循环的方式进行组合。槽宽 4~6 mm，深 3~5 mm，刻槽完成后用高压水枪将残余物清洗干净。

7）路面养生

初期养生时，修边及抹面完成后，应以最快速度使用保湿膜、土工布、麻袋、草袋、草帘等覆盖并均匀洒水湿润，保持混凝土表面始终处于潮湿状态，并由此确定每天的洒水次数。昼夜温差大于 10 ℃ 以上地区或日平均温度小于 5 ℃ 施工的混凝土路面应采取保温保湿养生措施。养生时间应根据混凝土弯拉强度增长情况而定，当大于等于设计弯拉强度的 80% 时，可停止养生。一般养生天数宜为 14~21 d，高温天气不应少于 14 d，低温天气不应少于 21 d。掺粉煤灰的水泥混凝土路面，最短养生时间不宜少于 28 d。

8）施工气候条件

混凝土路面铺筑期间，应注意收集当地天气预报资料，遇有影响混凝土路面施工质量的天气时，应暂停施工或采取必要的防范措施。

降雨天气禁止施工水泥混凝土路面。不宜采用低温施工，当昼夜平均气温连续 5 d 低于 5 ℃ 及，夜间最低气温低于 -3 ℃ 时不得施工。混凝土道面应尽量避免在干热及大风天气中施工。风速大于 10.8 m/s 时必须停止施工。现场气温高于 40 ℃ 或混凝土拌合物摊铺温度高于 35 ℃ 时，必须停工。

15.2 路缘石施工

15.2.1 路缘石预制和安装施工工艺

1. 施工工艺流程（图15-11）

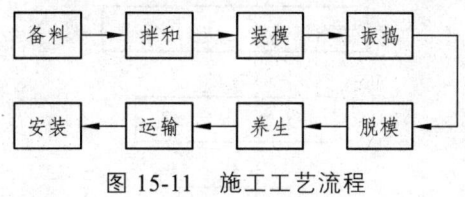

图 15-11 施工工艺流程

2. 施工方法

（1）场地建设：根据现场实际情况合理布置。成品养护区和成品堆放区地面硬化，场地周围做好排水沟，保持场地干燥。

（2）混合料的拌和时砼混合料采用拌和机拌和的方式，按施工配合比的要求将各种集料称重后，计入到拌和机内，加水拌和，由专业熟练人员进行操作，以确保混合料的拌和质量。砼混合料由装载机运输至装模点。

（3）模具放在振动平台上，涂抹好脱模剂，摆放平稳，先往模具内加 1/2 的混合料，振捣密实后再加满混合料继续振捣直至无明显气泡冒出。

（4）带模成品搬离振动台，人工对成品外露面摸平，摆放至成品养护区，安排专人定时洒水养护，养生 12 h 后即可脱模，脱模要求专业熟练工人进行操作，以避免掉角、开裂；脱模完成后要及时清理模板上的杂物，并重新安装好后涂抹脱模剂以便下次预制使用。

（5）成品养护 2 d 后，摆放至成品堆放区继续养护。

（6）预制时的注意事项：水泥、砂及石料等原材料应使用同一厂家或同一料场的，同时严格控制配合比，避免因材料及配比变化而影响施工质量；成型的路缘石要及时覆盖洒水养生，避免因养生不及时而产生裂缝；模具等重复使用的工具要每天进行检查，变形的模具未修复的不得使用，避免因模具变形而导致路缘石作废；试验室每日要对拌制的混合料进行强度检测，检测频率为每班上下午各一组试件。

（7）路缘石的安装前要进行位置和高程的放样，放样要求准确无误，以保证路缘石的安装质量和路面工程整体的良好外观效果。对下承层进行清扫、洒水，将拌和好的素砼铺好路缘石的底部基础层，摆放好路缘石进行线条和高程的调整，调整好后勾缝，缝宽全线要一致，达到设计要求后，清理工作现场，以保证路面的整洁。对于构造物之间的段落，应从中间往两边安装，避免将断头留在段落中间影响整体美观；路缘石底部基础和后背填料要穷打密实，安砌稳固，顶面平整，缝宽均匀，线条直顺，曲线圆滑美观；勾缝密实均匀，且无杂物污染；全线应无明显色差。

（8）冬季施工时，砼的入模温度不得低于 10 ℃，必要时搭建暖棚，做好预制时的保温防冻工作。当气温超过 30 ℃ 时，应在砼中掺加缓凝剂等外掺剂。

15.2.2 现场浇筑和机械成型路缘石施工工艺

1. 工艺流程（见图15-12）

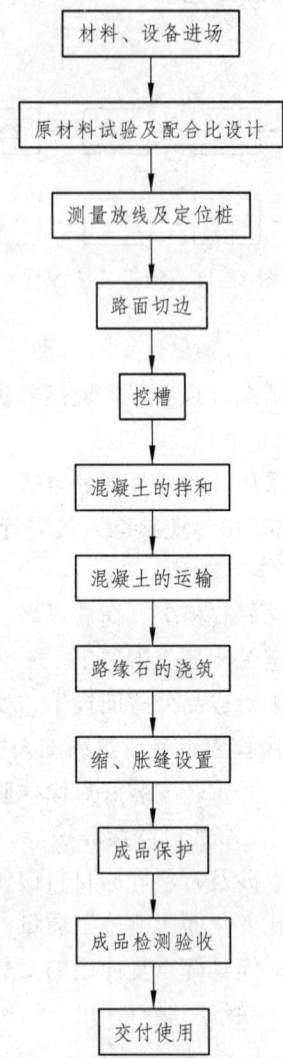

图15-12 现场浇筑和机械成型路缘石施工工艺流程

2. 施工步骤

（1）测量放样。首先应采用先进的全站仪准确放好控制点位置，确保划线切边整齐直顺，经常复核路面宽度及中线偏位情况。

（2）路面切边要拉线校核，切割时杜绝发电机、切边机漏油污染路面。切边时的浮浆及时清理干净。

（3）挖槽应达到要求的深度以确保路缘石的各部尺寸。铺设路缘石的基层应压实成平整的表面，所有的软土及不合格的材料均应清除，并换填合格材料，然后压实。

（4）混凝土的拌制一律采用机械拌和，配料准确，混凝土按工程当时的需用数量控制，已初凝的混凝土不得使用，且不得用加水或其他办法变更混凝土的稠度。

（5）混凝土运输能力应适应混凝土凝结速度和浇筑速度的需要，并使混凝土运输到浇筑地点仍保持和易性及规定的坍落度，从加水拌和至运输到施工现场浇筑，时间不得超过 45 min。

（6）模板的支撑应使其能保持水平和垂直线形，直至拆模。每块混凝土浇筑长度宜为 1.5～2.5 m。采用钢模板全深立模，所有模板均不应翘曲，并应有足够刚度来承受混凝土的压力，而不发生位移。

（7）路缘石的浇筑宜采用自行式自动化缘石机或带路缘成型附件的摊铺机实施，并能建成纹理、形状和密实度一致的缘石。浇筑在模板内的混凝土应用平板振捣器或小型振捣棒等机械方式捣实，严禁使用人工拍实。

3．施工要点

（1）要确保施工完毕后的路面的设计宽度。

（2）混凝土的运输设备要根据距离的远近适当增减，确保施工现场不得出现中断的现象。

（3）浇筑时坍落度不在规定界限之内的混凝土不得使用，气温低于 5 ℃ 时不得拌制混凝土。

（4）混凝土运至浇筑地点发生离析、严重泌水或坍落度不符合要求时，应进行第二次搅拌。二次搅拌时不得任意加水，确有必要，可同时用水和水泥保持其原水灰比不变，二次搅拌仍不符合要求时，则不得使用。

（5）模板应留在原位 24 h 或待混凝土充分固结，以便拆模时不伤害缘石。

（6）混凝土应按规定断面刮平成型，然后用木抹将其抹饰平整。确有必要，可用高强度等级砂浆罩面，但罩面时间必须控制在水泥终凝时间以内，强调抹面当天完成，可根据施工能力确定日施工长度，不容许出现当天缘石第二天抹面情况。

4．其他重要注意事项

（1）缘石顶面的内边缘和外边缘均应由路中线控制，特别是边缘线达到棱角分明、曲线圆滑、直线段顺直，需采用挂线或尺板控制抹角，不应有里进外出现象。

（2）缩、胀缝的设置：缩缝应按 3～5 m 等长设置，并与施工缝重合，缩缝宽度宜控制在 5 mm，可在每块之间用 5 mm 明缝割开或用切割机切开，其深度在 40 mm 以上（切割时间不超过 24 h）。胀缝应用 40 mm 厚的伸缩缝填料以 100 m 的间距设置。

15.3　路面及中央分隔带排水的施工

1．范　围

包括中央分隔带排水设施的纵、横、竖向排水管、渗沟、路面边缘排水系统铺设碎石层、路缘石等。其中包括提供全部材料、设备、机具和劳动力以及与之相关的施工、养护、试验等全部作业。

2．材　料

碎石应采用石灰岩或硬质砂岩碎石，最大粒径为 4 cm，并筛除粒径小于 1 cm 的颗粒。

无纺土工布：无纺土工布的各种技术指标应符合图纸及有关规定的要求。PVC管：PVC管的各种技术指标应符合图纸及有关规定的要求。

3. 施工要求及质量检验

1）纵横向排水管

底基层铺设后，按设计反开挖埋设横向PVC双壁波纹排水管，严格按设计要求设置横向排水坡，回填应采用15#砼振捣填严。禁止填土夯实损伤排水管。按设计铺设纵向MY8C虑水管。纵横向排水管用三通连接。按设计填筑碎石纵向渗沟。

2）渗　沟

中央分隔带内填土前，应按图纸及监理工程师的要求在纵向排水沟底或侧向设置渗沟。渗沟尺寸和沟底纵坡应符合图纸规定及监理工程师的指示。土工布应按图纸所示或监理工程师的指示铺设，但应保证土工布的平顺且所有搭接宽度不小于30 cm。沟底应顺畅，不积水。进出水口应排水通畅。

表15-8　渗沟检查项目

项次	检查项目	规定值或允许偏差	检查方法
1	轴线偏位（mm）	20 mm	每30 m检查一处
2	沟底标高（mm）	±20 mm	每15 m检查一处
3	沟深尺寸（mm）	±20 mm	每15 m检查一处
4	碎石粒径（mm）	符合规定	每批材料取样筛分，最大粒径小于40 mm，小于10 mm的部分应少于5%
5	碎石压实度（%）	符合规定	同路基压实度检测

3）路缘石

路缘石应集中预制，其质量应符合图纸及有关规范要求。埋砌稳固、顶面平顺、缝宽均匀、勾缝密实、线条顺直、曲线圆顺优美。基础和台背填土应夯实。缘石安装后，应采取保护措施防止以后的施工千万其变形。路缘石高出路面部分应一致齐平，线条顺直，整齐美观。勾缝应密实均匀，无杂物的污染。

表15-9　路缘石铺设检查项目

项次	检查项目	规定值或允许偏差	检查方法
1	直顺度（mm）	15	20 m拉线：每200 m 4处
2	相邻两块高差（mm）	3	水平尺：每200 m 4处
3	相邻两块板缝宽（mm）	±3	尺量：每200 m 4处
4	顶面高程（mm）	±10	水准仪：每200 m 4处

第16章 路面施工质量控制

16.1 沥青混凝土路面施工准备阶段的控制

组建施工组织机构,熟悉设计文件,合理配置施工人员,沥青砼配合比设计,搅拌厂的设置,材料准备,施工机械的配置,路面基层等。

1. 组建施工组织机构

建立一支精干、高效的施工组织机构是施工质量控制的关键。这就要求机构成员事业心责任感强,懂技术、会管理,建立各级岗位责任制,责任到人。

2. 熟悉设计文件、领会设计意图

熟悉设计文件、掌握施工设计图纸是施工前准备工作的首要任务,一般有项目部技术负责人组织图纸会审,通过详细的分析和研究,充分领会设计意图以便掌握项目规模及个分部分项工程的实际工程量,为合理编制施工组织设计及施工计划打下基础。同时还可以对设计图纸存在的问题提出建议,为更好的控制施工质量创造条件。

3. 配置施工人员

人员素质高低是影响施工质量的因素之一,合理配置施工人员、在关键工序上多配置几名责任心强的技术高的施工人员是非常必要的。

4. 沥青砼配合比设计

沥青砼配合比设计分为三阶段:目标配合比设计、生产配合比设计、生产配合比验证。这项工作由工地实验室负责完成。本工作尽量提前,有了配合比,就可以准确的确定材料的各种规格和数量。生产过程中,当进场材料发生变化,沥青混合料的材料级配、马歇尔试验技术指标不符合要求时,及时调整配合比。

16.2 沥青混合料原材料质控

沥青混合料主要是由矿料和有机结合料这两大部分组成,可以说在原材料方面,当前主要的困扰和麻烦,往往发生在矿料的生产与供应方面。

1. 沥青材料管理

1)罐体要求

密闭性能良好;具有热循环系统;必须具有外循环系统;自身的内循环系统(搅拌装置)。

2）取样方法及检测指标（主要针对改性沥青）

取样方法：严格的遵守上（3/4 h）、中（1/2 h）、下（1/4 h）三层取样法充分混合后再进行实验。

检测指标：老化前的针入度、软化点、延度；老化（163 ℃、85 min）后的针入度、延度。

3）沥青的进场取样与储存

储存时间：普通、改性沥青常温/低温储存时间规范无明确说明，一般来讲普通沥青不超过 6 个月，改性沥青不超过 3 个月；普通沥青高温存放（130～150 ℃）不超过 10 天，改性沥青（150～160 ℃）存放不超过 7 天。

2. 集料的管理

1）集料的规格

衡量集料质量的技术指标有石料压碎值、洛杉矶磨耗损失、视密度、吸水率、与沥青的粘附性、磨光值等料源性指标，以及针片状颗粒含量、含泥量、软石含量等加工性指标。集料的料源性指标与石质有关，与加工方式相关性较小。而加工性指标同加工质量及加工过程有关。在集料质量控制过程中，应重点进行加工性指标的控制。

（1）为减少生产集料级配的变异性，首先必须合理选择集料规格。

（2）合理设置破碎机筛孔。

破碎机筛孔对生产集料级配的变异性起着很重要的控制作用，为减小集料级配的变异性，应将控制集料级配的关键筛孔设定为破碎机的受控筛孔，这样集料的级配就比较稳定。如 22.5 mm 筛孔控制集料 19 mm 通过率，16 mm 筛孔控制集料 13.2 mm 通过率，所以 19 mm、13.2 mm 这样的筛孔为受控筛孔。

（3）保持破碎机产量的均衡性。

保持破碎机产量的均衡性有利于保持集料级配的稳定性。当破碎机产量过高时，破碎负荷增大，生产出的集料形状、大小都将发生变化，并且使集料筛分效率降低，使各种规格集料不能有效筛分，易造成集料分档不清晰，级配波动增大。

2）集料针片状颗粒含量

集料针片状颗粒含量较多时，沥青混合料抗车辙性能下降，从沥青混合料马歇尔试验结果可得出相同的规律。集料形状接近立方体，有明显的棱角，针片状颗粒少，对沥青混合料的良好力学性能，尤其是高温稳定性是特别重要的。沥青路面施工技术规范规定集料针片状颗粒含量为 15%，施工中应控制在 10%～13%。

在集料生产过程中，应选择材料强度高、不易磨损的破碎机牙板并及时更换。当破碎机牙板的"牙"磨损到一定程度时就应及时更换，否则，生产出来的集料针片状含量将明显增多。

3）集料含泥量质控

石料中的泥土都含有负电荷，它是强亲水性物质，从粗集料与沥青的粘附性实验、混合料的水稳定性试验及沥青混合料冻融劈裂试验结果可得出这样结论：当粗集料含泥量大于 0.5%时，沥青混合料的水稳定性、沥青膜同集料的粘附性均明显降低，沥青混合料易出现水损害现象。

现行沥青路面施工技术规范规定含泥量小于 1.0%的指标值过大，建议在施工中将含泥量指标控制在 0.5%的范围内。

减小粗集料含泥量的措施：

（1）严格控制加工块石的洁净程度。当开采石料塘口有土层覆盖时，开采石料之前必须清除泥土覆盖层，避免泥土污染石料。

（2）使用水洗法加工碎石时，必须增加水冲洗次数，使集料彻底洁净。

（3）堆放在料场的集料必须覆盖，否则将受到粉尘的二次污染，再加上雨淋，含泥量明显增大。

（4）料场硬化要彻底，避免装载机装料时，将软层泥土、泥块混入集料料堆中。

（5）生产集料的破碎机必须配备除尘设备，并且在集料生产过程中，保证除尘设备处于工作状态，这样才能减小粗集料的含泥量及细集料中小于 0.075 mm 颗粒的含量。

4）矿　粉

沥青路面施工技术规范对矿粉细度的要求较宽，0.075 mm 通过率为 75%～100%均为合格，这个范围在路面施工质量控制中过于宽松。室内马歇尔试验结果显示，当矿粉细度增大时，沥青混合料动稳定度提高，矿粉中小于 0.075 mm 颗粒含量由 75%变为 90%时，其动稳定度提高 5%。因此在质量控制过程中，宜按选定矿粉级配的 ±5%进行矿粉细度控制。对于高温炎热地区，使用磨制较细的矿粉（0.075 mm 通过率为 85%～90%）对于提高沥青路面的抗车辙性能是很有必要的。

矿粉在沥青混合料中起到重要作用，用量要适当，矿粉用量少了不足以形成足够的比表面吸附沥青；但用量过多又会使胶泥成团，致使路面胶泥离析，水稳性、耐久性将下降。规范推荐的粉胶比是 1.0～1.9，根据抗剥落性及冻融劈裂强度试验结果，沥青混合料粉胶比在 1.0 到 1.5 之间较为适宜。

16.3　施工阶段的质量控制

1. 沥青混合料拌制

（1）拌合温度。拌和时沥青的温度在 160～170 ℃，由于常温的矿粉是与矿料同时加入的，为保证矿料的拌合温度，矿料的进料温度控制在 175～190 ℃，机制沥青混合料出厂温度以 155～170 ℃ 为宜。改性沥青混合料的出厂温度还更高。

（2）拌合料不得使用回收粉尘，粉尘必须排放出去。用于生产沥青混凝土的矿粉必须存放于拌合机石粉罐中，保持干燥，呈自由流动状态。

（3）工地试验室每天对拌合物性能、集料级配和沥青用量进行抽样检验两次，拌合料各项性能指标必须与试铺合格产品相符。

（4）拌合料应均匀一致，无花白、结团成块或严重的粗细料分离现象，严禁不合格的产品出场。

（5）多雨潮湿气候时，生产沥青混合料所需集料（尤其是石屑）应堆放在干燥的场地，当细集料需要量少又受雨潮湿使冷料仓供料困难时，尽量不安排施工。

2. 沥青混合料运输监控

混合料尽可能采用大吨位自卸汽车运输，运输车的数量，根据生产能力、车速、运距等情况综合考虑，合理配置，并留有适量富余的备用。在运输过程中，应注意做好以下几点：

（1）为了确保摊铺温度，并防止漏料造成污染和防雨，所有沥青混合料的运输车辆都要用油覆盖。

（2）运输车装料前必须将车厢清理干净，车厢底板及周壁要涂一薄层油水混合液（柴油：水小于1）。

（3）拌合机向运料车卸料时，应每卸一斗混合料挪动一下汽车位置，以减少离析现象。

（4）自卸车车厢后挡板卡扣必须保持清洁，易于卡紧、开启，以防车辆在运输途中漏料，造成材料浪费和路面污染。

（5）倒车卸料时，要避免汽车撞击摊铺机，指定专人指挥车辆，在摊铺机前 10~30 cm 处停车，卸料过程中应挂空挡靠摊铺机推动前进。

（6）沥青混合料运到现场的温度不得低于 130 ℃。已经结团或受雨淋的混合料不得摊铺。

（7）运输车在返回途中，料斗要落下，以免发生事故和余料漏污染路面。

（8）料车中残余混合料运离摊铺现场，在指定地点集中清除，当天施工产生的废料当天运出工地。

3. 沥青混合料摊铺

（1）施工段采用摊铺机整幅摊铺。加宽段采用摊铺机梯队作业，其纵向接缝，应在前部已摊铺混合料部分留下 10~20 cm 宽暂不碾压，作为后面摊铺的高程基准面，并有 5~10 cm 左右的摊铺层重叠，以热接缝形式在最后做跨接缝碾压以消除缝迹。上下层纵缝应错开 15 cm 以上。

（2）为确保沥青混凝土路面平整度、厚度达到设计要求，上面层摊铺采用走雪橇方式控制摊铺层厚度和平整度，摊铺机安装移动式自动找平基准装置。

（3）为减少施工横缝，应保证每层每天至少摊铺 1.5 km。

（4）摊铺过程中，摊铺机以试铺确定的摊铺速度、振动、振捣频率匀速前进，严禁中途变速或停顿。

（5）每天开始摊铺前，熨平板必须预热，预热温度不得低于 70 ℃。

（6）机械摊铺过程中，不得用人工反复修整，特殊情况下可用人工局部找补、更换混合料或人工摊铺。

（7）摊铺好的沥青混合料在未经压实前，施工人员不得踩踏。

（8）摊铺遇雨时，应立即停止施工，并在雨后清除未压实成型的混合料。

（9）解决沥青碎石形成离析带方法：

① 从拌和机贮料罐向运料车上卸料时，分三层放料，即每卸一斗混合料，汽车挪动一个位置。等一层放完后，再逐次进行第二、三层放料，从而减少粗集料的集中。施工过程中摊铺机前有运料车在等候卸料，即摊铺沥青混合料运输车的运量较摊铺速度有所富裕。

② 从摊铺机本身操作方面来解决。

在摊铺机螺旋二分之一处，边端装反向螺旋叶片；控制布料器处于中挡或高挡位置；控制适宜的送料仓口开度；均匀操作送料器机速度，关闭送料器，等下车料倒入后再进行均匀送料和布料；在铺筑过程中保持摊铺机布料器不停转动，摊铺机两侧保持有不少于送料器高度三分之二混合料。

③ 从混合料本身来解决。

减少混合料粒径大小悬差；控制沥青用量，使之偏高于设计用量；通过中粒式沥青混凝土面层平整度的控制来最大限度减小离析现象对行车效果及行车安全的影响为了进一步控制中粒式沥青混凝土路面面层的平整度；摊铺机熨平板下垫板厚度测量：摊铺前先将摊铺机熨平板底高程测出，加上垫板后使之与钢丝绳的标高一致。

（10）混合料摊铺过程控制其平整度。

沥青混合料必须缓慢、均匀，连续不间断地摊铺，摊铺过程中不得随意变换速度或中途停顿。摊铺机摊铺时，操作人员注意前后、左右的变化，根据既定的摊铺速度进行摊铺。

每车发车时间间隔计算：为保证前场摊铺的连续性，摊铺前必须有料车等待卸料，运料车辆必须按规定的时间发车。

（11）碾压过程中控制平整度。

公路沥青路面质量的一个重要指标，沥青路面平整度的好坏与压实质量有着密切的关系，而沥青路面的压实质量在很大程度上取决于压实机械的压实方式及具体操作选择。压实频率选择。沥青混合料压实中，振动压路机的频率可选用 33~60 Hz，最佳频率为 45~50 Hz 压实振幅选择。沥青混合料联结层、磨耗层压实时，振动压路机的振幅可选用 0.35~0.88 mm，最佳振幅为 0.4~0.6 mm。压实速度选择。根据速度/频率的关系及铺筑层厚、材料种类级配构成因素，振动压路机最佳碾压速度为 6~8 km/h。

4. SBS 改性剂管理及掺量的控制

（1）考虑 SBS 与沥青相容性和分散性可通过低温延度试验来确定。如果 SBS 在沥青中呈现高相容和高分散则沥青低温延度明显增加。总之，基质沥青通过 SBS 改性后，高温稳定性有了大幅度提高，低温抗裂性得到增强，温度敏感性减弱，弹性恢复能力提高。

（2）SBS 改性剂含量的检测技术目前是一项空白，由于无法检查出改性沥青中 SBS 的含量，因此只能通过有效控制生产时 SBS 的掺量这一关键环节，这样就要求现场监理每天都应该对控制室的数据设置进行检查，认真核实操作人员是否按照给定的配比进行生产，确实保证改性剂的掺量，除此之外还可以通过改性剂每天的实际用量与当天的沥青混合料的实际数量进行校核来判断改性剂的掺量是否满足设计要求。即使通过这样的双控，我们由于没有任何检测手段，仍无法对改性沥青的掺量进行真实、有效的控制。因此，只能通过改性沥青性能对改性剂掺量进行控制并对改性效果进行评价。然而，仅规范规定的改性沥青的检测指标就有 10 多项，进行全套检验最少需要 3 d，这必然会影响工程进度，而且如果进行事后检验，必然会造成很大的经济损失。因此选取决定改性沥青路用性能的关键指标做室内试验，通过指标随改性剂掺量变化趋势及敏感性分析，来确定改性剂掺量控制及评价改性沥青改性效果的指标。

（3）由于受行业的限制，道路部门还无法对改性剂的质量进行检查，只能通过厂家的出厂合格证明予以确认，因此只能充分相信改性剂生产厂家并通过妥善的保管来确保 SBS 的质量不受影响。改性剂必须存放在通风条件良好的室内，并且注意防火；码垛不要太高，避免成团结块；生产时随用随时搬到现场，避免紫外线照射引起发黄变质；不用的要及时搬回室内避免雨淋受潮。

5. 碾压工艺和碾压技术的质量

1）混合料的压实

（1）在混合料完成摊铺和刮平后立即对路面进行检查，对不规则之处及时用人工进行调整，随后进行充分均匀地压实。

（2）压实工作应按试验路确定的压实设备的组合及程序进行。

（3）压实分初压、复压和终压三个阶段。

① 初压：摊铺之后立即进行（高温碾压），用静态二轮压路机完成（2遍），初压温度控制在130°~140°。初压应采用轻型钢筒式压路机或关闭振动的振动压路机碾压，碾压时应将驱动轮面向摊铺机，碾压路线及碾压方向不突然改变而导致混合料产生推移，初压后检查平整度和路拱，必要时予以修整。

② 复压：复压紧接在初压后进行，复压用振动压路机和轮胎压路机完成，一般是先用振动压路机碾压3~4遍，再用轮胎压路机碾压4~6遍，使其达到压实度。

③ 终压：终压紧接在复压后进行，终压采用双轮钢筒式压路机关闭振动的振动压路机碾压，消除轮迹（终了温度大于80 °C）。

（4）初压和振动碾压要低速进行，以免对热料产生推移、发裂。碾压应尽量在摊铺后较高温度下先进，一般初压不得低于130 °C，温度越高越容易提高路面平整度和压实度。要改变以前等到混合料温度降低到110 °C才开始碾压的习惯。

（5）碾压工作应按试验路确定的试验结果进行。

（6）在碾压期间，压路机不得中途停留、转向或制动。

（7）压路机不得停留在温度高于70 °C的已经压过的混合料上，同时，应采取有效措施，防止油料、润滑指、汽车或其它有机杂质在压路机操作或停放期间洒落在路面上。

（8）在压实时，如接缝处（包括纵缝、横缝或因其他原因而形成的施工缝）的混合料温度已不能满足压实温度要求，应采用加热器提高混合料的温度达到要求的压实温度，再压实到无缝迹为止。

（9）摊铺和碾压过程中，要组织专人进行质量检测控制和缺陷修复。压实度检查要及时进行，发现不够时在规定的温度内及时补压。已经完成碾压的路面，不得修补表皮。

2）接缝的处理

（1）纵、横向两种接缝边应垂直拼缝。

（2）在纵缝上的混合料，应在摊铺机的后面立即有一台静力钢轮压路机以静力进行碾压。碾压工作应连续进行，直至接缝平顺而密实。

（3）纵向接缝上下层间的错位至少应为15 cm。

（4）由于工作台中断，摊铺材料的末端已经冷却，或者在第二天恢复工作时，就应做成一道横缝。横缝应与铺筑方面大致成直角，严禁使用斜接缝。横缝在相邻的层次和相邻的行程间均应至少错开1 m。横缝应有一条垂直经碾压成良好的边缘。

公路工程标准化
施工工艺实用手册（下）

王成　朱红兴　魏家旭　刘昆珏⊙著
沈家文⊙审

西南交通大学出版社
·成都·

目 录

第四篇 桥梁施工篇

第17章 桥梁通用施工技术 …… 343
- 17.1 钢筋工程施工 …… 343
- 17.2 桥梁混凝土施工 …… 369
- 17.3 模板施工 …… 379

第18章 桥梁基础施工 …… 390
- 18.1 灌注桩基础施工 …… 390
- 18.2 沉入桩基础施工 …… 406
- 18.3 人工挖孔桩施工 …… 413
- 18.4 围堰施工 …… 417
- 18.5 作业平台施工 …… 432
- 18.6 其他相关辅助施工 …… 442

第19章 桥梁下部构造施工 …… 454
- 19.1 立柱施工 …… 454
- 19.2 盖梁施工 …… 465
- 19.3 桥墩施工 …… 468
- 19.4 桥台施工 …… 478
- 19.5 质量检验与质量标准 …… 483

第20章 桥梁上部构造施工 …… 484
- 20.1 桥梁预制施工 …… 484
- 20.2 桥梁架设施工 …… 499
- 20.3 现浇梁施工 …… 525

20.4 连续刚构桥施工…………………………………537
20.5 其他桥梁施工……………………………………552

第21章 桥梁附属工程施工……………………………564
21.1 伸缩缝施工………………………………………564
21.2 桥面施工…………………………………………572

第五篇 隧道施工篇

第22章 洞口与明洞施工………………………………577
22.1 隧道洞口施工……………………………………577
22.2 隧道明洞、棚洞施工……………………………581
22.3 隧道洞门施工……………………………………586

第23章 洞身开挖施工…………………………………590
23.1 洞身开挖施工一般规定…………………………590
23.2 洞身开挖施工……………………………………591
23.3 隧道爆破施工……………………………………612
23.4 洞身开挖施工要点………………………………621

第24章 初期支护施工…………………………………624
24.1 预加固施工………………………………………624
24.2 钢架、锚喷施工…………………………………635
24.3 其他初期支护施工工艺…………………………654

第25章 二次衬砌施工…………………………………661
25.1 衬砌台车施工……………………………………661
25.2 二次衬砌施工工序………………………………668
25.3 辅助施工措施……………………………………675

第26章 防排水工程施工………………………………694
26.1 防排水工程施工一般规定………………………694
26.2 防排水工程施工…………………………………696
26.3 防排水工程施工质量要求………………………702

第27章 隧道附属设施施工 ········· 706

27.1 隧道机电设备施工与安装工艺 ········· 706
27.2 隧道水沟电缆槽滑模施工工艺 ········· 708
27.3 隧道内 106-2 型防火涂料施工工艺 ········· 711
27.4 隧道装饰工程施工工艺 ········· 713

第28章 特殊隧道施工 ········· 716

28.1 特殊结构隧道施工 ········· 716
28.2 特殊地质条件隧道施工 ········· 725
28.3 特殊地形条件（浅埋偏压）隧道施工 ········· 747

第29章 超前地质预报与监控量测 ········· 751

29.1 超前地质预报 ········· 751
29.2 施工量测 ········· 758

参考文献 ········· 788

第四篇 桥梁施工篇

第 17 章 桥梁通用施工技术

17.1 钢筋工程施工

17.1.1 钢筋加工工艺

1. 钢筋加工及安装施工作业工艺

1）工艺流程

准备工作→下料→加工钢筋、制作骨架→安装钢筋、骨架→检验→完成。

2）施工要点

（1）钢筋调直和除锈清理

① 钢筋的表面应洁净，使用前应将表面油渍、漆皮、鳞锈等清除干净。经用钢丝刷或其他方法除锈及去污后的钢筋，其尺寸、横截面和拉伸性能等应符合设计要求。

② 钢筋应平直，无局部弯折，成盘的钢筋和弯曲的钢筋均应调直，调直方法应取得工程师的批准。

③ 采用冷拉方法调直钢筋时，Ⅰ级钢筋的冷拉率不宜大于 2%；HRB335、HRB400 牌号钢筋的冷拉率不宜大于 1%。

（2）截断与弯折

① 钢筋的截断与弯折必须由合格工人用专门设备来完成。除非图纸另有说明或得到工程师的书面批准，钢筋的截断与弯折必须在工地加工工场内进行。

② 所有钢筋的弯折必须在温度 +5 ℃ 以上时进行。

③ 除非工程另有书面许可，钢筋必须按图纸所示形状弯折。浇筑于混凝土中的钢筋的露出部分，不能在浇筑混凝土现场弯折。所有钢筋都应冷弯。

④ 弯曲半径必须按图纸所示。如设计无规定时，应按表 17-1 进行弯钩及弯折。

表 17-1 受力主钢筋制作和末端弯钩形状

弯曲部位	弯曲角度	形状图	钢筋种类	弯曲直径	平直部分长度	备注
末端弯钩	180°		Ⅰ	≥2.5d	≥3d	d 为钢筋直径

续表

弯曲部位	弯曲角度	形状图	钢筋种类	弯曲直径	平直部分长度	备注
末端弯钩	135°		HRB335	$\Phi 8 \sim \Phi 25 \geq 4d$	$\geq 5d$	
			HRB400	$\Phi 8 \sim \Phi 25 \geq 5d$		
	90°		HRB335	$\Phi 8 \sim \Phi 25 \geq 4d$	$\geq 10d$	
			HRB400	$\Phi 8 \sim \Phi 25 \geq 5d$		
中间弯钩	90°以下		各类	$\geq 20d$		

（3）用圆钢筋制成的箍筋，其末端应设 180°弯钩

弯钩长度按图纸说明，如图纸未标明，应符合表 17-2 规定。

表 17-2　钢筋的末端弯钩长度（自弯曲起点至末端）

级别	箍筋直径（mm）	弯钩长度（mm）	
		被箍受力钢筋直径在≤25 mm	被箍受力钢筋直径 28～40 mm
Ⅰ	5～10	91	109
	12	104	121
Ⅱ	12	131	131

注：对于抗震结构，箍筋弯钩平直长度尚应按表列加长 5 倍箍筋直径。

（4）钢筋网和钢筋骨架的加工

① 宜于预制的钢筋骨架或钢筋网的构件，宜先预制成钢筋骨架片或钢筋网片，运至工地就位后进行焊接或绑扎，以保证安装质量和加快进度。对于预制钢筋骨架或钢筋网，必须具有适应设定安装方式的刚度和稳定性，以便在运送、吊装和浇筑混凝土时不致松散、移位、变形，必要时增加焊接点或加强钢筋。

② 骨架的焊接拼装应在坚固的工作台上进行，操作时应符合下列要求：

a. 拼装时应按设计图纸放大样，放样时应考虑焊接变形和预留拱度。

b. 钢筋拼装前，对有焊接接头的钢筋应检查每根接头是否符合焊接要求。

c. 拼装时，在需要焊接的位置用楔形卡卡住，防止电焊时局部变形。待所有焊接点卡好后，先在焊缝两端点焊定位，然后进行焊缝施焊。

d. 骨架焊接时，不同直径的钢筋的中心线应在同一平面上。为此，较小直径的钢筋在焊接时，下面宜垫以厚度适当的钢板。

e. 施焊顺序宜由中到边对称向两端进行，先焊骨架下部，后焊骨架上部。相邻的焊缝采用分区对称跳焊，不得顺方向一次焊成。

③ 钢筋网焊点应符合设计规定，当设计无规定时，应按下列要求焊接：

a. 当焊接网的受力钢筋为Ⅰ级或冷拉Ⅰ级钢筋时，如焊接网只有一个方向为受力钢筋，网两端边缘的两根锚固横向钢筋与受力钢筋的全部相交点必须焊接；如焊接网的两个方向均为受力钢筋，则沿网四周边缘的两根钢筋的全部相交点均应焊接。其余的交叉点，可根据运输和安装条件决定，一般可焊接或绑扎一半交叉点。

b. 当焊接网的受力钢筋为冷拔低碳钢丝，而另一方向的钢筋间距小于100 mm时，除网两端边缘的两根钢筋的全部相交点必须焊接外，中间部分的焊点距离可增大至250 mm。

（5）安装、支撑与固定

① 钢筋、骨架或网片应按图纸所示的位置准确安装，并用批准的支撑将钢筋牢靠地固定，使其在浇筑混凝土过程中不致移位。除图纸特别规定或经工程师批准外，浇筑混凝土过程中不允许放入钢筋，不允许将钢筋放入或推入浇筑后未凝固的混凝土中。

② 应在钢筋与模板间设置垫块，垫块应与钢筋扎紧，并互相错开。非焊接钢筋骨架的多层钢筋之间，应用短钢筋支垫，保证位置准确。用于保证钢筋正确就位的保护层垫块应具有符合其用途且得到工程师同意的形状，并使其在浇筑混凝土时不致倾斜，或者采用焊接钢筋的办法。垫块的间距纵横向不得大于1.2 m。

③ 如构件有数层钢筋，且上层重量较大，在安装就位时，可使用特制的钢筋支架。支架应支承在下层钢筋上，不得直接支承在模板上。

④ 网片钢筋网彼此间应有足够搭接，以充分保持强度均匀，并在端部和边缘牢固连接。其边缘搭接宽度应不小于一个网眼。

⑤ 在现场绑扎钢筋网时，应遵守下列规定：

a. 钢筋接头的布置，应符合本工艺标准表17-4中有关规定。

b. 钢筋的交叉点应用铁丝绑扎结实，必要时，亦可用点焊焊牢。

c. 除设计有特殊规定者外，柱和梁中的箍筋应与主筋垂直。

d. 墩（台）身、柱中的竖向钢筋搭接时，转角处的钢筋弯钩应与模板成45°，中间钢筋的弯钩应与模板成90°。如采用插入式振捣器浇筑小型截面柱时，弯钩与模板的角度最小不得小于15°，在浇筑过程中不得松动。

e. 箍筋弯钩的叠合处，在梁中应沿梁长方向置于上面并交错布置，在柱中应沿柱高方向交错布置，若是方柱则必须位于箍筋与柱角竖向钢筋交接点上。有交叉式箍筋的大截面柱，其接头可位于箍筋与任何一根中间纵向钢筋的交接点上。圆柱或圆管涵螺旋形箍筋的起点和终点，应分别绑扎在纵向钢筋上。

f. 对大型骨架，运输、吊装时，应采用合适的机具和方法，以确保安全和质量。安装在骨架、预制构件上的吊环，只允许采用未经冷拉的Ⅰ级热轧钢筋。

g. 在浇筑混凝土前，应对已安装好的钢筋及预埋件（钢板、锚固钢筋等）进行检查。

h. 任何构件的钢筋安装后，应如实填写质量检验表，必须经监理工程师检查和批准后才能浇筑混凝土。

（6）钢筋的替代

钢筋的替代应符合以下条件：

① 屈服强度/抗拉强度不同的钢筋可以互相替代，替代钢筋面积可按强度比例较原图纸钢筋面积增加或减少，但是，替代钢筋的周长之和不得小于原图纸钢筋周长之和。

② 不得以多种直径钢筋替代原图纸一种直径钢筋。

③ 光圆钢筋不得替代带肋钢筋。

④ 钢筋净距应符合设计规定。

⑤ 钢筋层数不得多于原图纸钢筋层数。

⑥ 经监理工程师及项目部同意。

（7）钢筋的焊接与绑扎接头

① 按照以下原则选择合适的接头形式

a. 接应优先采用闪光对焊法，也可采用电弧焊或其他有效的方法，如绑扎、搭接。钢筋的纵向焊接应采用闪光对焊（HRB500 钢筋必须采用闪光对焊）。当缺乏闪光对焊条件时，可采用电弧焊、电渣压力焊、气压焊。钢筋的交叉连接，无电阻点焊机时，可采用手工电弧焊。各种预埋件 T 形接头钢筋与钢板的焊接，也可采用预埋件钢筋埋弧压力焊。电渣压力焊只适用于竖向钢筋的连接，不能用作水平钢筋和斜筋的连接。钢筋焊接的接头形式、焊接方法、适用范围应符合现行《钢筋焊接及验收规程》（JGJ 18—2003）的规定。

b. 轴心受拉和小偏心受拉杆件中的钢筋接头，不宜绑扎。普通混凝土中直径大于 25 mm 的钢筋，宜采用焊接。

c. 钢筋接头采用搭接或帮条电弧焊时，宜采用双面焊缝；双面焊缝困难时，可采用单面焊缝。

d. 钢筋接头采用搭接电弧焊时，两钢筋搭接端部应预先折向一侧，使两接合钢筋轴线一致。接头双面焊缝的长度不应小于 $5d$，单面焊缝的长度不应小于 $10d$（d 为钢筋直径）。

钢筋接头采用帮条电弧焊时，帮条应采用与主筋同级别的钢筋，其总截面面积不应小于被焊钢筋的截面积。帮条长度，如用双面焊缝不应小于 $5d$，如用单面焊缝不应小于 $10d$（d 为钢筋直径）。

② 按照以下原则设置接头

a. 应避免在最大应力处设置接头，并尽可能使接头交替排列，接头间距相互错开的距离应不小于 $30d$（d 为钢筋直径），且不小于 500 mm。

b. 受力钢筋焊接或绑扎接头应设置在内力较小处，并错开布置。对于绑扎接头，两接头间距离不小于 1.3 倍搭接长度，其接头的截面面积占总截面面积的百分率应符合表 17-3 中的规定。对于焊接接头，在接头长度区段内，同一根钢筋不得有两个接头，配置在接头长度区段内的受力钢筋，其接头的截面面积占总截面面积的百分率，亦应符合表 17-3 中的规定。

表 17-3 接头长度区段内受力钢筋接头面积的最大百分率

接头形式	接头面积最大百分率（%）	
	受拉区	受压区
主钢筋绑扎接头	25	50
主钢筋焊接接头	50	不限制

注：焊接接头长度区段内是指 35d（d 为钢筋直径）长度范围内，但不得小于 500 mm；绑扎接头长度区段是指 1.3 倍搭接长度；在同一根钢筋上应尽量少设接头；装配式构件连接处的受力钢筋焊接接头可不受此限制；绑扎接头中钢筋的横向净距不应小于钢筋直径且不小于 25 mm；环氧树脂涂层钢筋绑扎搭接长度，对受拉钢筋应至少为涂层钢筋锚固长度的 1.5 倍且不小于 375 mm；对受压钢筋为无涂层钢筋锚固长度的 1.0 倍且不小于 250 mm。电弧焊接和绑扎接头与钢筋弯曲处的距离不应小于 10 倍钢筋直径，也不宜位于构件的最大弯矩处。受拉钢筋绑扎接头的搭接长度，应符合表 17-4 的规定；受压钢筋绑扎接头的搭接长度，应取受拉钢筋绑扎接头搭接长度的 0.7 倍。

表 17-4 受拉钢筋绑扎接头的搭接长度

钢筋类型		混凝土强度等级		
		C20	C25	高于 C25
Ⅰ 级钢筋		35d	30d	25d
月牙纹	HRB335 牌号钢筋	45d	40d	35d
	HRB400 牌号钢筋	55d	50d	45d

注：当带肋钢筋直径 d 不大于 25 mm 时，其受拉钢筋的搭接长度应按表中值减少采用；当带肋钢筋直径大于 25 mm 时，其受拉钢筋的搭接长度应按表中值增加采用；当混凝土在凝固过程中受力钢筋易受扰动时，其搭接长度宜适当增加；在任何情况下，纵向受拉钢筋的搭接长度不小于 300 mm，受压钢筋的搭接长度不应小于 200 mm。当混凝土强度等级低于 C20 时，Ⅰ 级、HRB335 牌号钢筋的搭接长度应按表中 C20 的数值相应增加 10d；HRB500 钢筋不宜采用。对有抗震要求的受力钢筋的搭接长度，当抗震烈度为七度（及以上）时应增加 5d。两根不同直径的钢筋的搭接长度，以较细的钢筋直径计算；受拉区内 Ⅰ 级钢筋绑扎接头的末端应做弯钩，HRB335、HRB400 牌号钢筋的绑扎接头末端可不做弯钩。

直径等于和小于 12 mm 的受压 Ⅰ 级钢筋的末端，可不做弯钩，但搭接长度不应小于钢筋直径的 30 倍。钢筋搭接处，应在中心和两端用铁丝扎牢。

③ 焊接方法

参照现行《钢筋焊接及验收规程》（JGJ 18—2003）的规定执行。

④ 钢筋的机械连接

常用的机械连接接头应符合《钢筋机械连接通用技术规程》（JGJ 107—2003）的规定。其工艺标准另行制定。

2. 钢筋电渣压力焊施工工艺

1）施工工艺

焊前准备→安装焊接夹具和钢筋→安放铁丝球（也可省去）→安放焊剂罐、填装焊剂→引弧过程→电弧过程→电渣过程→顶压过程→卸下夹具→质量检查。

2）操作方法

电渣压力焊是将两钢筋安放成竖向对接形式，利用焊接电流通过两钢筋端面间隙，在焊剂层下形成电弧过程和电渣过程，产生电弧热和电阻热，熔化钢筋，加压完成的一种压焊方法。

（1）安装焊接夹具和钢筋：夹具的下钳口应夹紧于下钢筋端部的适当位置，一般为 1/2 焊剂罐高度偏下 5~10 mm，以确保焊接处的焊剂有足够的淹埋深度。上钢筋放入夹具钳口后，调准动夹头的起始点，使上下钢筋的焊接部位位于同轴状态，方可夹紧钢筋。钢筋一经夹紧，严防晃动，以免上下钢筋错位和夹具变形。

（2）先在焊剂盒底部位置缠上石棉绳，然后安装焊剂盒，并满装焊剂。安装焊剂盒时，焊接口宜位于焊剂盒的中部，石棉绳缠绕应严密，防止焊剂泄漏。

（3）引弧过程

直接引弧法：就是当弧焊电源（电弧焊机）一次回路接通后，将上钢筋下压与下钢筋接触，并瞬即上提，产生电弧；当钢筋端头夹杂不导电物质或端头过于平滑造成引弧困难时，可以多次把上钢筋移下与下钢筋短接后再提起，达到引弧目的。

铁丝圈或焊条头引弧法：在两钢筋的间隙中预先安放一引弧钢丝圈，高约 10 mm，当焊接电流通过时，由于钢丝细，电流密度大，立即熔化、蒸发，原子电离而引弧。上、下两钢筋分别与弧焊电源两个输出端连接，形成焊接回路。

（4）电弧过程

引燃电弧后，应控制电压值。借助操纵杆使上下钢筋端面之间保持一定的间距，进行电弧过程的延时，靠电弧的高温作用，将钢筋端头凸出部分不断烧化，同时将接口周围的焊剂充分熔化。熔化的金属形成熔池，熔融的焊剂形成熔渣（渣池），覆盖于熔池之上。熔池受到熔渣和焊剂的保护，不与空气接触；随着电弧的燃烧，上下两端部钢筋逐渐熔化，将上钢筋不断下送，以保持电弧的稳定，下送速度应与钢筋熔化速度相适应。

（5）电渣过程

随着电弧过程的延续，两钢筋端部熔化量增加，熔池和渣池加深，待达到一定深度时，加快上钢筋的下送速度，使其端部直接与渣池接触，这时，电弧熄灭，进入电渣过程的延时。变电弧过程为电渣过程。由于电流直接通过渣池，产生大量的电阻热，使渣池温度升到近 2 000 °C，将钢筋端头迅速而均匀地溶化。

（6）挤压断电

电渣过程产生的电阻热使上下两钢筋的端部达到全断面均匀加热；停止供电的瞬间，对钢筋施加挤压力，把焊口部分熔化的金属、熔渣及氧化物等杂质全部挤出结合面。完成挤压过程。

（7）接头焊毕，应停歇 20~30 s 后（在寒冷地区施焊时，停歇时间应适当延长），才可回收焊剂和卸下焊接夹具。

（8）质量检查：在钢筋电渣压力焊的焊接生产中，焊工应认真进行自检，若发现偏心、弯折、烧伤、焊包不饱满等焊接缺陷，应切除接头重焊，并查找原因，及时消除。切除接头时，应切除热影响区的钢筋，即离焊缝中心约为 1.1 倍钢筋直径的长度范围内的部分。

3. 钢筋笼制作工艺标准

1）工艺流程

材料选用→钢筋笼制作→骨架存放与运输→钢筋笼安装。

2）施工要点

（1）材料选用

根据设计图纸选用材料，所选材料必须符合设计规范要求。进场时，材料部、试验室及时对材料进行检查验收。并通知监理进行检验，检验合格后方可使用。

（2）钢筋笼制作

① 受场地及运输条件的限制，钢筋笼制作一般在现场进行。钢筋笼加工前对场地进行平整硬化，并加铺枕木，骨架成型在枕木上进行。

② 加工钢筋笼前，对钢筋进行除锈调直。加工结构尺寸，严格按照设计图纸和规范进行。桩长 12 m 以内采用整体钢筋笼；大于 12 m 分节施工。制作钢筋骨架时，按设计尺寸做好加劲筋圈，标出主筋的位置，把主筋摆在平整的工作台上，并标出加劲筋的位置。焊接时使加劲筋上任一主筋的标记对准主筋中部的加劲筋标记。扶正加劲筋，并用木制直角板校正加劲筋与主筋的垂直度，然后点焊。在一根主筋上焊好全部加劲筋后，用机具或人工转动骨架，将其余主筋逐根依照上法焊好，然后套入盘筋，按设计位置布好螺旋筋并绑扎于主筋上，点焊牢固。对于需做超声波检测的桩基，应预埋声测管（具体布设按照图纸进行）。声测管固定在钢筋笼上，随钢筋笼一起下放至桩孔内。

③ 钢筋笼制作成型后报请监理工程师验收，合格后方可进行安装定位。

（3）钢筋骨架存放与运输

制作好的钢筋骨架必须放置在平整、干燥的场地上。每个加劲筋与地面接触处应垫上等高的木方，以免粘上泥土。每组钢筋骨架的各节段要排好次序，便于使用时按顺序装车运出。在骨架每个节段上应挂上标志牌，写明墩号、桩号、节号等。未挂标志牌的钢筋骨架，不得混杂存放，避免用错，影响工程质量。存放骨架还须注意防雨、防潮。钢筋骨架的运输采用带托架的平车或胶轮车。当钢筋骨架长度在 6 m 以内时，可用两部平车运输；当长度超过 6 m 时，需在平车上加托架、悬架。装车时要保持每个加劲筋处设支撑点，各支撑点高度相等，以保证钢筋笼结构形状。在场内运输，若受地形或运输工具限制，亦可用人工抬运，抬运时在若干加劲筋处靠近骨架中心位置穿入抬杆，各抬杆受力要均匀。

（4）钢筋笼安装

① 钢筋骨架可利用汽车吊二点起吊。第一吊点设在距骨架的底部 2 m 处，第二吊点设在骨架顶部。对于长骨架，起吊前应在骨架内部临时绑扎两根木杆以加强其刚度。

起吊时先提第一吊点，待骨架稍提起，再与第二吊点同时起吊。当骨架离开地面后，第一吊点停止起吊，继续提升第二吊点，随着第二吊点不断上升，慢慢放松第一吊点，直到骨架同地面垂直，停止起吊，解除第一吊点，检查骨架是否垂直，如有弯曲应整直。当骨架进入孔口后，应将其扶正徐徐下降，严禁摆动碰撞孔壁。当骨架下降到第二吊点附近的加劲筋接近孔口时，可用木桩或型钢穿过加劲筋的下方，将骨架临时支撑于孔口。将吊钩移至骨架上端，取出临时支撑，继续下降至最后一个加劲筋处，依照上述办法暂时支撑，此时焊接第二节骨架，最后根据设计定位。

② 钢筋笼入孔时要对准孔位，垂直轻放，缓慢放入孔中，遇阻时应停止下放，查明原因进行处理，严禁提高猛落和强制下入。

③ 钢筋笼下放到位后，将钢筋骨架加焊四根固定钢筋，与孔口焊接定位，确保钢筋笼浇注时不上浮。

④ 钢筋骨架的制作安放必须符合规范和设计要求，安放完毕，自检合格后，报请监理工程师验收，合格后进行下一道工序。

4. 带肋钢筋径向挤压接头施工工艺

1）工艺流程

钢套筒、钢筋挤压部位检查、清理、矫正→检查钢筋端头压接标志→钢筋插入钢套筒挤压（内侧挤压从接头中间压痕标志开始，依次向端部进行）→检查验收。

2）施工方法

（1）检查压模、套筒是否与钢筋相互配套，压模上应有相对应的连接钢筋规格标记。挤压操作时采用的挤压力、压模宽度、压痕直径或挤压后套筒长度的规定范围以及挤压道数，均应符合接头技术提供单位所确定的技术参数要求。

（2）钢筋下料切断要用无齿锯，使钢筋端面与它的轴线相垂直。不得用钢筋切断机或气割下料。

（3）钢筋应按标记要求插入钢套筒内，钢筋端头距套筒长度中点不宜超过 10 mm。当钢筋纵肋过高影响插入时，允许进行打磨，但钢筋横肋严禁打磨。被连接钢筋的轴心与钢套筒轴心应保持同一轴线，防止偏心和弯折。

（4）在压接接头处挂好平衡器与压钳，接好进、回油油管，启动超高压泵，调节好压接力所需的油压力，然后将下压模卡板打开，取出下模，把挤压机机架的开口插入被挤压的带肋钢筋的连接套中，插回下模，锁紧卡板。压钳在平衡器的平衡力作用下，对准钢套筒所需压接的标记处，控制挤压机换向阀进行挤压。压接结束后，将紧锁的卡板打开，取出下模，退出挤压机，完成挤压施工。

（5）挤压时，压钳的压接应对准套筒压痕标志，并垂直于被压钢筋的横肋。挤压应从套筒中央逐道向端部压接，不应由端部向中部挤压或隔标记来回挤压。最小直径及压痕总宽度须符合规定要求。挤压接头示意见图 17-4。

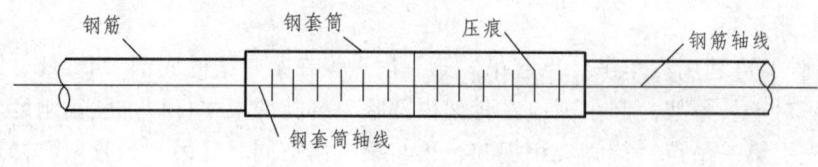

图 17-4 挤压接头示意图

为了减少高处作业并加快施工进度，可先在地面压接半个压接接头，在施工作业区把钢套筒另一端插入预留钢筋，按工艺要求挤压另一端。

5. 钢筋滚轧直螺纹加工及连接施工工艺标准

1）工艺流程

（1）钢筋丝头加工工艺流程

钢筋端面平头、就位→剥肋滚轧螺纹→丝头质量检验→带帽保护→丝头质量抽检→存放待用。

（2）钢筋连接工艺流程

钢筋就位→拧下钢筋保护帽和套筒保护盖→接头拧紧→钢筋定位→施工检验→绑扎其他钢筋。

2）施工方法

操作前应对设备进行试运行，一切正常后方可开始操作。

(1) 钢筋丝头加工

① 钢筋端面平头、就位

平头的目的是让钢筋端面与母材轴线方向垂直，宜采用砂轮切割机或其他专用切断设备，严禁气割。平头前先调直钢筋，平头后钢筋端面应与轴线垂直，端头无弯曲、马蹄状。

夹持钢筋，利用滚丝机上的台钳夹持钢筋，夹持时需注意：设备必须停止转动，并已在最后端。台钳在夹紧前必须将钢筋顶紧限位挡铁，否则将影响丝头长度。挡铁撤走后，不得将钢筋向前移动，否则丝头将过长。不同规格的钢筋选用相应的限位挡铁，不得混用。

面对滚丝头方向，滚丝头顺时针方向旋转为反转，用于加工反丝螺纹；滚丝头逆时针方向旋转为正转，用于加工普通型螺纹。开机后要注意滚丝头旋转方向与所加工的丝头形式是否一致；普通型螺纹与反丝螺纹各有专用滚丝头，应由厂家驻场人员进行调整，严禁混用。

② 剥肋滚轧螺纹

加工丝头前，按钢筋规格所需的调试棒调整好滚丝头内孔最小尺寸。按钢筋规格选用涨刀环，并调整好直径尺寸。调整挡块及滚轧行程开关位置，保证剥肋及滚轧螺纹的长度为套筒长度的 1/2。加工丝头时，采用水溶性切削液，严禁用机油作切削液或不加切削液。当气温低于 0 ℃ 时，掺 15%～20%亚硝酸钠。操作前切削液应已循环充分，在滚丝头出水口未出水时不可进行加工。

若采用直接滚轧直螺纹工艺时，应使用钢筋直接滚丝机。可在台钳夹紧、切削液已循环充分后，开始扳动进给予柄，使滚丝头进入滚丝位置。刚开始，进给要舒缓平稳，在滚丝头进入钢筋端部后，丝头自动进给滚丝，即可松开手柄，由设备自行完成操作。滚轧到设定长度后，限位开关断电，设备自动停机并延时反转，将螺纹钢筋退出滚丝头，扳动进给手柄后退，减速机退到极限位置，停机。然后移开台钳，取出钢筋，完成螺纹的加工。若采用剥肋滚轧直螺纹工艺时，使用钢筋剥肋滚丝机，先剥肋，后滚丝。在台钳夹紧、切削液已循环充分后，开始扳动进给手柄，剥肋刀片在刚接触钢筋时要舒缓，当刀片全部咬住钢筋后可用力向前扳动手柄，待 5～10 s、滚丝头自行前进时，即可松开手柄，由设备自行完成操作。待滚丝头自行反转并向后运动，不再轴向移动时，扳动手柄复位，则完成剥肋。

剥肋完成后，再次扳动手柄，减速机向前移动到调整长度，涨刀推动左右拉环后移，刀体与涨刀环脱离后涨开，减速机继续向前进给，涨刀触头缩回，滚丝刀开始滚轧螺纹。滚轧到设定长度后，挡铁与限位开关断电，设备自动停机并延时反转，将螺纹钢筋退出滚丝头，扳动进给手柄后退，减速机退到极限位置，停机。然后移开台钳，取出钢筋，完成螺纹的加工。钢筋在剥肋或滚轧螺纹过程中，如发现台钳移动，应立即夹紧。若在滚轧螺纹过程发现没有停机反转的迹象应立即将面板开关关闭，使设备停止转动，然后按下点动按钮（红色），使滚丝头退出钢筋，并立即修理。

丝头滚轧的有效长度应依据技术提供单位提供的技术参数。一般标准型钢筋丝头螺纹的有效丝扣长度为 1/2 套筒长度，其公差为 +2P（P 为螺距）。对于加锁母型钢筋丝头，在加锁母螺纹的有效丝扣长度应为套筒长度加锁母厚度，公差为 0～2P。钢筋的剥肋滚轧过程只允许进行一次，不允许对已加工的丝头进行二次剥肋滚轧。

③ 丝头质量检验

每加工完一个丝头，操作工人均需即时检查钢筋丝头的外观质量，检查牙型是否饱满、无断牙、秃牙缺陷。

④ 戴帽保护：用专用的钢筋丝头保护帽或连接套筒将钢筋丝头进行保护，防止螺纹被磕碰或被污染。

⑤ 丝头质量抽检：对自检合格的丝头进行抽样检验。

⑥ 存放待用：按规格型号及类型进行分类码放。

（2）钢筋连接

① 钢筋、套筒就位：将丝头检验合格的钢筋搬运至待连接处。连接钢筋时，套筒规格与钢筋规格必须一致，丝扣应干净、完好无损。钢筋与套筒应先试套。

② 接头拧紧：钢筋连接应根据工程实际部位选用合适的连接方法。

标准型接头：通常先使用扳手或管钳等工具将套筒和待接长钢筋连接拧紧，再将接长钢筋与套筒连接拧紧。

异径型接头：通常先将粗钢筋与套筒先连接拧紧，再将细钢筋与套筒连接拧紧。

锁母型接头（连接不便转动的钢筋）：先将锁母和标准套筒按顺序全部拧入加长丝头钢筋一侧，然后将待连接钢筋的标准丝头靠紧，再将套筒拧到标准丝头一侧，用扳手拧紧，将锁母与套筒拧紧锁定，钢筋连接完成。

正反丝扣型接头（连接不便转动的钢筋）：将两端待连接钢筋的标准丝头对准轴线靠紧套筒，然后拧紧套筒。注意拧紧时要将两端钢筋用扳手固定，防止转动，但要求能纵向活动。

③ 作标记：对已经拧紧的接头作标记，与未拧紧的接头区分开。

④ 施工检验：对施工完的接头进行质量检验。

⑤ 绑扎其他钢筋。

17.1.2 钢筋绑扎工艺

1. 承台钢筋绑扎施工工艺

1）工艺流程

2）操作方法

（1）施工放样：依据设计资料，复核承台轴线控制网和高程基准点。确定承台十字轴线，并用墨线弹在施工垫层底板上。经驻地监理工程师核查、批准后绑扎。画钢筋位置线：按图纸标明的钢筋间距，算出底板实际需用的钢筋根数，一般让靠近底板模板边的那根钢筋离模板边为5 cm，在底板上弹出钢筋位置线。

（2）钢筋加工：

钢筋清理：钢筋表面应洁净，粘着的油污、泥土、浮锈使用前必须清理干净。钢筋调直：可用机械或人工调直。经调直后的钢筋不得有弯曲、死弯、小波浪形，其表面伤痕不应使钢筋截面减小5%。钢筋截断：应根据钢筋直径、长度和数量，长短搭配，先断长料后断短料，尽量减少和缩短钢筋短头，以节约钢材。

（3）钢筋运输：将加工好的钢筋运往施工现场时，应做好钢筋的编号，并做好钢筋的运输管理，防止钢筋在运输过程中发生变形，被污染。

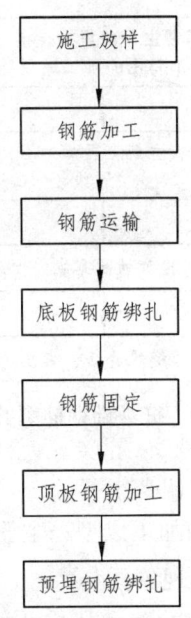

图 17-5 承台钢筋绑扎工艺流程

（4）底板钢筋绑扎：按弹出的钢筋位置线，先铺下层钢筋。根据底板受力情况，决定下层钢筋哪个方向钢筋在下面，一般情况下先铺短向钢筋，再铺长向钢筋。钢筋绑扎时，靠近外围两行的相交点每点都绑扎，中间部分的相交点可相隔交错绑扎，双向受力的钢筋必须将钢筋交叉点全部绑扎。摆放底板混凝土保护层用砂浆垫块，垫块厚度等于保护层厚度，按每 1 m 左右距离梅花型摆放。如底板较厚或用钢量较大，摆放距离可缩小。

（5）钢筋固定：先绑 2～4 根竖筋，并画好横筋分档标志，然后在下部及齐胸处绑两根横筋定位，并画好竖筋分档标志。一般情况横筋在外，竖筋在里，所以先绑竖筋后绑横筋。横竖筋的间距及位置应符合设计要求。在钢筋外侧应绑上带有铁丝的砂浆垫块，以保证保护层的厚度。

（6）顶板钢筋绑扎：在进行顶板钢筋绑扎前应该先对该基础再次施工放样，即对已经施工完成的钢筋绑扎进行检查，能确定基础的平面尺寸。根据放样进行顶板的钢筋绑扎。绑扎的工艺与底板的施工工艺基本一致。

（7）预埋件钢筋绑扎：根据弹好的肋板（立柱）位置线，将肋板（立柱）伸入基础的插筋绑扎牢固，插入基础深度要符合设计要求，甩出长度不宜过长，其上端应采取措施保证甩筋垂直，不歪斜、倾倒、变位。在底板混凝土上弹出肋板（这柱）位置线，再次校正预埋插筋，如有位移时，按洽商规定认真处理。承台、系梁预埋件其位置、高程均应符合设计要求。

2. 桥梁钢筋绑扎施工工艺

1）施工操作工艺

（1）桩基钢筋绑扎工艺

A. 工艺流程

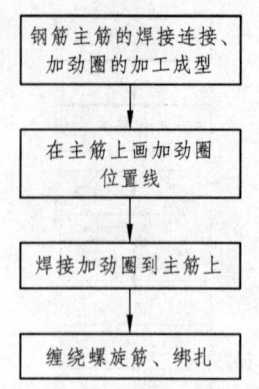

图 17-6 桩基础钢筋绑扎工艺

B. 操作方法

a. 钢筋主筋的焊接连接、加劲圈的加工成型；主筋连接采用闪光对焊或者电弧焊，加劲圈加工时要确保成圆形，不得出现椭圆现象。

b. 在主筋上画加劲圈位置线，按图纸标明的加劲圈间距，算出实际需要的加劲圈根数，一般让靠近骨架底部的加劲圈离主筋底边为 5cm，然后依次划出加劲圈位置线。

c. 焊接加劲圈到主筋上；加劲圈与主筋接触处采用点焊的方法焊接，焊接时必须两面施焊，焊缝饱满，不得有烧伤、咬肉等现象。主筋间距必须均匀。

d. 缠绕螺旋筋、绑扎；钢筋绑扎时，螺旋筋与主筋必须箍紧，不得有任何空隙，所有相交点宜全部绑扎。绑扎采用一面顺扣应交错变换方向，也可采用八字扣，但必须保证钢筋不位移。骨架成型后加放混凝土垫块，垫块通过短钢筋直接焊接在钢筋笼子上，垫块呈梅花形布置。

（2）承台钢筋绑扎工艺

A. 工艺流程

B. 操作方法

a. 调整桩头钢筋

钢筋绑扎前，必须先清理桩头钢筋，具体为：清理钢筋上的污泥，用钢丝刷刷干净、把弯曲的钢筋调直顺、调整间距满足设计要求、按照图纸要求将桩头钢筋向外侧弯一定角度，如果图纸没有要求一般为与竖直方向成 15°角。

b. 加工成型承台各部分钢筋

在钢筋加工场地，严格按照设计图纸要求加工成型承台各部分使用钢筋。加工时钢筋表面应洁净且钢筋平直无局部弯折，成型后的半成品尺寸应满足规范要求。

c. 在垫层上划出主筋的位置

按照图纸标明的主筋间距计算出主筋的数量，然后在垫层上依次画出主筋的位置，主筋间距必须均匀。

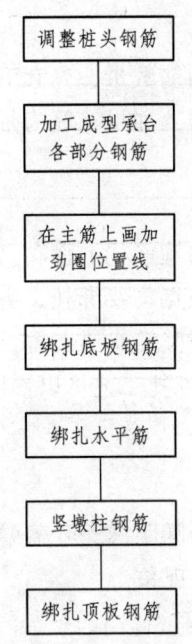

图 17-7 承台钢筋绑扎工艺

d. 绑扎底板钢筋、绑扎水平筋

摆放底板主筋前必须摆放垫块,根据保护层的厚度,确定垫块的大小。一般底板保护层较大,宜采用混凝土垫块,按每 1m 左右距离成梅花形布置。底板钢筋如有绑扎接头时,钢筋搭接长度及搭接位置应符合施工规范要求,钢筋搭接处应用铁丝在中心及两端扎牢。如采用焊接接头,除应按焊接规程规定抽取试样外,接头位置也应符合施工规范的规定。钢筋绑扎时,底板水平筋与主筋的相交点可相隔交错绑扎,侧面水平筋的相交点每点都绑扎。绑扎时扎丝一律甩头向内,采用八字扣,不允许顺绑,保证钢筋不位移。

e. 竖墩柱钢筋

墩柱钢筋可以采用提前在加工场地绑扎或者现场绑扎,提前加工好的采用吊装就位,吊装时必须保证墩柱中心位置以及墩柱垂直度;采用现场绑扎时须在承台内预埋竖向主筋,承台内的墩柱段钢筋必须在浇筑承台前绑扎完毕。

f. 绑扎顶板钢筋

顶板钢筋绑扎时,要保证水平筋间距均匀,绑扎采用满绑,扎丝一律甩头向内,采用八字扣绑扎。

3)墩柱钢筋绑扎工艺

① 工艺流程

主筋的焊接连接→在主筋上画箍筋间距线→套墩柱箍筋→绑扎箍筋。

② 操作方法

A. 钢筋主筋的焊接连接

钢筋主筋的连接方式必须符合设计要求。

B. 在主筋上画箍筋间距线

在立好的墩柱竖向钢筋上,按图纸要求用粉笔画箍筋间距线。

C. 套墩柱箍筋

按图纸要求间距，计算好每根柱箍筋数量，先套下层伸入承台内的箍筋，然后套承台以上墩柱箍筋。箍筋必须与主筋接触紧密，如果箍筋为带钩状筋，必须注意钩筋位置，保证钩筋不得占用保护层。

D. 绑扎箍筋

按已画好箍筋位置线，将已套好的箍筋往上移动，随移动随绑扎，宜采用缠扣绑扎。箍筋与主筋要垂直，箍筋转角处与主筋交点均要绑扎，主筋与箍筋非转角部分的相交点呈梅花交错绑扎。箍筋的弯钩叠合处应沿柱子竖筋交错布置，并绑扎牢固。

③ 如果墩柱为圆形，则墩柱钢筋绑扎工艺可以参照桩基钢筋绑扎工艺。

4）盖梁钢筋绑扎工艺

① 工艺流程

主筋的焊接连接→在主筋上画箍筋间距线→套盖梁箍筋→绑扎箍筋→穿预应力波纹管、钢束、上锚垫板→绑扎锚区钢筋→吊装就位。

② 操作方法

A. 钢筋主筋的焊接连接

钢筋主筋的连接方式必须符合设计要求。

B. 在主筋上画箍筋间距线

在辅助架子管上按照间距摆放主筋，在主钢筋上按图纸要求用粉笔画箍筋间距线。

C. 套墩柱箍筋

按图纸要求间距，计算好每个盖梁的箍筋数量，按已画好的位置线将箍筋套在主筋上。套箍筋时要注意保证横向箍筋的衔接长度以及数量，箍筋必须与主筋接触紧密。

D. 绑扎箍筋

绑扎箍筋时宜采用缠扣绑扎，箍筋与主筋要垂直，箍筋转角处与主筋交点均要绑扎，主筋与箍筋非转角部分的相交点呈梅花形交错绑扎。

E. 穿预应力波纹管、钢束、上锚垫板

钢筋绑扎好后，首先定位波纹管坐标，焊定位钢筋，定位钢筋直线段每米固定；曲线段每 0.5 m 固定；然后沿位置穿预应力波纹管、穿钢绞线、上锚垫板，此工序必须符合图纸及规范的要求。

F. 绑扎封锚钢筋

锚区钢筋绑扎时要注意钢筋必须与波纹管垂直，绑扎时锚区钢筋层数、数量必须符合图纸要求。

G. 吊装就位

盖梁钢筋全部做好后采用吊车吊装，撤掉架子管，就位于盖梁底模上。

5）T 梁、箱梁钢筋绑扎工艺

① 工艺流程

底板钢筋绑扎→腹板钢筋绑扎→端、中横梁钢筋绑扎→顶板钢筋绑扎。

② 操作方法

A. 底板钢筋绑扎

底板绑扎时按画好的间距，先摆放受力主筋、后绑扎分布水平筋。箱梁底板钢筋一般为两层，绑扎时要加支撑筋；T 梁底部钢筋为马蹄状，马蹄箍筋上的水平筋严格按照图纸位置进行绑扎牢固，当预应力钢束与马蹄箍筋发生冲突时，将马蹄箍筋顶部端头向两侧弯折至腹板箍筋所在位置。

B. 腹板钢筋绑扎

腹板钢筋绑扎时注意变宽段，变宽段钢筋起变点位置严格按照图纸要求控制，在绑 T 梁薄腹板箍筋与主筋时必须与马蹄套扎实扎牢，必要时采用双扎丝绑扎。绑扎腹板钢筋时注意模板与钢筋间的保护层厚度，合模前在腹板钢筋上安放垫块，呈梅花形布置。T 梁上部纵向筋的箍筋，宜用套扣法绑扎。

C. 端、中横梁钢筋绑扎

横梁钢筋绑扎时注意横梁与主梁之间的角度，横梁钢筋下料不得太长，要严格按照图纸尺寸下料、绑扎。

D. 顶板钢筋绑扎

顶板钢筋间距可以通过梳子板来控制，顶板一般为双层钢筋，两层筋之间须加钢筋撑筋，以确保上钢筋的位置。负弯矩钢筋每个相交点均要绑扎。如果 T 梁为斜梁，在两梁端头应有一段斜向与垂直方向结合的加密段，该加密段垂直方向的预留筋不伸出梳子板。

E. 绑扎锚区钢筋

锚区钢筋绑扎时要注意钢筋必须与波纹管垂直，绑扎时锚区钢筋层数、数量必须符合图纸要求。

3. 基础钢筋绑扎施工工艺

1) 工艺流程

基础垫层通过验收→放样出基础的平面位置→钢筋半成品已加工完毕并运输到位→安线布放钢筋→放样出基础的平面位置→绑扎成型。

2) 操作方法

① 将基础垫层清扫干净，确保基础无积水、无污染。

② 用全站仪放出基础的四个角点，然后用石笔和墨斗在上面弹放钢筋位置线（包括基础位置线）。标出基础顶面水平高程线及与墩柱等基础连接的结构位置。

③ 将已加工好的钢筋半成品按照绑扎的部位、顺序分类堆放在基坑边侧，如果钢筋加工场地在基础附近，则可不必进行该项操作。

④ 按钢筋位置线布放基础钢筋，先铺钢筋下层钢筋，根据图纸设计正确放置下层钢筋中长、短方向钢筋的位置，一般是短方向钢筋在下，长方向的钢筋在上，但独立柱基础为双向弯曲，其底面短向的钢筋应放在长向钢筋的上面。

⑤ 摆放基础钢筋的保护层砂浆垫块，其厚度等于保护层厚度，按 1 m 左右的距离呈梅花形布置。如基础底板钢筋较厚及基础用钢量较大，摆放距离可适当缩小。砂浆垫块也可以用塑料卡代替，但不允许用片石、碎石、金属块和木块作垫块。

⑥ 钢筋绑扎时，四周两行钢筋交叉点每点都必须绑扎，中间部分的相交点可以相隔交错绑扎。双向受力的钢筋必须将钢筋交叉点全部绑扎。绑扎时如果采用一面顺扣时应交错变换方向，也可采用八字扣。绑扎时必须保证钢筋不移位，网片不歪斜变形。

⑦ 如果受施工条件限制时，基础钢筋也可以先在基坑外绑扎成型后再用吊车安装就位，但就位后必须检查绑扎固定处是否松脱和骨架尺寸是否变形。基础钢筋一般采用就地绑扎成型的施工方法。

⑧ 基础底板采用双层钢筋网时，绑扎完下层钢筋后，摆放钢筋马凳或钢筋骨架（间距以 1 m 左右一个为宜），在马凳上摆放纵横两个方向的定位钢筋，然后开始进行上层钢筋网的绑扎。同时在上层钢筋网下面应设置钢筋撑脚或混凝土撑脚，以保证钢筋位置正确。钢筋撑脚应垫在下片钢筋网上，见图 17-8 所示。

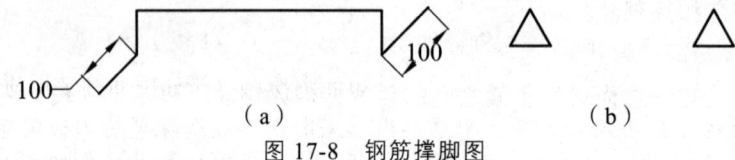

图 17-8　钢筋撑脚图

注：图 17-8 所示类型撑脚每隔 1 m 放置 1 个。其直径选用：当基础厚度 $h \leqslant 300$ mm 时，撑脚钢筋直径为 8~10 mm；当基础厚度 $h = 300$~500 m 时，撑脚钢筋为 12~14 mm。当基础厚度 $h > 500$ mm 时，选用图（b）所示撑脚，钢筋直径为 16~18 mm。沿短向通长布置，间距以能保证钢筋位置为准。

⑨ 钢筋的弯钩应朝上，不要倒向一边；双层钢筋网的上层钢筋弯钩应朝下。

⑩ 现浇柱与基础连用的插筋，其箍筋长度应比柱的箍筋小一个柱筋直径，以便连接。箍筋的位置一定要绑扎固定牢靠，以免造成柱轴线偏移。

⑪ 基础中纵向受力钢筋的混凝土保护层厚度不应小于 40 mm，当无基础垫层时不应小于 70 mm。

⑫ 钢筋的连接：受力钢筋的接头宜设置在受力较小处。接头末端至钢筋弯起点的距离不应小于钢筋直径的 10 倍；若采用绑扎搭接接头，则接头相邻纵向受力钢筋的绑扎接头宜相互错开。钢筋绑扎接头两接头间距不小于 1.3 倍搭接长度（L_1）凡搭接接头中点位于该区段的，搭接接头均属于同一连接区段。位于同一区段内的受拉钢筋搭接接头面积百分率为 25%；当钢筋的直径 Φ>16 mm 时，不宜采用绑扎接头；纵向受力钢筋采用机械连接接头或焊接接头时，连接区段的长度为 35（d 为纵向受力钢筋的较大值）且不小于 500 mm。同一连接区段内，纵向受力钢筋的接头面积百分率应符合设计规定。当设计无规定时，应符合下列规定：

A. 在受拉区不宜大于 50%。

B. 直接承受动力荷载的基础中，不宜采用焊接接头；当采用机械连接接头时，不应大于 50%。

⑬ 基础钢筋的若干规定

当条形基础的宽度 $B \geqslant 1\,600$ mm 时，横向受力钢筋的长度可减至 0.9B，交错布置。

A. 当单独基础的边长 $B \geqslant 3\,000$ mm（除基础支承在桩上外）时，受力钢筋的长度可减至 0.9B 交错布置。

B. 基础浇筑完毕后，把基础上预留墙柱插筋扶正理顺，保证插筋位置准确。

C. 承台钢筋绑扎前，一定要保证桩基伸出钢筋到承台的锚固长度。

4. 桥梁植筋拼接施工工艺

1）工艺流程

测量放线→护栏（铲栏座或防撞墙）切割、凿除→原桥边板翼缘切割、凿除→检查验收→孔位放样→电锤钻孔→清孔→注胶→钢筋插植→养护、植筋抗拉拔力检测→新老桥拼接缝钢筋绑扎→拼接缝底侧模板吊装→UEA补偿收缩混凝土搅拌、运输→浇筑、振捣→养生→检测、验收。

2）操作方法

① 测量放线

桥梁护栏座或防撞墙若采用切割工艺，对于板式结构应先对护栏进行竖向切割、凿除后，依据设计资料画线确定翼缘的切割位置。

② 护栏（护栏座或防撞墙）切割、凿除

桥梁拼接首先要对老桥的护栏座（墙）、外边侧翼缘板、部分桥面铺装层进行切割、凿除。对钢筋混凝土板及先张法预应力混凝土空心板，采取切割或凿除老桥边板翼缘（普通板梁无翼缘），凿除部分现浇层混凝土，暴露钢筋，新桥内边板的翼缘处预留钢筋和老桥翼缘的植筋钢筋进行连接（焊接），通过现浇湿接缝形成整体。

对预应力混凝土T梁采取方法与板的类同，翼缘侧面处植入钢筋和横隔板钻孔穿入精轧螺纹钢筋，之后浇筑湿接缝混凝土（含横梁）形成刚性连接。对箱梁则采取将翼缘切除一部分，翼缘切割面约1/2高度处植入钢筋，浇筑湿接缝混凝土形成铰连接。

A. 护栏及护栏座切割、凿除施工

箱梁的护栏及护栏座不能采用凿除的方法，必须用一次切割的方法；对于T梁，可主要考虑采用切割的方法拆除护栏处的混凝土；对于空心板梁，可采用切割或凿除的方法拆除护栏处的混凝土。若采用切割工艺，对于板结构，应先对护栏进行竖向切割、开口，根据吊装能力，确定切口的间距，然后进行水平向切割，水平切割宜从桥外侧往内侧进行，以便于控制。水平向切割高度位置确定应进入板顶现浇混凝土（厚10 cm）1~2 cm。当切割完成后，须立即将切块吊离。对于T梁、箱梁结构，可考虑护栏、翼缘一并切割。若采用凿除工艺，对于板结构，则采取分段多点平行作业组织施工，用钢筋探测仪找到钢筋的空隙，划定切口位置，一般5~10 m为一段，用风镐凿开切口，形成临空面，逐步扩展。靠近梁板的护栏根部留3~5 cm，最后人工凿除找平。钢筋妨碍凿除作业时，可分段切除。凿除施工时要求注意保护原结构不受损伤。

B. 翼缘切割施工

翼缘切割划线定位应考虑在理论切割线往外侧1~2 cm，以便为施工缝处理留有余地。对一片板、梁翼缘处（或护栏）的切割需一次连续完成，切忌切除一部分后，等待一段时间再切除剩余部分。对于箱梁，要求必须采用切割的方法拆除翼缘处的混凝土；对于T梁，可主要考虑采用切割的方法拆除翼缘处的混凝土；对于空心板梁，可采用切割或凿除的方法拆除翼缘处的混凝土。

C. 翼缘凿除施工

若采取凿除翼缘的方法，施工时要求注意保护原结构不受损伤，密切监视原结构状况，有意外情况时（例如出现裂缝）要求立即停止凿除施工。可按照以下工艺流程操作：

a. 画线确定凿除混凝土的位置,沿线的外沿 1~2 cm 锯缝切开保护层;

b. 沿锯缝的外侧用钢筋探测仪每 30~50 cm(钢筋间距)定一冲击孔位;

c. 每个冲击孔位处用冲击钻钻孔,穿透翼缘板,孔径 5~10 cm,沿孔位先纵向、后横向凿除翼缘板混凝土钢筋;

d. 人工对凿除翼缘板的内边缘修边,并凿毛腹板的连接部分;

e. 检查凿毛部分的几何尺寸是否符合要求。

D. 混凝土现浇桥面板的凿除

混凝土现浇桥面板的凿除画线定位,应按设计图的尺寸要求进行。凿除方法应采用小锤手工凿除,不允许采用切割机、风镐,以避免伤及桥横向钢筋和梁板。凿除应注意控制凿槽的深度,所凿的深度要求:混凝土现浇层厚度≤凿除深度≤混凝土现浇层厚度 + 1 cm。箱梁一般无现浇层,无需凿槽。

③ 植筋孔位放样

根据设计要求,对植筋位置进行放线定出孔位。

④ 钻孔

根据设计植入钢筋或螺杆直径选择孔径和孔深,若设计有提供孔径和孔深,则直接采用设计要求。钻孔之前对要植筋的端面按拼接缝要求凿毛处理。对作业面进行浮渣清理、清水清洗,并检查作业面是否有缺陷,对切割面及板、梁顶面进行检查,是否有裂缝,如有裂缝须采取措施修补加固。钻孔施工中会遇到结构尺寸较小的情况,为避免对混凝土工作面产生过大的振动,钻孔时应尽量避免使用依靠凸轮传动原理工作的电锤,应使用电动、气锤原理工作的冲击钻。

⑤ 清孔

钻孔完毕后,用毛刷将孔壁的尘屑反复清刷,并用空压机的强风彻底吹洁孔壁,重复至少三次以上,不要留下灰尘或泥浆。由于钻孔孔壁的粉尘可致胶体与基材隔离,将降低植筋的黏结性,影响植入钢筋的抗拉拔力,所以钻孔后认真清孔是非常重要的。孔眼必须用空压机吹干净,然后再用毛刷将孔壁的浮尘刷净,并保证孔眼处于干燥状态。

⑥ 注胶

清孔结束以后,用专用植筋胶枪(与植筋胶相配套)向孔中注入大约孔体积 1/2 的植筋胶。根据植筋胶生产厂家的使用说明进行注胶操作。注胶采用与植筋胶品种相配套的植筋胶枪向孔中注射胶体,注胶的操作要点主要有:

A. 首先将植筋胶直接放入胶枪中,打开或戳破胶筒管的出胶管口,旋紧出胶管头,扣动胶枪直到胶流出为止;

B. 每次开始注射胶时前 3~5 mL 左右的胶水废弃不用,所以每次注胶时要多一些孔为一批,最好一侧桥梁植一次;

C. 虽然每筒胶中附有塑料导管,但为了节省胶,每筒胶注射完以后,最好换胶不换导管,以免将导管中的胶浪费掉;

D. 胶枪每扣动一次必须停顿 5 s 左右,以免压力过大导致胶筒爆裂,浪费胶体;

E. 每个孔的注胶量估计够了以后,必须按一下胶枪后面的铁扣板,以降低胶筒压力,防止胶体继续外流,造成浪费;

F. 待估计胶体不再外流后,将导管移出锚孔;

G. 注射完前几根植筋后必须总结出每个孔的胶枪击打次数,以便控制后继的注胶施工。

⑦ 植入钢筋

在注胶导管移出锚孔后，须及时将备好的钢筋或螺杆旋转着缓缓插入孔底，使胶与钢筋全面粘结，并可在钢筋上套入一直径比孔径大的活动橡胶皮盖住孔口，以防止孔内胶外溢。若胶体未满，须将钢筋拔出来，补射胶水，但时间间隔不宜太久。植入钢筋后必须做好固化期的保护作用，以防碰撞。

植入钢筋，若无特殊要求均采用Ⅱ级钢筋，并要求采取机械切割，端面不允许采用氧割。避免植入钢筋长期暴露锈蚀，否则要采取防锈、除锈措施。

⑧ 新老桥拼接缝钢筋绑扎

植入钢筋达到要求的固化时间后，即可进行新桥梁的预埋筋与植入钢筋的焊接连接。对拼接处老桥外边板翼缘的植入钢筋和新桥内边板的翼缘处预留钢筋进行焊接施工，若出现钢筋错位现象，可进行适当矫正，必须严格保证所植入钢筋与拼接新结构钢筋能可靠焊接。新拼宽桥梁的桥面铺装钢筋安装时，必须注意新老桥拼接处的预留钢筋长度和预留 UEA 膨胀混凝土湿接缝的尺寸，必须满足设计要求。新老桥拼接处湿接缝的钢筋加工及安装，注意做好预留钢筋和老桥面的凿除后外露钢筋的连接工作。

⑨ 拼接缝底侧模板吊装

根据新老桥拼接缝的尺寸，加工拼接缝位置的底侧模板，模板安装时宜采用从下往上 用铁丝吊装紧固的方法固定。

⑩ UEA 补偿收缩混凝土的搅拌、运输

板、T 梁的拼接湿接缝混凝土采用 UEA 补偿收缩混凝土；箱梁湿接缝采用钢纤维 UEA 补偿收缩混凝土，钢纤维必须采用铣削型，集料粒径不大于 25 mm。UEA 补偿收缩混凝土的配合比设计、施工方法、技术要求，参见建设部施工管理司颁布的土木建筑国家级工法《UEA 补偿收缩混凝土防水工法》。UEA 补偿收缩混凝土搅拌时的投料顺序：开机运转→石子→沙子→水泥→UEA→干拌 30 s 以上→水。加水后的搅拌时间要比普通混凝土延长半分钟以上。混凝土运输要及时并保持连续性，时间间隔不宜超过 1.5 h，运距较远或炎热天气可掺入缓凝剂，以减少塌落度损失。膨胀剂的质量应符合标准要求，水泥粗集料粒径不大于 3.2 cm，且含泥量小于 1%，细集料宜用含泥量小于 3% 的中粗砂。UEA 掺量为水泥重量的 10% ~ 14%。

⑪ UEA 补偿收缩混凝土浇筑、振捣

浇筑之前，必须做好混凝土接槎面的凿毛、清理、冲刷、保湿润工作。并在浇筑混凝土 前铺上一层 2 cm 左右厚度的 UEA 的 1∶2 砂浆（砂浆中 UEA 的掺量为水泥质量的 8% ~ 12%），然后再浇筑 UEA 补偿收缩混凝土。浇筑时，混凝土的自由落距应控制在 2 m 以内，同时，振捣是关键之一，振捣时要均匀、密实，不漏振、不欠振、不过振，应使混凝土表面呈现浮浆、不再下沉为止。此外，还必须保证振捣棒移动间距和插入深度符合施工规范要求。拼接部分湿接缝混凝土浇筑时，桥梁一联须一次完成连续浇筑。

⑫ 养护

UEA 补偿收缩混凝土浇筑后，养护非常重要，应根据气温情况，及时浇水养护，使混凝土外露表面始终保持湿润状态，养护时间为 10 ~ 14 d。UEA 补偿收缩混凝土浇筑后，桥梁单幅必须实行交通管制，养护期内严禁行车，以免扰动、振裂。

⑬ 季节性施工

如因工期需要，雨天可以安排护栏凿除、翼缘切割和钻孔施工，但注胶、植筋等工序应尽量避免雨天施工。若雨天安排施工时，要用较为清洁的水清洗孔壁，清洗后最好排出孔内的积水，并吹干。但要注意，经长时间浸泡的孔，要用电锤钻头扫一下孔壁后再洗孔。

夏季施工气温较高时，结构表面温度可能达到 60～70℃，宜在日温差较低时施工；如不可避免施工时，可在结构表面洒水、孔内灌水降温，吹干孔内水分后进行注胶植筋。冬季不影响桥梁拼接的各项施工，但当气温低于 -5℃ 时不宜植筋施工。由于在低温状态植筋胶的凝固缓慢，所以冬季施工时必须延长植筋的养护时间。冬季浇筑混凝土时，混凝土的入模温度不得低于 5℃，且要做好混凝土浇筑的防冻保温工作。在雨雪天应避免浇灌混凝土。

17.1.3 钢结构施工工艺

1. 钢结构手工电弧焊焊接施工工艺

1）工艺流程

作业准备→电弧焊接（平焊、立焊、横焊、仰焊）→焊缝检查

2）施工方法

① 平焊

A. 选择合适的焊接工艺，焊条直径，焊接电流，焊接速度，焊接电弧长度等，通过焊接工艺试验验证。

B. 清理焊口：焊前检查坡口、组装间隙是否符合要求，定位焊是否牢固，焊缝周围不得有油污、锈物。

C. 烘焙焊条应符合规定的温度与时间，从烘箱中取出的焊条，放在焊条保温桶内，随用随取。

D. 焊接电流：根据焊件厚度、焊接层次、焊条型号、直径、焊工熟练程度等因素，选择适宜的焊接电流。

E. 引弧：角焊缝起落弧点应在焊缝端部，宜大于 10 mm，不应随便打弧，打火引弧后应立即将焊条从焊缝区拉开，使焊条与构件间保持 2～4 mm 间隙产生电弧。对接焊缝及对接和角接组合焊缝，在焊缝两端设引弧板和引出板，必须在引弧板上引弧后再焊到焊缝区，中途接头则应在焊缝接头前方 15～20 mm 处打火引弧，将焊件预热后再将焊条退回到焊缝起始处，把熔池填满到要求的厚度后，方可向前施焊。

F. 焊接速度：要求等速焊接，保证焊缝厚度、宽度均匀一致，从面罩内看熔池中铁水与熔渣保持等距离（2～3 mm）为宜。

G. 焊接电弧长度：根据焊条型号不同而确定，一般要求电弧长度稳定不变，酸性焊条一般为 3～4 mm，碱性焊条一般为 2～3 mm 为宜。

H. 焊接角度：根据两焊件的厚度确定，焊接角度有两个方面：一是焊条与焊接前进方向的夹角为 60～75°；二是焊条与焊接左右夹角有两种情况，当焊件厚度相等时，焊条与焊件夹角均为 45°；当焊件厚度不等时，焊条与较厚焊件一侧夹角应大于焊条与较薄焊件一侧夹角。

I. 收弧：每条焊缝焊到末尾，应将弧坑填满后，往焊接方向相反的方向带弧，使弧坑甩在焊道里边，以防弧坑咬肉。焊接完毕，应采用气割切除弧板，并修磨平整，不许用锤击落。

J. 清渣：整条焊缝焊完后清除熔渣，经焊工自检（包括外观及焊缝尺寸等）合格后，方可转移地点继续焊接。

② 立焊

基本操作工艺过程与平焊相同，但应注意下述问题：

A. 在相同条件下，焊接电源比平焊电流小 10%~15%。

B. 采用短弧焊接，弧长一般为 2~3 mm。

C. 焊条角度根据焊件厚度确定。两焊件厚度相等，焊条与焊条左右方向夹角均为 45°；两焊件厚度不等时，焊条与较厚焊件一侧的夹角应大于较薄一侧的夹角。焊条应与垂直面形成 60°~80°角，使电弧略向上，吹向熔池中心。

D. 收弧：当焊到末尾，采用排弧法将弧坑填满，把电弧移至熔池中央停弧。严禁使弧坑甩在一边。为防止咬肉，应压低电弧变换焊条角度，使焊条与焊件垂直或由弧稍向下吹。

③ 横焊

基本与平焊相同，焊接电流比同条件平焊的电流小 10%~15%，电弧长 2~4 mm。焊条的角度，横焊时焊条应向下倾斜，其角度为 70°~80°，防止铁水下坠。根据两焊件的厚度不同，可适当调整焊条角度，焊条与焊接前进方向为 70°~90°。

④ 仰焊

基本与立焊、横焊相同，其焊条与焊件的夹角和焊件厚度有关，焊条与焊接方向成 70°~80°角，宜用小电流、短弧焊接。

2. 钢结构埋弧焊焊接施工工艺

1）操作工艺流程（见图 17-9）

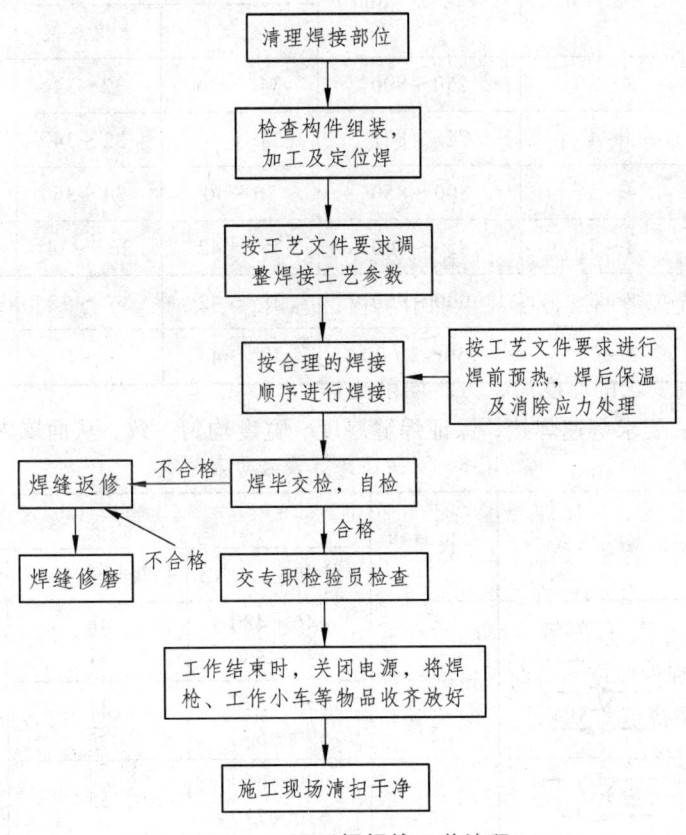

图 17-9　埋弧焊焊接工艺流程

2）操作工艺

① 埋弧自动焊工艺参数选择

A. 焊丝直径。可根据焊接电流选择合适的焊丝直径，见表17-5。

表17-5 不同直径焊丝适用的焊接电流范围

焊丝直径（mm）	2	3	4	5	6
电流密度（A/mm²）	63~125	50~85	40~63	35~50	28~42
焊接电流（A）	200~400	350~600	500~800	700~1 000	820~1 200

表17-6 电弧电压与焊接电流的配合

焊接电流（A）	600~700	700~850	850~1 000	1 000~1 200
电弧电压（V）	36~38	38~40	40~42	42~44

注：焊丝直径5 mm，交流。

B. 埋弧自动焊工艺参数示例（表17-7）。

表17-7 埋弧自动焊工艺参数

焊件厚度（mm）	装配间隙（mm）	焊接电流（mm）	焊接电压（V）		焊接速度（m/h）
			交流	直流反接	
10~12	2~3	750~800	34~36	32~34	32
14~16	3~4	775~825	34~36	32~34	30
18~20	4~5	800~850	36~40	34~36	25
22~24	4~5	850~900	38~42	36~38	23
26~28	5~6	900~950	38~42	36~38	20
30~32	6~7	950~1 000	40~44	38~40	16

注：焊丝直径5 mm，交流。

表17-8 对接接头埋弧自动焊参数

板厚（mm）	焊丝直径（mm）	接头形式	焊接顺序	焊接参数		
				焊接电流（A）	电弧电压（V）	焊接速度（m/min）
8	4		正反	440~480 480~530	30 31	0.50
10	4		正反	530~570 590~640	31 33	0.63
12	4		正反	620~660 680~720	35	0.42 0.41

续表

板厚 （mm）	焊丝直径 （mm）	接头形式	焊接顺序	焊接参数		
				焊接电流（A）	电弧电压（V）	焊接速度（m/min）
14	5	80°, 6, 1.0	正 反	830~850 600~620	36~38 35~38	0.42 0.75
16	4	70°±5°, 6±1	正 反	530~570 590~640	31 33	0.63
	5	70°, 7, 1.0	正 反	620~660 680~720	35	0.42 0.41
18	5	70°, 10, 1.0	正 反	850 800	36~38	0.42 0.50
20	5		正 反	700~750	36~38	0.46
	6	70°, 10, 1.0	正 反	925 850	36 38	0.45
22	6	55°, 12, 1.0	正 反	1000 900~950	38~40 37~39	0.40 0.62
24	4	70°+5°, 6	正 反	700~720 700~750	36~38	0.33
	5	80°, 8	正 反	800 900	34 38	0.30 0.27
28	4	70°, 6	正 反	825	30~32	0.27
30	4	70°+5°, 6	正 反	750~800 800~850	36~38	0.30
	6	70°, 10, 1.0	正 反	800 850~900	36	0.25

表 17-9 厚壁多层埋弧焊工艺参数

接头形式	焊丝直径（mm）	焊接电流（A）	电弧电压（V） 交流	电弧电压（V） 直流	焊接速度（m/min）
（5°~7°, R=10, 10a, 0~2, 70°~90°）	4	600~710	36~38	34~36	0.4~0.5
	5	700~800	38~42	36~40	0.45~0.55

表 17-10 搭接接头埋弧自动焊工艺参数

板厚（mm）	焊角（mm）	焊丝直径（mm）	焊接电流（A）	电弧电压（V）	焊接速度（m/min）	a（mm）	α（°）	简图
6		4	530	32~34	0.75	0	55~60	
8	7	4	650	32~34	0.75	1.5~2.0	55~60	
10	7	4	600	32~34	0.75	1.5~2.0	55~60	
12	6	5	780	32~35	1	1.5~2.0	55~60	

表 17-11 T形接头单道埋弧自动焊接参数

焊角	焊丝直径	焊接电流（A）	电弧电压（V）	焊接速度	送丝速度（m/min）	a（mm）	b（mm）	α（°）	简图
6	4~5	600~650	30~32	0.7	0.67~0.77	2.0~2.5	≤1.0	60	
8	4~5	650~770	30~32	0.42	0.67~0.83	2.0~3.0	1.5~2.0	60	

表 17-12 船形位置T形接头的单道埋弧自动焊焊接参数

焊脚（mm）	焊丝直径（mm）	焊接电流（A）	电弧电压（V）	焊接速度（m/min）	送丝速度（m/min）
6	5	600~700	34~36		0.77~0.83
8	4	675~700	34~36	0.33	1.83
8	5	700~750	34~36	0.42	0.83~0.92
10	4	725~750	34~36	0.27	2.0
10	5	750~800	34~36	0.3	0.9~1

② 除按以上各条确定焊接参数外，焊接前尚应按工艺文件的要求调整焊接电流、电弧电压、焊接速度、送丝速度等参数后方可正式施焊。

③ 施焊前，焊工应检查焊接部位的组装和表面清理的质量，如不符合要求，应修磨补焊合格后方能施焊。焊接坡口组装允许偏差值应符合有关规定。坡口组装间隙超过允许偏差规定时，可在坡口单侧或两侧堆焊、修磨使其符合要求，但当坡口组装间隙超过较薄板厚度2倍或大于20mm时，不应用堆焊方法增加构件长度和减少组装间隙。

④ T形接头、十字形接头、角接接头和对接接头主焊缝两端，必须配置引弧板、引出板，其材质应和被焊母材相同，坡口形式应与被焊焊缝相同，禁止使用其他材质的材料充当引弧板和引出板。

⑤ 非手工电弧焊焊缝引出长度应大于80 mm。其引弧板和引出板宽度应大于80 mm，长度宜为板厚的2倍且不小于100 mm，厚度应不小于101 mm。

⑥ 焊接完成后，应用火焰切割去除引弧板和引出板，并修磨平整。不得用锤击落引弧板和引出板。

⑦ 厚度12 mm以下板材，可不开坡口，采用双面焊，正面焊电流稍大，熔深达65%~70%，反面达40%~55%。厚度大于12~20 min的板材，单面焊后，背面清根，再进行焊接。厚度较大板，开坡口焊，一般采用手工打底焊。

⑧ 填充层总厚度低于母材表面1~2 mm，稍凹。

⑨ 盖面层使焊缝对坡口熔宽每边3 mm±1 mm，调整焊速，高为0~3 mm。

⑩ 不应在焊缝以外的母材上打火引弧。

⑪ 除电渣焊、气电立焊外，Ⅰ、Ⅱ类钢材匹配相应强度级别的低氢型焊接材料并采用中等热输入进行焊接时，板厚与最低预热温度要求宜符合表17-13的规定。实际工程结构施焊时的预热温度，尚应满足下列规定：

表17-13 常用结构钢材最低预热温度要求

钢材牌号	接头最厚部件的板厚 t（mm）				
	$t<25$	$25 \leqslant t \leqslant 40$	$40<t \leqslant 60$	$60<t \leqslant 80$	$t>80$
Q235			60 °C	80 °C	100 °C
Q295、Q345		60 °C	80 °C	100 °C	140 °C

注：本表适应条件：接头形式为坡口对接，根部焊道，一般拘束度；热输入约为15~25 kJ/cm；一般拘束度，指一般角焊缝和坡口焊缝的接头未施加限制收缩变形的刚性固定，也未处于结构最终封闭安装 或局部返修焊接条件下而具有一定自由度；环境温度为常温；焊接接头板厚不同时，应按厚板确定预热温度；焊接接头材质不同时，按高强度、高碳当量的钢材确定预热温度。

A. 根据焊接接头的坡口形式和实际尺寸、板厚及构件约束条件确定预热温度。焊接坡口角度及间隙增大时，应相应提高预热温度。

B. 根据焊接时热输入的大小确定预热温度。当其他条件不变时，热输入增大5 kJ/cm，预热温度可降低25~50 °C。

C. 根据接头热传导条件选择预热温度。在其他条件不变时，T形接头应比对接接头的预热温度高25~50 °C。但T形接头两侧角焊缝同时施焊时，应按对接接头确定预热温度。

D. 据施焊环境温度确定预热温度。操作地点环境温度低于常温时（高于0 °C），应提高预热温度15~25 °C。

⑫ 定位焊必须由持相应合格证的焊工施焊，所用焊接材料应与正式施焊相当。定位焊焊缝应与最终焊缝有相同的质量要求。钢衬垫的定位宜在接头坡口内焊接，定位焊焊缝厚度

不宜超过设计焊缝厚度的 1/2 倍,定位焊缝长度宜大于 40 mm,间距 500~600 mm,并应填满弧坑。定位焊预热温度应高于正式施焊预热温度。当定位焊焊缝上有气孔或裂纹时,必须清除后重焊。

⑬ 对于非密闭的隐蔽部位,应按施工图的要求进行涂层处理后,方可进行组装;对刨平顶紧的部位,必须经质量部门检验合格后才能施焊。

⑭ 在组装好的构件上施焊,应严格按焊接工艺、规定的参数以及焊接顺序进行,以控制焊后构件变形。表 17-14 控制焊接变形,可采取反变形措施。

表 17-14 低合金焊接反变形参考数值

板厚 t (mm)	$(a+2)/2$ f(mm) / 反变形角度 (平均值)	B (mm)											
		150	200	250	300	350	400	450	500	550	600	650	700
12	1°30′0″	2	2.5	3	4	4.5	5						
14	1°22′40″	2	2.5	3	3.5	4	5	5.5					
16	1°4′	1.5	2	2.5	3	3.5	4	4.5	5	5			
20	1°	1	2	2	2.5	3	3.5	4	4.5	5	5		
25	55′	1	1.5	2	2.5	3	3	3.5	4	4.5	5	5	
28	34′20″	1	1	1	1.5	2	2	2.5	2.5	3	3.5	3.5	
30	27′20″	0.5	1	1	1	1.5	1.5	2	2	2	2.5	2.5	3
36	17′20″	0.5	0.5	0.5	1	1	1	1	1.5	1.5	1.5	1.5	2
40	11′20″	0.5	0.5	0.5	0.5	0.5	0.5	1	1	1	1	1	1

表 17-15 焊接收缩量

结构类型	焊件特征和板厚	焊缝收缩量 (mm)
钢板对接	各种板厚	长度方向每米焊缝 0.7;宽度方向每个接口 1.0
实腹结构及焊接 H 型钢	断面高小于等于 1 000 mm 且板厚小于等于 25 mm	四条纵焊缝每米共缩 0.6,焊透梁高收缩 1.0;每对加劲焊缝,梁的长度收缩 0.3
	断面高小于等于 1 000 mm 且板厚大于 25 mm	四条纵焊缝每米共缩 1.4,焊透梁高收缩 1.0;每对加劲焊缝,梁的长度收缩 0.7
	断面高大于 1 000 mm 的各种板厚	四条纵焊缝每米共缩 0.2,焊透梁高收缩 1.0;每对加劲焊缝,梁的长度收缩 0.5
格构式结构	屋架、托架、支架等轻型桁架	接头焊缝每个接口为 1.0;搭接贴角焊缝每米 0.5
	实腹柱及重型桁架	搭接贴角焊缝每米 0.25
圆筒形结构	板厚小于等于 16 mm	直焊缝每个接口周长收缩 1.0;环焊缝每个接口周长收缩 1.0
	板厚大于 16 mm	直焊缝每个接口周长收缩 2.0;环焊缝每个接口周长收缩 2.0

在约束焊道上施焊，应连续进行；如因故中断，再焊时应对已焊的焊缝局部做预热处理。采用多层焊时，应将前一道焊缝表面清理干净后再继续施焊。

⑮ 因焊接而变形的构件，可用机械（冷矫）或在严格控制温度的条件下加热（热矫）的方法进行矫正。

A. 碳素结构钢在环境温度低于 −16 ℃、低合金结构钢在环境温度低于 −12 ℃时，不应进行冷矫正和冷弯曲。碳素结构钢和低合金结构钢在加热矫正时，加热温度不应超过 900 ℃。

B. 当零件采用热加工成型时，加热温度应控制在 900~1 000 ℃；碳素结构钢和低合金结构钢在温度下降到 700 ℃ 和 800 ℃ 之前，应结束加工；低合金结构钢应自然冷却。检查数量：全数检查。检验方法：检查制作工艺报告和施工记录。

17.2 桥梁混凝土施工

17.2.1 普通混凝土施工

1. 适用范围

适用于桥梁工程混凝土的施工，不含水下混凝土的灌注、真空脱水混凝土及喷射混凝土等的施工。

2. 施工准备

进行混凝土配合比设计：

编制分项工程施工方案，并对班组进行培训及交底。

① 材料要求

配置混凝土的各种原材料品种规格和技术性能应符合国家现行标准规定和设计要求。水泥、外加剂及掺合料等还应进行碱含量检测，砂、石子等应进行碱活性检测，碱含量或碱活性应符合设计要求和有关国家现行标准的规定。

A. 水泥

配置混凝土所使用的水泥，一般采用普通硅酸盐水泥、硅酸盐水泥，有特殊要求时可采用其他品种水泥。水泥进场应有出厂合格证和出厂试验报告，并应按其品种、强度等级、包装或散装仓号、出厂日期等进行检查验收，进场后应进行复试，试验合格后方可使用。

B. 砂

混凝土用砂，一般采用质地坚硬、级配良好、颗粒洁净、粒径小于 5 mm 的砂。各类砂应按有关标准规定分批检验，各项指标合格方可使用。普通混凝土所用的砂应以细度模数 2.5~3.5 之间的中、粗砂为宜，其含泥量应小于 3%。

C. 石子

混凝土用的石子，应采用坚硬的碎石或破碎卵石，并应按产地、类别加工方法和规格等不同情况，按有关标准规定分批进行检验，确认合格后方可使用。石子最大粒径应按混凝土结构情况及施工方法选择，但最大粒径不得超过结构物截面最小尺寸的 1/4，且不得超过钢筋最小净距的 1/2；泵送混凝土时石子最大粒径除应符合上述规定外，对碎石不宜超过输送管径的 1/3，对碎石不宜超过输送管径的 1/3，对于破碎卵石不宜超过输送管径的 1/2.5；同时应符合混凝土输送泵的使用规定。

D. 外加剂

必须经有关部门检验并附有检验合格证明，使用前应进行复验，确认合格后方可使用，使用方法应符合产品说明书及现行国家有关标准的规定。

E. 掺合料

可采用粉煤灰、矿粉等，进场时应附有产品出厂检验报告，进场后应按有关标准规定进行复试，确认合格后方可使用。

F. 水

宜采用饮用水，当采用其他水源时，应按有关标准对其进行化验，确认合格后方可使用。

② 机具设备

A. 混凝土搅拌设备：混凝土搅拌机、装载机、计量设备、手推车等。

B. 混凝土运输设备：混凝土运输车、机动翻斗车等。

C. 混凝土浇筑设备：混凝土输送泵、汽车吊及吊斗、混凝土振捣器等。

D. 其他设备：空压机、风镐、发电机、水泵、水车等。

E. 工具：抹子、铁锹、串筒、漏斗、溜槽、锤子、铁錾等。

③ 作业条件

A. 配制混凝土的各组成材料进场并经检验合格，数量或补给速度满足施工要求。

B. 混凝土搅拌站已安装就位，并经验收合格。

C. 混凝土浇筑作业面及搅拌站通水通电，混凝土运输道路畅通。

3. 施工工艺

1）操作工艺

① 混凝土搅拌

A. 开始搅拌前，应进行如下准备工作：

B. 对搅拌机及上料设备进行检查并试运转。

C. 对所有计量器具进行检查并试运转。

D. 校对施工配合比。

E. 对所用原材料的质量、规格、品种、产地及牌号等进行检查，并与施工配合比进行核对。

F. 对砂、石含水率进行检测，如有变化，及时调整配合比用水量。

② 计量：各种衡器应定期校验，保持准确；骨料含水率应经常测定，雨天施工应增加测定次数。

A. 砂、石计量：砂、石计量的允许偏差为≤±3%。

B. 水泥计量：采用袋装水泥时，对每批进场的水泥应抽查10袋的重量，并计量每袋的平均实际重量。小于标定重量的要开袋补足，或以每袋的实际水泥重量为准，调整其他材料的用量，按配合比的比例重新确定每盘混凝土的施工配合比。采用散装水泥的，应每盘精确计量。不同强度等级、不同品种、不同厂家的水泥不得混合使用。水泥计量的允许偏差为±2%。

C. 外加剂计量：对于粉状的外加剂，应按施工配合比每盘的用量，预先在外加剂存放的仓库中进行计量，并以小包装运到搅拌地点备用。液态外加剂要随用随搅拌，并用比重计检查其浓度。外加剂计量的允许偏差为≤±2%。

D. 掺合料计量：对于粉状的掺合料，应按施工配合比每盘的用量，预先在掺合料存放的仓库中进行计量，并以小包装运到搅拌地点备用。掺合料计量的允许偏差为≤±2%。

E. 水计量：水必须盘盘计量，其允许偏差为≤±2%。

③ 上料：现场拌制混凝土，一般是计量好的原材料先汇集在上料斗中，经上料斗进入搅拌筒。水及液态外加剂经计量后，在往搅拌筒中进料的同时，直接注入搅拌筒。原材料汇集到上料斗的顺序如下：

A. 无外加剂、掺合料时，依次进入上料斗的顺序为石子、水泥、砂。

B. 有掺合料时，其顺序为石子、水泥、掺合料、砂。

C. 有干粉状外加剂时，其顺序为石子、外加剂、水泥、砂，或顺序为石子、水泥、砂、外加剂。

D. 混凝土应使用强制式搅拌机搅拌，混凝土最短搅拌时间可按表17-16采用。

表17-16 混凝土搅拌的最短时间（s）

混凝土坍落度（mm）	搅拌机出料量（L）		
	<250	250~500	>500
≤30	60	90	120
	90	120	150
>30	60	60	90
	90	90	120

注：混凝土搅拌的最短时间系指自全部材料装入搅拌筒中起，到开始卸料止的时间。当掺有外加剂时，搅拌时间应适当延长。

E. 首盘混凝土拌制时，先加水使搅拌筒空转数分钟，搅拌筒被充分湿润后，将剩余水倒净。搅拌第一盘时，由于砂浆粘筒壁而损失。因此，石子的用量应按配合比减10%，从第二盘开始，按给定的混凝土配合比投料。

F. 混凝土在拌和过程中，除对搅拌时间进行控制外，还应对混凝土拌合物的均匀性进行检查，保证混凝土颜色一致，不得有离析和泌水现象。

G. 混凝土搅拌完毕后，应按下列要求检测混凝土拌合物的各项性能：

混凝土拌合物的坍落度及和易性，应在搅拌地点和浇筑地点分别取样检测，评定时应以浇筑地点的测值为准，每一工作班至少两次。如混凝土拌和物从搅拌机出料至浇筑入模的时间不超过15 min时，其坍落度可以在搅拌地点取样检测。在检测坍落度时，还应观察混凝土拌合物的粘聚性和保水性。按有关规定制作混凝土试块。

2）混凝土运输

① 混凝土的运输能力必须满足混凝土浇筑的连续性，并确保在混凝土初凝前浇筑完毕。

② 当混凝土拌合物运距较近时，可采用无搅拌器的运输工具运输，但容器必须不吸水漏浆。当采用搅拌运输车运输且运距较远时，途中应以每分钟约2~4转的慢速进行搅动，卸料前应快转2~3 min，混凝土的装载量应为搅拌筒几何容量的2/3。

③ 混凝土运至浇筑地点后发生离析、严重泌水现象时不得使用。

④ 采用泵送混凝土应符合下列规定：

A. 混凝土的供应必须保证混凝土输送泵能连续工作。

B. 输送管线宜顺直，转弯宜缓，接头应严密。如管道向下倾斜，应防止混入空气产生阻塞。

C. 泵送前应该先用适量的与混凝土成分相同的水泥砂浆润滑内壁；预计泵送间歇时间超过 45 min 时，应立即用压力水或其他方法清理管内残留混凝土。

D. 在泵送过程中，受料斗内应留有足够的混凝土，以防止吸入空气而产生阻塞。

3）混凝土浇筑

① 混凝土浇筑前应对支架、模板、钢筋和预埋件等分别进行检查验收，符合要求后方能浇筑混凝土。模板内的杂物、积水和钢筋上的污垢应清理干净；模板内面应涂刷脱模剂。

② 混凝土自高处倾落的自由高度不宜超过 20 m。倾斜高度超过 2 m 时，应通过串筒、溜槽等设施下落；倾斜高度超过 10 m 时，应设置减速装置。

③ 混凝土应按一定厚度、顺序和方向分层浇筑，分层浇筑时应在下层混凝土初凝前浇筑上层混凝土；上下层同时浇筑时，上层与下层前后浇筑距离应保持 1.5 m 以上。

在倾斜面上浇筑混凝土时，应从低处开始，逐层扩展升高，保持水平分层。

混凝土分层浇筑厚度不宜超过表 17-17 的规定。

表 17-17　混凝土分层浇筑厚度

捣筒方法		浇筑层厚度（mm）
用插入式振动器		300
用附着式振动器		200
用表面振动器	无筋或配筋稀疏	250
	配筋较密时	150

注：表列规定可根据结构物和振动器型号等情况适当调整。

④ 浇筑混凝土时，应采用振动器捣实，边角处可采用人工辅助振捣。用振动器振捣混凝土时，应符合下列规定：

A. 使用插入式振动器时，移动间距不应超过振动器作用半径的 1.5 倍；与倒模应留有 50~100 mm 的距离，插入下层混凝土 50~100 mm；每一处振动完毕后应边振动边徐徐拔出振动棒；振动棒应避免碰撞模板、钢筋、芯管和预埋件，如靠近模板处钢筋较密，在使用插入式振动器之前先以人工仔细插捣。

B. 表面振动器的移动间距，应保证振动器的平板能覆盖已振实部分 100 mm 左右为宜。

C. 附着式振动器的有效作用半径和振动时间应视结构形状、模板坚固程度及振动器的性能情况，通过试验确定。

D. 每一振动部位的振捣延续时间，应使混凝土表面呈现泛浆和不再沉落为度。

E. 施工缝应按下列要求进行处理：

应凿除混凝土表面的水泥浆和软弱层，凿除时，混凝土强度应满足下列要求：水冲洗或钢丝刷处理混凝土表面，应达到 0.5 MPa；用人工凿毛时，应达到 2.5 MPa。经过凿毛处理的混凝土表面，应用压力水冲洗干净，使表面保持湿润但不积水。在浇筑混凝土前，对水平缝应铺一层厚为 10~20 mm 的同配比减渣混凝土。对于重要部位，有防震要求的混凝土结构或钢筋稀疏的结构，应在接缝处补插锚固钢筋或做榫槽；有抗渗要求的施工缝宜做成凹凸或设置钢板止水带。施工缝为斜面时，应浇筑成或凿成台阶状。施工缝处理后，须持下层混凝土达到一定强度后才允许继续浇筑上层混凝土。需要达到的强度不低于 1.2 MPa，当结构物为钢筋混凝土时，不得低于 2.5 MPa。混凝土达到上述抗压强度的时间宜通过试验确定，如无试验资料，可参考有关规范确定。

F. 混凝土浇筑过程中或浇筑完成时，如混凝土表面泌水较多，应及时采取措施，在不扰动已浇筑混凝土的条件下，将泌水排除；继续浇筑时，应查明原因采取措施减少泌水。

G. 结构混凝土浇筑完成后，对混凝土顶面应及时进行修整、抹平，待定浆后再抹第二遍并压光或拉毛。

H. 浇筑混凝土时，严禁在混凝土中加水改变稠度。

I. 大体积混凝土的浇筑宜在室外气温较低时进行，混凝土的浇筑温度不宜超过 28°，并应采取有效措施降低混凝土水化热。

J. 混凝土在浇筑过程中，应随时检查模板、支架、钢筋、预埋件和预留孔洞的情况，如发现有变形、移位或沉陷等情况时立即停止浇筑，查明原因，并在混凝土凝结前修整完好。

4）混凝土养护

① 浇筑完成的混凝土，应加以覆盖和洒水养护，并应符合以下规定：

A. 混凝土应在终凝后及时进行覆盖养护，覆盖时不得损伤或污染混凝土表面。

B. 混凝土养护的时间不得少于 7 d，可根据大气的温度、湿度和水泥品种及掺用的外加剂等情况，酌情延长；对掺用缓凝型外加剂或有抗渗要求的混凝土不得少于 14 d；预应力混凝土养护至预应力张拉。

C. 洒水的次数应能保持混凝土表面经常处于湿润状态。

D. 当气温低于 5°时，应覆盖保温，不得向混凝土表面洒水。

E. 混凝土养护用水应与拌合用水要求相同。

② 对于大体积混凝土的养护，应根据气候条件采取温控措施，并按需要测定浇筑后的混凝土表面和内部温度，将温差控制在设计要求的范围内，当设计无具体要求时，温差不宜超过 25 °C。

③ 采用蒸汽养护混凝土时应符合下列规定：

A. 混凝土浇筑完毕后，应静放一段时间后再加温，静放时间为 2~4 h，静放环境温度不宜低于 10 °C；蒸养温度不宜超过 80 °C。

B. 升降温速度应符合表 17-18 的规定。

表 17-18 加热养护混凝土的升降温速度

表面系数	升温速度（°C/h）	降温速度（°C/h）
≥6	15	10
<6	10	5

注：配筋稠密，连续长度较短（6~8 m）的薄型结构，升温速度为 20 °C/h。

4. 雨季施工

（1）水泥等材料应存放于库内或棚内，散装水泥仓就采取防雨措施。
（2）雨期施工中，对骨料含水率的测定
（3）模板涂刷脱模剂后，要采取措施避免脱模剂受雨水冲刷而流失。
（4）及时准确地了解天气预报信息，避免在雨中进行混凝土浇筑，必须浇筑时，应采取有效措施确保混凝土质量。
（5）雨期施工中，混凝土模板支架及施工脚手架地基须坚实平整、排水顺畅。

5. 冬季施工

（1）室外日平均气温连续 5 d 稳定低于 5 ℃ 时，混凝土施工应采取冬施措施。
（2）冬期施工混凝土的搅拌。
① 应优先选用硅酸水泥或普通硅酸水泥，水泥强度等级不应低于 32.5 级，最小水泥用量不宜低于 300 kg/m³，水灰比不宜大于 0.6。
② 宜使用无氯盐类防冻剂，对抗冻性要求高的混凝土，宜使用引气剂或引气减水剂，其掺量应根据混凝土的含气量要求，通过试验确定。在钢筋混凝土和预应力混凝土中不得掺有氯盐类防冻剂。
③ 混凝土所用骨料必须清洁，不得含有冰、雪等冻结物及易冻裂的矿物质。
④ 混凝土的搅拌宜在保温棚内进行；应优先选用水加热的方法，水和骨料的加热温度应通过计算确定，但不得超过表 17-19 的规定。

表 17-19　拌合水和骨料加热最高温度（℃）

项　　目	拌合水	骨料
强度等级 < 42.5 的普通硅酸盐水泥、矿渣硅酸盐水泥	80	60
强度等级 ≥ 42.5 的普通硅酸盐水泥、矿渣硅酸盐水泥	60	40

水泥不得直接加热，宜在使用前运入保温棚存放。当骨料不加热时，水可加热到 100 ℃，但投料时水泥不得与 80 ℃ 以上的水直接接触。投料顺序为投入骨料和已加热的水，然后再投入水泥。
⑤ 混凝土拌制前，应用热水或蒸汽冲洗搅拌机，拌制时间应取常温的 1.5 倍；混凝土拌合物的出机温度不宜低于 10 ℃，入模温度不得低于 5 ℃。
（3）冬施混凝土拌和物除应进行常温施工项目检测外，还应进行以下检查：
① 检查外加剂的掺量。
② 测量水和外加剂溶液以及骨料的加热温度和加入搅拌机时的温度。
③ 测量混凝土的出机温度和入模温度。
以上检查每一工作班应至少测量检查 4 次。
④ 混凝土试块除应按常温施工要求留置外，还应增设不少于 2 组与结构同条件养护的试件，分别用于检验受冻前的混凝土强度和转入常温养护 28 d 的混凝土强度。
（4）混凝土运输车应采取保温措施，宜采用混凝土罐车运输，采用混凝土输送泵进行混凝土浇筑时，对泵管应采取保温措施。

（5）及时准确地了解天气预报信息，浇筑混凝土要避开寒流及雪天，必须浇筑时，应采取有效措施确保混凝土质量。

（6）混凝土浇筑成型后，应及时对其进行保温养护。

6. 质量标准及质量控制要点

1) 基本要求

所用的水泥、砂、石、水、外掺剂及混合材料的质量和规格，必须符合有关技术规范的要求，按规定的配合比施工。使用预拌混凝土需有预拌混凝土出厂合格证。混凝土强度必须符合设计要求。强度的检验一般是做抗压试验，设计有特殊要求时，应做抗折、抗压、弹性模量、抗浆、抗渗等试验。混凝土应振捣密实，不应有蜂窝、孔洞、裂缝及露筋现象。钢筋混凝土结构在自重荷载下，不允许出现受力裂缝。预应力筋的孔道必须通顺、洁净。

2) 实测项目

执行桥梁工程中相关施工技术规范、标准。

3) 成品保护

在已浇筑的混凝土未达到 1.2 MPa 以前，不得在其上踩踏或进行施工操作。在拆除模板时不得强力拆除，以免损坏结构棱角或清水混凝土面。不应在清水混凝土面上乱涂乱画，以免影响美观。在模板拆除后，对易损部位的结构棱角（如方柱的四角）应采取有效措施予以保护。

4) 质量控制要点

① 蜂窝、麻面与孔洞

要求模板拼缝严密不漏浆，以免水泥浆流失而造成麻面甚至蜂窝。模板表面应光滑、均匀涂刷脱模剂并避免脱模剂流失，以免粘模而造成脱皮麻面。一次下料厚度不得过大，以免振捣不实或漏振而造成蜂窝甚至孔洞。钢筋较密时混凝土坍落度不宜过小，骨料粒径不宜过大，以免混凝土被卡而造成蜂窝甚至孔洞。混凝土振捣应适度，漏振易形成蜂窝甚至孔洞，过振易形成麻面。

② 露筋

按施工方案要求的间距将钢筋保护层垫块绑扎牢固，不得出现漏放及松动位移现象，垫块应具有足够的强度。混凝土浇筑时应分层振捣密实。

③ 缝隙及夹层

施工缝处杂物应清理干净。在浇筑混凝土前，对水平缝宜铺一层厚为 10~20 mm 同强度等级的减渣混凝土。墩台混凝土浇筑前，应在基础顶浇筑减渣混凝土，并保证混凝土供应的连续性。

④ 烂根

墩台、基础及现浇护栏等结构混凝土浇筑前，要认真用高强度等级砂浆底口封严，并采取措施避免模板上浮。箱梁混凝土浇筑应先浇底板后浇腹板，浇筑腹板混凝土时，应采取措施防止底板及埂斜处的混凝土上涌。箱梁、盖梁及预制梁等结构的侧模与底模的拼缝应严密不漏浆。

⑤ 混凝土强度不足

严格控制原材料质量、进场后应按有关规定抽样试验，试验合格方可使用。按混凝土配合比施工，严格原材料的计量，混凝土应搅拌均匀。混凝土经运输出现离析等质量问题时不得使用。混凝土的养护应及时，养护措施相当，养护期满足规范要求。冬期施工的混凝土，应严格控制其入模温度，成型后视气温情况应采取保温措施，确保混凝土在达到临界强度前不受冻。

⑥ 裂缝

首先要求配合比设计要合理，水灰比不宜过大，单方石子用量不宜过小。严格控制砂石杂质含量及针片状含量在规范允许范围内，级配应合理，并避免使用细度大的水泥。混凝土浇筑前，对混凝土的质量进行严格检查，不合格品严禁进行浇筑。混凝土要振捣均匀，避免出现过振现象，以防局部出现塑性收缩裂缝和干缩裂缝，并严禁用振捣棒赶料。严格控制混凝土表面温差，不得超过 25 ℃，以避免出现表面温差裂缝。模板拆除不宜过早，以免混凝土水分大量散失形成收缩裂缝。

17.2.2 大体积混凝土施工

1. 施工工艺流程（见图 17-10 所示）

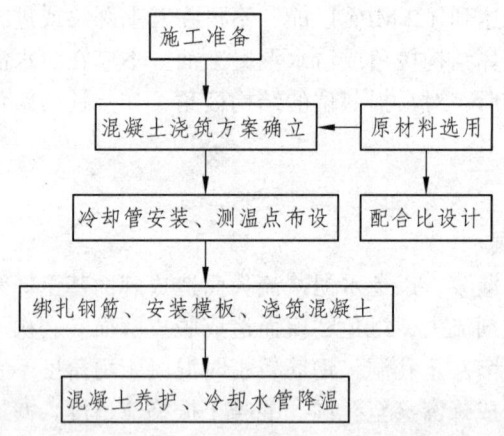

图 17-10 大体积混凝土施工流程

2. 施工要点

1）施工准备

① 浇灌混凝土的模板，钢筋及管线等应事先全部安装完毕，检查合格。

② 原材料经检查符合要求，试验室已下达混凝土配合比通知单。

③ 磅秤（或自动上料系统）经检查度量准确，振捣棒经检查试运转合格。

④ 优化混凝土配合比。

配合比设计原则除应符合《大体积混凝土施工规范》4.3 条外，尚应符合如下原则：混凝土配制强度等级按《混凝土配合比设计规程》执行，不宜超强，否则对温控不利，而且要尽可能利用后期强度，水泥宜采用中低水化热水泥，如矿渣硅酸盐类水泥。混凝土的水灰比宜在 0.4～0.6，砂率宜为 35～45%，建议砂率取 39%以上，初凝时间宜在 4 小时以上，坍落度在 12～16 cm。为了减少绝对用水量和水泥用量，改善混凝土和易性、可泵性和延长缓凝时间，可掺加优质粉煤灰和抗裂、防渗、减水、缓凝等外加剂。为补偿混凝土的收缩，应掺一定数量的 UEA 膨胀剂。细骨料宜采用中砂，其通过 0.315 mm 筛孔的颗粒含量不应少于 15%，含泥量不得大于 1%。粗骨料宜采用连续级配，其针片状颗粒含量不宜大于 10%，含泥量不得大于 1%。

⑤ 混凝土水化热试验。

大体积混凝土水泥水化发热量是温度裂缝控制最关键的一个参数，因此，在进行配合比试验时必须同时进行水化热试验研究。胶凝材料的水化热试验必须进行，并测量 3 天、7 天、14 天、28 天的发热量。7 天的水化热不宜大于 250 kJ/kg。有条件时应尽可能进行混凝土的水化热试验，避免由胶凝材料的水化热推算混凝土水化热带来的误差，以提高试验的精度。

⑥ 输送管道设计。

混凝土输送管应根据工程和施工场地特点、混凝土浇筑方案进行配管，应尽可能缩短管线长度。为减少压力损失，少用弯管和软管。输送管的铺设应保证安全施工，便于管道清洗和故障排除。输送管道布置要求横平竖直。在同一条管线中，就采用相同管径的混凝土输送管；同时采用新、旧管段时，应将新管布置在压力较大处。混凝土输送管应根据粗骨料最大料径、输送距离等确定。当粗骨料最大料径为 40 mm 时，混凝土输送管最小管径为 125 mm。

2）材料选择与质量控制

材料措施是选择混凝土原材料、优化混凝土配合比。目的是使混凝土具有较大的抗裂能力，即尽量使混凝土的绝热温升较小，抗拉强度及极限抗伸变形能力较大。原则是在选材的基础上通过优化配比，以获得"低温（低浇注温度）""低热（低水化热温升）"混凝土，借以缩小温差，减少或避免裂缝，达到裂缝控制的目的。其具体做法如下：

① 水泥

为降低混凝土水化热，一般采用中、低热硅酸盐水泥，了解水泥熟料中硅酸三钙、硅酸二钙、铝酸三钙及铁铝酸四钙等矿物成分含量。使用前应进行水化热分析，并检测其碱含量及化学成分；水泥中 C_3A 含量不宜超过 89/6，水泥细度（比表面积）不超过 350 m/kg，游离氧化钙不超过 1.95/5，氯离子含量不宜超过水泥质量的 0.2%，水泥含碱量不宜超过水泥质量的 0.6%。混凝土内总含碱量不应超过 3.0 kg/m³。混凝土中胶凝材料最小用量应大于 300 kg/m。最大用量不宜超过 400 kg/m。最大水胶比为 0.50。

② 粉煤灰

所选用的掺和料必须品质稳定、来料均匀、来源固定。矿物掺和料中不应含放射性物质、可溶性有毒物质或其他对混凝土品质有害的物质，应有相应的检验证明和产品合格证。掺入优质粉煤灰取代水泥，进一步降低水化热，提高混凝土的工作性，并进行碱含量试验，粉煤灰烧失量应尽可能低，三氧化硫含量不大于 3%，需水量比不宜大于 105%。取代量应不少于胶结材料总量的 20%，当掺量超过 30% 以上时，水胶比不宜大于 0.42。

③ 外加剂

外加剂应具有减水、保塑、缓凝、泵送、等复合功能；使用前检测其碱含量。外加剂供应商提供推荐掺量与相应减水率、主要成分的化学名称、氯离子含量、含碱量及施工中的注意事项、掺入方法和成功使用证明。当混合使用多种外加剂时，应事先专门测定，确保它们之间的相容性。外加剂中氯离子含量不得大于混凝土中胶凝材料总量的 0.02%，高效减水剂中硫酸钠含量不宜大于减水剂干重的 15%。氯化钙不能作为混凝土外加剂、防冻剂使用，不能使用亚硝酸钠类阻锈剂。

④ 粗骨料

采用 5~31.5 mm 连续级配碎石，进一步提高混凝土内部密实度。骨料要求：质地均匀坚固，粒形和级配良好、吸水率低、空隙率低（粗骨料堆积空隙率不超过 40%；对不同细度模数的砂子，控制 4.75 mm、0.6 mm 和 0.15 mm 筛的累计筛余量分别为 0~5%、40%~70%和≥95%）。粗骨料的压碎指标不大于 7%，吸水率不大于 2%，针、片状颗粒不宜超过 5%。粗、细骨料中含泥量应分别低于 0.7%和 1%；粗、细骨料中的水溶性氯化物折合氯离子含量均不应超过骨料质量的 0.02%。粗骨料的最大公称直径应小于钢筋间最小净距和保护层厚度的 2/3。不得使用鄂式破碎机生产的粗骨料，严禁使用海砂。使用骨料前应了解骨料有无潜在活性，并通过专门验证。水：混凝土拌和用水中氯离子含量不大于 200 mg/L。

由于大体积混凝土的特殊性，温控防裂常常是其配合比设计中首先要考虑的问题。因此，在大体积混凝土配合比设计时总要尽可能地降低混凝土的放热量，以减少混凝土的绝热温升。

3）混凝土浇筑施工

① 混凝土浇筑方案应根据结构平面位置、混凝土工程量、混凝土供应能力、预期浇筑时间等确定混凝土泵的数量和平面位置以及搅拌运输车的台数等。

② 混凝土浇筑应符合下列规定：

混凝土浇筑层厚度应根据所用的振捣器的作用深度及混凝土的和易性确定，整体连续浇筑时宜为 300~500 mm。整体分层连续浇筑或推移式连续浇筑，应缩短间隙时间。并应在前浇筑层混凝土初凝之前将次层混凝土浇筑完毕。层间最长的间隙时间不应大于混凝土初凝时间。混凝土的初凝时间应通过试验确定。当层间间隙时间超过混凝土的初凝时间时，层面应按施工缝处理。混凝土浇筑宜从低处开始，沿长边方向自一端向另一端进行。当混凝土供应量有保证时，亦可同时浇筑。混凝土浇筑宜采用二次振捣工艺。

③ 大体积混凝土施工技术措施

混凝土浇筑顺序的安排，以薄层连续浇筑以利散热，不出现冷锋为原则，分层厚度以 50 cm 为宜，并采取斜面分层、一个坡度、自然流淌、一次到顶、步步推进的浇筑方案。加强振捣，以提高混凝土密实度和抗拉强度。混凝土在浇筑振捣过程中的泌水应予以及时排除。根据土建工程大体积混凝土的特点和施工经验，实测的混凝土内部中心与表面温度差，宜控制在 25 度之内，在混凝土浇筑 24 h 后，进行通水冷却，冷却水优先采用河水，连续冷却 7 天，并要随时测量水温。冷却水管顺承台长向布置，预先做成一定长度的直段，配合 U 型弯管，尽量减少弯头和接头的数目，减少漏水的机会，在安装水管时管与管的接头用橡皮管作为套管，套管的两头用铁丝缠紧，水管用铁丝与承台架立筋绑扎牢固，浇筑混凝土到水管高度时，应放慢振捣速度，避免水管受到剧烈震动而遭致破坏，安装水管时应及时检查水管和接头质量，安装完毕后及时压水测试，以防漏浆。大体积承台施工中，需要进行温度控制的项目主要有：混凝土各组成材料的原始温度、混凝土搅拌的拌和温度、入模温度、浇筑温度、冷却水水温和混凝土浇筑后内部水化热温度的测定，温度测定采用铜-铜康热电偶，Jdc-2 混凝土测温仪，热电偶固定在承台架立筋上，安装后要有良好的绝缘性和抗干扰能力，测温点在浇筑高度范围内分浅层、中层、深层布置，在平面范围内分中间和边缘布置，混凝土浇筑后第一周每隔 2 h 测一次，第二周每隔 6 小时测一次，连续测温 15 d。利用测温技术进行信息化施工，全面了解混凝土在强度发展过程中内部温度场分布状况，并且根据温度梯度变化情况，可定性、定量指导施工，控制降温速率，控制裂缝的出现。

4）结构措施

① 合理配置钢筋。配筋是控制混凝土裂缝的主要手段，对于由荷载引起的裂缝及其裂缝宽度上要依靠配筋控制。主要的控制指标有：最小钢筋面积、钢筋最大直径、钢筋最大间距等。除了依据设计规范按结构承载力进行配筋外，还要考虑通过配筋控制收缩裂缝，以减少或抑制收缩裂缝的出现。

② 确定合理的混凝土强度等级。在大体积混凝土施工中，混凝土强度等级高，会使水泥用量增加，从而导致混凝土内部温度过高，造成内外温差过大，从而引起结构物的开裂。对于大体积混凝土底板，应在满足抗弯及抗冲切的计算要求下，尽可能采用C20~C35级的混凝土。

5）大体积承台混凝土温控计算分析

在大体积承台混凝土浇注前，应根据方案确定的承台混凝土分层浇注的顺序、混凝土配合比、通水冷却方案、混凝土养护方案，进行承台混凝土热传导分析和温度应力分析。估算混凝土浇注及养护过程中温度变化情况、管冷效果、最大温度收缩应力。并根据温控计算结果调整混凝土配合比、混凝土浇注和养护工艺。

混凝土温控分析包括热传导分析和热应力分析两个过程。热传导分析是通过考虑胶凝材料水花反应时产生的热量、对流、传导等因素，计算混凝土温度随时间变化过程；热应力分析是利用计算得到的不同时间的温度，考虑随时间和温度变化的材料特性、干缩、随时间和应力变化的徐变等，计算大体积承台混凝土各施工阶段的应力。

6）大体积混凝土温控与养护

在混凝土浇筑过程中即进行冷却水循环，有效降低混凝土水化热峰值，并将承台内部产生的热量随时带走，降低承台的内外温差。冷却循环水持续15 d，以保证将承台内部产生的大部分水化热散出承台，从而最大程度地避免温差裂缝的产生。温控监测的目的是通过实测混凝土内部温度的变化，计算温度收缩应力，预测混凝土温度应力发展趋势，调整温控措施，以确保将内外温差控制在允许范围内，防止混凝土内外温差过大，造成温度应力大于同期混凝土抗拉强度而产生裂缝。混凝土浇筑完毕待其初凝后在其顶面蓄水保温养护，保持混凝土表面温度，降低混土的内外温差。

17.3 模板施工

17.3.1 移动模架施工

1. 移动模架构造（详见图17-11、17-12）

下承式移动模架造桥机其外模、底模和支架及导梁可纵向移动，如用于连续梁可一次浇灌数孔，以减少移支架次数，加快制梁进度。其内模可收缩后从箱室内逐节退出。

下承式移动模架包括支承台车、主梁、底模、侧模和底模调整机构、导梁、墩旁托架、辅助门吊和内模及内模小车。

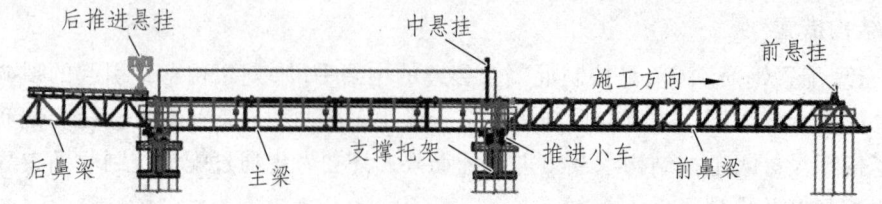

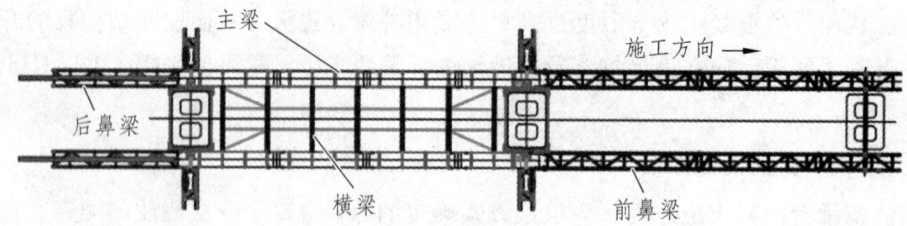

图 17-11 移动模式构造图

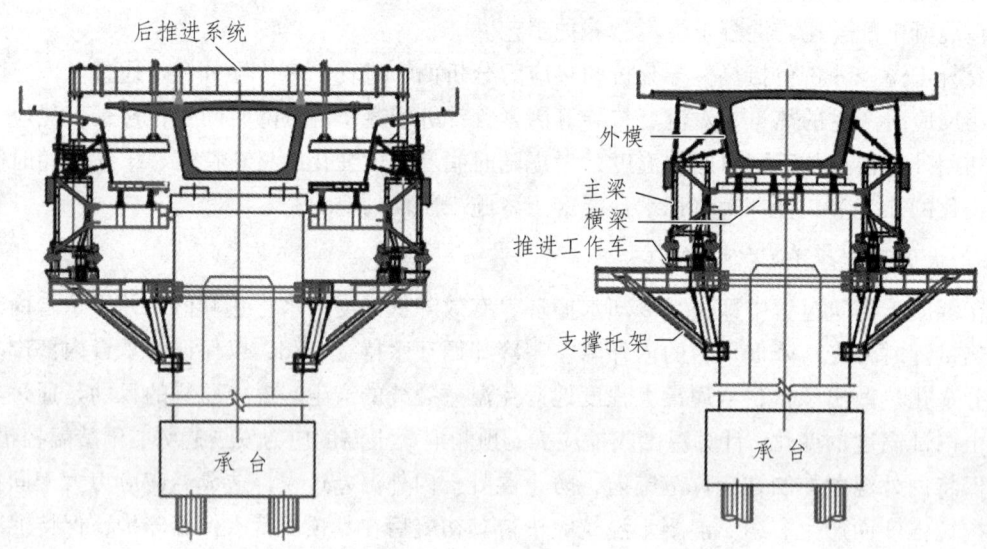

图 17-12 移动模架施工示意图

2. 对移动模架的要求

(1) 移动模架的墩旁托架及落地支架, 应具有足够的强度, 刚度和稳定性, 基础必须坚实稳固。

(2) 用于整孔制架的移动模架和用于阶段拼装的移动支架每次拼装前, 必须对各零部件的完好情况进行检查。拼装完毕, 均应进行全面检查和试验, 符合设计要求后方可投入使用。

(3) 移动模架移动支架纵向前移的抗倾覆稳定系数不得小于 1.5。

(4) 移动模架和用于节段拼装的移动支架,（湿接缝和干接缝）前移时应对桥墩及临时墩主桁梁采用稳定措施, 其滑道应具有足够的强度、刚度、和长度、宽度。

3. 移动模架施工准备工作

移动模架施工过程中，要调整各支点处模板的纵向标高，使模板处于浇注混凝土时的正确位置，与此同时设置好预拱度。预拱度设置由安装在横梁上的机械支撑来完成，预拱度值由模架自身挠度和连续箱梁预拱度两部分组成，工艺流程见图17-13。

（1）墩柱施工时作好预埋件或预留孔的埋设工作。对于墩身上安装牛腿支架临时支撑点和锚固点的位置安装方式，在收到施工图纸后做出详细的施工设计方案报审以确保结构物安全。墩身施工时，在其两侧立面中心处按照设计要求预留孔洞。施工时采取措施确保预埋位置、尺寸准确。支撑托架转运后，模架过孔前根据要求封口，施工时通过主梁设置挂篮，凿毛预留孔表面砼，剔除松散颗粒，喷水润湿，采用半干硬性微膨胀砼人工浇筑，分层砸实，收面平整。

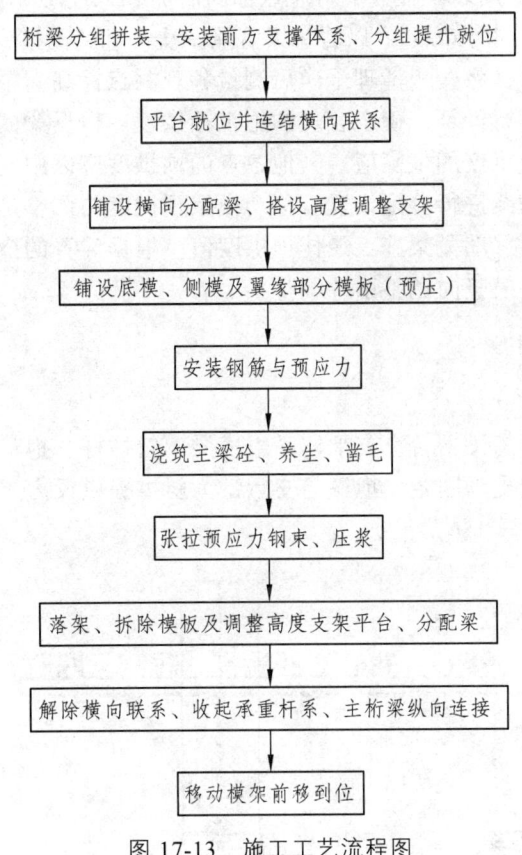

图17-13 施工工艺流程图

（2）场地平整，临时支架基础稳定。

（3）移动支撑系统的组装。

① 牛腿的组装：牛腿为钢箱梁形式，吊装牛腿时在牛腿顶面用水准仪抄平，以便使推进平车在牛腿顶面上顺利滑移。

② 主梁安装：主梁在桥下组装根据现场起吊能力可采用搭设临时支架将主梁分段吊装在牛腿和支架上。组成整体后拆除临时支架。也可将全部主梁组装完成后用大吨位吊机整体吊装就位。

③ 横梁及外模板的拼装：主梁拼装完毕后，接着拼装横梁，待横梁全部安装完成后，主梁在液压系统作用下，横桥向、顺桥向依次准确就位。在墩中心放出桥轴线，按桥轴线方向调整横梁，并用销子连接好。然后铺设底板和外腹板、肋板及翼缘板。

④ 模板拼装顺序：移动支撑系统按如下工序进行拼装：牛腿的组装，主梁的组装及有关施工设备、机具的就位——牛腿的安装——主梁吊装、同步横移合龙——横梁安装——铺设底板、安装模板支架——安装外腹板及翼缘板、底板——内模安装（在绑扎钢筋后）。

（4）移动模架预压。

移动模架在安装完成第一次使用前，通过等载预压消除非弹性变形，确定弹性变形值并据此进行预拱度设置，同时检验模架的安全性能。为保证预压荷载的合理分布，采用等荷载砂袋进行预压。自跨中开始向两侧每隔5 m设沉降观测点，每排设七个点，布设于底板及翼板，并进行编号。预压前，调好模板抄平所有点标高后加载，加载顺序同混凝土浇筑顺序（悬臂段和配重段同时加载，同时卸载），以后每天观测一次，直到支撑变形稳定为止。支撑变形稳定后，将预压砂袋卸除，将模板清理干净后测量各观测点标高。根据每次沉降记录绘制沉降曲线，并根据沉降值进行计算，确定合理的施工预拱度。根据梁的挠度和支撑的变形所计算出的预拱度之和，为预拱度的最高值。其他各点的预拱度应以中间点为最高值，以梁的两端点为零点，按二次抛物线进行分配设置。移动模架预拱度的调整是施工中的重点难点，务必引起重视以确定本工程移动模架施工最佳预拱度值。根据计算的挠度值，每次浇筑混凝土时，挠度用设于横梁上底模竖向调整系统调整。

4. 移动模架施工步骤

1）支撑体系说明

支承体系是用来支承桁梁平台，支承体系由横梁、斜撑杆、抱箍、支承键四部分组成，斜撑由抱箍与支承键共同支承固定，抱箍与支承键为斜撑提供反力支承，减小横梁的弯距，具体见图17-14。

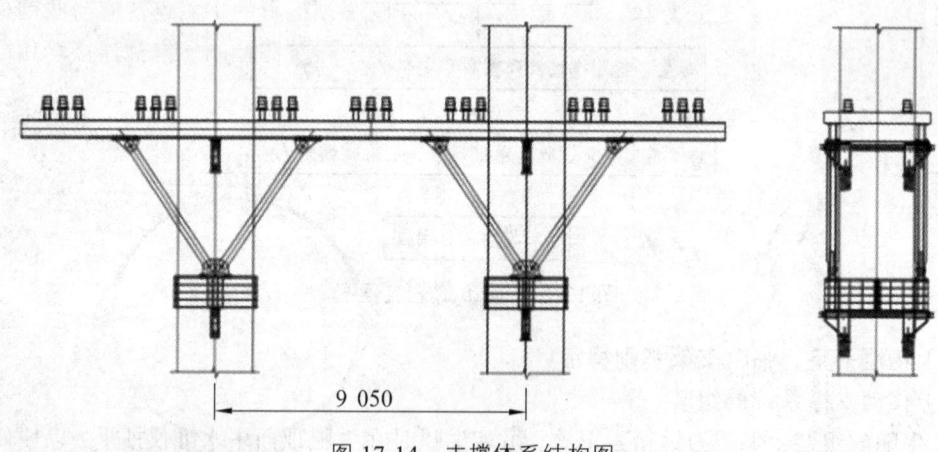

图17-14 支撑体系结构图

2）支撑体系安装设备

用4台四轮滑车将横梁及附挂在桁梁上的支撑键、抱箍、斜杆座、牛腿斜撑、平联等整体吊装。即在桥墩顶面利用预埋的φ32精轧螺纹钢筋作锚筋，一个圆柱固定一根悬臂吊杆，每根悬臂吊杆上挂一个 4 轮滑车，用卷扬机牵引起吊。

3）支撑体系的安装就位

① 上下支撑键的安装

两片体系吊装提升到较横梁安装位置高出约 0.5 m 后，先安装下支承键，再安装抱箍，然后安装上支承键。安装支承键时，用上胡芦吊住支承键将其向预埋键盒内插入，并穿精轧螺纹钢筋，张拉精轧螺纹粗钢筋（每根 $\phi 32$ 精轧螺纹钢筋的张拉力为 400 kN，每个支承键有 4 根精轧螺纹钢筋），具体见图 17-15。

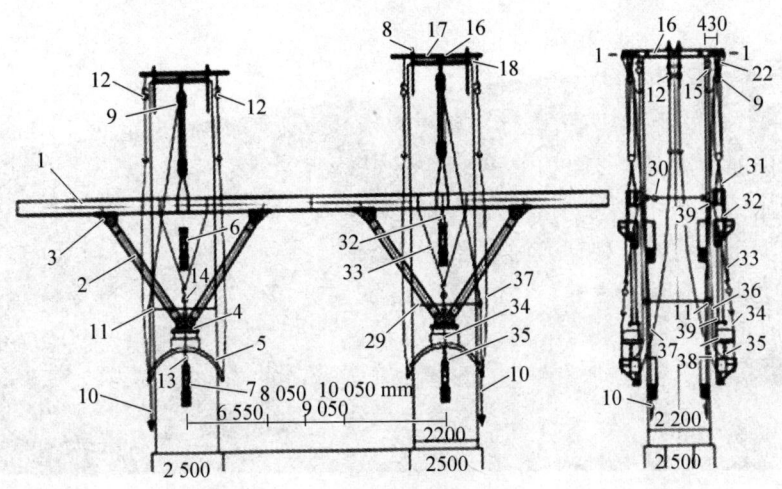

图 17-15 支撑体系吊装示意图

② 抱箍的安装

在下支承键安装完毕后，即可安装抱箍，抱箍用挂在体系上的上胡芦及两侧胡芦安装，其中上胡芦吊住抱箍中间的上内口，两个侧胡芦吊住抱箍两侧的角点并向上提升使其转动 90°抱住墩柱，并置于下支承键上。抱箍就位时应保证两个半抱箍的中点连钱应与两圆柱中心连线垂直，可通过两柱的抱箍上平板中心连线及其对角连线量测控制。抱箍连接均用高强度螺栓，见图 17-16。

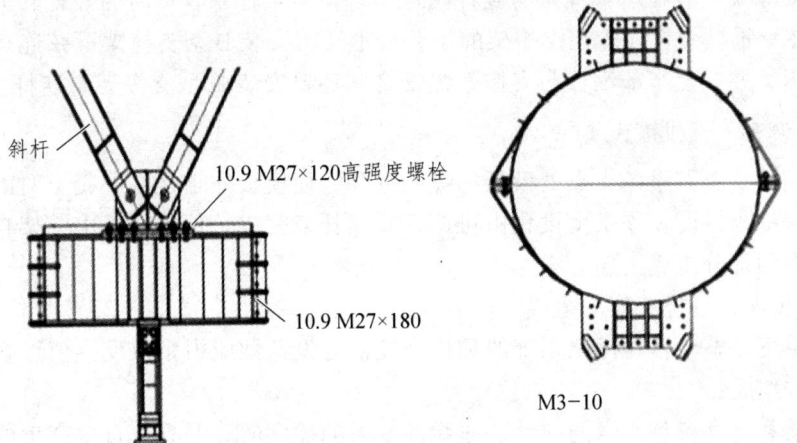

图 17-16 抱箍安装示意图

2）承重桁梁构造及组装

承重桁梁由收折式纵桁梁，横向联系组成。收折式纵桁梁由水平桁梁及承重杆系组成，水平桁梁为拼装桁架结构，由长 3 m 的贝雷桁片拼装而成的矩形桁架；平台承重杆系因跨径而异，31.5 m 及其以下跨径为倒三角形，31.5 m 以上跨径为倒梯形。标准桥宽有 6 组收折式纵桁梁，每组纵桁梁均由 3 片纵向桁片组成一组，纵桁梁间由横向桁片联成整体平台。纵桁梁支承于前后两个墩柱的支承体系上，纵桁梁前后设有导梁满足平台转跨行走。

图 17-17　倒三角形承重体系桁梁

平台按第一次浇筑时的布置组装，承重杆系按照收折状态组装。各组桁梁先三跨通装为一列，纵向就位后再拆除接头处的连接销子成三段，具体见图 17-17。

本桥标准桥宽为 16.75 m，采用 6 组常规桁梁，超过此宽度则临时增加桁梁。增加桁梁在使用后即拆除，拼装时按当前浇筑段的实际需要的结构形式拼装。桁梁拼装为三列桁片组成一组，每组三列桁片由支撑架立片与支撑架平片连接成整体桁梁支撑架立片有两种类型：一种为角钢支撑架，另一种为 B 型支撑架，这种支撑架的下弦杆被割除了两段，上部有大块钢板，这种支撑架安装在承重杆系的竖杆附近，以便承重杆系收折时为竖杆转向留出位置，B 型支撑架在承重杆系打开后在支撑架的下弦杆上还需安装 B 型支撑架下弦连杆及 B 型支撑架下弦连接板，并在上半部钢板与支撑架竖杆之间还要安装 B 型支撑架斜连杆。

3）模板调整、预拱度设置

模架合模后，要调整各支点处模板的纵向标高，使模板处于浇注混凝土时的正确位置，与此同时设置好预拱度。预拱度设置由可调钢管顶托来完成，预拱度值由模架自身挠度和连续箱梁预拱度两部分组成。

① 移动模架系统挠度值的组成

理论预拱度是整个移动模架系统的理论挠度值与设计预应力张拉反拱值综合计算而得，主要由三部分组成：

碗扣支架和桁梁自重产生的弹性、非弹性变形的挠度值。混凝土自重产生的挠度值。预应力钢束张拉产生的反拱值（支点间按二次抛物线计算）。曲线方程如下：

$$y = \frac{4f_{拱}x(L-x)}{L^2}$$

式中　　L——表示跨长；

　　　　$f_{拱}$——表示梁段最大矢高。

另外，还要考虑混凝土的收缩、徐变以及路面层及桥面附属设施等后期施加的永久荷载对挠度值的影响。

2）立模标高的控制

根据平、竖曲线复核设计标高；

2）按照纵向 6 m 节点计算各跨细部底模标高（梁底横向有坡度者同理计算）；

3）计算上一项标高点对应的预拱度值，叠加到该点设计标高即为该点立模标高。

4）预压试验

在初次使用该类移动模架时，应科学严格地进行预压试验，以便将试验数据与计算值进行对比，确定弹性变形是否与计算相符，同时取得非弹性变形数据指导后续梁跨施工预拱度设置。在底腹板铺设完成后，进行预压。预压采用堆码沙袋法分级加载，分别按照计算重量的 30%、60%、90%、120%实施，并在跨中、四分之一跨、梁端设置观测点进行观测，按规范准确获得预压试验数据。

5）钢筋和预应力钢束安装

① 钢筋绑扎

模板调整完毕后，进入箱梁钢筋模板预应力施工。钢筋绑扎顺序为：先底板、腹板钢筋，待内模立完后再绑扎顶板钢筋。钢筋加工全部在钢筋加工场完成，运至现场绑扎成型。

② 预应力索安装

预应力钢绞线安装顺序为：先底板，后腹板，最后顶板纵向、横向预应力束。

A. 预应力管道定位

预应力管道定位必须准确、牢固，严格按照图纸及规范施工。纵向预应力管道位置的坐标偏差不大于 1 cm，横向预应力管道坐标偏差不大于 0.5 cm。预应力管道铺设完成后，仔细检查其表面是否有孔洞或裂缝，如有要立即更换或用胶带纸封补。

B. 预应力钢绞线的布设（成束）

预应力钢绞线应严格按照图纸所提供的长度进行下料，同时充分考虑千斤顶张拉的工作长度，以 500 t 千斤顶为例，工作长度应不小于 70 cm。预应力穿束完成后，要对预应力管道口进行封堵，并将裸露在外的钢绞线包裹，防止水泥浆漏入波纹管或污染张拉端，影响预应力束的张拉。

6）浇注混凝土

采用全断面快速浇注混凝土，混凝土浇注顺序纵向由一端向另一端进行，每段梁横断面混凝土浇注顺序为先浇底板，再浇腹板，最后浇顶板。混凝土的振捣采用插入式振动棒和平板式振捣器。另需准备部分插钎用于箱梁下倒角振捣。

① 底板浇注

底板混凝土一般领先腹板混凝土 2.0~3.0 m，浇注时泵车输送管道通过内模预留窗口，将混凝土送入底板。下料时，一次数量不宜太多，并且要及时振捣，尤其边角处必须填满混凝土并振捣密实，以防浇腹板混凝土时冒浆。

② 腹板浇注

在超前浇注的底板混凝土未初凝（一般浇注完 2 h 左右）时，即开始斜层浇注腹板混凝土。两侧腹板混凝土要同步进行，以保持模板支架受力均衡。每层混凝土浇注厚度不得超过 30 cm，且要振捣密实，严禁漏振和过振。

③ 翼板及顶板浇注

当腹板浇注到箱梁腹部后，开始浇注顶板混凝土。浇注顺序为：先浇中间，后浇注两侧翼板。两侧翼板要同步进行。为控制桥面标高，必须按测量高度进行混凝土浇注。混凝土收浆前，对表面进行拉毛处理。混凝土终凝后，及时用土工布覆盖洒水养生。

④ 收浆、抹面及标高控制

在箱梁顶板及翼板的浇注过程中，为确保箱梁顶面的平整度符合规范要求，必须按测量高度进行混凝土浇注。可在箱梁顶面纵向每隔 2 m 布置一个高程点，并在标高点上焊接水平钢筋，利用铝合金水平尺和木抹将混凝土面收平。混凝土收浆前，对表面进行拉毛处理。混凝土终凝后，及时用土工布覆盖洒水养生。

7）内模、侧模及端模拆除

一段梁的混凝土全部浇注完设计要求强度后，先拆除端模、侧模；在张拉前，防止张拉时内模对梁体变形影响，应先拆除内模。

8）预应力张拉

钢束张拉以张拉力控制为主，伸长值作为校核（预应力伸长值按设计）。要求理论伸长量与实测伸长量之间的误差不超过 ±6%，超过此范围时，应分析原因并采取措施予以调整后方可继续张拉。

9）孔道压浆、封锚

压浆工作宜在张拉完毕后尽早进行，一般预应力混凝土构件，在张拉完毕，停 10 h 左右，观察预应力钢束和锚具稳定后即可进行。对于埋置在构件内的锚具，压浆后应先将其周围冲洗干净并凿毛，然后按设计要求设置钢筋网和浇注封锚混凝土。封锚混凝土的强度等级应符合设计要求。

10）移动模架落模

在已完梁的纵向预应力钢束张拉完成后，拆除移动平台上的满堂支架；在各组桁梁的中间一根砂筒座梁上安置千斤顶将平台顶起一定距离（约 2 cm），前后墩在对应的砂筒座上放置纵向行走小车轨道及行走小车；随即放置桁梁横向滑行轨道后，千斤顶下落将桁梁置于滑行轨道上；将各组桁梁之间的横向联系桁片水平转动收折并附着于桁梁上，同时拆除各组桁梁的承重杆系的竖杆之间的剪刀撑联系杆及竖杆上的联系支撑架，将承重杆系向上收折。

11）移动模架转跨就位

平台转跨推进行走系统由行走车与牵引装置两部分组成。行走车置于墩柱横梁顶部，其纵向滚轮支承纵桁梁，使纵桁梁可纵向行走，行走车自身可横向行走，从而实现平台双向行走，具体见图 17-18。牵引装置采用慢速卷扬机。

纵向行走前，先将各组桁梁在滑行轨道上横移使曲线上的前、中、后三跨桁梁列成直线，将前跨桁梁后端用销子将前跨桁梁与中跨桁梁连接成连续桁梁；同时，在中跨桁梁与后跨桁梁之间安装可竖直与水平转向的转向接头，以满足曲线上 3 跨桁梁同步前移的需要。

图 17-18　整体纵移

纵向行走到位后，拆除第一、第二跨墩顶连接销子及第二、三跨之间的转向接头与水平过渡件，将桁梁分解为三跨；然后将各跨桁梁横向就位后，千斤顶起顶，将横梁落在支撑体系上；平台准确就位后打开水平转动桁片并安装转动桁片的传力螺栓，安装竖杆组之间的联杆系，安装倒三角或倒梯形承重杆系；在平台上搭设满堂支架，支立模板，完成平台转跨。

12）移动模架拆除

移动模架拆除原则：始终坚持对称拆卸的原则，防止拆卸时整体结构失衡失稳。

17.3.2　墩柱和预制梁定型组合模板施工

1. 工艺流程

1）安装墩柱模板工艺流程

弹墩柱位置线→抹找平层做定位墩→安装墩柱模板→安连接螺丝（柱箍）→安拉杆或斜撑系统→验收。

2）安装预制梁、板模板工艺流程

基础处理→弹线→砌筑底胎→安装梁底模→绑梁底板和腹板钢筋→安装芯模→安装侧模→绑梁顶板钢筋→验收。

2. 操作要点

1）安装墩柱模板

① 按高程抹好水泥砂浆找平层，按位置线做好定位装置，以便保证墩柱轴线边线与高程的准确，或者按照放线位置，在墩柱四边离地 5~8 cm 处的主筋上焊接支杆，从四面顶住模板，以防止位移。

② 安装墩柱模板：模板按墩柱大小和形状，预拼成一面一片（一面的一边带一个角膜），

或两面一片，就位后先用铁丝与主筋绑扎临时固定，用连接螺丝将两侧模板连接卡紧，安装完两面再安另外两面模板。

③ 安装柱箍：当模板较高时可使用柱箍加强。柱箍可用角钢、钢管等制成，采用木模板时可用螺栓、方木制作钢木箍。柱箍应根据拉模尺寸、侧压力大小，在模板设计中确定柱箍尺寸间距。

④ 安装柱模的拉杆或斜撑：柱模每边设2根拉杆（风缆），固定于事先预埋在承台内的钢筋环上，用经纬仪控制，调节校正模板垂直度。拉杆（风缆）与地面夹角宜为60°，预埋的钢筋环与柱距离宜为3/4柱高。

⑤ 将柱模内清理干净，用水泥砂浆封堵底部缝隙，办理柱模验收工作。

2）安装预制梁、板模板

① 预制场地基处理完毕后，在场地上弹出每个底座的位置线。

② 底座底胎可用机砖砌筑，也可用混凝土浇筑，但当预制梁、板为后张法施工时，梁端处均要深挖扩大基础，以承受预制梁的张拉反力。

③ 用砂浆找平底胎顶面，然后安装梁底板，并拉线找直。普通梁底板应设置预拱。当结构自重和汽车荷载（不计冲击力）产生的向下挠度超过跨径的1/1 600时，底模板应设预拱度，预拱度值应等于结构自重和1/2汽车荷载（不计冲击力）所产生的挠度。纵向预拱度可做成抛物线或圆曲线。后张法预应力梁、板，应注意预应力、自重荷载等综合作用下所产生的上拱，设置适当的反拱。

④ 绑扎预制梁底板和腹板钢筋，经检查合格后办理验收工作，并清除杂物，安装芯模。芯模事先在别处拼装完成，每块芯模之间用U形卡固定，用龙门或吊车整体吊装就位。

⑤ 安装侧模板，把两侧模板通过横穿底胎的对拉螺栓连接。

⑥ 绑扎预制梁顶板钢筋，安放各种预埋件。

⑦ 用模板托架或三角架支撑固定梁侧模板。龙骨间距应由模板设计规定，梁模板上口用定型卡子配合对拉螺栓固定。

⑧ 安装后校正梁、板中线、高程、断面尺寸。将梁、板模板内杂物清理干净，检查合格后办理验收工作。

3）模板拆除

模板应优先考虑整体拆除，便于整体转移后，重复进行整体安装。

① 墩柱模板拆除：先拆掉墩柱斜拉杆（风缆）或斜支撑，卸掉柱箍，再把连接每片墩柱模板的连接螺丝拆掉，然后用撬棍轻轻撬动模板，使模板与混凝土脱离，再用吊车吊走。

② 预制梁、板模板拆除：

A. 先拆除芯模。按芯模的分块逐块顺序拆除，之后在场地上拼成节段整体。

B. 侧模应先拆上、下对拉螺栓，再根据起吊设备的能力拆除分块模板之间的连接螺丝。

C. 侧模板拆除时，要保证混凝土表面及棱角不因拆除模板受到损坏。预制梁、板拆模强度如设计无规定时，应符合施工规范的规定。

③ 拆下的模板及时清理黏连物，涂刷脱模剂，拆下的扣件及时收集管理。

④ 拆模时严禁模板直接从高处往下扔，以防模板变形和损坏。

17.3.3 定型组合钢模板施工工艺

1. 模板安装工艺流程

测量放线→设置模板定位导墙→固定面板纵横肋→设置模板定位筋→模板安装→安装对拉螺栓、安放支撑系统→验收。

2. 组合钢模板安装工艺要求

（1）安装遵守规定：

按配板图和施工组织设计要求拼装，保证模板系统的整体稳定。配件必须装插牢固，支柱和斜撑下的支撑面应平整垫实，并有足够的受压面积，支撑件应着力于外钢楞。预埋件与预留孔洞必须位置准确，安设牢固。基础模板必须支拉牢固，防止变形，侧模斜撑的底部应加设垫木。预组装模板吊装就位后，下端应垫平，紧靠定位基准，两侧模板均应利用斜撑调整和固定其垂直度。

（2）安装注意事项：

同一条拼缝上的 U 形卡不宜向同一方向卡紧。混凝土构筑物两侧模板的对拉螺栓孔应平直相对，穿插螺栓时不得斜拉硬顶。钻孔应采用机具，严禁用电、气焊灼孔。钢楞宜取用整根杆件，接头应错开设置，搭接长度不应小于 200 mm。

（3）模板安装的起拱，支模的方法，焊接钢筋骨架的安装、预埋件和预留孔洞的允许偏差，预组装模板安装的允许偏差，以及预制构件模板安装的允许偏差等均需按照中华人民共和国行业标准《公路桥涵施工技术规范》的相应规定办理。

（4）曲面结构可用双曲可调模板。采用平面模板组装时，应使模板面与设计曲面的最大差值不超过设计的允许值。

第18章 桥梁基础施工

18.1 灌注桩基础施工

18.1.1 冲击反循环钻孔桩施工工艺

1. 施工工艺流程

施工工艺流程见图 18-1。

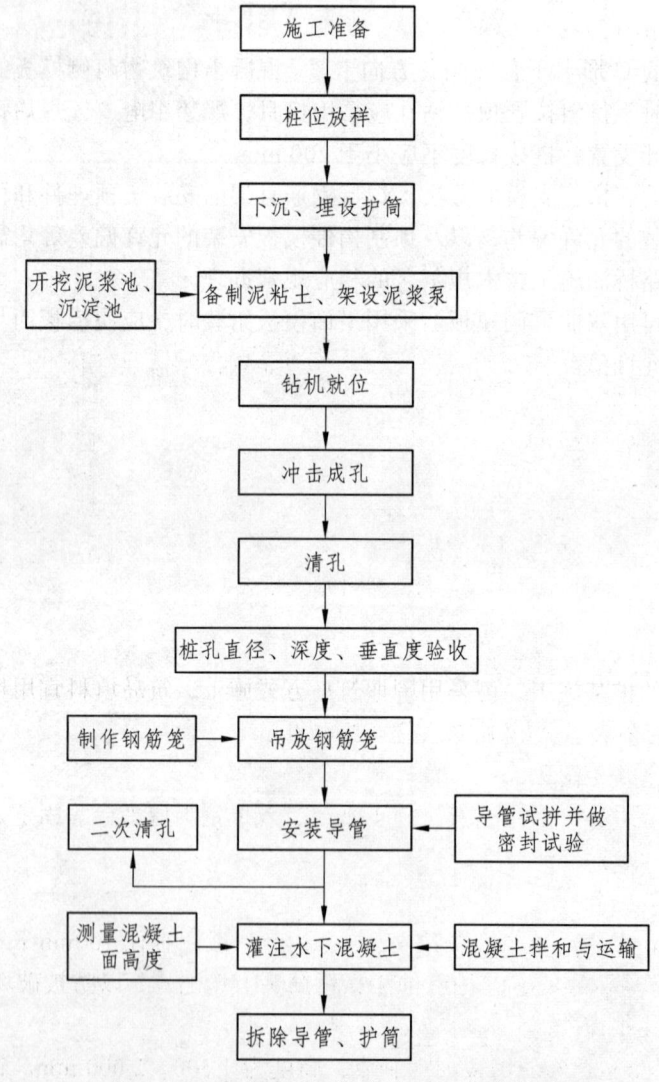

图 18-1 冲击反循环钻孔施工工艺流程图

2. 施工要点

1）施工准备

（1）平整场地（陆地）

平整场地应达到"三通一平"，以便钻机安装和移位；对于不利于施工机械运行的松散场地，应采取硬化、加固等措施。场地要采取有效的排水措施。

根据施工图设计，合理选择和确定进出线路和钻孔顺序，制定场地布置方案。合理的安排泥浆池、沉淀池的位置，沉淀池的容积应满足2个孔以上排渣量的需要。

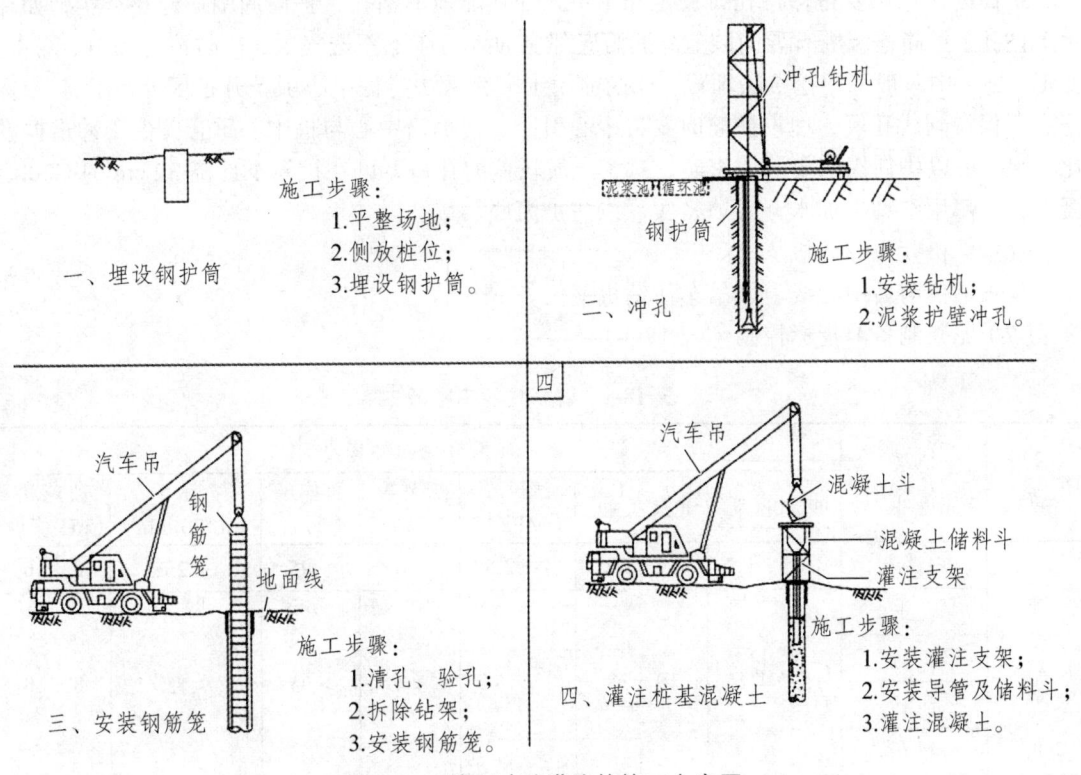

图 18-2　陆上冲孔灌注桩施工方案图

（2）围堰筑岛（浅水）

对于浅水区域的桩基施工，可采用围堰筑岛方式施工，筑岛填料宜用粘土，岛面要有足够的施工场地，岛面标高应高出施工水位 1.5～2.0 m。

（3）水上平台施工（深水）

对于场地为深水时，可采用钢管桩施工平台、双壁钢围堰平台等固定式平台，也可采用浮式施工平台。

（4）桩位测量放线

桩位测放时必须复测，误差控制在 5 mm 以内，一般用直径 10 mm 长 400 mm 的钢筋打入土中 300 mm 作为桩的中心，并用红油漆在钢筋头上作记号，以防被破坏。

（5）制作及埋设护筒

护筒一般用 4～8 mm 厚的钢板加工制成，高度为 1 500～2 000 mm。钻孔桩的护筒内径应比钻头直径大 200~400 mm。护筒顶部应高出地面 250~350 mm。护筒顶高程，采用反循环时应高出地下水位 2.0 m。

护筒位置要根据设计桩位，按纵横轴线中心埋设。埋设护筒的坑不要太大。坑挖好后，将坑底整平，然后放入护筒，经检查位置正确，筒身竖直后，四周即用黏土回填，分层夯实，并随填随观察，防止填土时使护筒位置偏移。护筒埋好后应复核校正，护筒中心与桩位中心应重合，偏差不得大于 50 mm。护筒的埋设深度：在黏土中不宜小于 1 m；在砂土中不宜小于 1.5 m，并保持孔内泥浆液面高于地下水位 1 m 以上。

护筒的作用主要是保持孔口稳定和定位，如在陆地上钻孔，护筒周围一定要夯实，如在水上钻孔，护筒下沉应有导向装置，护筒底部应插入河床下不透气层，严防护筒倾斜、漏水、变形。施工中一般采用挖坑法埋设。开挖前用十字交叉法将桩中心引至开挖区外，作 4 个标记点。保持到成孔后，埋设护筒时要将中心引回，使护筒中心与桩中心重合。由于冲击振动比较大，所以护筒周围要回填密实，对于土质较差的孔口，可在护筒下部浇 30 cm 的 C20 混凝土，上部用红粘土加水夯实填密实，以防护筒底部塌孔。

（6）钻机就位和试机

延长桩位前后中心线，用吊车使钻机就位。

（7）泥浆制备及指标控制（表 18-1）

表 18-1　泥浆性能指标表

钻孔方向	地层情况	泥浆性能指标要求						
		相对密度	黏度（s）	静切力（MPa）	含砂率（%）	胶体率（%）	失水率（mL/30 min）	酸碱度（pH 值）
冲击钻孔	黏性土	1.05~1.2	16~22	1~2.5	<4	>95	<25	8~10
	砂土	1.2~1.45	19~38	3~5	<4	>95	<15	8~10
	砂石土							
	乱石							
	漂石							
测定方法		泥浆相对密度计	漏斗黏度计	静切力计	含砂率计	量杯法	失水量仪	pH 试纸

物理稳定性：静置相当时间其性质不变化，不因重力而沉淀。

化学稳定性：不因水泥、海水等异物混入而污染。

适当比重：比重大对护壁、浮渣有利，但比重太大会使泵的能力不足也影响钻进速度。

良好的触变性：要求泥浆在流动时，阻力很小，以便泵送。当停止钻孔时，泥浆能很快凝聚成凝胶状，避免浆中砂粒迅速下沉，同时也维持孔壁稳定。

2）冲击成孔

（1）冲击反循环钻进应从正循环开始，钻进时勤观察孔内浮出的钻渣，在地质土层中，如果从孔口浮出的钻渣粒径在 5~8 mm 之间，表示泥浆浓度合适，如果浮出的钻渣粒径小又少，表明泥浆浓度不够，需往孔内添加粘土。加粘土时要停开泥浆泵，形成泥浆后再开泥浆泵。待泵吸反循环系统可以正常工作时开始采用反循环钻进。

（2）当潜水砂石泵潜入孔内泥浆后，若孔壁比较稳定，停止正循环钻进。钻进过程中，操作者要随着进尺快慢及时放主钢丝绳，起动泵吸反循环系统，开动钻机，进行反循环钻进。钻进过程中不能少放，也不能多放。放少了，钻头落不到孔底，打空锤，此时冲击梁上的缓冲弹簧在一次冲击中响两声，不仅不能获得进尺，反而会对钻机和钢丝绳造成极大损害；放多了，钻头落到孔底后处于自由状态，可能向孔壁倾斜撞击孔壁，造成扩孔，再提升时，钻头突然受力，在这种突然的冲击作用下提升装置会降低寿命甚至损坏。

当排渣弯头下降到离孔口 1 m 时，需要接换排渣管。此时，钻机停止冲击，泥浆继续循环约 1~3 min，待排渣管内钻渣排完后，停泵，拆弯头与排渣管的连接螺栓，提升弯头至一定高度，将要接换的排渣管下端与原排渣管联接，上端弯头联接。冲击反循环钻进时应及时补水，始终保持孔内水位高于地下水位或河水位 2 m 作用。冲击反循环钻进应针对不同的地层采用不同的泥浆比重，以保持孔壁稳定。砂卵石地层泥浆比重为 1.2 左右，岩石泥浆比重为 1.05~1.15。

（3）砂样的提取。提取砂样的目的是随时掌握地质的变化情况。一般每钻进 0.5 m 提取砂样一次，从出渣口捞取砂样用清水冲洗干净，每次提取量为 100g，编号保存，以便成孔时交接。

（4）勤检查钻机、钻头是否偏移，防止出现斜孔。

3）清 孔

（1）第一清孔

由于钻孔桩孔径大、孔深等特点，终孔后泥浆各项指标调整所需时间较长，为了缩短成桩时间，在保证护壁稳定的条件下，当钻至接近设计高程时，在泥浆循环管路上安装相应配套型号泥浆净化装置，在钻进过程中，对循环的泥浆先进行机械和自然沉淀的双重净化，然后再注入钻孔内。实际施工证明，通过这样边进边进行第一次清孔，钻至设计高程后，孔内泥浆指标和孔底沉碴基本满足要求。经过电子探孔器探孔等成孔质量检查合格后即可下放钢筋笼。钢筋笼下放完毕，灌注水下混凝土用的导管安装完毕后，即可进行第二次清孔。

（2）二次清孔

二次清孔以灌注水下混凝土的导管作为清孔时的吸管，在导管上口加工一个弯管和导管接头，在弯管中部安装一根自来水管伸入导管内，作为向孔底送风的管路，其长度大于孔内水头到出浆口高度的 1.5 倍，同时不小于 15 m 即可。高压送风管外接一台流量为一般 20 m³/min 的空压机，导管弯管出浆口接相应型号泥浆净化装置，净化装置出口接泥浆管通入孔内。清孔时，空压机将高压风通过风管经导管送入孔内，孔内泥浆及孔底沉淀物被送入的高压风冲起，由于负压作用迫使混着沉淀物的泥浆从导管中吸出，泥浆吸出之后直接进入相应型号泥浆净化装置，经过泥浆净化装置的对泥浆的筛分过滤，悬浮在泥浆中的细砂被泥浆净化装置分离由出砂口排出，过滤完毕的泥浆流入相邻孔内，由于钻孔时已将两个邻近的护筒通过管路连通，所以，被机械净化了的泥浆在护筒中再次通过沉淀净化然后经相邻两护筒的连接管流入要清的孔内，形成一个完整的循环路径。清孔开始时先向孔内供优质泥浆（各项指标符合规范要求），然后送风清孔。停止清孔时，应先关气后断水，以防水头损失而造成塌孔。如此经过循环净化，清孔后的泥浆指标和孔底沉淀厚度即能满足规范和设计文件规定要求。二次清孔检查合格后，立即进行水下混凝土灌注。

4）吊放钢筋笼

在桩孔经过检查，桩径、垂直度、深度合格后，利用钻架及时吊放事先已制作好的钢筋笼，也可移开钻机，用吊机吊放钢筋笼。

5）安装导管

导管安装前，应对导管进行水压密封试验，试验压力应不小于灌注混凝土时导管可能承受的最大压力的 1.3 倍。吊放导管时，应控制好导管的垂直度，防止卡挂钢筋笼和撞击孔壁，造成塌孔。导管上口设漏斗和储料斗。导管底部距孔底一般为 0.3~0.5 m，不得大于 1 m。

6）灌注水下混凝土

（1）设置隔水栓，隔水栓比导管内径小 2 cm，设置在漏斗底口，隔水栓可采用橡皮球或用尼龙袋包扎的砂球。

（2）采用砍球法和拔球法灌注首批混凝土，首批混凝土的数量应能满足导管初次埋置深度（不小于 1 m）。

（3）灌注混凝土应连续进行，严禁中途停止。在灌注过程中，应避免在导管中形成高压气囊，使混凝土灌不下去。

（4）导管提升时，要保持位置居中。根据导管埋深确定拔升高度，拔升后的导管埋深不得小于 1 m，也不得大于 6 m。拆除导管一般不宜超过 15 min。

（5）桩顶灌注标高应比设计标高超灌 0.5 m。

（6）混凝土灌注清孔，应直指定专人进行记录。

7）拔出护筒

旱地用的钢护筒，在灌注结束后、混凝土初凝前拔出。

18.1.2 旋挖钻钻孔桩施工工艺

1. 施工工艺流程

旋转钻孔法分为正循环旋转钻孔与反循环旋转钻孔，施工工艺流程图分别见图 18-3，图 18-4。

2. 操作要点

1）施工准备

（1）平整场地（陆地）

陆地场地平整时需压实钻机施工范围。

（2）围堰筑岛（浅水）

浅水区旋转钻孔施工一般采用围堰筑岛法。具体可分以下两种情况：

① 浅水流速不大，可直接采用袋装土维护外围，用土筑岛。筑岛材料应用透水性不好、易于压实的黏土，且不应含有影响岛体受力的块体。岛面及地基承载力应满足设计要求。岛面标高宜高出施工水位 2.0 m 以上。临水面坡度一般采用 1∶1.75~1∶3。另外，坡面、坡脚应采取必要的防范措施。

② 浅水流速较大，需用草袋填芯围堰筑岛。

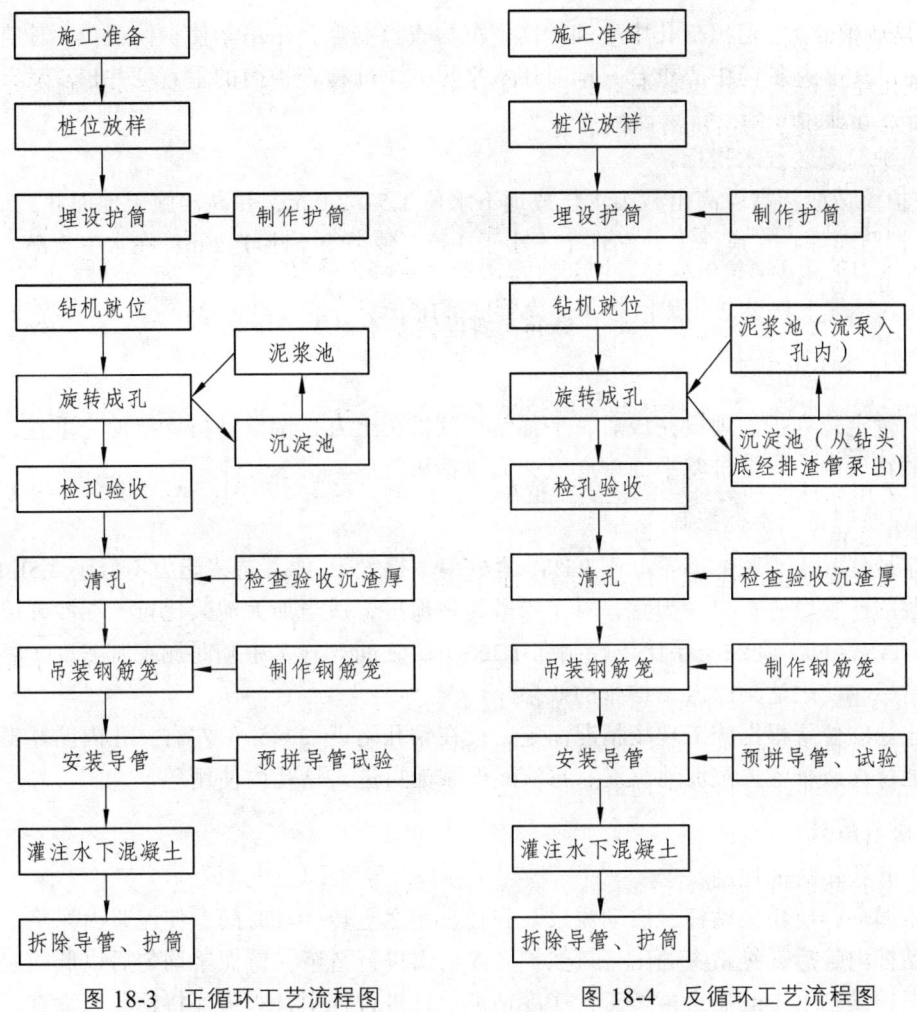

图 18-3 正循环工艺流程图　　图 18-4 反循环工艺流程图

（3）平台施工（深水）

深水施工旋转钻孔桩可采用钢管桩施工平台、双壁钢围堰平台等固定方式，也可采用浮式施工平台。平台须牢靠、稳定，能承受工作时所有静、动荷载。

2）测量定位

采用极坐标法测量定位。极坐标法根据已知水平角和水平距离测设地面点的平面位置。该方法使用灵活，只要在通视条件下都可使用。

3）制作、埋设护筒

护筒的埋设方法根据现场具体情况采用挖孔埋设、振动下沉等方法。

（1）当地下水位在地面以下超过 1 m 时对于砂类土，先在桩位处挖至比护筒底深 50 cm，直径比护筒大 40~50 cm 的圆坑，然后在坑底分层夯填 50 cm 厚的黏土，再使护筒就位并四周夯填黏土。若在黏性土中夯填，平整坑底后即可埋设。

（2）当地下水位较高时，先在含水量较大的松软地层换置黏土，换填深度低于护筒底 50 cm，并被填筑后的顶面宽度满足施工操作的需要。然后挖孔埋设护筒。

（3）护筒安装前定出桩孔中心和护筒下沉检查控制点，用吊车使护筒就位，检查调整护筒，使桩孔中心与护筒中心重合，同时用水平尺或垂球检查护筒的垂直度并校正后，进行对称夯填黏土或振动下沉。

（4）护筒安装技术指标：

① 护筒顶面标高应高出施工水位或地下水位 1.5～2.0 m，并高出施工地面 0.3 m。

② 护筒埋深：在岸滩上，黏性土不小于 1 m，砂类土不小于 2 m，在水中筑岛，护筒宜埋入河床 0.5 m。

③ 护筒顶面位置偏差不得大于 5 cm，斜度偏差不得大于 1%。

4）钻机就位安装

待测量定位和护筒埋设完成后，平移钻机到桩位上方，调整钻机立架使之垂直，然后调整钻机的钻头中心对准桩基平面中心点，完成钻机就位。

5）泥浆制备及指标控制

制浆最佳黏土为胶体率不低于 95%、含砂率不得大于 4%、造浆能力不低于 2.5L/kg 的黏土。泥浆的比重以 1.1～1.3 为宜，对于松散易坍地层，适当加大泥浆比重。在沙砾层中控制在 1.3～1.45 之间，在黏土层比重控制在 1.15～1.3 之间。施工中随时测定其密度、黏度、含砂率等指标，使之达到浮渣、护壁的效果。

泥浆池的位置根据施工现场情况而定，设在钻孔附近 2～5 m 左右，孔内循环出来的带渣泥浆通过泥浆槽流入沉淀池沉淀，再流经泥浆池后进入钻孔内使用。

6）钻进成孔

（1）开孔钻进的控制

对正循环，应稍提钻杆，启动泥浆泵和转盘使之空转一段时间，使泥浆由泥浆泵从泥浆池输进钻杆内腔后，经钻头的出浆口在护筒内射出进行造浆，待泥浆均匀后以低档速进行钻进，钻至护筒脚下 1 m 后，再按正常速度钻进。钻进过程中，必须保持钻孔的垂直，并保证孔内水位高于地下水位。

对反循环，先将钻头提高距孔低约 20 cm，将真空泵加足清水，然后启动真空泵，抽出管路内的气体，待泥浆泵充满水时，关闭真空泵，启动泥石泵，打开出水控制阀，把管路中的泥水混合物排到沉淀池，形成反循环后，启动钻机，慢速开始钻进。待一节钻杆钻完时，停钻沉淀，关闭泥石泵，接长钻杆钻进。

（2）旋转钻进的成孔工艺

正循环钻进时，进尺适当控制，在护筒刃脚处，低档慢速钻进，使刃脚处有坚固的泥皮扩壁。钻至刃脚下 1 m 后，再按土质以正常速度钻进。黏土中钻进，由于泥浆黏性大，钻锥受阻力也大，易糊钻，选用尖底钻锥、中等钻速、大泵量、稀泥浆；砂土或软土层钻进时，易坍孔，选用平底钻锥、控制进尺、轻压、低档慢速、大泵量、稠密泥浆；在轻亚黏土或亚黏土夹卵、泥石层中钻进时，因土层太硬，会产生钻锥跳动、钻机运转困难、钻杆摆动加大和钻锥偏斜等现象，易使钻机超负荷损坏，采用低档慢速、优质泥浆、大泵量、两级钻进的方法钻进。待终孔后检查钻孔直径和竖直度，用探笼（外径 D 略小于设计桩径，高度为 $4D$）吊入孔内，圆笼中心与钻孔中心一致，如上下各处均无挂阻，则钻孔直径和倾斜度符合要求。

钻进过程中，将主吊钩稍提高一些，使孔底承受的钻压不超出钻锥重量和压重块重量之和扣除浮力后的80%，即减压钻进。这样可使钻杆不受压力，而且还受一部分拉力，在整个钻进过程中因受拉而维持垂直状态，使钻锥回转平稳，避免和减少斜孔、弯孔和扩孔现象。

反循环，在硬黏土中钻进时，用一档转进，放松起吊钢丝绳，自由进尺。在普通黏土、砂黏土中钻进时，用二、三档钻进自由进尺，以免陷没钻头或抽吸钻渣的速度跟不上。遇地下水丰富、易坍孔的粉砂土用低档慢速钻进，减少钻进对粉砂土的搅动，同时加大泥浆比重和提高水头，以加强护壁防止坍孔。钻进中，稍提钻杆以减压钻进，使钻锥回转平稳，避免或减少斜孔、弯孔和扩孔现象。

开钻前调制足够数量的泥浆，钻进过程中如泥浆有损耗、漏失，应迅速补充。并按时检查泥浆指标，遇土层变化应增加检查次数，调整泥浆指标。每钻进2 m或地层变化处应在泥浆中捞取钻渣样品，查明土层类别并记录，以便与设计资料核对。

（3）清孔工艺

由于钻孔桩孔径大、孔深等特点，终孔后泥浆各项指标调整所需时间较长，为了缩短成桩时间，在保证护壁稳定的条件下，当钻至接近设计高程时，在泥浆循环管路上安装一台ZX-250泥浆净化装置，在钻进过程中，对循环的泥浆先进行机械和自然沉淀的双重净化，然后再注入钻孔内。通过这样边钻进边进行第一次清孔，钻至设计高程后，孔内泥浆指标和孔底沉碴基本满足要求。经过电子探孔器探孔等成孔质量检查合格后即可下放钢筋笼。钢筋笼下放完毕，灌注水下混凝土用的导管安装完毕后，沉渣厚度检查，如不符合要求即可进行第二次清孔。成孔质量检查标准如表18-2。

表18-2 钻孔成孔的质量标准

项 目	允许偏差
孔的中心位置（mm）	群桩：100；单排桩：50
孔径（mm）	不小于设计桩径
倾斜度	小于1%
孔深	摩擦桩：不小于设计规定。支承桩：比设计深度超深不小于50 mm
沉淀厚度（mm）	摩擦桩：符合设计要求，当设计无要求时，对于直径≤1.5 m的桩，≤300 mm；对桩径>1.5 m，或桩长>40 m或土质较差的桩，≤500 mm 支承桩：不大于设计要求
清孔后泥浆指标	相对密度：1.03～1.10；黏度：17～20 s；含砂率：<2%；胶体率>98%

（4）扩孔率的施工控制

扩孔是钻孔灌注桩施工的常见问题，导致扩孔的原因主要有以下几个：地质条件差、钻机机况差、钻头过大、孔桩坍孔等。针对导致坍孔的原因，可作出以下预防和处理：

① 地质条件差时，改善泥浆性能。

② 钻机机况差或安装不平稳时，须从源头抓起，在开工机械进场时，严格把关，非合格钻机严禁进入，安装一定要牢固、平稳。

③ 钻头过大时，可适当减小钻头外圈的直径。根据施工经验，以1.20 m桩径为例，黏土地质可将钻头外圈的直径取1.18 m，砂性地质可将钻头外圈的直径取1.16～1.18 m。

④ 孔桩坍孔的主要原因是泥浆护壁不到位和孔内水位差为负值造成，因此，改善泥浆性能并保证孔内、外水位高差不低于 1.0 m，将很大程度避免坍孔的发生。

7）灌注桩身水下混凝土

施工参考水下混凝土规范要求进行施工。

18.1.3 泥浆护壁钻孔桩施工工艺

1. 施工工艺流程

施工工艺流程见图 18-5 所示。

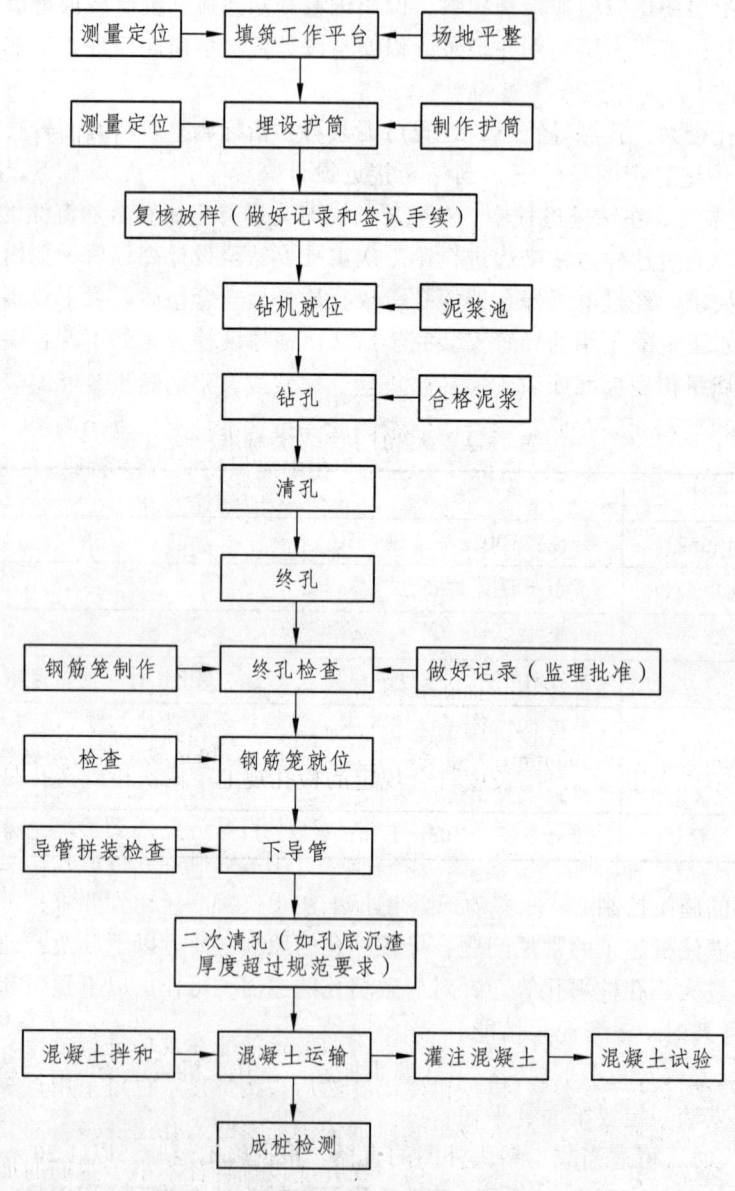

图 18-5 泥浆护壁钻孔桩施工工艺流程图

2. 施工要点

1）测量放样

根据复测的导线点、水准点成果对桩基础进行中桩和高程放样。

2）根据放样的位置填筑或搭设钻机施工平台

3）埋设护筒

（1）在陆地上施工，可挖坑埋设护筒，使护筒平面位置中心与桩设计中心一致，护筒顶宜高出地下水位或潜水压力 1~2 m，高出原地面 30~50 cm。护筒埋设深度：在粘性土中不宜小于 1 m，在砂土中不宜小于 1.5 m；在软土中护筒埋深应根据具体情况确定。

（2）桩基础位于水中，钻孔时，护筒可以用钢板卷制而成，护筒较深可以分节做，组拼就位。下沉护筒有压重、振动锤击并辅以筒内除土等方式，护筒底应埋入局部冲刷线以下不小于 1.0~1.5 m，埋入河床深度一般为 2~4 m。

4）复核护筒的中心坐标位置和高程，做好测量记录并请监理工程师签认

5）安装钻机

钻机稳定地安装在钻孔的一侧，钻机支承垫木不得压在孔口钢护筒上，备好造泥浆黏土和泥浆池。

6）钻机钻进

（1）开始钻孔时，应先在孔内灌注膨胀土悬浮泥浆或合格的黏土悬浮泥浆，泥浆性能指标根据地层情况和采用的钻孔方法而定。钻进时应保持钻锥稳定，采用慢速，使初开孔壁坚实、竖直，能起导向作用，避免碰撞护筒。钻锥在孔中能保持竖直稳定时，能适当加速钻进。

（2）钻进过程中，随时注意孔内水压差，以防止产生涌沙。孔中泥浆要随时进行检测，保持各项指标符合要求，泥浆过浓影响进度，过稀易塌孔。同时，泥浆应始终高出孔外水位或地下水位 1.0~1.5 m。

7）钻孔检查，清孔、成孔

（1）钻孔达到设计高程时，用测绳进行测量，并记录。

（2）钻孔完成后应用专用仪器或钢筋笼检孔规检测孔斜和倾斜度。成孔孔径不得小于设计直径，倾斜度不得大于 1%，用长度符合规定的检孔规上下两次检查造孔是否合格，合格后进行清孔。

（3）清孔：用换浆、抽浆、掏渣、空压机冲气、泥浆置换等进行清孔，至孔底浆液符合要求，经一段时间间隔后，试验人员在现场用标准比重仪实测，达到要求且沉淀也满足要求后停止清孔，移动钻机。

8）钢筋笼的制作及入孔

（1）防止钢筋笼起吊变形，应分节制作，每两节钢筋笼在现场进行搭接，搭接时间限制在 1 h 内，用两台电焊机先点焊，再用铅丝绑扎然后搭接焊接。也可采用直螺纹接头、挤压接头等连接方法加工钢筋笼，然后分级吊装以加快钢筋笼的入孔速度。

（2）为防止钢筋笼在浇筑混凝土时上浮，在孔底设置直径不小于主筋的加强环形筋，并以适当数量的牵引筋牢固地焊接于钢筋笼的底部。

（3）护筒井架处用具有足够刚度、强度的材料（型钢、方木等）承担钢筋笼和导管重量。

（4）起吊钢筋笼时，要严格控制钢筋笼的变形，如在钢筋笼的里面用铅丝绑扎足够长度的杉木杆（在钢筋笼立直时取出杉木杆），吊钩出用钢扁担勾挂钢筋笼。

9）拼下导管

（1）水下混凝土一般用钢导管灌注，导管内径一般为 200~350 mm，视桩径大小而定。

（2）下导管前要对导管进行水密承压和接头抗拉试验，严禁用压气试验，保证导管拼接牢固，绝对不能漏水。试验后要对导管编号，下导管时按编号拼接，同时注意导管不能接触到钢筋笼。

（3）导管底口至孔底距离控制在 0.25~0.4 m 之间。

10）水下混凝土的配制

（1）可采用火山灰水泥、粉煤灰水泥、普通硅酸盐水泥或硅酸盐水泥，使用矿渣水泥时应采取防离析措施。水泥的初凝时间不宜早于 2.5 h。

（2）粗集料宜优先选用卵石，如采用碎石宜适当增加混凝土配合比的砂率。集料的最大粒径不应大于导管内径的 1/6~1/8、钢筋最小净距的 1/4，同时不应大于 40 mm。

（3）细集料宜采用级配良好的中砂。

（4）混凝土配合比的砂率宜采用 0.4~0.5，水灰比宜采用 0.5~0.6。

（5）混凝土拌和物应有良好的和易性，在运输和灌注过程中应无明显离析、泌水现象。灌注时应保持足够的流动性，其坍落度宜控制在 180~220 mm。混凝土拌和物中宜掺用外加剂、粉煤灰等材料，其技术条件参量可参照《公路桥涵施工技术规范》（JTJ041—2000）。

（6）每立方米水下混凝土的水泥用量不宜小于 350 kg，当掺有适宜数量的减水缓凝剂或粉煤灰时，可不少于 300 kg。

（7）首批（2 m³ 以上）混凝土的初凝时间应保证大于混凝土的灌注时间。

11）灌注水下混凝土

水下混凝土的供应由拌和站集中拌和，水泥混凝土罐车运输至导管漏斗内。

（1）灌注水下混凝土要由一人统一指挥下令剪球，灌注速度要循序渐进，导管首次埋置深度不应小于 1 m，在灌注过程中，导管的埋置深度宜控制在 2~6 m。

（2）首批混凝土拌和物下落后，混凝土应连续灌注。

（3）混凝土拌和物运至灌注地点时，应检查均匀性和坍落度。如不符合要求，应进行第二次拌和，二次拌和后仍不符合要求时，不得使用。

（4）在灌注过程中，特别是潮汐地区和有承压力地下水时，应注意保持孔内水头。

（5）在灌注混凝土过程中，应经常量测孔内混凝土面的高程，及时调整导管埋深。

（6）严格控制孔内混凝土进入钢筋笼时的灌注速度，避免钢筋笼上浮的隐患。当混凝土上升到钢筋骨架底口 4 m 以上时，提升导管，当底口高于钢筋骨架底部 2 m 以上时，可以适当加快灌注速度。拔导管要结合混凝土的浇注时间，不得超过混凝土的初凝时间。

（7）灌注的桩顶高程应比设计高出一定高度，一般为 0.5~1.0 m，以保证混凝土强度。多余部分接桩前必须凿除，残留桩头应无松散层。

在灌注将近结束时，应核对混凝土的灌注数量，以确定所测混凝土的灌注高度是否正确。

3. 施工过程中可能出现的情况以及处理措施

1）混凝土堵管的原因及处理

混凝土堵管的原因主要有两种，第一种是导管底端被泥沙等物堵塞，第二种是混凝土离析使粗集料过于集中而卡塞导管。

（1）第一种情况多发生在首批混凝土下注时，由于导管底口距离保持不够，因安装钢筋及导管时间过长，孔内钻渣淤积加深，处理办法是用吊车将料斗连同导管一起吊起，待混凝土灌注畅通后再把导管放置回原位。为避免此类事故发生，当孔内沉淀较厚时，灌注前必须进行二次清孔。

（2）第二种情况多发生在混凝土浇注过程中，处理办法是拔导管吊起，快速向井架冲击，应注意的是切不可把导管提出混凝土面以外。为避免此类事故的发生，应严格要求做到：
① 导管要牢固不漏水；混凝土和易性要好；混凝土浇注必须要在初凝前完成，导管埋深控制在 2～6 m。

2）钢筋笼上浮处理措施

在混凝土浇注过程中，混凝土灌注速度过快，钢筋骨架受到混凝土从漏斗向下灌注时的位能产生的冲击力，混凝土从导管流出来向上升起，其向下冲击力转变向上顶托力，使钢筋笼上浮，顶托力大小与混凝土灌注时的位置、速度、流动性、导管口高程、首批混凝土的混凝土表面高程和钢筋骨架高程有关。

预防措施：

（1）混凝土底面接近钢筋骨架时，放慢混凝土灌注速度。

（2）混凝土底面接近钢筋骨架时，导管保持较大埋深，导管底口与钢筋骨架底端尽量保持较大距离。

（3）混凝土表面进入钢筋骨架一定深度后，提升导管使导管底口高于钢筋骨架底端一定距离。

（4）在孔底设置环形筋，并以适当数量的牵引筋牢固的焊接于钢筋笼的底部。

18.1.4 回旋钻灌注桩作业指导书

1. 适用范围

钻机按照泥浆的循环方式：分正循环钻机和反循环钻机。正循环钻机适用于黏土、粉土、砂性土等各类土层的桥墩的桩基施工。反循环钻机适用于粘性土、砂性土、卵石土和风化岩层，但卵石粒径少于钻杆内径的 2/3，且含量不大于 20%。

2. 施工方法及工艺要求

1）施工准备

（1）钻孔场地应清除杂物、换除软土、平整压实，场地位于陡坡、水中或淤泥中时，用枕木或型钢等搭设工作平台，平台必须坚固稳定，能承受施工作业时所有静、活荷载，同时还应考虑施工设备能安全进、出场。

（2）埋设钢护筒，护筒内径比桩径大 20 cm，护筒顶面高出施工地面 20~30 cm。

护筒埋置深度符合下列规定：黏性土不小于 1 m，砂类土不小于 2 m。当表层土松软时将护筒埋置到较坚硬密实的土层中至少 0.5 m。岸滩上埋设护筒，在护筒四周回填黏土并分层夯实；护筒顶面中心与设计桩位偏差不大于 5 cm，倾斜度不大于1%。

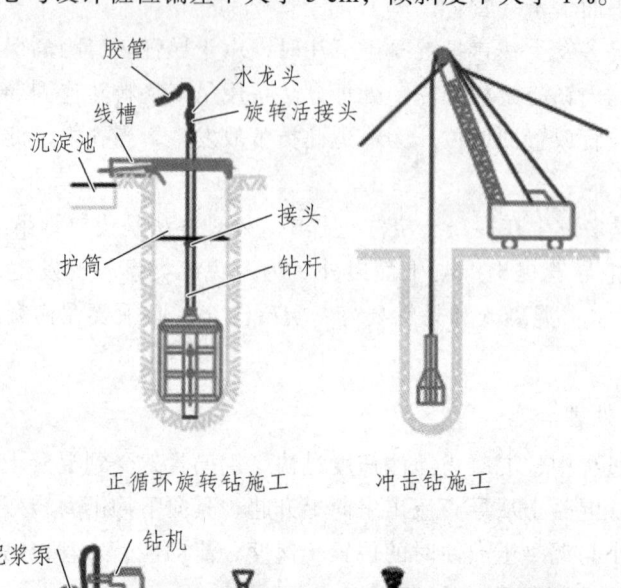

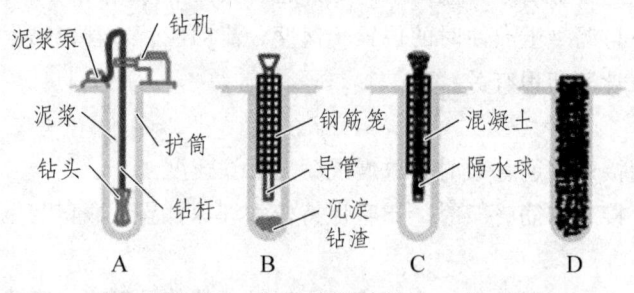

图 18-6 钻孔灌注桩施工工艺

A—成孔；B—下导管、钢筋笼；C—灌注混凝土；D—成柱

（3）开挖泥浆池，选用膨润土、CMC、PHP、纯碱等配制优质泥浆。根据地层情况及时调整泥浆性能，泥浆性能指标如下：

泥浆比重：正循环钻机一般地层为 1.1~1.3。反循环钻机泥浆比重可为 1.01~1.15。

粘度：一般地层 16~22 s，松散易坍地层 19~28 s。

含砂率：新制泥浆不大于4%。

胶体率：不小于95%。

pH 值：大于 6.5。

2）钻 孔

（1）钻机就位前，对主要机具及配套设备进行检查、维修。

（2）钻孔前，按施工设计所提供的地质、水文资料绘制地质剖面图，挂在钻台上。针对不同地质层选用不同的钻头、钻进压力、钻进速度及适当的泥浆比重。

(3)开钻时宜低挡慢速钻进,钻至护筒以下 1 米后再以正常速度钻进。使用反循环钻机钻孔,应将钻头提离孔底 20 厘米,待泥浆循环通畅后方可开钻。潜水钻机钻孔,应按钻孔孔径和地质选择钻头,钻头切削方向应与主轴旋转方向一致。

(4)钻进过程中及时滤渣,同时经常注意地层的变化,在地层的变化处均应捞取渣样,判断地质的类型,记入记录表中,并与设计提供的地质剖面图相对照,钻渣样应编号保存,以便分析备查。

(5)经常检查泥浆的各项指标。

(6)开始钻进时,适当控制进尺,使初期成孔竖直、圆顺,防止孔位偏心、孔口坍塌。

(7)当钻孔深度达到设计要求时,对孔深、孔径、孔位和孔形等进行检查,确认满足设计要求后,立即填写终孔检查证,并经驻地监理工程师认可,方可进行孔底清理和灌注水下混凝土的准备工作。

3)清 孔

(1)根据地质情况可采用正循环或反循环清孔方式。

(2)清孔时注意事项:清孔标准符合设计及规范要求,即:孔内排出或抽出的泥浆手摸无 2~3 mm 颗粒,泥浆比重不大于 1.1,含砂率小于 2%,粘度 17~20 s;浇筑水下混凝土前孔底沉渣厚度不大于规范要求。严禁采用加深钻孔深度方法代替清孔。不采用加大孔深的方法来代替清孔。

4)钢筋笼制作、安装

详见挖孔桩钢筋笼制作、安装。

5)砼灌注

详见冲击钻孔桩混凝土灌注。

(1)安装导管

详见冲击钻孔桩导管安装。

(2)灌注水下混凝土

详见冲击钻孔桩灌注水下混凝土。

6)泥浆清理

详见冲击钻孔桩泥浆清理。

18.1.5 全套管钻孔桩施工工艺

1. 施工工艺流程

全套管钻孔桩施工过程中对施工人员进行技术交底,将技术标准、施工方法、工艺要求、技术措施和必要的操作规程、注意事项及安全、质量、工期要求等对施工人员进行交底并讨论清楚。施工工艺流程图见图 18-7。

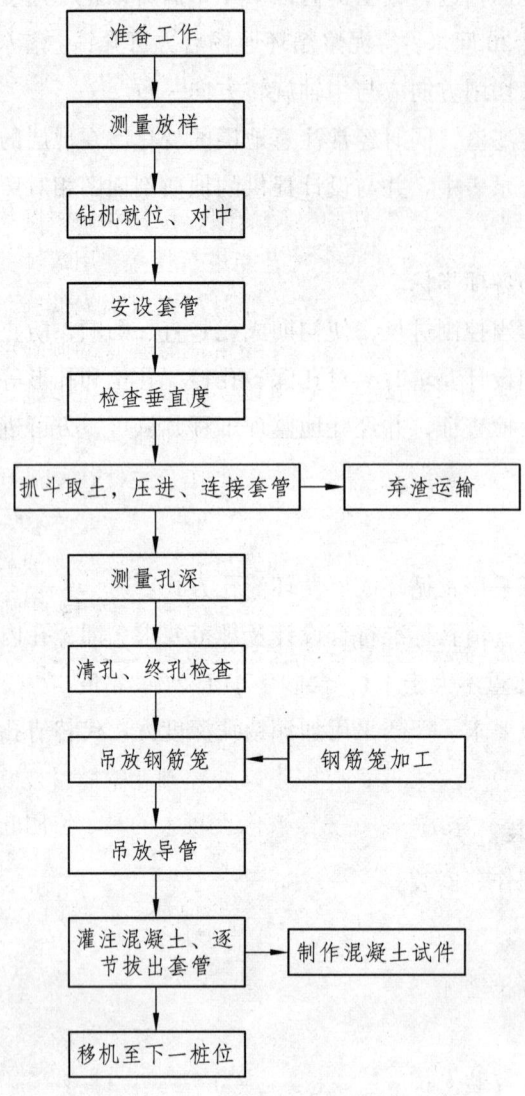

图 18-7 全套管钻孔桩施工工艺流程图

2. 施工要点

1）施工准备

（1）掌握数据和资料：施工人员应事先熟知施工地点的地质情况、墩位、桩位、桩长和桩径，并请测量人员放出桩位。

（2）清理平整施工场地：施工要有足够的场地，以便堆放材料和机械设备。应清除施工场地内的一切施工障碍物，如：转移高压线路和地下管路，清除其他杂物等。场地要平整，以便机械走行和施工，钻机走行区域的地面土壤承压应力应不小于 1 kg/cm^2。

（3）桩位放样，采用全站仪测设，确定各桩位的中心桩，并根据坐标放样，钉好十字护桩，做好测量复测。

（4）钻机就位。

钻机就地拼装，拼装完后，用水平仪测量抄平，以枕木垫牢。精确安装装管架。移动钻机使套管中心对准桩位，第一节套管要精确对位，其位移不得大于 2 cm，倾斜度不大于 0.5%或以下。

2）钻孔施工

操纵钻机使套管对准预先在桩位处画的同径圆，位移和倾斜度均符合要求时，方可进行摇晃、推进。在套管埋入深度最少 50 厘米时方能进行挖掘。用落锤式抓斗放入套管内进行挖土，当抓土效率不高而又适应于吸泥条件时，亦可辅之以吸泥的施工方法。保持挖掘过程的连续性，小心地进行挖掘、摇晃推进工作，并经常注意套管的倾斜度，直至完成第一节（套管上口露出地面的高度以方便操作为度）如果确实需要中断挖掘施工，应继续摇动套管，防止套管外侧土壤重新固结抱紧套管，给后续施工带来困难。倾斜钻机，用吊机吊起第二节套管与第一节套管接好，重新进行挖掘、摇晃推进工作，类此往复循环，直至设计深度。

（1）套管的连接方法

套管接头要用水冲洗干净，特别是丝扣和螺母孔，冲毕涂上油料。上下节套管用锁销连接，锁销要拧紧，其拧紧力矩为 21~25 kg·m。每个接头用 14 个锁销螺丝。第二节套管接好后要测量纠正倾斜度。在接套管对位时不要将手指穿入锁孔内，以策安全。

（2）软土地质地层的钻进方法

软土地层左右（标贯值 N 小于 5），应使套管超前下沉，可超出孔内开挖面 1.0~1.5 m，使落锤抓斗仅在套管内挖掘取土，这样可以很好地控制孔壁质量及开挖方向。若由于地下水压力使沙粒从孔底下向上隆起，可向空中投入比重较大的黏土以阻止砂土的上翻。

（3）普通土层作业（标贯值 N 小于 6~12）。

对于一般土层（标贯值 N 小于 6~12），开挖时应使套管超前下沉 0.3 m 左右，这是全套管钻机最标准的开挖方法。

（4）坚实砂地层作业

对于坚实砂地层，由于在这种地层中套管的下沉非常困难的，应使用落锤抓斗超前下挖 0.2~0.3 m，尤其是对于地下水位以上的坚实砂层，钻进中应将超前挖掘量控制在最小值。

（5）碎石地层作业

对于碎石地层，由于地层中存在碎石，应使用落锤抓斗超前下挖 0.3~0.5 m，否则套管下压过程中可能出现套管倾斜，不易控制套管的垂直度。

（6）坚硬土层作业

对于坚硬土层，应先利用"十字冲击锤"将硬土层击碎，再利用落锤抓斗将土块挖出孔外。此时也采用抓斗超前下挖的方法，而且超挖深度相对较大，但不宜超过十字锤本身的高度，否则会影响孔壁质量。

3）成孔验收

（1）每节套管压完后，安装下一节套管之前，都要停下来用测环或线锥进行孔内垂直度检查。不合格时应进行及时纠偏，直至合格才能进行下一节套管施工。

（2）清孔，混凝土灌注前应检查孔底沉渣，沉渣厚度超标应进行二次清孔。可采用泥浆泵进行清孔。泵管底拟距孔底30 cm以上的高处，在吸水的同时，不断供水，使套管中的水面大致保持不动。

4）安装钢筋笼

钢筋笼应顺直不变形，以免与灌注混凝土导管或套管相挂。为保证钢筋笼位置正确和设计的保护层，应使钢筋笼处于悬吊状态进行灌注水下混凝土，并在主筋上每隔2~3 m，在同一截面上设置钢筋"耳环"或其他定位设施，其外径不得大于设计图纸规定尺寸，以免因摩擦力太大而影响套管上拔或在拔套管时带起钢筋笼。

5）灌注水下混凝土

采用导管灌注水下混凝土，要求导管拼接顺直，接头联结牢固，不漏水、不透气，内壁光滑圆顺。每根导管使用前，均应作试压和内径通过检查。导管长度要计算，丈量准确，长度的组配要与套管相适应，导管组拼要有记录，以便拆除。导管外壁应用油漆画上尺度，便于观察。导管与漏斗连接要牢固，应垂直悬挂在孔中心（钢筋笼中心）。导管下端距离孔底应留有一定距离。采用砍球法时，一般定为40 cm。导管安妥后，应用检查锤，通过检查，看管中有否杂物，并应试球塞（球塞应预先在水中浸泡）。

在灌注混凝土时，导管底部埋入混凝土的深度一般不小于1 m，不大于2 m，以免导管拔不动。导管随着混凝土的灌注应徐徐提升，边提升导管，边测量混凝土面的标高，以免将导管提出混凝土面。水下混凝土灌注应连续进行，不得中途停顿，若因机械发生故障或其他原因，灌注中断超过30 min时，应采取相适应的补救措施。水下混凝土灌注终了时，其混凝土面浮浆面应高出设计标高0.5 m左右，以便清除浮浆后确保柱顶混凝土质量。

18.2 沉入桩基础施工

18.2.1 预应力混凝土管桩锤击法施工工艺

1. 施工工艺流程

预应力混凝土管桩施工工艺流程图（见图18-8）。

2. 施工要点

1）技术准备

（1）组织技术人员熟悉图纸，确定沉桩数量、沉桩深度、熟悉地质资料，并根据地质状况确定沉桩方法和选择沉桩机械。

（2）作出桩位编号图，桩位施工顺序图、主要工艺操作过程的要求，对拟用原材料的质量证明文件进行鉴别认可，编制进度计划，指定保证施工质量的措施。

2）现场准备

（1）沉桩前处理好高空、地下和地上障碍物和地下电缆、坟、沟、坑以及地下旧有建筑，地下管网等。打桩机行走路线要平坦坚实，场地平整范围一般为建筑物基础以外4~6 m以内的整个区域，地基承载力不小于100 kPa。

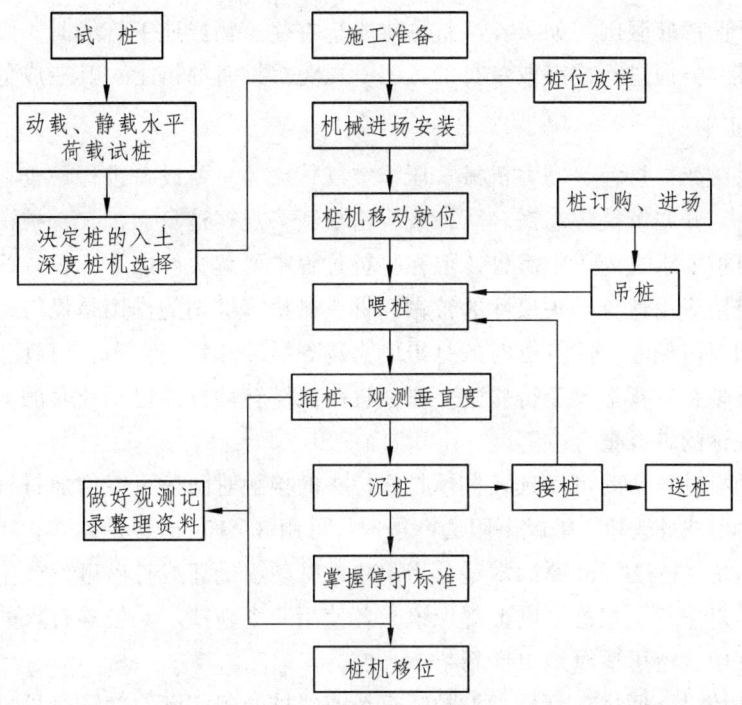

图 18-8 预应力混凝土管桩施工工艺流程图

（2）抄平放线。首先采用光电测距仪和精密水准仪从测网控制点引入，放出建筑物的轴线，再以轴线控制桩定出基础的每个桩位（样桩），其偏差不得超过 20 mm。周围至少设 4 个桩控制点，控制点离建筑物最少 15 m 以上，以减轻受打桩振动和挤土效应对桩位准确性的影响。

（3）进桩应尽量堆放在桩机前进方向的右侧，一次就位，上下桩配套供应，堆放在坚实地上。运到现场的桩应该按要求进行质量复查，不符合标准的桩严禁使用。

3）试 桩

为了选择合理的施工方法和施工机具；决定桩的入土深度，使桩有足够的承载能力，为一系列沉桩施工提供准确的现场数据，使管桩施工满足设计要求，进行试桩。试桩过程中使用的各种测量仪器，在使用前应进行校验。用坠锤、单打锤沉桩，记录每下沉 1 m 的锤击数和全桩的总锤击数；最后加打 5 锤，记录桩的下沉量。算出每锤平均值，作为停到贯入度，单位以 mm 计。用柴油锤、双动汽锤沉桩。记录每下沉 1 m 的锤击时间和全桩的总锤击时间；在剩余 1 m 左右时，记录每 10 cm 的锤击时间，取最后 10 cm 的每分钟平均值作为停到贯入值，单位以 mm 计。

4）沉桩顺序

沉桩顺序应根据现场地形条件、土层情况、桩距大小、斜桩方向、桩架移动的方便等综合因素来确定，同时应考虑使桩入土深度相差不多，土壤均匀挤密。一般基坑不大时，打桩应从中间分向两边或周边进行；当基坑较大时，应将基坑分为几段，而后在各段内分别进行，沉桩应避免从周边向中间进行，以免中间土壤被挤密，造成桩的贯入困难，在亚黏土和黏土地区应避免按一个方向前进，使土向一边挤压，而使桩基产生不均匀沉降，当桩距大于 4 倍桩径时，可不受此顺序限制。如果在沉桩施工附近有建筑物或地下管线时，则沉桩顺序应背着被保护的建筑物方向进行或采取跳打的方法，以免沉桩时的挤土对其造成危害。

5）沉桩施工

沉桩前应对桩架、桩锤、动力机械、压缩空气管路等主要设备进行检查，如有不妥立即改正处理或更换。开始沉桩应起锤轻压，或轻击数锤，观察桩身、桩架、桩锤的垂直情况，待其一致后即可按要求进入正常沉桩，但在打桩过程中要解决好以下几个方面的问题。

（1）锤击沉锤应用适合桩头尺寸的桩帽和桩头衬垫。桩帽的作用是保持桩头正位，避免锤击应力集中和锤击偏心，使打桩时的打击应力得到缓冲和均匀分布，以延长撞击的持续间和桩的贯入，桩帽在桩头上要套得松些，以使桩头能够转动，但也不要套的太松，以免影响桩帽、桩身和桩锤的轴线重合。

（2）适宜的打桩衬垫既可以延长桩锤打在桩头的接触时间还可以增加打桩贯入力，也不会降低贯入度。当桩身较短，桩靴下阻力一般时，可用 8～10 cm 厚的木垫，当向很软的土层施打长桩时则应用 15～20 cm 厚的木垫，当木垫被打硬、烧坏或打破砸裂产生不平等情况，都应及时更换。对于每一根桩原则上都应该是各使用一个新垫。对极难打入的管桩，在同一根桩的沉桩过程中，也可适时地更换新垫。

（3）打桩开始时，通过观测校进桩的竖直线或斜桩的规定倾斜度，打桩一开始就应保持好正确的垂直轴线，以避免桩头受偏打。建议采用固定式导杆，横轴线与导杆轴线脱离平行时，要立即纠正。除在打桩开始时，可在导杆支座处，垫进楔块以校正桩轴线之外，管桩一经打入地下后，就不能再从桩头上或从接近桩头处来校正桩的位置和方向，以免使桩受到损害。要保证桩顶平面确实垂直桩身轴线，桩顶不得露出有钢绞线头或钢筋头，对于桩头的棱边和隅边，则要做出小斜角。打桩中要经常观察桩锤有无偏打和有无错位、衬垫有无不平、桩帽有无晃动，因为这些易引起桩头的破裂。

（4）如果打桩开始时的土层阻力很小，则要降低桩锤的锤击速度。在预估的软土层中打桩时或在打出现容易进的情况之下，都应降低锤击速度，以免产生致裂拉应力。在施打长桩通过软土层时，降低锤速尤为有效；射水沉桩时，要避免在桩靴附近或桩靴下边射水，因为这将冲空桩靴底部或减弱阻力。对于许多砂层沉桩来说，最好使用大型桩锤打下，而不宜采用射水与锤击并用的施工。

（5）每根桩一经开打原则上就不能中断，应连续直至打完。确定"停打"是一项重要的控制项目，应由施工技术负责人控制。因为打桩中断一定时间或桩的深度不够，桩周土质将趋于密实，摩阻增大不利桩的贯入，同时可能导致桩被打坏。打桩的停打深度，原则上是要使桩靴贯入持力层（非岩石层）内 2～3 倍的桩径程度。

（6）为了降低打桩应力，对于所需的打击能量，要使用重锤低打，而不是采用轻锤高打。应严格控制各种桩锤的动能：用坠锤和单动汽锤，控制单动汽锤的落锤高度调整装置；用双动汽锤时，可少开汽阀降低汽压和进气量，以减少每分钟的锤击数；用柴油机桩锤时，可控制供油量以减少锤击能量。以后视桩的入土情况，逐渐加大冲击能量，至桩的入土深度和贯入度都符合设计要求时为止。坠锤落距原则上限在 2 m 以下，单动汽锤的落距原则上不大于 0.6 m。

6）斜桩作业

（1）斜桩施工时，桩机下必须铺垫厚钢板。桩机履带应完全处在承垫钢板上，以补充地基承载力不足及保持桩机稳定；履带桩机前后液压支撑应支于承垫钢板上，防止桩机前后俯仰，减少沉桩时斜率变化。放桩位前，先按斜桩桩顶到地面的距离及斜桩方向，计算样桩提前量，然后再放桩位。

（2）斜桩的斜率控制，桩架上设置导向架，并确保桩身与导向架始终处于平行的状态。斜桩施工中，下节桩最为关键，在桩尖入土 3～4 m 之内，应加强斜率监控，若发生垂直度和斜率变化，应及时修正；斜桩接桩时，上、下节桩应在同一轴心线上。桩起吊和插桩时，桩机导杆恢复垂直状态，方能施工。

7）接桩作业

沉桩过程中一般都需要接桩。接桩应要求迅速，尽量缩短停打时间，如停打时间过长，则周围土壤恢复使桩不易打入。桩头构造有多种形式，目前主要为法兰式桩头和焊接式桩头构造。法兰式桩头接桩时，将上下两节桩的法兰螺孔对好，并将上下两节桩的纵轴线对准，然后穿入螺栓，并对称地将螺帽逐步拧紧。待全部螺栓帽均拧紧并检查上下两节桩的纵轴线符合要求后，便可将螺帽点焊固接，然后在法兰盘上涂以防锈油漆或防锈沥青胶泥。法兰式桩头的优点是接桩迅速，操作方便；但法兰式桩头构造复杂，用钢量较多，制造麻烦。焊接式桩头构造简单，用钢量较少，制造较方便；缺点是用手工电弧焊时，操作较麻烦，费时稍长，但如果采用管状焊丝半自动电弧焊则接桩施工也很方便。

8）桩身破损探查方法

（1）灌水探查

向桩内灌水，如水面迅速下降，说明桩壁或接头必有破损，当尚难查明位置和破损情况。

（2）圆桶探查

可用木料或铁皮做成圆桶，吊入桩内探查管桩内壁的混凝土块被打坏处的钢筋向内屈曲的情况及破损处的标高；并可探测桩内水位及泥面的标高。

（3）照明探测

仅用于管桩内水面以上部位，自桩顶放入低压作业灯，并在等下安设 45°斜面反射镜，从上面直接观察。

9）送 桩

桩头仍须继续沉入时，则需送桩。送桩器应具有足够的强度和刚度，其长度为桩锤可能达到的最低标高与预计桩顶沉入的标高之差，再加上适当的余量。送桩器刚度宜尽量接近桩身刚度，且应考虑能尽量减小上拔时的阻力；送桩器应与管桩直径相适应，桩帽宜套入桩顶 30～40 cm。送桩时，送桩过程中，应确保桩锤、送桩器和桩身在同一中心轴线上。送桩后，很容易使桩平面位置产生偏差，尤其是送桩深度超深，桩的偏斜越大。故施工中必须保证"送桩杆"与桩身的纵向轴线保持一致。送桩达到深度后，"送桩杆"不要急于拔出，可先将"送桩杆"拔松动后，待相邻桩入土深度超过拟送桩深度，再将送桩杆拔出。

10）管桩填充方法

（1）填充透水性土

当设计要求在桩内上面填充一段混凝土时，其下段垫层应先填充透水性土，可直接倒入填充。为避免在管内相互卡住，倒入速度不宜过快，填充料最大粒径不能大于桩内径的 1/3。结合实填材料的数量来掌握填充高度，并用吊锤探查核对填充高度，防止超填，如超填可用吸泥机吸出。

（2）填充混凝土

当桩内无水，或桩内经过封底处理将桩内水清除干净以后，可用一般灌筑方法填筑混凝土，灌注不宜过快，逐层插捣密实，要掌握预计数量和实际填筑数量基本相符。每根桩应一次灌完。仅在桩头部分填充混凝土时，可在桩内悬吊底模，要求底模强度能承受灌筑混凝土时的荷载。

（3）用水下混凝土填充

可参照灌注水下混凝土方法进行。

11）管桩插打次数控制

预应力混凝土管桩下沉打击次数宜按照表 18-3 控制。

表 18-3 预应力混凝土管桩插打次数

项　目	建 议 限 制
总的打击次数	<2 000 次
最后 10 m 范围的打击次数	<800 次

18.2.2 先张法预应力管桩静压施工工艺

1. 工艺流程

桩位放样→静压机就位→起吊第一节桩→经纬仪调整垂直度→压入第一节桩→起吊第二节桩→经纬仪调整垂直度→电焊接桩→检查焊接质量→静压第二节桩→重复前面的压桩工艺直至设计工程→终压成桩后移机→重复以上步骤，施工本路段其他管桩→路段管桩全部施工、完成后检查整桩质量→桩帽基坑开挖（土模）→桩帽钢筋加工及安装→桩帽混凝土浇筑养护→铺筑第一层碎石垫层、整平压实→铺筑钢塑格栅→铺筑第二层碎石垫层、整平压实。

2. 施工方法

（1）按设计及施工规范要求，施工前必须对路基原地面进行清表、整平，河塘范围内的施工场地，按河塘清淤回填方案进行清淤、回填、整平。陆地上施工场地，先用推土机进行清表，再用人工配合挖掘机清除地下孤石。如果是潮湿地面还必须对地表土进行翻松、掺灰、压实处理，在低洼处为了排水顺畅还应先填筑一两层灰土，并整平压实至设计要求的压实度，以保证路基质量，便于管桩施工，以及保证桩帽基坑开挖后的基底承载力。管桩处置范围外的四周开挖临时排水沟，以保证排水通畅。

（2）在施工前对设计提供的测量控制点进行复测，根据设计提供的水准点和施工精度要求，在已布设的平面控制网的基础上，以三等水准点测量的精度要求测出加密后各点的高程作为高程首级控制网。先精确测放出中桩及控制桩的桩位，用木桩做好标记，并报测量监理验收，然后根据管桩施工平面布置图用钢卷尺逐桩测放桩位，确定桩位中心，再以桩位中心为圆心，以管桩桩身半径划出桩位的圆周，桩中心插小竹片桩，圆周撒白灰线标记。桩位放样完成后，对已定好的轴线进行复核，根据桩位图逐桩位校核，桩位放样允许偏差大于 5 cm，发现不符合要求的及时纠正。测放的桩位经测量监理复测无误后方可进行沉桩。

（3）桩机就位。

首先检查桩机，确保设备正常运转后移动设备就位，压桩机就位时应对准桩位中心，并利用压桩机底盘的液压顶将机身调平，使用水平尺检测桩架滑道的垂直度、夹桩器顶面的水平度，校正平台处于水平状态。

（4）利用压桩机自带的起重机吊桩。采用单点起吊，吊点设置在距桩端四分之一至三分之一桩长位置，采用一根闭合钢丝绳捆绑牢固。起吊过程必须小心、缓慢，严防吊桩过程钢丝绳滑脱或管桩在空中晃动过大而与机架等碰撞。在管桩离地过程中，要人工用绳套拉住桩下端，以防止将堆区中的桩撞裂、碰损。小心移桩入桩架的两滑道中间，将桩下放到桩尖离地面 10 cm 高度处，再利用桩架的挺杆和夹桩器将管桩固定（夹桩器与管桩之间要有衬垫隔离），同时利用经纬仪从两个正交方向调整桩的垂直度。管桩从堆桩位置到桩机位置可由吊车采用两点起吊，平移至桩架前，然后由桩架的起重机单点起吊。

（5）开始压桩之前，必须将起重卷扬机的起吊钢丝绳放松、吊钩脱离，杜绝拉断钢丝绳和拉弯起重机吊臂等事件发生。桩尖到达地面高度后，开动纵横两向油缸移动压桩机，根据桩位上的竹片精确调整管桩位置，把桩尖对准桩位中心插正。桩尖进入土层中时（即入土 30～50 cm），根据已画好的石灰圈再次复核桩位，并利用两个正交方向的水准仪校正垂直度，垂直度控制在 0.5% 以内。调校好后启动压桩油缸开始压桩，把桩徐徐压下。起始压桩速度控制在 1～2 m/min、静压力控制在 500 kN 内。入土 3 m 后逐渐加大静压力至 650 kN。当管桩沉到桩顶离地面 1 m 左右时停止压桩。压桩过程中要经常观测桩身垂直度和桩顶端挠曲度，每沉入 1 m 记录一次压桩时间和各压力表读数，压桩应保持连续，同一根桩中间间歇时间不宜超过半小时。如有异常情况发生，要立即停机，分析并处理好后方可开机续压。为了便于控制终止压桩，必须详细记录压桩过程的压力与桩入土深度，以便了解桩尖入持力层深度是否满足设计要求以及桩穿过各土层时的压力值。

（6）接桩采用端板式焊接接头。当下节桩的桩头距地面 0.6～0.8 m 左右时，开始进行上一节管桩的起吊。在上节管桩夹持牢固后将两管桩端板上的泥土、铁锈等用钢丝刷清理干净，再利用先前用来定位底节管桩的两个经纬仪（测量位置未经改动）调整上节管桩位置及垂直度，有时候为了方便上下节管桩的对接，可在下节的桩头顶设置导向箍以使上节桩易于安装就位，然后将上节管桩徐徐下放。管端接触后，观测管桩错位偏差，如有错位可使用木锤敲击上节管桩的端板，将错位偏差控制在 2 mm 以内。也可以在下节管桩的桩头加上定位板，依靠定位板将上下桩接直。接着用钢丝刷清理坡口，直至坡口呈金属光泽。将桩端接缝空隙用模形铁片全部填实焊牢。坡口槽电焊要分层对称进行，先在坡口四周先对称点焊 4～6 点，使上、下节管桩固定好后再开始分层焊接。最终焊完后要自然冷却至少 8～10 min 才能进行静压施工，但严禁用水冷却，以防止高温焊缝冷脆而被压坏。接桩动作必须迅速，尽量保证连续施工，避免因中断时间过长，压桩阻力增大，造成后续施工困难。

（7）送桩器套在桩帽上，送桩器下端设置桩垫，厚度均匀并与桩体全断面接触，确保桩头完好。开动纵横两向油缸移动机调整对中,开动压桩装置开始压桩,同时记录压桩时间和各压力表读数。送桩时须重合送桩器与管桩轴线并紧固,再利用经纬仪调整送桩器及桩架垂直度,然后开始静压沉桩。压桩过程与上述底节管桩的压桩过程相同。当管桩达到硬土层或临近预定高程 1 m 左右时,将静压力调 650~750 kN,密切注意各仪表示数,并观察管桩沉入速度、管桩状态。当每分钟沉降量不超过 2 cm 即可结束送桩。最后利用起重机将送桩器慢慢拔起。

终止压桩的标准:一般情况下,对于摩擦桩以达到持力层(管桩设计高程)作为管桩终止压桩的标准,但当静压力显著增加时要注意提前终止。对于 ¢40 cm 的 PTC 管桩,当静压力≥1 000 kN 时可以终压。压桩结束后及时将压桩机移开,到下一个桩位就位,重复上述施工。在施工中应定期检查压桩的终压力是否达到预定值或超出极限值,以确保每一根桩达到设计要求且不致压坏。

(8) 在管桩施工完成后,应进行报验,复测桩中心线和桩顶高程。桩顶高程严格用水准仪控制,桩端入土深度以图纸标明的桩长而定。压桩时要如实认真填写施工记录。

(9) 桩帽基坑开挖可以采用人工开挖,也可以采用人工配合小型挖掘机进行开挖。基坑两侧坡度按照直坡进行开挖,开挖的位置、深度及基底尺寸按照设计图纸要求。基础开挖后,应对桩顶高程及桩的偏位情况进行测量,对那些桩顶高程低于设计高程必须调整桩帽的厚度。而对于那些桩顶高程高于设计高程的情况,可用电锯或者风镐截去多余的桩段。使用风镐截桩时必须余留部分桩头混凝土,在 20 cm 范围内不得继续使用风镐截桩。基坑修整后形成土模(管桩头要伸入土模底面 5 cm)。管内部分混凝土的底模采用 15 mm 厚的木胶板圆板,圆板用铁丝兜挂在管桩内。然后放入制作好的钢筋笼,并浇筑桩帽混凝土。桩帽配筋不宜小于最小配筋率 0.15%,桩帽的钢筋应做成封闭式。浇筑过程中,为避免四周坑壁上的土坍落到混凝土里面,应将坑壁拍实或用砂浆先护好壁,并在振捣时防止振捣棒碰撞坑壁。

(10) 管桩伸入桩帽的长度不得小于 0.75 倍桩径,且须在管桩顶内部浇筑桩芯混凝土,桩芯混凝土伸入桩帽底面以下不得小于 1 倍桩径,混凝土的强度等级不应低于桩帽混凝土强度等级。顶部桩芯为钢筋混凝土,纵向钢筋应通过计算确定,且其配筋率不应低于 1%,钢筋应采用 II 级钢筋。桩芯箍筋宜采用直径为 7~10 mm 的 I 级钢筋,间距可取 200~250 mm。纵向钢筋伸出桩顶的长度应满足锚固要求。

(11) 碎石垫层和双向钢塑格栅施工工艺:

① 铺筑底层碎石垫层

桩帽混凝土达到设计强度后,进行底层碎石铺筑。碎石应洁净、干燥,并具有足够的强度和耐磨耗性,其颗粒形状应具有棱角,不得掺有软质石和其他杂质,并应级配良好,粒径范围和含泥量应满足要求。碎石进场后要进行试验检测,并报监理工程师认可后才能使用。第一层碎石铺筑时,从路基中间向两侧、由一端向另一端进行摊铺,推土机整平,碎石缝隙用石屑填充,以激振力 200 kN 以上的振动压路机先稳压 1~2 遍,再振压 3~4 遍。

② 铺设钢塑格栅

下层碎石垫层整平压实后即可在其顶面铺设钢塑格栅(或高强土工格室)。先按每幅(卷)钢塑格栅幅宽,在下层碎石垫层上,用石灰划出每幅的轮廓,或挂线标示,在碎石垫层上展开。钢塑格栅的铺设要横向进行,将强度高的方向垂直于路线方向,采用人工拉伸摊铺。先用 U 形钉固定格栅的端部,每米宽用钉 4 根,均匀距离固定。然后用人工将格栅从路基一侧向另一侧缓缓拉铺，边拉边下落，使格栅贴在下层碎石垫层上。每铺10 m长必须进行人工调直一次，直至一卷格栅铺完，再铺下一卷，操作同前。使用U形钉不易钉固时，可由4人站定、同时拉住格栅的一端。两幅钢塑格栅之间要采用搭接法或绑扎法、缝接法连接，搭接或绑扎、缝接质量必须满足设计和规范要求。施工过程中发现钢塑格栅破损的也必须立即修补好。每一卷格栅铺完后要整体检查一次铺设质量，然后接着铺设下一卷。铺设过程中必须绷紧、拉挺，不得有折皱、扭曲或坑凹。在路基可能产生弧形滑动的方向尽量不设搭接。钢塑格栅应与其下面的碎石垫层贴合紧密平整。钢塑格栅的搭接长度必须≥20 cm，且要搭接牢固，铺设平展、顺直。

③ 铺筑上层碎石层

上层碎石垫层摊铺顺序为先两边后中间，即：先在四周铺碎石将钢塑格栅边缘固定，再向中部推进。先由人工用铁锹抛撒碎石，将钢塑格栅压贴在下层碎石垫层上，再用料车沿路线方向行驶，将碎石撒布在格栅上，并用人工摊开和铺平。料车行驶路线上预先人工铺上竹栅栏，以防止碾破格栅。施工过程中弄折皱的格栅必须立即人工展开、铺平。上层碎石垫层摊铺整平之后不能立即直接进行碾压，要先回20~30 cm上层填料（石灰土）。碾压的顺序是先两侧后中间。

18.3 人工挖孔桩施工

1. 适用范围

适用于无水、少水，孔壁不易坍塌、孔深少于20 m的桩基。

2. 施工工艺及技术要求

1）人工挖孔

（1）场地平整

平整场地、清除杂物、夯打密实。桩位处地面应高出原地面50 cm左右，场地四周开挖排水沟，防止地表水流入孔内。

（2）测量放样

进行施工放样，施工队配合测量班按设计图纸定出孔位，经检查无误后，由施工队埋设十字护桩，十字护桩必须用砂浆或混凝土进行加固保护，以备开挖过程中对桩位进行检验。

（3）桩孔开挖

采用从上到下逐层用镐、锹进行开挖，遇坚硬土或大块孤石采用锤、钎破碎，挖土顺序为先挖中间后挖周边，按设计桩径加20 cm控制截面大小。孔内挖出的土装入吊桶，采用自制提升设备将渣土垂直运输到地面，堆积到指定地点，防止污染环境。注意挖孔过程中，不必将孔壁修成光面，要使孔壁稍有凹凸不平，以增加桩的摩擦力。

（4）护壁施工

对岩层、较坚硬密实土层，不透水，开挖后短期不会坍孔的，可不设护壁，其他土质情况下，必须施作护壁，保持孔壁稳定，以策安全。护壁拟采用现浇模注混凝土护壁，混凝土标号与桩身设计标号相同。第一节混凝土护壁（原地面以下1 m）径向厚度为20 cm，宜高出地面 20~30 cm，使其成为井口围圈，以阻挡井上土石及其他物体滚入井下伤人，并且便于挡水和定位。等厚度护壁如图 18-10 示。

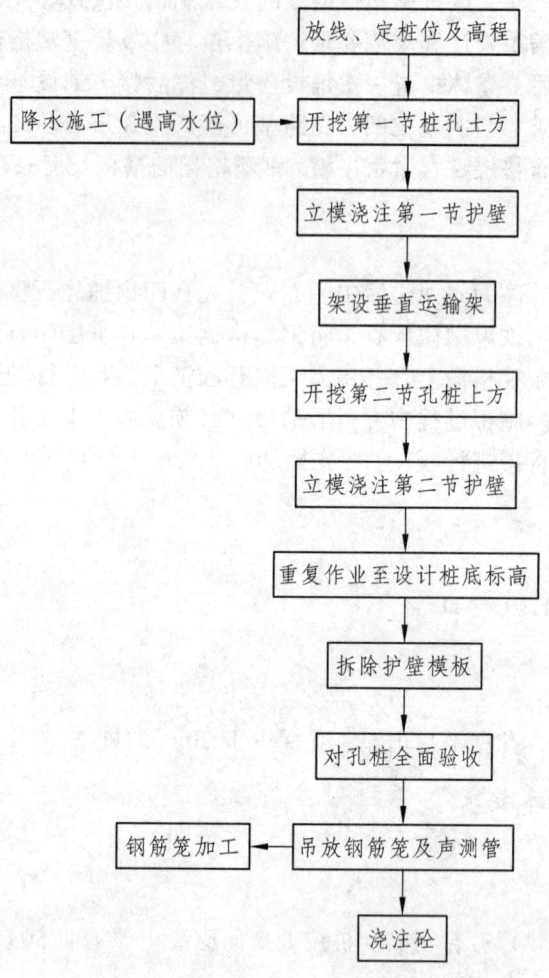

图 18-9 施工工艺流程

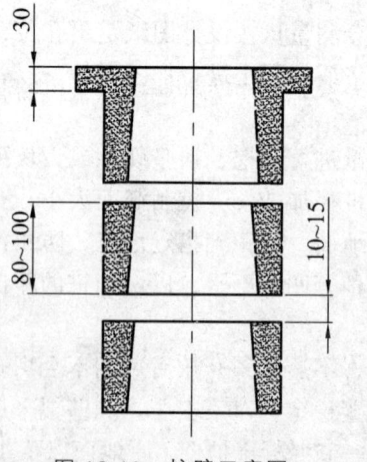

图 18-10 护壁示意图

该方法适用于各类土层，每挖掘 0.8~1.0 m 深时，即立模灌注混凝土护壁。平均厚度 15 cm。两节护壁之间留 10~15 cm 的空隙，以便混凝土的灌注施工。

混凝土搅拌应采用滚筒搅拌机拌制，坍落度宜为 14 cm 左右。

模板不需光滑平整，以利于与桩体混凝土的联结。为了进一步提高柱身砼与护壁的粘结，也为了砼入模方便，护壁方式可采用喇叭错台状护壁。

护壁砼的施工，采取自制的钢模板。钢模板面板的厚度不得小于 3 mm，浇注混凝土时拆上节，支下节，自上而下周转使用。模板间用 U 形卡连接，上下设两道 6~8 号槽钢圈顶紧；钢圈由两半圆圈组成，用螺栓连接，不另设支撑，以便浇注混凝土和下节挖土操作。

（5）人工挖孔允许偏差和检验方法（表 18-4）

表 18-4　人工挖孔允许偏差和检验方法

序号	项目	允许偏差	检验方法
1	顶面位置	50 mm	测量检查
2	孔位中心	50 mm	
3	倾斜度	0.5%	

2）钢筋的制作与安装

（1）对于较短的桩基，钢筋笼宜制作成整体，一次吊装就位。对于孔深较大的桩基，钢筋笼需要现场焊接的，钢筋笼分段长度不宜少于 18 m，以减少现场焊接工作量。现场焊接须采用单面帮条焊接。

（2）制作时，按设计尺寸做好加强箍筋，标出主筋的位置。把主筋摆放在平整的工作平台上，并标出加强筋的位置。焊接时，使加强筋上任一主筋的标记对准主筋中部的加强筋标记，扶正加强筋，并用木制直角板校正加强筋与主筋的垂直度，然后点焊。在一根主筋上焊好全部加强筋后，用机具或人转动骨架，将其余主筋逐根照上法焊好，然后吊起骨架阁于支架上，套入盘筋，按设计位置布置好螺旋筋并绑扎于主筋上，点焊牢固。

（3）钢筋骨架保护层的设置方法：钢筋笼主筋接头采用双面搭接焊，每一截面上接头数量不超过 50%，加强箍筋与主筋连接全部焊接。钢筋笼的材料、加工、接头和安装，符合要求。钢筋骨架的保护层厚度可用焊接钢筋"耳朵"或转动混凝土垫块。设置密度按竖向每隔 2 m 设一道，每一道沿圆周布置 8 个。

（4）骨架的运输无论采取何种方法运输骨架，都不得使骨架变形，当骨架长度在 6 m 以内时可用两部平板车直接运输。当长度超过 6 m 时，应在平板车上加托架。如用钢管焊成一个或几个托架用翻斗车牵引，可运输各种长度的钢筋笼，或用炮架车采用翻斗车牵引或人工推，也可运输一般长度的钢筋笼。

（5）骨架的起吊和就位。

钢筋笼制作完成后，骨架安装采用汽车吊，为了保证骨架起吊时不变形，对于长骨架，起吊前应在加强骨架内焊接三角支撑，以加强其刚度。采用两点吊装时，第一吊点设在骨架的下部，第二点设在骨架长度的中点到上三分点之间。对于长骨架，起吊前应在骨架内部临时绑扎两根杉木杆以加强其刚度。起吊时，先提第一点，使骨架稍提起，再与第二吊同时起吊。待骨架离开地面后，第一吊点停吊，继续提升第二吊点。随着第二吊点不断上升，慢慢放松第一吊点,直到骨架同地面垂直,停止起吊。解除第一吊点,检查骨架是否顺直,如有弯曲应整直。当骨架进入孔口后,应将其扶正徐徐下降,严禁摆动碰撞孔壁。然后,由下而上地逐个解去绑扎杉木杆的绑扎点及钢筋十字支撑。当骨架下降到第二吊点附近的加强箍接近孔口,可用木棍或型钢(视骨架轻重而定)等穿过加强箍筋的下方,将骨架临时支承于孔口,孔口临时支撑应满足强度要求。将吊钩移到骨架上端,取出临时支承,将骨架徐徐下降,骨架降至设计标高为止。将骨架临时支撑于护筒口,再起吊第二节骨架,使上下两节骨架位于同直线上进行焊接,全部接头焊好后就可以下沉入孔,直至所有骨架安装完毕。并在孔口牢固定位,以免在灌注混凝土过程中发生浮笼现象。

骨架最上端定位,必须由测定的孔口标高来计算定位筋的长度,并反复核对无误后再焊接定位。在钢筋笼上拉上十字线,找出钢筋笼中心,根据护桩找出桩位中心,钢筋笼定位时使钢筋笼中心与桩位中心重合。然后在定位钢筋骨架顶端的顶吊圈下面插入两根平行的工字钢或槽钢,在护筒两侧放两根平行的枕木(高出护筒 5 cm 左右),并将整个定位骨架支托于枕木上。钢筋骨架的制作和吊装的允许偏差为:主筋间距 ± 10 mm;箍筋间距 ± 20 mm;骨架外径 ± 10 mm;骨架倾斜度 ± 0.5%;骨架保护层厚度 ± 20 mm;骨架中心平面位置 20 mm;骨架顶端高程 ± 20 mm;骨架底面高程 ± 50 mm。

表 18-5 挖孔桩钢筋骨架允许偏差

序号	项 目	允许偏差(mm)
1	钢筋骨架在承台底以下长度	±100
2	钢筋骨架直径	±10
3	主钢筋间距	±10
4	加强筋间距	±20
5	箍筋间距或螺旋筋间距	±20
6	钢筋骨架垂直度	骨架长度 1%

3)灌注砼

(1)在灌注混凝土前应对孔径、孔深、孔型全部检查并报监理工程师,经检验合格后方可灌注混凝土。

(2)混凝土采用集中拌合,自动计量,罐车运输,泵送混凝土施工,插入式振捣器振捣。混凝土的浇筑入模温度不低于 + 5 ℃,也不高于 + 30 ℃,否则采用经监理工程师批准的相应措施。

(3)灌注支架采用移动式的,事先拼装好,用时移至孔口,以悬挂串筒,漏斗底口。从高处直接倾卸时,其自由倾落高度一般不宜超过 2 m 以不发生离析为度。当倾落高度超过 2 m 时,应通过串筒、溜管或震动溜管等设施下落;倾落高度超过 10 m 时,并应设置减速装置。

(4)混凝土分层浇筑,分层厚度控制在 30 ~ 45 cm。振捣采用插入式振动器,振动器的振动深度一般不超过棒长度 2/3 ~ 3/4 倍,振动时要快插慢拔,不断上下移动振动棒,以便捣实均匀,减少混凝土表面气泡。振动棒插入下层混凝土中 5 ~ 10 cm,移动间距不超过 40 cm,与侧模保持 5 ~ 10 cm 距离,对每一个振动部位,振动到该部位混凝土密实为止,即混凝土不再冒出气泡。

（5）对于 1 m 直径挖深桩，如果桩身较长，混凝土振捣操作有困难时，可采用水下混凝土方法灌注。水下混凝土浇灌方法详见"冲击钻孔桩混凝土灌注"。

3．人工挖孔安全措施

1）防坍塌安全技术措施

搞好孔口防护规划，防止地表水进入孔内。在开挖过程前根据不同地质情况做好护壁方案设计，在开挖过程中必须认真复核地质情况，根据不同地质条件严格做好孔壁防护工作。对于需要砼防护的孔壁，严格按规定的进尺开挖，护壁砼达到设计强度后方可拆模。

2）孔内通风安全措施

人工挖孔桩应做好孔内通风，当孔深大于 5 m 时，应采用通风管往孔内送风措施。操作工人工作 2 h 左右，应到孔外休息。对于特殊地质的地段，在挖孔过程中，应做好有害气体的检测。

3）孔内防落物措施

对于提升架钢丝绳，应有不小于 10 倍的安全储备，并定期检查其磨损情况。吊斗装渣不能太满，防止碎渣散落。下孔操作人员应戴好安全帽，对于特殊孔位、还应系好救生绳。

4）应急措施

根据不同地质条件，施工单位应做好安全应急预案，险情发生时，有相应的处理措施；事故发生后，有相应的救助方案。

18.4 围堰施工

18.4.1 筑岛围堰施工工艺

1．施工工艺流程

按设计的围堰结构形式及平面尺寸大小进行围堰筑岛施工，其工艺流程如图 18-11 所示。

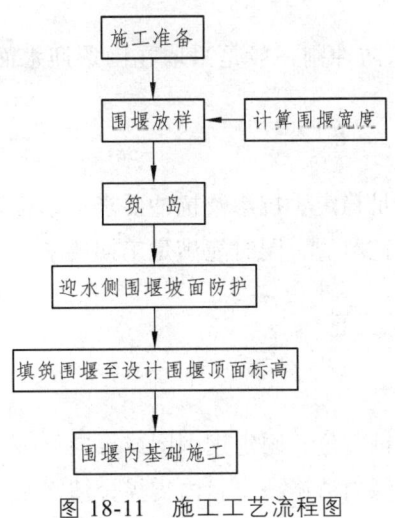

图 18-11 施工工艺流程图

2. 施工要点

1）施工准备

先进行围堰设计，对围堰土体强度、稳定性验算、基坑渗水量计算、基坑底涌砂及底板隆起验算；准备填筑围堰所需要的机械、材料等入场。

2）围堰放样

根据围堰高度计算出筑岛围堰跨度，然后由项目部测量组准备放样，一要确保防洪标高达到要求，二要确保围堰顶宽度满足操作要求。

3）筑岛围堰

（1）填土围堰施工方法

先清除堰底河床上的树根、石块等，自上游开始填筑至下游合龙。处于岸边的应自岸边开始，填土时应将土倒在已出水面的堰头上再顺坡送土水中。水面以上的填土要分层夯实。待围堰沉降稳定后，进行基坑排水。

（2）土袋围堰施工方法

袋内填装黏性土，装填量宜为60%，袋口用细麻绳或铁丝缝合。用黏性土心墙时，也可用砂性土装袋。水流流速较大时，在过水面及迎水面，袋内可装填小卵石或粗砂。堆码时土袋的上下层和内外层相互错缝且密实平整，搭接长度为1/3~1/2。必要时也可抛片石防护或用竹篓或柳条筐装盛砂石在堰外防护。

（3）膜袋围堰施工方法

袋内可填充砂或水泥固化土材料，且膜袋的缝合要牢固严密，排水时应控制水位降速。如在水流较急的地方施工，且承台底在水面下较深，为防止在灌注封底砼时围堰内的水有流动现象，影响封底施工，因而筑岛填料要采用级配较好的砂卵石，避免用太多的大漂石回填，防止由于上下高差造成围堰内水有流动现象。

4）迎水侧围堰坡面防护

对围堰外围的边坡和河床防冲刷一般是采取在围堰迎水面抛投块石，形成块石防冲体平台。

5）土围堰设计标准

围堰要求安全可靠、能满足稳定、抗渗及抗冲要求；结构要求简单，施工方便，宜于拆除并能充分利用当地材料及开挖料渣，同时能满足工期要求。

18.4.2 钢板桩围堰施工工艺

1. 工艺流程

钢板桩及机械进场→定位桩定位、固定钢围图或导向梁→插打钢板桩→围堰合龙、相邻钢板桩之间进行点焊连接→围堰内清淤→安装内支撑→清淤至设计标高封底混凝土施工。

2. 施工方法

1）测量定位

将施工区域控制点标明并经过复核无误后加以有效保护。利用现有钢管桩进行定位，在钢管桩上焊接工字钢作为导向梁，用工字钢来保证打出的钢板桩在一条直线上。在打桩时作为导向位置及高程控制标志。

2）钢板桩施打

（1）插打顺序

钢板桩的插打次序为先从长边角点开始，依次施打各边，在短边的角点附近合拢。开始的桩逐根插打到位，接近合拢时最后的15片桩采取先插合拢后再打的方式，以便于对桩位随时调整保证顺利合拢。

（2）钢板桩插打

施打采用吊机配合液压震动锤在平台剩余部分上进行。首先在钢护筒上焊接牛腿，安装导向架。该导向架在钢板桩打设完成后即作为围堰围图使用。履带吊将钢板桩从场地上吊起，然后吊至施打钢板桩的导向装置内，匀速下放，使钢板桩成垂直状态，然后用定位卡具在导向装置内将钢板桩固定牢固，松开起吊钩，起吊液压震动锤，将钢板桩逐根插打到位。

（3）钢板桩插打质量控制

插打前先将钢板桩做好标识，用吊机的两个吊钩起吊和下放，使钢板桩成垂直状态，脱出小钩移向安插位置，插入导向架内已就位的钢板桩锁口中。插打钢板桩时，从两个相互垂直的方向同时控制，确保其倾斜度不大于0.5%。

（4）钢板桩施工遇到的问题及处理措施

① 障碍物。桩过程中有时遇上大的块石或其他不明障碍物，导致钢板桩打入深度不够，采用转角桩或弧形桩绕过障碍物。

② 异性桩纠正。钢板桩沿轴线倾斜度较大时，采用异形桩来纠正，异形桩一般为上宽下窄和宽度大雨或小于标准宽度的板桩，异形桩可根据实际倾斜度进行焊接加工；倾斜度较小时也可以用卷扬机或葫芦和钢索将桩反向拉住再锤击。

3）围堰合龙

（1）合龙口钢板桩的调整

由于丁围堰尺寸巨大，插打过程中的误差累积使得围堰合龙口两侧的钢板桩锁口往往不尽平行，两端相距在一定范围内时，按照下列措施进行调整：

① 钢板桩上端向合拢口倾斜时，在钢板桩顶端使用千斤顶互顶或以内两套复式滑车组向外侧张拉调整至所需间距。

② 钢板桩两侧各剩几组即将合龙时，即考虑合龙情况。

③ 当合龙钢板桩插下时，由于经过调整的间距不能完全平行，必须施加压力才能使合龙板桩插下。当钢板桩尚有很大长度未能套入锁口，又不能采用锤击方法打下时，可在顶端安装复式滑车组，并将滑车组下端固定，将钢板拉入锁口。在插桩过程中，做到"插桩正直、分散偏差、有偏即纠、调整合龙"的要点。

（2）异型钢板桩

采用上述措施钢板桩仍无法合龙时，可以制作异型钢板桩进行合龙。

① 合龙口丈量：丈量位置选择在各层导环平面，用两根小木条各自顶紧两边的钢板桩，用钢钉钉死，取出水面，丈量长度，可以得到准确的合龙口宽度。

② 异形桩制作：钢板桩进行调整和丈量尺寸后，根据合龙口的宽度及锁口的型式，制作异形钢板桩。若合拢口宽度为40 cm左右时，可制成对扣式异型钢板桩。焊接务必饱满牢固。

4）内支撑钢管的制作

在当前国内钢板桩围堰设计、施工工艺中，尺寸相对较小的围堰，因内支撑受其自重和长细比的影响较小，一般采用型钢制作；而对于尺寸较大、长细比悬殊、受力复杂的钢板桩，其内支撑常使用自重较轻、受力稳定的螺旋钢管制作。在钢板桩围堰的施工过程中，常常遇到钢板桩偏离设计位置的情况，导致围堰内支撑的设计长度与现场实际不一致。针对这种情况，施工时将钢管加工成标准节和端部调整节组合形式，标准节可重复倒用，增加了钢管的通用性。内支撑采用钢管与型钢结合支撑在围囹上，相邻管节之间利用法兰盘连接。各管节按照设计在钢结构加工场加工而成，对加工完成的杆件进行编号，并在加工场进行试拼装，然后运至现场组装。为了使内支撑顶紧持力，将端部调整节制作成一种能伸缩的装置，提高了支撑效果。

5）围堰内清淤及支撑系统

围堰处河床为河流淤积层，富含松散的粉沙；围堰尺寸巨大，内支撑复杂，不利于挖掘设备开展施工；另外，钢板桩深入稳定的粘土层，为高压射水清淤提供了条件。高压射水清淤速度快，基坑底标高及平整度便于控制。封底在干处进行，不确定性因素减少。

（1）内支撑安装与清淤工序相互结合，确保施工安全。具体步骤为：

① 围堰内河床面较高，在围堰合龙后以河床为依托，即安装第一道内支撑。采用油顶顶撑伸缩装置，并打紧固定钢销子。

② 第一层支撑安装完后，采用高压水枪配合吸泥泵清淤。清淤至第二道支撑下0.5 m时，安装第二道内支撑。顶撑伸缩装置，并打紧。

③ 第二道支撑安装完毕继续清淤至第三道支撑下0.5 m处，安装第三道支撑，顶撑伸缩装置，并打紧。

④ 第三道支撑安装完毕继续清淤至基底。视基底涌水量选择浇筑20 cm厚混凝土垫层。之后安装竖向支撑，在各层支撑之间设置加强桁架。

（2）具体的内支撑安装方法为：

① 割除钢护筒上牛腿前，在钢板桩上设置支撑牛腿用于搭置2I56a围囹，使围囹支托由钢护筒转换为钢板桩本身。在钢板桩上设置第二、三层围囹的支撑牛腿时，须拉设施工线保证各小牛腿顶面位于同一水平面上。

② 为防止围堰的变形，将围囹与钢板桩之间的间隙全部用型钢焊接支撑连接，使钢板桩所受支撑均匀。同时，在围囹的四角做三角撑进行加强。

③ 每层内支撑设置纵向和横向交叉，横向在下，纵向在上。交叉处采用抱箍联结。安装时先将抱箍放置于各个横向支撑上，拉线以保证所有抱箍在一条直线上，然后安放纵向支撑钢管。

6）抽水堵漏

钢板桩插打完成并做好加固措施后即可抽水，抽水时检查个点是否顶紧、板桩与导框间木楔是否挤紧，抽水速度不宜过快，要随时观察围堰的变化情况并作出相应处理。

当发生锁口渗漏时，用板条、旧棉絮在内测嵌塞，同时在漏缝外侧水面撒大量细煤渣与木屑等，使其由水流夹带至漏水处自行堵塞，必要时外部堵漏。

7）封底混凝土施工

进行安全质量技术交底及详细的施工组织安排，保证封底施工顺利进行，尽量缩短封底灌注时间；混凝土由拌和站拌制混凝土运输车运送，输送泵泵送至下料导管浇筑。采取往复式灌注顺序进行施工，确保混凝土灌注面均匀连续对称上升。灌注达到设计承台标高后，拔出导管完成封底混凝土施工。

8）内支撑拆除与拔桩

围堰内支撑与承台混凝土施工相互关联。承台分两次浇筑，先后拆除第三、二层内支撑。每浇注完一层，及时在承台与钢板桩间回填沙土，增加围堰稳定性。最后拆除顶层内支承，拔除钢板桩。

18.4.3 锁口钢套箱围堰施工工艺

1．工艺原理、流程

1）工艺原理

（1）新型锁扣式钢结构围堰是一种分离式拼装钢围堰，由边角块、中间块两部分组成，块与块之间通过锁扣连接形成一个整体。

（2）锁扣联接结构包括包含一个锁扣和一个充填密封管。锁扣是由支壁板联接圆钢管构成的锁头（俗称阳头）插套入由一侧沿长度开口的圆钢管构成的锁扣内（俗称阴头），填充密封管由两个凹口结构相对构成（详见图18-11）。

锁口式钢套箱围堰在整体结构上与传统钢套箱围堰相同，由侧板面板、侧板大小肋、内支撑组成。锁口式钢套箱围堰与传统钢套箱围堰所不同的是：现场安装时侧板的连接是通过锁口，而不是通过螺栓连接。

2）工艺流程

钻孔平台拆除→挖除淤泥→测量放样→安装上下导梁→锁口钢围堰制作、拼装→分块下插安装套箱围堰→围堰内吸泥→围堰封底→设置竖向内支撑→拔出钢管桩。

2．施工方法

1）钻孔平台拆除

钻孔桩施工完成后，拆除平台，割除多余钢护筒，仅保留定位桩，用于围堰防护。平台拆除应按设计的顺序进行，设计无规定时，应遵循先支后拆，后支先拆的顺序，拆时严禁抛扔。

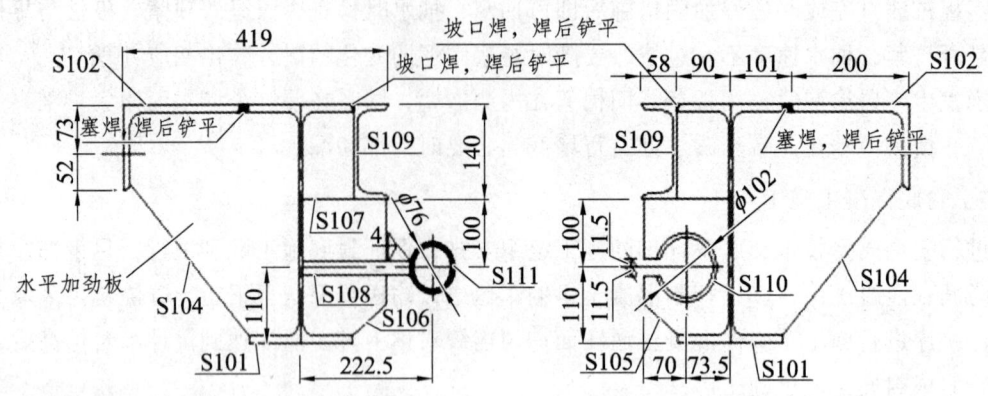

图 18-12 锁口钢套箱工艺原理

2）挖除淤泥

挖除淤泥是为了使施工浇注的封底混凝土的厚度满足承载力要求。挖泥需要根据对承台底标高测量结果及套箱的整体尺寸，一般要稍大于套箱的面积，根据标高和计划所封混凝土的深度用测绳随时控制挖泥深度。挖泥时可能会遇到桩基混凝土外漏现象，由于混凝土的强度较高，这时的挖泥工作就不好进行，因此要判断外漏的混凝土有没有在套箱下放范围内，如果没有，将不予挖除，如果超出了套箱的施工范围，将会影响套箱的下放，这时可利用 2 个 10 m 左右的 40 工字钢并排焊在一起，搭接长度为 8~9 m，用 90 kw 振动锤下振，振碎后用抓斗抓走。

3）测量放样

根据设计图纸放出围堰中线，作为牛腿、导梁、围堰施工的标准，测量允许偏差应符合设计要求。设计无要求而又作为承台模板用时，其误差应符合模板的施工要求。

4）安装上下导梁

按放样确定的牛腿的位置，在护筒或定位桩上焊接牛腿、内斜撑，用以搭设围堰施工简易平台，固定导梁。

导梁分为上下两层，导梁的外尺寸与套箱的内尺寸相同，导梁采用 36 或 40 b 的工字钢直接焊接在牛腿上，前期作为锁口钢围堰下插时的导向架，围堰合龙后成为围图的一部分，作为套箱内部施工时人员行走及操作提供便道。内斜撑和导梁使用的材料一样，作用是将导梁联接起来，形成整体受力。

5）锁口钢围堰制作、拼装

锁口钢围堰的设计，应根据现场承台不同尺寸，断面型式将锁口钢围堰的侧板分成不同类型。为方便制作，减少锁口数量，减少制造时的工作量，并考虑到陆上运输、现场拆除；每类侧板可竖向分节，横向分块制作，运至现场，在岸上通过法兰螺栓将上下节、相邻块拼装连接，再用船只运至墩位处，整体下插，通过锁口连接。岸上拼装连接时，其法兰之间板缝必须用橡胶垫作密封条，以便以后重复周转使用，每块侧板接缝必须平整不得有变形，板缝间背侧要用槽钢进行加固以保证下放时侧板不会变形。

锁扣钢结构围堰侧板由水平横向骨架、竖向骨架、面板加劲以及面板组成。水平横向骨架和竖向骨架可采用 I 20a 热轧普通工字钢，以竖向通长设置；面板加劲以加密形式布置在竖向通长骨架的中间位置，面板加劲材料可采用∠100×∠100×6 mm 的热轧等边角钢。竖向通长骨架以及面板加劲以面板面积平均布置。侧板面板可采用δ10 mm 的 A3 钢板。钢套箱侧板应按设计图纸尺寸进行加工，保证锁口的加工精度。为了延长钢围堰的使用年限和周转次数，加工完成后涂刷防腐材料。

6）分块下插安装套箱围堰

侧板下插时从上游上游迎水面的侧板开始，分两头向下游合拢，分两次打到设计标高；第一次将钢板桩逐组施打到稳定深度，待合拢后再依次插打至设计深度。开始下放套箱前要在导梁上测定每块侧板的位置，根据导梁上标记侧板位置，用缆绳控制好角度方向，下插时使其与水平导梁密贴，即可保证侧板的垂直度。其他侧板的定位控制方法：先在导梁上标记侧板位置，利用前一块侧板的锁口及导梁控制导向，保证其垂直度及水平位置。合龙段侧板选在下游处，将合龙段侧板下插。

围堰合拢后必须先使中间侧板下沉到位，然后在分别使拐角处侧板下沉到位。所有侧板下插到位后，用三角形钢板将其与导梁焊接。并进行纵横向水平内支撑的设置。水平内支撑采用钢管（或其他型钢），与围图工字钢顶紧后焊接牢固，实现对顶对拉的效果。水平内支撑放置于桩头上，以防止水平内支撑的下挠变形和失稳。围图和水平内支撑施工完成后，全面检查围图与锁口钢管桩、围图和水平内支撑的连接质量。

7）锁口封堵

整体下放到位后要进行围堰锁口的封堵。封堵前应先用空压机清除锁口内的淤泥，封堵时用彩条布制作好一个桶状编织袋，编织袋的长度和套箱的高度一样，直径 30 cm，将内径 16 cm 的 PVC 管插入彩条布桶内，然后将彩条布桶和 PVC 管一起插入锁口底部，往 PVC 管内灌入标号为 P42.5 的水泥砂浆，并在灌注的过程中往上提 PVC 管直至整个 PVC 管拔出，锁口封堵完成。依次完成所有锁口的封堵工作，待砂浆强度满足要求后便可抽水施工。在近海施工，由于受海潮影响，需要注意的是整个封堵过程中，围堰壁上的通水孔必须打开。

8）围堰封底

围堰封底一般都是水下封底。在封底混凝土浇筑前，测量人员在导梁及桩护筒上标出封底混凝土顶面标高，以此控制封底混凝土的标高。为了防止软基在封底混凝土浇筑时失稳，影响封底质量，采用封底前先抛块石于软基顶面，进行基底硬化处理。抛石厚度在 50 cm 左右，要求抛石均匀，不堆、不空。抛石完毕派潜水员水下检查，大致找平。围堰置于基岩上时，围堰与基岩之间如有较大的空隙，必须在浇筑前用堵漏材料（如：袋装水泥、棉絮）先予封堵。

在围堰顶搭设灌注支架，安装导管、漏斗，按水下封底砼的要求进行封底。一次封底混凝土强度达到要求，进行抽水作业，测出封底标高，根据现场一次封底的情况，进行二次封底。二次封底时需要配合人工进行抹平。保证平整度，方便承台模板安装。封底前将内支撑架支撑在钢护筒上，封底后进行体系转换，即通过钢护筒上的牛腿将内支撑架重量转移到围堰侧板上，割除钢护筒。在完成承台和墩身施工后，回填基坑内土方或灌水至支撑位置，然后逐层拆除支撑，将整个基坑回填完毕，再用浮吊和震动锤逐个拨出钢板桩。按要求堆放在固定场所。

18.4.4 双壁钢围堰施工工艺

1. 工艺流程

钢围堰设计→钢围堰加工→钢围堰拼装→钢围堰浮运、拖拉至墩位→围堰内清淤→第一节钢围堰下沉→钢围堰精确定位→抛锚、缆风绳固定钢围堰→其余各节依次接高→钢围堰就位后的整体纠偏、定位、堵漏→围堰着床→浇注钢围堰井壁混凝土、配重或吸泥下沉、清淤就位→围堰顶搭设钻孔工作平台、埋设护筒→灌注封底混凝土、钻孔桩施工→围堰内抽水、承台混凝土施工→钢围堰拆除。

2. 施工方法

1）双壁钢围堰设计

调查水深、流速、流向、浪高、涨落潮、一般冲刷深度、局部冲刷深度、风向及风力大小、河床地质等情况作为钢围堰结构设计及锚锭系统设计的资料。

2）双壁钢围堰的加工制作及检查验收

（1）双壁钢围堰的加工制作

材料进场→材料检查验收→编制加工工艺指导书→加工工艺交底→下料→水平桁架加工→1/8 单块骨架加工→底节整节钢围堰拼装→焊缝水密检查→整节质量验收合格→吊装下放入水→第二节整节加工完成→第二节质量验收合格→吊装至现场→第二节与底节现场对接→对接焊缝水密检查→第三至最后节对接完成。

① 单根（块）构件的下料

双壁钢围堰单个构件包括水平桁架内、外环板、水平桁架斜杆、刃脚内、外侧壁板、刃脚扇形板、隔仓板、隔仓板加肋、吊耳构件。板件均采用半自动氧、乙炔火焰切割机下料，杆件采用冲床和手工乙炔火焰切割下料。

② 单元结构的加工

单元构件加工应根据设计图纸结合起吊能力分块加工。加工应遵循先加工刃脚构件后加工其他普通段。

a. 单块水平桁架加工。

水平桁架是用钢板作胎模组焊，胎模上应设压板，控制水平桁架与水平斜杆焊接时板面波浪变形。

b. 整节分块构件加工。

将焊接好的单块水平桁架按设计图纸规定的层间间距在钢靠模上布置好，与竖肋焊接，组焊为整节分块。组焊分块构件时应严格控制层间距离，防止围堰整拼装时接头错位。

c. 刃脚加工。

刃脚内、外侧厚板应用卷板机分块压制成形。

d. 整节拼装。

整节拼装应在混凝土样台上进行，样台基础要牢固，在内、外壁板范围内应预埋钢板，样台表面应平整,并分点对样台抄平。组拼应注意内、外防水壁板、水平环板、水平斜撑分块断面应错缝。

3) 双壁钢围堰的测量放线

双壁钢围堰拼装时以平台中心为基准。底节钢围堰拼装时通过下口中心与刃脚平面的垂线作中心线,控制钢围堰上口半径,以后各节接高皆以此中心线进行放样和校核。双壁钢围堰底节吊放入水后,测量人员应根据线路的中心在钢围堰顶层环板上标注出中心十字线,并应将钢护筒定位架中心线测量引至顶面。分节加工成型的钢围堰应在内壁对称作四条高度标尺,以便于下沉时观测钢围堰入水深度和垂直度。

4) 双壁钢围堰的运输

(1) 大吨位缆索吊机整体吊运

根据钢围堰分节最大吊重和水下切割拆除吊运至解体作业场的高度要求对缆索吊机进行设计、施工、检查、试吊后方可投入使用。缆索吊机设计时的缆索中心线应与线路中心线设计一致,钢围堰的拼装平台中心与缆索中心线一致,吊运时不准歪拉斜吊,不准在重物上、重物下站人。围堰吊离地面 0.2 m 后停留 10 min,经检查无异常后进行起吊。运至墩位停止摆动后徐徐下放,对位入水。吊运第二节及以后各节段时,待上、下节拨正对齐,上节轻轻搁在下节钢围堰上,等上、下节联接牢固后才能摘走挂钩。

(2) 岸滩处滑道入水方式的浮运

在岸滩处将已加工好的双壁钢围堰利用滑道和慢速卷扬机牵引下水其施工步骤如下:

首先制作滑道,滑道应伸入河床一定距离,设置约 -0.5% 的纵坡,以便围堰节段下滑。水上滑道可用圆木或型钢作架,排架上以 20 cm×20 cm 的方木作横梁,横梁上铺设工字钢作纵梁,纵梁上再铺设横向枕木,纵向用钢轨作滑行轨道。

用千斤顶顶升围堰,将滑道伸入其下,推入运输平车就位固定好,然后放松千斤顶,使围堰节段落在平台上,再解除平台制动,卷扬机牵引拖至滑道尽头,再用浮吊吊离滑道浮运就位。

(3) 船坞入水方式的浮运

在船坞上拼装好钢围堰,船坞退出,围堰自浮,然后浮运至墩位处。

5) 双壁钢围堰的组拼

(1) 缆索吊机辅助组拼

若钢围堰在施工现场加工,可利用缆索吊机辅助组拼。一般是在索道下设拼装场地,吊车将拼装好的分块件吊至索道下方进行。但通常索道不能歪拉斜吊,索道的吊装范围较小,一般不常用。

(2) 水上浮吊辅助组拼

钢围堰采用在墩位现场原位制作时,由驳船将块件运至墩位的平台上拼装。钢围堰由水上浮吊吊装单块块件,在加工拼台上拼装为整节。

(3) 墩位处龙门吊机辅助组拼

在大型桥梁双壁钢围堰施工时,钢围堰的拼焊、下沉、定位,是一座由两艘大型铁驳用上、下游连接梁和仓面平面联接系组成的双体浮式平台。上设两台大型龙门吊机。工厂制造的钢壳底层块件即在拼装船上拼焊成整体，再随同导向船浮运到墩位，钢壳底节上部节段由龙门吊吊装组拼。围堰用龙门吊起吊下沉，起吊前应调整各吊点的吊绳，使围堰顶面保持水平，再吊至定位框内匀速徐徐下放。

6）双壁钢围堰水上定位锚碇系统

（1）锚碇的主要组成

双壁钢围堰锚碇系统由导向船及拉缆、边锚；前后定位船及其主锚、尾锚、边锚和下兜缆组成。

（2）锚碇系统计算

按钢围堰下沉至即将着床状态（仍为悬浮体系）锚碇系统受力最大进行计算，边锚、尾锚按主锚受力的 50%进行计算。

（3）锚碇系统施工

① 前定位船抛锚定位。

② 后定位船临时定位。用拖轮将后定位船顶推至前定位船尾部并与其临时系结，过拉缆到后定位船与临时滑车组系结，然后用拖轮协助将后定位船溜放到墩位处，抛设边锚、尾锚。

③ 导向船组及围堰由江边起重码头浮运到墩位处，过缆、锚碇好导向船组，后定位船溜放到下游设计位置。

④ 抛设剩余锚，调整收紧各锚绳、拉缆，使锚碇系统处于稳定状态。

7）双壁钢围堰壁仓混凝土浇注

（1）壁仓混凝土浇筑高度确定

壁仓混凝土浇筑高度由以下两方面确定：一是水平环板及内、外壁板强度需要，二是抗浮。

（2）壁仓混凝土浇筑

壁仓混凝土浇筑分直接浇筑和水中浇筑两种形式。

8）双壁钢围堰加水、下沉、着床、清淤就位

（1）双壁钢围堰加水下沉

在首节钢围堰锁定后，向其隔仓内灌注混凝土或加水等措施以压重下沉和调平围堰，并预留一定的干舷高度，使其处于待拼次节段围堰的状态。以后每一节段船运到围堰旁，由浮吊起吊与前一节进行焊接，每接高一节即均匀下沉，并预留相应的干舷高度，以便接高下一节时施焊作业。

（2）双壁钢围堰纠偏

钢围堰在下沉过程中由于受水流及风力等的影响，围堰要偏离设计位置，应对钢围堰进行纠偏。

（3）围堰吸泥下沉

① 吸泥下沉工艺和控制标准

围堰着床后下沉初期，入土围堰嵌固较浅，重心偏高，最易产生水平滑移和倾斜。围堰的倾斜如不及时调整就会偏位，随着入土加深调整更加困难，偏位更加严重，所以在下沉初期应以纠正围堰底口中心偏位为主，调整倾斜为辅。控制围堰底口中心偏位不大于 20 cm；

此时围堰的倾斜率可适当放宽,控制在 2%以内。在围堰下沉中期,刃尖入土深度较深时围堰嵌固深度逐渐增加趋于稳定。此期间调整围堰偏位比较困难,为保持偏位不再增加,应控制围堰倾斜为主. 控制围堰倾斜在 1%以内,最大不超过 1.5%。在围堰下沉后期,要采用均匀吸泥方法,严格控耐泥面高差不大于 1 m。控制围堰最大倾斜不大于 1%,保证围堰均匀稳定地下沉,当刃尖高程接近圆砾土顶面时,应以清基为主。在围堰顶面布置方格网,按方格网坐标点布置吸泥机逐点均匀吸泥、清基。围堰下沉过程中. 要随时测量记录围堰总高度、刃尖高程、中心偏位、顶面高差、围堰内外泥面、河床高程变化情况、围堰内外水头差等有关资料发现问题要及时分析总结,制定对策。钢围堰着床后,要继续灌水压重,使刃脚切入覆盖层中,稳定在河床上。

② 钢围堰一点(多点)接触河床后的支垫

钢围堰下沉一点触岩后,其余悬空部位用工字钢或者钢板焊成的楔形盒子支垫,用麻袋混凝土填塞围堰内刃脚,围堰外周围抛填片石钢筋笼护脚,保持钢围堰位正、平稳,并防止水流、泥沙进入围堰内。

③ 钢围堰快速着床的技术措施

在刃脚距河床面 0.5 m 时停止下沉,用全站仪观测围堰顶上顺桥向上两个点,调整围堰的倾斜和偏位。直到两点的实际坐标与设计计算坐标相符合为止实现围堰精确定位后,应同时起动抽水机加速对称在围堰内灌水,使围堰尽快落入河床。围堰入河床进入稳定深度后,解除下层拉缆。

④ 双壁钢围堰内清基

围堰清基是为了水下封底混凝土与基岩面结合紧密,避免出现泥砂夹层,防止钻岩时产生漏沙现象。离围堰内壁较近的桩位是清基的重点范围,不可忽视。

a. 吸泥机清基

围堰内清基一般采用 2 台Φ250 mm 直管吸泥机吸出围堰内壁范围内的淤泥和泥沙。利用 1 台Φ420 mm 吸泥机吸出较大的卵石和砂砾胶结块;配备 1 个弯头吸泥机辅助吸出刃脚斜面下的泥砂。直管吸泥机的清基顺序是从围堰中部开始,逐渐向围堰内壁移动吸泥;弯头吸泥机吸泥时,注意弯头不要直接对着刃脚与岩面的接缝长时间地吸泥,以免将刃脚处的堵物吸走,引起涌水翻砂。封底混凝土厚度范围内钢围堰内壁上的淤泥由潜水员用高压水管冲洗,并用钢刷拉毛封底混凝土范围内钢围堰的内壁,以利于封底混凝土与围堰壁结合紧密。

清基时,注意保持围堰内外水位一致. 必要时采用水泵补水,防止翻砂影响清基效果。在清基过程中,应防止围堰倾斜扩大。清基后期,潜水工要配合吸泥和打捞. 采用逐段清理、逐段检查的方法。清基后要达到以下标准:清基后露出岩面的范围不小于围堰内壁直径,围堰刃脚斜面露出长度不得小于 1.4 m。岩面淤砂厚度小于 5 cm. 且成片面积小于 2 m^2,且各片之间不能相通。清基完毕,要按方格网坐标点逐点量测岩面的高程,然后绘出等高线,以供封底前布设钢护筒用。

b. 挖土船(吸泥船)吸泥清基

当围堰内工作空间较为空旷时,可采用挖土船(吸泥船)清除围堰内淤泥,但应配备 1 个弯头吸泥机辅助吸出刃脚斜面下的泥砂。

c. 潜水工水下射水辅助作业

在较坚硬的土层中利用抓斗或吸泥机在围堰内除土时,一般需辅助以高压射水松动及冲散土层,以便吸出,提高吸泥效率。在吸泥下沉时,当局部地段难于定点定向射水时,可用潜水工水下掌握操作,同一个围堰内仅能同时开动一套射水设备,且不应同时进行除泥或其他吊装作业。射水深度的控制,原则上与除泥深度相同,特别是在近刃脚处射水时,射水嘴不宜低于刃脚底面。射水压力一般在 $10 \sim 25 \text{ kg/cm}^2$。

9)双壁钢围堰钻孔作业平台搭设

(1)作业平台的选择

双壁钢围堰钻孔作业平台直接支承在钢围堰顶面,根据围堰尺寸及工地现场材料确定作业平台形式,作业平台形式拼装有三种形式:万能杆件组拼承重结构形式、贝蕾梁、军用梁组拼承重结构形式、型钢承重结构三种常用作业平台。

(2)作业平台搭设

① 作业平台整体吊装

作业平台整体吊装搭设一般按以下步骤:

a. 放线。在钢围堰顶面按基础中心放出十字线,以十字线为准,放出作业平台支座位置。

b. 在钢围堰顶部安设好支座,用它支承施工平台,使平台自重及平台上的钻机等施工荷载经围堰传至基底。

c. 在墩旁样台上进行万能杆件支架网架现场拼装。

d. 在网架四角设置四个吊点,整体吊装万能杆件网架至平台支座上方,慢慢下放,对线就位。

e. 安装顶上纵横分配梁。

② 作业平台墩位组拼

作业平台在墩位组拼按以下步骤进行:

a. 先在钢围堰顶部用型钢塔设临时人员操作工作平台。

b. 放线。在钢围堰顶面按基础中心放出十字线,以十字线为准,放出作业平台支座位置。

c. 在钢围堰顶部安设好支座,用它支承施工平台,使平台自重及平台上的钻机等施工荷载经围堰传至基底。

d. 利用现场起吊设备拼装支架网架。

e. 安装支架上方纵、横向分配梁及走道板。

10)钢护筒吊装

(1)护筒定位导向系统

为保证钢护筒安装位置正确,应在围堰内安装钢护筒定位架。钢护筒定位架设计时根据桩的排列位置设计成空间桁架结构桁架高度 $1 \sim 1.5 \text{ m}$。在导向架顺桥向与横桥向的轴线方向焊有 4 个与钢围堰连接的拉带,下放时与预先在第二节钢围堰内壁的纵、横轴线方向焊上的 4 个牛腿相连。4 根拉带的长度根据定位后的钢围堰平面偏差以及钢围堰的垂直度而定,以免除钢围堰就位后的偏差对钢护筒定位产生的影响。

浮吊或其他吊装系统把导向架整体吊入钢围堰内,临时用钢绳悬挂在钢围堰井口处并调整其水平位置满足要求,把导向架缓慢下放到设计高度,放在围堰内壁牛腿上。由潜水员入水把第一层导向架拉带与牛腿相连。再安装第二层护筒定位架。

（2）钢护筒整根吊装或分节吊装

钢护筒整根吊装工艺：定位架安装好后，直接吊插钢护筒入定位架内，下沉至岩面。

钢护筒分节吊装工工艺：钢护筒若需分节吊装，首节以现场起吊能力控制，工厂加工完成后运往施工现场以前，在钢管适当位置处设置吊耳，对接处应开 V 形坡口，用于护筒对接。钢护筒下沉到岩面后，由潜水员下水将护筒底与基岩表面有空隙的地方用砂袋封堵严实。然后可在护筒内填一定厚的砾砂，以防止灌注封底混凝土时，混凝土挤压护筒。

（3）缆索吊机辅助吊装

采用缆索吊机吊插钢护筒，在钢护筒吊离地面 20 cm，停留 10 min 经检查无异常情况后进行起运。当运至墩位待钢护筒停止摆动后徐徐下降，对位后入水。

（4）浮吊辅助吊装

采用浮吊辅助吊插护筒时，用汽车将加工制作好的钢护筒运至临时码头，用驳船运至墩位水域，根据设计的吊点，用浮吊直接起吊钢护筒对位后入水。

11）双壁钢围堰清基及水下混凝土封底

当钢围堰刃脚距岩面最近点 1 m 左右时即进入清基阶段，清基采用 2 台吸泥机按方格网坐标划分的区域逐块进行吸泥，并辅助以高压射水，直至将基岩面以上的泥砂清理干净，然后由潜水员下水逐块逐片检查基岩面以上泥砂情况及围堰刃脚斜面外露的高度是否达到清基标准，最后在方格网坐标点测出基岩面各点标高，绘出等高线图。清基合格后，即可进行围堰封底前的准备工作。安装护筒固定架、钻孔钢护筒、施工平台等。围堰内钢护筒群是按设计位置整体吊装就位的。为防止在灌注封底混凝土时护筒变形或位移，护筒间及护筒固定架与围堰间均设置了支撑，并采取措施将护筒与基岩间缝隙尽量堵住，以防混凝土进入护筒内。因封底面积较大，根据现有的混凝土生产及输送能力，无法满足要求，因此采用在围堰内设隔墙的办法，将封底分成内、外圈分别连续灌注。实践证明，此措施能完全满足围堰封底的技术要求。封底混凝土采用垂直导管法灌注。浇注的顺序是先低处后高处、先周围后中部，确保混凝土面大致相同。在浇注过程中，应随时测量混凝土堆高及扩展情况，正确调整导管埋深和位置。

12）双壁钢围堰拆除

在桥墩灌注出水后，双壁钢围堰在承台以上部分钢壳应进行拆除，拆除的方法很多，根据实际情况而定。

（1）水下分块切割拆除

水下钢壳拆除时，事先应根据起吊能力计算，钢壳在拆除时需分块并在加工时在分块的横向设置切割线标识。

① 潜水工水下大块切割

围堰钢壳的切除工作一般应安排在低水位时进行，这时围堰内外水头差小。若经过计算此时仅靠外壁即可承受水压，先在无水时切割内壁。然后，围堰内灌水，由潜水员在围堰内切割钢壳外壁，施工操作较为容易且安全。切割线应设在两层水平桁架之间，为便于以后潜水员工作，切口宽度应大于 70 cm。内壁切割完毕后，用木条镶固在外壁板内侧，形成周圈切割线，潜水员下水沿线进行水下切割。

切割时的安全措施：切割之前，应沿围堰内壁切割线设 4 对支座，支座位置的内壁先作处理，以便在切割后能保持上、下部钢壳的连接，支座处连接用销接。切割前应在已筑的墩身和围堰之间设不少于两层木撑，以承受切割时或切割后围堰可能受到的水流力和船撞力。

② 缆索吊机辅助吊装出场

围堰钢壳沿整圈切割后，将上、下支座之间的连接改为插销，围堰内壁仓内隔仓上的吊耳应打开，潜水式水下检查确认切割完成后，再由潜水员水下挂好挂钩，待潜水员及设备撤离到安全地点，全面进行水域检查，确认无一障碍后，指挥索道起吊，并牵引至规定地点。

③ 浮吊辅助吊装船运出场

围堰切割完成后，用起吊能力满足要求的浮吊吊装钢壳至驳壳船上，船运至规定处。

（2）整节抽水上浮拆除

深水施工中若围堰很高，且要求多墩位重复使用围堰钢壳，无水中切割设备时，应在设计围堰时考虑整节抽水上浮拆除。

18.4.5 深水承台吊箱围堰施工工艺

1. 工艺流程

底模纵梁拼装→底模横梁安装→底模板安装→底模板上割出桩位孔洞→测量放样及定出中轴线→拼装钢吊箱侧模板→用千斤顶下放钢吊箱→吊带调整吊箱高程→潜水员封堵底板与钢护筒之间缝隙，并检查侧模板与底模板之间安装质量→浇筑封底混凝土→加反压梁、抽吊箱内水→割钢护筒、清除桩头松散混凝土→承台钢筋加工及安装→浇筑承台混凝土→承台成品检验及验收→拆除吊箱围堰。

2. 施工方法

（1）底模纵梁安装。根据深水承台施工技术方案，用手动葫芦和导链逐个把底模纵梁的工字钢和吊带用吊架和 U 形卡连接，要求连接牢固。

（2）底模横梁安装。把工字钢立在底模纵梁上，根据设计尺寸大小均匀排开。

（3）底模安装。在底模横梁工字钢上按照设计的尺寸横放槽钢，然后，再在槽钢上铺上钢板底模。

（4）测量放样及定桩位。依据设计资料，对吊箱底模进行放样，确定钢吊箱四点的坐标并在底模上放出侧模，用墨弹上；在底模板上割出桩位孔洞（直桩比钢护筒大 10cm 左右）。

（5）拼装钢吊箱侧模板。按照底模板上的墨线，对侧模板进行安装，侧模板的连接钢板处用 1cm 厚的止水橡胶条进行止水，吊箱侧模组装完毕后，安装下端限位，由于下端限位不设围檩，因此，下端限位与箱壁的连接点应设在有箱壁的纵横梁处，并用钢板作衬垫。下端限位与桩基的钢护筒应保留 5cm 的间隙。安装钢围檩前应在箱壁上有纵横梁处焊上牛腿，牛腿焊接时应保持高程位置不变，平面内可以适当移动。牛腿焊接结束后，进行钢围檩的安装，吊箱周边钢围檩连接时均应保证钢围檩与箱壁密贴，钢围檩连成矩形后再进行角撑的焊接。钢围檩安装完成后，安装第二根钢支撑。安装钢支撑时，应将钢支撑和钢围檩用钢楔形块顶紧,并牢固固定,以防吊箱在起吊、下沉过程中钢支撑脱落。

(6)千斤顶下放钢吊箱。吊箱拼装完成后,吊箱的下放就位采用接力方式:采用手摇千斤顶,徐徐将吊箱下放。经过逐个行程的下放将吊箱下放在设计高程,检查吊带受力情况。

(7)吊带调整吊箱高程和轴线。吊箱下放到位后,对吊箱进行一次轴线和高程复测,再利用吊带进行第二次调整吊箱轴线和高程。

(8)封堵底板与钢筋筒之间缝隙,并检查侧模与底模之间的安装质量。吊箱调整到设计高程后,潜水员潜在吊箱内,把钢板做好的箍放在钢护筒的四周,再用袋装好的砂放在箍上面,对钢护筒进行逐个封堵。封堵完后,潜水员对吊箱四周进行检查,特别是侧模与底模之间的安装质量和限位挡块。

(9)浇筑封底混凝土。吊箱下放的各项工作准备完成后,采用C25水下混凝土进行封底,用导管浇筑水下混凝土。要求水下混凝土缓凝时间为6 h,用地泵将混凝土泵送至各导管口,导管口距箱底距离控制在0.2~0.3 m之间。吊箱采用垂直导管法进行灌注,导管长度按照实际的吊箱下沉深度来确定。根据混凝土的流动半径,确定导管布设,导管一般布置在桩的四周。封底混凝土实测项目见表18-6。

表18-6 沉井或钢围堰封底混凝土实测项目

项次	检查项目	规定值或允许偏差	检查方法和频率
1	混凝土强度(MPa)	在合格标准内	按检评标准JTG F80/1—2004附录D检查
2	基底高程(mm)	+0,-200	测绳和水准仪:5~9处
3	顶面高程(mm)	±50	水准仪:5处

(10)加反压梁、抽吊箱内水。封底混凝土达到强度等级后,在排干吊箱内的水以前,应首先安装反压梁。反压梁利用施工平台的型钢,并在型钢两端用2 cm钢板将反压梁与施工平台桩连接牢固。完成上述准备后,开始排水作业。当箱内水位与河面水位差为1.5 m时,在反压梁和工程桩护筒之间用钢丝绳配绳夹,收紧夹牢,整座吊箱设反拉点,以确保吊箱的抗浮稳定。排水完成后,将每根工程桩四周300 mm×300 mm范围内凿平,并及时焊接桩抗浮反牛腿,反牛腿面应紧贴混凝土面。在整个排水过程中,应对吊箱四角及原施工平台进行沉降观测,并延伸至抗浮反牛腿,同时应对吊箱的变形进行观测。

(11)割钢护筒、清理桩头松散混凝土。抽完水后,钢护筒有一部分在吊箱内,把余下部分割除掉,对桩头松散混凝土进行凿除和清理。

(12)承台钢筋加工及安装。根据设计图纸要求在箱后进行测量放线并将轴线引至施工平台上进行控制。钢筋进入施工现场首先按规范要求进行有关力学性能和机械性能的测试,严格按照图纸下料及配置钢筋,使用的钢筋不得锈蚀和污染油渍。承台钢筋网片上,下层设立梅花型马镫架空上、下层钢筋。按照设计图纸要求安放保护层垫块。按照设计图纸要求准确预留墩身插筋并且焊牢。对焊接钢筋进行不定期抽检,受力钢筋焊接接头不能同在一个截面上,搭接长度符合规范要求。钢筋安装实测项目见表18-7。

表 18-7 钢筋安装实测项目

项次	检查项目			规定值或允许偏差	检查方法和频率
1	受力钢筋间距（mm）	两排以上排距		±5	尺量：每构件检查2个断面
		同排	梁、板、拱肋	±10	
			基础、锚碇、墩台、柱	±20	
		灌注桩		±20	
2	箍筋、横向水平钢筋、螺旋筋间距（mm）			±10	尺量：每构件检查5-10个间距
3	钢筋骨架尺寸	长		±10	尺量：按骨架总数30%抽查
		宽、高或直径		±5	
4	弯起钢筋位置（mm）			±20	尺量：每骨架抽查30%
5	保护层厚度（mm）	柱、梁、拱肋		±5	尺量：每构件沿模板周边检查8处
		基础、锚碇、墩台		±10	
		板		±3	

（13）混凝土浇筑及养护。水下承台混凝土浇筑采用固定泵，泵管沿栈桥铺设至各个承台进行施工。浇筑时，采取坡式分层浇捣，每层厚度小于 30 cm，从承台一端浇捣，用插入式振动器进行振捣，插入点间距不大于作用半径的 1.5 倍，振捣器的操作做到快插慢拔，振动上层混凝土时应插入下层混凝土 5 cm 以上，使下层混凝土结合好。浇筑之后，排除承台表面泌水，待混凝土初凝前，用铁滚碾压数遍，再用木楔打磨平整，以防混凝土表面产生缩裂缝。在完成承台混凝土浇筑之后，要求混凝土及时养护，保证混凝土表面湿润。

（14）承台成品检查和验收。复测中心轴线和高程，待 28 d 后，对承台强度进行检查。

（15）拆除吊箱围堰。水上承台各项指标满足要求后，把吊箱再下沉 50~100 cm 后，用卷扬机、手动葫芦、导链配合浮吊及潜水员，依次对底模槽钢、底模横梁、底模纵梁、吊带等进行拆除。

18.5 作业平台施工

18.5.1 固定式作业平台施工工艺

1. 施工工艺流程

施工准备→钢管桩制作→水上沉放钢管桩→钢管桩上口切割→焊剪刀撑→横梁制作→横梁安装→贝雷梁拼装→工字钢及面板铺设→平台附属设施安装。

2. 操作要点

1）固定式作业平台结构计算

按照实际吊机布载位置，进行平台面板（取单位 1 m 宽梁条）、纵横分配梁强度、挠度计算。桩基按照相应的桩基形式并结合工程所在区域工程地质等资料计算。强度应力考虑1.3的提高系数。检算依据及荷载如下：

（1）作业平台结构检算的依据

① 桥梁工程总体施工方案。

② 现行桥梁设计、施工技术规范。

③ 现行钢结构设计、施工技术规范。

④ 工程所在区域的工程地质、水文等环境资料。

（2）荷载

施工平台的荷载应根据本工程总体施工方案确定。一般情况下，施工平台的荷载有桩基钻孔设备及配套设备、起吊设备和施工人员以及临时堆放的材料等。

① 上部结构恒载。

施工平台上的恒载主要包括防滑钢板、型钢分配梁和贝雷桁架三个部分。

② 活载。

施工平台的活载主要包括吊机及吊重、人群及小型机具荷载两个部分。

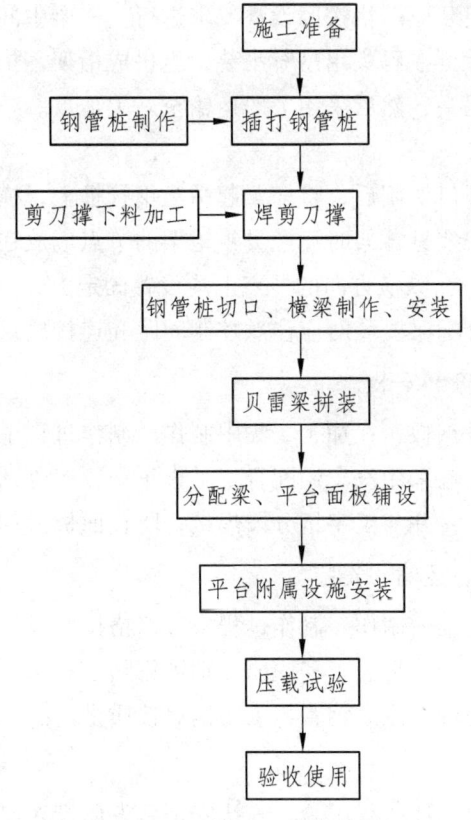

图 18-13 施工工艺流程图

2）钢管桩基础施工

钢管桩插打根据钢管桩的承受能力和荷载最大值选用振动锤类型，插打钢管桩至不能下沉为止,一般工作桩打入强风化岩层 2.5~3 m。钢管桩在施工之前还必须确定好打桩顺序,防止先施打的桩妨碍后续的桩施工。钢管桩插打总体按照先上游后下游,先岸侧后江侧的施工顺序进行。钢管桩插打前应进行准确放样,钢管桩的平面误差应控制在 10 cm 以内。为了后续工作中下放钢吊箱能顺利进行,与钢护筒相邻的工作桩,精度应提高至 5 cm 以内。按照确定的打桩顺序进行打桩船的抛锚定位,抛锚定位总的原则是,所有的锚缆不得影响已经施打完毕的桩,否则,打桩船就需要重新抛锚定位。同时还应该方便运桩船喂桩。运桩船将桩运至打桩船,由打桩船上的起吊设备将要打的桩吊起,并将其竖起放入河中,采用全站仪调整钢管桩的垂直度和桩位坐标。钢管桩的平面位置及垂直度偏差满足要求后,开始锤击,依靠钢管桩自身重量及打桩锤的振动冲击将钢管桩压入土层中。钢管桩在未入土之前处于悬臂状态,在水流外力的作用下,会产生一定的挠度,若水流力较大使钢管桩下部摆动较大时,应计算其挠度最大值,并采取稳桩措施。钢管桩施打完毕后,即可进行剪刀撑焊接,此时可采用小船辅助,施工人员除穿救生衣、戴安伞帽外,尚需系安全带,确保施工安全。

3)承载分配梁制作、运输、安装

(1)分配梁制作

分配梁制作和贝雷梁组装应严格按照设计要求进行。横梁中间焊接加劲板,使两个工字钢连接为一个整体。贝雷片可在码头用吊车吊装,组拼成桁架。桁架用销子连接,同时安装好保险扣。平板车转运至码头,然后采用驳船运输至施工地点。

(2)分配梁安装

钢管桩按设计标高和开口切割后,将横梁起吊至钢管桩上,横梁下焊接斜撑与钢管桩连接。横梁上放置贝雷梁。安装见雷架时注意贝雷桁架的节点应放在横梁上,贝雷桁架用特制成 U 形卡使之与横梁固定,在纵横方向的节点上均设置固定点,使桁架在平面位置上不能移动。贝雷桁架上的工字钢分配梁安装时应注意控制间距和连接质量。

4)平台面板制作、运输、安装

平台面板一般采用防滑钢板,在加工场集中制作。制作过程中应严格按照设计图纸要求做好质量控制。平台面板运输采用汽车调配合,平板车和驳船分别进行陆上和水上运输。面板直接铺在工字钢分配梁上,并与工字钢分段焊接,防止面板滑动。

5)平台附属设施制作、运输、安装

平台附属设施在加工场集中制作。制作过程中应严格按照设计图纸要求做好质量控制。平台附属设施采用汽车吊配合,平板车和驳船分别进行陆上和水上运输。平台附属设施现场安装应严格按照设计图纸进行,注意钢管与工字钢焊接质量。

6)载重试验

平台施工完成后,需做设计荷载试验,确认安全后方可投入使用。

7)平台拆除

平台拆除的工序与搭建时刚好相反。先拆除面板及附属设施,然后拆除承载梁。最后采用浮吊拔出所有的钢管桩。

18.5.2 浮式作业平台施工工艺

1. 施工工艺流程

浮式平台分为浮箱式和船组式两种,其施工流程基本相同。

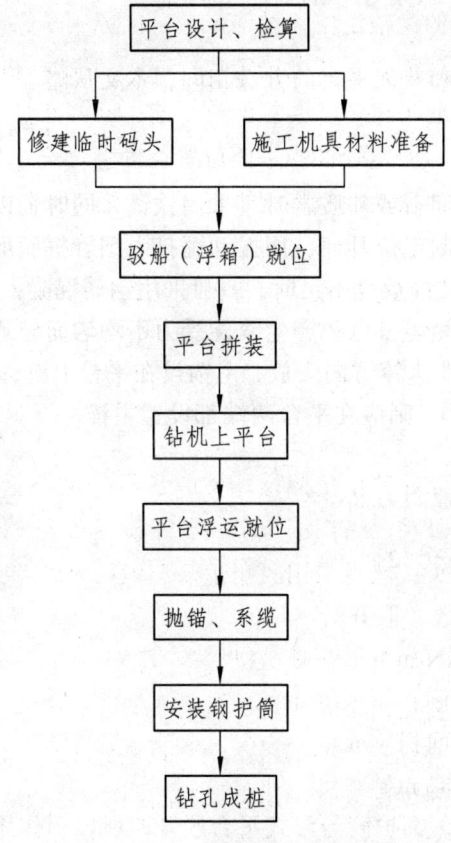

图 18-14 施工工艺流程图

2. 操作要点

1) 浮式平台的设计与计算

(1) 平台的承载力检算

平台设计荷载计算

$$G = G_1 + G_2 + G_3 + psS_p + \Sigma V \tag{1}$$

式中 G——总设计荷载(kN);

G_1——船(箱)体自重(kN);

G_2——联结系和承重分配梁自重(kN);

G_3——钻机自重(kN);

ps——施工荷载(2.5 kN/m);

S_p——平台顶总面积(m);

ΣV——各锚碇缆绳拉力的垂直分力之和(kN)。

平台承载力检算：

$$K_1 = F/G > [K] = 1.5 \qquad (2)$$

式中　K_1——平台承载力安全系数；

F——船（箱）体设计承载力（kN）。

联结系、加固系检算：

连接系和加固系的检算和其他平台的方法相同，本文从略。

（2）定位锚碇系统检算

① 定位锚碇系统选择

对于河床为粘性土、砂卵石或软质岩时宜采用铁锚，同时辅以定位钢管桩。定位钢管桩在平台外侧四个角和中部焊制定位耳环，用振动锤打入钢管桩而形成。对于河床为较坚硬裸岩、等，铁锚不容易锚固或铁锚数量不足时，一般采用钢筋混凝土锚。缆绳一般采用钢丝绳，在平台同一侧的缆绳长度应相等，以免产生锚碇受力不均匀而导致弱锚移动，强度集中，引起缆绳拉断等危险。平台应顺水流方向安放，主锚设在平台上游，一般设 3~4 个；如果水流方向是双向的（如临海水域），则应在平台两端都设置主锚。

② 锚碇系统验算

钢护筒下沉到位后的水流阻力 R_1

$$R_1 = \omega_1 \gamma A g v^2 / 2g \qquad (3)$$

式中　ω_1——钢护筒阻力系数，取 0.8；

　　　γ——水的容重（10 kN/m）；

　　　v——水的流速（m/s）；

　　　Ag——钢护筒的挡水面积（m）；

　　　g——重力加速度（9.81 m/s）。

由于钢护筒定位稳定后，钢护筒与浮式平台脱开，所以，作用于承重船之阻力仅为下沉钢护筒时一个钢护筒上的水流阻力。

船（箱）身水流阻力 R_2。

$$R_2 = \gamma (fS + \omega_2 A_d) v^2 / g \qquad (4)$$

式中　f——船（箱）摩阻系数，取 0.17；

　　　S——船（箱）浸水面积（m）；

　　　v——水的流速（m/s）；

　　　ω_2——船（箱）端头阻力系数，取 5；

　　　A_d——船（箱）入水部分垂直于水流方向的投影面积；

水面以上部分船（箱）体及其附属物的风阻力 R_3。

$$R_3 = \omega_3 A_f q \qquad (5)$$

式中　ω_3——阻力系数，取 1.0；

　　　A_f——挡风面积（m）；

q——单位面积风压力（kPa）。

主锚碇计算：

a. 主锚总水平拉力

$$R = R_1 + R_2 + R_3 \tag{6}$$

b. 主锚重量 W

铁锚： $\qquad W = R/10nK_3 \tag{7}$

钢筋混凝土锚： $W = R/10nK_4 \tag{8}$

式中　W——每个锚碇重量（t）；

n——主锚碇个数；

K_3——铁锚效率系数，根据河床覆盖层地质情况取 4~12；

K_4——钢筋混凝土锚效率.

缆绳计算：

a. 缆绳选择

根据河床覆盖层地质情况取 0.3~0.5。

$$[T] = P[K] \tag{9}$$

式中　$[K]$——缆绳破断安全系数，取 5；

$[T]$——单个锚碇的钢丝绳破断拉力（kN）；

P——单个锚碇的水平拉力（kN）。

根据计算的$[T]$，从有关钢丝绳性能的材料手册中查找选择适合规格的钢丝绳。

b. 缆绳长度计算

$$l = \sqrt{h^2 + 2hp/q} + 5h \tag{10}$$

式中　p——缆绳总长度（m）；

h——缆绳马口到河床面的高度（m）；

q——钢丝绳在水中的重力（kN/m）。

c. 尾锚、边锚布设

因水流方向变化，尾锚、侧锚的拉力不易计算，一般按主锚拉力的 30%配置。为尽量减少对通航的影响，侧锚的一般采用短缆绳。

2）浮式钻孔平台的测量放线

对河中桥墩，在其上下游一定距离的河岸陆地上设置控制测量点，在平台的四个角设置标志杆。船（箱）定位、平台浮运定位和抛锚施工时，用全站仪观测标志杆，以指导调整平台准确就位。

3）定位锚固系统

浮式钻孔平台的定位锚固系统由绞车、马口、将军柱、缆绳、锚固及定位钢管桩等组成。锚固系统按其构造分为铁锚（海军锚、霍尔锚）和钢筋混凝土锚两种。锚固系统按其作用分为主锚、尾锚、侧锚三种。对于河床为黏性土、砂卵石或软质岩时宜采用铁锚，同时辅以定位钢管桩。定位钢管桩在平台外侧四个角和中部焊制定位耳环，用振动锤打入钢管桩而形成。对于河床为较坚硬裸岩，铁锚不容易锚固或铁锚数量不足时，一般采用钢筋混凝土锚。缆绳一般采用钢丝绳，在平台同一侧的缆绳长度应相等，以免产生锚碇受力不均匀而导致弱锚移动，强度集中，引起缆绳拉断等危险。平台应顺水流方向安放，主锚设在平台上游，一般设3~4个；如果水流方向是双向的（如临海水域），则应在平台两端都设置主锚。

4）浮式钻孔平台拼装

（1）浮箱式平台岸滩滑道上拼装及入水如在桥位附近有平缓的岸滩，浮箱式平台可采用岸上拼装、滑道入水方法下水。选择水流较慢、平缓的岸滩平整硬化平台拼装场地，横河向安置轨道和滑道（平台顺河向拼装），一般在每个浮箱的长度范围安装2根轨道。在滑道上测量出平台和钻孔桩相对位置的轮廓线，在浮箱靠河侧设置临时挡块；用吊车将浮箱对位吊放到滑道上，并分组依次连接，然后在两组浮箱上安装联结系和承重分配梁、面板等构成平台。在滑道顶部安装卷扬机，用卷扬机上的钢丝绳拴住平台，收紧钢丝绳使平台脱离挡块，然后拆除挡块，在卷扬机牵引下缓慢滑入水中。

（2）浮箱式平台水上拼装

在码头上将浮箱拼装成两组，分别吊放入水，一组靠码头固定，另一组用船拖离码头至相对设计位置，临时抛锚固定；然后依次将连接系、承重分配梁、面板吊到浮箱上安装形成平台。最后将钻机等施工设备从码头上吊放到平台上。

（3）船组式平台拼装

在驳船船舱内安装支墩，将两船移开保持设计相对位置并抛锚固定，然后依次将联接系、承重分配梁、面板吊到船上安装形成平台。最后将钻机等施工设备从码头上吊放到平台上。

5）浮式钻孔平台定位

（1）浮式钻孔平台运输就位

① 根据水的流速和平台大小配置足够功率的一主两副共三艘拖轮。主拖轮位于平台上游，用两根钢缆连接在平台前端的将军柱上拖拽平台前进；两艘副拖轮分别挂靠在平台后部侧面，控制平台行进的方向。

② 浮运前要充分调查气象、水文资料，选择风力小于四级、流速正常、无雨的白天进行，向有关航道管理部门办好封锁航道手续，并在上、下游安排巡逻船只进行护航，确保安全。

③ 大致拖运到桥墩位置时，测量平台位置，由指挥人员调度拖轮调整平台基本就位，然后临时抛锚固定。

（2）浮式钻孔平台的定位锚碇系统施工

① 平台基本就位、临时抛锚固定后，运输锚碇和锚缆绳的船只和浮吊行驶到抛锚位置，将带锚缆绳的锚碇沉放到河床，放缆到平台，将锚缆尾端固定在平台绞车上。抛锚放缆的顺序是先上游、后下游，最后侧面。各锚碇要严格按设计位置沉放，偏差不得大于30cm。

② 全部锚碇及其缆绳施放完毕，开始收紧缆绳。收揽时各缆要同步，根据测量数据适当调整，使平台按设计位置固定，偏差不得大于5cm。

③ 如河床覆盖层是非硬质岩，则在平台四个角焊制定位耳环，从耳环中插入定位钢管桩并用振动锤将其打入河床，打入时保证其垂直度小于1%。耳环采用比钢管桩直径大5cm、

长 50 cm 的钢管制作，使其既能固定平台的相对位置，又不妨碍平台随着水位涨落而上下浮动。

6）钻孔钢护筒安装

（1）平台上钢护筒定位系统

用角钢制作内径比钢护筒外径大 10 mm 的定位架。在平台上测量出钻孔桩的准确位置，将定位架对位安装到平台上。安装时保证定位架的垂直度不大于 0.5%。

（2）钢护筒安装

① 吊运钢护筒从定位架导向孔插入、缓慢下放。直至进入河床不下沉为止。整根钢护筒一般比较重、较长，不能一次吊起，需要分段吊装接长。钢护筒接长时，先将已插入的节段吊挂在平台上，然后将接长段起吊至孔位处对位焊接。

② 护筒接长后，用浮吊主钩吊振动锤到桩头，用锤夹夹紧桩壁；启动振动锤下沉护筒。下沉过程中要同步松长吊机的起重绳，控制锤身与桩身保持垂直状态。

③ 钢护筒最好能打入基岩，如覆盖层较厚、钢护筒打入困难，可采用桩内射水、吸泥或抓渣等方法辅助下沉，直至下沉至设计深度停止。

（3）钢护筒与河床间的连接

对于河床覆盖层较薄或没有、基岩为硬质岩的情况，钢护筒不能打入河床，则要采取措施使钢护筒和河床连接，以保证钻孔施工时钢护筒稳固和不漏浆。桩位处在倾斜裸岩上时，在钢护筒下放前选择大直径钻头预偏至高位处对桩位冲击处理，找平河床，以便于钢护筒着床。岩面找平后利用钻孔平台构架安装钢护筒导向架，完成护筒下放着床、捶打使其嵌入河床、护筒外围注浆或者抛沙袋注浆封堵。浮式平台上钻孔桩施工的钻机就位、钻孔、钢筋笼制作安装和灌注混凝土等施工方法与其他类型钻孔平台上的施工基本相同，本文不再详述，仅对在浮式平台上进行钻孔作业的注意事项介绍如下：

① 钻孔前在钢护筒内填黏土 5～6 m，然后才能进行钻孔作业。

② 浮式平台受水位变化影响时，平台会发生位移，因此，在钻孔过程中，要保持护筒与平台处于脱开状态，经常检查和调整钻杆的垂直度及对中情况，要求每班检查不少于两次，以保证成孔质量。调整方法：平台位移量大于 30 cm 时，通过收放浮式平台的锚缆进行调整；平台位移量小于 30 cm，通过移动钻机进行调整。

③ 钻进封底混凝土时，采用低档慢速钻进，特别是混凝土与岩面接合部位，更应特别注意，由于软硬不一，如进尺过快，易出现斜孔。

④ 旋转钻进或冲击钻进中，宜采用慢速或小冲程进尺，避免浮式平台振动过大。

7）浮式平台拆除

平台拆除的工序与搭建时刚好相反。将浮式平台拖回岸边，先拆除面板及附属设施，然后拆除承载梁。

18.5.3 栈桥施工工艺

1．施工工艺流程

栈桥由基础、立柱、纵梁、横梁、桥面及附属结构等部分组成。一般利用支撑于坚硬地层的钢管桩直接支撑上部结构，钢管立柱在水面以上部位设置横向联结系，增强结构整体稳定性，立柱上端布置横向分配梁，分配梁上架设安装纵向主梁，主梁顶面铺设桥面分配梁及桥面钢板，两侧设置护栏、照明及其他附属设施。栈桥施工工艺流程如图18-15。

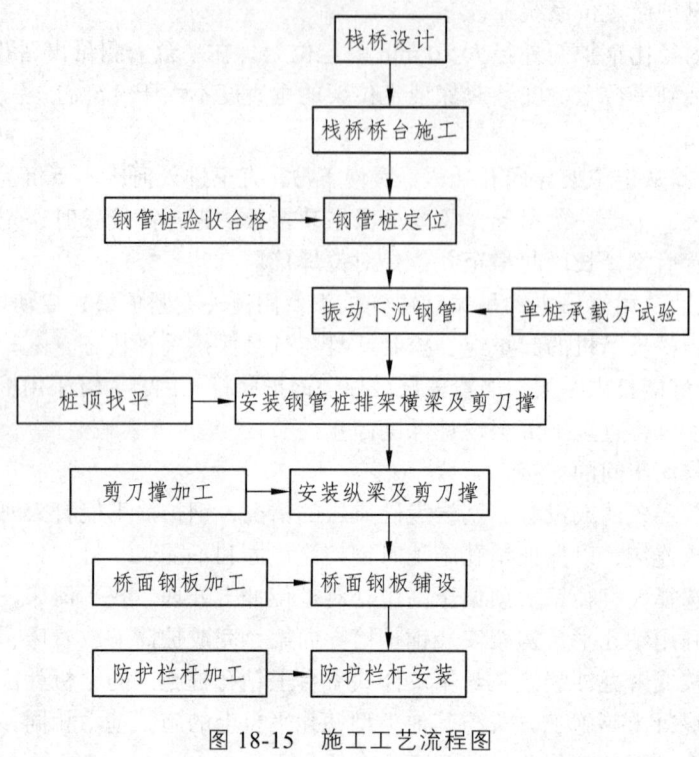

图18-15 施工工艺流程图

2. 操作要点

1）栈桥设计

（1）栈桥设计主要内容

栈桥位置、长度及功能，依据总体施工方案或施工需要确定。栈桥技术标准，包括桥面宽度、荷载等级、使用年限、栈桥桥面标高等。栈桥材料选择，包括基础、立柱、柱顶横梁、主梁、桥面分配梁、前面板及附属设施等。设计检算。栈桥设计施工图，即栈桥总体构造及分部施工设计。栈桥施工方案。

（2）栈桥设计验算内容

栈桥的设计按主梁、桥面系及下部构造三部分分别进行验算。主梁验算时，结合桥面结构的刚度大小，采用杠杆法进行横向分布系数的计算，然后运用计算程序在考虑了自重、汽车荷载、冲击力、风力等多种因素情况下，按实际可能发生的各种荷载组合，对构造结点位移、杆件应力等进行详细计算和分析。桥面系按桥面板、纵梁、横梁的顺序分别进行验算。钢管桩验算时，首先计算各片梁的最大反力值，然后作用在横梁上，再进行加载计算。分别对单桩承载力、桩身内力及桩顶位移进行计算。主要荷载：静水压力、流水压力、风力、浪激力及施工荷载。栈桥应尽量靠近主桥，但又不能影响主桥的施工。一般选择平行主桥轴线方向。还要根据施工码头的布置，选择布置在上游还是下游，并充分考虑各种因素的影响。

2）钢管桩施工

钢管桩在加工场制作完成后，平板车运输到现场采用轮式吊或 50T 履带吊结合振动锤下沉。首先进行测量，吊机初步定位，钢管运输到位后吊起钢管桩，喂入桩锤、桩帽中，下部用抱钳夹住。调整导向架的垂直度，检查桩锤、桩帽、导向架和管桩的中轴线是否一致，采用全站仪测量桩位坐标并与设计比较，确定桩的前后移动距离，当桩位偏差在规定范围后可开始沉桩。首先利用管桩和锤的自重将其压入覆盖层，直至不下沉为止。在沉桩过程中控制好桩锤落距，做好施工记录，当贯入度达到控制要求时，即可停锤。钢管桩需要现场接长时，连接可采用外拼板与接头对焊相结合的焊接方式或法兰盘栓接方式。焊接材料应与焊接材质相匹配，焊缝长度及焊缝高度满足规范或设计要求；对接必须保持顺直，顺直度允许偏差小于 0.5%。钢管桩打入后，根据设计的钢管桩顶标高，割去多余的钢管桩，并在钢管桩上割槽，能准确放置通长的横梁工字钢，且同一个墩的两根钢管桩的槽口必须在同一直线上。

3）军用梁、贝雷梁的拼装和架设

在加工场对贝雷桁架或军用梁分片进行组装，用平板车运输至现场，利用履带吊车或轮式吊机安装贝雷桁架或军用梁。吊装前先用粉笔在墩顶横垫梁上定出贝雷片或军用梁的具体位置。架设按照从桥一侧向另一侧的顺序进行。第一片梁架设后采取临时固定措施，以后各片梁架设后尽快横向连接，形成整体。

4）桥面系施工

主梁安装完成后，采用人工配合吊机铺设横桥向工字钢，然后用吊机整体吊装桥面板安装单元，从一头向另一头铺设；防护栏杆的施工紧跟着进行，其施工进度落后于桥面板一跨主梁的距离。横梁工字钢直接铺到贝雷梁或军用梁上，但每条工字钢都要正对贝雷梁的竖杆或斜杆位置，确保受力满足要求。工字钢铺好后，马上用 16 圆钢做成的 U 形卡将其卡在贝雷梁上同时拧紧螺丝。纵梁槽钢通过汽车和吊车进行安装。槽钢按设计间距铺好后，每条槽钢都要与横梁工字钢采用点焊焊好，使它们成为一个整体，满足受力要求。

5）栈桥的拆除

栈桥拆除的工序与搭建时相反。采取逐段拆除的方式，在栈桥上先拆除远岸一侧面板及附属设施，拆除承载梁拔出钢管桩。以剩下栈桥部分作为施工平台，重复拆除工作，直至栈桥全部拆除完成。

18.5.4 钢管桩支架平台施工工艺

1. 工艺流程

测量放样及定桩位→钢管桩焊接并加工桩帽→运输→定位船抛锚就位→提升钢管桩→全站仪校核桩位及垂直度→空打 1~2 m→再次校正垂直度→合格后继续锤击→贯入度符合要求→打桩完毕→重复以上工艺→搭设工作平台。

2. 施工方法

（1）根据施工图纸，复核桩位轴线控制网和高程基准点。确定桩位中心，在水中用浮标标出桩中心位置。

（2）在浮吊进入墩位前，先测定桩位并用浮标显示。当定位船抛锚就位后，选用支架平台中一根钢管桩作为定位桩，先行振入，然后以此桩作为其他各桩定位的依据。

（3）打桩时，先用两台经纬仪，架设在桩架的正面及侧面，校正桩架导线杆及桩的垂直度，并保持锤、桩帽与桩在同一纵轴线，然后空打1~2m，再次校正垂直度后正式打桩。

（4）打桩时要做好原始记录，详细记录打桩过程中出现的问题及处理措施等。

（5）钢管桩使用完毕后，必须拔除回收利用。拔除方法有用水平力拉倒（适用于埋深浅的钢管桩）、在浮吊上安装双频振拔锤等方法。当实在难以拔除时，可采取氧气吹割。

18.6 其他相关辅助施工

18.6.1 筑岛沉井施工工艺

1. 工艺流程

沉井按制造情况可分为：就地灌筑沉井、浮式沉井等；按竖向剖面形状可分为：柱形、锥形、阶梯形等；按横断面形状可分为：圆形、矩形、圆端形、椭圆形、菱形等。沉井种类不同，其施工工艺也各有差异，现以筑岛就地浇筑沉井施工为例，其一般工艺流程为：

放样→筑岛→铺垫→装钢刃脚→支排架及底模板→支立井孔模板→绑扎钢筋→立外模→浇筑底节混凝土、养生→抽垫木→开挖下沉→分节接高再下沉直至设计高程→清理基底→封底→填芯浇盖板→成品检测、验收。

2. 施工方法

（1）按设计要求放出沉井轴线及边线，并根据需要设置控制网及水准基点，为筑岛做好准备。

（2）场地清理，按要求进行地基处理，地基承载力应满足设计要求，然后按设计、施工方案要求进行筑岛。筑岛尺寸应满足沉井制作及抽垫等施工要求，无围堰筑岛，宜在沉井周围设置不小于2m宽的护道。有围堰筑岛其护道宽度可按下面公式计算：

$$b \geqslant H \tan\left(45° - \frac{\phi}{2}\right)$$

式中　b——护道宽度；

　　　H——筑岛高度；

　　　ϕ——筑岛土饱和水时的内摩擦角。

任何情况下护道宽度不应小于1.5m。筑岛的材料应用透水性好、易压的砂土或碎石等。应根据土质、水流、水深、风浪等情况，分析决定采用筑岛形式，如无围堰筑岛或有围堰筑岛。岛面一般应比施工最高水位高出0.5~0.7m。

（3）筑岛完成后，岛面、河滩面承压力应满足施工要求。支垫布置应满足设计要求及抽垫方便。铺垫完后，在铺木上测量放出桥位轴线及墩台身轴线和沉井轮廓线，以便刃脚踏面角钢或钢刃尖的安装。在轮廓线外15~20cm处放出检查点，以便于控制、检查沉井位置。

（4）准确测量，画出刃脚边线，严格控制沉井中心位置的准确性。刃脚下的底模应按拆除顺序分段布设，预先断开。带踏面的刃脚可直接置于垫木上。带钢刃尖的沉井，应沿刃尖周围在垫木上铺设不小于10 mm厚的钢垫板。刃脚焊接时应尽量对称进行，尽量减少焊接变形。刃脚与隔墙下应设屋架式支撑，并使其与刃脚下的垫木连成一体，防止浇筑混凝土时发生不均匀沉降造成裂缝。

（5）沉井模板及支撑的设计应具有足够的强度和较好的刚度。先安装内模板（井孔）绑扎钢筋后，再安装外模板。沉井外侧模板要平滑，与混凝土接触面必须刨光，与刃脚接触的空隙要塞严，以防漏浆。沉井的外侧模必须竖缝支立，立好后要核对上下口各部尺寸、井壁的垂直度、刃脚高程，支撑拉杆（内外模间）和拉箍要牢固。

（6）钢筋绑扎在内模立好后进行。先将制好的焊有锚固筋的刃脚踏面摆放到画线位置的垫木上，进行焊接后再布设刃脚钢筋、内壁纵横钢筋、外壁纵横钢筋（冲刷水管、空气幕管道）。内、外侧箍筋应安装好保护层垫块。

（7）混凝土浇筑、养生、拆模。

① 混凝土浇筑。沉井混凝土应沿井壁四周对称进行浇筑，避免混凝土面高低相差悬殊，以防产生不均匀沉降造成裂缝。每一节沉井的混凝土都应分层、均匀、连续地浇筑直至完毕。混凝土浇筑高度较高时，可采用串筒或其他缓降器，缓降器下的工作高度不得高于1 m。应根据振捣器具及振捣方式等确定合适的浇筑层厚，浇筑一层的时间不得超过混凝土的初凝时间。一般控制在30 cm厚。

② 养护。浇筑初凝后，即可遮盖养护，防止暴晒。洒水养生时，应细水匀浇，防止破坏混凝土表面。施工期间室外最低气温低于-3℃或室外平均气温低于+5℃时，应按冬季施工要求办理。混凝土强度达到2.5 MPa时，方可在顶面凿毛。底节沉井混凝土养生强度必须达到100%，其余各节强度允许达到70%以上时（或设计要求），进行下沉。

③ 拆模。应注意以下问题：

a. 混凝土强度达到2.5 MPa以上时，可拆除直立的侧面模板，且应先内后外。

b. 当混凝土强度达到70%以上（或设计要求，方可拆除隔墙底面、刃脚斜面的支撑与模板。

c. 拆模的顺序是：井孔模板→外侧模板→隔墙支撑及模板→刃脚斜面支撑及模板。

d. 拆模后，下沉抽垫前，仍需将刃脚下回填密实，防止不均匀沉降，以保证正确位置下沉。

（8）沉井下沉主要是通过从井孔中用机械或人工方法均匀除土，削弱基底土对刃脚的正面阻力和沉井壁与土之间的摩阻力，使沉井依靠自重力克服上述阻力而下沉。井孔中除土的方式有排水除土和不排水除土两种。只有在稳定的土层中，且渗水量小（每平方米沉井面积渗水量不大于1 m³/h）时，才采用排水除土。沉井下沉通常多采用不排水除土方式，配备潜水工和射水松土机具抓土、吸泥。

（9）沉井接高。

① 按设计图要求逐节进行接高，直至达到设计高度。

② 沉井接高应符合下列规定：

a. 沉井分节高度应根据开挖方法、下沉进度、土层性质、沉井的平面尺寸决定，使其能保持稳定顺利下沉。

b. 沉井接高前应尽量纠正偏斜，接高的各节中轴线应与前一节的中轴线相重合。

c. 水上沉井接高时，井顶露出水面不应小于 1.5 m；地面上沉井接高时，井顶露出地面不应小于 0.5 m。

d. 接高前不得将刃脚掏空，避免沉井倾斜，接高混凝土浇筑应对称进行。

e. 混凝土接缝处应按要求清除浮浆，并凿毛吹洗干净。

（10）沉井基底清理、检查：

① 沉井沉至设计高程后，应检查其基底的地质情况是否与设计相符。

② 不排水下沉的沉井基底应清理整平，且无浮泥。基底为岩石时，岩面残留物应清除干净，清理后有效面积不得小于设计要求；井壁隔墙及刃脚与封底混凝土接触面处的泥污应予以清除。这项工作由潜水员检查满足设计要求。

③ 排水下沉的沉井，应满足基底面平整的要求。

④ 沉井下沉至设计高程时，应进行沉降观测，满足设计要求后，方可封底。

（11）沉井封底：

① 基底检查合格后，应及时封底。对于排水下沉的沉井，在清底时，如渗水量上升速度小于或等于 6 mm/min，可按普通混凝土浇筑方法进行封底；若渗水量大于上述规定时，宜采用水下混凝土浇筑方法进行封底。

② 沉井封底，若为水下压浆混凝土时，应按设计要求施工。

③ 采用刚性导管法进行水下混凝土封底时，混凝土材料可参照钻孔灌注桩水下混凝土有关规定，混凝土坍落度宜为 150~200 mm。由于沉井面积大，可用多根导管同时或依次灌注水下混凝土。导管间距一般 3~5 m 为宜，通常每个井孔布一根导管在井孔中央。

（12）井孔填充和顶板浇筑：

① 井孔填充应按设计要求施工。

② 不排水封底的沉井，应在混凝土的强度满足设计要求时，方可抽水填充。

③ 填充井孔的顶盖板可直接在填充料面上按设计要求接好钢筋，浇筑混凝土。

④ 设计要求不需要填充的井孔，其孔内的水可不抽除（或按设计要求处理）。在沉井顶部内侧设支撑顶盖板底模的牛腿、底梁，在其上铺设底模绑扎钢筋、浇筑混凝土。

18.6.2 水下混凝土封底施工工艺

1. 工艺流程

2. 施工程序及操作方法

1）准备工作

（1）导管平面布置

当水下封底面积较大时，需要多根导管同时按规定的顺序灌注混凝土，保质保量地灌满整个基底，达到预计的厚度。根据封底面积和每根导管的作用半径（混凝土流动半径）来确定平面上布设导管的根数和位置。导管间距不得大于 5 m，一般以 3.5~4 m 为宜，否则容易造成导管底口脱空或埋入的厚度过薄，使导管底口进水，发生质量事故。另外如果导管很长，一旦灌注中发生导管堵塞，处理比较费时，需利用相临导管投入工作，因此应将导管布置的密些。为使钢板桩与水下封底混凝土有良好结合，四周导管的布置应较中间密集，并须考虑管柱、围笼杆件、导向的阻挡及便于导管的提升等。若封底面积过大或基底有难以清除的深坑陡坎，可适当增加导管数量。

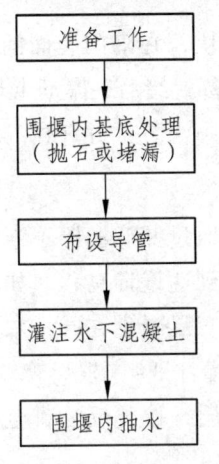

图 18-16　施工工艺流程

（2）立面布置

在围堰顶搭设灌注支架，以悬挂缓降器漏斗及导管，支架顶部设置灌注平台，平台上搭设有储存混凝土的料槽。为方便操作及扩大工作面，条件具备时宜分层设置剪球平台、拆导管平台、测量平台、导管提升平台及灌注平台。

（3）混凝土生产量的选定

根据施工实践，水下封底混凝土生产量，可按下列原则确定：

① 储料仓内储存的混凝土量，自开阀灌注起保证埋置导管于混凝土中 1.0 m 以上。

② 灌注沉井水下封底混凝土的速度不宜小于 0.25 m/h。

③ 每根导管的首批混凝土的坍落度不要太大，以避免因落下的混凝土不能形成一定的坡率面埋不住导管底口。首批混凝土的需要量 V 可近似为：

$$V = \frac{1}{3}\pi R^2 h$$

式中　R——圆锥体坡率为^的扩散半径，从管中心起，通常为 2.5~4.0 m；

　　　h——导管底口处混凝土埋高，一般不小于 1.0 m。

当以上所有准备工作完成和作业条件具备后，开始下步工作。

2）抛石、堵漏

为了防止软基在封底混凝土浇筑时失稳，影响封底质量，采用封底前先抛块石于软基顶面，进行基底硬化处理。抛石厚度在 50 cm 左右，要求抛石均匀，不堆、不空。抛石完毕派潜水员水下摸查，大致找平。围堰置于基岩上，围堰与基岩之间如有较大的空隙，必须在浇筑前用堵漏材料（如：袋装水泥、棉絮）先予封培。

3）储　料

每根导管灌注前均应在 30 min 内储够所需的混凝土量于储仓内（保证首批混凝土能使导管埋深 1 m 以上），同时漏斗、运输车和拌和机内也都应储满，以便开灌后能连续不断地浇筑。

4）开启导管阀门

先将阀门置关闭状态，固定好卡块，在阀门上面铺一张同样面积的塑料布后，将漏斗装满混凝土，并与储仓连通。当一切准备就绪后，搬动卡块，开启导管阀门，同时打开储仓门，使储存的混凝土陆续通过导管注入井中水下；并埋住导管底口 1.0 m 以上。

5）混凝土灌注

开始灌注后混凝土须连续供应，通过漏斗源源不断灌入导管内，随着导管的不断提升，混凝土在水下不断摊开和升高，直至到达设计高程。如受到混凝土生产速度的限制或封底厚度太大不能采用全面灌注，无法使基底混凝土在同一水平面上普遍均匀升高时，目前一般采用分层往复灌注的办法，即每次同时灌注 3～5 根导管，由围堰上游逐渐向下游推进，每灌注约 2～3 m 为一层，再返回灌注第二层，按此反复直至顶面。通常按照间隔跳跃的顺序进行剪球。

灌注过程中如混凝土难以下落，可用吊车提导管上下串动，但一定不能将导管拔出混凝土面，以免水进入导管内影响灌注质量。灌注时严格控制浇筑高程，随时用测锤测出混凝土面的高低，最后用水准仪复测。

6）灌注结束

一个导管灌注高度达到设计要求时，该导管的工作即告结束。此时将导管拔离混凝土，将漏斗及导管拆除，并用净水逐节冲洗干净，以备再用。

7）围堰内抽水

围堰内抽水应在封底混凝土凝固后进行，需根据水温、混凝土配制强度、配合比、外加剂掺量等具体情况确定抽水开始时间。

（1）为了减少钢板桩锁口变形和改善内导环的受力状况，对钢板桩与导环之间的所有空隙用硬木楔或铁片进行填塞，水下部分由潜水员进行。

（2）围堰抽水设备，可根据围堰内总抽水量准备。刚开始抽水时，可利用吸泥管进行抽水，待抽不上时，再将水泵放入围堰内抽水。为防止抽水过程中发生意外事故，保证围堰安全，应配备从堰外向堰内灌水的水泵。一旦发生异常情况，立即向堰内灌水，恢复内外平衡，经检查处理后再抽水。

（3）抽水过程中，须派专人对钢板桩和内导环进行观察，同时由专人进行堵漏。堵漏工作在围堰内外同时进行。堰外用细煤渣和木屑混合物倒入漏水部分，堰内由潜水员用棉絮塞缝。由于堰外上半部的粉煤渣常易被水流及风浪冲击洗走，故堵漏工作须一直进行到墩身出水面为止。

8）施工中的另外规定

（1）采用分层往复的混凝土灌注方法，主要控制灌注次层水下混凝土时必须在前一层灌注的水下混凝土初凝时间以内，因而在选择水泥品种和强度等级，以采用初凝时间较长的水泥为佳。

（2）混凝土拌和时间应较普通情况稍加延长，一般不小于 5~2 min。

（3）自拌和机出料到通过导管灌注的时间不应超过 30 min。

（4）正常灌注时，拌和机上料到通过导管灌注应缩短到不超过 20 min。

（5）正常灌注时，混凝土在导管内停滞的时间不应超过 20 min。

（6）导管埋入混凝土深度至少 1.0 m，一般在 2~4 m 范围以内，过深将使底层混凝土凝结导管，过浅将使新灌入的混凝土从导管四周翻起，影响质量。

（7）混凝土的施工坍落度采用 18~20 m，灌注开始及将近结束时采用 20~22 cm，混凝土面的流动坡度应保持在 1/5~1/10，不宜有超过 1/4 较长时间的或更陡的流动坡面。

（8）如系两次封底，当第一次混凝土灌注完毕，待其强度达到 5 MPa（以水中养护为准）后，用 0.5~1.0 MPa 的高压射水将表面浮浆或松散砂石冲起，用空气吸泥机清除干净后，方得开始第二次灌注，以免形成两次混凝土间的薄弱夹层。为了减少拔除钢板桩的黏结力，应在第二次灌注前将钢板桩重打一遍，打入深度一般为 5~10 cm。

9）解决水化热的措施

若封底体积较大，为大体积混凝土施工时，正确解决混凝土的温升开裂问题，是保证封底质量的一个关键。施工中必须进行认真研究、测试，制定出有针对性的处理办法。

解决水化热可采用下列几种措施：

（1）用低水化热的矿渣水泥或大坝水泥。

（2）降低混凝土入模温度，选择低温的夜间进行施工，对集料采取降温措施。

（3）掺 0.2% 水泥用量的木钙以削减水化热峰值。

（4）选择最佳混凝土配合比，尽量减少水泥用量，采用加掺粉煤灰等"双掺技术"。

（5）用车载串筒浇筑工艺，避免使用泵送，以减少水泥用量。

（6）分层分块浇筑，使混凝土有一个散热期，避免在水化热高峰期 3~5 d 时覆盖上层混凝土。

（7）埋设降温水管，在水化热高峰前通水降温。

（8）埋设测温计、测缝计，加强监测，随时掌握情况，及时采取必要措施。

（9）加强混凝土养护，进行表面覆盖，以减小混凝土的内外温差。

10）水下混凝土封底质量检查

水下混凝土封底质量的优劣，主要取决于基底清理的质量及灌注施工操作的熟练程度。应从以下几个方面进行检查：

（1）基底检查：基底浮泥、沉淀泥沙、沉渣应清除干净，以期封底混凝土底面能直接支承于坚实的土层上或与基岩面胶结良好。

（2）施工前应对机具设备、材料、混凝土配合比及施工布置等进行检查，以保证混凝土拌和物质量良好，灌注中不发生故障。

(3)施工灌注中应严格按照工艺操作规则进行。对于在灌注中发生的故障或不正常现象,应详细做好记录,以便封底后对该处进行取样检查。

(4)封底检查:对于个别部位封底质量有怀疑时,可派潜水员至水下排查,发现问题及时加以处理。若封底达到一定程度仍有怀疑时,可采用地质钻探方法,对封底混凝土钻孔取样,做抗压强度试验及外观检查。在灌注中发生故障并认为混凝土质量有影响的部位,应钻孔至封底底面以下,以便检查基底面与混凝土结合情况。为提高混凝土强度试验的准确性,岩芯直径不宜太小。钻孔结束后对钻孔应灌浆封闭。

封底质量经检查发现问题时,应组织有关人员分析研究,进行处理。

11)季节性施工

(1)雨季应做好防雷、防电击工作。

(2)雨季施工期间,应对现场供电线路、设备进行全面检查,以预防触电事故的发生。

(3)冬季浇筑封底混凝土时,混凝土浇筑温度不得低于5℃。做好混凝土的防冻保温工作,必要时可采取加热砂石料、热水等方法提高混凝土出仓温度。

(4)当夏季气温超过35℃时,混凝土浇筑过程必须严格控制,应采取措施控制混凝土温度≤32℃,以防止导管堵塞事故的发生。

18.6.3 承台施工

1. 施工工艺流程(图18-17)

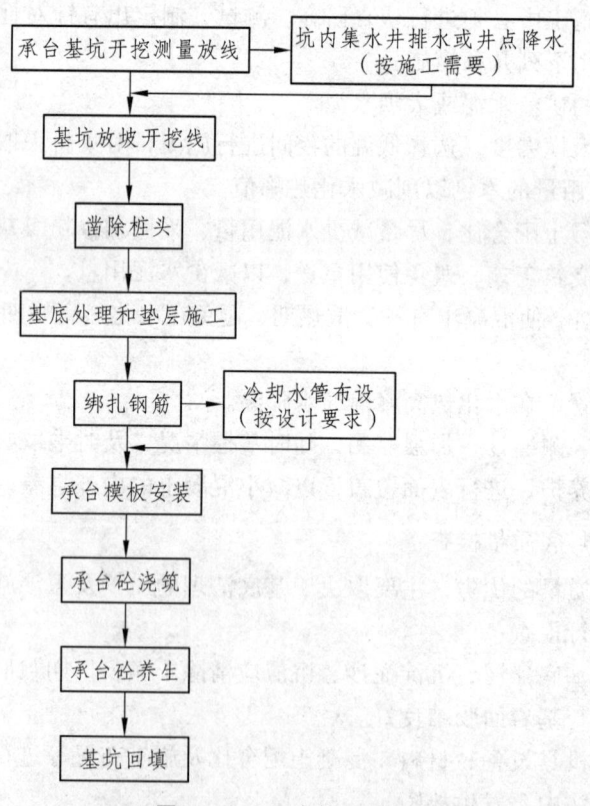

图18-17 承台施工流程

2. 施工要点

1）基坑井点降水施工

① 渗透系数抽水试验与计算

施工前设置试验抽水井，该地区土体的渗透系数。根据实测渗透系数对基坑涌水量进行重新计算，并根据计算结果修正拟定的降水方案。

根据井点的埋设深度 H（不包括滤管）。

$$H \geq H_1 + h + IL \text{（m）}$$

式中　H_1——井管埋设面至基坑底的距离；

h——基坑中心处底面至降低后地下水位的距离，一般为 0.5～1.0 m；

I——地下水降落坡度，环状井点 1/10；

L——井点管至基坑中心的水平距离。

② 管井井点的布置与施工

A. 布置方法

根据测放的承台中线、边线和高程，按承台尺寸每侧外扩 1 m 的轮廓线，开挖按照 1:1 的边坡，确定基坑开挖边线，根据基坑形状采用环型布置，现场预留机械出入道 4 m 宽，先挖冲井点沟槽，冲井点孔。所有井点管在地面以下 1 m 的深度内用黏土夯实以防止漏气，集水总管标高尽量接近地下水位线沿抽水水流方向有 0.25%～0.5%的上仰坡度，水泵轴心与总管齐平，井点管深度约为 9.5 m。

轻型采用单排井点降水每 1.5 m 冲一根点管。每级井点降水深度按照地下水位至基坑底深度增加 0.5 m 确定，降水总深度不超过 5 m。

轻型井点每 40 m 干管为一组，每根干管 3～6 m，每 1.5 m 有一个点管接头。点管长度为 10.5 m，9.5 m 米实管，1 米滤管。每组井点配 26 根点管。

B. 井点降水施工步骤

埋设井管：采用高压水冲刷土体，用冲管扰动土体助冲，冲成圆孔后埋设井点管。

连接井点管与集水管：将已经插入土中的井点管上端用橡皮胶管与集水管头的连接管头联接起来，并用铁夹箍扭紧，接头处不得漏气。

连接抽水系统：将集水管的三通与已经组装完成的抽水系统连接在一起。

开动抽水系统抽水：各部分管路及设备经检查合格后，即可开动抽水系统进行抽水施工。

拔管：施工结束后，拆除连接管，用吊机将井管拔出。各种机械设备均要进行维修整理，滤管要拆开清洗，重新组装，供以后再用。

③ 深井布置

根据降水情况基坑周围布置 10 口深井，深井由真空泵，外套管，潜水泵，管网等组成，钻孔直径在 700 mm 左右，旋转钻机成孔，井深 15 m，井周围用砂料过滤，孔口地面以下 1 m 用粘土密封。

2）承台基坑开挖

基坑开挖采取机械开挖与人工开挖的方法相结合。等同一墩位处桩基混凝土强度均达到设计要求后，进行基坑开挖。根据观测孔中水位下降情况确定开挖时机，机械开挖基坑至设计基坑底面标高以上 30 cm，且确认基底地质与设计相符时，然后采用人工开挖的方式超挖至基底以下 10 cm 后找平并夯实基坑底部原始土。基坑底尺寸较承台边线大 1 m，基坑四周设置排水沟、四角设置汇水井，集中抽排地表水。

3）凿除桩头及垫层施工

施工垫层之前先凿除桩头，桩头伸入承台满足设计要求，根据实际情况凿除桩顶超封部分的混凝土，露出新鲜混凝土面。桩头混凝土凿除之前由测量室提供一个水准点，由施工人员进行水准测量，并在每个钻孔桩设计桩顶以下 5 cm 处做记号，凿除混凝土时以此固定点作为参照点进行施工，并且凿除混凝土至设计桩顶标高以上 5~10 cm 时停止机械施工改为人工凿除，以免破坏有效桩体。由测量人员在桩头上测放出设计桩位中心，并尺量检查钢筋笼偏位、上浮或下沉情况。同时对钻孔桩伸入承台内的钢筋按设计图纸进行修整。测量放线找出承台边线，往边线外侧 20 cm 立垫层模板。在桩头钢筋某一断面上用油漆做统一标高标记，作为浇注垫层混凝土时的参考点。垫层混凝土表面要求平整。

4）承台钢筋施工

① 钢筋加工

A. 钢筋末端弯钩按设计图纸加工

B. 钢筋接头加工

钢筋直径大于或等于 25 的采用直螺纹连接。直螺纹套筒连接接头要按《滚扎直螺纹钢筋连接接头》JG163 及设计要求进行检查和取样试验。加工钢筋丝头时，应采用水溶性切削润滑液。钢筋丝头的螺纹应与连接套筒的螺纹相匹配，公差带应符合 GB/T 197 的要求。经加工后的丝头应牙形饱满，牙顶宽超过 0.6 mm，秃牙部分累计长度不应超过一个螺纹周长，外形尺寸包括螺纹直径及丝头长度应满足产品设计要求。套筒选用在厂家定制，套筒出厂应成箱包装，包装箱外应标明产品名称、型号、规格和数量，制造日期和生产批号、生产厂名等，包装箱内必须附有产品合格证及质保书。

承台钢筋直径小于 25 mm 且大于 12 mm 时采用搭接焊，焊缝长度单面搭接焊不小于 $10d$，双面搭接焊不小于 $5d$。钢筋接头长度区段内受力钢筋应按接头数量 50% 错开，即单根之间依次错开，错开距离不小于 $35d$（d 为钢筋直径）。

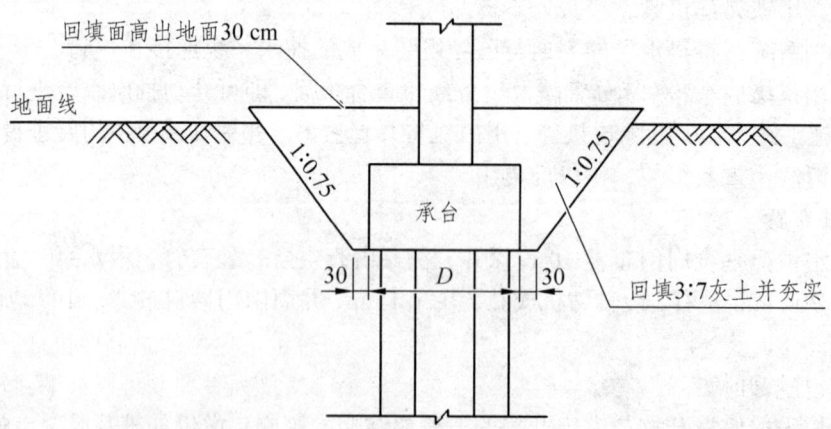

图 18-18　承台施工工艺

② 钢筋安装

A. 安装的钢筋品种、级别、规格和数量必须符合设计要求。

B. 承台钢筋架设前先处理桩头钢筋,桩头钢筋需伸入承台 1.5 m,主筋向外侧倾斜 150,盘条每 10 cm 一道。所有主筋均应调直,清理钢筋上的混凝土,必要时打磨。

C. 承台钢筋加工验收后进行安装。安装前,先搭设架立钢筋支撑骨架,以此为支撑,在其上绑扎钢筋骨架。

D. 钢筋绑扎顺序,先绑扎承台的底层钢筋,安装支撑骨架,逐层安装冷却水管,安装完一层检查一层水密性,再绑扎侧面钢筋和顶层钢筋,补齐水平对拉筋,最后安装墩身预埋筋。一般情况下先长轴后短轴,由一端向另一端依次进行,操作时按图纸要求划线、铺钢筋、穿箍筋、绑扎、成型。

E. 钢筋接头位置应相互错开,上层钢筋接头位置在跨中,下层钢筋接头位置尽量在桩顶处。预埋墩身钢筋,在达到设计的要求后加以固定,以确保其墩身的预埋钢筋在浇筑完混凝土后位置不变。

F. 保护层采用 C35 水泥砂浆垫块。垫块应与钢筋绑牢,位置和数量符合规范和设计要求,且尽量分布均匀。钢筋保护层垫块侧面和底面的垫块数量不应少于 4 个/m^2。

5) 接地系统的安装

按照设计图纸由钢筋工安装接地钢筋,由电工对接地电阻进行测试。

6) 承台预埋件安装

① 承台施工中需要预埋后续施工所需预埋件,主要有:墩身钢筋、塔吊基础预埋件(厂家指导安装)、墩身施工人行通道底座预埋件。

② 预埋件制安质量标准

A. 凡钢结构加工预埋件需由工程技术人员出具加工通知单、质量管理部与现场技术人员检验合格、物机部清点数量后移交作业队后安装;

B. 塔吊预埋件应由厂家提供并协助指导安装;

C. 预埋件需保证定位准确,安装牢固,混凝土浇筑过程中振捣棒不能接触预埋件,防止移位。预埋件处应严格保证混凝土振捣密实,避免空洞产生。

7) 承台模板施工

① 模板制作

模板采用优质胶合板,外露面混凝土的模板板面应光洁平整、无翘曲破损,如板面有明显损伤,一律禁止使用;对埋于地面以下其他部位的模板,板面应平整;为减少模板的拼缝,对于大面积混凝土,其每块模板的面积应大于 1 m^2,板块拼缝位置应事前规划,排列整齐。

② 模板安装

拼装模板前应根据测量人员测量放出的承台中线,标出承台边线位置,用吊机或人工安装立模。模板内表面应无污物、砂浆及其他杂物,并应在使用前涂同一品牌的优质脱模剂。模板座于坚实基底上,采用内拉外撑的支撑原则。立模过程中使用的钢制内拉杆、PVC 套管、金属拉杆所有配件的设计在其拆除时留下孔穴尺寸最小,排列整齐并可以补平,符合强度和美观的要求。安设完对拉杆调整后,与基坑坑壁间用钢管脚手架进行支撑固定。模板顶口及底口拉杆利用钢筋骨架的角钢胎架,保证对拉两端在同一直线角钢上。调模:在测量人员的配合下,首先调整模板的位置与标高,然后调整模板各断面的尺寸,调整达到要求后,将模板固定，对模板接缝进行嵌缝处理。模板安装完毕后，测量组将对模板轴线偏位、标高进行复核及测量，合格后投入使用。测量模板时在模板四周和承台中间部位设置标高控制点，以方便承台混凝土浇注过程中的标高控制。模板安装要求见表18-8。

表18-8 模板安装要求

序号	项目		允许偏差	检验方法
1	标高	基础	±15	尺量每边不少于2处
2	模板内部尺寸	基础	±30	尺量
3	轴线偏位	基础	15	尺量
4	模板相邻两板表面高低差		2	尺量
5	两模板间内侧宽度		+10，-5	尺量不少于3处
6	表面平整度		3	2 m靠尺和塞尺不少于3处
7	预埋件中心线位置		3	拉线尺量

8）承台混凝土施工

① 砼水化热控制措施

优化施工配合比，采取"复掺"措施：掺加粉煤灰、矿粉来改善混凝土的和易性。

② 砼浇注与振捣

A. 混凝土采用泵送，在浇筑混凝土开始之前，先泵送一部分水泥砂浆以润滑管道，水泥砂浆可泵入模内，均匀摊布于承台底面。

B. 承台厚度较大，竖向分层浇筑，每层30 cm，每层下料顺序为由上游向下游，由大里程向小里程。混凝土的浇筑应连续进行。

C. 混凝土的入模温度应控制在10 ℃到32 ℃之间。混凝土下料超过2 m时，则采用串筒、溜槽。

D. 浇筑混凝土期间，设专人（4名）检查支架、模板拉杆、钢筋和顶埋件等稳固情况，随时检查安全情况，当发现支架有松动、变形、移位情况时，应及时处理。

E. 混凝土的振捣使用插入式振捣棒，振捣应在浇筑点和新浇筑混凝土面上进行，插入混凝土要快，拔出时速度要缓慢，即快插慢拔，以免产生空洞；振捣棒要垂直地插入混凝土内，并要插至前一层混凝土，以保证后浇混凝土与先浇混凝土结合良好，插进深度一般为50～100 mm；移动间距不得超过有效振动半径的1.5倍，振捣过程中应尽可能地避免与模板、钢筋和预埋构件相接触；砼振捣时间一般为20～30 s，以砼面停止下沉、不冒气泡、表面微微泛浆为度。临近模板周边，安排4～8名熟练砼工，专门振捣。

F. 混凝土初凝后，模板不得被振动，预埋的钢筋不得承受外力。

G. 为保证夜间连续浇筑砼，在承台四角设探照灯架，安装照明设施。

H. 及时了解天气预报，购置彩条布，做好下雨防范措施。

I. 承台混凝土按有关规定由试验室负责制作混凝土试件，并指定现场技术员填写混凝土施工记录，详细记录浇筑日期和时间、原材料质量、混凝土的配合比、坍落度、拌合质量、混凝土的浇筑和振捣方法、浇筑进度和浇筑过程出现的问题等应详细记入工程日志。

③ 砼养护

混凝土养护采用"外保内降"法养护，内部用水冷却，混凝土表面覆盖保温。混凝土浇筑结束后约 2~3 小时内，用刮刀和木抹二次收浆抹面，以闭合收缩裂纹。

初凝前喷雾养护后覆盖一层塑料薄膜保湿，覆盖土工布保温，以减小混凝土降温速率。大体积混凝土参考《大体积混凝土施工工艺》。

④ 承台模板拆除与成品保护

A. 混凝土强度达到 5 MPa 以上，且其表面及棱角不因拆模而受损时，方可拆模。拆模后及时回填保温，切忌外表面暴露过夜致温差过大。同时拆除模板时注意保护混凝土，防止破坏表面，重复使用的模板拆除后要检查、维修。

B. 混凝土芯部温度和混凝土表层温差、混凝土表层和环境温差（此环境温度指棚外气温）大于 20 ℃时不宜拆模，大风或气温急剧变化时不宜拆模，在大风季节拆模时采取逐段拆模、边拆模边覆盖的拆模工艺，覆盖采用塑料薄膜和土工布共同覆盖。拆模后应及时回填基坑以保温。

C. 冷却水管停止通水降温后采用微膨胀浓水泥浆对冷却水管路进行压浆封闭处理。

⑤ 基坑回填

A. 承台施工完成且模板拆除后，经监理检查合格后，及时进行基坑回填，基坑的回填须采用能够充分压实的材料，不得用草皮土、垃圾和有机土等不合格材料回填。

B. 回填时应同时在两侧及基本相同的标高上进行，特别要防止对承台形成过大单侧压力；必要时，应将挖方内的边坡修成台阶形。

C. 回填材料应分层摊铺、压实。每层都应压实到设计图或规范要求的压实度标准；回填用土的含水量应严格控制。

D. 需回填的基坑应及时排水，若无法排除基坑积水时，则应采用砂砾材料回填，并在水中分薄层铺筑，直到回填进展到该处的水全部被回填的砂砾材料所淹盖并达到能充分压实的程度时，再进行充分夯实。

E. 回填时应加强成品保护，严禁使承台缺边掉角。

第19章 桥梁下部构造施工

19.1 立柱施工

19.1.1 立柱施工工艺

1. 测量放样

由于墩身高，需分节分段施工，为保证墩身垂直度和中心位置准确，施工中采用坐标控制墩身中心，测量仪器采用全站仪。在地系梁施工前，首先放出墩身中心，将墩身预埋钢筋准确定位并确保在整个施工过程中墩身钢筋不移位，不偏斜。模板安装前在墩身上准确测放出墩身中心作为控制点，模板安装时利用铅锤线测量模板的倾斜，模板安装完成后，利用铅锤线检测模板水平位置、垂直度，为确保墩身截面尺寸准确、顺畅，在每次浇注砼后，对墩身进行中心复测，并测量中心的标高，达到双控效果，即标高及线型控制，为下次立模提供数据参考，发现模板偏位之后应立即对模板轴线进行调整，为了不造成线形的不美观，调整不能一次性到位，调整方法为逐渐垫高模板偏向例的模板，慢慢进行调整。

2. 钢筋绑扎

（1）钢筋加工在钢筋棚内进行，加工好的钢筋分类堆放并挂好标签，以防误用。钢筋运至现场绑扎。钢筋调直采用调直机，粗钢筋切断采用钢筋切断机。

（2）钢筋下料时，技术人员应详细查看图纸，与相邻部位的有关钢筋图纸组合，与所在部位的外形尺寸对照，将结构中钢筋型号、数量和间距等列表并下达详细交底，以免下料错误。

（3）钢筋绑扎完后，及时按图纸数量及尺寸安装就位各种预埋件。

（4）对有弯钩弯起的钢筋，应按有关公式计算出下料长度，并在钢筋上画出标记。加工钢筋前清除钢筋上的污锈并调直。受力钢筋制作及弯钩应该符合设计要求。

（5）采用焊接方式连接时焊缝应饱满、表面平整，厚度、宽度均满足规范要求；当采用单面焊接时焊缝长度不小于$10d$，双面焊接时不小于$5d$（d为钢筋直径）。

3. 墩身施工

模板采用定型钢模，由模板厂提供。模板拼装时，严格按图纸尺寸作业，垂直度、轴线偏差、标高、模板接缝错台等均应满足施工规范要求。每墩上模板接缝基本位于同一水平或垂直平面上，确保接缝紧密、不漏浆，符合结构尺寸、线型及外形的要求。

1）模板安装注意事项

① 安装模板前首先刷好脱模剂，并检查模板是否变形。

② 模板安装完毕后，应对其平面位置，顶部标高，节点连接及纵横向稳定性进行检查，

签认后方可进行浇注混凝土，浇注时发现模板有超过允许偏差变形值的可能时，应及时纠正。

③ 安装完毕后应报给技术员进行自检，自检合格后再报监理工程师检查，监理工程师检查通过后方可进行下一步施工。

2）钢筋保护层厚度控制

① 严格按照图纸及规范要求安装垫块，保证保护层厚度。

② 确保垫块的厚度和强度。

③ 做好班组的技术交底，对垫块的使用提出明确的要求。

④ 在浇筑混凝土时避免捣器碰撞垫块而使垫块受到损坏或移位。

⑤ 在施工过程中要随时进行检查，缺失的垫块及时补上。

3）混凝土浇筑

① 浇筑混凝土前，应对支架、模板、钢筋和预埋件进行检查并做好记录，符合设计要求后方可浇筑。模板内的杂物、积水和钢筋上的污垢应清理干净。模板如有缝隙，应填塞严密。模板内要刷脱模剂，浇筑前，试验员做混凝土坍落度等各项性能指标的检测。

② 使用插入式振捣器时，移动间距不超过振捣器作用半径的1.5倍；与模板应保持50~100 mm的距离；插入下层混凝土50~100 mm；每一处振捣完毕后边振捣边徐徐提出振捣棒；应避免振捣棒碰撞模板、钢筋及其他预埋件。

③ 对每一振捣部位，必须振捣到该部位混凝土密实为止。达到密实标准时混凝土停止下沉，不再冒出气泡，表面呈现平坦泛浆。

④ 砼采用集中拌和，砼运输车运输。拌和中严格控制原材料计量，并对砼坍落度进行现场测定。砼自由落体高度大于2 m时，采用串筒施工，确保砼不出现离析现象。

4. 模板拆除

1）模板拆除

墩身达到设计强度50%即可拆模，拆模时先松掉各种联结螺栓和扣件，撤除支撑结构，采用绳索套在螺栓孔内轻拉模板，小撬棍辅助撬动，反向设防溜绳，防止摔坏模板。严禁使用大锤锤击或沿墩柱表面撬动模板，防止损坏模板和破坏砼表面结构。移动模板时注意安全，不使模板与其他硬体物件碰撞，防止变形，拆除的模板要仔细进行检查，清除表面的水泥浆，整形后循环使用。

2）注意事项

① 模板工程要由专职工程师负责技术交底、指导和检查。

② 模板安装前应对模板涂脱模剂。

③ 模板拆卸要取得工程师的同意，拆卸时不得损伤砼表面。

④ 拆卸后的模板要堆放在指定的场地上并及时予以修整待用。

桥梁墩柱施工工艺流程图见图19-1所示。

5. 脚手架搭设

利用钢管在墩柱周围搭设两排脚手架，以方便施工，为钢筋绑扎、模板安装、拆除以及混凝土浇筑提供工作平台，此操作平台搭设要符合支架搭设要求。

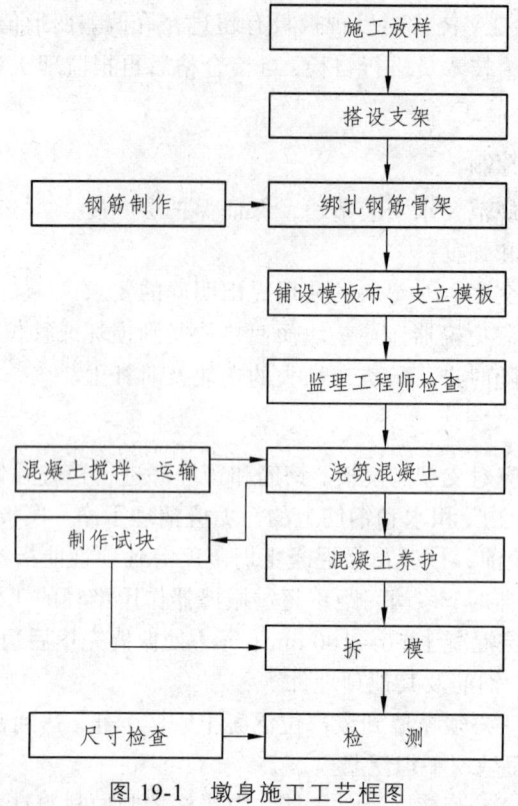

图 19-1 墩身施工工艺框图

19.1.2 危险源的识别及预防措施

1. 墩柱危险源识别

1）本工程主要的危险源包括：坍塌、高处坠落、物体打击、起重伤害、触电、机械伤害和交通事故等。

① 坍塌

搭设脚手架的稳定性和强度达不到要求；支架基础强度不足、沉降量超标；脚手架扣件不合格；墩柱内在质量存在隐患等。

② 高处坠落或滚落

本段可能的高处坠落事故主要包括如下类型：

A. 脚手架上坠落

桥梁墩柱施工作业需要搭设脚手架进行作业。施工人员在脚手架上方应防止坠落。脚手架上坠落事故的具体原因主要有：脚踩探头板；走动时踩空、绊、滑、跌；操作时弯腰、转身不慎碰撞杆件等身体失去平衡；坐在栏杆或脚手架上休息、打闹；站在栏杆上操作；脚手板没铺满或铺设不平稳；没有绑扎防护栏杆或损坏；操作层下没有铺设安全防护层；脚手架超载断裂等。

B. 悬空高处作业坠落

悬空高处作业坠落事故的具体主要有：立足面狭小用力过猛，身体失控，重心超出立足面；脚底打滑或踩空；随着重物坠落；身体不舒服，行动失控；没有系安全带或没有正确使用操作，或在走动时取下；安全带挂钩不牢固或没有牢固的挂钩地方等。

C. 起重、提升时吊物坠落

③ 物体打击

在墩柱施工中特别是在施工周期短，劳动力、施工机具、物料投入较多，交叉作业时常有出现。主要表现在：工具零件、钢筋头、混凝土块等物从高处掉落伤人；人为乱扔废物、杂物伤人。

④ 起重伤害

起重作业包括：汽车吊、电动葫芦、千斤顶等作业。主要表现在：起重作业时，脱钩砸人，钢丝绳断裂抽人，移动吊物撞人，钢丝绳刮人等伤害等事故。

⑤ 触电

主要表现在：电线破损漏电伤人；电气设备使用不当漏电伤人。

⑥ 机械伤害

机械性伤害主要指机械设备运动（静止）部件、工具、加工件直接与人体接触引起的夹击、碰撞、剪切、卷入、绞、碾、割、刺等形式的伤害。各类转动机械的外露传动部分（如齿轮、轴、履带等）和往复运动部分都有可能对人体造成机械伤害。

本工程机械伤害主要表现在：钢筋切断、钢筋调直、钢筋弯曲等操作过程中对工人的伤害。

⑦ 交通事故

本工程交通事故主要表现在：施工便道比较窄，便道的一边多为山沟，不容易错车；施工场地狭小，不利于施工车辆自由行驶；施工便道的转变半径太小，横纵坡太大，路面排水不畅等造成车辆运行容易出现车辆摩擦、碰撞、侧翻等交通事故。

2. 墩柱危险源预防措施

1）预防坍塌安全措施

① 在支架搭设前，进行必要的场地整平压实，保证地基具有足够的强度，避免支架底座下沉变形。

② 严格控制支架材料的进场质量，使用符合国家标准的钢管和扣件，由技术、质检、物资部门把关，严禁劣质产品进入施工现场。

③ 支架搭设必须由专业架子工完成，必须持证上岗，严格按照技术设计要求及安全技术交底实施。

④ 作业人员必须严格遵守高空作业安全操作规程，使用的各种工具、用具应有防止坠落的防护措施，严禁随意向下抛掷各种工具、物料。

⑤ 搭设时必须在脚手架外围增加剪刀斜撑，确保支架整体牢固可靠。

⑥ 施工中扣件螺栓必须上平拧牢，特别是立杆对接扣件的质量及螺栓必须确保牢固可靠，并应由专人检查使用质量。

⑦ 夜间或恶劣天气（遇有6级以上风力）不得进行脚手架搭设作业。

⑧ 凡患有高血压、心脏病及不宜从事高处作业的人员，严禁参加高处作业工作。

⑨ 墩柱施工严格按照施工技术规范和总监办下发的作业指导书及项目部制定的技术交

底进行施工；严格控制施工各个工序，使各个工序达到设计和规范要求。

2）预防高处坠落事故的安全防护措施

为贯彻"安全第一、预防为主、综合治理"的方针，根据本工程的结构特点和工程实际，在确定高处坠落危险源后制定本措施。

① 为防止高处坠落事故的发生，在工程施工前对所从事高处作业的人员进行安全基本知识，安全注意事项等安全技术交底。

② 施工作业人员进场后，按不同层次（公司、项目部、班组）进行三级教育工作。

③ 凡患有高血压、心脏病及年龄超过50岁的人员，严禁参加高空作业工作。

④ 高空作业必须设置安全设施，如：作业平台的走道板，安全网，护拦，井字爬梯等。安装防护拦杆，支架外侧布设密目安全网，高空作业平台应牢固可靠；脚手板铺满施工平台，并与支架可靠连接；严禁 在操作平台上打闹，搭设和拆除过程中须好安全带；探头板绑扎牢固，施工人员走动时注意脚手板是否安全；高出作业人员要时刻系好安全带，保证自身安全；并对操作平台进行检查，发现问题及时解决，确保安全可靠。

⑤ 为保证防护措施能真正起到应有的防护作用，除在具体实施过程中由项目负责人、安全专职人员及相关作用班组长，对防护设施进行必要的监督制作过程和验收外，还应按规定要求每周进行不少于一次的检查工作，以确保防护设施的完好性，防止高空坠落事故的发生。

⑥ 在作业层以下进行支架稳定性检查时，施工作业人员必须佩戴安全带或安全绳（使用前必须对安全防护设施进行检查），其安全带或安全绳的使用必须遵照高挂低用的原则。凡未使用防护用品用具的不准作业，以防止高处坠落事故的发生。

3）预防物体打击安全措施

① 加强对员工的安全知识教育，提高安全意识和技能。

② 凡现场人员必须正确佩戴符合标准要求的安全帽。

③ 经常进行安全检查，对于凡有可能造成落物或对人员形成打击威胁的部位，必须进行日巡查，保证其安全可靠。

④ 对于吊装作业除设指挥人员外，对有危险区域应增设警戒人员，以确保人身安全。

⑤ 施工现场严禁抛掷作业（其中包括架体拆除，模板支撑拆除及垃圾废料清理）。

⑥ 起重作业人员必须做到持证上岗、同时有一定的操作经验和技能，熟悉操作规程。司索人员应有严格注意被吊物的整体状态，运行区域路线及其危险性。如有可能对作业人员形成威胁，必须通报指挥人员暂停止作业。

⑦ 作业前安全管理人员及操作手必须对设备进行检查和空戴运行，在确定无故障情况时方能进行作业。

4）预防起重伤害安全措施

① 操作人员熟识和掌握起吊知识及作业对象的操作规程，并经培训教育考试合格，持有安全操作合格证，方可独立操作。

② 检查作业场地的环境、安全设施等，确定符合有关安全规定，方可进行作业。作业时，按正确佩带和使用劳动防护用品，如安全帽、安全带、手套等。

③ 掌握和检查所使用工具、设备的性能，确认是否完好，方可使用。

④ 检查作业场地的电气设施是否符合安全用电规定,夜间作业是否有足够的照明和安全电压工作灯。

⑤ 尽量避开双层作业,确属无法避开时,应对下层采用隔离防护措施,确认完善可靠后,方可进行作业。

⑥ 在使用起重设备作业时,应严格遵守有关机械的安全操作规定,不得要求司机违章起吊。

5) 预防触电事故的安全防护措施

根据规范规定,为了加强施工现场用电管理,保障施工现场用电安全,防止触电事故发生。

① 施工现场专用的中性点直接接地的供电线路必须实行 TN—SR 接零保护系统,同时必须做到三级控制两级保护,电箱为标准电闸箱,并采取防雨、防潮措施。

② 电气设备应根据地区或系统要求,做保护接零,或做保护接地,不得一部分设备做保护接零,另一部分设备做保护接地。

③ 必须由持有合格证件的专职电工,负责现场临时用电管理及安拆。

④ 对新调入工地的电气设备,在安装使用前,必须进行检验测试。经检测合格方能投入使用。

⑤ 专职电工对现场电气设备每月进行巡查,项目部每月对施工用电系统、漏电保护器进行一次全面系统的检查。

⑥ 配电箱设在干燥通风的场所,周围不得堆放任何妨碍操作、维修的物品,并与被控制的固定设备距离不得超过 3 m。安装和使用按"一机、一闸、一箱、一漏"的原则,不能同时控制两台或两台以上的设备,否则容易发生误操作事故。

⑦ 配电箱应标明其名称、用途,并做出分路标志,门应配锁,现场停止作业 1 时间以上时,应将开关箱断电上锁。

⑧ 照明专用回路设专用漏电保护器,灯具金属外壳做接零保护,室内线路及灯具安装高度低于 2.5 m 的应使用安全电压。在潮湿和易触及带电体的照明电源必须使用安全电压,电气设备架设或埋设必须符合要求,并保证绝缘良好。任何场合均不能拖地。

⑨ 线路过道应按规定进行架空或地埋,破皮老化线路不准使用。

⑩ 使用移动电气工具和砼振捣作业时,必须按规定穿戴绝缘防护用品。凡从事与用电有关的施工作业时,必须实行电工跟班作业。

6) 预防机械伤害安全措施

① 对所有各种机械设备进场后,必须由设备部负责人会同安全员和使用机械的人员共同对该机械设备进行进场验收工作,经验收发现安全防护装置不齐全的或有其他故障的应退回设备保障部门进行维修和安装。

② 设备安装调试合格后,应进行检查,并按标准要求对该设备进行验收,经项目部组织验收合格后方能正常使用。

③ 使用前要对设备使用人员进行必要的安全技术交底和教育工作,使用人员必须严格执行交底内容及按操作规程操作。

④ 使用中要经常对该设备进行维修保养,停止使用后切断电源并锁好电闸箱。

⑤ 各种机械设备必须专人专机,凡属特种设备,其操作负责人要按规定每周对施工现场的所有机械设备进行检查,发现问题及隐患及时解决处理,确保机械设备的完好,防止机械伤害事故的发生。

7）预防交通事故的安全防护措施

① 建立健全交通安全监督、考核、保障制约机制,必须实行"准驾证"制度。无本企业准驾证人员,严禁驾驶本企业车辆。落实责任制,对所管辖车辆和驾驶员能够进行安全有效制约。

② 必须认真执行国家交通法规,建立健全本企业车辆交通管理制度,严密安全管理措施,做到监督、检查、考核工作到位,保障行驶安全。

③ 各种车辆的技术状况必须符合国家规定,安全装置完善可靠。对车辆必须定期进行检修维护,在行驶前、行驶中、行驶后对安全装置进行检查,发现危及交通安全问题,必须及时处理,严禁带病行驶。

④ 加强对驾驶员的管理,提高驾驶员队伍素质。定期组织驾驶员进行安全技术培训,提高驾驶员的安全行车意识和驾驶技术水平。对考试、考核不合格或经常违章肇事的不准从事驾驶员工作。

⑤ 严禁酒后驾车,私自驾车,无证驾车,疲劳驾驶,超速行驶,超载行驶。严禁领导干部迫使驾驶员违章驾车。

⑥ 在装运整体重物时,严禁人货混载。

⑦ 在场内的车辆速度应有明确的限制;场内特种车辆,除规定座位外,不得搭乘。

⑧ 各种车辆在架空高压线附近作业时,必须划定明确的作业范围,并设专人监护。

19.1.3 施工安全技术措施

1. 钢筋工程安全技术措施

对相关钢筋工程进行安全技术交底。

（1）展开盘圆钢筋要一头卡牢,防止回弹。

（2）拉直钢筋的卡头要牢固、地锚要稳固,拉筋沿线 2 米宽区域内禁止人员通过。

（3）钢筋堆放要分散、轨整摆放,避免乱堆和叠压。

（4）绑扎钢筋时,搭设合适的作业架子,不得站在钢筋骨架上或攀钢筋骨架上下。

（5）高大钢筋骨架设置临时支撑固定,以防倾斜。

（6）使用切断机断料时不得超过机械的负荷能力,在活动片前进时禁止送料、手与刀口的距离不少于 15 cm。

（7）上机弯曲长钢筋时,有专人扶住,并站于弯曲方向的外面,调头弯曲时,防止碰伤人、物。

（8）调直钢筋时,在机械运转中不得调整滚筒、严禁戴手套作业,调直到末端时,人员必须躲开,以防钢筋甩动伤人。

2. 模板工程安全技术措施

对模板施工过程进行相关安全技术交底。模板应有足够的强度、刚度和稳定性,能承受施工过程中可能产生的各项荷载。加强对模板支撑系统和变形的检查。模板吊装时应连接牢固，起吊安装过程应拴溜绳，不得碰撞模板和脚手架。模板就位后应立即用撑木等固定其位置，以防模版倾倒砸人，用吊机吊模板合缝时，模板低端应用撬棍等工具拨移，不得徒手操作。每节模板支立后，必须逐孔检查螺栓，做到"一孔一螺栓"制。安装模板的作业人员必须系好安全带，并拴于模板上。整体模板吊装前，模板必须连接牢固，吊点正确，起吊时，拴好溜绳，并听从信号指挥，不得超载。模板整体安装完毕后，用锤球调整模板垂直度，并拉不少于三根揽风绳。拆除模板之前，必须设立禁区。拆除模板时，按规定的程序进行，先拴牢吊具挂钩，再拆除模板。模板、材料、工具不得往下扔。施工人员与拆下的模板之间，有一定安全距离。

3. 混凝土工程安全技术措施

对混凝土工程进行了相关安全技术交底。模板安装组装完毕经检查合格后，方能浇注混凝土。用吊斗浇筑混凝土时，吊斗的提降，应由专人指挥。升降斗时，下部的作业人员必须躲开吊斗，上部人员不得身倚栏杆推吊斗，严禁吊斗碰撞模板及脚手架。混凝土灌注平台上的减速漏斗，以吊具固定在平台方木或钢构件上，不得用扒钉或铁线拴挂。减速漏斗外运的缝隙，用木板封闭。漏斗、串筒之挂钩、吊环、均牢固可靠。悬挂串筒，应有保险钢丝绳。在脚手平台上运送混凝土时，其走道满铺脚手板，并安装栏杆。使用吊斗灌筑混凝土时，墩柱内捣作业人员要先站到作业平台上，墩柱内浇筑柱内不得有人，并不得依靠栏杆推动吊斗。严禁吊斗碰撞模板和脚手架。使用混凝土振捣器振捣时，必须检查下列内容：振捣器的外壳，接地装置及胶皮线情况，电缆的端部与开关关闭等情况。浇筑时，应避免振捣器接触模板、对拉螺栓、钢筋或空心支撑。混凝土养护时在墩柱顶部放置水桶，加水后让其自由流下，外裹一布一摸，保证墩柱四周湿润，在墩柱顶端采用密目安全网防护。

4. 桥梁墩柱质量技术措施

（1）各级质量管理部门紧密协作，层层把关，严格按照施工工艺流程和工序施工，完善检查报验程序，做到上步工序未经检验不能进行下步工序施工。

（2）制定严格的质量制度：

项目经理部每月进行一次大检查，施工队每周进行一次。对外业、内业分别进行检查，做到奖优罚劣。严格执行工程监理制度所有施工工序在施工完后经施工队自检、项目部复检合格后，及时报请监理工程师检查确认后，方可施工下道工序。开展全面质量管理活动制度，按照质量管理程序文件的有关要求，认真做好工程的施工日记、资料收集整理，每月写出质量报表，对施工质量进行质量统计分析，找出质量缺陷原因，进行质量攻关，开展QC活动，及时提出改正措施，从而确保质量目标的实现。

（3）施工质量技术保证措施：

各种施工原材料和机具设备的验收、试验与检验均按现行规范及有关规定进行。加强对施工用的各种原材料的检验、验收制度，各种原材料必须有合格证书，不同来源的细集料，采取分类堆放，并做好标记，不得混合堆放。严格把好模板质量关，本工程重要结构物施工用模板全部采用新制作的大块钢模板。

5. 脚手架安拆安全技术措施

对脚手架安拆进行安全技术交底，后附脚手架检算。

1）禁止使用的杆配件和材料规定

① 油松、杨木、柳木、桦木、根木以及腐朽、折断、枯节等易折木杆。

② 有效小头直径小于 70 mm 的木杆、竹杆。

③ 材质低于 Q235（A3）标准的钢管，有明显变形、裂纹、严重锈蚀（出现蚀坑和锈皮）和实际壁厚小于 0.92 标准壁厚的钢管。

④ 加工不合格、锈蚀和有裂纹的扣件。

2）禁止使用的构架情况规定

① 高度≥2.0 m，作业层铺板宽度小于：里脚手架 500 mm，外脚手架 750 mm。

② 立杆纵距和布距 > 2.0 m，立杆横距 > 1.8 m 而无相应的可靠性验算。

③ 拉杆设置数量不够、分布不均匀、上部未设置连接点的自由高度大于 6 m 而无临时拉撑措施。

④ 局部缺少构架结构基本杆件或在使用中任意拆除构架结构基本杆件和连接件而未采取相应的弥补措施。

⑤ 杆件搭接、节点连接紧固不合格。

⑥ 作业层外围未按要求设置栏杆、封闭围护。

⑦ 脚手架与多层转运平台相接处未采取加强构造措施。

⑧ 未按规定设置剪刀撑和其他整体性拉结杆件，使整个构架不稳定。

⑨ 基础支垫不好，局部立杆悬空或下沉。

⑩ 脚手架立杆垂直度超过规定，出现显著倾斜。

3）禁止进行的作业和不安全行为规定

① 在脚手架上拴揽风绳或以脚手架作为拉撑的支承结构（作支撑架用途者除外）。

② 架上人员过度集中或实际使用荷载超过设计规定。

③ 在架上搬运自重大于 2.5 kN 的构件。

④ 架上人员在架上戏闹、奔跑、退行、跨坐栏杆休息、倒行拉车和匆忙上下架。

⑤ 不走上下架安全通道、攀援架子上下。

⑥ 上、下掷材料物品和向下倾斜垃圾。

6. 电工安全技术措施

对电工进行了安全技术交底。

（1）电工必须经过有关部门专业及安全技术培训，经过考试合格，发给特殊工种操作证，持证上岗。

（2）电工必须掌握电气安全基本知识和所有设备的性能。

（3）安装、拆除或维修临时用电，必须由电工完成。

（4）电工等级应同工程的难易程度和技术复杂性相适应。

（5）上岗操作前按要求必须佩戴好个人防护用品和用具。

（6）电工必须懂得触电急救常识和电气灭火常识。

（7）按规定定期每月一次对用电线路机械设备进行检查，发现问题及时处理，并做好检查和维修巡视记录。

7. 电、气焊安全技术措施

对电焊、气割焊接进行安全技术交底。电焊、气割工必须持证上岗，电焊机应设有效的接零保护。氧气、乙炔气的安全距离必须大于 5 m，与明火地点相邻距离不得小于 10 m，并有防爆装置，防晒措施。操作人员必须正确使用个人的劳保用品，增强个人自我保护意识。所有相关有效证件配置齐全。除熟知工地安全标准，还要对本职业相关要求熟悉；在施工过程中，手套、防护面具及各种绝缘设备配戴齐全。配合工地电工拉接各种电线及电机设备；作业前应检查焊机、线路、焊机外壳保护接零等，确认安全后方可作业。严禁在易燃爆气体或液体扩散区域内、运行中的压力管道和装有易燃物品的容器内以及受力构件上焊接和切割。应定期检查绝缘鞋的绝缘情况；焊接时二次线必须双线到位，严禁用其他金属物作二次线回路。焊接电缆通过道路时，必须架高或采取其他保护措施；焊把线不得放在电弧附近或炽热的焊缝旁。不得碾轧焊把线。应采取防止焊把线被尖利器物损伤的措施；清除焊渣时应佩戴防护眼镜或面罩。焊条头应集中堆放；下班后必须拉闸断电，必须将地线和把线分开。

8. 装卸搬运安全技术措施

（1）工作前应检查装卸地点，清除周围障碍物，保证在安全环境下工作。

（2）作业前应检查所使用的机械和工具，若有损坏，应修好后才能使用。

（3）人力装卸搬运时应注意：

① 要穿戴好劳动防护用品，物件轻拿轻放，禁止乱摔乱砸。

② 多人同时搬运货物时，要协同动作，专人指挥，防止砸伤手脚。

③ 在装卸成堆物品时，要防止货物倒塌伤人。

④ 装车后应牢固封车，途中应经常检查是否松动。卸车后物件应堆放整齐。

9. 高空作业安全技术措施

（1）从事高空作业的人员，开工前和施工过程中要定期进行体检检查，对患有心脏病及恐高症等不适合高空作业的人员，严禁从事该项工作。

（2）高空作业人员必须戴安全帽、系安全带、穿防滑鞋，且作业人员所用的扳手、锤头等工具必须用绳挂在工具篮内，防止坠落伤人。

（3）高空作业所用梯子不得缺档或垫高，同一架梯子不得二人同时上下，在通道处（或平台）使用梯子应设置围栏。

（4）高空作业与地面联系应有专人负责，或配对讲机等通信设备。

（5）运送人员和物件的各种吊笼，应有可靠的安全装置，严禁乘坐运送物件的吊篮。

（6）高空作业不得坐在平台的边缘，不得骑坐在栏杆上，不得躺在走道板上和安全网内休息，不得站在栏杆处工作或凭借栏杆起吊物件。

（7）夜间进行高空作业，必须有足够的照明。

（8）遇六级或六级以上的大风等恶劣气候时，应停止露天高空作业，在霜冻或雨雪天气进行露天高空作业时，应采取防滑措施。

（9）安全网、安全带、安全帽等劳保用品必须按国家标准采用合格产品，同时应经常检查，确保其使用安全。

（10）工作平台吊架与墩壁中间设装安全网，并且结实扎牢，以防人员或大块重物掉落。

（11）工作平台上的步行板，在冬季寒冷季节要钉设"防滑条"，防止工作人员滑倒掉落。

（12）当气温降低结冰时，严禁进行塔吊吊物和电梯升降操作，应等冰化后再行作业。

（13）从事高空作业，每天上班前班长应按照安全技术措施进行交底，要检查施工环境和作业面的安全防护情况，如脚手架、平台、电器设备、安全网、安全带、安全帽等，检查不合格，禁止作业。

10. 施工过程安全措施

施工现场总指挥由项目经理刘林华统一组织协调，处理好质量、进度和安全的关系，开展全面质量、安全管理，提高工程质量，减少事故，避免窝工。

（1）施工人员上岗前进行安全教育。施工过程中随时进行安全检查，作业人员配备安全帽及安全带，衣着要灵便，脚下要穿软底防滑鞋，决不能穿拖鞋、硬底鞋和带钉易滑的鞋。

（2）爬架和平台护拦外均挂密布安全防护网。上、下梯需固定牢靠。防止高空坠落事故发生。

（3）使用的机器设备，随时检查、维修保养。特别是起重用的千斤顶、倒链、钢丝绳等应有足够的安全系数。如有不符合规定者立即更换。所有动力、照明电路，须按规定铺设，定时检查，确保安全。

19.1.4 施工安全管理措施

1. 建立安全管理制度

按照"安全第一、预防为主、综合治理"的安全生产方针，建立健全安全管理制度，如安全管理绩效考评制度、重大危险源监控制、重大隐患整改制度、特种设备使用登记制度、安全教育培训制度、安全教育培训责任制度、安全检查制度、特种作业安全管理制度、劳动保护管理制度、事故处理管理制度、安全资料管理制度、文件资料编审批制度等，并认真落实安全生责任，强化桥梁墩柱施工安全重大危险源的监控，确保安全管理目标的实现。本着谁主管谁负责安全的精神，项目经理是安全生产的全权负责人，由专职安全员检查督促各项安全生产的进行，相关部门协作。以项目部安全部、综合办公室为中心，结合本项目特点，收集材料，展开各种渠道的安全教育，落实在建人员培训的知识内容，项目部强制规定参加培训的时间，保证本工程参建人员安全教育培训100%。建立安全教育培训责任制，明确了各项培训的内容和责任人，工程开工，对所参加本工程的员工进行三级安全教育和交底，考试合格后方可准予上岗。同时做好变动工种的安全教育，班组定期教育。施工人员进场必须做好劳务手续，此项工作由班组长与安全员协同做好。对特种作业人员须通过专门的培训，经过当地考核单位考试合格后，持证上岗。并进行二年一次的安全复审考核。生产负责人在安排施工任务时，应考虑施工现场安全措施及结构工艺针对班组人员进行交底。项目经理部建立定期安全检查制度，规定定期检查日期及参加检查的人员。项经部每季检查一次，工区每月检查一次，施工队每周检查一次，作业班组每天检查一次。非定期检查视工程情况在施工准备前、危险性大、采取新工艺、季节变化、节假日前后等情况下都要检查。

对检查中发现的安全问题、安全隐患，要建立登记、整改、消项制度。定人、定措施、定经费、定完成日期，在隐患没有消除前，必须采取可靠的防护措施。如果有险情，立刻停止使用，处理合格后方可施工。成立以项目经理刘林华为首的劳动管理领导小组，安全部负责劳动保护用品的发放范围，制定本工程安全保护技术；材料部负责劳动保护用品的购置、发放，劳动保护管理领导小组负责劳动产品落实情况的检查、监督。

2. 雨季施工安全措施

（1）必须经常检查生产、生活用电线路、设备的绝缘情况、漏电保护器的灵敏有效性，接地、绝缘、防雷电阻的测试，并做好记录，发现隐患立即整改；电气设施、设备的完好，做到接地规范良好，并经常进行检查，电焊机要做好接地保护及防雨措施，电焊把线要做到无破损、无漏电，电焊工要使用干燥的绝缘手套；各类电气设备要采取防雨措施，必须保证施工现场的电气开关闸刀、插座、插头的完好，如有破损及时更换，施工完后，要做到人走拉闸。雷雨天气禁止电工登杆作业，禁止倒闸操作，雨天抢修电路施工要针对具体情况制定安全措施，使用手持电动工具，要保证良好的供电线路必须有漏电保护器，潮湿作业施工照明用电必须采用安全电压。

（2）各类起重机械要注意检查防雷接地是否安全有效，如遇雷雨大风天气或六级以上大风时，不得进行吊装作业。

（3）高层井架的缆风绳需补齐绞紧，脚手架要加扫地杆；搭设在软地基上的脚手架要垫通板，地基要有良好的排水措施，并且要经常检查基础的沉降。

（4）落地式钢管脚手架底应当高于自然地坪，夯实整平，留一定的散水坡度，在周围设置排水措施，防止雨水浸泡脚手架，遇到大雨和6级以上大风等恶劣天气，应当停止脚手架的搭设和拆除作业，大风、大雨后，要组织人员检查脚手架是否牢固，如有倾斜、下沉、松扣、崩扣和安全网脱落、开绳等现象，要及时进行处理。

19.2 盖梁施工

19.2.1 抱箍法盖梁施工工艺

1. 工艺流程

安装抱箍→安装支架→底模安装→墩柱顶面凿毛→绑扎钢筋→支立侧模→调整模板高度、垂直度→预埋钢筋或钢板→浇筑砼、养生→模板及支撑系统拆除。

2. 施工方法

1）墩顶标高复测与凿毛

盖梁施工前，测量人员量测墩柱顶实际标高，并放样出设计标高位置，用红漆画上标记。凿毛墩顶混凝土，敲除预留钢筋上的水泥浆，凿毛后的墩顶标高比设计标高高出1cm左右。

2）抱箍及纵横梁安装

根据墩柱设计顶标高位置和模板、纵横梁高度确定抱箍安装位置，用高强螺栓对接，确保抱箍与墩柱紧密贴合。抱箍安装完毕后安装纵梁和横梁。纵横梁所用型钢型号及结构应根据工况计算后确定。纵梁安装完毕后，在纵梁上安装横梁，并铺设脚手板，安装护栏及安全网。为保证底模平整度及标高的准确性，待横梁安装完毕后再检测标高，然后安装底模。

3）安装底模

底模板采用大型模板和异型模板配套组合。模板安装前逐块打磨除锈，涂刷脱模剂，经监理工程师检验合格后，方可用于施工。测量人员测量侧模的放置位置，然后吊装底模，将各块底模连成整体。钢模板间用螺栓连接。模板接缝预先贴海绵胶条，防止漏浆。墩柱处模板与墩柱之间放置5mm厚橡胶条，防止漏浆。底模连接要牢固、平整，用木楔在横梁与纵梁间调整，使其达到设计标高，底模安装完毕经检验合格后方可进行下道工序施工。

4）钢筋绑扎与安装

盖梁钢筋骨架在加工现场绑扎成型。在施工现场平整场地后，铺设方木和锚固钢筋，用于焊接钢筋骨架。骨架要求尺寸准确、不变形。焊接采用双面搭接焊，确保两根钢筋轴心在同一条直线上，焊接长度不小于5倍的钢筋直径，焊缝饱满。钢筋笼焊接、绑扎完毕经监理工程师检验合格后，用吊车将钢筋笼吊上底模。为确保保护层厚度，在钢筋骨架侧面、底面都绑上一定数量砼垫块。

5）侧模、端模安装

侧模板尽量采用大块模板。模板安装前逐块打磨除锈，涂刷脱模剂，经监理工程师检验合格后，方可用于施工。模板在施工现场拼装成整体后吊装。模板拼接采用合适的连接方式。侧模板采用拉杆对拉，拉杆设在底模下部及侧模上口，模板接缝间填塞海绵胶条，防止漏浆。钢筋骨架安装就位后，吊装侧模，并安装拉杆，临时固定侧模。然后吊装端模，在端模外用木楔顶紧并拉住端模，同样上紧侧模。为防止漏浆，端模板与侧模板联接处贴上胶条。检查模板尺寸，通过对拉螺栓调节，直至完全符合标准。测量侧模顶标高，反推盖梁顶标高位置，拉线做上标记。模板安装完毕后，报请监理工程师检验，检验合格后方可浇筑混凝土。

6）砼的浇筑

浇注砼前对模板进行一次全面检查，如有缝隙要填塞严密，并清理模板内杂物和污垢。砼浇注避开中午高温时段，采用罐车运输，吊车吊灰斗入模的方式，要保证砼的和易性和坍落度符合设计要求。砼浇筑由盖梁中间向两端对称阶梯状分层浇筑，砼分层厚度不超过30cm。用插入式振捣棒振捣至砼表面平坦、泛浆，保证砼振捣充分，无漏振、过振现象。

7）养 生

砼浇筑完毕，表面压光后即覆盖土工布洒水养生。侧模拆除后，用塑料布包裹养生7天。

8）模板及支撑系统拆除

待浇筑砼强度达到2.5MPa时拆除侧模，当砼强度达到设计要求后，方可拆除底模及支撑系统，拆除顺序按照安装反序进行。

19.2.2 满堂支架现浇盖梁施工工艺

1．施工操作工艺流程

地基处理→支架搭设与预压→测量放样→铺设底模→钢筋加工安装→安装侧模→浇筑混凝土→覆盖养生（不少于7d）→拆除侧模→拆除支架及底模（混凝土强度不低于设计强度的90%）→盖梁成品检测、验收。

2. 施工方法

1）地基处理

清除场地上的杂物和腐殖土，对地基进行整平并压实。必要时对原地表进行掺灰处理、换填道渣，做好排水措施。

2）搭设支架

地基处理加固后垫枕木或钢板桩，按施工方案要求搭设支架和安装纵、横梁。

3）测量放样

依据设计资料，复核导线控制网和高程基准点。确定盖梁轴线和盖梁底面高程。经监理工程师核查、批准后进行下道工序施工。

4）墩柱顶处理

墩柱顶进行凿毛处理，清除柱顶的混凝土浮浆和松散颗粒，做好柱顶锚固钢筋喇叭口，并标出柱顶中心点。

5）底模安装

安装底模前，必须对模板认真除锈和抛光，并均匀涂刷脱模剂。按照施工方案进行底模安装，并对柱顶偏位进行调整，保证底模的轴线和高程符合设计要求。

6）钢筋加工、安装

钢筋骨架应在制作场地加工成半成品，运至现场安装。若条件允许时，可在钢筋加工场地或现场制作好钢筋笼，然后整体吊装。

7）侧模安装

安装侧模前，必须对模板认真除锈和抛光，并均匀涂刷脱模剂。安装和调整侧模，保证侧模的轴线和竖直度符合设计和规范要求。端头模板要和墙面模板牢固连接，采取支撑、加固措施，防止胀模、漏浆。

8）混凝土浇筑

为保证混凝土内在和外观质量，混凝土配合比要进行精心设计、优化。混凝土浇筑前应将模板内杂物、已浇混凝土面上尘土等清理干净。混凝土采用拌和站集中拌和，罐车运至浇筑位置，吊车配合料斗或输送泵（混凝土泵车）进行浇筑。混凝土浇筑一般按 30 cm 一层水平分层向上浇筑，分层厚度同时应满足技术规范和图纸设计的要求。混凝土浇筑应连续进行，如因故必须中断时，其间断时间应不大于前层混凝土的初凝时间或重塑时间。振捣采用插入式振捣器。振捣时，振捣器的移动间距不超过其作用半径的 1.5 倍，并插入下层混凝土 5~10 cm；振捣棒与侧模应保持 5~10 cm 距离。振捣过程中应避免振捣器碰撞模板、钢筋及其他预埋件，不得用振捣器运送混凝土，并严禁漏振和过振。对每一部位，必须振动到该部位混凝土密实为止，即混凝土停止下沉，不再冒出气泡，表面呈现平坦、泛浆。混凝土浇筑时要随时检查模板、支撑是否松动变形，发现问题及时采取补救措施。

9）混凝土养护

混凝土浇筑完成后，初凝前及时进行二次收浆，防止盖梁混凝土产生收缩裂缝；初凝后立即洒水养护，并覆盖保水材料。

10）模板、支架拆除

当混凝土强度达 2.5 MPa 时拆除侧模，混凝土强度达设计强度 90%以上时落架拆除底模。

11）在盖梁混凝土浇筑完成后，检测盖梁成品、验收复测盖梁轴线中心和顶面高程

12）季节性施工

（1）雨季应对现场做好排水工作，确保道路畅通。

（2）雨季施工期间，应对现场供电线路、设备进行全面检查，以预防触电事故发生。

（3）冬季浇筑混凝土时，混凝土入模温度不得低于 5 ℃。当温度低于 5 ℃ 时，不得进行浇水养生。当温度低于 0 ℃ 时，不得进行混凝土浇筑。夏季浇筑混凝土，入模温度应控制在 30 ℃ 以下。

19.3 桥墩施工

19.3.1 液压穿心千斤顶提升翻模施工

1. 施工工艺流程

高墩为减轻自重，一般设计为空心墩。高空心墩采用翻模进行施工，翻模由模板、工作平台、吊架、提升设备组成。翻升模板建议采用 2 层布置，每层高 4.0 m，以墩身作为支承主体。上层模板支承在下层模板上，循环交替上升。工作平台采用 20 号槽钢组拼成型的空间桁架结构，配合随升收坡吊架，为墩身施工人员提供作业平台，稳定性能良好。平台的提升系统采用液压穿心千斤顶进行提升，自动化程度高，可控性能良好。

圆端形翻模总装图见下图。矩形空心墩翻模与圆端形空心墩翻模设计、施工原理相同，外模形状按矩形设计，工艺流程参见圆端形翻模工艺流程。圆端形翻模施工工艺流程见图 19-2。

2. 施工过程

1）下部实心段施工

外模的支立好坏直接关系到以后的施工，要求尺寸正确，外模顶水平，否则在空心段施工时，造成模板不平整。

2）翻模安装

① 搭设平台吊装的脚手架

利用短钢管在实心段上及墩身四周搭设一脚手架平台，安放整体吊装的平台。

② 平台的组装、吊装

组装按由内到外的顺序，在平地上进行组装；组装时，内外钢环按圆心对称安装在辐射梁上，不得有偏心；辐射梁均匀分布在半个圆周，采用丁顺结合布置，安装好后将所有螺丝拧紧，并涂上黄油；利用塔吊进行整体吊装，每侧辐射梁下设 2 台千斤顶。

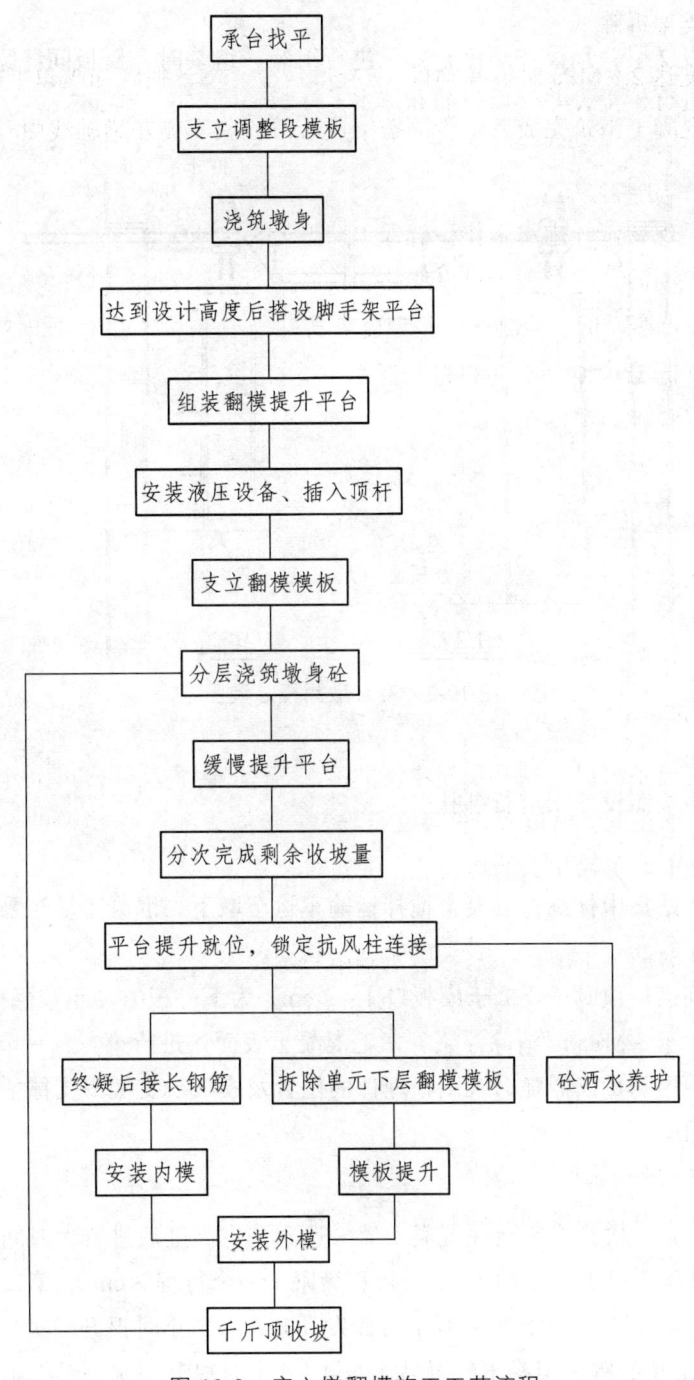

图 19-2 空心墩翻模施工工艺流程

③ 安装预埋件及液压设备

预埋靴子的位置要特别准确，它是为整个平台的顶杆预先造孔，使套管能顺利提升，保证平台的平衡。

平台安装就位后安装千斤顶，插入顶杆套管，并采取措施保护套管不与砼粘连。

④ 组装翻模

内外模板各设 2 层，翻模按顺序、部位进行组装。组装时，模板间缝隙要严密，内外模板间按设计尺寸进行校正，并安设拉筋和撑木。

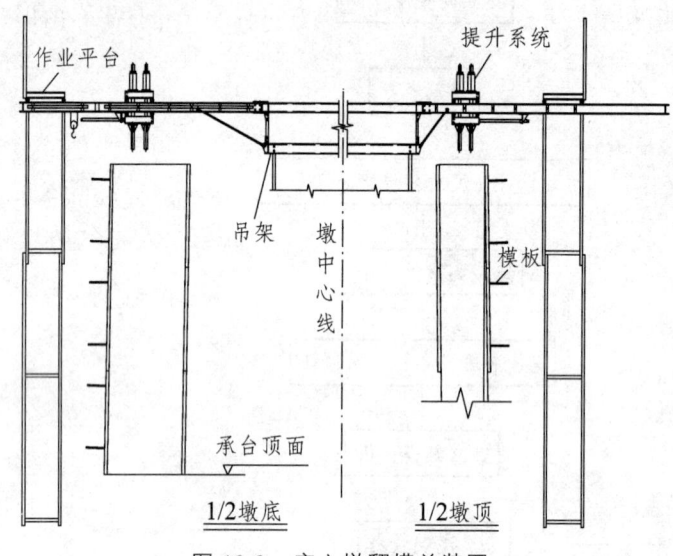

图 19-3 空心墩翻模总装图

3）绑扎钢筋

钢筋绑扎严格按照设计图进行绑扎。

4）灌注混凝土

混凝土由拌和站集中拌制，混凝土搅拌运输车运至墩下，混凝土输送泵泵送入模，对称均匀浇筑。

混凝土灌注到模板顶时，要低于模板口 1~2 cm，为下一板方便组装翻模，防止有错台。当混凝土的强度大于 3 MPa 时清除浮浆，凿毛混凝土表面，进行第二、三节段施工。

在灌筑过程中用测量仪器随时观测预埋件的位置及模板、支架等支撑情况，如有变形和沉陷立即校正并加固。

5）提升平台

翻模组装后，第一次提升平台在混凝土灌入达到一定高度后进行，时间宜在混凝土初凝后，终凝前，提升高度以千斤顶的 1~2 个行程为限（一个行程 3 cm）。第二次及以后每次提升（终凝前），每小时提升一次，当混凝土表面发硬时，每半小时提升一次，当混凝土表面发白时，再提升 1~2 个行程。混凝土终凝后，每 4~6 小时提升一次；模板组装完毕后，在灌混凝土前提升一次，以检查套管是否被粘住，在浇筑下一板混凝土前把套管擦干净，并涂油。平台提升总高度以能满足一节模板组装高度为准，同时控制在终凝后达到设计高度，切忌空提过高。平台提升过程中注意随时进行纠偏、调平。收坡在平台提升至总行程一半后进行，终凝前完成，就位后专人检查。平台的提升操作人员应选派责任心强、素质较高的工人，培训后上岗。

6）模板翻升

模板解体：模板可视情况分为若干个大块整体翻升，此工作在灌注最上层模板混凝土过程中提前进行。解体前先用挂钩吊住模板，然后拆除拉筋、围带等。模板翻升：待平台提升到位后，用倒链将最下层模板吊升至安装位置。提升过程中（包括平台的提升）有专人检查，以防模板与固定物挂碰。检查模板组装质量，符合桥墩设计要求。检查合格后安放撑木，拧紧拉筋。

7）墩顶实心段及托盘、顶帽的施工

墩顶实心段施工时，先拆除内模及内吊架，然后安装实心段的过梁和底模，再安装实心段外模。墩帽施工时，托盘与顶帽分两次进行施工；每次将平台升至所装模板高度后，再安装托盘或顶帽模板，然后绑扎钢筋、灌注混凝土。

8）翻模拆除

拆除按照与组装的相反顺序进行。先拆除模板，后拆除平台。拆除平台时，在墩顶用短钢管搭设一脚手架平台，使液压平台稳放于脚手架平台上，将套管与平台的螺栓松开（不要卸掉），将千斤顶倒置套在顶杆上，反向爬升，将顶杆依次抽出；完后，拆除平台上所有设备，将套管与平台的螺栓全部松掉，利用双索吊同时起吊，整体吊装，最后拔出套管，灌孔。

19.3.2 吊机提升翻模施工

1. 施工特点

翻模是由上、下二组同样规格的模板组成，随着混凝土的连续灌筑，下层混凝土达到拆模强度后，用吊机配合自下而上将模板拆除，接续支立，如此循环往复，完成桥墩的灌注施工。

2. 施工方法及工艺要求（以圆端形薄壁空心墩为例）

1）墩身模板

外模分上、下两节，一次支立而成，接缝采用阴阳锶接头，模板制作精度如下：尺寸误差小于 2 mm，倾斜角偏差小于 1.5 mm，孔位误差小于 1 mm。为确保工程质量，在工厂内统一加工。模板用槽钢骨架与 6 mm 钢板组焊成整体。施工过程中，两节模板交替轮番往上安装，每一节都立在已浇筑混凝土的模板上。内模采用组合钢模拼装，内外模间设带内纹的对拉螺栓，以利于拆模和避免墩身混凝土内形成孔洞。墩身内腔每隔一定高度预设型钢作支撑梁，上面搭设门式脚手架作为装拆内模和浇筑混凝土工作平台之用。安装和拆卸模板，提升工作平台以及钢筋等物品的垂直运输均由塔吊完成。每块外模背面沿墩身上升方向焊接两条带孔钢轨，并使上、下节模板的钢轨对齐，工作平台利用插销固定在钢轨上。安装好上节外模后，可取下插销，利用塔吊将平台沿钢轨向上滑升到上节固定。

2）模板位置调整

当四大块模板组拼成形后，所有螺栓不必拧紧，留出少量松动余地。模板前后方向偏斜的调整通过手拉葫芦拉至正确位置，左右偏斜的调整则在模板底边靠倾斜方向的一端塞加垫片实现。模板之间的缝隙塞有橡胶条，防止漏浆。由于模板制作及起始第一节模板调整的精度都很高，以后每次调整幅度很小。调整完毕后，拧紧全部螺栓，即可浇筑混凝土。

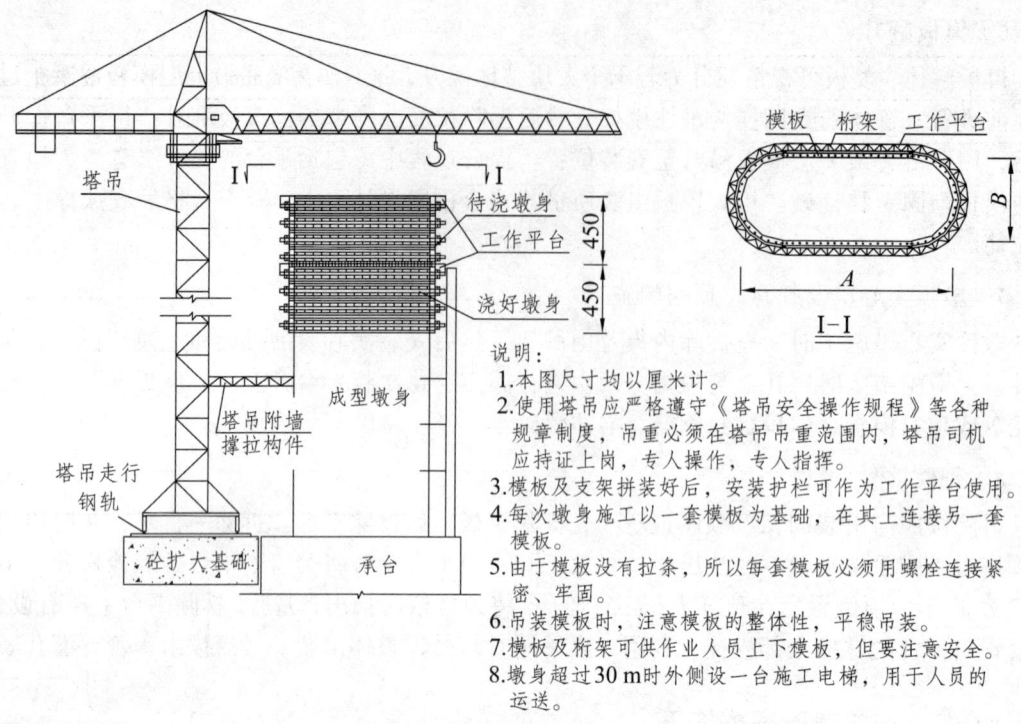

图 19-4 墩身翻模施工示意图

3）拆 模

在安装钢筋的同时，可以开始拆下面一节外模工作。拆模时用手拉葫芦将下面一节模板与上面一节模板上下挂紧，同时另设两条钢丝绳栓在上下节模板之间。拆除左右和上面的连接螺栓，然后通过两个设在模板上的简易脱模器使下节模板脱落。脱模后放松葫芦，使拆下的模板由钢丝绳挂在上节的模板上。然后逐个将四周各模板拆卸并悬挂于上节模板上。这样将拆模工作和钢筋安装工作同时进行，节约至少半天时间，同时最大限度地减少了对塔吊工作时间的占用。

3. 控制标准（表 19-1、19-2）

表 19-1 墩台模板允许偏差和检验方法

序号	项 目	允许偏差（mm）	检验方法
1	前后、左右距中心线尺寸	±10	测量检查每边不少于 2 处
2	表面平整度	3	1 m 靠尺检查不少于 5 处
3	相邻模板错台	1	尺量检查不少 5 处
4	空心墩壁厚	±3	尺量检查不少 5 处
5	同一梁端两垫石高差	2	测量检查
6	墩台支承垫石顶面高程	0~5	经纬仪测量
7	预埋件和预留孔位置	5	纵横两向尺量检查

表 19-2　混凝土墩台允许偏差和检验方法

序号	项	目	允许偏差（mm）	检验方法
1	墩台前后、左右边缘距设计中心线尺寸		±20	测量检查不少于5处
2	空心墩壁厚		±5	
3	桥墩平面扭角		2°	
4	表面平整度		5	1m 靠尺检查不少于5处
5	简支混凝土梁	每片砼梁一端两支承垫石顶面高差	3	测量检查
		每孔砼梁一端两支承垫石顶面高差	4	
6	简支钢梁	支承垫石顶面高差	5	
7	支承垫石顶面高程		0～−10	
8	预埋件和预留孔位置		5	

19.3.3　爬模浇注施工

1．工艺流程

1）爬模的结构及工艺原理

爬升模板系统主要由平面模板系统、爬架系统、工作平台系统和锚固系统组成。

① 平面模板系统：由模板、木工字梁、钢背楞、连接爪、吊钩组成。模板之间主要通过板间连接片将相邻钢背楞定位联结，从而使桥墩各分块模板连成一个整体。

② 爬架系统：由挑架、主背楞、斜撑、主梁三角架、吊平台组成。

③ 平台系统：由爬架主平台、内筒平台、上部操作平台、下挂平台、防风拉杆组成。

④ 锚固系统：由爬锥、高强螺杆、埋件板、受力螺栓、平垫圈组成。

⑤ 爬升工艺原理：在拆模并使模板远离混凝土面后，由自升设备提升并锚固，完成爬模施工。

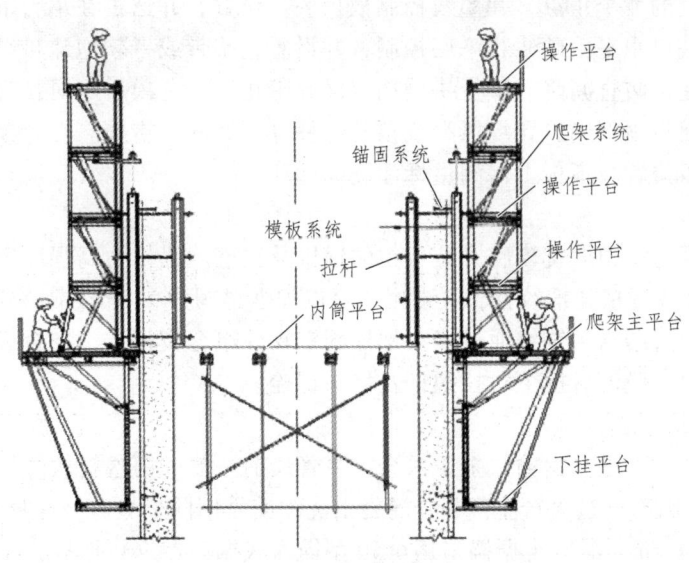

图 19-5　爬模系统示意图

2）工艺流程

测量放样→墩身首节施工→爬架架体第一部分安装→墩身第二节段施工→爬架架体第二部分安装→爬模架体爬升→爬架安装完毕→爬架循环爬升、完成墩身正常节段施工→墩顶实心段施工→爬模系统拆除。

2. 施工方法

1）施工测量

承台施工完毕后，采用 GPS 静态定位技术或全站仪前方交会法精确测设。高墩高程控制采用常规高程传递和三角高程传递的办法相互检核，测设桥中线、墩中线、墩身底部大样，每灌注节段高程及墩顶高程，每节施工完毕进行墩身测量。

2）墩身底节施工

① 施工准备

墩身首节可采用脚手架搭设操作平台进行施工，完成后进行爬模爬架系统的安装。

在浇筑完承台混凝土 2 天之内，应及时对墩身进行全面凿毛处理，凿除混凝土的表层浮浆 2~3 cm，并直至粗骨料露出为止。渣子清理干净，保证新旧混凝土的接触。

为便于首段墩身钢筋绑扎和模板支拆，用 Φ48×3 mm 脚手管沿墩身外围搭设二排支架。支架立杆间距为 1.2 m，排距 1 m，步高 1.5 m，并设置斜撑。支架高度为 8 m。顶端用脚手管搭设钢筋定位架，其误差控制在 1 cm 范围内。

② 钢筋绑扎

墩身竖向钢筋主筋一般采用 9 m 定尺，上下主筋竖向采用镦粗直螺纹进行连接，同一断面钢筋接头数量为钢筋总数量的 50%。上、下接头断面错开 1.2 m。钢筋绑扎时先接长内、外层主筋，并按同一方向同时进行。接长的钢筋上端固定在定位架上。主筋接长完毕后，进行环向水平钢筋绑扎，形成整体钢筋骨架。

③ 合模

根据测量放线的 4 个角点，弹墨线控制模板底口位置，并通过在承台混凝土表面预埋的铁件进行固定，底口水平由砂浆找平层控制，并设置止浆带或者软泡沫带。模板底口内外侧均用水泥砂浆堵缝，防止漏浆。模板拼缝用双面胶带止浆。合模后用对拉杆拉固，用橡皮泥堵住丝杆周围。模板顶部应设置缆风绳或顶升螺杆等可调固定措施。在合模完成之后，测量复核垂直度和模板位置。模板上需测量标注砼面标高。

④ 埋件

需在首节混凝土中预埋爬模爬升装置中的锚锥及锚筋。锚锥为高强度钢制锥形螺帽，内接锚筋（高强螺杆或者精轧螺纹钢，可带尾锚板以加强锚固力），外接高强螺栓锚固，构成自爬模系统的最终承力结构。锚锥通过堵头螺栓固定在外组合模板上，在合模后浇注混凝土时将其埋入混凝土中。脱模时拆下对拉螺杆及堵头螺栓。

⑤ 混凝土浇筑

混凝土采用混凝土罐车运输，泵送入仓。泵管最前一节采用塑料软管便于布料，并加串筒至底部，防止砼因高度过大产生离析。混凝土浇注前需用同标号砂浆趟底，采用分层浇筑，每层控制厚度为 30 cm。混凝土振捣采用 Φ50 型插入式振捣器进行振捣。振捣时严格按照混凝土操作规程进行操作，振捣棒不能与模板相接触，不能在模板内用振捣器驱赶砼长距离流动或运送砼以至砼离析。砼捣实后 1.5 h 至砼初凝前不得受到振动。对变坡段底节墩身内模，采用竹胶板面板木模，需满足施工要求。

⑥ 爬架架体第一部分安装

首节混凝土浇注后安装第二节段混凝土浇筑所需部件。主要有锚板、架体、模板系统。为后续安装方便，也可将液压装置、步进装置（除轨道外）等机构一同安装到位。在混凝土脱模强度达到 20 MPa 后，用高强螺栓将锚板安装在预埋的锚锥上，分别吊安单片架体拼装单元或整体拼装架体，通过爬架挂钩悬于锚板承重销上，并安装好下撑脚。在架体上安装工作平台及上、下走道并完善护栏，以利下一步安装工序的操作。安装内、外模板系统并调整到位。

⑦ 第二节段施工

在第二节段模板合拢之前，按规范对节段间施工缝进行凿毛处理。

通过爬架上的可移动装置（也可采用塔机吊装）将模板调整到位后，合模前在模板底口采取封闭防止漏浆的措施，可在内外侧壁上贴憎水海绵条后再合模夹紧。其余按常规方法进行混凝土浇筑。

⑧ 墩身第二节段混凝土浇注后的安装

在第二节段混凝土达到脱模强度后，拆除对拉螺栓及锚锥堵头螺栓，调节外模板调节螺杆和内模调节手拉葫芦，拉开内、外模后进行模板清理。

在第二节段混凝土强度达到 20 MPa 以上后，在预埋的锚锥上安挂锚板。然后用塔吊安装爬升装置和轨道。最后进行液压控制系统的安装及调试。

⑨ 爬架爬升

爬架爬升按以下操作步骤进行：调整步进装置棘块一致向下→打开液压缸进油阀门→启动液压控制柜→爬升爬架→拔去承重销→爬升爬架→插上承重销→关闭液压缸进油阀门，关闭液压控制柜，切断电源→安装下支撑。

⑩ 爬架第二次安装

此次安装主要是完善爬架的下吊架。下吊架的作用在于提供锚锥拆除、墩身混凝土表面修补及设置电梯入口的工作平台。整个下吊架均为拼装构件，采用螺栓和销轴连接。操作人员通过搭设的支架进行拼装。内爬架也可在这段进行安装。内爬架由三层或四层操作平台组成，底层为全封闭，型钢构成骨架，由附墙螺栓承重，通过塔机提升，内模板可挂附于内架上。整个爬架的安装完成，墩身施工进入爬模施工工序。

⑪ 墩身正常节段的循环施工

墩身在进入正常节段施工后，均为标准节段（一般 4.5 m）进行重复循环作业，每个节段主要工序包括：轨道爬升→爬架爬升→接长墩身钢筋，并进行绑扎→关模并校核→浇筑混凝土→混凝土脱模、养护。

爬架在爬升前，须先行进行轨道的爬升。轨道爬升流程如下：确定混凝土强度达到 20 MPa→安装上部锚板→调整步进装置，使其顶块一致向上→打开液压缸进油阀门→启动液压控制柜→拆除轨道销→爬升轨道→插入轨道销→关闭液压缸进油阀门，关闭液压控制柜，切断电源→拆除下部锚板→安装下支撑。爬架爬升和钢筋砼施工均按前述要求进行。

⑫ 最后两节墩身施工

最后两节墩身包括内模变坡和墩顶实心段。变坡段采用与底节变坡段相同内模。实心段需设置底模,并在墩身内部搭设型钢平台支承底模及其上的混凝土,墩身顶节混凝土浇筑后另行单独浇筑支承垫石。

19.3.4 桥梁V型墩施工工艺

1. 工艺流程

墩座及斜腿根部施工→搭设平衡架→斜腿第一段施工→斜腿第二段施工→斜腿上梁段施工→梁段合拢段施工。

2. 施工方法

1) 墩座施工

墩座施工流程:墩座及斜腿根部钢筋加工绑扎→模板安装→预埋件安装→混凝土浇筑养生凿毛、清除墩座接茬处浮浆,并用水清洗干净。测量放线,利用已浇筑承台及围堰搭设墩座施工支架、绑钢筋、安装冷却循环管路、预埋件等,立模浇筑V型墩墩座及斜腿根部混凝土。混凝土分层浇筑,每层不宜大于 30 cm。砼入模后及时振捣,避免欠振、过振、漏振。砼浇筑一次完成。待砼终凝后,启动冷却水循环系统,降低砼内部温升。待砼内外温差小于 25 ℃时,拆除模板,用塑料膜包裹养生,养护时间不少于 7 d。

2) V型斜腿施工

V型斜腿施工工艺流程:平衡架搭设→第一节段钢筋安装→模板安装→拉杆安装→混凝土浇筑养生→张拉临时预应力筋→最后节段钢筋安装→模板安装→拉杆安装→混凝土浇筑养生→张拉临时预应力筋。

① 平衡架搭设

V型墩施工一般采用水平力体系自平衡悬吊法。箱梁采用贝雷梁支架法施工。承台施工完成后,在水中搭设钢管桩(柱)、贝雷支架;V型墩施工时,采用精轧螺纹钢筋将V型墩的模板、受力骨架悬吊于钢支架上部,使施工中水平荷载自平衡,竖向荷载传递至基础上。见图 19-6。

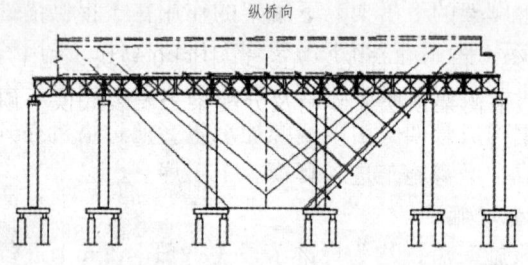

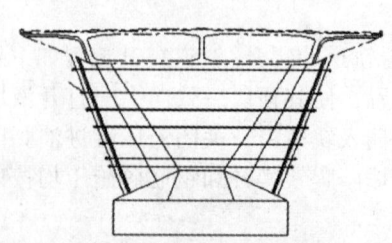

图 19-6 V型墩施工支架体系

为防止施工中水平荷载不平衡,在钢管支架上采取加密剪刀撑加固措施,使支架自身能抵抗一定的不平衡水平荷载。

② V型墩施工

安装斜腿间"T"型平衡架和斜腿内外侧外置式劲性骨架,设置部分拉杆。外侧外置式劲性骨架下端通过预埋在墩座上的预埋件铰式连结,上部通过T型平衡架上的万能杆件连结。

凿毛并冲洗斜腿接茬砼,安装外侧外置式劲性骨架上模板,外置式劲性骨架下端通过预埋件销接锚固于承台混凝土内,上部通过精轧螺纹钢传到内侧劲性骨架传至贝雷片钢支架,V型腿模板体系依附于外置式劲性骨架上。

按设计要求,绑扎第一节斜腿钢筋。V型墩钢筋主要分为沿V腿的主受力筋和环向箍筋。主受力筋分两层布置,内层为单筋布置,外层为双筋布置。钢筋采用镦粗直螺纹套筒联结,因主受力筋为受拉钢筋,因此在分段接长时接头面应错开,且应满足要求。

安装第一节斜腿侧模及内侧模板。模板必须打磨干净,表面整洁并且刷脱模剂,严禁使用废机油等材料作为脱模剂。

安装第一节斜腿内所有拉杆,调整模板,清除斜腿内杂物。对称浇筑第一节斜腿砼,待砼达到一定强度后,凿毛清洗锯齿状砼接茬,清理外侧模板上杂物。

按第一节段施工顺序及要求对称施工中间节段及顶节斜腿。

在V型腿施工完毕、混凝土强度达到100%后、三角区箱梁施工之前,在V型腿靠顶部适当位置设置预应力钢绞线对拉,将两斜腿对拉。具体张拉荷载将视三角区施工顺序,与设计、监控单位协商后确定,以减小三角区箱梁施工时对"V"型腿根部截面形成的弯曲应力,并确保"V"型腿轴线满足设计要求。张拉时钢绞线采用单端分级同步张拉,并应随时观测斜腿及劲性骨架线型变化情况,如有异常现象,及时停止张拉作业。

放松所有精轧螺纹粗钢筋拉杆,再补拉至设计吨位。张拉时钢绞线均采用单端分级同步张拉,每级张拉均须持载 5~10 min,观测并记录V型斜腿及劲性骨架线型变化情况。

3) 0#块施工

V型墩墩顶段箱梁,一般分两次浇筑。可先浇筑中间段0#块,再浇筑两边合龙块(1号块);也可先浇筑两边箱梁,再中间合龙。先浇筑中间0号块,施工方法如下:

0#块施工工艺流程:平衡架顶摆放砂箱及分配梁→安装底模→预压重→调整底模位置及标高→安装外侧模→绑扎底板普通钢筋、波纹管、锚下螺旋筋→固定锚下垫板→安装腹板端模板→安装腹板普通钢筋、腹板纵向预应力管道、预应力筋、锚下螺旋筋→固定锚下垫板→安装内模支架→安装箱内侧模及顶模、端模板→安装顶板普通钢筋、顶板波纹管→检查验收→浇筑砼养护→对称张拉底板束→预应力管道压浆。

T型平衡架安装完毕,在正式使用前应进行预压,消除T型平衡架的非弹性变形,并测量出平衡架的弹性变形值,以利于0#块,1#块现浇砼施工时的标高控制,确定模板的预抬值。支架的预压应以墩中心线及桥轴线为对称轴,同步对称均匀布置荷载,预压重量不少于结构物自重。预压的变形测量分以下五个阶段进行:

预压前,根据压重图设置变形观测点,作好标识,进行初始数据的测量与记录。压重0.8倍结构物自重,进行第二次观测。压重1.0倍结构物自重,进行第三次观测。静压24 h,进行第四次观测。若第三、四两次的变形≤2 mm即可卸载,否则应继续进行观测。以24小时为一个观测周期,卸载后进行第五次观测,并对各测量数据进行分析整理,得出支架的弹性变形值及非弹性变形值,为后续施工提供技术参数。0#块砼浇筑时,先底板,再腹板,后顶板,一次浇筑成型。0#块一般结构复杂,砼体积大,钢筋、各向预应力钢束及孔道密集交错,端面与待浇段密切相连,务必精心施工。

4)1#块施工

凿毛箱梁及V型斜腿上接茬砼并冲洗干净→在平衡架顶摆放降落砂箱、分配梁→安装底模并调整其位置及标高→安装侧模,绑扎斜腿钢筋及底板普通钢筋、波纹管、锚下螺旋筋、固定锚下垫板→安装腹板端模板→安装腹板普通钢筋、腹板纵向、竖向预应力管道、预应力筋、锚下螺旋筋→固定锚下垫板→安装内模支架→安装箱内侧模、顶模及端模→安装顶板钢筋、顶板波纹管及锚下螺旋筋、锚垫板→检查验收→砼接头充分润湿→浇筑砼并养护,对称张拉底板索、顶板索及腹板索→拆除临时预应力束→拆除所有支架、形成倒三角形。

1#节段共两段,为形成倒三角V型墩的合拢段,斜腿顶端部分钢筋伸入1#块底板及横隔墙内,使斜腿与梁体固结到一起。普通钢筋、预应力筋密集,结构复杂,是施工中的重点和难点。

19.4 桥台施工

19.4.1 实体墩台施工方法

实体墩墩身较低,采用大块钢模板一次整体浇筑成型,混凝土通过泵送入模或吊装入模,墩身模板和钢筋采用汽车起重机垂直吊装作业。墩身浇筑完成后先带模浇水养生,拆模后覆盖塑料膜养生。

1. 模 板

模板制作:模板采用大块整体钢模,选用大于6 mm厚钢板面板。要求模板表面平整,尺寸偏差符合设计要求,具有足够的刚度、强度、稳定性,且拆装方便接缝严密不漏浆。模板加固应经过受力检算,加劲肋采用型钢。实体墩台身施工,模板框架采用14#槽钢,加劲肋采用50 mm等边角钢加固。模板安装好后,检查轴线、高程符合设计要求后加固,保证模板在灌注混凝土过程受力后不变形、不移位。模内干净无杂物,拼合平整严密。支架结构的立面、平面安装牢固,并能抵挡振动时偶然撞击。支架立柱在两个互相垂直的方向加以固定,支架支承部分安置在可靠的地基上。模板检查合格后,刷脱模剂。要把整修模板作为一道重要工序,凡使用的钢模,每次使用前,模板应认真修理平整,不平要扎平,开焊处要补焊磨光,上紧扣件,方能灌注砼。在砼灌注过程中应指定专人加强检查、调整,以保证砼建筑物形状、尺寸和相互位置的正确。

2. 钢筋施工

桥梁墩台钢筋由加工厂统一下料加工,运至现场绑扎安装。钢筋的制作和安装必须符合现行规范和验标要求。钢筋基本要求：运到现场的钢筋具有出厂合格证，表面洁净。使用前将表面杂物清除干净。钢筋平直，无局部弯折。各种钢筋下料尺寸符合设计及规范要求。成型安装要求：桩顶锚固筋与承台或墩台基础锚固筋按规范和设计要求连接牢固，形成一体；基底预埋钢筋位置准确，满足钢筋保护层的要求；钢筋骨架绑扎适量的垫块，以保持钢筋在模板中的准确位置和保护层厚度。为保证浇注混凝土时钢筋保护层厚度，且必须保证在混凝土表面看不到垫块痕迹，因此侧模安装可采用的塑料垫块或钢筋骨架外侧绑扎特殊造型的同级砼垫块。以增加混凝土表面的美观性。钢筋接头所在截面按规范要求错开布置，同一截面钢筋接头不得超过该截面钢筋总数的 50%。钢筋加工时应采用闪光对焊或电弧连接，并以闪光对焊为主；以承受静力荷载为主的直径为 28~32 mm 带肋钢筋，可采用冷挤压套筒连接；现场钢筋连接也可采用螺丝套筒连接。

3. 混凝土浇注

（1）混凝土采用自动计量集中拌和站拌和，混凝土输送车运输，泵送入模。

（2）砼坍落度要严格按照试验的数据控制，砼自由倾落高度超过 2 m 时，必须用滑槽或串筒灌注，串筒出口距砼表面 1.5 m 左右。防止砼离析。

（3）浇注前对支架、模板、钢筋和预埋件进行检查，并将模板内的杂物、积水和钢筋上的污垢清理干净；模板的缝隙填塞严密，内面涂刷脱模剂。

（4）浇筑时检查混凝土的均匀性和坍落度。混凝土分层浇筑厚度不超过 30 cm，并用插入式振动器振捣密实。振动器移动间距不超过其作用半径的 1.5 倍与模板保持 5~10 cm 的间距，插下下层 5 cm 左右，防止碰撞模板钢筋及预埋件。

（5）砼的捣固：砼的捣固是保证质量的关键工序，必须严密组织，规范操作。一是必须固定人员，责任到人，分片承包。二是捣固要适当，既要防止振捣不足，也要防止振捣过度，以砼不再下沉、表面开始泛浆、不出现气泡为度。

（6）混凝土的浇筑连续进行，如因故必须间断时，其间断时间小于前层混凝土的初凝时间或能重塑的时间，并经试验确定，若超过允许间断时间，须采取保证质量措施或按工作缝处理。大体积砼施工中要注意内外温差及砼核心温度最大值的控制。

（7）浇筑混凝土时，应经常检查模板、钢筋、沉降观测点及预埋部件的位置和保护层的尺寸，确保其位置正确不发生变形。

（8）在混凝土浇筑过程中，随时观察所设置的预埋螺栓、预留孔、预埋支座的位置是否移动，若发现移位时及时校正。注意模板、支架等支撑情况，设专人检查，如有变形，移位或沉陷立即校正并加固。混凝土浇筑完成后，及时用塑料薄膜包裹并定时洒水养护。当昼夜平均气温低于 5 ℃ 时或最低气温低于 -3 ℃ 时，应按冬期施工处理。

（9）砼浇筑必须坚持动态质量控制和"三方值班制"（工程项目领导、技术和试验人员），人、机、料、工每一个环节应具备条件，不得盲目施工。

4. 墩台身砼的养护

夏季用塑料薄膜、尼龙布围包墩台，或用麻布围包墩台洒水养护天，冬季采用覆盖保温方式养护。养护时间按施工规范要求操作。

5. 支承垫石和锚栓孔

支承垫石浇注采用定制钢模板，与墩身模板连接牢固，采取全桥联测和跟踪测量的方法，精确控制各墩支承垫石顶面相对和绝对标高满足设计要求。预留孔洞定位准确，固定牢固，施工时跟踪测量，施工完适时拆除模具，清理空洞，检查位置、深度，进行二次处理。预留孔洞当年不能实现架梁，需要越冬时，必须采取封闭措施，确保孔内不积水，避免冰涨破坏。

6. 施工注意事项

（1）墩身采用大块钢模板，墩身一次立模到顶，一次浇注砼；桥台耳墙高度范围内的台身和托盘、顶帽应一次性浇注成型。

（2）外加剂：所使用的外加剂使用前必须在经过试验室鉴定合格后，由项目负责人批准使用，使用外加剂时须采用计量装置。

（3）原材料：同一桥用同一厂同一标号的水泥，砂石料也必须来自同一料场，同一材质。

（4）桥墩严禁偏压。

（5）墩台施工完毕，应对全桥进行中线、水平及跨度贯通测量，并标出各墩台的中心线、支座十字线、梁端线及锚栓孔位置。暂不架梁的锚栓孔或其他预留孔，应排除积水将孔口封闭。

（6）墩台顶帽施工前后均应复测其跨度及支承垫石高程。施工中应确保支承垫石钢筋网及锚栓孔位置正确，垫石顶面平整，高程符合设计要求。

（7）施工缝。

砼圬工的施工接缝，应按设计指定的定型图规定办理。当设计无规定时，应按下列要求：

① 基础与砼基础、砼或浆片石基础的接缝，可用预埋接片石（片石必须质地坚硬、干净），片石最小尺寸不得小于 15 cm，埋入砼中和外露各一半，间距不小于 15 cm。

② 砼基础和砼墩台身的接缝，应按墩身的周边（略小于 5 cm）预埋 $\phi16$ mm 以上钢筋（光圆钢筋两端需弯标准弯钩，螺纹钢筋两端弯成直钩）或其他铁件，埋入与露出长度不小于钢筋直径的 30 倍（不含弯钩），间距不大于钢筋直径的 20 倍。

7. 墩台身质量标准

墩台砼必须是原装原色，色泽一致、结构尺寸准确，棱角分明，强度符合设计要求，且表面光洁平整，接茬顺直；砼表面严禁涂、刷、抹。墩台前后、左右边缘距设计中心线尺寸误差不超过 ±20 mm。支承垫石顶面高程允许偏差 0～-10 mm，平整度不大于 2 mm；每孔混凝土梁一端两支承垫石顶面高差不超过 5 mm。各种预埋件、预留孔位置正确，无漏项。

19.4.2 空心墩台施工方法

墩身外侧模板选用大块钢模板，内侧采用定型钢模板。对于收坡高墩，且同类型桥墩数量较多的，应采用大块成套钢模，分段支立、浇灌，在不同墩位间倒用。空心墩底部的实心部分单独分次浇筑，墩身每次的最高高度控制在 5 m 以内，施工中加强施工组织。墩身钢筋、模板根据地形、墩高等条件由汽车起重机、自制提升架负责垂直提升，混凝土由混凝土泵或泵车泵送入模。超过 25 m 的空心墩采用翻模施工。

1. 工艺流程（见图 19-7 所示）

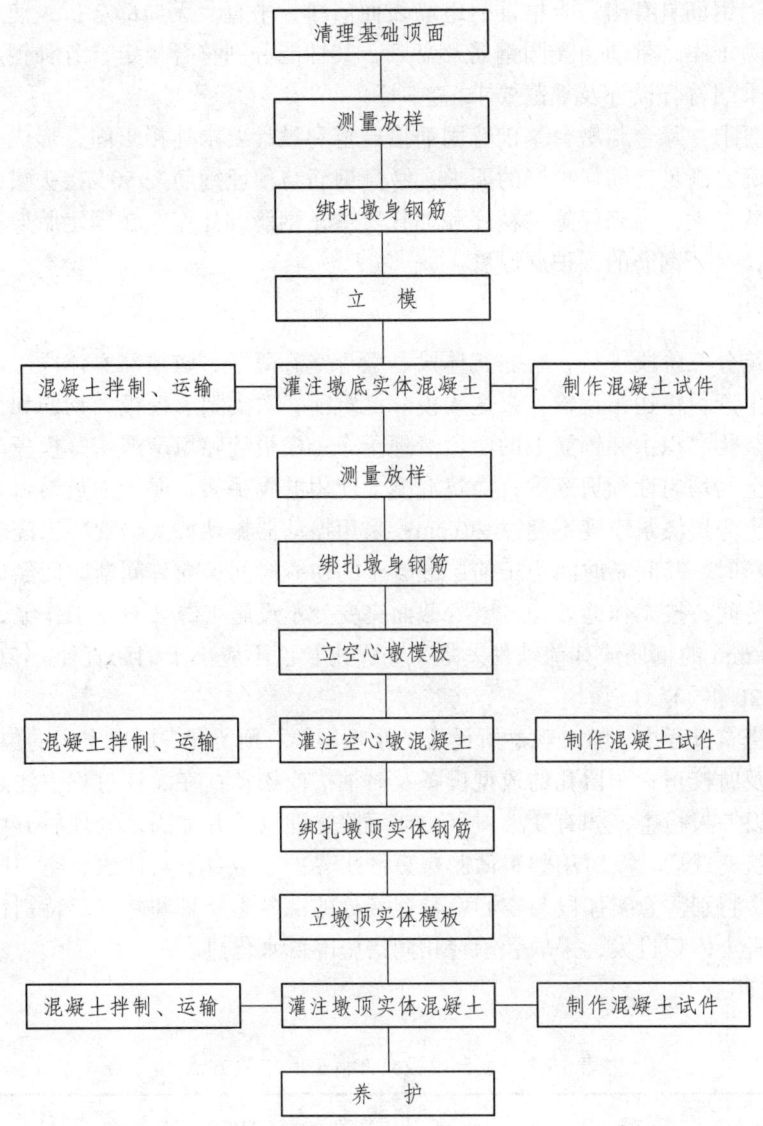

图 19-7　30 m 以下空心墩台施工工艺流程图

1）模板工程

墩台身外模模板采用大块整体钢模，选用不少于 6 mm 厚钢板面板，加工时，派专业工程师在加工厂家进行全过程跟踪，保证面板、平整度、接缝、尺寸误差的质量要求。内模采用组合钢模。

模板进场后，进行清理、打磨，以无污痕为标准，刷脱模剂，并用塑料薄膜进行覆盖。立模前进行试拼，保证平整度小于 3 mm，加固采用内撑和外加拉杆形式，保证空心薄壁误差小于 5 mm。搭设支架时，在两个互相垂直的方向加以固定，支架支承在可靠的地基上。墩台空心内的顶部采用搭设碗扣支架，φ50 钢管加固，安装好后，检查轴线、高程，保证模板、支架在灌注混凝土过程中受力后不变形、不移位。

2）钢筋的制备

基本要求：钢筋具有出厂合格证；钢筋表面洁净、平直、无局部弯折，使用前将表面油腻、鳞锈等清除干净；带肋、光圆钢筋及盘条，其性能分别符合规定；各种钢筋下料尺寸、钢筋的弯制和末端符合设计及规范要求。

钢筋安装要求：承台与墩台基础锚固筋按规范和设计要求连接牢固，形成一体；基底预埋钢筋位置准确，满足钢筋保护层的要求，墩身钢筋与预埋钢筋按50%接头错开配置；墩身钢筋规格多、数量大，为确保施工精度和绑扎质量，钢筋绑扎作业在固定胎架上绑扎；采用定型塑料垫块，保证钢筋的保护层厚度。

3）混凝土浇注

混凝土浇筑分三阶段进行，墩底实体段、墩身空心薄壁、墩顶部实体段。混凝土采用自动计量拌和站生产，输送车运输，泵送入模。浇筑前，对支架、模板、钢筋和预埋件进行检查，模板内的杂物、积水和钢筋上的污垢清理干净；模板缝隙填塞严密，模板内面涂刷脱模剂；检查混凝土的均匀性和坍落度；浇筑混凝土使用的脚手架，便于人员与料具上下，并保证安全。混凝土分层浇筑厚度不超过 30 cm；采用振动器振动捣实。混凝土浇筑连续进行，如因故必须间断时，其间断时间小于前层混凝土的初凝时间，允许间断时间经试验确定，若超过允许间断时间，按工作缝处理。墩身截面突变处不设施工缝。对于工作缝，周边应预埋直径不小于 16 mm 的钢筋或其他铁件，埋入与露出长度不应小于钢筋直径的 30 倍，间距不应大于直径的 20 倍。

在混凝土浇筑过程中，随时观察所设置的预埋螺栓、预留孔、预埋支座的位置是否移动，若发现移位时及时校正；预留孔的成型设备及时抽拔或松动；在灌注过程中注意模板、支架等支撑情况，设专人检查，如有变形，移位或沉陷立即校正并加固，处理后方可继续浇筑。结构混凝土浇筑完成后，及时用塑料薄膜包裹洒水养护。墩身下实体段、空心段、上实体段混凝土施工时，特别注意实体段与空心墩身连接处的混凝土质量和外观。特别在实体段，由于一次浇筑混凝土体积过大，采取和承台相同措施降低水化热。

2. 控制标准（表19-3）

表 19-3　墩台模板允许偏差和检验方法

序号	项 目	允许偏差（mm）	检验方法
1	前后、左右距中心线尺寸	±10	测量检查每边不少于 2 处
2	表面平整度	3	1 m 靠尺检查不少于 5 处
3	相邻模板错台	1	尺量检查不少 5 处
4	空心墩壁厚	±3	尺量检查不少 5 处
5	同一梁端两垫石高差	2	测量检查
6	墩台支承垫石顶面高程	0～-5	经纬仪测量
7	预埋件和预留孔位置	5	纵横两向尺量检查

19.5 质量检验与质量标准

1. 质量要求

墩台施工前在基础顶面放出墩、台中线和墩台内、外轮廓线的准确位置。若墩台截面积不大时,混凝土连续一次浇筑完成,以保证其整体性。大体积混凝土参照下述方法控制混凝土水化热温度:

(1) 用改善骨料级配、降低水灰比、掺入混合料、外加剂等方法减少水泥的用量。

(2) 采用低水化热水泥,如矿渣水泥、粉煤灰水泥。

(3) 降低浇筑层厚度,加快混凝土散热速度。

(4) 混凝土用料避免日光曝晒,以降低用料的初始温度。

(5) 混凝土拌合必须严格按试验给定的配合比操作,若需调整必须经试验人员签字同意方可。

(6) 混凝土运输采用罐车,以保证混凝土不离析,不分层,且和易性好。

(7) 天气炎热时,由于整体钢模一次立模较高,模板温度及模内温度都很高,混凝土水分易散失,宜在下午16时以后浇筑。

2. 验收标准

墩台施工允许误差,除设计有特殊规定外,符合下表19-4的规定。

表19-4 墩台施工允许误差

序号	项 目		允许误差(mm)
1	模板	标高	±10
		轴线	8
2	墩台前后、左右边缘距设计中心线尺寸		+20,0
3	简支梁与连续梁	支承垫石顶面高程	0,-3
		每孔(每联)梁一端两支承垫石顶面高差	3

第 20 章　桥梁上部构造施工

20.1　桥梁预制施工

20.1.1　先张法预应力板梁预制施工工艺

1. 施工操作工艺流程

施工准备→测量放样→张拉台座、底模施工→钢绞线下料、穿束→张拉→绑扎底板、腹板钢筋→安装内模、外模→绑扎顶板钢筋→浇筑砼→养生→拆内外模板→放张→检查验收→梁体编号→移出存放→封堵端头。

2. 施工方法

1) 施工准备

根据板梁设计长度和数量,选择便于进料、板梁运输的预制场地,修筑场内便道,平整场地并进行硬化处理;安装变压器,架设电线;打井;修建水池;安装砼拌和站;搭设钢筋棚,安设钢筋下料、成型机具;订购预应力系统所需材料和机具。

2) 测量放样

根据先张板梁张拉台座设计图,准确放出台座位置,并做好栓桩,用石灰撒出各部边线。

3) 张拉台座、底模施工

张拉台座一般做成墩式台座。台座由传力墩、台面、反力横梁组成。根据放样边线,开挖台座基础,绑扎钢筋,浇筑传力墩砼。传力墩采用钢筋连成整体。板梁底模可采用木底模或砼底模,采用木底模表面需铺不小于 6 mm 厚的钢板;采用砼底模时,边缘需预埋角钢保护底模边角,表面需采用水磨石或其他方法保证表面平整。

4) 安放反力横梁及千斤顶

张拉基础部分完成后,采用吊车放置端部反力横梁。反力横梁一般由型钢或钢板焊接制作,有足够的刚度和稳定性,受力后挠度不大于 2 mm。安装反力横梁时应保证位置准确,水平。最后再安放活动张拉钢横梁和千斤顶。

5) 钢绞线下料、穿束

钢绞线下料时,要根据台座设计长度、反力横梁宽度、千斤顶长度及活动横梁宽度准确计算下料长度,并适当考虑一定富余工作长度。钢绞线采用砂轮切割机切割。人工单根按设计位置穿入反力横梁定位钢板孔内,并注意根据每根设计失效长度穿入硬塑管。

6) 张　拉

钢绞线张拉一般采用整体张拉,张拉时首先采用穿心式小千斤顶将每根钢绞线张拉至设计应力 20%，做好标记；再用大千斤顶分级张拉至 100%设计应力。先张法预应力张拉采用应力和伸长量双控。实测伸长量应控制在计算伸长量 ±6%内。

7）绑扎底板、腹板钢筋

钢绞线张拉后，应自然放置不少于 8 h，然后根据设计图放出底板和腹板钢筋位置。首先绑扎底板钢筋，然后再绑扎腹板钢筋（若设计板梁内模为胶囊，底板、腹板、顶板钢筋可顺序一次性绑扎）。腹板预埋钢筋应定位准确，保证支侧模时与侧模紧贴，便于拆模后凿出。

8）安装内模及外模

底、腹板钢筋绑扎完成后，首先安装内模，内模要求尺寸准确，并具有一定刚度，以便于定位和拆除。外模一般整体安装，首先固定好底部，再用拉杆和横撑固定好顶部，再整体纵向调整顺直。外模安在底部，模板分块接缝及端部加设密封条，保证砼不漏浆。胶囊内模应先冲气检查有无破损。铺好胶囊后严禁在上面行走，更不得在上面摆放钢筋等。胶囊应严格控制气泵压力。胶囊固定使用半环形筋、尼龙带，与底板钢筋绑扎牢固，绑扎间距不得大于 50 mm。

9）绑扎顶板钢筋

顶板钢筋在钢筋加工场加工，运至现场绑扎。顶面通长钢筋采用绑扎接头，要求搭接长度不小于 35 d，位置准确、顺直，保护层满足设计要求。

10）浇筑底板砼

板梁钢筋、模板经检查验收合格后，首先浇筑底板砼。底板砼从一端开始浇筑，人工配合振捣；内模顶板每隔 5~10 m 设一进料口，人工在箱内配合将砼摊平。底板砼要求振捣密实，厚度准确，并用木抹子将表面抹平。

11）封顶板进料口

底板砼浇筑完成一段后，要及时将内模顶板进料口在箱内封堵。封堵时在内部将模板进料口处封平，表面平整，并用螺栓或支撑固定牢固，还要采取必要的措施防止芯模不上浮。

12）浇筑腹板、顶板砼

在底板砼浇筑一段距离后，一般不少于 10 m，待底板接近初凝时，开始浇筑两侧腹板砼。腹板砼根据腹板高度分层对称浇筑，每层厚度 30 cm，插入式振捣棒振捣。与底板接缝处要求振捣密实，接缝平整。侧面拐角变化处要小心振捣，尽量将砼中气泡排出，既保证砼的密实，又保证砼外观光滑平整。腹板砼浇筑至腹板顶面时，再顺序浇筑顶板砼。顶板砼用插入式振捣棒振捣密实，木抹子收浆抹平，待砼接近初凝时，再用抹子二次收浆，然后及时覆盖、及时养生。砼浇筑过程中，应设专人检查模板、钢筋、预埋件，模板如有漏浆或松动，应及时采取补救措施。

13）养　生

板梁砼需连续养生 7 d，即使强度达到松张要求，移到存梁区后，也需满足养生要求。如采取蒸汽养生，应通过试验确定养生制度，蒸汽养护时升降温度应满足升温速度 10~15 ℃/h，降温速度为 5~10 ℃/h。

14)拆内、外模板

板梁砼浇筑 24 h 以后,砼达到一定强度后,可拆除外侧模板。拆模板时注意从一端顺序拆除,不得碰撞砼表面。

15)放　张

当板梁砼达到设计强度后,开始松张。

16)检查验收

按照设计和规范对板梁长、宽、高、外观,顶板、底板厚及外观进行检查,报监理工程师验收,并填写质量验收单,必要时对板梁进行强度检验抽查,保证梁体砼达到设计要求。

17)编　号

板梁检查验收合格后,按照设计位置进行编号,并注明浇筑日期、松张日期、桥名、每跨及梁的顺序号、施工单位等。

18)移出堆放

板梁移出堆放一般采用龙门吊或吊车,将钢丝绳系于吊环上,按照吊装顺序先后堆放在存梁场。板梁在堆放时应将垫木放在支座位置处,一般可堆放 1~2 层。多层堆放时应将垫木放置平稳,每层均放置在支座位置处。

19)封堵端头

板梁堆放平稳后,按设计要求对端部进行封堵。封堵时将与板梁接缝处用砂浆封严密,同时用防锈漆涂刷梁端头钢绞线,防止生锈。

20)季节性施工

① 板梁雨季施工时要做好台座处排水工作,并对锚具、千斤顶、钢筋等进行覆盖,防止进水锈蚀。

② 雨季施工做好场内供电线路保护,防止漏电及触电事故发生。

③ 冬季施工时,做到砼入模温度不低于 5 ℃,浇筑好的板梁做好覆盖保温养生,必要时应采用蒸汽养生。

④ 温度低于 -15 ℃不得进行预应力张拉工作。冬季施工张拉设备和仪表工作油液要根据当地温度情况选用,并在使用温度条件下进行配套检验。

⑤ 夏季施工气温超过 30 ℃时,应对拌和用水采取降温处理,控制砼入模温度在 32 ℃以下。

⑥ 夏季施工时要考虑砼坍落度损失。浇筑前对模板钢筋进行喷水降温,但浇筑时不能有附着水。

20.1.2 后张法箱梁预制施工工艺

1. 后张法箱梁预制施工的工艺流程

场地平整→制梁台座修建→安装外侧模→绑扎钢筋和预应力束定位骨架→安装内模及端模锚垫板→安装预应力束制孔波纹管→绑扎顶板钢筋→浇筑混凝土并养护→穿预应力束→梁体混凝土强度达90%,张拉预应力束→压浆封端→存梁待架。

2. 箱梁预制施工的步骤

1）制梁台座

台座是预制好梁的关键部位，要求平直，符合设计要求。梁底设反拱1.6 cm（注意向下起拱），为保证台座稳定，增设台座基础，高0.3 m，加宽至1.6 m。两端因张拉受力大，在两端3 m处底部设置扩大基础，增加纵横向钢筋。台座两边采用50×50×4角钢包贴，台座顶面采用8毫米厚钢板作为底模，台座两边各粘贴3毫米厚橡胶条以使台座两边不漏浆。存梁台座采用现浇C25钢筋砼，截面为梯形，顶面必须水平。

2）箱梁模板

设计模板时充分考虑了模板的强度、刚度和稳定性。模板的各部位尺寸准确，表面光洁、无凹凸不平的现象。模板的安装应与钢筋绑扎结合进行，钢筋骨架在底板上绑扎完毕后，支边模和端模，最后放芯模。模板支撑要牢固，上下拉杆要上紧，误差控制在允许范围以内。模板安装完毕后，应对其平面位置、顶部标高、梁的长度、宽度、节点及纵横向稳定性进行检查。经检查合格，监理工程师签字同意后方可浇注砼。箱梁模板施工详见图20-1到20-6。

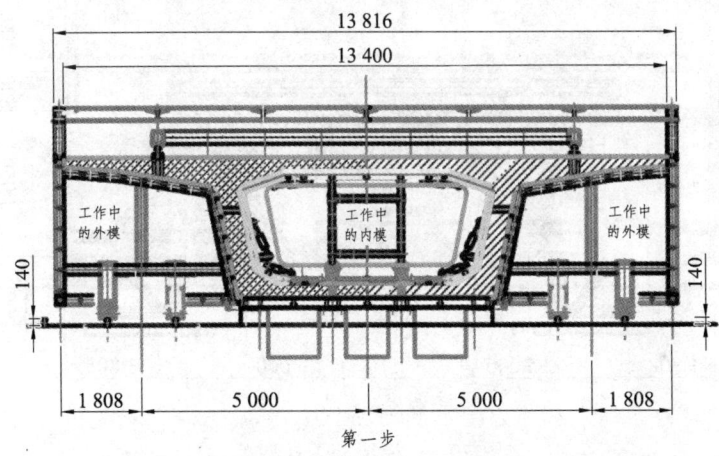

图20-1 模板施工第一步

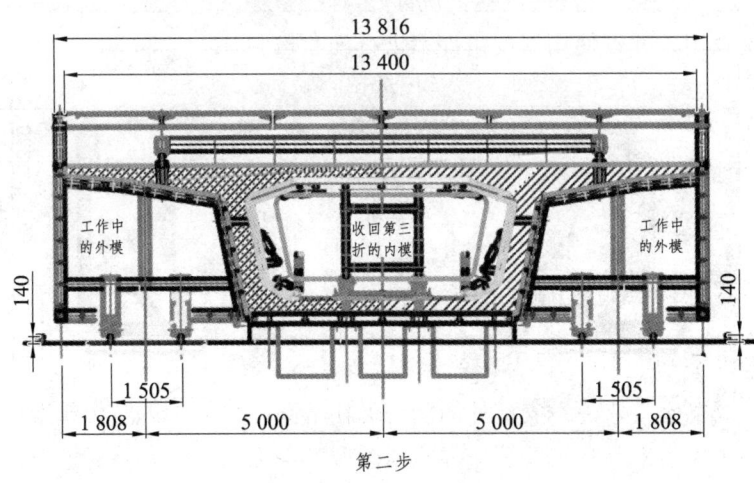

图20-2 模板施工第二步

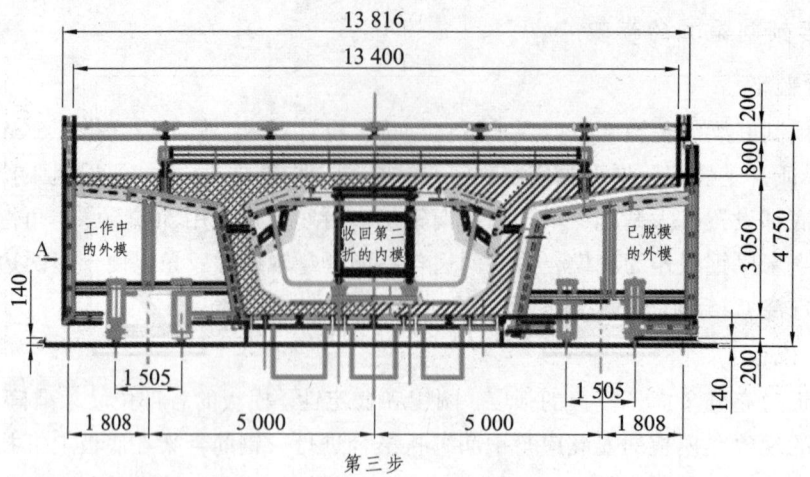

第三步

图 20-3 模板施工第三步

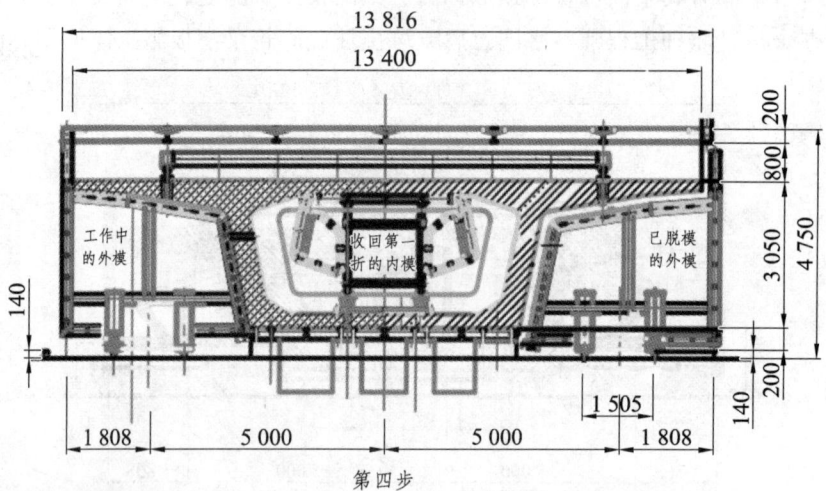

第四步

图 20-4 模板施工第四步

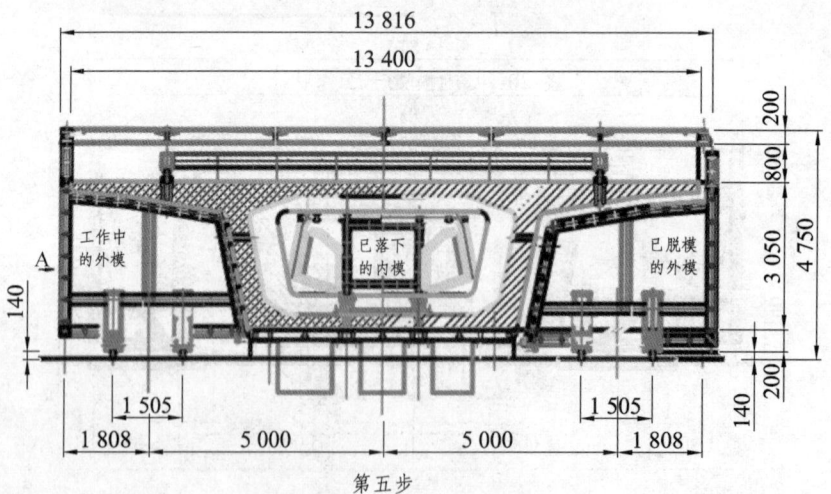

第五步

图 20-5 模板施工第五步

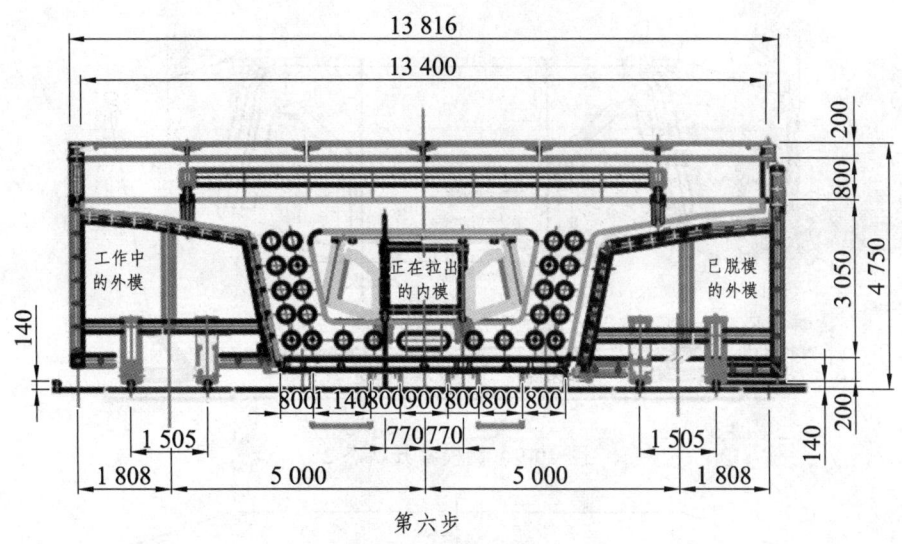

第六步

图 20-6 模板施工第六步

混凝土达到设计值的 50%时,即可进行拆模。内模底板为不封闭结构,内模与底板、外侧模均设连接螺杆,防止内模上浮。

内模安、拆工作原理示意图见图 20-7～20-10。

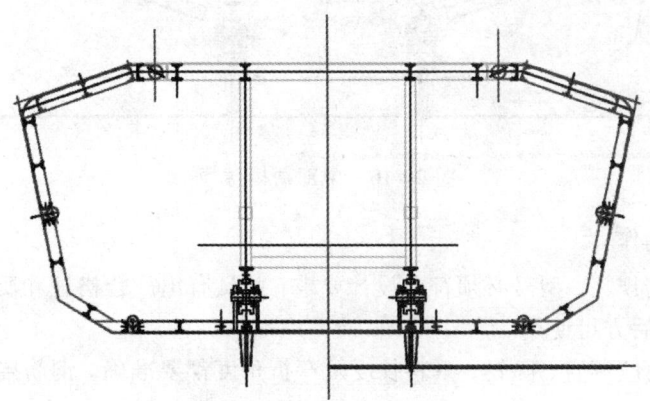

图 20-7 内模处于工作状态

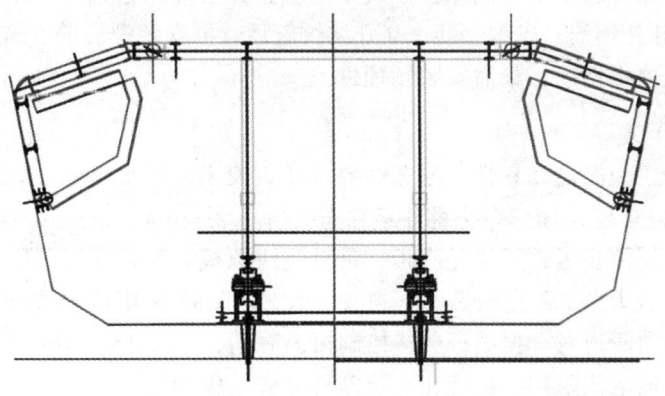

图 20-8 侧模提升状态 1

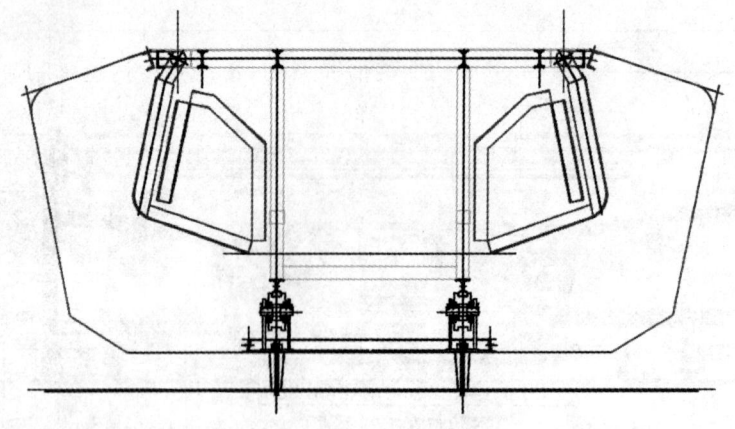

图 20-9　侧模提升状态 2

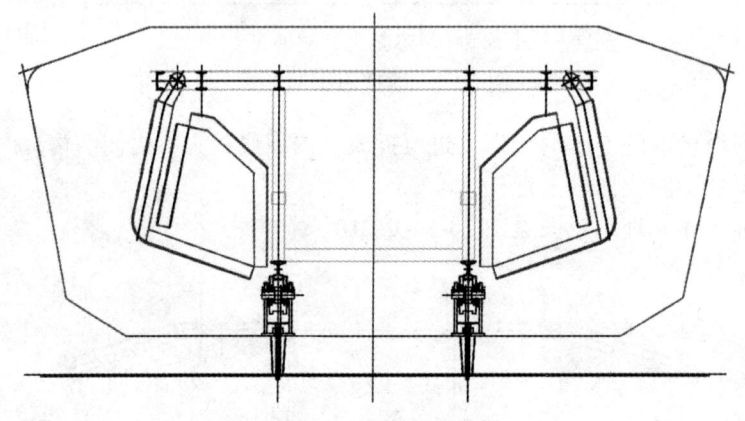

图 20-10　中部顶模落模

3）钢筋加工制作

① 进场的钢筋规格、型号必须符合设计要求,并且有出厂合格证和质量验收单。同时还要现场复试,合格后方可使用。

② 钢筋加工前应调直、除锈,下料长度及弯折角度都要准确。钢筋接头焊接时,端部应预先折向一侧使两接合钢筋轴线一致,接头双面焊的长度不得少于 5d,焊完后经抽样试验合格后方能使用。保护层垫块采用锯齿型硬塑垫块,并与砼颜色大致一致。

③ 在台座上绑扎钢筋。先绑立筋,穿好波纹管后,再安装螺旋筋、锚垫板,接着立端部边模板、吊装绑扎顶板钢筋,最后安装预埋件。

4）箱梁砼浇注

箱梁砼为 C50,为满足和易性、耐久性要求及表面不出现水纹施工缝现象,一般坍落度控制在 5～9 cm。砼运输采用三台小翻斗运输车,每车装 0.4 M3 砼;用龙门吊送料浇注,通过顶板"天窗"先浇注底板,后浇注腹板,最后浇注顶板。顶板砼要求压实抹平,拉毛。振捣时以插入式振捣器为主(避免振捣器振到波纹管,以防漏浆),附着式高频振捣器为辅。附着式高频振捣器必须两边对称振捣,严格控制振捣时间,一般 15～20 s 之间。顶板外露钢筋部分,可用钢板或油毛毡阻挡,边浇注边清理外溢砼,以确保拆模方便。

5）拆模及养护

箱梁模板在保证砼棱角不因拆模而受损的情况下（一般砼强度达到 2.5 MPa），方可拆卸。先拆芯模端头，后拆边板。拆模后及时清除干净，涂刷脱模剂，按顺序放好备用。砼拆模后，及时浇水养护，以保证梁体湿润。若气温达到 30 ℃，梁顶用麻袋遮盖，侧面覆盖塑料薄膜，每 1 小时应浇一次水，浇水养护不得少于 14 天。

6）预应力施工

① 预应力孔道成孔

预应力孔道由波纹管形成，管道采用 U 形定位钢筋固定。直线部分每 1 米设一个定位钢筋，曲线部分每 0.5 米设一个定位钢筋。为防止管内漏浆，在波纹管内穿一根小于波纹管直径的硬塑料管，浇注中要不断抽动，防止漏浆凝结塑料管，浇注完砼后抽出。

② 穿预应力钢绞线束

钢绞线下料应按梁的长度，留出工作长度。每束 2 m 用扎丝扎一道，穿束前还应检查锚垫板和孔道，锚垫板位置应准确，且孔道应畅通无水并无其他杂物。

③ 后张法预应力筋张拉

采用低松弛 $\phi_j 15.24$ mm 钢绞线束，后张法预应力筋张拉程序为：$0 \rightarrow 10\%\sigma_k \rightarrow 100\%\sigma_k$（持荷 2 min）。钢绞线张拉锚下控制应力为 $\sigma_k = 0.75R_{by} = 1\,395$ MPa。张拉采用双控，以钢绞线伸长量进行校验。对应力筋施加应力之前，应对构件进行检验，砼强度应符合设计要求（即达到设计强度的 90%）。具体张拉工艺参阅现浇箱梁张拉工艺。预应力筋锚固后，锚具外留 5 cm 钢绞线，不得用电弧焊切割，而应用砂轮切割机切割。达到设计强度的 95% 后，张拉顶板负弯矩预应力钢束。

7）孔道压浆

预应力筋张拉后，孔道应尽早压浆（48 h 内完成）。压浆前应使孔道湿润，用清水和高压风管冲洗。为便于灰浆流动，能与孔壁有良好的粘接性，水灰比取 0.45，采用 52.5 水泥（掺入 0.75% 减水剂和 0.6% 膨胀剂），配合比按试验室资料为准，泌水性取 1%，膨胀系数取 2%，稠度一般控制在 14～18 s 之间。压浆采用灰浆搅拌机和 CB-3 型压浆机。压浆前要检查压浆管、压浆嘴是否畅通，在进口和出口处分别安装控制阀门，压浆从一端进行，从另一端排水，当压力达到后关闭出口阀门，再加压，持浆 5 分钟（压力控制在 0.6～0.7 MPa）后关闭进口阀门，卸下压浆嘴。压浆完毕后用清水把压浆机的压浆嘴冲洗干净。压浆顺序应从最低点向上压入并从底层向上按顺序进行。压浆应缓慢均匀进行，不得中断，压浆时梁体温度不得低于 5 ℃。当气温高于 35 ℃ 时，压浆应在夜间进行，压浆时每个工班，应留取 70.7×70.7×70.7 试件三组标养 28 天，检查其抗压强度，作为评定水泥浆的质量依据。

8）移　梁

在箱梁达到设计强度的 100%，孔道压浆强度达到 30 MPa 后，方可进行移梁。在起吊、移动、运输、安装过程中，均需两点搁置。施工中注意预留吊装孔。存梁场地要平整，台座要有足够的承载力，层与层之间用枕木垫牢，各层垫木均应放置在吊点处，且上下层垫木必须在同一竖直线上。梁片喷涂标示牌，准确记录下桥梁名称，梁片编号，砼浇注、张拉及压浆日期。

20.1.3 后张法预应力T型梁预制施工工艺

1. 施工操作工艺流程

清理底模、施工放样→绑扎钢筋→安装预应力管道→安装侧模、端头模板→绑扎顶板钢筋→浇筑梁体砼→梁体养生→张拉、压浆→移梁→封堵头。

2. 施工方法

1）钢筋、预应力管道

① 钢筋制作及安装

② 钢筋骨架的绑扎安装

钢筋在台座上绑扎，顺序为先底腹板，后顶板。钢筋每个断面的接头不超过50%，并按规定错开。钢筋网的间距位置容许误差必须符合设计和规范要求。对于泄水孔、支座钢板，预埋时必须保证其位置正确，注意不要遗漏。注意防撞护栏、伸缩缝钢筋的预埋。曲线桥预埋防撞护栏钢筋时，应考虑曲线要求。

③ 预应力孔道设置

T梁预应力孔道可采用波纹管成孔。安装时，波纹方向与穿束方向一致。波纹管接长采用大一号的波纹管套接，套接长度为20 cm。按设计间距设"井"字形定位钢筋固定孔道位置，孔道定位误差应小于8 mm。为了确保孔道畅通，应采取以下措施：

A. 孔道接头处用胶带纸缠绕，加强接头严密性。

B. 在波纹管附近焊接钢筋时，对波纹管应加以防护。

C. 砼振捣人员应熟悉孔道位置，严禁振捣棒与波纹管接触，以免孔壁受伤，造成漏浆。

D. 在波纹管中设置塑料管作为撑管，浇筑砼前插入到波纹管中，浇筑完成即可拔除。

2）模板安装

① 预制模板制作

为了保证砼外观质量，必须认真设计和加工。模板采用大块钢模拼装，面板采用≥6 mm厚冷轧普通钢板，由专业厂家制作完毕后运至工地。各块模板之间用螺栓连接，板缝中均嵌入固定式弹性嵌缝条，保证不漏浆和梁体美观。底部每隔0.6~0.8 m设一根$\phi 20$拉杆。另外，为了保证模板就位后支撑稳固，满足受力要求，模板支架每隔5 m设两根可调丝杆作为就位后的支撑。立模时用龙门吊逐块吊到待用处，再用螺旋千斤顶将模板逐块顶升就位，再上紧可调丝杆竖向支撑。

② 模板安装要求：高程±10 mm；内部尺寸±5，0 mm；轴线偏位±10 mm；相邻；两面板高差2 mm；表面平整度5 mm；预埋件中心位置3 mm；预留孔中心位置10 mm；预留孔洞截面内部尺寸+10，0 mm。

3）砼施工

① 配合比的选定

选定配合比前，对所需各种材料要进行检测，合格后方可使用。选定配合比时，根据不同的含砂率、水灰比、外加剂等进行多组设计比较，确保砼浇筑顺利和外表质量，尽量减少表面气泡。根据T梁钢筋较密、振动难的特点，砼坍落度宜控制在10~12 cm左右，并对粗细集料进行严格控制，保证粒径不超标。

② 砼拌和

采用强制式搅拌机自动计量配料进行拌和，应满足拌和时间及浇筑要求。

③ 砼运输及浇筑

砼的运输采用砼输送车运至现场，卸入吊斗，然后由龙门架或其他起吊设备提升吊斗进行灌注。浇筑时根据浇筑时间的长短可采用分层浇筑法或组合式浇筑法，并按规定在现场制取砼试件。

④ 砼振捣

梁体砼的振捣以附着式振动器为主，插入式振捣器为辅，主要采用侧振工艺。梁体两侧的附着式振动器要交错布置，以免振动力互相抵消；附着式振动器要集中控制，严禁空振模板；附着式振动器与侧模振动架要密贴，以便砼最大限度地吸收振动力；振动时间以砼停止下沉、不冒气泡、泛浆、表面平坦为度。

4）砼养护

顶板砼灌注完毕开始初凝时，需再次进行收平拉毛。采用土工布覆盖浇水养生，并派专人负责，保持其湿润，养生时间不少于 7 d；遇上寒冷天气，按砼冬季施工措施进行养护。

5）拆　模

梁体砼养护达到一定强度，利用龙门吊拆模，人工配合。先拆除上下拉杆和接缝螺栓，用千斤顶顶紧，受力之后松掉可调丝杆，千斤顶同步下降并辅以倒链，逐步拆除。严防损伤梁体及模板，拆除外模后及时进行梁端及翼板边缘凿毛。

6）张　拉

① 预应力筋下料、绑扎

钢绞线按设计图要求下料，下料长度应通过计算确定。计算时应考虑千斤顶需要的长度、弹性回缩值、锚具厚度及外露长度等因素。下料采用砂轮锯切割，严禁用气割。在切口处两端 20 mm 范围内用细铁丝绑扎牢固，以防止头部松散。钢绞线应梳整分根、编束，每隔 1.5 m 左右绑扎铁丝，使编扎成束顺直不扭转。编束后的钢绞线应顺直按编号分类存放。

② 穿束

穿束前用压力水冲洗孔道内杂物，观测孔道有无串孔现象，再用空压机吹干孔道内水分。预应力束应无损坏、无污染、无锈蚀。人工进行穿束，如若困难采用卷扬机牵引，后端用人工协助。

③ 预应力张拉

梁体砼强度、弹模达到设计图纸或规范要求时，两端对称分批按要求张拉正弯矩钢束。预应力张拉采用张拉力和伸长量双控。要求计算伸长量与实测伸长量之间的误差为± 6%以内。超过误差时应停止张拉、分析原因并采取措施。张拉时，要做好记录，发现问题及时解决。张拉完毕应对锚具及时做好临时防护处理。

7）压　浆

预应力束全部张拉完毕后，应检查张拉记录，经过批准后切割锚具外的钢绞线并进行压浆工作。压浆工作应尽快进行，一般不得超过 14 d。压浆从下层孔道向上层孔道进行。所用浆液各项参数必须满足设计和规范要求。

8）封 端

孔道压浆后，将梁端水泥浆冲洗干净，清除垫板、锚具及梁端砼的污垢，并对梁端凿毛处理，用薄平砂轮机切割多余的钢绞线。结构连续处不封锚，用净浆包封。有伸缩缝的一端按设计要求立模施工封端，封端砼强度与梁体设计强度相同。

9）移梁、存梁

T梁压浆达到规定强度和龄期后，用两台龙门吊吊出台座横移至运梁轨道小车上，移走龙门吊，将梁运至存梁区。移梁、存梁时采用两点支撑，支点距梁端头不大于1 m。如存梁为多层，则各支点应竖直，并在两侧用方木支撑或梁与梁之间采取临时固结的办法，防止倾覆。

20.1.4 先简支后连续小箱梁预制施工工艺

1. 施工操作工艺流程

施工准备→台座及底模施工→底板和腹板钢筋制安→波纹管安装→模板安装→顶板钢筋安装→砼浇筑→砼养护→预应力施工→孔道压浆→封锚施工→移梁。

2. 施工方法

1）台座及底模施工

根据现场实际和平面设计布置，对预制区进行硬化，并按设计距离做好钢筋砼预制台座，并根据设计要求调整好预拱度，在台座上铺设6 mm及以上的钢板作为底模。

2）钢筋制作及绑扎

钢筋在钢筋加工台座上进行制作，箱梁底座上绑扎成型。钢筋焊接采用电弧焊，焊接质量及焊缝长度满足规范要求。将加工好的钢筋，人工运到底座上，绑扎底板及腹板钢筋并安装正弯矩预应力管道。安装管道时，要求接头严密不漏浆，每1 m用U形卡扣定位，防止浇筑砼时预应力管道上浮或下沉。

3）模板安装

模板制作完成后运至工地，检查合格后涂刷脱模剂，用龙门吊车配合人工安装。安装从底座一端开始，模板接缝粘贴海绵条并用螺栓压紧，保证接缝平整不漏浆。

外模必须安装牢固，线条顺直。内模定位准确，接缝严密，内模顶面与顶板钢筋或顶拉杆之间设置限位块，防止浇筑砼时内模上浮。

4）钢绞线制作

预应力钢绞线应符合设计和规范的规定，钢绞线用吊车吊入放线架内稳固好，上面用雨棚遮盖，底面垫离地面30 cm，存放场地内不得有积水。

预应力钢绞线在台座上根据计算下料长度用砂轮切割机切割，切割前用黑色胶布将切割部位用胶布缠紧，防止切割时"炸头"，将切好的钢绞线编束，每隔1.5~2.0 m用20号铅丝绑扎。钢绞线应随用随下料，防止因存放时间过长锈蚀。

5）砼的浇筑和拆模

① 钢筋、模板、预埋件、预应力孔道、砼保护层厚度等检查合格后才能浇筑砼,在浇筑前必须清除模板中杂物。

② 浇筑前应检查施工机具的完好性及各种设施的安全性,是否达到安全规定要求。

③ 现场技术负责人在浇筑前检查拌和后砼的和易性和坍落度,对于不合格的砼应重新拌和或清除出场。

④ 箱梁砼的浇筑顺序为先浇筑底板砼,然后依次浇筑腹板、顶板砼。腹板砼浇筑时进行分层浇筑,每层厚度不大于 30 cm,腹板的振捣采用细振捣棒(直径 d = 30 mm)配合附着式振捣器振捣,插入式振捣棒应避免触及波纹管,顶板的砼振捣采用插入式振捣棒振捣,在振捣前负弯矩扁波纹管内应按设计钢绞线根数插入废钢绞线,浇筑完毕后应及时抽出。顶板砼振捣特别注意负弯矩波纹管下的砼振捣,这个区域钢筋较密,波纹管覆盖较大,不易振实。

⑤ 砼的浇筑应连续进行,砼密实的标志是砼停止下沉不再冒出气泡,表面呈现平坦泛浆。在浇筑过程中,应防止模板、钢筋、波纹管等松动、变形、破裂和移位,安排专人负责检查。

⑥ 砼达到 50%的设计强度后,便可拆除内模。拆除内模时模板工进入箱室内,用手摇打开连接点,模板在自重作用下会自动脱离砼,人工送出箱室外。在拆除过程中应注意模板轻拿轻放,不能损坏梁身砼。根据现场施工实验结果,报请监理工程师同意便可拆除外模。拆模时应防止损伤砼,拆模采用龙门吊配合人工完成。模板拆除后,用龙门吊运到模板车间进行清洗及修复。

6）预制箱梁的养生

箱梁砼浇筑完成、表面收浆干燥后,应及时养护。养护方法采用土工布覆盖,安排专人负责养生。内模拆除后,用无纺布覆盖两端头,并对箱室内洒水养生。

7）钢绞线的张拉

装配式预应力箱梁分两次施加预应力,负弯矩预应力在箱梁吊装就位、现浇连续接头砼后在桥面上施加,预制时仅对正弯矩预应力进行张拉。

① 张拉前的准备工作

A. 箱梁砼强度达到 90%以上(或符合设计要求),弹性模量达到 100%,龄期达到 7 d 后张拉。穿束张拉前,要对构件的质量、几何尺寸等进行检查,预留孔道应用通孔器或压气、压水等方法进行检查。构件端部预埋铁板与锚具和垫板接触处的焊渣、毛刺、砼残渣等要清理干净。

B. 标定千斤顶油表读数,施工过程中定期检校,依据标定的曲线计算各张拉力对应的油表读数。

C. 计算张拉力及预应力损失

张拉控制力 σ_k、预应力损失、锚口摩阻损失在施工时测定或由设计确定,钢绞线不得采用超张拉,以免钢绞线张拉力过大。张拉吨位伸长量根据现行规范计算,张拉参数报监理工程师核准后方可张拉。

D. 穿入钢绞线

对加工好的钢绞线进行编号,钢绞线穿束时,将一端打齐套上穿束器,将穿束器的引线穿过孔道，然后向前拉动，直至两端均露出设计规定的工作长度。穿束后检查两端编号，防止钢绞线在孔道内交叉扭结。

② 预应力的张拉程序

预应力钢绞线张拉顺序严格按照设计要求进行张拉，千斤顶张拉作用线与预应力钢绞线的轴线重合一致。钢绞线不得采用超张拉，以免钢绞线张拉力过大。

钢绞线的张拉程序如下：0→10%σ_k（初张拉）→20%σ_k→100%σ_k（持荷 2 min 锚固），并测量出伸长值。实测伸长值与理论伸长值的差值应控制在 ±6% 以内，否则应暂停张拉，分析原因提出解决方案，待监理工程师审批后再继续张拉。

③ 张拉的操作步骤

四人配备一套张拉设备，一人负责油泵，两人负责千斤顶，一人观测并记录读数，张拉按设计要求的顺序进行，并保证两端对称张拉。

A. 安装锚具，将锚具套在钢丝束上，使分布均匀。

B. 将清洗过的夹片，按顺序依次嵌入锚孔钢丝周围，夹片嵌入后，人工用手锤轻轻敲击，使其夹紧预应力钢丝，夹片外露长度要整齐一致。

C. 安装千斤顶，将千斤顶套入钢丝束，进行初张拉，开动高压油泵，使千斤顶油缸进泊。初张拉后调整千斤顶位置，使其对准孔道轴线，并记下千斤顶伸长读数。

D. 初始张拉到设计应力的 10%，继续张拉，从 10% 到达 20% 初应力时，记下千斤顶伸长读数，两者读数差即为钢绞线初张拉时的理论伸长量。

E. 继续张拉到钢丝束的控制应力时，持荷 2 min，然后记下此时千斤顶读数。计算出钢丝束的实测伸长量并与理论值比较，如果超过 ±6% 应停止张拉分析原因。

F. 使张拉油缸缓慢回油，夹片将自动锚固钢绞线，如果发生断丝滑丝，则应割断整束钢绞线，穿束重拉。

G. 张拉油缸慢慢回油，关闭油泵，卸下千斤顶。

④ 张拉注意事项

A. 严格按照操作程序进行张拉，严禁违章操作。

B. 张拉时千斤顶前后严禁站人，防止发生安全事故。

C. 千斤顶后方安放张拉防护围墙，防止钢绞线及夹片飞出伤人。

D. 千斤顶安装完毕，安全员检查合格后方可张拉。

⑤ 箱梁预拱度的观测

张拉完成后，在梁的顶面中心线距梁端 0.5 m 处设两点，以两点平均值用水准仪观测跨中 1d、3d、7d 的上拱值，做好记录，给出其变化曲线并注意与理论值相比较，若正负差异超过 2% 则应暂停施工。待查明原因，采取措施并征得监理工程师同意后方可继续施工。

8）压浆及封锚

① 水泥浆采用机械搅拌制备。水泥浆水灰比控制在 0.4~0.45 之间。膨胀剂的用量根据试验试配而定。水泥浆稠度控制在 14~18 s 之间，在现场备有漏斗随时做漏斗试验。水泥浆在使用过程中应频繁搅动，宜在 30~40 min 内用完。

② 压浆步骤

A. 压浆采用活塞式灰浆泵压浆，压浆前先将压浆泵试开一次，运转正常并能达到所需压力时，才能正式压浆，压浆时灰浆泵泵压保持在 0.5~0.7 MPa。

B. 压浆前用压力水冲洗湿润孔道,并用空压机吹除孔内积水。

C. 从下至上进行压浆(比较集中和邻近的孔道,先连续压浆完成,以免串到邻近孔后水泥浆凝固,堵塞孔道)。

D. 当梁另一端排出空气→水→稀浆至浓浆时用木塞塞住流浆,并提升压力至 0.7 MPa,持压 1 min,从压浆孔拔出喷嘴,并立即用木塞塞住。

E. 压浆过程中及压浆后 48 h 内,结构砼温度不能低于 5 ℃。当气温高于 35 ℃ 时,压浆应在早晚进行。

F. 按规定制作水泥浆试块,以检查其强度。

G. 压浆中途发生故障,不能连续一次压满时,要立即用高压水冲洗干净,故障处理完成后再压浆。

③ 封锚

对应埋置在构件中的锚具,压浆后应先将其周围冲洗干净、凿毛,然后设置钢筋网并浇筑封锚砼。

9)移 梁

箱梁张拉、压浆、封锚后,开始移梁。移梁采用捆绑式吊装,龙门吊车直接吊装上桥或移到事先准备好的存梁场内。移梁时间可以安排在张拉完成验收合格后。对钢绞线进行切割,外留长度 30~50 mm,用水泥浆封堵锚头并用塑料布包扎锚头保护水泥浆湿养。在预制板(梁)移出底模后,存放储梁场进行分批压浆。

20.1.5 钢箱梁制作施工工艺

1. 施工工艺流程

作样、下料及切割→矫正及弯曲→边缘机加工→制孔→组装→焊接→焊接检验→矫正→出孔→整体组装→表面处理→涂装→验收。

2. 操作方法

1)作样、下料及切割

根据施工图和工艺文件进行作样和下料,并按要求预留余量。所有零件优先采用精密切割下料,手工切割仅适用于次要零件或切割后边缘需要进行机加工的零件。对于形状复杂的零件,用计算机 1∶1 放样确定其几何尺寸,并采用数控切割机精切下料。采用普通切割机下料的零件,应先作样。制作样板、样条、样杆时,应按工艺文件规定留出加工余量和焊接收缩量。

2)矫正及弯曲

零件矫正宜采用冷矫,矫正后的钢材表面不应有明显的凹痕或损伤。主要零件冷作弯曲时,环境温度不得低于 5 ℃,内侧弯曲半径不得小于板厚的 15 倍;小于者必须热煨,热煨的温度应控制在 900~1000 ℃,弯曲后的零件边缘不得产生裂纹。采用热矫时,加热温度应控制在 600~800 ℃,然后缓慢冷却,不得用水急冷;温度降至室温前,不得锤击钢材。

3)边缘机加工

零件应磨去边缘的飞刺、挂渣,使断面光滑匀顺,即通过刨(铣)边的方式确保精度要求。机加工零件的边缘加工深度不得小于 3 mm（当边缘硬度不超过 HV350 时，加工深度不受此限），加工面粗糙度 Ra 不得大于 25 μm。

4）制　孔

当采用数控钻床钻孔时，应首先检查钻孔程序，确认无误后方可施钻；钻制的首件必须经过全面检查，合格后方可继续施钻。当采用样板钻孔时，应首先检查样板的规格尺寸、钻孔套的紧固状态、各钻孔套间距精度、对正线位置等，确认无误后方可施钻。螺栓孔应成正圆柱形，孔壁表面粗糙度 Ra 不得大于 25 μm，孔缘无损伤不平，无刺屑。

5）组　装

组装前必须彻底清除待焊区域的铁锈、氧化铁皮、油污、水分等有害物，使其表面显露出金属光泽。采用埋弧焊焊接的焊缝，应在焊缝的端部连接引、熄弧板（引板）；引板的材质、厚度、坡口应与所焊件相同。需做产品试板检验时，应在焊缝端部连接试板，试板材质、厚度、轧制方向及坡口必须与所焊对接板材相同。所有板零件应在工艺指定的组装胎上进行组装，每次组装前应对组装胎架进行检查，确认合格后方可组装。

6）焊　接

在杆件制造前，必须进行焊接工艺评定试验，根据评定结果编制焊接工艺，施焊时应严格执行焊接工艺。焊接工作宜在防风防雨设施内进行。室内外焊接环境湿度均应小于 80%；焊接低合金钢的环境温度不应低于 5 ℃，当焊接普通碳素钢时不应低于 0 ℃。当环境温度低于 5 ℃ 或湿度大于 80% 时，应在采取必要的工艺措施后焊接。主要杆件应在组装后 24 h 内焊接，焊接前必须彻底清除待焊区域内的有害物，焊接时不得随意在母材的非焊接部位引弧，焊接后应清理焊缝表面的熔渣及两侧的飞溅，严禁涂蜡清渣。焊剂、焊条必须按产品说明书烘干使用，焊剂中的脏物、焊丝上的油锈等必须清除干净，CO_2 气体纯度应大于 99.5%。定位焊缝应距设计焊缝端部 30 mm 以上，其长度为 50～100 mm，定位焊缝间距应为 400～600 mm，定位焊缝的焊脚尺寸不得大于设计焊脚尺寸的 1/2。定位焊缝不得有裂纹、夹渣、焊瘤等缺陷，对于开裂的定位焊缝，必须先查明原因，然后再清除开裂的焊缝并在保证杆件尺寸正确的条件下补充定位焊。

埋弧自动焊必须在距设计焊缝端部 80 mm 以外的引板上起、熄弧。埋弧自动焊缝焊接过程中不应断弧，如有断弧则必须将停弧处刨成 1∶5 斜坡，并搭接 50 mm 再引弧施焊，焊后搭接处应修磨匀顺。根据设计要求、母材材质、接头形式、焊接位置等因素，通过焊接工艺评定确定匹配合适的焊丝、焊剂、焊条。焊前预热温度应通过焊接性试验和焊接工艺评定确定；预热范围一般为焊缝每侧 100 mm 以上，距焊缝 30～50 mm 范围内测温。单面焊双面成型的焊缝按工艺要求在坡口背面粘贴陶质衬垫，要求贴严贴牢。经检查不合格的焊缝，应采用原焊接方法进行返修，但对于咬边、气孔、焊脚尺寸不足等缺陷可用手工焊进行返修。返修焊时，在清除缺陷时应刨出利于返修焊的坡口，并用砂轮磨掉坡口表面的氧化皮，露出金属光泽。焊接裂纹的清除长度应由裂纹端部各外延 50 mm。用埋弧焊返修焊缝时，必须将返修部位两端刨成 1∶5 的斜坡，焊后将接头处修磨匀顺。同一部位的焊缝返修不宜超过两次。

7）焊接检验

所有焊缝均应在冷却后按质量标准在全长范围内进行外观检查，并填写检查记录。所有焊缝不得有裂纹、未熔合、焊瘤、夹渣、未填满及漏焊等缺陷。经外观检验合格的焊缝，方可进行无损检验。无损检验应在焊接 24 h 后进行。钢板厚度 30 mm 以上的焊接件必须 48 h 后进行无损检验。用射线和超声波两种方法检验的焊缝，必须达到各自的质量要求，该焊缝方可认为合格。

8）矫　正

零件组焊后根据变形情况采用冷矫或热矫对其进行矫正。矫正后的杆件表面不得有凹痕和其他损伤。冷矫时应缓慢加力，室温不宜低于 5 ℃，冷矫总变形量 $\Delta \leqslant 2\%$；热矫时加热温度应控制在 600～800 ℃，严禁过烧，不宜在同一部位多次重复加热。

9）整体组装

钢箱梁整体组装应在具有桥梁线形的组装胎架上进行，拼装前应按工艺文件要求检测胎架的线形和几何尺寸。整体组装应在激光经纬仪和激光测距仪控制下完成，重点控制梁段整体直线度和桥梁线形。钢箱梁整体组装与试装一并完成。整体组装试拼过程中，必须使板层密贴，并应检查拼接处有无相互抵触情况。钢箱梁整体拼装的各部尺寸和线形经检查合格后，用试孔器检查所有的螺栓孔，全部孔群必须 100% 能自由通过较设计孔径小 1.5 mm 的试孔器方可认为合格。磨光顶紧处用 0.2 mm 塞尺检查，插入深度不得超过要求顶紧长度的 1/4，每个顶紧处都应有检查记录。每个批次的整体组装应有详细检查记录，并经检验合格后，方可解体，进行下个批次的整体组装。

10）表面处理

钢箱梁节段组焊完成后，要求先清除表面的油污，然后进行抛丸、喷砂处理，除锈等级 Sa2.5（GB/T 8923）。拼接板等零件应喷砂除锈，除锈等级 Sa2.5（GB/T 8923），粗糙度 40～80 μm。

11）涂　装

涂装应在杆件尺寸检验合格，并且表面处理检验达到规定要求后方可进行，并于 4～8 h 内完成。涂装结束后，利用色卡、干膜测厚仪、涂层结合力测试仪、附着力测试仪等仪器进行漆膜颜色、最终厚度和附着力的检验。

12）验　收

钢箱梁制造完成后，应按照施工图及验收规则，对钢箱梁节段制造尺寸及螺栓孔进行检测验收。

20.2　桥梁架设施工

20.2.1　T 梁架设施工工艺

1. 施工工艺流程

T 梁架设施工基本工艺流程见图 20-11。

2. 施工要点

1）组装架桥机

架桥机的长途运输是在解体状态下进行的，挂运至施工工地后，应组装成架梁状态。架桥机组装次序为：

拆除所有装载加固的元件；按要求组装倒装龙门吊，两龙门吊间距为24 m；机臂装载平车组进入龙门吊内；一号车折叠柱根恢复到工作位；移动一号柱顶到铺轨位并插机臂中心销，移动二号柱顶，使之与一号柱顶间距为9 m并用楔形块锁定；龙门吊起吊机臂，上升100 mm后停留10 min，无异常时继续起升至组装高度；机臂装载平车拖出龙门吊，主机进入龙门吊内并与柱顶对位；组装一号柱、二号柱；一号车驶出龙门吊；连接机臂电缆；机臂回缩至自力走行位，机臂尾部置于三号柱上；组装液压管路；机臂上升至最高位组装零号柱。每次组装完成后，选择合适位置做重载试验，严禁在桥墩上试验。

2）架桥机运行

架桥机由停放地点至架桥工地，可根据具体情况编组运行。一般采取一号车在前、二号车居中，机车再推送梁车、桥面轨节车和龙门吊车在后跟踪运行的方式发送。一、二号车也可联挂运行。

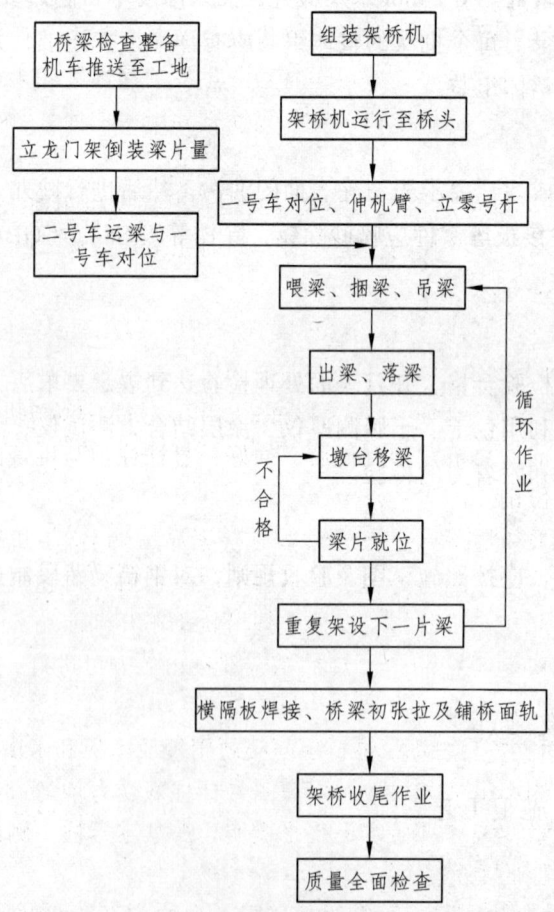

图20-11 T梁架设施工基本工艺流程

① 出退机前以及雨后，要对架桥机所经过的线路、道岔、道口、桥头等进行全面的调查，一、二号车通过地段轨枕头以外 1 m 范围内不得有高出轨面 0.2 m 以上的障碍物，距线路中心两侧各 1 m 以内不得有高出轨面 0.02 m 的障碍物，否则应排除。

② 对架桥机械运行地段的电力线、通信线、立交桥、渡槽、隧道等可能影响机械通行的净空及其他障碍物进行调查测量，对存在问题的提出处理意见。检查道口、桥头有无下沉，道岔及道口轮缘槽内是否有障碍物，临时道口枕木搭设是否平稳等。

③ 出退机前应提前整正线路。消灭死弯、反超高、三角坑等病害，清除障碍物，将线路整平拨顺，确认路基坚固，线路平实后才能出机。雨后应重新压道。

④ 出退机时，机臂必须落到低位，并插好一、二号柱柱销，放倒机臂上安全绳杆。

3) 一号车对位、伸机臂、立零号柱

架桥机一号车准确地停在架梁位置上，机臂伸出，抵达桥墩后立好零号柱，使机臂处在一端支零号柱，一端支于一号柱简支状态，即可开始架梁。

① 桥面短轨按 1 920 根/km 铺设，宜采用分开式扣件。与混凝土枕结合处在混凝土枕空内交叉穿入木枕，交叉穿设长度不小于 5 m。

② 一号车对位时，应在钢轨上标识出停车位置（一号车第一位轮中心到胸墙或已架梁前端间的距离：32 m 梁 2.6 m，24 m 梁 10.6 m），速度不得大于 0.5 km/h，并派专人安放止轮器和放风制动；下坡对位时，必须带闸对位，操作人员应精力集中，认真操作。

③ 对位后，制动风压应随时保持 600 kPa 以上，并采用铁鞋和木楔等止轮防爬器在车轮下止动。具体数量为一号车下 9 对轮对打足 36 只铁鞋并用木楔抄紧，确保架桥机不发生溜动，经检查确认无误后方可停机。

④ 出机臂前，一号车放下前后液压支腿，支腿顶升高度以车体上升 5 mm 左右为宜。并在钢轨两端外侧横梁下各支垫两根硬质枕木头，同时用木板或楔木抄平，枕木高度必须高于轨道高度，严禁支腿直接压在轨道上。

⑤ 根据所架梁片高度将一号柱、二号柱上升到所需高度，一号柱、二号柱柱顶高度应相同，插好一号柱、二号柱柱销，再将一号柱油缸卸压，二号柱油缸上顶，使插销压牢受力。

⑥ 将吊梁小车与一号柱柱顶的定位销插好，拔出一号柱柱顶与机臂的中心销，开动机臂伸缩卷扬机，机臂即可前伸。机臂伸到位后，插好一号柱柱顶与机臂的中心销，并拔出一号柱柱顶与吊梁小车的定位销。

⑦ 机臂伸缩前，还应将吊轨小车退回一号柱前紧靠吊梁小车。机臂伸出简易立在桥墩台后，吊轨小车方可进行吊运作业。所用工具材料吊放墩台后，再翘机臂垫枕木或木板，支垫完后再压机臂，严禁机臂在悬空时吊装运行或把吊轨小车开到前端。

⑧ 进行翘头作业时，应注意将二号柱插销全部拔出后方可进行；并尽可能缩短油缸进行翘头作业的时间。

⑨ 在桥墩垫石顶面立零号柱时，垫石顶面必须用硬质木板和木楔填平垫稳，支垫的长度和宽度应大于零号柱两侧承力部分尺寸，保证零号柱柱底受力均匀；当零号柱偏立时，突出垫石的部分下面必须用素枕头和硬质木板垫平楔实，严禁零号柱一侧或两侧悬空。零号柱应立平、垫实，节间的螺栓要上齐上紧。

⑩ 在桥台立零号柱时，零号柱下并排垫 3 根长素枕，不平处用薄木板和木楔填平楔实，

保证零号柱柱底全面受力。

⑪ 零号柱支垫的厚度，应根据坡度和梁跨长度进行调整，尽量使零号柱立好后机臂保持水平。

⑫ 立稳零号柱后，二号柱油缸上顶使零号柱压牢，压力为 4 MPa，将摆头油缸钢丝绳完全放松。为防止吊梁台车吊梁片走行时机臂固定销突然窜出，还应将压销钢板用螺丝上好压在销子上，但不能压死，应留出 150 mm 间隙。在架设双线第三、四片桥梁时需将零号柱向左、右各移不小于 400 mm 的距离，便于桥梁横移到位。架完梁需缩回机臂时，前液压支腿不能撤，应先将吊梁小车退回到后端限制位置，机臂抬头，收起零号柱活动节，并将机臂摆正后方可回缩。机臂缩回到位后，前液压支腿方能撤回。

4) 立倒装龙门吊并倒装桥梁

机车推送桥梁、桥面轨节及龙门吊车到达工地后，在距桥头约 200 m 远的合适地点组立龙门吊，将平板车上的桥梁吊起，落放到二号车上，进行倒装梁作业。

龙门吊一般应组立在坡度不大于 10‰的直线线路上或半径不小于 1 200 m 的曲线线路上。在曲线半径较小的线路上组立时，宜将线路拨直 50 m 左右。龙门吊支腿垫平垫实，两边支腿安放在同一水平上，允许偏差为 4 mm。龙门吊左右支腿与线路中线的距离应保持相等，误差不超过 10 mm。组装龙门吊时应有人统一指挥，当油缸将龙门吊顶起后不得偏斜，转动龙门吊时两端内侧间距不得大于 20 mm。龙门吊至桥头距离应满足倒车的需要，同时尽可能缩短二号车的走行长度，一般选在 200~500 m 之间为宜。龙门吊应立在基底坚实且线路条件较好的地方，并尽量避开高填路基，基底要整平夯实，基底上至少放二层枕木，龙门吊底层要对穿枕木，分布压力。龙门吊组立后钩底距轨面的净高应在 5 300 mm 以上，保证二号车及机车安全通过。倒装不同跨度桥梁时，两台龙门吊的中心距离：32 m 梁 26.9 m，24 m 梁 18 m，20 m 梁 13 m，16 m 梁 12 m，12 m 梁 8 m。一座桥有两种跨度时，必须调整龙门吊位置，严禁使用 24 m 跨度桥梁的吊距起吊 32 m 跨度桥梁。龙门吊吊装第一片梁时，应做静载试验，在确认没有安全隐患时，方可将梁片倒装到二号车上。先吊支座后吊梁，使梁悬空时间尽量缩短，吊支座的倒链要挂在牢固地点。吊梁时梁底部与平板车上方的物体高度间距大于 200 mm，并检查两侧无障碍物后再指挥机车退出。二号车装梁时，桥梁重心宜在二号车纵向中心线上，偏差不得超过 20 mm。在小曲线半径架梁时，应使桥梁中线与二号车纵向中心线略成斜交，桥梁前后两端各向二号车中心线左右偏离少量距离，以不超过 150 mm 为宜。桥梁在二号车上落实后，应调整梁支撑的高度，并用木楔进行加固，确认桥梁装载合格后方可运行。龙门吊倒装桥梁时，应先用倒链将桥梁支座挂在梁边湿接缝钢筋上，并置于前（后）下横隔档上。用龙门吊吊装桥梁及轨排时，如需偏装，可通过龙门吊顶的横移装置进行，最大横移量不大于 200 mm。桥梁落在二号车上时，支点距梁端的距离最小不能小于 3.2 m，最大不大于 3.5 m，并用撑杆将梁片支牢，防止梁片倾斜。其最低处距轨面净高不得少于 1.8 m，不足时须用垫木调整，以满足向一号车拖梁的需要。

5) 二号车运送桥梁与一号车对位

① 二号车载梁运行速度为 0~7 km/h，与一号车对位时速度不大于 0.5 km/h。距一号车 10 m 处一度停车确认二号车制动系统工作正常后，再启动二号车缓慢推进。

② 二号车运送桥梁时应设专人护送，随时检查桥梁支撑是否松动。与一号车对位时，注

意观察一号车后边有无障碍物,严防与桥梁悬出部分碰撞。

③ 二号车对位时应有专人把闸,在一、二号车之间应留有间隙,不予挂实,严防冲撞。在一号车落梁过程中禁止联挂。

④ 二号车运梁经过地段,不得有死弯、反超高、三角坑等病害,曲线外股不设超高。

6)喂梁、捆梁、吊梁

架桥机喂梁和捆梁、吊梁等作业交叉进行,主要包括以下过程:顶起桥梁前端,并落到一号车前拖梁台车上,在跨装状态下拖梁前行;待进到一定位置后,再顶起桥梁后端,并落到一号车后拖梁台车上,继续前行(32 m 梁为一号吊梁小车捆架、吊梁、全梁在半支半吊状态下前进,待桥梁后端前行到位后,再顶起后端,并落到拖梁台车上再继续前进);桥梁前端进到一号吊梁小车位置时,捆梁、吊梁在半支半吊状态下前进;待桥梁后端进到二号吊梁小车位置时再捆梁,吊起后端,在悬吊状态下前进对位。

二号车顶梁扁担的横移装置只能横移轨排,禁止横移梁片。二号车顶梁扁担顶梁时,左右千斤顶应水平上升,并及时调整可能出现的偏斜量,梁顶起后,一号车拖拉台车未到位垫好前,不准抽去铁盒或拉开二号车拖梁台车。拖梁台车上应放硬质木板垫梁,垫梁板高度必须使梁片能够顺利的拖进一号车,梁体装上拖梁台车后,应及时加设支撑支护。拖梁台车运行前,拖梁人员必须负责清除影响台车和桥梁前行中的一切障碍物,并观察有无碰挂和台车运行不良等情况。吊点应符合有关规定,一号吊梁小车的捆梁位置一般距梁端 3~3.7 m,避免与机臂前端的吊轨小车相碰。梁片后端捆绑完后,钢丝绳以起吊至不受力为准,然后用拖梁台车往前拖送至一号柱中部位置,方可进行起吊作业。严禁在二号柱下起吊。捆梁时两边铁瓦要对称放正,捆梁千斤绳应垂直、无绞花或相互挤压现象,并置于铁瓦中间。桥梁吊起后,梁身应保持水平状态向前移动,架 32 m 梁时,两端吊起后,可将前端逐渐落低,以免与停在机臂前端的吊轨小车相碰撞。机臂上应设专人,其任务是:防止钢丝绳绕乱、跳槽;走梁前摘掉吊梁小车插销;伸缩机臂后安插销;二号吊梁小车卸载后打堰,梁走行前清除机臂上的障碍物等。

7)出梁、落梁、移梁、就位

架桥机在左线架设时可采用以下两种作业顺序:① 右线边梁、右线中梁、左线边梁、左线中梁;② 右线边梁、右线中梁、左线中梁、左线边梁。右线架梁时架梁顺序反之。在整备桥梁时即将支座安装到梁底,墩台移梁时梁滑到位后直接就位即可。

具体过程以顺序①为例:

① 首先,右线边梁落至最底位时进行纵向对位(对位时宁少勿多),纵向误差在允许范围之内时开始向右横移梁,横移量不得大于 1 150 mm,横移到位后落在滑梁轨道上,梁底垫上托盘。墩台移梁宜采用电动轨道式滑移梁装置,向右滑梁到位后再用千斤顶顶起梁体,撤去滑道,支座下垫 20~30 mm 干硬性砂浆,落下千斤顶,梁片就位。

② 右线中梁架设过程与右线边梁相同。

③ 右线梁架设完毕后,即可架设左线边梁。这时,首先需要重新立零号柱,零号柱向左偏立 40 cm,零号柱左侧突出垫石的悬空部分下用素枕头和薄木板填平楔实。然后即可架设左线边梁,梁落至最低位置进行纵向对位,向左横移时梁底与墩台垫石高度不超过 100 mm,横移到位后直接就位。如需要调整纵横向误差可以用千斤顶进行调整。

④ 左线边梁架设完毕后,即可架设左线中梁。首先需要重新立零号柱,零号柱向右偏立 40 cm,零号柱右侧突出垫石的悬空部分下用素枕头和薄木板填平楔实。然后即可架设左线中梁。出梁后,梁走行至合适位置后先下落约 1.45~1.55 m 进行纵向对位(对位时宁少勿多),其梁底与边梁将要接触时即向右横移,待两片梁相距已足够落梁时即下落就位。若纵向位置有偏差可用人工的方法进行纵向移梁直到就位。严禁无约束地横向顶、拉,以防止发生意外事故。

⑤ 梁片应先落后移,避免高位横移。梁片横移时横移小车在丝杆传动装置的驱动下,吊起梁片横移左右各 1 150 mm。

⑥ 就位时,支座底面中心线应与墩台垫石顶面十字线重合。梁端伸缩缝和梁片间的间隙应符合规定尺寸。梁梗垂直。支座上、下座板与梁底及支承垫石之间和支座各层部件之间应密贴无缝隙,整孔桥梁的支座应均匀受力无"三条腿"现象,支座配件应齐全无损伤,螺栓螺母应拧紧无松动。

8) 桥面作业及横隔板焊接

整孔桥梁就位后,应施工的桥面工作包括:平整预铺碴及铺轨整道等。同时按设计图规定电焊横隔板,将左右线四片梁联成整体。

① 拔出二号柱柱销,油缸下降,零号柱抬起,摘挂机构动作,零号柱翘起,同时解除前后液压支腿受力状态,拔出机臂上的定位销,机臂缩回 13 m,准备铺轨作业。

② 整孔梁完全就位后,平整桥面道砟,拆除短轨后一次铺成正式轨排。采用拨道对位的线路,应先恢复到设计中线后再铺正式轨排。

③ 与拖拉梁片的方法相同,将轨排拖入主机,若曲线上拖拉困难时,可用二号车顶梁扁担横移轨排,或将主机后退到平直路段倒运轨排。

④ 吊装轨排时,两台吊轨小车吊点相距 13.8 m。

⑤ 接头螺栓、轨枕配件应上齐上紧,避免丢失。

⑥ 铺轨后应及时进行整道作业,消除死弯、反超高、三角坑等,并将轨枕下道砟捣实,不得悬空。

⑦ 桥面轨枕下道砟厚度以 0.15 m 为宜,必要时可在每股钢轨下先铺设宽度不窄于 0.6 m 的道砟带,以不压断轨枕和满足架桥需要为原则。

⑧ 电焊前应将联接角钢及焊接板上的混凝土残碴、油污、铁锈等除净。

⑨ 焊条应符合国家规定标准,低温作业时,电焊条应采取预热措施。

⑩ 横隔板焊接应严格执行桥梁横隔板焊接作业指导书,焊缝质量应得到严格保证:厚度不小于设计规定,焊缝饱满、均匀,不得有裂缝、气孔等缺陷,焊接后应敲去熔渣检查质量,发现不合格时应立即补焊。

9) 架桥机过孔前,横隔板应全部焊接完成,同时必须将梁端及跨中三处六束钢绞线全部穿好,并戴紧锚具、预张拉。

20.2.2 公路架桥机架梁工法

1. 架桥机架梁工艺流程图

HDJ50/1500Ⅲ型公路架桥机架梁施工工艺流程图见图 20-12。

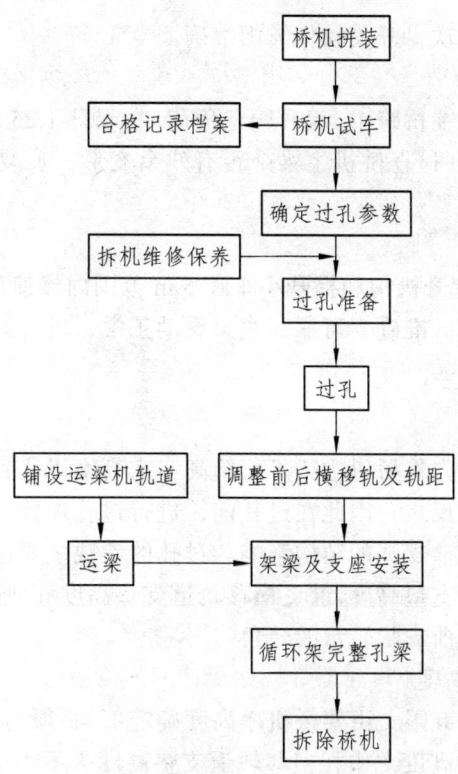

图 20-12 架桥机架梁工艺流程图

2. 施工要点

1)架桥机的安装

安装横移轨道及中托：架桥机在横移轨道上运行及完成架梁作业，故横移轨道安装很重要，其基础必须坚实抄牢，在桥台胸墙处摆放中托横移轨道，调整水平后，将中托按过孔方向置于其上部，并安装临时电源，检查中托轮转向是否一致；将后托轮置于距离中托 30 m 的位置，高度搭平中托轮，并保持托中心距 5 m；按主梁编号依次将两列主梁用销轴和螺栓分别连接成整体。用龙门吊或吊车吊起连接好的主梁，前端放在中托轮上，后端放在后托轮上；安装主梁前框架；安装前支腿；安装前导梁及前框架、前副支腿；安装提升小车。连接主梁上横梁，同时拆除主梁临时连接横梁连接；安装后导梁；安装后支腿，将后支腿与主梁后端用法兰连接为整体；安装伸缩机构；电器设备的安装吊钩及动滑轮组的安装。

注：安装过程中应注意桥机实物的编号对应；安装各拼接位置无空孔、缺销轴及销钉、开口销。

2)试车以取得准用证

在架桥机试车前，必须检查电动机的转向是否正确。同一运行机构各电机转向是否相同，调整卷扬机制动瓦块与制动间隙，检查各减速机内油量是否充足，各个油嘴、油杯、油管、油路是否畅通，待一切经检查确认方可试车运转。

① 空载试验

提升小车空载沿主梁轨道来回行走数次，车轮无明显打滑现象。启动、制动正常可靠。

开动提升机构，空钩升降数次，开关动作灵敏准确。

② 静载试验

将两台提升小车载梁停在桥跨中，起升额定负荷，在起升 1.25 倍额定负荷离地面 100 mm 处，悬停 1 分钟卸去负荷，检查桥机主梁是否有残余变形，反复数次后，主梁不再有残余变形。

③ 动载试验

以 1.25 倍额定负荷使起升机构和提升小车在 5 m 范围内慢速反复运转、启动，各制动机构的制动器，电器控制灵敏、准确、可靠，主梁震动正常，机构运转平稳。卸载后各机构和主梁无损伤和变形。

3）确定过孔参数

桥机在上坡过孔前总是先将桥机主梁平行抬高一定高度以达到桥机主梁 i1 = 0 过孔。依次循环直至架完上坡。下坡反之。因此在过孔前，进行过孔参数的确定是非常必要的，以保证桥机以平坡过孔和架梁对前支腿的结构影响。过孔的参数主要包括后托摆放位置（参见桥机过孔部分），中托横移轨道支垫高度，前支横移轨道支垫高度和前副支腿高度（即穿销眼孔），及架设斜桥或曲线桥中托和前支腿转盘的转角。

① 中托横移轨道支垫高度

由于吊具起升最大高度有限（由架桥机净高度确定），必须满足能顺利起吊 T 型梁为前提来考虑中托横移轨道支垫高度。中托横移轨道支垫高度为不小于 300 mm，但中托总高度（包括轨道及支垫部分）不超过 2 600 mm。

② 前支横移轨道支垫高度和前副支腿高度

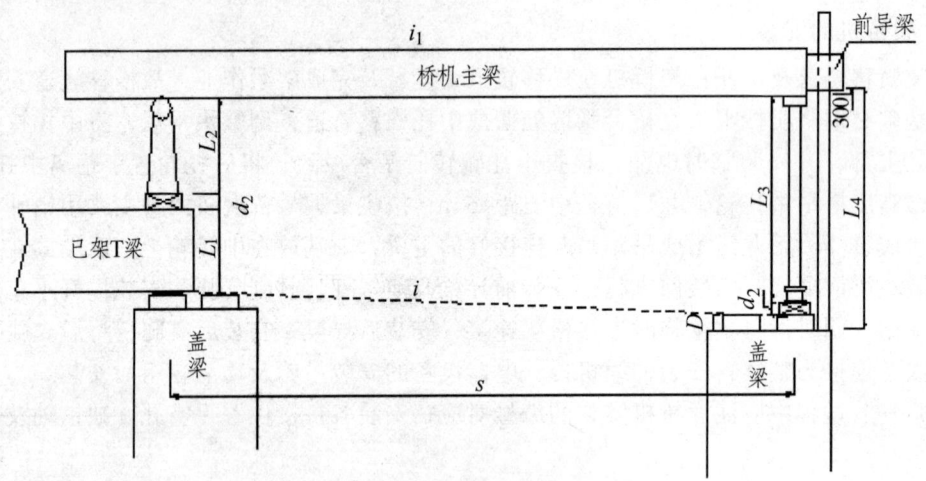

图 20-13 尺寸结构简图

i_1——桥机主梁坡度，取 $i_1 = 0$；

l_1——中托高度（到横移轨底部），$l_1 = 1\ 870$ mm；

d_1——中托横移轨道支垫高度；

l_2——已架梁高（连支座高度）；

l_3——前支腿高度（到横移轨底部），$l_3 = L + (0 \sim 750\ \text{mm})$；

L——前支腿油缸行程为 0 时前支腿的高度，$L = 3\,930$ mm；
d_2——前支腿横移轨道支垫高度；
D——待架盖梁垫石高度；
s——桥机跨度；
i——桥梁坡度，上坡为正，下坡为负；
l_x——前副支腿高度；
300 mm——导梁底部与主梁底部的高差。
由此有以下关系：$l_1 + d_1 + l_2 = l_3 + d_2 + s \times i$

$$l_x = l_3 + 300 + D \quad （单位：mm）$$

由此可得：前支横移轨道支垫高度 d_2 和前副支腿高度 l_x。例如：在过纵下坡 2.27% 的 50 m 孔时，在前支腿油缸及伸缩筒底座上增加了 800 mm 高的箱型结构支墩。以达到过孔及架梁要求（前支腿及后支腿过孔参数的改进参见桥机改进部分）。

③ 准备架设斜桥时，根据桥机纵向中心线与待架孔的梁中心线夹角多少调节好中托及前支腿活动转盘的角度。准备架设曲线桥时，在过孔前通过桥机转臂将桥机纵向中心线调整至平行于下一孔梁纵向中心线。过孔前需确定活动转盘角度或桥机转臂角度。

4）过孔前准备工作

在过孔前必须做好准备工作。
① 准备足够支垫用的枕木、木楔、杂木板及钢支垫、钢丝绳和手拉葫芦及其他辅助工具。
② 钢丝绳。

起吊 T 型梁用 6×37 型交互捻制的钢丝绳，钢丝绳直径 Φ39，单边走三，箱梁预埋有吊点，可直接用钢丝绳配合锁钩起吊。
③ 钢支垫。

T 型梁承重主要在腹板位置，箱梁受力点在板肋位置，其钢支垫或枕木必须布置在受力位置。
④ 为在吊梁过程中预防突然停电，特备用一台发电机。
⑤ 各岗位人员按岗位责任制的要求对桥机进行过孔前的检查确认。
⑥ 检查梁体尺寸是否符合设计要求，用墨线在梁体两端标注中线。
⑦ 复核支承垫石标高，在垫石上用墨线弹出沿桥纵、横向十字线。

5）桥机过孔

第一步：检查确认桥机工况良好后，启动前支腿和后托轮的液压系统顶起桥机，把中托轮横移轨道及中托轮箱移至桥台胸墙位置。将主梁放到中托轮上，支垫好后支腿，将后托轮置于距主梁后端 20 m（17 m。过 40 m 孔可以拆除中间一节 10 m 主梁，保留导梁）。将前支腿、副支腿收起，在前支腿上带上临时横移轨道。将提升小车开至距主梁前端 6 m 处（此时将中托下轮用木楔抄实）。

第二步：启动桥机中托轮的上层轮箱，使主梁在电机驱动下前行 18 m（15 m），同时提升小车向后同速运行 18 m（15 m）停下。

第三步：用后托轮的液压系统顶起主梁，将后支腿垫实然后收起后托轮，把后托轮向前移 12 m（7 m）。将两台提升小车开到主梁尾部，收起后支腿。

第四步：桥机继续向前运行 12 m（7 m），停止桥机向前运行。

第五步：启动前后伸缩导梁的伸缩系统，使前后导梁同时伸出大约 21 m（18 m），将副支腿搭在前端盖梁上，并锁紧所有斜撑抱箍。

第六步：启动后托轮箱油泵，顶起桥机，后支腿支撑在桥面上。后托轮由油缸收起后，用提升小车吊起后前移 20 m，再启动油泵使后托轮将主梁顶起。将两台提升小车开到主梁尾部，收起后支腿。

第七步：启动桥机前行轮箱使主梁沿前导梁前行至前端盖梁上，同时收缩前导梁，将临时前支横移轨道及前支腿支撑在前排垫石上，并垫平前支临时横移轨道。

第八步：启动天车，将前横移轨道运至前端盖梁上，利用前副支腿进行换轨作业，并调整前横移轨道（注意：每次过孔后铺摆横梁轨道时，前后横移轨道应处于平行状态。前后横移轨道右边、左边、中间六个点距离应一致，偏差不得超过 ±2 cm。千万不要用台帽边缘与轨道的尺寸来衡量前后轨道的平行）。收起前导梁的副支腿，将后导梁收回主梁内。过孔完成。

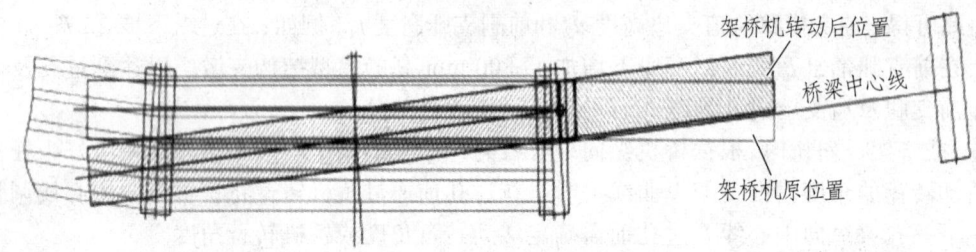

图 20-14　曲线桥过孔示意图

架设斜桥时根据桥机纵向中心线与待架孔的梁中心线夹角调节中托及前支活动转盘角度。架设曲线桥时，依靠中托横移轮箱将桥机中心线转至平行于待架孔梁中心线，如图 20-14 所示。中托横移轨平行前端盖梁横向中心线。过孔步骤同前直线段过孔。

过最后一孔桥孔时，可以将前支腿的伸缩筒拆除，将上下横梁固接。再过孔架梁。但得视现场过孔参数情况实际而定。

6）运梁平车的轨道铺设

运梁平车的轨道应铺设在坚实的地基上，在桥面上时应选择预制梁最佳受力位置（T 型梁在腹板位置，箱梁在其板肋位置），铺设道砟及一定距离的枕木。轨道规格 P43 轨，运梁平车轨距 2.6 m，为保证轨距准确，用钢筋将两轨焊接。轨面必须在同一水平面。注意：应时常对轨道进行养护。在运梁前对轨道进行检查确认。

7）架　梁

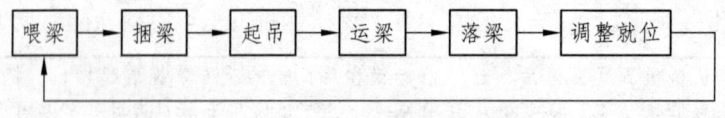

图 20-15　架梁示意图

① 架梁过程：

将桥机横移至提梁位置，并将后支腿支承垫实。运梁台车将至后龙门时，应经检查通过尺寸无影响后，再推送进入架桥机后龙门，直至前一台提升小车起吊位置（尽量靠近中托）。按要求捆梁（T 梁捆梁方式见图 20-15 所示），钢丝绳与桥梁底部转角接触处，必须安放护梁铁瓦，以免混凝土被挤碎，钢丝绳被割伤。护梁铁瓦应用麻绳固定在吊具上，并调整钢丝绳与护梁铁瓦，以保证铁瓦支垫牢实，不致中途脱落，保证梁平稳起吊。启动前提升小车将梁起吊一定高度，并作卷扬机制动性能试验。运梁台车配合前天车同步向前送梁，直至后提升小车起吊位置。后天车起吊一定高度，作制动试验后，两台天车同步将梁运至能架梁位置上方。启动天车将梁缓慢落下，在离垫石一定高度后，横移桥机至所架梁跨位置上方。继续下落梁至距支座 5 cm 高度时，应先调整安装桥梁支座和梁片，使之符合验收规范要求，再落实桥梁。T 型桥梁就位后，用方木临时支撑桥梁并用木楔楔紧。相临 T 梁就位后立即用电焊将 T 梁横联筋连接起来。

② 架梁顺序：先架中梁，后分两边架，先架边梁，接着架次边梁。

③ 边梁架设：

根据架设梁体计算出桥机中托及前支腿外侧轮箱在架设边梁时距外侧钢支垫（外侧支垫必须采用钢支垫支撑固定）的距离（例如图六所示：架设 50 mT 梁时计算出其距离为 1 270 mm）。则须在该位置做出标记，每次架设边梁时由人专门监控该位置。桥机横移快到位时采用低速运行，直至桥机能落梁到位。

注意：边梁与次边梁架设间隔时间不能太长（更不能过夜）。架边梁时须将边梁降至最低位置，再横移桥机将边梁就位。边梁与次边梁就位后立即用电焊将 T 梁横联筋连接起来。

④ 在桥机起吊、落梁过程中设专人观察前支腿、后支腿、中托横移情况。

8）桥机的部分强度校核与改进

原有桥机过超过纵坡 1%的孔时，对工人劳动强度和桥机自身的危险性都增加。为此，在不破坏桥机原有结构的前提下，从桥机过孔、架梁的安全角度出发，为了降低劳动强度，对桥机的几个关键部位进行了强度校核与改进。

① 运梁平车进行弯道运输的改进

由于考虑路基在制梁场与桥台设有平面曲线或缓和曲线，运梁台车轨道线路不能直线布置，原有运梁台车在运梁过程中没有转弯功能。为此，在原有运梁台车横梁上新做转向架。这样在运梁平车走曲线过程中，梁体与转向架绕轴心转动，梁体能平稳运行。

注意在放梁时必须要求梁体纵向与转向架横向垂直，以保证平车在直线行驶时转向架回正。转向架要求定期涂抹黄油，保证转向架转动灵活。在装梁时要求用两根枕木在转向架上对 T 型进行斜撑加固。

② 前横移轨道的过孔改进

过孔时若将前横移轨道整体带过去，由于前横移轨道重量达 6 吨，随着过孔主梁的长度增加，前横移轨对中托位置的弯矩加大，对中托横移轨道支垫不利，同时增大前端主梁的挠度，不利于过孔。另一方面，或者桥机在过孔时可带一节前支横移轨道（计 13 m 长）。此时需要求桥机在桥梁半幅过孔，另半节轨道需人工横移至天车能吊的位置，待吊移至前端盖梁时，又需人工横移再连接，劳动强度增加，增加了过孔时间。为此，为了减轻桥机过孔时前端悬臂重量，减小劳动强度，单做两节临时前支横移轨道。过孔时，临时轨固定在前支腿上。当前支腿到位时，用临时轨支撑前支腿。再用天车将前支腿横移轨道运至前支腿位置，同时天车退回。利用前副支腿完成换轨作业。

③ 前副支腿改进

原副支腿为 Φ219 无缝钢管（壁厚 7 mm），结构上属细长杆件。在过孔时承受桥机的竖向载荷又承受导梁收缩时产生的纵桥向力。在过两跨 22.5 m 的箱梁孔时副支腿伸出长仅 4 m，桥机稳定性差，副支腿弯曲变形，且晃动严重。过 50 m 孔时副支腿伸出达 6 m，不改进难保桥机过孔安全。为此，将前副支腿通过活动抱箍、拉杆，加强副支腿，使柔性支腿改为三角架结构，将支腿受力转换为三角架结构受力，由于活动抱箍可沿钢管上下移动，可根据需要伸出或收缩来调节副支腿的过孔尺寸。过 T 梁 50 m 下坡孔时的前副支腿结构形式。在过两孔箱梁 45 m（桥梁纵坡坡度为 2.07%）时，只需将图示中的 1 拆掉，将 2 更换为 2.5 m 长的斜撑。注意：主梁过孔 30 m 时，前导梁伸出到达前端盖梁支撑过孔，调节好前副支腿的高度（此时副支腿上的轴销受力）后，必须将前副支腿上的所有抱箍紧死。

④ 后支腿及前支腿过孔参数改进与加固

根据前面图三过孔结构简图所示，原桥机适应纵坡≤1%，前支腿和后托靠行程 $s = 750$ mm 的油缸来调节其高度。在桥梁坡度超过 1% 的上坡时，桥机过孔需在中托横移轨道、后托、后支腿位置加垫一定高度的枕木。在桥梁纵坡度超过 1% 的下坡时，桥机过孔需在前横移轨道位置加垫一定高度的枕木，后支腿在过孔前须降低一定高度，以达到过孔要求。枕木加垫太高，桥机在过孔和架梁过程中存在着很大的危险性。为此，在中托总高度（包括横移轨道及钢支垫高度）不超过 2 600 mm，不影响桥机原有受力结构的前提下，从桥机过孔、架梁的安全角度出发，对后支腿及前支腿进行改进。后支腿采用组合式结构，可以自由调节过孔高度。前支腿在油缸及伸缩筒底座上做一定高度（由桥机过孔参数决定）的箱形结构的支墩，以达到调节桥机下坡过孔时前支腿高度的目的。

⑤ 中托横移轨道的强度校核与改进

中托横移轨道，经过强度校核：其强度不够。

测量计算受力结构尺寸。经过计算，决定补强区：即在中托横移双轨两侧、最外端支垫两端各 1 m 的位置补焊 14 mm 钢板，并在轨道下面焊接高 160 mm 的梁，以增大轨道截面高度，增大抗弯矩能力。通过实际架边梁，在外侧轮缘处轨道下扰度值 5 mm。

9）架桥机拆除

架桥机架完最后一孔桥梁后，可以采用吊车在桥上从桥机后端开始拆除。也可以按照桥机过孔方式从前端开始拆除，过孔一节主梁拆除一节。循环拆除桥机。

20.2.3 箱梁架设施工工艺

1. 施工工艺流程

箱梁架设施工基本工艺流程见图 20-16。

2. 施工要点

1）施工准备

① 提梁机、运梁车、架桥机组装

900 t 箱梁的提、运、架设备属特种设备，结构比较庞大，需分组件运往施工工地进行组装。组装前准备好场地、图纸及相关技术资料，组装过程中严格按照技术规程和安全规程作业。

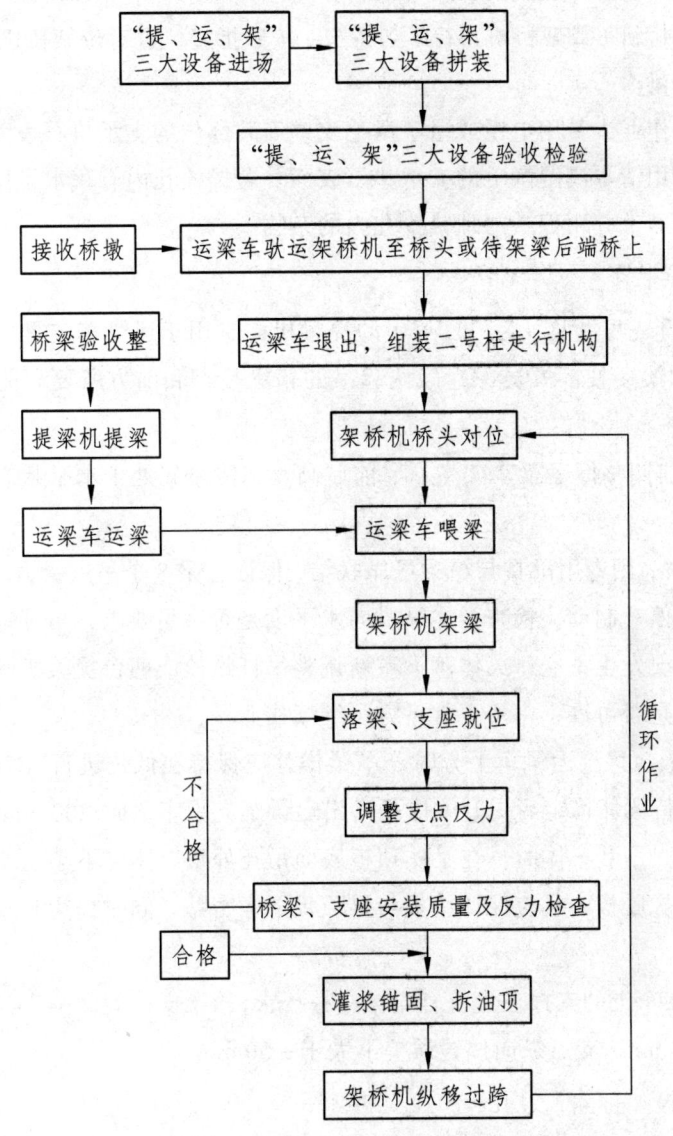

图 20-16 箱梁架设工艺流程

② 提梁机、架桥机试验

提梁机、架桥机（新设备）首次完成组装后应按《试验大纲》及规定进行型式试验，型式试验由国家指定机构进行，机械设计单位和使用单位配合完成。

③ 桥梁整备

检查桥梁外观尺寸（梁体全长、跨度、梁高）等外形尺寸是否满足设计要求，吊孔位置、孔径、垂直度是否正确。在箱梁底板上安装支座，正确安装活动支座及固定支座。支座上底板的坡度方向应与线路的坡度方向一致。支座安装在箱梁底部后，应拧紧支座与梁体的连接螺栓，在支座与梁底预埋钢板之间不得有间隙。

④ 架桥机桥头对位，做好相关架桥准备

运梁车驮运架桥机（或架桥机自行）到桥头，按照指定位置对位架桥机，达到架梁状态。运梁车退回梁场装梁。

对位前，桥台作业人员用电锤或凿子凿毛支座安装部位的支承垫石表面，清除锚栓孔及预留孔中的杂物，用清水润湿凿毛的支承垫石表面。若锚栓孔内有积水，用海绵、棉纱等将孔内的积水清除干净，并用棉纱清理锚栓孔内的杂物。

2）提梁机提梁装车

① 提梁采用的是两台型号为 TLJ450 的提梁机，它用于运梁车装梁及架桥机组装。在提梁之前首先要和梁场技术人员一起确认起吊的箱梁是否和前方所要架的桥跨一致，保证无误。

② 在吊梁之前调整好运梁车架左右、前后高度，使车架处于水平状态，打好前后两端支腿。

③ 箱梁吊装时，用专用吊具与箱梁可靠联结，保证全梁 8 个吊点受力均衡。箱梁缓慢吊起至 100 mm 左右停车制动，检查梁体纵横向水平度是否满足要求，吊杆螺栓是否有松动现象，如果有上述情况发生，应将梁体落下重新调整吊杆螺栓或两台提梁机起升高度，同时检查提梁机起升制动是否可靠，一切正常后方可继续作业。

④ 提梁机吊梁横移至运梁车上方时，吊梁横移应保持在低位进行。当运行到距运梁车 3 m 左右时停车，待梁体稳定后提升梁体到高出运梁车支承座顶面 200 mm 左右位置，再将梁体移至运梁车上。吊装梁体时，在梁体顶板底面吊孔处垫以厚度不小于 40 mm，直径不小于 460 mm 的圆形橡胶板，且应保证垫板与梁顶板下缘密贴。同时提梁时梁端前后高差不得大于 100 mm。

⑤ 箱梁在运梁车上的支撑位置符合箱梁支撑要求，箱梁支撑截面中心与运梁车中心线横向误差不大于 ±25 mm，支点纵向位置误差不大于 ±50 mm。

3）运梁作业

运梁车运输过程中，应控制走行速度，必须有专职安全员随车监控走行安全。若运梁车有走行控制雷达，应在线路上提前按划线要求划好中心线，运梁车行走时开启雷达监控，运梁车偏移中线安全范围时必须报警并停车。

4）喂梁作业

① 在架桥机二号柱后方划出运梁车喂梁运行线路，方便运梁车对位运行。以架桥机中心线为中线划出运梁车走行轮胎走行位置线，划线长度应延长至三号柱后方一个运梁车车长位置。

② 运梁车喂梁对位时，注意观察架桥机尾部有无障碍物与运梁车碰撞，运梁车前端通过架桥机三号柱后，前司机室应转至车体侧面。运梁车对位时应低速行驶，速度控制在 3 m/min

左右。应在运梁车停车位置放置不低于 200 mm 高的止轮器,防止运梁车因操作不当等原因继续前进。

③ 应有专人观察运梁车与三号柱走行轮组间的侧向间隙,观察运送的箱梁与三号柱柱体间的侧向间隙,严禁冲撞架桥机。

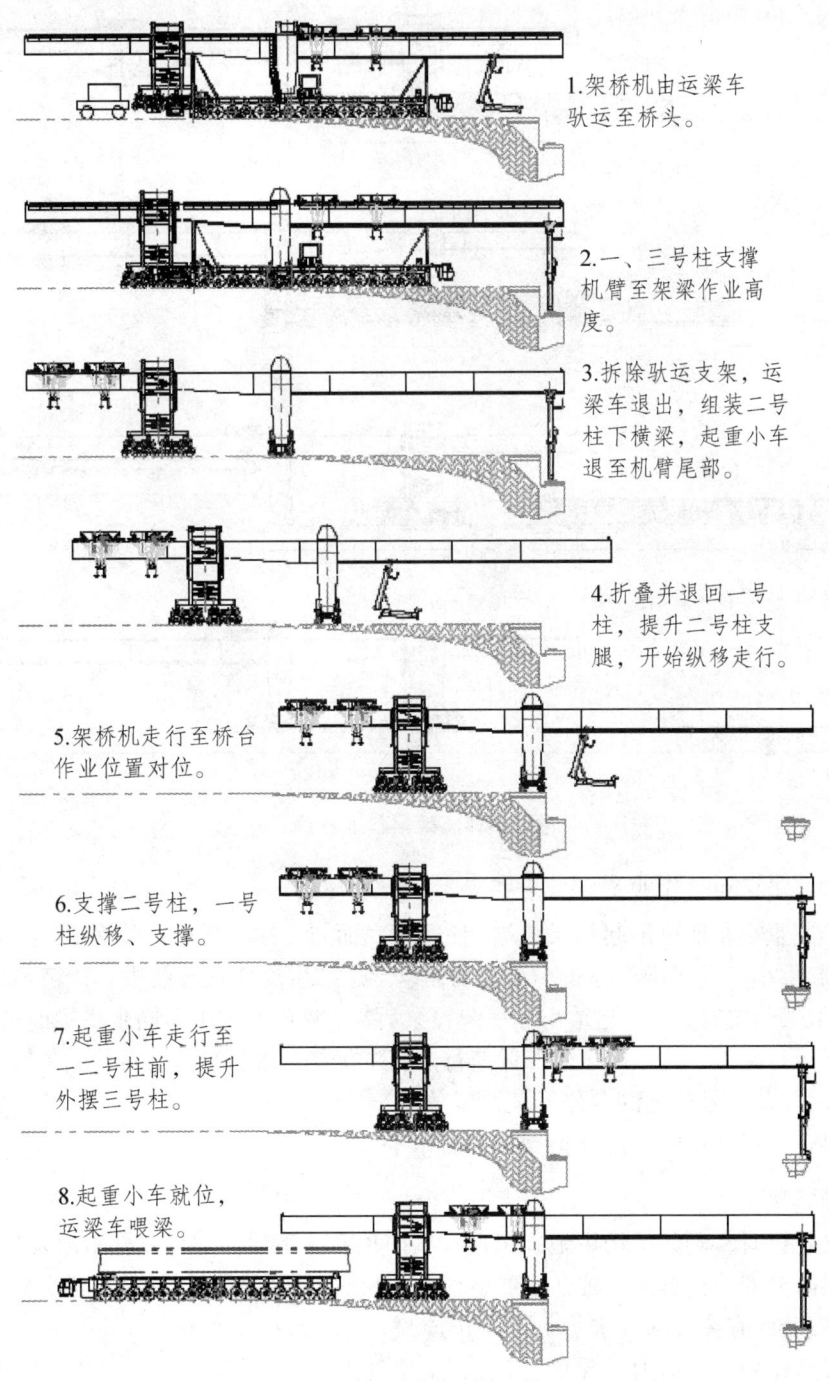

图 20-17　桥头对位作业程序

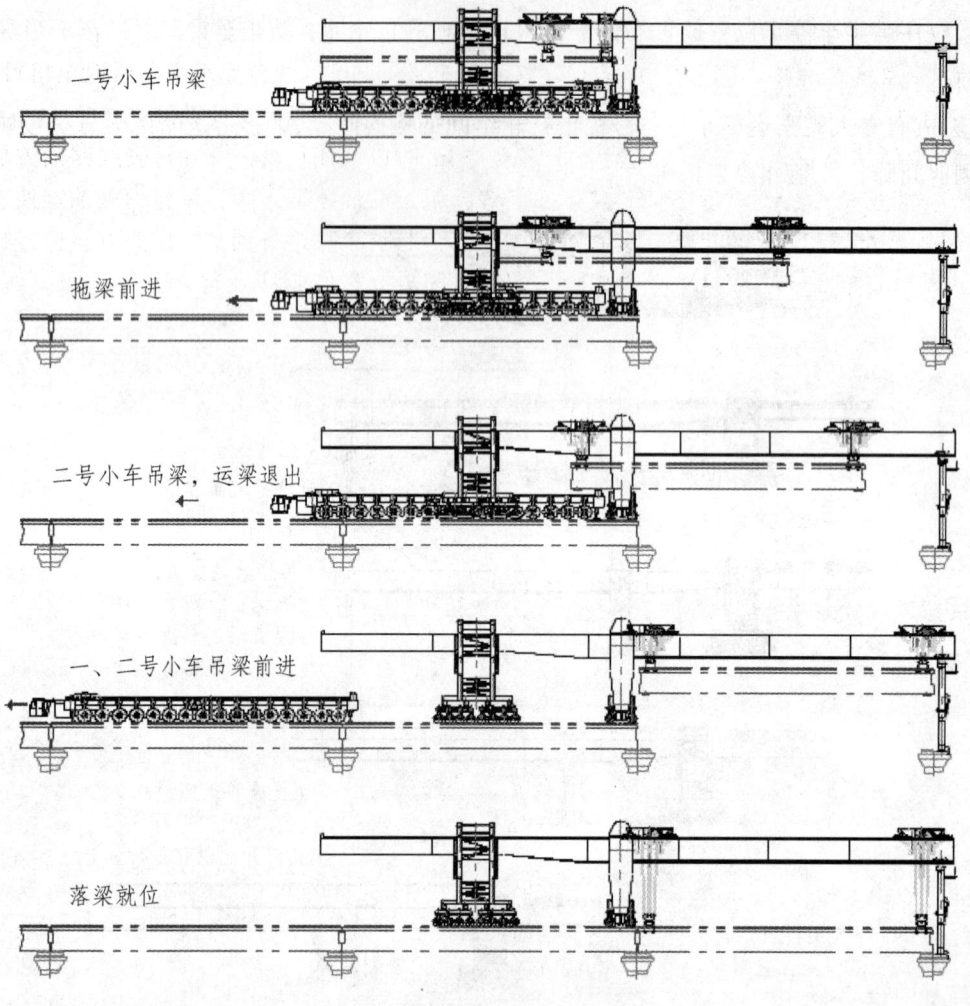

图 20-18 架梁作业程序

5) 取梁、吊梁运行作业

① 一号起重小车取梁吊起箱梁前端，使箱梁底面与支撑柱顶面保持在 20～50 mm 距离。箱梁由一号起重小车及运梁车拖梁小车拖动，以半悬挂半支承状态前进。待箱梁后端进入二号起重小车取梁位置时，二号起重小车吊起箱梁后端，两台起重小车同步吊梁前进对位落梁。

② 吊梁运行接近一号柱时，应以低速行走，并有专人在前端监视对位，严禁箱梁碰撞一号柱。必要时拉动一号柱上的急停开关，紧急停车。

③ 吊梁运行或落梁时，应保持箱梁左右水平。

6) 箱梁就位安装

① 落梁就位时，严禁无约束地在纵向和横向顶、拉箱梁，防止意外事故发生。

② 箱梁降到安装位置后，通过起重小车纵向和横向微调，精细调整箱梁支座的位置，使之符合箱梁安装的有关技术要求。

③ 箱梁就位先落在测力千斤顶上，控制支座处支点反力控制。再对支座下底板与支承垫石之间，锚栓孔内进行压力注浆。

7）架桥机纵移过孔作业

① 箱梁安装完毕，三号柱由宽式支撑变换成窄式支撑，两台起重小车后退至机臂尾部，收缩一号柱下伸缩柱，去掉二、三号柱轮组止轮器，收回二号柱支腿油缸。

② 架桥机纵移走行过孔，走行至距终点 5 m 时以低速行驶，并在行驶线路前方放置好止轮器。架桥机走行到位后，打开二号柱走行轮组均衡油路截止阀，调整均衡油缸使支撑螺旋顶支撑于桥面，关闭截止阀，支撑一号柱。二台起重小车运行到二号柱前方，三号柱变换成宽式支撑，起重小车运行至取梁位置，架桥机完成纵移作业。

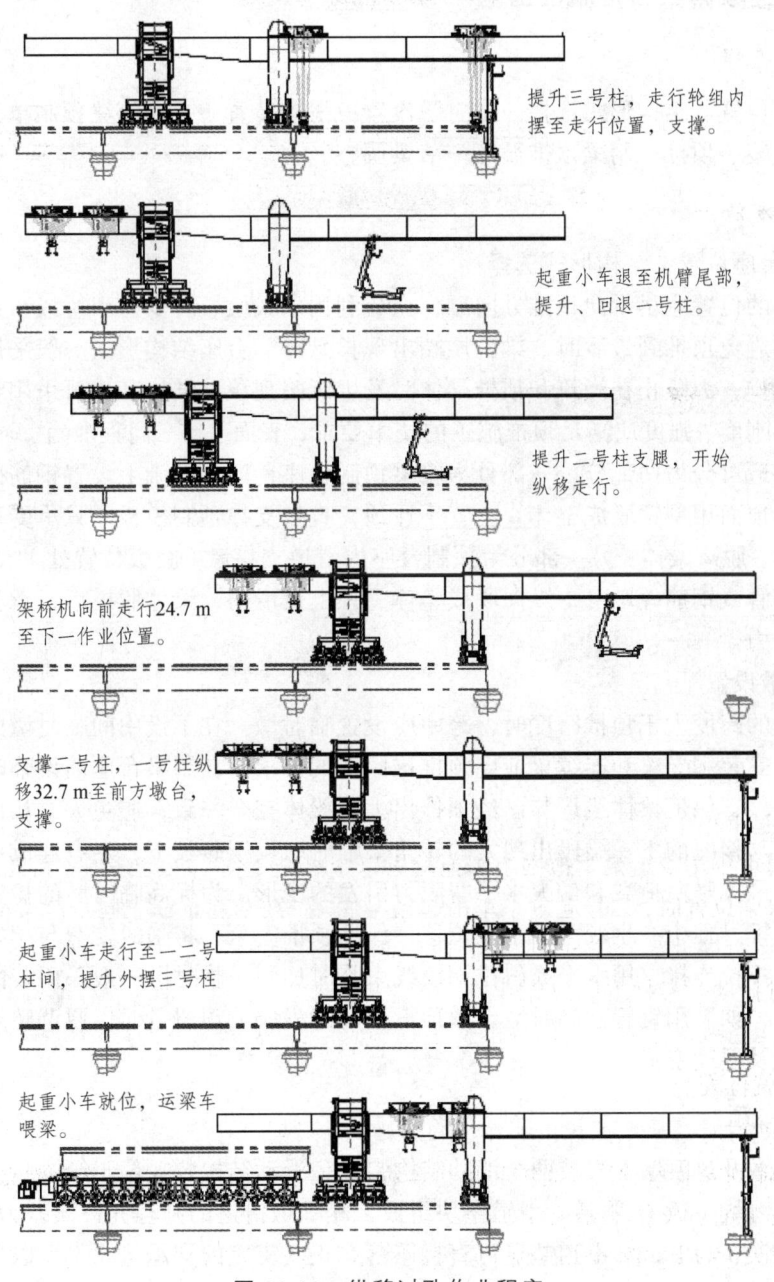

图 20-19　纵移过孔作业程序

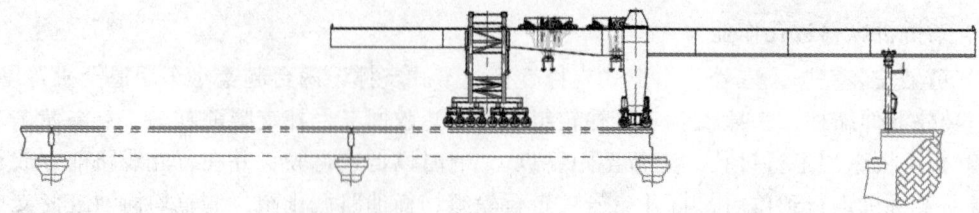

图 20-20　末孔梁过孔对位

20.2.4　连续箱梁顶推施工工艺

1. 工艺流程

制梁台座位置、结构形式选择→临时墩设置→滑动装置→首段箱梁预制单元的施工→导梁的制作及安装→顶推→制梁顶推循环→落梁调整

2. 施工方法

① 制梁台座位置、结构形式选择

制梁台座的位置应尽量向顶推方向靠，充分利用永久墩、台少占引桥或引道位置，减小顶推工作量，避免顶推到最后时，梁的尾端出现长悬臂。台座结构形式一般采用梁柱式结构或整体框架结构，为防止在浇筑和顶推梁体时发生沉陷现象，结构基础可采用临时桩基础。要求台座结构刚度、强度应满足顶推施工的技术要求，表面平整、高程准确、不得发生沉降。预制台座的构造可分为两部分，一部分为箱梁预制台座，即在基础上设置钢筋砼立柱或者钢管立柱，立柱顶面用型钢联成整体，上置千斤顶，直接支撑预制模板，只承受垂直压力，顶推前降下模板，脱离梁体；另一部分为预制台座内滑道支撑墩（腹板位置处）或整体滑道梁，在基础上立钢管或钢筋砼墩身，纵向联成整体，顶上设滑道，梁体脱模后，承受梁体重力和顶推时的水平力。

② 临时墩设置

在连续梁的跨度大于顶推跨度时，跨中应设置临时墩。在不设中间临时墩的顶推桥梁施工中，为满足安装钢导梁和连续梁前期顶推抗倾覆的要求，在制梁台座前设临时墩，作为顶推施工的过渡段，保证梁体线形与已经顶推出去的梁体完全一致，避免大梁从制梁台座上顶推出去以后，与接灌的下一梁段出现大的转角。临时墩设于腹板下，左右连成一体，保证能承受顶推时的最大竖向荷载和最大水平摩阻力引发的变形。为提高临时墩的稳定性，防止临时墩在箱梁顶推过程中产生较大的水平位移，保证顶推安全，将临时支墩与相邻的主桥墩和制梁台座进行撑拉连接，用水平或斜拉钢绞线束临时加固。临时墩一般采用装配式空心钢筋砼柱或钢管柱，如采用钢管柱临时墩，墩顶滑道的高程应设预留量，以便调整施工过程中的非弹性压缩量及温度变形。

3. 滑动装置

在每个主墩及过渡墩上安装两个滑动结构装置，滑动结构装置位于箱梁腹板的下面，从上到下分别为滑块（板）、滑道、滑道垫块组成。相邻墩滑道的高程允许误差为 2 mm，同墩滑道高程允许误差为 1mm。滑道垫层可直接座落在正式支座的支承垫石上，以免将来在梁底净高小的情况下给灌筑支承垫造成困难。

4. 首段箱梁预制单元的施工

① 梁段浇筑张拉

首段箱梁预制时，应控制导梁下弦底面的平整度和高程与梁底完全一致。然后进行底模顶升调平，绑扎箱梁底、腹板钢筋、穿底板中心预应力波纹管及腹板竖向预应力管道，安装箱梁内外侧模，浇筑底、腹板砼，然后安装内顶模、绑扎顶板钢筋，安装预埋件和顶板纵向和横向预应力管道、浇筑顶板砼及养生。箱梁纵向、横向、竖向预应力均在预制平台上实施，待砼强度达到80%设计强度时进行张拉和压浆，然后进行顶推；张拉顺序为先纵向，后竖向，最后横向。预施应力按设计值控制。

② 落底模

下落滑动支座（即活动钢底模）处千斤顶，按规定装好聚四氯乙烯滑板后，再使用油压螺纹千斤顶顶紧梁底，抄紧垫块；下落底模下油压螺纹千斤顶，则钢底模自动与梁底脱离，临时墩受力。

5. 导梁的制作及安装

导梁设置在主梁前端，可为等截面或变截面钢桁梁，导梁结构必须通过设计计算。导梁的长度一般为顶推跨径的0.6~0.7倍。导梁与主梁端部的连接，一般是在主梁端的顶板、底板内预埋厚钢板或型钢伸出梁端，再与拼装成型后的导梁连接，埋入长度由计算决定，一般不宜小于导梁高度。主梁端部一般设有横隔板，并在主梁内腹板加宽成异形段，为了防止主梁端部接头砼在承受最大正负弯矩时产生过大拉应力而开裂，必须在接头附近施加预应力，导梁与箱梁用预应力筋进行锚接。导梁底缘与梁体底缘应在同一平面上，顶推时，导梁前端将要达到桥墩时，会产生很大的挠度，无法爬上滑道，导梁前端设一上悬的缺口，当导梁"鼻子"走到滑道上方时，用事先等在滑道上的千斤顶将导梁顶起，并带动千斤顶下方的滑块一起向前滑行，待导梁下缘升到滑块高度后，再落下千斤顶，使导梁就位正常运行。或将导梁前端底缘设计成向上圆弧形，以便导梁上墩时，能起过渡作用。

6. 顶 推

① 顶推千斤顶数量的确定和布置

根据顶推重量及设计顶推静摩擦系数可计算出连续梁顶推所需要的牵引力，从而确定顶推千斤顶的数量，并将各千斤顶按隔墩布顶的原则布置在各主桥墩（以下简称布顶墩），每个布顶墩上、下游各设一台。

② 传力装置

水平千斤顶是穿心式的。传力拉索采用钢绞线。随着千斤顶活塞杆的顶出和回程，顶出锁定锚具和回程锁定锚具对传力拉索交替锁定和松脱，锚具的退锚和再锚均由设备自动实现。

③ 多点顶推与同步运行

在每个布顶墩上设一台可分级调压的液压站，各水平千斤顶通过液压站，在主控台的集中控制下，同时起动，同时停止，达到同步，实现多点顶推的集中控制和同步运行。在顶推时为了使多台水平千斤顶同步工作，油泵均需配置远程控制电磁阀和换向阀，用以分级调压，多点顶推。

④ 顶推的导向与纠偏

为防止箱梁在顶推过程中出现过大的偏斜，在箱梁首尾附近的桥梁上安装导向装置，以限制箱梁的横向运动。可采用模块法为主、千斤顶横顶为辅的纠偏方法。模块法纠偏装置与导向装置基本相同，安装在各墩顶的导向支墩上，导向纠偏工作均在箱梁滑行过程中进行。在首段梁顶推完成后，重复以上各工序，直到所有梁段顶推就位。

7. 落 梁

落梁前应按设计规定，将全部后期预应力束穿入孔道并对其进行张拉和压浆，拆除仅供顶推时用的临时预应力钢绞线，并进行孔道压浆，再用竖向千斤顶举梁，取出垫块和滑道，安装永久支座，最后松千斤顶将全梁落在设计支座上。为使落梁后梁的受力状态符合自重弯矩和反力，落梁时应以控制支座反力为主，并适当考虑梁底高程。落梁前，先计算桥墩的反力，确定落梁竖直千斤顶的型号和台数。拟定竖直千斤顶在墩顶需占用的位置和最小高度，选用吨位应留有余地，使其工作负荷处于额定范围内。当竖顶数量比较充足时，起落梁采用分墩起落、高差限位、实测梁重、全联调整的方法；当千斤顶数量不够时，可采用分段分批落梁方案，但每批至少在3个或3个以上的墩上轮流进行，一般先从安装固定支座的桥台开始，为避免梁内产生过大弯矩，相邻墩顶点高差应控制在 5 mm 内，能取出滑板即可；顶起总高度不得超过 20 mm，梁两侧顶起高度应控制在 10 mm 内，相邻墩起顶高差不得大于 10 mm，同墩两侧梁底顶起高差不得大于 1 mm，即落梁高度为 20 mm，每段工作面在三个墩上设千斤顶，宜先落两个墩，另一墩留 10 mm 不落，待落好的两个墩千斤顶移至下批的两个桥墩，顶起后再落两个墩，如此循环。根据各千斤顶的油压值，计算出各千斤顶的起顶力，即可得到各墩的实测支反力，通过实测支反力与理想支反力比较，找出支反力偏小的支点，然后采取在这些支点的支座下面垫钢板的方法，调整其支反力达到或接近理想支反力。落梁完成，保证梁体与支座结合紧密，将支座上部及下部同预埋钢板焊接牢固。

20.2.5 斜拉桥组合梁安装施工工艺

1. 工艺流程

施工准备→塔顶梁段支架搭设→塔顶段钢结构安装、固结→斜拉索安装并张拉→桥面吊机安装→标准节段安装、斜拉索张拉→边跨合龙→中跨剩余梁段安装、斜拉索张拉→中跨合龙→解除临时固结、合龙段桥面板施工→对称张拉合龙口段斜拉索→桥面板纵向预应力张拉→全桥调索

2. 安装方法

1）墩顶段支架安装

在承台和下塔柱施工过程中，按施工方案确定位置设置支架预埋件，要求位置准确；为确保墩顶梁段的稳定，克服主桥安装过程中产生的倾覆力矩和剪力，在墩顶段安装前必须搭设好钢管支架，支架与预埋件焊接。

2）钢梁运输

钢梁运输前，应对水陆运输线路进行详细调查，根据现场情况，进行综合分析，确定其运输方案，决定采用单构件水运、陆运或水运陆运相结合的运输方式。

3）墩顶梁段安装

墩顶梁段采用在钢管支架上单件拼接的方法进行安装。墩顶梁段施工时先吊装中间节段，用起吊设备先将钢纵梁构件分别吊到支架上准确就位；再吊横梁并连接，在框架形成精度符合要求后，对其进行纵、横、竖向的塔梁临时锚固；利用原有的起吊设备安装桥面板（或现浇）；之后用同样的方法对称拼接塔顶段 1#和 2#梁段（如设计有 2 号梁段）。

4）标准梁段安装

在塔顶梁段上拼装桥面悬臂吊机，桥面吊机由底座、机身和扒杆组成，拼装完成后进行试吊，经过相关部门检查验收后投入使用。桥面悬臂吊机可回转 270°，吊重能力按设计要求进行选择。

① 钢梁安装

标准梁段一般采用桥面悬臂吊机进行（中跨和边跨）单构件拼装（也有边跨利用龙门吊进行安装）。上运梁吊装法（深水域）：将标准梁段的构件从构件存放区用龙门吊运至船上，通过水上运输到主桥拼装位置处，利用桥面悬臂吊机进行提升安装，提升顺序均为主纵梁→横梁→小纵梁→人行道挑梁。通过变幅落钩，使构件大致就位，再用手拉葫芦配合精确定位。精确定位后，立即插入 50%冲钉和吊紧螺栓，复核轴线及高程后，用高强螺栓逐个替换冲钉，并进行初拧。当钢梁框架安装完毕后，按照设计要求对高强螺栓进行终拧，并对纵轴线、对角线、高程进行复测，做好记录，为监控提供翔实数据。梁上运梁吊装法（浅水区或陆上）：从辅助跨搭设龙门吊平台基础并铺设龙门吊轨道至主墩顶附近；通过边跨龙门将标准梁段的构件垂直提升到已安装完的桥面。在桥面上铺设滑轨，其上设置运输平车，提升龙门将构件放置在运输平车上，通过运输平车将构件运输到待装位置后，中跨梁段通过悬臂吊机从桥面运输平车上吊起钢梁构件，吊臂转至安装位置进行安装，边跨梁段用龙门直接拼装。

② 斜拉索安装张拉

斜拉索运至工地，由垂直起吊设备吊到桥面上，梁上锚固通过桥面吊机将锚固段锚具在钢主梁上安装就位。塔上安装：由安装在桥面上的卷扬机通过塔顶上索具及滑轮组将斜拉索缓缓抽出，当张拉端锚头接近塔柱上的安装索孔时，将其和张拉千斤顶上伸出钢绞线连接，开动塔内张拉千斤顶将索引至所需位置，套上固定螺母。斜拉索安装就位后，按设计要求首次张拉。钢绞线运输到施工现场后，将索盘吊装于放线架上，考虑挂索时从 PE 管下端向上牵引，将放线方向朝向梁端预埋管处，放线架与预埋管之间应设铺垫及导向，以防钢绞线 PE 管损伤。将盘好的钢绞线放盘打开张拉端与循环钢丝绳上的专用牵引装置连接，启动循环系统将钢绞线顺着 HDPE 护管牵引至上端管口，将已牵引出的钢绞线从盘上全部放出，与穿过下端锚具的牵引索连接，用人工穿过锚孔，安装夹片锚固；在塔外将钢绞线和从锚具孔穿过的牵引索连接，解除循环系统上的牵引装置，通过塔柱内的葫芦等工具将钢绞线拉出锚板孔，塔内作业人员相应辅助直到满足单根张拉所需的工作长度后锚固，准备牵引下一根钢绞线。单根挂索时，注意 PE 护套的保护，严防打绞、旋转、扭曲现象发生。利用循环牵引钢丝绳可同步一次牵引两根钢绞线。

③ 桥面板施工

预制桥面板在专用场地上集中预制，达到存放期限（3 个月）要求后，运至桥上进行安装，安装采用悬臂吊机或龙门，安装后浇湿接缝。湿接缝需滞后一个梁段进行。在湿接缝施工前，清理接缝，调直桥面板钢筋，并将钢筋焊接。按桥面板现浇工艺浇筑砼。湿接缝砼达到设计强度的 90%后按设计要求进行横、纵向预应力的张拉以及孔道压浆。湿接缝施工完成后，进行斜拉索二次张拉。

5）辅助跨梁段安装

辅助跨梁段采用边跨龙门在支架上拼装：在辅助跨斜拉索对应位置插打钢管桩，作为支架的基础，钢管桩插打完成后将桩头处理到同一高程，然后进行型钢承台的施工，在完成的钢承台上安装钢管支架立柱，立柱与钢承台采用焊接。支架搭设必须控制好平台顶高程满足梁段拼接要求。辅助跨梁段构件，由龙门吊提升上支架进行组拼，组拼顺序为主纵梁→横梁→小纵梁。拼装结束后施工边跨压重和安装桥面板。

6）边跨合龙段施工

施工时，先在合龙位置预留出大于合龙段钢梁实际长度的距离（不大于 5 cm），当合龙段安装完成后，利用支架过渡墩端设置的千斤顶将辅助跨支架上拼装好的梁段整体推移与合龙梁段对接。为保证梁段的准确对接，千斤顶在两侧主纵梁位置对应设置，型号相同，并且在梁段的滑移支点上设置横向限位装置。

7）中跨合龙段施工

合龙梁段采用两侧悬臂吊机进行单构件安装。根据合龙日期的安排，查阅、收集近 10 年及最近 3 年详细的气象资料，确定合龙期间每天的气温变化情况以及温差，从而确定合龙温度。在合龙段安装之前，对合龙接口进行 24 h 温度、距离联测。根据里程随温度变化的曲线、测试数据及计算数据推算合龙段的长度，进行合龙段钢梁的落料，并预留一定长度。待找到合龙段安装时间后，确定合龙段长度进行合龙段长度切割，并进行预拼装。将准备好的合龙段主纵梁从两侧分别上桥，运送到待装位置，在确定的合龙时间，由桥面悬臂吊机分别起吊一根主纵梁，同时进行安装。合龙梁段时，先进行一侧高强螺栓的施工，合龙时间一到，待螺栓孔基本对中后，即进行 50%连接板冲钉和 50%的高强螺栓初拧，完成该工序后用高强螺栓逐个替换冲钉并施拧，然后在尽可能短的时间内解除塔梁临时固结，记录纵向漂移原始值，避免由于温度变化引起桥面结构预应力增加而对桥本身带来不利影响。同时安装合龙段横梁和小纵梁。合龙段钢梁安装完毕后，即进行桥面板安装、接缝砼施工。

8）斜拉索的安装及索力调整

单根挂索张拉全部结束后，安装桥面板，现浇桥面砼，待砼强度达到设计强度后，进行索力调整，工艺上采用整体张拉方式进行。根据本桥斜拉索工程锚具类型及索力、施工要求选择适当机具。整体张拉时，选择合适的千斤顶，并配套张拉连接套、张拉杆和张拉撑脚。整体张拉在塔内完成。安装时，利用塔吊将撑脚、千斤顶、张拉杆、连接套吊至塔内平台上，借助手拉葫芦将连接套、张拉杆、千斤顶及撑脚、张拉螺母依次安装固定。在梁段悬拼过程中或成桥后，如需调整桥面高程，则需进行整体调索，调索工艺与整体张拉工艺一致。至于调索工况、顺序、部位、应力，则根据监控指令而定，索力控制措施同第二次张拉一致。

9）施工测量及监控

主桥上部施工测量主要包括主梁线形测量及塔柱在索力影响下的偏移观测。

主梁的施工测量控制必须以主塔的施工测量控制为依据，即以主塔索塔中心点连接为基准方向（桥轴线），两塔柱中线为主梁施工的里程起算线。为此，塔柱中线方向在主梁0号梁段拼装之前将其投至两中塔柱内侧壁上，轴线方向投至上横梁及边跨墩上，都做永久标记。在现浇主梁0号砼桥面板之前，在索塔中心位置埋设中心点预埋铁板，待0-2号梁段拼接完，1号索张拉完成后，将塔柱中心点恢复至主梁顶索塔中心预埋板上并作永久性标记，两塔柱中心点的连线即构成主梁中线控制方向。为防止梁段拼接、索的张拉使梁顶面索塔中心位置发生改变，应定时利用塔柱中线及桥轴线恢复梁顶面索塔中心点。在每个梁段的桥轴线上及主纵梁距拉索轴线35 cm处设置平面标志，随着主梁悬拼施工的延伸，这些平面标志也相应地向前布设，作为平面控制的主、副线，控制梁体轴线偏差及整体位置。主梁的施工高程控制是以主塔下横梁顶面经复测后的水准点高程为起始数据，引测至中塔柱外侧的水准点上，它们是全桥主梁施工的高程起算点。

20.2.6 液压同步提升大吨位钢拱塔施工工艺

1. 工艺流程

钢拱肋胎架拼装、起重门式塔架安装→液压提升设备安装、钢拱肋拼装→缆风调整、设备调试→分级加载、竖转钢塔到位→拱绞补焊、两拱肋中间索安装→提升设备卸载、塔架拆除

2. 施工方法

1）钢拱塔现场拼装

考虑吊装及桥面承载能力，钢拱塔被分成多段在工厂进行加工，采取在安装现场桥面主梁及加宽平台上（由于钢拱塔比桥面宽）以单元形式直接组装成拱肋整体。

现场拼装总的顺序：由两片拱肋转动绞端依次向拱肋中央进行，拼装时同时分布4个工位，对称进行，逐段进行拼装，最后拼装拱肋合拢段。合拢段根据拱肋整体尺寸进行配切组装，确保拱段的整体成型尺寸精度。现场拼装顺序如图20-21。

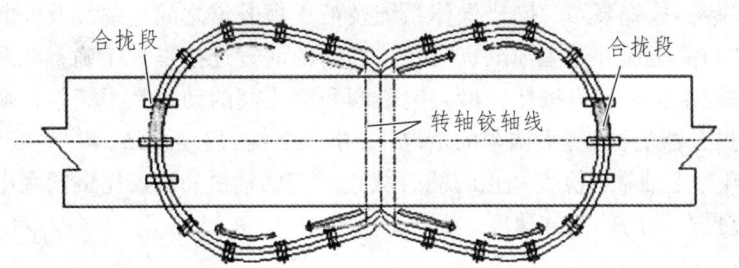

图20-21 钢拱肋现场拼装顺序图

在每个钢拱塔拱肋上分别对称设置两个下吊点。

2）提升门架的结构设计及安装

门架结构的设计主要考虑门架提升过程中的承重能力、门架的整体刚性及稳定性。根据钢拱塔的整体布置及拱肋宽度、高度及最大竖转力的情况确定。为加强塔架的稳定性，在门架内侧加两道内缆风绳，门架底部与基础采取螺栓锚接。门架缆风承载及设置位置依据拱肋起扳力及风载而定；门架横梁由于其跨度较大，结构安装高度较高且重量较重，考虑到吊车

的起重能力，横梁划分成两个分段进行吊装，横梁分段中间采用支架进行临时支撑。

3）液压设备安装

门架横梁上设置4个液压提升器及2台液压泵站。提升器的数量及设计位置主要从两方面进行考虑，其一主要考虑提升设备的提升能力要求；其二则考虑提升过程拱肋提升过程的变形控制。上部的液压提升器通过提升专用钢绞线与底部的拱肋上的对应下吊点相连接。液压提升系统的布置：根据提升设备的配置情况，竖转提升每单片拱肋配置两台提升器及一台液压泵站，液压提升器间距即上吊点间距与下吊点间距相同，每台液压提升器安装于提升吊笼里面，提升吊笼与门架顶端对应耳板销轴连接。设备布置如图20-22。

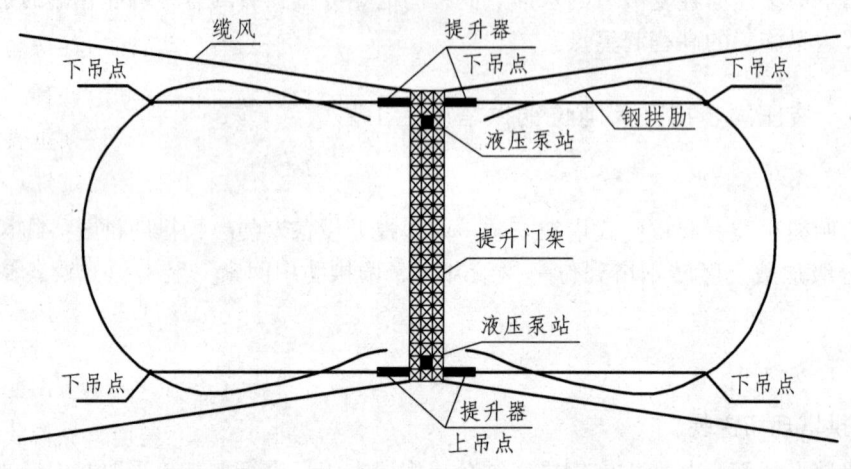

图20-22　提升设备平面布置示意图

4）提升前准备及检查工作

正式提升之前，应对提升系统及提升（下降）辅助设备进行全面检查及调试工作；钢绞线作为承重系统，在正式提升前应派专人进行认真检查，钢绞线不得有松股、弯折、错位，外表不能有电焊疤；检查泵站、同步操作系统及液压提升器之间电缆线及控制线的连接是否正确。检查泵站与液压提升器主油缸、锚具缸之间的油管连接是否正确；在泵站不启动的情况下，手动操作控制柜中相应按钮，检查电磁阀和截止阀的动作是否正常，截止阀与提升器编号是否对应；提升器的检查：下锚紧的情况下，松开上锚，启动泵站，调节一定的压力（3 MPa左右），伸缩提升器主油缸，检查截止阀能否截止对应的油缸；检查比例阀在电流变化时能否加快或减慢对应提升器的伸缩缸速度。

5）钢拱塔提升

一切准备工作做完，且经过系统的、全面的检查确认无误后，可进行钢桥塔拱肋的液压整体提升。

① 分级加载（试提升）

先进行分级加载试提升。通过试提升过程中对拱肋结构、提升设施、提升设备系统的观察和监测，确认符合模拟工况计算和设计条件，保证提升过程的安全。以主体结构理论载荷为依据，各提升吊点处的提升设备进行分级加载，依次为 40%，60%，80%（门式塔架两侧的拱肋同步分级加载），在确认各部分无异常的情况下，可继续加载到 90%，100%，直至钢拱肋结构全部离地（胎架）。每次分级加载后均应检查耳板的应力状态，并通过经纬仪跟踪监测门架顶中心的偏移。加载过程中各项监测数据均应做好完整记录。当分级加载至钢桥塔即将离开拼装胎架时，可能存在各点不同时离地，此时应降低提升速度，并密切观查各点离地情况，必要时做"单点动"提升。确保钢拱塔离地平稳，各点同步。分级加载完毕，钢桥塔提升离开拼装胎架约5cm后暂停，停留4～24小时作全面检查各设备运行及构件的正常情况。停留期间组织对门式塔架、拱肋结构、铰链结构、塔架缆风、提升吊具、连接部件及各提升设备进行专项检查，对塔体变形进行复测。各项检查正常无误再正式提升。

② 正式提升

试提升阶段一切正常情况下开始正式提升直至就位。在钢拱肋整体同步提升竖转过程中，保持各吊点同步直至提升到预定空间位置。在整个竖转提升过程中通过应力贴片测试钢拱塔根部产生的弯矩，并架设全站仪随时跟踪监测提升竖转过程门式塔架顶中心偏移。在整个同步提升过程中应随时检查：每一吊点提升器受载均匀情况；仪器监测门式塔架垂直度及塔架缆风受载稳定情况；上吊点平台的整体稳定情况；钢拱塔提升过程的整体稳定性；提升承重系统监视；液压动力系统监视。在提升竖转过程中，从保证结构吊装安全角度来看，应满足以下要求：应保证各个吊点受载均匀；应保证提升竖转结构的空中稳定，以便结构能正确就位，也即要求各个吊点在提升竖转过程中能够保持同步。同步控制原理：计算机控制，通过数据反馈和控制指令传递，实现同步动作、负载均衡、姿态矫正、应力控制、过程显示和故障报警等多种功能。提升过程的微调：钢拱肋结构在提升竖转过程中，因为空中姿态调整和竖转就位等需要进行高度微调。在微调开始前，将计算机同步控制系统由自动模式切换成手动模式。根据需要，对整个钢拱塔提升系统的4个吊点的液压提升器进行同步微动（上升或下降），或者对单台液压提升器进行微动调整，以满足钢拱安装的空间精度需要。

6）拱铰补焊、两拱肋中间索安装

钢拱塔同步提升竖转至设计位置后，各吊点微调使钢拱塔精确提升到达设计位置，提升设备暂停、锁定，保持两拱肋空中姿态稳定不变，再进行拱肋底铰补焊和水平索的安装。

20.2.7 高强度螺栓连接施工工艺

1. 工艺流程

作业准备→选择螺栓并配套→接头组装→安装临时螺栓→安装高强螺栓→高强螺栓紧固→检查验收。

2. 施工方法

1）作业准备

根据施工技术要求，认真调整扭矩扳手。扭矩扳手的扭矩值应在允许偏差范围之内。施工用的扭矩扳手，其误差应控制在±5%以内；校正用的扭矩扳手，其误差应控制在±3%以内。当施工采用电动扳手时，在调好档位后应用扭矩测量扳手反复校正电动扳手的扭矩力与设计要求是否一致。扭矩值过高，会使高强度螺栓过拧，造成螺栓超负载运行，随着时间过长，会使高强度大六角头螺栓产生裂纹等隐患。当扭矩值过低时，会使高强度螺栓达不到预定紧固值，从而造成钢结构连接面摩擦系数下降，承载能力下降。当施工采用手动扳手时，应每天用扭矩测量扳手检测手动扳手的紧固位置是否正常，检查手动扳手的显示信号是否灵敏，防止超拧或紧固不到位。

2）选择螺栓并配套

高强度大六角头螺栓长度选择，一般以紧固后长出 2～3 扣为宜，然后根据要求配好套备用。

3）接头组装

① 对摩擦面进行清理，对板不平直的，应在平直达到要求以后才能组装。摩擦面不能有油漆、污泥，孔的周围不应有毛刺，应对待装摩擦面用钢丝刷清理，其刷子方向应与摩擦受力方向垂直。

② 遇到安装孔有问题时，不得用氧-乙炔扩孔，应用扩孔钻床扩孔，扩孔后应重新清理孔周围毛刺。

③ 高强度螺栓连接面板间应紧密贴实，对因板厚公差、制造偏差或安装偏差等产生的接触面间隙，应按表 20-2 规定处理，保证连接后结构件传力均匀。

表 20-2 接触面间隙处理

项目	示意图	处理方法
1		$t < 1.0$ mm 时不予处理
2		$t = 1.0 \sim 3.0$ mm 时，将厚板一侧磨成 1：10 的缓坡，使间隙小于 1.0 mm
3		$t > 3.0$ mm 时加垫板，垫板厚度不小于 3 mm，最多不超过三层，垫板材质和磨面处理方法应与构件相同

4）安装临时螺栓

钢构件组装时应先安装临时螺栓，临时安装螺栓不能用高强度螺栓代替，临时安装螺栓的数量一般应占连接板组孔群中的 1/3，不能少于 2 个。少量孔位不正，位移量又较少时，可以用冲钉打入定位，然后再上安装螺栓。板上孔位不正，位移较大时应用绞刀扩孔。个别孔位位移较大时，应补焊后重新打孔。不得用冲子边校正孔位边穿入高强度螺栓。安装螺栓达到 30%时，可以将安装螺栓拧紧定位。

5）安装高强度螺栓

高强度螺栓应自由穿入孔内，严禁用锤子将高强度螺栓强行打入孔内。高强度螺栓的穿入方向应该一致，局部受结构阻碍时可以除外。不得在下雨天安装高强度螺栓。高强度螺栓垫圈位置应该一致，安装时应注意垫圈正、反面方向。

6）高强度螺栓的紧固

高强度大六角头螺栓全部安装就位后，可以开始紧固。紧固分两步进行：初拧和终拧。

应将全部高强度螺栓进行初拧后再全部进行终拧。为了防止高强度螺栓受外部环境的影响，使扭矩系数发生变化，故一般初拧、终拧应该在同一天内完成。初拧：初拧扭矩应为标准轴力的 60%~80%，具体还要根据钢板厚度、螺栓间距等情况适当掌握。若钢板厚度较大，螺栓布置间距较大时，初拧轴力应大一些为好。紧固顺序：根据高强度大六角头螺栓紧固顺序规定，一般应从接头刚度大的地方向不受拘束的自由端顺序进行；或者从螺栓群中心向四周扩散方向进行。这是因为连接钢板翘曲不牢时，如从两端向中间紧固，有可能使拼接板中间鼓起而不能密贴，从而失去了部分摩擦传力作用。紧固标记：高强度大六角头螺栓紧固应做好标记，防止漏拧。一般初拧后用一种颜色标记，终拧结束后用另外一种颜色标记，加以区别。图 20-23 是高强度螺栓初拧和终拧的标记。

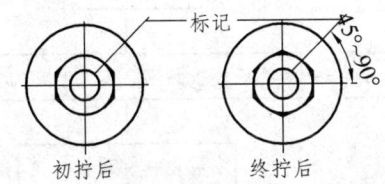

图 20-23　高强度螺栓初拧和终拧标记

凡是结构原因，使个别高强度大六角头螺栓穿入方向不能一致，当拧紧螺栓时，只准在螺母上施加扭矩，不准在螺杆上施加扭矩，防止扭矩系数发生变化。

7）高强度大六角头螺栓检查验收

① 施工操作中的工艺检查。具体工艺检查内容有以下几项：

是否用临时螺栓安装，临时螺栓数量是否达到 1/3 以上。高强螺栓是否自由进入，严禁用锤强行打入。高强螺栓紧固顺序正确与否，紧固方法是否正确。抽检测定扭矩扳手的扭矩值，是否在设计允许范围之内。检查连接面钢板的清理情况，保证摩擦面的质量可靠。

② 高强度大六角头螺栓的质量检查。

用 0.3 kg 小锤敲击法，对高强螺栓进行普查，防止漏拧。小锤应使用橡胶锤或木锤。进行扭矩检查，抽查每个节点螺栓数的 10%。但不少于一个。检查时先在螺栓端面和螺母上画一直线，然后将螺母拧松约 60°，再用扭矩扳手重新扭紧，使两线重合，测得此时的扭矩应在 ±10%检查扭矩可为合格。如发现有不符合规定的，应再扩大检查 10%，如仍有不合格者，则整个节点的高强度螺栓应重新拧紧。扭矩检查应在螺栓终拧 1 h 以后，48 h 之前完成。用塞尺检查连接板之间间隙，当间隙超过 1 mm 时必须要重新处理。检查高强度大六角头螺栓穿入方向是否一致，检查垫圈方向是否正确。

20.3　现浇梁施工

20.3.1　满堂支架现浇连续箱梁施工工艺

1. 施工工艺流程

支架搭设之前预先检查碗扣杆件，不得使用挖瘪、弯曲、腐蚀等以及有损伤和明显缺陷的构件。施工工艺流程如图 20-24。

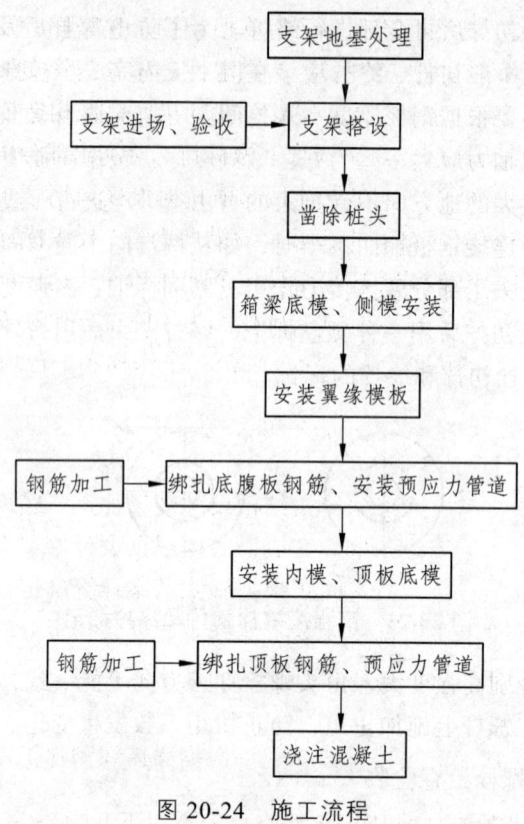

图 20-24 施工流程

2. 施工要点

1）地基处理

处理方式有原地基地质状况较差为淤泥，用挖掘机挖出一定深度的淤泥，换填砂砾、石料；如原地基地质状况较好将原有地基整平压实后，在其上分层填筑一定厚度的土或砂砾，并用振动压路机进行碾压密实，确保压实度不小于90%，并设置横坡，坡度控制在1%范围内，便于及时排除雨水，如纵向坡度过大，采取设置台阶方式，便于底托支垫平整。然后在处理后的地基上施作 15~20cm 厚的 5%石灰水泥稳定层或素混凝土作为支架基础，并按照满堂支架脚手钢管立杆所对应的位置铺设方木或 5cm 木板。为避免处理好地基受水浸泡，在两侧设排水沟，排水沟分段开挖形成坡度，低点设集水坑。

2）支架搭设

支架基础施工完成后，支架搭设前，对箱梁支架进行放样，确定其平面位置。必须挂好每孔的纵向中心线，支架沿中心线向两侧对称搭设。为确保支架的整体强度、刚度和稳定性，竖向钢管用纵横钢管水平联结，一定距离设置顺桥向通长剪刀撑、横桥向每隔一定距离设一道剪刀撑。剪刀撑与支架立杆、水平杆相交处，转扣设置数量按大于85%控制，杆件的连接必须紧密。最后按作业要求设置防护栏及连接、加固杆件。可调顶托调整高度严格控制在 30cm 以内，以确保架子顶自由端的稳定。底托安放时必用硬木楔垫平，以保证立杆的垂直度。考虑到浇注顶板混凝土时需留设施工平台、过道，支架在搭设时要有一排延伸到翼缘板的外侧，并保证翼缘板下横桥向有 2~3 排支撑。

搭设质量要求：竖杆要求每根竖直，采用单根钢管。立竖杆后及时加纵、横向平面钢管固定，确保满堂支架具有足够的强度、刚度、稳定性。满堂钢管支架搭设完毕后，应测量放样确定每根钢管的高度（每根钢管的高度按其位置处梁底高减构造模板厚度和方木楞、木楔的厚度计算，并考虑预拱度设置），并在钢管上做标记，对高出部分的钢管进行切割，保证整个支架的高度一致并满足设计要求。在支架顶部横桥向设横向钢管（以在其上直接设方木楞和木楔，铺装模板），在横向钢管扣件的下部紧设纵向钢管，要求横向钢管扣件紧贴在纵向钢管扣件之上，再在纵向钢管扣件下紧贴着增设一个加强扣件，这样就能保证横向钢管与竖向钢管的扣件连接具有足够的强度来承受施工荷载。为了施工方便和安全，外侧搭设人行工作梯，并在支架两侧设置1.2 m宽的工作、检查平台，工作梯和平台均要安装护栏。

3）模板系统安装施工

① 底模

箱梁底模板一般采用竹胶板，根据箱梁结构尺寸现场加工。底模采用大块竹胶板，铺在分配梁方木上，调模、卸模采用可调顶托完成，底模根据设计要求设置反拱。支架顶设可调高度顶托，顶托上纵横向铺方木，方木间距根据施工荷载计算确定，方木与竹胶板用钉子固定。如为曲线梁，模板加工时可根据箱梁线形曲线及宽度将模板分段制作，将每一段视为直线段，即分段用折线代替圆曲线，从而提高模板的使用效率。

② 外侧模

模板设置竖向和横向背带，模板在施工现场根据梁体线型加工制作。采取一定措施保证模板与钢管脚手架固定。

③ 端模

堵头模板预留孔位应满足设计要求

④ 内模

箱梁内模可分节段加工，也可以采用组合钢模，分节段加工，内模先在拼装场地按4~6 m拼装成节，待底板、腹板钢筋及波纹管道安装完毕后，将内模分节吊入箱梁内组拼。为了保证箱梁内模位置，内模与钢筋间设置混凝土垫块作为支撑。为了防止内模上浮，每隔1~1.2 m在外模设一道横梁，以模板横梁作为支撑用可调螺杆向下顶紧。为了固定内模使其不偏移轴线位置，采用木方及三角楔将内模与外模顶牢，在浇注混凝土时将木楔逐步拆除。箱梁顶板采用钢管支架支模，支架直接支撑在底板上。

4）支架预压

① 预压目的

检验支架及地基的强度及稳定性，消除整个支架的非弹性变形，消除地基的沉降变形，测量出支架的弹性变形。

② 预压方法

在铺设完箱梁底模后对支架、模板分节段进行预压，预压采用砂袋直接堆码在底模上和两侧翼缘板上。加载重量应不低于梁体自重。

③ 预压观测

堆码砂袋前在底模上及与其相对应的基础上设置观测点（每跨纵向在支点、1/4梁、跨中和3/4梁跨处5个点、横向布设9个点共计每跨45个观测点），在预压前、卸载前、卸载后和预压过程中定期用仪器观每跨的两端、1/4 梁、跨中和 3/4 梁跨处的变形情况,并检查支架各扣件的受力情况,沉降稳定后开始卸载(卸载前安排专人逐个检查顶托的受力情况,若有个别顶托未受力,人工通过调节杆调整,保证支架各顶托受力一致)。根据观测数据计算支架的弹性和非弹性变形值,通过 U 形可调托座调整底模标高(设计标高 + 弹性变形值 + 预留拱度,预留拱度按 1/1000 计算)。弹性变形值为卸载前后观测点之高差,非弹性变形值为卸载后与预压前观测点之高差,非弹性变形值可作为后续支架施工时的预留变形量的参考值。

④ 在预压结束、模板调整完成后,再次检查支架和模板的扣件是否牢固,松动的要重新上紧。

5)钢筋、预应力管道制作及安装

钢筋由工地集中加工制作,运至现场由汽车吊提升现场绑扎成形。顶板、底板、腹板内有大量的预埋波纹管,为了不使波纹管损坏,一切焊接在波纹管理置前进行,管道安装后尽量不焊接,当普通钢筋与波纹管位置发生矛盾时,适当移动钢筋位置,准确安装定位钢筋网,确保管道位置准确。钢筋绑扎前由测量人员复测模板的平面位置及高程,无误后方可进行钢筋绑扎。纵向普通钢筋在两梁段的接缝处的连接方法及连接长度满足设计及规范要求。悬浇梁段及现浇段先进行底板普通钢筋绑扎及竖向预应力钢筋梁底锚固端(包括垫板、锚固螺母及锚下螺旋筋)的安装,再进行腹板钢筋的绑扎、竖向波纹管及预应力钢筋的接长、腹板内纵向波纹管的安装,最后进行顶板普通钢筋的绑扎、顶板内纵向波纹管的安装、横向钢绞线及波纹管的安装。为使保护层符合设计要求,保护层垫块不被压坏,箱梁施工垫块一般采用定型塑料垫块或混凝土垫块。

6)混凝土施工

① 混凝土配合比设计

混凝土的配合比设计应使用施工实际采用的材料,配制的混凝土拌和物不仅应满足和易性、凝结速度等工作性能要求,而且应符合强度、耐久性(抗冻、抗渗、抗侵蚀)等力学性能和耐久性要求。普通混凝土的配合比,可参照现行《普通混凝土配合比设计规程》(JGJ/T55),通过试配确定。混凝土的试配强度,应根据设计强度等级,考虑施工条件的差异和变化以及材料质量可能的波动。对于有特殊要求的混凝土的配合比设计(包括抗渗混凝土、抗冻混凝土、高强混凝土、泵送混凝土、大体积混凝土),亦可参照上述规程,经过试配确定。在施工过程中,应及时积累资料,为合理调整混凝土配合比提供依据。

② 混凝土生产

混凝土生产集中在拌和站进行。拌制混凝土配料时,各种计量器具应保持准确。对骨料的含水率应经常进行检测,雨天施工应增加测定次数,据以调整骨料和水的用量。配料数量的允许偏差(以质量计)为:水泥、矿物外掺材料:±1%;粗、细骨料:±2%;水、外加剂:±1%。拌制时间应根据工艺试验成果控制。混凝土生产过程中应加强对对混凝土的坍落度、扩展度等各项工作性能的检测,确保混凝土生产质量。

③ 混凝土运输

混凝土的运输能力应适应混凝土凝结速度和浇注速度的需要,使浇注工作不间断并使混凝土运到浇注地点时仍保持均匀性和规定的坍落度。混凝土拌和物应采用搅拌运输车运输。混凝土运至浇注地点后发生离析、严重泌水或坍落度不符合要求时,应进行第二次搅拌。二次搅拌时不得任意加水，确有必要时，可同时加水和水泥以保持其原水灰比不变。如二次搅拌仍不符合要求，则不得使用。

④ 混凝土现场浇注

浇筑点的选择在端头（一般从较低点开始），也可从两端同时进行浇注施工，根据现场混凝土供应能力和人员组织实际情况进行选择。浇注混凝土前，应对支架、模板、钢筋和预埋件进行检查，并做好记录，符合设计要求后可浇注。模板内的杂物、积水和钢筋上的污垢应清理干净。模板如有缝隙，应填塞严密，模板内面应涂刷脱模剂。浇注混凝土前，应检查混凝土的均匀性和坍落度。为防止混凝土离析，自高处向模板内倾卸混凝土时，其自由倾落高度不宜超过 2 m；当倾落高度超过 2 m 时，应通过串筒、溜管或振动溜管等设施下落；在串筒出料口下面，混凝土堆积高度不宜超过 1 m。混凝土应按一定厚度、顺序和方向分层浇注，应在下层混凝土初凝或能重塑前浇注完成上层混凝土。上下层同时浇注时，上层与下层前后浇注距离应保持 1.5 m 以上。在倾斜面上浇注混凝土时，应从低处开始逐层扩展升高，保持水平分层。混凝土分层浇注厚度不宜超过 300 mm。

浇注混凝土期间，应设专人检查支架、模板、钢筋和预埋件等稳固情况，当发现有松动、变形、移位时，应及时处理。混凝土的浇注应连续进行，如因故必须间断时，其间断时间应小于前层混凝土的初凝时间或能重塑的时间。混凝土浇注顺序纵向由悬臂端向施工缝端进行，分层浇注，每层 30 cm，每段梁横断面混凝土浇注顺序为先浇底板，再浇腹板，最后浇顶板。混凝土的振捣采用插入式振动棒和平板式振捣器。在前层混凝土初凝之前将次层混凝土浇注完毕，保证无层间冷缝，混凝土的振捣严格按振动棒的作用范围进行，严防漏捣、欠捣和过度振捣，当预应力管道密集，空隙小时，配备小直径 30 型的插入式振捣器，振捣时不可在钢筋上平拖，不可碰撞预应力管道、模板、钢筋、辅助设施（如定位架等）。

⑤ 混凝土养护

现浇箱梁的养护方式有：覆盖和洒水养生、塑料薄膜或喷化学浆液等养护、自动喷淋养护系统。混凝土浇注完成后，应在收浆后尽快予以覆盖和洒水养护。对于炎热天气浇筑的混凝土以及桥面等大面积裸露的混凝土，有条件的可在浇注完成后立即加设棚罩，待收浆后再予以覆盖和洒水养生。覆盖时不得损伤或污染混凝土的表面。混凝土面有模板覆盖时，应在养护期间经常使模板保持湿润。当气温低于 5 ℃时，应覆盖保温，不得向混凝土面上洒水。每天洒水次数以能保持混凝土表面经常处于湿润状态为度。采用塑料薄膜或喷化学浆液等养护层时，可不洒水养护。对大体积混凝土的养护，应根据气候条件采取控温措施，并按需要测定浇注后的混凝土表面和内部温度，将温差控制在设计要求的范围内，当设计无要求时，温差不宜超过 15 ℃。

7）预应力张拉及管道压浆

① 预应力筋制作及现场安装

预应力束制作应在干净的水泥地坪上编束，以防钢束受污染；在编束前应用专用工具将钢束梳一下，以防钢绞线绞在一起。在穿束之前应清除锚头上的各种杂物以及多余的波纹管，并用高压水冲洗孔道。若预应力束孔道是曲线状，用人工穿束就比较困难，通常将钢丝绳系在高强钢丝上，用人工先将高强钢丝拉进孔道，然后将钢丝绳头用半圆钢环与钢束头焊接在一起，开启卷扬机将钢束缓慢拉入孔内，在钢束头进孔道时，人工协助使其顺利入孔。如果在钢束穿进过程中堵塞，要立即停止，查准堵塞管位置，凿开混凝土清除管道内的堵管杂物，仍继续用卷扬机将束拖入孔道。

② 预应力张拉及管道压浆

参照现浇梁预应力施工工艺。

8）支架系统拆除

在压浆及封锚完成后拆除所有支架。拆除支架时从跨中开始对称向两头均匀拆卸，以便使桥体重量对称、均匀地由两端支座平均承担，同时预防箱梁因受力不均匀产生裂纹。拆除底模时防止损坏箱梁外观质量。拆除时，禁止无关人员进入危险区域。拆除要统一指挥协调。拆除脚手架时，拆除应按顺序由上而下，不准上下同时作业。拆除脚手架大横杆、剪刀撑，应先拆中间扣，再拆两头扣。拆下的材料，应向下传递用绳吊下，禁止往下投扔。

20.3.2 梁柱式现浇支架施工工艺

1. 施工工艺流程

梁柱式现浇支架施工过程中，准确定位支架及模板标高，做好预拱度设置及挠度控制，具体施工工艺流程见图20-25。

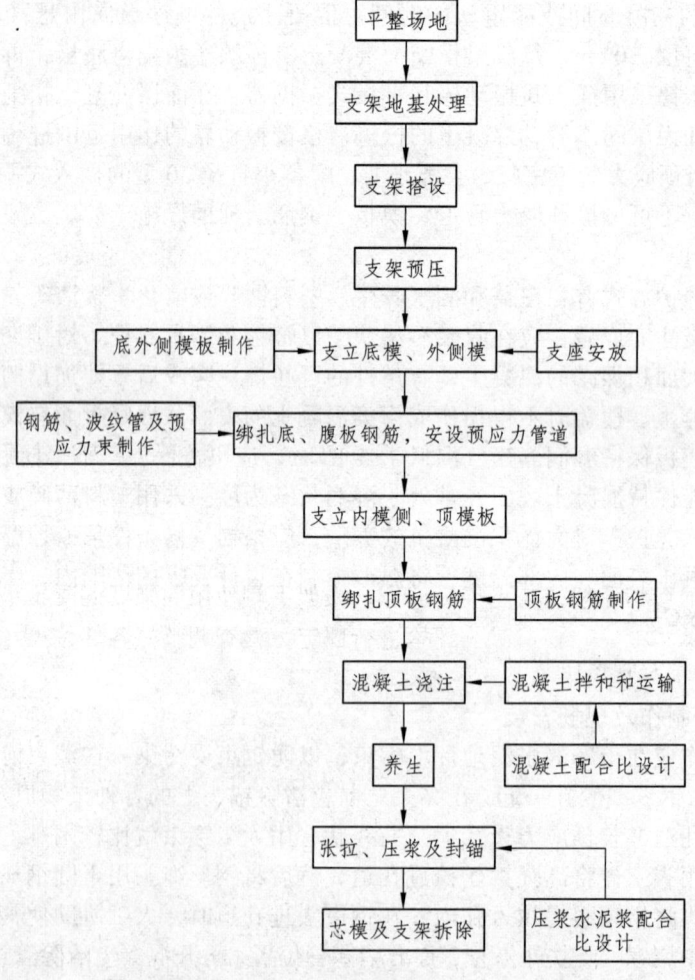

图 20-25 梁柱式现浇支架施工工艺流程图

2. 操作要点

1）支架地基处理

立柱一般采用钢管桩。根据梁的设计特点,在跨下采用钢管立柱支承,每排立柱之间间距可根据实际梁宽进行调整。其中,每跨梁下靠近墩柱的两排钢管直接立于承台上,位于跨中的钢管基础,应根据荷载和地质情况做相应的地基处理。

2）支架搭设

支架从下到上布置顺序为:立钢管→钢管顶纵向并排放置工字钢(后期拆模时起落梁作用)→钢管立柱间焊接剪刀撑→每排钢管上横向并排放置工字钢主横梁→纵向搭设贝雷梁→贝雷梁上横向放置工字钢分配梁→纵向布置方木→梁宽范围内铺设竹胶板作为底模。

3）支架预压

支架搭设完毕后,按设计高程铺设梁体底模,按图纸尺寸安装梁体侧模。采用1.2倍(梁体重量+模板重量)的袋装砂石,分级加载预压。在支架主要部位设变形观测点,每加卸一级荷载观测一次,准确观测读取各点数值,计算出支架弹性变形值。

4）模板安装及调整

梁体底模采用在工字钢上面铺设纵向方木,然后在方木上铺设竹胶板。侧模采用竹胶板和方木作为模板,侧模下方用碗扣式支架作为模板的支撑,并设置部分剪刀撑。安装控制高程、轴线位置、净卒尺寸、垂直度、平整度检测的顺序反复检查调整,并观测整体模板曲线的线性尺寸。消除模板拼装误差,直至线形达到规定的要求。

5）钢筋绑扎、波纹管和预应力钢绞线安装

钢筋在钢筋加工厂统一加工成型,绑扎分两步进行,先绑扎腹板钢筋,后绑扎底板钢筋。在绑扎钢筋过程中事先将井字形波纹管定位卡按设计的坐标位置与梁体钢筋焊接。井字形波纹管定位卡就位后,开始安装波纹管,按设计尺寸将波纹管穿入定位卡内。波纹管接头用大一号的管段连接。波纹管就位后,严禁硬物撞击或在附近进行电弧焊,以免造成波纹管变形或损坏。端部的锚垫板与波纹管中心线必须垂直,垫板中心孔位误差应小于1 mm。

6）内模安装

钢筋绑扎和预应力钢绞线安装后进行箱梁内模板安装。内模模板采用竹胶板和方木组合模板,支架采用钢管脚手架支撑连接为整体,支架下端使用同强度混凝土垫块作为支撑。内外侧模板之间通过圆钢拉杆以及对拉螺栓进行固定,检查调整好各部位尺寸后与底板模板进行连接。

7）混凝土整体浇筑及养护

根据现场实际情况,配置合理的混凝土坍落度,使浇筑过程中不出现混凝土凝固过快产生湿接缝。混凝土浇筑时,按照先底板,后腹板,顶板分条,腹板分层的施工方法进行施工。混凝土浇筑完成后及时做好洒水养生。

8）钢绞线张拉

张拉顺序:$0 \rightarrow 20\% \sigma_{con} \rightarrow 100\% \sigma_{con} \rightarrow$ 校核伸长值 $\rightarrow 103\% \sigma_{con}$（持荷5 min）→锚固。

9）压 浆

压注灰浆采取从孔道一端压注的方法，当灰浆自管道中部排气孔冒出后，将排气孔堵塞，一直压注到另一端冒出与规定流动度相同的浆体后关闭出浆阀门，待压力达到 0.5 MPa 时压浆泵停机，保持不小于 0.5 MPa 且不小于 3 min 的稳压期后关闭进浆孔阀门。

10）支架拆除

三跨连续箱梁施工支架拆除采取横桥向同步，顺桥向对称的方式。按照先组装的后拆，后组装的先拆顺序，即先拆除模板及方木支垫→横向分配梁工字钢→贝雷梁→横向主梁工字钢→钢管横纵连接杆→钢管。

20.3.3 现浇梁预应力施工工艺

1. 施工工艺流程

预应力张拉为特殊工序，一般派专人进行全程监控，由试验室提供混凝土的强度、弹性模量给工程部，由张拉技术负责人编制张拉通知单，张拉前监控人员仔细核对抗压强度、弹性模量值及龄期符合要求，并对张拉设备、工艺参数，以及张拉人员进行确认，张拉过程中对张拉应力、实测伸长值及持荷时间进行监控。施工工艺流程见图 20-26。

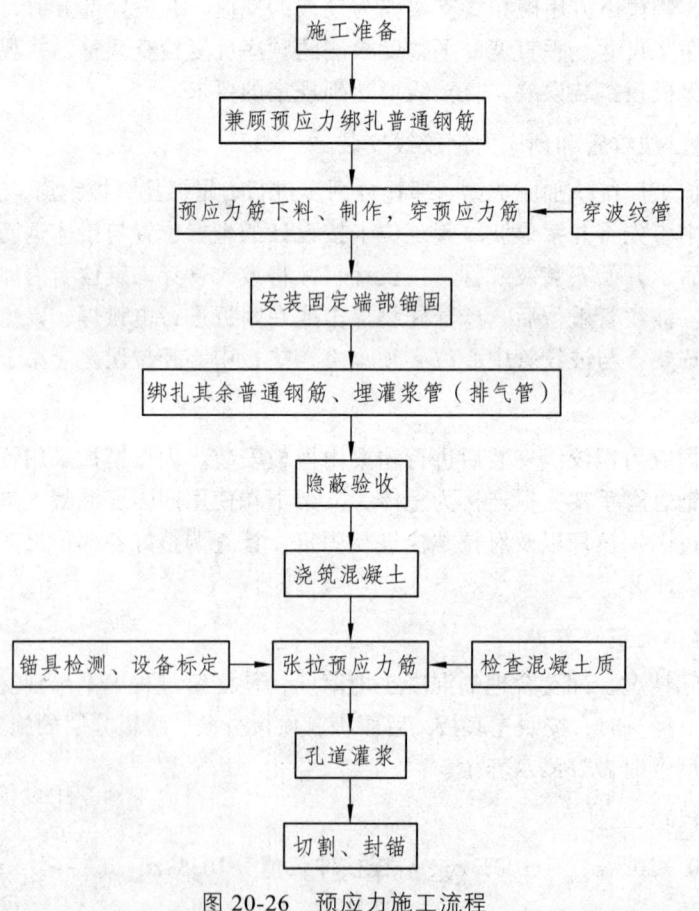

图 20-26 预应力施工流程

2. 操作要点

1）施工准备

① 千斤顶的标定

张拉前要标定千斤顶，标定期根据设备状态和使用的频繁程度及气温来决定。千斤顶标定有效期为一个月，到期必须进行标定。每周必须进行自校，每次标定均须建立台账备查。千斤顶经过大修，或漏油严重，经拆修以后，必须重新进行标定。千斤顶须与已校正过的油表配套编号标定。标定前先试压千斤顶，试压三次，确认不漏油能正常工作时方进行标定。试压时使油缸伸出长度等于张拉时常用部位，试压吨位达到最大使用张拉力的110%，维持5 min，压力降低不超过3%，即认为千斤顶可正常工作。千斤顶校验要反复进行三次（0°、120°、240°三个不同方向），取其平均值，算出油压表与对应压力（顶力）的线性回归方程，当代表回归方程与试验数据真实函数间的近似程度的回归系数 $\gamma \geqslant 0.9999$ 时即认为标定合格，否则查明原因，重新标定。

校正系数可按下式进行计算：

校正系数 = [油表压力（MPa）× 张拉千斤顶活塞面积（mm）]/压力环计算压力（N）

按上述方法完成标定工作，用上式计算得出张拉控制应力或接近控制应力时的千斤顶校正系数。千斤顶校正系数不得大于1.05，如校正系数大于1.05，则本次标定不合格，查明原因，重新标定。

② 油表的标定

油表每月须送到有资质的计量部门进行标定。油压表在下列情况下必须重新进行标定：油压表校正有效期达到一个月。油表使用时超出允许偏差或发生故障。油表在使用时受到剧烈振动、冲击、指针不归零及指针失稳者。

③ 预应力筋下料、装配及运输

预应力筋的下料长度应考虑设计曲线长度、张拉端外伸预留长度、弹性回缩值、张拉设备、钢材品种和施工方法等因素，对采用夹片式锚具与穿心式千斤顶进行张拉的构件上的钢绞线，其下料长度 L 按下式计算：

A. 一端张拉时　　$L = L_0 + L_1 + L_2 + L_3 + L_4$

B. 两端张拉时　　$L = L_0 + 2(L_1 + L_2 + L_3)$

式中　L_0——构件的孔道长度；

　　　L_1——张拉端锚垫板厚度；

　　　L_2——夹片式工作锚具厚度；

　　　L_3——张拉端外露预留长度；

　　　L_4——锚固端长度。

预应力筋的下料应在平整的场地上直线定出下料长度，并在下料场地两端设置固定标志，每端有专人负责；切断前应将预应力筋拉直；用砂轮切割机切断，不得用电弧切割。在预应力筋下料同时制作装配固定端，当固定端采用P型挤压锚时应采用专用设备对挤压套与锚垫板进行二次挤压以保证挤压套紧固在锚垫板上。对所下的预应力筋做好分区及类型编号，必要时在其两端做出同颜色的标志并标明长度，以便布束张拉时识别，再用放线盘分别盘成直径约为 2.0 m 的圆盘。预应力筋运至施工现场后要分区、分类堆放。露天堆放时，需覆盖防雨布，并用垫木垫起，不与地面接触，防止锈蚀、死弯。在堆放期间严禁碰撞踩压。

2）预留管道埋设

绑扎构件的普通钢筋时，可同时进行预应力筋管道埋设。采用金属波纹管时，可将金属波纹管按设计的曲线定位在非预应力钢筋笼中。具体的做法是根据矢高沿构件方向每隔约 0.8 m 设置相应的马凳钢筋（根据具体工程情况马凳钢筋间隔可适当调整，保证设计曲线为宜），马凳钢筋宜采用Φ10～Φ12 钢筋，在马凳处用铁丝把波纹管与马凳钢筋绑紧，使波纹管形成曲线。金属波纹管连接采用比主管大一号的金属波纹管作为连接管，连接管长约 200～300 mm。在连接管的两端缠上塑料胶带以防漏浆，预埋管道要求曲线流畅，水平顺直。框架梁中预留孔道在竖直方向的净间距不应小于孔道外径；水平方向的净间距不应小于 1.5 倍孔道外径；从孔壁算起的混凝土保护层厚度，梁底不宜小于 50 mm，梁侧不宜小于 40 mm。

3）预应力筋穿束

根据工程的具体情况可采用逐根穿束或集束穿束。逐根穿束是将预埋管道内的预应力筋逐根穿入；集束穿束是将管道内所需的预应力筋先绑扎成束后一次性穿入预埋管道内。集束穿束前宜将预应力筋端部用胶布包扎以减小摩擦力并防止穿破波纹管。人工穿束确有困难，可采用牵引机协助穿束。

4）端部预埋安装

① 固定端端部预埋安装

固定端采用 P 型挤压锚时，在保证固定端锚垫板、挤压套筒不外露的前提下，按设计要求的高度固定好预埋件并焊好网片筋或螺旋筋；当采用 H 型压花锚时也应保证其不外露，同时按设计要求固定好压花端位置。电焊时应注意避免焊条碰到裸露的预应力束。

② 张拉端端部预埋安装

张拉端部有外凸和内凹两种形式。张拉端部预埋位置应符合设计要求，预应力筋应与锚垫板保持垂直。采用外凸式张拉端部时，将锚垫板紧靠构件端部固定；采用内凹式张拉端部时，将锚垫板固定在离端部约 90 mm 处，调整锚垫板周围的钢筋以保证张拉时千斤顶有足够的张拉空间，然后在承压板外安装穴模，按设计要求焊接好网片筋或螺旋筋。采用分段搭接张拉时，张拉端部的预埋安装在锚垫板等预埋件满足设计要求的情况下，预应力筋与锚垫板应保持垂直，保证张拉千斤顶有足够的张拉空间及张拉完后锚具不露出构件表面。

5）灌浆管埋设

有粘结预应力的灌浆孔与排气孔（泌水孔）是可通用的。在预应力筋铺设完后进行灌浆管埋设，一般在预埋孔道曲线的高点处留设灌浆管，若是竖向构件，应由孔道底部开始沿高度方向分段埋设。灌浆管间距一般不宜大于 12 m，在一些较大跨度的构件中，可适当放宽，但管距应能保证灌浆顺畅。灌浆管的压板与金属波纹管应连接牢固，并用塑料胶带缠紧密封以防漏浆。灌浆管高出构件砼表面 200～300 mm 处弯折。为防止灌浆管在浇捣混凝土时脱落，可在灌浆管中插入钢筋，将灌浆管与构件的面筋绑紧，同时避免将灌浆管留在构件模板内。

6）混凝土浇捣

为确保工程质量，混凝土浇捣前，应由建设单位会同监理单位、施工单位及设计单位等对预应力工程进行隐蔽工程验收，主要内容包括：

原材料是否验收合格；有粘结预应力筋的数量、规格、控制尺寸是否按照图纸要求；波纹管有无破损，接头是否牢固可靠；灌浆管及端部的预埋处理是否恰当等。

验收合格后，方可浇筑混凝土。混凝土浇筑时应避免踏压撞碰波纹管、预应力筋、马凳、灌浆管以及端部预埋件，混凝土浇捣完毕后，构件侧模宜在预应力张拉前拆除，底模支撑拆除应符合设计要求；当设计无具体要求时张拉前不可拆除底模；侧模拆除后，若发现张拉端或固定端部混凝土有外观质量缺陷，应在张拉前进行处理，待处理后的混凝土达到要求的强度后方可进行张拉。

7）预应力筋张拉

混凝土强度达到设计要求后可进行张拉。张拉控制应力按设计文件要求，且不应大于钢绞线强度标准值的75%。预应力构件的张拉顺序，应根据结构受力特点、施工方便、操作安全等因素确定，一般分层、分部位、分段张拉。在现浇连续梁施工中，预应力施工顺序为先纵向、后竖向、再横向。预应力筋的张拉方法应根据设计和施工计算要求，确定采取一端张拉或两端张拉。采用两端张拉时，宜两端同时张拉，也可一端先张拉，另一端补张拉。同一束预应力筋，应采用相应吨位的千斤顶整束张拉，直线形或扁管内平行排放的预应力筋，当各根预应力筋不受叠压时可采用小型千斤顶逐根张拉。特殊预应力构件或预应力筋，应根据要求采取专门的张拉工艺。如分段张拉、分批张拉、分级张拉、分期张拉、变角张拉等。

张拉工艺如下：

工作锚具安装→千斤顶安装→千斤顶进油张拉→伸长值校核→持荷顶压→卸荷锚固→记录。

预应力张拉施工中，质量控制以应力控制为主，测量张拉伸长值作校核。

预应力筋张拉理论计算伸长值：

$$\Delta L = \frac{N_p L_T}{A_P E_S}$$

式中　N_p——预应力筋的平均张拉力，取张拉端拉力扣除孔道摩擦损失后的拉力平均值；

　　　L_T——预应力筋实际长度；

　　　A_P——预应力筋截面面积；

　　　E_S——预应力筋实测弹性模量。

由多段弯曲线段组成的曲线束，应分段计算，然后叠加，结果较准确。

预应力筋张拉伸长值的量测，在建立预应力后进行，其实际伸长值：

$$\Delta L = \Delta L_1 + \Delta L_2 + \Delta L_C$$

式中　ΔL_1——从初应力至最大张拉力之间实测伸长值；

　　　ΔL_2——初应力以下的推算值，可根据弹性范围内张拉力与伸长值成正比的关系推算确定；

　　　ΔL_C——施加预应力时，后张法预应力构件的弹性压缩值和固定端锚具楔紧引起的预应力筋内缩值，初应力宜为（0.10~0.15）σ_{con}。

张拉预应力筋的理论伸长值与实际伸长值的允许偏差值控制在±6%以内，如超出范围，应查明原因并采取措施予以调整，方可继续张拉。

设计无具体要求时，一次张拉端锚固程序可采用：

$0 \rightarrow 10\%\sigma_{con} \rightarrow 105\%\sigma_{con}$（持荷 2 min）$\rightarrow \sigma_{con} \rightarrow$ 锚固 或 $0 \rightarrow 10\%\sigma_{con} \rightarrow 103\%\sigma_{con} \rightarrow$ 锚固

8）预应力孔道灌浆

① 普通压浆

灌浆前先打通灌浆孔，用清水清洗孔道，直到张拉端部出水较大，各处均畅通时，方可安排灌浆。灌浆用水泥浆的水泥宜用不低于 32.5 等级的普通硅酸盐水泥，水泥浆水灰比不应大于 0.45，拌制后 3 h 泌水率不宜大于 2%，且不应大于 3%。泌水应能在 24 h 内全部重新被水泥浆吸收。水泥浆宜掺入外加剂，外加剂应不含氯盐且对预应力筋无腐蚀作用。水泥浆要严格按配合比配料，搅拌时间应保证水泥浆混合均匀，一般需 2~3 min。灌浆过程中，水泥浆搅拌应不间断，水泥浆用筛网过滤，以免灌浆时堵管。灌浆时将灌浆机出浆口与灌浆管相接，并确认连接处紧密后，开动灌浆泵加压灌入水泥浆，从近至远逐个检查出浆孔，各出浆孔出浓浆后逐一封闭，待最后一个出浆孔出浓浆后，封闭该出浆孔，继续加压至 0.5~0.7 MPa，保持 1~2 min，封闭进浆阀门，待水泥浆凝固后，再拆卸连接接头，并及时清理现场浮浆及杂物，如发现管内有空隙应仔细补浆。构件的底模支撑在无具体设计要求时，应在预应力筋张拉及灌浆浆体强度达到 15 MPa 后拆除。

② 真空压浆

压浆过程中，每孔梁制作 3 组标准养护试件，并做 1 组同条件养护试件，作为吊装或入库备用；取样方法为：将拌好的压浆料倒入试模内，静置止浆体初凝后，将其表面多余的浆体刮掉。24 小时拆模后放入标准养护室于水中养护至 7 d、28 d，分别进行 7 d、28 d 抗压强度和抗折强度试验。试模尺寸 40 mm×40 mm×160 mm。压入管道内的浆料终凝时间小于 24 小时，压浆时浆体温度不超过 35 ℃，压浆时及压浆后 3 天内，梁体及环境温度不得低于 5 ℃。抗压强度 7 天不小于 35 MPa，抗折强度不小于 6.5 MPa；28 天不小于 50 MPa，抗折强度不小于 10 MPa，24 h 内最大自由收缩率不大于 1.5%，标准养护条件下 28 d 浆体自由膨胀率为 0~0.1%。浆体对钢绞线无腐蚀作用。其技术要求符合高性能无收缩防腐蚀灌浆剂的规定，有结块不得使用，经检验合格后方可使用。启动真空泵抽真空，使真空度达到 −0.06~−0.08 MPa 并保持稳定。启动灰浆泵，当输出的浆体达到要求的稠度时，将输送管阀门打开，开始灌浆。压浆次序自下而上，同一管道压浆须连续进行，一次压完。以免孔道漏浆将临近孔道堵塞。灌浆过程中，真空泵要保持连续工作。压浆过程中经常检查压浆管道是否堵塞和漏浆。待真空泵端的空气滤清器中有浆体经过时，关闭空气滤清器前端的阀门，稍后打开排气阀，当水泥浆从排气阀顺畅流出，且稠度与灌入的浆体相当时关闭抽真空端所有的阀门。灌浆泵继续工作，压力达到 0.5~0.6 MPa，持压 3 分钟。关闭灰浆泵及灌浆端所有阀门，完成灌浆。拆卸外接管路、附件，清洗空气滤清器及阀等。完成当日灌浆后，必须将所有粘有水泥浆的设备清洗干净。安装在压浆端及出浆端的球阀，在灌浆后一小时内拆除、清洗。

9）预应力端部封锚

张拉、灌浆后，用砂轮切割机切掉张拉端多余的预应力筋，预应力筋的外露长度不宜小于其直径的 1.5 倍，且不宜小于 30 mm，用环氧树脂涂封锚具及外露预应力筋，封闭前应将锚具周围的混凝土凿毛、冲洗干净，凸出式的锚头宜配置钢筋网片，用微膨胀细石混凝土进行封闭。

20.4 连续刚构桥施工

20.4.1 0#块施工工艺

1. 施工工艺流程

1）墩旁托架施工流程

墩旁托架一般采用在墩身预埋钢板锚筋，牛腿支架由型钢组拼而成。托架应有足够的刚度和承载能力，在铺设底模前托架结构应按规范要求对其进行预加载，据以考核结构的安全度，同时消除非弹性变形、测定结构的弹性变形值，确定立模标高。施工偏差和定位要求应符合有关规范的规定，以确保施工质量。

2）落地支架施工流程

落地支架分为满布式支架和钢管墩支架等。都是自地面开始向上搭设支架形成箱梁施工作业平台。

2. 操作要点

1）支（托）架搭设、预压

根据设计文件及规范要求，临时托架或支架需在0#块施工之前进行模拟加载试验，检验支架各部分的承载能力及受力变形情况。临时支架的下沉量及弹性、塑性变形采用高精度水准仪测量。通过临时支架的挠度变形情况，对支架的安全性进行综合评价，同时确定立模标高。加载过程分别按设计荷载的50%、100%、120%三种工况进行加载试验。

2）临时固结

对于连续梁桥，为承受悬臂施工中T构梁体重量及不平衡弯矩，需设置临时支座或墩旁钢支撑。设置原则：64 m及以下跨度梁跨可考虑在墩顶设置临时支座，大于64 m的梁跨原则上应采用墩旁钢支撑。

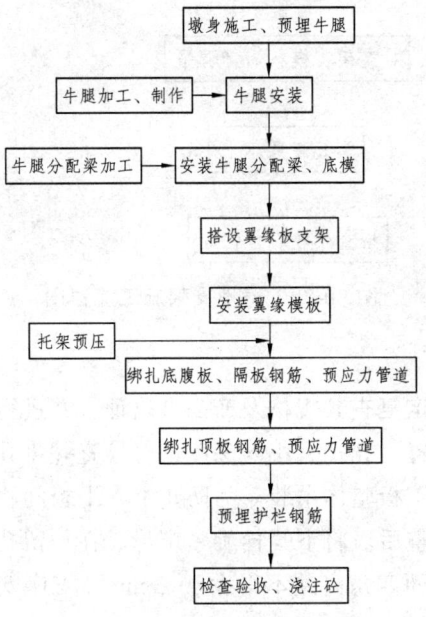

图20-27 墩旁托架施工流程

① 墩顶临时支座

一般在墩顶设两排4个临时支座。临时支座设在相应正式支座近梁体中心线内侧，临时支座底部为20 cm M30硫磺砂浆，其内部布置加热电阻丝，以便于箱梁落于正式支座时，软化硫磺砂浆，临时支座硫磺砂浆层上面为M30混凝土。各临时支座横桥向靠外侧分别设置精轧螺纹钢筋，上、下端分别锚固于梁体与墩身内，以增加抗震、防滑能力并承受一定的拉力。临时支座设计时应对锚固方法及固定结构强度进行详细的分析计算。

② 墩旁临时钢管支撑

墩旁临时支撑一般采用大直径无缝钢管，内填高强混凝土。钢管结构的大小、尺寸，应根据主梁悬臂浇注过程中的不平衡弯矩等因素确定。支撑可支承在承台顶面或承台外专设的基础上，基本要求是受力时不得发生不均匀沉降，结构自身受力行为良好。

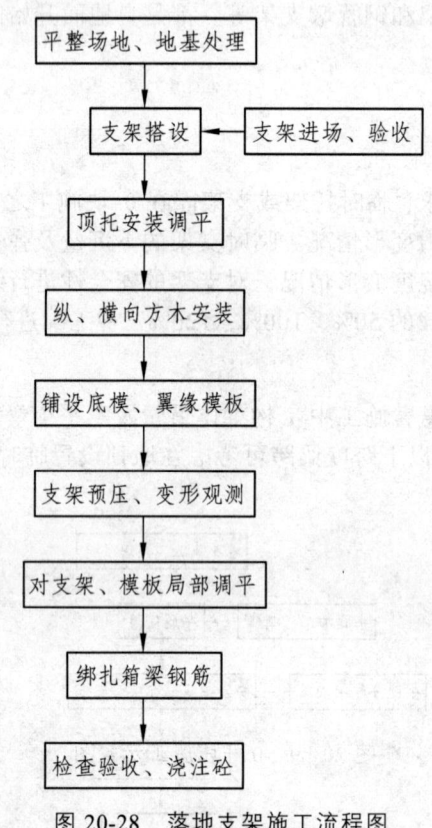

图20-28 落地支架施工流程图

3）支座安装

永久支座安装前，按规定复查其规格及产品合格证，并进行配套检查，同时对支承垫石顶面进行凿毛，对锚栓孔位置、孔径大小与深度进行检查并将孔内清理干净，对支座中心放线。支座安装过程中，上、下板整体吊装。为防止上、下板间相互错动，先予以临时固定，支座下板按设计标高进行调整后。将下锚栓旋紧螺母后在预留孔内填塞环氧树脂砂浆，支座按设计中心线布置，支座顶面四角高差不得大于2 mm。支座安装预偏量设置，应根据合龙段施工时的温度计算确定预偏量。

4）模板工程

① 底模安装

0#梁块施工，应严格按照结构尺寸要求控制顶面分配梁的标高，模型安装时应精确测量定位后进行锁定。为保证梁体的外观质量，模板的板面要求要平整、必须严格打磨干净并保证有一定的光洁度，严密不漏浆，保证混凝土表面的美观。底模的高度调节及卸架可采用杂木楔，还应按设计要求设好预拱度。木楔高度调节好后，应将两块木楔用钉子连接，以防止木楔脱落。

② 侧模安装

0#段的侧模有条件时可采用挂篮的外模，辅以木模拼装。若采用木模，板面之间要求平整，接缝采用平缝，模板缝隙采用双面胶密封，防止漏浆。侧模制作时，根据0#块的侧面面积，加工成一定大小面积的整体模型，利用塔吊安装。内模可采用组合钢模板或木板，模型内部在拉筋附近设置钢管内支撑，以控制结构尺寸准确。模型安装应派专人检查安装质量，结构尺寸应符合设计要求，线条流畅。

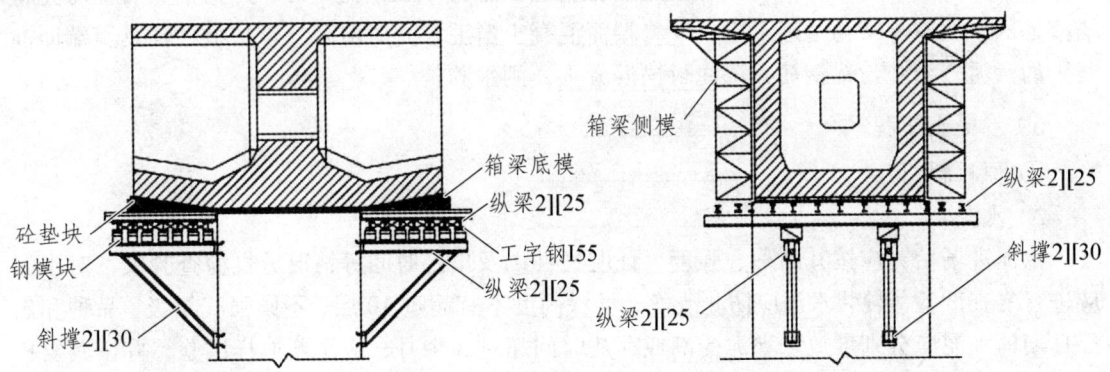

说明：
1. 本图尺寸均以厘米计，图中所示仅为示意，在施工中将根据实际情况进行调整。
2. 确保预埋件准确，严格控制标高，必要时可采用预压85%重量，克服非弹性变形。
3. 采用泵送砼连续施工，加强养生，确保0号施工质量。
4. 严格按照规范施加预应力确保0#块施工质量。
5. 严格按照安全规程办理，确保安全施工。
6. 预埋钢板的同时将两个侧面的钢板连上，拼装时用IV级钢进行张拉。

图 20-29　0 号块施工示意图

③ 端模安装

端模安装是保证 0#块端部及预应力管道成型要求的关键环节之一。端模可采用钢板或木板制作，将设计预应力管道、钢筋的位置准确布置在端模上，然后割出预应力管道和钢筋的预留孔，预留孔的直径应大于预应力管道和钢筋直径 2~3 mm。应在底模和侧模内侧准确放样出端模的设计位置线，采用外支撑加固定位。在安装纵向预应力管道和钢筋时，将其从端模预留孔的相应位置穿入和穿出。在混凝土浇注前，用棉纱堵塞端模上预留孔的缝隙，以防止漏浆。

④ 模型加固

侧模可采用对拉螺杆和钢管内支撑加以固定，以保证混凝土浇注时不发生涨模。端模采用外支撑加固定位。模型安装完成后必须经过技术人员、测量人员和技术负责等验收合格，保证构件几何尺寸、坐标均满足设计及规范要求后方可浇

注混凝土。

⑤ 拆模

混凝土强度达到 2.5 MPa 后，对表面进行拉毛处理，桥面结构的接缝处混凝土作凿毛处理。混凝土强度达到设计强度的 50%，方可拆端模。混凝土强度达到设计强度的 75%，方可拆侧模等承重模板。拆模时应避免损坏梁面棱角，拆除后做好保护工作，防止梁面污染。

5）钢筋及预应力工程

钢筋的制作应严格按照设计图和规范施工。因 0#块的钢筋型号繁多，加工好后的各种型号钢筋要有标示牌，部分腹板钢筋为平均值，下料时应分别计算，以免在制作、安装的过程中出错。普通钢筋与预应力管道干扰时，应首先保证管道的基本坐标位置，移动普通钢筋，若普通钢筋移动困难时，可断开普通钢筋，采用桥接钢筋加强，以绕过预应力管道。安装顶板钢筋时同时安装防撞护栏的预埋钢筋、桥面泄水管等。压浆完成后，外露锚头封锚时先将锚槽处的水泥浆等杂物清理干净，并将端面混凝土凿毛，同时清除支承垫板、锚具及端面混凝土的污垢，绑扎封锚钢筋，浇注封锚混凝土，洒水养护。

6）混凝土工程

① 原材料

A. 水泥

水泥进场后，应按其品种、强度、证明文件以及出厂时间等情况分批检查验收，对水泥应进行复查试验。袋装水泥应防止受潮，堆垛高度不宜超过 10 层，不同强度等级、品种和出厂日期的水泥应分别堆放。水泥受潮或存放时间超过 3 个月，应重新取样试验，并按其复检结果使用。同一结构部位应使用同一种水泥，以保证混凝土外观、色泽一致。

B. 细骨料

细骨料应级配良好、质地坚硬、颗粒洁净，最大粒径不小于 5 mm。混凝土用细骨料的质量标准为：含泥量≤3%（其中泥块含量≤1%），云母含量<2%，轻物质含量<1%，硫化物和硫酸盐<1%等，重点控制砂的细度、含泥量、坚固性等指标。

C. 粗骨料

粗骨料应采用连续级配与单级配合使用，对粗骨料每批检验不超过 400 m³。粗骨料最大粒径不超过结构最小边尺寸的 1/4 和钢筋最小净距的 3/4；在两层或多层密布钢筋结构中，不得超过钢筋最小距离的 1/2。粗骨料质量技术要求为：C55～C40 混凝土石料压碎指标≤12%；片状颗粒含量≤15%；含泥量≤1%；泥块含量（按质量计）≤0.5%；小于 2.5 mm 颗粒含量≤0.5%；硫化物及硫酸物（按质量计）≤1%；材料必须做碱活性试验。

D. 拌和水

拌和水不应含有影响水泥正常凝结与硬化的有害杂质或油脂、糖类、游离酸类等，pH 值小于 5 的酸性水及硫酸盐量超过水质量 0.27 mg/cm³ 的水不得使用。供饮用的水一般满足施工要求。所采用的外加剂必须是经过有关部门检验并有合格证的产品。不同品种的外加剂应分别放，做好标记，在运输和存放过程中不得混入杂物和遭受污染。

② 配合比设计

梁体多为高强（高性能）混凝土，根据其结构特点及施工工艺要求，梁体混凝土应具有良好的工作性（流动性、黏聚性、保水性及坍落度等）。

混凝土按以下原则配制：

A. 满足高强（高性能）混凝土的各种特性指标。

B. 混凝土初凝时间不小于10 h，3 d强度达到80%（普通高强混凝土）、90%（高性能混凝土）。

C. 弹模指标3 d达到设计要求。

D. 泵送混凝土的入模坍落度，普通高强混凝土不小于14 cm，高性能混凝土不小于18 cm，扩展度不小于50 cm。

③ 混凝土浇注顺序

0#块混凝土的顺序：中部底板→悬臂端底板→中部腹板→悬臂端腹板→墩顶隔板→顶板的顺序施工，尽量做到对称施工。沿线路前进方向左右对称浇注，以墩顶为界两悬臂端及墩顶隔板要求前后对称浇注。

④ 混凝土施工及养护

混凝土浇注时设专人进行混凝土振捣。采用插入式振动器，移动间距不应超过振动器作用半径的1.5倍，与侧模应保持50～100 mm距离，插入下层混凝土50～100 mm，每处振动应垂直、自然地插入混凝土中，该处振捣完毕后应边振动边慢慢拔出振动棒，应避免振动棒碰撞模板、钢筋和其他预埋件。每一振动部位，必须振动到该处混凝土密实为止，一般以混凝土不再下沉及冒泡、表面呈现平坦、泛浆为止。设专人进行混凝土养护，混凝土浇注完毕后采用草帘、麻袋等对混凝土外表面进行覆盖，浇注后8 h左右开始对混凝土进行洒水养生，并随时保持混凝土表面湿润，养生时间不得少于14 d。

7）临时支座（撑）拆除

待边跨合龙段终张拉，并压浆完毕后，即可解除中支墩的临时支墩约束，进行体系转换。在移除临时支墩后，应注意梁体的外观质量，对梁体底板临时支座（撑）位置的混凝土应打磨平整。

20.4.2 0号及1号块支架现浇施工工艺

1. 施工工艺流程

施工准备→支架搭设→底模铺设→临时支座、永久支座安装（若有）→外模安装→钢筋安装→预应力管道安装→内模安装→砼浇筑→养护及预应力施工。

2. 施工方法

0号、1号块施工工艺流程根据施工图及挂篮施工工作面要求，在不改变设计意图的前提下，将0号块和1号块一起浇筑（统称为0号块）。0号块体积、重量均较大，又是以后各悬浇段的基础，其施工的成败关系到全桥的质量。

1）支架搭设

严格按照支架设计方案进行搭设，调整好支架顶标高，控制好搭设过程中各工序的质量，确保安全。

支架分为落地式支架和非落地式支架。

① 落地满堂式门式支架

落地式支架主要以承台为支架基础,承台尺寸较小时可在承台侧面周围预埋钢板安装牛腿,或在承台周围布设钻孔桩、钢管桩、粉喷桩等作基础;承台周围地基承载力较大时可将地基硬化处理后,直接将支架布设在地基基础上,但施工时要注意进行预压处理,最大限度消除地基沉降,防止承台和地基承载力不同造成的支架沉降差。在支架上摆放纵横向方木、槽钢或工字钢作为底模、侧模纵横肋,底模、侧模亦可采用定型框架结构钢模。

② 落地柱式支架

落地立柱框架式支架采用大钢管作为支撑主结构。

③ 托架（非落地式支架）

0 号及 1 号块砼浇筑过程中,由于砼龄期较短,其抗剪强度较低,随着砼的浇筑,支架逐渐产生变形,底模发生不均匀沉降,造成下部已初凝的砼内部产生剪应力,当剪应力超过其抗剪强度时,即产生竖向裂缝（纹）,影响结构的强度和使用安全。因此,要求托架具有足够的强度和刚度,并尽量减轻自重。托架采用 N 型万能杆件或贝雷梁拼装成空间悬臂结构,主桁架为三角形,墩身每侧主桁架数量可根据计算确定。

④ 预埋件（非落地式支架）

预埋件的作用是将托架承受的施工荷载传递到墩身,是整个支撑结构的关键部位。预埋件的形式既要保证结构受力安全,又要考虑工地施工条件,避免加工质量不稳定而降低结构的安全度。预埋件的结构形式要进行设计计算,预埋件与主桁架的连接形式可采用焊接或栓接。

⑤ 垫梁（非落地式支架）

垫梁是以分配荷载为目的,为保证托架的节点受力,所有垫梁均布置在节点处。为保证各主桁片均匀受力,垫梁要求具有较大的刚度,常采用工字钢。

⑥ 底模支架（非落地式支架）

根据 1 号块箱梁底部线位高程设置底模支架,支撑底模纵梁,并设置适当数量的钢楔形块,以调整高程和方便拆除模板及支架。

⑦ 拼装施工要点

为保证预埋件的埋设位置准确,先在地面将预埋件与部分杆件拼装成空间结构,用塔吊整体提升到墩顶,并采取适当的加固措施,防止发生扭曲变形。然后拼装剩余部分杆件,完成整个托架的拼装,并将横向分配垫梁及底模纵梁吊装到位。非落地式支架实际结构由于是螺栓连接,螺栓与栓孔间存在间隙,在荷载作用下将产生较大的非弹性变形。因此,结构需要进行预压,以充分消除支架的非弹性变形,验证支架的弹性变形和结构安全,并据此设置预拱度,调整模板高程。传统的预压方法一般是采用配重预压和千斤顶法,配重预压法是在支架上堆放重物或悬吊重物,此法受场地和材料限制较大。千斤顶法是利用梁部施工的张拉机具,通过在托架上安放千斤顶,张拉锚固于承台上的钢绞线对托架进行等效加载,完成托架的预压,是比较经济适用的一种方法。预压重量或张拉力以 1 号块钢筋砼自重、托架系统和模板系统自重及加各种施工荷载的 1.1~1.2 倍为宜。

2）底模铺设

支架高程调整好后铺底模,底模采用大块定型竹胶板模或钢模。模板间拼缝应严密,不得有错台、翘曲或较大缝隙,防止浇筑砼时漏浆及底板不平顺。0号块底模完成后等载预压,消除非弹性变形,设观测点测量弹性变形,作为施工高程控制的依据。

3）临时支座、永久支座安装

临时支座采用C40砼,临时支座浇筑时在支座顶、底面涂隔离剂,便于体系转换时凿除,临时支座通过预埋筋与墩柱及梁体固结。根据当地最高与最低气温,计算由此产生的连续梁伸缩量和支座位移量,确定0号段底部永久支座安装时预留的偏移量。永久支座垫石必须严格抹平,以确保支座安装水平。支座螺栓通过环氧树脂砂浆与墩柱固结牢靠。

4）外模安装

外模包括侧模及翼缘模板,通常这两部分加工成整体。外模可采用大块定型木模或钢模,用全站仪精确定出梁中心线及底板边线,安装外模。

5）钢筋绑扎

钢筋绑扎要事先安排好钢筋的绑扎先后次序,选择好钢筋保护层的支垫方式,注意各种预埋件及预留孔的位置、尺寸、规格,不得遗漏。

6）预应力管道安装

0号段波纹管较多且集中,又是以后悬浇段预应力束的基础段,所以安装定位要准确,定位筋焊接必须牢固。为避免砼施工中,波纹管进浆堵塞,在波纹管内穿直径稍小的硬质塑料管防止堵塞。

7）内模安装

底板、腹板钢筋和预应力管道安装完成后进行内模安装,内模可采用组合钢模或木模,内模加固采用钢管支架加固,确保梁体几何形状。

8）砼浇筑

砼浇筑采用泵送方式。搭设砼作业平台,在顶板上预留天窗,布置输送砼的漏斗和串筒。从底板开始前后、左右对称浇筑0号段砼,砼浇筑顺序由0号段中心分别向1号段分层浇筑,按照底板→腹板→顶板的顺序进行。待底板浇筑完毕后将腹板、顶板一次性浇筑完成。

9）养护及预应力施工

砼浇筑完毕后,加强对梁段尤其是箱体内侧与外侧的洒水养护。当砼强度达到设计强度的95%（或设计规定要求）时,张拉预应力束并封头压浆。

20.4.3 合龙段及体系转换施工工艺

1. 施工工艺流程

施工顺序应严格按照设计文件规定进行。边跨、中跨合龙段施工工艺流程见图20-30。

2. 操作要点

1）施工准备、合龙前施工量测

合龙段施工前应积极做好各项准备工作,包括技术准备（施工技术方案编制及报批、技术交底和施工测量等）和施工组织准备（施工人员安排、设备及物资准备及进度安排）以及各项施工预案编制等。在最终的合龙段施工技术方案确定前，应安排专人负责进行环境气温监测、合龙口空间变形（纵、横、竖向）监测以及关键控制截面应力监测，以此确定最终的合龙段施工技术方案并准备配重设施。

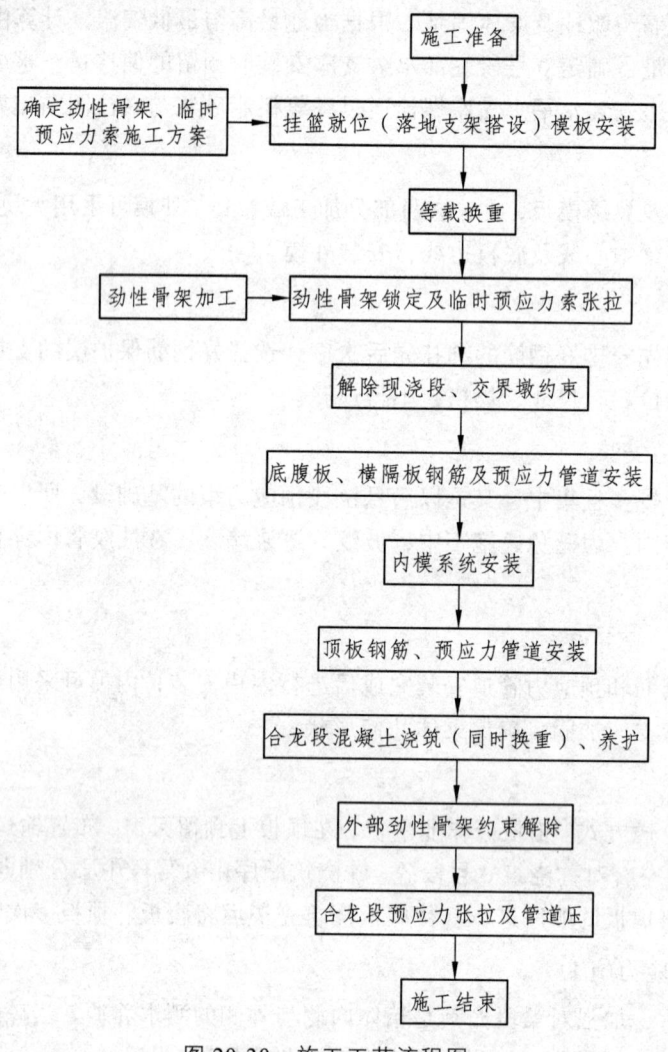

图 20-30 施工工艺流程图

2) 挂篮就位或支架安装

① 边跨合龙段施工

一般采用支架法机型施工，在特殊条件下也可采用挂篮作为合龙段施工，但是必须考虑平衡问题，在最后一个悬灌段施工时应注意预留孔道，待悬灌完成后即可将挂篮走行就位并锚固在边跨与悬灌段上，以挂篮作为合龙段施工平台；采用落地支架施工合龙段时，先进行支架地基处理、搭设边跨现浇段落地支架施工，在搭设支架上进行边跨合龙施工。

② 中跨合龙段施工

中跨合龙段施工一般采用挂篮作为合龙段施工支架，在最后一个悬灌段施工时应注意预留孔道，待悬灌完成后即可将一个挂篮后退或拆除，另一个挂篮走行就位并锚固好。

3）模板安装

① 底模安装

采用挂篮作为合龙段施工支架时，底模系统直接利用悬灌段施工的底模系统，随挂篮一起就位；采用落地支架施工合龙段时，底模系统一般采用木模结构（胶合板面板+方术加劲肋+分配梁），人工由下至上安装。

② 侧模安装

侧模系统一般情况下直接利用悬灌段施工的外侧模系统，随挂篮一起就位。

③ 内模安装

内模在底、腹板及横隔墙钢筋、预应力管道安装完成后进行，一般采用组合钢模与木模相配合的结构，在进行安装时应注意加固，尤其对斜腹板的加固，如加固不到位，有可能造成模板上浮。

4）合龙段钢筋及预应力管道安装

合龙长度设计一般为 2 m，其结构尺寸复杂、钢筋、预应力管道、预埋件较多，为了保证其施工质量，必须按照制定好的工序及工艺进行实施。

① 钢筋加工制作及安装严格按设计和施工规范要求进行施工。

② 波纹管制作和安装。

波纹管制作和安装在以下几个方面应特别注意：布置波纹管时首先用钢筋加工井字架作为波纹管的定位架，纵、横向位置按设计图纸尺寸定位，波纹管中穿内衬管，为保证波纹管的成孔质量，在浇注混凝土时派专人来回拉动内衬管；在波纹管接头处一定要将波纹管接口剪平后外套接头管，用胶带裹紧，以防止漏浆或在穿束时引起波纹管翻卷导致管道堵塞；浇注混凝土前应检查波纹管是否有孔洞或变形，尤其是接头处是否密封好；浇注混凝土时应尽量避免振捣棒直接接触波纹管，以防损坏波纹管，造成漏浆堵孔。

5）合龙段配重、换重施工

合龙段配重和换重施工应在劲性骨架锁定和临时预应力索张拉前进行。配重和换重一般均采用水箱或砖砌水池装水，便于加载和卸载计量；也可以采用混凝土块或钢材，但应注意准确计量。采用水箱加水换重具体方法为：在劲性骨架锁定前，在梁端加设水箱与合龙段混凝土换重（每端水箱装水重量与吊点承受的重量一致，水箱重心位置与吊杆合力作用点重合）。在浇注合龙段混凝土时，根据混凝土浇注量，边浇注混凝土边放水，放水速度根据混凝土浇注速度而定，原则是同一时段内浇注的混凝土重量尽可能与放出的水重量相等（灌注混凝土前先要在水箱上做好标志，以便控制放水量，放水量与合龙段混凝土浇注量相差不超过 5 t）。通过水箱放水使合龙段两端悬臂在混凝土浇注过程中受力保持一致，从而使合龙段两边悬臂高差始终保持不变，尽可能避免因施工原因而使结构引起附加应力，实现"无应力"合龙。边跨合龙采用挂篮合龙时由于中跨挂篮与边跨的重量可能不一致，此时应根据实测标高及边中跨挂篮的重量经过计算在边跨应加配重，配重加设完成后重新测量标高，标高确定后再根合龙段混凝土的重量确定需要加设的换重重量。边跨合龙采用落地支架时，由于合龙段混凝土的重量直接由支架传递给地面，对梁部线形无影响，不必考虑换重。

6）合龙段劲性骨架安装及临时预应力束施工

合龙临时锁定有两个步骤：首先是焊接锁定劲性骨架，然后张拉临时预应力束。劲性骨架用来连接两端梁，保证合龙段净空，防止在浇注合龙段混凝土的过程中及合龙段混凝土未达到设计强度的养护过程中梁两端错动，同时用来抵抗合龙段因温度升高而产生的压应力及梁体可能错动而起的竖向剪应力。由于劲性骨架采用焊缝连接，焊缝抗拉能力低，故采用临时预应力来抵抗合龙段两端梁体固温度降低收缩而在合龙段混凝土中产生的拉应力。临时预应力束一般采用设计的正式的合龙段预应力束。根据混凝土因温度降低而产生的拉应力确定每根束临时张拉预应力，临时预应力束张拉力未达到设计张拉力，待合龙施工完成、合龙段混凝土强度达到设计强度后，再将其补拉至设计吨位。

劲性骨安装时应注意以下事项：

① 合龙前几天连续观测昼夜温度变化、合龙口高程变化、合龙口长度变化，确定温度变化与高程、长度的关系，选定适当的安装时间。

② 安排技术水平高的焊工负责焊接，确保劲性骨架焊缝质量。

③ 认真做好施工组织，尽量缩短劲性骨架的安装时间。

7）合龙段混凝土施工

① 合龙段混凝土配合比设计

合龙段混凝土强度设计要求一般与其他悬灌节段强度一样，但是为了保证合龙段的施工质量，一般情况下合龙段的混凝土强度实际施工中要提高一个等级。

② 合龙段混凝土生产、运输、现场浇注、养护

合龙段混凝土采用拌和站集中生产、罐车运输，要求与一般悬灌段混凝土生产、运输相同。混凝土浇注时间应在全天最低温度、温差变化小的时段进行，一般选择在晚上的12点~第二天清晨6点。合龙段混凝土浇注完成后，应加强混凝土养护，减小混凝土收缩；合龙段混凝土养护期间，应禁止施工荷载上桥，避免扰动开裂。

8）桥梁体系转换施工

桥梁体系转换施工主要包括滑动支座约束解除、限位支座安装、临时支座拆除和后期预应力张拉等内容，其施工顺序应严格按照设计文件规定进行。在桥梁合龙段施工过程中，主梁由悬臂状态向固定状态转变，桥梁体系转换施工也同步进行，此时梁段是处于比较复杂的受力状态，其施工的好坏将直接影响到整个桥梁的结构安全和质量，因此在施工时需注意以下事项：

① 保证劲性骨架及临时预应力束的施工质量，因为劲性骨架及临时预应力束锁定的好坏将决定着合龙段的施工好坏。

② 滑动支座和现浇段的约束应及时解除，保证现浇段能随主梁温度变化自由伸缩。

③ 限位支座安装和临时支座拆除应严格按照设计要求的时间和方法进行，确保桥梁整个体系与设计一致。

④ 后期预应力束一般比较长，制索、穿索及张拉施工均比较麻烦，应认真做好施工组织安排和施工质量控制工作，确保成桥质量。

20.4.4 后支点挂篮悬臂现浇施工工艺

1. 施工工艺流程

施工前必须进行安全交底,组织全体操作人员详细谋划讨论,明确各施工阶段挂篮施工特点,安装方法与步骤和注意事项,以免因顺序错误发生事故。悬臂挂篮施工工艺流程图见图20-31。

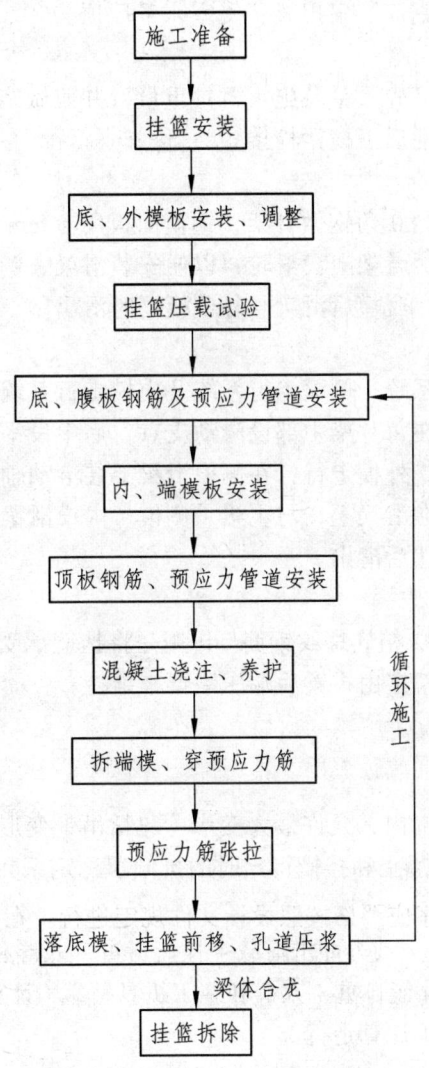

图 20-31 悬臂灌篮现浇施工工艺流程图

2. 操作要点

挂篮根据不同结构、不同受力特点,分为平行桁架式挂篮、弓弦式挂篮、三角挂篮和菱形挂篮,下面主要以三角挂篮为例说明。

1)挂篮的组成

挂篮承重系统、底模系统、侧模系统(内、外)、走行系统,后锚固系统组成。一个挂篮由两片三角形组成，每片梁承受梁段砼重量。考虑施工现场的加工能力，主梁、滑梁、上横梁等未采用合理的桁架结构，而采用型钢结构。

① 承重系统

每个挂篮有两片三角形组合梁，三角组合梁由主梁和立柱，斜拉带及联系角钢组成。三角形组合梁下设支座和滑道。后上横梁：两端拴接于主梁上部，外侧用Ⅳ级精轧粗螺纹钢筋与后下横梁联接。前上横梁：两端拴接于主梁前端上翼缘，外侧用Ⅳ级精轧粗螺纹钢筋与后下横梁联接。压紧器：Ⅳ级钢筋、扁担梁、支座、千斤顶。

② 底模平台

在砼悬臂施工中承担钢筋砼重量及施工机具重量，并兼做施工操作平台，底模支撑系统为型钢组成的纵梁，纵梁与前后下横梁栓接。

③ 侧模系统（内、外）

外模一般用[10 槽钢及∠80 角钢做骨架，钢模面板用 5 mm 冷轧板，骨架与模板连接均采用焊接，侧模用滑梁悬吊，骨架上设滑轮，以便安装滑梁、侧模于主梁，其他构件同时滑出，内模也采用其上设滑轮，脱模后滑梁与外侧模同时滑出。

④ 走行系统

分为三角形组合梁走行系统，侧模走行系统及内模走行系统三部分。

三角形合梁走行系统，在每片梁中部设滑动支点，后中设平衡导向滚轮，箱梁顶面上设滑道。向前滑移。侧模走行：外模走行，在侧模滑梁上装滚动轴，当松开后锚栓及支撑拆模时，在自重作用下，外模落在滑梁上，与主梁、侧模、内模滑梁前进。内模走行：放松内模后，内模板即落在滑道上，然后滑出。

⑤ 锚固系统

后锚栓采用一般采用ϕ32 精轧螺纹钢筋。作用是将挂篮承受的荷载传至箱梁上，并防止挂篮倾覆。主梁移动的倾覆稳定由主梁后端压紧器来维持。

2）结构检算要点

① 结构检算依据

挂篮总重控制在设计范围内，允许最大变形（包括吊带变形的综合）≤20 mm。自锚系统的安全系数：2.0。现浇混凝土和挂篮行走时的抗倾覆稳定系数：2.0。

② 荷载组合

荷载组合Ⅰ。混凝土自重 + 动力冲击荷载 + 挂篮自重 + 人群和施工机具荷载（计算强度）。荷载组合Ⅱ。混凝土自重 + 挂篮自重 + 人群和施工机具荷载（计算刚度）。荷载组合Ⅲ。挂篮自重 + 冲击附加荷载 + 风载（计算走行）。

③ 挂篮结构检算

根据梁段细部情况，梁截面可以分为地板、腹板、顶板和翼板进行荷载计算，地板和腹板荷载由底模系统承担，顶板荷载由内膜系统承担，翼板荷载由外模系统承担，通过前后吊杆吊带传递到前上横梁和已浇梁段上。各个部分传递到前上横梁的所有荷载都传递到主桁架上。主桁架再通过前支点和后锚点把力传递到已浇梁段顶板。悬吊系统部分在整个挂篮受力中起到力系转换的作用。在计算中主要验算底模系统、外模系统、内模系统、主桁系统、悬吊及走行系统、细部构件等的刚度、强度、稳定性满足承载力要求。

3）挂篮的安装

在 0#块上先进行放样，定出滑道安放位置，铺设滑道底垫块，找平，安放滑道，然后通过扁担梁与锚杆将滑道锚固在箱梁上。将走行轮组装好后，穿入滑道后段，主桁就位后与主梁销接。将三角主桁拼装好后，整体吊装至滑道上，前端伸出箱梁端头，后端与走行轮销接，然后通过扁担梁与锚杆将主桁锚固。四片主桁全部安装并锚固好后，安装主桁立柱竖联。安装前上横梁及主桁平联，将主桁与前上横梁形为整体。检查。要求各构件都配套联结，位置准确，所有联结螺栓型号不得混淆，平、斜垫圈应配齐，并注意其方向性，同型号螺栓松紧程度一致，各锚杆用测力扳手每根初拉到 15.0T。将滑梁穿入侧模桁架，并将滑轮穿入滑梁，通过卷扬机或导链提升，将侧模系统整体提升就位，然后前端通过Ⅳ级钢吊杆固定于前上横梁，后端经侧模滑轮固定于已成箱梁翼缘板上。在 1#段底地面上将底模纵梁、前下横梁、后下横梁及底模板形成的底模系统拼好，然后用卷扬机或导链一次提升吊装到位，再安装Ⅳ级钢后吊杆及前吊杆。底模系统拼时，还应作好前后工作平台。检查，调底模中线及标高。用千斤顶将底模与前段箱梁底板密合，并将后吊杆带上保险螺母。用千斤顶将侧模与翼缘板及腹板外侧密合，调侧模板标高。安装箱梁底板、腹板及顶板堵头模板。绑扎底板、腹板钢筋、预埋锚垫板、预应力管道及其他预埋件。安装内模系统。绑扎顶板钢筋、预埋锚垫板、预应力管道及其他预埋件。检查，复核中线、标高，合格后方可灌注砼。

4）挂篮验收

在使用挂篮之前，应进行对挂篮验收检查。从最初的原材料及成品进场、焊接工程、紧固件连接工程、零件及部件加工工程、挂篮拼装工程到钢结构涂装工程，进行有计划的各个阶段性检查，记录各阶段检查结构，对挂篮进行综合拼接。挂篮设计中必须遵循《现行钢结构设计、施工技术规范》。采用的原材料及成品应进行进场验收。做好质量检查记录，质量证明文件等资料应完整。各工序按施工技术标准进行质量控制，每道工序完成后，应进行检查。

5）挂篮静载试验

挂篮静载试验采用底模逐级加载的方法。选择多个受力点，用钢丝绳滑轮机构进行受力分配，总荷载为节段最大重量的 1.2 倍。首次加载 50%，第二次加载至 75%，每一级加载后持荷 20 分钟，最后加载至 120%；对挂篮全面检查，并对挂篮各项数据做好记录，待各项数据稳定后，即可卸除加载。静载实验目的是检测挂篮的应力和变形。并清除挂篮非弹性变形，同时为 1#段立模高程提供依据。实验时用应变仪测量应力，用水平仪观测变形，其结果符合挂篮设计要求者方可合格。

6）梁段灌筑

挂篮调整好后，安装堵头模板，绑扎底板钢筋，安装预应力束管道。绑扎腹板钢筋和安装预应力束管道。立内模，调整位置并固定。绑扎顶板钢筋和安装预应力束管道。按照设计要求，进行预埋件安装，预留后期施工所需的孔槽。灌注混凝土前检查挂篮后端锚固情况。经检查合格后方可灌注混凝土，桥面混凝土要力求平整。箱梁砼浇筑应先中部后两端，先底板后腹板、顶板。同一桥墩两侧箱梁节段混凝土浇筑采用对称同步施工方法，控制两侧不平衡荷载。

7）挂篮的移动

上一段箱段灌筑完毕，混凝土达到强度要求，完成预应力张拉后，方可移动挂篮，进行下一段箱梁的施工。挂篮移动前先脱除侧模系统，然后脱除底模系统，使侧模与底模系统松动的悬挂于前上横梁及侧模滑梁上。挂篮后端锚固放松一点，用千斤顶将挂篮主梁靠前端顶起一定高度，拆除部分垫块，铺设至前段箱梁，用卷扬机迁引滑道移动至前一段箱梁上，然后锚固滑道，并在滑道上涂上黄油。放下千斤顶，然后启动卷扬机，牵引着挂篮主桁系统随着走形轮及滑块的移动而前移，同时带动侧模系统与底模系统一起前移。挂篮移动到位后，将主桁后端进行锚固，锚固时用千斤顶将后锚杆预拉，上紧，同时将各锚杆受力调节均匀。提升底模系统，调整挂篮底板中线及标高，锚固后吊杆，上紧前吊杆。提升侧模系统，调整侧模高度及垂直度，并进行固定。至此准备施工下一梁段。依次类推，挂篮前移按上述步骤进行。

8）预应力施工

混凝土浇筑完成达到强度后，进行预应力施工，预应力施工顺序为先纵向、后竖向、再横向，张拉结束后，尽快进行压浆，采用水灰比为 0.4~0.5 之间的水泥浆，用活塞式压浆泵压浆，压浆时用 0.7 MPa 的恒压，连续注入浆液，压浆灌满管道时，塞住前排气孔，再进行一次补浆，使管道内浆液密实。

20.4.5 悬臂浇筑挂篮施工工艺

1. 工艺流程

挂篮组拼及度压→调整安装底模、侧模立模高程、轴线→绑扎底板腹板钢筋→安装竖向预应力筋（安装底板预应力管道）→安装腹板内模板→绑扎顶板钢筋、安装顶板横向预应力筋及纵向预应力管道→支堵头模板→混凝土浇筑→养生、拆堵头模板、凿毛→清孔穿束→张拉→压浆→落模板→移挂篮进入下一段施工。

2. 操作方法

1）挂篮组拼及试压

墩顶现浇段完成后，依据挂篮设计资料，确定挂篮组拼控制线。依据实际起重能力选择合理的起重方案。然后按照先主桁次底篮再模板，最后其他附属结构的顺序进行挂篮的组拼。挂篮组拼完成后，为了检验挂篮的性能和安全，消除结构的非弹性变形，获取挂篮弹性变形曲线的参数为箱梁施工提供数据，应对挂篮进行试压，试压通常采用试验台座加压法、水箱加压法等。

2）调整立模高程、轴线

依据设计资料，复核悬浇梁段轴线控制网和高程基准点，确定并调整立模的轴线及高程。经驻地监理工程师检查、批准后才能绑扎钢筋。立模时应留预拱度：预拱度包含挂篮的弹性变形及通过计算软件分析而得的施工及后期预拱度值。

3）绑扎底板、腹板钢筋

依据设计资料，先在加工场将钢筋制作成形，然后用塔吊、吊车或浮吊将钢筋运到已完成的箱梁顶面，先绑扎底腹板钢筋，再绑扎顶板钢筋。在施工过程中，施工负责人根据设计图纸，合理地确定不同种类钢筋的绑扎顺序，自检人员再检查钢筋种类、根数、间距及保护层控制是否满足要求。

4）安装竖向预应力筋

预应力管道及定位钢筋等一般在钢筋绑扎过程中已安装完成，在预应力管道布设过程中，应用胶带纸将锚头与波纹管连接及波纹管接头处密封，封住压浆管管口，将压浆管和钢筋绑扎连接牢固，并在纵向波纹管内插入 PVC 管，以免浇筑混凝土时振动脱落而进浆。预应力管道布设时，要注意按施工设计方案布置出气孔、出浆孔。

5）安装腹板内模模板

通常挂篮设计时要考虑，挂篮行走时能使内模与挂篮其余部分可分两次行走到位的构造。底板及腹板钢筋、预应力安装经驻地监理工程师检查、批准后，才能安装腹板内模板。

6）绑扎顶板钢筋、安装顶板横向预应力筋及纵向预应力管道

按要求绑扎钢筋，安装预应力管道及需要张拉钢丝索的锚垫板。另外，还要预埋护拦筋、翼板和底板泄水孔以及挂篮预埋孔。护栏预埋钢筋和翼板钢筋同时绑扎，在顶板上适当位置预留适当尺寸的人孔，以利于人员上下和设备的运输。以上工作完成后，支堵头模板。

7）混凝土浇筑

试验室工作人员将原材料检验报告单、混凝土配合比等报监理工程师签认。待模板、钢筋及预应力系统和各种预埋件施工完毕，经监理工程师检查认可后，即可进行混凝土浇筑。桥墩两侧梁段悬臂施工应对称、平衡，实际不平衡偏差不得超过设计要求值。箱形截面混凝土浇筑顺序应按设计要求办理，当采用两次浇筑时，各梁段的施工应错开。箱体分层浇筑时，底板可一次浇筑完成，腹板可分层浇筑，分层间隔时间宜控制在混凝土初凝之前确要保持覆盖。

8）养生、拆堵模板、凿毛

在混凝土浇筑完毕后，及时在顶板表面拉毛并进行混凝土养护。用土工布、麻布等覆盖，并经常洒水，养护时间要≥7 d，气温较低时表面覆盖棉被，保证混凝土强度。当混凝土强度达到 2.5 MPa 后方可拆除堵头模板，进行凿毛，经凿毛处理的混凝土面，应用水冲洗干净。

9）清孔穿束

箱梁混凝土浇筑后，应对混凝土管道进行冲洗后用空压机吹干，然后人工穿入合格的钢绞线，当管道较长时采用卷扬机穿束，安装锚具。

10）张　拉

待混凝土强度达到设计要求时（当设计无要求时按设计强度的 75%控制），即可开始张拉。张拉要严格按照设计规定顺序进行。如设计无要求时，应注意上下、左右对称 张拉，张拉时注意梁体和锚具的变化。施加预应力所用的机具设备及仪表由专人使用和管理，并定期维护和保养。千斤顶与压力表应配套校验，以确定张拉力与压力表之间的关系曲线，校验需经主管部门授权的法定计量机构定期进行。当千斤顶使用超过 6 个月或 200 次或在使用过程中出现不正常现象或检修以后，应重新检验。预应力筋采用应力控制方法张拉时，应以伸长值进行校验，实际伸长值与理论伸长值的差值控制在 6%以内，否则应暂停张拉，待查明原因并采取措施予以调整后，方可继续张拉。必要时，应对孔道摩阻损失进行测定，并向有关单位反映，张拉时予以调整。预应力筋的锚固应在张拉控制应力处于稳定状态下进行。锚固阶段张拉端预应力的内缩量，应不大于设计规定或规范允许值。认真填写施工记录。

11) 压浆

预应力筋张拉后，孔道应尽早压浆。水泥浆的强度应符合设计规定，设计无具体规定时，应不低于 30 MPa，对截面较大的孔道，水泥浆中可掺入适量的细砂。水泥浆的技术条件应符合下列规定：水灰比宜为 0.40～0.45，掺入适量水剂时，水灰比可减小到 0.35。水泥浆的泌水率最大不得超过 3%，拌和后 3 h 泌水率宜控制在 2%，泌水应在 24 h 内重新全部被浆吸回。通过试验后，水泥浆中可掺入适量膨胀剂（严禁用铝粉），但其自由膨胀率应小于 10%。水泥浆稠度应控制在 14～18 s 之间。

水泥浆自拌制至压入孔道的延续时间，视气温情况而定，一般在 30～45 mm 范围内。水泥浆在使用前和压注过程中应连续搅拌。对于因延迟使用所致的流动度降低的水泥浆，不得通过加水来增加其流动度。压浆时，对曲线孔道和竖向孔道应从最低点的压浆孔压入，由最高点的排气孔排气和泌水。压浆宜先压注下层孔道。压浆应均匀地进行，不得中断，并应将所有最高点的排气孔依次一一放开和关闭，使孔道内排气通畅。当采用真空压浆时，要使用专用塑料波纹管及接头，用配套锚具，按真空压浆的要求配制水泥浆，并按真空压浆流程进行施工。规范要求"压浆强度达到设计要求后才能移运"，为满足此要求，挂篮移动工序必须在水泥浆初凝前或压浆强度达到规定值后进行。

12) 落模板

预应力张拉完成后即可拆除腹板模板模板对拉杆，卸落吊模杆。安装行走小车，拆除后锚杆，使挂篮由锚固状态转换为行走状态。

13) 移挂篮

挂篮完成体系转换后即可进行挂篮的前移。挂篮行走时，首先控制好轨道的中线和间距，防止挂篮走偏。主桁轨道必须要放水平，轨道与箱梁必须固定牢靠。为保证挂篮就位时不扭曲、偏移，在主桁上设置垂直于主桁纵向轴线的标记线，用仪器观测来控制。如相差过大要及时调整。挂篮行走到位后安装后锚杆，拆除行走小车，完成挂篮的体系转换。

20.5 其他桥梁施工

20.5.1 节段预制拼装施工工艺

1. 施工工艺流程（见图 20-32）

2. 操作要点

1) 干拼法施工

节段梁进场后，首先进行检验。检验内容主要包括六点坐标预埋点的设置，吊装孔、顶板临时张拉台座安装孔、底板张拉台座预留孔的大小及位置，如果有问题，及时进行处理，防止架设时无法进行安装。同时检查节段的端面是否洁净，当有污泥和灰尘首先进行清理和清洗，确保环氧树脂系胶结剂的粘结力。

① 喂梁

下承式架桥机喂梁方式可采用桥上喂梁和桥下喂梁，喂梁时按照节段梁拼装的顺序进行。

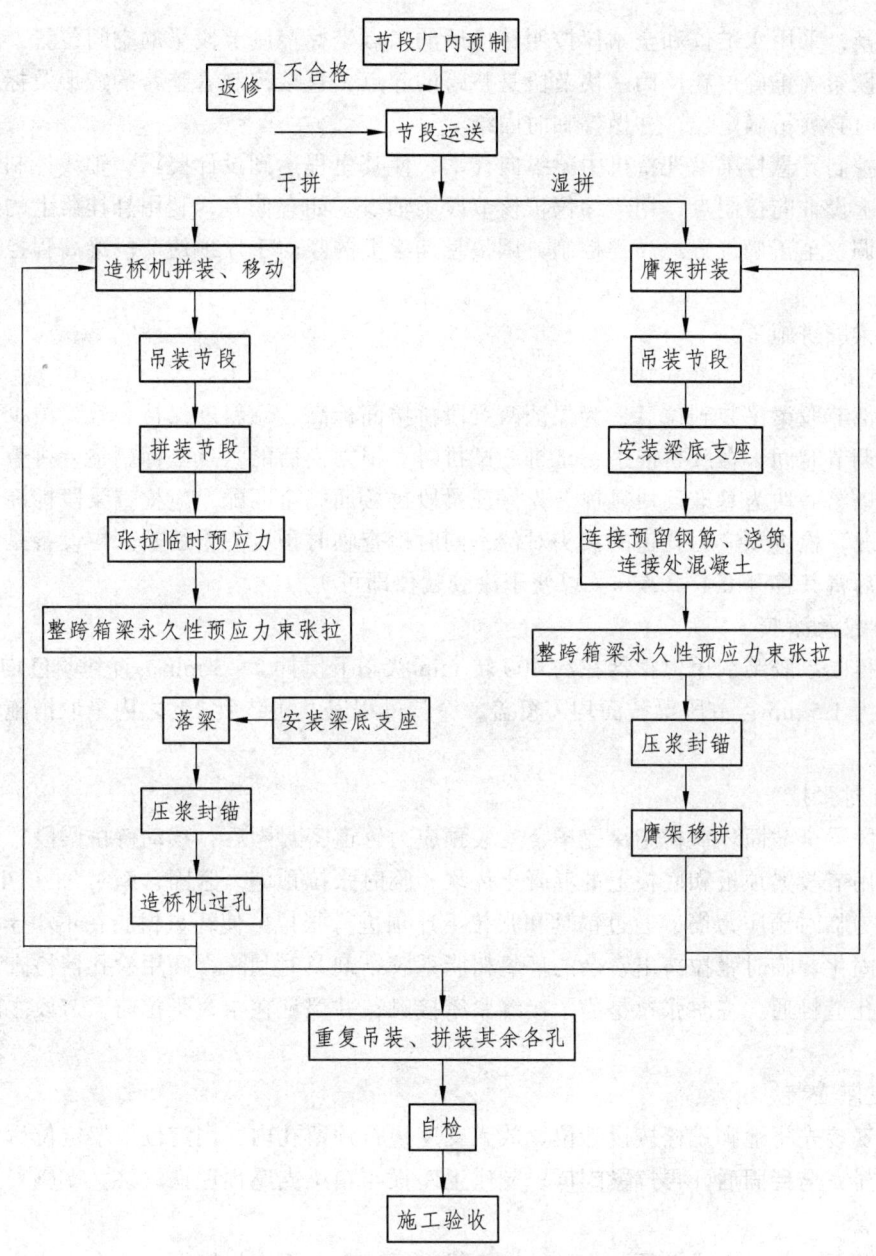

图 20-32 节段预制拼装施工工艺流程图

② 吊梁

当运梁车将节段梁运至架桥机正下方，通过龙门吊把悬挂梁垂直放下，在节段梁上预留孔，将悬挂梁上的孔与节段梁的孔一一对应，穿四条高强钢筋，在节段梁腹腔内的每一条高强钢筋上，按照设计及施工要求，先穿一块钢垫板，然后再用螺母紧固。当施工人员从节段梁腹腔出来后，指挥员可发出吊装指令。提升过程中要匀速平稳。

③ 节段梁的定位

为确保节段梁的准确定位，在临时张拉前首先根据预制厂提供的六点坐标进行施工控制坐标的转换，采用水准仪和全站仪按照转换后的六点坐标控制节段梁的空间位置，确保每一孔每一节段梁的正确位置。第一块节段是整跨的起点，直接控制着整跨的线形及标高，故在进行安装时必须精确定位，并做好临时固结。

里程控制。悬挂梁沿架桥机主梁纵向移动，使其里程达到设计要求。轴线控制。在已完成的桥面上设轴向控制点，用经纬仪校核节段梁轴线。如有偏差，利用悬挂梁上的水平千斤顶将梁体调整至正确位置。高程控制，调整悬挂梁上的竖向千斤顶使节段梁高程控制点达到设计要求。

节段梁胶拼施工：

A. 试拼

在全部节段梁吊装到位后，为保证两梁段拼接面标高、倾斜度保持一致，减少涂胶后梁段位置的调节时间，在胶拼前进行试拼。试拼时，根据换后的六点坐标调整待拼节段梁空间位置，并以第一块为基准逐块靠拢，为保证梁段拼接面完全匹配，应检查梁段标高、中线和拼接面情况，检查预应力孔道的接头对位，同时检查临时预应力钢筋及张拉设备是否完善。试拼完成后将其移开 0.4~0.5 m（以便于涂胶就位即可）。

B. 拌胶及涂胶

环氧树脂系胶结剂用搅拌器在约 400 转/min 状态下搅拌 2~3 min，直到颜色均匀为止。涂胶厚度为 1.5 mm，节段梁截面均需覆盖，涂胶过程以及拼装后 2 h 之内采取措施，防水防太阳照射。

C. 临时张拉

在节段梁全截面环氧树脂涂完毕，安装预应力管道密封圈后，移动待拼梁段，准确对位拼接。利用节段梁顶板和底板上的混凝土齿坎（临时张拉预应力紧固台座），采用Φ32 精轧螺纹钢作为临时预应力筋，通过锚具和张拉千斤顶进行张拉，使环氧树脂在不小于 0.3 MPa 的压力下固化。临时张拉挤出多余的环氧树脂系胶结剂及时刮除，并用检孔器检查预应力管道，确保孔道畅通。临时张拉是为了接缝紧密接触，并保证在永久张拉前，节段之间不会发生错动。

④ 支座安装

支座安装先将地脚螺栓按设计位置放入支座垫石预留孔内，用定位框架定位后，注浆固定，注浆料完全凝固后，再拧紧螺母；支座上座板与箱梁支座预埋铁焊接。支座安装时应注意以下几点：

支座顺桥向的中心线必须与主梁的中心线平行；上、下座板横桥向的中心线应根据安装时的温度计算其错开的距离；错开后，上、下座板的中心线平行。支座安装时，支座平面的四角高差不得大于 2 mm。注浆时，应保证没有空隙。上座板与预埋件焊接时，应采用跳跃式断续的焊接方法，逐步焊满周边。

⑤ 永久张拉

整孔节段梁临时张拉完成后进行永久预应力穿束，穿束前在临时支架顶面或已架完的梁面搭设穿束和张拉平台。在永久张拉开始前，向监理工程师提交详细说明、图纸、张拉应力和延伸量的静力计算。张拉时需在技术人员指导下作业，所有操作预应力设备的人员需通过正式培训。根据设计张拉要求，按要求分批、分阶段对称进行张拉预应力筋。张拉程序 0→

$20\%\sigma_k \to 100\%\sigma_k$；先张拉到初始吨位，测量伸长量（作标记），然后张拉到 $100\%\sigma_k$，持荷 5 min 后，测量伸长值并与理论计算伸长值比较（6%以内），合格后进行锚固。预应力张拉严格按照铁路桥涵施工规范 TB10203—2002 的规定执行。

⑥ 落梁

张拉过程中由于节段架上拱，架桥机中间悬吊吊杆承重逐渐减小，整孔节段梁的重量转移到两端悬挂梁上的主落梁油缸上。整孔落梁前，先解除临时张拉精轧螺纹钢及中间悬挂梁吊装精轧螺纹钢，然后整跨梁的安装位置可通过悬挂梁上的微调机构实现，保证中线及顺桥向位置（里程）符合设计要求。整孔落梁时控制 8 套主落梁油缸同步动作将梁体落于支座上，落梁过程中防止梁体受扭。

⑦ 孔道压浆

孔道压浆采用真空压浆工艺，其基本原理：用真空泵抽吸预应力孔道中的空气，使孔道内维持 $-0.06 \sim -0.08$ MPa 的真空度；然后再孔道另一端用螺旋式压浆机将水泥浆压入预应力孔道。压浆施工技术要求：真空压浆的主要设备包括拌浆机、真空泵和压浆泵。将浆体采用同等级为 42.5 以上的普通硅酸盐水泥，稠度为 $14 \sim 22$ s；水泥浆调至灌注延续时间不超过 45 min，并在压浆中不停搅拌。

压浆施工注意事项：张拉完后，应在 24 h 检查内无滑丝断丝现象后及时进行压浆，最迟不得超过 48 h，以免预应力钢束锈蚀；孔道压浆应按自下而上的顺序进行，压浆应一次作业中连续进行，并让出口处冒出浆体，等冒出浆体的稠度与压浆的浆体稠度相同时即可停止。

⑧ 封锚

压浆完毕后，进行封锚。封锚混凝土强度等级应与节段梁混凝土相同。

⑨ 架桥机过孔

架桥机前移利用工作小车上的纵向推进油缸将其从一跨推进到另一跨。在移架桥机前，先检查主梁、推进台车是否解除约束，清洁滑板及滑道面，并补充黄油，检查龙门吊停泊位置是否正确，主梁与鼻梁是否与节段梁有干涉，前托架是否张拉好。架桥机推进过程中，龙门吊始终停留在墩柱上，主梁推进交替进行，每次推进行程为 0.5 m。架桥机前移由指挥员发出移机指令，在每个支撑托架上都安排人员，负责监视主梁、鼻梁移动情况及清洁滑道涂黄油，所有人员都必须服从指挥员的指令。

推进前移准备事项：做好推进前的准备工作。在推进小车的内、外侧支座架之间，安装板夹。确保门吊制动装备处于可使用状态。检查推进油缸的使用功能正常与否，确保液压系统无泄漏。检查推进器和制动装置是否正确安装。

推进前移注意事项：

推进机手要留意推进油缸的压力表上的压力变化，如果出现压力很大而主梁仍不能推进的情况，应立即停下来检查原因，在解决问题后，并由指挥员发出推进信号后才能继续推进。推进机手当听到有人喊停时要立即停止推进，在检查完毕并由指挥员发出推进信号后才能继续推进。在主梁推进过程中，为防止主梁倾覆或出轨，动态检查主梁的垂直度和两主梁的规矩是十分重要的，方法是主梁上悬挂垂线，检查主梁的垂直度，由专人检查两主梁上的轨道距离是否在误差允许的范围内，当主梁距离超出误差允许的范围内时，应立即停止推进，检查推进台车、主梁推进台车、主梁推进轨道、龙门吊等部件，分析原因，在解决问题后才能继续推进。

2）湿拼法施工

① 地基处理

根据现场地质情况，需检算地基承载力是否满足设计要求时，则需对地基进行处理。

基底应力计算：

$$\sigma_{max} = N/A \leqslant [\sigma_0]$$

式中　N——作用于基底的合力（kN）；

　　　A——支架基础底面积（m²）；

　　　$[\sigma_0]$——地基土的容许承载力（kPa）。

当基础宽度 $b \geqslant 2$ m，基础埋深 $h \geqslant 3$ m，且 $h/b \leqslant 4$ 时，地基的容许承载力应按下式进行修改：

$$[\sigma] = [\sigma_0] + k_1\gamma_1(b-2) + k_2\gamma_2(h-3)$$

式中　$[\sigma]$——地基土按照深度和宽度修正后的容许承载力（kPa）；

　　　k_1，k_2——地基土容许承载力随基础宽度和深度的修正系数，按持力层决定；

　　　b——基础底面的最小边宽（m），当 $b < 2$ 时，取 $b = 2$，当 $b > 10$ 时，取 $b = 10$；

　　　h——基础底面埋置深度（m），对于受水冲刷的基础，由一般冲刷线算起，不受水流冲刷则由天然地面算起；位于挖方内的基础由开挖后的地面算起；当 $h < 3$ m 时，取 $h = 3$ m；

　　　γ_1——基底以下持力层的天然容重（kN/m³）；

　　　γ_2——基底以下土的容重（kN/m³）。

② 地基处理。

如 σ_{max} 大于 $[\sigma]$，则需对地基进行换填或改良。

换土垫层是指将基础下面一定厚度的软弱土层挖除，然后换以中砂、粗砂、角（园）砾、碎（卵）石、灰土或黏性土以及其他压缩性小、性能稳定、无侵蚀性材料，经拌合、分层回填夯（压）实而成，作为地基的持力层。通过试验和计算以确定垫层的铺设厚度、宽度以及承载力等，以指导施工和控制质量。

③ 膺架拼装

采用钢管脚手架、碗扣支架或门式支架搭设拼装平台。

支架立柱可当作两端简支的轴心受压构件计算，先初选构件类型（如钢管、型钢或门式支架等），再根据最大轴力的数据，按计算值选择构件型号及截面，最后验算抗压稳定性和水平联系杆的竖向间距（亦称步距即水平联系杆的道数），并按结构要求设置扫地杆、剪刀撑、抛撑和缆风绳。

④ 节段梁架设及精调

节段梁采用 100 t 龙门吊把梁段调运至设计位置。梁段摆放在支架纵梁的千斤顶上。纵梁上的螺旋千斤顶是高度可调的，螺旋千斤顶通过扣件与纵梁扣牢，以增加其稳定性。

整孔梁全部架设完后进行精确就位，精确就位是指梁段纵向、横向和竖向三个方向的调位满足设计和规范要求。由于每一个梁段均放在四个螺旋支撑上，并且每个支撑点都有三个自由度，这三个自由度相互制约，调整其中一个必将影响其余两个。所以梁段调位是一个反复调整，逐渐趋近的过程，故在施工中按先纵向调整→横向调整→竖向调整→纵向调整→横向调整→竖向调整的次序反复循环调整，直至达到设计要求。

⑤ 湿接缝施工

按设计图纸绑轧钢筋，要求梁段腹板接茬钢筋要上下排列绑扎，留出振捣棒插入空间，以利振捣。湿接缝模板与梁段接触处贴上薄海绵条，以防漏浆。立模的顺序依次为底模、侧模和内模。底模支承在移动支架上，外侧模与内侧模用对拉螺杆拉紧与梁段密贴。湿接缝砼浇筑按底板、两侧腹板、顶板的顺序进行，中间不能停顿。浇筑混凝土要对称进行，依次从两端向中间进行。整孔梁的所有湿接缝必须一次浇筑完成，中间不得停顿。当混凝土强度达到设计强度的70%后，拔出对拉螺杆拆除内外模板。拆出模板后应及时在新浇筑混凝土表面洒水养生。

20.5.2 先简支后连续梁施工工艺

1. 施工工艺流程

先简支后连续梁施工中，新老混凝土连接面处理；临时支座、永久支座正确安装；连接钢筋、预应力束施工质量是从简支变为连续施工质量的关键。施工工艺流程图见图20-33。

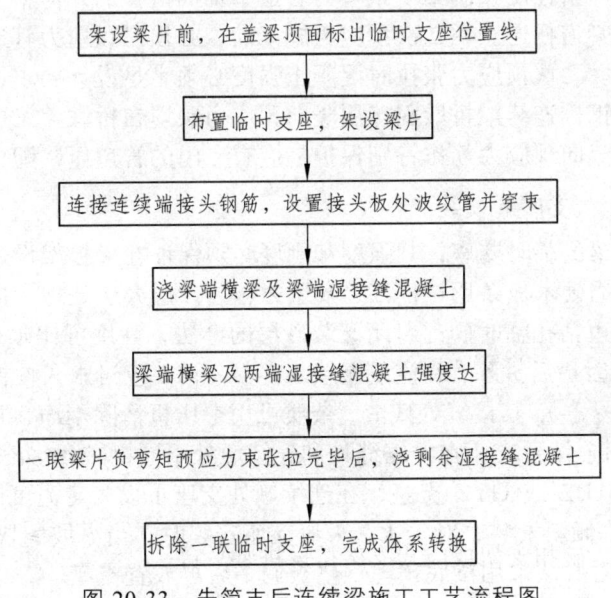

图20-33　先简支后连续梁施工工艺流程图

2. 操作要点

1）施工准备

简支连续梁桥通过将简支梁在墩顶实施结构连续或墩梁固结而成，所以，简支梁体是基础、墩顶结构连续、墩梁固结或桥面连续构造是关键，施工必须高度重视。强化施工设计，明确施工工艺，制定精细化的施工方案，实行首件（试制）制。施工准备中强调预制完成后到体系转换的时间。

2）梁预制与支座安装

预制台座稳定性好，顶面光滑，易于脱模。严格按照设计图纸，制作强度、刚度、稳定性均满足精品预制梁需要的模板系统，同时，模板必须能根据预制梁顶横坡、锚固齿板等需要具有可调整功能。从控制混凝土原材料、配比、几何尺寸、一期预应力体系建立精度、养护等方面入手，采取行之有效的措施，确保预制梁预拱度符合设计要求。临时支座必须满足强度、刚度、稳定性要求，建议采用砂筒等方便拆除结构形式。注意事先设置的永久支座的安装精度和稳定性保持。

3）墩顶湿接头浇筑

混凝土需作专门配比，保证高度、低收缩、高韧性的设计要求。对于简支结构连续梁桥，墩顶湿接头混凝土浇筑前，梁端面、梁端横隔板以及横隔板靠墩侧面以外的梁肋侧面应按要求凿毛，或刷净水泥浆，或刷专用粘结剂等增加老混凝土连接性能的处理。墩顶湿接头浇筑应严格按设计要求执行。设计无明确要求时，墩顶连续应在一天中温度最低且变化最小的时间段（一般为晚上1时~6时）内进行，同时保证在温度升高时，混凝土已有20%以上的强度。如遇昼夜温差大于15度时，以避免因温度升高过大而对混凝土凝结产生的不利影响。墩顶湿接头混凝土应有专门的养护方案，确保此类间隙混凝土强度的成长。

4）二次预应力体系建立

按照设计要求，严格控制预制梁中预应力管道、锚固齿板的几何精度。采用专门的塑料波纹管，确保预应力管道畅通。在二次预应力施工前，必须对预应力管道，特别是管口借助衬管等实施特别保护。二次预应力张拉时混凝土强度必须满足设计要求，张拉时间、顺序应符合设计规定。简支钢构连续梁桥墩固接用竖向预应力预埋在桥墩盖梁中，在墩梁固接构造混凝土浇筑前，应对竖向预应力筋作特别保护。应有专门的管道压浆配方，采用真空压浆。

5）临时支座、永久支座的安装

对于搁置空心板梁的临时支座，其强度和刚度必须保证在梁板架设过程中不破损，基本无沉降值，可采用四周硬木板条用拉杆细栓箍紧方箱装砂层办法处理，搁置梁的临时支座可用将钢管截成筒状侧边钻孔临时阀门封闭灌装砂层的办法，高度可比永久支座略高3 mm~5 mm，以便体系转换时最后拆除，在浇筑湿接头混凝土前，应对永久性橡胶支座表面进行保护（塑料膜或薄钢板覆盖），其接缝处残渣、杂质可用空压机清除干净，并仔细检查各支座放置的平整度。先简支后连续桥支座在伸缩缝处和连续墩处不同，伸缩缝处采用GJF4或GYZF4支座，连续墩处采用GJZ或GYZ支座，在连续墩处支座下设一定高度的支座垫石，GJZF4及GYZF4支座不允许倾斜安装，对于永久橡胶支座安装时，当纵坡≥1%时，需采取措施使支座平置，当有纵坡时必须采用梁底预埋钢垫板调平后再放置支座。

6）结构体系（支座）转换

在满足强度、刚度、稳定性及拆除方便的要求下，对临时支座（对于单支座简支连续梁桥）构造、安装、拆除方案进行研究，提出实施方案。严格按照设计要求的时间、顺序进行结构体系（支座）转换。

7）新老混凝土连接面处理

湿接头部位新老混凝土接合最易成为结构的薄弱环节，新老混凝土强度必须达到一致连成整体，所以湿接头部位老混凝土去皮相对重要。新老混凝土连接面处理，有试验资料表明，新老混凝土连接面的抗拉强度与施工时的处理方法有关，弯曲抗拉强度满足设计要求。所以，对现浇接头部位的梁顶面应去皮处理，对有周边解除面的（如空心板铰缝）也应在预制场内凿毛洗净，以减少高空作业并保证新老混凝土粘结质量。同时由于该部位钢筋、波纹管较密集，湿接头混凝土一般用小石头混凝土分层浇筑，层层仔细振捣。梁板预制时湿接头预埋钢筋位置一定要准确，板端钢筋预留长度要一致，避免当梁板全部安装完毕后处理接头钢筋造成的操作环境差、工人劳动强度大而无法保证接头钢筋连接质量情况出现。梁体上老混凝土的去皮凿毛工作必须提前进行，当预制的梁板刚拆模后即开始施作，除对梁板端部接头老混凝土凿毛外，还必须重视铰缝混凝土和梁上部负弯矩区梁顶凿毛，避免梁板全部安装完毕，钢筋接头接好后再做此道工序，费时、费工、残渣、杂质飞落湿接头缝隙内，用高压风和高压水枪均无法彻底清除，影响湿接头混凝土浇筑质量，给今后桥梁运营安全带来隐患。

8）结构性现浇层与梁端湿接头浇筑顺序

先简支后连续梁桥靠梁端湿接头和墩顶连续段预应力筋来实现体系转换。墩顶连续段预应力筋一方面为结构性现浇层提供预应力，另一方面为桥梁提供支点正弯矩，以抵抗桥梁运营时支点负弯矩。结构性现浇层与梁端湿接头的施工顺序、施工时间间隔，对桥梁受力状态产生较大的影响。因此，选择合理的施工顺序，可令桥梁成桥时得到更好的受力状态。先浇筑结构性现浇层再浇筑湿接头对结构更有利。因此，建议先浇筑结构性先浇层再浇筑湿接头。

9）结构性桥面铺装和非结构性桥面铺装垫层施工

主要按照设计要求进行梁顶剪力钢筋的预埋，特别是梁翼板现浇带上的预埋。通过预制梁的试制，必要适当调整剪力钢筋的伸出长度，适应剪力钢筋与钢筋网之间的连接，避免剪力钢筋的失效。结构性桥面铺装和非结构性桥面铺装垫层混凝土浇筑后的基岩效应明显，容易出现收缩裂缝，应在规定的时间（或预制梁龄期）进行施工，同时，应对裸梁顶面应按要求做凿毛，或刷净水泥浆，或刷专用粘结剂等增加新老混凝土连接性能的处理。在施工时采用专门的大门薄型混凝土的养护措施。

20.5.3 钢桁梁拼装施工工艺

1．施工工艺流程

（1）钢梁拼装分支架上拼装和悬臂拼装2种情况。拼装时杆件应该预拼检查合格，各种辅助工程施工安装到位质量合格后方能进行钢梁的架设作业。2种情况架设杆件的工艺流程见下图20-34~20-36。

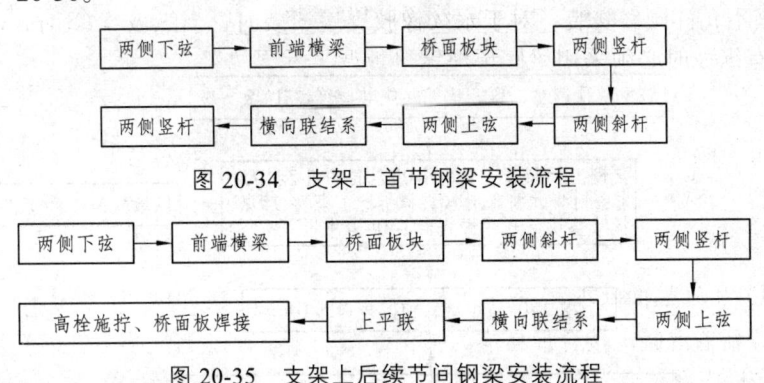

图 20-34　支架上首节钢梁安装流程

图 20-35　支架上后续节间钢梁安装流程

注：支架上安装时支撑标高是按照钢梁厂设拱度来确定的，杆件的安装顺序可以有多种顺序。实际工程应用时可根据结构特点适当调整。

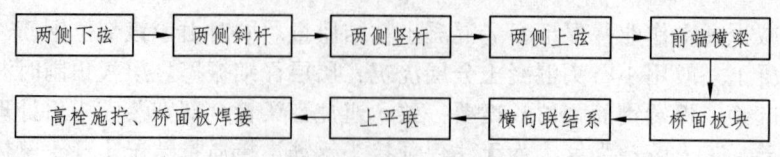

图 20-36 悬臂架设钢梁安装流程

注：悬臂架设钢梁的原则是桁架尽早形成闭合受力体系后才能安装横梁及桥面板，根据设计受力要求，桥面板焊接最多滞后钢梁架设 2 个节间。

（2）全桥钢梁架设工艺流程见下图 20-37。

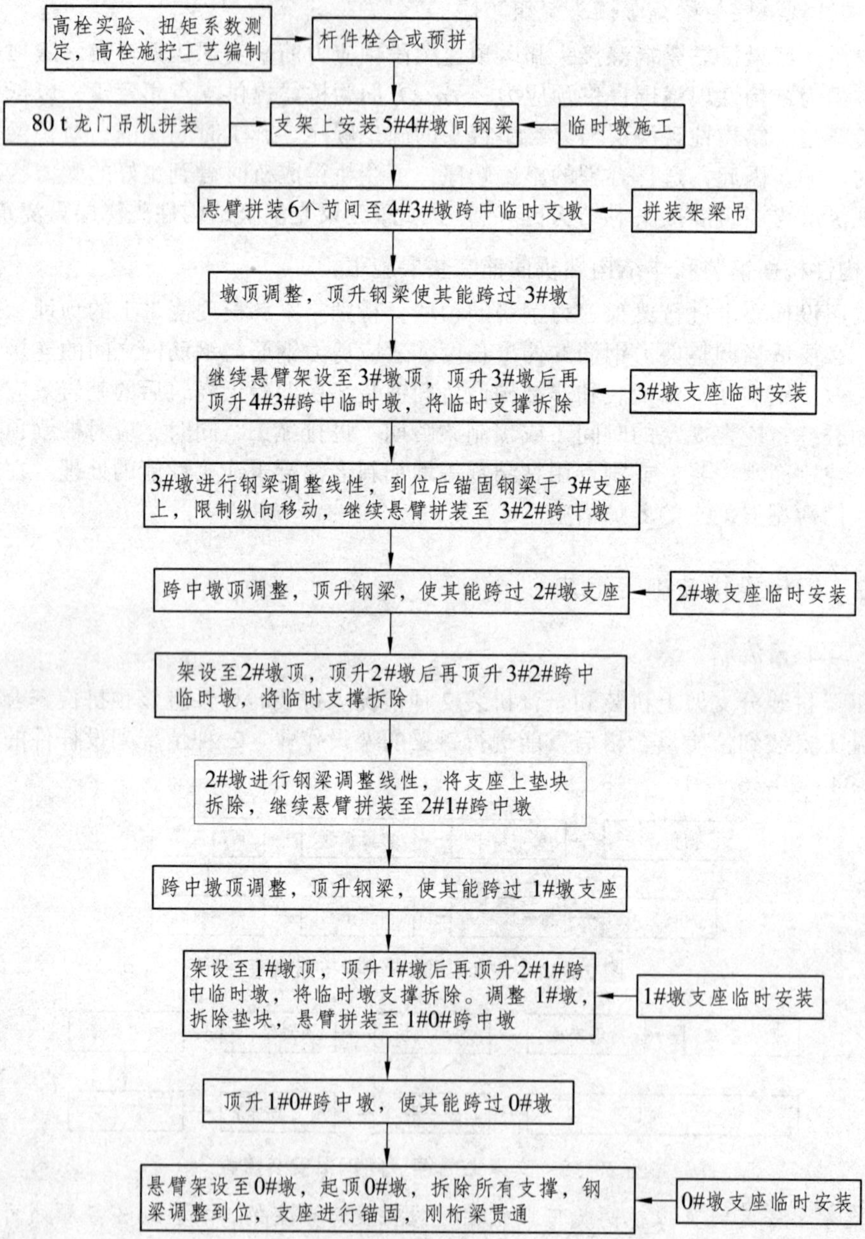

图 20-37 全桥钢梁架设工艺流程图

2. 操作要点

1）杆件预拼工艺

为了不影响高强度螺栓的扭矩系数，保证高强度螺栓施工质量，杆件预拼时不允许用高强度螺栓作为预拼螺栓，均采用普通螺栓进行预拼。所有杆件预拼前，杆件栓接面及拼接板必须洁净、干燥，无油污。钢梁杆件现场预拼主要分三种情况：

栓合——拼接板、填板按设计图拼装定位，用1~2个普通螺栓栓合。

栓带——拼接板、填板退后拼装接头用1~2个普通螺栓将其带在拼装杆件上。

预拼——拼接板、填板按设计图拼装定位，高强螺栓终拧。（横向联接系和斜桥门架即为此法）

① 下弦杆件的预拼

下弦杆件预拼时，下弦杆件只栓带与下弦杆件连接的拼接板和填板。拼接板栓带在后安装的杆件上，腹板、底板内外侧均按设计位置栓带，杆件顶板内拼接板栓带在设计位置，外拼接板退后栓带。栓带均采用1~2个普通螺栓将其带上。

② 上弦杆件的预拼

上弦杆件预拼时，上弦杆件只栓带与上弦杆件连接的拼接板和填板。拼接板栓带在后安装的杆件上，腹板、底板内外侧均按设计位置栓带，杆件顶板内拼接板栓带在设计位置，外拼接板退后栓带。栓带均采用1~2个普通螺栓将其带上。上弦杆件在起吊前需要将施工脚手架预先安装。

③ 斜杆的预拼

工形斜杆无拼接板，一般箱型斜杆预拼时，将所有拼接板及填板按设计位置栓带，栓带均采用1~2个普通螺栓将其带上。特别要注意的是某些杆件箱内拼接板小而多，尤其杆件与上下弦对接连接，拼接板不能提前预拼，只将其放在斜杆上口箱内，安装时直接安装。

④ 竖杆的预拼

竖杆与上下弦连接无拼接板，运输至工地时已将其与横联拼接板栓合上，现场毋须预拼。

⑤ 横梁的预拼

横梁预拼时，将与桥面板、横联连接的拼接板全部栓带上。与桥面板连接的腹板、底板上拼接板退后栓带，底板下拼接板按设计位置栓带。与横联连接的拼接板按设计位置栓带。

⑥ 横向联接系及斜桥门架的预拼

横向联接系及斜桥门架采用现场预拼整体吊装法进行安装。横向联接系预拼杆件包括整体桁架所有杆件，除与竖杆连接杆件预拼时只将其栓带上外，其余杆件在预拼后进行线性测量符合要求后，高强度螺栓全部终拧完毕整体吊装上桥。K撑及吊杆散拼。斜桥门架预拼杆件包括整体桁架所有杆件，除与斜杆连接的杆件外，其余杆件在预拼后进行线性测量合格后，高强度螺栓全部终拧完毕整体吊装上桥，斜桥门架斜腿单根散拼。

2）杆件安装工艺

① 上下弦杆安装

上下弦杆采用钢丝绳四个栓点用吊耳起吊，吊耳安装在弦杆顶面接头拼接板的螺栓孔上。栓捆后应试起吊，通过卡环来增加一侧吊绳的长度，调整杆件前后水平度。经检查确认无问题后正式起吊。拼装脚手架起吊前应挂在弦杆上，拼装接头前后各一片并应安放脚手板，接头对上后移向接头位置用于拼装。脚手架在拱桁杆陡坡上安装时，要在弦杆顶面固定防止脚手架下滑。上下弦杆一般采用水平插入法安装，当吊装的后端接头拼接板接近先装弦杆端头时，用小撬棍拨正对接端头使其插入拼接板，然后将导链滑车前端插入上拼接板预留螺栓孔，导链施力对拉，吊机随之起落，弦杆插入安装基本对位时先打入对位尖冲钉其后在栓孔群四周打入四个定位冲钉，随即补充50%栓孔数冲钉后松钩。上弦杆安装时，因该节点斜杆为口形四向内外都有拼接板，弦杆按正常无法水平插入，如果按正常先架设竖杆时，上弦斜杆的箱型对接口会被提前安装的竖杆挡住，因此该类上弦大节点安装时特别注意竖杆待上弦安装完成后再安装竖杆。

② 斜腹杆安装

斜腹杆使用单点捆绑起吊。斜腹杆捆绑处的千斤绳，用卡环卡双股千斤绳作防溜绳，下端用环钩钩住斜杆腹板，防止起吊千斤绳向上滑移。斜腹杆起吊前应在上端挂钢筋梯，方便施工人员上去拆卸卡环。杆件起吊就位后对孔时，在栓孔基本重合的瞬间（相错在10 mm以内）将小撬棍插入孔内拨正，然后微微起落吊钩，使杆件转动吻合其他孔眼，首先打入对点冲钉，接着打入定位冲钉和一般冲钉。

③ 竖杆安装

竖杆在上端安装吊耳，使用钢丝绳双头起吊安装。竖杆起吊前应在上端挂钢筋梯，以便施工人员上去拆卸钢丝绳和吊耳。

④ 横梁安装

下弦横梁每个节点1根，在顶面安装吊耳用钢丝绳平吊安装就位；杆件起吊安装对位必须四角调平，安装对点后迅速打入对点冲钉，补充剩余冲钉完全定位后，在松钩前将高强度螺栓初拧，是为了防止桥面板架设后，横梁冲钉难于退出。如果两主桁间距稍小横梁无法放入时，可用螺旋千斤顶借助横梁将其顶开使横梁能顺利放入。

⑤ 桥面板安装

桥面板使用千斤绳挂在桥面板安装吊耳上起吊。桥面板安装采用分块吊装，由上向下放落的方法进行安装。放落至位置后先对点纵梁，打入对位冲钉和一般冲钉，再把栓带的拼接板对位，补足剩余冲钉。桥面板安装应先纵梁后纵肋。桥面板安装时，边跨每处高强螺栓施拧位置均有走道兼做施工平台，悬臂拼装时采用永久下弦检查车及增加一吊机下挂平台作施工平台。

⑥ 吊杆K撑安装

吊杆K撑各杆件采用小钩散拼安装就位。

⑦ 横向联结系安装

横向联结系采用整体垂直吊装，首先将上平联横撑对位上弦杆节点的连接板，用橇棍拨正插入打上尖冲钉，左右同时进行。横向联结系两端与竖杆安装松钩后，用架梁吊机提吊横梁中心点将吊杆上端对位施打冲钉安装完成。

⑧ 桥门架安装

斜桥门架采用预拼整体安装，安装时使用四根不同长度钢丝绳捆绑在斜桥门架两横撑上，使斜桥门架成40°左右角，先使其与上平联横撑杆件螺栓眼孔基本对正后，用小撬棍拨正，穿入安装用高强度螺栓后慢慢松钩，使斜桥门架角度基本与斜杆齐平，然后使用电动扳手施拧将斜桥门架拉至设计位置，该安装螺栓最后在高强度螺栓安装时更换掉。

3）边跨钢梁拼装

① 支座的安装

提前对支座垫石的平整度、标高、锚栓孔预埋位置是否准确进行复核。不平整度小于2 mm，锚栓孔能保证支座锚栓顺利放入。安装支座时，先将支座底座的横、纵向中线用红油漆标记出来，将支座垫石的十字中心线用墨线弹出来。安放支座时，使支座底座横、纵向中线与支座垫石的十字中心线重合。支座摆放好了需要临时固定支座的上摆以及滑动面。使其不能转动与滑动。

② 首节钢梁的安装

钢梁首节下弦杆件需要在预拼场预拼后方能进行安装。连接节点需要高强度螺栓进行终拧。在预拼场连接的线性对后续杆件的安装影响很大，因此必须确保拼装线性准确。为了方便快速安全的拼装，在预拼场提前设置4个支撑台座，使得弦杆对接后线性符合要求。弦杆拼接好后即可上桥架设。架设前，提前将支座横向中心点、主桁中心点用红线标出。起吊安装时，使得杆件中点与垫块及支座上的标识线完全重合后松钩。杆件安放完毕后，即进行安装横梁，按顺序安装余下杆件。单个节间杆件安装完毕，即可按高强度螺栓施拧工艺进行高强度螺栓施拧。

4）悬臂钢梁拼装

钢梁杆件安装完毕，高栓施拧完成后，在节间上弦拼装架梁吊机。架梁吊机通过验收合格可使用后，即可进行钢梁悬臂拼装。悬臂拼装的难点是保证主桁杆件顺利闭合。悬臂拼装过程分上弦大节点和上弦小节点节间两种不同的拼装方法。拼装上弦大节点节间时，将下弦、竖杆、斜杆安装完后，即安装上弦进行主桁框架闭合。闭合时先闭合斜杆与上弦的三角稳定结构。由于斜杆会产生一定挠度，尤其是箱型杆件重，挠度更大，单靠架梁吊机斜杆提不起来，增加了主桁闭合的难度。而且架梁吊机松钩后上弦又会产生挠度。此时需要在上弦大节点处设置牛腿采用螺旋千斤顶配合架梁吊机上提斜杆和上弦使其闭合。支座处最大斜杆由于杆件上下口四周均有高栓预留孔，此时可通过斜杆上口上部的螺栓孔，施拧高强度螺栓，通过螺栓拉力将斜杆拉正主桁闭合。斜杆与上弦主桁闭合后，用架梁吊机提升下弦可闭合竖杆。拼装上弦小节点时，安装完下弦后，即安装斜杆进行三角闭合。安装斜杆先安装好上口后，松钩用吊机提升下弦，使斜杆与下弦眼孔基本对正后施打冲钉将其完全对正。其余安装杆件均按照钢梁杆件安装工艺进行安装。主桁框架闭合横梁、桥面板安装完毕后，按照高强度螺栓施拧工艺进行高强度螺栓的施拧。

5）钢梁的调整

钢梁跨过正式支墩时需要对钢梁进行钢梁轴线横、纵向水平调整及钢梁高程调整，过跨中临时墩只进行钢梁高程调整（跨中高程调整是为了减少左右主桁的扭转趋势）。钢梁调整采用液压千斤顶，通过在梁底与墩顶之间安装垫梁，根据各个接触面摩擦系数最小的面产生相对位移的原理进行滑移的。调整结构从下往上布置为：临时垫石、滑道梁、不锈钢板、MGE板、上垫梁、油顶、钢梁起顶支撑处。滑动面为不锈钢板与MGE板接触眠。不锈钢板与MGE板之间抹高压硅脂降低其摩擦系数，其余结构接触面垫石棉布增加其摩擦系数。在温度变化及悬臂拼装的时候，钢梁纵向偏移很大。3#墩为固定支座，钢梁架设至3#墩支座时，纵向调整到位后，将3#墩支座上摆与钢梁螺栓孔穿上螺栓固定。然后将3#墩固定支座临时固定。借助反力墩浇筑混凝土，临时固定3#墩支座。以后可不进行纵向调整。减少了后续施工难度。

第21章 桥梁附属工程施工

21.1 伸缩缝施工

21.1.1 毛勒伸缩缝安装施工

1. 工艺流程

测量→划线→切缝→破除砼及杂物→安堵梁缝间泡沫板→毛勒伸缩缝吊装就位→调整毛勒伸缩缝平面位置→调整毛勒伸缩缝高程→锚固→解除锁定→浇筑砼→抹面养生。

2. 施工方法

1) 桥面铺装层表面测量

测量伸缩缝范围内的桥面铺装层表面的高程、纵横坡度、平整度,一般顺桥向测 3~4 个断面,并与计算值进行核对,以确定毛勒伸缩缝的安装高程及缝侧砼过渡段宽度。

2) 划线切缝

① 当桥面铺装层碾压完成后,必须及时在伸缩缝位置中心处开凿沟缝,以避免梁体伸缩引起铺装层破坏,影响毛勒伸缩缝安装质量。凿除沟缝宽度一般 5-10 cm。

② 根据测量结果,放出伸缩缝中心线位置,并由中心线向两侧量出毛勒伸缩缝侧水泥砼过渡段浇筑边线,据此画出切割边线。

③ 用砼切割机沿标线位置切割沥青砼铺装层,为了保证切缝顺直,切缝机必须沿专设轨道行进。

3) 破除及清理伸缩缝标线范围内的砼及杂物

① 用空压机配合人工清理切割线范围内的沥青砼及杂物。破除的厚度必须保证毛勒伸缩缝两侧待浇筑的砼厚度大于 10 cm。操作时要确保沥青砼断面的边角整齐。

② 破除工作要彻底干净,确保梁间要求的缝宽,严禁梁端缝间堵有的砼及杂物。破除的杂物清理干净后,将槽口表面砼凿毛,再用空压机吹除碎屑及尘土,然后用高压水枪将剩余残渣冲洗干净。

4) 校正钢筋、塞缝

由于过往施工车辆的碾压,部分预埋钢筋发生变形甚至折断,应及时校正并对预埋钢筋进行除锈处理。用相应厚度的泡沫板塞入构造缝内,其高度应与毛勒伸缩缝底面高度齐平,毛勒伸缩缝底部 V 形橡胶条下部也应用聚乙烯泡沫板堵塞,不能有松动和缝隙,以防止漏浆。

5) 毛勒伸缩缝安装及调整

① 人工配合吊车将毛勒伸缩缝吊装入位,毛勒装置整体长度较长,采用"口"字形的扁担梁,并 4 点吊装,避免两点起吊产生变形。为防止毛勒装置压坏槽口内钢筋,可沿缝长方

向每隔 2 m 左右安放一根 12×12 cm 方木作为临时支撑横梁，将毛勒装置平稳地搁在上面，粗调好毛勒伸缩缝的位置；对照毛勒装置上的环形钢筋或支撑箱，调整预埋钢筋位置，如发现伸缩缝锚筋处的预埋钢筋与锚筋和型钢有干涉，则适当扳弯钢筋。

② 用 8~10 根小扁担梁（截面 12 cm×12 cm，长度视缝宽而定）及拉钩、组合成调平架，沿缝长等间距布置。然后，将挂钩对称地钩在毛勒装置两侧的环形钢筋上，用扳手调整螺帽，将毛勒装置稍微提起，抽出临时支撑横梁，再调整螺杆高度，使毛勒装置顶面与沥青路面大致平。接着对中，使毛勒装置中心线与梁体伸缩缝中心位置重合。然后调整毛勒装置的标高，并用 3 m 直尺检查平整度，使整个毛勒装置顶面与沥青路面的误差控制在 0~-1 mm。对于已经变形的毛勒装置，必须提前校正好才能进行安装。

6）伸缩缝焊接

① 先将毛勒装置的一侧焊好，使毛勒装置保持直线和平顺，然后割开锁定钢板，在另一侧，通过螺旋千斤顶，将伸缩缝的缝隙调整到计算数值，立即将毛勒装置的环形钢筋与预埋钢筋焊好，卸下千斤顶。

② 当毛勒装置调整好之后，调 4 台电焊机，在温度接近预定锁定温度时，对称施焊，焊完立即解锁。这种方法避开了高低温作业，保证了毛勒缝的施工质量。实际施工时，当安装温度高于或低于预定锁定温度时，应进行二次锁定。方法是：根据当时测定的安装温度计算开口尺寸，把锁定钢板割开，将缝口调整到计算数值，焊好锁定钢板，然后将毛勒装置调整好位置入缝，对称施焊，焊完立即解锁。全部焊完后，应仔细检查梁缝及毛勒伸缩缝 V 形橡胶条下堵塞的泡沫板是否紧密，如有孔隙或破坏，应重新封堵紧密，以防浇筑砼时进入毛勒伸缩缝底部的橡胶缝中及梁端缝隙中，造成以后梁体不能自由伸缩。

7）浇筑砼及养生

① 支立模板，注意模板密封，切忌水泥浆漏入支撑箱，影响支承部件和控制系统的正常工作。在毛勒伸缩缝两侧过渡段上铺一层或两层钢筋网，并控制砼保护层的厚度为 2.5~3.0 cm。

② 在浇筑砼前将毛勒伸缩缝橡胶条上口封盖，防止砼落入其内难以清理。将沥青砼边角用胶带纸粘贴，然后用土工布覆盖槽口两侧砼路面，防止浇筑过渡段砼时污染和破坏路面。

③ 浇筑砼：按设计标号对称浇筑砼，尤其应注意伸缩缝边梁下、锚环、锚板及支撑箱下部砼的密实性，支撑箱下宜用小石子砼。为了减少砼的收缩量，在搅拌过程中添加 0.3‰的铝粉，作为膨胀剂，砼的标号不低于上部结构的标号。收浆时应做到顶面与沥青路面平齐，砼顶面平整度小于 2 mm。

④ 待砼接近初凝时，应及时进行二次压抹收浆，使砼表面平整光滑。二次抹面结束后，用土工布覆盖，并按要求及时洒水养护 14 d，养护期内严禁车辆通行。

21.1.2 钢制式伸缩缝施工

1．施工工艺流程（见图 21-1 所示）

2．施工要点

1）桥面整体铺装

根据设计要求对桥面进行整体铺装。铺装前应对桥面进行检查，桥面应平整、粗糙、干燥、整洁，以满足施工要求。铺装混凝土时，伸缩缝两边各 20 cm 范围内不能停机，以免影响伸缩装置周围的平整度从而对其安装质量造成影响。混凝土铺装完成后立即在伸缩装置处凿出一条 5~10 cm 宽的缝槽，以保持在伸缩装置安装前能自由伸缩，避免该处的混凝土层被挤坏。

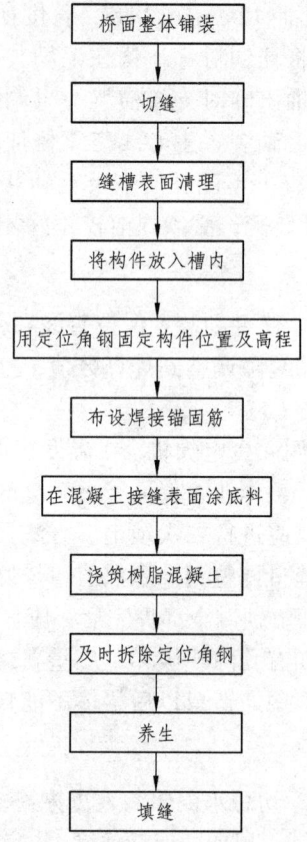

图 21-1　钢制式伸缩装置施工工艺流程图

2）切　缝

待桥面铺装完成后，放出伸缩装置中线，并由中线向两侧各量取一定距离，画出切割标线，然后用切缝机按标线位置切割混凝土面层。为保证切缝顺直，切缝机必须走专用轨道。进行切缝时宽度必须满足施工需求。

3）缝槽表面清理

切缝完成后对缝槽进行清理，清理时用空压机配合人工将缝槽内废渣及多余的混凝土清除干净，然后再用水车进行彻底清洗。

4）将构件放入槽内

表面清理干净后用人工配合吊车将伸缩装置构件放入槽内，然后用自制钢支撑架加倒链吊住伸缩缝，也可用多个千斤顶将其顶起。

5）用定位角钢固定构件位置及高程

安装时要将构件固定在定位角钢上，以确保安装精度，确保构件位置及埋置深度。同时防止产生梳齿不平、扭曲及其他变形，要严格控制好梳齿的间距。

6）布设焊接锚固筋

采用焊接接长梳形钢板时，应按设计的锚栓孔位置及平面尺寸弹线定位，并用夹板固定后进行焊接。由于钢板较厚，焊后会产生一定的变形，因此焊后应进行矫正。按设计高程将锚栓预埋入预留孔内，然后焊接锚板，并调整封头板使之垫板齐平。

7）在混凝土接缝表面涂底料

浇筑树脂混凝土：浇筑混凝土时要振捣密实，尤其是角隅周围的混凝土要求不得有空洞，施工时严格按照振捣器的工作范围进行操作，确保混凝土的强度。另外，可在钢梳齿根部钻适量直径为 20 mm 的小孔，以便混凝土中的空气能顺利排出。

8）及时拆除定位角钢

混凝土浇筑完成后，及时将定位角钢拆除，以保证伸缩装置在温度变化时能自由伸缩。

9）养　生

混凝土浇筑完成后及时对混凝土进行养护。

10）填　缝

3．施工注意事项

（1）施工前必须认真做好伸缩装置部位的清理工作。

（2）两齿板宜用同一块钢板切割而成，安装时配对就位，锯齿的表面要有一定的光洁度，防止误差造成齿、槽相顶。

（3）施工中应加强锚固系统的锚固，防止锚固螺栓松动，螺帽脱落。

（4）梳形钢板伸缩装置所用钢材的力学性能应符合有关规定。

（5）应设置橡胶封缝条防水。

（6）梳形钢板伸缩装置在安装时的间隙，应按安装时的梁体温度决定，一般可按下式计算：

$$L = L_1 - L_2 + L_3$$

式中　L——安装时的梳形间隙（m）；

L_1——梁的总体伸长量（m）；

L_2——施工时梁的伸长量，应考虑混凝土干燥收缩引起的收缩量，预应力混凝土梁还应考虑混凝土收缩徐变引起的收缩量；

L_3——富裕量（m）。

21.1.3　橡胶式伸缩缝施工

1．施工工艺流程（见图 21-2 所示）

2．操作要点

1）桥面处理

预埋扁钢，凿除伸缩装置附近桥面混凝土表面不平处，清除松动的混凝土及废渣，用水冲洗面层，用砂浆抹平。

2）焊接角钢

焊前先把橡胶体装上角钢，用螺栓稍加固定后用电焊连接，取下橡胶体后再焊实。或在角钢拼缝处放钢垫板，贴角焊接，使之连成通长平直的角钢，沿横坡方向有一定的坡度。在待安装的伸缩装置两边桥面上定出伸缩装置位置线，测出该处桥面铺装层高程作为竖向高度安装标准，水平定位根据桥面预埋钢筋位置确定。先在角钢侧面焊锚筋，并在桥面画出记号，然后取下角钢，在角钢底面焊上锚筋。

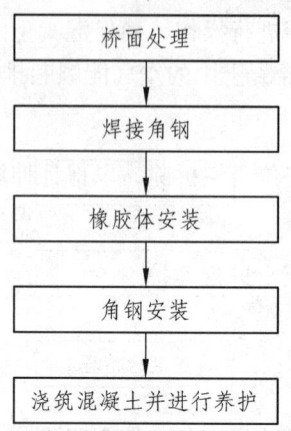

图 21-2　橡胶式伸缩装置施工工艺流程图

3）角钢安装

两通长角钢用木块进行连接以减少橡胶体安装时的偏差，角钢下抹厚度不小于 10 mm 的水泥浆。放上角钢将锚固筋与预埋筋焊接，焊接顺序从断面中央向两边，边焊边调节角钢高程，先点焊，直至符合规定要求后焊实。

4）橡胶体安装

在橡胶体中放入套管、垫圈及弹簧垫片，用铁卡压缩橡胶体，对准孔眼，把其嵌入铁件，嵌入的同时固定，并在橡胶体侧面涂上密封胶，拧紧螺栓后在螺栓凹孔中注入少许密封胶，把橡胶塞嵌入，并对其进行敲击以保证其与橡胶体表面齐平。

5）浇筑混凝土

定位完毕后在伸缩装置两侧分别浇筑混凝土，浇筑时避免出现空洞而导致伸缩装置两边混凝土发生早期破坏。混凝土浇筑完成后拆除模板并对混凝土进行养护。

6）施工注意事项

① 橡胶体在安装前必须试装，待支承板定位后，螺栓孔均与橡胶条对位之后方能焊接，以防错位。

② 在施工时必须将角钢立模定位，严格控制高程，使桥面铺装层与伸缩缝装置保持平整，以使施工的平整度达到要求。由于伸缩装置必须与梁及桥面连成为一体，故应设置预埋件，该部位的混凝土的强度也是刚性桥面与柔性橡胶条的过渡段，经常承受荷载，极易破坏，为此，易增大该段混凝土的强度。混凝土中的钢筋应与梁中预埋钢筋成一体，角钢底部混凝土要振捣密实，避免产生空洞或蜂窝。

③ 伸缩装置两边的组件及桥面应平顺，无扭曲。
④ 安装伸缩装置时，定位值均应通过验算决定。
⑤ 安装时选择适当的温度，气温在 5 ℃ 以下时，不得进行橡胶伸缩装置的施工。
⑥ 采用橡胶伸缩装置时，材料的规格、性能应符合设计要求。对于板式橡胶伸缩装置，应有成品解剖检验证明。采用后嵌式橡胶伸缩体时，应在桥面混凝土干燥收缩完成且徐变也大部分完成后再进行安装。

21.1.4 模数式伸缩缝施工

1. 施工工艺流程（见图 21-3 所示）

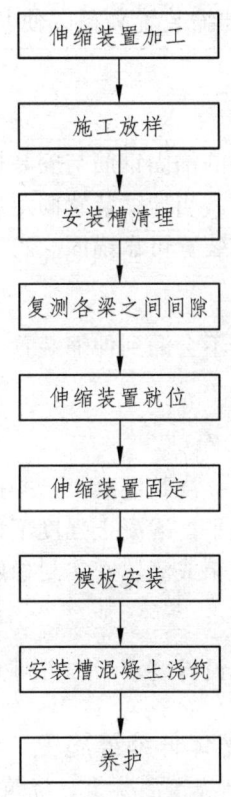

图 21-3 模数式伸缩装置施工工艺流程图

2. 操作要点

1）伸缩装置加工

伸缩装置应根据设计型号、桥梁的梁长、现场施工温度，并考虑梁体混凝土的徐变及干燥收缩等因素，由专门制造厂制作、预先装配，并用专用夹具进行固定。

2）施工放样

施工前，要根据设计，放出伸缩装置安装槽位置与伸缩装置的中心线，并保证伸缩装置的中心线与桥梁中心线重合。

3）伸缩装置安装槽清理

预留槽的宽度、深度，预埋钢筋位置、型号，两侧混凝土强度符合安装要求后，用空压机高压气流清理槽口预留，必须将所有尘土、污物以及其他不需要的东西全部予以清除。特别要避免混凝土块等杂物卡在梁端。

4）复测伸缩装置各梁之间间隙是否符合安装温度的要求

否则，必须在制作厂工程师的指导下，用千斤顶进行调整，伸缩装置各梁之间间隙满足设计要求，并重新用专用夹具进行固定。

5）伸缩装置就位

复测安装槽的中心线并标记，按伸缩装置上标记的吊装伸缩装置入槽，使伸缩装置中心位置与安装槽的中心线重合。调整伸缩装置高程，使其余设计高程吻合，按桥面横坡临时定位。

6）伸缩装置固定

正确就位后，可将伸缩装置一侧的锚固钢筋与安装槽的预留钢筋焊接，然后，将另一侧的锚固钢筋与安装槽的预留钢筋焊接。当伸缩装置固定后，取下夹具，将其余的锚固钢筋与安装槽的预留钢筋完全焊接，使伸缩装置可靠锚固。

7）模板安装

梁端安装模板时，要保证混凝土不会漏到伸缩装置下面的相邻梁端缝隙或梁端与桥台之间缝隙。

8）安装槽混凝土浇筑

检查模板，将安装槽清洗干净后，浇筑混凝土，并振捣密实。混凝土槽底高程以与边梁底板齐平为宜，顶高程与伸缩装置顶平。混凝土强度不得低于该处结构混凝土。浇筑混凝土应防止混凝土渗入伸缩装置位移控制箱或溅填密实封橡胶带缝中，并保证伸缩装置顶面清洁。

9）养　护

待伸缩装置两侧混凝土强度满足设计要求后，方可开放交通。

21.1.5　TST（改性沥青）弹塑体伸缩缝施工

1．施工工艺流程（见图21-4所示）

2．施工要点

1）桥面整体铺装

铺装前应对桥面进行检查，桥面应平整、粗糙、整洁，以满足施工要求。铺装混凝土时，伸缩装置两边各20m范围内不能停机，以免影响伸缩装置周围的平整度从而对安装质量造成影响。混凝土铺装完成后，立即在伸缩装置安装处凿出一条5~10m宽的缝槽，以保持在伸缩装置安装前自由伸缩，避免该处混凝土被挤坏。

2）切　缝

待桥面铺装完成后，放出伸缩装置中线，并由中线向两侧各量取一定距离，画出切割标线，然后切缝机按标线位置切割混凝土面层。为保证切缝顺直，切缝机必须专用轨道。进行切缝时宽度必须满足施工需求。

3）切缝处理

切缝完成后对缝槽进行清理，清理时用空压机配合人工将缝槽内废渣及多余的混凝土清除干净，然后再用水车进行彻底清洗。

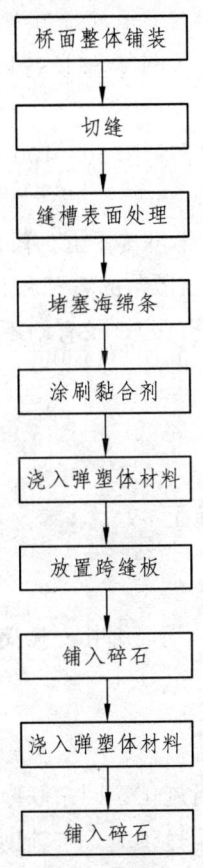

图 21-4 无缝式伸缩装置施工工艺流程图

4）灌　筑

① 将清洗好后的槽口烘干，并对槽口加热，然后再梁端变形缝填入海绵体，不留一点空隙。

② 用活性黏合剂涂刷槽底及槽边，注意涂刷要饱满，均匀无堆积，同时晾干 10~15 min 左右即可。

③ 浇入融化的弹塑体材料，并用刮板均匀抹在槽口的底面与侧面，一般为 1~2 mm 厚。

④ 放置专用的跨缝板盖住变形缝。放置跨缝板时，注意其位置一定要对中，并压紧，每隔 300 mm 距离钉入一个定位钉。

⑤ 从槽口的一侧开始铺入加热的石子 2~4 cm 厚，摊平。

⑥ 浇入弹塑体材料，要淹没石子，注意槽口两边的材料必须饱满。为加速弹塑体材料的渗透和排气，可用钢钎不断振捣。

⑦ 铺第二层石子 2~4 cm 厚，摊平捣实。

⑧ 根据槽口深度不同，可二次或三次铺浇。最后一次铺石子要略高于设计要求，振捣后刮平石子，再振捣一次，然后浇上弹塑体材料，淹没石子。

5）施工注意事项

① 弹塑性材料加热熔化温度应按要求严格控制。其加热温度控制在 100~150 ℃，槽口温度为 40 ℃ 左右。

② 主层石料压碎值不大于 30%，扁平及细长石料含量少于 15%~20%，石料使用前应清洗干净。

③ 混凝土槽口的预留宽度最好比实际窄 50~100 mm，待施工时再将槽口切至要求宽度，以便新鲜接头粘结更牢固。

④ 为防止摊铺材料冷却，在施工中可按 1 m 为段落逐次由一端向另一端进行。

⑤ 伸缩装置施工完毕后，清除桥面散落的石子和其他坚硬物，以免行车时石子等硬物压坏伸缩装置。风力大于三级，气温低于 10 ℃ 及有雨不宜施工。

21.2　桥面施工

21.2.1　水泥混凝土桥面铺装施工

1．施工工艺流程

施工准备→桥面清理→测量放样→钢筋绑扎→振捣梁轨道安装→振捣梁安装→模板安装→砼浇筑→砼抹面拉毛→砼养生。

2．施工方法

桥面铺装施工按单幅每联整体进行施工，同一联内不留设施工缝，砼铺装厚度按设计厚度控制。由于施工面较大，砼宜采用泵送供应人工辅助铺料浇筑的方式，高频率低振幅平板震动器结合轻型振捣梁振捣，振捣梁行走应匀速缓慢，以便于砼的成型平整密实，若在施工过程中发现局部欠缺料时，应及时补料到位并重新振捣，确保桥面铺装的一次成型，使用高强度合金刮杠刮平，人工收面抹平、拉毛。

1）钢筋制安施工

① 原材料试验：钢筋进场时必须具有出厂质量证明书和各种试验报告单，并经试验合格后方可使用。

② 钢筋制作：钢筋在加工场内加工成半成品，并按类别、顺序堆放并支垫覆盖。

③ 用高压水对板梁顶面冲洗干净，并清扫干净积水。

④ 钢筋运输和绑扎：

用运输车将钢筋半成品运至施工地点进行绑扎，绑扎时需焊制钢筋支撑架，以保证钢筋网片不贴梁板，注意控制好钢筋间距、同一截面的钢筋接头数量和搭接长度，确保其满足规范要求。对绑扎接头，两接头间距离不小于 1.5 倍搭接长度。对焊接接头，在 $35d$ 和 50 cm 长度内，同一根钢筋不得有两个接头。同一截面主筋焊接接头面积不得大于总接头面积的 50%，同一截面主筋绑扎接头面积不得大于总接头面积的 25%。电弧焊接和绑扎接头与钢筋弯曲处的距离不应小于 10 倍钢筋直径。钢筋保护层控制采用砼块绑扎于钢筋骨架底面，砼块厚度以确保钢筋骨架顶面的净保护厚度为原则进行制作，其标号与铺装砼标号相同，布置根据施工具体情况而定。

⑤ 钢筋检查验收

安装侧模前，按照规范要求进行检查验收，自检合格后请监理工程师验收，验收合格后方可进行下道工序。

2）模板工程

模板采用 8 mm 厚钢板加工而成。支模板前用空压机吹出所有的杂物及灰尘，清理后安装模板。技术人员及测量组调整好模板标高后才能加固。模板顶标高要与桥面铺装顶标高一致。相邻模板接头要顺直。

3）砼施工

① 施工准备

在施工砼面层前，检查各种梁间接缝是否符合设计要求，桥面连续处梁端预留钢筋或预埋钢板的位置与数量是否符合设计规定，是否凿除接缝处多余砼和清除缝内杂物等。并洒水湿润待浇砼面。

② 砼的生产

砼采用拌和站集中拌和，拌和时应严格按照试验室提供的施工配合比进行拌和。砼拌和站应由熟练工人操作，砼最短拌和时间不少于 90 s，试验员现场控制砼坍落度，砼坍落度控制在 8 ~ 12 cm。

③ 砼的运输

根据距离的远近决定运输方式，一个方法是用输送泵直接泵送至浇筑点，另一个是用砼罐车将砼从集中拌和站运至施工现场，再用输送泵布料。

④ 砼的浇注

砼布料作业从一联的一端起始，单幅全宽向前推移施工。应严格控制水泥砼不得滴漏在伸缩缝预留槽口内。一联摊铺层作业应连续施工，中间不应停顿，特殊情况必须停止施工时，施工缝应采用横向平接缝。下次摊铺前施工缝严格按规范要求处理。

砼铺设要均匀，铺设高度略高于同桥面标高相同的钢模板。砼振捣先用插入式振捣棒沿边角振实，使砼密实并大致平整，然后用振动梁拖振，以适宜的速度匀速推进，边振边找平，直到表面密实平整为止，振捣时应避免振捣时间过长而产生离析。严格控制铺装层标高和纵横向平整度。用提浆棍拖压，一般沿纵向拖压 3 ~ 4 次，起到进一步柔压和二次提浆的作用即可。如果遇到露石子处，则要原地反复滚动数次就可平整。利用改进后的抹光机自动整平机进行抹面，一般横向整平 3 ~ 4 次，相邻两处整平时抹板重叠至少 1/3；最后两人配合用精平刮尺（用 6 m 长方钢制成）沿横向来回刮动，将抹光机造成的砂浆棱消除。随后用 3 m 直尺检查，不平整处用原浆找平。抹面完成后，对局部死角修饰找平。初凝前表面用硬塑料刷或毛管刷横向拉毛，纹槽应顺直美观。铺装砼终凝前遇雨必须用塑料布架起或加设塑料棚罩覆盖；在开始养生时，覆盖物不得接触砼表面。桥面水泥砼收浆施工完后要严格按照要求及时进行洒水养生，以免出现裂纹。砼强度低于 2.5 MPa 前不得承受行人或其他物件的荷载。

21.2.2　桥面卷材防水施工

1. 工艺流程

基面处理→涂刷基层处理节点处理→弹线定位→热熔滚铺→辊压排气→热熔封边压牢→检查修理→养护。

2. 操作要点

1）基面处理

① 基面的浆皮、浮灰、油污、杂物等应彻底清除干净；基面应坚实平整粗糙，不得有尖硬接茬、空鼓、开裂、起砂和脱皮等缺陷。

② 基面阴阳角应做成弧形 R > 50 mm 或折角 135°钝角，以避免防水材料折断造成局部渗水。桥面两侧防撞墙抹八字或圆弧角。泻水口周围直径 500 mm 范围内的坡度不应小于 5%，且坡向长度不小于 100 mm。泻水口槽内基层抹圆角、压光，泄水管口下皮的标高应在泻水口槽内最低处。

③ 防水施工时，基层混凝土强度应达到设计强度应符合设计要求，含水率不得大于 9%。

2）涂刷基层处理剂（底胶、冷底子油）

① 将配好的基层处理剂用长把滚刷涂刷在大面积基层上，基层处理剂涂刷应纵横交错，必须均匀，不得漏刷，不漏底，不堆积，阴阳角、泄水口部位可用毛刷涂刷，干燥至不粘手时可进行下道工序。

② 复杂部位：用毛刷在管根、伸缩缝、阴阳角、泄水口等处均匀涂刷，做好附加层，厚度宜为 2 mm，待其固化后即可进行下道工序。

3）节点处理

复杂部位铺贴卷材附加层：根据规范要求对异形部位（如阴阳角、管根等）采用满贴铺贴法做卷材附加层，要求附加层宽度和材质应符合设计要求。

4）弹线定位

按防水卷材的规格尺寸、卷材铺贴方向和顺序，在桥面铺装层上用明显的色粉线弹出 防水卷材铺贴基准线，尤其在桥面曲线部位，按曲线半径放线，以直代曲，确保铺贴接茬宽度。

5）防水卷材铺设

① 防水卷材铺贴应按"先低后高"的顺序进行（顺水搭接方向）。

② 防水卷材纵向搭接宽度为 100 mm，横向为 150 mm，铺贴双层防水卷材时，上下层搭接缝应错开 1/3 ~ 1/2 幅宽。纵向搭接缝尽量避开车行轮迹。

③ 将改性沥青防水卷材按铺贴长度进行裁剪并卷好备用，操作时将已卷好的卷材，用 030 的管穿入卷心，卷材端头比齐开始铺的起点，点燃汽油喷灯或专用火焰喷枪，加热基层与卷材交接处，喷枪距加热面保持 300 mm 左右的距离，往返喷烤、观察当卷材的沥青刚刚熔化时，手扶管心两端向前缓缓滚动铺设，要求用力均匀、不窝气，铺贴后卷材应平整、顺直、不得有空鼓、皱折、扭曲。

④ 热熔封边：卷材搭接缝处用喷枪加热，压合至边缘挤出沥青粘牢。卷材末端收头用橡胶沥青嵌缝膏嵌固填实。搭接尺寸正确，与基层粘结牢固。

⑤ 防水层施工应与路面沥青混凝土（或水泥混凝土）铺装层的施工日期紧密衔接，以避免防水层受到损坏。

6）冬雨期施工

① 严禁在雨雪天气及 0 ℃ 以下温度施工，现场环境温度应在 5～35 ℃ 范围内，五级风以上不得施工。

② 施工前必须保证基层干燥，含水量小于等于 9%。高温季节应避开烈日下施工。

③ 经过雨雪后的基层必须晾干，经现场含水量检测合格后方可进行下步施工。

④ 冬期 7 应在暖棚内作业，现场环境温度应在 5 ℃ 以上。

21.2.3 钢结构涂装施工

1. 工艺流程

钢材表面预处理→底漆涂装→中间漆涂装→面漆涂装→检查验收。

2. 施工方法

1）钢材表面处理

① 建筑钢结构工程的油漆涂装，应在钢结构制作安装验收合格后进行。

② 油漆涂装前，应采取适当的方法将需要涂装部位的铁锈、焊缝药皮、焊接飞溅物、油污、尘土等杂物清理干净。油污的清除方法根据工件的材质、油污的种类等因素来决定，通常采用溶剂来清洗。清洗方法有槽内浸、喷射清洗和蒸汽法等洗法。

③ 基面清理除锈质量的好坏，直接影响到涂层质量的好坏，因此涂装工艺基面除锈质量等级应符合设计文件的规定要求。钢结构除锈质量等级分类应符合《涂装前钢表面锈蚀等级和除锈等级》（GB8923）标准规定。

④ 钢材表面除锈等级与钢材表面预处理方法和底漆或防锈漆种类相关，见表 21-1。

表 21-1　各种底漆或防锈漆要求最低的除锈等级

涂料品种	除锈等级
油性酚醛涂料、醇酸涂料等底漆或防锈漆	St2
高氯化聚乙烯涂料、氯化橡胶涂料、氯化聚乙烯涂料、环氧树脂涂料、聚氨酯涂料等底漆或防锈漆	Sa2
无机富锌涂料、有机硅涂料、过氯乙烯涂料等底漆	Sa2.5

钢材表面预处理方法：在工厂宜采用喷射或酸洗（或称化学）除锈；在现场补涂或一般涂装质量要求不高时，采用手工和动力工具除锈。但选用环氧富锌底漆时，不宜采用酸洗除锈。

2）涂料涂装

① 钢结构涂装顺序：先底漆、再中间漆、最后面漆。底漆与面漆一般中间间隙时间较长。钢构件涂装防锈漆后送到工地去组装，组装结束后才统一涂装面漆。因存储、运输及起吊过程中的摩擦、碰撞等机械因素造成的涂层损坏，根据损坏面的大小及损坏的程度按修补涂装流程的要求进行修复和检验，经修复的涂层各项性能均应与母体涂层相近。

② 喷漆作业常用方法有高压无气喷涂法、空气喷涂法、刷涂法和滚涂法等。

A. 滚涂法：将涂料大致均匀地分布开，滚子按一定的方向滚动，用力逐渐由轻到重，涂层均匀、表面平整。

B. 空气喷涂法：以压缩空气使涂料雾化喷涂。喷枪压力 0.3～0.5 MPa，大喷枪喷嘴距工作面的距离为 200～300 mm，小喷枪为 150～250 mm，保持与物面垂直或平行；前后涂层边缘的搭接宽度为喷幅的 1/4～1/3，且应一致，多层次喷涂各层应纵横交叉施工。移动速度为 30-60 cm/s。

C. 高压无气喷涂法：利用高压泵送涂料至喷嘴使涂料雾化喷涂。喷嘴距工作面的距离为 320～380 mm，喷流的喷射角度 30°～60°，边缘的搭接宽度为喷幅的 1/6～1/5。移动速度为 60～100 cm/s。

③ 对禁涂部位应在涂装前采取遮蔽保护；涂料一般配有专用稀释剂，稀释剂与涂料的体积比不超过规定数值的 5%。使用稀释剂，必须由专人调整；刷子、滚子、喷枪暂停涂装时，应浸泡在溶剂中；每班使用完毕应立即清洗干净。

④ 涂装完成后，应进行班组自检和专业检验，并记录；涂层有缺陷时，应分析缺陷成因，及时修补涂装。经修复的涂层各项性能均应与母体涂层相同。

⑤ 涂层缺陷处理：常见涂层缺陷及处理方法见表 21-2。

表 21-2 常见涂层缺陷及处理方法

名称	现象	原因	处理
流挂	涂料沿涂覆表面流淌的现象	1. 涂层太厚； 2. 喷枪距涂覆表面太近	涂层未干时，用刷子刷掉留挂的涂料；如涂料已干，则用砂纸磨掉再喷
橘皮	涂覆表面形成类似橘皮状的漆膜	1. 涂料黏度大； 2. 喷枪距涂覆表面太近； 3. 喷枪气压太低； 4. 溶剂挥发太快	涂层未干时，用刷子刷掉橘皮；如涂料已干，则用砂纸磨掉再喷
皱折	涂层表面出现类似皱纹一样的漆膜	1. 涂层太厚； 2. 涂覆表面气温太高	铲除皱折层重新喷涂
针孔	漆膜出现小而深的肉眼可见的小孔，通常一簇一簇地出现	1. 过高的雾化压力且喷枪距表面太近； 2. 涂料压力过高而雾化压力不足	采用机械法进行补修
脱层	两层漆膜之间或涂层与底材之间出现分离	1. 涂下道涂料前上道涂层表面被污染； 2. 两层涂层之间间隔时间太长	去掉分离层，重新进行处理和喷涂

第五篇　隧道施工篇

第 22 章　洞口与明洞施工

22.1　隧道洞口施工

22.1.1　洞门边仰坡开挖及支护施工

1. 工艺流程图（见图 22-1 所示）

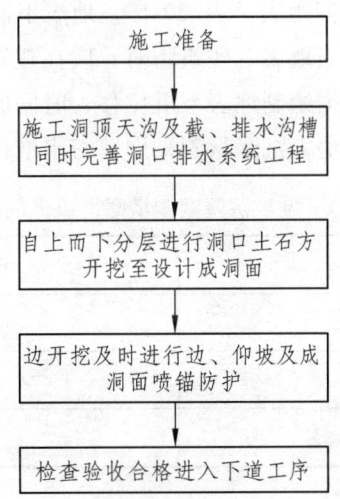

图 22-1　边、仰坡开挖及支护流程图

2. 施工方法

1) 施工准备

① 施工用水、风、电力、便道、场地布置，机械设备，人员配置、材料准备等。

② 根据设计图纸及现场实际情况，详细分析并了解工程地质、当地水文地质情况，制定合理的施工方案和施工措施，确定施工监控量测方案及沉降观测计划。

2) 施工洞顶天沟及截、排水沟槽同时完善洞口排水系统工程

① 截水天沟施工在开挖线外 5 m（应符合设计），采用人工配合机械开挖，开挖完成后人工修整沟槽坡面，并对沟槽坡面进行临时防护；同时与洞口排水系统顺接。

② 对洞顶天沟及截、排水沟槽采用水泥砂浆或浆砌片石或混凝土铺砌沟底（应符合设计），防止下渗，确保排水畅通。

3）自上而下分层进行洞口土石方开挖至设计成洞面

洞顶以上部分边、仰坡开挖，根据设计图纸限定的坡比、自上而下采用挖掘机及人工配合进行分层开挖。

4）边开挖及时进行边、仰坡及成洞面喷锚防护

洞顶以上部分边、仰坡开挖后，按设计要求及时进行锚、网、喷支护；根据暗洞施工方法，在洞口范围内边、仰坡开挖时预留暗洞施工平台，对平台以外部分按照设计图纸开挖支护。

5）检查验收合格进入下道工序

对洞顶天沟及边、仰坡锚、网、喷支护报监理进行检查验收。

6）监控量测

① 洞口段、洞顶浅埋地段开挖前垂直隧道轴线横向埋设地表监控量测桩及水平基准点，结合正洞开挖情况，应在洞顶进行监测，第一个监测断面布置在仰坡的开挖面上，其余断面间隔见地表沉降观测横断面纵向间距表（表 22-1），地表下沉量测断面宜与洞内拱顶下沉、净空水平收敛设置在同一断面，当地表有建筑物时，应在建筑物周围增设地表下沉观测点。

隧道开挖时及时根据量测数据绘制地表下沉位移－时间的关系曲线，绘制地表下沉位移值－距开挖面距离的关系曲线，地表沉降量测采用精密水准仪进行观测。

表 22-1 地表沉降观测横断面纵向间距表

埋深与开挖宽度	纵向测点间距（m）
$2B < H_0 < 2.5B$	20～50
$B < H_0 \leq 2B$	10～20
$H_0 \leq B$	5～10

注：1. 无地表构筑物时取表中上限值；
2. H_0 为隧道埋深；B 为隧道开挖跨度。

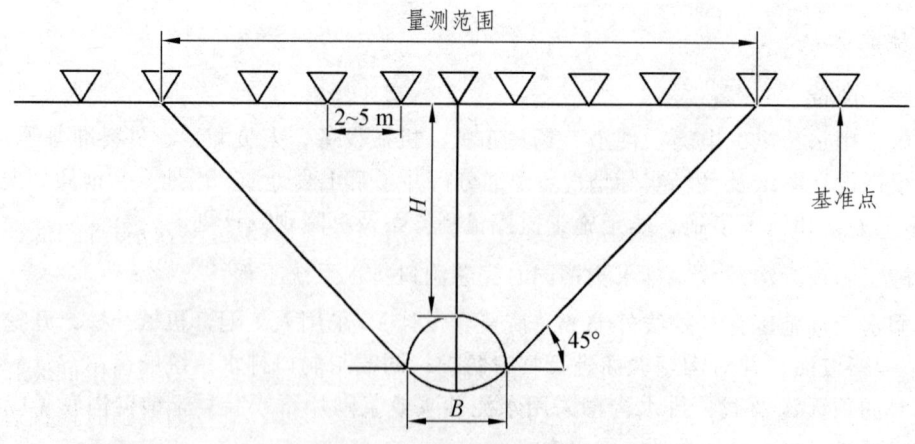

图 22-2 洞顶地表下沉量测断面布置

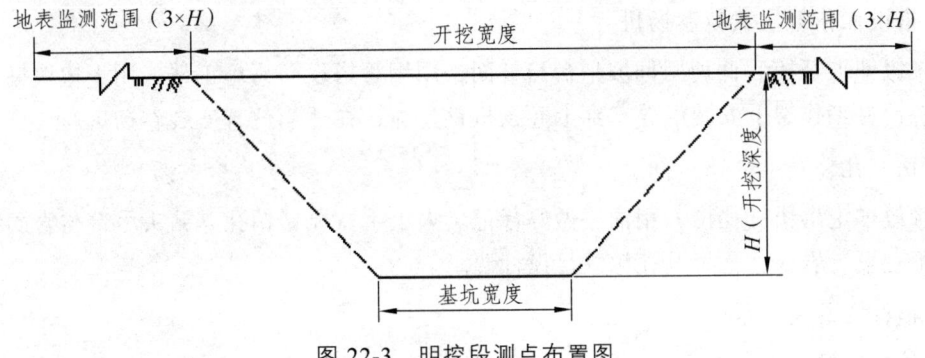

图 22-3 明挖段测点布置图

② 隧道明挖段边、仰坡开挖前,应在边坡顶横向对称布设监控量测点,每一监测断面的间距为 10 m,每侧边坡横向监测宽度为三倍开挖边坡高度,横向测点间距为 5 m。

③ 明挖段地表量测点采用 φ14 mm 钢筋,锚入围岩 20 cm,砂浆锚固,钢筋头刻十字丝,周围采用砼包裹,量测钢筋头高出砼 2 cm。每个测点挂设点位编号,选择显著位置的一个点位挂设断面标牌。

22.1.2 隧道洞口施工

1. 工艺流程

边坡及仰坡放样→排水系统放样→砌筑截水沟、排水沟→边坡仰坡清表→开挖最高一级边坡、仰坡→检查坡度及稳定情况→搭设简易钻孔工作架、安装卷扬机→钻孔→安装锚杆→注浆(注浆锚杆)→挂设钢筋网→喷射砼→开挖下一级边坡、仰坡→依次逐级往下循环作业直至开挖一级边坡、仰坡→测量放样、确定洞室轮廓→钻孔→安装锚杆及锁口锚杆→喷射砼→锚喷支护成型、验收→准备进洞。

2. 施工方法

1) 测量放样

依据隧道洞口设计坡比,结合实际地形,确定出隧道洞口边坡、仰坡实际开挖线,并做出明显标记。

2) 排水系统施工

按设计要求在仰坡坡顶开挖截水沟。截水沟开挖以机械为主,人工配合修整,修整完后立即砌筑。在两端截水沟增设相应断面的排水沟,将洞口排水系统与路面排水系统连接为一体。

3) 清 表

采用挖掘机配合人工清除洞口原地面的植被、有可能滑塌的表土及危石等,保证刷坡时的顺利施工。

4) 边坡、仰坡开挖

根据测量放样定出边坡开挖线,利用挖掘机自上而下逐段开挖;石质地层仰坡开挖需要爆破时,应以浅眼松动爆破为主,局部也可采用人工配合修整;开挖时要随时检查边坡和仰坡,如有滑动、开裂等现象,适当放缓坡度。

5）搭设工作架、安装卷扬机

上一级仰坡开挖后,利用仰坡平台与坡面,用钢管搭设简易施工架,用于边坡钻孔、挂网、喷砼;在工作架上安装滑轮,穿上卷扬机钢丝绳,在适当位置安装卷扬机。

6）钻　孔

测量放样定出锚杆孔位,用油漆做好标记。人工手持风钻钻孔,钻头尽量与岩层结构面垂直,不宜平行岩面;孔径及孔深满足设计要求。

7）锚杆安装及注浆

① 砂浆锚杆

将水注入牛角泵内,水占泵体积的 2/3,初压水和稀浆湿润管路,然后再将已调好的砂浆倒入泵内,将注浆管插至距孔底 5~10 cm 处,堵塞孔口,将泵盖压紧密封、就绪后,慢慢打开风阀开始注浆,在气压推动下,水在前,砂浆在后,水湿润泵体和管路,引导砂浆进入锚孔。杆头在孔口就位后,将堵塞孔口水泥纸掀开,随即将杆体插入到位。若孔内无水泥砂浆溢出,说明砂浆不足,应将杆体拔出重新灌注后再安装锚杆;锚杆杆体插入孔内的长度不小于设计规定。

② 中空注浆锚杆

先安装好锚头再将杆体送入锚孔并推到预定位置,保证锚杆体位于锚孔正中间,检查锚杆体在孔内的固定情况;将止浆塞套入锚杆体并封住锚孔外端口,以防止砂浆外溢。用注浆接头将锚杆体与注浆泵相连,安装锚杆体垫板和螺母,若铺设有钢筋网,可利用垫板将钢筋网固定。注浆时选用额定工作压力不小于 1.5 MPa 的注浆泵,砂浆标号按设计(无设计时不低于 M20 号)标号配制。

③ 小导管

注浆导管需在管体中间钻梅花型出浆孔,孔距一般为 0.2 m(尾部 1 m 不设压浆孔)。孔位钻设完成后,小导管沿孔布置,间距按设计要求。用注浆接头将注浆导管与注浆泵相连,准备好后即开始单液注浆。注浆过程中压力保持在 0.5~1.0 MPa。

8）挂钢筋网

按设计尺寸加工钢筋网,利用外露锚杆头将钢筋网悬挂到坡面上,网片间点焊连接,再将钢筋网与锚杆头焊接成整体。

9）喷射砼

喷射砼前用压缩空气或压力水将待喷面吹净,吹除松散杂质或尘土。砼采用强制搅拌机拌和,喷砼采用先下后上 S 形喷射方式分层喷射,在喷射砼达到初凝后方可喷射下一层。喷射时严格控制风压同时保证喷射速度适当,喷嘴与受喷面距离保持在 0.6~1.2 m,喷射角度接近 90°,正确掌握喷射顺序,不得出现蜂窝,喷射厚度不小于设计值。

10）标出隧道洞室轮廓线

测量人员准确放样,用油漆标出洞室中心线,通过高程测量标出拱顶位置,通过轮廓线上的点与中心线的距离标出轮廓点,加密轮廓线,依次定出整个隧道洞室轮廓线。

11）锁口锚杆

隧道轮廓线外按设计要求打设锁口锚杆，注浆。

12）明洞工程

明洞衬砌边墙基础和遮光棚支柱基础应设在稳固的基础上，若地质情况及允许承载力与设计要求不符时，应进行处理。

为了保证洞口边仰坡在施工和使用期前的稳定，围岩较差及不良地段的洞口仰拱应在洞口开挖完成后尽快施工，明洞在达到设计强度后及时回填。

明洞回填浆砌片石必须密实；顶部回填土应对称回填，不容许超过设计回填厚度及设计横坡；拱背回填需做隔水层时，隔水层应与边、仰坡搭接良好，密封紧闭，防止地表水下渗影响回填土的稳定。

13）洞　门

洞门衬砌拱墙应与洞内相联的拱墙同时施工，连成整体。接长明洞的洞门应按设计采取加强连接措施，确保与已成的拱墙连接一体。

洞门端墙砌筑与墙背回填两侧同时进行，防止对衬砌边墙产生偏压。

14）注意事项及异常现象处理

① 洞口施工应尽量减少对原地表植被的破坏，尽量采取人工或机械开挖，不得随意采用爆破施工。

② 进洞前应尽早完成洞口排水系统。

③ 洞口施工宜避开降雨期和融雪期。

④ 注浆管不准对人放置，注浆管在未打开风阀前，不准搬动，关闭密封盖，以防止高压气物质喷出误伤人。

⑤ 发生串浆现象，即浆液从其他孔中流出时，采用多台泵同时注浆或堵塞串浆孔注浆。

⑥ 严格执行操作程序，防止砼喷射机堵塞；排除堵管现象时，应注意喷嘴前方严禁站人，以免发生伤人事故。

22.2　隧道明洞、棚洞施工

22.2.1　隧道明洞施工

1．工艺流程

明洞施工工艺流程（见图22-4所示）。

2．明洞施工方法

1）施工准备、侧壁及基础开挖

① 衬砌模板台车现场组装、验收已完成。

② 明洞施工应按设计要求，对地层进行预加固，然后分层开挖和支护，边、仰坡分层施做防护。

③ 栈桥已加工完成。

④ 基础地层为土质时，采用人工配合挖掘机开挖，当洞口基础需爆破开挖时，应采取控制爆破技术。开挖过程中基坑上方利用栈桥架空，保证洞内外交通畅通。

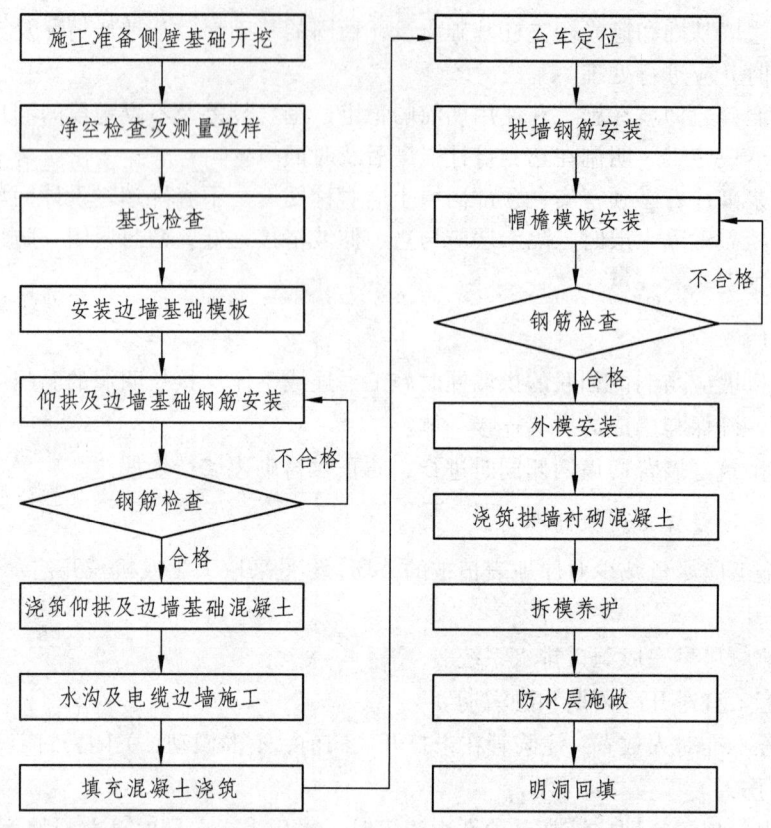

图 22-4　明洞施工工艺图

2）净空检查及测量放样

洞口拉槽宽度应满足明洞外侧宽度和明洞外模安装、加固等施工空间需求，拉槽槽底高程应考虑施工便道接引方便和洞内外车辆行走面的顺接，洞口明洞拉槽完成后，技术人员按设计图纸测量出仰拱开挖深度、两侧边墙开挖的边线、洞口里程横向法线等。

3）基坑检查

施工人员按测量交底要求进行明洞仰拱及边墙基础的开挖，开挖至设计深度后，技术人员检查基坑宽度、标高、地基承载力是否满足设计要求。

4）安装边墙基础模板

明洞两侧矮边墙采用组合钢模，模型应安装在明洞边墙基础边线上，严禁侵限安装。

5）仰拱及边墙基础钢筋安装、钢筋检查

仰拱及边墙钢筋为双层钢筋，仰拱钢筋安装前应采取措施控制好上下层钢筋网间层距以及纵环向钢筋间距，底板或仰拱横向和纵向施工缝止水带在底板或仰拱钢筋完成后，利用止水带钢筋卡将止水带水平安装在底板或仰拱上下层钢筋中间。

6）浇筑仰拱及边墙基础混凝土

钢筋及模板经现场监理检查同意后，方可进行仰拱及边墙混凝土浇筑，混凝土在洞外拌合站集中拌和，砼罐车运输，底板或仰拱上方采用自制栈桥架空，作为洞内行车通道，混凝土利用梭槽入模，插入式振捣器捣固。浇注混凝土从仰拱（底板）中心向两侧对称进行，整体浇筑，一次成型。

7）水沟及电缆边墙施工

明洞两侧水沟及电缆槽边墙在模板台车就位前施工，水沟及电缆槽边墙施工高度应结合模板台车设计综合考虑后确定。

8）填充混凝土施工

填充混凝土浇筑工艺同仰拱混凝土浇筑工艺，在混凝土捣固时，应特别注意保持横向排水管、过轨管线正确位置，防止预埋管破损造成堵塞。

9）台车定位

根据明洞设计长度、洞门设计型式、模板台车设计长度、衬砌外观质量确定明洞施工段数和施工顺序，一般明洞整段施工安排在洞口，不足整模施工的衬砌段设置在洞内，模板台车就位的施工顺序如下：

① 测量工程师和隧道工程师共同进行中线、高程、横向法线测量放样。

② 根据中线和标高铺设衬砌台车轨道，要求使用标准枕木和鱼尾板；轨距与台车轮距一致，左右轨面高差<10 mm。起动电动机使衬砌台车就位。涂刷脱模剂。

③ 起动衬砌台车液压系统，根据测量资料使钢模定位，保证钢模衬砌台车中线与隧道中线一致，拱墙模板成型后固定，测量复核无误。

10）拱墙钢筋安装及检查

台车精确定位后，明洞拱墙钢筋在台车面板上进行安装，先安装内层钢筋，再安装外层钢筋；并报监理检查验收。

11）外模帽檐模板安装

模型安装接缝应严密、支撑牢固，特别是在圆心高度范围内应加强支撑，防止因捣固混凝土及混凝土挤压而造成模型移动变形。

12）浇筑拱墙混凝土

明洞拱墙模型及钢筋经检查合格后方可浇筑拱墙混凝土，混凝土采用拌合站集中拌合，混凝土运输车运输，混凝土输送泵泵送入模，插入式振捣器分层振捣，对称入模，整体浇筑，不留施工缝。

13）拆模养护

混凝土浇筑完毕后拆模及养护时间均应符合验标要求。外模采用人工配合吊车，自上而下拆除。

14）防水层施做

外模拆除后，对防水层施做基层进行找平处理，按照明洞设计防水层类型施做防水层。

15）回填土

明洞回填应在明洞外防水层施做完成且混凝土强度达到设计强度后进行，侧墙回填应两侧对称进行。土质地层，应将墙背坡面挖成台阶状，用片石分层码砌，缝隙用碎石堵塞密实。拱部回填应两侧分层夯实，每层厚度不大于 0.3 m，两侧回填土面的高差不得大于 0.5 m。回填与拱顶齐平后，再分层满铺填筑至设计高程。采用机械回填时，应在人工夯填超过拱顶 1.0 m 以上后进行。拱顶需做黏土隔水层时，隔水层应与边仰坡搭界平顺、封闭紧密，防止地表水下渗。

22.2.2 隧道棚洞施工

1. 施工工艺

棚洞施工工艺流程（见图 22-5 所示）。

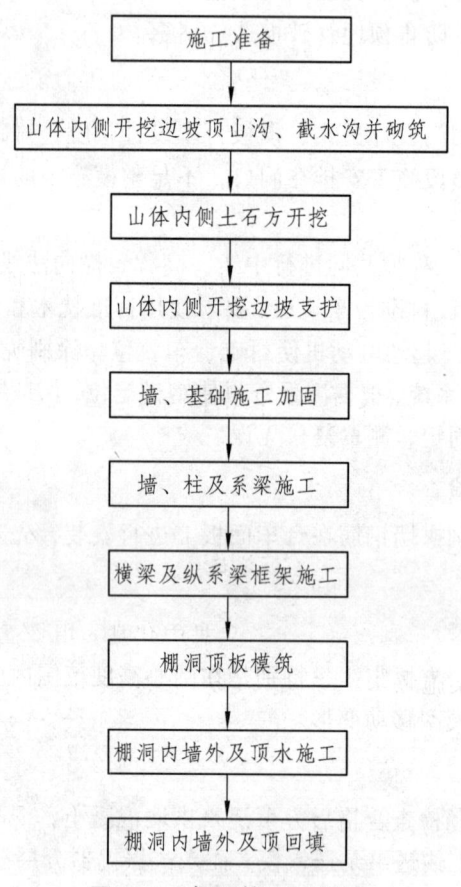

图 22-5　棚洞施工工艺图

2. 棚洞施工方法

1）施工准备

棚洞施工准备包括"三通一平"准备，机械设备准备、施工技术准备和场区现场准备等。棚洞所需准备机械设备主要是梁、柱、墙模板及钢管支架。若棚洞横梁采用预制后吊装，需要准备预制场地、预制龙门吊设备和吊装起吊设备。

2) 山体内侧开挖边坡顶天沟、截水沟并砌筑

按照设计要求，对山体内侧边坡顶天沟、截水沟进行测量放线，采用人工配合挖掘机开挖；及时进行砌筑。

3) 山体内侧土石方开挖

① 棚洞土石方开挖一般都是切削横向陡坡，开挖前必须对坡顶坍落、滑石进行严格检查和防护，开挖过程中密切监测坡顶情况防止出现安全事故。

② 机械化开挖棚洞土石方，同样严格遵循机械操作规程，特别注意停靠在基底相当稳定的半坡原状土或基岩上，严防机械随滑或侧翻。

③ 山体内侧开挖边坡支护

土石方开挖自上而下分段分层开挖，随挖随进行锚、网、喷支护施工。

④ 墙、基础施工加固

棚洞内墙一般可分为重力式内墙、拉锚式内墙和重力、拉锚结合式内墙，拉锚式内墙适用于棚洞侧坡较陡，坡面稳定而坚实，且外墙不受侧向压力情况。反之，则用重力式内墙或重力、拉锚结合式内墙。重力式内墙基础一般采用扩大条形基础。为抵抗山体侧压力，基础开挖成向山体内侧反坡，钢筋砼重力式内墙的外侧一般设计有趾脚，条件可能，一般修成衡重式结构。重力、拉锚结合式内墙适用于棚洞侧坡面稳定而坚实，不但利用重力式内墙来抵抗山体侧压力，还在棚洞分段、分层土石方开挖后的坡面上施工锚杆，并把锚杆头锚入内墙，以提高内墙抵抗山体侧压力的功能。拉锚式内墙常采用桩柱板墙结构。顺作法施工是在土石方开挖出来后，在内墙位置跳槽开挖人工挖孔桩，后再模筑纵向承台，继而进行带肋板墙结构和拉锚体系施工。逆作法施工时，先在坡面跳槽施工人工挖孔桩、柱，再纵向分段、竖向分层开挖土石方、施工柱的拉锚体系和柱相互间的纵向系梁及立面剪力墙。

4) 墙、柱及系梁施工

棚洞外墙一般不受侧压力，只承受棚洞顶覆土及坡顶局部坍石的竖向荷载，结构设计一般力求简洁。传统设计为立方柱或斜腿方柱，柱基础一般采用扩大基础，必要时纵向地基梁，方柱就地模筑，必要时在立面上设多道纵向系梁。为达到与周边环境的协调，柱间或装饰成彩玻璃幕墙，镂空出别致的侧窗，或留空装点垂吊花卉、植物等。

5) 横梁及纵系梁框架施工

棚洞墙、柱施工完后，进行横梁及纵系梁施工；主要采用支架法施工。

6) 棚洞顶板模筑

① 棚洞梁板是在内墙和外墙（或柱）施工好后才开始进行，棚洞梁板内侧一般都设拉锚体系锚固在坡体内。棚洞横梁根据具体情况或采用预制后吊装，或与棚洞顶板及纵向系梁联合现浇。棚洞纵向系梁与顶板一般都是采用现浇施工。若棚洞横梁采用预制后吊装，则纵向系梁与顶板可采用吊模法施工。

② 若棚洞横梁与棚洞顶板及纵向系梁联合现浇，可把施工缝留设在内、外墙上。模板支架要严格按高支模设计检算，确保安全；梁模板下支架应根据具体情况适当加密。

③ 为防止地下水被堵塞在棚洞上而诱发其他不良地质灾害，顶板钢筋砼浇注顶面宜留出不小于坡面排水最小坡度 2%的横坡。棚洞顶部填土横坡坡角宜选择为土、石的休止角，便于滚滑下来的松散岩土体自由滚滑出棚洞。

7）棚洞内墙外及顶防水施工

墙、顶板施工完成后，进行防水层施工，按照设计要求施工。

8）棚洞内墙外及顶回填

棚洞回填应在外防水层施做完成且混凝土强度达到设计强度后进行，侧墙回填应按设计要求施工。土质地层，应将墙背坡面挖成台阶状，用片石分层码砌，缝隙用碎石堵塞密实。顶板回填应分层夯实，每层厚度不大于 0.3 m，分层满铺填筑至设计高程。采用机械回填时，应在人工夯填超过拱顶 1.0 m 以上后进行。拱顶需做黏土隔水层时，隔水层应与边仰坡搭界平顺、封闭紧密，防止地表水下渗。

22.3 隧道洞门施工

1. 工艺流程图

1）直切式洞门施工工艺流程图（见图 22-6 所示）

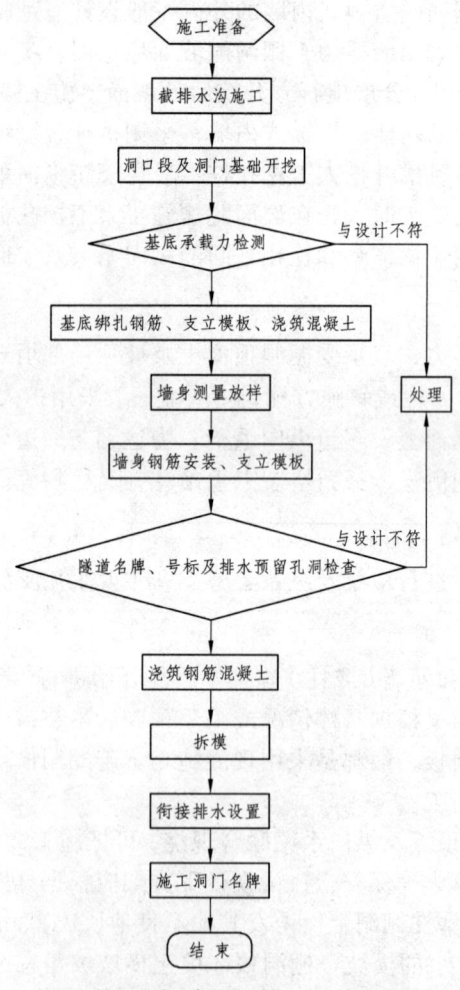

图 22-6 直切式洞门施工工艺流程图

2）斜切式洞门施工工艺流程图（见图 22-7）

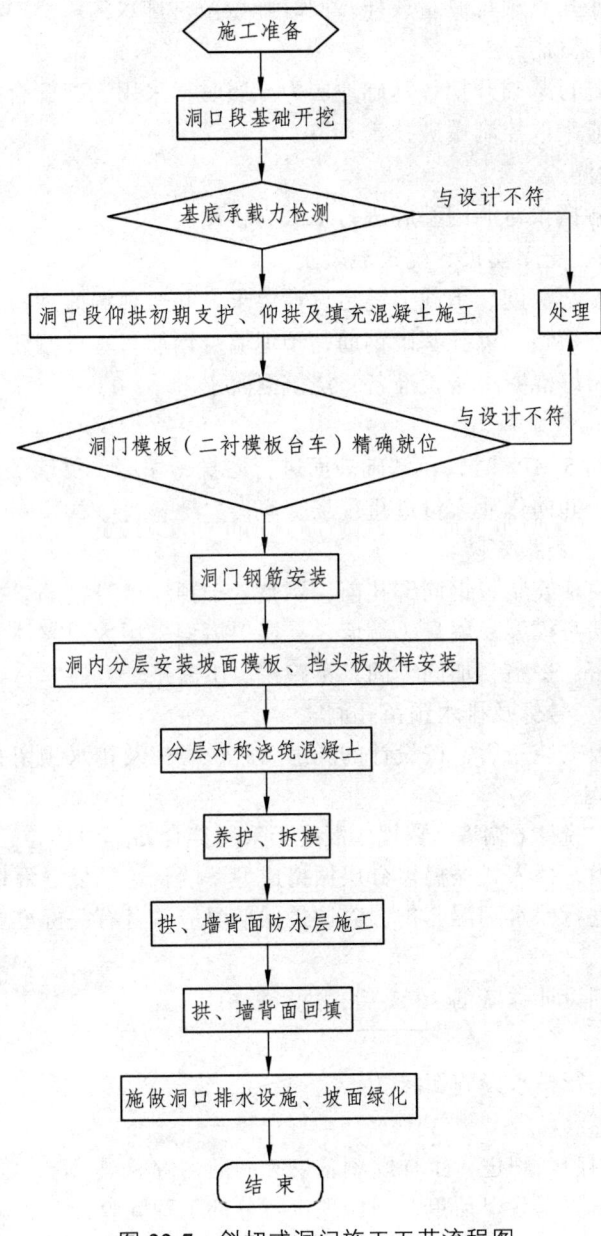

图 22-7　斜切式洞门施工工艺流程图

2．施工方法

1）直切式洞门操作要点

① 施工准备

A．施工用水、风、电力、便道、场地布置，机械设备，人员配置、材料准备等。

B．根据设计图纸及现场实际情况，详细分析并了解工程地质、水文地质情况，制定合理的施工方案和施工措施；并进行技术交底。

② 截、排水沟施工

按设计对基础四个角点进行测量放样，同时施做截、排水沟。

③ 洞口段及洞门基础开挖

对洞口段及洞门进行基础开挖，基础地层为土质时，采用人工配合挖掘机开挖，当洞口基础需爆破开挖时，应采取控制爆破技术。

④ 基底承载力检测

采用轻型或重力触探仪对洞门基底进行承载力检测。

⑤ 基底绑扎钢筋、支立模板、浇筑混凝土

当基础埋设的宽度、深度、承载力满足设计要求，并经现场监理检查验收合格后，根据基础设计边线安装基础模型，绑扎基础钢筋，预埋墙身钢筋。基础钢筋、模型及预埋墙身钢筋验收合格后，现场做好混凝土浇筑准备，浇筑混凝土。

⑥ 墙身测量放样

当基础混凝土达到 5 MPa 时，在基础表面进行墙身（端墙、翼墙）控制点的测量放样，放样点用红油漆标识，并向作业人员进行现场交底。

⑦ 墙身钢筋安装、模板安装

墙身钢筋安装、模板安装，钢筋绑扎前，调整基础预埋墙身钢筋，按设计接长主筋，钢筋安装完毕后，安装墙身模型，墙身（端墙、翼墙）模型采用大块整体钢模，表面涂刷脱模剂，模型安装接缝严密、平整，加固牢固，不跑模、不漏浆。

⑧ 检查隧道名牌、号标及排水预留孔洞

当墙身钢筋及模板安装完后，按设计的隧道名牌、号标及排水预留孔洞进行检查。

⑨ 浇筑钢筋混凝土

墙身混凝土浇筑，墙身（端墙、翼墙）混凝土采用拌合站集中拌合，混凝土运输车运输，混凝土输送泵泵送入模，插入式振捣器分层振捣成型。墙身（端墙、翼墙）混凝土浇筑完毕后，应及时对混凝土进行保水潮湿养护，养护最低期限应符合有关标准要求。

⑩ 拆模

当墙身混凝土达到设计强度的 100%后，进行拆模。

⑪ 衔接排水设施

检查预留空洞并进行排水设施衔接。

⑫ 施作洞门名牌

按设计要求，对洞门名牌进行字样雕刻，安装洞门名牌。

检查验收结束：填写报验申请单，报监理进行分部工程验收，工程施工结束。

2）斜切式洞门操作要点

① 施工准备

施工用水、风、电力、便道、场地布置，机械设备，人员配置、材料准备、模板台车准备等。根据设计图纸及现场实际情况，详细分析并了解工程地质、水文地质情况，制定合理的施工方案和施工措施；并进行技术交底。

② 洞口段基础开挖

对洞口段及洞门进行基础开挖，基础地层为土质时，采用人工配合挖掘机开挖，当洞口基础需爆破开挖时，应采取控制爆破技术。

③ 基底承载力检测

采用轻型或重力触探仪对洞口及洞门基底进行承载力检测。

④ 洞口段仰拱初期支护、仰拱及填充混凝土施工

当洞口段基础埋设的宽度、深度、承载力满足设计要求,并经现场监理检查验收合格后,根据基础设计进行仰拱钢支撑安装并喷射初期支护混凝土,安装仰拱钢筋及模型。仰拱钢筋、模型及预埋设施验收合格后,浇筑仰拱及填充混凝土施工。

⑤ 洞门模板(二衬模板台车)精确就位

当仰拱填充混凝土达到设计强度的70%时,在基础表面进行隧道中线点、墙身控制点的测量放样,放样点用红油漆标识,并向作业人员进行现场交底。通过动力牵引使二衬模板台车精确就位,按设计调整中线及标高。

⑥ 洞门钢筋安装

按设计对拱墙背进行钢筋安装。

⑦ 洞门分层安装坡面模板、挡头板放样安装

当拱墙身钢筋安装适当高度时,进行坡面模板安装和挡头板放样安装。

⑧ 分层对称浇筑钢筋混凝土

拱墙身混凝土应对称浇筑,拱墙身混凝土采用拌合站集中拌合,混凝土运输车运输,混凝土输送泵泵送入模,插入式振捣器分层振捣成型。拱墙身混凝土浇筑完毕后,应及时对混凝土进行保水潮湿养护,养护最低期限应符合有关标准要求。

⑨ 养护、拆模

当拱墙身混凝土达到设计强度的100%后,进行拆模。

⑩ 拱、墙背面防水层施工

按设计进行拱、墙背面防水层施工。

⑪ 拱、墙背面回填

按设计及规范要求进行分层夯实回填施工。

⑫ 施做洞口排水设施、坡面绿化按设计要求施作洞口排水设施、坡面绿化。

检查验收结束:填写报验申请单,报监理进行分部工程验收,工程施工结束。

3)洞顶回填及防排水处理

洞顶回填应在明洞外防水层施做完成且混凝土强度达到设计强度后进行,侧墙回填应两侧对称进行。土质地层,应将墙背坡面挖成台阶状,用片石分层码砌,缝隙用碎石堵塞密实。拱部回填应两侧分层夯实,每层厚度不大于0.3 m,两侧回填土面的高差不得大于0.5 m。回填与拱顶齐平后,再分层满铺填筑至设计高程。采用机械回填时,应在人工夯填超过拱顶1.0 m以上后进行。拱顶需做黏土隔水层时,隔水层应与边仰坡搭界平顺、封闭紧密,防止地表水下渗,并及时按照设计图纸进行永久性洞顶绿化工程防护。

第 23 章 洞身开挖施工

23.1 洞身开挖施工一般规定

（1）应根据隧道长度、断面大小、结构形式、工期要求、机械设备、地质条件等，选择适宜的开挖方案。

（2）开挖作业应符合下列规定：

① 开挖断面尺寸应满足设计要求。

② 爆破后，应及时对开挖面和未衬砌地段进行检查；对可能出现的险情，应采取措施及时处理。

③ 开挖作业不得危及初期支护、衬砌和设备的安全，并应保护好量测用的测点。

④ 开挖后，应做好地质构造的核对和监控量测工作。

⑤ 开挖作业必须保证安全。

（3）隧道爆破应采用光面爆破技术。

（4）爆破作业及爆破物品管理，必须符合现行《爆破安全规程》（GB 6722）有关规定。

（5）隧道双向开挖接近贯通时，两端施工应加强联系，统一指挥。当两开挖面间距离剩下 15~30 m 时，应改为单向开挖，并落实贯通面的安全措施，直到贯通为止。

（6）在瓦斯地层开挖时，除应符合本规范第 20.6 节的规定外，尚应符合现行《煤矿安全规程》的相关规定。

（7）石质隧道破碎带按照"先支护、后开挖、短进尺、弱爆破、早封闭、勤量测"的原则进行组织施工。

（8）土质隧道施工应严格按照"严控水、强支护、短进尺、勤量测"的原则组织施工，并特别注意地表地表冲沟、陷穴对隧道的影响，加强调查和处理。

（9）隧道洞身开挖施工要求

隧道开挖的主要方法是钻爆法。开挖工作包括钻眼、装药、爆破等几项工作内容，对于开挖工作应做到下面几点要求：

① 按设计要求开挖出断面（包括形状、尺寸、表面平整、超挖、欠挖等要求）。

② 石渣块度（石渣大小）便于装渣作业。

③ 掘进速度快，少占作业循环时间。

④ 爆破在充分发挥其能力的前提下，减少对围岩的震动破坏，减少对施工用具设备及支护结构的破坏，并尽量节省爆破器材消耗。

⑤ 施工中要坚持"短进尺、弱爆破、早封闭、勤测量"的原则。

23.2 洞身开挖施工

23.2.1 全断开挖施工

1．工艺流程

测量放线定出隧道轮廓线→钻眼、装药连线→引爆炸药、开挖出断面轮廓→通风→排除危石→初喷→安装初期支护内排水设施（环向集水盲沟等）→出渣→施做径向锚杆→挂网→喷射砼→下一循环作业。

2．施工方法

1）测量放线定出轮廓

按设计资料复核洞内导线点、水准点坐标。在掌子面上定出隧道中心线，拱顶位置，依据轮廓线上的点与中心线的距离，确定轮廓点的位置，加密点，定出开挖轮廓线。

2）钻眼、装药连线

按照钻孔参数布设炮眼，炮眼布置顺序为：掏槽眼、辅助眼、周边眼、底板眼，钻眼完成后，将炮孔吹洗干净，检查合格后按钻爆设计计算药量、雷管段号装药，连接爆破网路。

3）爆破、开挖出断面轮廓

爆破后，检查断面尺寸是否符合要求，对较大块突入岩石进行处理，拱脚、墙脚以上1m内严禁欠挖，必要时重新进行爆破。

4）通　风

对洞内进行机械通风，对洞内作业环境进行检测，满足洞内施工作业环境标准后人员、机械方可进洞施工。

5）排除浮石

用钢钎清除洞顶浮石。

6）初　喷

清除危石后，及时施工喷射砼，封闭，起到初步稳定作用。

7）安装初期支护内排水设施

及时安装初期支护内排水设施，确保洞内水排至指定排水系统。

8）出　渣

用挖掘机、装载机配合自卸汽车（无轨运输）、装渣机配合矿车及电瓶车或内燃机车（有轨运输）将洞内石渣运至指定地点。

9）安装锚杆

及时安装锚杆，在围岩发挥自稳能力的时间范围内通过锚杆对围岩进行加固或密实松散围岩。

23.2.2 台阶法开挖施工工艺标准

1．工艺流程

测量放线定出开挖轮廓线→上台阶超前支护→上台阶钻眼装药爆破→上台阶通风排烟→

台阶初喷砼→上台阶出渣→上台阶初期支护→下台阶钻眼装药爆破、通风排烟→下台阶初喷砼→下台阶出渣→下台阶初期支护→下一循环作业。

2．施工方法

1）测量放线定出开挖轮廓线

复核洞内导线点、水准点坐标。在掌子面上定出隧道中心线，定出拱顶位置，沿中线从上向下直墙地段每隔 1 m、曲墙地段每隔 0.5 m 向两侧垂直量出支距，至轨顶面高程为止，各支距端点的连线即为断面开挖轮廓线。底部有仰拱时，由中线起向左右每隔 0.5 m 由轨顶面高程向下量取开挖高度，连接底部各端点即得底部开挖轮廓线。

2）上台阶超前支护

对于Ⅴ级围岩段的台阶法开挖，因围岩的稳定性较差，应按设计要求采取管棚预支护、超前小导管注浆、超前锚杆等形式进行超前支护。

3）上台阶钻眼装药爆破

按照钻爆设计布设炮眼，钻孔时注意炮眼的位置、方向和炮眼深度要符合要求。装药前用炮钩及小直径高压风管将炮眼内的泥浆、石屑冲洗干净，检查钻孔有无塌孔。按钻爆设计规定的药量、规格安装炸药、雷管，以炮泥堵塞炮眼，连接爆破网络，确认起爆顺序无误后，方可起爆。

4）上台阶通风排烟

设置通风设备，采用机械通风，冲淡、排出有害气体和降低粉尘浓度，进行洞内作业环境监测，待符合卫生环境标准后方可进洞施工。

5）上台阶初喷混凝土

安排有经验的找顶工将初喷不能稳定的危石排除后，对开挖面进行初喷砼，按湿喷法施工。按设计要求或在必要时架设钢拱架或格栅拱架。

6）上台阶出渣

采用挖掘机、装载机、自卸汽车（无轨运输）、装渣机、电瓶车或内燃机车、矿车（有轨运输），将石渣运至指定弃渣场，弃渣场应按设计要求做好防护。

7）上台阶初期支护

按设计要求挂钢筋网，安设锚杆，在量测指导下进行复喷砼，保证喷射砼的复喷适时有效。

8）下台阶开挖

操作步骤及方法与上台阶基本相同。

23.2.3 环形开挖预留核心土法施工

1．工艺流程

施工工艺流程图见图 23.1 所示。

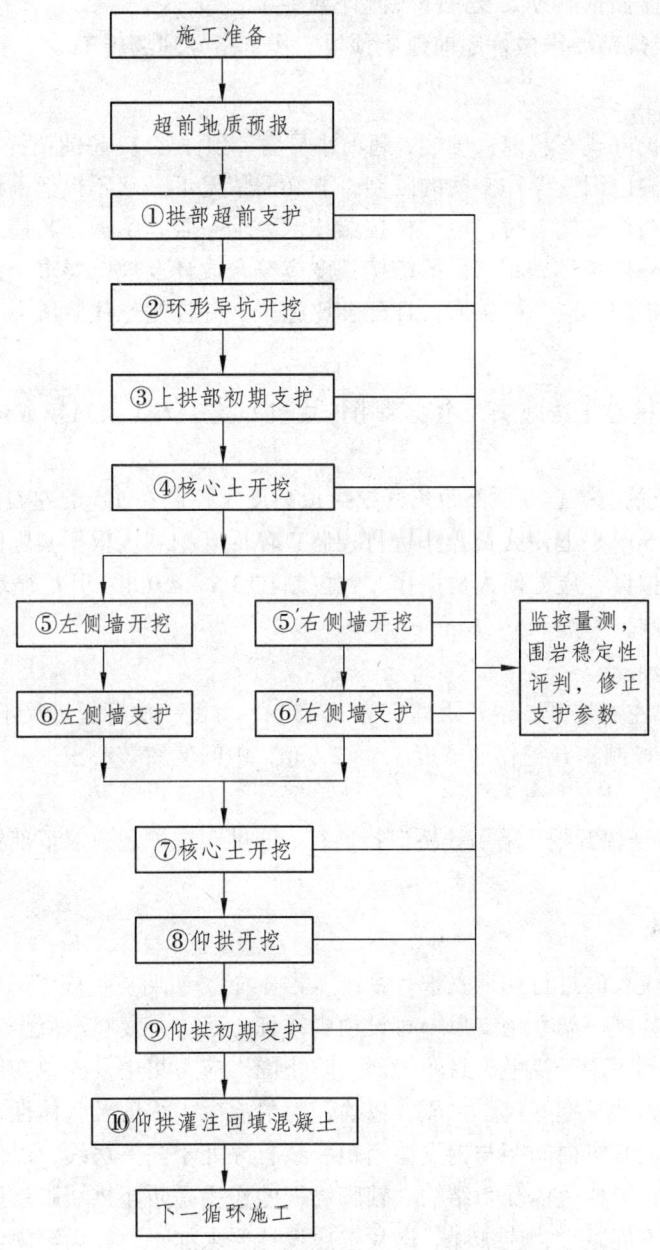

图 23-1 环形开挖预留核心土法施工工艺流程图

2. 施工方法

1）施工准备

① 风水管、电线敷设，施工便道、施工场地布置，机械设备、人员配置，材料准备，修建环保、水保、防排水设施。

② 根据设计资料，详细分析、了解工程地质、当地水文情况，制定合理的施工方案和施工措施，制定施工监控量测方案及沉降观测计划。

③ 按照设计或规范要求做好超前地质预报工作，指导现场施工。

2）超前支护

采用的超前支护方式有超前大管棚、超前小导管（预注浆）、超前锚杆等，超前大管棚多用在洞口段施工，洞内因受操作空间的限制，非必需情况下一般不提倡采用。洞内一般采用超前小导管或超前锚杆。施工时，应严格按照技术要求布眼，掌握好超前外插角度，根据现场实际情况，调整外插角度。相邻段的搭接长度应符合设计及规范要求，支护尾部必须与钢支撑焊接牢固，注浆施工应严格按照设计配合比施工，并控制好注浆压力。

3）开挖

环形开挖预留核心土法施工，主要采用挖掘机开挖，人工及风镐或解小炮配合修整开挖面。

① 拱部环形开挖。核心土顶面距离开挖拱顶高度宜控制在1.5 m左右，核心土断面宜按照环形开挖断面积50%、方便人员操作进行控制；环形开挖高度根据实际围岩情况，结合钢支撑加工尺寸自行拟订，应方便人员操作，宜控制在3.5～4.0 m；开挖循环进尺宜按照2榀钢支撑间距进行控制，一般0.5～1 m。

② 开挖拱部核心土。

③ 侧墙开挖，左右错开，错开距离宜为3～5 m；单侧一次开挖进尺不大于1.5 m，宜按照2榀钢支撑间距控制；开挖作业宽度1.5～2.0 m，中间暂留核心土。

④ 开挖中间核心土。

⑤ 开挖仰拱。全幅开挖，采用栈桥保持通行。仰拱钢支撑和边墙下部钢支撑通过焊接连接牢固。

4）初期支护

每次开挖后都应及时进行初期支护，做到"早喷锚"。初期支护施工顺序为：初喷混凝土→打设系统锚杆→挂网→架立钢支撑→打设锁脚锚杆（管）→复喷混凝土至设计厚度。初喷混凝土厚度4～5 cm，用于找平、封闭岩面，防止围岩应力集中及松弛变形。喷射混凝土进行时，应连续进行，并掌握好风、水压，以确保喷射混凝土强度及整体性。锚杆施工时，应通过测量定位，保证其纵向间距与钢支撑间距一致，并处于同一法线，以便锚杆安装好后与钢支撑焊接在一起，形成整体受力结构。锁脚锚杆的作用是防止拱墙脚初期支护受力后下沉及内移，在施工中不能减少，应加强。网片按照设计要求加工，挂设牢固。钢支撑架立，应按照设计尺寸架立，接头用螺栓连接固定，必要时候进行焊接连接。纵向连接钢筋的间距、焊接严格按照设计及规范要求进行，以保证初支的整体性，在特别松软地层，拱墙脚可设置型钢托梁，以增强整体性及避免不均匀沉降引起初期支护开裂或变形过大。

5）仰拱灌注及回填

隧道拱部压力大，初期支护成环后，拱部压力通过初期支护向下传递，仰拱中部受力最大，仰拱开挖后，及时进行仰拱灌注及回填是改变仰拱受力的主要手段，同时也是保证洞内运输的需要，因此仰拱二衬应紧跟开挖进行。

6）监控量测

监控量测，可掌握围岩变化规律及支护结构的力学状态和稳定程度，判断支护参数设置是否合理，因此必须加强监控量测，切实做到"勤量测"。

23.2.4 双侧壁导坑法施工

1. 工艺流程

测量放线→超前支护→先行导坑开挖、通风→先行导坑支护、出渣→后行导坑开挖、通风→后行导坑支护、出渣→其他部分开挖、通风、支护、出渣→仰拱施工及回填→防水层施工、二衬混凝土→下一循环。

2. 施工方法

1）测量放线

复核测量控制点、施工测量用的基准点及水准点。确定隧道中心线和开挖轮廓线，标出设计断面尺寸线。每次导坑开挖前均应放出开挖轮廓线。

2）超前支护

采用导坑法开挖的围岩一般较差，应按设计图纸要求，在导坑开挖前进行管棚预支护、超前小导管注浆或超前锚杆等形式的超前支护。

3）先行导坑开挖与通风

先行导坑宜采用微正台阶法，上半断面超前 2.5~3 m，使用 3~4 台气腿式凿岩机钻眼，光面爆破，钻爆设计应根据爆破效果及时调整爆破参数，起爆采用非电毫秒雷管、导爆管或导爆索，每循环进尺以 0.5~1 m 为宜；若采用环形导坑法开挖，应以人工或挖掘机开挖为主，需要时辅以弱爆破，每循环进尺以 0.5 m 为宜。

4）先行导坑支护与出渣

先行导坑开挖后，根据围岩情况和设计要求，先初喷一层混凝土，打设锚杆，挂钢筋网，架格栅拱架，再喷射混凝土。每榀间采用纵向钢筋连接。喷混凝土封闭围岩及格栅，采用多次喷射，总厚度应符合设计要求。为保证施工安全，对于侧壁导坑法，中壁墙需做临时支护，按设计要求采用锚喷支护，架设格栅拱架，并施作临时仰拱进行封闭。出渣方式采用侧卸式装载机装渣，自卸汽车运输。

5）后行导坑开挖、通风、支护与出渣

后行导坑开挖、通风、支护、出渣方式与先行导坑相同。先行导坑超前的距离应视围岩情况和所采用的开挖方法确定，综合考虑地质情况、导坑断面积、施工作业空间、隧道长度、宽度和高度等因素，一般以超前 50 m 为宜。当采用环形导坑法开挖时，环形导坑以超前 25~30 m 为宜。

6）其他部分开挖、通风、支护与出渣

在不影响先、后行导坑开挖时，可进行其他部分开挖。其开挖、通风、支护、出渣方式与先、后行导坑基本相同。

7）仰拱施工与回填

在下部开挖至设计高程后，即可清基，及时施作仰拱，并按设计要求进行回填。施工时，要求表面平整、高程正确，以便于下一步衬砌台车准确就位。对于设有临时支撑的如侧壁导坑法，在仰拱施作完毕后拆除临时支撑。临时支撑不得拆除过早，以防止初期支护变形。

8）防水层施工与二衬混凝土

在仰拱和回填完成后，开始边墙及二衬混凝土施工，按设计要求施作防水层和其他排水设施，同时做好各种预埋管件及预留洞的安装和检查，防止错埋、漏埋。

9）监控量测

监控量测应贯穿开挖、支护、衬砌的全过程，及时进行围岩、初期支护的周边位移及拱顶下沉量测，对于覆盖层小于 40 m 隧道，还应进行地表下沉量测。根据监控量测结果确定是否需要加强初期支护以及二次衬砌施作。

23.2.5 中导洞法施工

1. 工艺流程图（见图 23-2 所示）

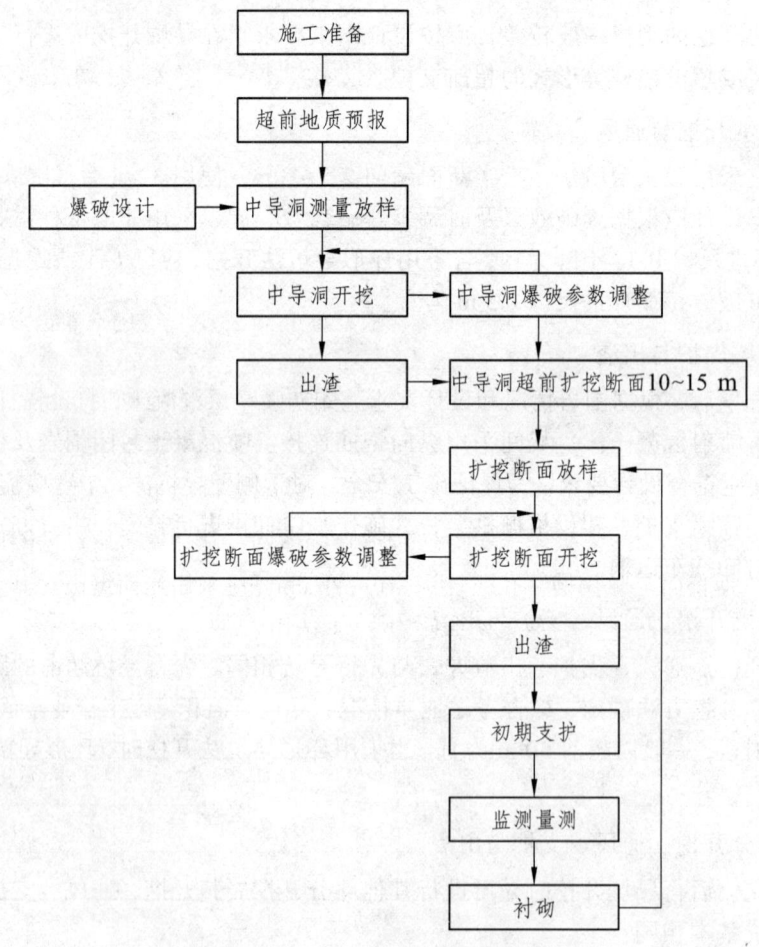

图 23-2 中导洞法施工流程图

2. 施工方法

1）施工准备

① 风水管、电线敷设，施工便道、施工场地布置，机械设备、人员配置，材料准备，修建环保、水保、防排水设施。

② 准备施工用简易台架（钻孔作业台架），由于简易台架具有结构简单、移动灵活、成本低、可现场加工等特点，得到施工现场广泛采用。利用现场既有的钢筋、工字钢、钢管等常用材料10吨左右（每个），3~5天即可加工完成。

③ 根据设计资料，详细分析、了解工程地质、当地水文情况，制定合理的施工方案和施工措施，制定施工监控量测方案及沉降观测计划。

④ 按照设计或规范要求做好超前地质预报工作，指导现场施工。

2）超前地质预报

先探明隧道地质和水文地质情况，结合隧道断面形式、大小及埋深情况，研究是否采用中导洞超前爆破开挖法。

3）爆破设计

应通过认真考虑隧道地质围岩的整体性能、岩性特点、开挖断面的大小、队伍的施钻技术水平、钻眼机具、开挖循环进尺、爆破器材，爆破的震动强度、对围岩的扰动等因素进行爆破参数设计。

① 钻爆设计应包括的内容

各类炮眼（掏槽眼、辅助眼、周边眼、底板眼）的布置、深度、斜率和数量，爆破器材、装药量和装药结构，起爆方法和顺序，钻眼机具和钻眼要求，主要技术经济指标及必要的说明等。

② 掏槽方式选择

掏槽眼的布设方式和掏槽大小对爆破创设临空面和爆破效果起到关键的影响，掏槽方式和掏槽位置的选择可根据断面大小，炮眼数量、设定的掘进进尺综合考虑后来选择。隧道施工一般采用斜眼掏槽和直眼掏槽。

③ 炮眼布置

周边眼沿隧道开挖轮廓线布置，保证开挖断面符合施工图要求；掘进眼交错均匀布置在内圈眼与掏槽眼之间，力求爆破出的石渣块度适合装渣的需求；周边眼、内圈眼与辅助眼的孔底保持在同一垂直面上，掏槽钻孔应加深 10~20 cm。应采用光面爆破。其参数可通过试验确定。当无试验条件时，有关参数可参照表23-1选用。

表 23-1 光面爆破参数（通用化）

岩石级别	周边眼间距 E（cm）	周边眼抵抗线 W（cm）	相对距离 E/W
极硬岩	50~60	55~75	0.8~0.85
硬岩	40~55	60~70	0.7~0.9
软质岩	30~45	45~60	0.6~0.8

注：表所列参数适用于炮孔深度 1.0~3.5 m，钻孔直径 40~50，药卷直径 20~35 mm；对开挖成形要求较高时，周边眼间距 E 应取较小值；周边眼抵抗线 W 值在一般情况下均应大于周边眼间距 E 值；E/W：软岩取小值，硬岩及断面 h 取大值。

④ 装药结构

周边眼应使用小直径药卷,采用间隔装药结构,并用竹片将药卷与围岩隔开,其他炮眼采用连续装药结构,一般采用较大直径药卷。眼口用炮泥堵塞,长度不小于 30 cm。

⑤ 起爆顺序及网络

光面爆破时,遵循掏槽眼先爆,接着为辅助掘进眼,再接着为周边眼,最后是底板眼的起爆顺序爆破。根据现场人工装药的方便及非电毫秒的延时误差,确定合理的起爆时差,若缺段时尽量采用大段别的代替,以保证时差。炮眼起爆采用非电毫秒延时雷管分段起爆,其中周边眼采用导爆索连接传爆,与非电毫秒雷管相连,其他炮眼采用底部安设置非电毫秒延时雷管反向起爆装药结构。

⑥ 钻爆过程控制注意事项

技术人员以爆破设计图准确标出炮眼位置,特别是周边眼及掏槽眼,必须确保在要求的误差内。做到定人定位定眼,不得随意更换。装药前,要先用高压风吹孔,清理孔内岩石粉末与积水,防止堵塞。周边眼的药量及结构方式必须按设计装填,装药现场必须熟悉设计的技术人员负责指导,其他眼孔的可根据石质情况作适当调整,并注意孔口炮泥堵塞质量。爆破后进行爆破效果分析,对爆破效果进行量化纪录,并根据实际情况调整设计参数,记录内容包括:超欠挖尺寸、半眼残痕率、炮眼利用率、岩石最大块径等。

4)施工测量

开挖断面轮廓放样可采用全站仪直接设站于洞内控制中线点上,将掌子面里程和仪器高程输入编程计算机后即可确定掌子面拱部中心,据此放出开挖轮廓。随着断面仪所指示的红色激光投影轮廓线,指示利用红油漆绘制即可完成。三维激光断面仪测绘开挖断面,与传统的"五寸台""三心圆"法相比快速、安全、准确。

5)开 挖

采用中导洞超前、后续断面扩挖的施工方法,导洞超前扩大断面 10~15 m,其开挖示意图见图 1。中导洞断面尺寸采用 $L/3 \times H/2$ m,使用多功能作业台架配手风钻开挖,炮眼钻孔深度 2.7 m,计划每次进尺 2.5 m。扩挖断面亦采用多功能作业台架配手风钻开挖,炮眼钻孔深度 3.7 m,计划每次进尺 3.5 m。当扩挖距离导洞大于 10 m 时导洞与扩挖部钻眼可实施平行作业,同时装药爆破,爆破完成后出碴;当扩挖距离导洞小于 10 m 时,停止扩挖,只进中导洞,如此循环作业,不仅提高隧道开挖进度,而且大大减轻爆破对围岩的扰动。

6)施工通风

在施工作业时应进行施工通风,具体通风方式根据施工情况可采用压入式、混合式、压出式或巷道式。

7)初期支护喷射混凝土

隧道内主要的喷射混凝土形式为喷普通混凝土、喷钢钎维混凝土、喷耐腐蚀混凝土等。

8)监控量测

成立专门的监控量测小组,建立相应的质量保证体系。在施做初期支护的同时,按照监控量测实施方案进行量测断面及量测点的布置,初期支护施工完成后,立即采集初始量测基础数据,并按照方案要求的频率进行后续监测,及时分析处理监测数据,并及时将结果反馈到施工过程中指导现场施工,灵活科学地根据现场施工情况及时调整量测项目和内容,准确掌握开挖支护后的围岩变化情况,为指导施工、修正设计、确定后续工序施工时间提供依据。对于Ⅱ、Ⅲ级围岩监控量测,按照拱部一个 30~50 m 布设一组测点,拱部沉降设计一组三个测点,净空收敛根据工艺设置一条侧线;日累计拱部沉降和净空收敛≥5 mm/d(或累计≥100 mm)均应报警,停止掌子面掘进,进行原因分析并整改。

9)出渣运输

中导洞工作面使用小型装载机装碴,小型运输车辆。首先要保证工作面的照明,便于司机操作,同时也保证各种机械设备处于良好的状态,装运能力大于开挖能力,运输道路平整通畅。

23.2.6 中隔壁法施工

1. 工艺流程图(见图 23-3 所示)

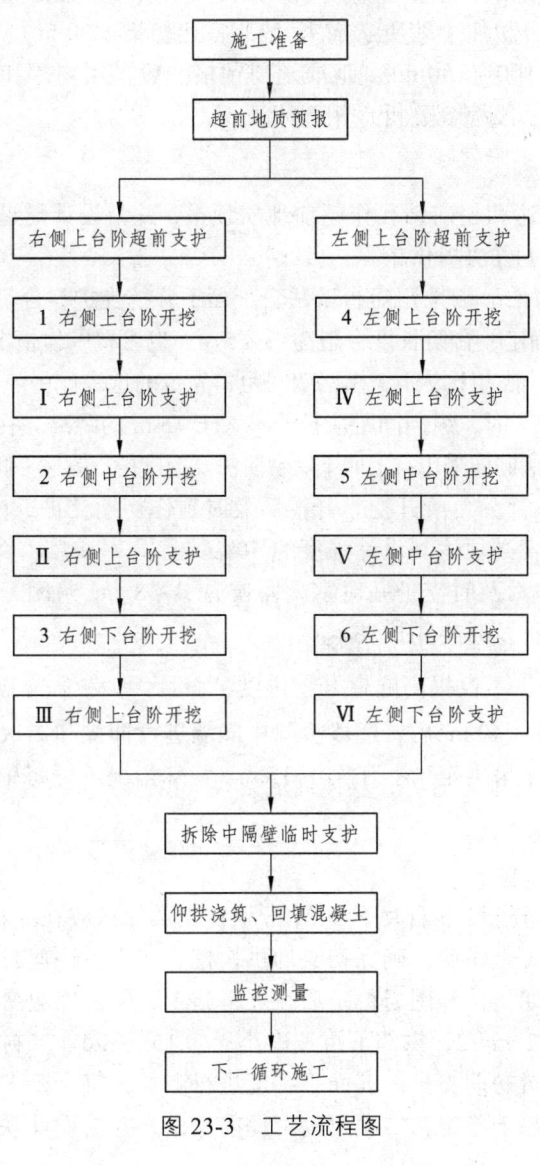

图 23-3 工艺流程图

2．施工方法

1）施工准备

① 风、水管、电线敷设、施工便道、施工场地布置、机械设备、人员配置、材料准备、修建防排水设施、修建环保、水保设施。

② 根据设计资料及隧道周边地形地貌详细分析了解工程地质、当地水文地质情况，制定合理的施工方案和施工措施，制定施工监控量测方案及沉降观测计划；对隧道的风险进行评估，找出风险源及制定出应对措施，储备必要的应急物资。

2）超前地质预报

一般采用本工艺施工的隧道地质条件都比较差，在施工前需要进行地质核查和超前地质预报，并与设计隧道围岩地质核对，确定围岩实际地质情况，为施工方法提供依据。超前地质预报可提前发现异常情况，及时制定科学合理的加固措施和应急物资。超前地质预报的现场使用的方法有：地质分析法（地质素描）、地质雷达扫描（30 m）、超前探孔（30～50 m）、地震波发射法（TSP）（100～150 m）。地质超前预报一般采用物探和钻探，长距离、中长距离和短距离相结合多种手段综合分析，相互印证。

3）开挖及支护

① 采用TSP203雷达和超前钻孔作超前地质预报，并与设计隧道围岩地质核对，确定围岩实际地质情况，为施工方法提供依据。

② 首先选择从隧道的一侧采用短台阶法自上而下开挖支护，台阶高度根据地质情况、隧道断面大小和施工设备确定，台阶长度一般为3～5 m，也可视围岩情况和施工设备而定，但循环每开挖长度一般要求不能大于设计1榀钢架间距，先行的这一侧中隔壁设置为向外鼓的弧形。

③ 左右洞体同时施工时，纵向间距应拉开不大于15 m的距离。在一侧开挖支护10～15 m时，开挖另一侧，施工方法同样采用自上而下短台阶法开挖支护，但这一侧不再作中隔墙支护施工。

④ 每侧按两部或三部分台阶开挖，开挖后及时施作初期支护、中隔壁，在各部开挖时，相邻部位的喷混凝土强度必须达到设计强度的70%以上。

⑤ 每循环开挖出来后及时支护并对掌子面喷混4～8 cm封闭，并根据围岩变形情况施工临时仰拱，对初期支护及时封闭成环。

4）临时支护拆除

在下部施工开挖30～40 m后，逐段拆除中隔墙进行仰拱和二次衬砌施工，中隔壁一次拆除长度根据监控量测结果确定，不宜大于15 m。特殊情况下可将中隔壁浇筑在仰拱中，待铺设防水板时再割断。

5）仰拱二衬施工

仰拱初期支护每循环进尺不能大于3 m，开挖初支及仰拱应在8小时和12小时内完成开挖、架设钢架、喷射混凝土作业。确保初支仰拱快挖、快支、快速封闭。仰拱和填充要分开进行施工。二衬应在初期支护和围岩稳定后在进行施工，隧道周边变形速率明显下降并趋于缓和，水平收敛小于0.2 mm/d，拱部下沉速度小于0.15 mm/d。二衬施工前应对初期支护的净空断面进行复测，并对初期支护的表面平整度进行测量，符合要求后在进行防水板及二衬施工。如初期支护不能趋于稳定，二次衬砌可提前施做，并与设计联系保证二衬有足够的强度和刚度。如在围岩稳定情况下施工的，二衬混凝土强度达到 8 MPa 时可进行模板拆除，如提前进行混凝土施工的二衬，混凝土强度达到设计强度的 100%方可进行模板拆除。

6）施工注意要点

① 开挖

隧道施工应坚持"短进尺、强支护、早封闭、勤量测"的原则。开挖方式均采用机械辅以人工开挖，爆破时严格控制炮眼深度及装药量。各部开挖时，尽量保证开挖轮廓圆顺，减少应力集中。隧道采用机械开挖时时，每步开挖高度应和选用的机械设备相匹配，避免开挖时机械对已经施工完毕的初期支护造成破坏。超前支护围围洞内长管棚的，在进行洞内管棚施工时根据开挖空间选择适当的管棚施工机械，避免拱顶部分管棚无法施工。

② 初期支护及临时支护

工序变化处之钢架（或临时钢架）应设 $\phi 50$ 锁脚钢管，必须对锁脚钢管进行注浆，以确保钢架基础稳定。钢架之间纵向连接钢筋应按要求设置，及时施作并连接牢固。右部导洞开挖，应滞后于左部导洞，距离不小于 15 m 左右。临时钢架的拆除应等洞身主体结构初期支护施工完毕并稳定后，方可进行。

③ 喷砼施工

喷混凝土施工前，要对受喷岩面进行处理。一般岩面可用高压水冲洗受喷面上的浮尘、岩屑，当岩面遇水容易潮解、泥化时，采用高压风吹净岩面；若为泥、砂质岩面时可挂设细铁丝网（网格宜不大于 20 mm×20 mm、线径宜小于 3 mm），用环向钢筋和锚钉或钢架固定，使其密贴受喷面，以提高喷混凝土的附着力。喷混凝土前，宜先喷一层水泥砂浆，待终凝后再喷混凝土。喷射作业要连续进行，喷射作业要分层、分段、分片，喷射顺序自下而上，分段长度不宜大于 6 m。如岩面凹凸不平时，先喷凹处找平，喷射时喷嘴料束呈旋转轨迹运动，一圈压半圈，纵向按蛇形进行，转动半径一般在 15 cm 左右，每次蛇形长度 3～4 m。喷混凝土后表面平整、光滑，无流淌现象。分层喷射时，一次喷混凝土的厚度不小于 40 mm，后一层喷射应在前一层混凝土终凝后进行，若终凝 1 h 后再喷射，应先用风水清洗喷射表面。初喷混凝土在开挖后及时进行，复喷应根据开挖工作面的地质情况分层、分时段进行喷射作业，以确保喷混凝土的支护能力和喷层的设计厚度；喷混凝土终凝后 3 h 内不得进行爆破作业。复喷混凝土的一次喷射厚度：拱部 50～100 mm，边墙为 70～150 mm。喷混凝土应强化工艺管理，要严格控制风压和水压，降低喷射回弹率。操作时风压要稳定，压力大小要适当，水压一般要比风压高，在喷头水环处形成水雾，使干拌料充分湿润。喷射角度一般要垂直于岩面，在喷墙面是下俯 10°左右为最好。喷射距离以混凝土最小回弹量为宜，一般控制在 0.6～1.5 m 较好，确保喷混凝土的回弹量在可控范围内。冬期喷混凝土时必须采取保暖措施，在结冰的层面上不得进行喷混凝土作业，喷射温度不应低于 5 ℃。混凝土强度未达到 6 MPa 前，不得受冻。

④ 锚杆安装

锚杆有砂浆锚杆、中空注浆锚杆和自进式锚杆三种形式，设计上一般锚杆按系统布置，对于砂浆锚杆实际大多使用药卷式锚固剂。锚杆钻眼安装时要求定位要准确，钻孔应与围岩壁面或其所在部位岩层的主要结构面垂直，钻孔深度应大于锚杆设计长度 10 cm。

⑤ 钢筋网片安装

钢筋网铺设应在初喷混凝土后安装，钢筋网要与锚杆连接牢固，一般钢筋网片为 $\phi 8$ 圆钢，网孔为 20 cm×20 cm。

⑥ 支护钢架安装

钢架应在开挖或初喷混凝土后及时安装，安装钢架型号必须符合设计要求，钢架靠隧道开挖轮廓一侧严格按设计净空尺寸控制安装，中隔墙临时钢架与初期支护钢架等级间距对应安装，联接处与初期支护钢架采用焊接或螺栓连接牢固，相邻钢架之间采用φ22钢筋纵向连接，间距为1.0 m，中间台阶底部可视围岩情况设置临时钢支撑，形成临时封闭支护体系，底部钢支撑在下台阶开挖施工时逐步拆阶，仰拱钢支撑按设计要求设置并与中隔墙临时钢架作临时连接形成隧道先期开挖施工一侧支护体系。

每台阶安装钢架底脚应置于牢固的基础上，并设置锁脚锚杆（或锚管）固定，锁脚锚杆（或锚管）长不应小于3.5 m，每侧数量为2~3组（每组2根），下半部开挖后钢架应及时连接落底，对于锚管必要时注浆加固。钢架应与喷混凝土形成一体，钢架与围岩间的间隙用喷混凝土充填密实，各种形式的钢架应全部被喷混凝土覆盖，保护层厚度不得小于4 cm。先施工一侧的钢架安装时，要注意临时钢架和主钢架之间的链接形式，为方便拆卸采用螺栓链接，并且现在加工场地放大样试拼，杜绝直接采用焊接的方式链接。中隔壁施工时注意中间弧度弯曲方向，它作为初期支护受力的一部分，施工时不能仅仅把它当做临时支护来做，中隔壁锁脚锚杆以后要进行拆除，为减少浪费拆除时杜绝野蛮施工。

⑦ 隧道4~6步开挖时应注意另一半边临时支护的锁脚钢管。

⑧ 施工中，应按有关规范及设计要求，进行监控量测，及时反馈结果，分析洞身结构的稳定，为支护参数的调整、灌筑二次衬砌的时机提供依据。

⑨ 按设计要求做好隧底地质检测工作，检测结果为弱软围岩及有溶洞、溶沟及溶槽隧底应按要求采取加固措施。

⑩ 应及时对隧道环境水进行取样化验，对有侵蚀性，但设计无要求的水应立即向相关单位提出变更，采用侵蚀性砼。

⑪ 由于本工艺主要针对软弱围岩施工，仰拱开挖出来后，需对地基承载力进行核查，如达不到设计要求，则需对地基进行加固处理，避免后期发生沉降而导致衬砌开裂。

7）监控量测

① 主要施工监测项目（表23-2）

表23-2 监控量测项目表

序号	量测项目	量测方法和仪器	测点布置	测量频率	测量精度
1	洞内外观测	现场观测，地质素描及初期支护状态观测	每榀拱架	施工前洞顶现场勘测，施工中开挖后进行	
2	水平收敛量测	收敛剂、反射膜片配合全站仪	每10~30 m一个断面，上下2条基线4个点	$v \geqslant 5$ mm（0~1B）2次/d；$1 \leqslant v < 5$（1~2B）1次/d；$0.5 \leqslant v < 1$（1~2B）1次/2~3 d；$0.2 \leqslant v < 0.5$（2~5B）1次/3 d；$v < 0.2$（>5B）1次/7 d。	0.1 mm
3	拱顶下沉	水准测量的方法，水准仪、钢尺等	每10~30 m一个断面，1个点		1 mm

注：B—隧道开挖宽度，v—变形速度。

② 量测方法和要求

拱顶下沉、净空收敛量测起始读数宜在 3~6 h 内完成，其他量测应在每次开挖后 12 h 内取得起始读数，最迟不得大于 24 h，且在下一循环开挖前必须完成。测点应牢固可靠、易于识别，并注意保护，严禁爆破损坏。拱顶下沉测点原则上设置在拱顶轴线附近，当隧道开挖跨度较大时，应结合施工方法在拱部增设测点。按各项量测操作规程安装好仪器仪表，每测点一般测读三次，取算术平均值作为观测值；每次测试都要认真做好原始数据记录，并记录开挖里程、支护施工情况以及环境温度等，保持原始记录的准确性。各项量测作业均应持续到变形基本稳定后 2~3 周后结束。对于膨胀性和挤压性围岩，位移长期没有减缓趋势时，应适当延长量测时间。

表 23-3 项目监控量测断面间距

围岩级别	断面间距（m）
IV	10
V	5

表 23-4 按位移速度确定的量测频率

位移速度（mm/d）	量测频率
≥5	2 次/天
1~5	1 次/天
0.5~1	1 次/2~3 天
0.2~0.5	1 次/3 天
<0.2	1 次/7 天

③ 测点布置

净空变化，拱顶下沉和地表下沉（浅埋地段）等监控必测项目，应设置在同一断面。

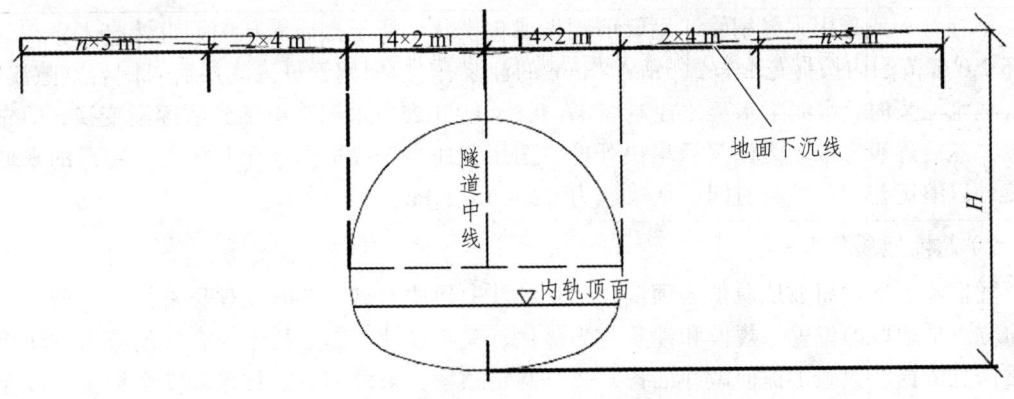

图 23-4 洞顶地表下沉量测断面布置图

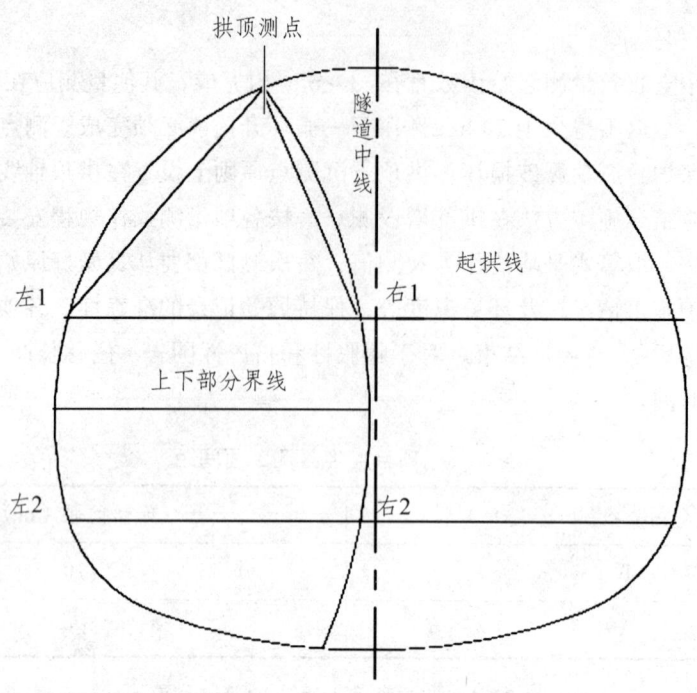

图 23-5 CD、CRD 法拱顶测点和测线示例

23.2.7 交叉中隔壁法施工

1. 工艺流程图（见图 23-6 所示）

2. 施工方法

1）施工准备

① 风、水、电管线敷设、施工便道、施工现场布置，机具设备、人员配置、材料装备、修建防排水设施等。

② 根据地质勘探资料和施工设计，详细了解工程地质和水文地质情况，制定相应的施、方法和措施，编制施工组织设计，制定施工监测计划。

2）超前小导管施工

小导管一般采用无缝钢管，钢管前端做成尖楔状，便于打插入孔中或直接打入，在管身前部 2.0 m 范围内按梅花形布置，钻 $\phi 7$ mm 的注浆孔，以便钢管进入底层后对围岩空隙注浆。注入纯水泥浆时，水泥浆水灰比控制在 1:0.5~1:1.25，水泥浆由稀到浓逐渐变换，即先注稀浆，然后逐级变浓。为注浆后尽快开挖，选用普通水泥或早强水泥并掺入一定量的水玻璃溶液，以缩短初凝、终凝时间，注浆压力 0.5~1.0 MPa。

3）超前地质预报

隧道施工通过超前地质预测预报，可主动获取地质信息，及时发现异常情况。预报开挖面前方不良地段的位置、规模和性质，为优化、完善设计、制定科学、合理的施工方法提供地质信息依据。为施工提前做好准备，及早制定预案，采取相应的技术和安全措施，以保证施工的正常、安全进行。

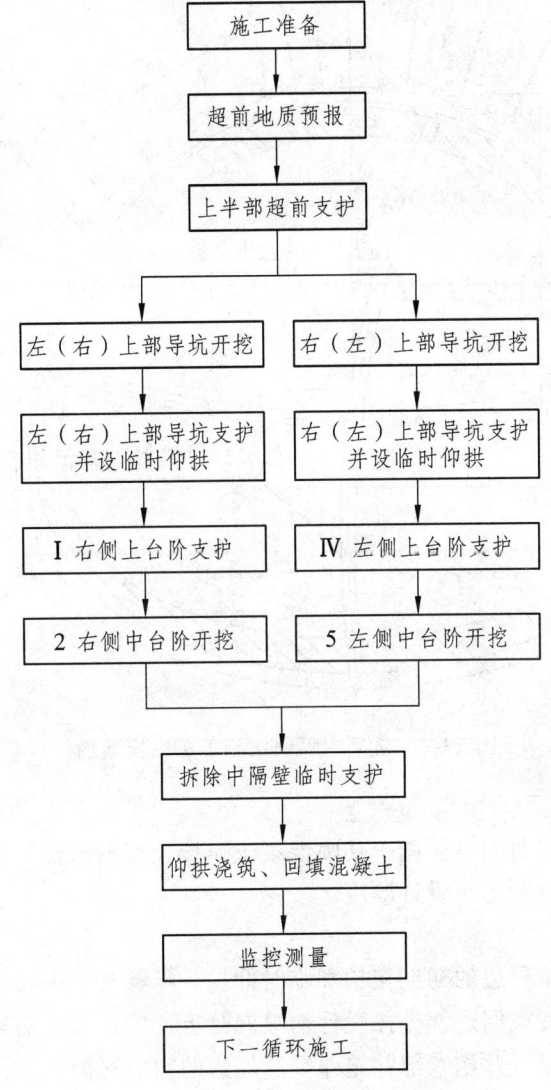

图 23-6 交叉中隔壁法施工工艺流程图

4）交叉中隔壁法洞身开挖

交叉中隔壁法施工共将隧道分为六部分，具体划分为见图 23-7。

① 部施工

超前支护→开挖①部→喷混凝土封闭掌子面→施作①部导坑周边的初期支护和临时支护（按设计初喷混凝土，铺设钢筋网，架立型钢钢架，设锁脚锚杆，必要时扩大钢架拱脚，安设横撑）→钻设径向锚杆后复喷混凝土至设计厚度。

② 部施工

开挖②部并施作导坑周边的初期支护和临时仰拱，步骤及工序同(1)。

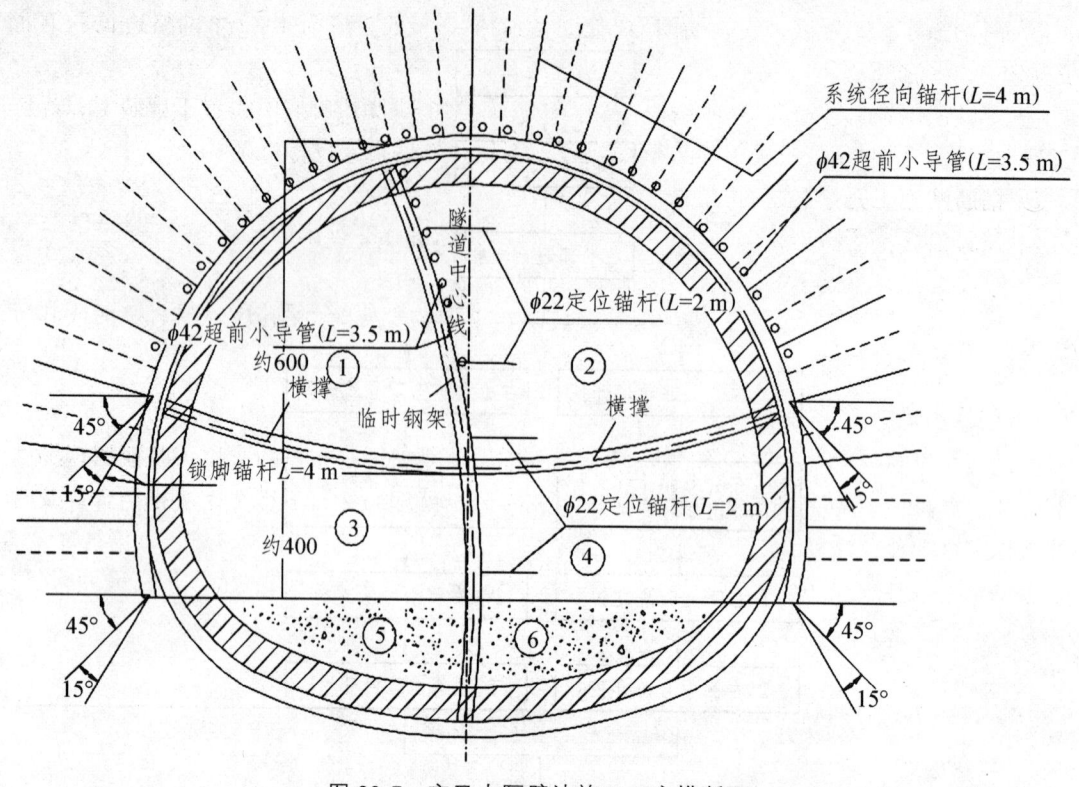

图 23-7 交叉中隔壁法施工工序横断面

③ 部施工

开挖③部→喷混凝土封闭掌子面→初喷混凝土→接长型钢钢架和临时钢架并设锁脚锚杆→钻设径向锚杆后复喷混凝土至设计厚度。

④ 部施工

开挖④部并施作导坑周边的初期支护和临时仰拱,步骤及工序同(3)。在滞后于④部一段距离后,开挖⑤部;隧底周边部分按设计初喷混凝土;接长临时钢架,复喷混凝土至设计厚度;安设仰拱型钢钢架。开挖⑥部并施作导坑周边的初期支护,步骤及工序同 5。并使型钢钢架之封闭成环。采用交叉中隔壁法施工,将隧道共分四部分完成。相邻开挖导坑施工间隔为 8～10 m,每侧导坑采用正台阶法开挖,上下台阶长度 3～5 m。分部开挖后及时施作临时支护和初期支护,使分部支护成环,各部每次开挖进尺不大于 1 m。

5)初期支护施工

施工程序:开挖后初喷混凝土→系统支护施工(锚杆、钢筋网、钢架)→复喷混凝土至设计厚度。

① 开挖完成后,检查断面并对欠挖部分进行处理,及时进行混凝土的初喷,以尽早封闭开挖面,确保施工安全,混凝土初喷厚度不小于 4 cm,且不大于 6 cm。为了保证初喷厚度,可根据现场施工情况在拱顶挂设金属网。

② 初喷完毕后进行钢支撑的架设,钢支撑纵向连接采用螺纹钢筋连接,按照设计设置钢支撑及连接钢筋的间距。

③ 钢支撑施工完毕后进行钢筋网的安设，钢筋网搭接长度应为1~2个网格边长，钢筋网必须和工字钢焊接牢固。

④ 安设钢拱架，每榀钢架分拱、墙两次架成，钢架的拱脚或脚底不得置于虚碴上，若是虚碴则先夯实，用混凝土找平并支垫槽钢或砼预制块，然后再架设钢拱架。

⑤ 钢筋网施工完毕后进行复喷，复喷至设计厚度。

⑥ 锁脚锚管要紧随钢拱架施作，锁脚小导管与拱架焊接必须牢固。

⑦ 临时仰拱距掌子面距离要严格控制，一般为3~5 m。

⑧ 锚杆按照设计要求布设，锚杆钻眼安装时要求定位要准确，钻孔应与围岩壁面或其所在部位岩层的主要结构面垂直，钻孔深度应大于锚杆设计长度10 cm。

6）监控测量

监控测量工作必须紧接开挖、支护作业，应按设计要求进行布点和监控，并根据现场施工情况及时调整测量项目和内容，量测数据应及时分析处理，并与工程类比法相结合，及时调整支护参数或施工决策。

① 监测项目

交叉中隔壁法施工主要监测项具体见表23-5。

表23-5 监控量测必测项目

序号	监测施工	测试方法和仪器	测试精度	备 注
1	洞内、外观察	人工观察、地质罗盘		
2	净空变化	收敛计	0.1 mm	一般进行水平收敛量测
		全站仪	1 mm	一般进行三维多点量测
3	拱顶下沉	水准测量，水准仪、铟钢尺	0.1 mm	
4	地表下沉	水准测量，水准仪、塔尺	0.5 mm	浅埋隧道必测（$H_0 \leq 2B$）

② 测量结果分析

在取得监测数据后，及时由专业监测人员真理分析监测数据。结合围岩、支护受力及变形情况，进行分析判断，将实测值与允许值进行比较，及时绘制各种变形或应力~时间关系曲线，预测变形发展趋向及围岩和隧道结构的安全状况，并将结果反馈给设计、监理、从而实现动态设计、动态施工。

③ 围岩稳定性判定

围岩稳定性的综合判别，应根据量测结果按以下方法进行。按变形管理等级指导施工，见表23-6。

表23-6 变形管理等级表

管理等级	管理位移	施工状态
Ⅲ	$U < U_0/3$	可正常施工
Ⅱ	$U_0/3 \leq U \leq 2U_0/3$	应加强支护
Ⅰ	$U \geq 2U_0/3$	停工，采取特殊措施后方可施工

注：U为实测位移值；U_0为最大允许位移值。

根据位移变化速度判别：净空变化速度持续大于 5.0 mm/d 时，围岩处于急剧变形状态，应加强初期支护。水平收敛（拱脚附近）速度小于 0.2 mm/d，拱顶下沉速度小于 0.15 mm/d，围岩基本达到稳定。在浅埋地段以及膨胀性和挤压性围岩等情况下，应采用监控量测分析判别。根据位移时状态曲线的形态来判别：当围岩位移速率不断下降时（$du2/d2\ t<0$），围岩趋于稳定状态；当围岩位移速率保持不变时（$du2/d2\ t = 0$），围岩不稳定，应加强支护；当围岩位移速率不断上升时（$du2/d2\ t>0$），围岩进入危险状态，必须立即停止掘进，加强支护。围岩稳定性判别是一项很复杂的也是非常重要的工作，必须结合具体工程情况采用上述几种判别准则进行综合评判。

7）临时支护拆除

① 拆除的前提条件

支护拆除前必须保证拆除段的永久支护已经封闭完成，且结构符合规范和设计要求。实践证明：封闭后若背后存在空隙、空洞，初支仍然会有一定量的变形，甚至会开裂。此时的初期支护为半刚性结构，必须加强注浆回填工作，充填初支背后空隙、空洞，增强初支的刚性，避免因拆除中隔壁引起初支下沉和变形，导致隧道出现险情。

② 拆除判定标准及原则

拆除的判定标准规定如下：支护拆除前该拆除段沉降和收敛量测结果都满足稳定条件，沉降收敛达到稳定的标准为收敛不超过 0.2 mm/d。拱顶下沉量控制在 7 d 时间的增量≤2 mm；净空位移量控制在 7 d 间的增量≤4 mm（拱顶下沉量的 2 倍）。拆除临时支护作业点离最近的④部开挖掌子面距离不得小于 60 m，临时支护拆除后能尽快进行二次衬砌支护，确保隧道结构的稳定和安全。加密布置监控量测点，做好监控量测工作，拆除期间认真分析监控量测结果，若有异常情况，停止拆除作业，确保施工安全。

③ 拆除顺序

拆除时采用破碎锤破除喷射混凝土，用氧炔焰割除连接，局部采用风镐破碎。临时支护拆除时一次性拆除长度以不大于 5 m 为宜。拆除顺序为：破除上部中隔墙混凝土→割除上部中隔墙工字钢→破除右侧临时仰拱混凝土→破除左侧临时仰拱混凝土→割除右侧临时仰拱工字钢→割除左侧临时仰拱工字钢→破除下部中隔墙混凝土→割除下部中隔墙工字钢。

23.2.8 三台阶七步开挖法施工

1. 工艺流程图

2. 施工方法

1）施工准备

① 风、水管、电线敷设、施工便道、施工场地布置，机械设备、人员配置、材料准备、修建防排水设施、修建环保、水保设施。

② 根据设计资料详细分析了解工程地质、当地水文地质情况，制定合理的施工方案和施工措施，制定施工监控量测方案及沉降观测计划。

2）施工步骤

① 根据水文地质条件，按设计要求做好超前支护，防止围岩松弛，保证隧道开挖安全。在断层、破碎带、浅埋段等自稳性较差或富水地层中，超前支护应按设计要求进行加强。

② 上台阶弧形开挖，弧形开挖作业高度和宽度为 1.5～2.0 m，开挖每循环 0.8 m，开挖后及时初喷混凝土，安装钢支撑，并施作锁脚锚管固定（φ42，长不小于 3.5 m），然后安装钢筋网片，钢支撑相互焊联，喷混凝土。钢支撑脚板必须支撑稳固。

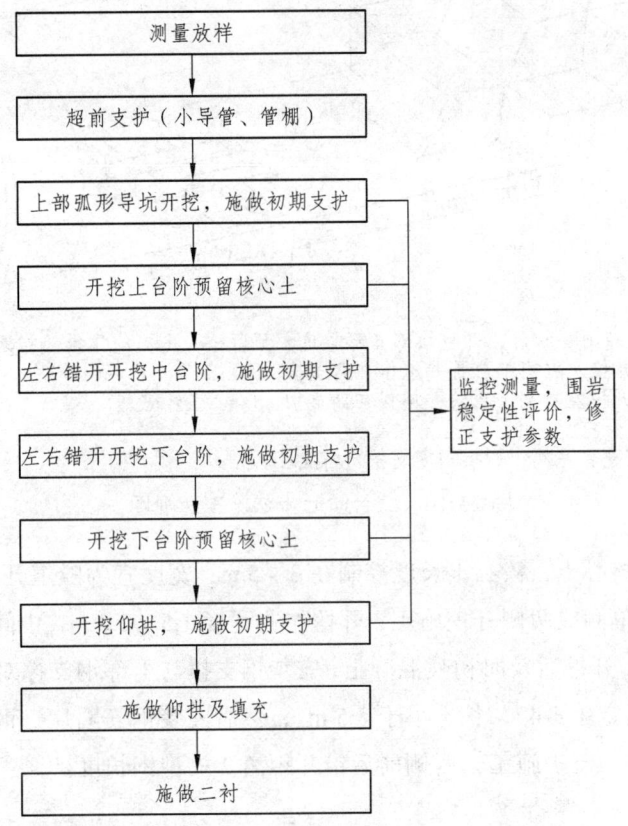

图 23-8 三台阶七步开挖法施工工艺流程图

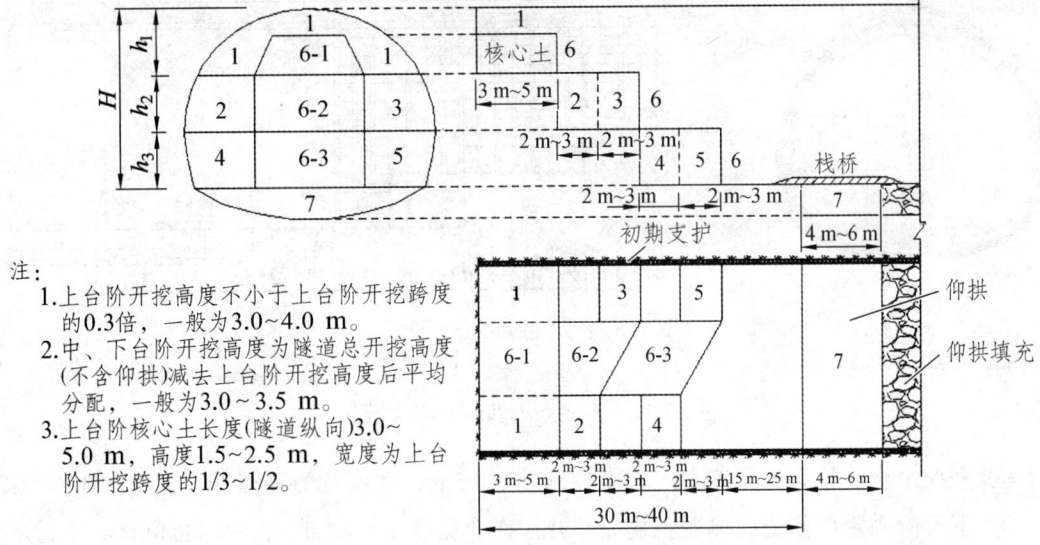

注：
1. 上台阶开挖高度不小于上台阶开挖跨度的0.3倍，一般为3.0~4.0 m。
2. 中、下台阶开挖高度为隧道总开挖高度（不含仰拱）减去上台阶开挖高度后平均分配，一般为3.0~3.5 m。
3. 上台阶核心土长度(隧道纵向)3.0~5.0 m，高度1.5~2.5 m，宽度为上台阶开挖跨度的1/3~1/2。

图 23-9 三台阶七步法施工步骤

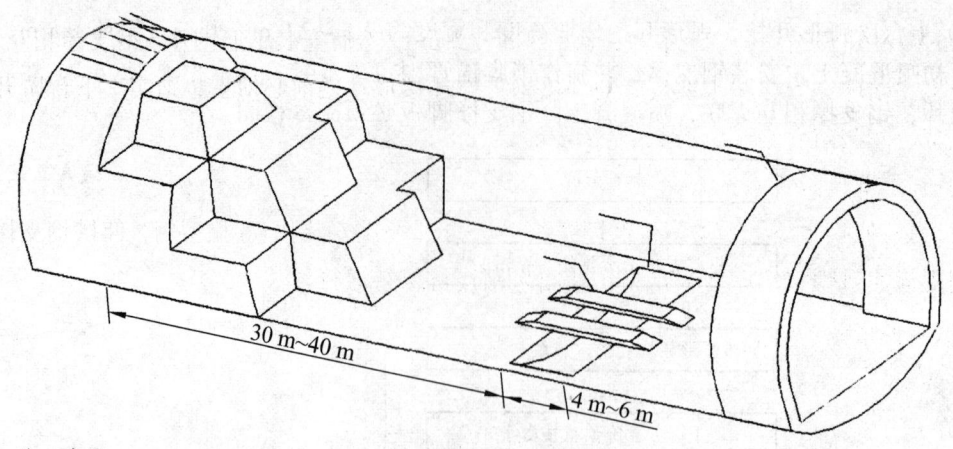

施工步骤：
第1步：施作超前支护后，开挖拱部弧形导坑，预留核心土，施作拱部初期支护；
第2、3步：开挖左右侧中台阶并施作初期支护；
第4、5步：开挖左右侧下台阶并施作初期支护；
第6步：分别开挖上、中、下台阶核心土；
第7步：开挖隧底并施作仰拱初期支护封闭成环。

图 23-10 三台阶七步法施工透视图

③ 开挖上台阶核心土，核心土长度控制在 3~5 m，宽度宜为隧道开挖宽度的 1/3~1/2。

④ 中台阶采用单侧或两侧开挖施工，开挖作业宽度 1.5~2.0 m，中间暂留核心土，开挖每循环 1~2 榀钢架，开挖后及时初喷混凝土，安装钢支撑与上部钢支撑对接通过螺栓连接牢固，施作锁脚锚管固定（$\phi 42$，长不小于 3.5 m），然后安装钢筋网片，钢支撑相互焊联，喷混凝土。中台阶开挖、支护施工，两侧前后错开距离 2 榀型钢长度。

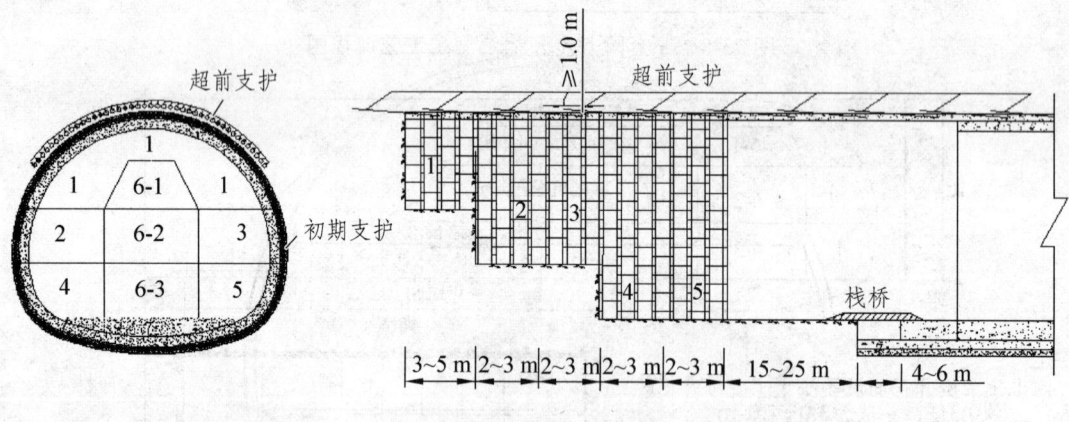

图 23-11 三台阶七步法施工工序图

⑤ 开挖中台阶核心土，核心土长度控制在 3~5 m，宽度宜为隧道开挖宽度的 1/3~1/2。

⑥ 下台阶采用单侧或两侧开挖施工，开挖作业宽度 1.5~2.0 m，中间暂留核心土，开挖每循环 1.6 m，开挖后及时初喷混凝土，一次安装 2 榀钢支撑与中部钢支撑对接通过螺栓连

接牢固,施作锁脚锚管固定(φ42,长不小于3.5 m),然后安装钢筋网片,钢支撑相互焊联,喷混凝土。同样钢支撑脚板在没有与仰拱钢支撑连接成环之前必须支垫踏实。下台阶开挖、支护施工,两侧前后错开距离2榀型钢长度。

⑦ 开挖下台阶核心土。

⑧ 开挖仰拱,施工初支。每循环开挖3~5 m,一次安装4~6榀型钢,仰拱钢支撑和墙下部钢支撑通过焊接牢固,仰拱施工期间采用栈桥保持通行。

3)监控量测

主要施工监测项目见表23-7。

表23-7 监控量测项目表

序号	量测项目	量测方法和仪器	测点布置	测量频率	测量精度
	洞内外观测	现场观测,地质素描及初期支护状态观测	每榀拱架	施工前洞顶现场勘测,施工中开挖后进行	
	水平收敛量测	收敛剂、反射膜片配合全站仪	每10~30米一个断面,上下2条基线4个点	$v \geqslant 5$ mm($0\sim1B$)2次/d;$1 \leqslant v < 5$($1\sim2B$)1次/d;$0.5 \leqslant v < 1$($1\sim2B$)1次/2~3 d;$0.2 \leqslant v < 0.5$($2\sim5B$)1次/3 d;$v < 0.2$($>5B$)1次/7 d。	0.1 mm
	拱顶下沉	水准测量的方法,水准仪、钢尺等	每10~30米一个断面,1个点		1 mm

注:B—隧道开挖宽度,v—变形速度。

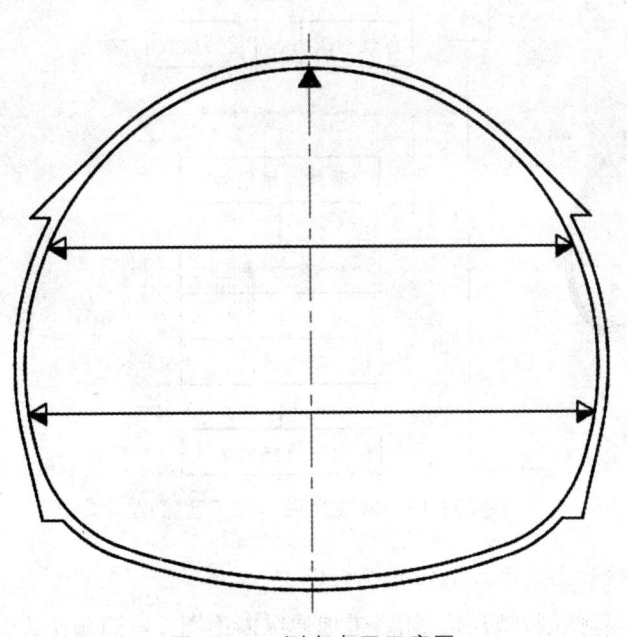

图23-12 测点布置示意图

23.3 隧道爆破施工

23.3.1 光面爆破施工工艺

1. 工艺流程（见图 23-13 所示）

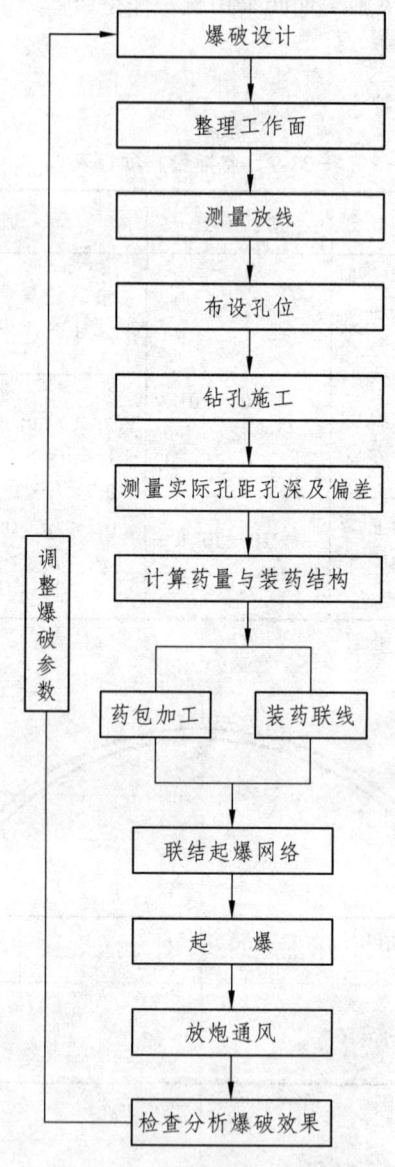

图 23-13　隧道光面爆破工艺流程

2. 施工方法

首先应该查阅工程图纸及资料，如隧道地质纵断面图，隧道施工设计文件，施工机具及爆破材料。而后根据现场条件，施工要求综合考虑，进行爆破设计。光面爆破循环进尺控制：

一般来说，Ⅴ级围岩循环进尺控制在 0.8~1.0 m；Ⅳ级围岩循环进尺控制在 1.5~2.0 m；Ⅱ、Ⅲ级围岩炮眼深度以不超过 4.0 m 为宜，手持风钻不宜超过 3.5 m。

隧道炮眼一般分：掏槽眼、掘进眼、周边眼。

1）掏槽眼设计

掏槽眼方式一般分为直眼掏槽和斜眼掏槽两种。掏槽方式的选定需按开挖断面的几何尺寸、地质条件、设备情况、钻眼爆破水平和对开挖的技术要求等方面进行考虑。

① 斜眼掏槽适用于人工风钻打眼、开挖断面较大的隧道；打眼深度受断面宽度或高度限制；循环进尺变更时，炮眼角度更改复杂；水平楔形掏槽打眼困难。目前隧道施工基本均采用手持凿岩机打孔，斜眼掏槽。

② 直眼掏槽适用于凿岩台车作业、开挖断面较小、坚硬整体岩层；打眼深度不受断面限制；钻眼精度要求高；循环进尺变更时，只需增减炮眼深度，容易掌握；不用大直径空眼时，掏槽眼数目较多；打大直径空眼需用重型凿岩机；炮眼间距近容易发生殉爆和拒爆；要求雷管段数多，最好用毫秒雷管并按正确起爆顺序起爆。

直眼掏槽是借助于不装药空孔作为临空面，掏槽各装药孔向空孔按一定起爆顺序爆破而逐渐形成槽腔，其后掘进孔再向槽腔按一定顺序爆破。直眼掏槽一般可分：一字型、四眼三角形、六眼三角形、单空眼菱形、双空眼菱形、四空眼十字形、九眼中空对称形、大直径空眼形。

表 23-8 直眼掏槽形式和参数

项目	掏槽眼间距（mm）			装药量	起爆顺序
	a	b	c		
① 一字型	150	300	400	0.8 L	1#~3#一段 4#~5#二段 6#~9#三段
② 四眼三角形	$E = 2.5d$				1#~3#一段
③ 六眼三角形	$E = 2.0d$				1#~3#一段
④ 单空眼菱形	100~150	170~200		（0.7~0.8）L	1#~2#一段 3#~4#二段
⑤ 双空眼菱形	100~150	170~150		（0.7~0.8）L	1#2#一段 3#4#二段
⑥ 四眼孔眼十字形	160~200	250~300		（0.7~0.8）L	1#一段 2#~5#二段
⑦ 九眼中空对称形	200	350~400			1#~4#一段 5#~8#二段
⑧ 中空眼为 φ100~200 mm，或用二个 φ50~60 mm 联成"8"字形的重叠眼孔，掏槽眼与孔眼间距一般为 100~400 mm					

注：d—炮眼直径；L—炮眼深度；药卷直径 $d = \phi25$ mm。

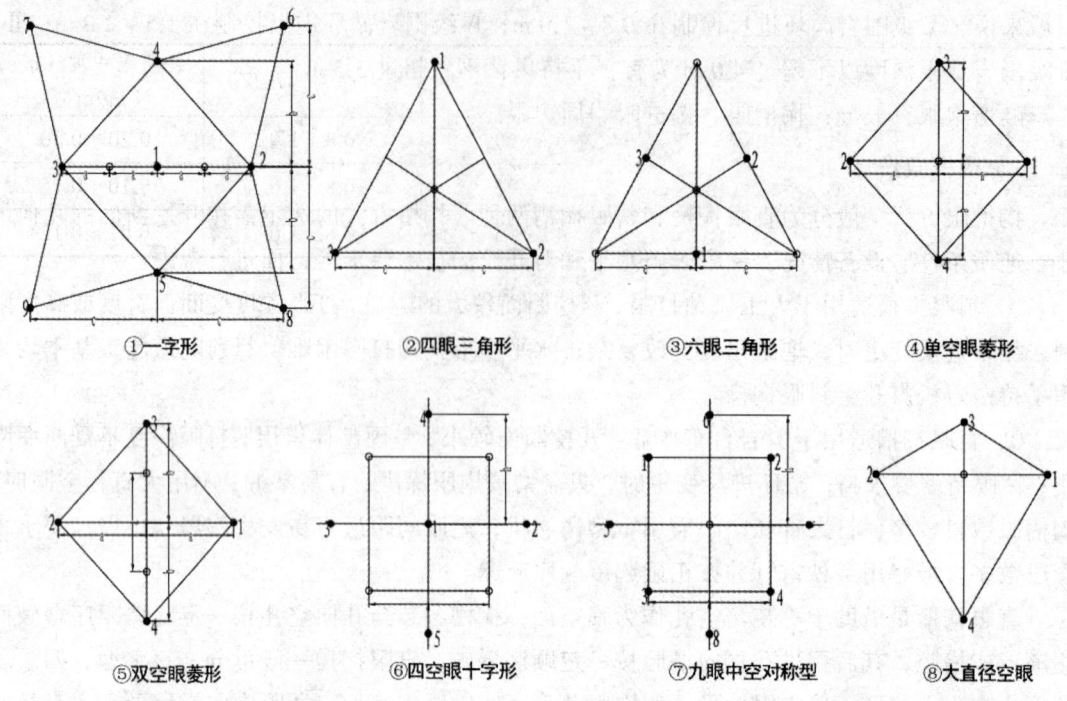

图 23-14 直眼掏槽各种形式

斜眼掏槽又分垂直楔形掏槽、水平楔形掏槽、爬眼等形式,工程常用水平楔形掏槽。水平楔形掏槽通常是利用多对斜向炮孔同时对称爆破而形成楔形临空面,之后各孔向该临空面爆破。如果爆破进尺要求较大时,在断面尺寸允许的情况下,可以采用多重楔形掏槽。

楔形掏槽参数与炮眼夹角、间距及掏槽的对数相关,可参考下表 23-9。

表 23-9 楔形掏槽参数表

围岩级别	掏槽眼对数	掏槽眼间距(m)	炮眼夹角(°)	炮眼底间距(cm)	线装药量(kg/m)
Ⅳ、Ⅴ	2~3	0.5~0.7	>50	30	0.25~0.35
Ⅱ、Ⅲ	3~5	0.3~0.5	≥60	20	0.35~0.55

2) 掘进孔设计

Ⅱ、Ⅲ级围岩的掘进眼间距通常控制在 $a = 0.6 \sim 1.0$ m,岩石爆破移动方向间距不大于 0.8 m;垂直于岩石爆破移动方向相邻两孔连线的间距不大于 1.2 m,通常在 0.8~1.2 m 取值。

Ⅳ、Ⅴ级围岩的掘进眼间距通常控制在 $a = 0.8 \sim 1.2$ m,岩石爆破移动方向间距不大于 1.0 m;垂直于岩石爆破移动方向相邻两孔连线的间距不大于 1.2 m,通常在 1.0~1.2 m 取值。

3) 周边孔设计

一般情况下,周边孔间距 $E = 0.35 \sim 0.65$,通常中硬眼及以上岩石取 45~60 cm,软岩 35~45 cm。炮眼密集数 $m = W/E = 0.5 \sim 1.0$,通常按 $m = 0.8$ 取值确定光爆层的厚度,软岩 $m = 0.5 \sim 0.7$,完整岩石 $m = 0.8$。周边孔的外斜角度不大于 3°,且外斜值不大于 20 cm,计算最小抵抗线要计入该影响值。

表 23-10　光面爆破参数表

岩石类别	周边眼间距（cm）	周边眼抵抗线（cm）	相对距离（E/W）	装药集中度（q）（kg/m）
硬岩	55~65	60~60	0.8~1.0	0.20~0.30
中硬岩	45~60	60~75	0.8~1.0	0.10~0.15
软岩	35~45	45~55	0.8~1.0	0.07~0.12

注：炮眼直径 40~50 mm。

4）装药设计

① 装药几何参数

光面爆破采用不耦合装药，一般不耦合系数为 1.5~2.0。药卷几何直径：常选择 $\phi 25$、$\phi 32$、$\phi 35$、$\phi 40$ 四种规格。炮眼直径一般为：40~50 mm。

② 光面爆破单孔装药量

$$Q_K = \frac{1}{4} \pi \times d_i^2 \times \beta \times L \times P_0$$

式中　Q_K——单孔装药量（g）；

P_0——炸药的密度（g/cm³）；

β——光面爆破炮眼装填系数；

L——炮眼深度（cm）。

③ 炸药单耗

Ⅱ、Ⅲ级围岩全断面开挖：0.8~1.0 kg/m³；Ⅳ、Ⅴ级围岩上半断面：0.6~0.8 kg/m³，下半断面或下部开挖 0.4~0.5 kg/m³。可爆性好、软岩地段偏小值方向取值，浅埋隧道、难爆、坚硬岩石地段偏大值方向取值。

④ 炮眼数目的确定及总装药量

光面爆破炮眼数目：以总装药量与单个炮眼装药量之比来确定：

$$N = \frac{K \cdot S \cdot L}{L \cdot n \cdot r}$$

式中　N——炮眼数目（个）；

K——光面爆破单位炸药消耗量（kg/m³）；

L——炮眼深度；

n——炮眼装药系数；

r——炸药的线装药密度（kg/m）；

S——开挖断面积（m²）。

总装药量：$Q = K \times L \times S$

式中代号同上。

⑤ 炸药量的分配

炸药量的分配可根据炮眼装药系数进行，当采用直眼掏槽时，掏槽眼可适当增加 10%~20%，以保证掏槽效果。分配完后，按装整卷药或半卷药的档次进行调整，以便于装药施工。

⑥ 装药结构的设计

周边眼一般采用间隔装药或小药卷连续装药，其余各孔采用等直径药卷进行连续装药。周边眼装药结构形式见图 23-15。

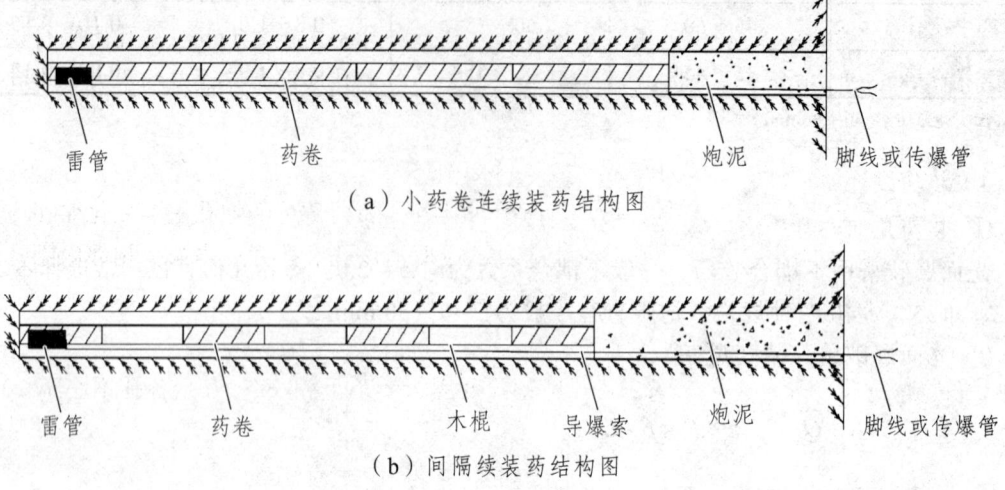

图 23-15 周边眼装药结构图

5) 起爆网路

隧道爆破开挖经常使用导爆管雷管起爆网络，通常周边眼结合使用导爆索网络。导爆管雷管网路根据掏槽类型，断面大小，振动要求，常使用多段位的非电雷管。隧道爆破使用的 ms1~25 段即可。网路击发可使用击发枪击发导爆管雷管、导爆索击发导爆管、电雷管击发导爆管，在瓦斯隧道的爆破施工中必须使用电雷管击发网路，严禁使用其他击发方式。

起爆顺序为：掏槽眼—扩槽眼—掘进眼—内圈眼—周边眼。

① 施工准备

测量放样：用全站仪放出断面轮廓线，然后标出光面爆破孔位。

钻孔台架就位：可用钻孔台车，也可使用简易钻孔台架。钻孔台车速度较快，机械化高。人工用枪在简易钻孔台架上钻孔经济适用。两者爆破效果相差不大。简易钻孔台架主要采用钢管、型钢与紧固件构成，作业平台宽度与高度可根据隧道的开挖尺寸调整，以适应曲墙直墙及不同围岩类别的断面，作业台架上设有供钢管和供水管，并设有分风器与分水器，加工简单，适用。

光爆药包加工：光爆药包可在场外安全地带加工。方法为在竹片上每隔一定距离安放光爆药卷，导爆索连接，孔底采用加强药卷。

② 爆破施工技术

布孔要求：掏槽眼布孔误差不大于 ±3 cm。其余各孔不大于 ±5 cm。

若遇挂眼困难，炮孔位置可适当调整，但必须保证调整后，相邻各孔间距均匀布置，注意掏槽眼需整体移动，孔间调整范围不得大于其误差值。

③ 布孔

人工事先应用红油漆将炮眼位置布置在掌子面上，布孔满足精度要求。按照钻爆设计炮孔位置，输入测点坐标，利用全站仪或其他方式完成自动布孔。可以采用激光指向仪，控制周边轮廓或中线。

④ 钻孔要求

钻孔必须做到"准、平、直、齐"四要素满足以下精度要求。

挂眼误差：掏槽孔，扩槽孔不大于±3 cm，其余各孔不大于±5 cm。钻孔不平行误差：掏槽孔不大于±3 cm/m，其余各孔不大于±5 cm/m。各炮孔底部参差误差均不大于炮孔深度的10%。

⑤ 装药要求

按设计的装药量装药，当掌子面凹凸不平，其各孔装药量可随炮孔深度变化作相应的调整。当实际炮孔所处位置有软层或者裂缝通过，应取消该孔装药并适当减少相邻内圈孔的用药量。炸药装填必须按安全规程操作，不得硬捅，硬捣。

⑥ 炮孔堵塞要求

预制炮泥，每条长10~15 cm。各孔堵塞长度周边不小于30 cm，其余各孔不小于20 cm。堵塞过程要妥善保护网路。

⑦ 网路连接要求

中间连接，击发用雷管一律反向设置且单发击发，每个击发雷管连接导爆管数不多于24根。塑料导爆管连接过程中不得打死结，弯折，更不能被岩石和其他东西刺破。网路连接自有下垂不得拉紧。及所有中间连接雷管宜用击发雷管或者连接元件，严禁使用高段位雷管。孔内雷管不得错段，具体操作时由班组长分发导爆管雷管并监督完成。

23.3.2 预裂爆破施工

1. 预裂爆破的原理

沿开挖边界布置密集炮孔，采取不耦合装药或装填低威力炸药，在主爆区之前起爆，从而在爆区和保留岩体之间形成预裂缝，以减弱主爆区爆破时对保留岩体的破坏并形成平整轮廓面的爆破作业，称为预裂爆破；进行预裂爆破后，在岩体中形成一贯穿裂缝，这一裂缝能反射或吸收随后起爆的主炮孔的应力波，起屏蔽作用，从而能最大限度地减少对要保留岩体的破坏。那么要达到预裂爆破效果的关键是形成定向的贯穿裂缝。

2. 预裂爆破设计

预裂爆破的孔间距（a）不仅影响装药量的大小，而且直接关系到预裂岩壁的质量。一般根据炮孔的孔径（d）和边坡的性质来确定。对于边坡质量要求高的工程，应选取小的孔间距，$a = (7 \sim 10)d$；

对于一般性工程，可以选择较大的孔间距，$a = (10 \sim 15)d$。

光面或预裂爆破的炮孔直径与台阶高度有关，一般3~5 m高的台阶可选择40~50 mm的钻孔直径，6~15 m高的台阶可选择70~100 mm的钻孔直径，16~30 m高的台阶可选择100~150 mm的钻孔直径。

但过大的钻孔直径是不经济的。

预裂爆破的装药量目前主要有经验公式计算法和经验数据法两种：

1）经验计算法

一般预裂爆破都采用不耦合的装药结构，在浅孔爆破（隧道或巷道）中取不耦合系数为 1.5~4、在深孔爆破中取不耦合系数为 2~4 的条件下，药量计算可采用以下经验公式：

隧道或巷道爆破　　　　　　$Q_\text{线} = 0.034[a \cdot \sigma_\text{压}]^{0.6}$

深孔爆破　　　　　　　　　$Q_\text{线} = 0.042[a]^{0.5} \cdot [\sigma_\text{压}]^{0.6}$

式中　$Q_\text{线}$——炮孔单位长度的装药量（kg/m）；

　　　a——孔间距（m）；

　　　$\sigma_\text{压}$——岩石抗压强度（MPa）。

预裂爆破的装药量目前主要有经验公式计算法和经验数据法两种：

2）经验数据法（表 23-11）

表 23-11　经验数据

岩石性质	炮孔直径/mm	孔间距/m	单位长度装药量/g·m^{-1}
软弱岩石	80	0.6~0.8	100~180
	100	0.8~1.0	150~250
中硬岩石	80	0.6~0.8	180~300
	100	0.8~1.0	250~300
次坚石	90	0.8~0.9	250~400
	100	0.8~1.0	300~450
坚石	90~100	0.8~1.0	300~700

保证预裂孔先于主药包起爆的时间差：

预裂爆破应先于主药包起爆，其时间差要保证人造断层的形成，一般应大于 50 ms，在保证主药包网路安全准爆的前提下，其间隔时间越大，人造断层层面形成效果越好，其边坡的成型效果也就越好。

处理好预裂炮孔与前排药包位置的关系：

预裂爆破炮孔与前排药包之间的水平距离 $W_\text{后}$，是一个关键的参数。$W_\text{后}$ 过大，造成预裂孔前方岩石破碎效果差，影响后期施工；$W_\text{后}$ 太小，预裂面易遭受主药包爆破时的损坏，影响边坡质量。

对于主药包为条形硐室药包，一些工程提出的经验公式为：

$$W_\text{后} = (2.0 \sim 2.5) R_y = (0.32 \sim 0.40) W$$

式中　R_y——压缩圈半径；

　　　W——硐室药包的最小抵抗线，大抵抗线取小值。

对于主药包为深孔爆破,其经验数据见表 23-12。

表 23-12 经验数据

主炮孔药包直径(mm)	主炮孔单段起爆药量(kg)	预裂孔与主炮孔间距(m)
<32	<20	0.8
<55	<50	0.8～0.12
<70	<100	1.2～1.5
<100	<300	1.5～3.5
<130	<1 000	3.5～3.6

3. 施工方法

(1)预裂爆破施工工艺如图 23-16 所示。

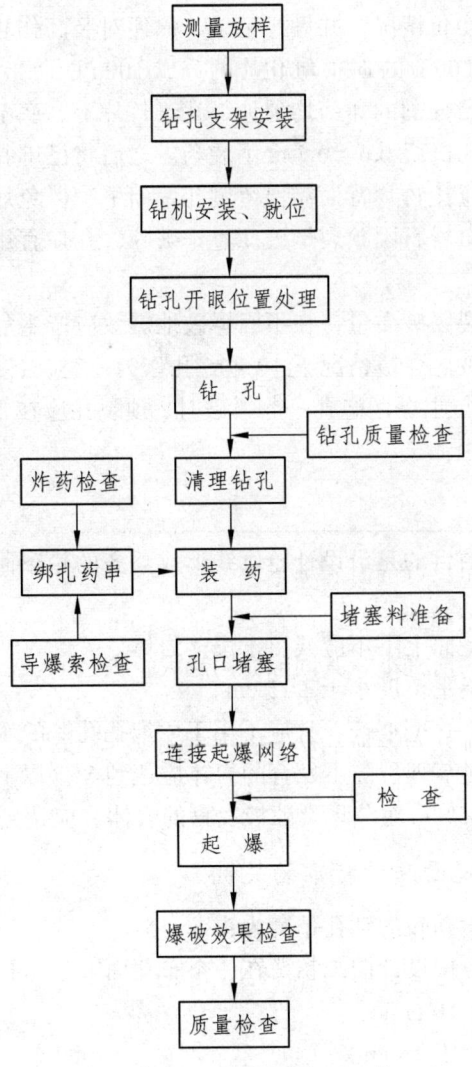

图 23-16 预裂爆破施工工艺

（2）工作面整理：由推土机在开挖边线位置进行钻孔工作面整理，尽量使岩石出露，个别位置高差起伏太大，可先用手风钻进行修整，使工作面大致平整。

（3）测量放样：根据设计图纸及实际地面高程，放出设计开挖坡顶线，并红油漆连接画线。

（4）钻孔支架安装：支架用排架管沿开挖坡顶线架设，支架两侧的纵向钢管保持水平或相同坡度，便于钻机安装及就位准确，各接点均用管扣连接。

（5）钻机安装：根据所标示的开挖坡顶线，将开挖边坡面顺延至支架横管上并作出标记，首先安装纵向定位钢管1、定位钢管2，并保持定位钢管1、2平行。架立钻机后，用管扣固定钻机点脚，按照设计坡比调整钻机倾角至满足设计要求并用管扣固定钻机支腿。在钻机运行前安装好支撑管。按照设计好的预裂孔孔距以第一孔钻机点脚、支腿与相应的定位钢管结点为起点在定位钢管上标出标记，作为以后各孔的安装位置。

（6）钻孔：将钻孔开眼位置处理好后，钻孔钻进10cm即钻孔定位后，检查钻孔支架是否变形、移位，钻机倾角是否还与设计一致，若有变化，立即停机调整至满足设计要求。在钻孔过程中，注意其地质变化情况，并做好记录，以便对装药作相应的合理调整。

（7）装药：将每节为200g的φ32乳化炸药分成100g的两半节，按照设计的线装药量，首先用绑扎绳将导爆索和已分割的炸药均匀地绑扎于竹片上，底部根据孔深适当加强，以克服孔底岩石的夹制作用，孔口留0.6~0.7m不装药。之后将已绑扎炸药的竹片顺孔慢慢放于孔中，在放置过程中，注意让竹片背面靠保留侧孔壁而下，以免炸药被孔口岩石刮动。

（8）堵塞：为避免孔口岩石因预裂爆破而过于破碎，孔口宜用草团或纸团堵塞，且不应堵塞过紧。

（9）连网：为保证预裂爆破质量，在不因爆破地震效应产生危害的前提下，同一预裂面的预裂爆破孔尽量同时爆破。一般情况下10~15孔作为一组，各组由毫秒塑料导爆管连接。

（10）起爆：当预裂孔与主爆区炮孔一起爆破时，预裂孔应在主爆孔爆破前引爆，其时间差应不小于75~110 ms。

4. 施工注意事项

预裂爆破和光面爆破的目的是沿设计轮廓线形成整齐的轮廓面，其质量标准应符合以下条件：

（1）裂缝必须贯通，壁面上下不应残留未爆落岩体。

（2）相邻孔间壁面的不平整度小于±15cm。

（3）壁面应残留有炮孔孔壁痕迹，且应不小于原炮孔孔壁的1/2~1/3。

（4）残留的半孔率，对节理裂隙不发育的岩体应达到85%以上；对节理裂隙较发育和发育的岩体，应达到50%~85%；对节理裂隙极发育的岩体，应达到10%~50%。

5. 钻孔精度是保证壁面质量标准的关键

为此，要求预裂、光面爆破的钻孔精度为：

（1）预裂孔、光面孔应按设计图纸钻凿在一个布孔面上，钻孔偏斜误差不超过1°。

（2）孔口坐标误差为±10cm。

（3）钻孔底部偏差不大于15cm。

（4）孔深为±0.5m。

6. 质量保证措施

（1）钻孔前由工程技术人员对施工人员（施工人员都是精挑细选的，经验丰富的）就预裂爆破技术要求、注意事项进行技术交底。严格按照设计要求进行施工。

（2）加强钻孔现场技术指导，工程技术人员要经常性地深入现场一线解决现场问题。

（3）钻孔全过程由质量和测量人员进行质量控制和检查验收，孔位、倾角及深度的误差要满足设计允许的偏差内。钻孔定位，由测量给定一条预裂爆破预定上口顶线，按设计要求标定孔位、方位和倾角。用角度仪在钻杆上控制钻孔倾角，钻孔方位垂直给定的上口线。操作人员调整钻机倾角，使其与坡面角一致。钻孔，开孔时钻机应徐徐加压，控制初始速度，以保持钻进方向、角度和孔口位置不偏离设计，当钻进1米时，测量人员检查一下角度，不符合的要马上调整，同时钻孔过程中，操作人员反复检查钻孔角度和方位。钻孔中发现地质条件异常，钻机工要及时向技术人员报告。钻孔过程中要注意以下事项：严格工艺纪律，钻孔的倾角和方位不能偏离设计。钻机工要按技术要求和钻机操作要求进行操作，注意操作安全和钻孔质量。

（4）装药前要对炮孔时行验收，钻孔质量标准：孔口位置偏差≥5 cm，钻孔倾角误差±1，孔深根据现场条件确定。不合格的要重新钻孔。

（5）装药爆破前要进行技术交底，装药爆破要按设计的线装药密度和装填要求进行，工程技术人员要在现场指导和监督整个装药爆破全过程。

（6）联线过程中要注意导爆索的联接方法、传爆雷管的绑扎方向。

23.4　洞身开挖施工要点

23.4.1　施工控制要点

（1）爆破员必须经过培训后才可持证上岗作业。周边眼宜一次起爆。处理瞎炮时，不准把带雷管的药卷从炮眼内拉出，或拉住雷管上的导线，把雷管从药卷中拉出。

（2）隧道开挖每个循环都要进行施工测量，控制开挖断面，在掌子面上用红油漆画出隧道开挖轮廓线及炮眼位置，误差不超过5 cm。

（3）周边眼按0.03的外插斜率，前后两排炮眼的衔接台阶高度要小，一般齿高不超过10 cm，最大超挖不得超过15 cm，内圈眼与周边眼保持相同斜率。严格控制周边孔位和爆破效果。

（4）装药前炮眼用高压风吹干净，检查炮眼数量及深度。装药时，专人分好段别，按爆破设计顺序装药，装药作业分组分片进行，定人定位，确保装药作业有序进行，防止雷管段别混乱，影响爆破效果。每眼装药后用炮泥堵塞。

（5）起爆采用塑料导爆管——非电毫秒雷管网络，根据示意图进行连接。雷管联接好后有专人检查，检查雷管的连接质量及是否有漏联现象，检查无误后方可起爆。

（6）开挖过程中应注意观察围岩的变化情况及爆破效果，及时调整爆破参数。严格控制周边眼的装药量，减少对围岩的扰动，控制超欠挖。

（7）控制隧底超欠挖，保证底面平顺。保持临时排水系统畅通，防止浸泡围岩。当地下水较为丰富时，底眼采用乳化防水炸药。

23.4.2 施工质量控制措施

（1）开工前，技术人员认真学习施工规范，熟悉审核图纸，对每道工序进行书面交底。交底中讲清设计要求、技术标准、定位方法、功能作用、施工参数、操作要点和注意事项，使所有操作人员心中有数。

（2）把好原材料和施工配比关，加强检测频率，坚持"一切经过试验、一切用数据说话"的原则。

（3）实行技术人员现场值班制度，指导控制施工，及时对工程进行检测。

（4）每道工序均严格进行自检、互检和交接检；上道工序不合格，下道工序不接收。

（5）项目部成立质量管理小组，加强对现场工程质量进行巡查。狠抓薄弱环节，严格按工艺施工，以彻底消除质量通病。

（6）施工中应注意事项：

① 暗洞分部开挖时，在满足设计规范及安全质量要求的前提下，应尽量采用适合机械化作业的施工工艺，分部尺寸划分合理，各分部尽量平行作业，从而达到快速施工的目的。

② 仰拱开挖长度应考虑拱墙二次衬砌分节长度以及接触网支架的安装位置要求，沉降缝、施工缝应设于同一竖直面上。

③ 弃碴时要由专人指挥、堆放整齐、边坡平整，弃碴场需设置挡墙。施工过程中杜绝随意倾倒弃碴和弃土。施工完毕后，对弃碴场及时平整，并做好绿化、防护，避免水土流失。

④ 施工中应加强通风，保持洞内空气质量：洞内氧气含量不得小于20%，，每立方空气中含有10%以上的游离二氧化硅的粉尘不得大于2 mg、含有10%以下的游离二氧化硅的粉尘不得大于4 mg。

⑤ 施工独头掘进150 m以上时采取机械通风，新鲜空气标准3 m^3/(min·人)。

⑥ 隧道内应加强照明，漏电地段照明应采用防水灯头和灯罩。

23.4.3 施工安全要求及措施

（1）建立以岗位责任制为中心的生产责任制，制度明确责任到人，奖罚分明。坚持以"安全第一，预防为主"为原则。

（2）每一工序开工前做出详细的施工方案和实施措施，及时做好施工技术及安全工作的交底，并在施工过程中督促检查、严格执行，特殊工种持证上岗。

（3）进行定期和不定期的安全检查，及时发现和解决不安全的事故隐患，杜绝违章作业和违章指挥，对重点作业场所应挂警示标志。

（4）坚持每周的安全活动日的安全学习活动，坚持工前讲安全，工中检查安全，工后评比安全的"三工制度"。

（5）施工现场使用的手持照明灯使用36 V的安全电压。洞内照明采用100 W白炽灯泡，每10 m一个。

（6）隧道施工过程中，设专职工程技术人员做好地质描述和超前地质预报指导施工，确保安全发现险情，必须在危险地段设立明显标志或派专人看守并迅速报告施工领导人及时采取处理措施。

（7）不良地质段隧道开挖，加强监测，根据监测和地质情况及时调整施工方案。

（8）所有进洞人员必须戴安全帽。

（9）对工程机械和车辆应经常检查维修，对驾驶人员要经常进行安全意识教育和交规教育，严禁违章开车，各和种车辆严格遵守交通规则，杜绝交通事故，确保行车安全。

（10）加强爆坡器材的运输、入库、发放、管理，定期进行账物核对，严禁爆破器材流失，并加强库房守卫工作。

（11）加强施工现场，洞内用电管理，高压电力线路的架设顺直，符合标准，保证绝缘良好，各种施工机械和电气设备均设置漏电保护器，确保用电安全，线路架设高度和照明度必须符合标准。严防走行机械损坏电力线路，施工中要定期检查电源线路和设备的电器部件，确保用电安全。

（12）加强各类量测管理工作，搞好量测信息反馈，通过量测指导施工。

（13）隧道开挖首先检查工作面是否处于安全状态，支护是否牢固，找帮找顶要彻底。如有松动的岩石要立即清除或加以支护。

（14）隧道开挖严格按爆破设计施工，严格控制用药量。洞内爆破作业，必须统一指挥，进行爆破时所有人员撤致不受有害气体、振动及飞石伤害的地点，安全距离不小于200 m，爆破后必须经过通风排烟，爆破后15 min后方可进入爆破面检查，检查有无瞎炮可疑现象，瞎炮未经处理，不得进入下道工序作业，其他工作人员才能进入工作面。

（15）浅埋段、破碎带、断层带严格按浅孔控制爆破方法和《爆破安全规程》操作施工。加强监测根据地质情况及时调整爆破数据，保证爆破安全，不良地质隧道施工先治水、短进尺、弱爆破、强支护、早封闭稳步前进。

（16）高空作业时，要防高空坠落和物体打击事故，所有高空作业均设置安全防护设施，工作人员戴好安全帽。

（17）凡从事爆破工作的人员，都必须经过培训，考试合格并持有合格证，严禁无证人员操作。

（18）爆破作业地点有下列情况时严禁爆破：有塌方危险；掌子面支护损坏；通道阻塞或不安全；有瓦斯突出征兆；工作面有涌水危险或炮眼温度异常；光线不足或无照明；未严格做好准备工作。

（19）严格按照爆破文件进行接线、引爆。

（20）每班必须有责任心强、经验丰富的专职人员进行找顶撬帮工作，使用的工具应轻便，并有监护人。

（21）必须加强防雷电、防火、防洪教育，配备消防设施，制定措施和管理制度，并落实到时实处，杜绝雷电、火灾、洪灾事故的发生。

（22）对工程机械和车辆应经常检查维修，对驾驶人员要经常进行安全意识教育和交规教育，严禁违章开车，各和种车辆严格遵守交通规则，杜绝交通事故，确保行车安全。

（23）加强爆坡器材的运输、入库、发放、管理，定期进行账物核对，严禁爆破器材流失，并加强库房守卫工作。

第24章 初期支护施工

24.1 预加固施工

24.1.1 超前小导管施工

1. 工艺流程

1）超前小导管施工工艺流程图见图24-1，小导管构造见图24-2。

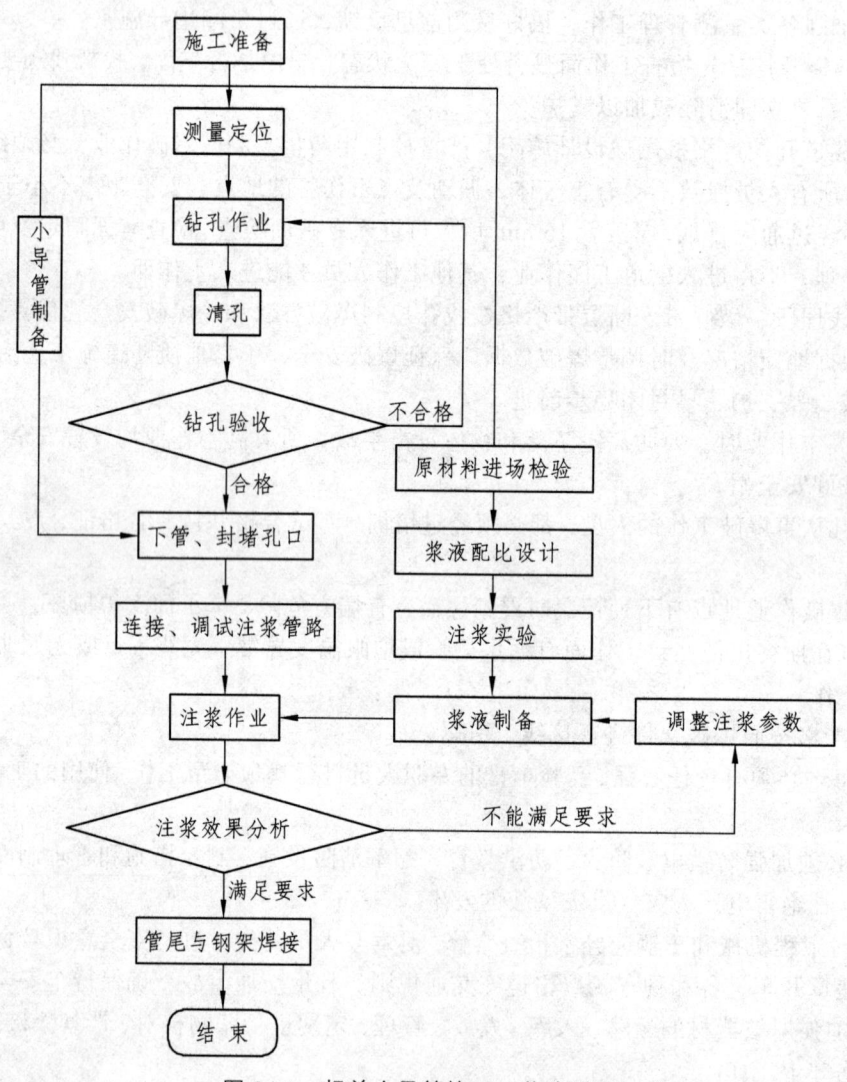

图 24-1 超前小导管施工工艺流程图

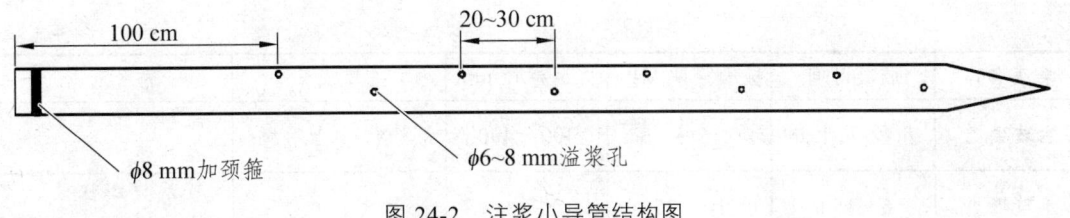

图 24-2 注浆小导管结构图

2. 施工方法

1) 超前小导管的操作要点

① 小导管的制作

小导管一般采用直径 φ38～50 mm 的钢管制作。小导管前端做成尖锥形，尾部焊接 φ8 mm 钢筋加劲箍，管壁上每隔 20～30 cm 梅花型钻眼作为溢浆孔，眼孔直径为 φ6～8 mm，尾部长度 100 cm 不钻孔。小导管构造见图 24-2。小导管长度一般为 3.5～5.0 m。

② 小导管的钻孔、安装

测量放样，在设计孔位上做好标记，用凿岩机钻孔，孔径较设计导管管径大 10 mm 以上，孔深、外插角必须符合设计要求。外插角：取值应考虑小导管的长度和钢架的间距、钢架的截面高度，一般外插角 10°～15°，可根据实际情况调整。超前小导管沿隧道拱部开挖线均匀布设，间距应根据开挖工作面前方的地质条件和自稳能力确定，一般间距为 30～50 cm。成孔后，将小导管按设计要求插入孔中，或用凿岩机直接将小导管从型钢钢架上部、中部打入，小导管外露 20 cm，在注浆结束后和钢架焊接连接，支撑于开挖面后方的钢架上或与钢架共同组成预支护体系。采用 CS（水泥水玻璃）胶泥封堵小导管和岩石孔之间空隙。安装注浆阀门和管路。超前小导管施工其纵向搭接长度不小于 1 m。当隧道围岩比较破碎时，为了有效地超前加固前方围岩，有时采用双层超前小导管的加固方式，内层小导管按照一般的小导管参数布设，外层小导管和内层小导管间隔交替布孔，一般外插角应大于内层小导管的外插角度，可以加大的围岩加固圈的范围，确保围岩稳定，设计有双层超前小导管的，严格按照设计施工。

③ 注浆

注浆采用注浆泵压注水泥浆或水泥水玻璃双液浆。小导管安装完成后，应进行压水试验，压力一般不大于 1.0 MPa，并根据设计和试验结果确定注浆参数。注浆压力：一般为 0.5～1.0 MPa。浆液浓度按照设计配制。浆液必须充满钢管及其周围的空隙。注浆材料按表 24-1 参照选用。水泥浆液采用拌和桶配制，配制水泥浆液或稀释水玻璃浆液时，应防止杂物混入，配制好的浆液必须过滤后使用。

表 24-1 常用注浆材料的选择

浆液名称	胶凝时间	抗压强度 MPa	扩散半径 mm	主要成分	适用范围
单液水泥浆	6～15 h	10～25	200～300	水泥、其他附加剂	围岩裂隙、工作面注浆、壁后充填注浆
水泥水玻璃	十几秒-几十分	5～20	200～300	水泥、水玻璃	围岩裂隙、工作面注浆、壁后充填注浆、堵特大涌水

续表

浆液名称	胶凝时间	抗压强度 MPa	扩散半径 mm	主要成分	适用范围
水玻璃类	几秒-几十分	<3	300~400	水玻璃、其他附加剂	细砂、砂粘土、冲积层注浆
水玻璃类	6~15 h	10~25		水泥、细砂	壁后充填注浆、空洞充填注浆

注浆采用专用注浆泵注浆。配制好的浆液应在规定时间内注完，随配随用。注浆顺序为由下至上，浆液先稀后浓、注浆量先大后小，注浆压力由小到大。当发生串孔时，应采用分浆器多孔注浆或堵塞串浆孔隔孔注浆。当注浆压力突然升高时应停机查明原因；当水泥浆进浆压力很大、压力不变时，则应调整浆液浓度及配合比，缩短凝胶时间，采用小流量低压力注浆或间歇式注浆。注浆结束标准：当压力达到设计注浆终压并稳定10~15 min，注浆量达到设计注浆量80%以上时，可结束该孔注浆。当采用单液水泥浆注浆时，开挖时间为注浆后8 h，采用水泥-水玻璃双液浆时为4 h。

2) 超前小导管的验收标准

① 超前小导管所采用的钢材的品种、级别、规格和数量必须符合设计要求，超前小导管与支撑结构的连接应符合设计要求，超前超前小导管的纵向搭接长度应符合设计要求。

② 超前小导管施工允许偏差和检验方法如表24-2。

③ 超前小导管注浆浆液强度和配合比应符合设计要求，且浆液必须充满钢管及周围的空隙。

表24-2 超前小导管施工允许偏差（mm）和检验方法

项目	外插角	孔间距	孔深	检验数量	检验方法
小导管	2°	+50、-50	+50、0	每环抽查3根	仪器测量、尺量

24.1.2 管棚施工

1. 工艺流程

施工工艺流程见图24-3所示。

1) 开挖管棚工作室

① 工作室确定

工作室应选择设置在围岩稳定地段，尽量接近加固地段，以缩短管棚长度；在软弱围岩中开挖工作室，要加强支护，必要时进行混凝土衬砌。

② 工作室尺寸

为便于架设钻机，安设钢管，工作室断面应挖至隧道开挖线以外1~1.5 m，最低钻孔以下1 m。工作室长度应满足设备施工需要。

2) 钻孔施工工艺

① 准备工作

首先，在开挖轮廓线以外施作混凝土套拱作为长管棚导向墙。浇注前，应在套拱内按设计仰角安设孔口管起导向、固定作用。孔口管的直径应大于长管棚直径。导向管由定位筋焊接固定在钢拱架上。

② 钻机就位

钻机就位处的土层应进行夯实，确保在钻进过程中，钻机不发生倾斜或滑动。钻机的底座应用水平尺或水准仪将其调平。钻臂的仰角与设计仰角相同。

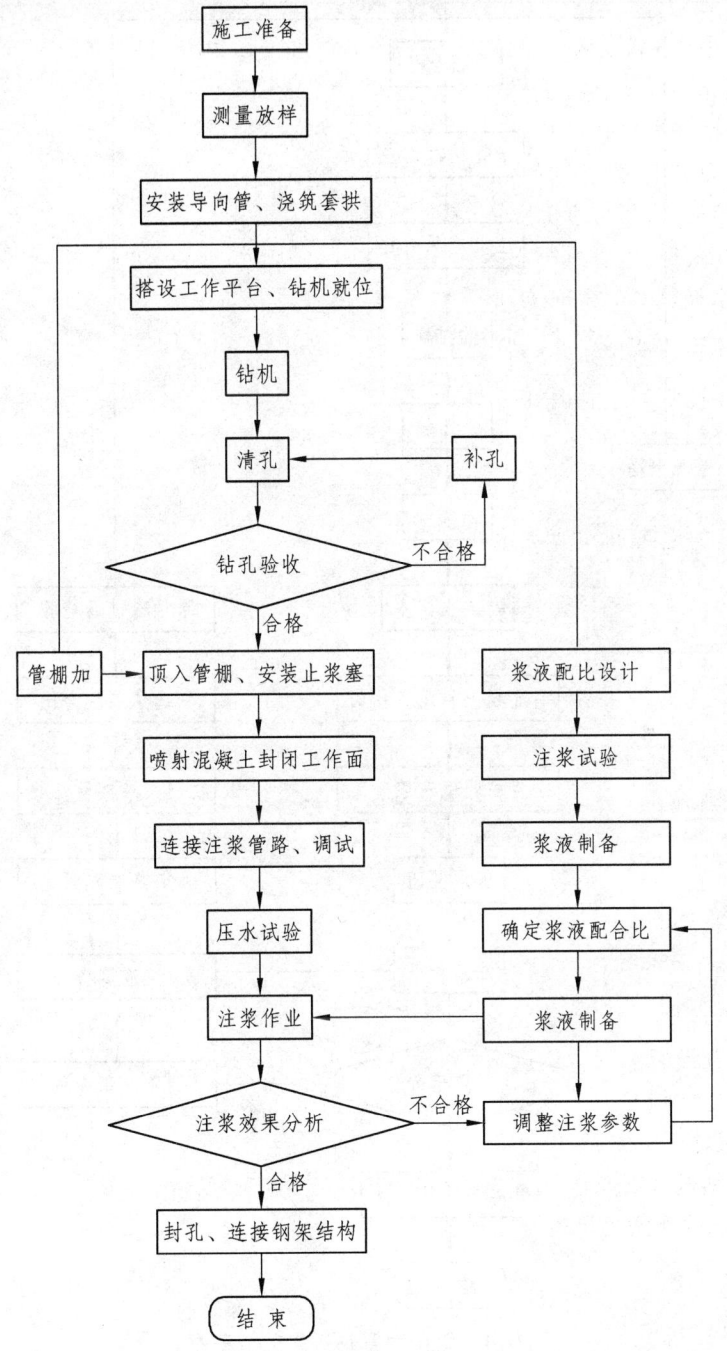

图 24-3 管棚引孔顶入法施工工艺流程图

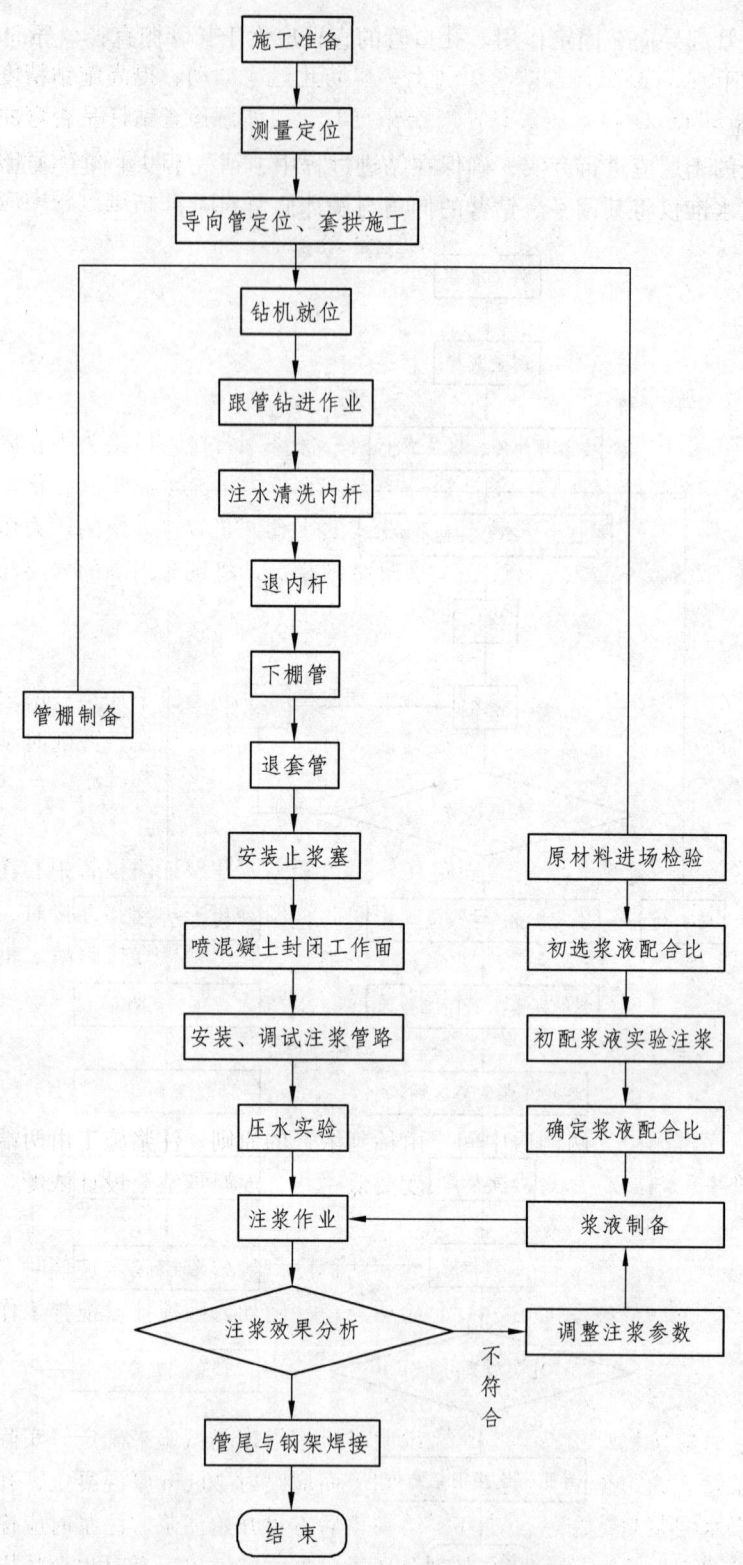

图 24-4 管棚跟管钻进工艺流程图

③ 钻进

施钻时，钻机大臂必须顶紧在掌子面上，以防止过大颤动，提高施钻精度。钻机开孔时钻速宜低，钻深 20 cm 后转入正常钻速。换钻杆时，要注意检查钻杆是否弯曲，有无损伤，中心水孔是否畅通等，不符合要求的应更换以确保正常作业。由于软弱围岩的厚度，无法准确的判定，有时达到了设计深度，可岩质仍然比较差。因此，在钻进过程中应注意对石粉的收集分析，根据钻进深度对石粉取样，做好记录。

2．管棚施工方法

1）顶管施工方法

① 准备工作

顶管前，应根据管棚长度，对钢管进行下料，保证钢管接入后接头不在同一断面上。为接管施工方便，应搭设施工台架。根据设计的要求，管内填充水泥浆液、化学浆液或细石混凝土时应在探入围岩内部的钢管周围钻成梅花式的小孔，浆液以一定的压力压入管内，并沿梅花孔溢出，渗入破碎岩隙中，这样在浆液凝结硬化后，将钢管周围的岩层与钢管固结成整体，使开挖面上方形成了具有一定强度的薄壳结构。

② 顶入施工

钢管顶入时，一般采用人工，也可借助于挖掘机、手动液压千斤顶、凿岩机、液压钻的冲击力等机具辅助进行顶入施工。采用机具顶入时，应缓慢，稳妥，并随时掌握好方向，防止硬顶，将管顶弯，至使施工中断。

③ 连接

采用焊接连管时，应将第二根管固定在施工台架上，并保证两根管中心在同一直线上，接口处应严密，并检查钢管仰角与设计是否相同。管棚节间采用丝扣连接时，管棚单、双序孔的连接丝扣错开半个节长。接管完毕后，外露钢管口应用钢板焊接封堵。钢板中间焊接注浆用的八分管，并安装球形止水阀门或其他形式的阀门。

2）注浆施工工艺

① 注浆顺序

管棚注浆顺序遵循"先两侧后中间、由稀到浓"的原则。注浆施工由两端开始施工，向隧道拱顶方向推进，开始时注浆的浆液浓度要低一些，逐渐加浓至设计浓度。

② 浆液拌制

浆液的拌制要均匀，具有良好的流动性和粘稠度。如要求掺入水玻璃时，应先浆水泥浆拌制好，按配比称量出水玻璃的质量，徐徐加入，并随加入随搅拌，搅拌工作不能停止，一直至注浆完毕为止。

③ 注浆压力与注浆量控制

有设计要求时应按设计压力施工，无说明时应根据现场试验来确定。实际注浆量应大于理论计算的注浆量。为防止注浆时跑浆，在掌子面应喷射 20 cm 厚混凝土，孔口管与钢管端部应用较粘的素水泥浆封堵严密，待其凝结硬化后方可开始注浆。注浆时应徐徐加压，达到压力后，表示已注满，注满后，浆液有时会从封口处均匀溢出，有时也会从周围的岩隙裂缝处溢出。注浆完毕后，应把注浆量与理论数值相比较，当注浆量小于理论数值时，说明管内未注满,此时应停止注浆查明原因后再进行压注。

④ 注浆结束标准

单孔注浆结束标准:注浆过程中只要满足以下三个条件之一,即可认为单孔注浆达到设计的要求并可结束注浆。第一,注浆压力逐步升高,达到设计终压(一般为 1.0~2.0 MPa)稳定 10 min;第二,注浆量不小于设计注浆量的 80%;第三,进浆速度为开始进浆速度的 1/4。

注浆量的公式计算如下:$Q = A \times \beta = \pi \times R \times L \times \beta$

式中　Q——总注浆量(m^3);

　　　A——注浆范围岩层体积(m^3);

　　　β——填充率,根据图纸及围岩情况而定;

　　　R——注浆半径(m);

　　　L——注浆长度(m)。

全段结束条件:所有注浆孔均以符合单孔注浆结束条件、无漏注浆的情况。

3)钻进中遇到的问题及解决措施

① 排碴困难

由于岩层比较松散潮湿,所钻钻孔排出的岩碴多为泥团,当钻孔较深时,泥团容易堵塞管孔,排碴十分困难,当钻进至设计孔深,开始退出钻头时,发现管内岩碴严重卡钻。因此在钻进过程中,须严格控制进尺,勤吹孔,必要时从钻杆内向钻杆与套管的环状间隙内送水洗孔,然后退钻。

② 钻头脱落

在钻进过程中经常发生偏心钻头脱落事故,经分析主要原因是偏心钻头横销材质较差,易断。当事故发生后,先拔出套管,然后用筒状岩芯管取芯钻进取出钻头。重新钻进时再重新选用轴承钢加工横销。

③ 管靴脱落

在跟管过程中,主要是通过跟管钻头在钻进的同时,利用管靴与钻头上的台阶拖着套管同步跟进。因此套管靴是主要受冲击振动的部位。当钻孔加深后,套管增长,摩擦力增大或后部套管被岩碴卡死后,套管管靴便很容易被打。当管靴被打掉时,在拔出套管后,立即采用公锥取出管靴,更换管靴后再继续跟管钻进。防止管靴脱落有如下两种方法:一是在管靴与套管之间实行铆焊、点焊连接牢固;二是在动力头与套管之间另外增加一个同步给进装置。

④ 跟管钻进蹩钻

在跟管钻进过程中,当钻头遇地下隐埋物,如硬质石英砂岩或土石软硬不均时,钻进过程会发生严重蹩钻,导致钻具无法正反转,遇到此种情况需及时拔出套管,取芯钻进后再跟管钻进。

3. 跟管钻机管棚施工

1)跟管钻机管棚施工与常规钻机管棚施工区别

① 施工原理区别:常规钻机管棚施工为先用钻机钻进成孔后,再将钢管推进形成管棚;跟管钻机管棚施工为钻头推进时套管直接跟进,管棚一次成型。

② 钻头区别:常规钻机钻头直接用常规冲击钻头,跟管钻机选用单偏心跟管钻头。

③ 套管区别：常规钻机套管采用普通无缝钢管，每节 5~6 m 长度成孔后推进；跟管钻机套管采用 DZ40 高频淬火的无缝钢管，每节长度 1.5 m 随孔跟进。

2）钻机型号及配套设备

双帆 YG-80 型锚固工程钻机，钻头采用 ϕ110 mm 单偏心跟管钻头和 ϕ115 mm 潜孔锤单偏心扩底钻头，潜孔锤用 J100B 型。跟管套管采用 DZ40 高频淬火的无缝钢管，壁厚 4.5 mm，反丝套管用接箍连接，丝扣长 60 mm，牙型采用标准地质套管螺纹。

24.1.3 帷幕注浆施工

1. 工艺流程
2. 施工方法

1）地质预报

地质判断是为了搜集有关施工帷幕注浆地段的工程地质和水义地质情况，为正确选择注浆参数和采取相应的技术参量提供依据。一般的超前地质判断手段有超前探水孔钻探、红外线、TSP 地质雷达超前地质预测预报和地质素描等手段，通过对地质预报信息的综合分析，可以比较准确地判明相应施工区域的地质情况，从而可以掌握岩土的渗透性、土颗粒的组成、孔隙率、饱和度及地下水量、水压和水质等物理化学性质，为合理的采取注浆方法和获得理想的注浆效果提供了理论依据。

2）注浆设计

① 注浆范围的选择

注浆范围与地质情况、开挖断面大小、开挖方法、对周边的影响密切相关，可根据自身工程所处的地质环境、设计图纸和试验效果来确定注浆范围。

② 注浆段长和注浆孔的布置

根据钻机性能，选用每循环注浆段长 35~40 m；帷幕注浆就是要使浆液扩散到注浆帷幕范围内的所有岩层裂隙中，所以注浆孔的布置要以浆液扩散不出现空白为原则，据此根据设计注浆孔数量以隧道中轴为中心呈伞形布置。

③ 注浆方式的选择

当钻孔过程中未遇见泥夹层或涌水，就一钻到底，全孔一次压入式注浆；在钻孔过程中遇到泥夹层或涌水，立即停止钻孔，采取注一段钻一段的分段前进式注浆，直至终孔；对于易卡钻杆，孔口密封比较困难，以及要求实现定位控域注浆地层采用钻杆后退式注浆；对于地质条件特别差，开挖时拱顶还需要进行超前棚护时，可采用钢管孔底注浆。各注浆方式的优缺点如表 24-5 所示。

进行前进式分段注浆施工工艺进，即在施工中，实施钻一段注一段，再清孔钻一段、再注一段的钻、注交替方式进行钻孔注浆施工。每次钻孔注浆分段长度根据围岩情况定位 1~3 m。前进式分段注采用止浆塞或孔口管法兰盘进行止浆。进行后退式分段注浆施工时，在检查合格的钻孔中放入止浆塞及其他配套装置，对一个注浆分段段长进行注浆施工，第一分段注浆完成后,后退一个分段长度进行第二分段注浆,如此往复,直到将整个注浆段完成。进行后退式分段注浆施工,注浆分段长度宜取 0.6~2.5 m。一般成孔较好的优先采用此方法注浆效果较好。全孔一次性注浆时,直接将注浆管路接在孔口管上,在孔口处利用孔口管进行全孔注浆施工。

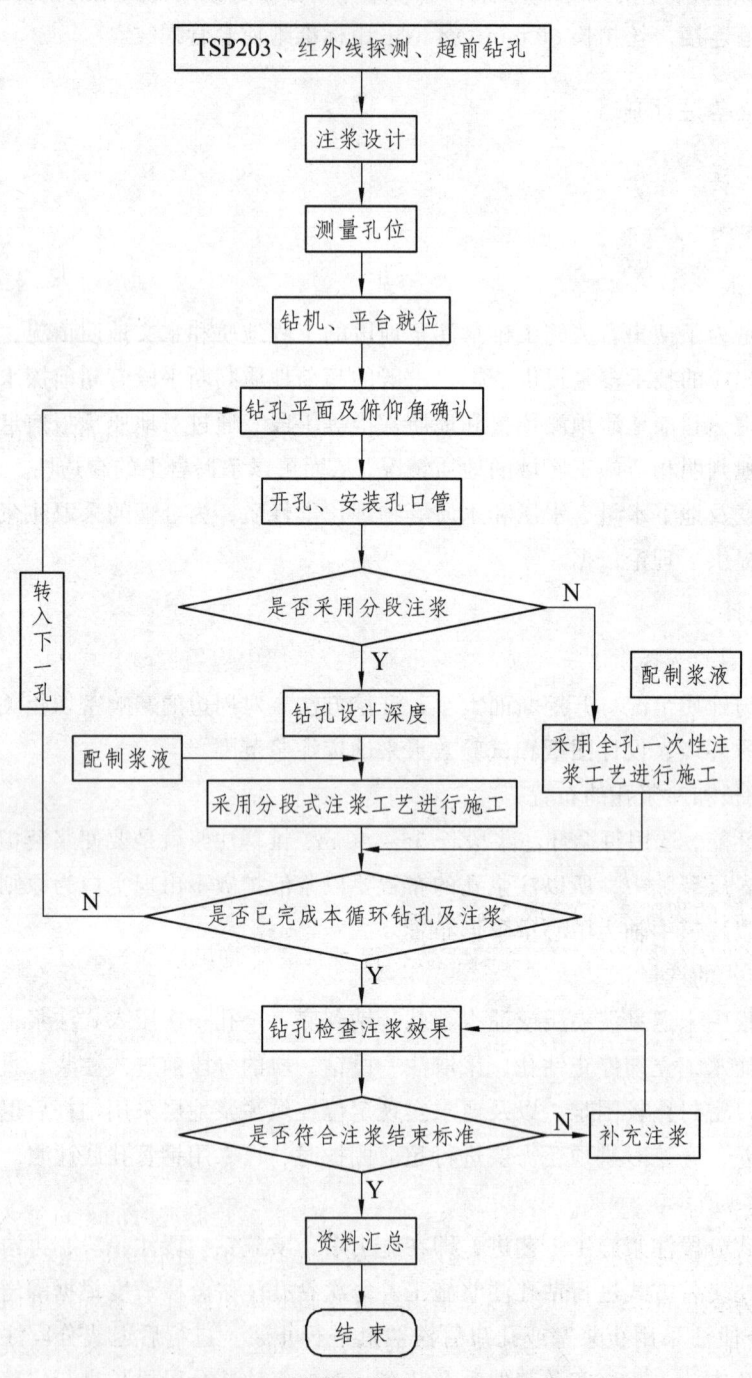

图 24-5 帷幕注浆施工工艺流程图

表 24-3 注浆工艺比较表

序号	注浆方式	优点	缺点	适用条件
1	全孔一次性注浆	操作简单，方便；不占用钻机资源。	适合于浅孔，深孔孔底注浆效果易受注浆压力影响。	适合地质条件好，出水量小的浅孔
2	分段前进式注浆	适用性强，操作简便，反复加固地层，易保证钻注浆效果	重复扫孔次数多，工作量大，工效低	重复扫孔次数多，工作量大，工效低
3	钻杆后退式注浆	工效高，不重复扫孔或重复扫孔少，工作量小，能实现定位控域注浆	易卡钻杆，孔口密封比较困难，对钻具质量要求高。	易卡钻杆，孔口密封比较困难，对钻具质量要求高。
4	钢管孔底注浆	注浆效果好，放入孔中的钢管还能起到加固土体的骨架作用	需使用钢管，成本高，开挖时需要将钢管割掉，麻烦。	适合于地质条件特别差，出水大出水点位于孔底的深孔

④ 注浆参数的选择

每循环注浆长度 30~40 m，单孔有效扩散半径 2.5 m 左右，终孔间距 2.0~3.0 m；注浆范围为：一般地段隧道扩散半径为衬砌外 5 m。

注浆压力：注浆压力是注浆的主要参数，它对浆液的扩散范围，岩层裂隙充填的密实程度及注浆效果的好坏起着决定性的作用，所以必须有足够的注浆压力克服静水压力和地层阻力，方能达到注浆目的，一般富水地段取静水压力的 2~3 倍。

浆液的注入量：指单孔注入量，按假设浆液在地层中均匀扩散公式为：

$$Q = \pi R_2 Lna\eta$$

式中　Q——单孔注浆量（m^3）；

R——浆液扩散半径（m）取 2.5 m；

L——注浆孔长（m）；

n——地层的裂隙（%），取 2%~4%；

α——浆液在岩石裂隙中的充填系数，视岩石情况取 0.3~0.9；

η——浆液消耗率，取 1.1。

⑤ 注浆材料的选择及配比

注浆材料的选择与地质条件和涌水量有关，通常有以下几个方面：

A. 断层破碎带和砂卵石地层，当裂隙宽度（或粒径）大于 1 mm 时，加固地层或者堵水注浆，宜优先选用料源广、价格便宜的单液浆水泥浆和水泥-水玻璃浆液；

采用水泥浆液时，水灰比宜采用 0.8:1~2:1。需缩短胶泥时间，可加入食盐或三乙醇胺速凝剂。采用水泥-水玻璃浆液时，应根据胶凝时间配置。一般水泥浆液的水灰比为 0.8:1~1.5:1；水玻璃浓度为 25~40°Be′水泥浆与水玻璃的体积比宜为 1:1~1:0.3。

B. 断层泥地带，当裂隙宽度（或粒径）小于 1 mm 时，加固注浆宜优先采用水玻璃类和木胺类浆液。

C. 中、细、粉砂层及细小裂隙岩层，断层泥地段，宜采用渗透性好，遇水膨胀的化学类浆液。

D. 根据注浆工程的需要，水泥浆中可掺入下列掺合料，但有一定的要求：

砂：应为质地坚硬的天然砂或机制砂，粒径不宜大于 2.5 mm，细度模数不宜大于 2.0，SO_3 含量宜小于 1%，含泥量不宜大于 3%，有机物含量不宜大于 3%。黏性土：塑性指数不宜小于 14，黏粒（粒径小于 0.005 mm）含量不宜低于 25%，含砂量不宜大于 5%，有机物含量不宜大于 3%。粉煤灰：应为精选的粉煤灰，烧失量宜小于 8%，SO_3 含量宜小于 3%，细度不宜低于同时使用水泥的细度。水玻璃：模数宜为 2.4~3.0，浓度宜为 30~45Be。另外帷幕注浆要求的水泥细度为通过 80 μm 方孔筛的筛余量不宜大于 5%，注浆材料采用重量称量。现场制浆时，要求加料准确并注意注浆顺序，即先往搅拌机中放入规定量的水，然后在加入水泥搅拌均匀后再加入外加剂。总之，对注浆材料的选择应根据工程的具体要求、地质条件、浆液性能和注浆工艺及成本等综合考虑，选择最适合的浆材。

3）止浆岩盘

一个止浆岩盘止浆效果的好坏，将直接关系到帷幕注浆成功与否。根据注浆段围岩情况预留不同厚度的止浆岩盘：一般取 3~5 m，这样既确保了注浆效果，又避免了每个注浆循环浇筑砼作为止浆墙这道工序，加快了施工进度（止浆岩盘一般采用 C20 级以上混凝土浇筑而成）。

4）钻　孔

待止浆墙强度达到设计强度的 70%、孔口管与止浆墙连接牢固，并检查止浆墙及周边范围无渗漏水时方可进行钻孔。

① 孔位布设

严格按照设计图纸对孔位的要求进行布孔，将其位置直接定位标识在掌子面上，孔位偏差不得大于 5 cm，钻孔偏斜率最大允许偏差为 0.5%，同时应满足设计要求。在进行钻空定位时，孔口按钻孔设计用全站仪按三维坐标进行标准控制，钻孔偏角采用地质罗盘定向，水平角采用在钻孔平台上放设标准点的方式控制，并用全站仪按三维坐标进行抽检，控制精度要满足允许偏差要求。

钻机就位：根据孔位位置将钻机定位，钻头对准孔口管，在技术人员指导下按照注浆孔的角度设计要求调整钻杆角度。孔位对准后，钻机不得移位，也不得随意起降。

② 埋设孔口管

固结牢固密实，保证不漏浆、不窜浆的孔口管是决定注浆效果好坏的重要因素，其埋设方法：先用 YQ-100 型冲击式钻机钻 3.0 m 深，再将 φ108 孔口管插入，外露 20~30 cm，管壁与孔口接触处用麻丝填塞，再向孔口管内注 TGRM 水泥基固结。孔口管起着导向作用，钻孔安装时要控制好外插角度。

③ 钻进成孔

第一个钻孔施工时，要慢速运转，掌握地层对钻机的影响情况，以确定在该地层条件下的钻进参数。密切观察钻屑或溢水出水情况，出现大量溢水出水时，应立即停钻，分析原因后再进行施工。钻孔时，安排专业工程师值班，及时对岩层、岩性以及孔内各种情况进行详细记录。特别是对钻孔穿越破碎带和溶蚀空腔进行详细记录，以便为注浆浆液及方案的确定提供依据。钻到出较大的水，无法继续钻进时，停止钻孔，安装闸阀，进行关水，测量涌水量和水压力，然后进行注浆。

5)制　浆

配制浆液时采用经鉴定准确的计量工具,按照经试验确定的设计配方配料。配制浆液时严格按照配制顺序将注浆材料逐一加入均匀搅拌,搅拌顺序一般为:水、水泥、外加剂及其他材料,搅拌时注意控制搅拌时间。一般来讲使用普通搅拌机时不小于 3 min,使用高速搅拌机时不小于 3 s。搅拌时间大于 4 h 的浆液应该废弃。任何季节注浆浆液的温度应保持在 5～40℃之间。浆液搅拌成型后应该取样检查其凝结时间是否符合设计要求,以便对浆液进行分析、评价。另外配制的浆液应在规定的时间内用完。

6)注　浆

在每次进行注浆前,均对该钻孔的水压、水量进行测定,以便对浆液类型和终止注浆压力的选定。出水量通常采用桶装法测定,水压采用关闭高压闸阀并在止回阀位置安装一高压水表进行测定。注浆时按照顺序施作:从注浆段两边到中间,间隔跳孔,逐渐加密,以达到挤密加固的目的。开始注浆后,随时控制好注浆压力(测量水压 0.5～1.5 MPa)。注浆压力表安装在注浆泵靠出浆管上,记录时记录压力摆动的平均值,压力波动范围不大于灌浆压力的 20%。在压力突然迅速增加时,应立即停机,以防破管伤人。准确测量吸浆量以此判断是否改水灰比比级,监测浆液性能(比重、含灰量等),适时调整浆液性能,使浆液性能保持在最佳状态。为防止注入浆液过早堵塞浆液渗透通道及过多的浆液向要求帷幕范围以外扩散,通常灌浆浆液浓度遵循由稀到浓的原则逐级改变,在注浆量达到预期数量后注入浓浆对外渗通道予以封堵。但对注浆孔周围有裂隙水渗流部位,浆液采取由浓到稀或先双液后单液的方式进行注浆,使先注入的浆液与地下水一道流动,在流动通道中凝固,堵塞地下水外排通道,然后换注稀浆或单液浆,使浆液沿注浆孔内出水通道压入(浆液转换模式必须精确掌握转换时间,过早会导致对出水通道封堵无效,过迟则会堵塞后续浆液的压入通道)。

单孔注浆结束条件:预注浆各孔段均达到设计终压并稳定 10 min,且注浆量不小于设计注浆量的 80%,进浆速度为开始进浆速度的 1/4。

注浆过程应派专人进行过程控制,负责填写注浆记录表,记录注浆时间、注浆压力、浆液消耗量等数据,以便注浆结束后进行效果检查。

7)注浆效果检查

注浆结束后,必须在分析资料的基础上进行注浆效果检查,可采取钻孔取芯法对注浆效果进行检查;或进行压(抽)水试验,当检查孔的吸水量大于 1.0 L/(min·m)时,必须进行补充注浆;或采取连续测流量观测的方法,当所测流量小于设计涌水量时,则注浆效果满足要求。

24.2　钢架、锚喷施工

24.2.1　钢支撑施工

1. 施工准备

1)内业技术准备

应在开工前组织技术人员认真学习实施性施工组织设计,阅读和审核设计图纸,熟悉规范和技术标准。制定安全环保措施、应急预案等,对班组作业人员进行岗前安全培训及技术交底。钢拱架大样尺寸交底时，应考虑隧道开挖断面预留沉降量引起的断面尺寸变化。

2）测量技术准备

精密导线网复测完毕并确定成果可用后，安装前，应检查开挖断面的中线及高程。测量组根据隧道纵断面设计线、隧道洞轴线及明暗洞开挖轮廓线，对钢架的位置进行放样。格栅钢架一般在第一次喷射砼后按设计位置安设，对局部欠挖部分应予凿除，以保证钢架施工位置、结构、尺寸正确。

3）试验技术准备

在开工前试验室应对钢支撑的原材料应按进场批次检验，检验结果应符合设计及规范要求。试验室应及早将试验的原始资料整理汇总，对于不合格的材料禁止在工程施工中使用。

4）外业准备

钢架加工场地的布置及地面硬化。加工场内分区明显、合理（原材料堆放区、加工区、成品区、半成品区、废料堆放区）。在加工区内进行钢架分节段大样放样，制作钢架模型并固定。场地内各种标识醒目、齐全，机具设备调试性能良好。

2. 施工人员及机械准备

1）施工人员配备（表24-4）

表24-4 劳施工人员主要配置表

人 员	数 量	备 注
现场负责人	1	
现场技术人员	1	
焊工	4	
钢筋工	2	
普工	8	

2）施工机械配备（表24-5）

表24-5 施工机械配备表

机 具	数 量	备 注
电焊机	4	
钢材弯制机	1	
气焊	2	

3. 隧道钢支撑支护施工的一般规定

（1）钢支撑的型式、制作和架设应符合设计和规范要求。

（2）钢支撑之间必须用纵向钢筋联接，拱脚必须放在牢固的基础上。

（3）拱脚标高不足时，不得用块石、碎石砌垫，而应设置钢板进行调整，或用混凝土浇筑，混凝土强度不小于 C20。

（4）钢支撑应靠紧围岩，其与围岩的间隙，不得用片石回填，而应用喷射混凝土填实。

4. 隧道钢支撑支护施工要点及规定

（1）钢架必须具有足够的强度和刚度，采用的钢架类型应满足设计要求。

（2）钢架材料应满足设计要求。

（3）钢架加工应符合下列规定：

钢架加工尺寸，应符合设计要求，其形状应与开挖断面相适应。不同规格的首榀钢架加工完成后，应放在乎整地面上试拼，周边拼装允许偏差为 ±30 mm，平面翘曲应小于 20 mm。当各部尺寸满足设计要求时，方可进行批量生产。

（4）钢架安装应符合下列规定：

钢架拱脚必须放在牢固的基础上。应清除底脚下的虚渣及其他杂物，脚底超挖部分应用喷射混凝土填充。钢架应分节段安装，节段与节段之间应按设计要求连接。连接钢板平面应与钢架轴线垂直，两块连接钢板间采用螺栓和焊接连接，螺栓不应少于 4 颗。相邻两榀钢架之间必须用纵向钢筋连接，连接钢筋直径不应小于 18 mm，连接钢筋间距不应大于 1.0 m。钢架应垂直于隧道中线，竖向不倾斜、平面不错位，不扭曲。上、下、左、右允许偏差 +50 mm，钢架倾斜度应小于 2。钢架安装就位后，钢架与围岩之间的间隙应用喷射混凝土充填密实。喷射混凝土应由两侧拱脚向上对称喷射，并将钢架覆盖，临空一侧的喷射混凝土保护层厚度应不小于 20 mm。

5. 隧道钢支撑支护施工工艺

1）施工程序

施工准备→钢支撑工制作→开挖面超欠挖处理→初喷混凝土→钢支撑安装→喷射混凝土→下道工序。

2）工艺流程

钢架施工工艺见钢架施工工艺流程见图 24-6。

6. 钢支撑支护施工质量检验标准

1）钢支撑支护实测项目

钢支撑支护实测项目见《公路工程质量检验评定标准》表 24-6。

2）钢支撑外观鉴定

无污秽、无锈蚀和假焊，安装时基底无虚渣及杂物，接头连接牢靠。

7. 质量控制

1）防止钢架下沉的控制措施

拱部开挖安装型钢拱架后，由于软弱隧道围岩的自稳性较差以及各部开挖拉开了一定距离，钢架短时间内不能全断面闭合，有可能会出现拱顶钢架下沉，导致围岩失稳或侵入衬砌界限，因此在施工过程中需加强对钢架安装以后的监控量测，必要时采取有效措施进行加固，以防止拱顶钢架下沉。具体措施如下：

① 加强对钢架的锁脚固定措施，由于采用分部开挖方法，拱部钢架安装后，钢架暂时不能全断面封闭成环，同时软弱地质隧道拱部钢架无法坐落在坚实的基岩上，因此，拱部钢架必须采取锁脚措施，采用锁肢锚杆将钢架两底脚牢固锁定，以防止钢架下沉或两底脚回收。

② 及时喷射混凝土进行覆盖：钢架安装完成后，及时进行喷射混凝土，喷射时分层、分段进行，钢架应全部被喷射混凝土覆盖，保护层厚度不得小于 10 cm。

③ 防止施工过程中的碰撞和损坏：机械开挖时，为防止挖掘机等大型机械对已支护好钢架进行碰撞和冲击，造成钢架损坏，因此，开挖时，要委派专人对开挖作业进行指挥，严格限制机械作业界限，以防止碰撞钢架。

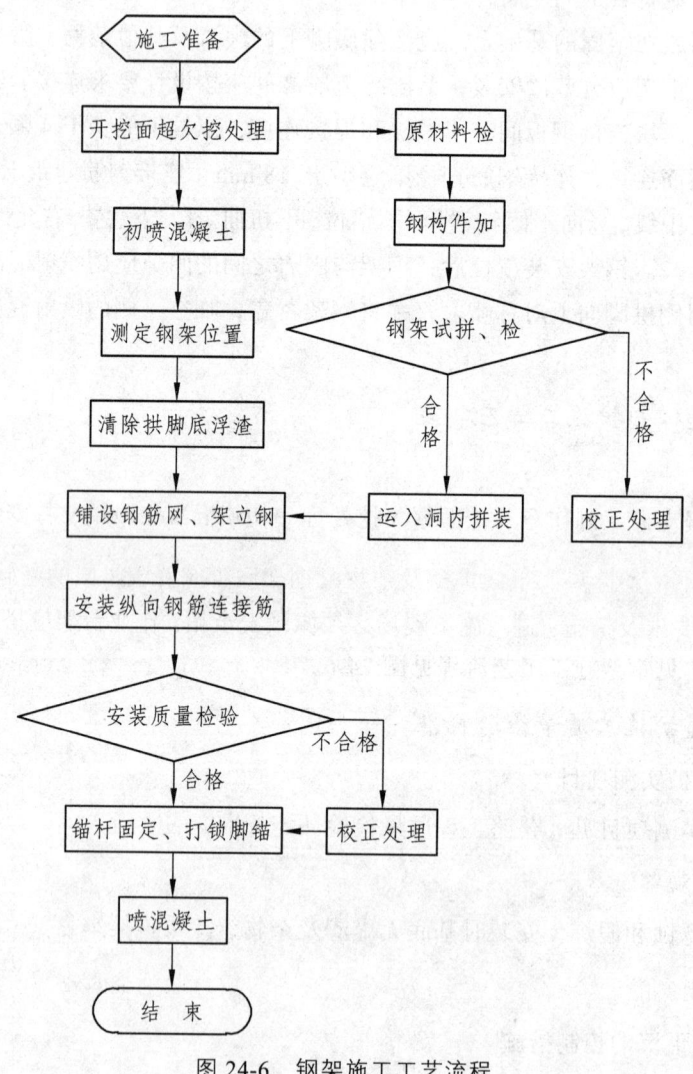

图 24-6　钢架施工工艺流程

表 24-6 钢支撑支护实测项目

项次	检查项目		规定值或允许偏差	检查方法和频率
1	安装间距（mm）		50	尺量：每榀检查
2	保护层厚度（mm）		≥20	凿孔检查：每榀自拱顶每 3 m 检查一点
3	倾斜度（°）		±2	测量仪器检查每榀倾斜度
4	安装偏差（mm）	横向	±50	尺量：每榀检查
		竖向	不低于设计标高	
5	拼装偏差（mm）		±3	尺量：每榀检查

2）施工质量要点

① 钢架应按设计位置安设，钢架之间必须用钢筋纵向连接，并要保证焊接质量。拱架安设过程中当钢架与围岩之间有较大的空隙时，沿钢架外缘每隔 2 m 应用混凝土预制块楔紧。

② 钢拱架的拱脚采用锁脚锚管加强支承。

③ 钢架应尽可能多地与锚杆露头及钢筋网焊接，以增强其联合支护的效应。

④ 喷射混凝土时，要将钢架与岩面之间的间隙喷射饱和达到密实。

⑤ 喷射混凝土应分层分段喷射完成，初喷混凝土应尽早进行"早喷锚"，复喷混凝土应在量测指导下进行，即"勤量测"的基本原则，以保证喷射混凝土的复喷适时有效。

⑥ 型钢钢架应采用冷弯成型，钢架加工的焊接不得有假焊，焊缝表面不得有裂纹、焊瘤等缺陷。

⑦ 每榀钢架加工完成后应放在水泥地面上试拼，周边拼装允许误差为 ±3 cm，平面翘曲应小于 2 cm。

⑧ 钢架应在初喷混凝土后及时架设，各节钢架间以螺栓连接，连接板必须密贴。

⑨ 钢架安装前应清除底脚下的虚碴及杂物，钢架底脚应置于牢固的基础上。

⑩ 施工安全要求及措施：进入施工现场必须佩戴安全帽。作业台架应搭设稳固，连接扣件要扣牢固。台架上需搭设木板并固定牢固。高空作业必须系安全绳。规范施工用电管理。要做到"一机、一闸、一保护"，进洞电缆都要采用绝缘电缆线架空进洞。工作区的照明亮度要保证满足施工规范要求。施工期间，应对支护的工作状态进行定期和不定期检查。在不良地质地段，应由专人每班检查。施工期间，应对支护的工作状态进行定期和不定期检查。在不良地质地段，应由专人每班检查。当发现支护变形或损坏时，应立即修整加固，当险情危急时，应将人员撤出危险区。构件支撑的立柱不得置于虚碴和活动石块上。在软弱围岩地段，立柱底面应加设垫板或垫梁。钢架的安装作业时，作业人员之间应协调动作，在本排钢架未安装完毕，并与相邻的钢架和锚杆连接稳妥之前，不得擅自取消临时支撑。

3）环境保护要求

做好废油、废料的收集、处理，不得随意排放，丢置，洞内注意污水的排放，须经净化达标后方可排放。洞里外施工场地修筑临时排水设施保证排水畅通。工地废水，搅拌机、喷射机清洗水泥浆等排放前先经沉淀池，并采取必要的净化措施处理达标后方可排放。施工作业产生的污水应经过沉淀池沉淀，并经净化处理，符合环保部门要求后排放。生产、生活中的废弃物及时处理运到当地环保部门指定的地点弃置。

24.2.2 锚杆施工

1. 施工准备

1）技术准备

在施工前组织技术人员认真学习实施性施工组织设计，阅读、审核施工图纸，澄清有关技术问题，熟悉规范和技术标准，查阅相关施工案例，认真调查隧道围岩地质情况、了解施工条件、技术水平和设备装置的施工参数。制定施工安全保证措施，对施工人员进行技术交底，对参加施工人员进行上岗前技术培训，考核合格后持证上岗。

2）测量技术准备

精密导线网复测完毕并确定成果可用后，测量组根据隧道纵断面设计线、隧道洞轴线及明暗洞开挖轮廓线，并对锚杆进行布点。

3）试验技术准备

在开工前试验室应对用于隧道锚杆的材料进行现场取样进行各项试验，试验项目要满足相关的规范及标准要求的规定。进场原材料检验合格。砂浆应进行配合比试验。试验室应及早将试验的原始资料整理汇总，对于不合格的材料禁止在工程施工中使用。锚杆材料必须按规定逐批进行检验，检查锚杆类型，规格，质量及其性能是否与设计相符。

4）外业准备

施工场地的平整，水、风、电的设置，施工测量与放样。锚杆施工需的材料均、机械已进场。施工作业前要先对施工设备进行检修；检查风水管路，电路的连接情况是否正常，有无漏风，漏水及漏电现象；检查施工机械关键机件是否处于润滑状态。施工放样测量，开挖断面检查及锚杆孔位布置，施工机械就位。

5）施工人员及机械准备

① 施工人员配备（表 24-7）

表 24-7 施工人员配备表

人员	数量	备注
现场负责人	1	
技术主管	1	
现场技术人员	1	
安全员	1	
锚杆制作、注浆、安装工	12	

② 施工机械配备（表 24-8）

表 24-8 施工机械配备表

机 具	数 量	备 注
注浆机	4	
手风钻	6	
空压机	2	

2. 隧道锚杆施工的一般规定

（1）锚杆的材质、类型、规格、数量、质量和性能必须符合设计和规范的要求。

（2）锚杆插入孔内的长度不得短于设计长度的 95%。

（3）砂浆锚杆和注浆锚杆的灌浆强度应不小于设计和规范要求，锚杆孔内灌浆密实饱满。

（4）锚杆垫板应满足设计要求，垫板应紧贴围岩，围岩不平时要用 M10 砂浆填平。

（5）锚杆应垂直于开挖轮廓线布设。对沉积岩，锚杆应尽量垂直于岩层面。

3. 隧道锚杆施工要点及规定

（1）材料要求：锚杆类型、规格、技术性能应满足设计要求。水泥、砂等应满足设计及规范要求。水质应符合工程用水的有关标准，水中不应含有影响水泥正常凝结与硬化的有害杂质。一般应采用饮用水。

（2）锚杆钻孔施工应符合下列规定：钻孔机具应根据锚杆类型、规格及围岩情况选择。孔位允许偏差为 ±150 mm，钻孔数量应符合设计规定。水泥砂浆锚杆钻孔直径应大于锚杆杆体直径 15 mm。其他形式锚杆钻孔直径应满足设计要求。钻孔深度不应小于锚杆杆体有效长度，但深度超长值不应大于 100 mm。

（3）锚杆安装前应做好下列检查工作，并做好原始记录：

锚杆材料型号、规格、品种应符合设计要求，配件应配套。锚杆孔位、孔径、孔深及布置形式应满足设计要求。孔内应无积水、岩粉应吹洗干净。锚杆杆体应调直、除锈、清除油污。锚杆外端标准螺纹应有效，逐根检查并与标准螺母试装配。

（4）普通水泥砂浆锚杆施工应符合下列规定：普通水泥砂浆锚杆材料、直径、插入孔内长度，应满足设计要求。砂浆应在初凝前使用，已初凝的砂浆不得使用。砂浆灌浆后应及时插入锚杆杆体。锚杆杆体插到设计深度时，孔口应有砂浆流出；若孔口无砂浆流出，则应将杆体拔出重新灌浆。全长黏结锚杆应灌浆饱满。垫板、螺母应在砂浆初凝后安装。垫板与喷射混凝土应紧密接触。

（5）中空注浆锚杆施工时应保持中空通畅，并留有专门排气孔。螺母应在砂浆初凝后拧紧。

（6）水泥砂浆药包锚杆施工应符合下列规定：应对药包做泡水检验。药包不应有受潮结块现象。药包应以专用工具推入钻孔内,防止中途破裂。锚杆插到设计深度时,孔口应有砂浆流出。应使垫板与喷射混凝土紧密接触。

(7)全长黏结式锚杆安设后不得敲击,其端部 3d 内不得悬挂重物。

4. 锚杆施工工艺

1)砂浆锚杆施工工艺流程

砂浆锚杆施工工艺流程见图 24-7。

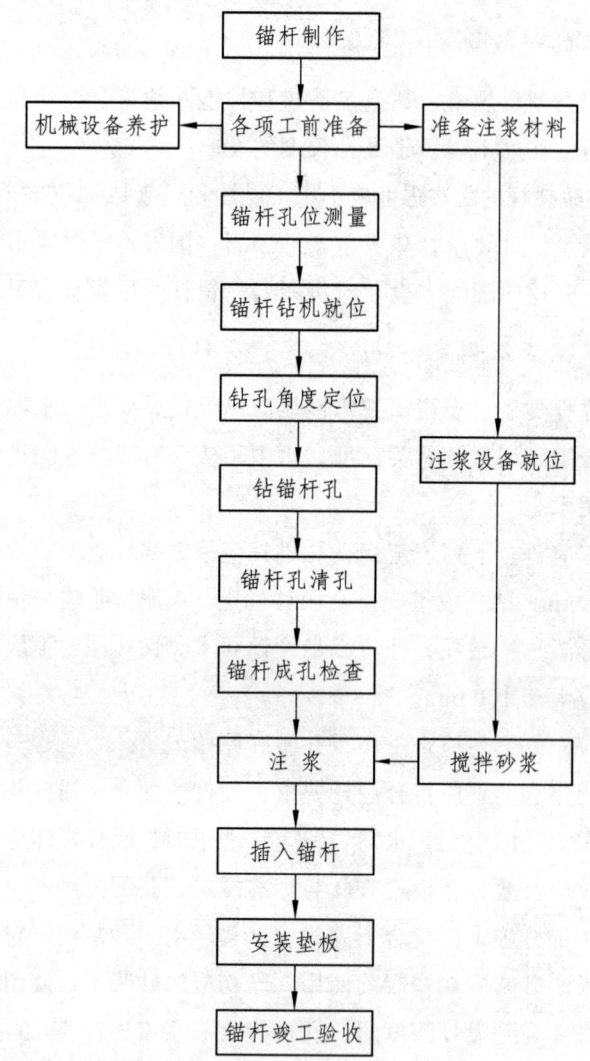

图 24-7　砂浆锚杆施工工艺流程图

2)药包锚杆施工工艺流程

药包锚杆施工工艺流程见图 24-8。

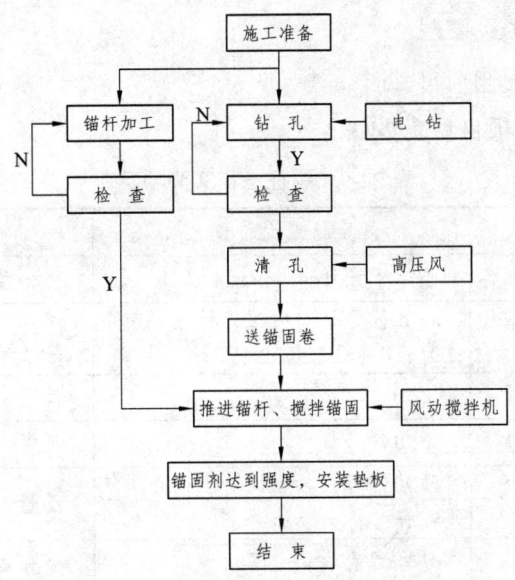

图 24-8　约包锚杆施工工艺框图

3）中空注浆锚杆施工工艺流程

中空注浆锚杆施工工艺流程见图 24-9。

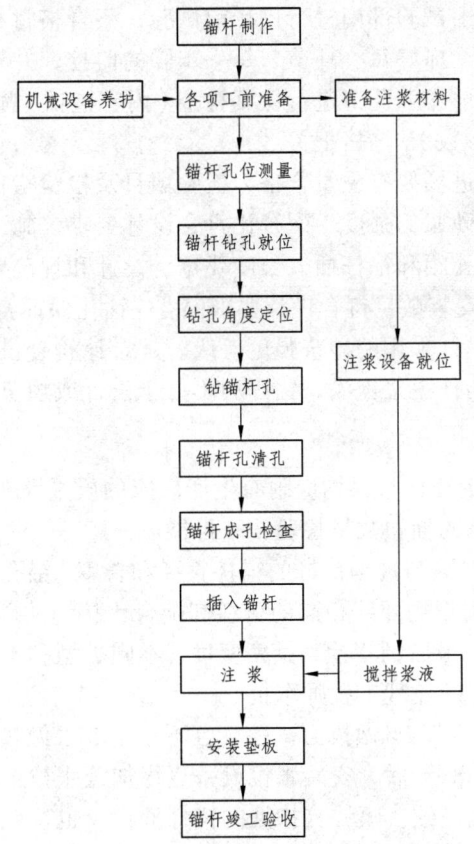

图 24-9　中空注浆锚杆施工工艺流程

643

5. 隧道锚杆施工质量控制

1）隧道喷射混凝土实测项目

隧道喷射混凝土实测项目见表24-9。

表24-9 锚杆支护实测项目

项次	检查项目	规定值或允许偏差	检查方法和频率
1	锚杆数量（根）	不少于设计	按分项工程统计
2	锚杆拔力（kN）	28d拔力平均值三设计值，最小拔力：0.9设计值	按锚杆数1%做拔力试验，且不小于3根做拔力试验
3	孔位（mm）	±50	尺量：检查锚杆数的10%
4	钻孔深度（mm）	±50	尺量：检查锚杆数的10%
5	孔径（mm）	砂浆锚杆：>杆体直径+15；其他锚杆：符合设计要求	尺量：检查锚杆数的10%
6	锚杆垫板	与岩面紧帖	检查锚杆数的10%

外观鉴定：钻孔方向应尽量与围岩和岩层主要结构面垂直，锚杆垫板与岩面紧贴。

2）质量控制及措施

① 按照施工工艺施工，严格执喷行操作规程。

② 对于原材料进货，由试验部门进行进场前试验，不合格材料一律不得进场。

③ 制定质量保证体系，抓好每一环节、每一步骤的监控，并责任到人，狠抓落实。

④ 施工技术人员对喷射作业环节进行认真检查（内容包括：喷层厚度、喷层与受喷面粘结情况、喷射作业中各种参数），严格把关。

⑤ 锚杆使用的原材料进场要有质量合格，检验项目及检验指标必须符合检验要求。

⑥ 锚杆安装的数量，砂浆的强度、配合比符合设计要求。施工前要进行工艺试验。

⑦ 锚杆孔径、深度、孔距和锚杆插入长度要符合设计和规范要求。

⑧ 锚杆类型、布置及安装数量符合设计要求。锚杆钻孔保证直线，并与其所在部位的岩层主要结构面垂直。砂浆锚杆采用的砂浆强度等级、配合比符合设计要求。砂浆锚杆设置垫板，垫板与基岩面密贴。锚杆灌浆饱满，锚固力不低于设计或规范要求。

3）施工质量检验要求

① 锚杆材质检验：每批锚杆材料均应附有生产厂家的质量证明书，按施工图纸规定的材质标准以及监理工程师指示的抽检数量检验锚杆性能。

② 注浆密实度实验：选取与现场锚杆的锚杆直径和长度、锚孔孔径和倾斜度相同的锚杆和塑料管（或钢管），采用与现场注浆相同的材料和配合比拌制的砂浆，并按现场施工相同的注浆工艺进行注浆，养护7天后剖管检查其密实度。不同类型和不同长度的锚杆均需进行试验，试验计划及结果都要报送监理工程师审批。

③ 拉拔力试验：按锚杆数1%做拔力试验，且不小于3根做拔力试验进行拉拔力试验。试验要求在砂浆锚杆养护28天后，安装张拉设备逐级加载张拉至拔出锚杆或将锚杆拉断为止，拉力方向应与锚杆轴线一致。喷锚支护处的锚杆抽检，也按照以上方法进行试验，但不同之处是，当拉力达到规定值时，就立即停止加载，结束试验。

4）施工安全要求及措施

① 施工作业人员必须进洞前要佩戴好安全防护用品。严格按照机械设备的操作规程合理使用施工机械。对各种机械设备要定期进行检查，保证机械设备在正常状况下工作。

② 规范施工用电管理。要做到"一机、一闸、一保护"，进洞电缆都要采用绝缘电缆线架空进洞。工作区的照明亮度要保证满足施工规范要求。

③ 压浆作业前，要检查注浆管路是否畅通，接头是否牢固。作业过程中，要检查注浆压力是否正常，发现压力异常，要及时停机检查，故障排除前不得从事压浆作业。

④ 压浆作业过程中，注浆管不准对人放置，以防止高压喷出物射击伤人。施工期间，应对支护的工作状态进行定期和不定期检查。在不良地质地段，应由专人每班检查。

⑤ 暂停施工时，应将支护直抵开挖面。锚杆简易台架应安置应稳妥。

⑥ 作业中如发生风、水、输料管路堵塞或爆裂时，必须依次停止风、水、料的输送。

⑦ 对锚杆支护体系的监控量测中发现支护体系变形、开裂等险情时，应采取补救措施。当险情危急时，应将人员撤出危险区。

⑧ 若已锚地段有较大变形或锚杆失效，立即在该地段增设加强锚杆，长度不小于原锚杆长度的 1.5 倍。

5）环境保护要求

① 临时设施建设尽量少占或绕避良田、林地，保护好原有树木及地表植被。临时用地范围的耕地采取措施复耕。

② 洞里外施工场地修筑临时排水设施保证排水畅通。工地废水，搅拌机、喷射机清洗水泥浆等排放前先经沉淀池，并采取必要的净化措施处理达标后方可排放。

③ 施工作业产生的污水应经过沉淀池沉淀，并经净化处理，符合环保部门要求后排放。

④ 生产、生活中的废弃物及时处理运到当地环保部门指定的地点弃置。

24.2.3 钢筋网施工

1. 施工准备

1）技术准备

在施工前组织技术人员认真学习实施性施工组织设计，阅读、审核施工图纸，澄清有关技术问题，熟悉规范和技术标准，查阅相关施工案例，认真调查隧道围岩地质情况、了解施工条件、技术水平和设备装置的施工参数。制定施工安全保证措施，对施工人员进行技术交底，对参加施工人员进行上岗前技术培训，考核合格后持证上岗。

2）测量技术准备

精密导线网复测完毕并确定成果可用后，测量组根据隧道纵断面设计线、隧道洞轴线及明暗洞开挖轮廓线，对钢筋网的位置进行监控。

3）试验技术准备

在开工前试验室应对钢筋网的原材料应按进场批次检验，检验结果应符合设计及规范要求。试验室应及早将试验的原始资料整理汇总，对于不合格的材料禁止在工程施工中使用。

4）外业准备

施工场地的平整，水、风、电的设置，施工测量与放样。钢筋网施工所需的材料均、机械已进场。钢筋网已加工完成。

5）施工人员及机械准备

① 施工人员配备（表24-10）

表24-10 劳施工人员主要配置表

人员	数量	备注
现场负责人	1	
技术主管	1	
现场技术人员	1	
安全员	1	
焊工	10	
钢筋网安装工	12	

② 施工机械配备（表24-11）

表24-11 施工机械配备表

机具	数量	备注
焊机	3	
钢筋切割机	1	
钢筋调直机	1	
钢筋弯曲机	1	
冷弯机	1	
挖掘机	1	
装载机	1	
风镐	4	
手风钻	6	

2. 隧道初期支护钢筋网施工的一般规定

（1）钢筋网材料应满足设计要求，钢筋网钢筋在使用前应调直、清除锈蚀和油渍。

（2）钢筋网安装应符合下列规定：

应在初喷一层混凝土后再进行钢筋网铺设。采用双层钢筋网时，第二层钢筋网应在第一层钢筋网被喷射混凝土全部覆盖后进行铺挂。钢筋搭接长度不得小于30d（d为钢筋直径），并不得小于一个网格长边尺寸。钢筋网应与锚杆或其他固定装置连接牢固。钢筋网应随受喷岩面起伏铺设，与受喷面的最大间隙不宜大于30mm。

3. 隧道初期支护钢筋网施工要点及规定

（1）钢筋网材料宜采用HPBQ235钢，钢筋材质、规格、性能满足设计要求。

（2）钢筋网使用前需除锈，在洞外分片制作。

（3）钢筋网在初喷混凝土 4 cm 后铺挂，使其与喷射混凝土形成一体，且喷射混凝土保护层的厚度不得小于 3 cm。

（4）砂土层地段应先铺挂钢筋网，沿环向压紧后再喷混凝土。

（5）采用双层钢筋网时，第二层钢筋网应在第一层钢筋网被混凝土覆盖后铺设，其覆盖厚度不应小于 3 cm。

（6）钢筋网要紧贴岩面，钢筋网应与锚杆或其他固定装置连接牢固，和钢架绑扎时，应绑在靠近岩面一侧。

（7）喷射混凝土时，应调整喷头与受喷面的距离、喷射角度，以减少钢筋振动，降低回弹，并保证最终钢筋网喷混凝土保护层厚度不小于 20 mm。

（8）喷射中如有脱落的石块或混凝土块被钢筋网卡住时，应及时清除后再喷射混凝土。

（9）钢筋网示意图见 24-10。

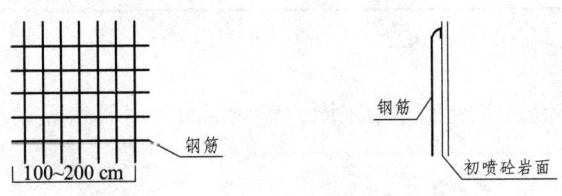

图 24-10　钢筋网示意图

4. 隧道初期支护钢筋网施工工艺

1）施工程序

材料准备→钢筋网加工制作→岩面处理→钢筋网运输→钢筋网安装→钢筋网加固→钢筋网验收→转序。

2）工艺流程

钢筋网施工工序流程见图 24-11。

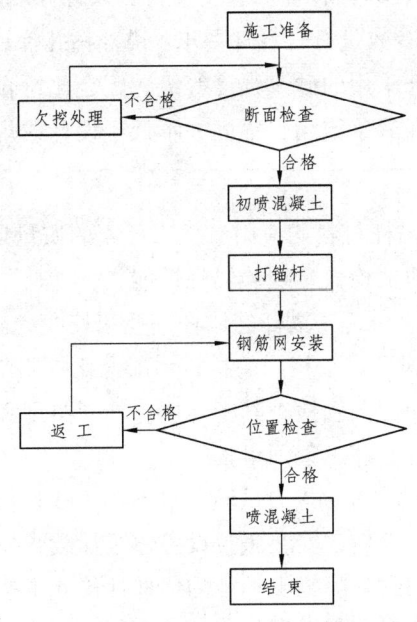

图 24-11　钢筋网施工工序流程

5．施工质量控制

1）隧道初期支护钢筋网实测项目

隧道初期支护钢筋网实测项目见表 24-12。

表 24-12 钢筋网支护实测项目

项次	检查项目	规定值或允许偏差	检查方法和频率
1	网格尺寸（mm）	±10	尺量：每 50 m² 检查 2 个网眼
2	钢筋保护层厚（mm）	≥10	凿孔检查：检查 5 点
3	与受喷岩面的间隙（mm）	≤30	尺量：检查 10 点
4	网的长、宽（mm）	±10	尺量

2）钢筋网外观鉴定

钢筋网与锚杆或其他固定装置连接牢固，喷射混凝土时不得晃动。

3）质量控制

① 质量检验与控制。

钢筋网施工应进行质量检查检验，并符合下列要求：

钢筋网所使用的钢筋的品种、材质、规格等应符合设计要求。钢筋网的制作应符合设计要求。网格间距尺寸允许偏差为 ±10 mm。钢筋网的安装位置应符合设计要求，并与锚杆或其他固定装置联结牢固。钢筋网搭接长度允许偏差为 ±50 mm。

② 锚杆使用的原材料进场要有质量合格，检验项目及检验指标必须符合检验要求。

③ 锚杆安装的数量，砂浆的强度、配合比符合设计要求。施工前要进行工艺试验。

④ 锚杆孔径、深度、孔距和锚杆插入长度要符合设计和规范要求。

⑤ 锚杆类型、布置及安装数量符合设计要求。锚杆钻孔保证直线，并与其所在部位的岩层主要结构面垂直。砂浆锚杆采用的砂浆强度等级、配合比符合设计要求。砂浆锚杆设置垫板，垫板与基岩面密贴。锚杆灌浆饱满，锚固力不低于设计或规范要求。

4）施工质量检验要求

① 锚杆材质检验：每批锚杆材料均应附有生产厂家的质量证明书，按施工图纸规定的材质标准以及监理工程师指示的抽检数量检验锚杆性能。

② 注浆密实度实验：选取与现场锚杆的锚杆直径和长度、锚孔孔径和倾斜度相同的锚杆和塑料管（或钢管），采用与现场注浆相同的材料和配合比拌制的砂浆，并按现场施工相同的注浆工艺进行注浆，养护 7 天后剖管检查其密实度。不同类型和不同长度的锚杆均需进行试验，试验计划及结果都要报送监理工程师审批。

③ 拉拔力试验：按锚杆数 1% 做拉力试验，且不小于 3 根做拉力试验进行拉拔力试验。试验要求在砂浆锚杆养护 28 天后，安装张拉设备逐级加载张拉至拔出锚杆或将锚杆拉断为止，拉力方向应与锚杆轴线一致。喷锚支护处的锚杆抽检，也按照以上方法进行试验，但不同之处是，当拉力达到规定值时，就立即停止加载，结束试验。

5）施工安全要求及措施

① 进入施工现场必须佩戴安全帽。作业台架应搭设稳固，连接扣件要扣牢固。台架上需搭设木板并固定牢固。高空作业必须系安全绳。

② 规范施工用电管理。要做到"一机、一闸、一保护"，进洞电缆都要采用绝缘电缆线架空进洞。

③ 工作区的照明亮度要保证满足施工规范要求。

④ 施工期间，应对支护的工作状态进行定期和不定期检查。在不良地质地段，应由专人每班检查。

⑤ 暂停施工时，应将支护直抵开挖面。

⑥ 锚杆简易台架应安置应稳妥。

⑦ 作业中如发生风、水、输料管路堵塞或爆裂时，必须依次停止风、水、料的输送。

6）环境保护要求

做好废油、废料的收集、处理，不得随意排放，丢置，洞内注意污水的排放，须经净化达标后方可排放。洞里外施工场地修筑临时排水设施保证排水畅通。工地废水，搅拌机、喷射机清洗水泥浆等排放前先经沉淀池，并采取必要的净化措施处理达标后方可排放。施工作业产生的污水应经过沉淀池沉淀，并经净化处理，符合环保部门要求后排放。生产、生活中的废弃物及时处理运到当地环保部门指定的地点弃置。

24.2.4 喷射混凝土施工

1. 施工准备

1）技术准备

在施工前组织技术人员认真学习实施性施工组织设计，阅读、审核施工图纸，澄清有关技术问题，熟悉规范和技术标准，查阅相关施工案例，认真调查隧道围岩地质情况、了解施工条件、技术水平和设备装置的施工参数。制定施工安全保证措施，对施工人员进行技术交底，对参加施工人员进行上岗前技术培训，考核合格后持证上岗。

2）测量技术准备

精密导线网复测完毕并确定成果可用后，测量组根据隧道纵断面设计线、隧道洞轴线及明暗洞开挖轮廓线，设置控制喷射混凝土厚度的标志，一般采用埋设钢筋头做标志，亦可在喷射时插入长度比设计厚度大5 cm的铁丝，每1~2 m设一根，作为施工控制用，并布置好桩点、作好测量交底。

3）试验技术准备

在开工前试验室应对用于隧道喷射混凝土的材料进行现场取样进行各项试验，并做喷射混凝土配合比，试验项目要满足相关的规范及标准要求的规定。喷混凝土配合比经监理工程师审批，进场原材料检验合格。试验室应及早将试验的原始资料整理汇总，对于不合格的材料禁止在工程施工中使用。

4）外业准备

施工场地的平整，水、风、电的设置，施工测量与放样。喷射混凝土施工所需的材料均、机械已进场。设置控制喷射混凝土厚度的标志。施工作业层中所涉及的各种外部技术数据收集。检查断面尺寸，欠挖部分处理。

5）施工人员及机械准备

① 施工人员配备（表24-13）

表24-13 施工人员配备表

人员	数量	备注
现场负责人	1	
技术主管	1	
现场技术人员	1	
安全员	1	
电工	1	
搅拌、喷护作业人员	12	

② 施工机械配备（表24-14）

表24-14 施工机械配备表

机具	数量	备注
搅拌机	2	
喷射机	2	

2. 隧道喷射混凝土施工的一般规定

（1）喷射混凝土施工不得采用干喷工艺。

（2）喷射混凝土配合比，应通过试验确定并满足设计强度和喷射工艺的要求。

（3）喷射混凝土作业应符合下列规定：

当喷射作业分层进行时，后一层喷射应在前一层混凝土终凝后进行。混合料应随拌随喷。喷射混凝土回弹物不得重新用作喷射混凝土材料。

（4）喷射混凝土应适时进行养护，隧道内环境温度低于5℃时不得洒水养护。

（5）冬季施工时，喷射作业区的气温不应低于5℃。在结冰的岩面上不得进行喷射混凝土作业。混凝土强度未达到6 MPa前不得受冻。

（6）采用纤维喷射混凝土时，所用材料应满足设计要求。

（7）纤维喷射混凝土施工应符合规定。

（8）喷射混凝土作业安全与防护应符合下列规定：

应检查和处理支护作业区危石，施工机具应布置于安全地带。施工用作业台架应牢固可靠，并应设置安全栏杆。施工时，非作业人员不得进入喷射作业区，喷嘴前禁止站人。作业区粉尘浓度必须符合本规范第 13 章的规定。作业人员应戴防尘口罩、防护镜、防护帽等劳保用品。喷射作业完成后,应及时清洗机具。

3. 隧道喷射混凝土施工要点

(1) 原材料要求

① 水泥

喷射混凝土应优先采用硅酸盐水泥或普通硅酸盐水泥,水泥型号符合设计要求,并按规定对进场水泥进行检验强。

② 粗、细骨料

粗骨料应采用坚硬耐久的碎石或卵石,。当使用碱性速凝剂时,不得使用含有活性二氧化硅的石料。喷射混凝土中的石子最大粒径不宜大于 15 mm,骨料级配宜采用连续级配。按重量计含泥量不应大于 1%,泥块含量不应大于 0.25%。细骨料应采用坚硬、耐久的中砂或粗砂,细度模数应大于 2.5,含水率宜控制在 5% ~ 7%。砂中小于 0.075 mm 的颗粒不应大于 20%。含泥量不应大于 3%,泥块含量不应大于 1%。

③ 外加剂

应对混凝土的强度及围岩的粘结力基本无影响;对混凝土和钢材无腐蚀作用;对混凝土的凝结时间影响不大(除速凝剂和缓凝剂外);吸湿性差,易于保存;不污染环境,对人体无害。

④ 速凝剂

喷射混凝土宜采用液体速凝剂。在使用速凝剂前,应做水泥的相容性试验及水泥净浆凝结效果试验,严格控制掺量,并要求初凝时间不应大于 5 min,终凝不应大于 10 min。

⑤ 水

水质应符合工程用水的有关标准,水中不应含有影响水泥正常凝结与硬化的有害杂质。一般应采用饮用水。

(2) 配料拌合

按试验确定的配合比准确计量砂、石料、水泥、水、减水剂及防水剂投入拌合设备。搅拌时间根据实验确定,且不小于 2 min。石料、砂、水泥、减水剂、防水剂、合成纤维(掺量为 1.2 kg/m^3)、水的计量误差满足如下要求。水胶比:根据喷射混凝土强度由试验确定,宜控制在 0.4 ~ 0.5 之间;用水量:根据混凝土坍落度要求确定(采用减水剂时可降低用水量);胶凝用量:根据水胶比和用水量计算确定,但不宜小于 400 mg/m^3;砂率:应为 45 ~ 60%;和易性:喷射混凝土拌合物应无离析和泌水、粘聚性好;早期强度:按照《回弹法测试混凝土抗压强度技术规程》测试喷射混凝土早期强度时,其 24 h 抗压强度应不低于 10 MPa。

(3) 拌合料输送:拌合好的湿喷混凝土料,采用混凝土输送车送至湿喷机,在输送过程中要特别防止混凝土的离析。

(4) 基岩面清理:在喷射混凝土之前,对基岩面进行彻底的清理。采用高压水冲洗,对于遇水易潮解、泥化的岩层采用高压风冲洗。

（5）检查机具设备和风、水、电等管线，湿喷机就位，并试运转。选用的空压机应满足喷射机工作风压和耗风量的要求；压风进入喷射机前必须进行油水分离；输料管应能承受 0.8 MPa 以上的压力，并应有良好的耐磨性能。

（6）对有滴水、淋水、出水点等处的受喷面采用凿槽、埋管等方法进行引导疏干处理。受喷面有涌水、渗水或潮湿的岩面，喷射前应按不同情况进行处理。① 大股涌水宜采用注浆堵水后再喷射混凝土。② 小股水或裂隙渗漏水宜采用岩面注浆或导管引排后再喷射混凝土。③ 大面积潮湿的岩面宜采用粘结性强的混凝土，如添加外加剂、掺合料以改善混凝土的性能。

（7）喷射混凝土原材料先检验合格后才能使用，速凝剂应妥善保管，防止受潮变质。严格控制拌合物的水灰比，经常检查速凝剂注入的工作状况。喷射混凝土的坍落度宜控制在 8~13 cm，过大混凝土会流淌，过小容易出现堵管现象。喷射过程中应及时检查混凝土的回弹率和实际配合比。喷射混凝土的回弹率：侧壁不应大于 15%，拱部不应大于 25%。

（8）喷射混凝土拌合物的停放时间不得大于 30 min。

（9）必须在隧道开挖后及时进行施作。喷混凝土厚度应预埋厚度控制标志，严格控制喷射砼的厚度。一般采用埋设钢筋头做标志，亦可在喷射时插入长度比设计厚度大 5 cm 的铁丝，每 1~2 m 设一根，作为施工控制用。

（10）喷射前应仔细检查喷射面，如有松动土块应及时处理。喷射机应布置在安全地带，并尽量靠近喷射部位，便于掌机人员与喷射手联系，随时调整工作风压。

（11）喷射完成后应检查喷射混凝土与岩面粘结情况，可用锤敲击检查。同时测量其平整度和断面，并将此断面与开挖断面对比，确认喷射砼厚度是否满足设计和规范要求。当有空鼓、脱壳时，应及时凿除，冲洗干净进行重喷，或采用压浆法充填。

（12）在喷射侧壁下部时，需将上半断面喷射时的回弹物清理干净，防止将回弹物卷入下部喷层中形成"蜂窝"而降低支护强度。

（13）经常检查喷射机出料弯头、输料管和管路接头，发现问题及时处理。管路堵塞时，必须先关闭主机，然后才能进行处理。

（14）喷射完成后应先关主机，再依次关闭计量泵、震动棒和风阀，然后用清水将机内、输送管路内残留物清除干净。

（15）喷射混凝土冬期施工时，洞口喷射混凝土的作业场合应有防冻保暖措施；作业区的气温和混合料进入喷射机的温度均不应低于 5 ℃；在结冰的层面上不得进行喷射混凝土作业；混凝土强度未达到 6 MPa 前，不得受冻。

（16）喷射混凝土的养护：

混凝土喷射终凝 2 h 后，应采用养护台架进行湿润养护，养护时间不得少于 14 d；黄土或其他土质隧道，以喷雾养护为宜，防止喷水过多软化下部土层；隧道内环境气温低于 5 ℃ 时，不得进行喷水养护。

4. 喷射混凝土施工工艺

1）喷射混凝土施工顺序

施工准备→断面检查→清理基面→埋设检测标识桩→喷混凝土→养护。

2）工艺流程

喷混凝土施工工艺流程见图 24-12。

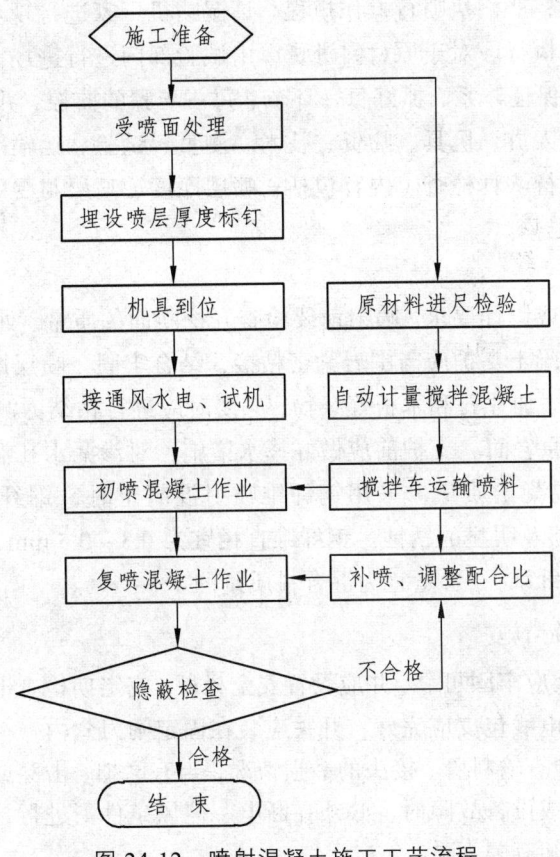

图 24-12 喷射混凝土施工工艺流程

5. 施工质量控制

1）隧道喷射混凝土实测项目（见表 24-15）

表 24-15 （钢纤维）喷射混凝土支护实测项目

项次	检查项目	规定值或允许偏差	检查方法和频率
1	喷射混凝土强度（MPa）	在合格标准内	按设计及规范要求
2	喷层厚度（mm）	平均厚度≥设计厚度；检查点的60%≥设计厚度；最小厚度≥0.5设计厚度，且≥50	凿孔法或雷达检测仪：每 10 m 检查一个断面，每个断面从拱顶中线起每 3 m 检查 1 点
3	空洞检测	无空洞，无杂物	凿孔或雷达检测仪：每 10 m 检查一个断面，每个断面从拱顶中线起每 3 m 检查 1 点

注：发现一处空洞本分项工程为不合格。

2）外观鉴定

无漏喷、离鼓、裂缝、钢筋网外露现象，不符合要求返工处理。

3）质量控制

① 质量控制措施

按照施工工艺施工，严格执喷行操作规程。请湿喷机厂家进行现场培训、指导，按照湿喷机操作方法进行严格执行。对于原材料进货，由试验部门进行进场前试验，不合格材料一律不得进场。制定质量保证体系，抓好每一环节、每一步骤的监控，并责任到人，狠抓落实。每次喷射作业前，做好人员、机具、物资、技术、测量、试验、运输等准备工作。施工技术人员对喷射作业环节进行认真检查（内容包括：喷层厚度、喷层与受喷面粘结情况、喷射作业中各种参数），严格把关。

② 施工质量要求

材料必须满足规范或设计要求。喷射前要检查开挖断面的质量，处理好超欠挖。喷射前，岩面必须清洁。喷射混凝土支护应与围岩紧密粘接，结合牢固，喷层厚度应符合要求，不能有空洞，喷层内不容许添加片石和木板等杂物，必要时应进行粘结力测试。喷射混凝土严禁挂模喷射。受喷面必须是原岩面。支护前应做好择水措施，对渗漏水孔洞、缝隙应采取引捧、堵水措施，保证喷射混凝土质量。采用钢纤维喷射混凝土时，钢纤维抗拉强度不得低于 380 MPa，且不得有油渍及明显的锈蚀。钢纤维直径宜为 0.3~0.5 mm，长度为 20~25 mm，且不得大于 25 mm。钢纤维含量宜为混合料质量的 1%~3%。

4）施工安全要求及措施

① 施工用作业台架应牢固可靠，并应设置安全栏杆；应定期检查电源线路和设备的电器部件，确保用电安全，电线包皮应完好，开关应装在固定闸刀盒内。

② 施工中应经常检查输料管、接头的磨损情况，当有磨损、击穿或松脱等现象时应及时处理；施工中检修机械或设备故障时，必须在断电、停风条件下进行，检修完毕向机械设备送电送风前必须事先通知有关人员。

③ 喷射手应控制好风压、喷射距离，避免回弹骨料伤人。当采用加大风压处理堵管事故时，应先关机将输料管顺直，紧按喷嘴，喷嘴前方不准站人，疏通管路的工作风压不得超过 0.5 MPa。

④ 安全员应随时观察地质变化，发现有松动滑块现象，应立即撤离工作面；非施工人员不得进入正进行喷射的作业区，施工中喷嘴前严禁站人；喷射作业人员应戴防尘口罩、防护帽、防护眼镜、防尘面具、防尘工作服，雨靴，橡胶手套等防护用具，作业人员应避免直接接触碱性液体速凝剂，不慎接触后应立即用清水冲洗；喷射混凝土结束后，应及时对机具进行清洗，避免堵管炸裂伤人。

24.3 其他初期支护施工工艺

24.3.1 组合（中空锚杆）施工工艺

1. 工艺流程

施工准备→锚杆孔测量放样→钻孔→清孔→插入锚杆→注浆→安装垫板→锚杆验收。

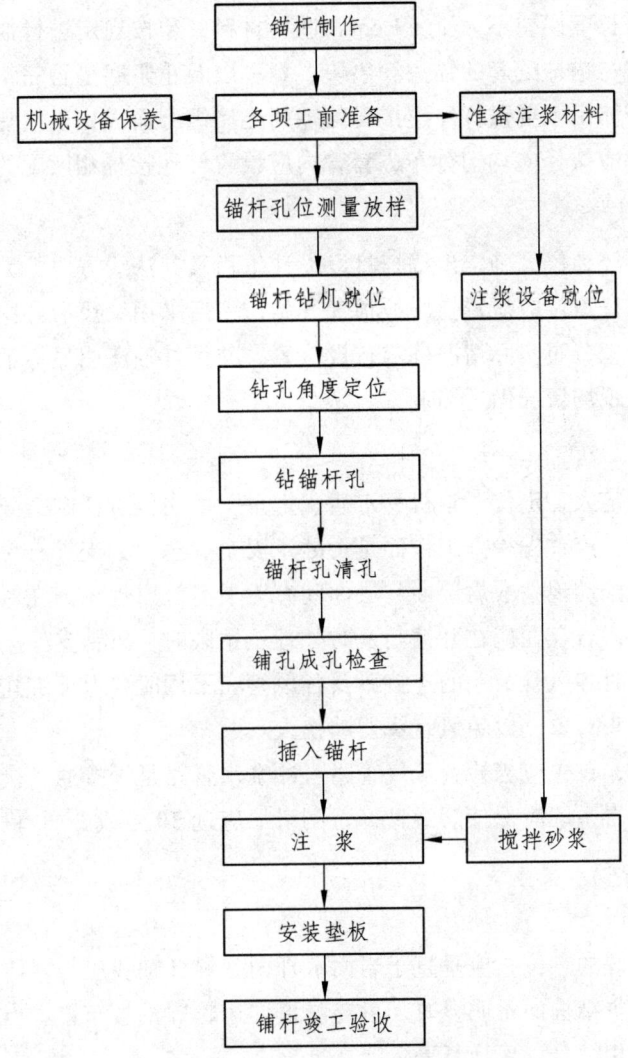

图 24-13 注浆锚杆施工工艺流程图

2. 施工方法

1）施工准备

① 使施工现场达到三通，即电源、水源、道路通。

② 清除孤石、危石以及容易掉落石块，清理锚杆孔口岩面，使岩面也钻孔方向垂直，如不垂直，安装锚杆时可用特制垫块调整，使托板密帖岩面。

③ 准备好锚杆的各部件，准备好钻孔及配套设备。

④ 确定砂浆施工配合比。

⑤ 准备好各种质检记录表，按照各项目竣工文件以及其他相关文件要求。

2）锚杆制作

材料螺母、垫板、止浆塞、中空锚杆杆体、注浆通道、出浆通道、排气通道、连接段、实心锚杆杆体、锚头和锚孔，杆身必须调直无缺损并除去杆上油污、铁锈、杂质。杆体直径要均匀、一致。加工长度误差不大于±1cm。进场材料必须按规定进行抽样检测，合格后方能使用。清理、检查与锚杆配套的锚头、垫块、螺母以及止浆塞是否完整、配套，需在平地上试拼。组合锚杆杆体由中空锚杆经连接套与钢筋连接组合而成，连接套应设置出浆口，直径不小于16mm，并应按径向均匀分布，套管内应设置与连接杆相匹配的丝扣。

3）锚杆孔测量放样

采用全站仪或者经纬仪，确定出锚杆打设设计里程及其法线方向，为了达到锚杆梅花形布置，间隔环首根锚杆点位应从隧道中线顶部开始，然后采用钢尺沿开挖弧线按设计环向距离以及围岩层理、节理分布实际情况确定打设位置，并用红油漆明显标示。不得生搬硬套采用径向锚杆，并应视现场情况做适当调整。

4）锚杆钻机就位

钻孔施工实行"定人、定位、定机、定质、定量"的岗位责任制，分区按顺序钻孔。钻眼人员到达掌子面时，应首先检查工作面是否处于安全状态，如支护有无表观变形、裂纹；拱部、两帮岩面有无松动现象或岩层面与层面间有无夹薄泥层现象，在风钻水喷洒后是否软化剥落、掉块、坍方，若存在应在开钻前及时处理；钻眼时，风钻支架应放在妥当位置，以免支架弹出伤人；同时各风管节头的连接以及各风管在不用时要保证绑扎好；在开关风时要认真清理被开关风管头对象，以免风管头摆动伤人。

在启动凿岩机前，首先应当检查压气管路、冲洗水管路是否接通、接牢，检查润滑系统是否加了润滑油。凿岩系统应保持润滑良好，润滑油应选30号或20号机油，一般使用注油器，每班应定次定量添注。

5）钻孔角度定位

根据测量放线定好的点位，应垂直于岩面节理面，锚杆轴线应与岩体主结构面或滑移面成较大角度相交，当主结构面不明显时，可与隧道周边轮廓垂直布置。当拱顶或拱腰条件受限时，可采用长短钎相结合，更换钎需迅速、准确。

6）钻孔

钻孔机具根据设计所规定的孔位、孔径、长度与倾斜钻孔，钻机采用YT28气腿式风枪，钻头采用Φ38mm梅花形合金钢钻头。开孔时，应调节凿岩机的控制手柄阀，使凿钻轻冲击运转，调整气腿调压阀，使气腿推力处于弱推力状态。当形成孔窝后，可逐渐使凿岩机处于中运转状态，然后再逐渐增大气腿的轴推力，当炮孔凿入100mm左右，可使凿岩机处于全运转和注水及吹洗的工作状态，气腿的轴推力调整到最优推力。对钻机先供风供水，开始钻进，钻进应以多回转、少冲击的原则进行，以免钻渣堵塞水孔。针对不同岩性的围岩，应根据排粉情况分别调整冲击功、转杆速度和轴推力，力求获得较高的凿岩速度。如钻凿中硬岩，冲击功要小些，转杆速度可高些，推力不宜过大。而对于坚硬岩石，冲击功要大。在允许眼孔误差范围内，选择岩层较好的位置（错开岩层节理面）进行开孔；转钎速度应低，轴推力要大，采用多转动、少振动；减少钻孔时用水量；换钎时速度迅速；开孔做到平直，防止孔壁发生错台。

7）清 孔

成孔后用φ18弯头钢管直至孔底通入高压风清孔，将孔内壁及根部残留废土清除干净。清孔必须彻底，否则碎屑可能堵塞排气管，影响孔内注浆效果。切忌人员正对眼口，以免孔内杂物伤害人员。

8）孔位检查

锚杆孔口位置误差不大于±15 cm，梅花形布置，钻眼深度允许偏差为±50 mm。锚杆应垂直于开挖岩面布设。杆孔深度大于锚杆设计长度 10 cm，锚杆插入孔内的长度不得短于设计长度的 95%。孔位及孔深检查采用卷尺量测，孔径采用比连接件直径大 10 mm 的 PVC 管检测。待自检合格后，填写检查记录表格，报现场监理工程师检查合格后，方能插入锚杆。

9）插入锚杆

安装前，应检查锚杆是否符合设计规格、长度等要求，采用人工插入带锚头的锚杆，上仰孔时将排气管扎在锚杆杆体上，并长于中空锚杆尾部约 0.5 m，当插入比较困难时，将锚杆退出后采用风钻洗孔清空后重新插入，拱腰以上的锚杆一定要与网片或连接钢筋固定好，防止锚杆脱落伤害人员。套上止浆塞并敲紧，注意保护好排气管位置，禁止将排气管压扁或损坏。

10）注浆作业

① 注浆材料采用水泥砂浆，水泥选用 32.5R 以上的普通硅酸盐水泥，质量应满足《硅酸盐水泥、普通硅酸盐水泥的各项指标》（GB175）标准；拌合水应符合《铁路混凝土及砌体工程施工规范》（TB1210）的各项规定。

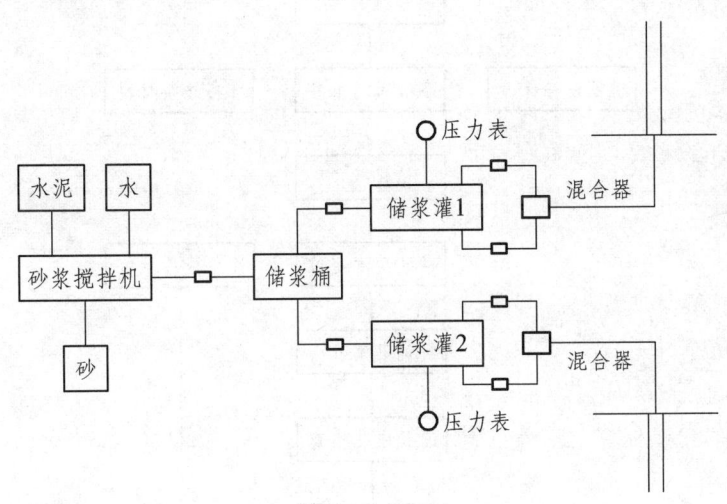

图 24-14 注浆作业工艺图

② 注浆用水泥砂浆配合比应根据设计文件进行配置，砂浆具有早强性、可流动性、膨胀密实性功能，属于富水泥砂浆。

③ 砂浆拌制采用 YI32S-4 型拌和机，随拌随用，拌合时间不少于 3 分钟，注浆过程中注意防止容器内浆液产生沉淀。选用 HFV-5D 注浆机，注浆时缓慢匀速注入，以减少浆液中气泡的产生以及冲孔现象。

④ 注浆参数注浆压力选择，采用一次升压法注浆，注浆压力要控制在 0.3~0.6 MPa 之间；单孔注浆量计算：

$$Q = \lambda \lambda \pi L n \beta$$

式中：Q 为单孔浆液压入量（m^3）；R 为浆液扩散半径（m）；L 为注浆段长度（m）；β 为浆液在裂隙的有效填充系数，视岩层性质而定，一般为 0.3~0.9；n 为体积裂隙率，一般取 1%~10%，破碎地段取 30%~40%；λ 为损失系数，取 1.1~1.5。（参照武广客运专线乌龙泉至花都段鹰嘴山隧道施工设计图。）

⑤ 开启注浆泵前，检查排气孔是否正常排出气体，将水灰比为 0.5~0.4 水泥浆注入锚孔内。约 30 秒后，当排气管停止排气或流出稀浆后，再经 10 余秒方可停止注浆。关闭注浆泵，卸下注浆接头，迅速堵塞锚杆尾部孔。

11）垫片安装

垫板应紧贴围岩，围岩不平时要用 M10 砂浆填平，再拧紧螺帽。锚杆施工完毕后，由于爆破或其他因素影响，可能使托盘松动，锚固失效，因此要定时检查，如发现托盘松动，及时拧紧螺帽。

24.3.2 锁脚锚管施工工艺

1. 工艺流程

各项工前准备→钻机就位→钻孔→清孔→插入锚管→注浆→连接钢架、锚管验收。

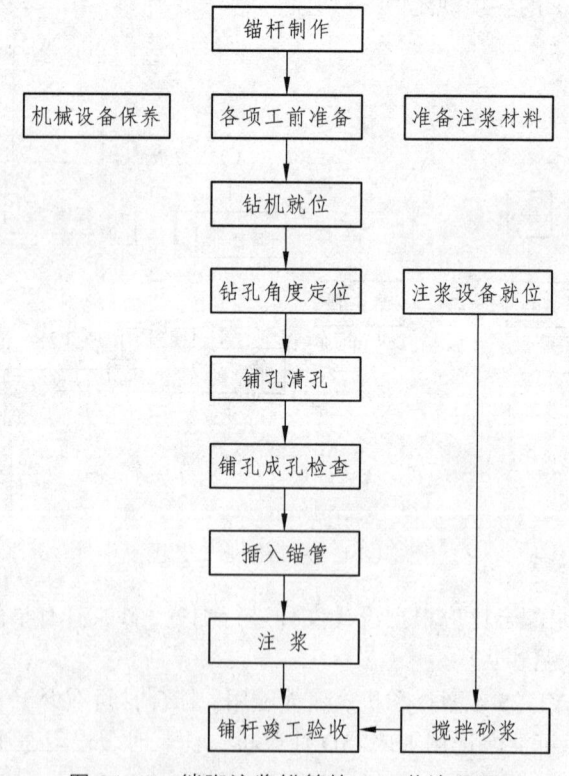

图 24-15 锁脚注浆锚管施工工艺流程图

2. 施工方法

1）施工准备

① 使施工现场达到三通，即电源、水源、道路通。

② 清除孤石、危石以及容易掉落石块，清理锚管孔口岩面。

③ 准备好锚管的各部件，准备好钻孔及配套设备。

④ 确定砂浆施工配合比。

⑤ 准备好各种质检记录表，按照各项日竣工文件以及其他相关文件要求。

2）锚管制作

材料采用锁脚注浆锚管，杆身必须调直无缺损并除去杆上油污、铁锈、杂质。杆体直径要均匀、一致。进场材料必须按规定进行抽样检测，合格后方能使用。头部作成锥形，杆身间隔 15 cm 钻直径为 6 mm 孔（参照超前小导管加工方法）。

3）孔位确定

在架立好的钢架两侧 2~3 cm，连接钢板上 1 m 左右选择适当位置。两点基本上在同一水平面上。不得过于靠近钢架，防止钻孔过程中钻杆影响钢架。

4）钻机就位

在启动凿岩机前，首先应当检查压气管路、冲洗水管路是否接通、接牢，检查润滑系统是否有足够润滑油。凿岩系统应保持润滑良好，润滑油应选 30 号或 20 号机油，一般使用注油器，每班应定次定量添注；在开关风时要认真清理被开关风头，以免风管头摆动伤人。同时各风管节头的连接以及各风管在不用时要保证绑扎好。钻眼人员到达掌子面时，应首先检查工作面是否处于安全状态，如支护有无表观变形、裂纹；拱部、两帮岩面有无松动现象或岩层面与层面间有无夹薄泥层现象，在风钻水喷洒后是否软化剥落、掉块、坍方，若存在应在开钻前及时处理；钻眼时，风钻支架应放在妥当位置，以免支架弹出伤人。

5）钻孔角度定位

根据对不同角度的沉降观测数据分析，水平向下打入 30°~50°效果比较好。

6）钻　孔

根据所规定的孔位、孔径、长度与倾斜钻孔，钻机采用 YT28 气腿式风枪，钻头采用 Φ70 mm 梅花形合金钢钻头。开孔时，应调节凿岩机的控制手柄阀，使凿钻轻冲击运转，调整气腿调压阀，使气腿推力处于弱推力状态。当形成孔窝后，可逐渐使凿岩机处于中运转状态，然后再逐渐增大气腿的轴推力，当炮孔凿入 100 mm 左右，可使凿岩机处于全运转和注水及吹洗的工作状态，气腿的轴推力调整到最优推力。对钻机先供风供水，开始钻进，钻进应以多回转、少冲击的原则进行，以免钻渣堵塞水孔。针对不同岩性的围岩，应根据排粉情况分别调整冲击功、转杆速度和轴推力，力求获得较高的凿岩速度。如钻凿中硬岩，冲击功要小些，转杆速度可高些，推力不宜过大。而对于坚硬岩石，冲击功要大。在允许误差范围内，选择岩层面较好位置（错开岩层节理）进行开孔；转钎速度低，轴推力要大，采用多回转，少冲击，使孔壁完整性较好；减少钻孔时用水量；钻孔时做到准、直、平，防止发生错台；岩层较差时采用高压风清孔；清孔完毕时，及时插入锚管。

7）清　孔

成孔后用φ18弯头钢管直至孔底通入高压风清孔，将孔内壁及根部残留废土清除干净。切忌人员正对眼口，以免孔内杂物伤害人员。

8）孔位检查

钻孔后，孔内石粉必须用高压水或高压风冲洗干净。杆孔深度大于锚管设计长度10 cm，锚管插入孔内的长度不得短于设计长度的95%。孔深检查采用卷尺量测，孔径采用比锚管直径大10 mm的PVC管检测。待自检合格后，填写检查记录表格，报现场监理工程师检查合格后，方能插入锚管。

9）插入锚管

采用人工插入带锥头的锚管；当插入比较困难时，将锚管退出后采用风钻洗孔清空后重新插入，或用风钻直接送入。锚管钢筋保护层在采用水泥砂浆时不小于8 mm，其强度等级不应低于M20。

10）注浆作业

① 注浆材料采用水泥砂浆，水泥选用32.5R以上的普通硅酸盐水泥，质量应满足《硅酸盐水泥、普通硅酸盐水泥的各项指标》（GB175）标准；拌合水应符合规范的各项规定。

② 注浆用水泥砂浆配合比应根据设计文件进行配置，砂浆具有早强性、可流动性、膨胀密实性功能，属于富水泥砂浆。

③ 砂浆拌制采用YI32S-4型拌和机，随拌随用，拌合时间不少于3分钟，注浆过程中注意防止容器内浆液产生沉淀。选用HFV-5D注浆机，注浆时缓慢匀速注入，以减少浆液中气泡的产生以及冲孔现象。当均匀浆液从孔口流出时，持续10余秒，可以结束注浆。

④ 注浆参数　注浆压力选择，采用一次升压法注浆，注浆压力要控制在0.5～1.0 MPa之间；单孔浆液理论计算：

$$Q = \pi L R[k]^2 \eta$$

式中：Q为单孔浆液压入量（m³）；$R[k] = 0.6L[0]$，$L[0]$为钢管中对中距离（m）；L为注浆段长度（m）；η为围岩孔隙率各类围岩条件下孔隙率参考值：砂土40%，粘土20%，断层破碎带5%；λ为损失系数，取1.1～1.5。参照秦东隧道施工设计图纸以及相关设计文件。

11）连接处理

钢管插入时，注意尾部应与钢架面平齐。由于锚管与钢架接触面过小，焊接有效面积小的原因，采用Φ20螺纹管加工成"u"型，并与钢架、锚管有效焊接。

第25章 二次衬砌施工

25.1 衬砌台车施工

25.1.1 简易台架衬砌施工工艺

1. 工艺流程（见图25-1所示）

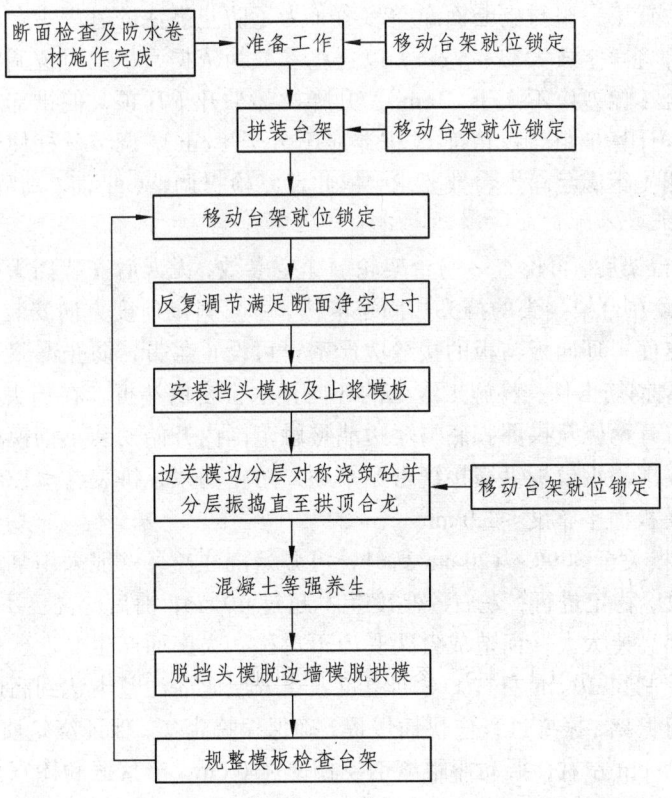

图25-1 简易台架衬砌施工工艺流程图

说明：在关模板过程中要特别注意模板接缝，安装好止浆条，以防漏浆，并注意灌注过程中的巡视检查，确保脱模后的衬砌外观质量。

2. 施工方法

1）施工准备

① 检查好初支断面，如有欠挖提前处理，并做好防水卷材及盲沟管的铺设及有钢筋地段的钢筋绑扎。

② 对组拼好的台架应进行调试检查，确保液压系统、千斤顶、螺旋丝杠动作正常，尤其是栓接和铰接部位，确保台架整体稳固牢靠。调试检查完毕后，对台架升降、伸缩等活动构件加注润滑油，确保工作过程正常。

③ 准备好泵送设备、泵送管道及连接件，捣固棒等小型机械设备，并检查其完好性，配备一定富余量。

④ 台架对位过程中，要注意测量准确，预留变形空间，防止施工荷载引发台架微量变形和位移对净空造成的影响，确保满足衬砌断面净空要求。

2) 施工步骤

简易台架衬砌施工，主要利用人工关模方式，分层对称边关边灌注边振捣，具体施工步骤如下：

① 按照线路设计参数及平面、高程控制网，要求以台架每榀拱圈纵向间距为计算步距，计算放样出作业位置第一组衬砌断面净空参数（为了防止灌注砼过程中台架微量位移和变形对净空的影响，可将净空放大 3～5 cm）以这些参数为依据，精确对位调整台架，使台架中线与线路中线重合（偏差应不大于 1 cm），升降拱部举升千斤顶，使拱部台架钢拱圈拱部部分表面高程与净空计算步距高程相符（偏差应不大于 1 cm），调节丝杠使台架钢拱圈边墙部分表面沿中线两侧支距满足净空参数要求，依此反复检查调整，平面、高程符合误差要求后，锁定台架行走机构。

② 调整锁定台架后，再检查一遍台架轮廓净空参数，无误后安装挡头板模板（采用 5 cm 厚木板），通过留设在台架端头的挡头板固定卡槽，垂直衬砌厚度方向安装，挡头板接触初支面一端应紧贴初支面，环向板与板的接缝应严密，可设止浆带，防止漏浆、爆模，在安装挡头模板时利用 U 型钢筋卡件，将施工缝处的环向止水带自由端折卡在挡头板内面上。在安装挡头板同时即可分开两侧从拱圈脚底与矮边墙接触范围内开始安装小钢模板，一直上向边墙方向逐层推进，要求小钢模板纵横接缝密贴平顺，防止漏浆，拼装缝≤1.0 mm，相邻模板高低差≤2.0 mm，模板面平整度≤2.0 mm。

③ 当边墙模板关至约 90～120 cm 高时，可开始浇注砼，一般采用泵送入模，泵送砼应注意控制入模速度，稳定进行，左右砼高度差不超过 40 cm，前后砼高度不超过 50 cm，防止两侧因浇注的砼面高差太大，而造成台架受力不对称，失衡而产生变形、移位，浇筑务必要水平分层（层厚控制在 30 cm 左右）对称浇筑。在分层砼灌注基本达到高度后，采用人工插入振捣棒方式进行振捣，振捣过程应快插慢提，确保振捣密实，保证浇筑质量。振动时间 50 s 左右，振动间距 15 cm 左右，振动棒距离钢模板 5～10 cm，严禁振动棒直接接触作用于模板上。分层振捣完成后，灌注上一层，分层振捣，同时继续向上关模板，依次连续进行，直至拱顶模板及砼灌注合拢。

④ 脱模时间应满足设计要求，防止因砼强度不足脱模拉伤砼表面。脱模顺顺为先脱挡头板模板，再脱边墙模板，最后脱拱顶模板。先拆除堵头板，扶正止水带，为下一组做好准备；自边墙底部向上两侧依次松开侧向丝杠，向中线方向收拢边墙拱圈，拆除边墙模板；降低拱部拱圈垂直升降千斤顶，使台架整体下降，拱部模板脱离，拆模。规整模板，清除模板表面的混凝土，均匀刷涂脱模剂，准备下一组施工。

⑤ 移动台架至下一组作业位置，检查台架各点连接情况，准备施工，对已完成的衬砌砼

进行洒水养护，养护时间不得少于 7 d。

3）施工过程的注意事项

① 在浇筑混凝土前，再次检查台架构件各连接点是否牢靠，检查调节丝杠是否上紧，尤其是脚底丝杠支撑端是否牢靠，检查临时加固支撑是否安装到位，检查挡头板是否牢固。在浇筑过程中，也要安排专人巡视各连接点情况，一旦发现松动要暂停灌注，立即紧固或加额外临时支撑。

② 由于模板采用小钢模板组拼，因此要特别注意模板拼装质量，否则将直接影响衬砌砼表面外观质量，而且会增加修饰难度。

③ 砼浇筑过程一定要严格执行水平分层对称浇筑的方法，并特别注意泵送速度，不应过快。

④ 拱部封顶砼要注意振捣密实，避免出现空洞。

⑤ 注意对台架日常的维护和保养，一般可在完成 3~5 组衬砌时，进行一次全面检查，检查栓接螺栓质量及销钉质量，如有磨损，滑丝等现象，应立即更滑，对丝杠，千斤顶应检查其动作状况，清理表面杂物，涂抹润滑脂油。

25.1.2 液压台车衬砌施工工艺

1. 工艺流程

施工工艺流程见图 25-2 所示。

2. 施工方法

1）液压模板台车加工要求

① 二次衬砌施工采用全液压自动行走的整体模板衬砌台车，衬砌台车结构尺寸应准确，各种伸缩构件、液压系统、电气控制系统运行良好，应合理设置各支承机构；满足自动行走要求，并有闭锁装置，保证定位准确。

② 二次衬砌模板台车必须在隧道进洞前进场。

③ 台车整体模板板块由面板、支撑骨架、铰接接头、作业窗等组成，当衬砌断面较大，所承受荷载较大时，支撑骨架应制成桁架结构，并尽量减少板块接缝数量。模板及支架应具有足够的强度、刚度、稳定性和抗上浮能力，能安全的承受所浇筑混凝土的重力、侧压力以及在施工中可能产生的各项荷载。模板应达到不凹凸、支架不偏移、不扭曲，满足多次重复使用不变形要求。台车设计应便于整体移动、准确就位。

④ 台车模板支撑桁架门下净空应满足隧道衬砌前方施工所需大型设备通行要求；桁架各层平台的高度要满足砼施工要求，利于工人进行安管、砼捣固等施工作业，必须要有上下行的爬梯。

⑤ 两车道二衬台车面板钢板厚应不小于 10 mm；三车道隧道二衬台车面板钢板厚应不小于 12 mm；四车道的二衬台车必须经过计算，邀请有关专家研究审查后定制。为减少二衬模板间痕迹，外弧模板每块钢板宽度推荐采用 2 m，但不应小于 1.5 m，板间接缝按齿口搭接或焊接打磨。

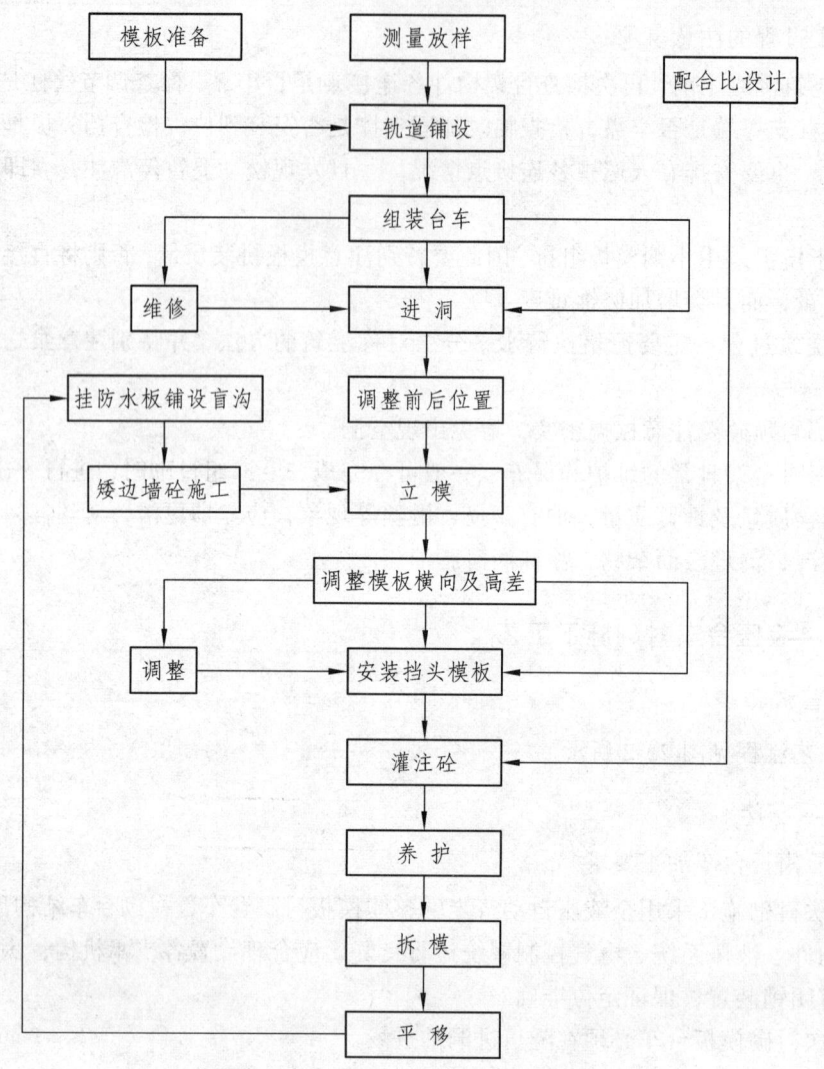

图 25-2 液压台车衬砌施工工艺流程图

⑥ 应按照一定间距设置作业窗口，作业窗口设置应满足混凝土浇筑、振捣规范要求，作业窗口间距纵向不宜大于 3 m，横向不宜大于 2.5 m，窗口尺寸一般为 50 cm×50 cm，且应整齐划一；作业窗周边应加强，防止周边变形，窗门应平整、严密、不漏浆。

⑦ 二衬台车的长度应根据隧道的平面曲线半径、纵坡合理选择，长度一般为 10~12 m，对曲线半径小于 1 200 m 的台车长度不应大于 9 m。

⑧ 衬砌台车应工厂制造、现场拼装，现场拼装时应检查其中线、断面和净空尺寸等；衬砌前对模板表面进行彻底打磨，清除锈斑，涂油防锈；对模板板块拼缝进行焊联并将焊缝打磨平整，防止使用过程中模板翘曲变形而影响砼表面质量，避免板块间拼缝处错台。衬砌台车加工见表 25-1。

表 25-1 衬砌台车有关要求

内　容	要　求
衬砌台车长度	一般为 10～12 m；小于 1 200 m 半径隧道，二衬台车不大于 9 m。
模板外观尺寸	满足设计要求
两端的结构尺寸相对偏差	不大于 3 mm
模板厚度	两车道不小于 10 mm，三车道不小于 12 mm
每块模板宽度	不小于 1.5 m，推荐为 2 m
台车每延米重量	一般两车道不小于 6.8 t，三车道不小于 8.5 吨
行走机构	行动自如、制动良好。带有液压推杆制动器
台车架、液压、支撑系统	足够的刚度和强度；液压缸采用液压锁锁定，同时采用支承丝杠进行机械锁定
工作窗口	布局合理，易于捣固，封闭平整

2）液压台车组装、验收项目及标准（表 25-2）

表 25-2 模板台车整体尺寸标准误差

序号	项目	标准
1	轮廓半径	±3 mm
2	模板平整度	3 mm/2 m
3	模板错台	≤2 mm
4	模板间隙	≤1.5 mm
5	表面粗糙度	抛光处理
6	模板台车外轮廓表面纵向直线度误差	≤2 mm
7	自模板顶点，按高度 2 m 的间距划分，该处弦长与设计误差	≤±2 mm
8	模板台车轮廓前后误差	≤3 mm

3）矮边墙的施工

仰拱及仰拱填充施作完毕后进行矮边墙施工，模板采用定型钢模板洞内组装，矮边墙施工要求：

① 模板安装后线型必须圆顺，上口必须平顺，严格按测量定位放线控制施工。

② 安装矮边墙堵头板时，必须将纵向盲管从堵头板引出，并留有足够长度，以便下循环连接施工。模板加固必须牢固，尽量减小施工误差，如发现高低不平，中线不顺，立即通知现场作业人员，处理后进行施工。

③ 混凝土浇筑前须将施工面清理、冲洗干净。

④ 按照要求在防水板、环向盲管以及纵向盲管安装完毕并经检查合格后方可进行矮边墙施工。同时对施工段进行测量交底，确保中线位置准确。

4）液压台车就位

① 台车就位固定

A. 测量定位：采用全站仪和水准仪准确测放隧道中线和两侧高程，铺设台车行走部位枕木和钢轨（60 kg/m）。

B. 台车试车合格后，在确保台车上下、左右无障碍物的情况下，启动行走电机，操作台车前行至待衬砌位置，关闭行走电机，并在行走轮处打好木楔或使用阻车器，防止溜车或衬砌中骨架受偏力产生位移，引起跑、爆模。

C. 旋紧底梁下的螺旋支腿，应确保底板落在坚实的基础上。

D. 在拆掉所有侧模支承丝杠一端铰销的情况下，启动液压油泵，操纵升降油缸上升至设计拱顶标高，锁紧举升油缸上的机械锁紧螺母，旋下台梁下支腿并拧紧；操纵调心油缸，使台车中线对正隧道中线；操纵边模油缸使侧模伸出至设计尺寸。若油缸动作不同步，可采用锁紧靠近一个油缸的丝杠，继续动作操作阀使同排其他油缸继续伸出。微量调节时可用丝杠。边模达到设计尺寸后，上好所有侧模丝杠并确保旋紧。

E. 使用丝杠将底模伸出到设计尺寸后，旋紧所有丝杠。

F. 台车就位结束后，必须关掉液压油泵电源，以免误动阀组操作手柄，使台车结构变形或损坏液压缸。

G. 在模型板外表面涂脱模剂。

H. 安装堵头板和接缝模板。堵头板可根据开挖情况架设，堵头板一定贴紧台车端头面，中埋式止水带可通过端头模板固定。为防止 U 形螺栓受力过大，堵头板的悬臂端要用斜撑顶紧。

② 就位调整

A. 前后调整：通过台车走行机构来完成。

B. 左右横向调整：150 mm 以内用水平油缸调整，超过 150 mm 需先调整轨道位置。

C. 模板高度调整：单独调整垂直油缸。

5）灌注混凝土

混凝土由拌和站集中供给，混凝土输送车运送，泵送砼入模，插入式捣固棒振捣。隧道砼衬砌施工时，问题较多的是拱顶衬砌，拱顶衬砌的最后阶段是封拱，在拱顶浇注的输送管道布置时，必须考虑封拱的方法。

① 边墙基础顶面在二衬前应进行如下处理：顶面凿毛，清除浮渣，洒水湿润砼表面，安装纵向止水带，顺直接茬钢筋，并用水冲洗干净接茬面。

② 拱顶预埋压浆管、排气孔，衬砌后拱顶作注浆处理，确保拱顶砼密实。

③ 台车移动时，钢模必须收拢到要求位置，所有作业窗口关闭，移动中必须有专人掌握刹车器，防止台车溜放和冲撞。

④ 边墙和拱脚部分的混凝土振捣作业利用作业窗口采用插入式振动器捣固。拱顶可使用附着式振动器捣固。

⑤ 检查接缝模板、堵头板是否安装牢固。

⑥ 检查灌注部位的作业窗是否关闭。

⑦ 检查输送管接头是否牢靠。

⑧ 混凝土材料的选用、配合、搅拌、运输、灌注等要求按混凝土施工技术规则进行。浇注起始，应从距离基础上约 1.5~2 m 处的作业窗开始浇注，并注意倒换浇注位置，混凝土入模要求两侧对称作业施工，以免偏压导致跑模，严禁由拱顶的浇注口直接浇注。

⑨ 混凝土的浇注速度要均匀、连续进行，不大于模板设计浇注速度。

⑩ 当浇注至拱肩处时，应设专人在拱部端头处观察排气口，以防灌满后过度泵送压坏模板。混凝土振捣采用以插入式振捣为主、附着式振捣为辅方式进行，振捣时间要严格控制，防止过振、漏振。

⑪ 混凝土浇注过程中的注意事项：

在砼浇筑过程中，派专人观察模板、支架、预埋件和预留空洞的情况，当发现变形位移时，及时采取措施进行处理，确保混凝土连续灌注。浇注时，钢模板台车前后混凝土高度差要求不超过 600 mm；左右混凝土高度差要求不超过 500 mm。浇注到最后通过浇注口封顶的后期，必须使用低速挡进行浇注，并时刻注意浇注口压力的变化，避免因混凝土注满后强行注入而导致压力过大使模板变形。混凝土浇筑后及时养护，养护时间不小于 7 d；参有外加剂的砼养护时间不小于 14 天。

⑫ 衬砌混凝土防脱空保证技术措施

A．浇注混凝土前要严格的检查台车的加固系统，底部支撑要坚实，防止拱部模板下沉量过大，导致拱部混凝土下沉脱空。

B．严格按照混凝土配合比施工，把好原材料质量关，控制好混凝土的水灰比。

C．防水板挂设松紧度要适中，防止由于防水板局部受力导致衬砌混凝土与初支面之间脱空。

D．浇注混凝土时要严格按照规范和操作要求施工，特别是拱顶混凝土，从内模向外模端方向浇注，以利于空气的排出，保证拱顶混凝土灌注密实。

6）脱　模

浇注结束后，一般脱模时间要求为：不承受外荷载的拱墙，混凝土强度不得低于 2.5 MPa；承受围岩压力较大的拱墙，封顶或封口混凝土强度应达到设计强度的 100%；承受围岩压力压力较小的拱墙，封顶或封口混凝土强度应达到设计强度的 70%。在衬砌灌注结束后应进行衬砌混凝土养护，养护时间宜为 7~14 天。

7）液压台车行走

钢模板台车脱模之后先收起门架下面的支撑千斤顶，然后旋紧顶部台架支撑千斤顶和模板限位装置，启动行走电机即可行走。钢模板台车行走时要注意以下几点：

① 钢模板台车必须完全静止后，才能换向行驶。

② 当轨向坡度过大，而导致台车行驶打滑时，可洒些干细沙到轨面上，以增大摩擦力，而使打滑现象消失。

8）二衬混凝土质量检查和标准

① 外观质量

结构轮廓线条顺直美观，混凝土颜色均匀一致。施工缝平顺无错台。混凝土表面密实，每延米的隧道面积中，蜂窝、麻面和气泡面积不超过 0.5%。深度不超过 10 mm。混凝土无因施工养护不当产生裂缝。

② 预留洞室

预留洞室尺寸要符合设计，棱角整齐，外观质量好。预留接线盒的位置要准确，其平面线形要与隧道的线形相一致。

③ 由第三方对衬砌混凝土、仰拱混凝土以及钢筋进行雷达实体检测，不满足要求的要进行返工处理。

25.2 二次衬砌施工工序

1. 施工准备

1）技术准备

应在开工前组织技术人员认真学习实施性施工组织设计，阅读和审核设计图纸，熟悉规范和技术标准。制定安全环保措施、应急预案等，对班组作业人员进行岗前安全培训及技术交底。

2）测量技术准备

精密导线网复测完毕并确定成果可用后，在隧道洞口进行引进控制点测量，并且能够在施工中把测量控制点引入到洞中。测量组根据隧道纵断面设计线、隧道洞轴线及明暗洞开挖轮廓线，初砌进行放样。

3）试验技术准备

在开工前试验室应对衬砌所需原材料应按进场批次检验，检验结果应符合设计及规范要求。试验室应提前进行相关的混凝土配合比试验、验证。试验室应及早将试验的原始资料整理汇总，对于不合格的材料禁止在工程施工中使用。

4）外业准备

模板台车已加工完成，并经试拼符合设计及规范要求。混凝土拌和站建成，并试运行合格，混凝土运输车满足施工要求。精密导线网复测完毕并确定成果可用后，灌注衬砌混凝土之前，要进行隧道中线和水平测量。检查开挖断面，放线定位，立模，混凝土制备和运输等准备工作。场地内各种标识醒目、齐全，机具设备调试性能良好。

5）施工人员及机械准备

① 施工人员配备（表 25-3）

表 25-3 劳施工人员主要配置表

人　员	数　量	备　注
现场负责人	1	
技术主管	1	
现场技术人员	1	
安全员	1	
钢筋作业人员	15	
模板及混凝土作业人员、普工	15	

② 施工机械配备（表25-4）

表25-4 施工机械配备表

机 具	数量	备 注
衬砌台车	1	
搅拌机	2	
装载机	1	
砼输送泵	2	1台备用
砼运输车	4	
附着式振捣器	6	
插入式振捣器	4	

6）混凝土衬施工的一般规定

（1）钢筋的品种、规格、形状，尺寸、数量、间距、接头位置必须符合设计要求和有关标准的规定。

（2）用材料、规格必须满足规范和设计要求。

（3）防水混凝土必须满足设计和规范的要求。

（4）防水混凝土粗集料尺寸不应超过规定值。

（5）基底承载力应满足设计要求，对基底承载力有怀疑时应做承载力试验。

（6）拱墙背后的空隙必须回填密实。因严重超挖和塌方产生的空洞要制定具体处理方案经批准后实施。

2．隧道混凝土衬砌施工要点及规定

（1）深埋隧道二次衬砌施作一般情况下应在围岩和初期支护变形基本稳定后进行，变形基本稳定应符合：隧道周边变形速率明显下降并趋于缓和；或水平收敛（拱脚附近7d平均值）小于0.2 mm/d，拱顶下沉速度小于0.15 mm/d；或施作二次衬砌前的累积位移值，已达到极限相对位移值的80%以上；或初期支护表面裂隙（观察）不再继续发展。

（2）围岩及初期支护变形过大或变形不收敛，又难以及时补强时，可提前施作二次衬砌，以改善施工阶段结构的受力状态，此时二次衬砌应予以加强。

（3）测量工程师和隧道工程师共同进行中线、高程测量放样。

（4）根据中线和标高铺设衬砌台车轨道，要求使用标准枕木和鱼尾板；轨距与台车轮距一致，左右轨面高差＜10 mm。起动电动机使衬砌台车就位。涂刷脱模剂。

（5）起动衬砌台车液压系统，根据测量资料使钢模定位，保证钢模衬砌台车中线与隧道中线一致，拱墙模板成型后固定，测量复核无误。

（6）清理基底杂物、积水和浮碴；装设钢制或木制挡头模板，按设计要求装设橡胶止水带，并自检防水系统设置情况。

（7）自检合格后报请监理工程师隐蔽检查，经监理工程师签证同意后灌注砼。

3. 施工程序

准备工作→基底处理→铺设卧木及轨道→测量检查→衬砌台车就位→模板支立→砼灌注→养护拆模→压浆填充→质量检查评定。施工工艺流程见图25-3。

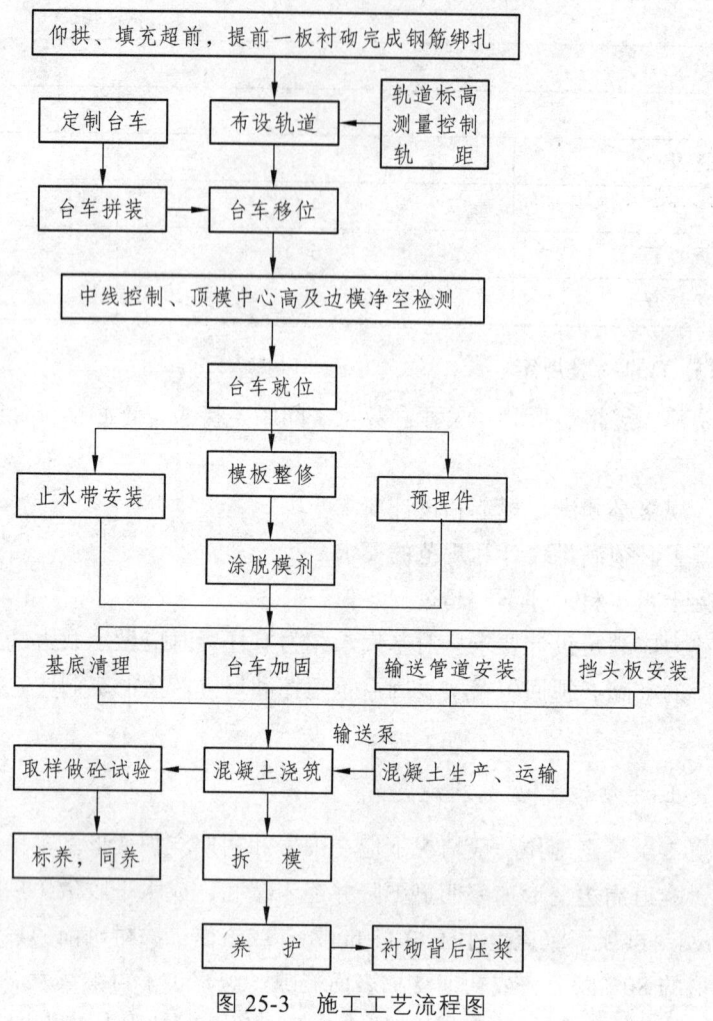

图 25-3　施工工艺流程图

4. 混凝土衬砌质量检验标准

1）混凝土衬砌实测项目

① 混凝土衬砌实测项目见表25-5所示。

表 25-5　混凝土衬砌实测项目

项次	检查项目	规定值或允许偏差	检查方法和频率
1	混凝土强度（MPa）	在合格标准内	按设计及规范要求
2	衬砌厚度（mm）	不小于设计值	激光断面仪或地质雷达：每40 m检查一个断面
3	墙面平整度（mm）	5	2 m直尺：每40 m每侧检查5处

② 外观鉴定

A. 混凝土表面密实,每延米的隧道面积中,蜂窝麻面和气泡面积不超过 0.5%。蜂窝麻面深度超过 10 mm 时应处理。

B. 结构轮廓线条顺直美观,混凝土颜色均匀一致。

C. 施工缝平顺无错台。

D. 混凝土施工养护不得产生裂缝。

2) 衬砌钢筋实测项目

① 衬砌钢筋实测项目见 25-6。

表 25-6　衬砌钢筋实测项目

项次	检查项目		规定值或允许偏差	检查方法和频率
1	主筋间距(mm)		±10	尺量;每 20 m 检查 5 点
2	两层钢筋间距(mm)		±5	尺量;每 20 m 检查 5 点
3	箍筋间距(mm)		±20	尺量;每 20 m 检查 5 处
4	绑扎搭接长度	受拉 Ⅰ级钢	$30d$	尺量:每 20 m 检查 3 个接头
		受拉 Ⅱ级钢	$35d$	
		受压 Ⅰ级钢	$20d$	
		受压 Ⅱ级钢	$25d$	
5	钢筋加工	钢筋长度(mm)	-10,+5	尺量:每 20 m 检查 2 根

② 衬外观鉴定,无污秽、无锈蚀。

5. 质量控制要点

1) 衬砌钢筋

① 钢筋加工应符合下列规定:

钢筋在加工弯制前应调直;钢筋表面的油渍、铁锈等应清除干净;钢筋拉直、弯钩、弯折、弯曲应采用冷加工。

② 钢筋安装应符合下列规定:

横向钢筋与纵向钢筋的每个节点均必须进行绑扎或焊接;钢筋焊接搭接长度及焊缝应满足设计要求;相邻主筋搭接位置应错开,错开距离不应小于 1 000 mm;同一受力钢筋的两个搭接距离不应小于 1 500 mm;箍筋连接点应在纵横向筋的交叉连接处,必须进行绑扎或焊接;钢筋的其他连接方式应符合相关规范的规定。

③ 安装钢筋时,钢筋长度、间距、位置、保护层厚度应满足设计要求。

2) 模筑混凝土衬砌

① 衬砌模板施工应符合下列规定:

混凝土衬砌模板及支架必须具有足够的强度、刚度和稳定性;应按设计要求设置沉降缝。衬砌施工缝应与设计的沉降缝、伸缩缝结合布置;安装模板时应检查中线、高程、断面和净空尺寸；模板安装前，应仔细检查防水板、排水盲管、衬砌钢筋、预埋件等隐蔽工程，做好记录。

② 水泥应符合现行《通用硅酸盐水泥》规定。应检验水泥的安定性和强度，检验方法应符合现行试验规程规定。水泥存放时间超过 3 个月（快硬硅酸盐水泥为 1 个月）时，应重新取样检验。

③ 混凝土用砂，应采用级配良好、质地坚硬、颗粒洁净的河砂，河砂不易得到时，也可用山砂或硬质岩石加工的机制砂。砂的检验方法应符合现行试验规程规定。

④ 钢筋混凝土严禁采用海砂。素混凝土不得不采用海砂时，砂中氯化物含量（以氯离子质量计，%）应小于 0.02%，并应符合本章第 8.7.9 条的规定。

⑤ 混凝土用粗集料应采用坚硬的卵石或碎石，其检验方法应符合现行试验规程规定。

⑥ 拌制混凝土宜采用饮用水；当采用其他水源时，混凝土拌制用水应符合表 25-7 规定。

表 25-7　混凝土拌制用水标准

项　目	钢筋混凝土	素混凝土
pH 值	≥4.5	≥4.5
不溶物含量（mg/L）	≤2 000	≤5 000
可溶物含量（mg/L）	≤5 000	≤10 000
Cl^- 含量（mg/L）	≤1 000	≤3 500
SiO_2 含量（mg/L）	≤2 000	≤2 700
碱含量（mg/L）	≤1 500	≤1 500

注：碱含量按 $Na_2O + 0.658K_2O$ 计算值来表示。采用非碱活性集料时，可不检验碱含量。

⑦ 混凝土中掺用外加剂的质量及应用技术，应符合现行规范和有关环境保护的规定。混凝土掺加粉煤灰时，应符合现行《用于水泥和混凝土中的粉煤灰》和《粉煤灰混凝土应用技术规范》规定。

⑧ 严禁使用含氯化物的水泥，混凝土中氯化物总含量应符合下列规定：

对于素混凝土，不得超过水泥含量的 2%；对于钢筋混凝土，不得超过水泥质量的 0.3%；环境潮湿并且含有氯离子时，不得超过水泥质量的 0.1%。

⑨ 混凝土中总碱含量不得大于 $3 kg/m^3$，并应满足设计要求。

⑩ 混凝土施工应符合下列规定：

混凝土的配合比应满足设计和施工工艺要求；混凝土应在初凝前完成浇注；混凝土衬砌应连续浇注。如因故中断，其中断时间应小于前层混凝土的初凝时间或能重塑时间。当超过允许中断时间时，应按施工缝处理；混凝土的入模温度，冬季施工时不应低于 5 ℃，夏季施工时不应高于 32 ℃；应采取可靠措施确保混凝土在浇注时不发生离析；浇注混凝土时，应采用振动器振实，并应采取确实可靠措施，确保混凝土密实。振实时，不得使模板、钢筋和预埋件移位；边墙基底高程、基坑断面尺寸、排水盲管、预埋件安设位置等应满足设计要求；浇注混凝土前，必须将基底石渣、污物和基坑内积水排除干净，严禁向有积水的基坑内倾倒混凝土干拌合物；拱墙衬砌混凝土，应由下向上从两侧向拱顶对称浇注；拱部混凝土衬砌浇注时，应在拱顶预留注浆孔，注浆孔间距应不大于 jm，且每模板台车范围内的预留孔应不少于 4 个；拱顶注浆充填，宜在衬砌混凝土强度达到 100%后进行，注入砂浆的强度等级应满足设计要求，注浆压力应控制在 0.1 MPa 以内。

⑪ 拆除拱架、墙架和模板，应符合下列规定：

不承受外荷载的拱、墙混凝土强度应达到 5.0 MPa；承受围岩压力的拱、墙以及封顶和封口的混凝土强度应满足设计要求；衬砌拆模后应立即养护。在寒冷地区，应做好衬砌的防寒保温工作；衬砌采用防水混凝土时，除应符合本章规定外，尚应符合本规范的规定。

3）仰拱和底板

① 仰拱混凝土施工应符合下列规定：

仰拱混凝土应超前拱墙混凝土施工；仰拱混凝土浇注前应清除积水、杂物、虚渣等；仰拱混凝土浇注必须使用模板，混凝土应振捣密实；仰拱施工缝和变形缝处应按设计要求进行防水处理；仰拱施工前，超挖在允许范围内时，应采用与衬砌相同强度等级的混凝土进行浇注；超挖大于规定时，应按设计要求回填，不得用洞渣随意回填，严禁片石侵入仰拱断面。

② 底板施工前应清除虚渣、杂物和积水。底板坡面应平顺。

③ 仰拱填充采用片石混凝土时，片石应距模板 50 mm 以上，片石间距应大于粗集料的最大粒径，并应分层摆放，捣固密实。

4）施工质量要点

① 防水板铺设前，喷混凝土层表面不得有锚杆头或钢筋断头外露；对凹凸不平部位应修凿、喷补，使混凝土表面平顺；初期支护表面漏水时，应及时引排。

② 应做好地下水引排工作，边墙与仰拱接头拱脚、基础部位的虚渣、积水及钢筋头、木片等杂物必须清理干净。

③ 点焊钢筋时，必须采取 8 cm×8 cm×1 cm 木板垫在防水板与钢筋之间，防止损伤防水板；防水层表面粉层应清除并洒水湿润。

④ 模板台车的平面位置、中心线、液压系统、电力系统、走行轨道位置、台车振捣系统必须仔细检查，保证符合要求；施工用机具、混凝土拌和站、输送泵必须经过检查，并进行机械试运转。

⑤ 在围岩类别及衬砌形式变化的位置设 302 橡胶止水带，并用钢筋卡固定。同时，此位置用浸沥青木丝板施做施工缝。

⑥ 按照模板台车长度，每隔 10.3 m 左右留出施工缝，采用带注浆管与水膨胀止水条，要求其表面涂 SR 缓喷剂。

⑦ 混凝土浇筑前，要按设计图确认模板、防水板、排水管和钢筋等均按设计配置；并应确认是否配置好各种浇筑设备及人员；各种预埋件尺寸、位置必须准确，并且要求固定牢固，防止浇筑混凝土时预埋件移位。

⑧ 仰拱和边墙的浇筑缝是结构上的弱点，浇筑前必须确认浇筑缝符合设计要求，保证不会漏浆；混凝土泵输送管道宜直，转弯宜缓，接头应严密。

⑨ 泵送混凝土之前应润滑管道,润滑时采用按设计配合比拌制的水泥浆或按骨料减半配制的混凝土进行;灌筑作业必须由下向上、两侧对称依次灌筑。

⑩ 二次衬砌的混凝土应连续灌筑,从拌和到浇筑完成,在外部温度超过 25 ℃ 时,为 1.5 h;在 25 ℃ 以下时不超过 2 h。

⑪ 因为混凝土落下会产生离析和蜂窝,混凝土应分层灌筑,尽量降低灌筑混凝土落下的高度,从输送管吐出口到浇筑面的落下高度应小于 1.5 m 以下;每层浇筑高度为 40~50 cm 左右。

⑫ 浇筑混凝土时应按设计要求严格控制坍落度,尽量控制在 15~18 cm 之间;混凝土振捣采用振捣棒,插入深度为下层混凝土中 10 cm 左右;振动时间 20~30 s 左右。

⑬ 为保证拱顶部分混凝土浇筑不产生离析、各个角落不残留空隙、堵头处能够完全充填,混凝土必须连续浇筑,并丛堵头板的开口处排除泌浆水和空气;T 混凝土养护采用高压水枪湿润养生,用水温度应与环境温度基本相同,养生时间不得少于 7 d;二衬混凝土其强度达到 2.5 MPa 时,方可拆模;初期支护与二次衬砌间的空隙,必须采用浇筑填充材料回填密实。

6. 衬砌施工中应注意的事项

(1)衬砌不得侵入隧道建筑限界,衬砌施工放样时将设计的轮廓线扩大 5 cm;混凝土灌注前及灌注过程中,应对模板、支架、钢筋骨架、预埋件等进行检查,发现问题应及时处理,并做好记录;混凝土振捣时不应破坏防水层。

(2)衬砌施工缝端头必须进行凿毛处理,用高压水冲洗干净;按设计要求预留沟、槽、管、线及预埋件,并同时施作附属洞室砼衬砌;砼衬砌灌注自下而上,先墙后拱,对称浇筑。在施工过程中,如发生停电应立即起动备用电源,确保砼浇筑作业连续进行。

(3)混凝土振捣时,不得碰撞模板、钢筋和预埋件;泵送砼结束时,应对管道进行清洗,但不得将洗管残浆灌入到已浇筑好的砼上;钢筋混凝土二次衬砌地段,必须用与二次衬砌混凝土相同配合比的细石混凝土或砂浆制作垫块,确保钢筋保护层的厚度,主筋保护层尺寸不小于 55 mm;当工地昼夜平均气温连续 3 天低于 + 50 ℃ 或最低气温低于 - 30 ℃ 时,应采取冬期施工措施;当工地昼夜平均气温高于 300 ℃ 时,应采取夏期施工措施。

7. 施工安全要求及措施

进入施工现场必须佩戴安全帽。作业台架应搭设稳固,连接扣件要扣牢固。台架上需搭设木板并固定牢固。高空作业必须系安全绳;规范施工用电管理。要做到"一机、一闸、一保护",进洞电缆都要采用绝缘电缆线架空进洞;洞门衬砌时,施工前应检查仰坡、边坡顶有无裂缝,及时清除坡面危石,施工中要经常检查,尤其是雨天更要认真检查,防止洞外坡面悬石坍塌,造成人员伤亡事故;衬砌台车距开挖作业面应有足够的安全距离,台车下应悬挂明显的缓行标志,台车就位正确后可予以固定,前后轮的相反方向用铁靴刹住车轮,防止溜滑,灌注砼前,应先安装挡头板,做到稳固可靠不漏浆,灌注时必须两侧对称进行,以免台车受偏压;衬砌台车上不得堆放料具,工作台上应满铺底板并就有安全栏杆。台车工作台告一段落时,应及时切断动力电源,以防漏电伤人;台车料斗提升卷扬机要有资质的工作人员操作;提升斗工作范围禁止站人或人员通过。

25.3 辅助施工措施

25.3.1 无轨运输施工工艺

1. 工艺流程（图 25-4）

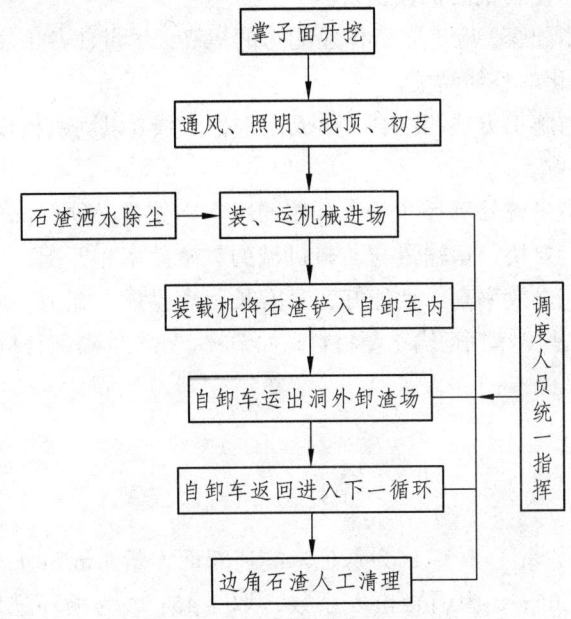

图 25-4 无轨运输施工工艺流程图

2. 施工方法

1）作业准备

① 开挖爆破后，及时进行通风、照明、找顶清帮、初喷等工作。

② 装载机和自卸车由驾驶员按操作规程做好各项准备工作。

③ 洞内石砟由辅助人员进行洒水除尘处理，调度人员指挥装、运机械进场作业。

2）作业步骤

① 采用装载机将石碴铲入铲斗内，装载机退至自卸车车厢旁，利用装载机的侧卸，将石碴卸入自卸车车厢内，自卸车运出洞外卸掉。

② 自卸车的停装位置，要与装载机的操作配合密切，以提高装碴的速度。

③ 为降低成本，减少装载机轮胎的磨损，提高生产率，对轮胎安装专用的防磨铁链。

④ 对边角装载机无法装完的石碴，采用人工配合装载机进行清理。

⑤ 自卸车的运输必须服从调度人员的统一指挥，洞内作业的内燃机必须是柴油机，不得使用汽油机。

⑥ 为防止各工序间的相互干扰，从以下几方面入手进行解决：

A. 二衬的衬砌台架或衬砌台车的净空尺寸以满足无轨运输施工为限界，确保开挖运输与衬砌平行作业。

B. 单线隧道施工，利用隧道内的大避车洞进行扩挖（扩挖 3~5 m），作为无轨运输洞内的错车、调车洞、此段可滞后衬砌。长隧道会车道的间距一般为 300~500 m。单口掘进在 150 m 内时，在洞外调头、错车。

3）合理配置机械设备

① 尽量选择带有净化装置的机械设备。

② 施工机械的选型配套，应着眼于作业能力的提高，尽量使各工序、各环节的作业效率相匹配，充分发挥机械化的整体功能。

③ 机械设备必须与施工方法相结合，形成流水作业线，以利机械设备的合理使用，发挥所有机械设备的最大功效。

④ 运输车辆与装碴机械外廓尺寸适合开挖的净空，数量必须保证多工作面的需求。

⑤ 运输车辆的速度要快，运输量与装碴机械的装碴效率相匹配。

⑥ 通风设备必须通风效率高、性能好，具有长距离供风的能力。

⑦ 采用机动灵活的小型车辆运输小型材料，如锚杆、拱架、爆破材料、风枪等，减少干扰。

4）设备数量计算

① 确定弃砟数量

$$Q = q \times k \times a \times L$$

其中：Q 为每循环出砟数量（m^3）；q 为每延米隧道断面方量（m^3/m），取 47.5；k 为正常开挖爆破超挖系数，取 1.05；a 为围岩松方系数，取 1.45；L 为循环进尺，若 $L = 3$ m。则：
$Q = 47.5 \times 1.05 \times 1.45 \times 3 = 225.0$ m^3。

② 每循环弃砟车数

$$N = Q/P = 217/15.0 = 14.5 \approx 15$$

其中：N 为每循环出砟车数（车）；P 为每车正常松方容量（m^3）。

③ 车辆循环运行时间

以一辆自卸汽车循环一次时间进行计算确定。

A. 汽车在最近一处调头硐室调头后倒车至装碴工作面（以最远距离 600 m 计）时间暂定为 5 min。

B. 装载机装碴时间暂定为 15 min。

C. 自卸汽车开出至弃碴场（洞外运距 3 km）并卸碴时间暂定为 15 min。

D. 由弃碴场空返至洞内调头硐室时间暂定为 10 min。

则单车循环时间为 45 min，考虑车辆运行过程中的诸多影响因素，单车往返循环时间按 60 min 计。

④ 车辆循环运行时间

以一辆自卸汽车循环一次时间进行计算确定。

A. 汽车在最近一处调头硐室调头后倒车至装碴工作面（以最远距离 600 m 计）时间暂定为 5 min。

B. 装载机装碴时间暂定为 15 min。

C. 自卸汽车开出至弃碴场（洞外运距 3 km）并卸碴时间暂定为 15 min。

D. 由弃碴场空返至洞内调头硐室时间暂定为 10 min。

则单车循环时间为 45 min，考虑车辆运行过程中的诸多影响因素，单车往返循环时间按 60 min 计。

⑤ 车辆数量

根据车辆运输时间及出碴工序循环时间计划，按出碴工序循环时间计算时，出碴自卸汽车的数量为：

$$n = N/T \times t \times K = 15/300 \times 60 \times 1.25 = 3.75 \quad 取 4 辆$$

与装车数每 15 min 装一车，1 h 装 4 车相吻合

式中：n 为出碴车辆数量（辆）；N 为每循环出碴数量（车）；T 为出碴工序循环时间（按 300 min 取值）；t 为车辆往返运输时间（按 60 min 取值）；K 为车辆等待系数（取 1.25）。运距增加时，重新按上述办法计算。

3. 主要机具设备

1）设备配备原则

① 隧道无轨运输设备配备需根据隧道的综合特点（位置、环境、地质、长度、断面大小、分部施工方案等），以高效、配套、经济、适用为前提，充分考虑项目工期要求和隧道内施工作业环境，合理地进行挖、装、运、进设备的选型、配量，拟定设备来源方式，调查出既有设备的使用完好状态，界定清楚设备进、出场时间。

② 钻爆开挖设备，不能选择门架轨行式；钻爆动力一般都为风动或电动，也有采用燃油动力或转换燃油动力（指内燃空压机进洞）；当隧道独头掘进较长，钻爆动力不能选择燃油动力或转换燃油动力。

③ 独头掘进很深的隧道（一般指超过 2 km），其扒、装、运碴设备在可能的前提下建议选择电动力类型，避免产生大量油烟，增加通风压力。

④ 独头掘进较深的隧道（一般指超过 1 km），若扒、装、运碴设备选定为燃油类，建议在燃油中加入"燃油添加剂"，以促进柴油燃烧更充分，降低尾气排放的油烟等有害气体浓度，达到改善洞内施工环境的目的。

2）设备选择原则

无轨运输设备的选择，主要依据施工计划安排、隧道断面大小、掘进速度或循环进尺等综合确定，装载和运输设备能力要匹配，充分发挥设备效率。

3）开挖设备

① 中、短长隧道或长大隧道中、短独头掘进作业口的钻爆设备采用自制开挖台架配凿岩机具。自制开挖台架的尺寸和所配凿岩机具的数量根据隧道开挖或分部开挖断面大小确定；凿岩机具一般选择风动凿岩机，也可根据具体情况选择电钻或液压钻；当需要打大直径超深孔，还需选择风、电联合动力的简易潜孔钻机。

② 长大隧道且独头掘进特长的作业口,且隧道围岩地质好,开挖设备选择臂式凿岩台车。在中小型隧道断面、独头掘进特长的硬质围岩隧道中,臂式凿岩台车有其无可比拟的优势,其臂数虽不多,但钻进速度快,一次钻进深度大,可实现单循环、大进尺快速掘进。

③ 对于围岩级别高、存在多处不良地质的隧道,尽管独头掘进长,甚至特长,建议仍采用自制开挖台架配凿岩机具钻爆。因为人工钻爆开挖具有极强的适应性和灵活性,可适应不同的开挖断面和分部开挖方案,可视具体情况增减凿岩机具数量,就位灵活、快速、机动。

④ 采用臂式凿岩台车使用的变压器直接跟在台车尾端;使用人工钻爆设备,最好采用移动式电动空压机提供风动力,避免接管既费时间,又有风损;当隧道掘进超过 500 m,还需持续掘进 500 m 以上,建议每隔 500 m 进尺移动一次变压器,实施高压进洞供电。

⑤ 隧道无轨运输开挖,有供电条件,一般不采用内燃空压机提供风动力。

4) 装碴设备

① 扒、装碴设备种类较多,配备根据总体进度安排确定的循环进尺和装碴作业时间来确定,在考虑与挖、运设备配套的前提下,需考虑尽快为开挖创造作业面。

② 中、短长隧道或长大隧道中、短独头掘进作业口的扒、装碴设备一般配备为:(长臂)挖掘机找顶、扒上导坑碴和清底,正装侧卸装载机装碴。所配设备的型号和数量根据隧道开挖断面或分部开挖断面尺寸以及施工进度要求确定。比如,标准双车道高速公路隧道全断面开挖,掌子面可配备两台 $3\ m^3$ 正装侧卸 ZL40 装载机,轮流装碴。该类设备配备的特点是灵活性好,可根据开挖断面和进尺配置多台同时作业,但采用的是内燃动力,掘进超过一定深度后,对作业环境影响较大。

③ 长大隧道且独头掘进特长的作业口的扒、装碴设备可考虑采用挖装机或电动铲运机、矿用装载机等。挖装机具有扒、装碴能力强、速度快,可使用电力驱动,适应性好、对作业环境影响较小的特点;电动铲运机作业能力相对挖装机小,但同样因使用电力驱动,对作业环境影响较小;矿用装载机装碴作业也是具有对作业环境影响较小的特点。

5) 出碴运输设备

① 除用人工出碴施工的隧道外,无轨运输的出碴设备都选择轮式燃油自卸汽车。因其类型较多,可以通过比较其性、价比采用购买或租赁。

② 采用何重规格、型号的出碴车辆,需根据隧道断面或分部开挖断大小,隧道长度、纵坡及通风难易程度,以及需要的出碴能力等因素综合来确定。尤其需根据正常的开挖循环出碴量、弃碴运输距离和便道通行条件等综合来确定出碴车辆配备数量。仔细考虑清楚隧道内非出碴工序时,这些运输设备的闲置利用。

③ 独头掘进较深的隧道(一般指超过 1 km),运碴作业需选定工作性能非常良好的设备,保证机械燃油充分。

6) 其他支护和二次衬砌设备配备

① 其他支护和二次衬砌设备配备以满足隧道施工需要的原则,灵活、机动配备,但需保证设备在隧道中停放、使用以不影响运输车辆的通行。

② 喷射砼设备宜采用湿喷机,以降低喷射砼作业的粉尘,减小通风压力,改善隧道内的施工作业环境。

7)单个开挖面主要机械配备

根据机械工作能力和实际工作量,单个开挖面主要机械配备如表25-8。

表 25-8 隧道单个开挖面无轨出碴机械设备配备表

序号	类型	规格型号	单位	数量	性能
1	混凝土运输车	五十铃	辆	5	7.2 m^3/辆
2	挖掘机	韩国现代 R210LC-3	台	1	2.0 m^3
3	装载机	柳工 ZL50C	台	2	侧翻式,每斗 2.3 m^3
4	运输车辆	东风 3092F、斯太尔	辆	5~10	15~20T 自卸汽车
5	运输车辆	解放 141	辆	2	5T 载货汽车
6	推土机	YT220	台	1	
7	工具车	解放 132	台	1	
8	轴流通风机	SDF(C)11	辆	2	2×55 kW
9	洒水车		台	1	
10	仰拱栈桥		座	1	

25.3.2 施工排水工艺

1. 工艺流程(见图 25-5 所示)

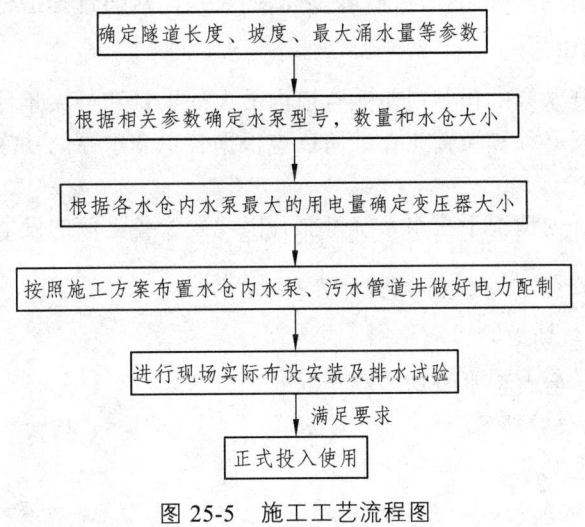

图 25-5 施工工艺流程图

2. 施工方法

1)隧道内排水距离和相关参数的确定

根据施工任务确定排水长度,并根据隧道设计图纸中的相关信息确定预测最大涌水量和累计最大涌水量。

2）理论计算确定排水设备

根据隧道抽排水距离和要求排水量，选择扬程和抽水量满足实际要求的水泵，并根据隧道最大涌水量和累计涌水量确定水泵的水量、污水管道趟数。

$$L = P \times h$$

$$Q = q \times k$$

$$T = 2 \times \sqrt{(q_0 \div l \div \pi)} \times i$$

式中　L——水泵扬程；
　　　Q——水泵流量；
　　　T——污水管直径；
　　　P——泵站之间的坡度；
　　　h——泵站之间的水平距离；
　　　q——隧道每小时最大出水量；
　　　k——水泵最大功率系数（根据现场实际运行发现，水泵在长时间运转后最大功率只能达到设计功率的75%左右），最大排水量考虑一定的安全保证系数；
　　　q_0——水泵最大有效流量；
　　　l——泵站之间污水管最大长度；
　　　i——系数（根据污水管的摩擦系数定）；
　　　π——圆周率。

因为水泵的扬程和流量成反比，水泵的扬程和管径成正比，因此在水泵选型时要充分考虑水泵扬程、流量和管径的关系。均衡三者之间的关系，从而选择适合的水泵和污水管。

3）电力设备的确定

由于隧道内各水仓水泵的设置时按照隧道内最大涌水量和最大累计涌水量确定的，因此各水仓水泵在某些时候必须满负荷工作，所以应根据各水仓水泵的功率确定合理、经济的变压器。

为了确保隧道在任何情况下排水系统可靠，因此要配备足额的发电机。

$$p_{总} = (p_1 \times n + \Sigma p_2 + p_3) \div \cos\phi$$

式中　$p_{总}$——发电机总功率；
　　　p_1——水仓中单台大型水泵功率；
　　　Σp_2——小型水泵总功率；
　　　p_3——正常照明功率；
　　　n——所需大型水泵台数；
　　　$\cos\phi$——发电机功率因数，$\cos\phi = 0.8$。

4）现场排水试验

试验过程：在试验前要确定水泵运转正常。水仓的最大储水量根据开挖后的实际体积进行取值；根据单趟排水管单泵进行试验；试验方法：在水仓中放满水（达到最大储水量）。然后开一台抽水机进行抽水同时对水位下降情况进行观测，应分多次对水位下降情况进行统计取平均值。根据水仓数量，对每个水仓都进行如上的试验；试验时为了保证水泵连续工作能够满足现场要求，抽水试验必须在水泵连续工作 3~4 小时后进行。

5）正式投入使用

在单趟排水管和单泵试验结束后，对单管单泵每小时抽水量进行理论计算，并根据隧道内布设的管路确定该排水系统每小时最大排水量。当该系统最大排水能力大于隧道内理论最大涌水量时，方可确定该排水系统可以投入使用。

25.3.3 隧道施工通风作业工艺

1. 工艺流程

通风方式选择与布置→风量计算→风压计算→选择通风设备→设备布置安装→质量检查。

2. 施工方法

1）通风方式选择与布置

通风方式的选择与布置应根据施工方法、设备条件、掘进长度、开挖面积以及污浊气体的含量与种类等情况确定。

通风机通风系统的基本布置形式有送风式、排风式和混合式三种。单一的送风式或排风式通风，适用于中、短隧道；混合式通风适用于长、特长隧道，以排风式管路作为通风主管道，送风式为局部通风；隧道采用有轨运输时，宜采用排风式或混合式通风；隧道采用无轨运输时，宜以送风式通风为主，或用送排风两用式风机；隧道设有辅助坑道时，则可利用辅助坑道作为通风巷道。

2）风量计算

洞内施工所需通风量应根据洞内同时工作的最多人数所需要的空气量；或使同一时间爆破的最多炸药用量产生的有害气体降低到允许浓度所需要的空气量；或使同时在洞内作业的柴油机产生的有害气体稀释到允许浓度所需要的空气量；或满足洞内允许最小风速要求等条件进行计算确定。以其中最大者选择通风设备。

① 按洞内同时工作的最多人数计算风量

$$Q = qmk$$

式中　q——洞内每人每分钟所需要新鲜空气量（m^3/min）；

m——洞内同时工作的最多人数；

K——风量备用系数，取 1.1~1.25。

② 按满足洞内允许最小风速要求计算风量

$$Q = 60SV$$

式中　S——巷道的最大断面；

V——《煤矿安全规程》规定煤巷的最低风速为 0.25 m/s。

③ 按洞内同一时间内爆破使用的最多炸药用量计算风量

A. 风管式通风

送风式通风

$$Q = \frac{7.8}{t}\sqrt[3]{A(SL)^2}$$

排风式通风

$$Q = \frac{18}{t}\sqrt{A \cdot S \cdot L_{抛}}$$

混合式通风

$$Q_{混送} = \frac{7.8}{t}\sqrt[3]{AV^2{}_L}$$

$$Q_{混排} = (1.2 \sim 1.3)Q_{混送}$$

B. 巷道式通风

$$Q = \frac{5Ab}{t}$$

3）按照爆破后稀释一氧化碳（CO）至许可最高浓度的计算风量

$$Q = \frac{5}{6} \times \frac{10 \cdot A \cdot K}{t} \times 60$$

4）高海拔地区的风量修正

由于高海拔地区的大气压力降低，对总风量应按下式修正：

$$Q_{高} = \frac{760}{P_{高}}Q$$

5）竖井掘进通风量的计算

对于竖井爆破后的通风以送风式为佳，当竖井深度超过 300 m 时，则应采用混合式通风。

$$Q = \frac{7.8}{t}\varphi\sqrt[3]{A(SL)^2 K}$$

6）漏风计算

按照上述各种公式计算风量，均未考虑漏风而损失的风量，故洞内实际所需总风量 $Q_{需}$ 应为：

$$Q_{需} = PQ$$

（1）风管的漏风

在管道通风中，漏风系数 P 值与风管接头安装是否严密有关。

胶皮风管漏风，视接头漏风情况可以概略计算，即在前 20 节风管内每个接头漏风约为 1%，而以后每个接头漏风则为 0.5%。

风管百米漏风率计算公式如下：

$$P_{漏100} = \frac{Q_{扇} - Q_{末}}{Q_{扇} \times L} 100 \times 100$$

（2）风门（风墙）的漏风

风门漏风量 Q 漏的计算如下：

$$Q_{漏} = K\sqrt{hs} \quad (m^3/s)$$

风门的漏风量主要在于风门结构是否严密。

（3）风压计算

通风机的风压用来克服沿途所有的阻力，在数值上等于风道（或风管）的沿途摩擦阻力和局部阻力之和。

① 摩擦阻力计算

无漏风：$h_{摩} = RQ_{扇}^2$

有漏风：$h_{摩} = PRQ_{末}^2$

② 局部阻力损失计算

局部性的压力损失，是由于影响风流的各种局部原因所引起的，如风道缩小、扩大、转弯等。可按下式计算：

$$h_{局} = \xi_{局} \frac{\gamma}{2g} v^2$$

③ 其他局部阻力 h 其他计算

在巷道通风中，为考虑施工中如开挖马口、中槽等其他因素增加的阻力，h 其他应适当增加 20%～30%。使用风管通风时，h 其他一般可考虑增加 5%～10%。

④ 总阻力计算

$$h_{总} = h_{摩总} + h_{局总} + h_{其他}$$

7）选择通风设备

① 通风管

通风管直径应根据坑道断面、通风量和风管长度综合考虑确定。长距离送风宜尽量选用大直径风管，当受坑道净空限制而采用较小直径且风管阻力损失过大时，可用间隔串联风机的办法来满足风压的要求。

直径 600 mm 及以下的风管多用在导坑等小断面开挖。全断面开挖的长大隧道，宜用直径为 800～1 000 mm 的风管。压风管多采用软质橡胶管，吸风管应采用硬质金属管或玻璃钢管。

② 风门

巷道式通风一般应在平导口处和横通道内设置风门，用以切断风流避免形成通风回路。在平导口处一般设置既可行人又能通过车辆的自动风门，在横通道内一般设置人力开启的行人木制风门。

③ 通风机

通风机的选择应符合以下要求：

A. 根据计算风量 Q 和风压 h 总，结合通风方式及布置选择风机的类型，一般多选用轴流式风机。

B. 根据网络（阻力）特性曲线按照产品样本所提供的风机性能曲线或性能表确定风机的型号及工况点。

C. 为使风机运转平稳，轴流式风机选用的最大风压，不宜超过其性能曲线峰点处最大压力的 0.9 倍，且须位于驼峰的右侧。

D. 选择风扇时须与风管直径的选择相结合。一般风机的直径不宜大于风管的直径。

E. 长距离风管送风时，为满足风压的要求，可采用相同型号风机等距离间隔串联方式。这样既便于施工，并能减小风流对风管壁的压力，有利于风管的轻型化。

F. 有时为满足风量的要求，可采用两台同型号风机并联。

G. 通风机应有适当的备用量，宜为计算能力的 50%。

电动机功率按下式计算：

$$N = \frac{Qh}{102 \times \eta_1 \times \eta_2} \cdot B$$

8）设备布置安装

① 通风机

A. 应按设计要求安装主风机。洞内主风机应安装在新鲜风流中。

B. 风机安装时，支承风机本体的结构强度（包括基础螺栓与锚杆）应为实有荷重的 1.5 倍以上。基础螺栓或锚杆在风机安装前应作载荷试验或拉拔试验。

C. 通风机应装有保险装置，当发生故障时能自动停机。

② 通风管

A. 通风管靠近开挖面的距离应根据具体情况决定，压入式通风管的送风口距开挖面不宜大于 15 m，排风式风管吸风口不宜大于 5 m。

B. 送风式的进风管口或集中排风管口应设在洞外，并做成烟囱式，防止污浊空气回流进洞。

C. 采用混合式通风方式时，当一组风机向前移动，另一组风机的管路应相应接长，并始终保持两组管道相邻端交错 20~30 m。局部通风时，排风式风管的出风口应引入主风流循环的回风流中。

D. 通风管的安装应做到平顺、接头严密、弯管半径不小于风管直径的 3 倍。柔性风管应尽量采用反边连接、罗圈连接、贴胶连接方式。条件许可时，采用刚性接头、拉链等密封性好、坚固耐用的连接方式。

E. 通风管的连接要用过度接头，避免断面突然变化。

③ 风门

A. 木制风门的门扇厚度应不小于 50 mm，由两层直交或斜交的木板组成，木板中间垫上一层油毛毡。安装时，门扇要求与垂线成 50 的倾角，偏向顺风一侧。

B. 自动风门由两个门扇成三角形布置，门扇用 2～4 mm 厚的钢板，门扇框架用角钢焊接，门框用槽钢，门扇与门框用轴连接。

25.3.4 隧道施工供风、供水、供电及照明作业工艺

1. 供 风

1）工艺流程

计算空压机站的供风能力→空压机的选择→空压机站的布置→风管的选择→管道的安装。

2）操作方法

（1）计算空压机的供风能力

空压机的供风能力取决于耗风量的大小，并考虑一定的备用系数。耗风量应包括隧道内同时工作的各种风动机具的生产耗风量和由储气筒到风动机具沿途的损失。空压机站的供风能力 Q 可用下式来计算：

$$Q = (1+K_{备})(\sum qK + q_{漏})K_m$$

（2）空压机的选择

根据计算确定的空压机站的供风能力，选择合适的空压机和适当容量的储风筒。选择多台空压机组成空压机组。为便于操作和维修，宜采用同类型的空压机，考虑到在施工中风量负荷的不均匀，为避免空压机的回风空转，可选择一台小容量（一般为其他空压机容量的一半）的空压机进行组合。空压机一般采用电动空压机。

（3）空压机站的布置

空压机站应设在空气洁净、通风良好、地基稳固且便于设备搬运之处，并应尽量靠近洞口，以缩短管路，减少管道漏风损耗。当有多个洞口需集中供风时，应选择在适当位置，使管路损耗尽量减少。

（4）风管的选择

风管的选择应满足工作风压不小于 0.5 MPa 的要求。为保证工作风压，钢管终端的风压不得小于 0.6 MPa，通过胶皮风管输送至风动机具的工作风压不得小于 0.5 MPa。空压机生产的压缩空气在运输过程中，由于管壁摩擦、接头、阀门等产生阻力，其压力会损失，尤其是连接钢管与风动机具的胶皮风管，其压力损失较大，一般应尽量缩短其使用的长度。根据达西公式可计算钢管的风压损失，计算后所得的终端风压符合上述要求即可。

（5）管道的安装

管道的安装应符合下列要求：

① 管道敷设应平顺、接头严密、防止漏风，凡有裂纹、创伤、凹陷等现象的钢管不能使用。

② 在洞外地段，风管长度超过 300 m、温度变化较大时，宜安装伸缩器；靠近空压机

150 m 以内,风管的法兰盘接头宜用耐热材料制成垫片,如石棉衬垫等。

③ 压风管道在总输出管道上,必须安装总闸阀,以便控制和维修管道;主管上每隔 300～500 m 应分装闸阀;按施工要求,在适当地段(一般每隔 60 m)加设一个三通接头备用;管道前端至开挖面距离宜保持在 30 m 左右,并用高压软管接分风器;分部开挖法通往各工作面的软管长度不宜大于 50 m,与分风器联结的胶皮软管长度不宜大于 10 m。

④ 主管长度大于 1 000 m 时,应在管道最低处设置油水分离器,定期放出管中聚积的油水,以保持管内清洁与干燥。

⑤ 管道安装前应进行检查,钢管内不得留有残杂物;各种闸阀在安装前应拆开清洗,并进行水压强度试验,合格方可使用。

⑥ 管道在洞内应敷设在电缆、电线的另一侧,并与运输轨道有一定距离,管道高度一般不应超过运输轨道的轨面,若管径较大而超过轨面,应适当增大距离。如与水沟同侧时,不应影响水沟排水。

2. 供　水

1) 工艺流程

估算用水量→选择水源→确定供水方式→修筑(安装)供水设备→水管的选择与布置。

2) 操作方法

① 估算用水量

总用水量包括施工、生活、消防所需的耗水量。

A. 施工用水

施工用水与工程规模、机械化程度、施工进度、人员数量和气候条件等有关,因而变化幅度较大,很难估计精确。一般根据以往经验确定。

B. 生活用水

生活用水量一般可按如下参考指标估算:生产工人平均 0.15 m^3/d;非生产工人平均 0.10 m^3/d。

C. 消防用水

由于施工工地住房为临时住房,相应标准较低,除按消防要求在设计、施工及临房布置等方面做好防火工作外,还应按临时房屋每 3 000 m^2、消防耗水量(15～20)L/s、灭火时间为 0.5～1 h 计算消防用水量,以防不测。

② 选择水源

隧道施工常用的水源有高山自然水、山上泉水、河水、钻井抽水、洞内地下水源等。应根据工程的实际情况选用水源,选择原则如下:

A. 当生活、生产用水位置高差很大,系统供水有困难时,可分别选择水源。

B. 施工生产用水,应尽量利用自然水头,引用高处的水源;枯水季度,可考虑设机具抽水。

C. 不同季节分别采用两个水源供水,如洪水季节,采用河水;枯水季节,采用浅井或管井取地下水。

③ 确定供水方式

供水方式主要根据水源实际情况选定。将水源的水自流引导或采用机械提升到蓄水池储蓄，并通过水管送达使用地点。在高寒山区及缺水地区，则可采用汽车运水，或分级抽水长距离管路供水。

④ 修筑（安装）供水设备

A. 贮水池

贮水池一般修建在洞口附近上方，但应避免设在隧道顶上或其他可危及隧道安全的部位，其高差应能保证最高用水点的水压要求。当采用机械或部分机械提升时，应备有抽水机。水池结构应尽量简单，确保不漏水，一般采用石砌，也可采用修建水塔或用钢板焊接水箱等方式。水池的容积大小应与抽水设备、集中用水量相配合，并应有一定的储备量，以满足施工的需要。

水池位置至配水点的高差 H 可按下式计算：

$$H \geqslant 1.2h + \alpha \cdot h_f \quad (m)$$

利用高山自流水供水，水源流量大于用水高峰流量时，水池容积一般为 $20 \sim 30 \text{ m}^3$；如水源流量小于用水量，则需要根据每班最大用水量并考虑必要贮备来计算水池容积，如下式：

$$V = 24\alpha C(Q_c + Q_s) \quad (m^3)$$

B. 扬程计算

$$H = h' + \alpha h_f \quad (m)$$

C. 泵房

临时抽水泵房的要求可采用临时房屋。水泵在安装前，应按图纸检查基础的位置，预留管道孔洞等各部分尺寸是否符合要求，水泵底座位置经校核后，方能灌注水泥砂浆并固定地脚螺栓。

⑤ 水管的选择与布置

供水管道的管径可根据下列公式计算：

$$D = \sqrt{\frac{4Q}{\pi V}} \approx 1.13\sqrt{\frac{Q}{V}} \quad (m)$$

供水管道的布置应符合下列要求：

A. 管道敷设要求平顺、短直且弯头少，干路管径尽可能一致，接头严密不漏水。

B. 管道沿山顺坡敷设悬空跨距较大时，应根据计算设立支柱承托，支撑点与水管之间加木垫；严寒地区应采用埋置或包扎等防冻措施，以防水管冻裂。

C. 水池的输出管应设总闸阀，主干管道每隔 300~500 m 应安装闸阀一个，以便维修和控制管道。管道闸阀布置还应考虑一旦发生管道故障（如断管）能够临时由水池或水泵房供水的布置方案。

D. 给水管道应安设在道路的一侧，不应妨碍运输和行人，并设专人负责检查养护（可与压风管道共同组织一个维修、养护工班）。

E. 管道前端至开挖面,一般保持的距离为 30 m,用直径 50 mm 高压软管接分水器,中间预留的异径三通,至其他工作面供水使用软管连接,其长度不宜超过 50 m。

F. 如利用高山水池,其自然压头超过所需水压时,应进行减压,一般是在管路中段设中间水池作为过渡站,也可直接利用减压阀来降低管道中水流的压力。

3. 供电及照明

1)工艺流程

估算施工总用电量→选择供电方式→供电线路布置及导线选择→施工照明和施工用电。

2)操作方法

① 估算施工总用电量

施工总用电量可按如下两种方法进行估算:

A. 同时考虑施工现场的动力和照明

$$S_{总} = K\left(\frac{\Sigma P_1 K_1}{\eta \cdot \cos\phi} K_2 + \Sigma P_2 K_3\right)$$

B. 只考虑动力负荷

当照明用电相对于动力用电而言,所占比例较少时,为简化计算,可在动力用电量之外再加 10%~20%,作为总用电量,公式如下:

$$S_{动} = \frac{\Sigma P_i}{\eta \cos\phi} K_1 K_2$$

$$S_{总} = (1.1 \sim 1.2) S_{动}$$

② 选择供电方式

供电方式可采用自设发电站供电或利用地方电网供电。根据估算的施工总用电量选择变压器,其容量应等于或稍大于施工总用电量,在实际使用时,以变压器承受的用电负荷达到额定容量的 60%左右为佳。变压器位置应设在便于运输、运行、检修和地基稳固、安全可靠的地方,具体布置应满足以下要求:

A. 隧道洞外变电站宜设在洞口附近,并应靠近负荷集中地点和设在电源来线同一侧。

B. 变电站(变压器)应选择在高压线附近。

C. 变压器应安设在供电范围的负荷重心,使其运行时线路损耗最小,并能满足电压要求。当配电电压在 380 V 时,供电半径不宜大于 700 m,一般供电半径以 500 m 为宜。即高压变电站之间的距离一般为 1 000 m 左右。

D. 洞内变压器应安设在干燥的避车洞或不用的横向通道处,变压器与周围上下洞壁的距离不得小于 30 cm,并按规定设置安全防护。

③ 供电线路布置及导线选择

隧道施工供电电压一般采用三相四线 400/230(V)。长大隧道可用 6~10 kV,动力机械的电压标准是 380 V;成洞地段照明可采用 220 V,工作地段照明和手持电动工具按规定选用安全电压供电。供电线路布置和安装的技术要求如下:

A. 成洞地段固定的电线路,应使用绝缘良好的胶皮线架设;施工地段的临时电线路宜采用橡套电缆;竖井、斜井宜采用铠装电缆;瓦斯地段的输电线必须使用密封电缆,不得使用皮线。

B. 照明和动力线路安装在同一侧时，必须分层架设。电线悬挂高度距人行地面的距离，110 V 以下时，应大于 2 m；400 V 时，应大于 2.5 m；6~10 kV 时，应大于 3.5 m。瓦斯地段的电缆应沿侧壁铺设，不得悬空架设。

C. 涌水隧道的电动排水设备、瓦斯隧道的通风设备和斜井、竖井内的电气装置，应采用双回路输电，并有可靠的切换装置。

D. 36 V 低压变压器应设在安全、干燥处，机壳接地，输线路长度不应大于 100 m。

E. 动力干线上的每一支线，必须装设开关及保险丝具。严禁在动力线路上加挂照明设施。

F. 输电干线或动力、照明线路安装，在同一侧分层架设的原则是：高压线在上、低压线在下，支线在下；动力线在上，照明线在下。且应在风、水管路相对的一侧。

④ 施工照明

隧道施工一般采用电灯照明，也可采用低压卤鸽灯、高压纳灯、统纳灯、铀钝锢灯、铺灯等新光源，要求光线充足均匀。施工作业地段照明，必须使用安全变压器配电，其容量为：输入电压为 220 V，输出电压有 36 V、32 V、24 V、12 V 四个等级，根据作业工作面要求选用照明电压。

25.3.5 斜井施工工艺

1．工艺流程（见图 25-6 所示）

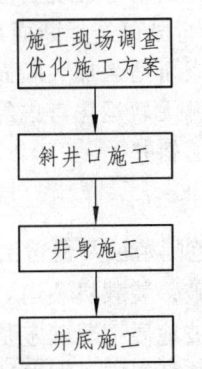

图 25-6　施工工艺流程图

说明：斜井口施工前应做好地表水引排工作。

2．施工方法

1）现场施工调查优化施工方案

① 斜井设置原则

根据洞口处的地形地貌，洞口应避开断层带、山谷汇水区，以及河流密集区。依据斜井原设计及施组安排并结合实际地形情况，对原设计方案进行总体优化，选定最佳的洞口位置、开挖方向、断面大小、开挖方法、坡度大小及缓坡段设置等技术参数，同时考虑通风、排水设备，弃渣的摆放位置及选型配套工作，为施工提供可靠依据。

② 斜井运输方式的选择

汽车出渣进料的无轨运输方式具有施工方便、简单、灵活，施工速度快，设备投入少，出渣设备适用范围大，对洞口场地要求不高，适用于洞外上坡、远运弃渣、场地狭窄等困难地形；缺点是：车辆间、洞内外风水管施工干扰大，施工废气多通风难度大，通风时间长，增加设备维修费、通风费、扩挖会车洞费等；应采取的措施：对机械设备进行合理的选型配套，提高无轨运输的出渣效率，减少通风时间，减少车辆干扰，就会变不利为有利，缩短循环时间，提高掘进速度。

③ 斜井夹角与坡度的选择与确定

在洞口处的地形、地貌、水文地质允许的情况下，尽可能调整进洞位置、要利于弃渣、施工场地和生活驻地的展开，洞口应做成 3%的反坡段，以利于洞口排水。斜井与正洞的夹角 因考虑 运输设备的转弯半径及施工的难易程度，一般控制为 40°～45°，利于设备的运输和调转。同时斜井交汇处应尽量避开软弱围岩或其他不良地质地段。洞线长度和坡度，要利于运输，将斜井坡度调整到 8°以内，以满足方便、快捷的汽车出渣的需要，发挥出渣设备的最大功率。在长大斜井施工时，考虑运输设备机械性能，临时停车等因素，因每隔不大于 360 m，设置不小于 30 m 的缓坡段，坡度不大于 1.2°。

④ 断面形式的确定

根据斜井总的出渣、进料量和总体工期的要求，按照施工高峰期的出渣、进料量来计算每循环通过斜井的出渣、进料数量及时间，并配套相应的机具设备。要考虑通过斜井的各种机械、风、水、电管线、压入吸入式通风管、进入斜井的人行道以及各种设施的安全距离。因此，在确定斜井的断面尺寸时应综合考虑以上因素，满足各种设备安全使用的最小净空，同时发挥设备的最大生产能力。如无轨运输考虑现运输设备高度一般不超过 4 m，一般宽度不超过 3 m，通风管 φ1.5 m 考虑双向行驶可选择断面形式：宽高为 650×650 cm 断面形式；长大斜井无轨运输考虑通风排烟等因素可适当加大断面形式：宽高为 970×650 cm 断面形式（如高盖山 4#斜井）；小于 1 000 m 斜井无轨运输考虑经济合理等因素可采用断面形式：宽高为 500×600 cm 断面形式（如横山隧道斜井）。

2）井口段施工

井口土石方开挖，人工清除洞口范围植被及覆盖层。土方采用挖掘机配合自卸车挖、装、运，石方采用手持风钻钻孔，浅眼爆破，装载机装运。所有土石方均就地作为场地填料。洞口土石方施工完成后，根据洞门边仰坡地质情况确定是否施作锚网喷砼。并根据边仰坡稳定情况和岩体破碎程度确定锚杆间距和喷砼厚度。洞口坡面防护施工完成后，及时施作截排水沟，防止地表水进入斜井，影响施工。

斜井开挖进洞后，对洞口段 5～8 米施做 3%的反坡段，同时对洞口段进行及时初支或衬砌洞口段（根据设计及地质情况确定支护类型）。同时根据当地环保部门要求，在洞口附近修建三级沉淀池，做好施工污水处理。

3）井身施工

① 开挖

斜井井身开挖是斜井施工的关键工序。由于井身断面小、坡度大，爆破难度大，在进行钻爆方案设计前认真调查和研究地质情况对钻爆设计十分重要，在施工过程中根据不同的地质情况须不断修正各项参数。钻爆设计一般以斜眼掏槽、光面爆破为主。根据围岩稳定情况每循环进尺在 2～3.0 m 左右。手持风钻钻孔作业时要求做到：稳、准、直，必要时用炮棍设置参考方向。炮眼精度要求与正洞施工相同。当工作面积水不能完全排除，影响钻爆进度时，可将井身分部开挖。

② 支护或衬砌

为了保证施工安全，在斜井围岩较差段一般采取锚喷支护，必要时采取衬砌砼加强支护。喷锚支护紧跟开挖作业面，在放炮、找顶后拱部初喷C20砼3~5cm厚，待开挖面前进后，利用初支作业台架，安装拱部锚杆。锚杆间距根据围岩类别及稳定情况确定，最后复喷砼至设计厚度。锚喷支护施工完成后，随时观测支护变形情况，发现裂缝出现，查明原因，加设锚杆或局部撬掉重喷。采用砼加强衬砌时，沿井身自下而上砌筑，其他工序与洞口砼衬砌相同。

③ 出渣

斜井出渣效率的高低是制约长大隧道施工速度的关键，如何进行布置、选择配套斜井出渣设备是实现快速出渣运输的重要环节。要对不同设备进行比选，根据现场实际调查，选择理想的配套机械。例如：挖掘机作业过程中，通常由挖掘机配与自卸车配合组成一个运输系统。挖掘机的选择的基本原则是：挖掘机的斗容量和台数与工程量和工程进度相适应；挖掘机的结构类型与土壤条件和工程特点相适应；具有较高的性价比、可靠性、舒适度。挖掘机斗容量的选择首先取决于工程量的大小和工程进度要求。为不同的工程量选择合理的斗容量将会使施工成本大大降低。工程量越大，选择较大斗容量可降低单位施工成本。可参照表25-9选择斗容量。

表25-9 挖掘机斗容量参考表

月工程量（m^3）	斗容量（m^3）
<20 000	0.5~0.65
20 000~60 000	1~1.25
60 000~100 000	1.6~2.5
>100 000	2.5~3.5

自卸车的载重量和台数应符合挖掘机生产率和工程运距的要求：

自卸车载重量选择：为了使挖掘机充分发挥生产能力，应使自卸车的载重量与挖掘机的每斗容量保持一定的倍率关系，并有足够数量车辆以保证挖掘机连续工作。从挖掘机方面考虑，自卸车与斜井断面大小匹配，可以减少等待调车的时间。挖掘机斗容量与载重量合理配置的基本要求是：斗容量1~1.25 m^3的挖掘机载重量配置10~25吨的自卸车，可参考表25-10，挖掘机与自卸车选型配套。

表25-10 挖掘机与自卸车选型配套

运距（km）	挖掘机斗容量（m^3）					
	0.4	0.65	1	1.25	1.6	2.5
0.5	3.5	4.5	6	6	10	10
1	6	6	10	10	10	10
1.5	6	6	10	10	10	10
2~3	10	10	10	10	25	25
4~5	10	10	10	25	25	25

一般情况下，自卸车的载重量以每斗重的3~7倍为宜。

自卸车数量计算：

一个循环出渣量 Q

$$Q = S \times L \times Kr$$

式中　S——斜井断面面积（m^2）；

　　　L——循环进尺（m）；

　　　Kr——岩石松散系数。

装载设备装满一车的装渣时间 $T_{装}$

$$T = (V_{车} \div W) \times 60$$

式中　$V_{车}$——自卸车容积；

　　　W——装载设备小时能力（m^3/h）。

自卸车往返一次的纯行走时间 $T_{往返}$

$$T = (T_{洞外} + T_{洞内}) \times 2 = (L_{洞内} \div V_{洞内} + L_{洞外} \div V_{洞外}) \times 60 \times 2$$

式中　$T_{洞内}$，$T_{洞外}$——洞内行走时间、洞外行走时间（min）；

　　　$L_{洞内}$，$L_{洞外}$——洞内行走距离、洞外行走距离（km）；

　　　$V_{洞内}$，$V_{洞外}$——洞内行走速度，洞外行走速度（km/h）。

自卸车出一车渣的总时间 $T_{总}$

$$T_{总} = T_{装} + T_{卸} + T_{往返}$$

式中　$T_{卸}$——自卸车卸渣时间（min）。

清理一次爆破的全部岩渣所需自卸车车次总量 N'

$$N' = Q \div V_{车}$$

使用一台自卸车清理一次爆破的全部岩渣需要的时间 T'

$$T'' = N' \times T_{总}$$

投入施工的自卸车总台数为 N 时工作面清理完毕需要的时间 T

式中　N——拟投入的自卸车辆总数。

完成全部出渣量的时间，即清理完工作面的时间 T，与斜井总进尺（斜井口到工作面的距离 X）和拟投入的车辆总数 N 有关，可以做成表格，并根据表格确定出渣车辆。井身施工工艺及循环时间如图25-7所示。

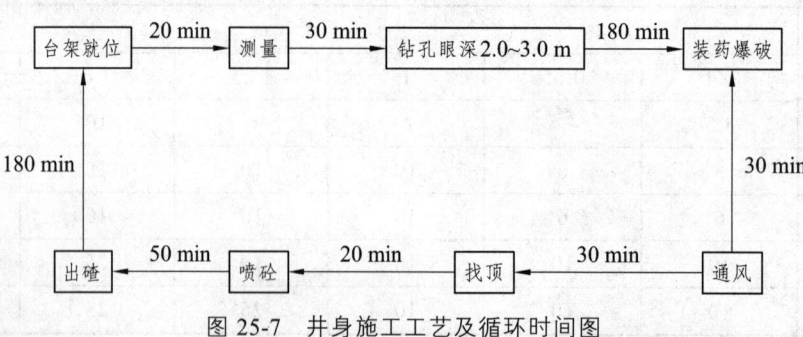

图 25-7　井身施工工艺及循环时间图

每循环所需时间 9.5 h，考虑围岩实际稳定情况，平均每循环进尺 2～3 m，每天完成 2.5 个循环，每月为 75 个循环，考虑机械维修及其他因素影响，每月综合安排 65 个循环，月进尺为 130～195 m 左右。

④ 防排水

斜井对于有富水地段的主要难点之一就是防排水工作，这直接影响到施工进度、安全问题，做好防排水工作，是首要任务。

洞口位置的选择至关重要，首先应对地表河流，地表水及地势、地貌做深入调查，洞口应避开汇水密集区，同时结合设计情况，做好对地表水的引排工作，避免发生斜井地表水倒灌进斜井。

斜井井口边仰坡上方设置截水口，下方设置排水沟，采用 75# 浆砌石砌筑，断面尺寸根据汇水量大小确定。洞口段 5～8 m 施做 3% 的反坡段，避免洞口地表水流入斜井内。

⑤ 供风、供电、供水、通风

前期施工供风、供电、供水采用临时方案，供风采用空压机铺设临时高压风管提供，供电采用内燃发电机提供，供水采用高压水池提供，斜井施工初期 200 m 采用自然通风。后期施工供风采用电动空压机、供电采用高压变电、供水采用高压水池，转入正洞施工需要选定设备类型并考虑综合布置，由于斜井长排烟困难，在建井期间施工通风轴流通风单机压入。

⑥ 斜井施工设施布置

A. 人行道和水沟

人行道与高压风管同侧设置，有效宽度不小于 120 cm，人行台阶踏步高 15 cm，宽 120 cm。水沟设在人行道下，直通井底水仓。

B. 各种管线布置要求

斜井排水管路应尽量布置在人行道一侧，便于维修；管路与电缆同侧时应将电缆布置在上方，电缆架不得悬挂重物，距离不应大于 3 m；斜井内照明线、动力电缆和信号线分开架设，照明灯距相距 10 m 设 1 个。

4）斜井与正洞交叉口

① 开挖

斜井与正洞交叉口净空较大，对围岩的稳定极为不利，因此斜井与正洞交叉口处应选择围岩较好的地方以确保安全，同时施工应遵循"短进尺、弱爆破、强支护、快初砌"的原则，首先开挖向正洞方向小导坑斜向挑顶。当掘进到正洞位置时，当导坑拱部与正洞拱部开挖方式吻合时，继续往前掘进，并将导坑扩大至正洞拱部断面。然后向一侧继续掘进，并及时作好临时支护和加强衬砌。如果正洞围岩类别较高，稳定较好，则调头将正洞下部开挖至上弧恒齐头，全断面向前掘进，否则采用正台阶掘进。并及时完成衬砌。

② 出碴

井底出碴施工方式与斜井井身施工出碴方式相同。

第26章 防排水工程施工

26.1 防排水工程施工一般规定

1. 施工准备

1）技术准备

应在开工前组织技术人员认真学习实施性施工组织设计，阅读和审核设计图纸，熟悉规范和技术标准。制定安全环保措施、应急预案等。对班组作业人员进行岗前培训及技术交底。

2）测量技术准备

精密导线网复测完毕并确定成果可用后，在隧道洞口进行引进控制点测量，并且能够在施工中把测量控制点引入到洞中。测量组根据隧道纵断面设计线、隧道洞轴线及明暗洞轮廓线，确定防排水施工里程及位置。

3）试验技术准备

在开工前试验室应对防排水所需原材料应按进场批次检验，检验结果应符合设计及规范要求；试验室应及早将试验的原始资料整理汇总，对于不合格的材料禁止在工程施工中使用。

4）外业准备

施工作业层中所涉及的各种外部技术数据收集。修建生活房屋，配齐生活、办公设施，满足主要管理、技术人员进场生活、办公需要；防、排水材料已进场并通过检验合格，施工设备已调试完毕；场地内各种标识醒目、齐全，机具设备调试性能良好。

5）施工人员及机械准备

① 施工人员配备（表26-1）

表26-1 劳施工人员主要配置表

人员	数量	备注
现场施工工长	1	
现场技术人员	1	
作业工人	6	

② 施工机械配备（表26-2）

表26-2 施工机械配备表

机具	数量	备注
简易台架	2	
简易吊装设备	2	

机 具	数 量	备 注
射钉枪	4	
铁锤	2	
自动爬行热合器	2	
热风枪	2	
冲击电钻	4	

2. 防、排水施工的一般规定

（1）隧道施工防排水设施应与运营防排水工程相结合。

（2）应按设计做好防水混凝土、防水隔离层、施工缝、变形缝、诱导缝防水，盲沟、排水管（沟）排水应通畅。

（3）防排水材料应符合国家、行业标准，满足设计要求，并有出厂合格证明。不得使用有毒的、污染环境的材料。

（4）隧道防排水不得污染环境。

（5）隧道防排水应按照"防、截、排、堵相结合，因地制宜，综合治理"的原则，采取切实可靠的施工措施，达到防水可靠、排水畅通、经济合理，不留后患的目的。

3. 防、排水施工要点及规定

1）防水施工要点

① 防水材料的质量、规格、性能等必须符合设计和规范要求。

② 防水卷材铺设前要对喷射混凝土基面进行认真的检查,不得有钢筋凸出的管件等尖锐突出物；割除尖锐突出物后，割除部位用砂浆抹平顺。

③ 隧道断面变化处或转弯处的阴角应抹成半径不小于 50 mm 的圆弧。

④ 防水层施工时，基面不得有明水；如有明水，应采取措施封堵或引撑。

2）止水施工要点

① 止水带的材质、规格等应满足设计和规范要求。

② 止水带与衬砌端头模板应正交。

3）排水施工要点

① 墙背泄水孔必须伸入盲沟内,泄水孔进口标高以下超挖部分应用同级混凝土或不透水材料回填密实。

② 排水管接头应密封牢固，不得出现松动。

③ 严寒地区保温水沟施工时应有防潮措施。修筑的深埋渗水沟，回填材料除应满足保温，透水性好的要求外，水沟周侧应用级配骨料分层回填，石屑、泥砂不得渗入沟内。捧水设施应设置在冻胀线以下。

26.2 防排水工程施工

26.2.1 衬砌防排水施工工艺

1. 工艺流程（见图 26-1 所示）

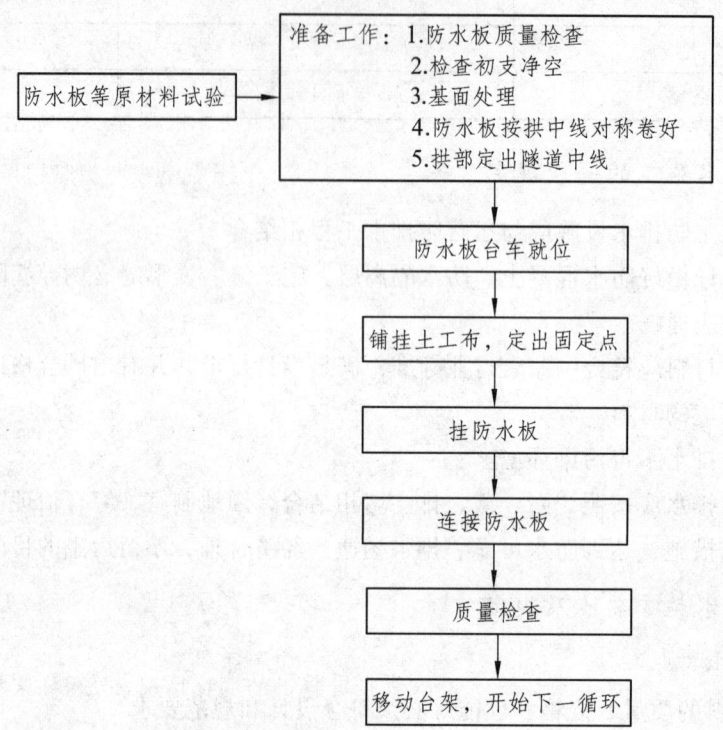

图 26-1 隧道防水工艺流程图

2. 施工方法

1）施工准备

① 在进行防水施工前应详细检查初期支护后净空断面，凡侵入衬砌超过 5 cm 且范围大于 $0.1 m^2/m^2$，必须进行处理，以满足设计二次衬砌厚度的要求。

② 作业台车就位后，将初期支护外露的锚杆头、钢筋网头等铁件齐根切除，以防刺破防水板。切割面要求平整，不得有大于 3 mm 的毛刺、尖棱。对于表面严重凹凸不平的部位须用砂浆加速凝剂进行找平修整。

③ 防水板焊接施工必须进行焊接试验，该试验需在洞外宽敞平整的场地上进行，采集防水板焊接施工的各项施工技术指标，以保证焊接质量。

2）施工步骤

① 注浆防水

在隧道初期支护完成后，若初支渗漏水较大，则可根据地质情况及隧道允许排水量选择径向注浆、局部注浆、回填注浆等注浆防水方案。隧道注浆堵水注浆孔一般按浆液扩散半径 $R = 2.0$ m 计算布设，梅花型布置，孔口环向间距约 200 cm，纵向间距 200 cm，单孔注浆深度 2.0 m。注浆孔采用风钻钻孔，方向为隧道断面径向，孔径为 45 mm。钻孔孔位最大允许偏差为 50 mm，钻孔偏斜率最大允许偏差为 0.5%。注浆管一般采用 φ42 mm（外径），壁厚 3.5 mm 的热轧无缝钢花管，钢管长 200 cm。小导管安设在孔口，在锚固剂锚牢固，外露 10 cm 以便于注浆操作。小导管孔口处焊接闸阀式止浆阀。隧道局部注浆时注浆终压一般为 1~2 MPa，初期支护后出现大面积渗漏水，应进行径向注浆或初支背后回填注浆，注浆终压一般为 0.5~1.0 MPa，注浆应根据注浆中的具体情况再加以修正，选择合适的注浆压力。注浆一般采用水泥浆或水泥-水玻璃双液浆。

水泥浆：水泥浆要有充分的可溶性和一定的结石强度，根据地层裂隙情况，由实验室确定合理的配合比，水泥浆水灰比一般为 0.5∶1~1∶1，采用水泥浆时搅拌时间：不小于 5 min，放置时间不宜超过 30 min

水泥水玻璃双液浆：水玻璃出厂浓度一般为 50~60Be′而注浆使用的浓度为 35Be′，因此须稀释后方能使用：

稀释加水量：$V_水 = V_原 \times (\rho_原 - \rho_配) / (\rho_配 - \rho_水)$

稀释后的水玻璃体积：$V_配 = V_原 + V_水$

水泥浆∶水玻璃浆（体积比）= 1∶0.8

注浆顺序：沿隧道轴线由低到高、由下往上、先注边墙，后注隧道拱部，最后注底板孔；由少水处到多水孔，先注无水孔，后注有水孔；在股水处或流量大的地方，先四周后中间。

单孔注浆结束标准：达到终压后并稳定 10 min，且进浆速度小于初始进浆速度的 25%，或注浆量不小于设计注浆量的 80%。

注浆过程中要随时观察注浆压力及注浆泵排浆量的变化情况，分析注浆情况，防止堵管、跑浆、漏浆。做好注浆记录，包括孔位、孔径、孔深、浆液配比、注浆压力、注浆量等，以便于分析注浆效果。

注浆过程中发生异常时，可采取降低注浆压力、采用间歇注浆，改变注浆材料、工艺、参数，调整注浆方案等措施。

注浆结束后，宜采用钻孔取芯法对注浆效果进行检查，并测定钻孔出水量，检查孔的数量不少于注浆孔总数的 5% 且不少于 3 个。当检查孔出水量不大于 1.0 L/min 时，注浆效果满足要求，否则应补充注浆和重新检查。注浆钻孔及检查孔应封填密实。

注浆结束后，及时将注浆孔和检查孔封堵密实。

② 初支基面处理

将初期支护外露的锚杆头、钢筋网头等铁件齐根切除，以防刺破防水板。切割面要求平整，不得有大的毛刺、尖棱。对于表面严重凹凸不平的部位须用砂浆加速凝剂进行找平修整，防止刺破防水板。

③ 矮边墙防排水施工

隧道衬砌施工一般先施工矮边墙，矮边墙防水施工为隧道拱（边墙）部防水施工搭接做好准备，初支基面清理完成后，在边墙两侧处沿纵向布置防水板及背贴式止水带。铺挂土工布前沿小边墙处纵向设置 φ11 cm 盲管（透水管），设置高度为纵向背贴式止水带标高下约 40 cm，每隔 8~12 m 设置拱部盲管（透水管）预留接头，每隔 10 m 预埋 φ5 cmPVC 横向泄水孔，PVC 管长度以能够接入侧水沟为宜，横坡为 2%。排水盲管接头采用三通接头连接牢固（如下图所示）。

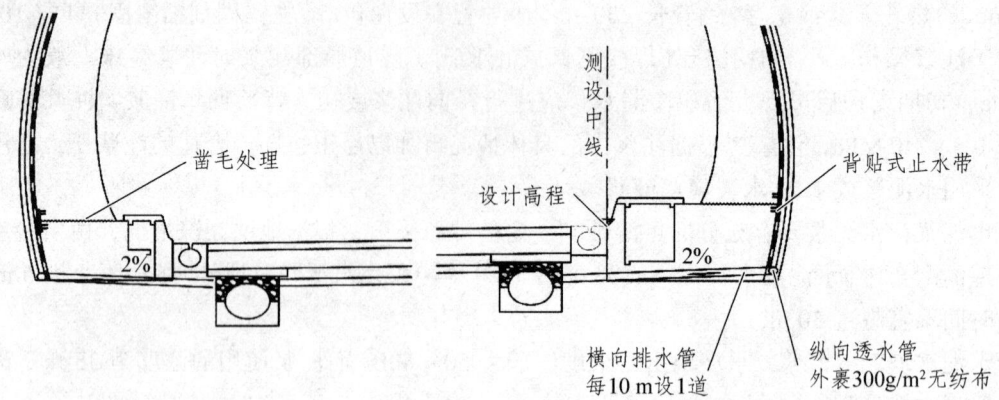

图 26-2　矮边墙防水

防水板横铺在两侧边墙，在边墙处预留搭接长度，搭接长度一般不小于 1.5 m，焊缝宽度不得小于 10 cm。边墙顶标高处（沿纵向）要求先将普通背贴式止水带与防水板焊接牢固后，再铺设于初期支护上。边墙处纵向止水带的 1/2 部分预埋于边墙衬砌中（见图 26-3 所示）。

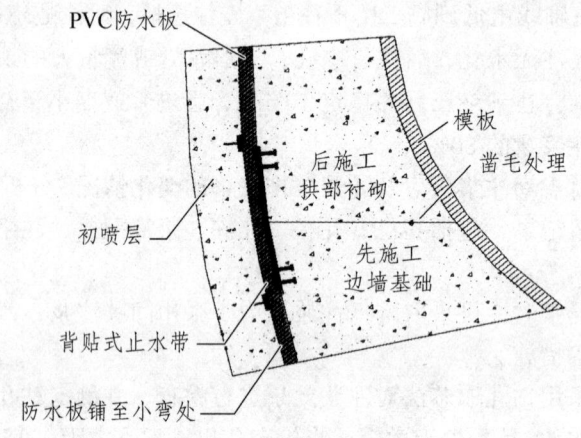

图 26-3　纵向施工缝防水

防水板挂设前，要求先挂设 400g/m² 土工布再挂设防水板。防水板采用无钉孔挂设法进行施工，先用射钉枪及膨胀螺钉将防水板垫片固定在喷射混凝土表面上形成固定点，然后再将防水板焊接在各个固定点上，边墙固定点相距 1.0~1.2 m，根据现场实际情况进行调整，预留一定的富裕量，确保防水板能紧贴初期支护。防水板施工完毕后进行钢筋的绑扎及模板的安装，安装模板后进行施工缝和沉降缝防水处理。沉降缝环向防水为先在防水板表面设置背贴式止水带，然后在衬砌中部安设中埋式橡胶止水带（采用钢筋定位卡定位）。并安设 2 cm 浸沥青木丝板，木丝板应将沉降缝填满。

环向施工缝在初期支护和二次衬砌之间设置背贴式止水带，中间设置中埋式膨胀橡胶止水条或橡胶止水带。小边墙和拱墙结合部位纵向设置背贴式止水带（在初期支护与二次衬砌之间）。浇筑砼前可根据设计要求在纵向和环向施工缝交叉处设置止水胶。

④ 拱墙防排水施工

仰拱及小边墙施工完毕后进行拱部二次衬砌施工，在拱部二次衬砌施工前先进行拱部防水处理。在净空断面符合设计及规范要求并将外露的铁件处理完毕后进行拱部 $\phi 5\,cm$ 环向盲管（透水管）及土工布和防水板的挂设，环向盲管设置间隔 $8\sim 12\,m$，并接入矮边墙纵向排水盲管（透水管）；防水板采用无钉孔挂设，先用射钉枪及膨胀螺钉将垫片和土工布固定在喷射混凝土表面上形成固定点，然后再将防水板焊接在各个固定点上，其固定点的间距，拱部应为 $0.5\sim 0.7\,m$，侧墙为 $1.0\sim 1.2\,m$，可根据现场实际情况进行调整，以保证防水板在挂设过程中不脱落。

防水板铺设按环进行，根据防水板幅面大小，将防水板托起贴着喷射混凝土表面由拱顶向两侧墙部铺设，预留一定的富裕量，确保防水板和初期支护能够密贴。防水板搭接用双焊缝温控热熔爬焊机进行焊接，焊接为双焊缝，中间留出空隙以便充气检查，防水板搭接宽度不得小于 $100\,mm$，单焊缝宽度不小于 $12.5\,mm$。焊接选择 $4\,m/min$ 的焊接速度，温度为 $350\,℃$，焊接均匀连续，无假焊、漏焊、焊焦、焊穿等现象，焊接完毕后，用手持温控热熔焊枪将试件两端焊封闭，最后进行焊接质量检验。

防水板环向焊缝和纵向焊缝结合部位采用手持温控热熔焊枪进行焊接，根据实际效果可以采用防水专用胶打设圆形补丁，补丁不得小于 $20\,cm$ 直径。防水板一次铺设长度根据二衬循环灌筑长度确定，并领先衬砌施工 $2\sim 3$ 个循环，并应与掌子面保持一定距离。爬焊机要求工作电压为 $(220\pm 5)\,V$，应基本稳定。焊缝间做气密性试验时，气压不得低于 $0.25\,MPa$。防水板宜采用高分子材料，幅宽 $2\sim 4\,m$，厚度不宜小于 $1.5\,mm$，且须符合设计及规范要求。在环向施工缝、沉降缝处全断面设置背贴式止水带，沉降缝处设置中埋式止水带（采用钢筋定位卡定位），施工缝在二次衬砌中部设置中埋式止水条或止水带，并在沉降缝处安设 $2\,cm$ 浸沥青木丝板，木丝板应将沉降缝填满。背贴止水带要与防水板焊接牢固。止水带（条）必须埋于衬砌中厚度 $1/2$，在浇捣混凝土时，应注意浇捣压力，以避免止水带偏移，并充分振捣，使止水带和混凝土很好密贴。拱部环向止水条施工时，应在上一模端模中间预留宽 $2\,cm\times $ 深 $1.5\,cm$ 的槽，采用在端模上（宽 $2\,cm\times $ 深 $1.5\,cm$）的橡胶条的办法预留。将止水条用水泥钉固定在槽中，防止混凝土浇筑时出现止水条松动及掉落的现象。

⑤ 分区防水

分区防水是在防水层与二次衬砌之间进行分区，用分舱的方法将整个隧道的防水分成小区。采用外贴式止水带与防水板热风密实焊接进行分区，并在中间设置防渗肋条，将防水面积控制在 $150\,m^2$ 内。背贴式止水带安装在施工缝（或伸缩缝）的位置上，既可分区防水，又能可保护施工缝处的防水板。这样，一旦某个区域发生防水板破坏而漏水，不会"窜水"而影响其他区域，也就是说防水层一点的渗漏不致引起多处衬砌薄弱部位的渗漏。同时在每个区域内预先设置注浆管，可针对漏水的区域进行注浆修补，效果好，修补费用低。

预埋注浆嘴施工：注浆嘴点焊在 ECB 防水板上，并同时用胶粘带将圆盘四周临时封住，以防浇砼时砂浆堵塞注浆管和将注浆嘴和管移位或破坏。将注浆管引出到边墙处，用配套的注浆管控制盘将其固定在二次衬砌混凝土表面。防渗肋条安装在防水板施工完毕后进行，防渗肋条每 $10\,m$ 一组，安装在每模二次衬砌的中部，要求防渗肋条必须和防水板粘结牢固。

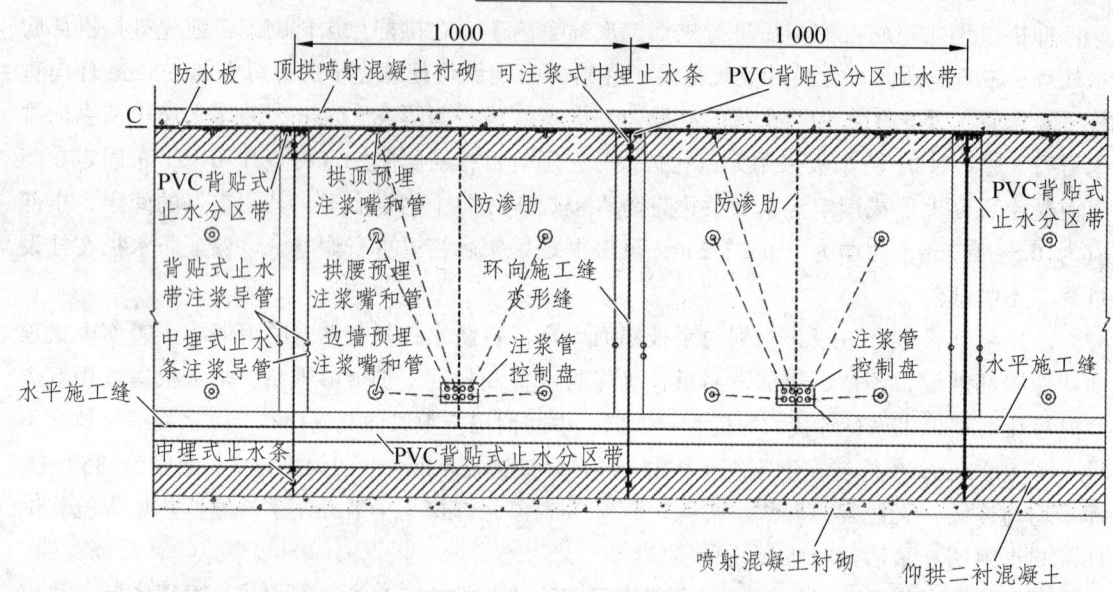

图 26-4 隧道剖面分区防水注浆构造

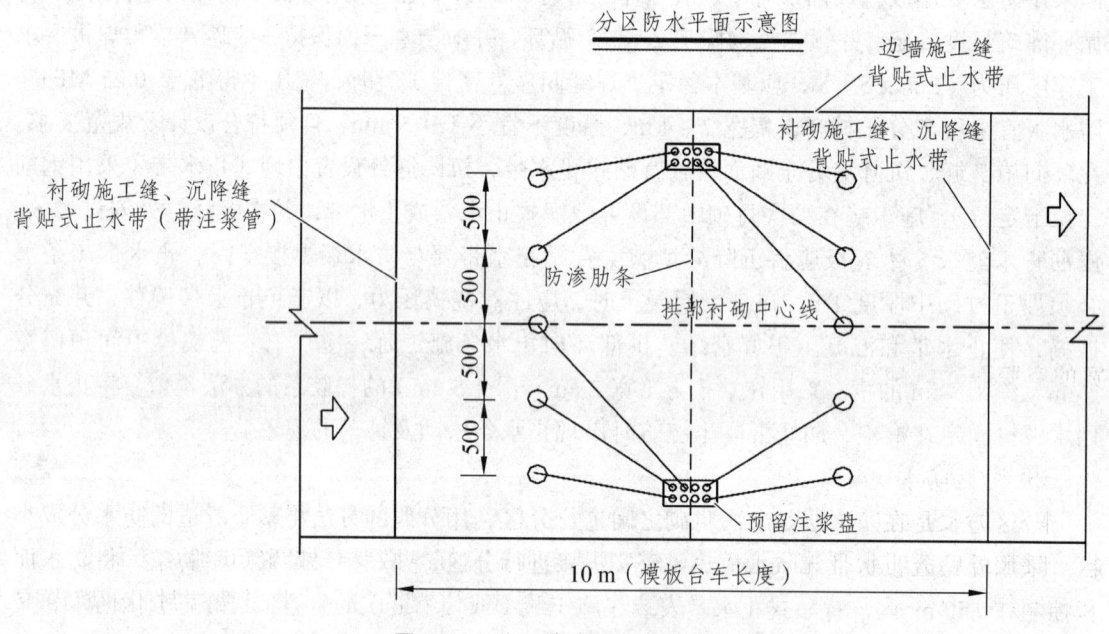

图 26-5 分区防水平面示意图

3)二衬混凝土结构自防水

首先要保证进场原材料必须符合设计及规范要求。其次是施工配合比要求计量必须准确。混凝土采用强制式拌合机拌和,自动配料机进行配料以确保混凝土施工配合比的准确性和混凝土拌和的均匀性。

二次衬砌混凝土应采用混凝土罐车运输,模板台车+混凝土输送泵进行浇筑,浇筑时应对称浇筑。采用插入式振动器和附着式振捣器相结合的振捣模式,确保混凝土施工的密实度。

混凝土施工应严格控制混凝土拆模时间，拆模后应及时洒水养护，养护时间不小于14天。混凝土施工过程中应严格控制钢筋保护层厚度和预理件部位混凝土施工振捣问题，要求必须派专人施工，专人检查。封顶混凝土浇筑应确保混凝土浇筑饱满、密实不留空洞。混凝土进料窗口高度应不大于3 m，以防混凝土离析。

26.2.2 隧道防水施工工艺

1．工艺流程

铺设防水层前的准备工作→缓冲层的铺设→防水板的铺设→防水层的质量检查→止水条、止水带施工→验收。

2．施工方法

1）铺设防水层前的准备工作

在洞外应认真检查防水板的质量，彻底清除其表面的污染物。在防水层施工前，除做好控制测量外，还要做断面检查，凿除侵限部分，并对初期支护表面局部的凹凸部分进行处理，以确保卷材铺贴平顺。还要对初期支护中的漏水部位进行封堵，切除遗留钢筋及管头，对断面变化及转弯处的阴角应用砂浆抹成圆弧。按设计要求，铺设环向、纵向盲沟。

2）缓冲层的铺设

分段长度根据衬砌台车的长度确定，一般为20 m。将射钉打入初期支护面上，同时将黑色垫板压在无纺布上，梅花形布设PE黑色垫板，间距为：拱部0.5~0.8 m，边墙1.0 m，注意在凹凸不平处增加固定点。

3）防水板的铺设

铺设防水板应由拱顶开始，依次向两边环向进行。防水板采用全封闭无损热粘。防水板的搭接长度不小于100 mm，双焊缝的每条缝宽不小于25 mm，两条焊缝间留不小于15 mm宽的空腔作充气检查用。施工时考虑到二次衬砌时的挤压作用，铺设防水板时要适当放松（一般5%的余量）。在防水板外绑扎或焊接钢筋时要做好防护，以防损伤防水板。

4）防水层的质量检查

除对防水层的母材进行检查外，在铺设后重点检查防水板的焊缝质量，经热熔压焊在一起的防水板呈透明状且无气泡，则表明其焊缝质量良好。必要时做充气试验，方法是：通过专用针头向两条焊缝中间的空腔内压气，一般试验长度为2 m，将其两端封闭，腔内压力达到1.5 MPa时停止充气，2 min内压力不下降，则认为焊缝合格，否则应仔细检查原因并补焊。

5）止水条、止水带施工

为了增加整体防水效果，施工缝处采用止水条防水。变形缝采用止水带防水和双组分聚硫橡胶嵌缝。在固定止水条和浇注混凝土过程中应注意固定防水带，防止偏移。加强砼振捣，排除止水带底部气泡和空隙，使止水带和砼紧密结合。止水带的搭接宽度可取100 mm，焊接的缝宽不应小于50 mm。

26.3 防排水工程施工质量要求

1. 防水实测项目

防水实测项目见表 26-3。

表 26-3 防水层实测项目

项次	检查项目		规定值或允许偏差	检查方法和频率
1	搭接宽度（mm）		≥100	尺量：全部搭接均要检查，每个搭接检查 3 处
2	缝宽（mm）	焊接	两侧焊缝宽≥25	尺量：每个搭接检查 5 处
		粘接	粘缝宽≥50	
3	固定点间距（mm）	拱部	0.5~0.7	尺量：检查总数的 10%
		侧墙	1.0~1.2	

1）外观鉴定

防水层表面平顺，无折皱、无气泡、无破损等现象，与洞壁密贴，松紧适度，无紧绷现象。接缝、补眼粘贴密实饱满，不得有气泡、空隙。

2）止水带实测项目

防水实测项目见表 26-4。

表 26-4 止水带实测项目

项次	检查项目	规定值或允许偏差	检查方法和频率
1	纵向偏离（mm）	±50	尺量：每环 3 处
2	偏离衬砌中心线（mm）	≤30	尺量：每环 3 处

3）外观鉴定

发现破裂应及时修补；衬砌脱模后，若发现因走模致使止水带过分偏离中心，应适当凿除或填补部分混凝土，对止水带进行纠偏。

2. 排水实测项目

排水结构物（如浆砌片石水沟，现浇混凝土等）按照第 5 章排水工程相应项目检验评定。外观鉴定，水沟和检查井盖板平稳无翘曲。

3. 防、排水施工质量控制要点

1）防水板施工控制要点

防水板表面平顺，无褶皱、无气泡、无破损等现象；当基面轮廓凸凹不平时，要预留足够的松散系数，使其留有余地，并在断面变化出增加悬挂点，保证缓冲面与混凝土表面密贴；防水板搭接用热焊器进行焊接，接缝为双焊缝，焊接温度应控制在 200～270 ℃ 为宜，并保持适当的温度即控制在 0.1～0.15 m/min 范围内。太快焊缝不牢固，太慢焊缝易焊穿、烤焦；焊缝若有漏焊、假焊应予补焊；若有烤焦、焊穿处以及外露的固定点，必须用塑料片焊接覆盖；焊接钢筋时在其周围用石棉水泥板进行遮挡，以免溅出火花烧坏防水层；灌注二衬砼时输送泵管不得直接对着防水板，避免混凝土冲击防水板引起防水板被带滑脱，防水板下滑；所有防水材料必须采用合格厂家生产的定型产品，所有产品必须有出厂合格证和质量检验证明；详细记录各种防水材料的安放部位，做到可追溯性；防水材料在使用前应做好相应的试验、检验工作，委托有相应资质的机构对防水材料进行检测；施工中发现的问题及时与生产厂家或供应商联系，以求尽快解决，不合格的材料坚决不用于本工程。

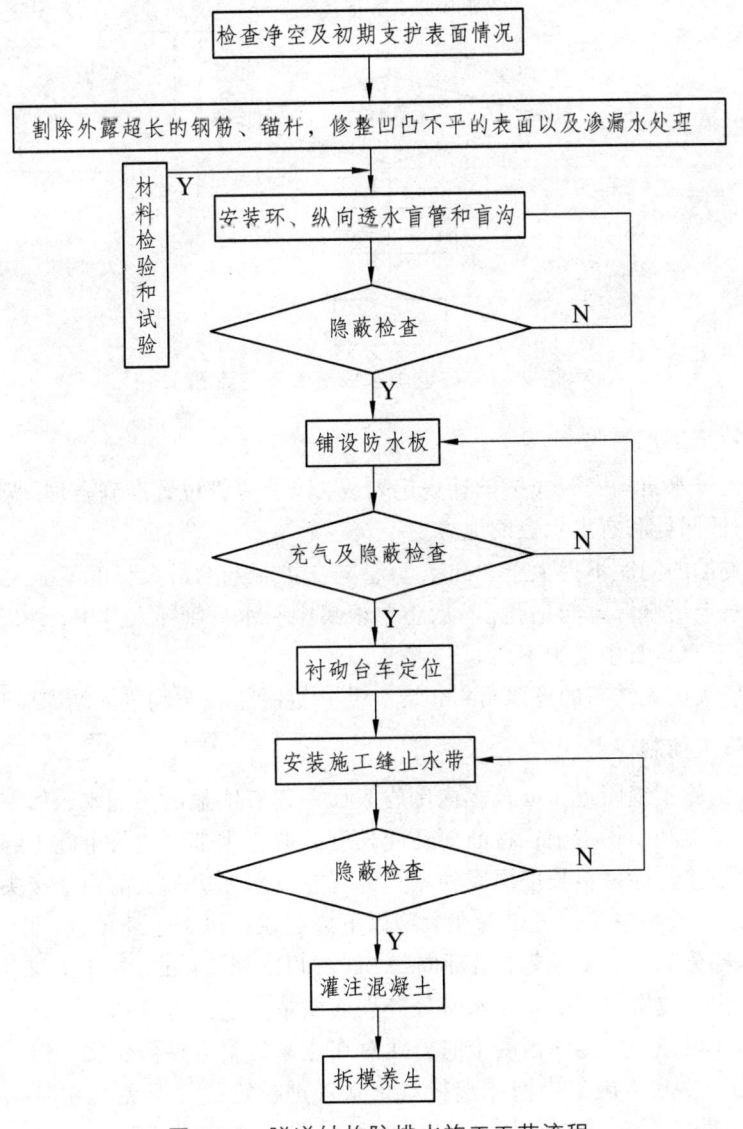

图 26-6　隧道结构防排水施工工艺流程

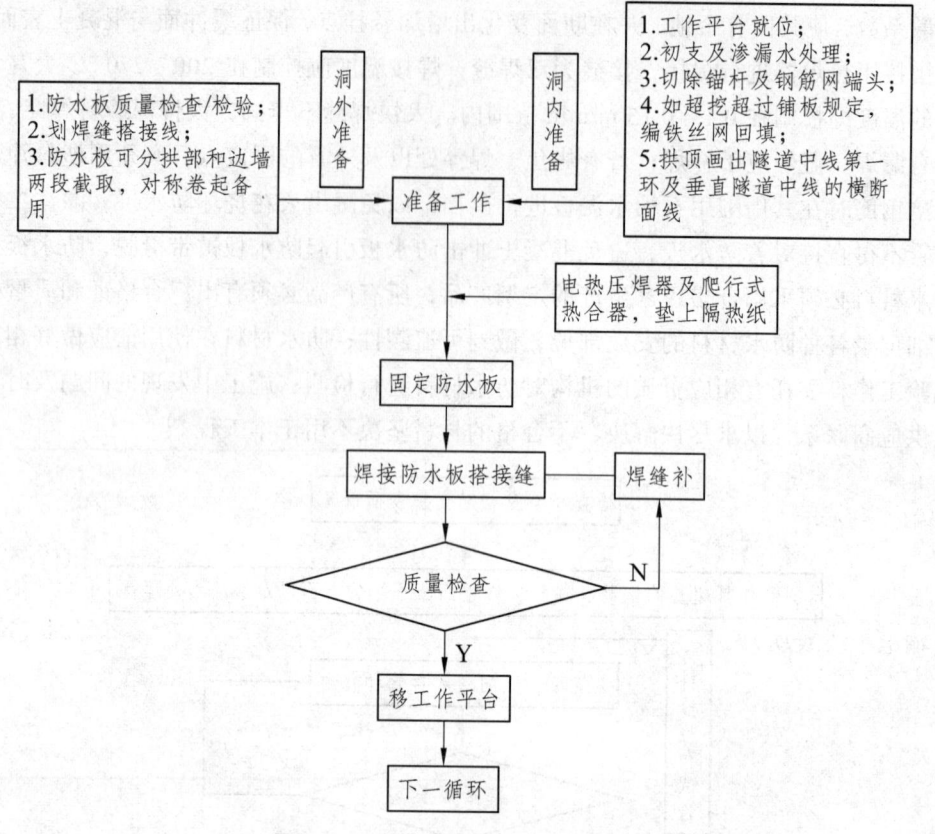

图 26-7 隧道防水板施工工艺流程

2) 排水盲管施工控制要点

① 纵向贯通排水盲沟安装应按设计规定划线,以使盲管位置准确合理,划线时注意盲管尽可能走基面的低凹处和有出水点的地方。

② 盲管与支护的间距不得大于 5 cm,盲管与支护脱开的最大长度不得大于 110 cm。

③ 集中出水点沿水源方向钻孔,然后将单根集中引水盲管插入其中,并用速凝砂浆将周围封堵,以使地下水从管中集中引出。

④ 盲管上接头用无纺布的渗水材料包裹,防止混凝土或杂物进入堵塞管道。

3) 止水带施工控制要点

检查待处理的施工缝附近 1 m 范围内围岩表面不得有明显的渗漏水,如有则采取必要的挡堵(防水板隔离)和引排措施;按断面环向长度截取止水带,使每个施工缝用一整条止水带,尽量不采取搭接,除材料长度原因外只允许有左右两侧边基上部两个接头,接头搭接长度不小于 30 cm,且要将搭接位置设置在大跨以下或起拱线以下边墙位置;止水带对称安装,伸入模内和外露部分宽度必须相等,沿环向每 0.5 m 设二根 $\phi 6$ mm 短钢筋夹住,以保证止水带在整个施工过程中位置的正确。止水带处砼表面质量应达到宽度均匀、缝身竖直、环向贯通,填塞密实,外表光洁;浇注混凝土时,注意在止水带附近振捣密实,但不得碰止水带,防止止水带走位。止水带施工中泡沫塑料对止水带进行定位,避免其在混凝土浇筑中发生移位。

4）隧道防排水工程施工质量规定

① 高速公路、一级公路、二级公路隧道应符合以下要求：

拱部、边墙、路面、设备箱洞不渗水；有冻害地段的隧道衬砌背后不积水，排水沟不冻结；洞内排水系统不淤积、不堵塞，确保排水通畅；车行横通道、人行横通道等服务通道拱部不滴水，边墙不淌水。

② 三级公路、四级公路隧道应符合以下要求：

拱部、边墙不滴水，路面不积水，设备箱洞不渗水；有冻害地段的隧道衬砌背后不积水，排水沟不冻结。

③ 洞口排水沟施工质量应符合表 26-5 规定。

表 26-5 洞口排水沟施工质量标准

序号	项目	规定值或允许偏差	检验方法和频率
1	轴线偏位（mm）	±50	仪器测量：每条排水沟不少于 5 处
2	沟底高程	±15	
3	排水沟纵坡（%）	±0.5，不积水	
4	排水沟宽度	+30，0	尺量：每条排水沟不少于 4 处
5	排水沟侧墙高度	-10	
6	壁厚	-10	

5）防水工程的质量要求

衬砌不渗水，结构表面无湿渍；混凝土抗压强度和抗渗压力符合设计要求；防水层连接紧密，无渗水现象，立面拐角的防水毯无空鼓和皱褶；材料甩头预留长度不小于规定长度，其收边和保护达到了设计要求；防水层的破损处已按要求修补达标；防水层与其他防水材料的连接符合设计要求。

第27章 隧道附属设施施工

27.1 隧道机电设备施工与安装工艺

1. 工艺流程

隧道内机电设备的安装施工，其规律大体相同，基本工艺如图27-1。

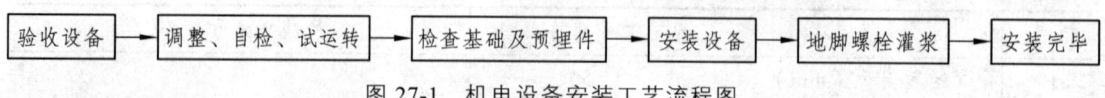

图27-1 机电设备安装工艺流程图

2. 施工方法

1）轴流式通风机的安装

① 验收风机设备，并进行调整、自检、试运转等工作。
② 检查风道及风机基础。
③ 安装机座、机体、传动轴、刹车装置、反风手动调节机构及电动机等。
④ 安装金属风道：包括扩散器、异径管、连接管、弯头、三通及闸门等安装。
⑤ 安装反风装置：包括混凝土风道内的反风门、换向门、分风门、密闭观测门等的清点、检查、组装及风门的密封等。
⑥ 滑轮组安装：包括地脚螺栓灌浆。

2）射流式风机的安装

① 验收风机设备，并进行调整、自检、试运转等工作。
② 检查风机悬挂基础。
③ 安装机座、机体。
④ 射流风机的安装质量特别重要，应严格按要求埋设预埋件，安装时不得磕碰及损坏风机，不得通过钩挂消声器来起吊风机，不得对风机施焊。

3）排水设备安装

① 开箱、检查、基础验收、泵体与电动机、吸水阀及吸水管安装。
② 设备本体与本体联接的附件、管道、润滑冷却装置进行清洗与组装。
③ 联轴器或皮带安装。

4）配电及控制设备的安装

① 开箱检查。
② 安装固定、分相刷漆。
③ 电缆终端盒托架的加工、安装、接线、压接地线、调整、自检。

④ 变压器抽芯检查，检查油管和油位、测绝缘电阻。

⑤ 电阻箱架子；拼装、焊接。

⑥ 各类小型开关：打墙洞，埋设螺栓和钢构架的钻孔。

5）各种信号设备的安装

① 开箱检查。

② 打眼、埋铁件、安装固定。

③ 接线、自检。

④ 编写牌号。

6）通信设备的安装

① 开箱检查。

② 安装固定。

③ 接地及通话试验。

7）照明设备的安装

① 开箱检查。

② 安装固定。

③ 测位划线。

④ 照明灯具、接线盒的打眼、埋铁件、连线、接地、自检试验。

8）交通监控设备的安装

交通监控设备包括车辆检测器、电视监控系统、信号控制系统以及紧急警报系统。安装工作有：

① 设备和附件安装。

② 检查。

③ 接线、单体调试、系统调试。

9）不间断电源的安装

① 检查。

② 安装。

③ 固定接地。

④ 调试：外观及绝缘检查、装置单元调试、不间断电源的充放电、逆变试验。

10）给水系统的安装

① 电站冷却用水

柴油机发电站内所需冷却水可用空调冷却系统和柴油机冷却系统供给，在设电站时一并考虑。

② 供水管网

包括：隧道内部冲洗用水、维护管理人员生活用水和消防用水。

管道的设置应严格按设计要求进行。预埋件和预留孔、槽要施作到位，保证管道、水栓等水工构件的顺利安装。

③ 水泵

水泵安装前应作如下检查：

基础的尺寸、位置、标高和地脚螺栓位置应符合设计要求；基础混凝土强度已达到设计要求；设备完整、无损坏和锈蚀等情况，管口保护物及堵盖完好；盘车应灵活、无阻滞、卡涩现象，无擦壳声音；驱动机转向确认无误，方可与水泵相连接。

11）隧道控制室

长及特长公路隧道，一般都要在洞口附近设置隧道控制室，大小一般为 50~80 m^2。其内装配综合控制台、隧道模拟屏、电视监视器、计算机和录相机等，以施行对隧道交通进行监控管理的职能。

① 隧道控制室的装修。一般装修木质地板，各类电缆经板槽及地下管道与变配电室相通。

② 隧道模拟屏的安装。

隧道模拟屏以绝缘板为基层，沿墙布置，其上方固定若干台电视监视器。模拟屏上面绘有隧道设备仪器布置平面图、并装有表示仪器工作状态的各种信号灯，以反映隧道内照明与风机运行状况、紧急电话启用状况、报警显示，以及隧道各断面车辆检测状况。

③ 综合控制台的安装。

综合控制台距模拟屏 3~4 m 距离设置。按功能分若干部分：

供电控制部分：安装变配电干线开关、通风照明等支路开关及相应的指示电表、信号灯；交通监控部分：安装电视监视控制台和可变情报板、信号灯、广播切换控制盘；监视控制部分：遥控摄像机的启闭、镜头及云台的调整和控制监视器的切换；通信部分：装有隧道紧急电话受理台及业务电话总机。

27.2 隧道水沟电缆槽滑模施工工艺

1. 工艺流程（见图 27-2）

2. 施工方法

1）施工准备

加工隧道水沟、电缆槽移动滑模，各构件之间必须焊接牢固焊缝饱满。在模板背面加肋加固，肋采用边长 5 cm 的角钢，保证模板有足够的刚度。构件的焊接应对应好，中间的 3 cm 空隙必须全部贯通，作为中空锚杆左右上下移动的空间。

2）基底清理

浇筑混凝土前，应对待浇区域基底进行清扫或冲洗，清除基底内的积水、泥土、木屑、铁丝等杂物，避免浇筑混凝土时混入其中，以保证新旧混凝土的有效粘接。

3）钢筋网片加工及安装

钢筋网片在场外加工，现场安装时网片之间采用焊接或绑扎，并在设计位置设接地钢筋。

4）预留管道埋设

浇筑混凝土前,应按设计要求在相应位置预埋预留管道,预埋管道与钢筋位置相抵触时,应确保管道平面位置、高程定位准确,可对网片部分钢筋位置进行调整,以保证预埋管道定位准确,预埋管道连接应密实,不得存在接缝和孔洞,管口应封堵或包裹,避免浇筑时混凝土进入管道造成堵塞。

5）立　模

根据施工放样的尺寸,首先立挡墙（分割墙）的外模。外模安装完毕后,其他电缆槽和水沟的模板根据外模和设计尺寸逐一安装。在沟底设置钢板反压,钢板上用木板反压,木板的两头在台车的横梁处用中空锚杆压住。各槽之间用固定尺寸的钢筋进行加固支撑,防止在浇筑混凝土时受混凝土的挤压使结构尺寸变形。槽与槽之间的隔墙用固定尺寸的木块隔开,保证隔墙的结构尺寸。模板安装必须稳固可靠,接缝严密,模板与混凝土的接触面必须清理干净并涂刷脱模剂。

6）混凝土浇筑

采用一次浇筑,分层捣固,严格控制捣固时间和方法,保证外模混凝土内的气泡全部排除,从而保证混凝土表面质量。

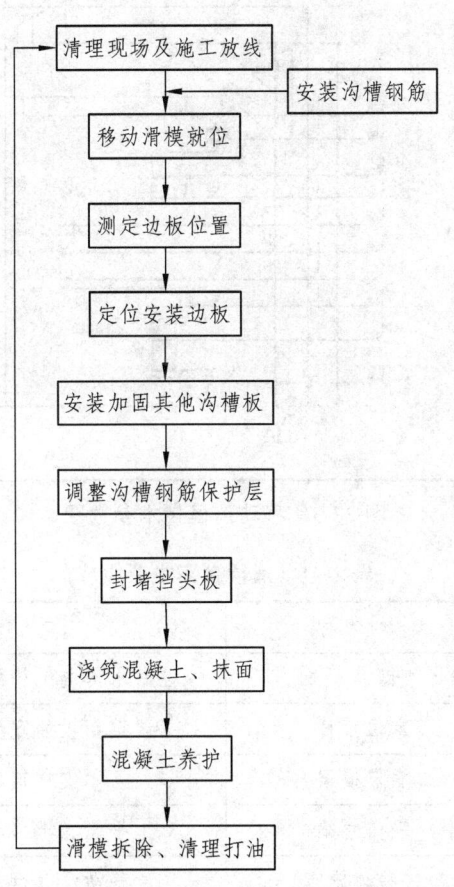

图 27-2　隧道水沟、电缆槽施工工艺流程

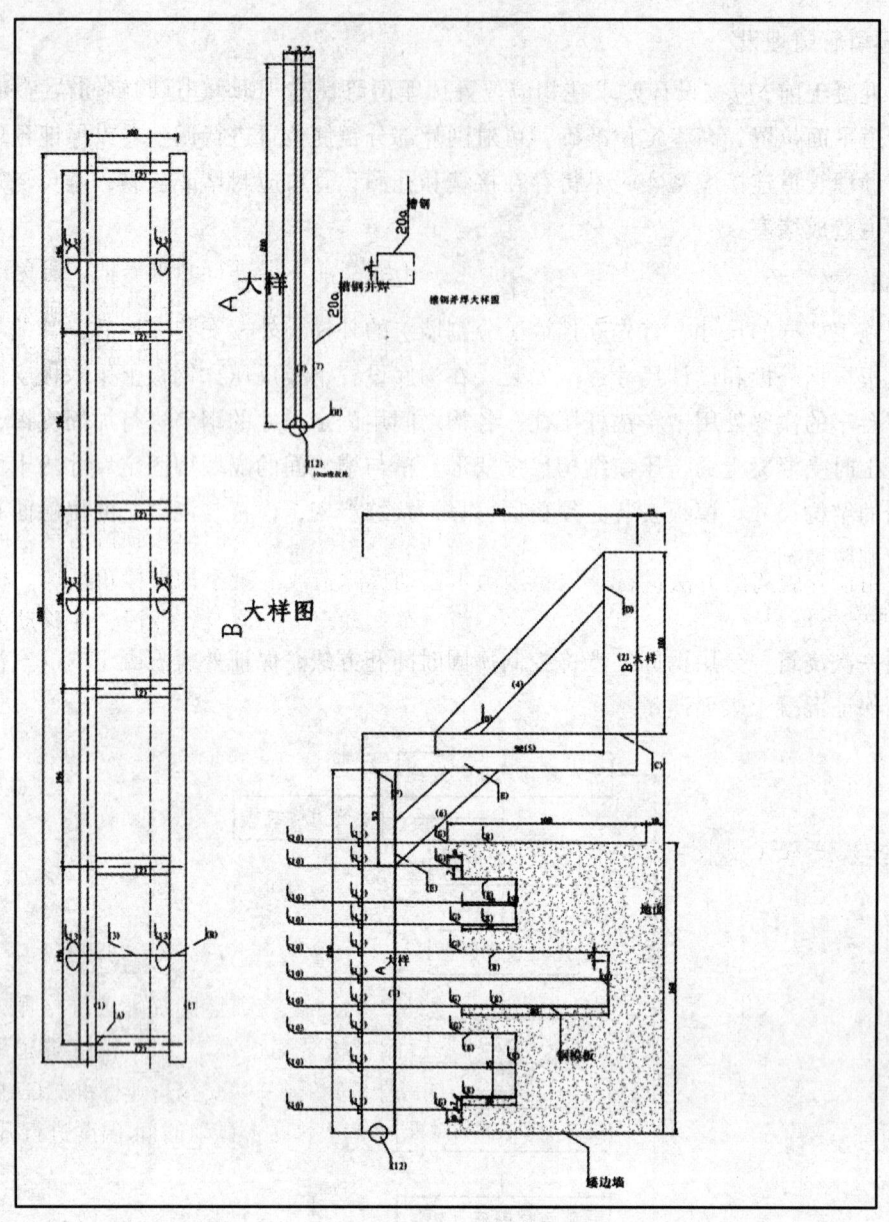

图 27-3 移动滑模技术参数图

表 27-1 滑模台车主要组成

编号	构件名称	功能	备注
①	钢模板	控制水沟电缆槽的几何尺寸	
②	定位拉杆	调整钢板的宽度及高度	
③	固定横梁	支撑钢板	
④	平衡主梁	平衡主干移动滑模	
⑤⑥	移动轮	移动滑模行走设备	

7）沟槽沿抹面

混凝土浇筑完毕后,应及时用人工找平的方法对沟槽沿顶混凝土进行找平,不得出现凸凹不平的现象,避免沟槽线型起伏影响外观质量,等混凝土完全沉实、表面完全收水和用手压有印但不陷时,再进行一次抹面即可。

8）混凝土养护

混凝土浇筑完毕后应及时进行养护,但混凝土终凝前不得进行洒水养护,避免造成冲坑现象,可采取雾化保湿的方法进行养护,待混凝土终凝后即可采取浇水,喷淋洒水等措施进行保湿、潮湿养护,如模板已经拆除,因沟槽面垂面较多,则宜采用覆盖保湿的方法进行养护。

9）脱模及移动

当混凝土强度能保证其表面、棱角不因拆模而受损坏,即可脱模,一般情况在常温下 12 h 后即可进行。脱模应首先拆除模板墙后的支撑杆件,给准备拆下的模板预留活动空间,墙面模板宜采用顶开脱离的方法进行,避免用锤击震动拆除造成混凝土构件棱角损坏。模板与混凝土完全脱离后,采用机械牵引的方法将模板台车移动至下一浇筑作业段,在移动前应对台车走行轮前方路面进行清理,以免台车晃动幅度过大致使模板刮蹭墙面。

27.3 隧道内 106-2 型防火涂料施工工艺

1. 工艺流程（见图 27-4 所示）

2. 施工方法

1）设计参数及材料检验

根据设计要求,海域段防火涂料厚度为（22±2）mm,在喷层间加铺玻纤格栅,耐火极限不得小于 3 h；陆域段防火涂料厚度为 13 mm,耐火极限不得小于 2 h。海底隧道所使用的 106-2 型非膨胀水性防火涂料检验主要依据《中华人民共和国公共安全行业标准》GA98—2005 和《钢结构防火涂料》GB14907—2002 进行检验。其中耐火性按照碳氢时间-温度进行升温测定。

2）施工前的准备

① 检查二衬表面是否有渗漏水,清除二衬表面处理渗水点后的疏松层、浮灰、浮尘、脱模剂、油污和污渍等杂物。

② 检查隧道内壁板块接缝是否平整,检查伸缩缝、施工缝的情况,详细记录检查情况。

③ 用高压水将二衬表面冲洗干净,混凝土表面应充分润湿,但混凝土表面不得有明水。

④ 对施工用涂料进行复检。检查其产品型号、出厂检验单、合格证、质量保证期以及现场抽样化验,并把复验的资料数据存档备案。

⑤ 喷涂防火涂料前采用彩条布将施工段的管沟及侧墙进行覆盖保护,若在已完成路面基层砼浇注区段施工时用彩条布将路面覆盖防护好再进行喷涂施工。

3）防火涂料配制与拌合

第一层防火涂料按水:涂料=（100~120）:80 进行涂料拌和,第 2~4 层按水:涂料=（80~

100):80 进行涂料拌合,且拌合时间不得小于 10 min。待拌合均匀后,需继续拌合 3 min,才可进行喷涂施工。

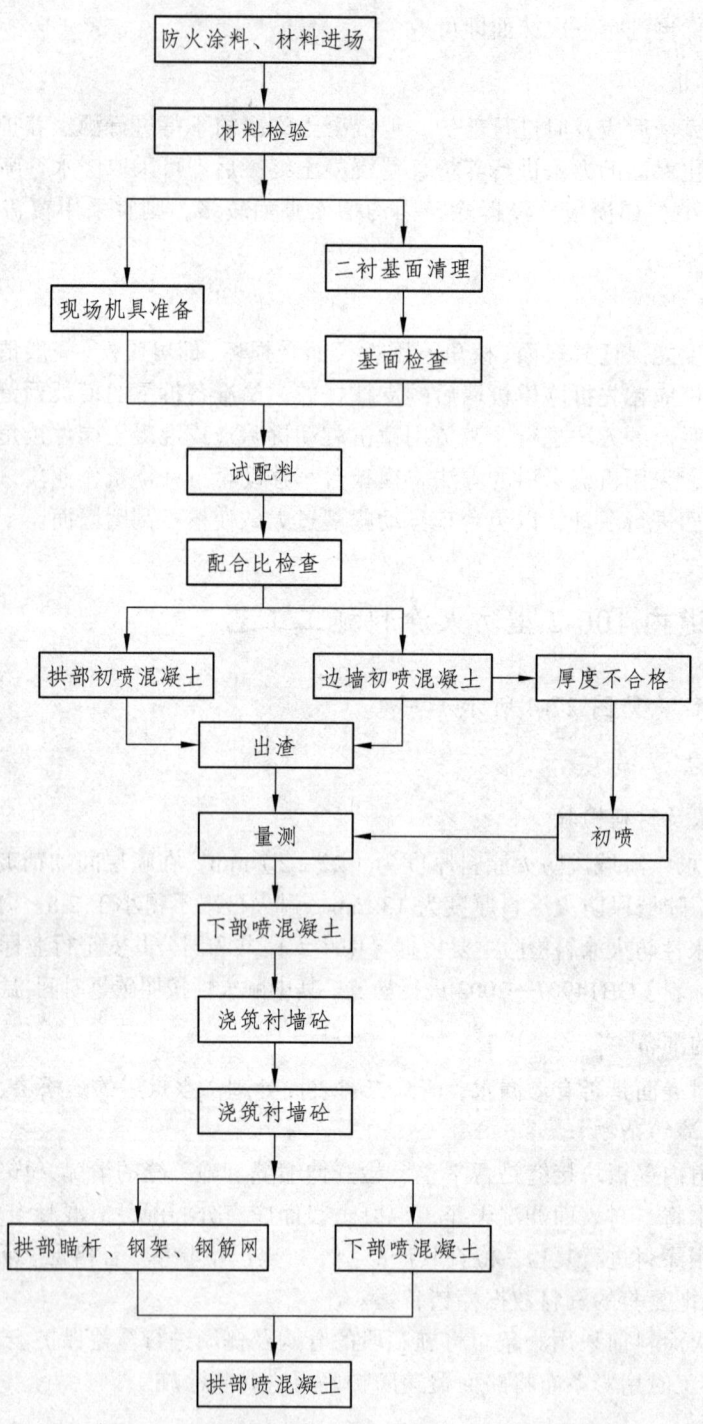

图 27-4 海底隧道防火涂料的施工工艺流程

4）防火涂料涂装

① 涂装方法

106-2防火涂料为非膨胀水性涂料，其粒度较大，黏度比较稠，应采用空气喷涂法施工。在进行喷涂施工时，喷枪应采用重力式喷枪，喷嘴直径$\phi 4\sim 6\ mm$，空气压力控制在$0.4\sim 0.6\ MPa$，喷嘴距隧道表面的距离，一般以$200\sim 300\ mm$为宜。喷出的涂料流应尽量垂直于隧道衬砌表面，每一个喷涂条带的边缘应当重叠在前喷好的条带边缘（以重叠1/3为宜）。

② 涂料喷层厚度

防火涂料采用逐层喷涂的方式进行。第一层喷涂厚度宜控制在$3\sim 5\ mm$，确保第一层涂装涂料与混凝土表面粘结可靠，以后每遍喷涂厚度控制在$5\sim 8\ mm$，直至达到设计要求的涂装涂层厚度为止。

③ 喷层间间隙时间

后一层涂料的施工应待前一层表干后进行，工地现场喷涂施工间隔时间建议在24 h以上（涂料表干时间与气温及涂层厚度有关）。

④ 喷涂顺序

防火涂料喷涂时，分$3\sim 4$层逐层喷涂，喷涂从隧道腰部往拱顶自下而上施工，喷枪的运动速度应保持一致，不可时快时慢。

⑤ 饰面涂料施工

检查喷层涂料的干燥度、平整度及喷层厚度，当以上几项指标符合要求后，且在保证上一层涂料硬化后（一般在涂装涂层施工完毕后7 d），进行饰面涂料的施工，饰面涂料一般采用喷涂或辊涂施工（视现场实际情况而定）。

27.4 隧道装饰工程施工工艺

1. 工艺流程

涂料喷涂工艺：

基地处理→测量放样→调制涂料浆、基层打底喷涂→基面检查与修整→测量基层喷涂同颜色涂料分界线→面层喷涂。

瓷砖粘贴工艺：

基层处理→抹底子灰→选砖、浸砖→排砖、弹线→粘贴标准点→垫底尺→粘贴瓷砖→勾缝（擦缝）。

2. 施工方法

1）喷涂施工方法

① 喷涂基底处理

对施工缝错台较大部分用凿子凿平，再用角磨机打磨平整，错台较小部分直接用角磨机打磨平整即可；对于喷溅在衬砌表面的小撮砼用小铲铲掉，再用粗砂纸或角磨机打磨平整。先用粗砂纸将油污清除，再用高压水枪对衬砌表面进行全面冲洗。

② 测量放样

根据隧道内已有转点在施工里程段每 10 m 放中心点并引至两侧边墙，确定不同装饰类型界限在墙上定点弹线。

③ 调制涂料浆液

水和涂料按照厂家推荐配合比（水灰比一般为 0.7~1.0，打底料一般还会按比例加入专用胶结剂）采用低速搅拌机搅拌，稠度控制在 8~12 cm 范围内；静止 10 min，再进行搅拌后方可施工喷涂。涂料应随用随配，配成的浆料一般存放不超过 2 h，切忌存放时间过长，造成涂层的胶结力下降而影响施工质量。

④ 抹涂厚度控制标志

取少量的调制好料浆装入专用喷涂设备在衬砌表面喷涂横条状厚度标志，间距一般为 2.5~3.0 m，作为喷涂施工的参照物。

⑤ 基层打底喷涂

用喷涂机将打底涂料从隧道的腰部装饰线向顶部（从下而上）按要求进行喷涂，为保证打底涂料与衬砌混凝土表面有较高的胶结强度，在打底涂料中加有专用胶结剂，喷涂厚度一般控制在 3~5 mm。喷涂压力根据产品特性而定，一般控制在 4 个大气压。一次喷涂长度可根据设计及现场作业条件而定。

⑥ 基层喷涂

为了让底料基本凝固硬化，防止涂层开裂、起层、脱落，底层打底喷涂施工 18~24 h 后方可进行基层喷涂，因隧道防火涂层较厚，多采用分层喷涂方式，喷涂顺序及压力控制同表面打底喷涂。喷涂时注意喷涂压力、速度、距离等方面控制均衡，进而保证喷涂厚度均匀一致；喷涂厚度根据材料性能确定，一般控制在 4~8 mm，避免喷层过厚，造成内外含水率差异而起层、空鼓，甚至脱落。待前一次喷涂基本干透（一般时间间隔不少于 24 h）后，继续喷涂第二层，如此循环，直至喷涂到设计厚度。

⑦ 基面检查与修整

因喷涂机械及操作工艺等原因，喷涂局部会有厚度不足或不平整现象，在基层喷涂施工后应对喷涂表面进行检查补平，另隧道防火涂料多采用喷涂施工，涂层外观为均匀粒状面，兼有防眩和吸音功能，一般不必抹平，故补平时亦采用喷涂工艺。

⑧ 测量不同颜色涂料分界线

从美观角度出发，隧道饰面涂料多采用两种颜色，在防火涂料施工完成后还在涂料上按设计要求喷涂有色涂料。根据已有测量成果，确定面层不同颜色界限在墙上定点弹线，进行有色涂料喷涂施工。

⑨ 面层施工（有色涂料喷涂）

在基层基本干透成型后（大约 1~3 d），经过自检、报检，确认无开裂、起层、脱落等质量缺陷后，即可进行面层施工。按照设计要求在不同的色区喷涂相应颜色色漆，为避免喷涂后出现颜色不一致和色漆流坠现象，必须注意控制相同的喷涂压力，并注意保持喷枪头到涂料基面等距匀速施作。

2）瓷砖粘贴施工方法

① 基层处理

基层处理即清理干净砼表面上残存的废余砂浆块、灰尘、油污及喷涂施工喷溅的涂料等，并剔凿胀模及施工缝错台的部位，因隧道采用钢模板衬砌，衬砌表面比较光滑，需要凿毛或用掺107胶的水泥细砂浆做小拉毛面或刷界面处理剂。

② 抹底子灰

打底砂浆施工前，应提前一天浇水湿润，防止砂浆中的水分被干燥砼迅速吸收而快速凝结，造成胶结力下降。隧道衬砌表面平整度较好，抹底子灰厚度较薄，多控制在 3～6 mm，可采用设计要求的水泥砂浆一次抹到位。

③ 选砖与浸砖

墙砖使用前，要仔细检查墙砖的尺寸（长度、宽度、对角线、平整度）、色差、品种，防止混等混级。墙砖的品种、规格、颜色等应符合规范及设计的要求，瓷砖表面不得有划痕，缺棱掉角等质量缺陷。瓷砖在铺贴前应浸水 2 h 左右，以砖体不冒泡为准，使瓷砖要充分浸水，然后取出表面晒干待用。浸水目的：一是为了清洁瓷砖背面的尘土，便于粘贴；二是充分考虑墙面砖含水率较高的特性，瓷砖不充分浸水，砂浆中的水分被干燥的基层和瓷砖迅速吸收而快速凝结，会影响其胶结牢固度。

④ 排砖与弹线

底层灰七成干时，按图纸要求，结合实际和瓷砖规格在瓷砖粘贴区间选好基准点，进行排砖与弹线。即用水平尺找平，校核墙面的平整度，算好纵横系数，划出层数杆，定出水平及竖向标准。

⑤ 粘贴标准点

正式粘贴前应先贴标准点，即用做灰饼的混合砂浆将废瓷砖粘贴在衬砌表面相应位置上，用以控制整个镶贴瓷砖表面平整度。灰饼间距以靠尺板够得着为准。

⑥ 垫底尺

根据弹好的水平线，稳稳放好平尺板，具体位置：第二层瓷砖的下口高程处。为控制整砖铺贴行、列平直美观，避免电缆沟侧壁与衬砌接缝不顺直及垫尺空间狭小问题，多从第二行开始施工，最下一层在上面几层粘贴完后补贴。

⑦ 粘贴瓷砖

粘砖应自下向上粘贴，粘贴砂浆厚度一般控制在 7～10 mm 之间，过厚或过薄均易产生空鼓。结合层多采用 1：2 的水泥砂浆，必要时使用掺有水泥重量 3% 的 107 胶水泥砂浆，以便粘结砂浆的和易性和保水性较好，并有一定的缓凝作用，不但增加教结力，而且可以减少粘结层的厚度，为校正表面平整和拨缝提供更长的时间，便于操作，易于保证镶贴质量。当采用混合砂浆胶结层时，胶结后的釉面砖可用灰匙木柄轻轻敲击；当采用107胶聚合物水泥砂浆胶结层时，可用于轻压，并用橡皮锤轻轻敲击，使其与底层教结密实牢固。凡遇胶结不密实，有空鼓和脱落时，应取下重贴，不得在砖口处塞灰。每贴好一行釉面砖，应及时用 1 m 靠尺检查平整度，偏差处用匙术柄轻轻敲平，及时校正横、竖缝平直，严禁在粘贴砂浆收水后再进行纠偏移动。

⑧ 勾缝（擦缝）

瓷砖镶贴完成后，自检表面平整及接缝平直情况符合要求，且无空鼓现象后，清理缝内虚渣，然后用颜色与瓷砖相同（相近）的勾缝剂（或水泥浆）勾缝，用布将缝子的素浆擦匀，待施工部位墙面和嵌缝材料硬化后，根据不同污染情况，采用棉纱、砂纸清理或稀盐酸刷洗砖面，然后用清水冲洗干净。

第28章 特殊隧道施工

28.1 特殊结构隧道施工

28.1.1 连拱隧道施工工艺

1. 工艺流程

在中导洞-正洞法施工连拱隧道中,隧道开挖工作主要包括中导洞和正洞的开挖。

中导洞开挖施工工艺流程:爆破设计→测量放样→布孔→钻孔→清孔→设置警戒→装药→堵孔→联线→引爆→爆后检查→出渣→初期支护→效果分析→下一循环施工。

2. 施工方法

1)爆破设计

① 开挖方法选择

Ⅵ、Ⅴ级围岩稳定性较差,节理裂隙发育,每个循环进尺为 0.5~1.5 m,周边眼采用光面爆破;Ⅳ、Ⅲ级围岩稳定性较好,可采用台阶法,每循环进尺 1.5~2.5 m;Ⅱ、Ⅰ级围岩稳定性好,可采用全断面开挖法,每循环进尺为 2.5~3.5 m,周边眼全部采用光面爆破。

② 爆破参数

A. 炸药消耗量

隧道爆破中,每循环爆破的总装药量 Q 值,常按以下公式计算:$Q = qsL\eta$

B. 周边眼的布置

周边眼原则上应布置在设计轮廓线上,但由于受凿岩机机型的限制,不得不向外偏斜一定的角度,偏斜角一般为 3°~5°。偏斜角度的大小可根据眼深加以调整,使眼底落在轮廓线外 100 mm 处。

C. 掏槽眼的布置

根据隧道断面形态、岩石性质和地质构造等条件,掏槽眼的排列方式有很多种,可以分为倾斜掏槽眼和垂直掏槽眼两大类。倾斜掏槽眼又分为单向掏槽、楔形掏槽、锥形掏槽和扇形掏槽 4 种形式;垂直掏槽眼的形式很多,大致可以分为缝形掏槽、桶形掏槽和螺旋掏槽三类。

③ 起爆方式及起爆顺序

为了避免杂散电流对爆破安全的影响,一般采用非电起爆系统。起爆顺序为:掏槽眼→辅助眼→掘进眼→周边眼→底板眼。

2)测量放样

中导洞开挖前,应进行隧道贯通测量。

中导洞贯通后,必须再次进行贯通测量及调整,保证中隔墙浇筑的轴线方向和隧道的轴线方向。

3）布　孔

钻眼前，测量人员要用红油漆准确绘出开挖面的中线和轮廓线，标出炮眼位置，其误差不得超过 5 cm。

4）钻　孔

司钻人员要熟悉炮眼布置图，能熟练地操纵凿岩机械。根据眼口位置及掌子面岩石的凸凹程度调整炮眼深度，以保证炮眼底在同一个平面上，并严禁在残留炮孔内继续钻炮眼。

5）清　孔

装药前，必须用由钢筋弯制的炮钩和小于炮眼直径的高压风管输入高压风将炮眼中的石屑刮出、吹净。

6）设置警戒线

根据设计确认警戒半径，在危险区边界，应设有明显标志，并派出岗哨，安排执行警戒任务的人员。

7）装　药

装药需要分片分组按炮眼设计图确定的装药量自上而下进行，雷管要"对号入座"。掏槽眼的单孔装药量要比辅助眼的多 10%~15%，而周边眼的单孔装药量要比辅助眼少 10%~15%，为了更好地保证光面爆破效果，周边眼要采取不耦合装药，并且要采用导爆索起爆的方式。

8）堵　孔

已装药的炮眼应及时用炮泥堵塞密封，周边眼的堵塞长度不宜小于 20 cm。

9）联　线

为了保证起爆的可靠性和准确性，起爆网络宜采用复式网络。联结时应注意：导爆管不能打结和拉细；各炮眼雷管连接次数应相同；引爆雷管应用黑胶布包扎在离一簇导爆管自由端 10 cm 以上处。网络联好后，要有专人负责检查。

10）引　爆

起爆信号应在确认人员、设备等全部撤离爆破警戒区，所有警戒人员到位，具备安全起爆条件时发出。起爆信号发出后，负责起爆的人员才能起爆。

11）爆后检查

隧道爆破后，经通风吹散炮烟，检查确认空气合格后，等待时间超过 15 分钟，方准许作业人员进入爆破作业地点进行爆后检查。检查的主要内容有：确认有无盲炮；有无冒顶、危石，支撑是否破坏，炮烟是否排除。

12）出　渣

采用挖掘机、装载机配合自卸汽车运输的方式，一次性的将洞渣运至指定弃渣场。

13）初期支护

初期支护要紧跟开挖面及时施工，减少围岩暴露时间，控制围岩变形，防止围岩短期内松弛，并根据设计埋设监控量测点，观测初期支护变形。

14）效果分析

对隧道爆破的情况进行分析，进一步优化爆破参数，尽量找到最佳的爆破方案，并进入下一个爆破循环。

15）正洞开挖施工工艺

当中隔墙砼的强度满足相关要求后（包括墙顶空隙用混凝土填实），并做好洞口超前支护后，就可以开挖左右正洞。公路连拱隧道由于其跨度大、埋深浅、地质条件差，在开挖进洞前或在洞内，一般在Ⅵ、Ⅴ、Ⅳ级围岩中都要进行超前支护。为防止洞口埋深小于10m时，隧道拱顶拉裂区扩大到地表，以及在未胶结的砂、砂砾和松散土层等软弱围岩段施工，超前支护显得尤为必要。先超前支护，后开挖是连拱隧道软弱围岩施工的一项原则。在不同级别围岩或不同隧道断面尺寸条件下，采用的超前支护形式可有不同，在实际施工中常采用长管棚、超前小导管、超前注浆锚杆等。连拱隧道左右正洞开挖的施工工艺与中导洞的开挖方法类似，但要注意对中隔墙的保护。特别指出的是：开挖一侧主洞而另一侧主洞未开挖时，另一侧中隔墙与中导洞之间的空隙要用石渣回填密实。

28.1.2 下穿既有线隧道施工工艺

1. 工艺流程

地面D便梁施工属于既有线网内施工，施工前进行方案研讨、审批，和设备管理单位签订安全协议，要点给点后方能在驻站联络员及现场安全防护员的监督配合下进行施工，施工工艺流程如下（图28-1）。

2. 施工方法

1）D便梁施工

① D便梁的设计

D便梁设计跨度24m，并设八根桩基础，基础尺寸1.5m×1.5m，深度8～16m。

② 施工准备

施工前沿既有线的边坡坡脚搭设2.0m高防护排架，排架长度在隧道开挖轮廓线两侧各延长10m，防止下穿既有线施工时，高边坡上的小石块滚入达成铁路路基上。D便梁孔桩施工需线路慢行60km/h，慢行距离100m，施工前3天向行车管理单位申报日计划，申请慢行区间，日计划批复后方可施工。

精确放样孔桩位置，对影响孔桩施工的接触网支柱进行改移；安装井架。出碴在井口设置1台3t卷扬机作为提升设备；修建出碴道路；配备齐全所需的机具、器材、照明及人员上下设施。

③ 孔桩施工

A. 孔桩开挖在申请的施工时间范围内进行，列车通过工地时严禁施工，且井下人员必须撤离现场。

B. 在地面施作锁口混凝土，锁口混凝土采用钢筋混凝土，锁口高出原地面50cm，在锁扣靠近钢轨侧设半方形挡板，防止列车运行时刮起的土、石等杂物滚入孔内伤人。

C. 桩基开挖采用水钻法进行，每循环钻孔时采 NO244-18.5（7.5）kW 的取芯机沿桩基开挖范围钻孔，钻孔进尺 30 cm，钻进后取出钻孔内的岩石，随挖随用事先准备好的编制袋装好。当有车辆通过时孔内作业人员必须撤出井外，并用防护盖盖住孔口，防止列车通过时道砟等杂物掉入孔内。

D. 孔内采用人工装碴，使用卷扬机及吊桶做提升设备，孔上设专人指挥，将吊桶直接提升到孔口，袋装堆放在两线间，保证不侵限。驻站联络员要随时掌握列车运行及天窗时间，及时通报给施工现场。

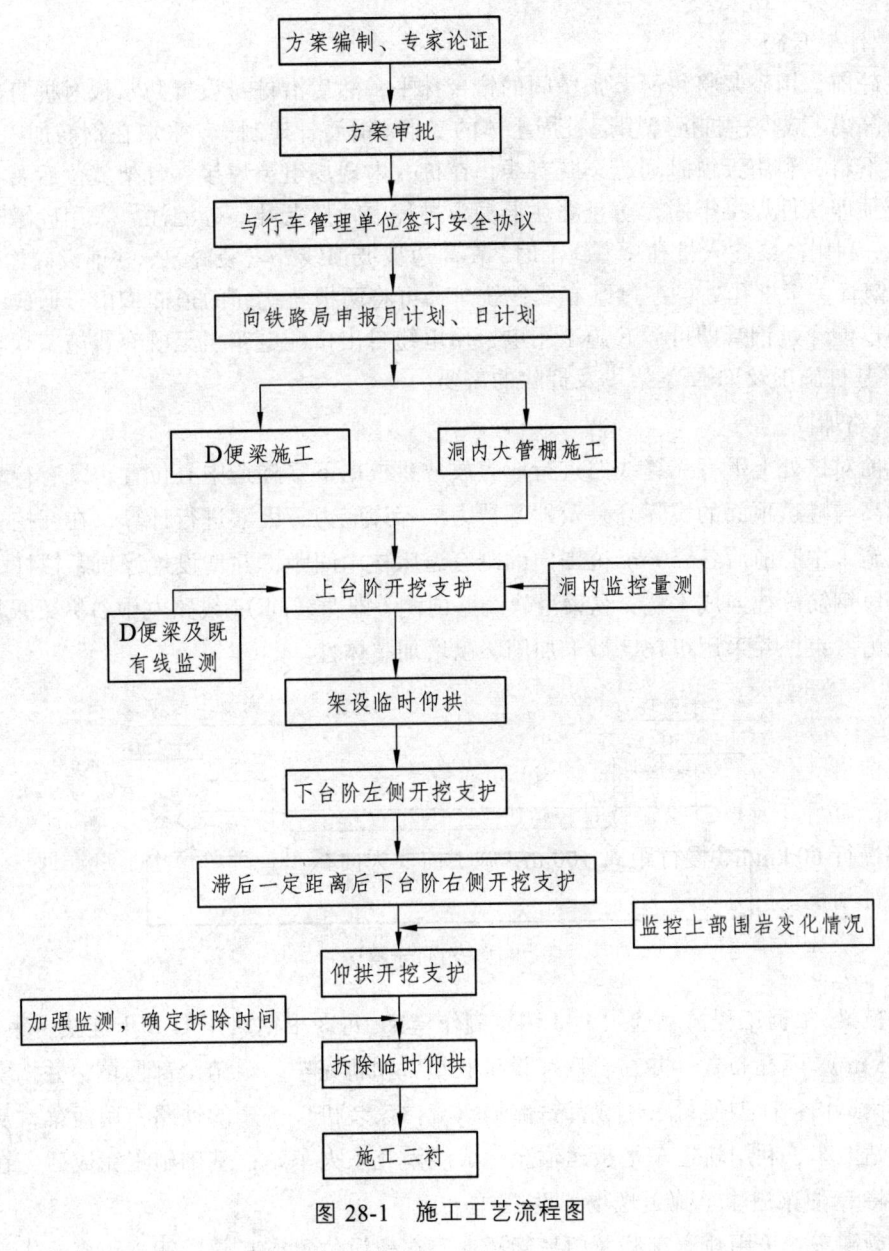

图 28-1 施工工艺流程图

E. 为保证桩井开挖的施工安全应逐段灌注钢筋混凝土护壁,同时避免在土石层变化处分节。在立模灌注每节混凝土前,先要清除井壁上的浮土和松动石块,使护壁混凝土紧贴井壁,每节开挖要在上节护壁混凝土终凝后进行,而且不宜过深,以免上节护壁悬空过高。灌注护壁混凝土利用卷扬机、吊料斗,通过溜槽入模,灌注混凝土时,每两节护壁之间留出缺口,待拆模后用干硬性混凝土填塞抹平。

F. 桩身开挖必须严格遵守《建筑安装工人安全技术操作规程》,井下石方开挖采用空压机风镐掘进,严禁爆破,各工序必须有安全员职守。

G. 施工时井口靠既有线侧必须设半方形挡护板,各种材料及施工器材距井口有一定距离,以防落入井内伤人。

H. 灌注桩身砼

灌注砼前,用砂浆将每两节护壁间的错台抹平,然后沿桩身设置防水板对桩身砼和桩周土体进行隔离,减少柱桩沉降引起桩周土体的变形。钢筋骨架制作,采取在钢筋加工场按 2~4 m 分段下料,利用天窗时间运至既有线,在桩孔内现场组装焊接。骨架就位后要与护壁上的铁蹬或预埋铁件焊接牢固,防止灌注混凝土过程中骨架上升。砼灌注,采用砼罐车运至既有线附近,利用砼泵注入桩孔中。施工时,在高边坡坡顶线外安装砼泵,并铺设砼输送管(ϕ125 mm 钢管)至桩孔处,穿过既有线铁轨时,可将两根轨枕间的道砟掏出,形成一槽道,槽道大小以能穿过钢管即可。砼施工用电,用电缆自出口配电箱引至既有线施工现场,以满足 D 便梁基桩施工及 D 便梁架设及拆除的需要。

④ 线路加固

施工前对该处上下行无缝线路进行应力放散;根据下穿隧道中心位置,既有行车线路实际轨顶标高与隧道顶面的实际高差及地基持力层容许应力等因素进行计算,在开挖支墩前,首先调整施工中心前后各 50 m 范围内的既有道床枕木间距,并增设绝缘轨距拉杆,将抬轨梁需架空段钢筋砼枕换成木枕;纵梁吊轨线路内侧(即两线间);线路左中右纵梁采用 I32 工字钢 5 根为一束,并采用Φ16U 型卡加固,以增加整体性。

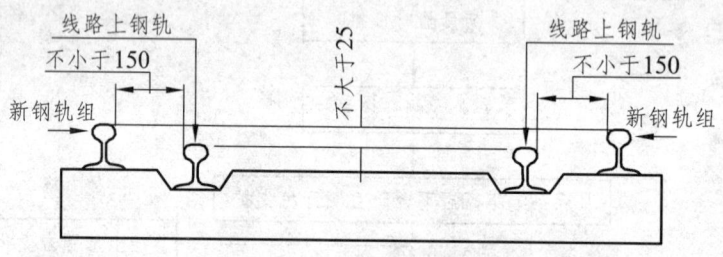

图 28-2 扣轨示意图

铺设横梁,根据工程情况选用 P43 钢轨制作横梁。每 3 根钢轨用 U 型卡连接一束横梁(每根长约 3.5 m),隔孔布置,并在轨底铺设橡胶垫,扣轨完毕,道碴全部回填,并捣实。

D 便梁运输:D 型便梁采用成都铁路局双流白家装机厂生产的铁路专用便梁,从成昆线双流火车站上车,利用轨道车平板运输至达成线南充东火车站;基础施工完成后,在批准的施工点内将 D 便梁运输至施工现场架设。

D 便梁卸车:采用轨道车载龙门吊卸梁,先在架设位置或其前后适当距离,作为卸梁、存梁场地，按《技规》要求请点、防护，保证足够的卸车时间，每次卸两片梁，两个小时内完成，卸梁完成后，要尽快清理轨道上的杂物，尽快开通线路，保证按在封锁点内完成所有的卸梁工作。

D便梁安装：D型梁纵梁就位后，采用不封锁线路但线路慢行45 km/h的办法，安装横梁，横梁安装完毕后，即可安装钢轨扣件SBK01，以保持轨距。在设支垫时，应注意控制标高，使横梁顶距轨底有10~20 mm的空隙，以便塞绝缘胶垫，待轨底挖空50~60 cm高后，即刻逐根装上斜杆S6，以增强D型梁的刚性。

D便梁维护：施工过程中每天都要有专人进行检查和养护，检查支垫有无下沉、变形、裂纹，横梁与轨底的绝缘垫，钢轨扣件有无松动、脱落，螺栓有无松动、裂纹，D型梁纵梁是否移位等，每过一趟车，线路工都要检查线路的技术状况，若有异常应即时处理或报告。每隔七天对螺栓上一次油，以防锈蚀，造成拆除困难。检查情况应做成记录以便查询和整理。

2）洞内超前大管棚施工

① 管棚工作室施工

管棚工作室段采用微台阶法加临时仰拱施工，外环设置拱部I18钢架及拱部ϕ42超前小导管，钢架间距0.5 m，超前小导管2.0 m一环，内环设置全环格栅钢架加强支护，钢架间距0.5 m，内外环之间采用C25砼回填。根据平面布置图新建隧道边线与既有路基边线交汇里程为：ID3K772+792，考虑覆盖层的厚度及现场实际情况，在保证施工安全的前提下管棚工作室里程调整为：ID3K772+794~+800。

② 洞内导向墙施工

上台阶内施工3 m长导向墙，导向墙内预埋3 m长导向管，对管棚的方向进行精确控制。导向墙采用C25混凝土，截面尺寸为0.5 m×3 m。导向墙内预埋4榀I14工字钢，间距1.0 m，导向管采用3 m长热扎无缝钢管（ϕ127×6 mm），外插角2°，安装在预埋工字钢上。

③ ϕ108超前大管棚施工

拱部ϕ108长管棚环向间距40 cm，采用热轧无缝钢管，壁厚6 mm，管棚周壁钻注浆孔，孔径10~16 mm，孔间距15~20 mm，呈梅花型布置，且在管棚内设置钢筋笼，钢筋笼由4根Φ20钢筋和固定环组成。

A. 钻孔及钢管安装

管棚采用导向跟管钻进法施工，钻孔采用能精确定向，且能自动纠偏的C6全液压型钻机钻孔，钻孔角度控制在1°~2°，钻孔顺序按"先奇数孔、后偶数孔"的顺序进行。待导向墙混凝土强度达到80%以后方可钻孔，钢管安装，在跟管钻进过程中实现钢管的安装。

B. 注浆

采用全孔一次性注浆方式进行注浆，注浆采用定量-定压相结合原则，按单孔（先奇数孔、后偶数孔，钻孔安装完成1根，立即注浆1根）注浆顺序进行。注浆材料采用纯水泥浆，水灰比1:0.6~1:1，水泥采用普通硅酸盐水泥，水泥强度为P0.42.5，注浆压力控制在0.5~1.0 MPa。注浆结束标准：终压下注浆量小于0.1 L/min，持压10 min即可。注浆前应进行注浆试验，根据定量-定压相结合原则确定注浆量和注浆压力，防止大注浆量和高注浆压力，致使既有线路基隆起。

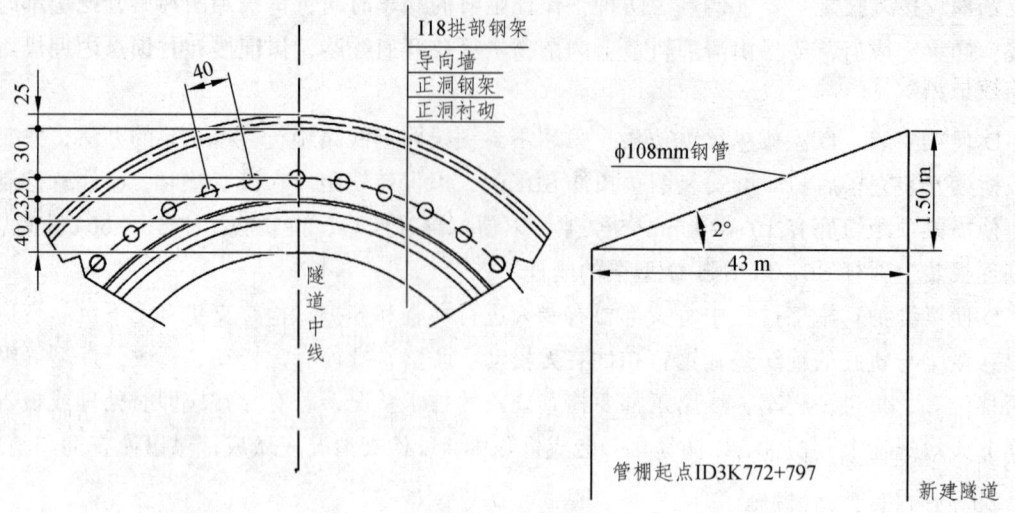

图 28-3 管棚布置图

3）下穿段施工

① 开挖方式及工序

下穿段采用两台阶微台阶法加临时仰拱开挖，开挖方法采用控制爆破法开挖。爆破安排在"天窗"时间段。

断面共分三个台阶法，采用短台阶法开挖，采取光面爆破，掏槽形式为中空孔直眼龟裂掏槽，周边眼采用隔孔装药。

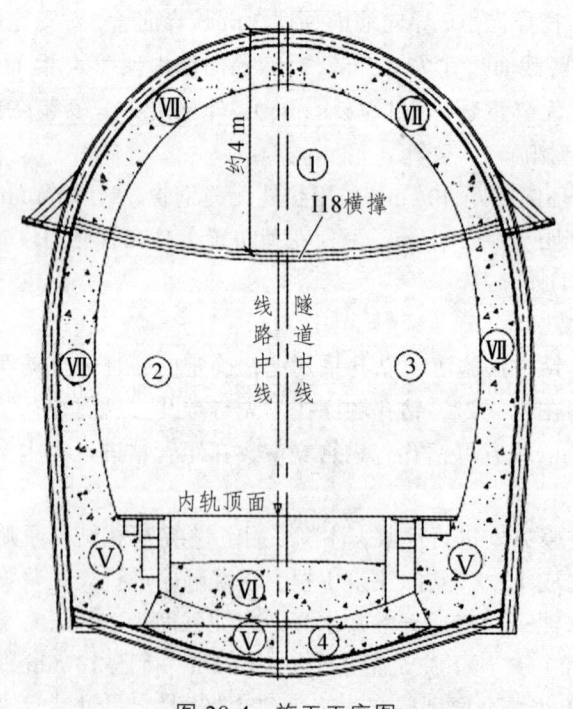

图 28-4 施工工序图

控制爆破开挖①部,施作周边初期支护及临时仰拱,滞后①部一定距离后开挖②部,施作初期支护,滞后②部一定距离后开挖支护③部,在滞后③部一定距离后开挖支护仰拱,根据监控量测数据拆除临时仰拱,施作二衬砼。

② 钻爆设计

A. 炮眼布置

上台阶分三次进行装药和爆破,开挖进尺 0.6 m,炮眼深度 0.75 m,第一次为掏槽眼装药和爆破;第二次为掘进爆破,第三次为周边眼光面爆破。周边眼间距 30 cm。

下台阶分两次进行装药和爆破,分别为左侧爆破和右侧爆破,开挖进尺 0.75 m,炮眼深度 1 m,采用"V"形起爆原理进行起爆。周边眼间距 40 cm,使爆破后周边眼孔能在较小药量下将开挖轮廓保持较为顺直。

仰供部分开挖进尺 0.75 m,炮眼深度 1 m,周边眼间距 40 cm,使爆破后周边眼孔能在较小药量下将开挖轮廓保持较为顺直。

该分段暂为起爆顺序,详细段号根据雷管段号确定,尽量使个分段间隔在 300 ms 以上,以避免由于雷管精度误差使爆破叠加。

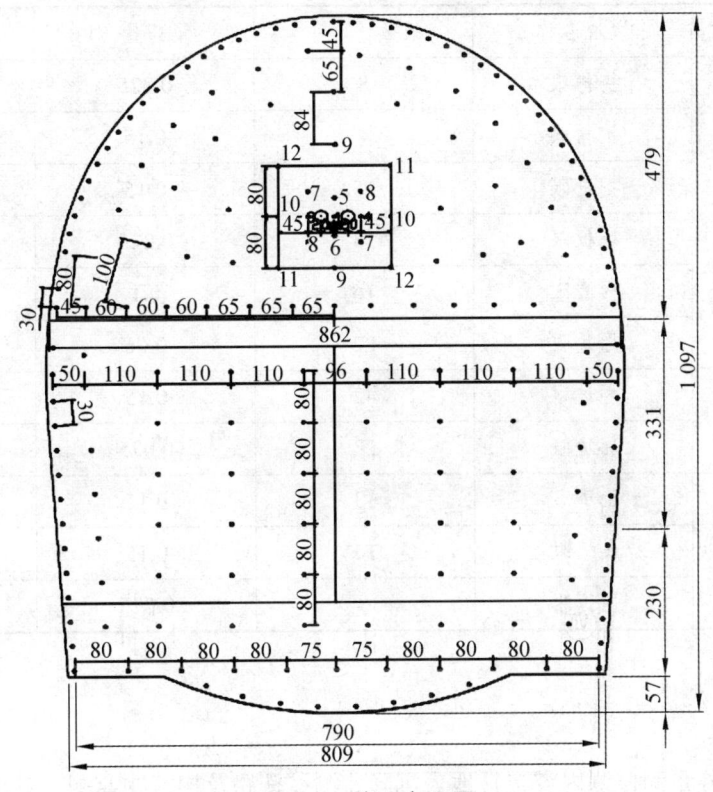

图 28-5 炮眼布置图

B. 装药量计算

目前,在隧道工程爆破中,对于振动的控制一般主要的方法是控制齐爆最大装药量、选择合理的掏槽形式、选择合理微差爆破间隔时差、优化孔网参数、选用低爆速炸药等来实现控制爆破振速。

针对白果湾隧道的环境条件而言，由于净距较小，预计隧道爆破振动对达成铁路的影响较大，为了保证达成铁路的安全运营，应通过控制单段总药量的方法控制振动速度。长期以来的实践表明，隧道爆破震动主要受掏槽爆破控制，且该工况也较适用萨道夫斯基公式，因此，在此采用控制爆破振速限值下来估算掏槽最大段装药量。此外，根据规范、类比工程，该处主要构筑物为轨道及路基，控制爆破振速 5 cm/s 相对合理，也有足够的安全系数。

$$Q = R^3(V/K)^{3/a}$$（萨氏公式《爆破安全技术》）

计算取值如下：

V——根据铁路运营实际情况，取 5 cm/s；

R——取掏槽眼距铁路距离，6 m；

K，α——针该段地质条件，取 K 为 250，α 为 1.92。

计算结果：将以上数据代入公式得，Q = 0.478 kg > 0.45 kg（掏槽单段设计最大装药量 0.225×2 = 0.45 kg），满足要求。详细装药量见表1。

表 28-1　爆破装药量

部位	炮眼名称	眼数（个）	单孔装药量（kg）	小计（kg）
上台阶	掏槽眼	8	0.225	1.8
	扩槽眼	4	0.15	0.6
	掘进眼	15	0.15	2.25
	底板眼	13	0.225	2.925
	内圈眼	16	0.1	1.6
	周边眼	22	0.06	1.32
中台阶	掘进眼	42	0.15	6.3
	周边眼	22	0.075	1.65
下台阶	掘进眼	13	0.15	1.95
	底板眼	14	0.15	2.1
	周边眼	6	0.075	0.45

3. 监控量测

1）监测内容

下穿铁路监控量测监测内容包括地表沉降监测、铁路及构筑物监测、隧道结构、爆破震动监测四大部分。

① 地表沉降监测。

② 铁路及构筑物监测：基座及 D 便梁沉降、基座水平位移监测。

③ 隧道结构监测：隧道拱顶下沉、水平收敛位移监测。

④ 爆破振动监测：下穿段地表及地面结构物振动监测。

2）监测结果及结论

① 隧道浅埋,且地面有列车荷载扰动,通过大管棚注浆很好地将松散的岩体结合在一起,D 便梁转移了列车荷载,减少了列车荷载对围岩的扰动,控制爆破很好地起到了减小爆破对围岩的扰动,这些措施很好地控制了地表沉降量。

② 隧道周边水平位移及拱顶下沉:隧道浅埋,控制拱顶下沉是施工中的重点,通过超前大管棚的棚架效应及控制爆破很好地减小了隧道拱顶下沉。

③ 通过在 D 便梁基础及既有线两侧路肩上设置测点,发现受爆破扰动,D 便梁基座在爆破后有 0.4~0.6 mm 的沉降,初期支护成环后基座不再沉降。

3）施工过程中既有线慢行时间分配

① 挖孔桩开挖及灌注,需线路慢行 60 km/h,施工周期 36 天,在施工天窗点内施工,禁止点外施工。

② D 型梁安装,需线路慢行 45 km/h,施工周期 6 天,点内施工,每日申请 2 h 施工天窗时间。

③ ID3K772+740~ID3K772+794 段(54 m)穿越既有线影响范围施工,需线路慢行 45 km/h,周期 60 天。

④ D 型梁拆除,整理恢复线路,需线路慢行 45 km/h,施工周期 6 天。点内施工,施工前向行车管理单位要点。

28.2 特殊地质条件隧道施工

28.2.1 瓦斯(溢出)地层隧道安全施工工艺

1. 工艺流程(见图 28-6 所示)

2. 施工方法

瓦斯隧道工区分为非瓦斯工区、低瓦斯工区、高瓦斯工区、瓦斯突出工区共 4 类。低瓦斯工区和高瓦斯工区可按绝对瓦斯涌出量进行判定。当全工区的瓦斯涌出量小于 0.5 m^3/min 时,为低瓦斯工区;大于或等于 0.5 m^3/min 时,为高瓦斯工区。瓦斯隧道只要有一处有突出危险,该处所在的工区即为瓦斯突出工区。在非瓦斯工区及低瓦斯工区,仍可按照一般隧道的施工方法进行开挖、支护衬砌等作业,但要定时检测,加强通风,严格操作和安全规定;在有煤层和高瓦斯、瓦斯突出的区段的施工作业则应严格按照专门设计进行施工。

1）超前钻孔探测

超前探孔施工应符合下列规定:

① 接近突出煤层前,应在距设计煤层位置 15~20 m(垂距)处的开挖工作面打超前探孔 1 个,初探煤层位置。

② 在距初探煤层位置 10 m(垂距)处的开挖工作面上打 3 个超前探孔,并取岩(煤)芯,分别探测 IJ 开挖工作面前方上部及左右部位煤层位置。

③ 按各孔见煤、出煤点计算煤层厚度、倾角、走向及与隧道的关系，并分析煤层顶、底板岩性。

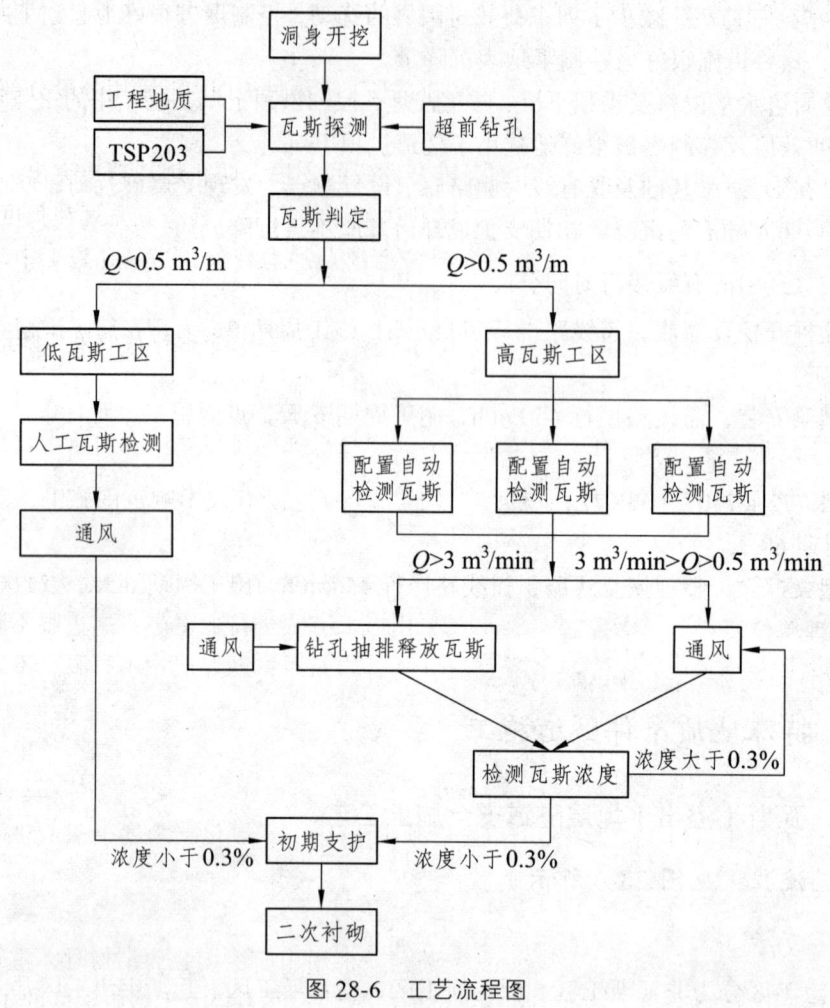

图 28-6　工艺流程图

④ 掌握并收集探孔施工过程中的瓦斯动力现象。

⑤ 各探孔施工应满足下列条件：

每个探孔应穿透煤层并进入顶（底）板不小于 0.5 m；正式探测孔应取完整的岩（煤）芯，进入煤层后宜用干钻取样；各探孔直径不宜小于 76 mm；钻孔过程中应观察孔内排出的浆液、煤屑变化情况，并做好记录。

2）上半断面瓦斯排放

采用钻孔排放作为防突的主要手段，钻孔排放瓦斯应按下列要求进行：

① 钻孔排放应先进行设计。设计内容应包括：煤层赋存状况、煤层参数、预测时的各项指标、排放范围、钻孔排放半径、排放时间、排放孔个数、每孔长度和角度、排放孔施工及排放期间的安全措施等。

② 排放时间、排放半径及排放孔个数，应根据排放范围及隧道总工期综合分析确定。

③ 钻孔排放位置应设在距煤层垂距不小于 3 m 的开挖工作面上，施钻时各孔应穿透煤层，并进入顶（底）板岩层不小于 0.5 m。

④ 钻孔排放布孔时，在煤层厚度 1/2 处的孔距不应大于 2 倍排放半径，一般孔底间距不大于 2 m，并以此计算各孔的角度和长度。

⑤ 当煤层倾角小、煤层厚、一次排放钻孔过长、俯角过大时，可采用分段分部多次排放，但首次排放钻孔的穿煤深度不得小于 1.0 m。

⑥ 排放孔施工前应加强排放工作面及已开挖段的支护，防止坍塌造成突出。

⑦ 排放孔施工必须严格按设计施钻，钻孔过程中应有专人检查其角度和长度。

⑧ 排放孔施工过程中应注意观察各种异常情况及动力现象，当某孔施工中动力现象严重，可暂停该孔施工，待其他孔施工完后再补钻该孔。

⑨ 每钻完一个孔应检测该孔瓦斯浓度，以后每天进行两次，掌握排放效果和修正排放时间。

3）超前支护

为防止煤层坍塌、岩体变形，结合防突需要，经过瓦斯排放，应及时按设计要求进行超前支护，加固岩体并封闭煤层裂隙，减少瓦斯溢出。

4）上半断面开挖

开挖前，应检验工作面前方 10 m 的上中下左右部位的瓦斯突出危险性。每次进尺 0.6~0.8 m，预留变形量为 15 cm，防止大变形。采用以下方式进行弱爆破：周边眼不装药；加密炮眼，减少单孔装药量；煤层在导坑上部时，只打岩石眼，在煤层中不打眼、不装药；采用矿用安全炸药及五段电雷管。

① 钻孔

瓦斯工区钻孔作业应符合下列规定：

开挖工作面附近 20 m 风流中瓦斯浓度必须小于 1%，二氧化碳浓度小于 1.5%；必须采用湿式钻孔；炮眼深度不应小于 0.6 m。

② 装药

瓦斯工区采用电雷管起爆时，严禁反向装药。采用正向连续装药结构时，雷管以外不得装药卷。在岩层内爆破，炮眼深度不足 0.9 m 时，装药长度不得大于炮眼深度的 1/2；炮眼深度为 0.9 m 以上时，装药长度不得大于炮眼深度的 2/3。在煤层中爆破，装药长度不得大于炮眼深度的 1/2。所有炮眼的剩余部分应用炮泥封堵。炮泥应用水炮泥或粘土炮泥。水炮泥外剩余的炮眼部分应用粘土炮泥填满封实。严禁用煤粉、块状材料或其他可燃性材料作炮泥。

③ 连线、爆破

爆破网路和连线，必须符合下列要求：

必须采用串联连接方式。线路所有连结接头应相互扭紧，明线部分应包覆绝缘层并悬空。母线与电缆、电线、信号线应分别挂在巷道的两侧，若必须在同一侧时，母线必须挂在电缆下方，并应保持 0.3 m 以上间距。母线应采用具有良好绝缘性和柔软性的铜芯电缆，并随用随挂，严禁将其固定。母线的长度必须大于规定的爆破安全距离。必须采用绝缘母线单回路爆破。严禁将瞬发电雷管与毫秒电雷管在同一串联网路中使用。

瓦斯工区必须采用电力起爆，并使用煤矿许用电雷管，严禁使用秒或半秒级电雷管。使用煤矿许用毫秒延期电雷管时，最后一段的延期时间不得大于 130 ms。

④ 出渣运输

采用防爆装渣机装渣，有轨运输，防爆电瓶车牵引，矿车出渣，或采用装载机配合自卸汽车进行，无轨运输。

⑤ 上半断面初期支护

上半断面开挖后，应按设计要求及时进行初期支护，并做好监控量测。初期支护应紧跟工作面，及时封闭岩面，防止瓦斯向隧道泄漏，有利于施工安全。由于煤系地层岩石松软，强度低，凿眼容易，故只要多用风枪，及时凿眼放炮，在支护 2 h 内大多能做到打眼放炮完成，此时混凝土尚未初凝，不致使混凝土质量受到影响。初期支护要求平整、光滑，不能有造成瓦斯聚集的死角。

5）下半断面瓦斯排放、开挖与支护下部台阶瓦斯排放措施

可在上部台阶底部打俯角孔排放；孔距与排距宜为 1.0 m；每排排放钻孔连线应与煤层走向平行。其余要求与上半断面施工的要求相同。

6）施作防水层与二次衬砌

初期支护完成后，按设计及时铺设防水层、施作二衬混凝土。瓦斯地段的二衬混凝土一般采用气密性混凝土，全封闭复合式衬砌。气密性混凝土分初次衬砌和二次衬砌两次进行，在两层通之间设置一道高密度的 HDPE 板作为瓦斯隔离层，以防止瓦斯泄漏，保证隧道运营安全。掺气密剂的混凝土施工应符合下列要求：

① 按设计强度要求的混凝土配合比通过试验确定。

② 原材料应按以上配合比进行称量，水的允许偏差为 ±1%，水泥及气密剂的允许偏差为 ±1%，砂石允许偏差为 ±2%。

③ 原材料应按采用强制式搅拌机搅拌，不得采用人工拌和；水泥、气密剂及砂应先干拌 1~1.5 min，达到颜色均匀后，再加入石子及水搅拌 1.5~2.0 min，形成均匀的拌和物。

④ 混凝土拌和料从搅拌机卸出至浇注完毕所需时间宜为 40~60 min。

⑤ 应采用机械振捣，不得用人工振捣。

⑥ 连续养护时间不得少于 14 d，并应避免在 5°C 以下施工。

7）施工通风

低瓦斯工区的施工通风方式应采用压入式，也可采用巷道式。高瓦斯工区和瓦斯突出工区，施工通风方式宜采用巷道式。瓦斯隧道在施工期间，应实施连续通风，各开挖工作面必须采用独立通风，严禁任何两个工作面之间串联通风。瓦斯隧道需要的风量，必须按照爆破排烟同时工作的最多人数以及瓦斯绝对涌出量分别计算，并按允许风速进行检验，且每人每分钟不得少于 4 m³，采用其中的最大值。按瓦斯绝对涌出量计算风量时，对于低瓦斯工区，应将洞内各处的瓦斯浓度稀释到 0.5% 以下；对于高瓦斯工区和瓦斯突出工区，其长度较大的独头坑道，应将开挖工作面风流中的瓦斯浓度稀释到 0.5% 以下；平行导坑仅作巷道式通风的回风道时，其瓦斯浓度应小于 0.75%。瓦斯隧道应采用抗静电、阻燃的风管。风管口到开挖面的距离应小于 5 m，风管百米漏风率不应大于 2%。防止瓦斯积聚的风速不宜小于 1 m/s。瓦斯隧道施工中，对瓦斯易于积聚的空间和衬砌模板台车附近区域，应采用空气引射器、气动风机等设备，实施局部通风的方法，消除瓦斯积聚。

8）瓦斯检测

采用人工巡检和瓦斯遥测仪连续自动监测相结合的方式，两种方式相互印证。

① 人工巡检

配备专职瓦斯检查员，利用光学瓦检仪、便携式自动报警仪及迷你型四合一气体检测仪对巷道及工作面的 CH_4、CO、CO_2、H_2S 等有害气体进行监测。加强凿眼过程中及装药前和放炮后的瓦斯检测，重点检查电器设备集中的地点、二次衬砌作业面、开挖工作面等。

瓦斯检测地点为：

开挖工作面和回风流中，爆破地点附近 20 m 内的风流及局部垮塌冒顶处；坑道总回风中；风扇前、后 10 m 内的风流中；各种作业平台和机械附近 20 m 内的风流中；电动机及其开关附近 20 m 内的风流中；避车洞及其他洞室中；煤层或接近地质构造破坏带，裂隙瓦斯、硫化氢及油气异常涌出地点。

② 瓦斯自动连续监测系统

自动监测采用瓦斯遥测仪和遥测警报断电仪进行自动测试和手动报警，并建立风、瓦、电连锁系统和声光报警系统。在正洞开挖工作面、机电设备集中处、总回风巷、衬砌台车处各设一个甲烷传感器探头。瓦斯浓度达到报警值时传感器探头发出声、光报警信号、断电仪发出光报警信号，计算机发出声音报警信号。瓦斯浓度超过断电值时，断电仪可自动切断超限区的电源，自动检测系统仍正常工作。

28.2.2 水平岩层隧道施工工艺

1. 工艺流程

施工工艺流程见见图 28-7；施工顺序图见 28-8 所示。

2. 施工方法

1）施工准备

① 风、水管、电线敷设、施工便道、施工场地布置，机械设备、人员配置、材料准备、修建防排水设施、修建环保、水保设施。

② 根据设计资料详细分析了解工程地质、当地水文地质情况，制定合理的施工方案和施工措施，制定施工监控量测方案及沉降观测计划。

2）施工步骤

Ⅲ、Ⅳ级围岩隧道采用台阶法施工工艺，上下台阶采用人工钻眼，光面爆破技术，装载机配合大型自卸车装渣运输，施做初期支护具体施工步骤如下：

① 上台阶开挖，开挖作业高度 6.5 m，装载机装渣，人工配合多功能平台钻眼，开挖进尺根据地质预报和掌子面的实际地质情况进行现场钻爆设计动态调整，充分考虑拱部围岩的完整性、层理分布、节理发育和岩性的软硬程度来灵活调整，尽可能减少对拱部围岩的扰动：拱部为厚层～巨厚层的砂岩时，则开挖进尺控制在 2.5～3.0 m；拱部为薄层～中厚层的泥岩及泥质砂岩时，则开挖进尺严格控制在 2.5 m 以内；拱部为破碎的泥质砂岩及软弱泥岩层时，则将开挖进尺严格控制在 1.2 m。

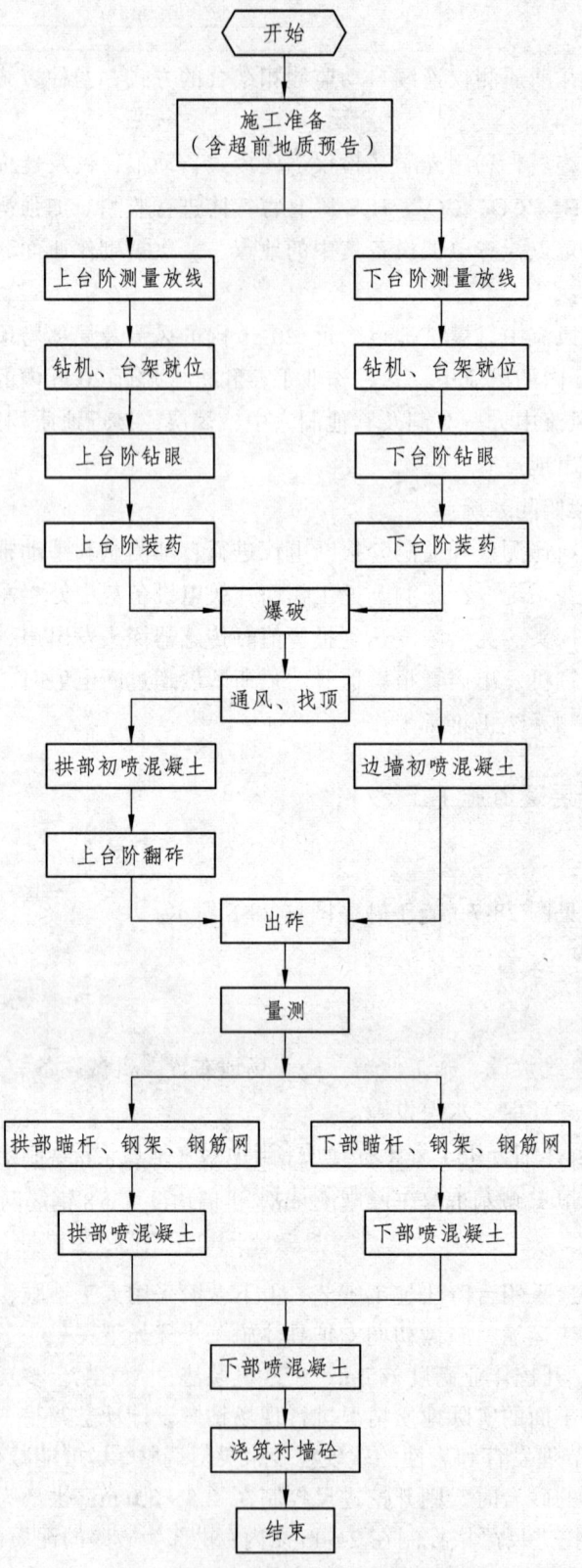

图 28-7 水平岩层施工工艺流程图

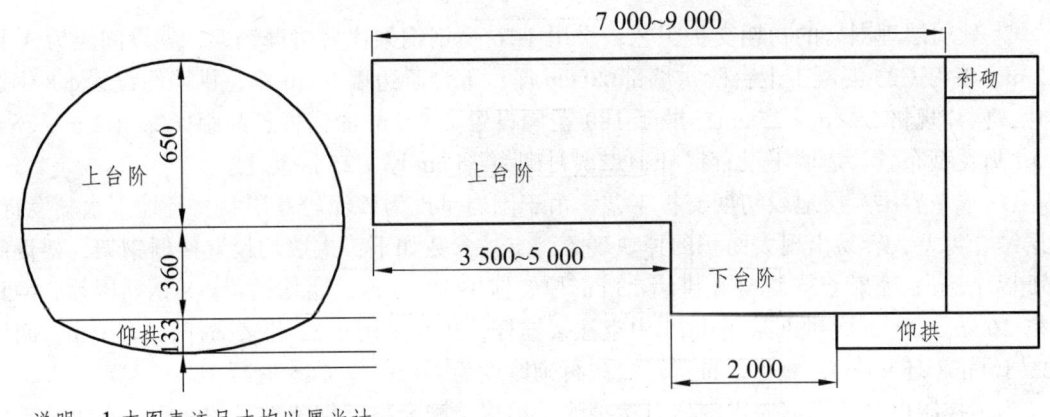

说明：1.本图表注尺寸均以厘米计。

图 28-8　水平岩层施工工序布置图

钻爆设计采用多眼密孔爆破技术，严格遵循"短进尺、弱爆破"原则：周边眼眼间距严格控制在 40 cm 以内，且周边眼宜采用 φ25 的小药卷间隔装药，水平砂泥岩层爆破抵抗线长度控制为 60～80 cm，炸药的单耗严格控制在 0.6 kg/m³ 内。开挖后及时初喷混凝土，铺设钢筋网，安装格栅钢架，并打设 φ42 锁脚锚管进行固定（长度 3.5 m），打设 L 系统锚杆，喷砼封闭；钢架底部不密实或悬空时，在钢架底部安装砼垫块。

② 下台阶采用两侧错开开挖施工，错开距离 3 榀钢架间距以上，开挖每循环进尺 3 m。

A. 初期支护：厚层状水平围岩。初期支护参数：其支护参数：拱墙喷射 C25 混凝土 12 cm 厚；拱墙均设置 φ8 钢筋网片，钢筋网格间距 25 cm×25 cm；拱部设置 Φ25 反循环中空注浆锚杆，边墙 Φ22 普通砂浆锚杆，L-2.5 m，间距 1.2×1.2 m（环×纵），梅花型布置；二次衬砌厚度为 35 cm 厚 C25 混凝土。

厚层砂岩开挖完后，立刻安排喷射混凝土，后打设安装拱墙锚杆，采取先喷后锚工艺完成初期支护。在采取上述支护参数后，厚层砂岩基本能够自稳，对于局部因开挖爆破造成厚层砂岩节理裂隙增大，出现初期支护裂缝现象。采取打设 L-3.0 m 的 Φ22 砂浆锚杆予以加固，同时采用 Φ22 的螺纹钢按照 50 cm 的间距纵横向布置，形成钢筋网片，并将其与加长锚杆端部焊接牢固，形成加强支护网。解决了厚层砂岩初期支护出现裂缝的问题。

B. 薄层状水平围岩初期支护工艺：对于拱部为薄层水平岩层围岩采取的初期支护参数为：在上台阶拱部 180°范围设置格栅钢架，间距 1 榀/1.2 m，每榀钢架设为 3 节，拱部喷射混凝土厚度为 23 cm，边墙喷射混凝土厚度 12 cm；拱墙均设置 φ8 钢筋网片，网片规格 25 cm×25 cm；拱部设置 Φ25 反循环中空注浆锚杆，边墙 Φ22 普通砂浆锚杆，L-2.5 m，间距 1.2×1.2 m（环×纵），梅花型布置；二次衬砌厚度为 35 cm 厚 C25 混凝土。

根据岩层分布和变形特征，针对性的在上台阶部位设置格栅钢架支护措施，其工艺要点则要确保上台阶的格栅钢架与围岩连接牢固，形成一个整体。为防止其在下台阶开挖过程时，出现下沉等现象，在拱架安装时，专门设置了锁脚锚管，确保其将拱架与上台阶围岩连接牢固。格栅钢架分为 3 节，在每个节点板和脚板处各设置 2 根 L-4.0 m 的锁脚锚管，每榀格栅钢架共设置 8 根锁脚锚管，使钢架与围岩联为一个整体，形成一个支护体系。锁脚锚管设置在节点板和脚板 30 cm 高度处左右两侧，锚管打设方向为斜向下角度，与水平面的夹角控制在 30°左右，锚管端头采用 φ22U 筋与格栅钢架焊接牢固。

C. 软弱层理围岩的初期支护工艺：采用I16型钢钢架代替格栅钢架，架设间距为1榀/1.2m，喷射C25混凝土上台阶拱墙部20cm厚，下台阶边墙9cm厚；拱墙均设置φ8钢筋网片，网片规格25cm×25cm；拱部180°范围设置L-2.5m的锚杆，间距1.2×1.2m（环×纵），梅花型布置，边墙不设置锚杆；二次衬砌为35cm厚C25混凝土。

D. 水平岩层互层地段初期支护工艺：由于围岩呈现为砂泥岩互层状，且地下水较发育，岩层结合力差，容易出现大面积的掉块现象。支护参数如下：拱墙均设置格栅钢架，架设间距1榀/1.2m；喷射C25混凝土拱墙23cm厚，仰拱10cm；拱墙均设置φ8钢筋网片，网片规格20cm×20cm；拱部采用Φ25中空注浆锚杆，边墙采用Φ22砂浆锚杆，L-3.0m，间距1.2×1.0m（环×纵），梅花型布置；二次衬砌厚度为40cm厚C25混凝土。

为了控制爆破后拱部周边围岩自然掉块、坍塌，配合格栅钢架架设的间距，在拱部破碎层范围处打设超前小导管，超前小导管采用Φ42钢管，壁厚3.5mm，导管长度保持在3.5m以上，外露0.5m，导管环向间距40cm。导管打设的外插角保持在6°~10°范围内。为了增强超前小导管的抗弯强度可在导管内填充M20水泥砂浆。下台阶初期支护拱架连接，采取左右错开分幅施工，单边一次开挖距离不得大于3榀拱架的间距。开挖后，及时架设边墙拱架，与上台阶边墙拱架采用螺栓连接牢固，打设锚杆、安装钢筋网，喷射混凝土完成其初期支护。开挖仰拱，每循环开挖长度6m，施做初期支护，浇筑仰拱砼，每组仰拱砼浇筑长度12m。仰拱施工期间采用自制栈桥保持车辆通行。整体液压模板台车就位（台车长度12m），灌注拱墙衬砌砼。

3）监控量测（表28-2）

表28-2 监控量测项目表

围岩级别	断面间距（m）	每断面测点数量	
		水平收敛量测	拱顶下沉量测
Ⅳ	20~30	1条基线	1点
Ⅲ	30~50	1条基线	1点

28.2.3 岩溶隧道施工工艺

1. 工艺流程（见图28-9所示）

2. 施工方法

1）查找溶腔

根据岩溶隧道地质分级表，开挖前以每100m/次的频率采用TSP203长距离预报开挖掌子面前方地质状况，前后两次搭接10m，探测后结合工程地质法对前方地质情况进行判释；再采用超前深孔钻探每30~60m/次，布置3~6孔，探测并验证前方地质状况，每次搭接5m。

2）逼近溶腔

探测到溶腔后，以20m/次的频率施做地质雷达预报前方地质状况，并在每茬炮的掌子面上施做5m多孔超长炮孔，确保隧道正面和周边有3~5m完整岩盘的条件下逐步开挖逼近溶腔。保护岩盘的安全厚度确定，可根据溶腔与隧道的相交条件（位于隧道掘进面的正前方、隧底、隧道顶部或周边等工况），采用三维连续体快速拉格朗日分析程序（FLAC-3D）模拟计算。

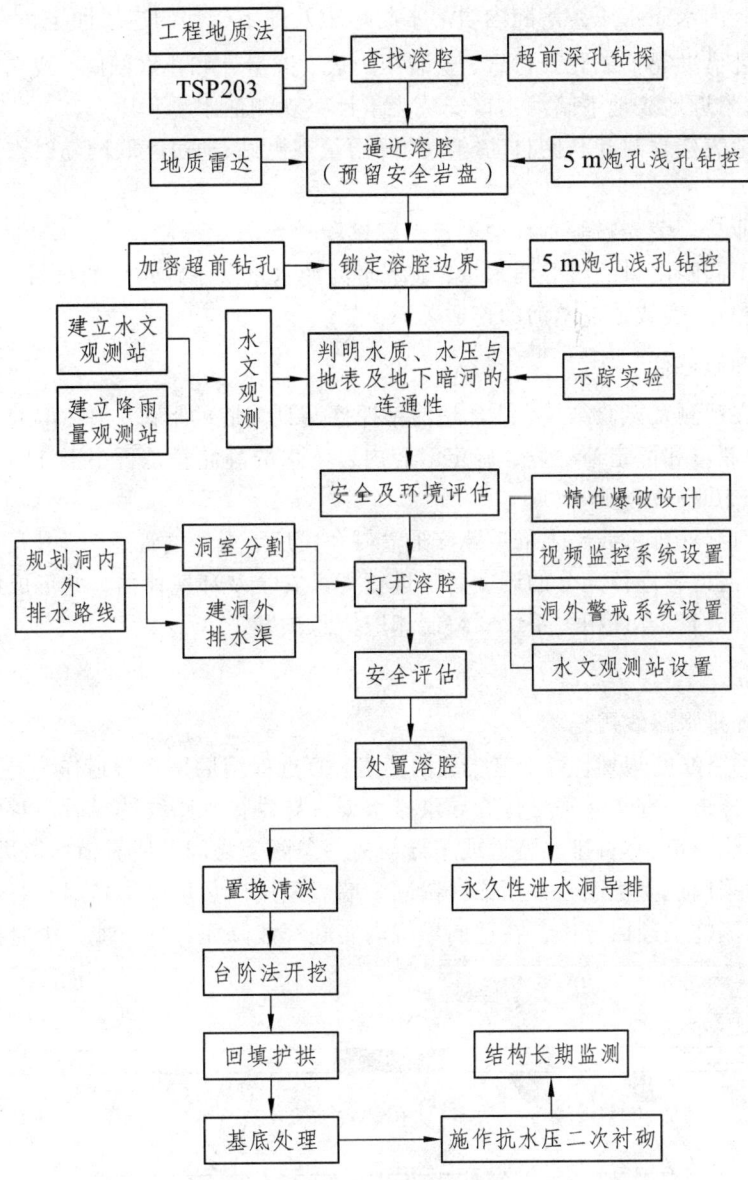

图 28-9　高压富水岩溶隧道释能降压施工工艺流程图

3）锁定溶腔边界

① 临近溶腔前壁后，根据溶腔查找时探测结果，加密超前钻孔，探测溶腔边界，探测时如遇钻孔突水、充填物堵塞冲击器，宜采用导流管引水，采用高压注浆泵向钻孔内注入高压水配合钻探，以提高钻孔工效。

在超前钻孔之间不便于布置大钻孔的区域，可布置 5m 炮孔浅孔探测出溶腔前壁岩盘厚度，锁定溶腔边界。并根据探测结果，绘出溶腔形态图。

② 采集溶腔内充填物样品，在试验室内依据《铁路土工试验规范》和《铁路勘察地质手册》进行筛分和土的相关物理参数的检测，划分充填物的类型。

4）判明溶腔内水质水压，溶腔内岩溶水与地表及地下暗河的连通性

① 在溶腔处借助超前钻孔孔口管，安装压力表、流量计和止水闸阀，或在掌子面处修建矩形堰，在隧道附近地表地下暗河出口安装流量计，观测涌水量和压力。

② 在隧道地表建立与互联网自动链接的降雨量观测站，通过互联网随时查阅掌握地当地各小时降雨量。

③ 采用工业盐、荧光粉等示踪剂进行示踪试验。

④ 通过对不同降雨量的溶腔涌水量，地下暗河涌水量及示踪结果的分析，确定溶腔的补给源，找出溶腔与地表或地下暗河的连通关系。

5）安全及环境评估

① 根据水文观测及试验结果，结合超前钻探探测到溶腔的形态，评估溶腔腔体体积和腔体内岩溶水的静储量和恒定补给量，确定溶腔内岩溶水的静储量是否小于 100 000 m^3，恒定补给量是否小于 500 m^3/h。

② 必须在对洞外排水线路上的道路交通、村舍民房、天然气管道、学校厂矿、电力变电所、农田、排水河道等进行充分的调查后，进行行洪安全及环境评估，并形成评估报告，呈递地方行政主管部门，办理相关手续，编制相应应急预案。

6）打开溶腔

① 洞内、外排水路线规划

A. 洞内排水路线的规划，对于单线双洞隧道，宜选择溶腔所在隧道作为导洪排水渠；对于有平导的单线隧道，宜选择平导作为导洪排水渠；导洪排水路线选择后，对于双洞单线隧道或有平导的单线隧道，宜将排水隧道或平导与另一条隧道之间的所有横通道进行封闭隔离，横通道的封闭可采用混凝土墙，并用锚杆锚固，墙后采用砂袋堆砌体加固。对于单洞双线隧道，可在隧道一侧施工迂回导坑，在迂回导坑内实施释能降压，尽可能减少对正洞的影响。

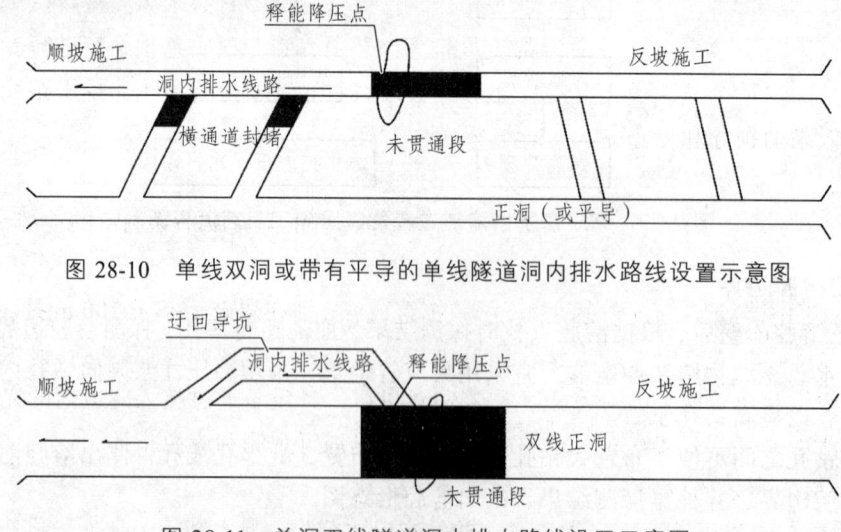

图 28-10 单线双洞或带有平导的单线隧道洞内排水路线设置示意图

图 28-11 单洞双线隧道洞内排水路线设置示意图

B. 在洞内排水路线上，采用混凝土墙设置消力坎、消能池、拦水坝，减少洪流出洞流速和降低洪流出洞动能，及减少洪流携带而出的泥沙量。

C. 洞外排水路线规划，应尽量利用洞外现有排水设施，可结合当地农田水利建设规划进行，根据评估后的溶腔内最大流量选择过水断面积和加固方式，做到永临结合，既保证泄洪安全，又避免浪费。洞外排水路线的确定和施工，凡与民房、天然气管道、变压器台等设施相交或临近时，必须进行专项防护设计和施工，严禁随意设计施工。

② 精准爆破设计、施工

精准的爆破设计是确保揭示后的溶腔口有足够大的泄洪面积，不为爆破后的巨石等堵塞，使溶腔内的充填物能一次性完全释放的先决条件；成功的精准爆破，可为后续溶腔处治创造条件。按照《新编爆破工程实用技术大全》和《爆破安全规范》进行设计、施工。

A. 根据超前钻孔和 5 m 炮孔探测后绘制的地质柱状图，分区绘制溶腔前壁（即掌子面一侧）的岩盘厚度图。

B. 根据岩盘厚度图确定爆破设计需要揭开的溶洞最小洞口面积。

C. 根据岩盘厚度图，和预期需揭开的溶洞最小洞口面积，确定爆破钻孔布置方式和钻孔深度，当岩盘厚度分布极不规则，宜在岩盘较厚处设置爆破导坑，增加爆破效果。

D. 采用加强装药量和分段微差爆破技术，采用斜眼掏槽方式，炮眼设置以不钻穿溶腔前壁（保留 20 cm 厚度岩盘）为宜；采用非电毫秒雷管全孔满装防水炸药，孔口锚固剂堵塞 20～40 cm，电雷管引爆。

E. 施工时，如遇炮孔钻穿岩盘进入溶腔，可采用锚固剂封堵孔底 20 cm，或将该孔用木楔封堵，在旁边再另开炮孔。

F. 爆破前，应先规划好起爆破路线，进行试爆破以验证电雷管起爆破器的功率是否满足要求；针对起爆工序编制专项应急预案和应急演练。

起爆路线的设置，对于单线双洞隧道、单线带平导隧道，起爆点必须选择在非排水路线隧道内距离爆破面一定距离处，起爆后宜沿行洪路线相反方向撤离；对于单洞双线隧道的起爆点，必须计算好撤离速度，并要慎重决策；起爆器、起爆器材必须事先进行试爆破验证其使用效果是否满足要求；起爆破撤离路线及起爆，必须编制专项应急预案，进行专项应急演练，演练人员除覆盖爆破作业人员外，还应覆盖爆破后通过安全隧道（非排水路线隧道）进洞检查爆破效果的领导和专家。

③ 视频监控系统的设置

A. 视频监控系统必须设在远离洞外排水路线和隧道正洞口或平导洞口的地势高、安全系数大的地方。

B. 该系统由远程监控和防灾报警等子系统组成。分别在爆破距掌子 100 m 处，安全隧道与排水隧道之间预留观察孔处，及泄水指挥中心处各设置 1 个视频监控器，在泄水指挥中心设置硬盘录像机、视频监控器和彩色监视器和对讲机，各设备通过接入隧道内的光纤线连接成网络，以便于爆破前、爆破中和爆破后对洞内情况进行观测和应急指挥。

④ 洞外警戒系统的设置

A. 泄水前，应和当地政府取得联系，并发布泄水公告；泄水期间，应对与洞外泄水路线上相交叉的公路或乡间道路进行临时管制,并在泄水路线上设置安全警示标志。

B. 泄水前,必须将洞外泄水路线两旁的村民转移至安全地方。

C. 泄水期间和泄水后一段时间内,在公路或乡村道路的进口和出口设置值班人员,值班人员分三班轮留值班,值班人员应配备对讲机、喊话器,以便对公路或乡村道路进行临时管制,在公路或乡村道路的进口和出口布置应急抢险队和应急物资和设备。

⑤ 水文观测站设置

A. 泄水前应在安全隧道洞内溶腔处设置水量、水压观测站,并记录泄水前和泄水后的水量和水压。

B. 泄水前,应在正对安全隧道与泄水隧道之间的观察孔附近设置水位观察标,便于观察泄水前后水位变化情况。

C. 泄水前,在泄水路线出隧道口处设置水位标志,泄水中在正对标志处的安全高地设置水位观测站,采用全站仪观察水位变化情况。

D. 泄水前,在隧道附近地下暗河处设置水文观测站,并记录泄水前后的水量变化情况。

7) 安全评估

打开溶腔后,必须根据远程视频监控数据、各水文观测站数据、通过安全隧道观察孔观测到的情况和天气情况,综合评价溶腔打开后的安全状况,为进入泄水隧道处治溶腔提供依据。一般的,当溶腔内涌水量恒定,且小于 200 m³/h,腔体内长时间(24 h 以上)不再出现坍塌,即可进入泄水隧道施工。

8) 处治溶腔

① 置换清淤

为了方便和快捷清除溶腔内释放出来的泥砂等充填物,可根据充填物的状态采取不同的处置方法,当 $0.25 \leqslant I_L \leqslant 1.0$ 时,可向泥沙内加入早强快硬水泥改善其状态,当 $1.0 \leqslant I_L$ 时可向泥沙内倾倒洞碴或抛填片石换填,及时将充填物清理出洞或铺填临时道路至掌子面,处治溶腔。

② 台阶法开挖

溶腔打开后,宜采用正台阶微台阶法开挖,上台阶的开挖高度必须根据溶腔在隧道内的发育情况、溶腔内充填物释放是否彻底、溶腔周边的稳定状况选择,宜根据"便于施工和确保施工安全"的原则确定,一般的,对于单线铁路隧道(高 8.0 m×宽 7.5 m),溶腔发育与隧道正交,溶腔内充填物释放彻底,溶腔周边较稳定,可将上台阶高度定在 5.0~6.5 m,否则宜选用较小高度的台阶。

③ 回填护拱

对溶腔发育在隧道开挖轮廓线以外的空腔采用 C25 混凝土回填,在开挖轮廓线外形成 3~5 m 厚护拱。施工时,必须在混凝土内预埋排水减压管道。回填后,在护拱外采取吹砂注浆,形成至少 2 m 厚的缓冲结构,其具体厚度可根据溶腔与隧道的相交条件(位于隧道顶部或周边等工况),采用三维连续体快速拉格朗日分析程序(FLAC-3D)计算确定。

④ 基底处理

根据溶腔在隧道底部的发育情况，对基底采取不同的处理措施。当隧道基底溶洞纵向发育范围较大，基底深度较深时（20～30 m），且有过水通道时，宜采用桩基承台跨越；当隧底无过水通道时，充填致密砂层时，可直接施做抗水压仰拱，并在仰拱填充层上施做钢筋混凝土板跨越；当隧道基底溶洞发育深度较深时（5～20 m），无过水通道时，宜采用钢管群桩加固处治方案。

⑤ 施做抗水压二次衬砌

溶腔段必须根据水文观测得到的水压值，加上一定的安全系数，确定抗水压二次衬砌的抗水压等级，并施做相应等级的抗水压衬砌钢筋混凝土；纵向施工缝采用钢板止水带止水，环向施工缝可采用背贴式钢板止水带和中心孔型钢边止水带止水。

⑥ 长期监测

施工混凝土时，宜在其内埋设压力盒和压力监测计，对混凝土背后的水压力进行监测，可指导运营后施工维护，及为类似工程处理提供科学依据。

⑦ 设置泄水洞

对于高压富水充填溶腔，可根据溶腔发育情况，在隧道两侧、顶部或底部设置永久性泄水洞，以达到泄水减压目的，确保隧道施工和运营期间的安全。

28.2.4 岩爆隧道施工工艺

1. 工艺流程（见图 28-12 所示）

2. 施工方法

（1）开挖司钻过程中周边眼间距控制在 45～50 cm，钻眼平行无交叉，眼底平齐。

（2）对岩爆地段保证对应人员、物资、设备到场。

（3）喷射纤维混凝土中纤维可采用塑料及钢纤维，掺量为 0.5～1.0 kg/m³。钢筋网片采用 $\phi 6 \sim \phi 10$ 钢筋制作，网格间距 15～25 cm。必要时加设锚杆及钢筋网。衬砌工作要紧跟开挖工序进行，以尽可能减少岩层暴露的时间，减少岩爆的发生和确保人身安全，必要时可采取跳段衬砌。在岩爆发生时，人员应撤离岩爆区，基本稳定后立即采取相应的措施，以防发生事故。

（4）打设超前钻孔释放隧道掌子面的高地应力或注水降低围岩表面张力，超前钻孔可以利用钻探孔，在掌子面上利用地质钻机或液压钻孔台车打设超前钻孔，钻孔直径 45～108 mm，深度 5～20 m，对轻度岩爆每循环掌子面打设 1～3 孔；中度岩爆每循环掌子面打设 4～6 孔；强烈岩爆每循环掌子面打设 6～8 孔，对掌子面拱顶及两侧起拱线位置要优先布孔，其余孔位可作为加密孔。必要时也可以打设部分径向应力释放孔，钻孔方向应垂直岩面，轻度岩爆每循环打孔孔眼间距 1.5～2.0 m，深度 0.5～1.5 m；中度岩爆间距 1.0～1.5 m，深度 1.5～2.5 m；强烈岩爆间距 0.5～1.0 m，深度 2.5～3.5 m。同时对于强烈岩爆地段可在超前探孔中进行松动爆破或将完整岩体用小炮震裂，或向孔内压水，以避免应力集中现象的出现。

（5）在施工中应加强监测工作，通过对围岩和支护结构的现场观察、通过对辅助洞拱顶下沉、两维收敛以及锚杆测力计、多点位移计读数的变化，可以定量化地预测滞后发生的深部冲击型岩爆，用于指导开挖和支护的施工，以确保安全。

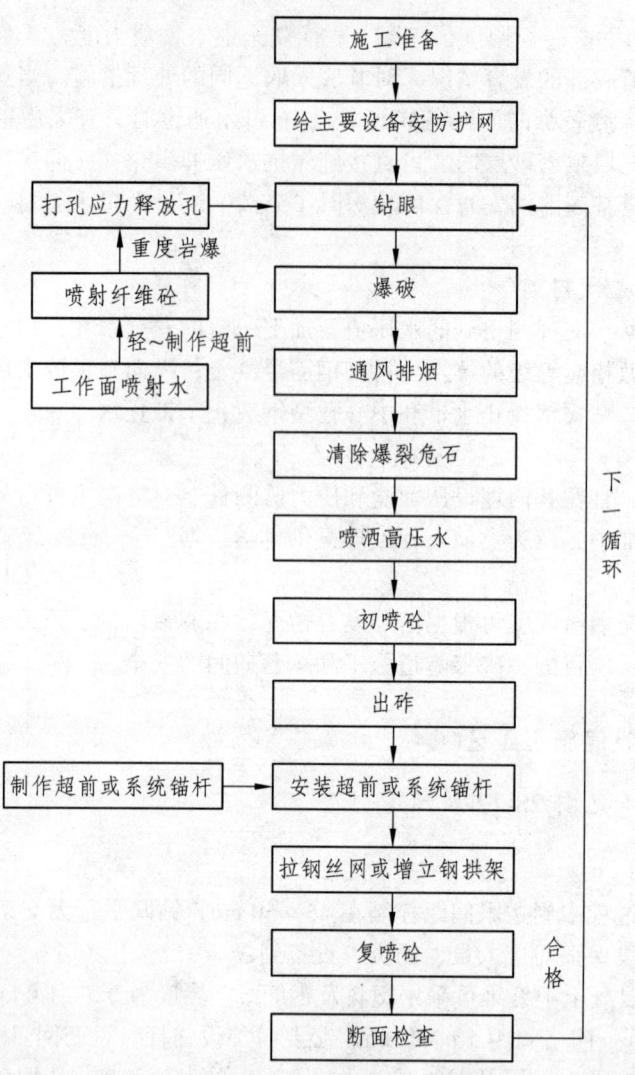

图 28-12　施工工艺流程图

表 28-3　监控量测项目表

序号	量测项目	量测方法和仪器	测点布置	测量频率	测量精度
1	洞内外观测	现场观测，地质素描及初期支护状态观测	每榀拱架	施工前洞顶现场勘测，施工中开挖后进行	
2	水平收敛量测	收敛仪、反射膜片配合全站仪	每 10~30 m 一个断面，上下 2 条基线 4 个点	$v \geq 5$ mm（0~1B）2 次/d；$1 \leq v < 5$（1~2B）1 次/d；	0.1 mm
3	拱顶下沉	水准测量的法，水准仪、钢尺等	每 10~30 m 一个断面，1 个点	$0.5 \leq v < 1$（1~2B）1 次/2~3 d；$0.2 \leq v < 0.5$（2~5B）1 次/3 d；$v < 0.2$（>5B）1 次/7 d。	1 mm

注：B—隧道开挖宽度，v—变形速度。

（6）制定严格的安全巡视制度，强化工作面安全巡查警戒力度。

28.2.5 挤压性围岩隧道施工工艺

1. 工艺流程（见图 28-13 所示）

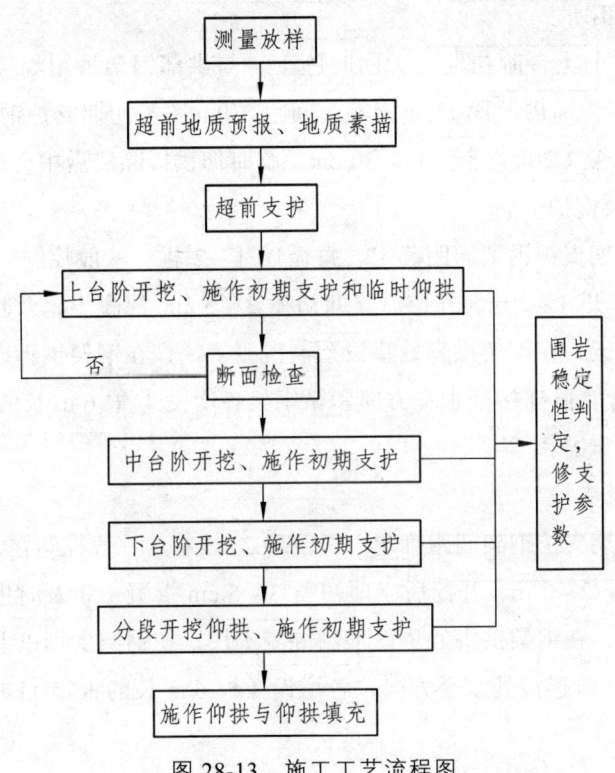

图 28-13 施工工艺流程图

2. 施工方法

1）施工准备

① 风、水管、电线敷设、施工便道、施工场地布置，机械设备、人员配置、材料准备、修建防排水设施、修建环保、水保设施。

② 根据设计资料详细分析了解工程地质、当地水文地质情况，制定合理的施工方案和施工措施，制定施工监控量测方案。

2）施工步骤

① 上台阶开挖及支护

开挖之前进行超前支护，一般设计为 $\phi 42 \times 3.5$ mm 小导管，外插角 5°~10°，搭接长度不得小于 1.5 m，环向间距 40 cm，在洞身变形较大或者地质条件较差的一侧可以适当加密。拱部超前支护后进行上台阶开挖，台阶高度为 2~3 m，长度 3~5 m。

开挖循环进尺根据初期支护钢架间距确定，一般控制在 1 m 内，不得超过 1.2 m。开挖后立即初喷 3~5 cm 混凝土，及时进行喷、锚、网系统支护施工。架设钢架，在钢架拱脚处垫设预制混凝土块，在钢架拱脚以上 30 cm 处紧贴钢架两侧向下 45°，增设 4 根 6 m 长的 $\phi 25$ 自进式锚杆锁脚，锚杆与钢架焊接牢固。

② 上台阶临时仰拱

上台阶临时仰拱与上台阶初期支护同时施工，与拱部钢架采用焊接连接，并在上方用 $\phi 22$ 的螺纹钢加肋焊。仰拱设置 I25a 钢架，间距 1.0 m（与初期支护钢架间距相同），纵向采用 $\Phi 22$ 钢筋连接，喷 C20 混凝土厚度 30 cm。临时仰拱拆除滞后中台阶 2 m。

③ 中台阶开挖及支护

开挖进尺根据初期支护钢架间距确定，每循环 1~2 榀，一般控制在 1 m 内，不得超过 1.2 m，左右侧台阶错开 1~2 m，开挖后立即初喷 3~5 cm 混凝土，及时进行喷、锚、网系统支护施工。架设钢架，在钢架拱脚处垫设预制混凝土块，在钢架拱脚以上 30 cm 处紧贴钢架两侧向下 45°，与上台阶连接处水平方向紧贴钢架各增设 4 根 6 m 长的 $\phi 25$ 自进式锚杆锁脚，锚杆与钢架焊接牢固。

④ 下台阶开挖及支护

开挖进尺根据初期支护钢架间距确定，每循环 2~3 榀，一般控制在 1.5 m 内，不得超过 2 m，左右侧台阶错开 2~3 m，开挖后立即初喷 3~5 cm 混凝土，及时进行喷、锚、网系统支护施工。架设钢架，在钢架拱脚处垫设预制混凝土块，在钢架拱脚以上 30 cm 处紧贴钢架两侧向下 45°，与中台阶连接处水平方向，各增设 4 根 6 m 长的 $\phi 25$ 自进式锚杆锁脚，锚杆与钢架焊接牢固。

⑤ 仰拱开挖

仰拱开挖长度根据围岩具体情况而定，一般为 3~4 m，开挖后及时施作仰拱初期支护、仰拱和仰拱填充。仰拱施工期间采用栈桥保证洞内运输通行。

3）监控量测

严格按照设计和规范要求进行拱顶下沉和周边位移量测，通过监控量测的信息反馈，及时调整支护参数，以保证施工安全。监控量测中应注意：

① 为了取得开挖后围岩的早期状态变化数据，各测点应尽量靠近开挖面布置（不得大于 2 m），在爆破后 24 h 内必须读取初读数。

② 周边位移、拱顶下沉及地表各测点应尽量集中布置在一个断面上以便测量成果的协调分析、综合运用。

③ 量测时，先把钢尺拉出（拉出的长度稍大于基线长度）停放 20 min，使钢尺温度与环境温度基本一致。

④ 当下台阶断面靠近上半量测断面时，适当增加量测频率。主要施工监测项目见表 28-4。

表 28-4 监控量测项目表

序号	量测项目	量测方法和仪器	测点布置	测量频率	测量精度
1	洞内外观测量	现场观测，地质素描及初期支护状态观测	每榀拱架	施工前洞顶现场勘测，施工中开挖后进行	
2	水平收敛量测	收敛仪、反射膜片配合全站仪	每10~30 m一个断面，上下2条基线4个点	$v \geq 5$ mm（0~1B）2次/d；$1 \leq v<5$（1~2B）1次/d；$0.5 \leq v<1$（1~2B）1次/2~3 d；$0.2 \leq v<0.5$（2~5B）1次/3 d；$v<0.2$（>5B）1次/7 d。	0.1 mm
3	拱顶下沉	水准测量的方法，水准仪、钢尺等	每10~30 m一个断面，1个点		1 mm
4	锚杆拉拔试验	拉拔仪	每代表性地段1~2个断面	1%，且不小于3根。	0.01 kN
5	地表下沉	水准测量的方法，水准仪、铟钢尺等	洞口段、浅埋段（$h_0 \leq 2B$）	开挖面距离量测断面前后<2B时，1~2次/d；开挖面距离量测断面前后<5B时，1次/2~3 d；开挖面距离量测断面前后>5B时，1次/3~7 d;	0.5 mm

注：B—隧道开挖宽度，v—变形速率，h_0—隧道埋深。

28.2.6 黄土隧道施工工艺

1. 工艺流程（见图 28-14 所示）

2. 施工方法

现场施工分为洞外钢架加工和洞内掘进、钢架安装及喷射混凝土施工。

1）钢架加工

根据设计图纸选用（GW1-200）型钢冷弯机，按照设计要求和现场实际量测数据确定型钢半径，给型钢操作人员进行现场技术交底，并由技术人员在水泥地板上按1:1的比例放出钢架大样图确定钢架脚板角度、钢架内弧半径、外侧弧长（如图28-15所示）。

操作人员根据技术交底下料，并分节长度严格按照交底尺寸冷弯制作，焊接脚板，加工螺栓眼，拼大样检查型钢支距和半径，合格后按安装顺序编号；技术人员定期对钢架加工情况进行抽查，发现问题及时反馈并给予改正、改进。

加工的拱架要求尺寸准确、弧形圆顺、结构安全可靠，钢架加工的焊接不得有假焊，焊缝表面不得有裂纹、焊瘤等缺陷，钢架垫板严格按照设计所示角度进行焊接。

2）双侧壁导坑法掘进

① 施工准备

根据围岩情况测土样含水量，观测土质是否与设计相吻合，如符合设计地质条件，遵照设计参数进行施工，如和设计有出入就通知监理单位、设计院及业主进行核实并根据设计院提出意见进行调整设计参数，保证施工质量和安全。

检修机械保证施工中机械正常运转，组织掘进班组、运输班组进行施工前安全知识及施工知识学习，进洞施工前签名。

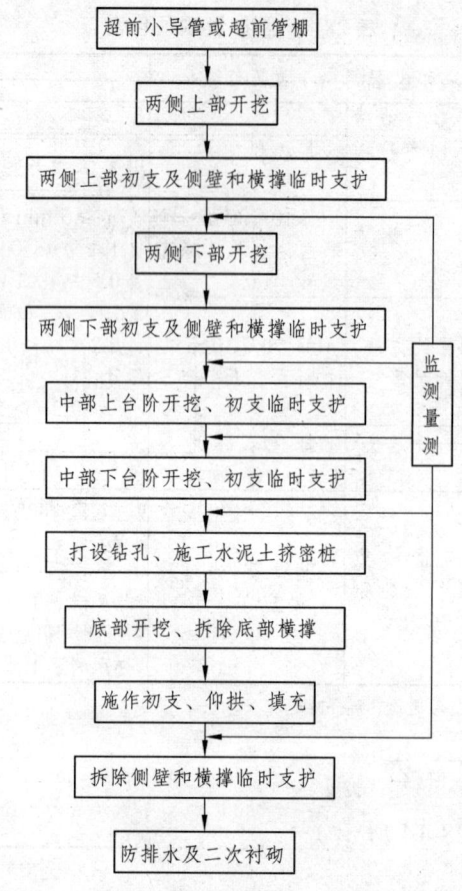

图 28-14 施工流程图

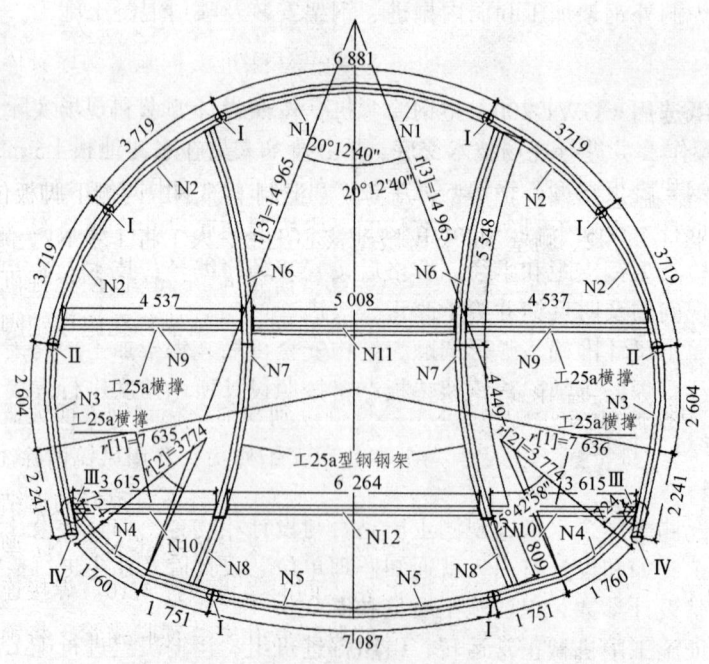

图 28-15 钢架大样图

② 施工工艺流程及工序（如图 28-16 所示）

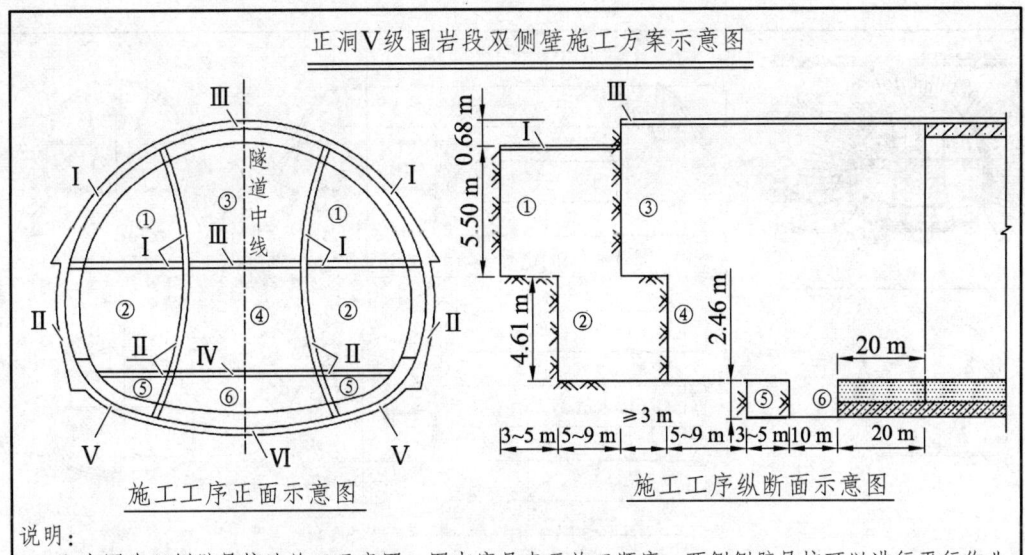

说明：
1. 本图为双侧壁导坑法施工示意图，图中序号表示施工顺序，两侧侧壁导坑可以进行平行作业。
2. 第Ⅱ道工序为两侧下导坑初期支护，包括侧壁的初期支护的施做，架设第Ⅱ道工序的临时钢架时，可掘槽开挖将钢架底部直接置于基底。
3. 第④工序完成后进行基底处理施工，基底加固完成后再进行⑤、⑥部开挖，初期支护，仰拱等后续工序。
4. 第Ⅰ、Ⅱ、Ⅲ、Ⅳ、Ⅴ、Ⅵ道工序包括喷锚、钢架及超前支护等所有的临时支护、初期支护。
5. 二次衬砌施工前，拆除所有中间支护，再做填充、水沟及其他附属工程。

图 28-16 施工方案示意图

③ 施工过程

双侧壁导坑掘进及初期支护分为 6 步，双侧壁法掘进支护施工顺序具体图 28-17 所示。

Ⅰ部掘进：用挖掘机掘进上部，掘进深度 40~50 cm，掘进高度和上一榀钢架表面平，剩余 10~20 cm 采用人工+风镐修边，防止超挖。预留核心土长度 2 m~5 m，上部预留 1.5~2 m 高工作面。上部掘进轮廓成型后技术人员放点控制上部 N2 两侧下脚板位置和拱顶位置。人工配合挖掘机将 1 步 N2、侧壁 N6 型钢搬到核心土上，人工将 1 步 N2、侧壁部 N6 钢架采用螺栓连接紧密；同时架设横撑 N9，横撑距上部台阶在 4~6 m（以便挖掘机掘进上部土体）。将钢架安装到测量位置。焊接连接钢管，安装钢筋网片，钻锚杆孔施作锁脚锚管，将锁脚锚管端头和钢架牢固焊接。

Ⅱ部掘进：用挖掘机将两侧中部 N3 部位掘进到与前一榀型钢表面大概相齐平，掘进高度为接近 1 部 N2 脚板上 20~30 cm，剩余部分用人工修边，并用风镐凿除 1 部 N2 底部粘有泥土的松散混凝土，露出新鲜混凝土，保持与上部喷射混凝土有很好的连结。2 部掘进轮廓成型后技术人员放点控制两侧 2 部 N3 下脚板位置。人工将 2 部 N3、N7 型钢搬到位，人工安装 N3、N7 钢架，钢架之间用螺栓连接紧密；同时架设横撑 N10。焊接连接钢管，安装钢筋网片，钻锚杆孔，安装中部砂浆锚杆，钻锁脚锚管孔安装锁脚锚管，将锁脚锚管端头和钢架牢固焊接。

743

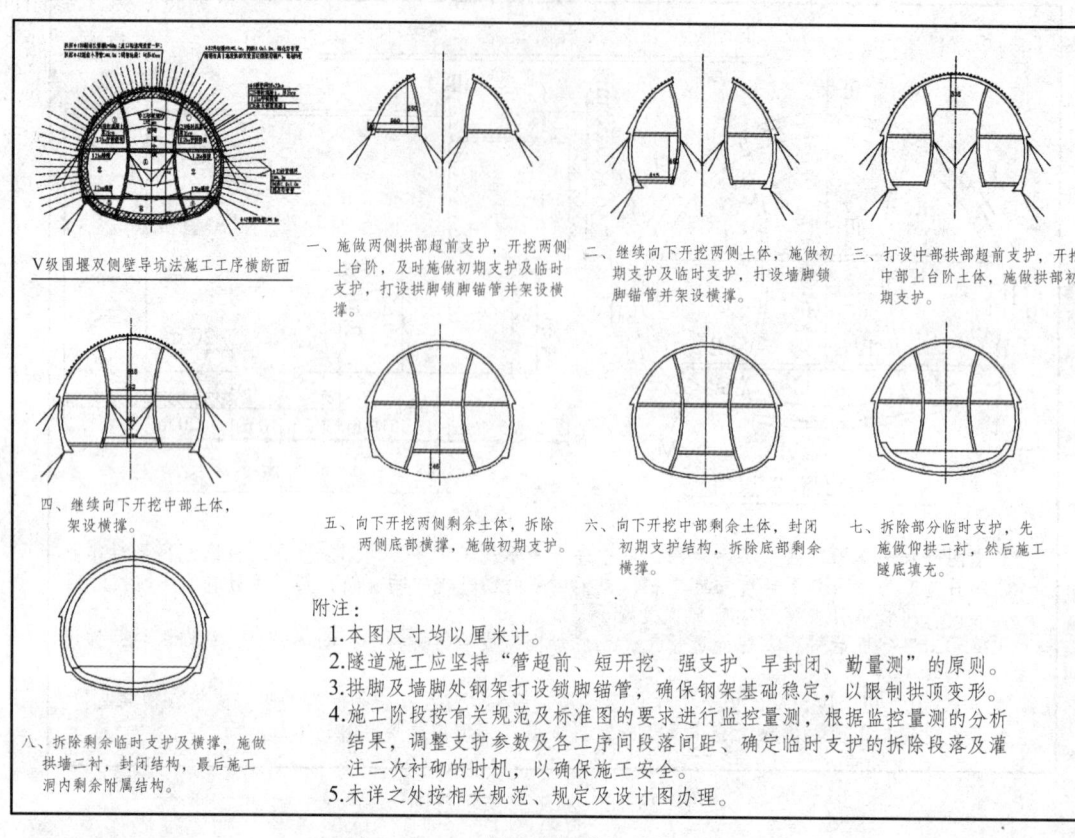

图 28-17 双侧壁法掘进支护施工顺序

Ⅲ部掘进：用挖掘机将中部 N1 部位掘进到与前一榀型钢表面大概相齐平，掘进高度为 N2 脚板上 20～30 cm，剩余部分用人工修边，并用风镐凿除 1 部 N2 脚板处的泥土和松散混凝土，露出新鲜混凝土，保持与上部喷射混凝土有很好的连结。3 部掘进轮廓成型后技术人员检查 N1 钢架脚板与 N2 连接位置情况。人工将 3 部 N1 型钢搬到位，人工安装 N1 钢架，钢架之间用螺栓连接紧密；同时架设横撑 N11。焊接连接钢管，安装钢筋网片。

Ⅳ部掘进：用挖掘机掘进断面，同时架设横撑 N12。

Ⅴ部掘进：根据规范要求步长，仰拱距掌子面距离不超过 30 m。及时安排仰拱掘进。先拆除 N10 横撑，然后用挖掘机掘进深度距仰拱底 10～20 cm，剩余部分采用人工掘进，以便有效控制超欠挖，掘进完成经检查断面符合设计要求后安装 5 部钢架，架设 N8 钢架与 N7 及 N4 钢架，使之钢架结构有效成环，同时焊接连接钢管，5 部掘进每循环根据现场实际情况挖 1.8～2.4 m，掘进后采用栈桥保持车辆通行。

Ⅵ部掘进：先拆除 N12 横撑，然后用挖掘机掘进深度距仰拱底 10～20 cm，剩余部分采用人工掘进，以便有效控制超前挖，掘进完成经检查断面符合设计要求后安装 6 部钢架 N5，使 N4、N5 钢架结构有效成环，同时焊接连接钢管，掘进后采用栈桥保持车辆通行。

④ 现场施工组织

步掘进每循环为 0.6 m，循环时间为 6 小时 30 分钟左右，其中挖掘机掘进、人工修断面 1 小时后装载机与自卸车配合开始出渣，同时架设钢拱架，待钢架架设完后进行复测，然后进行混凝土喷射施工，喷完两侧 1 步所用时间为 5~6 小时。每天施工在合理安排下可完成 2 个循环。掘进时必须控制掘进预留台阶长度（掘进安全距离），上部核心土长 3~5 m（大于上台阶高度的 1/2）较安全，核心土长度大于 5 m 影响掘进速度，小于 3 m（小于上台阶高度）不安全；同侧 1、2 部相差 5~8 m 较安全，左右两侧相差不小于 10 m；2 部和 5 部相差 5~8 m，同时 2 部墙体钢架与侧壁钢架相差不小于 2.4 m，以确保施工安全。

⑤ 施工操作误差

钢架安装间距要求在 ±10 cm，锚杆间距 ±15 cm，锚杆长度不小于设计长度的 95%，钢筋网片搭接长度 ±5 cm，安装钢架垂直度 ±2°，型钢、网片、连接管之间焊接焊缝应饱满，不应有假焊漏焊现象。

⑥ 砂质黄土围岩变形与现场施工情况

该段为风积砂质Ⅲ~Ⅳ级自重湿陷性黄土，湿陷性土层厚度约为 22 m，浅宗黄色，掘进后易风化，掘进后 2~5 小时以上掉块较多，因此掘进后应及时喷浆，必要时用混凝土封岩面。根据现场实际测量结果显示：双侧壁导坑法掘进后初期支护稳定性较强，其水平收敛量及拱顶下沉量均很小，都小于 10 cm，而且没有突变现象。

3）喷射混凝土施工

① 施工前准备工作

喷射混凝土工作是双侧壁导坑法施工的关键工序，工作环境较差，则要求操作人员必须戴口罩、防腐手套等必需的防护用品。秦东隧道选用湿喷工艺，因双侧壁导坑法施工工作面较小，则在配备湿喷机时选用的是 2 台 TK500 型湿喷机。钢拱架安装完毕后用挖掘机将 2 部靠近 1 步位置进行压实、整平，人工配合挖掘机将湿喷机移到指定位置，在湿喷机后铺 3 m 宽钢板用于堆放拌和好的混凝土料。施工人员进入工作面，安装风管、安装喷射管路，并对二次喷射面上的浮土和网片上掉块进行清理。

② 拌和喷浆料

选用合格砂、石料、水泥、微纤维、水按照施工配合比采用全自动电子计量系统上料，强制式拌和机进行拌和，用水泥搅拌运输车运输到现场。

③ 喷混凝土施工

每台湿喷机配备喷射手 2 人（主喷射手 1 人，副喷射手 1 人），操作机械手 1 人，上料 2 人。每台湿喷机安装喷射管 16 m，要求风压为 0.4~0.5 MPa，采用速凝剂泵自动添加液体速凝剂，参加剂量控制在水泥重量的 3%~4%。

先对各部位进行初喷 4 cm，然后由 2 名喷射手对上部型钢由两侧底脚板处向拱顶依次呈"S"形喷射混凝土，另 2 人对下部型钢从底脚板处向上依次呈"S"形进行喷射。每次喷射厚度：墙部达到型钢一半左右，拱部为型钢厚度的 1/3 时才能向上移动，等下部凝固后再次重复喷射直到喷射厚度达到设计要求。

对仰拱初期支护喷射混凝土时，采用2台湿喷机，两侧导坑各1台，一次性喷射厚度达到设计要求。

喷射混凝土要点：喷混凝土时喷枪头距喷射面距离控制在1.5 m左右，墙部喷混凝土时喷嘴应稍微下俯10°左右，拱部喷混凝土时喷枪与岩面垂直。一次喷射混凝土厚度为墙部10 cm左右，拱部6 cm。上部采用1台湿喷机，拱部每循环喷射混凝土厚度为型钢的一半，剩余部分在下一个循环喷完，对于喷射混凝土回弹量则上部控制在20%以内。中部应在本循环喷到设计要求厚度，回弹量控制在10%以内。喷射混凝土作业时应加大通风量，保证施工人员正常工作所需新鲜空气。

喷混凝土结束后应对墙面进行修整，并将空鼓部分敲掉重新补喷，保证工程质量和施工安全。喷混凝土完毕后应及时清理管道及湿喷机内残留混凝土，保证再次使用的正常性及完好性。

4）临时支护拆除

① 水平横撑拆除

仰拱掘进前应先拆除第2部水平横撑N10，拆除长度应与仰拱掘进长度一致，左右两侧可以同时拆除，但是严禁超长度拆除，以保证仰拱未施工段的完好结构，提高前方施工的安全性。对左右导坑水平横撑拆除采用氧焊割断水平横撑N9与N2间的连接处，中导坑不需要割断。

② 双侧壁拆除

在挂设二衬防水板前拆除双侧壁，拆除长度根据施工现场情况进行选择。秦东隧道进口洞口段处于浅埋、偏压、大断面、湿陷性黄土的特殊地段，而且双侧壁导坑过渡到CRD法施工CRD导坑段出现塌方，在施工双侧壁导坑拆除进行衬砌施工是在处理塌方的同时进行的，因此在拆除双侧壁时考虑到施工安全洞口段采用短距离拆除，同时衬砌施工也采用短距离施工，衬砌防水板挂设及钢筋施工运用模板台车前进端加长至3 m作为施工平台。因此第一次拆除长度＝衬砌长度4 m＋施工平台长度3 m；第二次拆除长度＝衬砌长度6 m＋施工平台长度3 m。第三次拆除长度＝衬砌长度10 m＋施工平台长度3 m。在拆除过程中加强监控量测，如发生异常现象则根据变化情况进行调整拆除长度，紧跟衬砌施工。

双侧壁拆除按自上而下、洞口至洞内拆除的原则进行。利用中导坑水平横撑上满铺木板，木板上搭设脚手架作为拆除平台，人工配合风镐凿除双侧壁初支混凝土，并用氧焊割断双侧壁最顶端和最下端钢架，拆除采用人工配合挖掘机逐榀拆除。在拆除时要合理选择挖掘机距双侧壁的纵向距离，则所用的拆除钢丝绳不得小于10 m长以保证拆除的安全。拆除后的钢架经改装后作为仰拱初支钢架使用，混凝土废碴弃运至弃碴场。

拆除过程中应特别注意洞内行车及作业人员安全，做好安全防护和警戒，对洞内纵向中埋式止水带及二衬钢筋设置保护措施，严禁拆除物损坏纵向止水带和钢筋。同时加强监控量测的测量频率以及洞顶地表的量测变化，为拆除施工提供准确、及时的信息，正确指导施工。

28.3 特殊地形条件（浅埋偏压）隧道施工

1. 工艺流程（见28-18所示）

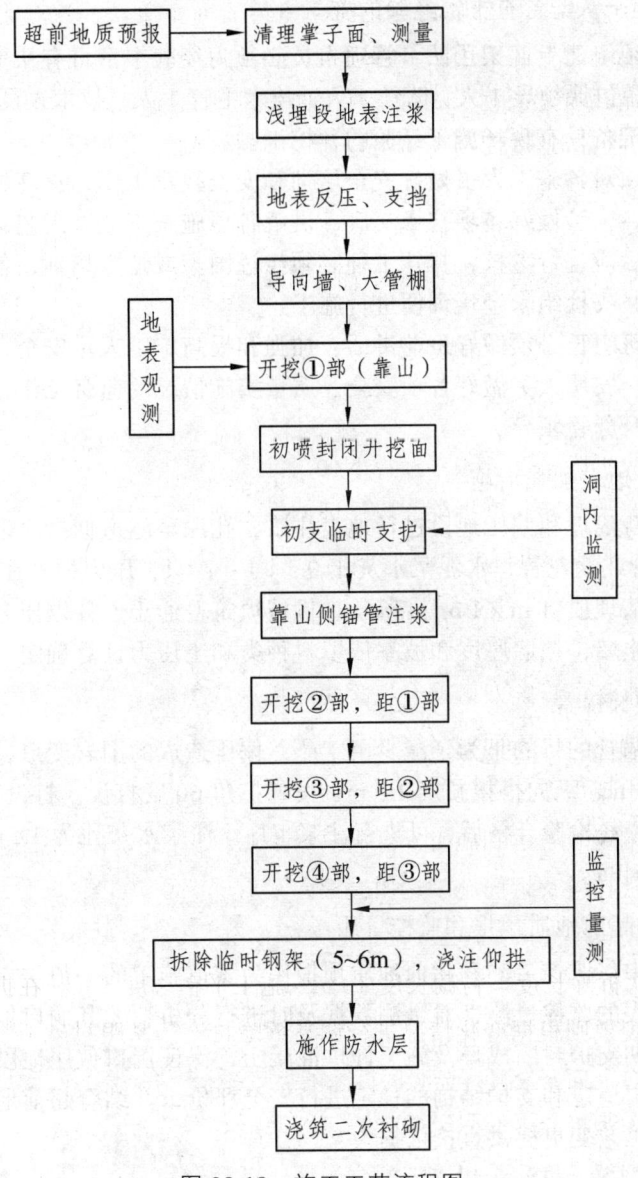

图 28-18　施工工艺流程图

2. 施工方法

1) 隧道开工前必须进行风险评估

浅埋偏压隧道施工前必须进行充分的风险评估和对于即将出现的风险应采用的措施并贮备一定量的抢险物资。该类型隧道主要面临的风险有初期支护变形、掌子面塌方、冒顶、掉块，仰拱下沉导致二衬开裂等问题出现。

首先做好现场原始地形地貌踏勘,结合设计图纸,做出原地面位置的纵横断面,找出偏压及浅埋段的长度以及周围水文和环境情况。结合设计情况确定出易出现的风险,编制风险评估报告,确定出隧道进洞措施和开挖方法,出现险情后的应对措施等,上报业主及监理审核。

2)组建专业架子队配备有丰富经验的施工人员

隧道施工前必须组建专业架子队,管理人员必须为经验丰富且有从事过类似隧道施工经历的人员,具体配备包保领导1人,队长1人,技术主管1人,技术人员3人,安质员1人,领工员2人,同时配备具有现场施工经验的开挖工。

进洞前队长必须对各施工人员做好安全培训和安全教育工作,提高施工人员安全生产意识和安全防护技能。主管做好各项技术交底,讲解各项施工工艺、工艺,使施工人员充分领悟交底内容。培训后应进行考核,特殊工种必须经过国家或地方培训,各人员必须培训考核合格,持证上岗,坚决杜绝未经培训便进行施工。

每班施工前,班组长必须做好班前讲话,加强和提高施工人员安全、质量意识,确保安全生产和施工质量。安质人员做好各项安全、质量实施情况的监督工作,对发现的问题及时制止,并上报队长及分管领导。

3)进洞前洞外地表加强措施

针对洞口、洞身浅埋和偏压地段进行地表注浆,孔深至隧道仰拱底以下 2 m,注浆采用壁厚为 5 mmPVC 管或钢花管,水泥浆水灰比 0.5:1~1:1,压力控制在 1~2 MPa。地表注浆完成后,将地表清理成 1 m×1 m 台阶状,机械填筑普通土,并碾压夯实。填筑过程中,可同时施做反压挡土墙,挡墙厚度和坡率依填料种类和土压力计算确定。

4)严控靠山侧长锚管

靠山侧施打长锚管的目的是为了减少由于严重偏压造成的围岩变形,要求锚管长度不少于 6 m,环向间距 1 m,纵向搭接长度 1.5 m,按外扩角 60 度打设。打设工序必需全程质量、技术管理人员监控,经检验合格后,可进行注浆工序。注浆水灰比为 1.5~1.0(重量比),注浆压力为 1.0~2.0 MPa。

5)施工中做好超前地质预报和监控量测

隧道施工过程中将监控量测和超前地质预报作为隧道施工的一道重点工序来做。安排专人来进行洞内和地表的监控量测,对量测数据及时进行分析,尤其洞口偏压地段加大监控量测频次,及时对初期支护封闭成环及施工仰拱混凝土,保证洞口偏压地段稳定。施工过程中根据监测结果对围岩稳定和支护结构的稳定进行安全评价,并结合超前地质预报和开挖出的地质情况,为施工工艺变更提供直接依据。

① 地质预报

由于浅埋偏压隧道在地形地形地貌上我们只知道埋深的深度和偏压的程度,对洞内的地质情况只有设计图纸可供参考。隧道超前支护的形式有地质雷达、TSP、超前探孔、地质素描等。进洞前和施工过程红我们始终将超前地质预报作为一道工序来抓,保证隧道在真正按照石变我变的方案进行施工。

② 监控量测

为准确掌握隧道开挖及初期支护后围岩的变形情况,为施工提供安全保障,同时为隧道二衬时间提供准确的依据，保证隧道结构安全，建立信息反馈系统，实施动态施工。由于浅埋偏压隧道具有开挖后应力释放速度快，变形较大的特点，监控量测的内容主要分为以下两个方面：

A. 洞内和洞外观察

每次开挖后应对掌子面进行观察，主要了解围岩变化情况，及时绘制开挖工作面地质图，并且对已施工段观察喷射混凝土是否有开裂现象。洞外观察的重点在洞口段和洞身埋置深度较浅地段，且主要包括地表开裂、地表沉陷、边坡及仰坡稳定状态、地表水渗透情况等。

B. 周边收敛、拱顶沉降及地表下沉

按照隧道施工规范及设计要求，在开挖同断面①部、②部分别设置拱顶下沉观测点各一个，观测拱顶下沉量，在拱腰及墙身同一断面共设点 6 个，具体埋设如图 1，观测净空收敛变化，采用全站仪和水准仪分别进行高程和位移量测。拱顶下沉、周边收敛量测读数宜在 3~6 h 内完成，其他量测应在每次开挖后 12 h 内取得读数，最迟不得超过 24 h，且在下一循环开挖前必须完成，并将量测基点和洞内、洞外水准基点建立联系。

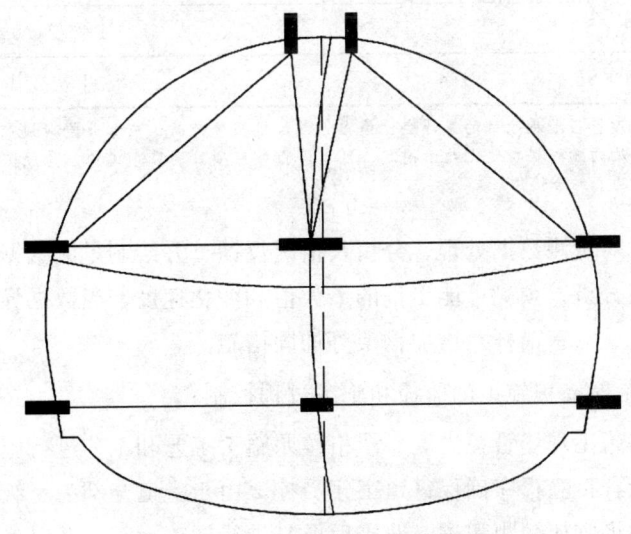

图 28-19　洞内量测观测点布置图

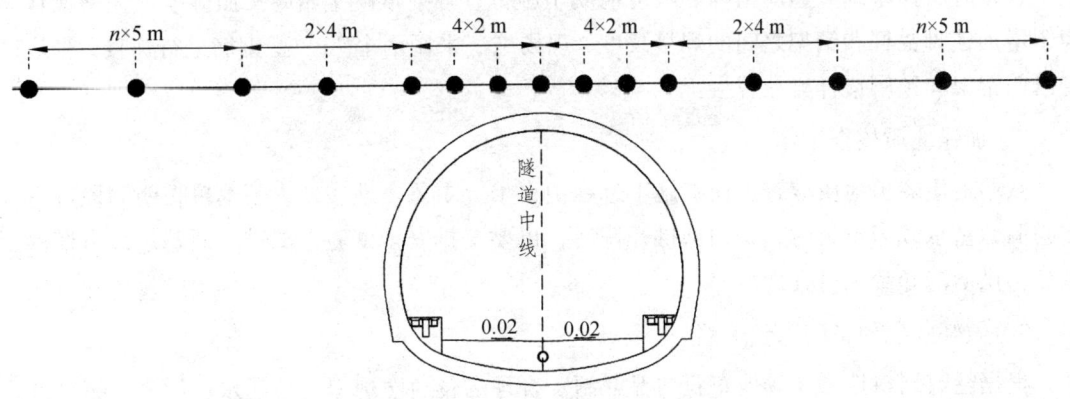

图 28-20　地表量测观测点布置图

表 28-5 按位移速度量测频率

位移速度（mm/d）	量测频率
≥5	2 次/d
1~5	1 次/d
0.5~1	1 次/2~3 d
0.2~0.5	1 次/3 d
<0.2	1 次/7 d

表 28-6 按距开挖面距离量测频率

量测断面距开挖面距离（m）	量测频率
(0~1)b	2 次/d
(1~2)b	1 次/d
(2~5)b	1 次/2~3 d
>5b	1 次/7 d

注：b 为隧道开挖宽度；当监测项目的累计变化值接近或超过报警值时，应加大监测频率；当变形曲线趋于平缓时，在有充足的数据判断变化趋于稳定，可以停止相应项目的监测工作，并经监理工程师批准；量测频率须按上述两表结合使用。

每次量测后及时对量测数据处理，分析及情况反馈，并绘制量测数据时态曲线，对初期的时态曲线进行回归分析，预测可能出现的最大值和变化速度，当数据异常时，根据具体情况及时采取加厚喷层、加密锚杆、增加钢架等加固措施。

6）加强超前及临时支护施工的监控和施工过程控制

为了加大对隧道施工现场管控力度，严格按照施工工艺和工艺进行施工，对施工进行全过程监控，完善自检、报验程序确保每道工序受控。由于隧道全部为Ⅴ级围岩，在浅埋偏压地段各部开挖按照一榀钢架间距掘进，开挖后及时进行初喷封闭，及时施工系统锚杆、初期支护、临时支撑系统、锁脚锚杆和喷射混凝土施工，喷射混凝土始终按照湿喷工艺来操作。为了增加锁脚锚杆和钢架之间的焊接长度，现场施工采用两个"u"型钢筋进行连接，彻底改变以前钢架和锁脚锚杆直接焊接。

7）加强地质核查工作

软弱地质隧道地质核查工作在施工过程中也十分重要。地质核查不单单在明洞段进行，如明洞地基承载力不足时，暗洞仰拱开挖后，也要安排安排试验人员进行地基承载力试验，避免仰拱下沉导致二衬开裂。

8）做好应急预案防患于未然

根据隧道洞口地形及场地布置情况，制定合理的隧道防坍塌、防涌水、涌泥预案，并定期组织人员进行演练，便于处理突发事件，降低施工风险。

第29章　超前地质预报与监控量测

29.1　超前地质预报

29.1.1　TSP超前地质预报施工工艺

1. 工艺流程

TSP超前地质预报流程图见图29-1所示。

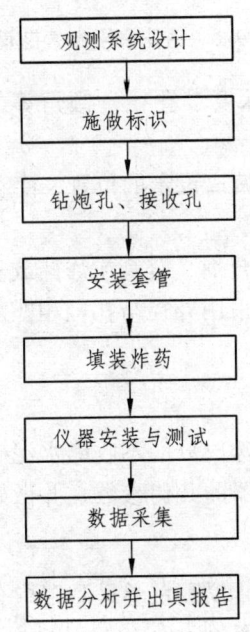

图29-1　TSP超前地质预报流程图

工艺参数：TSP有效预报距离应达到：A级地段100 m，B、C级地段150 m。需要预报区段大于有效预报距离时应多次预报，两次预报重复长度不小于10 m；参考既有资料、地质素描、洞内外水文调查等资料。

2. 施工方法

1）观测系统设计

① 收集隧道相关地质勘查和设计资料。
② 根据隧道施工情况及地质条件，确定接收器（检波器）和炮点在隧道左右边墙的位置。
③ 接收器和炮点位置应在同一平面和高度上。
④ 隧道情况特殊或需要探测复杂地质隐患时，必须根据相关理论精心设计观测系统。

2）施做标识

在隧道现场，根据设计的观测系统，确定所有接受点和炮点的位置，并做出相应的标识。

3）钻炮孔、接收孔

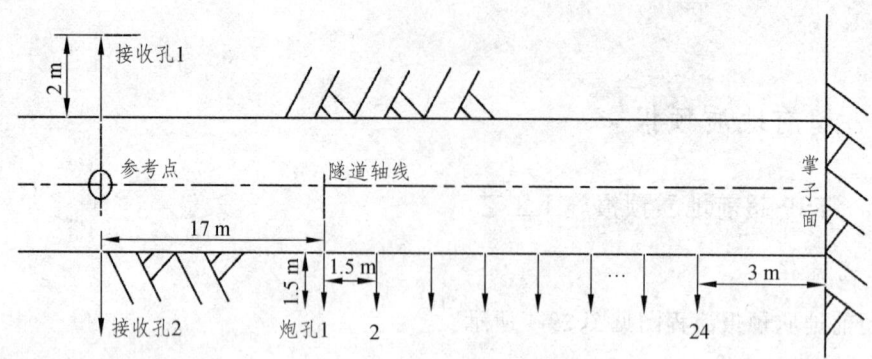

图 29-2　钻孔水平布置断面图

① 应按设计的要求（位置、深度、孔径、倾角等）钻孔，炮孔垂直隧道轴向，下倾 $10°\sim 20°$。

② 一般情况下，钻孔位置不应偏离设定的位置；特殊情况下，以设定的位置为圆心，可在半径 0.2 m 的范围内移位。

③ 孔身应平直顺畅，能确保耦合剂、套管或炸药放置到位。

④ 在不稳定的岩层中钻孔时，采用外径与孔径相匹配的薄壁塑料管或 PVC 管插入钻孔防止坍孔。

4）安装套管

① 用环氧树脂、锚固剂或加特殊成分的不收缩水泥砂浆作为耦合剂，安装接收器套管。

② 用电子倾角测量仪器量接收器的几何参数，并做好记录。

5）填装炸药

① 填装炸药前，用电子倾角测量仪和钢卷尺测定炮孔的倾角和深度，并做好记录。

② 炸药量的大小应通过试验确定。

③ 用装药杆将炸药装入炮孔的最底部。

④ 在激发前，炮孔应用水或其他介质填充，封住炮孔，确保激发能量绝大部分在底层中传播。

6）仪器安装与测试

① 用清洁杆清洗套管内部。

② 将接收单元插入套管，并应确保接收器的方向正确。

③ 采集信号前应对接收器和记录单元的噪声进行测试。

7）数据采集

① 设置采集参数：采集参数主要包括采样间隔、采集数、传感器分量以及接收器。

② 噪声检查：数据采集前，应对仪器本身及环境的噪声进行监测。仪器工作正常，噪声

振幅峰值小于 78 dB 时，方可引爆雷管炸药，接收记录。

③ 数据记录：放炮时，准确填写隧道内记录，在放炮过程中应采用炮序号递增或递减的方式进行，确保炮点号正确。

8）内业资料分析与判释

由取得相关试验检测证件的专业工程师进行数据分析，并提交以下资料：

① 现场数据记录表。

② X、Y、Z 三个分量的原始波形记录。

③ 频率谱。

④ 纵横波分离后的 P、SH、SV 波形图。

⑤ P、SH、SV 的极度偏移图（横坐标为里程）。

⑥ 二维结果图（横坐标为里程）。

⑦ 反射面提取图。

⑧ 岩石参数曲线图（横坐标为里程）。

⑨ 电子文档。

29.1.2 地质雷达预报施工工艺

1. 工艺流程

工艺流程图见图 25-3 所示。

2. 施工方法

1）施工准备

地质雷达检测主要是在隧道掌子面上进行，首先需确定好检测方案及测线布置形式等。施做前应对掌子面进行平整处理，使雷达天线与掌子面能有较好地耦合，在掌子面附近应没有其他的金属物体，避免影响检测结果的准确性。

2）仪器连接

连接主机、电缆、天线、标记器、测量轮。

开机。安装电池或者外接电源，仪器自动开机。在主菜单下选择 TerraSIRch 按钮，进入仪器采集状态。

3）数据采集

数据采集和保存文件。调整仪器参数，按 RUN/SETUP 进入单窗口屏幕，开始移动天线采集数据。再次按下此按钮，选择右键盘打勾保存数据文件到仪器中。

4）数据回放

数据回放。按 PLAYBACK 按钮，弹出对话框，利用上下键找到相应的文件，利用选择键 ENTER 选中文件，右键确认，再次按 RUN/SETUP 按钮来回放数据。

5）数据传输

利用 SanDisk 牌 CF 卡传输数据文件。OUTPUT->TRANSFER->FLASH。按中间的选择键

ENTER，弹出对话框，利用上下键找到相应的文件，利用中间的选择键 ENTER 选中文件，利用右键盘确认，开始传输数据。最后利用读卡器，把 CF 卡上的数据文件复制到计算机上。利用 SanDisk 牌 USB 盘传输数据文件。OUTPUT->TRANSFER->HD。

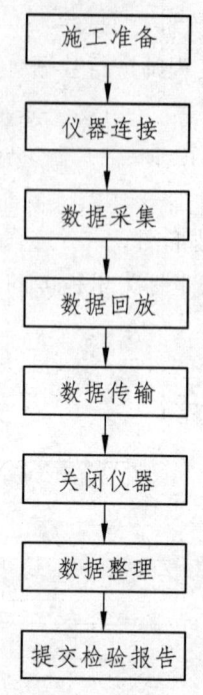

图 29-3 地质雷达预报流程图

6）关闭仪器

按暂停 RUN/STOP 按钮，按绿色电源按钮一次，关闭主机。

7）数据整理

① 雷达记录应清晰，反射波形、同相轴明显，不合格的记录应重测。

② 对合格的记录应根据记录的情况进行必要的处理如：编辑、滤波、增益、褶积、道分析、速度分析和消除背景干扰等，求得时间剖面。

③ 在时间剖面中应标出探测对象的反射波组、反射体的形态和规模、钻孔验证的位置和深度。

④ 解释确定反射体的位置、形态，推断其充填情况。必要时应制作模型进行反演解释。

8）提交资料

测线布置图；现场数据记录表；时间剖面；波形剖面、解释参数和解释结果。

29.1.3 地质素描施工工艺

1. 工艺流程

施工工艺流程图见图 29-4 所示。

2. 施工方法

1）准备阶段

① 对勘测资料、设计文件进行整理。

② 对设计单位提供的围岩划分区段进行汇总。

2）隧道地表补充地质调查

① 在开挖进洞前，对隧道地表情况进行勘察，调查。

② 对地层、岩性在隧道地表的出露情况进行调查描述。

③ 对断层、褶皱、节理密集带等地质构造在隧道地表的出露位置、规模、性质及其产状变化进行调查描述。

④ 对煤层、石膏、膨胀岩、含石油天然气、含放射性物质等特殊地层在地表的出露位置、宽度及其产状变化情况进行调查描述。

⑤ 根据地表补充地质调查结果，结合设计文件、资料和图纸、核实和修正超前地质预报的重点区段。

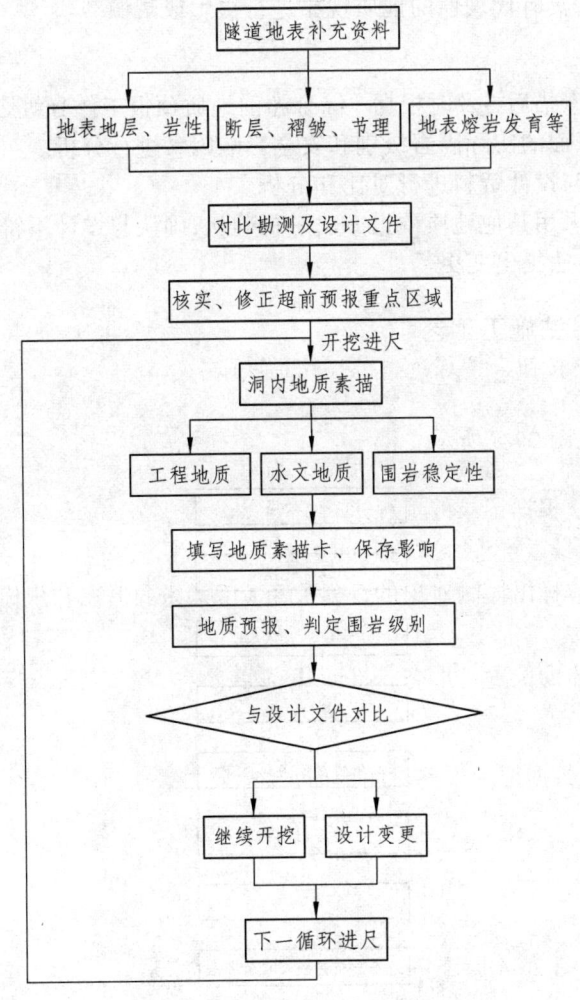

图 29-4 地质素描法工艺流程图

3）洞内地质素描

洞内地质素描随隧道开挖及时进行、地层岩性变化处、构造发育部位，岩溶发育带附近等复杂、重点地段每开挖循环应进行一次地质素描。素描的主要内容为：

① 地层年代、岩性、层间结合程度、风化程度。

② 地质构造（褶皱、断层、节理裂隙特征）、断层的位置、产状、性质、破碎带的宽度、物质成分，含水情况以及隧道的关系，节理裂隙的组数、产状、间距、填充物、延伸长度、张开度及节理面特征、力学性质等。

③ 特殊地层、人为坑洞的分布位置及其与隧道的空间关系。

④ 塌方部位、形态、规模及其随时间的变化特征、分析产生塌方的地质原因及其对继续掘进的影响。

⑤ 地下水的分布、出露形态、围岩的透水性、水量、水压、水温、颜色、泥砂含量，以及地下水活动对围岩稳定的影响。

⑥ 水质进行描述和分析，分析地下水对结构材料是否有腐蚀性。

4）影像资料保存

对隧道内重要的和具有代表性的地质现象进行摄影或录像。

5）分析和预报

① 每次进行地质素描后，及时根据"综合超前地质预报工作分级影响因素"以及"围岩级别判断方法"对掌子面的实际围岩级别和安全影响因素进行分析。

② 根据判断结果与设计资料进行对比和分析。

③ 与设计不符处采用其他地质预报方法进行确认,确认与设计不符后及时向设计单位提出对围岩级别和支护方法提出变更。

29.1.4 超前水平钻施工工艺

1. 工艺流程

施工工艺流程图见图 29-5 所示。

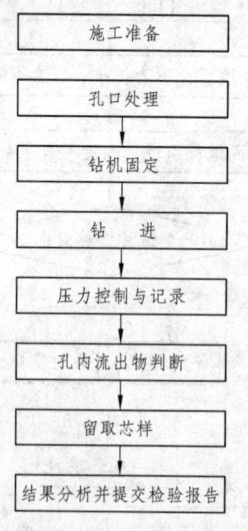

图 29-5 超前水平钻工艺流程图

2. 施工方法

1）施工准备阶段

① 预报前的准备工作

准备工作是需提前很长一段时间开始且连续进行的，并通过隧道不断的掘进来对以往的预报进行延伸和修正。必要时要组织包括地质、物探、工程、水文、机械等方面的专业人员参加的分析会，对前方储水、涌气、涌泥等异常体的各种信息进行充分的论证和准备，并对可能造成的最坏结果进行有根据的预测，从而正确指导水平钻探的预报及处理工作。

② 机械机具材料的准备工作

水平钻探预报前，需准备好照明、通风、用电、排水等工作。同时，在隧道外准备好注浆所需的设备、材料、人员等，以便出水后能够迅速组织止水工作，为顺利进行钻进预报及出水后的处理提供必要的条件。

③ 技术准备

技术准备主要是方案的准备，应确定钻孔数量、深度及钻进方法等技术参数。其中，钻孔数量根据实际的工程地质确定，原则上布置1~9个不等。对一般富水洞段可以布置1~3个探孔，对高压强富水洞段需要在掌子面前方成放射状布置6~9个探孔，钻孔深度主要取决于储水构造的走向。当储水构造垂直于洞线时，各个孔深几乎相同，当以小角度斜交时，孔深需根据其几何关系确定，不同部位的探孔深度不同，并根据地质分析和物探方法对前方工程地质的初步判断，并结合掌子面揭露的实际情况，有针对性地设计几个探孔。对每个孔的具体位置、孔向、深度进行专门的设计。在施工过程中，对地下水的探测遵循"探一个孔分析一个孔，处理一个孔"的原则，杜绝几个设计孔同时钻探或者待全部孔钻完后再处理的做法。

2）孔口处理

当确认前方可能有水时，在开钻前需要安装孔口管。安装孔口管主要有两个重要作用：一是当出现涌水时可以在安全退钻后对水进行可控排放；另一方面可以利用孔口管进行原孔注浆。一般富水洞段孔口管采用钻孔注浆预埋方式；对可能揭露高压水的洞段还需利用锚杆固定孔口管，确保稳固，孔口管的埋设方位要根据设计的孔向进行。孔口管安装后要安装压力表，同时留出减压阀。

3）钻机固定

孔口管安装好后，可以进行钻孔前准备。钻孔前主要准备好照明、动力、钻机平台及钻机安装等。钻机安装牢固，要根据预计出水压力与钻头大小计算出水压力给钻机的推力，然后根据最大推力的2~3倍系数进行钻机的加固，确保高压水揭露后不会推翻钻机。参与钻进、记录的相关人员、物探工程师、地质工程师到场，各种记录表格准备齐全，测量仪器（如秒表、容器等）准备齐全。

4）钻　进

严格按照设计的角度从孔中心钻进，避免钻进过快孔位偏离损伤孔口管。

5）钻进压力控制与记录

钻进速度和钻进压力成正比关系，钻进压力保持稳定来控制钻进速度。同时，比较稳定的压力也是进行地质判断的基准。随时注意钻进压力的变化，一般情况下每 10 min 记录一次钻进压力，对突发的压力增大或突然的卸压情况必须即时记录，并记录好相应的钻杆数量并以此推算发生压力突变的孔深位置。

6) 孔内流出物判断

① 孔内流出物主要是循环水和水携带的其他物质，比如石屑、石粉、揭露出的水等。根据不同岩石粉化后的性状和颜色，大致可以判断出钻进位置岩石的岩性，同时可以通过孔内返水和循环进水水量之间的关系判断孔内是否有水揭露出来，当有压力水射出时就很明显表示揭露出了高压水。

② 水量估算与测量。

当水被揭露出来后，需通过容积法方式测量。

③ 适时停钻与退钻。

一旦发现孔内出水，应该立即停止钻进，观察判断出水情况。停钻后，通过各种方法对出水水量进行判断，当水量不大于 30L/s 并没有增大的迹象时，不必退钻。通过射水距离、水压计、流量计等方式对水压及流量进行测算。一般情况下，如果水平孔出水口和水落地点连线角度小于 45°时，则压力不会大于 0.8~1 MPa。当水量小于 30L/s，压力小于 1 MPa，且通过观察发现水量没有增大迹象时，可以谨慎钻进。但重新起钻后，只要发现压力和水量任何一项增大，马上停止钻进，并小心退钻，预示前方可能储有较大的地下水。

7) 留取芯样

需要取芯的探孔采用取芯钻头，取出的芯样要做好标识，现场及时分析后妥善保管，用作地质分析的凭据。

8) 结果分析并出具检测报告

对芯样进行分析，判断岩性及围岩破碎情况，确定围岩级别。同时对渗透水、涌泥等情况进行检查、记录，对比各个钻眼间岩石表现的渗透水情况进行总结、分析，预测前方渗透水情况。及时与设计文件进行对比，若围岩级别有所不同，应使用地质雷达进行复核，确认后提交设计变更。

29.2 施工量测

29.2.1 隧道洞外测量施工工艺

1. 工艺流程

洞外控制测量前应收集隧道设计资料，已有测量成果资料，并根据隧道规模、贯通精度要求等进行方案设计，确定控制测量方案。测量流程如图 29-6。

2. 施工方法

1) 收集资料

测量前，应收集有关规范、标准及隧道所在地区的大比例尺（1:2 000~1:5 000）地形图、隧道所在地段的线路平面图、隧道的纵横断面图，各竖井、斜井或水平坑道和隧道的相互关系位置图，隧道施工的技术设计以及各个洞口的机械、地面构筑物布置的总平面图等。其次还应收集勘测单位过去所完成的测量资料或已做过的地面控制资料。最后还要收集隧道地区的气象、水文，地质以及交通运输等方面的资料。等收集完资料后，测量人员就应该对该工程有了一个比较详细的了解，做到心中有数，控制网该怎么布设、采用什么仪器、控制网的等级、控制误差的调整等等。

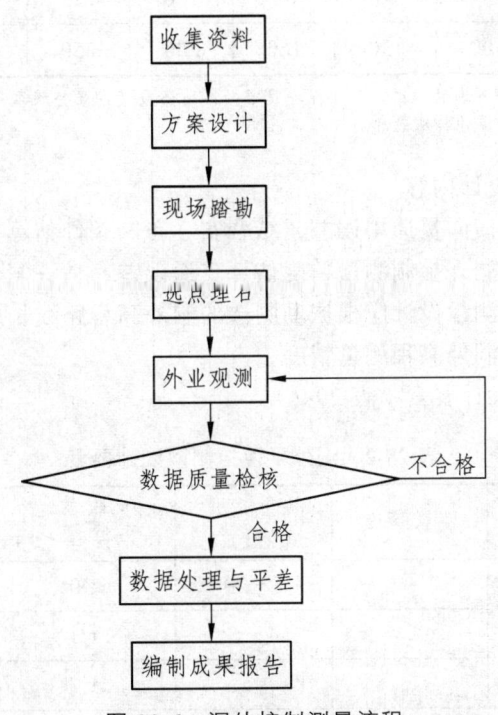

图 29-6　洞外控制测量流程

2）洞外控制测量方案设计

根据相应工程测量规范，按照横向贯通中误差进行平面控制网设计，估算洞外控制测量产生的横向贯通误差影响值，并进行洞内测量设计。水准路线大于 5 000 m 时，应根据高程贯通中误差进行高程控制网设计。测量设计应结合隧道长度、平面形状、辅助坑道位置及线路经过的位置以及线路通过地区的地形和环境条件、测量设备、人员情况，以满足隧道洞外控制测量精度为主要指标选择合理的测量方法，确定测量技术指标及技术要求。

① 隧道贯通误差的分类及其限差

隧道的贯通误差包括：纵向贯通误差、横向贯通误差、高程贯通误差。其在线路中线方向的投影长度称为纵向贯通误差，在垂直于中线方向的投影长度称为横向贯通误差，在高程方向的投影长度称为高程贯通误差。

在测量过程中，最重要的是横向误差和高程贯通误差，根据两开挖洞口间的长度，规范规定横向贯通误差和高程贯通误差的限差如表 29-1。

表 29-1 贯通误差的限差

项目	横向贯通误差						高程贯通误差
相相开挖隧道长度（km）	$L<4$	$4{\leqslant}L<7$	$7{\leqslant}L<10$	$10{\leqslant}L<13$	$13{\leqslant}L<16$	$16{\leqslant}L<19$	$19{\leqslant}L<20$	
洞外贯通中误差（mm）	30	40	45	55	65	75	80	18
洞内贯通中误差（mm）	40	50	65	80	105	135	160	17
洞内外综合贯通中误差	50	65	80	100	125	160	180	25
贯通限差（mm）	100	130	160	200	250	320	360	50

注：本表不适用于利用竖井贯通的隧道，利用竖井贯通的隧道还应考虑竖井联系测量误差的影响；相向开挖长度大于 20 km 的隧道应作特殊设计。

② 洞外控制网技术设计内容

根据洞外控制测量的横向贯通中误差，结合实际布网条件估算贯通误差，设计洞外平面控制网的精度等级。根据洞外控制测量精度估算贯通误差，估算洞外控制网测量的横向贯通误差影响值。高程控制网测量设计应根据勘测选的洞外高程路线长度和洞内贯通长度，估算洞外高程贯通误差，确定洞外高程测量精度。

③ 洞外平面控制网设计要素（表 29-2）

表 29-2 洞外平面控制网设计要素

测量部位	测量方法	测量等级	适用长度（km）	洞口联系边方向中误差（″）	测角中误差（″）	边长相对中误差
洞外	GPS 测量	一	6~20	1.0		1/250 000
		二	4~6	1.3		1/180 000
		三	<4	1.7		1/100 000
	导线测量	二	6~20		1.0	1/200 000
			4~6			1/100 000
		三	<4		1.8	1/80 000
		四	1.5~4		2.5	1/50 000

④ 洞外高程控制网设计要素（表 29-3）

表 29-3 洞外高程控制网设计要素

测量部位	测量等级	两开挖洞口间高程路线长度（km）	每千米高程测量偶然中误差（mm）
洞外	二	36 >	≤1.0
	三	13~36	≤3.0
	四	5~13	≤5.0
	五	<5	≤7.5

3）现场踏勘

为了具体了解实地情况，必须沿隧道线路方向，对隧道所穿越的地区进行详细踏勘，观察和了解隧道两侧的地形及道路交通分布情况。踏勘时，应特别注意隧道进出口、竖井、斜井、平洞洞口位置，以及洞口地形与施工设施的布置情况。

4）选点埋石

结合现场踏勘情况及施测方法来选定洞外控制网的布设方案，根据线路走向、隧道的进出口、斜井及平洞等的位置进行选点，必要时可用全站仪现场测设隧道洞口位置。一般，应在每个洞口附近布设不少于3个平面控制点和2个水准点，长大隧道洞口宜布设4个平面控制点和3个水准点。控制点埋设深度不小于1 m，冻土地段应埋设至冻土线一下0.3 m，埋设为混凝土桩，并用φ20的不锈钢柱上刻"+"做测量标志，桩顶规格为400 mm×400 mm。

采用导线控制的隧道，导线网应沿两洞口连线方向布设成多边形闭合导线环。控制点应布设在洞口附近土质坚实、视野开阔、通视良好，施测方便、便于保存且高程适宜之处。每个洞口的两个水准点间的高差，宜安置一次水准仪即可联测，视线应超越和旁离障碍物1 m以上。通过水田、沙滩时应适当增加视线高度。

隧道控制点应埋设混凝土不锈钢金属标志，水准点可以在稳固基岩上刻凿。采用导线测量的隧道隧道过渡点设木桩小钉即可。对于桥隧紧密相连或隧道紧密相连的情况，要布设统一的控制网，以利于线路中线的正确连接。向洞内传算方位的定向边长度不宜小于300 m。洞口GPS控制点应方便用常规测量方法检测、加密、恢复和向洞内引测，洞口子网各控制点间应尽量通视。选择布设哪种控制网为宜，应根据各单位所拥有的仪器情况，隧道横向贯通误差要求的大小，隧道线路通过地区的地形情况以及建网费用等方面进行综合考虑，对于长度大于4 km的长大隧道应采用GPS定位技术进行控制测量。用GPS进行隧道洞外控制测量，只需在洞口处布点，埋石与常规方法的要求相同,但选点位置直接影响GPS测量的观测质量，因此GPS点位应埋设在开阔地带，远离高压线、发射塔、树木、房屋等遮盖物。点位务必选在高度角15°以上无障碍物遮挡的地方。

5）平面控制测量

① GPS测量

GPS网形布设：隧道洞外GPS网应联测足够数量的线路控制点以建立隧道控制网与线路控制网之间的关系。若设计单位布设的洞外控制网满足隧道贯通精度要求，施工单位应以同网、同精度原则对设计单位布设的控制网进行复测，复测设计单位控制点满足要求时以设计单位成果作为洞内控制测量依据，若设计单位未对隧道进行控制测量，则施工单位应按照精度要求对隧道洞外进行控制测量。GPS主网应布设成三角形或大地四边形，由洞口子网和联系子网的主网构成，隧道每个开挖洞口的子网一般布设4个稳定可靠的GPS控制点并互相通视组成大地四边形，控制点与洞口投点的高差不宜过大，GPS控制网进洞联系边最大俯仰角不宜大于5°。当洞口子网采用GPS测量困难时，可以测量一条GPS定向边，子网的其他控制点采用全站仪测量。

② GPS测量主要技术指标

GPS控制网测量等级共分五等，各等级GPS测量主要技术指标应符合表29-4规定。

表 29-4 各等级 GPS 控制网测量的主要技术要求

等级	固定误差 a（mm）	比例误差系数 b（mm/km）	基线方位角中误差（″）	约束点间的边长相对中误差	约束平差后最弱边边长相对中误差
一等	5	1	0.9	1/500 000	1/250 000
二等	5	1	1.3	1/250 000	1/180 000
三等	5	1	1.7	1/180 000	1/100 000
四等	5	2	2.0	1/100 000	1/70 000
五等	10	2	3.0	1/70 000	1/40 000

注：当基线长度短于 500 m 时，一、二、三等边长中误差应小于 5 mm，四等边长中误差应小于 7.5 mm，五等边长中误差应小于 10 mm。

各等级 GPS 测量作业的基本技术要求应符合表 29-5 规定。

表 29-5 各等级 GPS 测量作业的基本技术要求

项目	一等	二等	三等	四等	五等
卫星截止高度（°）	≥15	≥15	≥15	≥15	≥15
同时观测有效卫数	≥4	≥4	≥4	≥4	≥4
有效时段长度（min）	≥120	≥90	≥60	≥45	≥40
观测时段数	≥2	≥2	1～2	1～2	1
数据采样间隔（s）	15～60	15～60	15～60	10～30	10～30
接收机类型	双频	双频	双频	单/双频	单/双频
PDOP 或 GDOP	≤6	≤6	≤8	≤10	≤10
卫星截止高度（°）	—	—	—	≥15	≥15
有效卫星总数	—	—	—	≥5	≥5
观测时间（min）	—	—	—	5～20	5～20
平均重复设站数	—	—	—	≥1.5	≥1.5
数据采样间隔（s）	—	—	—	5～20	5～20
PDOP（GDOP）	—	—	—	≤7（8）	≤7（8）

注：平均重复设站数≥1.5 是指至少有 50%的点设站 2 次。

③ GPS 外业观测技术要求

Ⅰ观测过程中应严格执行作业调度计划，按规定时间进行同步观测，不得中途随意更改作业计划，特殊情况需要变更作业计划的必须经带队组长同意；Ⅱ同步观测时段数及时段长度、采样间隔应符合规范要求；Ⅲ作业过程中，天线安置严格整平、对中，每时段观测前后分别量取天线高，两次测量互差小于 2 mm，取两次平均值作为最终结果；Ⅳ同一时段观测过程中不得关闭并重新启动仪器，不得改变仪器的参数设置，不得转动天线位置；Ⅴ作业过程中中使用对讲机时，应远离 GPS 接收机 10 m 以外；Ⅵ一个时段观测结束后，应改变仪器高度重新对中整平仪器,进行第二时段的观测;Ⅶ观测过程中应按规定填写观测手簿,详细记录观测点名、仪器高、仪器型号、出厂编号、观测时间及观测者姓名,并描绘点之记;Ⅷ观测过程中若遇到雷雨、风暴天气应立刻停止当前观测,确保人员设备的安全。

④ GPS 测量数据处理与平差

GPS 测量数据处理与平差流程如图 29-7 所示。

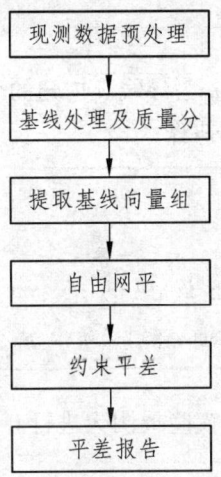

图 29-7　GPS 测量数据处理与平差流程

⑤ 导线测量

导线测量的技术要求应符合表 29-6 规定。

表 29-6　洞外导线测量的技术要求

等级	测角中误差（"）	测距相对中误差	方位角闭合差（"）	测回数		
				0.5"级仪器	1"级仪器	2"级仪器
二等	1	1/200 000	±2.0$\sqrt{n}$	6	9	—
	1	1/100 000	±2.0$\sqrt{n}$	6	9	
三等	1.8	1/80 000	±3.6$\sqrt{n}$	4	6	10
四等	2.5	1/50 000	±5$\sqrt{n}$	3	4	6

注：表中 n 为测站数，D 为测距边长，以千米计。

在直线隧道中,为了减少导线量距误差对隧道横向贯通的影响,应尽可能将导线沿着隧道的中线敷设。导线点数不宜过多(即在踏勘过程中将所选导线点边长尽量拉长),以减少测角误差对横向贯通的影响。对于曲线隧道而言,导线亦应沿两端洞口连线布设成直伸型导线为宜。

在设有横洞、斜井和竖井的情况下,导线应经过这些洞口。为了增加校核条件、提高导线测量的精度,都使其组成闭合环。为了便于检查,保证导线的测角精度,应增加闭合环个数以减少闭合环中的导线点数,以便将闭合差检查限制在较小范围内,每个导线环由 4~6 条边构成。按闭合导线要求施测全部边和角,这样可以提高导线网的可靠性,并且可以形成高程闭合环。为了减小仪器误差对导线角的影响，导线点间的高差不宜过大，视线应超越和旁离障碍物 1 m 以上，以减小地面折光和旁折光的影响。对于高差大的测站，采用每次观测都重新整平仪器的方法进行多组观测，取多组观测值的均值作为该站的最后成果。

测站的圆周角闭合差 = [左角]均 + [右角]均 − 360°，应不大于限差，对于二、三、四等导线限差分别取 ± 2.0″、± 3.5″和 ± 5.0″。导线环角度闭合差应小于限差

$$W_\text{限} = \pm 2.5\sqrt{n}$$

式中，m 为设计所需的测角中误差，n 为导线环内角的个数。

导线环的测角中误差，可按下式估算：

$$m_\beta = \sqrt{\dfrac{[f_\beta^2/n]}{N}}$$

式中　f_β——导线环（段）的角度闭合差（″）；

　　　N——导线环（段）的个数；

　　　n——导线环（段）的角度个数。

由洞外向洞内的测角工作，宜在夜晚或阴天进行。

精密测角的一般原则：

观测应在目标成像清晰、稳定的有利于观测的时间进行，以提高照准精度和减小旁折光影响。观测前认真调焦，消除视差。一测回内不得重新调焦，以免引起视准轴变动。按测回数进行配盘，以消除度盘分划误差，全站仪不存在该项误差。上下半测回之间倒转望远镜，以减弱视准轴误差、水平轴倾斜误差等。上下半测回照准目标的次序应相反。每半测回开始观测前，照准部按规定方向先转动 1~2 周。使用所有微动螺旋时，最后旋转方向均应为旋进。观测过程中，照准部水准气泡应始终居中。偏一格时，应在测回间重新整平仪器。

距离测量：导线的边长应根据贯通误差计算所要求的精度，采用经检定的全站仪进行。斜距应加仪器常数改正和气象改正。一般在测站端量取，但在测距边高差很大的情况下，应取测距边两端的平均值。改正后的斜距按竖直角换算成平距。

导线边长要根据观测条件、测距仪最佳测程，网形结构等因素统筹考虑，两相邻导线边长度不宜相差太悬殊。边长超过全站仪有效测程或在洞内测量没有足够的回波信号强度时，可在中间加辅助点分两段观测。

测距工作完成后，根据坐标系的不同还应对边长进行投影改正。工程独立坐标系应将测距边投影至工程平均高程面上；国家坐标系应将测距边归算到参考椭球面上再投影至高斯平面。

平差计算及成果整理：控制网应采用严密平差进行平差计算。

6）高程测量

隧道洞外高程测量一般可采用光电测距三角高程测量或者几何水准测量，三等或三等以下的高程测控可采用光电测距三角高程，三等以上精度的高程测量应采用几何水准。

7）水准测量

① 水准仪和水准标尺的检校

用于水准测量的仪器和标尺应送法定计量单位进行检定和校准，并在检定和校准的有效

期内使用。在作业期间，自动安平光学水准仪每天检校一次 i 角，气泡式水准仪每天上、下午各检校一次 i 角，作业开始后的 7 个工作日内，若 i 角较为稳定，以后每隔 15 天检校一次。数字水准仪整个作业期间应每天开测前进行 i 角测定。一、二等及精密水准测量 i 角应小于 15″，三、四等及五等水准测量 i 角应小于 20″，超过要求应进行检校。水准测量限差应符合表 29-7 规定。

表 29-7　水准测量限差要求　（单位：mm）

水准测量等级	测段、路线往返测高差不符值		测段、路线的左右路线高差符值	附合路线或环线闭合差		检测已测测段高差之差
	平原	山区		平原	山区	
一等	±1.8$\sqrt{K}$	—		±2$\sqrt{L}$		±3$\sqrt{R_i}$
二等	±4$\sqrt{K}$	±0.8$\sqrt{n}$		±4$\sqrt{L}$		±6$\sqrt{R_i}$
精密水准	±8$\sqrt{K}$		±6$\sqrt{K}$	±8$\sqrt{L}$		±8$\sqrt{R_i}$
三等	±12$\sqrt{K}$	±2.4$\sqrt{n}$	±8$\sqrt{K}$	±12$\sqrt{L}$	±15$\sqrt{L}$	±20$\sqrt{R_i}$
四等	±20$\sqrt{K}$	±4$\sqrt{n}$	±14$\sqrt{K}$	±20$\sqrt{L}$	±25$\sqrt{L}$	±30$\sqrt{R_i}$
五等	±30$\sqrt{K}$		±20$\sqrt{K}$	±30$\sqrt{L}$		±40$\sqrt{R_i}$

注：K 为测段水准路线长度，单位为 km；L 为水准路线长度，单位为 km；R_i 为检测测段长度，以千米计；n 为测段水准测量站数。当山区水准测量每公里测站数 $n \geq 25$ 站以上时，采用测站数计算高差测量限差。水准观测应符合表 29-8 的规定。

表 29-8　水准观测的主要技术要求（单位：m）

等级	水准仪最低型	水准尺类型	视距		前后视距差		测段的前后视距累积差		视线高度		数字水准仪重
			光学	数字	光学	数字	光学	数字	光学（下丝读数）	数字	
一等	DS05	因瓦	≤30	≥4且≤30	≤0.5	≤1.0	≤1.5	≤3.0	≤0.5	≤2.8且≥0.65	≥3次
二等	DS1	因瓦	≤50	≥3且≤50	≤1.0	≤1.5	≤3.0	≤6.0	≤0.3	≤2.8且≥0.55	≥2次
精密水准	DS1	因瓦	≤60	≥3且≤60	≤1.5	≤2.0	≤3.0	≤6.0	≤0.3	≤2.8且≥0.45	≥2次
三等	DS1	因瓦	≤100	≤100					三丝能读数		
	DS2	双面木尺单面条码	≤75	≤75	≤2.0	≤3.0	≤5.0	≤6.0		≥0.35	≥1次

续表

等级	水准仪最低型	水准尺类型	视距		前后视距差	测段的前后视距累积差		视线高度	数字水准仪重
四等	DS1	双面木尺单面条码	≤150	≤100	≤3.0	≤5.0	≤10.0	三丝能读数	≥0.35	≥1次
	DS3	双面木尺单面条码	≤100	≤100			≤10.0			
五等	DS3	塔尺单面条码	≤100	≤100	大致相等		—	中丝能读数	≥0.35	≥1次

② 水准测量的观测方法（按表29-9执行）

表29-9 水准测量的观测方法

等级	观测方式		观测顺序
	与已知点联测	附合或环线	
一等	往返	往返	奇数站：后-前-前-后
			偶数站：前-后-后-前
二等	往返	往返	奇数站：后-前-前-后
			偶数站：前-后-后-前
精密水准	往返	往返单程闭合环	奇数站：后-前-前-后
			偶数站：前-后-后-前
三等	往返/左右路线	往返/左右路线	后-前-前-后
四等	往返/左右路线	往返/左右路线	后-后-前-前 或，后-前-前-后
五等	单程	单程	后-前

注：电子水准仪按表中顺序观测，对光学水准仪，返测时奇、偶测站标尺的顺序分别与往测偶、奇测站相同。

③ 水准测量超限成果的取舍

测段往返测高差不符值超限时，应先就可靠程度较小的往测或返测进行整段重测，并按下列原则进行取舍：

若重测的高差与同方向原测高差的较差超过往返测高差不符值的限差，但与另一单程高差的不符值不超出限差，则取用重测结果；若同方向两高差不符值未超出限差，且其中数与另一单程高差的不符值亦不超出限差，则取同方向中数作为该单程的高差；若1中的重测高差（或2中两同方向高差中数）与另一单程的高差不符值超出限差，应重测另一单程；若超限测段经过两次或多次重测后，出现同向观测结果靠近而异向观测结果间不符值超限的分群现象时，如果同方向高差不符值小于限差之半，则取原测的往返高差中数作往测结果，取重测的往返高差中数作为返测结果。

④ 水准测量精度评定

根据往返测不符值计算的每千米高差偶然中误差应满足各等级水准测量精度要求，否则应重测返测不符值较大的测段。

8）光电测距三角高程测量

① 各等级光电测距三角高程测量的限差应符合表 29-10 的规定。

表 29-10　光电测距三角高程测量限差要求（单位：mm）

测量等级	对向观测高差较差	附合或环线高差闭合差	检测已测测段的高差之差
三等	$\pm 25\sqrt{D}$	$\pm 12\sqrt{\Sigma D}$	$\pm 20\sqrt{L_i}$
四等	$\pm 40\sqrt{D}$	$\pm 20\sqrt{\Sigma D}$	$\pm 30\sqrt{L_i}$
五等	$\pm 60\sqrt{D}$	$\pm 30\sqrt{\Sigma D}$	$\pm 40\sqrt{L_i}$

注：D 为测距边长，L_i 为测段间累计测距边长，以千米计。光电测距三角高程测量，宜布设成三角高程网或高程导线，视线高度和离开障碍物的距离不得小于 1.2 m。高程导线的闭合长度不应超过相应等级水准线路的最大长度。光电测距三角高程测量观测的主要技术要求应符合表 29-11 的规定。

表 29-11　光电测距三角高程测量观测的主要技术要求

等级	仪器等级	边长（m）	观测方式	测距边测回数	垂直角测回数	指标差较差（″）	测回间垂直角较差（″）
三等	1″	≤600	2 组对向观测	4	2	5	5
四等	2″	≤800	对向观测	2	3	7	7
五等	2″	≤1000	对向观测	1	2	10	10

② 三等光电测距三角高程测量应按单程双对向或双程对向方法进行两组独立对向观测。测站间两组对向观测高差的平均值之较差不应大于 $\pm 12\sqrt{D}$ mm。

③ 所使用的仪器在作业前应按规范中各项指标的规定进行检校，仪器检校的各项要求应符合规定。

9）洞外控制测量提交成果

① 洞外控制测量技术设计书。

② 控制测量技术报告：包括隧道名称、进出口里程及长度、平面形状及辅助坑道分布、测量依据、采用的技术标准、布网情况、施测方法、仪器型号、平差方法、坐标系统、控制网与线路中线的关系、施测日期、特殊情况以及处理结果、施工注意事项、GPS 测量参考椭球及其基本参数、隧道中央子午线经度等。

③ 洞外控制测量布网及线路关系（里程及曲线要素）示意图。

④ GPS 点、导线点、三角点的坐标、边长及方位角成果表。

⑤ 角度、边长和高程观测精度及其计算方法，平差后的精度。GPS 控制测量独立基线闭合差计算结果、重复基线较差、外部检测比较和联测比较结果、基线向量及其改正数、WGS-84 下的三维坐标及精度及平差后的二维坐标及精度。

⑥ 控制测量线路里程推算成果、断链值、由于精度不同而产生误差的处理方法。

⑦ 控制测量的高程成果及其与定测高程的比较。

⑧ 洞口投点的进洞关系示意图。
⑨ 洞外贯通误差预计及洞内测量设计。
⑩ 洞外控制测量技术总结。
⑪ 原始观测记录和计算成果纸质成果应装订成册，电子成果应拷贝或刻录光盘并做好记录，两种成果均应长期保管。原始观测和记事项目必须在现场记录清楚，注明观测者、记录者、观测日期、起讫时间、气象条件、使用的仪器等。纸质记录不得涂改或凭记忆补记，各记录须编列页次。

29.2.2 隧道洞内测量

1. 工艺流程

洞内测量主要包含洞内控制测量、贯通测量、施工测量三大部分，测量流程如下图 25-8 所示。

2. 施工方法

1）收集资料

应收集与洞内控制测量、施工放样有关的规范、标准、作业指导书等，作为测量工作的技术依据。另外还应收集隧道平面图、纵断面图、隧道所在曲线要素、各辅助导坑几何形状及平面位置设计图、隧道断面及细部设计图纸、计单位的洞外控制点成果、隧道控制测量成果报告、施工单位编制的施工组织设计等，作为洞内控制测量精度估算和施工放样数据计算的依据。

2）洞内控制测量方案设计

隧道长度大于 1 500 m 时，应根据横向贯通中误差进行平面控制网设计，估算洞外控制测量产生的横向贯通误差影响值，并进行洞内测量设计。水准路线大于 5 000 m 时，应根据高程贯通中误差进行高程控制网设计。

① 洞内控制网技术设计内容

根据洞外平面控制测量精度估算贯通误差，验算洞外控制网测量的横向贯通误差影响值。根据洞口不同控制点组合估算的横向贯通误差，选择引测进洞联系边。根据洞内允许横向贯通误差设计洞内导线测量精度。洞外高程控制测量施测后，按洞外高程测量平差精度验算高程贯通误差影响值，设计洞内高程控制测量精度等级。

② 洞内平面控制网设计要素（表 29-12）

表 29-12 洞内平面控制网设计要素

测量部位	测量方法	测量等级	适用长度（km）	测角中误差（″）	边长相对中误差
洞内	导线测量	二	9~20	1.0	1/100 000
		隧道二等	6~9	1.3	1/100 000
		三	3~6	1.8	1/50 000
		四	1.5~3	2.5	1/50 000
		一级	<1.5	4.0	1/20 000

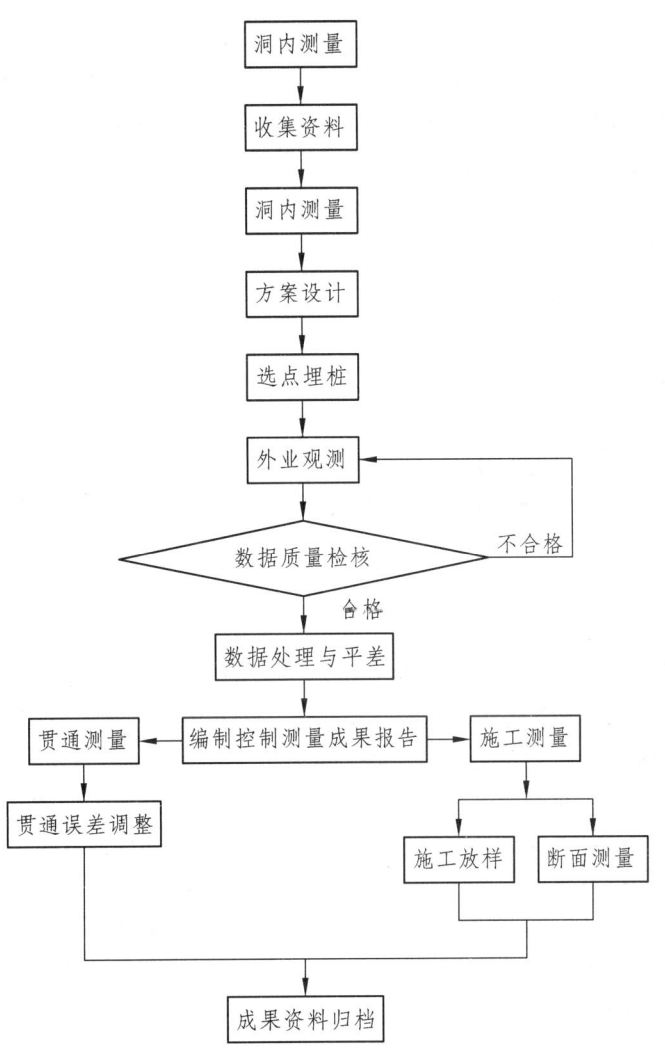

图 29-8 洞内测量工艺流程图

③ 洞内高程控制网设计要素（表 29-13）

表 29-13 洞内高程控制网设计要素

测量部位	测量等级	两开挖洞口间高程路线长度（km）	每千米高程测量偶然中误差（mm）
洞内	二	>32	≤1.0
	三	11～32	≤3.0
	四	5～11	≤5.0
	五	<5	≤7.5

3）洞内导线控制测量

① 选点埋桩

洞内导线边长应根据测量设计确定，导线边长在直线段不宜短于 200 m，曲线段不短于

70 m，在条件许可的情况应尽量设置长边，导线点布设在施工干扰小、稳固可靠、便于设站的地方，视线应旁离洞内设施 0.2 m 以上。洞内水准点应每 200~500 m 设置一对点，点位设置在洞内不易被碾压破坏的地方。控制点可采用混凝土现场浇注的方法埋设。

② 洞内导线施测

A. 洞内导线的布设形式

洞内导线应布设为多边形闭合环，每个导线环由 4~6 条边构成，如图 29-9 所示，长隧道宜布设为交叉双导线。

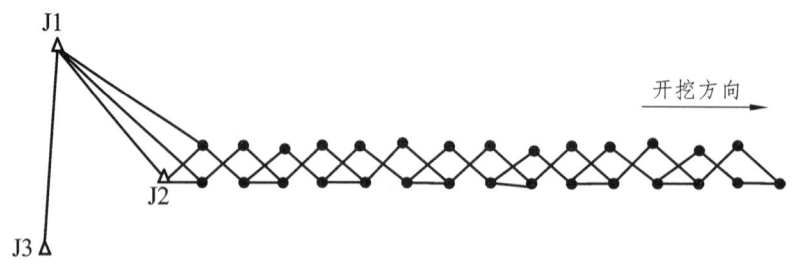

图 29-9 洞内导线点布设示意图

当采用辅助平行导坑进行施工时，平行导坑方案的主要特点是平行导坑相向独头掘进先于正洞贯通，在平行导坑中形成多个工作面进行正洞的开挖，从而达到正洞快速施工的目的。平行导坑与正洞长度相当，最后将导坑扩挖与正洞形成双线。

由于平导独头掘进，便于在平导内布设高精度的导线网，导线网随施工的掘进不断向前推进，平导贯通后，可对平导高精度导线进行统一平差及贯通误差调整，由于平导需要二次扩挖，采用平差法调整贯通误差既可以提高洞内精密导线网的整体精度，又不会对平导扩挖造成影响，贯通误差调整后的导线网成果可指导正洞开挖和平导的扩挖。由于先调整贯通误差，后指导平导的二次扩挖和正洞的后续开挖，贯通误差的调整对隧道建筑界限的影响相对较小。这种施工模式控制网一般按图 29-10 布设。

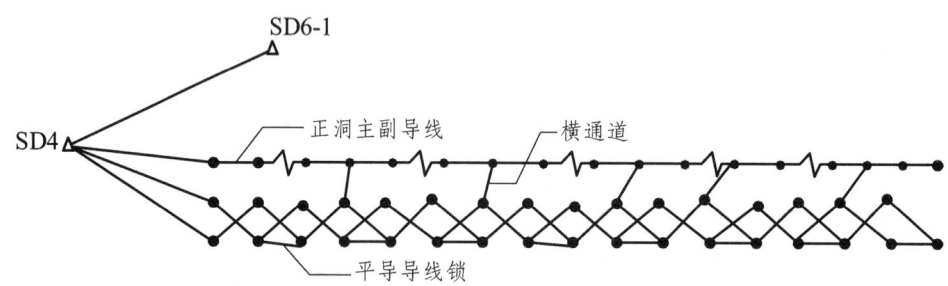

图 29-10 平行导坑施工的隧道洞内导线点布设示意图

平行导坑内导线布设为多边形闭合环，正洞导线由平导经横通道向内引测，采用主副导线进行测量，各横通道间分段贯通。平导独头相向贯通后贯通误差采用导线平差法进行调整，采用调整误差后的平导导线成果指导正洞未贯通段的施工中线。

B. 洞内导线测量注意事项

洞内导线测角、测距技术要求可参照洞外控制导线测量的相关要求。洞内导线应尽量沿线路中线布设或与线路中线平移一适当距离左右交叉布设，边长要接近等边。对于大断面的长隧道，可布设成多边形闭合导线环。有平行导坑时，平行导坑的单导线应与正洞导线联测，以资检核。长边导线的边长应按贯通要求进行设计，当导坑延伸至两倍洞内导线设计边长时，应进行一次导线引伸测量。每测定一个新导线点时，都需对以前的导线点作检核测量。进行角度观测时，应尽可能减小仪器对中和目标偏心误差的影响。一般在测回间采用仪器和觇标重新对中，在观测时采用两次照准两次读数的方法。若照准的目标是垂球线，应在其后设置明亮的背景，建议采用对点器觇牌照准，用较强的光源照准标志，以提高照准精度。边长测量中，当采用电磁波测距仪时，应防强灯光直接射入照准头，应经常拭净镜头及反射棱镜上的水雾。凡是构成闭合图形的导线网（环），都应进行平差计算，以便求出导线点的新坐标值。当隧道全部贯通后，应对地下长边导线进行重新平差，用以最后确定隧道中线。对于大断面的长隧道的地下导线，由于采用全站仪测距，地下导线在布设上有较大的改变，例如不再是支导线而成环状，导线点不再严格地布设在隧道中线上，而是布置在便于观测，干扰小、通视好且坚固稳定的地方。对于短边（斜井平坡段），宜采用强制对中的三联脚架法测角测边，以提高精度。洞口进洞边引测时，应选择阴天或者夜间气象稳定的时间段进行观测，避开阳光照射、洞内外光线和温度变化剧烈的时间段。单口掘进导线长度较长时，应加测不低于 6″ 的陀螺定向边。洞内四等及以上导线平差应采用严密平差法进行平差计算。

4）洞内高程控制测量

洞内高程一般采用水准测量进行往返观测，按照测量设计要求的精度施测，其技术指标及观测限差参照洞外测量对高程测量的技术要求。隧道较短时可采相应水准测量等级要求的光电测距三角高程施测。洞内水准点应定期复测，水准点向前沿伸测量时，应复核起算点高程无误后方可进行。

5）施工测量

① 施工放样

洞内施工放样时，可在主控导线基础上布设边长 50~150 m 的施工导线，用于进行洞内施工放样测量，可采用全站仪极坐标法进行放样。采用导线测设的中线点，一次测设不少于 3 个，并相互进行复核。

② 断面测量

每次钻爆前，应在开挖断面上标示隧道中线，轨顶高程线和开挖轮廓线。断面测量可采用自动断面仪法，或采用具有无接触目标测量功能的全站仪配置相应的软件进行测量，还可以采用全站仪极坐标法或者断面支距法进行测量。

6）贯通测量

① 贯通误差测定

A. 采用中线法测量的隧道，贯通之后，应从相向测量的两个方向各自向贯通面延伸中线，并各钉一临时中桩，丈量出两临时中桩之间的距离，即得隧道的实际横向贯通误差，两临时桩的里程之差，即为隧道的实际纵向贯通误差。

B. 采用导线作洞内控制的隧道，可由进测的任一方向，在贯通面附近钉设一临时桩点，然后由相向的两个方向对该点进行测角和量距，各自计算临时桩点的坐标。其 Y 坐标的差数即为实际的横向贯通误差，其 X 坐标之差为实际的纵向贯通误差。

在临时桩点上安置经纬仪测出角度,以便求得导线的角度闭合差(也称方位角贯通误差)。

C. 由两端的水准点分别测出贯通面附近的临时点的高程,其高程差即为实际的高程贯通误差。

② 贯通误差调整

调整贯通误差的工作,原则上应在隧道未衬砌地段上进行,不再牵动已衬砌地段的中线,以防减小限界而影响行车。在中线调整之后,所有未衬砌地段的工程,均应以调整后的中线指导施工。对于用地下导线精密测得实际贯通误差的情况,当在规定的限差范围之内时,可将实测的导线角度闭合差平均分配到该段贯通导线各导线角,按简易平差后的导线角计算该段导线各导线点的坐标,求出坐标闭合差。根据该段贯通导线各边的边长按比例分配坐标闭合差,得到各点调整后的坐标值,并作为洞内未衬砌地段隧道中线点放样的依据。高程贯通误差调整时候,贯通误差采用高程平差法进行调整。

29.2.3 竖井测量施工工艺

1. 工艺流程

联系测量前,应收集竖井设计资料及竖井控制测量成果,根据竖井几何形状及通过竖井向两侧开挖正洞的长度,对竖井联系测量方案进行优化设计,方案比选时,应以满足精度要求、经济、高效安全为主要指标。

方案确定后,根据联系测量方法对近井点的设置要求埋设近井点,近井点测量应与联系测量一并进行,防止近井点测量与联系测量时间间隔较长造成近进点在间隔期间产生位移。联系测量应分组独立测量3次,应各组测量成果进行质量检查,确保联系测量成果精度满足要求。测量工艺流程如图29-11。

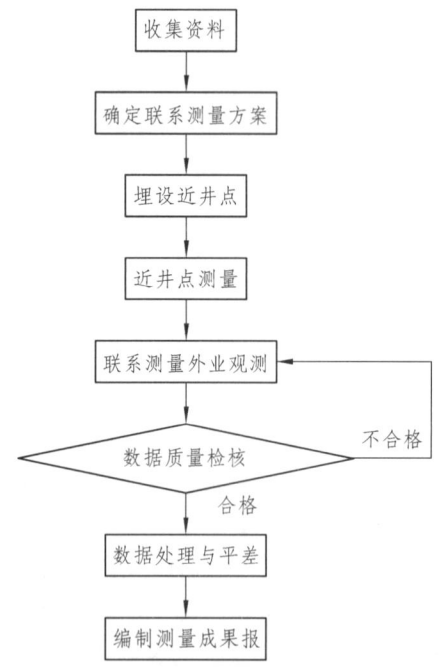

图 29-11 联系测量工艺流程

2. 施工方法

1）联系三角形定向测量

① 联系三角形定向最有利的形状如图 29-12，通过地面上的近井点 J_2 与吊锤线 O_1、O_2 构成的三角形及井下导线点 D_1 与吊锤线在井下的投影点 O_1'、O_2' 构成的三角形将地面坐标、方位角传递至井下导线的定向方法称为联系三角形法。

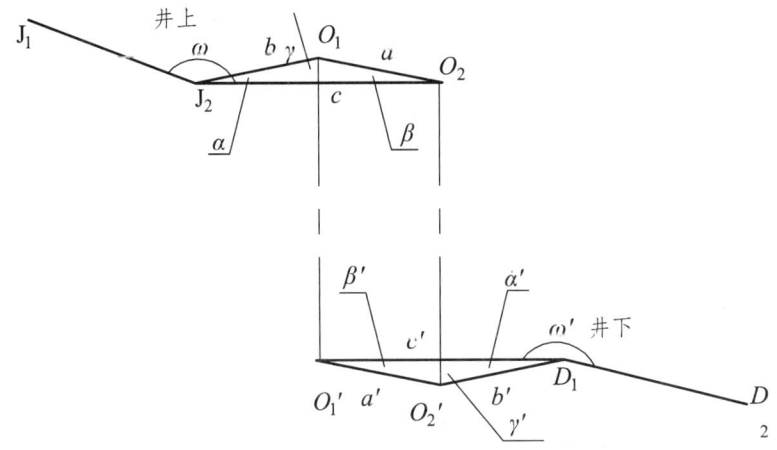

图 29-12　联系三角形法一井定向示意图

根据地面上的边长 a、b、c 及观测角度 α 和 β，将地面上的 J_1J_2 的方向传递到吊锤线 O_1O_2 上，联系三角形应满足以下条件：

联系三角形应为延伸形状，角度 α、β 应接近于零，在任何情况下都不能大于 3°；$\dfrac{b}{a}$ 的比值应控制在 1.5 左右；两吊锤线间距离 a 应尽可能选择最大的数值，至少应大于 5 m，a 越大计算角的误差越小；当联系三角形未平差时，传递方向应选择经过小角 β 的路线。

② 地面近井点的设立

定向前必须在竖井附近地表设立作为定向时与吊锤线连接的点，称为近井点，近井点尽可能埋设在坚实稳固便于观测并且能够长期保存的地方，到竖井口的距离不要超过 300 m，近井点设立时应考虑联系测量的最有利图形。

近井点应在竖井控制网基础上同精度进行加密，加密测量可采用插点法或者导线法，近井点导线应采用严密平差法进行平差计算。

③ 投点

吊垂线投点就是使竖井中悬挂的两根吊垂线构成一个竖直面，该竖直面与任一水平面的交线都保持同一方向，以便井上、井下进行连测，投点作业时应充分考虑联系三角形的最有利图形。为了工作安全，下放钢丝时应使井下作业人员离开井口位置，先将托架在井口固定稳固，固定托架时应考虑联系三角形的有利图形，然后将手摇绞车、定线板、导向滑轮安装在托架上，将小吊锤挂在钢丝下端通过手摇绞车将钢丝下放至井底后再换上重吊锤，分别将两根钢丝下端的重吊锤放入盛有重油的油桶内，以减弱钢丝的摆动，如井内有水滴时应在油桐上加盖圆锥形的防水罩，防水罩顶的小孔不能与钢丝接触。钢丝下放好以后，悬挂的垂线应处于自由摆动状态，钢丝不应接触到井筒中的任何物件，用"传信法"来检查钢丝是否与井壁或其他物体有接触,将钢丝检查圈在垂线上,自井口同时投放,通过在井下观察钢丝检查圈到达的时间来判断钢丝是否与其他物体有接触。检查钢丝下放正确后在井上、井下每根钢丝上分别粘贴一张测距反射片,反射片的位置在井上应在定线板以下多于 1 m 的地方,井下应在吊锤顶部以上多于 1 m 的地方,以避免接头钢丝曲折带来误差,反射片应正对全站仪安置的方向。

④ 井上井下定向联系测量外业观测

定向联系测量宜选择在阴天无风的条件下观测,观测时应无外界震动的干扰。待钢丝稳定后,即可进行联系三角形定向外业观测,在全站仪望远镜中观测钢丝时钢丝不能有摆动,为尽可能减少占用井下作业时间,提高外业观测效率,井上、井下各安置一台全站仪同时观测。每次联系三角形定向应独立进行三次,一次定向测量完后变动钢丝位置进行第二次定向测量,共测量三套完整的观测数据,各次定向坐标方位角差值不应大于 20″,取三次定向坐标方位角平均值作为最终定向成果。

边长测量:全站仪至钢丝之间的距离采用全站仪测量测距反射片进行观测,距离应观测 3 测回,每测回读数 3 次,应将温度、气压输入全站仪对距离进行气象改正,各测回读数互差应小于 2 mm,取 3 测回平均值作为最终观测值。钢丝之间的距离采用检定过的钢尺直接丈量,并估读至 0.1 mm,应以钢尺的不同起点丈量 3 测回,每测回往返三次读数,各测回较差地面上应小于 0.5 mm,井下应小于 1 mm,地面与井下同一边互差应小于 2 mm,观测值应进行温度等相应改正。

角度测量:角度观测采用全站仪观测 4 测回,水平角观测技术要求按表 29-14 执行。

表 29-14　水平角观测技术要求

仪器型号	半测回归零差	各测回同方向两倍视轴差（2C）的互差	各测回同方向值互差
DJ1	6	9	6
DJ2	8	13	9

⑤ 联系三角形定向测量内业计算

当定向精度要求较高,联系三角形应按最有利的图形布设时,β、β' 角的计算可以采用简易平差法进行计算 ω、ω'' 角为观测角,只有 β、β' 需要通过解算联系三角形求得,因此联系三角形定向测量内业计算的主要内容是确定 β、β' 角。

联系三角形平差:检查外业观测资料,绘制如图 1 联系三角形示意图,按照测得的 α、a、b、c 值根据正弦定律计算井上 β 值:

$$\beta_{算} = \arcsin\left(\frac{b_{测} \sin\alpha_{测}}{\alpha_{测}}\right)$$

$$c_{算} = b_{测}\cos\alpha_{测} + \alpha_{测}\cos\beta_{算}$$

井上测距不符值:

$$f_s = c_{算} - c_{测}$$

各边长改正数：

$$v_a = -\frac{f_s}{4}$$

$$v_b = -\frac{f_s}{4}$$

$$v_c = +\frac{f_s}{2}$$

对井上各观测边长进行改正，α 角仍采用观测值，以改正后的各边重新计算的 β 角值就是经过简易平差的平差角度值。

井下联系三角形平差同井上。

井下定向边 D1D2 的坐标方位角计算公式

根据图 25-12 可得：

$$(D_1D_2) = (J_1J_2) + \omega + \beta - \beta' + \omega' \pm 4 \times 180°$$

根据平差后的 β、β' 角度值和其他角度观测值根据公式即可计算井下导线定向边的坐标方位角。

按照上述方法将依次将三组井下导线边定向边坐标方位角计算出来。

三组定向边坐标方位角互差满足精度要求后取三组定向方位角平均值作为定向结果。

三组定向边坐标方位角互差的限差为：

$$m_{限} = \pm 2\sqrt{2} \times m_0$$

m_0 为联系测量一次定向中误差。

为了使隧道精确贯通，应利用联系三角形法进行多次定向，当隧道掘进工作面离开竖井大于 50 m、100~150 m 和距离贯通面 150~200 m 时必须分别进行一次定向，当洞内导线点发生位移或洞内导线向前延伸在传算坐标和坐标方位角上产生怀疑或困难时，必须重新进行联系三角形定向测量。

⑥ 联系三角形定向测量精度估算

经过竖井联系三角形法将坐标方位角传递到井下去时，井下导线起始坐标方位角的误差可以用下式表示：

$$m_0^2 = (m_0)_s^2 + (m_0)_\beta^2 + (m_0)_p^2$$

式中 $(m_0)_s$ ——边长丈量误差所引起的计算角度的误差；

$(m_0)_\beta$ ——角度观测误差的影响；

$(m_0)_p$ ——吊锤投点误差的影响。

当地面与井下联系三角形形状相似时，联系三角形定向总误差可以写成下式：

$$m_0 = \pm\sqrt{\frac{2m_s^2\rho^2 tg\alpha}{a^4}(a^2+b^2) + 2(m^2 + m'^2)\left(1 + \frac{b}{a} + \frac{b^2}{a^2}\right) + \frac{e^2}{a^2}\rho^2}$$

式中：m_s 测距中误差，$\rho = 206\,265''$，m 表示地面观测方向中误差，m' 表示井下观测方向中误差，e 为钢丝投点线量误差。

2）铅垂仪、陀螺经纬仪联合定向法

① 陀螺经纬仪测量步骤

A. 测前已知边陀螺方位角的测定

在地面竖井控制网上选择一条已知边，力求该边边长较长、精度较高，在已知边测站上安置陀螺经纬仪进行观测，测定已知边的陀螺方位角（从陀螺轴的稳定位置顺时针到已知边的夹角，已做零位改正），已知边的陀螺方位角测前应独立测量三测回，三测回间的陀螺方位角互差不能大于 25″。

B. 投点坐标测量

如图 25-13，在竖井口安装托架，通过托架上安置的 2 台铅垂仪向下投点，将 2 台铅垂仪的轴心 O_1、O_2 投影至井下 O_1'、O_2'，在井上近井点 J_2 安置全站仪后视近井点 J_1 测量铅垂仪的轴心 O_1、O_2 的坐标；在井下 O_1'、O_2' 上安置 2 套觇牌，在井下导线点 D_1 上安置陀螺经纬仪测量 $O_1'D_1$ 及 $O_2'D_1$ 的陀螺方位角，然后在 D_1 点安置全站仪测量 $\angle O_1'D_1D_2$、$\angle O_2'D_1D_2$ 及相应边长，将坐标传算至 D_1 点，并将方位角传算至 D_1D_2 作为井下导线测量的起算点和起算坐标方位角。

固定托架，将 1/20 万铅垂仪架设在稳固的托架上向井下投点，即已井下 O_1'、O_2' 对中托架上的铅垂仪，将全站仪架设在近井点上测定铅垂仪轴中心的坐标，坐标应至少观测三测回，两铅垂仪轴中心的坐标分别就是井下 O_1'、O_2' 的坐标。

若采用钢丝吊锤进行投点，投点坐标测量方法与联系三角形定向测量相同，仪器设备配套齐全的情况下，采用铅垂仪投点效率较高。

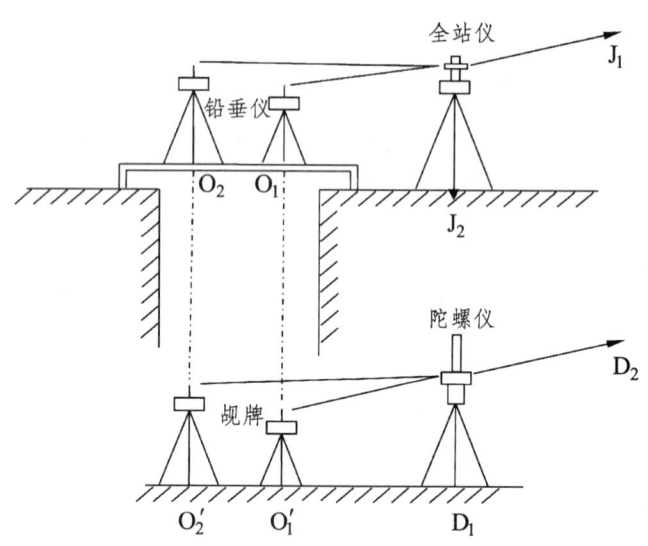

图 29-13　铅垂仪、陀螺经纬仪联合定向示意图

C. 井下定向边陀螺方位角测量

在井下导线点 D_1 上安置陀螺经纬仪，测量 $O_1'D_1$ 边与 $O_2'D_1$ 的陀螺方位角，应分别独立测量三测回，三测回间的陀螺方位角互差不能大于 25″。最后测量 $\angle O_1'D_1D_2$、$\angle O_2'D_1D_2$ 的角度，角度采用方向观测法观测 4 测回，以便最终将方位角归算至定向边 D_1D_2。

D. 测后已知边陀螺方位角的测定

井下定向边陀螺方位角测量完后，将陀螺经纬仪再次安置在井上已知边测站上，再次测定已知边的陀螺方位角，同样独立测量三测回，测前测后陀螺方位角平均值互差不应大于12″，取测前测后陀螺方位角平均值作为已知边最终陀螺方位角。

E. 井下定向边坐标方位角的计算

陀螺定向测量是在（地上）已知方位边测定了陀螺方位求得仪器常数，再在（地下）未知方位边上测量陀螺方位，加入仪器常数改正后得到未知边的坐标方位结果。未知方位边坐标方位角计算方法如下式：

$$\alpha_{地下} = T_{地下} + \alpha_{地上} - T_{地上} + d\gamma$$
$$= T_{地下} + \alpha_{地上} - T_{地上} + 32.3 \cdot \tan(B) \cdot (Y_o - Y)/1\,000/3\,600$$

式中　$T_{地上}$——测量得到的地上陀螺方位角（度）；
　　　$T_{地下}$——测量得到的地下陀螺方位角（度）；
　　　$\alpha_{地下}$——地下定向边坐标方位角（度，待求）；
　　　$\alpha_{地上}$——地上（已知）坐标方位角（度）；
　　　$d\gamma$——地上已知点、地下未知点间子午线收敛角差（度）；
　　　Y_o——地上测站点 Y 坐标（m）；
　　　Y——地下测站点 Y 坐标（m）；
　　　B——当地纬度（度）。

井下定向边坐标方位角采用两条陀螺定向边归算值之差不应大于 12″时取两归算值的平均值作为最终定向成果。

② 铅垂仪、陀螺经纬仪联合定向测量精度

对于竖井定向而言，陀螺经纬仪定向主要是确定地下定向边的坐标方位角，因此，定向边坐标方位角中误差 M_α 就是铅垂仪、陀螺经纬仪联合定向的精度。则有：

$$M_\alpha = \pm\sqrt{m_1^2 + m_2^2}$$

式中　m_1——确定定向边陀螺方位角的中误差；
　　　m_2——在已知边上确定仪器改正数的中误差。

假设定向边陀螺方位角独立观测 n_1 次，仪器改正数独立观测 n_2 次，陀螺经纬仪一次定向中误差为 M，则：

$$m_1 = \frac{M}{n_1}$$

$$m_2 = \frac{M}{n_2}$$

$$M_\alpha = \pm\sqrt{\frac{1}{n_1} + \frac{1}{n_2}}$$

若采用如图 3 双投点双定向的定向方式，则定向边方位角中误差为 $\dfrac{M_\alpha}{\sqrt{2}}$。

3）钻孔投点定向

① 钻孔投点定向测量实施

A. 钻孔投点定向测量作业步骤

如图 25-14，$1J_1$、$2J_1$ 及 $1J_2$、$2J_2$ 为井上近井点，O_1O_1' 及 O_2O_2' 为铅垂线纵轴线，D_1、D_2、D_3 为井下导线点。在井上近井点 $1J_2$、$2J_2$ 安置全站仪，后视 $1J_1$、$2J_1$ 测量铅垂线 O_1O_1' 及 O_2O_2' 的平面坐标，然后利用全站仪在井下通过 O_1'、O_2' 两点测设无定向导线。

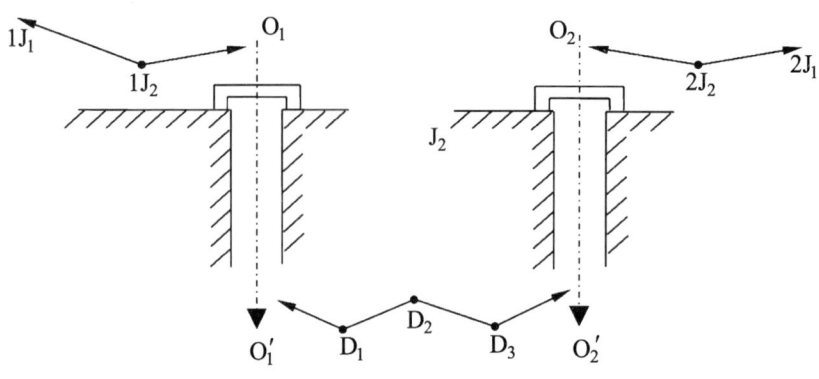

图 29-14　钻孔投点定向示意图

② 钻孔投点定向平差计算

采用计算机严密平差软件进行严密平差。

③ 钻孔投点定向测量精度

钻孔投点定向工作包括投点、井上、井下连接测量三部分，分析钻孔投点定向测量的精度就是分析井下连接导线某一边坐标方位角 α_i 的总误差 $M_{\alpha i}$。

$$M_{\alpha i} = \pm\sqrt{m_\text{上}^2 + m_\text{下}^2 + \vartheta^2}$$

式中　ϑ——投向误差，可按 $\vartheta = \pm\dfrac{e}{c}\rho''$ 计算，c 为两吊锤线间的距离；

　　　$m_\text{上}$——井上连接误差；

　　　$m_\text{下}$——井下连接误差。

井上连接误差就是由近井点测量吊锤线对井下某一边坐标方位角的影响，井下连接测量误差就是测量井下无定向导线时对井下某一边坐标方位角的影响。由于井下无定向导线测角、测距误差对井下某一边坐标方位角的影响估算数学模型非常复杂，所以采用电算法进行精度分析比较方便。大部分导线网严密平差软件都具有控制网优化功能，可以通过控制网的概略坐标产生模拟观测值进行精度估算，可以方便地估算出井下任意一条导线边井上、井下连接测量对坐标方位角的影响 $M_{\alpha iL}$，则有：

$$M_{\alpha i} = \pm\sqrt{M_{\alpha iL}^2 + \vartheta^2}$$

4）高程联系测量

整个区间施工中，高程联系测量至少 3 次。传递高程的地下近井点不少于 2 个，并对地下高程点间的几何关系进行检核。高程联系测量可采用钢尺（丝）导入、三角高程测量等方法，将地面水准点的高程联系测量至井下施工水准点上。

① 钢尺（丝）导高

用钢丝导入或钢卷尺导入高程是传统的做法，也是竖井施工中最常见的传递高程的方法。如图 25-15，首先应在井筒中部悬挂一钢丝（尺），在井下端悬一重锤，使其处于自由悬挂状态；然后，在井上、井下同时用水准仪测得 A、B 处水准尺上的读数 a 和 b，并用水准仪瞄准钢丝，在钢丝上作上标记；变换仪器高再测一次，取其平均值作为最终结果。最后，可通过在地面建立的比长台用钢尺往返分段测量出钢丝上两标记间的长度或读出钢尺上的读数差 L。则地下点高程：

$$H_B = H_A + h_a - L - h_b$$

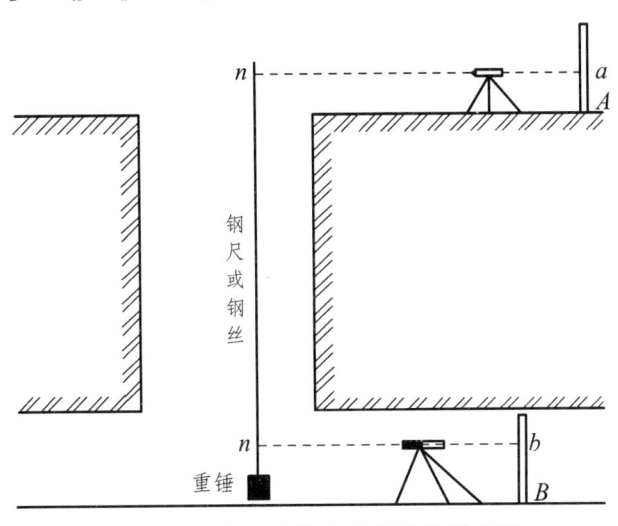

图 29-15　钢尺（丝）悬挂法传递高程

② 全站仪三角高程法导高

当竖井井深浅，俯仰角不大时，可以直接用光电三角高程测将井上高程导入井下水准点上，测量时要求如下：

A. 测量使用的全站仪测角精度不低于 ±2″，测距标称精度不低于 2 mm + 2 ppm。

B. 竖直角采用中丝法观测 3 测回，测回较差小于 ±7″，指标差较差小于 ±7″。

C. 反射棱镜和仪器高度测前测后量取互差不大于 2 mm，取平均值。

D. 测距边应进行气象改正。

E. 高差必须及时进行对向观测。

③ 光电测距法导高

当井深较深时，可以采用全站仪测量竖距的方法将高程从井上导入井下。如图 29-16 所示，先在竖井正下方设置井下趋近水准点 B，给全站仪目镜上安装上弯管目镜，将全站仪照准部竖直向上瞄准带圆孔的平板，通过望远镜指挥平板位置，使平板上的圆孔在全站仪铅直视线上，在托架上固定平板。在平板圆孔中放上半球尺垫，再半球尺垫上放置水准尺，用水准仪观测井上趋近水准点 A 至半球尺点中心的高差为 h_a，取下半球尺垫及水准尺，在带孔钢平板上安放球棱镜，使球棱镜面正对井下的全站仪，测量全站仪仪器中心至球棱镜中心的竖

直距离为 L，取多次观测值的平均值，丈量全站仪的仪器高为 i，则根据图 29-16 可以计算出井下趋近水准点 B 的高程为：

$$H_B = H_A + h_a - L - i$$

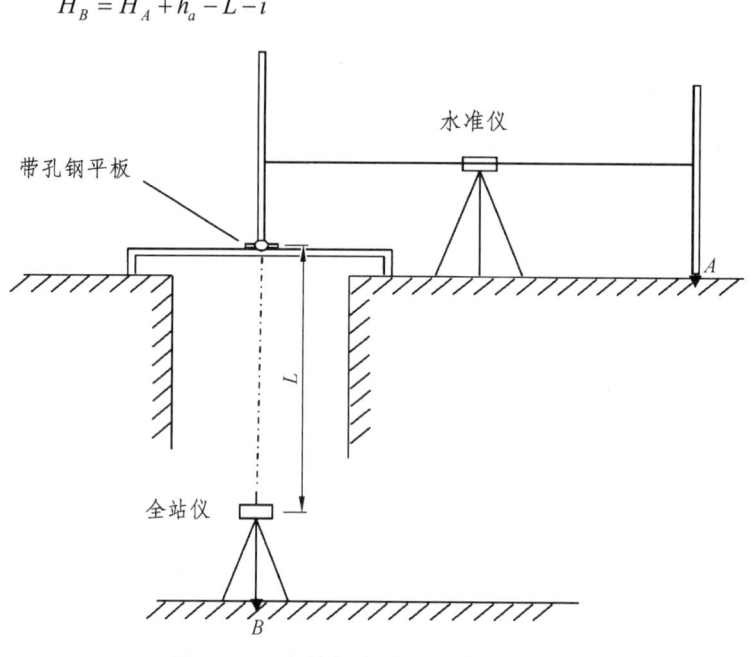

图 29-16　全站仪光电测距法导高测量

井上趋近水准点水准测量时，扶尺人员站立的托架应与放置带孔钢平板的托架互相独立，并确保扶尺过程中对平板不产生扰动，测量期间应确保人员和设备的安全。

29.2.4　隧道现场监控量测施工工艺

1. 工艺流程

开挖→开挖面岩性的观察→初期支护→初期支护状况观察→安装量测预埋件→现场量测→数据整理和分析处理。

2. 施工方法

1）开　挖

根据设计文件及地质超前预报成果，选择合理的开挖方式。监控量测内容和方法，埋设适宜的量测元件，为观测围岩变化和支护情况。

2）开挖面岩性的观察

开挖后应及时进行开挖面岩性的观察，特别是在软弱围岩条件下，开挖后应立即进行开挖面的地质调查，并绘出地质素描图，必要时进行拍照或录像。

若遇特殊不稳定情况时，应派专人进行不间断地观察。观察的主要方面包括：节理裂隙发育程度及其产状；开挖工作面的稳定状态，顶板有无坍塌；涌水的位置、涌水量、水压等；底板是否有隆起现象，地质素描应详细准确，如实反映情况。

3）初期支护

按设计要求进行初期支护，如果地质情况与设计资料不相符，应及时提出变更，按变更后的设计进行初期支护。

4）初期支护状况观察

初期支护完成后，对初期支护的状况进行观察，内容包括：有无锚杆被拉断或垫板脱离围岩现象；喷射砼有无裂隙和剥离或剪切破坏；钢拱架有无被压变形情况；锚杆注浆和喷射砼施工质量是否符合规定的要求。洞外观察包括对洞口地表情况、地表沉陷、边坡及仰坡的稳定以及地表水渗透等的观察。

5）安装量测预埋件

① 量测部位布置安设

量测部位包括测试试验段、测试断面、测试线等的布设。

A. 测试试验段布置

测试试验段通常只在重要的、特长的和大断面隧道中设置，或者在有必要进一步检验支护参数和施工稳定性的隧道设置。

B. 测试断面布置

一般均沿隧道纵向间隔布设。根据各量测项目的要求，测试断面的间距按以下三种情况设置：

隧道洞顶地表下沉量与埋深关系很大，其测试断面间距可参照表29-15所列。

表 29-15　地表下沉量测的测点纵向间距

埋深 h 与隧道开挖宽度 B	$2B < h$	$B < h < 2B$	$h < 2B$
测点间距	20~50 m	10~20 m	5~10 m

拱顶下沉、周边位移量测，测点一般应布设在同一断面，其测试断面间距见表29-16所列。

表 29-16　净空位移、拱顶下沉的测点间距

条件 围岩	洞口附近	埋深小于 $2B$	施工进展 200 m 前	施工进展 200 m 后
硬岩地层 （断层破碎带除外）	10 m	10 m	20	30
软岩地层 （不产生很大塑性地压）	10	10	20	30
软岩地层 （产生很大塑性地压）	10	10	20	30
土、砂	10	10	10~20 m	20 m

其他量测项目，一般都可布设在代表性测试断面上，10~50 m 设一个断面。凡是地质条件差或是重要工程，应从密布点。

C. 坑道周边位移量测线布置

隧道开挖坑道周边相对位移的量测线的布置方法和要求,参照表 29-17 和图 29-17。拱顶下沉量测的测点,一般可与周边位移测点共用。

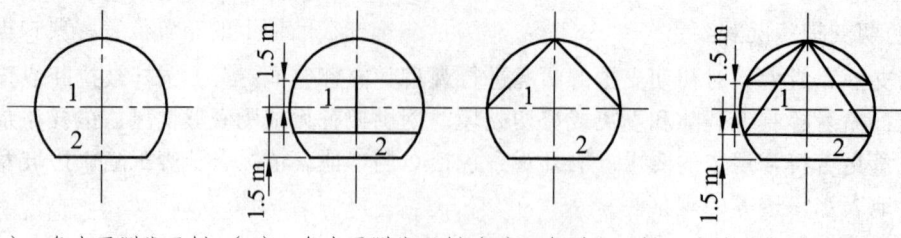

(a) 1 条水平测线示例　(b) 2 条水平测线示例　(c) 3 条测线示例　(d) 6 条测线示例

图 29-17　净空变形量测和拱顶示意图

1—起拱线；2—施工基面

表 29-17　周边位移测线数

开挖方法	一般地段	特殊地段			
		洞口附近	埋深小于 2B	有膨胀压力或偏压	选测项目量测位置
全断面开挖	1 条水平测线		3 条或 6 条		3 条或 6 条
短台阶开挖	2 条水平测线	4 条或 6 条	4 条或 6 条	4 条或 6 条	4 条或 6 条
多台阶开挖	每台阶 1 条水平测线	每 1 台阶 3 条	每 1 台阶 3 条	每 1 台阶 3 条	每 1 台阶 3 条

② 量测孔与测点布置安设

测点应距开挖面 2 m 的范围内尽快安设,并应保证爆破后 24 h 内或下一次爆破前测读初次读数。

围岩内位移测孔布置：围岩内部相对位移的量测孔,一般与周边位移量测线相应布置,布置方法如图 29-18 所示。

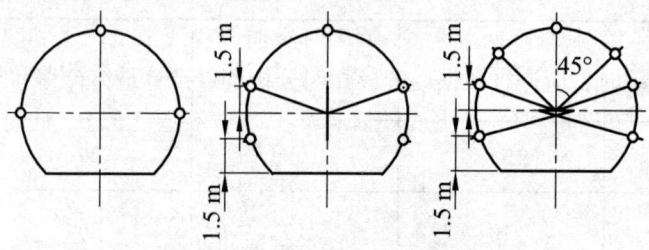

(a) 3 个测点时　(b) 5 个测点时　(c) 7 个测点时

图 29-18　选测项目的量测仪器布置示例

声波量测孔布置：声波量测孔宜布置在有代表性的部位,应考虑围岩层理、节理的方向与声波测试孔方向的关系,可采用单孔、双孔两种测试方法；或在同一部位,呈直角相交布置 3 个测试孔,以便充分掌握围岩结构对声波测试结果的影响。

地表和地中沉降测点布置：地表和地中沉降测点，主要应布置在坑道中轴线上方的地表或地中（指钻孔中），在主点的横向上也应布置必要数量的测点。在沉降区以外还应设置测点作为参照及协同分析和应用。

轴力量测锚杆布置：如图 29-18 所示轴力量测锚杆在断面上的布置位置，要根据隧道工程设计的支护锚杆位置来确定，一般可参照围岩内位移测孔布置。

内应力与接触应力测点布置：初期支护及二次衬砌的内应力及其与围岩的接触应力量测的测点的布置，一般应力量测应在有代表性部位，如拱顶、拱腰、拱脚（墙顶）、边墙腰、墙脚等布置测点，并应考虑与锚杆应力量测作对应布置。在有偏压、底鼓等特殊情况下，则应视具体情形调整测点位置和数量。

6）现场量测

根据量测计划，按设计图和施工规范的要求进行各项现场量测。

① 拱顶下沉或地表下沉

由已知高程的水准点（通常借用隧道高程控制点），使用精密水准仪测出拱顶或浅埋隧道上方地表各测点的下沉量及其随时间的变化情况。浅埋隧道洞顶地表下沉量测，应在隧道尚未开挖前就开始进行，借以获得开挖过程中的全部位移曲线。拱顶下沉量测点，一般布置在拱跨中处和两侧拱腰，每断面 3 个测点，当受通风管或其他障碍时，可适当移动位置。

② 周边位移

断面里程与量测拱顶下沉断面一致，量测断面应与隧道轴线垂直。采用收敛仪量测时，将带有销孔或圆球测头的长度为 20~30 cm 的钢筋锚固于岩壁内，锚固方向同早强水泥砂浆锚杆，测出测头的位移即可代表岩壁表面该测点的位移。

③ 锚杆内力

采用与设计锚杆强度相等，且刚度基本相等的各式钢筋计（多采用电测式）来量测锚杆的应力—应变值。测试过程中应注意仪器调校，应做好检测记录，并及时整理。

7）数据整理和分析处理

现场量测后，应及时对现场量测数据绘制时态曲线（或散点图）和空间关系曲线。当位移-时间曲线趋于平缓时，应进行数据处理或回归分析，以推算最终位移和掌握位移变化规律。当位移-时间曲线出现反弯点时，则表明围岩和支护已呈不稳定状态，此时应密切监视围岩动态，并加强支护，必要时暂停开挖。

① 周边位移的分析处理

根据记录绘制位移 u 与时间 t 的关系曲线，根据曲线图评价围岩稳定性和确定二次衬砌施作时间。

② 围岩位移与松动区段的分析处理

绘制孔内各测点（11、12、……）位移 u 与时间 t 不同时间（t_1、t_2、……）位移 u 与深度（测点位置 1）的关系曲线图。根据图形大致能确定围岩的松动范围。当围岩松动区半径超过允许位移值时，围岩就可能出现松动破坏，此时必须加强支护或改变施工方法，以减少松动区范围。

③ 锚杆轴力量测的分析处理

根据测试锚杆测得的应变,按下列公式求得锚杆的轴力:

$$N = \frac{\pi}{8}\phi^2 E(\varepsilon_1, \varepsilon_2)$$

根据锚杆极限抗拉强度与锚杆应力的比值 K（安全系数）做出判断。当 $K \geq 1$ 时,符合要求,当 $K<1$ 时,应考虑改用高强钢材加工的锚杆或增加锚杆数量或加粗直径。

④ 围岩压力量测的分析处理

由量测数据所得围岩压力分布曲线,可知围岩压力的大小及分布状况。当围岩压力很大并且变形量也很大时,应加强支护,限制围岩变形和控制围岩压力的增长；当围岩压力较大,但变形量并不很大时,表明支护时机和支护的封底时间可能过早或支护尺寸及刚度太大,这时应作适当调整,修正支护设计参数；当围岩压力很小,但其变形量却很大时,围岩将会失去稳定,此时应立即停止开挖,加强围岩支护和采取辅助施工措施进行加固处理。

⑤ 喷层应力量测的分析处理

绘制喷层应力（指切向应力,径向应力一般较小）与时间的关系曲线图,若喷层应力太大,或出现明显裂损或剥落、起鼓等现象时,一般应适当增加初始喷层厚度,若喷层厚度已较厚时,仍然出现上述现象时,则不一定再增加喷层厚度,而应增强锚杆（加长、加粗等）、改变封底时间、调整施工措施,再继续加强量测。

⑥ 浅埋隧道地表下沉量测的分析处理

若量测结果表明地表下沉量较大,或出现增加的趋势,则应采取加强支护和调整施工措施,可考虑适当增加喷混凝土、增设锚杆、加挂钢筋网、加钢支撑、超前支护、缩短开挖循环进尺、提前封闭仰拱或预注浆加固围岩等措施。

⑦ 声波测试的分析处理

通过绘制各测孔岩波速度与孔深的关系曲线图,确定围岩松动区的范围。量测数据分析时,应与围岩内位移量测数据分析结果相互对照,相互验证,综合分析和判断围岩的松弛情况,修正支护参数和调整施工措施。

29.2.5 隧道施工测量工艺

1. 工艺流程

洞外平面控制测量→洞外高程控制测量→洞内导线测量→洞内高程控制测量→洞内中线测设→施工放样→贯通误差的测量与调整→竣工测量。

2. 测量方法

1）洞外导线测量

根据设计院提供的原导线控制网的导线线路形式采用闭合、附合导线形式或三角网的形式进行复测,保证隧道控制网的精度。

2）洞外水准测量

洞外水准测量的等级，必须通过现场踏勘，将两洞口水准点间的水准路线确定之后，估出水准路线的长度，选用水准仪级别及所用水准尺的类型。

3）洞内导线测量

① 洞内导线的布设形式

A. 单导线：用于短隧道。角度可采用左、右角观测法。计算时将所测角度统一归算为左角或右角，取平均值，然后计算该点的圆周角闭合差。

B. 主、副导线环：由主、副两条导线组成。主、副导线每隔 2～3 条边组成一个闭合环，导线点坐标只能沿主导线进行传算。

C. 导线网：一般布设成若干个彼此相连的带状导线环，网中所有边、角全部观测。

② 洞内导线点的埋设

洞内导线点采用地下挖坑，然后浇灌砼并埋入铁制标心的方法。并在边墙上用红油漆注明点号，以箭头指示桩位。导线点兼作高程点使用时，标心顶面应高出桩面 5 mm。

③ 洞内导线测角和测边

洞内导线测角的方法与洞外导线基本相同，宜采用方向观测法。当只有两个方向时，可采用左、右角观测法。洞内导线测边：用光电测距仪测定。洞内导线平差与一般导线的平差相同。在隧道掘进中，凡已构成闭合图形的导线环，均应进行平差计算，算出导线点平差后的坐标值。隧道全部贯通后，对洞内导线网重新观测平差，以最终确定隧道中线。

4）洞内水准测量

洞内水准测量方法与洞外水准测量基本相同，但由于隧道施工的特殊性，必须注意：

① 隧道贯通之前，洞内水准路线均为支水准路线，须采用往返测进行检核。

② 为满足洞内衬砌施工的需要，水准点的密度要达到安置仪器后，可直接后视水准点就能施工放样而不需要迁站的程度。

③ 隧道贯通后，在贯通面附近设置一个水准点，由进、出口水准点引进的两条水准路线分别联测至该点上，得到该点两个高程值，可测得实际的高程贯通误差。

5）隧道洞内中线的测设

① 隧道掘进洞内之后，须先建立临时中线，以指导导坑的开挖。随后测设正式中线，指导隧道全面开挖和衬砌施工。

② 洞内临时中线点的埋设，采用砼包裹木桩，其上钉小钉的桩志，点名为该点的里程桩号。

③ 中线点的间距视施工需要而定。一般直线段临时中线点间距为 20～40 m，正式中线点为 90～150 m。

④ 洞内中线测设分导线法和中线法两类。

用导线作为洞内控制的隧道，其中线必须根据导线来测设。用极坐标法测设中线点。中线法测设中线点，若为直线，采用正、倒镜分中法进行测设；若为曲线，采用测设灵活的偏角法,或弦线支距法、弦线偏距法等。

6)隧道施工放样

① 开挖断面的放样

通常采用腰线法确定开挖断面各部位的高程。隧道直线地段,开挖断面的轮廓左、右支距相等。曲线地段,在标绘轮廓线时,内侧支距应比外侧支距大 $2d$。拱部断面的轮廓线一般用五寸台法。自拱顶外线高程起,沿路线中线向下每隔 0.5 m 向左、右两侧量其设计支距,将各支距端点连接起来,即为拱部断面的轮廓线。墙部的放样采用支距法。曲墙地段自起拱线高程起,沿路线中线向下每隔 0.5 m 向左、右两侧按设计尺寸量支距;直墙地段间隔可大些,每隔 1 m 量支距定点。如隧道底部设有仰拱,可由路线中线起,向左、右每隔 0.5 m 由路基高程向下量出设计的开挖深度。

② 衬砌放样

隧道衬砌放样,根据路线中线、起拱线及路基高程定出其断面尺寸。

拱部衬砌放样:分段进行衬砌,一般分段长度 6~12 m,地质不良地段可缩短至 1~2 m。放样根据路线中线点及水准点,用经纬仪和水准仪放出拱架顶和起拱线的位置以及十字线(指隧道中线与其垂线所形成的十字线;曲线上则指路线中线的切线与其垂线所形成的十字线),然后将分段两端的两个拱架定位。边墙及人行、车行横洞的衬砌放样边墙衬砌先根据路线中线点和水准点,按施工断面各部位的高程,用仪器放出路基高程、边墙基底高程及边墙顶高程,对已放过起拱线高程的,应对起拱线高程进行检核。如为直墙,可从校准的路线中线按设计尺寸放出支距,即可立模衬砌。如为曲墙,可先按 1∶1 的大样制出曲墙模型板,然后从路线中线按算得的支距安设曲墙模型板进行衬砌。人行及车行横洞的衬砌放样与隧道的拱、墙放样基本相同。其中心位置是按设计里程,由隧道中线放垂线(即十字线)定出。

仰拱和铺底放样:仰拱砌筑放样,先按设计尺寸制好模型板,在设计高程位置绷上麻线再由麻线向下量支距,定出模型板位置。隧道铺底放样,先在左、右边墙上标出路基高程,由此向下放出设计尺寸,然后在左、右边墙上绷以麻线,以此来控制各处底部高程,之后铺底。

洞门仰坡放样:仰坡与边坡在坡面上的放样方法相同。

端墙和翼墙的放样:直立式端墙,洞门里程即是端墙里程。端墙如有 $1∶n$ 的坡度,则应算出端墙基底的里程。将仪器置于基底里程的中线桩上,放出十字线或斜交线。然后在洞门两侧按 $1∶n$ 的坡度设立方木,绷上麻线,据以砌墙。翼墙的放样,按照设计尺寸,在地面上放出翼墙基底的位置,再在端墙上标出翼墙墙面的坡度,据此绷上麻线,指导施工。

7)隧道贯通误差的测定与调整

① 贯通误差的测定按下列要求进行:采用精密导线测量时,在贯通面附近定一个临时点,由进测的两方向分别测量该点的坐标,所得的闭合差分别投影至贯通面及其垂直的方向上,得出实际的横向和纵向贯通误差,再置镜于该临时点测求方位角贯通误差。采用中线法测量时,应由测量的相向两方向分别向贯通面延伸,取一临时点,量出两点的横向和纵向距离,

得出该隧道的实际贯通误差。水准路线由两端向洞内进测,分别测至贯通面附近的同一水准点或中线点上,所测得的高程差值即为实际的高程贯通误差。

② 贯通误差的调整:用折线法调整直线隧道中线。曲线隧道,根据实际贯通误差,由曲线的两端向贯通面按长度比例调整中线。采取精密导线法测量时,贯通误差用坐标增量平差来调整。进行高程贯通误差调整时,贯通点附近的水准点高程,采用由进出口分别引测的高程平均值作为调整后的高程。

③ 隧道贯通后,施工中线及高程的实际贯通误差,应在未衬砌的 100 m 地段内调整。该段的开挖及衬砌均应以调整后的中线及高程进行放样。

8) 竣工测量

① 隧道竣工后,应在直线地段每 50 m、曲线地段每 20 m 及需要加测断面处,测绘以路线中线为准的隧道实际净空,标出拱顶高程、起拱线宽度、路面水平宽度。

② 中线测量闭合后,于直线地段每 200~250 m 埋设一个永久中线点;曲线上应在缓和曲线的起终点各设 1 个;曲线中部,可根据通视条件适当增加。永久中线点应在竣工测量后用砼包埋金属标志。

③ 洞内水准点每公里应埋设一个,短于 1 km 的隧道至少设 1 个,并应在隧道边墙上画出标志。

参考文献

[1] 中华人民共和国行业标准. JTGB 01—2014 公路工程技术标准[S]. 北京：人民交通出版社，2015.

[2] 中华人民共和国国家标准. GB/T 50283—1999 公路工程结构可靠度设计统一标准[S]. 北京：中国计划出版社，1999.

[3] 中华人民共和国交通部部标准. JTJ 004—89 公路工程抗震设计规范[S]. 北京：人民交通出版社，1990.

[4] 中华人民共和国交通部部标准. JTJ 062—91 公路桥位勘测设计规程[S]. 北京：人民交通出版社，1991.

[5] 中华人民共和国行业标准. JTGC 20—2011 公路工程地质勘察规范[S]. 北京：人民交通出版社，2011.

[6] 中华人民共和国行业标准. JTGC 30—2015 公路工程水文勘测设计规范[S]. 北京：人民交通出版社，2015.

[7] 中华人民共和国行业标准. JTGD 60—2015 公路桥涵设计通用规范[S]. 北京：人民交通出版社，2015.

[8] 中华人民共和国行业推荐性标准. JTG/TD 60-01—2004 公路桥梁抗风设计规范[S]. 北京：人民交通出版社，2004.

[9] 中华人民共和国行业标准. JTGD 63—2007 公路桥涵地基与基础设计规范[S]. 北京：人民交通出版社，2010.

[10] 中华人民共和国行业推荐性标准. JTG\TF 20—2015 公路路面基层施工技术细则[S]. 北京：人民交通出版社，2015.

[11] 中华人民共和国行业标准. JTGE 60—2008 公路路基路面现场测试规程[S]. 北京：人民交通出版社，2008.

[12] 中华人民共和国行业标准. JTGD 40—2011 公路水泥混凝土路面设计规范[S]. 北京：人民交通出版社，2011.

[13] 中华人民共和国行业标准. JTGF 41—2008 公路沥青路面再生技术规范[S]. 北京：人民交通出版社，2008.

[14] 中华人民共和国行业标准. JTGD 62—2004 公路钢筋混凝土及预应力混凝土桥涵设计规范[S]. 北京：人民交通出版社，2004.

[15] 中华人民共和国行业标准. JTGD 61—2005 公路圬工桥涵设计规范[S]. 北京：人民交通出版社，2005.

[16] 中华人民共和国交通部部标准. JTJ 025—86 公路桥涵钢结构及木结构设计规范[S]. 北京：人民交通出版社，1986.

[17] 中华人民共和国行业标准. JTJ 027—96 公路斜拉桥设计规范[S]. 北京：人民交通出版社，1996.

[18] 中华人民共和国行业推荐性标准. JTG/TF 50—2011 公路桥涵施工技术规范[S]. 北京：人民交通出版社，2011.

[19] 中华人民共和国行业标准. JTGH 11—2004 公路桥涵养护规范[S]. 北京：人民交通出版社，2004.

[20] 中华人民共和国行业标准. JTG/TF 81-01—2004 公路工程基桩动测技术规程[S]. 北京：人民交通出版社，2004.

[21] 中华人民共和国行业标准. JTGE 40—2007 公路土工试验规程[S]. 北京：人民交通出版社，2007.

[22] 中华人民共和国行业标准. JTGD 30—2015 公路路基设计规范[S]. 北京：人民交通出版社，2015.

[23] 中华人民共和国行业标准. JTGE 40—2008 公路路基路面现场测试规程[S]. 北京：人民交通出版社，2008.

[24] 中华人民共和国行业标准. JTJF 10—2006 公路路基施工技术规范[S]. 北京：人民交通出版社，2006.

[25] 中华人民共和国行业标准. JTJD 50—2017 公路沥青路面设计规范[S]. 北京：人民交通出版社，2017.

[26] 中华人民共和国行业标准. JTGF 40—2004 公路沥青路面施工技术规范[S]. 北京：人民交通出版社，2004.

[27] 中华人民共和国行业标准. JTGD 40—2011 公路水泥混凝土路面设计规范[S]. 北京：人民交通出版社，2011.

[28] 中华人民共和国行业标准. JTGF 30—2003 公路水泥混凝土路面施工技术规范[S]. 北京：人民交通出版社，2003.

[29] 中华人民共和国行业标准. JTJ 034—2000 公路路面基层施工技术规范[S]. 北京：人民交通出版社，2009.

[30] 中华人民共和国行业标准. JTGH 10—2009 公路养护技术规范[S]. 北京：人民交通出版社，2009.

[31] 中华人民共和国行业推荐性标准. JTG/TF 60—2009 公路隧道施工技术细则[S]. 北京：人民交通出版社，2009.

[32] 中华人民共和国国家标准. GB 50446—2017 盾构法隧道施工及验收规范[S]. 北京：中国建筑工业出版社，2017.

[33] 中华人民共和国行业推荐性标准. JTG/TD 70—2010 公路隧道设计细则[S]. 北京：人民交通出版社，2010.

[34] 中华人民共和国行业推荐性标准. JTG/T 72—2011 公路隧道交通工程与附属设施施工技术规范[S]. 北京：人民交通出版社，2011.

[35] 中华人民共和国国家标准. GB 51201—2016 沉管法隧道施工与质量验收规范[S]. 北京：中国计划出版社，2016.

[36] 中华人民共和国行业标准. JTGD 70—2004 公路隧道设计规范[S]. 北京：人民交通出版社，2004.

[37] 中华人民共和国行业标准. JTGD 70/2—2004 公路隧道设计规范[S]. 北京：人民交通出版社，2004.

[38] 中华人民共和国行业标准. JTG/TD 70/2-01—2014 公路隧道照明设计细则[S]. 北京：人民交通出版社，2014.

[39] 中华人民共和国行业标准. JTGH 12—2015 公路隧道养护技术规范[S]. 北京：人民交通出版社，2015.

[40] 中华人民共和国铁道部. TB 10003—99 铁路隧道设计规范[S]. 北京：中国铁道出版社，1999.

[41] 中国工程建设协会标准. CECS370：2014 隧道工程防水技术规范[S]. 北京：中国计划出版社，2014.

[42] 黄晓明. 路基路面工程[M]. 4版. 北京：人民交通出版社，2014.

[43] 尤晓暐. 道路路基路面工程[M]. 北京：北京交通大学出版社，2010.

[44] 方焘. 路基工程[M]. 长沙：中南大学出版社，2016.

[45] 方福森. 路面工程[M]. 2版. 北京：人民交通出版社，2004.

[46] 宋金华，张彩利，张雪华. 路基路面工程[M]. 北京：人民交通出版社，2006.

[47] 李岩君，石鑫. 高等级公路半刚性基层沥青路面机械化施工质量控制新技术[M]. 北京：人民交通出版社，2010.

[48] 钱振东，张磊，陈磊磊. 路面结构动力学[M]. 江苏：东南大学出版社，2010.

[49] 武建民. 路面养护管理系统[M]. 北京：人民交通出版社，2015.

[50] 倪宝书，寇凤岐，王春正. 公路路基路面施工安全技术与风险控制[M]. 北京：中国铁道出版社，2016.

[51] 郑长安，黄斌. 公路路基沉降与稳定观测技术[M]. 北京：人民交通出版社，2012.

[52] 韦生根. 公路路面施工[M]. 北京：人民交通出版社，2010.

[53] 范立础. 桥梁工程[M]. 北京：人民交通出版社，2001.

[54] 姚玲森. 桥梁工程（适用于公路与城市道路工程桥梁工程）[M]. 北京：人民交通出版社，2002.

[55] 刘龄嘉. 桥梁工程[M]. 北京：人民交通出版社，2006.

[56] 李辅元. 桥梁工程（公路类面向二十一世纪交通版高职，高专教材）[M]. 北京：人民交通出版社，2005.

[57] 邵旭东. 桥梁工程（公路类面向二十一世纪交通版高校教材）[M]. 北京：人民交通出版社，2004.

[58] 强士中. 桥梁工程（上，下）（新世纪土木工程系列教材）[M]. 北京：高等教育出版社，2004.

[59] 白宝玉. 桥梁工程（教育科学十五国家规划课题研究成果）[M]. 北京：高等教育出版社，2005.

[60] 罗娜. 桥梁工程概论（21世纪交通版高等学校教材）[M]. 北京：人民交通出版社，2006.

[61] 王丽荣，盛可鉴，丁剑霆. 桥梁工程（高等院校土木工程专业系列教材）[M]. 北京：中国建材工业出版社，2005.

[62] 刘夏平. 桥梁工程（全国普通高等院校土木工程类实用创新型系列规划教材中国科学院教材建设专家委员会教材建设立项项目）[M]. 北京：科学出版社，2005.

[63] 房贞政. 桥梁工程（普通高等教育土建学科专业十五规划教，高校土木工程专业指导委员会规划推荐教材）[M]. 北京：中国建筑工业出版社，2004.

[64] 胡振文，等. 桥梁工程[M]. 长沙：中南大学出版社，2002.

[65] 周水兴，向中富. 桥梁工程（21世纪高等学校本科系列教材 土木工程专业）[M]. 乌鲁木齐：新疆大学出版社，2008.

[66] 裘伯永，等. 桥梁工程（高等学校教材）[M]. 北京：中国铁道出版社，2001.

[67] 顾安邦. 桥梁工程（高等学校教材土木工程专业用）（上，下）[M]. 北京：人民交通出版社，2000.

[68] 张发祥. 道路和桥梁工程[M]. 南京：河海大学出版社，2000.

[69] 李亚东. 桥梁工程概论（高等学校土木工程专业系列教材）[M]. 成都：西南交通大学出版社，2001.

[70] 周念先，杨共树. 预应力混凝土斜张桥[M]. 北京：人民交通出版社，1989.

[71] 林元培. 斜拉桥[M]. 北京：人民交通出版社，2004.

[72] 严国敏. 现代斜拉桥[M]. 成都：西南交通大学出版社，1996.

[73] 刘士林，侯金龙. 斜拉桥[M]. 北京：人民交通出版社，2002.

[74] 铁道部大桥工程局桥梁科学研究所. 斜拉桥[M]. 北京：科学技术出版社，1992.

[75] 陈开利. 独塔斜拉桥的建设与展望[M]. 桥梁建设，1998.

[76] 徐君兰. 大跨度桥梁施工控制[M]. 北京：人民交通出版社，2000.

[77] 葛耀君. 分段施工桥梁分析与控制[M]. 北京：人民交通出版社，2003.

[78] 罗韧. 桥梁工程导论（高等学校土木工程专业系列选修课教材）[M]. 北京：中国建筑工业出版社，2000.

[79] 王百成，等. 桥梁工程（高等学校教材）[M]. 哈尔滨：哈尔滨出版社，2000.

[80] 陈政清. 桥梁风工程[M]. 北京：人民交通出版社，2005.

[81] 周远棣. 钢桥[M]. 北京：人民交通出版社，2001.

[82] 李富文，等. 钢桥[M]. 北京：中国铁道出版社，1993.

[83] 邵容光. 混凝土弯梁桥[M]. 北京：人民交通出版社，2001.

[84] 华孝良，徐光辉. 桥梁结构非线性分析[M]. 北京：人民交通出版社，1997.

[85] 钟桂彤. 铁路隧道[M]. 北京：中国铁道出版社，1990.

[86] 陈豪雄，等. 隧道工程[M]. 北京：中国铁道出版社，1995.

[87] 铁道部第二勘测设计院. 铁路工程设计技术手册《隧道》[M]. 北京：中国铁道出版社，1995.

[88] 贾仁辉. 隧道工程[M]. 重庆：重庆大学出版社，2001.

[89] 冯卫星. 铁路隧道设计[M]. 成都：西南交通大学出版社，1998.

[90] 于书翰，杜谟远. 隧道施工[M]. 北京：交通出版社，2001.

[91] 谢锦昌. 隧道复合衬砌的受力分析[J]. 兰州铁道学院学报，1987，6（3）.

[92] 李晓红. 隧道新奥法及其量测技术[M]. 北京：科学出版社，2002.

[93] 易萍丽. 现代隧道设计与施工[M]. 北京：中国铁道出版社，1997.

[94] 王石春，等. 隧道工程岩体分级[M]. 成都：西南交通大学出版社，2007.

[95] 中华人名共和国国家标准. GB 86—85 锚杆喷射混凝土支护技术规范[S]. 北京：中国建筑工业出版社，1985.

[96] 郑治. 填石料的长期变形性能模拟实验研究[J]. 中国公路学报，2001，14（2）.

[97] 郑治. 路堤自身压缩的分层总和法[J]. 华东公路，1996.

[98] 郝传毅，等. 路堤自身压缩的非线形有限元分析[J]. 中国公路学报，1991.

[99] 李强. 路基路面检测技术与质量控制[D]. 西安：长安大学，2002.

[100] 黄晓明. 半刚性基层沥青路面弯沉检测指标的研究[J]. 华东公路，1996（1）.

[101] 王康臣. 填石路堤在高速公路中的应用研究明[J]. 广东公路交通，1999.

[102] 刘吉士，阎洪河. 公路路基施工技术[M]. 北京：人民交通出版社，2003.

[103] 李宁峙，邵腊庚. 路基路面工程检测技术[M]. 北京：人民交通出版社，2003.

[104] 杨成林. 瑞雷面波勘探[M]. 北京：地质出版社，1993.

[105] 曹建平. 用于高速公路填石路堤的K30试验检测方法[J]. 贵州工业大学学报，2007.

[106] 曹文贵，胡天浩，罗宏，等. 土石混填路基压实度检测新方法探讨闭[J]. 湖南大学学报，2008.

[107] 徐芝纶. 弹性力学[M]. 北京：高等教育出版社，2003.

[108] 沙庆林. 观测试验资料的数学加工法[M]. 北京：人民交通出版社，1988.

[109] 杨惠连. 误差理论与数据处理[M]. 天津：天津大学出版社，1992.

[110] 宋焕宇，何荣裕，冯建亚. 路面弯沉检测方法相关性的试验研究[J]. 郑州工业大学学报，2000（21）.

[111] 张超，郑南翔，王建设. 路基路面试验检测技术[M]. 北京：人民交通出版社，2004.

[112] 汪荣鑫. 数理统计[M]. 西安：西安交通大学出版社，1986.

[113] 李维平. 低等级公路沥青路面典型结构研究[J]. 科学之友，2006（4）.

[114] 毛雪松. 宁夏公路路面典型结构及基层施工弯沉检测值的研究[D]. 长安大学，2001.

[115] 梁仕华，文畅平. 水泥混凝土路面典型结构土基设计参数的研究[J]. 公路交通科技，2010（4）.

[116] 陈忠达，武建民，张小荣. 干线公路沥青路面典型结构的研究[J]. 公路交通科技，2004（3）.

[117] 杨锡武. 重庆公路水泥混凝土路面典型结构研究[J]. 重庆交通学院学报，2002.

[118] 杨小丽. 重庆市农村公路典型路面结构的研究[D]. 重庆：重庆交通大学，2009.

[119] 王广宾. 县乡道路路面结构问题分析[J]. 科学之友，2008（1）.

[120] 邓学钧，张登良. 路基路面工程[M]. 北京：人民交通出版社，2000.

[121] 王树威. 秦皇岛市农村公路路面结构研究[D]. 天津：河北工业大学，2008.

[122] 刘蓓蓓. 废旧沥青混合料再生技术应用于农村公路路面结构试验研究[D]. 扬州：扬州大学，2007.

[123] 张茂峰. 片石混凝土在黔江区农村公路中的应用研究[D]. 重庆：重庆交通大学，2008.

[124] 李琦. 固化土技术在农村公路中的应用研究[D]. 重庆：重庆交通大学，2009.

[125] 吴茂胜. 合理选择农村公路路面结构是降低工程造价的有效途径[J]. 内蒙古公路与运输，2009（3）.

[126] 王娟. 邢台市农村公路混凝土路面结构研究[D]. 天津：河北工业大学，2007.

[127] 李深. 农村公路经济适用型路面结构及其施工技术研究[D]. 天津：河北工业大学，2007.

[128] 石小锡. 山区低等级公路水毁及防治[J]. 武汉交通管理干部学院学报，1997（4）.

[129] 袁国林. 江苏省农村公路建设技术指标的研究[J]. 公路，2005（6）.

[130] 方向池. 云南山区公路水毁类型及发育机制[J]. 地质灾害与环境保护，1998（3）.

[131] 邓学钧，黄晓明. 路面设计原理与方法[M]. 北京：人民交通出版社，2001（5）.

[132] 刘英富. 桥梁施.风险评估方法研究[D]. 西安：长安大学，2005.

[133] 王世民，罗祝君，史宏彦. 丁形钢构桥墩柱加固综合施工技术[J]. 施工技术，2013（16）.

[134] 张开鹏，蒋玉龙，曾雪芳. 桥梁加固的发展与展望[J]. 公路，2005（8）.

[135] 郭晓魁. 山区公路危桥调查及分析[D]. 石家庄：河北工业大学，2007.

[136] 叶吉军. 桥梁加固技术的研究与应用[D]. 上海：同济大学，2007.

[137] 刘建宇. 钢筋混凝土桥梁加固技术及应用研究[D]. 重庆：重庆交通大学，2008.

[138] 刘永亮. 桥梁承载力的数值分析与有粘结预应力加固[D]. 石家庄：河北工业大学，2006.

[139] 吴少亮. 基于裂缝扩展计算在役RC桥梁剩余承载力及耐久性研究[D]. 重庆：重庆交通大学，2011.

[140] 张娜. 浅谈几种桥梁加固新技术及其发展应用[J]. 城市道桥与防洪，2007（8）.

[141] 张冠华. 现役钢筋混凝土梁的弯区裂缝特征与桥梁检测评估的实验研究[D]. 大连：大连理工大学，2003.

[142] 王玉廷. 公路桥梁加固技术研究[D]. 石家庄：河北工业大学，2002.

[143] 黄俊斌. 混凝土结构的裂缝成因及在整体式斜交板桥中的分析研究[D]. 西安：长安大学，2004.

[144] 邱华. 南水北调工程山东段旧桥检测及桩基加固技术的研究应用[D]. 济南：山东大学，2009.

[145] 王立，孙飞. 桥梁加固技术[J]. 中国科技投资，2013（10）.

[146] 陈晖，阎路. 浅谈桥梁加固技术的应用[J]. 科技资讯，2009（9）.

[147] 段成晓. 钢筋混凝土桥梁加固后可靠性评估及生育寿命的研究[D]. 武汉：武汉大学，2010.

[148] 李翠. 桥梁加固技术[J]. 中国西部科技，2008（4）.

[149] 李介生. 现行桥梁检测加固方法探讨[J]. 中华建筑，2013（6）.

[150] 杨森森. 旧桥加固方法浅介[J]. 建材与装饰（下旬刊），2008（5）.

[151] 邓大伟. 东风中路盘福路立交加固施工技术控制[J]. 广东土木与建筑，2010（3）.

[152] 游朝阳. 浅谈高墩柱及盖梁施工[J]. 广东建材，2005（6）.

[153] 王娟. 长春富锋桥加固后荷载试验与承载能力评定[D]. 沈阳：沈阳建筑大学，2011.

[154] 谭翠前. 广州大桥加固[D]. 广州：华南理工大学，2011.

[155] 毛利炎，祝世清，柴俏良. 桥梁支座安装常见问题浅析[J]. 福建建材，2008（6）.

[156] 李现平. 桥梁支座更换施工的方法和措施[J]. 交通世界（建养. 机械），2009（6）.

[157] 蔡长青. 桥梁支座整体更换初探[J]. 科技情报开发与经济，2005（9）.

[158] 马海峰. 浅析桥梁支座更换施工的方法和措施阴[J]. 辽宁省交通高等专科学校学报，2004（9）.

[159] 张坤桥. 公路桥梁支座更换方法简介[J]. 辽宁交通科技，2004（7）.

[160] 郝晓明，李伟华. 匝道箱梁纠偏施工工艺探讨[J]. 交通标准化，2012（7）.

[161] 赵企跃. 植筋技术在工程施工中的应用和应注意的问题[J]. 河南省土木建筑学会2010年学术研讨会论文集，2010（8）.

[162] 张志青. 龙泉寺隧道稳定性分析及施工技术研究[D]. 太原：太原理工大学，2012.

[163] 麻红雨，李双红. 植筋胶在建筑结构工程中的应用[J]. 云南水力发电，2012（2）.

[164] 贾玉辉. 浅谈植筋技术应用及注意事项[J]. 黑龙江科技信息，2009（5）.

[165] 商萍. 浅谈钢筋混凝土结构加固技术[J]. 商情（教育经济研究），2008（4）.

[166] 蔡学成，邹炳银. 浅谈钢筋混凝土结构加固技术[J]. 中国军转民，2010（12）.

[167] 周亚宇. 大别山隧道围岩破碎带全断面开挖施工方案研究[J]. 隧道建设，2006，26（4）.

[168] 肖清安. 砒霜坳隧道监控量测及其应用[J]. 西部探矿工程，2003（5）.

[169] 何健，魏碧辉，谭张琴. 隧道全断面施工数值模拟[J]. 山西建筑，2009，35（3）.

[170] 王在仁. 敞开式全断面隧道掘进机开挖软弱破碎围岩隧道的施工方法[J]. 铁道建筑技术，2004（6）.

[171] 张立东. 大断面浅埋软弱围岩隧道三台阶法施工技术[J]. 山西建筑，2009，35（4）.

[172] 蒋全. 武广客运专线石门岭隧道台阶法多工作面开挖施工技术[J]. 铁道建筑，2007（9）.

[173] 李为民. 正、反台阶法的适用范围探讨[J]. 山西建筑, 2003, 29（2）.

[174] 彭丽君. 双向四车道高速公路连拱隧道的施工方法[J]. 湖南交通科技, 2007, 33（2）.

[175] 关宝树, 等. 隧道及地下工程[M]. 成都：西南交通大学出版社, 2000.

[176] 陈志, 万文针. 浅埋暗挖地铁隧道施工监测方法[J]. 西部交通科技, 2009（2）.

[177] 冯卫星, 等. 大华岭隧道塌方处理方案研究[J]. 国防交通工程与技术, 2008（2）.

[178] 刘涛. 双线超高大跨度浅埋铁路隧道施工技术[J]. 铁道标准设计, 2009（1）.

[179] 谢旭强, 王玉富. 大跨隧道双侧壁导坑法施工力学行为研究[J]. 北方交通, 2008.

[180] 李轩宁, 卜东平. CRD 工法在扩大断面石质围岩台山隧道的创新[J]. 公路隧道, 2009（3）.

[181] 宁文国. 浅谈 CRD 法在铁路隧道施工中的应用[J]. 山西建筑, 2009, 35（5）.

[182] 王连生. 中隔壁法开挖修建黄土大断面双线铁路隧道施工工艺[J]. 科技情报开发与经济, 2009, 19（16）.

[183] 杨国柱. 青藏铁路昆仑山隧道防冻胀结构研究[J]. 隧道建设, 2008, 28（3）.

[184] 汤国璋, 王星华. 青藏铁路隧道浅埋多年冻土区冻融特征分析[J]. 水文地质工程地, 2006（2）.

[185] 杨宏华. 高寒地区隧道冬期施工防寒保温技术措施[J]. 山西建筑, 2002, 28（5）.

[186] 张建波. 郑西线大断面铁路黄土隧道施工技术[J]. 国防交通工程与技术, 2008（1）.

[187] 姜安龙, 胡斌, 郭云英. 盾构隧道衬砌结构设计方法研究[J]. 南昌航空工业学院学报, 2007, 21（1）.

[188] 林志, 朱合华. 广州地铁二号线 EPB 盾构隧道研究综述[J]. 地下空间, 2003, 23（4）.

[189] 李蓓, 赵锡宏. 非线性弹性卸荷损伤的基坑工程有限元分析[J]. 同济大学学报, 2005, 33（5）.

[190] 朱合华, 等. 弹-粘塑性边界单元法分析及其在隧洞掘进面时空效应中的应用[J]. 同济大学学报, 1991, 19（1）.

[191] 刘天亮, 陈汝先, 刘建达. 隧道在断层破碎带现场量测设计与分析方案[J]. 西交通科技, 2009（2）.

[192] 肖红渠. 五龙岭大跨连拱隧道施工监测及变形特性分析[J]. 隧道建设, 2001, 21（1）.

[193] 陈秋南, 张永兴, 刘新荣, 等. 隧道塌方区加固后的施工监测与仿真分析[J]. 岩石力学与工程学报, 2006, 25（1）.

[194] 张素敏, 朱永全, 景诗庭. 收敛约束原理在隧道位移稳定性判据中的应用[J]. 铁道标准设计, 2004（8）.

[195] 朱永全, 宋玉香, 等. 隧道工程[M]. 北京：中国铁道出版社, 2005.

[196] 杜栋, 庞庆华. 现代综合评价方法与案例精选[M]. 北京：清华大学出版社, 2005.

[197] 张景林, 等. 安全系统工程[M]. 北京：煤炭工业出版社, 2003.

[198] 习王云. 城市交通隧道安全评价体系及方法研究[D]. 成都：西南交通大学，2005.

[199] 李新远. 基坑围护方案的优化设计[J]. 重庆工学院学报，2009，23（6）.

[200] 侯卫红，王景春，等. 铁路工程软基处理的优化设计[J]. 铁道建筑，2004（6）.

[201] 曾攀. 有限元分析及应用[M]. 北京：清华大学出版社，2004.

[202] 王新敏. ANSYS工程结构数值分析[M]. 北京：人民交通出版社，2007.

[203] 李福勇. 软岩大跨隧道施工技术探讨[J]. 山西建筑，2009，35（5）.

[204] 刘振霞. 正台阶预留核心土法在大断面软弱围岩公路隧道施工中的应用[J]. 现代交通技术，2005（3）.

[205] 李宁，李永刚，张平. 碎裂块体围岩安全监测与仿真反演分析[J]. 岩土工程学报，2000，22（2）.

[206] 郑志东. 鹤上隧道监测的实施与管理[J]. 公路与汽运，2005（5）.

[207] 夏才初，潘国荣. 土木工程监测技术[M]. 北京：中国建筑工业出版社，2001.

[208] 张玉祥. 巷道围岩稳定性识别模糊神经网络与模糊数学研究[J]. 岩土工程学报，1998，20（3）.

[209] 李世辉，等. 隧道支护设计新论[M]. 北京：科学出版社，1999.

[210] 钟茂华，等. 地铁施工围岩稳定性数值分析[M]. 北京：科学出版社，2006.